lonely planet

Die Welt

Ein Reiseführer für alle Länder dieser Erde

DRITTE AUFLAGE

Die Welt Inhalt

Legende
Afrika
Amerika
Antarktis
Asien
Australien/Ozeanien
Europa

EINMAL RUND UM DIE WELT

„Solange du einen Vater hast, schließe so viele Freundschaften wie nur möglich; solange du ein Pferd hast, besuche so viele Länder wie nur möglich." (Mongolisches Sprichwort)

Heute ist es wichtiger denn je, dieses Sprichwort zu beherzigen und möglichst viele Länder zu besuchen. Reisen ist einfacher und billiger als je zuvor. In einem politisch und sozial verworrenen und widersprüchlichen Klima ist es wichtig, sich die Welt mit eigenen Augen anzusehen. Und egal, ob man in ferne oder nahe Länder reist, überall offenbart die Welt ihre Schönheit und Vielfalt. Inspirierende Erlebnisse sind praktisch überall möglich – worauf warten?

DUMONT BILDARCHIV / TOM SCHULZE ©

NATURWUNDER

Auf den sieben Kontinenten und in den 221 Ländern unseres Planeten gibt es viel zu entdecken: endlos lange Flüsse wie den Nil, die tief liegenden Strände des Toten Meeres, himmelhohe Gebirge wie den Himalaja, die Anden und die Alpen. Zudem wären da noch die gewaltigen Grünflächen wie das Amazonasbecken, das Great Barrier Reef und nicht zuletzt die vernarbte Haut des Grand Canyon mit seiner 2 Mrd. Jahre langen geologischen Geschichte.

Zu den großen Naturwundern gehören die jährliche Wanderung von ca. 2 Mio. Gnus durch die Serengeti, die stoischen Kaiserpinguine der Antarktis und die Tierwelt der Galápagosinseln, auf denen Menschen wie Außerirdische wirken.

SPEKTAKULÄRE STÄDTE

Mehr als die Hälfte der Weltbevölkerung lebt heute in Städten. Jede einzelne hat ihren eigenen Charakter: New York hat seine Wolkenkratzer, London seine Parks, Pubs und Paläste. Andere schlagen Brücken: Istanbul zwischen Europa und Asien, Jerusalem als heilige Stadt zwischen Juden, Muslimen und Christen. Wiederum andere können auf eine jahrtausendelange Geschichte zurückblicken (Athen, Damaskus, Varanasi), während in Asien, Afrika und Südamerika Newcomer aus dem Boden schießen.

MENSCHGEMACHTE WUNDER

Dabei sind die Städte nicht notwendigerweise die größten Leistungen der Menschheit. Deren gibt es viele und vielfältige an

Sossusvlei im Namib Naukluft Park (Namibia) S. 597

vielen Orten und in vielerlei Form. Einige sind rätselhaft, so die Cheops-Pyramide in Gizeh, die Terrakotta-Armee Qin Shihuangs in Xi'an und die Stein-*moai* der Osterinsel. Weltliche und geistliche Mächte schufen imposante Monumente wie die Basilius-Kathedrale des Moskauer Kreml oder die Große Mauer in China, während der Taj Mahal zum Symbol immerwährender Liebe wurde. Und Wunderwerke der Moderne wie die architektonischen Extravaganzen in Dubai oder die Skyline Shanghais lassen vielleicht historische Würde vermissen, nicht aber Strahlkraft.

Aber nicht alle Errungenschaften der Menschheit sind greifbar. Ebenso berauschend und erkundenswert sind kulturelle Errungenschaften, Festivals und Events – von Wiener Kaffeehäusern über kubanische Rhythmen bis hin zu Vollmondpartys auf Ko Samui und Kriegstänzen der Massai vor der untergehenden afrikanischen Sonne.

Dieses Buch will inspirieren, es soll der erste Schritt auf einer Reise voller Entdeckungen sein. Aufgelistet sind alle Länder der Erde mit einem kurzen Überblick über die Highlights, die das Fernweh eines jeden wecken. Einige grundlegende praktische Informationen und eine Karte helfen, eine grobe Route festzulegen.

Getreu dem Motto von Lonely Planet Gründer Tony Wheeler: „Hat man sich erst einmal zum Reisen entschlossen, ist das Wichtigste auch schon geschafft". Wohin man letztlich reist und wo man ansetzt, bleibt jedem selbst überlassen. Los geht's!

N
ARKTISCHER OZEAN
Queen Elizabeth Islands
Tschuktschen-see
Beaufortsee
Baffin Bay
Grönländischer Eisschild
Nördlicher Polarkreis
Brookskette
Mackenzie Mtns
Bering-meer
Golf von Alaska
Coast Mtns
ROCKY MOUNTAINS
Hudson Bay
Labrador-see
NORD-ATLANTIK
NORD-PAZIFIK
Große Seen
Great Plains
Appalachen
Sargasso-see
Nördlicher Wendekreis
Golf von Mexiko
Karibik
Isthmus von Panama
ÄQUATOR
Amazonas-becken
ANDEN
Brasilianisches Hochland
Südlicher Wendekreis
SÜD-ATLANTIK
Pampas
SÜD-PAZIFIK
Patagonien
Kap Hoorn
Südlicher Polarkreis
Weddell-Meer
Ross-meer
ANTARKTIKA
150° W
120° W
90° W
60° W
30° W
0°

100 m
250 m
500 m
1000 m
1500 m
2000 m
3000 m
4000 m
5000 m
9000 m
ARKTISCHER OZEAN
Laptew-see
Ostsibirische See
Barents-see
Kara-see
Europäisches Nordmeer
Skandinavisches Gebirge
Mittel-sibirisches Bergland
Werchojansker Gebirge
Tscherski-gebirge
60° N
Ural
West-sibirisches Tiefland
Nord-see
Ost-see
Ost-europäische Ebene
Ochotskisches Meer
Bering-meer
ALPEN
Schwarzes Meer
Kaspisches Meer
TIAN SHAN
GOBI
Japanisches Meer
Mittelmeer
Zagros-Gebirge
Hochland von Tibet
HIMALAJA
SAHARA
Persischer Golf
Ost-chinesisches Meer
30° N
Ahaggar
Tibesti
Rotes Meer
Arabische Halbinsel
NORD-PAZIFIK
Philippinen-see
Arabisches Meer
Golf von Bengalen
Süd-chinesisches Meer
Hochland von Abessinien
Hochland von Adamaua
MIKRONESIEN
Kongo-becken
Großer Afrikanischer Grabenbruch
0°
Große Sundainseln
MELANESIEN
Straße von Mosambik
INDISCHER OZEAN
Korallen-meer
Namib
Kalahari
Great Victoria Desert
Great Dividing Range
30° S
Nullarbor Plain
Kap der Guten Hoffnung
Tasman-see
60° S
SÜDLICHER OZEAN
ANTARKTIKA
30° E
60° E
90° E
120° E
150° E

1	Afghanistan	8	Brunei Darussalam	15	Gabun
2	Äquatorialguinea	9	Burkina Faso	16	Gambia
3	Bangladesch	10	Burundi	17	Ghana
4	Benin	11	Dschibuti	18	Guinea
5	Bermuda	12	Elfenbeinküste	19	Guinea–Bissau
6	Bhutan	13	Eritrea	20	Guyana
7	Botsuana	14	Franz.-Guayana (Fr.)	21	Kambodscha

22	Kamerun
23	Kirgisistan
24	Komoren & Mayotte
25	Kongo, Demokr. Republik
26	Kongo, Republik

1	Albanien	7	Mazedonien
2	Bosnien & Herzegowina	8	Monaco
3	Kosovo	9	Montenegro
4	Kroatien	10	San Marino
5	Liechtenstein	11	Schweiz
6	Luxemburg	12	Slowenien

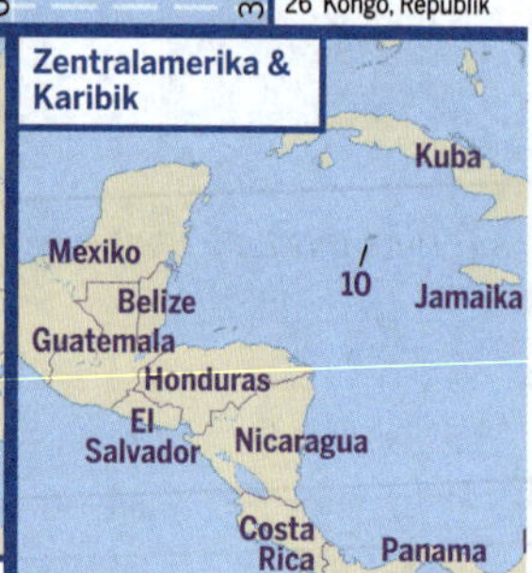

6	Brit. Jungfern-inseln (GB)	10	Kaimaninseln
7	Dominica	11	Martinique (Fr.)
8	Grenada	12	Puerto Rico (USA)
9	Guadeloupe (Fr.)	13	Saba (Nied.)
		14	St.-Barthélemy (Fr.)

27 Laos
28 Lesotho
29 Liberia
30 Macao
31 Malawi
32 Marshallinseln
33 Mauritius
34 Mosambik
35 Myanmar (Birma)
36 Nauru
37 Nepal
38 Nigeria
39 Nordkorea
40 Pakistan
41 Ruanda
42 Sambia
43 Samoa
44 São Tomé & Principe
45 Senegal
46 Sierra Leone
47 Simbabwe
48 Singapur
49 Somalia & Somaliland
50 Südkorea
51 Südsudan
52 Suriname
53 Swasiland
54 Tadschikistan
55 Thailand
56 Timor-Leste
57 Togo
58 Tonga
59 Tuvalu
60 Uganda
61 Vietnam
62 Zentralafrikanische Republik

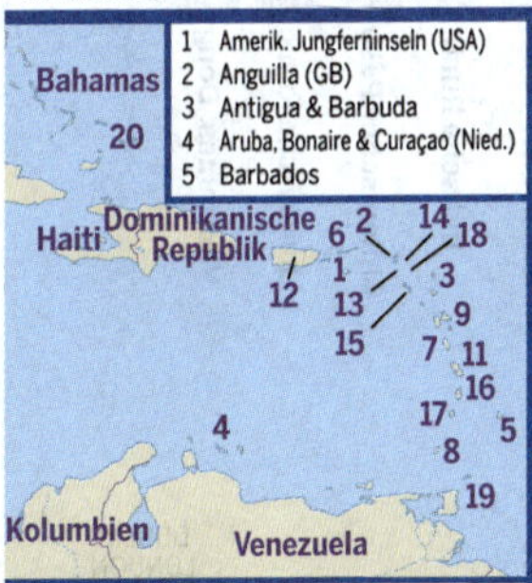

15 St. Kitts & Nevis (GB)
16 St. Lucia
17 St. Vincent & die Grenadinen
18 Sint Eustatius (Nied.)
19 Trinidad & Tobago
20 Turks- & Caicosinseln (GB)

GUT ZU WISSEN

GELD

Wohin man auch reist, Bargeld (oder eine Kreditkarte) sind unverzichtbar. Heute zirkulieren auf der Erde rund 180 verschiedene Währungen. Sogenannte harte Währungen – US-Dollar, britisches Pfund, Euro, japanischer Yen oder Schweizer Franken – sind fast überall gern gesehen.

Davon abhängig, wohin man reist oder woher man kommt, wird man sein Geld in das der Landeswährung umtauschen müssen. Wie viel man bekommt, hängt vom Wechselkurs ab, so können aus Hunderten in Extremfällen Millionen werden – oder auch umgekehrt.

TIPPS ZUM SPAREN

➡ Möglichst in der Nebensaison reisen.

➡ Auf günstige Wechselkurse achten.

Wer frühzeitig reserviert, profitiert von günstigen Angeboten.

SPRACHEN

Auf der Welt herrscht babylonische Sprachverwirrung! Im Gebrauch sind über 6500 Sprachen, die sich in sechs große und ca. 130 kleinere Sprachfamilien unterteilen lassen. Die Linguistik lehrt, dass sehr unähnliche Sprachen verwandt sind, z. B. Albanisch mit Deutsch, Englisch, Hindi, Persisch und Russisch. Und die Größe eines Landes erlaubt nicht immer einen Hinweis auf die Zahl der dort gesprochenen Sprachen;

EINMAL MILLIONÄR SEIN – FÜR 100 US$ ERHÄLT MAN ...

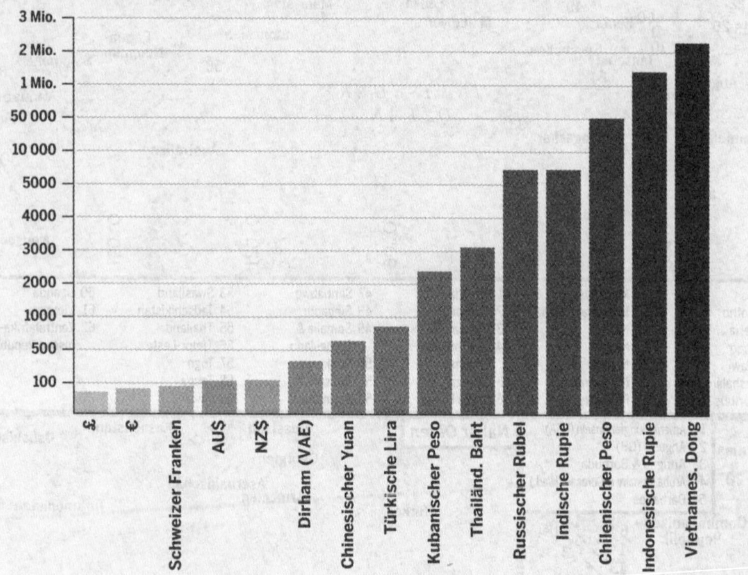

ZEITZONEN

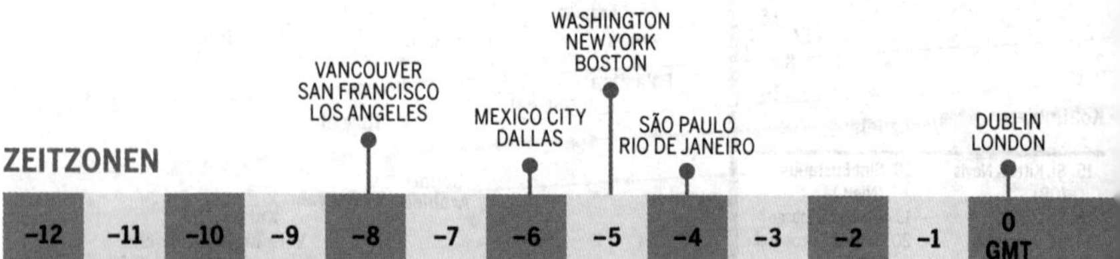

auf Neuguinea (3,5 Mio. Ew.) gibt es 450 Sprachen.

Schätzungen zufolge spricht etwa die Hälfte der Weltbevölkerung mehr als eine Sprache. Aber keine Angst: Mit einem Lächeln kommt man auch weiter, wenn man sich mit dem Gegenüber sprachlich nicht verständigen kann. Wer aber einige Brocken einer fremden Sprache spricht, wird mit offenen Armen empfangen.

INFOS IM INTERNET

Lonely Planet (www.lonelyplanet.de) Reise-Website

Zeitzonen.de (www.zeitzonen.de) Alle Zeitzonen auf einen Blick

OANDA (www.oanda.com) Währungskonverter

DIE MEIST-GESPROCHENEN SPRACHEN

Wer eine oder gleich mehrere der folgenden Sprachen spricht, hat gute Chancen, auf Reisen verstanden zu werden.

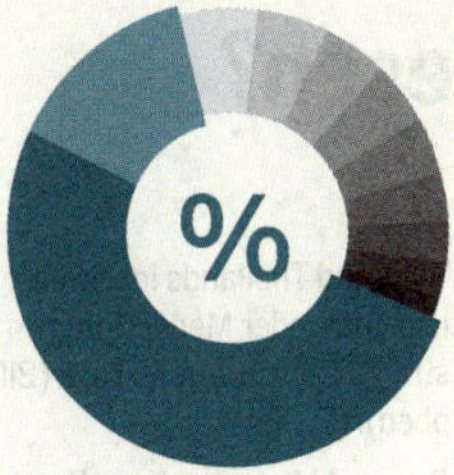

- **Französisch 1,1 %**
- **Japanisch 1,9 %**
- **Russisch 2,3 %**
- **Bengalisch 3,1 %**
- **Portugiesisch 3,3 %**
- **Arabisch 4,4 %**
- **Englisch 5,4 %**
- **Hindi/Urdu 5,7%**
- **Spanisch 6,2%**
- **Mandarin 14,4%**
- **Sonstige 52,2%**

ZEITZONEN

Wissenschaftler des Royal Greenwich Observatory in London setzten durch, dass ab 1884 die Greenwich Mean Time (GMT) als Weltzeit galt, die jeder Zeitzone als Bezugspunkt diente. Seit 1972 ersetzt die Koordinierte Weltzeit (UTC) die GMT. Das Prinzip ist jedoch das gleiche; die UTC beruht aber auf strikt gleichmäßigen SI-Sekunden, und leichte Abweichungen werden durch „Schaltsekunden" ausgeglichen.

REISEDOKUMENTE & VISA

Für die Ein- und Ausreise brauchen Reisende einen Ausweis oder Reisepass, um sich identifizieren zu können.

Die Visavorschriften und -bestimmungen sind komplex und unterscheiden sich von Land zu Land. Manche Länder gestatten den Inhabern von Pässen anderer Staaten eine visafreie Einreise (so innerhalb der EU), in anderen Fällen erhalten Besucher aus anderen Staaten ein Visum bei der Einreise, und in wieder anderen Fällen muss das Visum vor der Abreise beantragt werden. Auf alle Fälle gilt: Vor Reiseantritt sollte man sich genau informieren, welche Bestimmungen für das Land gelten, in das man reisen will.

IN KONTAKT BLEIBEN

➡ Beim Handy-Provider checken, ob man sein Handy am Urlaubsort nutzen kann und ob man vor der Abreise internationales Roaming aktivieren muss.

➡ Beim Provider überprüfen, was eingehende und abgehende Anrufe und SMS sowie Datennutzung kosten.

➡ Der Kauf einer Prepaid-SIM-Karte vor Ort ist vielleicht keine schlechte Idee.

➡ Wer kostenlose WLAN-Spots nutzt, kann hohe WLAN-Kosten in Hotels sparen.

➡ Kostenlose Video-Chat-Dienste wie Skype oder Facetime nutzen.

DIE DINGE ÄNDERN SICH

Die Jahre 2020 und 2021 waren weltweit stark von der Corona-Pandemie geprägt und Privatreisen waren fast unmöglich. Aber auch politische Krisen können Travellern einen Strich durch die Reiseplanung machen. Aktuelle Infos erhält man auf diesen staatlichen Websites: Deutschland (www. auswaertiges-amt.de), Österreich (www.bmeia.gv.at) und Schweiz (www.eda.admin.ch).

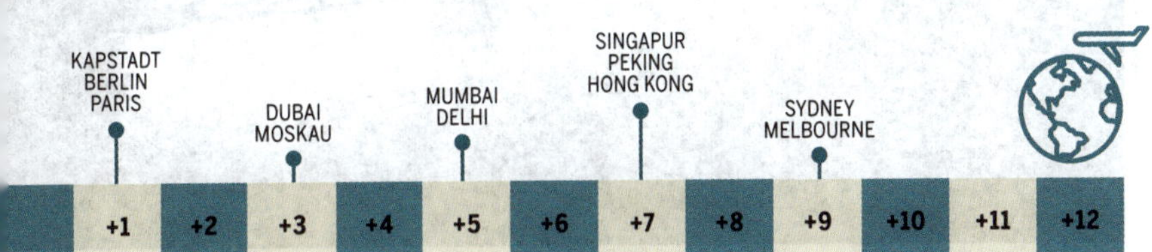

Wie wär's mit Strandparadiesen?

Australien Idyllische Wasserfälle, unberührte Strände und Riffe (Bild unten rechts). (S. 86)

Malediven Strahlend weißer, weicher Sand und leuchtend kobaltblaues Wasser. (S. 530)

Seychellen Weiße Sandstrände, an die angenehm warmes Wasser schwappt und über denen Bäume aufragen. (S. 786)

Französisch-Polynesien Bora Bora: Ein perfekter Ring kleiner Inselchen.(S. 257)

Thailand Thailands Inselwelt lockt mit jeder Menge Traumstrände, so z B. auf Ko Ngai (Bild oben). (S. 864)

Senegal Menschenleere Sandstreifen, traditionelle Kultur und die schönsten Strände Westafrikas. (S. 778)

Turks- & Caicosinseln Das klarste Wasser und die vielfältigste Unterwasserwelt der Karibik. (S. 908)

Grenada Weiße, palmengesäumte Strände und glasklares Wasser,

DUMONT BILDARCHIV / MARKUS KIRCHGESSNER ©

grau-schwarze Dünen und eine tosende Brandung. (S. 276)

Bulgarien Bezaubernde Küstenstädte thronen oberhalb kleiner Sandbuchten. (S. 158)

Antigua & Barbuda Betörend weiße Sandabschnitte eignen sich perfekt zum Spazierengehen, Baden und Chillen. (S. 56)

Indien Goa bietet einen coolen, betriebsamen Küstenstreifen mit lässiger Atmosphäre. (S. 328)

Mexiko Oaxacas Küste hat goldfarbene Sandstrände mit unzähligen Schildkröten, Delfinen, Walen, Krokodilen und Vögeln. (S. 568)

Neuseeland Die Bandbreite an Stränden ist groß – von Südseeflair bis wild und dramatisch hat Neuseeland alles zu bieten (Bild unten links). (S. 614).

DUMONT BILDARCHIV / MARTIN SASSE ©

Wie wär's mit kulturellen Events?

HUGH SITTON / SHUTTERSTOCK ©

Día de Muertos, Mexiko Tag der Toten; ein traurig-fröhlicher Tag des Gedenkens an die Verstorbenen; Anfang Nov. (S. 568)

Exit-Festival, Novi Sad, Serbien Das Musik-Event findet jedes Jahr im Juli in der Petrovaradin-Festung statt. (S. 783)

Goroka Show, Papua-Neuguinea Bei dem Treffen sind Federkopfschmuck, Grasröcke und Gesichts- und Körperbemalungen zu bewundern. (S. 673)

Karneval in Rio, Brasilien Nonstop-Feier: Fast 500 Straßenpartys steigen in jedem Winkel Rios. (S. 146)

Esala Perahera, Sri Lanka (Bild links) Ein Zahn Buddhas steht im Mittelpunkt des farbenprächtigen Spektakels mit Prozessionen, Akrobaten und bunt geschmückten Elefanten; Juli/Aug. (S. 823)

Naadam, Mongolei (Bild oben) Zwei oder drei Tage Action mit Wettkämpfen im Ringen, Reiten und Bogenschießen. (S. 577)

New Orleans, USA New Orleans' ausgelassener Mardi Gras und sein jährliches Jazz Fest sind weltberühmt. (S. 933)

Wie wär's mit Essen & Trinken?

Bier, Tschechien (Bild unten rechts) Die Tschechen rühmen sich damit, das weltweit beste *pivo* (Bier) zu haben – wer wollte das bestreiten? (S. 896)

Champagner, Frankreich Das Land ist für seine Schaumweine bekannt, die hier seit den Tagen des Mönchs Dom Pérignon hergestellt werden. (S. 253)

Kopenhagen, Dänemark Die Stadt ist eines der besten kulinarischen Ziele Europas und hat mehr Michelin-Sterne als jede andere skandinavische Stadt. (S. 189)

Japan Detailverliebtheit, eine einfallsreiche Präsentation und die besten Zutaten sorgen für eine denkwürdige Küche. (S. 380)

Malaysia Anfangen kann man mit chinesisch-malaiischer „Nonya"-Kost, weiter geht's mit indischen Currys, chinesischen Büfetts und malaiischen Imbissständen. (S. 524)

San Sebastián, Spanien (Bild unten links) Die Küchenchefs haben *pintxos* (baskische Tapas) zur Kunstform erhoben. (S. 815)

Türkei Meze sind nicht nur kleine Gerichte, sondern eine kulinarische Offenbarung. (S. 903)

Vietnam (Bild oben) Es liegt an den frischen Zutaten, dass hier unvergleichliche Geschmackserlebnisse gezaubert werden. (S. 964)

DUMONT BILDARCHIV / MARTIN SASSE ©

DUMONT BILDARCHIV / PETER HIRTH ©

Wie wär's mit Geschichte?

Brú na Bóinne, Irland Irlands berühmteste neolithische Grabanlage ist ca. 600 Jahre älter als die ägyptischen Pyramiden. (S. 350)

Flanderns Schlachtfelder, Belgien Friedhöfe mit endlosen Reihen weißer Gedenkkreuze künden von den Schrecken des Ersten Weltkriegs. (S. 110)

Athens Akropolis, Griechenland Die Stadtfestung des einst so mächtigen griechischen Stadtstaats markiert die Wiege der westlichen Demokratie – ein erhabener und prachtvoller Anblick. (S. 281)

Machu Picchu, Peru (Bild unten) Eine mysteriöse vergessene Stadt zwischen steilen Andengipfeln. (S. 679)

Persepolis, Iran (Bild rechts) Die künstlerische Harmonie lässt keinen Zweifel, dass Persepolis in seiner Glanzzeit eines der Zentren der bekannten Welt bildete. (S. 339)

Petra, Jordanien Seit ihrer Entdeckung durch Johann Ludwig Burckhardt 1812 ist die Ruinenstätte ein Besuchermagnet. (S. 391)

Pompeji, Italien Die blühende römische Provinzstadt wurde vor 2000 Jahren unter der Asche des Vesuv begraben, sodass man bis heute Spuren des dortigen Alltags studieren kann. (S. 367)

Tikal, Guatemala Die Tempel zeugen von den kulturellen Leistungen der Maya. (S. 299)

ANTON_IVANOV / SHUTTERSTOCK ©

DUMONT BILDARCHIV / TOM SCHULZE ©

Wie wär's mit Abenteuern?

Neuseeland (Bild unten) Herrliche Wälder, Berge, Seen, Strände und Fjorde lässt in Neuseeland die Herzen aller Aktivurlauber und Extremsportler höher schlagen (S. 614)

Botsuana Der Chobe National Park gehört zu den besten Safarizielen in Afrika. (S. 139)

Great Blue Hole, Belize Die Wände des Blue Hole Natural Monument im Meer fallen über 120 m tief ab. (S. 114)

Dolomiten, Italien (Bild oben links) Das kleine Gebiet in Norditalien wartet mit Wegen auf, die Wanderer in schwindelerregende Höhen führen. (S. 371)

Schweiz (Bild oben rechts) Outdoor-Abenteuer mit umwerfen-

OBEN LINKS: DUMONT BILDARCHIV / FRANK HEUER ©; RECHTS: GORILLAIMAGES / SHUTTERSTOCK ©

den Panoramalandschaften ohne Ende. (S. 772)

Slowenien Slowenien ist ein großartiges Outdoor-Ziel mit wilden, ungezähmten Flüssen wie dem Soča, die sich wunderbar zum Raften eignen. (S. 804)

Rotes Meer, Ägypten Die Unterwasserwelt lockt mit Korallenriffen, bunten Fischen und gespenstisch schönen Schiffswracks. (S. 35)

Puerto Rico Rincón bietet einige der beständigsten, abwechslungsreichsten und aufregendsten Surf-Spots der Karibik. (S. 709)

Mérida, Venezuela Unzählige Möglichkeiten zum Wandern, Canyoning, Raften und Mountainbiken. Méridas Spezialität: Paragliden. (S. 949)

Philippinen Wakeboarden, Surfen, Kitesurfen und mit Walhaien schnorcheln, all das bietet dieses aufregende Ziel. (S. 684)

Wie wär's mit Naturwundern?

Kappadokien, Türkei (Bild oben links) Die karge Landschaft wirkt, als sei sie von einem Schwarm genialer, überdimensionaler Bienen gestaltet worden. (S. 901)

Totes Meer, Israel & Palästina Kobaltblaues Wasser, schneeweiße Salzablagerungen, rotbraune Klippen und Haine dunkelgrüner Vegetation. (S. 361)

Grand Canyon, USA Ein Geschichtsbuch der Geologie: Die Entstehung dieser Schlucht dauerte 6 Mio. Jahre, und manche Felsen sind 2 Mrd. Jahre alt. (S. 934)

Great Barrier Reef, Australien In dem Riff vor der Küste von Queensland kann man herrliche Korallen, träge Meeresschildkröten und kunterbunte Fische bewundern. (S. 87)

Iguazú-Wasserfälle, Argentinien Das Dröhnen, die Gischt und die gewaltigen Wassermassen sind unvergesslich. (S. 63)

Mt. Everest, Nepal/China Von Tibet hat man den besten Blick auf den berühmtesten Berg der Welt. (S. 875)

Ngorongoro-Krater, Tansania Der Zauber beginnt schon oben am Kraterrand, von wo aus man in kühler Luft den herrlichen Blick über den riesigen Krater genießt. (S. 859)

Nordlichter, Island Das Himmelsphänomen taucht die langen Winternächte in ein Licht wie aus natürlichen Lavalampen. (S. 357)

Salto Ángel, Venezuela Die Wassermassen des höchsten Wasserfalls der Welt stürzen vom hoch aufragenden Auyan-Tepui sagenhafte 979 m in die Tiefe. (S. 949)

Fish River Canyon, Namibia Die beste Art, das enorme Ausmaß dieser gewaltigen Schlucht wirklich zu ermessen, ist eine fünftägige Wanderung durch die Hälfte des Canyons. (S. 597)

Tham Kong Lor, Laos In der entlegenen Provinz Khammuan wartet eine wahrlich spektakuläre Flussfahrt. Sie führt in eine außergewöhnliche, 7,5 km lange Unterwelt; von der teils kathedralartig hohen Decke hängen bizarre Stalaktiten. (S. 482)

Nationalpark Plitvicer Seen, Kroatien Rauschende Wasserfälle und türkisblaue Seen inmitten von Wäldern. ; S. 462)

Wie wär's mit Wundern von Menschenhand?

Angkor Wat, Kambodscha Die kambodschanischen „Gottkönige" versuchten, ihre Vorgänger in puncto Größe zu übertrumpfen. (S. 404)

Eiffelturm, Frankreich Man kann unter ihm hindurchradeln, ihn zu Fuß erklimmen, am Imbissstand Crêpes genießen oder ihn bei Nacht besuchen. (S. 247)

Chinesische Mauer, China Das größte Bauwerk der Welt schlän-

APROTT / GETTY IMAGES ©

DUMONT BILDARCHIV / GERALD HÄNEL ©

DUMONT BILDARCHIV / GEORG KNOLL ©

gelt sich eindrucksvoll durch die Hügel. (S. 171)

Stonehenge, England (Bild oben rechts) Ein 5000 Jahre alter mythischer und mysteriöser Ring aus tonnenschweren Megalithen. (S. 221)

Pyramiden von Gizeh, Ägypten Ihre Form, die Geometrie und schiere Masse bringen jeden zum Staunen. (S. 35)

Taj Mahal, Indien (Bild unten rechts) Das Marmormausoleum ist der poetischste Abschied aller Zeiten. (S. 323)

La Sagrada Família, Spanien Barcelonas Basilika ragt majestätisch in den Himmel. (S. 815)

Scheich-Zayid-Moschee, Abu Dhabi Eine Mischung aus Marmor, Gold, Halbedelsteinen, Kristallglas und Keramiken. (S. 955)

Wie wär's mit Wildtieren?

Okavangodelta, Botsuana Das Delta wird von Wildtieren beherrscht – große Katzen und noch größere Elefanten tummeln sich in einem der letzten großen Wildnisgebiete. (S. 139)

Nationalpark Tanjung Puting, Indonesien Auf einem der Flüsse den Anker werfen und in nur wenigen Metern Entfernung Orang-Utans beobachten. (S. 333)

Costa Rica (Bilder oben) Faultiere, Affen, Jaguare, Tukane und Leguane: Costa Ricas bunte Tierwelt verzaubert. (S. 182)

Etosha Nationalpark, Namibia (Bild unten rechts) Etliche Wasserstellen locken eine reiche Fauna an – kaum wo sonst lassen sich Wildtiere besser beobachten. (S. 597)

Kaikoura, Neuseeland Es gibt nur wenige Orte auf der Welt, an denen sich so viele Lebewesen tummeln: Wale, Delfine, Seebären, Pinguine, Sturmtaucher und etliche Albatross-Arten. (S. 620)

Galápagosinseln, Ecuador Der Artenreichtum ist einzigartig. Hier kann man mit Schildkröten, Meerechsen, Blaufußtölpeln und vielen anderen ungewöhnlichen Tierarten auf Tuchfühlung gehen. (S. 211)

Tansania Die große Gnu-Wanderung findet im Serengeti-Nationalpark statt. Schimpansen kann man besonders gut in den Nationalparks Mahale Mountains und Gombe beobachten. (S. 858)

Bwindi Impenetrable National Park, Uganda Ein Trek durch den Urwald führt zu vom Aussterben bedrohten Berggorillas. (S. 915)

Australien (Bild unten links) Niedliche Kängurus, Koalas und Wombats hier, tödliche Krokodile, Giftschlangen und -spinnen dort – die Tierwelt in Down Under ist einzigartig. (S. 86)

DUMONT BILDARCHIV / MARTIN SASSE ©

DUMONT BILDARCHIV / TOMA BABOVIC ©

DUMONT BILDARCHIV / TOM SCHULZE ©

REISEROUTEN

3 Monate — Natur, Kultur und Spaß in Asien

Wir leben im „asiatischen Jahrhundert" – da kommt eine abwechslungsreiche Tour durch die Städte und Landschaften Asiens gerade recht.

Die Reise beginnt in **Tokio**, einer Stadt, die Tradition und extreme Modernität vereint und in der sich ein Abstecher zum **Fuji** anbietet. Danach geht es westwärts aufs asiatische Festland, wo mit **Shanghai** die dynamischste Stadt jenes Landes wartet, das sich weltweit am rasantesten verändert. Weiter im Süden locken **Hongkong** mit prima Shopping-Adressen sowie das portugiesische Ambiente im nahen **Macao**. In Vietnam begeistern dann die Altstadt von **Hanoi** mit anmutiger Architektur und die **Halong-Bucht** mit surrealen Kalksteininseln und -felsen. Von Hanoi aus begibt man sich nach **Luang Prabang** mit seinen Tempeln und blickt auf den **Mekong**. Die nächste Station ist die von einem Burggraben umgebene Altstadt von **Chiang Mai**, wo man etwas meditieren kann, ehe man die Ruinen von Angkor nahe **Siem Reap** besichtigt und sich Zeit für etwas Strandurlaub an der Andamanensee in **Phuket** oder **Krabi** reserviert. Den Abschluss bildet eine Einkaufstour in **Singapur**.

6 Monate

Roadtrip quer durch Amerika

Bedenkt man die weiten Ebenen Nordamerikas, könnte hier die Geburtsstätte der Roadtrips liegen. Man kann seinen eigenen Reiseplan machen und sich dabei an die Fersen des Beatniks Jack Kerouac und vieler anderer heften.

Man startet im nie schlafenden **New York**, bevor es weitergeht ins geschichtsträchtige **Philadelphia**. Nächste Station ist **Cincinnati** an den Ufern des Ohio. Weiter südlich liegt das Countrymusik-Mekka **Nashville** mit seinen historischen Gebäuden und Sportstätten. Mit viel Musik geht's auch in **Memphis** weiter, wo man Elvis und Johnny Cash Tribut zollt, um dann weiter den Mississippi hinunter ins schwüle **New Orleans** zu fahren, wo die Südstaatenküche, prunkvolle Bauten und die berühmten Jazz-Clubs auf neue Bewunderer warten. Von dort wäre Option eins die Weiterreise ins lateinamerikanisch geprägte **Miami** und dann, gewissermaßen auf den Spuren Che Guevaras, weiter in den Süden nach **Caracas**, **Bogotá** und **Lima**, hinauf in die erhabenen Höhen von **Macchu Picchu** und schließlich nach **Buenos Aires**, ein Stück Europa in der südlichen Hemisphäre.

Alternativ richtet man von Miami aus den Blick gen Westen: Hier ist **Dallas** mit seinen Cowboys und Cheerleaders die nächste Station, bevor es nach **Houston** weitergeht. Ehrfurcht gebietende Ausblicke in die Wüste und sagenhafte Landschaften machen den **Grand Canyon** zu einem *must-see*, bevor man sich die Zeit mit Glitzer und Glücksspiel in **Las Vegas** vertreibt. In **Los Angeles** späht man in **Hollywood** nach Stars, bevor man mit der Cable Car durch **San Francisco** rattert. Weiter nördlich folgen **Portland**, das Zentrum der Gegenkultur, und jenseits der kanadischen Grenze die schicken Viertel von **Vancouver**. Mit angeschnallten Sporen geht's in die „Cowtown" **Calgary** und dann durch scheinbar endlose Prärien über die Großen Seen nach **Montréal**. Die letzte Etappe zurück nach New York führt entweder über den Ontariosee und die **Niagarafälle** oder durch die malerischen Landschaften **Neuenglands**.

2 Monate

Odyssee am Mittelmeer

Der Mittelmeerraum war Bühne zahlloser Kulturen und Reiche und verzaubert heute mit Kunst, Kultur und Naturschönheiten.

Venedig, das mittelalterliche Kunst- und Handelszentrum an der Adria, ist für viele Traveller der Ausgangspunkt dieser Odyssee. Von hier folgt man den Spuren des Romantikers Lord Byron und besucht als nächstes **Ravenna** mit seinen byzantinischen Mosaiken, dann **Florenz**, die Zeitkapsel der Renaissance, und die ewige Stadt **Rom**. Die Fähre bringt einen über die Adria nach Kroatien und zur idyllischen Küste Dalmatiens, wo man sich **Split** und **Dubrovnik**, die „Perle der Adria", anschaut. In Bosnien-Herzegowina bewundert man die Brücke von **Mostar**. Wieder an der Küste genießt man die atemberaubende Landschaft der **Bucht von Kotor** und die Strände von **Sveti Stefan** und **Bar**. In Albanien erwarten einen das postkommunistische Tirana mit seinen farbenfrohen Gebäuden und die Hügelzitadelle von **Gjirokastra**. Weiter südlich an der ionischen Küste liegen Korfu, Ithaka, die von Odysseus so lange gesuchte Heimatinsel, und **Kefalonia**. Von hier gelangt man nach **Athen** mit seiner Akropolis, hüpft mit dem Schiff von Insel zu Insel oder zurück nach Italien.

Neapel ist die pulsierende Metropole Süditaliens und ein Sprungbrett für Fahrten nach **Sizilien** mit seinen griechischen Tempeln und dem aktiven **Ätna**. Von dort geht es weiter zur kristallklaren **Costa Smeralda** auf Sardinien und zu den ruhigen Fischerdörfern und ins raue Landesinnere von **Korsika**. Die Küstenstraße in **Nizza** und **Monaco** sind sonnenverwöhnte Orte. **Marseille** lockt mit seinem Schloss und dem rauen Hafenviertel. Im Binnenland erwarten einen **Aix-en-Provence** und die provenzalische Landschaft um **Arles**, von der sich van Gogh inspirieren ließ. Dann folgt **Barcelona**, die Kunst- und Architekturstadt und das Sprungbrett zu den **Balearen**. Weiter westwärts locken die spanische Hauptstadt **Madrid** mit ihrem Nachtleben und die maurischen Stätten von **Córdoba**, **Sevilla** und **Granada**. Die Reise endet in **Gibraltar**, dem Tor zum Atlantik und westlichsten Punkt der Reisen des Herkules.

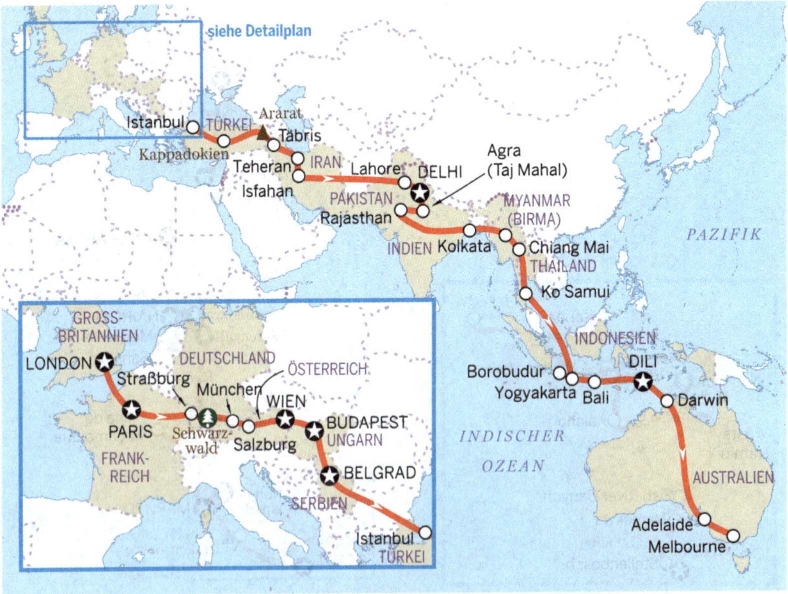

6 Monate

Hippie-Trail: Von London nach Melbourne

Die Überlandreise von Europa quer durch Asien war für Generationen von Travellern ein Initiationsritus – auch für Maureen und Tony Wheeler, die Gründer von Lonely Planet.

Von **London** aus geht es zum Eiffelturm und zum Louvre nach **Paris**. Die Fahrt führt gen Osten zu den Fachwerkhäusern von **Straßburg** weiter durch den **Schwarzwald** nach München. Man genießt das musikalische Flair und die Barockarchitektur in **Salzburg**, ehe man der Oper und den Kaffeehäusern von **Wien** einen Besuch abstattet. Das würdevolle **Budapest** und das quirlige **Belgrad** bieten Spas und ein munteres Nachtleben, bevor man **Istanbul** erreicht, die türkische Metropole, die Europa und Asien verbindet. Mit der Bosporusfähre geht's hinüber und dann ins surreale **Kappadokien**. Am Fuß des **Ararat** entlang ist **Täbris** im Iran das nächste Ziel. Man entspannt in den Teehäusern von **Teheran**, bewundert die Architektur in **Isfahan** und schickt sich an zur Fahrt durch die Wüste. Schon lockt die Altstadt von **Lahore** mit ihrer Kunstszene und prächtigen Mogul-Gärten.

Jenseits der indischen Grenze folgt **Delhi** mit dem Roten Fort und duftenden Basaren, bevor man in **Agra** die Architektur des **Taj Mahal** bestaunt. Ein Abstecher westwärts bringt einen zu den Wüsten und traumhaften Festungen von **Rajasthan**. Nach dem Lärm und der Hektik in **Kolkata** zieht man weiter nach **Myanmar**. Von dort ist es nur ein Katzensprung zu einem Spa in **Chiang Mai**, von wo es ins muntere **Bangkok** weitergeht. Im Inselidyll von **Ko Samui** holt man Atem, bevor Indonesien auf dem Programm steht. **Yogyakarta** ist ein Zentrum der javanischen Kunst und des Puppenspiels und das Tor zu den buddhistischen Denkmälern am **Borobudur**. Als nächstes folgt **Bali**, wo man am Strand frische Kräfte sammelt, ehe man ins sich schnell verändernde **Dili** weiterzieht. Von dort ist es nur ein Katzensprung nach **Darwin**, in Australiens „asiatischste" Stadt, von der man mit dem Auto durch die Wüste nach **Adelaide** fahren kann, ehe man sein Ziel **Melbourne**, die künstlerische und kulturelle Hauptstadt Australiens, erreicht.

4 Monate

Eine einmalige Safari

Afrika bietet weite Landschaften, die Gelegenheit, so viele Wildtiere zu beobachten wie nirgendwo sonst auf der Erde, und eine ganz unglaubliche kulturelle Vielfalt.

Von **Kapstadt** aus kann man, nachdem man den Tafelberg bestiegen und die Weingüter von **Stellenbosch** besucht hat, zwischen zwei Routen wählen: Man genießt die Blütenpracht in **Namakwa** auf dem Weg zum **Fish River Canyon** mit seinen großartigen Wandermöglichkeiten. Nun geht es weiter durch die Wüste **Namib** und an der verlassenen Skelettküste entlang zum **Etosha-Nationalpark**. Wer dort kein Nashorn erblickt, reist ostwärts zur **Kalahari**, wo man mit Buschmännern wandern kann, und weiter zum üppigen **Okavangodelta**, dem Reich sich suhlender Flusspferde. Auf den Spuren von David Livingstone gelangt man zu den **Victoriafällen** und blickt auf die Wassermassen des „donnernden Rauchs". Über den **Kariba-Stausee** geht es weiter nach **Malawi**, wo man sich am Malawisee entspannt wie einst schon Livingstone.

Die Alternativroute ab Kapstadt führt durch die **Drakensberge** ins Bergkönigreich **Lesotho** und dann nach **Swasiland**. Dann folgt der **Krüger-Nationalpark**, wo man nach den afrikanischen „Big Five" Ausschau hält. In **Mosambik** besucht man das portugiesisch geprägte **Maputo**, trinkt Caipirinhas am Strand und dringt auf den Spuren Magellans die Küste hinauf vor, taucht mit Walhaien und schaut sich die verfallene Pracht der Bauten auf der **Ilha de Moçambique** an. Weiter geht's zum **Malawisee** (an dem sich beide Routen vereinen) und nordwärts nach Tansania zum Besuch der **Serengeti** und des **Ngorongoro-Kraters**. Schon locken der Gipfel des **Kilimandscharo** und am Indischen Ozean die Gewürzgärten von **Sansibar**. Das sinnliche **Mombasa** ist ein Schmelztiegel der Suaheli-Kultur und das Tor nach Kenia. Über die **Masai Mara** gelangt man nach **Nairobi**. Von dort aus kann man über **Addis Abeba**, **Khartum** und **Kairo** zum Mittelmeer gelangen – und hat damit den Kontinent von Süden nach Norden durchquert.

MACH DICH
AUF DEN WEG
UND ENTDECKE

DIE WELT

LINKS: LUCIANO MORTULA / SHUTTERSTOCK ©; RECHTS: BUENA VISTA IMAGES / GETTY IMAGES ©

TOMMY CLARKE / GETTY IMAGES ©

HAUPTSTADT
Kabul

BEVÖLKERUNG
37,5 Mio.

FLÄCHE
652 230 km²

AMTSSPRACHEN
Dari, Paschtu

Band-e-Amir-Seen, in der Nähe von Bamiyan

AFGHANISTAN

Der Weg dieses noch immer instabilen Landes in eine bessere Zukunft bleibt ungewiss und als Reiseziel ist es weiterhin tabu. Aber die Widerstandsfähigkeit der Menschen und die Schönheit der Landschaft bleiben.

Wenn es um Eindringlinge ging, zeigte sich Afghanistan stets als ein vereintes Land, auch wenn es im Inneren gespalten blieb.

Der letzte Teufelskreis der Gewalt begann 1979 mit dem Einmarsch der Sowjetunion. Der blutige „David-gegen-Goliath"-Konflikt endete damit, dass die Underdogs die Supermacht besiegten. Aber der Lohn war nicht etwa Frieden, sondern ein brutaler Bürgerkrieg – die Taliban verbreiteten Angst und Schrecken bis in den Westen hinein. Auch fast 20 Jahre nach den Anschlägen vom 11. September 2001 ist das Land noch nicht befriedet, gibt Afghanistans Wiedergeburt als junge Demokratie Anlass zur Sorge.

Vor all dem Blutvergießen war Afghanistan eine wichtige Station auf dem Landreiseweg der Hippies und bezauberte Besucher mit seinen Gebirgszügen, seinem Kulturenmix und vor allem mit seinen Menschen, die jeden mit Charme und großer Gastfreundschaft willkommen hießen.

Highlights

KABUL

1 Kabul ist zugleich aufregend, frustrierend, inspirierend und schockierend. Die Stadt, die einst Station auf dem Hippie-Trail nach Indien war und später vom Bürgerkrieg gezeichnet wurde, erlebte zuletzt einen Boom: Es gibt nette Restaurants und überall klingeln Handys. Sieht man genauer hin, wirkt alles nicht mehr so rosig – der Weg zum Wiederaufbau bleibt holprig.

BAMIYAN

2 Einst ein Pilgerziel, steht Bamiyan heute vor allem für die Vernichtung afghanischer Kultur. Die beiden riesigen Buddha-Statuen, die den Blickfang des Tals bildeten, fielen dem Bildersturm der Taliban zum Opfer. Trotzdem ist das Tal noch immer wunderschön.

HERAT

3 Herat ist ebenso persisch wie afghanisch und hat als altes kulturelles Herz des Landes einen Touch von Unabhängigkeit. Viele der Denkmäler befinden sich in einem desolaten Zustand, aber mit der 800 Jahre alten Freitagsmoschee besitzt die Stadt eine der bedeutendsten islamischen Stätten. Das grandiose Fliesenmosaik ist eine Hymne auf Allah.

▼ REISEZEIT

Sept.–Nov.

Juni–Aug.

März–Mai

▼ ESSEN & TRINKEN

Pilaw Reis mit Fleisch, Mandeln, Rosinen und Karotten.

Kebab Gewürfeltes oder gehacktes Lammfleisch mit Brot, Zwiebeln und Gewürzen.

Obst Melonen, Granatäpfel, Äpfel, Trauben und Maulbeeren.

Tee Grüner oder schwarzer Tee.

HAUPTSTADT
Kairo

BEVÖLKERUNG
106,4 Mio.

FLÄCHE
1 Mio. km²

AMTSSPRACHE
Arabisch

Feluken auf dem Nil

ÄGYPTEN

Trotz politischer, finanzieller und sozialer Turbulenzen sind die Ägypter stolz und selbstbewusst geblieben. Besucher sind wie eh und je willkommen.

Von Sand bedeckte Grabstätten, erhabene Pyramiden und Pharaonentempel: Ägypten weckt die Abenteuerlust. In Luxor lockt das Tal der Könige, wo Tutanchamuns Grab entdeckt wurde – im spektakulären neuen Ägyptischen Museum in Kairo sind die prächtigen Funde zu bewundern. Man kann aber auch zu den Ufertempeln am Nil hinuntergleiten, den Nassersee überqueren, das Meisterwerk von Ramses II. in Abu Simbel besichtigen oder bei einem Wüstentrek die Spuren römischer Vorposten sichten.

Die Küste am Roten Meer ist von wilder, karger Schönheit und die Unterwasserwelt mutet psychedelisch schön an. Mehrtägige Törns bieten mit die besten Tauchgänge der Welt, aber auch ein halbtägiger Schnorchelausflug lohnt sich bereits.

Egal, ob man die zwischen den Kalksteinformationen der Weißen Wüste aufgehende Sonne betrachtet oder in einer Thermalquelle in der Oase Siwa zum glitzernden Horizont schaut: Die Landschaft Ägyptens erscheint unendlich und faszinierend.

Highlights

PYRAMIDEN VON GIZEH

1 Die hoch über das urbane Gewühl Kairos und die umliegende Wüste aufragenden Pyramiden von Gizeh mit der Sphinx sind das Highlight jeder Ägyptenreise. Viel Wasser, Speicherplatz und Geduld mitbringen – bevor man die antiken Grabstätten bestaunen kann, muss man sich an Anbietern von Pferdetouren und Beduinen-Kopfbedeckungen vorbeikämpfen. Aber was wäre eine Reise nach Ägypten ohne ein Foto vom einzigen erhaltenen Weltwunder der Antike?

LUXOR

2 Angesichts der größten Häufung altägyptischer Denkmäler lohnt es sich, Zeit in Luxor zu verbringen. Man kann durch die Säulenhallen der Tempel am Ostufer des Nils schreiten (z. B. im Ramesseum) oder am Westufer in die Pharaonengräber im Tal der Könige hinuntersteigen. Zu erleben, wie die Sonne über dem Nil aufgeht oder über den thebanischen Hügeln untergeht, ist unvergesslich.

NILKREUZFAHRT

3 Der Nil ist Ägyptens Lebensader und verläuft von Süden nach Norden quer durch das Land. Nur wer auf ihm fährt, kann seine Bedeutung und Schönheit ermessen. Außerdem kann man bestimmte archäologische Stätten nur bei einer Bootsfahrt aus der richtigen Perspektive sehen.

TAUCHEN IM ROTEN MEER

4 Ägyptens Küsten der Sinaihalbinsel und des Roten Meeres ermöglichen den Zugang zu einer wahren Wunderwelt. Egal, ob man erfahrener Tauchprofi oder Anfänger ist, die ägyptische Unterwasserwelt mit ihren Korallenriffen, bunten Fi-

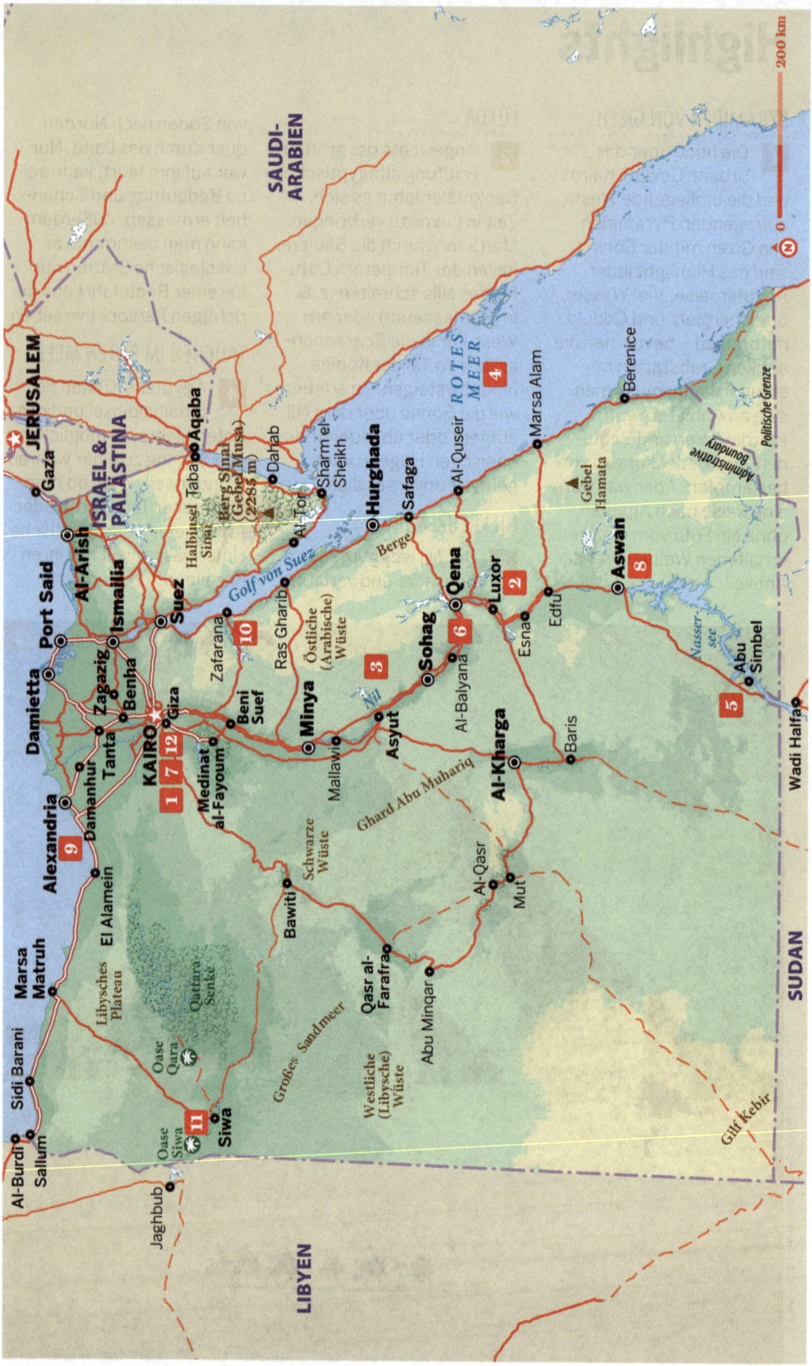

Alexandria
9
Damietta
Port Said
Al-Arish
Gaza
JERUSALEM
ISRAEL & PALÄSTINA
Aqaba
SAUDI-ARABIEN
Damanhur
Tanta
Zagazig
Benha
Ismailia
Suez
KAIRO
1
7
12
Giza
Medinat al-Fayoum
Beni Suef
Zafarana
10
Golf von Suez
Halbinsel Sinai
Taba
Berg Sinai (Gebel Musa) (2285 m)
Dahab
Sharm el-Sheikh
At-Tor
Ras Gharib
Östliche (Arabische) Wüste
Hurghada
Safaga
Berge
ROTES MEER
4
Al-Quseir
Marsa Alam
Berenice
Minya
3
Nil
Mallawi
Asyut
Sohag
6
Al-Balyana
Qena
Luxor
2
Esna
Edfu
Gebel Hamata
Aswan
8
Nasser-see
Abu Simbel
5
Wadi Halfa
Baris
Al-Kharga
Ghard Abu Muhariq
Al-Qasr
Mut
Schwarze Wüste
Bawiti
Qasr al-Farafra
Abu Minqar
El Alamein
Marsa Matruh
Libysches Plateau
Qattara-Senke
Oase Qara
Sidi Barani
Sallum
Al-Burdi
Oase Siwa
11
Siwa
Jaghbub
Großes Sandmeer
Westliche (Libysche) Wüste
Gilf Kebir
LIBYEN
SUDAN
Administrative Boundary
Politische Grenze
0
200 km
N

TOP-FILME

Tod auf dem Nil (1978) In diesem Agatha-Christie-Krimi untersucht Poirot den Mord an einer Erbin an Bord eines Kreuzfahrtschiffes auf dem Nil.

The Yacoubian Building (2006) Der ägyptische Blockbuster nach dem Roman von Ala al-Aswani erzählt von verschiedenen Charakteren in einem Block in der Kairoer Innenstadt.

Ruby Cairo (1992) Eine Frau folgt den Spuren ihres vermissten Ehemannes bis zu seinem Versteck in Ägypten, der Star der Films ist aber Kairo.

Der Spion, der mich liebte (1977) Die Pyramiden, Karnak und das islamische Kairo bilden die glamouröse Kulisse für die Eskapaden von James Bond.

ESSEN & TRINKEN

Schawarma Lamm- oder Hähnchenteile vom Drehspieß, die mit gehackten Tomaten und Beilagen gebraten und im Fladenbrot serviert werden.

Fitiir Diese Pizza hat einen dünnen, lockeren Boden, der mit Halloumi-Käse und Oliven oder süß mit Marmelade, Kokosnuss und Rosinen belegt wird.

Mahschi kurumb Die mit Reis und Fleisch gefüllten Kohlblätter schmecken gekocht mit viel Dill und *samna* (geklärte Butter) ganz fabelhaft.

Molokhia Eine etwas dickflüssige, aber köstliche Suppe aus Juteblättern, die mit Kaninchenfleisch und Knoblauch serviert wird.

Hammam Mahshi Gebratene mit *fireek* (grüner Weizen) und Reis gefüllte Taube.

Mahallabïya Ein Dessert aus Milchpudding mit Pinienkernen und Mandeln.

schen und gespenstisch schönen Schiffswracks ist ebenso beeindruckend wie all die Sehenswürdigkeiten an Land. Man sollte es Jacques Cousteau gleichtun und das rätselhafte Wrack der „Thistlegorm" erkunden: Das im Zweiten Weltkrieg versenkte Frachtschiff ist heute eine Art Unterwassermuseum.

ABU SIMBEL

5 Ramses II. errichtete Abu Simbel südlich von Assuan. Die beiden riesigen Tempel sind aber auch ein Wunderwerk der Ingenieurskunst: In den 1960er-Jahren wurden sie Block für Block an diese Stelle versetzt, um sie vor der Überflutung durch den Nassersee zu bewahren. Um die einsame Lage auszukosten, sollte man in Abu Simbel übernachten – entweder in einem Boot auf dem See oder im Eskaleh, einer Ökolodge mit nubischem Kulturzentrum.

ABYDOS & DENDARA

6 Die Zeit ist kurz und jeder will die Pyramiden, Tutanchamuns Gold und das Tal der Könige sehen. Aber einige der schönsten Momente kann man an weniger besuchten Stätten erleben, kann man doch dort das antike Erbe in aller Ruhe genießen. Das geht nirgendwo besser als in Abydos, einem der heiligsten Orte am Nil, und in Dendara, wo einer der besterhaltenen antiken Tempel der Welt zu bewun-

REISEZEIT

HAUPTSAISON
(Okt.–Feb.)
Der „Winter" in Ägypten ist sonnig und warm.

ZWISCHENSAISON
(März–Mai, Sept. & Okt.)
Das Meer ist schön warm.

NEBENSAISON
(Juni–Aug.)
Glühende Hitze.

SEIN LIEBSTES AHWA FINDEN

Das *ahwa* genannte Kaffeehaus ist eine der großen sozialen Institutionen Ägyptens. Einst durften *ahwas* nur von Männern besucht werden, heute sieht man dort, vor allem in Kairo und Alexandria, aber auch junge Frauen. *Ahwas* sind Orte, an denen man entspannt, plaudert und einen tiefen Zug aus der Shisha nimmt, staubige Böden, wacklige Tische und das Geklapper von Domino- oder Backgammon-Steinen sind ihr traditionelles Markenzeichen. In neueren und schickeren Läden wurde das Konzept erweitert – genau wie die Geschmacksrichtungen des Tabaks, den es jetzt mit Aromen von Mango bis Bubblegum gibt.

Die meisten *ahwas* sind von 8 bis 2 Uhr geöffnet und haben Tee, Kaffee und mehr im Angebot, z. B. *karkadai* (Hibiskustee), *irfa* (Zimttee), *kamun* (Kreuzkümmeltee, bei Erkältung), *yansun* (Anistee) und im Winter heißen, milchigen *sahlab* (ein dickflüssiges Getränk aus Orchideenwurzelstärke, Milch und Nüssen).

UNTERWEGS VOR ORT

Viele Inlandsflüge gehen über Kairo. Wer die Website von EgyptAir nutzt, sollte für die günstigsten Preise eine Stadt in Ägypten als Adresse angeben.

Zwischen den Städten verkehren regelmäßig Busse. Sie sind bequem und zuverlässig. Im Voraus buchen.

Man sollte sich in Kairo nicht selbst ans Lenkrad setzen. Bezahlbare Wagen mit Fahrer gibt's fast überall.

Züge sind das bequemste Verkehrsmittel für Fahrten nach Alexandria, Luxor und Assuan.

dern ist. Die Stätten liegen nördlich von Luxor in entgegengesetzter Richtung der Route der Tourbusse.

GROSSES ÄGYPTISCHES MUSEUM

7 Das neue Große Ägyptische Museum soll nach seiner Fertigstellung das größte Archäologische Museum der Welt sein (s. „Jetzt reisen!" rechts).

ASSUAN

8 Assuan bildete die Grenze des antiken Ägyptischen Reichs und den südlichsten Vorposten der Römer. Die Stadt ist noch immer das Tor nach Nubien. Hier vermischen sich die Kulturen und schaffen einen ruhigen Ort, der den Abstecher lohnt. Vielleicht liegt es an der Art, wie sich der Fluss hier durch die Felsen zwängt, an der Nähe zur Wüste, den abgeschiedenen Grabstätten von Aga Khan und in Vergessenheit geratenen Prinzen, dass man hier am Ende eines Tages melancholischer ist als anderswo am Nil.

ALEXANDRIA

9 Die von Alexander dem Großen gegründete, zweitgrößte Stadt Ägyptens ist überreich an antiker und moderner Geschichte. Man kann die Bibliotheca Alexandrina, die neue Verkörperung der antiken Großen Bibliothek, sowie überall in der Stadt unzählige kleine Museen besuchen. Oder man schlendert einfach durch die Suks im stimmungsvollen Anfushi, dem ältesten Teil der Stadt, und genießt wunderbar frische Meeresfrüchte mit Blick aufs Mittelmeer.

KLOSTER DES HEILIGEN ANTONIUS

10 Schon die ersten Asketen suchten die kahlen Berge und schroffen Felsen der Wüste auf, um dem Lärm zu entkommen. Das historische Kloster des Heiligen Antonius stammt aus dem 4. Jh. n. Chr., als sich Mönche am Fuß des Gebel al-Galala al-Qibliya niederließen, dem Ort, an dem ihr Führer Antonius lebte. Heute ist das Kloster ein großer, von Mauern umgebener Komplex mit mehreren Kirchen, einer Bäckerei und einem üppig grünen Garten. Die 120 Mönche widmen ihr Leben in der Stille und Abgeschiedenheit der Wüste dem Gebet und der Suche nach Gott.

OASE SIWA

11 Siwa, die großartigste und entlegenste Oase im Westen der ägyptischen Wüste, liegt am Rand des Ägyptischen Sandmeers und bietet die ultimative Oasen-Erfahrung. Auf den Spuren von Alexander dem Großen kommen Traveller heute hierher, um nach der Reise entlang des Nils zu relaxen. Man kann durch Palmenhaine radeln, eine Wüstentour zu heißen und kalten Quellen und Seen machen oder Dünen runterrutschen.

KHAN-EL-KHALILI-BASAR, KAIRO

12 Der Khan-el-Khalili ist mit den schmalen Gassen eigentlich eine Art mittelalterliches Shoppingcenter. Es ist eine Ansammlung von Läden, von denen viele um kleine Plätze herum angeordnet sind. Hier wird von

JETZT REISEN!

Das **Große Ägyptische Museum (GEM)** wird voraussichtlich noch 2021 bei den Pyramiden von Gizeh eröffnet. Allein der Bau ist ein Kunstwerk, konzipiert vom Dubliner Architekturbüro Heneghan Peng. Die Fassade erstreckt sich über eine Länge von nahezu 1 km und wirkt wie ein gigantisches Pharaonengrab. Über 50 000 Exponate – Goldschmuck, Tutanchamuns Socken, Mumien von Pharaonen und ihren Lieblingstieren u. v. m. – repräsentieren 7000 Jahre ägyptische Geschichte. Es ist schlicht unmöglich, alles zu sehen ...

Seife über Halbedelsteine, Spielzeugkamele bis hin zu Alabasterpyramiden so ziemlich alles angeboten. Der Basar ist meist von frühmorgens bis Sonnenuntergang geöffnet, viele Läden schließen erst, wenn keine Kunden mehr in Sicht sind. Seit der Eröffnung im 14. Jh. treiben Kairoer Handel auf dem *khan* – und Teile des Basars, wie die Goldgassen, sind noch heute die erste Wahl für viele Einheimische.

MICHELLE MCMAHON / GETTY IMAGES ©

2

SANDDÜNEN

Hier gibt es vier der fünf in der Welt vorkommenden Arten von Sanddünen, so u. a. *seif*-Dünen (Schwertdünen), die den Klingen arabischer Schwerter ähneln – daher der Name.

KULTURIKONEN

Ägypten (speziell Kairo) ist ein Zentrum für Film, Fernsehen, Musik und Theater und viele ägyptische Schauspieler und Sänger werden in der arabischen Welt als Ikonen verehrt.

12

EFESENKO / SHUTTERSTOCK ©

HAUPTSTADT
Tirana
BEVÖLKERUNG
3,1 Mio.
FLÄCHE
28 748 km²
AMTSSPRACHE
Albanisch

Osmanische Häuser in Berat

ALBANIEN

Mit einer imposanten Berglandschaft, einer boomenden Hauptstadt und Stränden, die es mit allen anderen am Mittelmeer aufnehmen können, hat sich Albanien zum Geheimtipp auf dem Balkan gemausert.

Albanien hat so viele Naturschönheiten, dass man sich wundert, warum es so lange gedauert hat, bis nach dem Ende des Kommunismus (1991) der Tourismus Fahrt aufnahm. Albanien war aber dermaßen rückständig, dass es – als die Freiheit zwinkerte – zwei Jahrzehnte brauchte, um Anschluss an die anderen Länder Osteuropas zu finden. Dies ist nun gelungen und das Land hat eine Menge einmaliger Attraktionen zu bieten: uralte Traditionen der Bergbewohner, archäologische Stätten und Dörfer, in denen die Zeit stillzustehen scheint.

In Tirana entfalten sich die Hoffnungen und Träume dieser kleinen Nation in einem Wirbel aus Verkehr, ungehemmtem Konsum und Lebenslust. Seit Anfang der 1990er-Jahre hat sich die Stadt enorm verändert. Die Gebäude im Zentrum leuchten in bunten Farben und öffentliche Plätze und Fußgängerzonen laden zum Schlendern ein.

Highlights

FÄHRE AUF DEM KOMAN-STAUSEE

1 Die dreistündige Fahrt über den großen Koman-Stausee ist eine der größten Attraktionen in Albanien. Der See wurde 1978 durch das Aufstauen des Flusses Drini (Drin) geschaffen. Die Bootsfahrt führt durch eine spektakuläre Berglandschaft mit winzigen Dörfern, in denen die hart arbeitenden Menschen noch immer wie vor vielen 100 Jahren leben.

BERAT

2 Berat hat seinen ganz eigenen Zauber und gehört zu den Highlights des Landes. Auffälligstes Merkmal sind die weißen osmanischen Häuser, die bis hinauf zur Festung reichen und Berat den Namen „Stadt der tausend Fenster" verliehen und dazu beitrugen, dass Gjirokastra

ESSEN & TRINKEN

Byrek Gebäck mit Käse oder Fleisch (Börek).

Fergesë Gebackene Paprika, Eier und Käse, teils auch mit Fleisch.

Midhje Wild- oder Zuchtmuscheln, oft gebraten serviert.

Paçe koke Suppe mit Schafskopffleisch (zum Frühstück).

Qofta Flache oder zylindrische Hackfleisch-Brätlinge.

Sufllaqë Kebab.

Tavë Gebratenes Fleisch mit Käse und Eiern.

Konjak Albanischer Weinbrand.

Raki Beliebter Schnaps aus Weintrauben.

Raki mëni Schnaps aus Maulbeersaft.

REISEZEIT

HAUPTSAISON
(Juli–Aug.)

ZWISCHEN-SAISON
(April–Juni & Sept.–Okt.)

NEBENSAISON
(Nov.–März)

▼ DER SOUNDTRACK

Autos, Bars, Restaurants, Handys – überall in Albanien ertönt Musik. Moderne albanische Musik besteht größtenteils aus Klarinettenklängen und den Beats von mit Ziegenleder bespannten Trommeln. Polyphonie, das Zusammenspiel verschiedener Vokal- oder Instrumentalklänge, stammt aus alten illyrischen Zeiten und ist vor allem im Süden des Landes noch zu hören.

IAN BOTTLE / ALAMY STOCK PHOTO ©

seit 2008 zum UNESCO-Welterbe gehört. Die Gebirgslandschaft ist besonders eindrucksvoll, wenn Wolken um die Minarette wirbeln oder aufreißen und den Blick auf den eisigen Gipfel des Tomorr freigeben. Und obwohl sich Berat zu einem Tourismuszentrum entwickelt hat, konnte es sich seinen unbeschwerten Charme bewahren.

ALBANISCHE RIVIERA

3 Sonne tanken kann man an einem der vielen Strände an der Albanischen Riviera. Der große, beliebte Strand von Dhërmi hat an seinem mittleren Abschnitt viel besuchte Bars und Restaurants zu bieten, an den beiden Enden aber auch ruhigere Bereiche. Drymades ist ein schöner, felsiger, weißer Strand, der über eine sich durch Olivenhaine schlängelnde Straße zu erreichen ist. Der abgelegene Strand Gjipe ist von hohen Klippen gesäumt.

BUTRINT

4 Die 18 km südlich von Saranda gelegenen antiken Ruinen von Butrint sind für ihre Größe, Schönheit und Ruhe berühmt. Die Reste, die aus mehreren, sich über 2500 Jahre erstreckenden Perioden stammen, verstecken sich in den Wäldern eines 29 km^2 großen Nationalparks. Griechen aus Korfu besiedelten den Hügel von Butrint (Buthrotum) im 6. Jh. v. Chr. Der Pfad am Eingang der Stätte führt zu einem griechischen Theater aus dem 3. Jh. v. Chr. Unweit davon liegen die öffentlichen Bäder. Tiefer im Wald befinden sich eine Mauer mit griechischen Inschriften und ein frühchristliches Baptisterium mit Mosaiken aus dem 6. Jh. Oben auf dem Hügel war einst die Akropolis. Jetzt steht dort eine Burg, in der ein Museum untergebracht ist.

TIRANA

5 Die großen Boulevards von Tirana sind von Reliquien aus der osmanischen, italienischen und kommunistischen Vergangenheit gesäumt – von Minaretten bis zu sozialistischen Wandgemälden. Im trendigen Blloku bevölkert die gut gekleidete, wohlhabende Schickeria die Bars und Cafés. Hinzu kommen ein paar ausgezeichnete Museen. Tirana mit seinem Chaos aus Autos und Fußgängern ist ein laute, verrückte, bunte und staubige, aber nie langweilige Stadt.

GJIROKASTRA

6 Gjirokastra wird geprägt von einer Festung, grob gepflasterten Straßen, imposanten Häusern mit Schieferdächern und Blicken ins Drino-Tal. Wundervoll beschrieben wurde das Städtchen von Ismail Kadare (geb. 1936), Albaniens berühmtestem Schriftsteller, in seiner *Chronik in Stein*. Dieser Ort, der seit 2500 Jahren

UNTERWEGS VOR ORT

Busse und *furgons* (privat betriebene Minibusse) sind die Hauptverkehrsmittel in Albanien. Stadtbusse fahren in Tirana, Durrës, Shkodra, Berat, Korça und Vlora.

Die Infrastruktur wird immer besser, es gibt eine sehr gute Schnellstraße zwischen Tirana und dem Kosovo.

Züge sind langsam, dafür aber billig. Eine Zugfahrt ist stets ein Abenteuer.

besiedelt ist, zieht mit seinen 600 „monumentalen" Häusern aus osmanischer Zeit viele Besucher an. Die Stadt ist für Albaner auch ein Synonym für den früheren Diktator Enver Hoxha, der hier geboren wurde und dafür sorgte, dass die Stadt unter seiner Herrschaft relativ gut erhalten blieb. Gjirokastra ist weit weniger touristisch als Berat, aber nicht minder bezaubernd und hat etliche faszinierende Sehenswürdigkeiten zu bieten.

VERWUNSCHENE BERGE

7 Die Verwunschenen Berge (Bjeshkët e Namuna) gehören zu den beeindruckendsten Landschaften Albaniens. In den letzten Jahren wurden sie zu einem beliebten Ziel von Backpackern. Hier zeigt sich das Land von einer ganz anderen Seite: Blutfehden, uralte Traditionen, grandiose Landschaften und stolze Menschen. Diese Gegend gehört zu den Highlights jeder Reise nach Albanien – wo sonst ist man im Europa des 21. Jhs. weiter von der modernen Welt entfernt als hier?

SYRI I KALTËR

8 Die Quelle Syri i Kaltër (Blaues Auge) ist ein magischer Ort, ein Becken mit tiefblauem Wasser und einem stahlblauem Rand, der an die Iris eines Auges erinnert. Die in dichte Wälder eingehüllte Quelle liegt etwa 22 km östlich von Saranda an der Straße nach Gjirokastra – im Sommer Badesachen nicht vergessen! Die Fahrer der zwischen Saranda und Gjirokastra verkehrenden Busse lassen ihre Fahrgäste auf Wunsch an der Abzweigung zur Quelle raus. Von da sind es noch drei staubige Kilometer zu Fuß.

HAUPTSTADT
Algier

BEVÖLKERUNG
40,2 Mio.

FLÄCHE
2,4 Mio. km²

AMTSSPRACHEN
Algerisches Arabisch, Berbersprache

Kamelkarawane in der Sahara unweit von Timimoun

ALGERIEN

Afrikas größtes Land ist nur einen Katzensprung von Europa entfernt und bietet zahlreiche, aber nur wenig besuchte Attraktionen. Leider lässt es die Sicherheitslage hier aber oft nicht zu, die Sahara, Bergregionen und ländliche Regionen zu bereisen.

Algeriens Hauptstadt Algier ist eines der urbansten und charismatischsten Zentren des Maghreb mit einer berauschenden nostalgischen Mischung aus kolonialer und modernistischer Architektur und einer traditionellen Medina als pulsierendem Herzen. Im Norden findet man hinreißende Küsten, ein üppiges ländlich geprägtes Hinterland und eine Reihe gut erhaltener römischer Städte. Die Trumpfkarte des Landes ist jedoch seine bezaubernde Sahara-Region. Die Sandmeere rund um Timimoun oder der ferne Süden hinter Tamanrasset präsentieren sich als legendäre Wüsten-Traumlandschaften.

Die Algerier begegnen Besuchern mit Wärme und ernst gemeinter Neugier. Ein Algerien-Besuch verspricht heute ein Abenteuer und eine vielfältige, kulturell spannende Odyssee.

Highlights

TIMIMOUN

1 Die größte Oase im Westlichen Großen Erg ist eine bezaubernde Wüstenstadt. Ihre roten Lehmgebäude erinnern an Länder südlich der Sahara. Die Lage am Rand eines Steilhangs erlaubt einen tollen Blick über einen Salzsee und die Dünen dahinter. In der Hauptstraße herrscht morgens und abends geschäftiges Treiben.

ALGIER

2 Algier (Al-Jazaïr) ist eine Stadt von seltener Schönheit, aber gleichzeitig verwirrend und manchmal sogar brutal. Die Geschichte des Landes kommt besonders in der Architektur zum Ausdruck: breite von den Franzosen angelegte Boulevards, Denkmäler aus sozialistischen Zeiten und ein islamisches Herz in der Kasbah.

GHARDAÏA

3 Im Tal von M'Zab gibt es fünf Städte, die gemeinsam unter dem Namen Ghardaïa bekannt sind. Auf dem Hauptplatz einer unverfälschten mittelalterlichen Stadt kann man mit Teppichhändlern feilschen und dann im Schatten von Dattelpalmen baden. Die Einheimischen sind oft zurückhaltend, aber dennoch ist es ein freundlicher Ort.

REISEZEIT

HAUPTSAISON
(Nov.–April)

ZWISCHEN-SAISON
(Mai–Juli & Sept.–Okt.)

NEBENSAISON
(Aug.)

ESSEN & TRINKEN

Bourek Mit Rindfleisch gefüllte Teigblätter.

Tajine Herzhafter Eintopf mit Fleisch, Gemüse und Gewürzen, dazu wird oft Couscous serviert.

Getränke Pfefferminztee und Kaffee.

Skiort Grandvalira

HAUPTSTADT
Andorra la Vella

BEVÖLKERUNG
85600

FLÄCHE
468 km²

AMTSSPRACHE
Katalanisch

ANDORRA

Das winzige, katalanischsprachige Fürstentum Andorra versteckt sich in der majestätischen Berglandschaft der Pyrenäen und ist eine der erstaunlichsten Ecken Westeuropas.

Wer auf der Suche nach tollen Wanderwegen oder Skipisten ist, für den ist dieses eigentümliche Land genau das Richtige. Das in den östlichen Pyrenäen zwischen Frankreich und Spanien eingekeilte Fürstentum ist eines der kleinsten Länder Europas.

Der Zwergstaat bietet die besten Skihänge und Resorts der Pyrenäen. Schneebedeckte Pisten, Glühwein zum Après-Ski und Übernachtungen in Boutiquehotels – daran denken wohl die meisten bei diesem winzigen Fürstentum. Wenn man sich aber aus der kitschigen Umarmung von Andorra la Vella befreit, kommt man auf einer der drei Landstraßen schon nach kurzer Zeit in eine dramatische Gebirgsszenerie.

Wenn der Schnee geschmolzen ist, kann man in den höheren, abgelegeneren Regionen des Fürstentums wandern. Es sind einfache Spaziergänge aber auch anspruchsvolle Tagestouren möglich. Oberhalb der engen Täler ist man oft stundenlang fast allein.

Highlights

SKIFAHREN

1 Pisten in einer Gesamtlänge von über 200 km und Skilifts, die pro Stunde mehr als 100 000 Skifahrer befördern können – das Skigebiet Grandvalira ist das größte in den Pyrenäen.

WANDERWEGE

2 Ordino ist Andorras schönstes Dorf. Auf 1300 m gelegen, ist es ein hervorragender Ausgangspunkt für einen Aktivurlaub im Sommer. Von Mitte Juli bis Mitte September bringen einen die Gondelbahnen von Canillo und Soldeu in höhere Gebiete, wo man wandern oder mit einem Mountainbike talwärts sausen kann.

LA CALDEA

3 In diesem ultramodernen Thermalbad kann man nach einem erlebnisreichen Tag auf den Pisten oder einer anstrengenden Wanderung wundervoll ausspannen. Der ganz aus Glas bestehende Komplex mit Lagunen, gigantischen Whirlpools, Dampfbädern und Saunas erinnert an eine futuristische Kathedrale und ist das größte Spa Europas.

REISEZEIT

HAUPTSAISON
(Dez.–April)

ZWISCHENSAISON
(Juni–Sept.)

NEBENSAISON
(Mai & Okt.–Nov.)

ESSEN & TRINKEN

Cabrito con picadillo de frutos secos Zickleinbraten mit Mandeln und Pinienkernen.

Escudella Dicke Suppe mit *albondigas* (Fleischbällchen), Kichererbsen, Karotten und Kartoffeln.

Pato con pera de invierno Gebratene Ente mit Birnen.

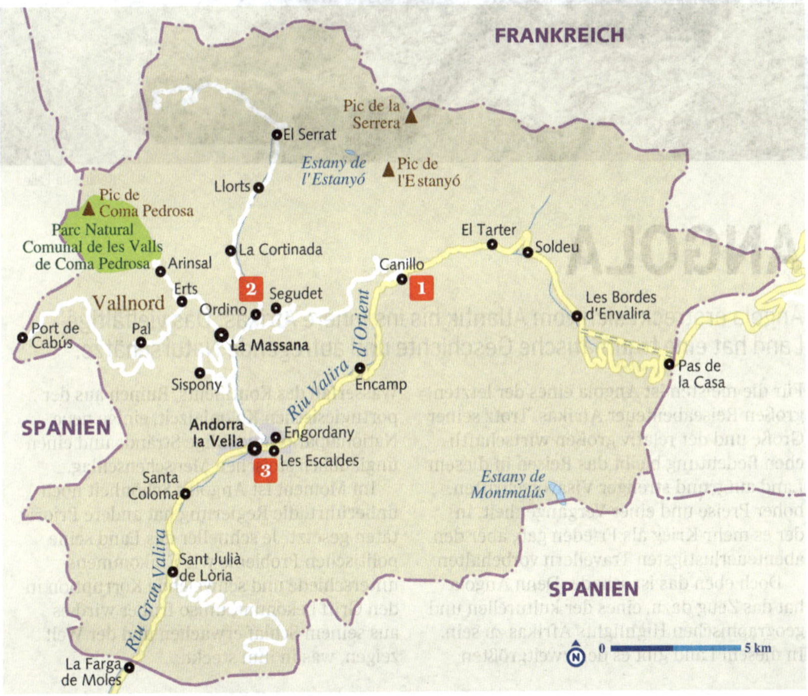

HAUPTSTADT
Luanda

BEVÖLKERUNG
33,6 Mio.

FLÄCHE
1,2 Mio. km²

AMTSSPRACHE
Portugiesisch

Kalandula-Fälle

ANGOLA

Angola erstreckt sich vom Atlantik bis ins Innere Afrikas. Das vielfältige Land hat eine traumatische Geschichte und aufregende Naturschätze.

Für die meisten ist Angola eines der letzten großen Reiseabenteuer Afrikas. Trotz seiner Größe und der relativ großen wirtschaftlichen Bedeutung bleibt das Reisen in diesem Land aufgrund strenger Visavorschriften, hoher Preise und einer Vergangenheit, in der es mehr Krieg als Frieden gab, aber den abenteuerlustigsten Travellern vorbehalten.

Doch eben das ist schade: Denn Angola hat das Zeug dazu, eines der kulturellen und geographischen Highlights Afrikas zu sein. In diesem Land gibt es den zweitgrößten Wasserfall des Kontinents, Ruinen aus der portugiesischen Kolonialzeit, einige neue Nationalparks, unzählige Strände und einen unglaublich stoischen Menschenschlag.

Im Moment ist Angolas Schönheit noch unberührt, die Regierung hat andere Prioritäten gesetzt. Je schneller das Land seine politischen Probleme wie Einkommensunterschiede und schwelende Korruption in den Griff bekommt, umso früher wird es aus seinem Schlaf erwachen und der Welt zeigen, was in ihm steckt.

Highlights

KALANDULA-FÄLLE

1 Neben einer abwechslungsreichen Landschaft hat Angola auch grandiose Naturschönheiten zu bieten. An erster Stelle steht der Fluss Lucala mit seinen Kalandula-Fällen in der Nähe von Malange. Dieser gigantische Wasserfall ist spektakulär wie vieles in Afrika. Obwohl er volumenmäßig der größte des Landes ist, kommen nur wenige Besucher.

PARQUE NACIONAL DA KISSAMA

2 Kissama (oder Quiçama) liegt 70 km südlich von Luanda und ist Angolas zugänglichster Park mit unzähligen Tieren. Das riesige Gebiet besteht aus Küstensavanne, in der hier und da Baobabs stehen und Elefanten, Wasserbüffel, Riesen-Rappenantilopen und Meeresschildkröten ihr Zuhause haben.

MIRADOURO DA LUA

3 Ein herrlicher Aussichtspunkt mit Blick über einen wie eine Mondlandschaft anmutenden Canyon, dessen Klippen dramatisch in den Atlantik hinabstürzen. Die bizarre, farbenfrohe Landschaft wurde über Millionen von Jahren von Wind und Regen geschaffen und ist Angolas meist besuchte Attraktion.

REISEZEIT

HAUPTSAISON
(Juni–Aug.)

ZWISCHENSAISON
(Mai & Sept.–Okt.)

NEBENSAISON
(Nov.–April)

ESSEN & TRINKEN

Alãos (weißer Kaffee) Die Einheimischen lieben Milchkaffee.

Pastelerias Gebäck- und Kaffeeläden mit europäischem Flair.

Straßenimbisse Im Stadtzentrum verkaufen Frauen aus Waschtrögen Obst und baguetteartige Sandwichs.

HAUPTSTADT
The Valley

BEVÖLKERUNG
18 400

FLÄCHE
91 km²

AMTSSPRACHE
Englisch

ANGUILLA

Anguilla mit seinen leuchtend weißen Sandstränden sowie Schatten spendenden Kokospalmen und Seetraubenbäumen ist ein karibischer Traum.

Anguilla ist übersät von bunten Beachbars, in denen man Grillgerichte, Rumpunsch und Live-Reggae bekommt. Kristallklares Wasser und Riffe bieten spektakuläre Schnorchelmöglichkeiten, und man kann Ausflüge in Glasbodenbooten und Segeltörns zu den weiter draußen liegenden Inselchen und Atollen unternehmen.

Die reiche und mannigfaltige Geschichte reicht zurück bis zur Besiedelung durch Indianer und Arawak, deren außergewöhnliche Felsenmalereien an Orten wie im Fountain Cavern National Park noch heute zu sehen sind. Anders als benachbarte Inseln eignet sich dieses flache Eiland gut für Auto-, Fahrrad- oder Quad-Touren.

Aber natürlich hat die Sache einen Haken. Anguilla ist nichts für Traveller mit kleiner Reisekasse, denn Authentizität hat ihren Preis. Luxushotels und Privatvillen ziehen jenen Teil des internationalen Jetsets an, der abseits des Mainstreams Urlaub machen will. Außerhalb der Hauptsaison ist dieses Paradies etwas erschwinglicher.

Highlights

PRICKLY PEAR CAYS

1 Ein Segeltörn zur 9,6 km nordwestlich der Hauptinsel gelegenen, abgeschiedenen Miniaturausgabe von Anguilla lohnt sich. Hier gibt es nichts als Sand, gegen den die Wellen schwappen. Auch Anguillas bester Tauchspot ist hier – eine Unterwasserhöhle, in der sich Ammenhaie und Barrakudas zwischen Felsformationen und Schiffswracks tummeln.

SHOAL BAY EAST

2 Im türkisfarbenen Wasser schnorcheln, an weißen Stränden die Seele baumeln lassen oder in einer der coolen Bars abhängen – der Inbegriff eines karibischen Strands mit sich im Wind wiegenden Kokospalmen und Seetraubenbäumen, Riffen und glitzerndem Wasser ist 3 km lang. Im Inselinneren befindet sich der Fountain Cavern National Park mit über 2000 Jahre alten Felsmalereien der Arawak.

HERITAGE COLLECTION MUSEUM

3 Anguillas einziges Museum erzählt die Geschichte der Insel. Untergebracht ist es beim East End Salt Pond in einem entzückenden Bungalow, vor dem Anguillas Flagge im karibischen Wind weht.

REISEZEIT

HAUPTSAISON
(Dez.–Jan.)

ZWISCHENSAISON
(Feb.–April, Sept.–Nov.)

NEBENSAISON
(Mai–Aug.)

ESSEN & TRINKEN

BBQ-Zelte In Zelten werden geräucherte Rippchen und Hähnchen angeboten.

Seafood Hummer, Krebse, Conch-Muscheln und Drückerfisch.

Straßenstände Bio-Maniok und Lakatan-Bananen.

Ziege Das beliebte Fleisch ist oft in Currys enthalten.

HAUPTSTADT
keine

BEVÖLKERUNG
Sommer 4400, Winter 1100

FLÄCHE
14,2 Mio. km²

AMTSSPRACHE
keine

Lemaire Channel

ANTARKTIKA

Kein Ort auf Erden kann sich mit dieser ungeheuren weißen Wildnis vergleichen, die von den Naturgewalten Schnee, Wasser, Eis und Fels bestimmt wird. Antarktika ist schlichtweg atemberaubend!

Antarktikas Abgeschiedenheit, extreme Kälte, riesige Flächen Schelfeis, hohe Gebirge und seine faszinierenden Geschöpfe führen einem die Kostbarkeit des lebens unmissverständlich vor Augen. Ob Forscher, Offizielle oder Touristen – wer hierhin will, muss es sich „verdienen", zu Land oder zu Wasser. Eis und Wetter, nicht Uhr und Kalender, bestimmen Route und Zeitplan aller Reisen. Doch einmalige Erfahrungen warten: Wale beobachten, eine Pinguinkolonie ausspähen oder das perfekte Fotomotiv aus Eis entdecken. Besucher können gar die Gipfel erklimmen oder mit dem Kajak durch Eiswasser gleiten. Aber was ist das schon gegen die schroffe Anmut der Gletscherspalten oder die schiere Ausdehnung des Eises?

Ob man es nun Inspiration nennt oder Erhabenheit ... Antarktika vermittelt das Gefühl, nur ein Pünktchen in einem gigantischen Land zu sein – dieser Ort fast ohne menschliche Spuren ist eben pure Magie.

Highlights

AMUNDSEN-SCOTT-SÜDPOLSTATION

1 Der Südpol – vor gerade einmal 100 Jahren erstmals von Roald Amundsen erreicht – ist immer noch ein mythisches Symbol für Entbehrungen und Ruhm. Heute erhebt sich hier eine neue Forschungsstation mit hochmoderner astrophysikalischer Hightech-Ausrüstung (darunter ein Neutrino-Observatorium, dessen Sensoren bis zu 2450 m tief im Eis versenkt wurden). Besuchern bietet sich die einmalige Möglichkeit, ein Foto mit den Fahnen und der Kugel am „Ceremonial South Pole" zu schießen.

FAHRT DURCH DEN LEMAIRE-KANAL

2 Die blanken Felswände um den Lemaire-Kanal sind für Fotofans und Naturkundler der ewige Favorit. Unter einem blassrosa Himmel stürzen Gletscher in Zeitlupe von den hochragenden Bergen ins Meer hinab. Das Boot gleitet vorbei an Eisschollen, die von Weddellrobben oder Eselspinguinen bevölkert sind. Und in der Nähe schläft ein riesiger, satter Seeleopard.

KAP EVANS

3 Kap Evans auf der Ross-Insel zu erreichen, war nie leicht und ist es auch heute nicht. Hundeskelette bleichen unter der antarktischen Sonne als Memento mori für den Todesmarsch von Robert Falcon Scott. Die Reste seines Basislagers sieht man noch heute: einige Schlittenwimpel und rostiges Zaumzeug. Währenddessen erinnert der heulende Wind an die Männer, die getrieben von dem Ziel, als Erste den Südpol zu errei-

REISEZEIT

HAUPTSAISON (Dez.–Jan.)

ZWISCHENSAISON (Nov. & Feb.–März)

NEBENSAISON (April–Okt.)

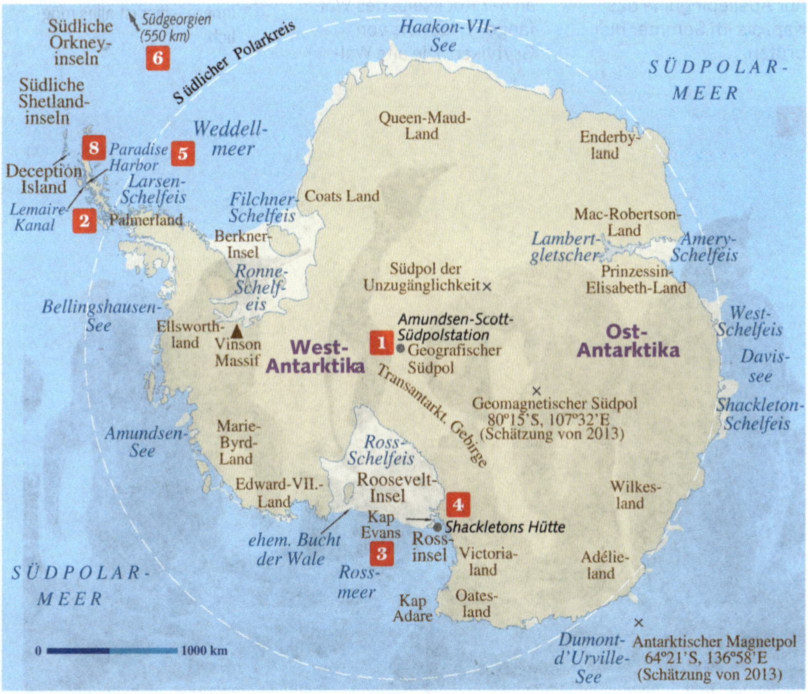

chen, aufbrachen und nicht mehr zurückkehren sollten. Hier kann man den Schlafraum des Kapitäns unter die Lupe nehmen und einen Blick auf die konservierten Vorräte und Ausrüstungen werfen.

SHACKLETONS HÜTTE

4 Die Holzhütte wurde von Ernest Shackletons Nimrod-Expedition am Kap Royds auf der Ross-Insel errichtet. Seit über 100 Jahren trotzt sie den Stürmen und wirkt überraschend anheimelnd. Medizinflaschen stehen herum, ein Pelzschlafsack liegt auf einem der Stockbetten und Büchsen mit Hammelfleisch, Zungenfleisch und Erbsenpüree stapeln sich am Boden, bereit für Esser, die nicht mehr kommen werden. Heute bevölkern nur Adeliepinguine das Kap, die im Sommer hier brüten.

PARADISE HARBOR

5 Die Walfänger, die zu Beginn des 20. Jhs. in den Gewässern um die Antarktische Halbinsel jagten, waren alles andere als sentimental. Aber sie gaben dieser Bucht den Namen Paradies, wohl überwältigt vom Anblick der Eisberge. Heute leben hier Eselspinguine und Antarktische Scharben. Ein Aufstieg auf den Hügel eröffnet einen prächtigen Ausblick – mit etwas Glück sieht man, wie gerade einer kalbt.

GRYTVIKEN, SÜDGEORGIEN

6 Ein hoher Granitstein markiert die letzte Ruhestätte des britischen Entdeckers Ernest Shackleton, der bei seinen Männern einfach als „the Boss" bekannt war. Er befindet sich an der Rückseite des Walfänger-Friedhofs von Grytviken. Die alte Wal-

▼ UNTERWEGS VOR ORT

Fast alle Besucher kommen auf dem Seeweg hierher, die meisten mit dem Schiff von Ushuaia.

Zodiacs (kleine, aufblasbare Boote mit Außenbordmotor) sind ideal, um zwischen Eisbergen zu manövrieren und ansonsten unerreichbare Gebiete zu erkunden.

Rundflüge über Antarktika, Flug-/Kreuzfahrt-Kombis sowie Flüge ins Landesinnere – hier ist alles möglich.

7

© AMELIE KOCH / SHUTTERSTOCK

fangstation und das South Georgia Museum vermitteln Einblicke in das Leben der rauen Gesellen sowie in die Geschichte und Tierwelt Südgeorgiens. Unterdessen wälzen sich Robben vor der weißen Whalers' Church der aufgegebenen Siedlung.

PINGUINKOLONIEN

7 Schon beim ersten Anblick dieser oft vermenschlichten Vögel weiß man, dass man in Antarktika ist. Vom winzigen Adeliepinguin im Smoking über den Goldschopfpinguin mit seinen buschigen Brauen bis hin zum größten Pinguin der Welt, dem lässig-eleganten Kaiserpinguin – in Antarktika kann man diese einzigartigen Zeitgenossen in ihrem Lebensraum bestaunen und beobachten, wie sie aus dem Wasser hinausschießen, übers Eis schlittern oder schräge Töne von sich geben. Diese kreischenden, herumtänzelnden Vögel, die ihre Jungen ausbrüten, ihnen beim Mausern helfen und sie verhätscheln, sind ein unvergesslicher Anblick.

ANTARKTIS-MUSEUM AM PORT LOCKROY

8 Jedes Jahr strömen Zehntausende Besucher in das restaurierte britische Bransfield House, das Hauptgebäude von Station A, das in Port Lockroy während des Zweiten Weltkriegs errichtet wurde. Hier kann man sich im gut bestückten Souvenirladen eindecken und im geschäftigen Postamt Karten versenden. Die alten Holzskier, die geheime Funkstation von 1944 und das aufziehbare HMV-Grammofon im Museum sind Zeugnisse jener Forscher, die jahrelang in diesem Vorposten der Wildnis lebten.

VOLODYMYR GOINYK / SHUTTERSTOCK ©

▼ ESSEN & TRINKEN

Die meisten Gerichte am Südpol bestehen aus gefrorenen, getrockneten oder konservierten Nahrungsmitteln. Kochen ist eine Herausforderung: Wegen der Brandgefahr können nur Elektroherde benutzt werden, die aber viel langsamer erhitzen als Gasherde. Viele Lebensmittel werden draußen gelagert, wo sie so durchfrieren, dass etwa das Auftauen von Fleisch im Kühlraum zwei Wochen dauert! Im langen Winter ist Schokolade begehrt. Auch Eiscreme wird gern gegessen, doch vor dem Verzehr muss man sie in die Mikrowelle stellen. Die Station bezieht Wasser aus einem Brunnen – eine Verbesserung gegenüber dem alten System, bei dem sauberer Schnee geschmolzen wurde, was viel Aufwand erforderte.

▼ TAG & NACHT

Da der Südpol der Drehpunkt der Erdachse ist, wechseln sich Sonne und Mond nicht jeden Tag ab. Stattdessen scheint die Sonne den Horizont zu umkreisen. Zur Sommersonnwende (21. Dez.) steht sie am höchsten, ca. 23° über dem Horizont. Ein spektakulärer Sonnenuntergang dauert Wochen, bevor die Sonne um den 22. März unter den Horizont fällt. Dann herrscht für sechs oder sieben Wochen Dämmerung. Danach beginnt die Dunkelheit, die nur durch Polarlicht, Mond und Sterne erhellt wird. Während der sechs Monate dauernden Polarnacht ist der Mond zwei Wochen lang zu sehen, dann zwei Wochen nicht, um erneut aufzugehen usw. Auf eine siebenwöchige Dämmerung folgt der Sonnenaufgang etwa am 22. September – ein Festtag!

HAUPTSTADT
Saint John's
BEVÖLKERUNG
99 175
FLÄCHE
442,6 km²
AMTSSPRACHE
Englisch

Nelson's Dockyard

ANTIGUA & BARBUDA

Auf Antigua spielt sich das Leben am Strand ab. Die geschwungene Küste hat viele perfekte kleine Strände mit azurblauem Wasser zu bieten. Geschützte Buchten dienten als Zuflucht für jedermann, für Admiral Nelson ebenso wie für Piraten und Jachties.

Wer sich von seinem Handtuch trennen kann, wird feststellen, dass auf dieser klassischen Karibikinsel mit ihren engen Gassen, bonbonfarbenen Orten und schönen historischen Sehenswürdigkeiten eindeutig britisches Englisch gesprochen wird. Die besten Strände von Antigua säumen die Westküste zwischen Jolly Harbour und Old Road Town. Der windumtoste Osten ist kaum bewohnt und hat nur wenige Strände.

Auf Antigua spielt sich das Leben am Strand ab, Barbuda *ist* ein einziger Strand: zartrosa getönt säumt er das Meer mit seinen vielen Riffen. Schlechte Strände gibt es auf Barbuda nicht, sondern nur unberührte Abschnitte mit weißem Sand, an denen man spazieren gehen, baden, chillen und picknicken kann. Auf dieser Trauminsel leben mehr Vögel – insbesondere die keuchenden Fregattvögel – als Menschen.

Highlights

NELSON'S DOCKYARD

1 In dem restaurierten Marinestützpunkt aus der Kolonialzeit fühlt man sich zurückversetzt ins 18. Jh. Nelson's Dockyard ist seit 1745 in Betrieb und ist heute die Top-Attraktion auf Antigua. Die ehemalige Basis der British Royal Navy wurde 1889 nach dem Rückgang der wirtschaftlichen und strategischen Bedeutung der Insel aufgegeben. Das Ziegelsteingebäude beherbergt heute das Dockyard Museum mit Exponaten über die Inselgeschichte, die Werft und das Leben in den Forts. Unter den Ausstellungsstücken befindet sich auch Nelsons Teleskop.

SHIRLEY HEIGHTS LOOKOUT

2 Der traumhafte Blick auf English Harbour und hinüber bis nach Guadeloupe ist allein schon den Aufstieg zu dieser Militärfestung wert. Außerdem macht es auch noch Spaß in den Ruinen herumzustromern. Einige Gebäude wurden restauriert. In der Restaurant-Bar findet seit 30 Jahren sonntags eine legendäre BBQ-Party mit Livemusik statt.

FRIGATE BIRD SANCTUARY

3 Der ausgedehnte Codrington Lagoon National Park an der Westküste von Barbuda schützt eine der weltweit größten Kolonien von Fregattvögeln. Mehr als 5000 schwarzgefiederte Gesellen nisten in den struppigen Mangroven der Lagune – auf einem einzigen Busch bis zu zwölf Vögel. Angesichts der Enge all der Nistplätze wird hier immer gekrächzt, und der Anblick der aufgeblasenen, blutroten Kehlsäcke ist

REISEZEIT

HAUPTSAISON
(Dez.–April)

ZWISCHEN-SAISON
(Mai–Juni & Nov.)

NEBENSAISON
(Juli–Okt.)

durchaus fesselnd. Beliebte Saison für einen Besuch ist die Balzzeit (Sept.–April; Höhepunkt Dez.).

FIG TREE DRIVE

4 Old Road, ein relativ armer Ort mit zwei schicken Resorts (Curtain Bluff und Carlisle Bay), ist der Ausgangspunkt des 8 km langen (mit Schlaglöchern übersäten) Fig Tree Dr. Er führt durch Regenwald vorbei an alten Mangobäumen, großblättrigen Bananenbäumen (die hier *figs*, Feigen, genannt werden) und Straßenständen, an denen Obst, Marmelade und Säfte verkauft werden.

RENDEZVOUS BAY

5 Nach einer 90-minütigen Wanderung durch den Regenwald kann man wirklich damit angeben, die Strecke zu einem der schönsten Strände Antiguas geschafft zu haben. Er ist so abgelegen, dass dort nur die eigenen Fußabdrücke zu sehen sind. Da der Weg nicht ausgeschildert ist, sollte man sich von den Einheimischen beschreiben lassen, wo es langgeht, oder einen Guide anheuern.

FORT JAMES

6 Die Ursprünge der kleinen Festung an der Nordseite des Hafens von St. John's reichen bis 1706 zurück, die meisten erhaltenen Gebäude stammen von 1739. Einige der 36 Kanonen, ein Pulvermagazin und ein Teil der Mauern sind noch intakt. An diesen Ort mit dem melancholisch-maroden Flair verirren sich nur selten Besucher. Fort Bay, ein schmaler, von Bäumen gesäumter Strand, erstreckt sich nördlich der Festung. Er ist bei Einheimischen recht beliebt, hat aber keinerlei sanitäre Einrichtungen.

UNTERWEGS VOR ORT

In der Hauptsaison gibt's täglich Flüge zwischen Antigua und Barbuda.

In 90 Minuten kommt man im Katamaran von St. John's nach Barbuda.

Auf Antiguas Hauptstraßen fahren private Kleinbusse.

Es gibt viele Taxis; die Preise setzt die Regierung fest.

2

MBRAND85 / SHUTTERSTOCK ©

HALF MOON BAY

7 Die unerschlossene, halbmondförmige Bucht im Südosten der Insel lockt mit weißem Sand und klarem Wasser, so blau wie Blue Curaçao. Am Nordende herrschen oft gute Bedingungen fürs Bodysurfen, während das ruhige Wasser weiter südlich ein beliebtes Schnorchelrevier ist.

ESSEN & TRINKEN

Cavalier & English Harbour Die hier hergestellten Rumsorten genießt man am besten mit Obstsaft gemischt, ein erfrischender – wenn auch gelegentlich umhauender – Punsch.

Langusten Die schwerfälligen Krustentiere haben einen wohlschmeckenden Schwanz, aber keine Scheren. Gegrillt schmecken sie am besten. (Es sei demjenigen übrigens verziehen, der nach ein paar Rumpunschen beim Essen den Song *Rock Lobster* der B-52s trällert.)

Pepperpot Antiguas Nationalgericht ist ein herzhafter Eintopf aus Fleisch und Gemüse wie Okras, Spinat, Auberginen, Kürbis und Kartoffeln. Er wird oft mit *fungi* serviert, das sind aber keine Pilze, sondern Plätzchen oder Bällchen aus Maismehl.

Schwarze Ananas Die hiesige Ananas-Art wurde von den Arawak eingeführt und ist kleiner als die handelsübliche Ananas. Sie heißt „schwarze" Ananas, weil sie tief dunkelgrün am süßesten ist. Sie wächst hauptsächlich an der Südwestküste nahe Cades Bay.

Wadadli Die Antigua Brewery produziert mit entsalztem Meerwasser ein frisches, helles Lager.

HEMIS / ALAMY STOCK PHOTO ©

EINHEIMISCHE KULTUR

Fernab der Resorts hat Antigua seinen traditionellen westindischen Charakter bewahren können, wenn auch mit einem streng britischen Touch. Das zeigt sich an der Lebkuchenarchitektur in der Hauptstadt, an der Beliebtheit von Steelbands, Calypso und Reggae sowie an Festen wie dem Karneval. Aber auch englische Traditionen spielen eine wichtige Rolle: Cricket ist Nationalsport.

Viele Bewohner Barbudas stammen ursprünglich von der Schwesterinsel Antigua oder haben zumindest lange dort gelebt, ziehen aber das ruhigere Leben auf der abgelegeneren Insel Barbuda vor. Etliche Einwohner, die in der Tourismusbranche arbeiten, sind glücklich darüber, dass nur wenige Besucher hierher kommen. Sie waren entsetzt über die Entwicklung auf Antigua.

Etwa 90 % der 86 500 auf Antigua lebenden Menschen sind afrikanischer Abstammung. Gleichwohl gibt es Minderheiten mit britischen, portugiesischen und libanesischen Wurzeln. Auf Barbuda leben ca. 1250 Menschen, die meisten von ihnen sind afrikanischer Abstammung.

HAUPTSTADT
Malabo

BEVÖLKERUNG
857 000

FLÄCHE
28 051 km²

AMTSSPRACHEN
Spanisch, Französisch

Mandrill

ÄQUATORIALGUINEA

Äquatorialguinea, dieses in zwei klare Hälften geteilte Land, ist eine Nation, die nicht nur durch den Ozean, sondern auch durch die Ölfunde und die damit in Zusammenhang stehenden Probleme gespalten wird.

Dies ist das Land von Primaten mit bunt gescheckten Gesichtern, Schmetterlingen und sagenhaften Insekten wie aus Science-Fiction-Filmen. O.k., mit seinen gescheiterten Staatsstreichen, Bestechungsvorwürfen, der Wilderei und den Unmengen Öl hat das Land mit der schwarz-weißen Küste seinen Ruf weg, aber es gibt auch Lohnendes.

Trotz des Baus schicker Hochhäuser konnte sich die Hauptstadt Malabo mit ihrer Kolonialzeit-Architektur, den Märkten und dem Hafen das afrikanische Flair bewahren. Obwohl das Land derzeit im Ölreichtum schwimmt, prägt Armut den Alltag vieler Menschen, was einen Besuch der Stadt so vergnüglich wie betrüblich macht.

Jenseits von Malabo bietet die Insel Bioko einen grandiosen Blick auf Vulkane, Fischerdörfer, von Primaten bevölkerte Regenwälder, Vögel und Meeresschildkröten. Auf dem Festland erwarten einen am Rio Muni Strände, Waldwege und Dschungellandschaften.

Highlights

BIOKO

1 Bioko hat wunderschöne Strände mit schwarzem Vulkansand oder weißem Sand. Die Insel bietet neben Regenwäldern, Waldland und Savanne auch den Vulkan Pico Basilé (3012 m). Die Hauptstadt Malabo lohnt einen mehrtägigen Besuch, in Ureca kann man Meeresschildkröten beim Eierlegen beobachten und der Wald rund um den Luba-Krater ist die Heimat von Primaten, für die Äquatorialguinea so bekannt ist.

ISLA CORISCO

2 Wer auf der Suche nach einem Urlaubsort mit weißen Sandstränden, warmem Wasser und Palmen ist, ist hier genau richtig. Man sollte sich bald auf den Weg machen, bevor die Massen auftauchen. Bis jetzt ist Baden und Relaxen der einzige Zeitvertreib.

PARQUE NACIONAL DE MONTE ALÉN

3 Der Parque nacionale de Monte Alén ist eines der am besten gehüteten Geheimnisse Zentralafrikas. In diesem ca. 2000 km² großen, bergigen Regenwald leben Waldelefanten, Westliche Flachlandgorillas, Schimpansen, Büffel, Krokodile, Leoparden und so seltsame Kreaturen wie Goliathfrösche.

REISEZEIT

HAUPTSAISON
(Juni–Aug.)

ZWISCHENSAISON
(März–Mai & Sept.–Nov.)

NEBENSAISON
(Dez.–Feb.)

ESSEN & TRINKEN

Äquatorialguinea hat tropische Früchte, Gemüse wie Maniok, Kochbananen und Süßkartoffeln sowie viel Fisch zu bieten. In den meisten Restaurants in Malabo und Bata werden europäische oder libanesische Speisen serviert, manchmal auch afrikanische, so senegalesisches *yassa* (Hühnchen mit Erdnusssauce).

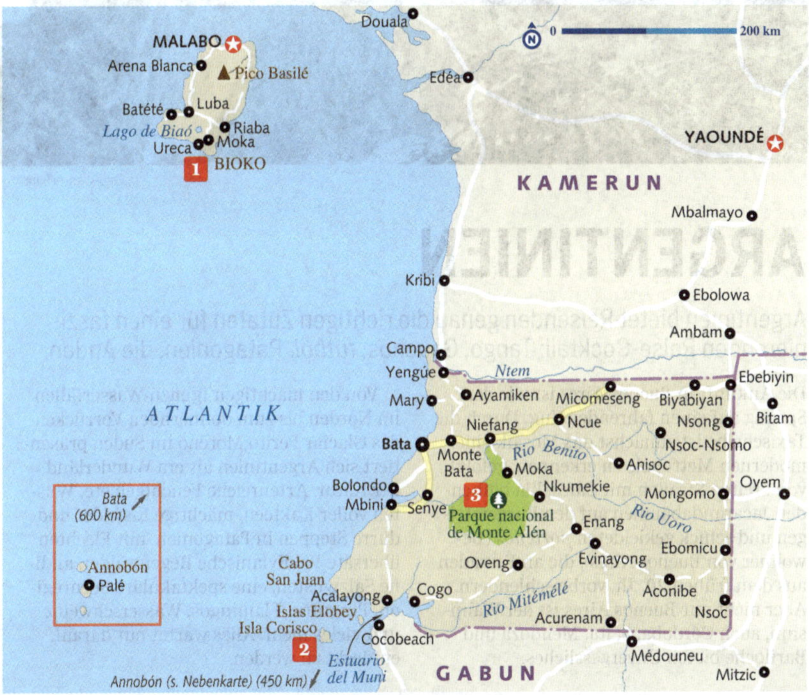

HAUPTSTADT
Buenos Aires

BEVÖLKERUNG
45,8 Mio.

FLÄCHE
2,8 Mio. km²

AMTSSPRACHE
Spanisch

Iguazú-Wasserfälle

ARGENTINIEN

Argentinien bietet Reisenden genau die richtigen Zutaten für einen faszinierenden Reise-Cocktail: Tango, Gauchos, *fútbol*, Patagonien, die Anden.

Die Ankunft in Buenos Aires ist wie der Sprung auf einen fahrenden Zug. Durch die Taxischeibe ist zunächst das Mosaik einer modernen Metropole zu erkennen, gefolgt von breiten Straßen mit Cafés, lila blühenden Jacarandabäumen auf den Bürgersteigen und schick gekleideten *porteños* (Bewohner von Buenos Aires), die an Fassaden aus dem frühen 20. Jh. vorbeischlendern. Aber nicht nur Buenos Aires ist der Wahnsinn, auch Córdoba, Salta, Mendoza und Bariloche bieten Unvergessliches.

Von den mächtigen Iguazú-Wasserfällen im Norden bis zum donnernden Vorrücken des Glaciar Perito Moreno im Süden präsentiert sich Argentinien als ein Wunderland der Natur. Artenreiche Feuchtgebiete, Wüsten voller Kakteen, mächtige Eisfelder und dürre Steppen in Patagonien, mit Flechten übersäte Valdivianische Regenwälder, andine Salzwüsten, eine spektakuläre Seenregion, Pinguine, Flamingos, Wasserschweine und vieles mehr. Alles wartet nur darauf, entdeckt zu werden.

Highlights

IGUAZÚ-WASSERFÄLLE

1 Wenn der friedliche Río Iguazú plötzlich tosend über eine Basaltklippe in den Abgrund stürzt, ist dies wirklich eines der ehrfurchtgebietendsten Erlebnisse, die der Planet zu bieten hat. Die Cataratas del Iguazú sind eine Urerfahrung für die Sinne: das Dröhnen, die Gischt und die schieren Wassermassen, eingebettet in die romantische Kulisse eines vom Regenwald überwucherten Nationalparks, wird man nie wieder vergessen. Obendrein kann man hier noch wunderbar Wildtiere beobachten.

CEMENTERIO DE LA RECOLETA

2 Eine veritable Stadt der Toten: Das touristische Highlight von Buenos Aires darf man nicht verpassen. Entlang kleiner „Straßen" liegen Hunderte alter Krypten, jede aus Marmor, Granit und Beton gestaltet und mit Buntglas, steinernen Engeln und religiösen Bildern verziert. Pflanzen und Bäume wachsen in Rissen und Spalten, verwilderte Hauskatzen schleichen zwischen mitunter verfallenen Grabmälern umher. Wenn der Tod irgendwo eine sonderbare Schönheit hat, dann hier.

GASTRONOMISCHE SZENE

3 Man kann dem Hype glauben: Argentiniens Rindfleisch gehört zum besten der Welt. Essen, trinken und lustig sein – all das kann man in einer der Tausenden *parrillas* (Steakrestaurants) des Landes, in denen Kellner in aller Ruhe ein Gläschen Malbec einschenken und leckere Steaks servieren. Aber Buenos Aires hat noch viel mehr zu bieten: Privatrestaurants, Pop-Up-Restaurants und Restaurants mit Molekular-Cuisine – hier sind sie in aller Munde. Natürlich fehlen auch exotische Ethnolokale nicht.

MANVMEDIA / SHUTTERSTOCK ©

GLACIAR PERITO MORENO

4 Dieser Gletscher ist einer der dynamischsten der Welt – er bewegt sich bis zu 2 m pro Tag voran. Dies sorgt für eine unglaubliche Spannung im Eis, die sich entlädt, wenn haushohe Eisberge kalben und mit ohrenbetäubendem Lärm in den Lago Argentino krachen. Dank eigens angelegter Plattformen kann man alles aus nächster Nähe verfolgen. Keine Frage, nach einem Ausflug hierher hat man Hunger – und den kann man abends in El Calafate mit einem Steak stillen.

SJ TRAVEL PHOTO AND VIDEO / SHUTTERSTOCK ©

PARAGUAY
ASUNCIÓN
Foz do Iguaçu
Ciudad del Este
Clorinda
Formosa
Posadas
Corrientes
Resistencia
Roque Sáenz Peña
Río Uruguay
BRASILIEN
Esteros del Iberá
Reconquista
Paso de los Libres
Concordia
Salto
Santa Fe
Paraná
Paysandú
URUGUAY
Mercedes
Rosario
San Antonio de Areco
MONTEVIDEO
BUENOS AIRES
La Plata
Pocitos
La Quiaca
Embarcación
Antofagasta
Jujuy
Salta
Cordillera de los Andes
Valles Calchaquíes
Cafayate
Tucumán
Tafí del Valle
Santiago del Estero
CHILE
Catamarca
Chilecito
La Rioja
Sierra de Córdoba
Córdoba
San Agustín de Valle Fértil
San Juan
Cerro Aconcagua
Valparaíso
SANTIAGO
Mendoza
San Luis
Mercedes
San Rafael
Malargüe
PAZIFIK
Santa Rosa
La Pampa
Sierra de la Ventana
Mar del Plata
Necochea
Bahía Blanca
Chos Malal
Zapala
Neuquén
San Antonio Oeste
Viedma
San Martín de los Andes
Bariloche
Puerto Montt
El Bolsón
Esquel
Puerto Madryn
Península Valdés
Trelew
Rawson
Comodoro Rivadavia
Caleta Olivia
ATLANTIK
Perito Moreno
Fitz Roy
Puerto Deseado
Gobernador Gregores
Puerto San Julián
Santa Cruz
El Chaltén
El Calafate
FALKLANDINSELN (Islas Malvinas)
Stanley
Río Gallegos
Puerto Natales
Isla Grande de Tierra del Fuego
Punta Arenas
Porvenir
Río Grande
Isla de los Estados (Staateninsel)
Ushuaia
Beaglekanal
Cabo de Hornos (Kap Hoorn)
0
400 km
1
2
3
4
5
6
7
8
9
10

TOP-BÜCHER

Der Kuss der Spinnenfrau (Manuel Puig; 1976) Zwei Häftlinge und ihre sich entwickelnde Beziehung in einem Gefängnis in Buenos Aires; verfilmt und 1985 mit dem Oscar ausgezeichnet.

In Patagonien (Bruce Chatwin; 1977) Stimmungsvoller Roman über Patagoniens Geschichte und Mystik.

The Motorcycle Diaries – Die Reise des jungen Che (Ernesto Che Guevara u. a.; 1993) Basiert auf dem Reisetagebuch des in Argentinien geborenen Revolutionärs.

And the Money Kept Rolling In (and Out) (Paul Blustein; 2005) Wie der IWF Argentinien zum Bankrott verhalf.

ESSEN & TRINKEN

Dulce de leche Die weltbeste Karamellsauce; sie kommt bei fast allen Süßspeisen des Landes zur Anwendung.

Eiscreme In Argentinien gibt's bestes *helado*, das zu einem Berggipfel gezwirbelt wird. Und oben drauf thront der Löffel als Gipfelkreuz.

Italienisches Essen Pizza und Pasta gibt's in so vielen Lokalen, dass man sich fragt, wer das alles essen soll.

Mate Beim ersten Versuch bekommt man den bitteren, strohig schmeckenden Tee kaum hinunter. Hierzulande aber stiftet er Geselligkeit.

Rindfleisch Nirgends schmeckt Gegrilltes besser. Das Fleisch hat eine rauchige, salzige Würze.

Wein Zu den besten argentinischen Tropfen gehören der Malbec aus Mendoza, der Torrontés aus Cafayate und der Syrah aus San Juan.

WANDERN AM FITZ ROY

5 Mit seiner rauen Wildnis und den spitzen Gipfeln ist das Gebiet um den Fitz Roy das argentinische Trekking-Ziel überhaupt. Erfahrene Kletterer haben auf den windigen, äußerst schweren Routen einiges zu erleiden, doch die Wanderwege sind überraschend leicht und gut zugänglich. Parkranger stehen mit Rat und Tat zur Seite. Die prächtigsten Ausblicke sind nicht einmal eine Tageswanderung von der Stadt entfernt – und so kann man sich für den vergossenen Schweiß in der Cervecería in El Chaltén mit einem Craft-Bier entschädigen.

WEINVERKOSTUNG RUND UM MENDOZA

6 Angesichts so vieler fantastischer Weine möchte man den Barhocker gar nicht verlassen und sie alle kosten. Draußen kann man aber sehen, wie die Trauben wachsen und verarbeitet werden, was fast ebenso amüsant und interessant ist wie die Verkostung des fertigen Produkts. Weinverkostungen sind in Argentinien nicht nur etwas für Snobs: Es gibt Touren für jeden Geldbeutel, von selbst geführten Radtouren für Backpacker bis zu Pauschaltouren mit Übernachtung auf exklusiven Weingütern.

REISEZEIT

HAUPTSAISON
(Nov.–Feb. & Juli)
Im Januar zieht es die Massen an die Strände.

ZWISCHENSAISON
(Sept.–Okt. & März–Mai)
Genau die richtige Zeit für einen Buenos-Aires-Trip.

NEBENSAISON
(Juni, Aug.)
In den Strandresorts sind viele Einrichtungen geschlossen; die Bergpässe können wegen zu viel Schnee unpassierbar sein.

OUTDOORAKTIVITÄTEN

In Argentinien kann man nicht nur bergsteigen. Wie wär's mit Kiteboarden in den Anden, Paragliden in den Central Sierras, Tauchen am Atlantik oder Forellenangeln im Lake District.

TANGO

Den sinnlichen Nationaltanz kann man in einer spektakulären Show oder auf der Straße bewundern – egal, wo man ihn sieht, man wird von den athletischen Performances beeindruckt sein.

▼ SPORTFANATIKER

Pato, diese Mischung aus Polo und Basketball, ist Argentiniens traditioneller Sport. Die Spieler sitzen dabei auf Pferden. Früher wurde mit einer Ente (*pato*) gespielt, inzwischen wurde sie aber glücklicherweise durch einen Lederball mit Griffen ersetzt. Trotz der langen Geschichte und Tradition wird *pato* nur noch von relativ wenigen Menschen mitverfolgt.

Fútbol ist ein wesentlicher Bestandteil im Leben der Argentinier. Spieltage erkennt man an dem Jubel und Gejohle in Geschäften und Cafés. Die Nationalmannschaft erreichte fünfmal das Finale der Weltmeisterschaft, zweimal bestritt sie es erfolgreich (1978 und 1986). Außerdem gewann die Mannschaft 2004 und 2008 olympisches Gold.

Die beliebtesten Mannschaften sind Boca Juniors und River Plate. Das fanatische Benehmen der argentinischen *barra brava* (Hooligans) steht ihren europäischen Pendants in nichts nach. Zu den bekanntesten *fútbol*-Spielern des Landes gehören der 2020 verstorbene Diego Maradona, Gabriel Batistuta und natürlich Lionel Messi, der von der FIFA sechsmal zum Spieler des Jahres gekürt wurde.

USHUAIA, DAS ENDE DER WELT

7 Hier ist die Lage alles: Eingekeilt zwischen dem Beagle-Kanal und den schneebedeckten Montes Martial ist die geschäftige Hafenstadt das letzte Stückchen Zivilisation, das Schiffe auf dem Weg in die Antarktis zu sehen bekommen. Doch Ushuaia ist bei Weitem nicht das Ende der Welt, sondern ein Knotenpunkt für Kommerz und Abenteuertourismus. In den frostigen Wintern kann man sich mit Wintersport warm halten, an langen Sommertagen wandern oder radeln. Angesagte Restaurants, wilde Bars und nette B & Bs übernehmen den Rest.

RUTA DE LOS SIETE LAGOS

8 Die außergewöhnlich schöne Fahrt über die Ruta de los Siete Lagos (Sieben-Seen-Route) ist ein Muss. Die Strecke führt durch üppig grüne Wälder, vorbei an Wasserfällen und einer grandiosen Bergkulisse und natürlich an mehreren kristallklaren Seen, der sie ihren Namen verdankt. Dort kann man Picknickpausen einlegen, baden, angeln und campen. Mit dem Bus bewältigt man die Strecke in ein paar Stunden, mit dem Fahrrad braucht man mehrere Tage. Wer sich für diese grandiose Route entscheidet, wird es bestimmt nicht bereuen.

SKIFAHREN IN LAS LEÑAS

9 In Las Leñas die Hänge runterzurasen ist nicht nur etwas für Selbstdarsteller. Dieser Berg bietet die abwechslungsreichsten Pisten, die meisten Tage mit Pulverschnee pro Jahr und einige der modernsten Liftanlagen des Landes. Übernachten kann man in teuren Unterkünften oben auf dem Berg. Traveller mit kleiner Reisekasse finden preiswertere Bleiben unten an der Straße. Egal, wo man sein müdes Haupt bettet, Wintersportfans, die zur passenden Zeit durch Argentinien reisen, sollten sich ein dickes rotes Kreuz auf der Karte machen. Aber auch im Sommer zieht Las Leñas zahlreiche Besucher an, die hier mountainbiken, reiten und wandern.

KOLONIALES SALTA

10 In Argentiniens Nordwesten befinden sich die eindrucksvollsten Kolonialstädte, doch keine ist reizvoller als Salta. Diese zauberhafte, 1582 gegründete Stadt liegt in einem fruchtbaren Tal, dem Tor zur nicht allzu weit entfernten Gebirgskette der Anden. Bezaubernde Kirchen, eine lebendige Plaza und viele stattliche Bauten geben der Stadt ein entspannt-historisches Flair, das jeden Besucher in Bann zieht. Hinzu kommen großartige Museen, eine lebendige Folk-Musik-Szene, einige der schönsten Unterkünfte des Landes und eine Handvoll Attraktionen in der näheren Umgebung – Salta ist ein wahrhaft beeindruckender Ort.

10

AMYBBB / SHUTTERSTOCK ©

UNTERWEGS VOR ORT

Argentinien ist ein riesiges Land, weshalb Flüge viel Zeit sparen – sofern es nicht zu Verspätungen kommt.

Grundsätzlich das beste Verkehrsmittel. Die Busse sind schnell, fahren häufig sowie im ganzen Land und sind zudem bequem und preisgünstig.

Wer in abgelegenen Regionen wie Patagonien auf eigene Faust unterwegs sein will, ist mit einem eigenen Auto am besten bedient (dies ist aber auch teuer).

Ein paar Zugverbindungen können für Traveller nützlich sein, ansonsten aber ist die Bahn in Argentinien nicht sehr effizient.

HAUPTSTADT
Jerewan

BEVÖLKERUNG
3 Mio.

FLÄCHE
29 743 km²

AMTSSPRACHE
Armenisch

Musikbrunnen, Nationalgalerie und Historisches Museum, Jerewan

ARMENIEN

Armenien ist ein Ziel, das mit seiner Geschichte, seinen Monumenten, seiner Landschaft und seinen bodenständigen Menschen fasziniert.

Nur wenige Länder können auf eine derart alte, komplexe Geschichte voller Tragödien zurückblicken. Und noch weniger Länder können sich einer derart reichen und unverwüstlichen Kultur rühmen.

Armenien zu erkunden, ist keine einfache Sache – die Straßen sind holprig, der Verkehr hat seine Tücken und wer weder Armenisch noch Russisch kann, wird sich nur schwer verständigen können – aber dennoch ist eine Reise durch dieses Land ebenso lohnend wie aufschlussreich.

Hauptattraktion in Armenien sind die ungewöhnlich vielen mittelalterlichen Klöster, die über das ganze Land verstreut sind, dicht gefolgt von der grandiosen Landschaft, die nicht nur zum Wandern und Trekken einlädt, sondern sich auch für viele andere Outdooraktivitäten eignet.

Und dann ist da noch das unerwartet schöne Jerewan, eine der pulsierendsten und reizendsten Städte Europas. All dies sorgt für eine verlockende und äußerst erfreuliche Reiseerfahrung.

Highlights

JEREWAN

1 Jerewan ist eine Stadt voller Widersprüche – Daimler-Limousinen teilen sich die Straßen mit museumsreifen Ladas, altmodische Teehäuser stehen neben schicken Weinbars und in puncto Mode ist von hippen Klamotten bis hin zu Kopftüchern so ziemlich alles vertreten. Das Leben in dieser Stadt ist nicht einfach, aber es herrscht überall eine gute Atmosphäre. Im Sommer zieht es die Einheimischen abends hinaus, man trifft sich am Musikbrunnen auf dem Platz der Republik. Im Winter wird es eisig, dann besuchen die Jerewaner *pandoks* (Tavernen), in denen sie *khoravats* (gegrilltes Fleisch), *oghee* (Obstbrand) und Musik genießen.

KLOSTER TATEW

2 Das am Rand einer Schlucht thronende Kloster Tatew bietet einen umwerfenden Blick bis zum Karabachgebirge. Die Bischöfe von Sjunik ließen im 9. Jh. die Hauptkirche errichten, in der bedeutende Reliquien aufbewahrt werden. An der Nordseite sind noch Fresken, Schnitzereien und Portraits der Stifter erkennbar. Daneben steht die Kirche Surp Grigor aus dem 11. Jh., oberhalb des Torhauses ist eine Kapelle.

REISEZEIT

HAUPTSAISON
(März–Juni & Sept.–Nov.)

ZWISCHENSAISON
(Juli–Aug.)

NEBENSAISON
(Dez.–Feb.)

JEGHEGIS-TAL

3 Das schöne, von Gipfeln eingerahmte Tal ist geprägt von malerischen Dörfern mit mittelalterlichen Kirchen. Es lohnt eine Erkundung, ebenso seine Umgebung. Zu den Highlights zählen die Burg Smbataberd, Kirchen aus dem 13. Jh. und ein 800 Jahre alter jüdischer Friedhof.

KLOSTER GEGHARD

4 Geghard ist ein wie eine Kathedrale oder aber wie eine Höhle anmutendes Heiligtum. In dem düsteren Innenraum hallen die Stimmen wider, fallen Sonnenstrahlen durch die schmalen Fenster und Wassertropfen sickern durch die Wände. Alte *chatschkar* (mit Schnitzereien versehene Steinkreuze), die rund um die Kirche stehen, und Kreuze, die in die 800 Jahre alten Mauern geritzt wurden, sind Zeugnisse der Gläubigen, die jahrhundertelang diesen Ort besuchten.

KASSAGH-SCHLUCHT

5 Die spektakulär gelegenen Klöster Howhannawank und Saghmosawank in der Kassagh-Schlucht lassen sich auf einer Wanderung erkunden. Howhannawank im Ort Ohanawan war früher ein bedeutendes Ausbildungs- und Theologiezentrum, in dem Manuskripte verfasst wurden. Saghmosawank (Palmenkloster) wurde am Rand der Kassagh-Schlucht errichtet und hat zwei Hauptkirchen: die Sionskirche und die Karapet-Kirche, die beide aus dem 13. Jh. stammen. Dieses von einer Mauer umgebene Kloster mit Blick über die Kassagh-Schlucht und zum Berg Aragaz gehört zu den schönsten der Gegend.

DEBED-SCHLUCHT

6 In fast jedem Dorf am Debed-Fluss steht eine Kirche, eine Kapelle, eine Festung und irgendwo in der Nähe eine Reihe *chatschkar*. Die Hauptattraktionen sind die beiden zum UNESCO-Weltkulturerbe zählenden Klöster

UNTERWEGS VOR ORT

Ab Jerewan fahren Busse in viele Teile des Landes und ins Ausland.

In Jerewan gibt es mehrere Autovermieter und viele preiswerte Taxis.

Die Metro in Jerewan ist sauber, sicher und effizient.

4

KAREN FALJYAN / SHUTTERSTOCK ©

Haghpat und Sanahin – es gibt aber noch viel mehr zu sehen. Die Landschaft ist idyllisch, auch wenn am Flussufer noch das heruntergekommene Erbe der Sowjetzeit zu erkennen ist.

KLOSTER NORAWANK

7 Das von Bischof Hovhannes 1105 gegründete und in den 1990er-Jahren restaurierte Kloster Norawank (Neues Kloster) gehört zu den spektakulärsten Stätten Armeniens. Bei Sonnengang leuchten die Rottöne der dramatischen, das Kloster umgebenden Klippen noch intensiver und auch die rötlich-goldenen Steine der Kirchen beginnen zu strahlen – ein traumhafter Anblick. Historiker sagen, die Kirche sei ein Überbleibsel turmartiger frühchristlicher Grabstätten. Über der Tür ist eine Schnitzerei zu sehen, die Christus zwischen Petrus und Paulus darstellt.

SELIM-PASS

8 Die Straße über die Wardenis-Berge ist Armeniens spektakulärste Straße. Da sie über den 2410 m hohen Pass führt, ist sie nur von Mai bis Oktober befahrbar. Unterhalb des höchsten Punkts befindet sich die Selim-Karawanserei. Errichtet wurde diese 1332 auf Geheiß von Prinz Chesar Orbelian, um Karawanen auf der Dvin-Partav-Handelsroute Schutz zu bieten. Das Basaltgebäude auf dem windgepeitschten Plateau beherbergt eine dreischiffige Halle, eine Eingangshalle, eine Gewölbekapelle und Schlafräume. Die zwischen dem 15. und 16. Jh. zerstörte Karawanserei wurde in den 1950er-Jahren rekonstruiert, ist aber den Elementen ausgeliefert.

8

ALEXEI FATEEV / ALAMY STOCK PHOTO ©

▼ ESSEN & TRINKEN

Wenn es in Armenien ein Wort für Abendessen gibt, dann dieses: *khoravats* (Gegrilltes). *Ishkhan khoravats* ist gegrillte Forelle aus dem Sewansee. Auch Kebab ist beliebt. Das meistverwendete Gewürz ist Dill.

Weitere Speisen sind *dolma* (mit Reis gefüllte Weinblätter), Suppen, Eintöpfe und Fladenbrot. *Khash* ist ein im Winter beliebter Eintopf mit Fleisch. Als Vorspeise werden Salate, duftender Lori-Käse und Dips wie *jajik* (Joghurt mit Gurke und Fenchel) serviert. Gepökeltes Fleisch wie *sujukh* und *yeghchik* (dunkle Pökelwurst) sowie *basturma* (gepökelter Schinken) werden ebenfalls gern verzehrt.

Das beliebteste Getränk ist *soorch* (Kaffee), auf den auch Georgier, Griechen und Araber Anspruch erheben. Das Nationalgetränk ist *konyak* (Cognac) mit ca. 40 % Alkohol.

▼ WEM PASST DER SCHUH?

2008 fand eine Archäologin, die eine Höhle im südarmenischen Wajoz Dsor erforschte, unter einem Haufen Tierkot einen alten Lederschuh. Sie datierte ihn in die Mongolenzeit und schätzte sein Alter auf etwa 700 Jahre. Als der Schuh aber im Labor untersucht wurde, kam eine ganz andere Geschichte ans Licht: Tests ergaben, dass er aus der Zeit um 3500 v. Chr. stammt und somit der älteste Lederschuh der Welt ist (300 Jahre älter als der Schuh des 1991 in den Alpen entdeckten Ötzi).

Es handelt sich um den rechten Schuh. Er hat ungefähr die heutige Größe 38, und das Leder ist wie ein Mokassin zusammengenäht. Als er gefunden wurde, war er mit Gras vollgestopft, so als wollte sein Besitzer ihn in Form halten (wo sich der linke Schuh befindet, ist nicht bekannt.) Heute wird der Schuh im Historischen Museum von Armenien ausgestellt.

HAUPTSTÄDTE
Oranjestad (A)
Kralendijk (B)
Willemstad (C)

BEVÖLKERUNG
120 900 (A)
18 900 (B)
151 885 (C)

FLÄCHE
180 km² (A)
294 km² (B)
444 km² (C)

AMTSSPRACHEN
Papiamentu,
Niederländisch,
Englisch

Eagle Beach

ARUBA, BONAIRE & CURAÇAO

Karibisches ABC: Aruba, Bonaire und Curaçao locken mit weißen Sandstränden, Tauchspots von Weltklasse sowie Essen, Sprache und Architektur, die von spannenden niederländischen Einflüssen geprägt sind.

Die drei kleinen Inseln, einst die Niederländischen Antillen, sind selbstständige Länder im Königreich der Niederlande. Die niederländische Kultur ist deshalb sehr präsent.

Aruba ist die touristischste Insel der Südkaribik, was angesichts der kilometerlangen Strände, der Rumbars, der exklusiven Resorts und der niedlichen Hauptstadt nicht verwundert. Bonaires Reiz liegt in der von Riffen gesäumten Küste und den Gewässern, die Taucher aus aller Welt anlocken. Curaçao bringt Kommerz, das alte, zum UNESCO-Welterbe gehörende Willemstad und versteckte Strände an der trubeligen Küste unter einen Hut – ein Mix aus urbaner Verrücktheit, Aussichtspunkten und Lebenslust.

Highlights

EAGLE BEACH

1 Nordwestlich von Oranjestad lockt feiner Sand. Dieser Strand ist der schönste Arubas und wird zu den schönsten der Welt gezählt. Imbisse, Liegestühle, Bäume – kurz: ideal zum Relaxen.

BONAIRE NATIONAL MARINE PARK

2 Das zum UNESCO -Weltnaturerbe zählende Meeresschutzgebiet umfasst die Küste vor Bonaire bis zu einer Tiefe von 60 m und ist ein Taucherparadies mit mehr als 90 Tauchspots, nahen Riffen und klarem Wasser. Mehr als die Hälfte der Tauchspots ist vom Ufer aus zu erreichen.

WILLEMSTAD

3 Willemstad ist wie ein schwarzes Loch: Man wird geradezu hineingezogen. Der Kanal Sint Annabaai, der die Stadt zweiteilt, führt zu einem der größten Naturhäfen der Welt. Beim Bummel durch die von der Kolonialzeit geprägten Viertel sollte man hier unbedingt die Frachter beobachten, die vorbeiziehen. Die alten Seemannsbezirke werden restauriert, und in Pietermaai – einer Gegend mit alten Handelshäusern – siedeln sich trendige Cafés und Bars an.

REISEZEIT

HAUPTSAISON (Dez.–April)

ZWISCHEN-SAISON (Mai–Juni & Nov.)

NEBENSAISON (Juli–Okt.)

ESSEN & TRINKEN

Curaçao Ein knallblauer Likör mit Orangenaroma.

Funchi Gebratene Maiskuchen; Maismehl wird auch als Panade verwendet.

Nasi goreng Indonesischer gebratener Reis; ein koloniales Erbe der Niederländer.

HAUPTSTADT
Baku

BEVÖLKERUNG
10,3 Mio.

FLÄCHE
86 600 km²

AMTSSPRACHE
Aserbaidschanisch (Aseri)

Flame Towers, Baku

ASERBAIDSCHAN

Herrliche Natur, gastfreundliche Menschen, ländliche Provinzen und eine kosmopolitische Hauptstadt: Aserbaidschan ist eine Entdeckungstour wert.

Aserbaidschan, das sich selbst als „Land des Feuers“ versteht, ist von Widersprüchen und Kontrasten geprägt. Wegen der Lage zwischen Europa und Asien ist das Land nicht nur ein Verbindungsglied zwischen alten Imperien, sondern auch eine „neue“ Nation auf dem Weg zum modernen Erdölzentrum.

Die am Kaspischen Meer gelegene Hauptstadt Baku mit ihrer zum UNESCO-Welterbe gehörenden Altstadt weist auch viel moderne Architektur auf. In der Halbwüste ringsum gibt's Schlammvulkane und eigenartige Feuerschauspiele. Eine dreistündige Autofahrt entfernt liegen zeitlose Dörfer, gesäumt von üppigen Obstgärten vor der Kulisse des Großen Kaukasus – ein spektakulärer Kontrast.

In den meisten dieser Orte sind Ausländer eine Seltenheit. Wer sich hier sprachlich etwas bemüht, wird also mit großer Gastfreundschaft belohnt. In ländlichen Gegenden kann man in Privatunterkünften oder auch in schicken Ski- und Golfhotels übernachten. In Letzteren können sich Reisende auch mit Englisch durchschlagen.

Highlights

BAKUS ARCHITEKTUR DES 21. JHS.

1 Aserbaidschans Hauptstadt ist architektonisch quasi der Nachwuchs von Paris und Dubai – wenn auch mit sowjetischen Genen auf der eigenen DNA. Das sich rasant verändernde Baku gehört zu den Städten mit der kühnsten und spektakulärsten modernen Architektur der Welt. Den Gegenpol zur mittelalterlichen Altstadt bilden die drei 190 m hohen Wolkenkratzer, die wie riesige Flammen aus Glas wirken. Wenn sie abends angestrahlt werden, scheinen sie wahrhaftig zu brennen. Die majestätischen weißen Kurven des von Zaha Hadid entworfenen Kulturzentrums Heydar Aliyev sind ähnlich spektakulär. Am Ufer des Kaspischen Meers sind neue Bauprojekte geplant, u. a. ein Megahotel und ein über 1000 m hoher Wolkenkratzer.

BAKUS ALTSTADT

2 Hinter der mit Zinnen und Bogen bestückten Stadtmauer duckt sich Bakus zum UNESCO-Welterbe gehörender Stadtkern. Die Altstadt scheint Welten entfernt vom Verkehr und Gewusel der Ölstadt drum herum. Die Gassen folgen einer verwinkelten mittelalterlichen Logik, und die Steingebäude decken die ganze Skala vom Jungfrauenturm über Häuser aus dem 19. Jh. und schlichte Mini-Moscheen bis hin zu nagelneuen pseudo-klassischen Stadthäusern ab. Zudem gibt es hier ein paar Karawansereien, einen Palastkomplex aus dem 15. Jh. und viele Teppichläden, Cafés und kleine Hotels.

REISEZEIT

HAUPTSAISON
(Juli–Aug.)

ZWISCHENSAISON
(Mai–Juni & Sept.–Okt.)

NEBENSAISON
(Nov.–April)

Şəki

3 Zwischen bewaldeten Bergen schlummert Şəki (Scheki), Aserbaidschans hübscheste Stadt, geschmückt von alten Häusern mit Ziegeldächern und einem glanzvollen kleinen Khan-Palast. Unvergesslich ist auch das Hotel der Karawanserei, eine majestätische Anlage zwischen grünen Hügeln und vor schneebedeckten Gipfeln.

BERGDÖRFER IM QUBA-HINTERLAND

4 Von der friedvollen kleinen Stadt Quba geht's über Waldlichtungen und vorbei an mit Schafen gesprenkelten Hängen zu den Ausläufern des Großen Kaukasus. Hier locken zwischen spektakulären Schluchten und Flusstälern vereinzelte Hirtendörfer. In einigen dieser abgelegenen Orte sprechen die Menschen ihre ganz eigene Sprache. Der bekannteste Ort ist Xınalıq mit seinen übereinander gestapelten grauen Steinhäusern, die – je nach Definition – Europas höchstes Dorf bilden. In einiger Entfernung liegt Laza mit der spektakulärsten Kulisse aller Kaukasus-Siedlungen. Die Einfachheit dieses Ortes ist ein großer Kontrast zu dem nur 4 km entfernt liegenden Skiort, der zu den glanzvollsten im Kaukasus gehört.

LAHIC

5 Das hübsche Bergdorf Lahıc ist für den persischen Dialekt seiner Bewohner und seine Kupferschmieden berühmt. An Wochenenden mag es hier touristisch zugehen; dann lassen sich die Einwohner Bakus in Schafsfellkostümen fotografieren. Wer aber ein paar Tage verweilt, lauscht den Rufen von den Moscheen und sieht den

▼ UNTERWEGS VOR ORT

Die purpurroten in Baku verkehrenden Taxis im Londoner Stil sind preiswert und mit Taxameter ausgestattet.

Neben Minibussen nach Biləsuvar starten die meisten Intercity-Busse am Hauptbusbahnhof.

Alle Nachtzüge haben Liegewagen. In Baku verkehrt die Metro zwischen der Altstadt und mehreren Vororten.

3

DINOZZAVER / SHUTTERSTOCK ©

Nebel zwischen den teils bewaldeten Felsen hindurchwabern. Der Ort ist ein guter Ausgangspunkt für Wanderungen, außerdem trifft man hier – mehr als anderswo – Englisch sprechende Einheimische.

QOBUSTAN

6 Im Qobustan-Petroglyphen-Reservat, einer UNESCO-Stätte, sind Tausende bis zu 12 000 Jahre alte Felszeichnungen geschützt. Zu erkennen sind Tiere und Schamanen. Die Schnitzereien befanden sich wohl in Höhlen, von denen aber nur noch Felsbrocken übrig sind. Englisch sprechende Mitarbeiter bieten Touren an und helfen dabei, die Petroglyphen zu finden. Auch wer sich nicht für die Kritzeleien interessiert, wird von diesem Ort mit der gespenstischen Landschaft und dem Blick aufs türkisblaue Meer fasziniert sein.

ESSEN & TRINKEN

Brot Hinter jedem Wohnblock hängen Tüten mit altem Brot an Bäumen oder Haken. Brot ist heilig und darf nicht weggeworfen oder auf den Boden gelegt werden. Wem etwas Brot auf den Boden fällt, der tut gut daran, es als Entschuldigung zu küssen!

Çoban- (Schafs-)Salat Tomaten, Gurken, rohe Zwiebeln, Dill und Korianderblätter.

Fisch Manchmal ist *sudak* (Zander) oder *farel* (Forelle) erhältlich. Am besten schmeckt Fisch mit würzigen Saucen wie *alça* (saure Pflaumen) oder *narşərab* (Granatapfelsaft).

Kebabs *Tikə*-Kebabs bestehen aus gegrilltem Fleisch und enthalten oft Schwanzfett, das als Delikatesse gilt.

SAIKO3P / SHUTTERSTOCK ©

ATEŞGAH-FEUERTEMPEL

Der Ateşgah-Feuertempel ist eine der bemerkenswertesten Sehenswürdigkeiten des Landes. Er steht an der Stelle eines Erdgaslochs, das den Anhängern des Zoroastrismus jahrhundertelang heilig war. Dieser Tempel wurde allerdings im 18. Jh. von indischen Shiva-Anhängern errichtet, die in der nahen Karawanserei lebten und eigenartige Praktiken ausübten; so legten sie sich z. B. auf heiße Kohlen oder trugen schwere Ketten mit sich herum. Ein derart sonderbares Verhalten wird mit mehreren lebensgroßen Puppen im zugehörigen Museum nachgestellt. Das Herz des Tempels ist die Feuerstelle mit vier feuerspeienden Drachen – zumindest wenn der Aufseher den Gashahn aufdreht. Das einstige Erdgasloch ist seit Langem versiegt, sodass das Gas für die Flamme heute aus Bakus Hauptgaswerk stammt.

HAUPTSTADT
Addis Abeba

BEVÖLKERUNG
110,8 Mio.

FLÄCHE
1,1 Mio. km²

AMTSSPRACHE
Amharisch

Traditionelle äthiopische Körbe

ÄTHIOPIEN

Äthiopien ist einzigartig – ein schönes Land mit unvergleichlicher Geschichte, grandioser Tierwelt und den wohl gefühlvollsten Menschen Afrikas.

Äthiopien ist das afrikanische Land, dessen Tierwelt am meisten unterschätzt wird. Da wären der Äthiopische Wolf, Dscheladas und andere Primaten, Elefanten in Babille, Krokodile im Nechisar-Nationalpark, Hyänen in Harar und die Äthiopischen Steinböcke mit ihren markanten Hörnern. Außerdem kann man hier Vögel beobachten wie in kaum einem anderen Land Afrikas.

Wer will, kann auf über 3000 m (im Sämen-Gebirge und den Bale Mountains) wandern oder den am tiefsten gelegenen Ort Afrikas, das Afar-Dreieck, erkunden. Dazwischen liegen grünes Hochland, Wüsten, atemberaubende Schluchten und Savannen, riesige Seen und Hochplateaus.

Äthiopien beherbergt viele Völker: Surmi, Afar, Mursi, Karo, Hamer, Nuer und Anuak. Sie alle haben ihre Traditionen fast vollständig bewahrt. Das Highlight jeder Reise hierher ist die Teilnahme an einem der vielen leidenschaftlich gefeierten Feste, die fixer Bestandteil der Kultur sind, von Übergangsriten bis zu christlichen Festen.

Highlights

HARAR

1 Die mit Abstand faszinierendste Stadt Äthiopiens lädt zur Erkundung ein. In die Gassen Harars einzutauchen, ist ebenso interessant wie ein Besuch der vielen Museen, Märkte und traditionellen Häuser hinter den Altstadtmauern. Und dann sind da noch die Hyänen. Zwei Familien füttern sie mit der Hand – auch Besucher dürfen das versuchen. Abends kann man durchaus einem der durch die Stadt streifenden Raubtiere begegnen.

LALIBELA

2 Auf den ersten Anblick und auf die Besichtigung dieser Felsenkirchen kann man sich nicht vorbereiten: Die großen und überwältigenden, aus dem Fels gehauenen Gebäude werden bis heute als Gotteshäuser benutzt, sind kunstvoll gestaltet und hervorragend erhalten. Hier kann man orthodoxes Christentum in seiner ursprünglichsten und mächtigsten Art erleben. Hinzu kommen eine außergewöhnliche Architektur, ungewöhnliche Zeichnungen und vor allem der sanfte Gesang der weiß gekleideten Priester und Pilger.

BALE MOUNTAINS

3 Der Äthiopische Wolf ist der seltenste Wildhund der Welt, doch auf dem 4000 m hohen Sanetti-Plateau in den Bale Mountains ist die Chance relativ groß, einen von ihnen zu entdecken, z. B. bei der Jagd auf Maulwurfsratten. Ansonsten locken märchenhafte, flechtenbewachsene Wälder und die steil abfallende Harenna-Felswand. Die Berge eignen sich hervorragend für Trekkingtouren. Alternativ genießt man die Landschaft vom Auto aus bei einer Fahrt entlang der höchsten ganzjährig zugänglichen Straße Afrikas.

SÄMEN-GEBIRGE

4 Mit seinen tiefen Schluchten und bizarr

SARINE ARSLANIAN / SHUTTERSTOCK ©

Die selbst ernannte Republik Somaliland ist ein international nicht anerkannter Staat, der aber de facto unabhängig ist.
ROTES MEER
Golf von Aden
INDISCHER OZEAN
ERITREA
ASMARA
Mendefera
Adigrat
Aksum
Kassala
Setit
Tekeze
JEMEN
SANAA
Dhamar
Taizz
Aden
'Ataq
Al Bayda
Al Hudaydah
Assab
DSCHIBUTI
Obock
Tadjoura
Dikhil
Ali Sabih
Gummare-see
SOMALILAND
HARGEYSA
Berbera
Ceerigaabo
Maydh
Burco
Boorama
Boosaaso
Caluula
Hurdiyo
Bandarbeyla
Qardho
Garoowe
Eyl
Laascaanood
Gaalkacyo
Dhuusa Mareeb
Mereeg
Beledweyne
Ferfer
SOMALIA
Hudur
Baydhabo
Jawhar
Buurhakaba
Gode
Luuq
Garbahaarey
Mandera
Genale
Shebele
Jijiga
Harar
Dire Dawa
Awash
Awash-Nationalpark
Afar-Dreieck
Mekele
Lalibela
Dese
Bati
Debre Birhan
ADDIS ABEBA
Nazret
Asela
Goba
Bale-Mountains-Nationalpark
Nagele
Moyale
Marsabit
Hosaina
Abaja-see
Arba Minch
Chamo-see
Chew Bahir
KENIA
Turkana-See
Lodwar
Omo
Unteres Omo-Tal
Jima
Gore
Giyon
Hagere Hiywet
Nekemte
Gimbi
Dembi Dolo
Akobo
Asosa
Debre Markos
Bahir Dar
Tana-see
Gonder
Sämen-Nationalpark
Gedaref
KHARTUM
El Manaqil
Medani
Sennar
Blauer Nil
Ad Damazin
Ed Dueim
SUDAN
Kosti
El Obeid
Kadugli
Weißer Nil
Melut
Malakal
Nasir
Sobat
SÜD-SUDAN
Bentiu
Rumbek
Bor
JUBA
Yei
Maridi
Arua
Adjumani
Gulu
UGANDA
Moroto
Kapoeta
Kangen
1
2
3
4
5
6
7
8
9
10
11
0
400 km

geformten Bergen scheint das Sämen-Gebirge einem Gemälde entsprungen zu sein, bei dessen Anblick man sich fragt, ob es wirklich real ist. Der Sämen-Nationalpark gehört zu den schönsten Bergketten Afrikas. Er dient einem Teil von Äthiopiens endemischer Tierwelt als Schutzgebiet. Einmal von einer Schar Dscheladas umgeben zu sein, ist ein unvergessliches Erlebnis. Das Gebiet ist perfekt zum Wandern und Trekken, aber auch mit dem Auto leicht zugänglich.

▼ TOP-FILME

In Search of Myths and Heros (2005) Der erste Teil von Michael Woods Reihe sucht die Wahrheit hinter der Saba-Legende.

Lost Kingdoms of Africa (2010) Dr. Gus Casely-Hayford erforscht alte äthiopische Kulturen und Legenden.

The Great Rift: Africa's Wild Heart (2010) Porträt über den Großen Afrikanischen Grabenbruch und seine Tierwelt.

Lamb (2015) Die Geschichte eines Waisenkinds im ländlichen Äthiopien war der erste äthiopische Film in Cannes.

▼ ESSEN & TRINKEN

Äthiopisch zu essen, ist eine wundervolle Erfahrung. Man sitzt mit anderen um einen großen, runden Tisch und genießt die Aromen, die dieses Land kulinarisch zu einem der abwechslungsreichsten des ganzen Kontinents machen. Dies bedeutet auch, dass man über Essen nachdenkt. Das liegt an *injera*, der Grundlage einer jeden Mahlzeit in Äthiopien. *Injera* ist eine Art riesiges Fladenbrot, das Teller, Platten, Schalen und andere Utensilien ersetzt. Auf dem gummiartigen Fladen werden leckere, verschiedenfarbige Häufchen aus würzigen Fleischeintöpfen, schmackhaften Gemüsecurrys und sogar rohen Fleischstückchen platziert.

Weitere Gerichte, die auf fast jeder Speisekarte stehen, sind der viel gepriesene *wat* (Eintopf), *kitfo* (Hackfleisch) und *tere sega* (rohes Fleisch).

FELSENKIRCHEN IN TIGRAY

5 In der trockenen Landschaft Tigrays verstecken sich Felsenkirchen, die das Gegenstück der Berge zu den Kirchen Lalibelas in der Stadt bilden. Sie sind teilweise in den Fels gehauen und liegen oft auf Klippen, die nur über lange Wanderungen mit nicht selten steilen Anstiegen zu erreichen sind. Doch die Mühe lohnt sich – allein ihr künstlerischer und historischer Wert lässt Schweiß und Strapazen schnell vergessen.

▼ REISEZEIT

HAUPTSAISON
(Jan.–März)
Sonnige, warme Tage.

ZWISCHENSAISON
(Okt.–Dez.)
Genau die richtige Zeit zum Wandern und Trekken, weniger Besucher.

NEBENSAISON
(April–Sept.)
Regen oder brütende Hitze.

GONDER

6 Gonder bewahrt eine historische Schatzkiste. Die Mauern der königlichen Anlage bergen ein halbes Dutzend mittelalterli-

▼ DER ÄTHIOPISCHE HÄNDEDRUCK

Jemanden in Äthiopien zu begrüßen, kann kompliziert sein. Sagt man nur „Hallo"? Reicht man die Hand? Küsst man sein Gegenüber auf die Wange? Oder doch den „Kämpfersalut"? Wenn sich Äthiopier die Hand geben, stoßen sie auch mit den Schultern leicht aneinander. Das ist der „Kämpfersalut", mit dem sich Derg-Kämpfer begrüßten. Freunde begrüßen sich heute fast immer so, egal ob Männer oder Frauen. In der Geschäftswelt ist diese Art des „Händedrucks" allerdings nicht angesagt!

Es gibt noch viele andere Arten der Begrüßung. Das mehrfache Küssen auf die Wange ist unter Freunden und Verwandten beider Geschlechter üblich. Es gilt als höflich, Babys oder Kleinkinder zu küssen, selbst wenn man sie zum ersten Mal sieht.

Schüttelt man nur die Hand, wird die Ehrerbietung gezeigt, indem der rechte Arm (in Ellbogennähe) während des Händedrucks mit der linken Hand umfasst wird. Wenn Äthiopier in ein Zimmer kommen, versuchen sie, jedem (auch Kindern) die Hand zu geben. Sollten die Hände schmutzig oder nass sein, wird das Handgelenk angeboten.

UNTERWEGS VOR ORT

Empfehlenswert sind Geländewagen mit Fahrer, auch wenn das teuer ist. Mit dem eigenen Fahrzeug kann man überall anhalten und zudem wertvolle Zeit sparen. Man sollte die Anbieter vergleichen und sich für einen renommierten Vermieter entscheiden.

Bei Busreisen sind neuere Unternehmen zu empfehlen: besserer Service und komfortablere Busse.

Inlandsflüge sparen Zeit. Die nationale Fluglinie bietet viele Flüge und solide Sicherheitsstandards. Die Tarife sind oft günstiger, wenn man in Äthiopien bucht.

cher Paläste und jede Menge Legenden. Bei einem Spaziergang kann man sich gut die Festessen vorstellen, die hier stattfanden. Abgeschiedener liegen friedliche Stätten wie das Bad von Fasiladas, der Komplex von Kusquam und die Debre-Berhan-Selassie-Kirche, die ein Schwarm Bienen vor der Invasion sudanesischer Derwische rettete.

AFAR-DREIECK

7 Das Afar-Dreieck (Danakil-Senke), ein aktives vulkanisches Gebiet, besteht aus einem permanenten Lavasee und einem riesigen Gebiet aus gelbem und orangefarbenem Schwefelgestein. Ebenso interessant sind die herzlichen Afar, die sich hier in der glühenden Ebene mühsam durchschlagen. Reisen in dieser Region sind nicht einfach und überhaupt nur im Rahmen organisierter Touren möglich, denn es gibt nur wenige Straßen und Einrichtungen. Außerdem herrschen hier die weltweit höchsten Durchschnittstemperaturen. Und dennoch: Das Afar-Dreieck mag unwirtlich wirken, ist aber unbedingt eine Tour wert.

TIMKAT IN GONDER

8 Mit Timkat, dem Fest der Erscheinung des Herrn, wird ab dem 19. Januar über drei Tage die Taufe Jesu gefeiert. In von Priestern im Ornat angeführten Prozessionen werden am Nachmittag vor Timkat die Kirchen-*tabots* (Repliken der Bundeslade) zu einem nahen Gewässer getragen. Am nächsten Morgen werden die *tabots*, begleitet von Gesang und Tanz, zurück zur Kirche gebracht. Das bunteste Fest Äthiopiens genießt man am besten in Gonder.

ADDIS ABEBA

9 Addis Abeba entwickelt sich rasant. Die laute, betriebsame Hauptstadt Äthiopiens ist rund acht Monate im Jahr mit angenehmem Klima und wolkenlosem Himmel gesegnet. Zu den vielen kulturellen Highlights zählen das Ethnologische Museum und das Nationalmuseum. Zudem ist Addis für seine dynamische Restaurantszene und das Nachtleben bekannt – dafür sorgen zahlreiche Lokale, Bars, Galerien und Clubs. Also auf nach Addis Abeba!

UNTERES OMO-TAL, ETHNISCHE GRUPPEN

10 Das untere Omo-Tal ist eine bemerkenswerte Kulturlandschaft. Von den Mursi mit ihren Lippentellern über die Banna mit ihren Kürbishüten bis zu den Körperbemalungen der Kara: Tradition wird hier groß geschrieben. Auch wenn die weit verbreitete Meinung, die über ein Dutzend hiesigen ethnischen Gruppen hätten keinerlei Kontakt zur modernen Welt, eindeutig falsch ist, erwecken die Märkte, Dörfer und vielen Zeremonien doch das Gefühl, eine Reise in die Vergangenheit mitgemacht zu haben.

VOGELBEOBACHTUNG, AWASH-NATIONALPARK

11 Der von Addis Abeba aus leicht erreichbare, 756 km^2 große Awash-Nationalpark gehört zu den am stärksten besuchten Parks Äthiopiens. Er liegt an einer bedeutenden Nord-Süd-Route der Zugvögel, was dieser Gegend eine erstaunliche Vogelwelt beschert. Über 460 Spezies wurden verzeichnet, darunter der extrem seltene Gelbkehlgirlitz und der Dunkelschmätzer, die beide nur in und um Awash zu finden sind. Zwei besonders gute Orte zur Vogelbeobachtung sind die Gegend um die Filwoha-Thermalquellen und um die Campingplätze am Fluss Awash. Kürzlich wurde mit einem Programm zur Wiederansiedlung von Straußen begonnen. Zu den vielen Raubvögeln, die man hier beobachten kann, gehören Seeadler, Bartgeier und Zwergfalken.

MATEJH PHOTOGRAPHY / GETTY IMAGES ©

Um Einheimische leicht kennenzulernen, sollte man vor der Reise seine Tischtennis- und Kickerkenntnisse auffrischen.

In der Vergangenheit waren Hungersnöte in Äthiopien weniger auf Umweltfaktoren zurückzuführen – das Land ist reich an Bodenschätzen – als vielmehr auf wirtschaftliches Missmanagement und ungerechte, repressive Regierungen.

ANUP SHAH / GETTY IMAGES ©

HAUPTSTADT
Canberra
BEVÖLKERUNG
25,8 Mio.
FLÄCHE
7,7 Mio. km²
AMTSSPRACHE
Englisch

Bondi Baths, Sydney

AUSTRALIEN

Regenwald im Norden, Weingüter im Süden, Traumküsten im Osten und Westen und dazwischen unendliche Wüste – der rote Kontinent ist vielfältig, multikulturell und mit einer umwerfenden Natur gesegnet.

Die meisten Australier (89 %) leben an der Küste und dort größtenteils in den Städten. Und so zieht es auch viele Besucher in diese Städte, die sehr verschieden sind: Sydney ist mit seinen Stränden, Boutiquen und Bars die Stadt des Glamours. Melbourne steht für Kunst, kleine Gassen und Australian Rules Football. Das subtropische Brisbane erlebt einen steilen Aufschwung, Adelaide zeigt feierliche Anmut. Das boomende Perth versprüht Optimismus, und Canberra ist mehr als nur Politik. Besonders groß ist der Kontrast zwischen der Grenzstadt Darwin im tropischen Norden und dem kühlen Hobart auf Tasmanien im Süden. Ihnen allen gemeinsam ist das tolle Angebot an unkonventionellem Theater, schicken Galerien und mitreißenden Livebands.

Das weite Land ist von endlosen Straßen durchzogen, auf denen man am besten mit einem Geländewagen in die Nationalparks und einsamen Ecken fährt und dort campt.

Highlights

GREAT BARRIER REEF

1 Das von Sir David Attenborough als einer der schönsten Orte der Welt bezeichnete UNESCO-Welterbe ist so schön wie gefährdet. In dem empfindlichen Ökosystem, das sich über mehr als 2000 km vor der Küste von Queensland erstreckt, leben strahlende Korallen, riesige Meeresschildkröten, scheinbar schwerelose Rochen, Riffhaie und Fische in allen Formen und Farben. Egal, ob man taucht, darüber hinweg fliegt oder durch den Glasboden eines Bootes blickt – diese bunte Unterwasserwelt ist ein unvergessliches Erlebnis.

SYDNEY OPERA HOUSE

2 Das sofort erkennbare Opernhaus am Sydney Harbour ist Australiens Highlight: Jørn Utzons Bau am Bennelong Point überzeugt durch architektonische Raffinesse und sticht aus dem herrlichen Hafenensemble mit der Brücke, dem schimmernden blauen Wasser und den grünen Fähren hervor. Das Besondere ist, dass die Magie auf verschiedene Arten erlebt werden kann: in den Bars in Top-Lage, im französischen Restaurant, bei einer Führung oder einer der Vorführungen mit Staraufgebot.

MELBOURNE

3 Warum die Schlange? Weil alle das neueste Lokal der Stadt testen wollen, für das man nicht reservieren kann! Das Stadtgespräch mag von den Restaurants/Köchen/Cafés/Bars bestimmt sein, es gibt aber Dinge, die die Melbourner nie ändern würden: die Parks und Gärten im Zentrum, die überfüllten Straßenbahnen, die die Kreativen aus dem Norden nach St. Kilda im Süden befördern, und die für sportverrückte Städte typische Fantreue. Die Straßenkunstszene spiegelt die Ängste, Frustrationen und Freuden der Melbourner wider.

DAVID HANNAH / GETTY IMAGES ©

ULURU-KATA TJUTA NATIONAL PARK

4 Egal, wie oft man den majestätischen Uluru auf Bildern gesehen hat, die Wirklichkeit ist dennoch überwältigend. Der Felsen in der Wüste, der so unglaublich schön und von so großer kultureller und spiritueller Bedeutung ist, lohnt alle Mühen der Anreise (auch wenn er heute nicht mehr bestiegen werden darf). Im Uluru-Kata Tjuta National Park gibt es aber noch viel mehr zu sehen: Mindestens ebenso beeindruckend sind die Kata Tjuta („Olgas"), und auf mystischen Wegen kann man die Kultur der Aborigines entdecken. Nicht zu vergessen die spektakulären Sonnenauf- und -untergänge!

TETRA IMAGES / SHUTTERSTOCK ©

INDONESIEN
SALOMONEN
Port Moresby
PAPUA-NEUGUINEA
NEU-KALEDONIEN
SÜD-PAZIFIK
KORALLEN-MEER
ARAFURA-SEE
TIMOR-SEE
INDISCHER OZEAN
TASMAN-SEE
SÜDPOLAR-MEER
Torres Strait
Cape York
Cape York Peninsula
Golf von Carpentaria
Great Barrier Reef
Daintree Rainforest
Melville Island
Darwin
Joseph Bonaparte Gulf
Arnhem Land
Jabiru
Nhulunbuy
Katherine
Mataranka
Daly Waters
Kununurra
Wyndham
The Kimberley
Halls Creek
Fitzroy Crossing
Cape Leveque
Derby
Broome
Port Hedland
Karratha
Dampier
Exmouth
The Pilbara
Newman
Gibson Desert
WESTERN AUSTRALIA
Carnarvon
Shark Bay
Geraldton
Mt. Magnet
Kalgoorlie Boulder
Perth
Fremantle
Bunbury
Margaret River
Cape Leeuwin
Wagin
Albany
Norseman
Esperance
Great Victoria Desert
Nullarbor Plain
Eucla
Große Australische Bucht
Weipa
Cooktown
Port Douglas
Cairns
Innisfail
Ingham
Townsville
Mackay
Normanton
Charters Towers
Cloncurry
Mt. Isa
Winton
Longreach
Barcaldine
QUEENSLAND
Birdsville
Charleville
Rockhampton
Gladstone
Bundaberg
Hervey Bay
Fraser Island
Noosa
Brisbane
Gold Coast
Byron Bay
Toowoomba
NORTHERN TERRITORY
Tennant Creek
Alice Springs
Uluru-Kata Tjuta National Park
Yulara
Simpson Desert
Lake Eyre North
Lake Eyre South
SOUTH AUSTRALIA
Coober Pedy
Ceduna
Port Augusta
Whyalla
Port Lincoln
Kangaroo Island
Adelaide
Broken Hill
Darling
Bourke
NSW
Armidale
Tamworth
Dubbo
Coffs Harbour
Port Macquarie
Newcastle
Sydney
Wollongong
CANBERRA
ACT
Lord Howe Island (NSW)
Mildura
Griffith
Wagga Wagga
Albury
VICTORIA
Ballarat
Melbourne
Geelong
Warrnambool
King Island
Bass Strait
Flinders Island
Devonport
Launceston
Queenstown
Hobart
TASMANIEN
0
1000 km
N
1
2
3
4
5
7
8
9
10
11
12

TOP-FILME

Lantana (Ray Lawrence; 2001) Märchenhafter Film für Erwachsene, in dem Liebe, Wahrheit und Schmerz die Hauptrollen spielen.

Gallipoli (Peter Weir; 1981) Über die nationale Identität während des Ersten Weltkriegs.

Mad Max (George Miller; 1979) Mel Gibson als wütender Polizist, der Rache übt.

The Hunter (Daniel Nettheim; 2011) Willem Dafoe jagt den letzten tasmanischen Tiger.

10 Kanus, 150 Speere und 3 Frauen (Rolf de Heer und Peter Djigir; 2006) Der erste australische Film, dessen Drehbuch in der Sprache der Aborigines geschrieben wurde.

ESSEN & TRINKEN

Das Klima in Australien ist so unterschiedlich, dass zu jeder Jahreszeit ein enormes Angebot von frischen Produkten herrscht. Im Sommer gibt es jede Menge Obst. Meeresfrüchte sind immer dort am frischesten, wo sie herkommen.

Bugs Die Bärenkrebse sehen aus wie Hummer mit Schaufelnasen, sind aber nicht so teuer.

Fisch Im Angebot sind viele Wildfischarten, und auch Schnapper, Stachelmakrelen und Wittlinge sind gegrillt lecker.

Marron Ein prähistorisch anmutender Krebs aus Western Australia.

Austern Kenner schätzen die Sydney-Felsenaustern; Tasmanien ist bekannt für seine Pazifikaustern.

Garnelen Die Garnelen Australiens sind lecker, besonders die süßen School Prawns oder die Eastern King (Yamba) Prawns.

DAINTREE RAINFOREST

5 In dem ebenfalls zum Welterbe gehörenden Nationalpark erstreckt sich üppig grüner Regenwald bis zum strahlend weißen Strand. Umgeben von lautem Vogelgezwitscher, Quaken und Summen kann man den Urwald bei nächtlichen Tierbeobachtungstouren, auf dem Mountainbike, bei Wanderungen, Baumwipfeltouren, Jeepsafaris, zu Pferde und mit dem Kajak erkunden. Außerdem kann man Krokodile beobachten, Obstplantagen besichtigen und, und ... Mit etwas Glück sieht man sogar einen Kasuar.

FAUNA & FLORA

6 Pelzig, niedlich, tödlich – bei ein und derselben Tierbeobachtungstour in Australien kann man allen drei Kategorien begegnen. So kann man in der Hervey Bay besonders gut Wale beobachten, an den Stränden von Queensland legen Meeresschildkröten ihre Eier ab, Phillip Island in Victoria ist die Heimat niedlicher Zwergpinguine und wolliger Seebären. In Queensland, Westaustralien und im Northern Territory haben die Dinosaurier in Form von Krokodilen überlebt, und überall ist das laute Gezwitscher und Gekreische der Vögel zu hören (vor allem das keckernde Lachen des Kookaburra). Dazwischen leben so einzigartige Tiere wie Koalas, Kängurus, Wallabys, Wombats und Schnabeltiere, die es nirgendwo sonst auf der Welt gibt.

REISEZEIT

HAUPTSAISON
(Dez.–Feb.)
Hochsommer, Ferienzeit, volle Strände, Kricket

ZWISCHENSAISON
(März–Mai & Sept.–Nov.)
Sonnig und warm, klarer Himmel, ruhiger.

NEBENSAISON
(Juni–Aug.)
Ab in die Wüste, den Norden und in den Schnee!

STRÄNDE, STRÄNDE, STRÄNDE ...

Nach Angaben der Coastal Studies Unit der Universität von Sydney gibt es in Australien 10 685 Strände.

GREAT OCEAN ROAD

Die Great Ocean Road (B100) ist die wohl berühmteste Panoramastraße Australiens. Sie schlängelt sich hoch über Stränden mit Surfwellen und entlang der Kalksteinfelsen der Twelve Apostles und führt durch kleine Regenwälder und Badeorte.

GESCHICHTEN ERZÄHLEN

Die Kultur der Aborigines gründet sich auf mündliche Überlieferungen – und so hat das Geschichtenerzählen einen hohen Stellenwert.

Obwohl sich die Glaubensvorstellungen und Bräuche je nach Region und Sprachgruppe unterscheiden, existiert die gemeinsame Weltanschauung, dass die Vorfahren das Land, das Meer und alle Lebewesen erschaffen haben. Diese Schöpfungsgeschichte wird meist als „Traumzeit" bezeichnet. Durch die Geschichten werden Wissen und der Glauben von Generation zu Generation weitergegeben.

Immer am Australia Day (26. Jan.) findet in Sydney das Yabun-Festival (www.yabun.org.au) statt, bei dem das Überleben der Aborigine-Kulturen gefeiert wird.

BONDI BEACH

7 Der unwiderstehliche und für Sydney so typische Strand ist einer der schönsten Strände der Welt. Nach dem Surfen strömen die Surfer, Models, Skater und Backpacker in die Pubs, Bars und Restaurants an der Campbell Pde. Der Strand liegt in unmittelbarer Nähe der Stadt, bietet stets gute Wellen und ist damit auch für anspruchsvolle Schwimmer eine Herausforderung. Kein Wunder, dass er meistens überfüllt ist. Empfehlenswert ist auch eine Wanderung auf dem Bondi to Coogee Clifftop Walk.

FREMANTLE

8 Der westlichste Hafen Australiens liegt 22 km südlich von Perth. Die unkonventionelle Stadt voller Studenten ist geprägt von klassischer viktorianischer Architektur. Wie in jeder Hafenstadt herrscht auch hier ein ständiges Kommen und Gehen. Fremantle steht für schmutzigen Soul, kleine Brauereien, in denen großartiges Craft-Beer gebraut wird, viel Livemusik, schicke Bars, Seafood direkt am indischen Ozean, Straßenmusikanten, Strände, Märkte und Studenten, die sich amüsieren wollen.

WHITSUNDAYS

9 Von den vielen tropischen Inseln dieser Welt kommt kaum eine an die Schönheit der Whitsundays heran. Reisende aus aller Herren Länder mieten sich in der Partyhochburg Airlie Beach eine Jacht und schippern durch die grünen Inseln, die dem Paradies näher kommen als jeder andere Ort dieser Welt. Mit dem Whitehaven Beach befindet sich hier auch einer der schönsten Strände Australiens. Also nichts wie hin!

HOBART & MONA

10 Nur einen kurzen Fährtripp vom Hafen Hobarts entfernt steht direkt am Flussufer das Museum of Old & New Art (MONA) – eine Institution von Weltrang. Das von seinem Besit-

JETZT REISEN!

Australien hat sich gegen den Rest der Welt abgeschottet. Die Grenzen bleiben für ausländische Reisende wohl noch das ganze Jahr 2021 geschlossen und vermutlich wird das auch noch die ersten Monate von 2022 so bleiben – aber dann: Sobald es wieder möglich ist, sind Reisen nach Australien so faszinierend wie zuvor.

zer, dem Philanthropen David Walsh aus Hobart, als „subversives Disneyland für Erwachsene" bezeichnete Museum zeigt auf drei unterirdischen Stockwerken mehr als 400 provozierende und einzigartige Kunstwerke. Sie mögen nicht jedermanns Sache sein, eignen sich aber hervorragend, um gehobenen Smalltalk zu betreiben.

BLUE MOUNTAINS

11 Die zum UNESCO-Welterbe gehörenden Blue Mountains warten mit einer spektakulären Landschaft auf. Die schiefergraue Farbe, die dem Gebirge seinen Namen gab, stammt von dem feinen Öldunst der Eukalyptusbäume, deren Blätterdach die Täler und scharf eingeschnittenen Sandsteinfelsen bedeckt. Das Gebirge, dessen Ausläufer 65 km landeinwärts von Sydney beginnen, steigt bis zu einem von tiefen Tälern durchzogenen Sandsteinplateau auf 1100 m Höhe an.

KAKADU NATIONAL PARK

12 Der Kakadu ist mehr als nur ein Nationalpark. Er ist auch der Beweis für die Verbindung der Aborigines mit diesem Land, das sie über Tausende von Generationen ernährt hat und das sie respektiert haben. Der knapp 20 000 km^2 große Park erstreckt sich über 200 km in Nord-Süd- und über 100 km in Ost-West-Richtung und schützt ein einzigartiges Ökosystem, das immer wieder von Bränden und Überschwemmungen heimgesucht wird. Absolut sehenswert sind auch die uralten Felsenmalereien im Park.

5

ANDREW WATSON / GETTY IMAGES ©

▾ UNTERWEGS VOR ORT

Mit einem Mietwagen ist man unabhängig und gelangt auch in Regionen ohne öffentliche Verkehrsmittel.

Wer nicht soviel Zeit hat, nutzt die günstigen und häufig verkehrenden Flüge zwischen den großen Städten.

Zudem gibt es ein zuverlässiges Netz von Fernbusverbindungen, die ebenfalls recht häufig verkehren, aber nicht unbedingt preiswerter als Flüge sind.

Züge sind langsam und teuer und verkehren nur selten, ermöglichen es aber, die spektakuläre Landschaft in aller Ruhe zu genießen.

HAUPTSTADT
Nassau

BEVÖLKERUNG
352600

FLÄCHE
13880 km²

AMTSSPRACHE
Englisch

Elbow Cay

BAHAMAS

Die Inseln der Bahamas verteilen sich wie eine Handvoll Piratengold auf rund 250 000 km² türkisblauen Meeres und scheinen fürs Paradies Modell gestanden zu haben.

Die Bahamas wirken wie silberfarbene und grüne Tupfer auf einer Malerpalette und wecken den Entdeckergeist des Betrachters. Man denke nur an Christoph Kolumbus, der 1492 auf die Kalksteinlandschaften stieß und den Gang der Geschichte veränderte. Doch das Abenteuer endete nicht mit der *Niña*, *Pinta* und *Santa Maria*. Ob Piraten, Blockadebrecher oder Rumschmuggler: Seit Jahrhunderten locken die 700 Inseln und 2400 Cays Draufgänger an.

Auf heutige Besucher warten Segeltörns rund um Abacos' geschichtsträchtige Loyalist Cays, lange Partynächte im glamourösen Atlantis-Resort auf Paradise Island, Tauchgänge durch die gespenstischen blauen Höhlen von Andros, Kajaktrips vor den 365 Exuma Cays, Entspannung an den rosa Sandstränden von Eleuthera und Piratentouren in Nassau. Die Inseln bieten Wasser- und Strandvergnügen vor glitzernd blauer Kulisse. Das Abenteuer ruft!

Highlights

ANDROS REEF

1 Vor der Ostküste von Andros liegt das drittgrößte Barriereriff der Welt. Es ist 225 km lang und erstreckt sich über unwirklichen Korallenwald, Grotten mit Schwämmen und unheimliche Höhlen. Das bunte Meeresleben des Riffs umfasst Papageienfische, Muränen, Adlerrochen, Schildkröten und den einen oder anderen Hai. Die bizarren, mit Wasser gefüllten vertikalen Höhlen im Inselinneren und vor der Küste locken Taucher und Hobbyforscher. Am Ende des Riffs fällt der Grund ganze 1800 m in die Tiefe – ein freier Fall in die Tongue of the Ocean gilt als unvergessliches Taucherlebnis!

PINK SANDS BEACH

2 Der breite, unendlich lange Strand ist die Hauptsehenswürdigkeit auf Harbour Island. Feines Korallenpulver sorgt dafür, dass der Sand am Tag rosa schimmert und in der Morgen- und Abenddämmerung rötlich leuchtet. Internationale Hochglanzmagazine kürten ihn zum schönsten Strand der Welt – zu Recht!

HIDDEN COVES

3 Auf den knapp 700 Inseln der Bahamas, die sich auf einer Fläche von etwa 259 000 km^2 verteilen, gibt es so viele einsame Strände und versteckte Höhlen zu entdecken, dass es für ein ganzes Leben reicht. Die schönsten Strände gibt es auf den Inseln Eleuthera und Harbour Island. Die 365 Exuma Cays sind ein Paradies aus tiefblauem Wasser und unbewohnten Inselchen, wäh-

REISEZEIT

HAUPTSAISON
(Dez.–April)

ZWISCHENSAISON
(Mai)

NEBENSAISON
(Juni–Nov.)

rend die Sandstrände auf Grand Bahama nur wenige Minuten von der geschäftigen Innenstadt Freeport entfernt sind. Und man kann sagen, dass selbst der hässlichste Strand der Bahamas immer noch eine Schönheitskönigin im Vergleich zu vielen anderen Stränden der Welt ist.

LUCAYAN NATIONAL PARK

4 Der 16 ha große Nationalpark auf Grand Bahama ist ein echtes Juwel. Im Norden des Parks führen mehrere Wege auf ein Kalksteinplateau hinauf, das von unzähligen Höhlen durchzogen ist, die zum größten Unterwasserhöhlensystem der Welt gehören. Holzstege führen durch einen Mangrovenwald zum schönen Gold Rock Beach, der von sanften Dünen umgeben ist.

MT. ALVERNIA HERMITAGE

5 Das Herz der Bahamas schlägt immer noch auf Cat Island, einer der am wenigsten vom Tourismus berührten Inseln. Hier wird noch Obi und Buschmedizin praktiziert, und es gibt viele historisch interessante Stätten wie die Einsiedelei auf dem Mount Alvernia. Die Steinkirche, die einst vom Einsiedler Pater Jerome erbaut wurde, hat einen Glockenturm, der an die Wehrtürme aus der Zeit König Arthurs erinnert. Zu besichtigen sind die Kapelle, das winzige Kloster und eine Mönchszelle. Eine Steintreppe, die in den Berghang geschlagen wurde, führt zu der Kirche, von der man einen erhabenen Rundumblick hat. Dieser ist am schönsten bei Sonnenauf- und -untergang.

▼ UNTERWEGS VOR ORT

Flüge bieten die schnellste und bequemste Verbindung zwischen den einzelnen Bahama-Inseln.

Fähren verbinden Nassau, Andros, Abacos, Eleuthera und Exuma. Postboote und Wassertaxis gibt's auch.

Keinesfalls mit dem Auto durch Nassaus Zentrum fahren. Schlechte Straßen auf den Out Islands.

3

SOPA_COLLECTION / SHUTTERSTOCK ©

BIMINI

6 Es ist schwer, dem ruhigen Rhythmus und der Natur der Out Islands zu widerstehen; sie eignen sich von allen Inseln der Bahamas am besten für eigene Erkundungen. Ein Paradies für Hochseeangler ist die winzige Insel Bimini am Rand des Golfstroms. Das wusste schon Hemingway zu schätzen. Aber auch Taucher und Schnorchler haben Spaß: Bei der eigenartigen Kalksteinformation der Bimini Road soll es sich um Atlantis handeln. Aber auch davon abgesehen ist das Tauchgebiet mit seinen Bewohnern ein lohnendes Ziel.

AQUAVENTURE WATERPARK

7 Kinder und Erwachsene werden begeistert sein von diesem 57 ha großen Wasserpark, der an Indiana Jones' Vision der Ruinen von Atlantis erinnert. Mitten in der riesigen Wasserlandschaft auf Paradise Island steht ein fünfstöckiger Mayatempel; von dem gehen Rutschen ab, die die Besucher in Grotten und Höhlen katapultieren. Wem das zu wild ist, kann entlang der Stromschnellen eines 1,6 km langen Flusses spazieren, in Pools schwimmen oder in einer ruhigen Lagune Kajak fahren oder schnorcheln.

HOPE TOWN & ELBOW CAY

8 Das Postkartenidyll von Hope Town auf Elbow Cay begrüßt die Besucher mit einem 36,5 m hohen, rot-weißen Leuchtturm, der am östlichen Ende des Hafens steht. Je weiter man in den Hafen einfährt, desto mehr der bildhübschen pastellfarbenen Häuschen kommen ins Blickfeld. Die winzigen Gärten sind voller Bougainvilleen, bunt blühende Büsche überwuchern Zäune und Mauern. Die zwei engen Straßen, die rund um den Ort führen, laden zum Bummeln ein.

▼ ESSEN & TRINKEN

Conch Gebraten, frittiert, im Salat oder gebacken – die etwas zähen Meeresschnecken sind allgegenwärtig. Schmecken ähnlich wie Calamari.

Boil fish Der Eintopf aus Zackenbarsch mit Limettensaft, Zwiebeln und Kartoffeln ist ein Frühstücksgericht und wird meist mit Johnnycake (einer Art Maisfladenbrot) serviert.

Spiny Caribbean lobster Die für die Bahamas typische Languste wird kurz mit Zwiebeln und Pfeffer angebraten.

Souse Eintopf mit Lamm- und Schafskopf, Schweinsfüßen und sonstigen „Fleischresten".

Guava Duff Gekochte Teigrolle, die mit süßer Guavenpaste gefüllt und mit Rum- oder Sahnesauce serviert wird.

Bier Ein kaltes Kalik oder Sands passt immer und zu allem.

Rum-Cocktails Unbedingt Goombay Smash und Bahama Mama probieren.

BLUEORANGE STUDIO / SHUTTERSTOCK ©

▼ SCHWIMMENDE SCHWEINE

Das Inselchen **Major Cay**, das zu Exuma gehört, ist ideal zum Sonnenbaden und Schnorcheln. Unbedingt ein Picknick einplanen und den Schweinen etwas abgeben. Kein Witz: Auf Major Cay leben schwimmende Schweine, die es lieben, zu planschen, sich streicheln zu lassen und ein Sandwich zu vertilgen.

HAUPTSTADT
Manama

BEVÖLKERUNG
1,5 Mio.

FLÄCHE
760 km²

AMTSSPRACHE
Arabisch

Al-Fatih-Moschee, Manama

BAHRAIN

Der winzige Inselstaat ist das kleinste arabische Land und einer der entspanntesten Golfstaaten.

Bahrain gleicht einer Auster: Das raue Äußere ist nicht leicht zu knacken, doch die Mühe lohnt sich. Manama ist sicher nicht so elegant wie die anderen Hauptstädte am Golf, doch genau das macht sie so attraktiv. Das Land ist zu Recht stolz auf seine Geschichte, existierte hier doch die prähistorische Hochkultur der Dilmun und später das Zentrum der Perlenindustrie am Golf. Angeblich soll sich hier auch der Garten Eden befunden haben.

Heute verfügt es über eine Formel-1-Rennstrecke, die beträchtliche Zahl von Ausländern in Manama sorgt für eine blühende Kunst- und Gourmetszene und überall sind die Wahrzeichen des neuen Wohlstands in der arabischen Welt zu sehen. Bahrains Selbstvertrauen wurde zwar durch die Unsicherheit infolge des Arabischen Frühlings erschüttert, doch die Anziehungskraft des Landes bleibt. Und wenn die Besucherzahlen klein sind, ist das Reisen umso entspannter.

Highlights

NATIONALMUSEUM VON BAHRAIN

1 Im Nationalmuseum von Bahrain in Manama öffnen sich dem Besucher die Tore zum antiken Dilmun. Untergebracht in einem postmodernen Gebäude, vor dessen Fenster das Meer zu sehen ist, zeigt das Museum archäologische Funde aus der alten Stadt. Dazu gehören wunderschöne Achate, Karneolperlen und getöpferte Graburnen.

FORT VON BAHRAIN

2 Die Festung aus dem 16. Jh. bietet einen tollen Blick aufs Meer. Sie gehört zum UNESCO-Welterbe und wurde einst von den Portugiesen als Teil ihres Verteidigungsrings am Golf erbaut. Die Festung ist besonders schön bei Dunkelheit, wenn sie von unzähligen Scheinwerfern angestrahlt wird.

SUK VON MANAMA

3 Auf dem Markt in den Straßen hinter dem Bab al-Bahrain gibt es neben Nüssen, Gewürzen, Shishaflaschen und den üblichen Nahrungsmitteln auch leckeres Mangoeis, Elektronik und T-Shirts. Sehenswert sind der Goldsuk, der Parfümmarkt und der Kräuter- und Gewürzmarkt.

ESSEN & TRINKEN

Makbus Gewürzter Reis mit Fleisch in einer üppigen Sauce.

Rangena Kokosnusskuchen.

Khabees Süßigkeit aus Datteln in verschiedenen Größen, Farben und Reifegraden.

Alkohol Vielerorts erhältlich, vor allem in Cocktailbars.

REISEZEIT

HAUPTSAISON
(Okt.–März)

ZWISCHENSAISON
(April)

NEBENSAISON
(Mai–Sept.)

HAUPTSTADT
Dhaka

BEVÖLKERUNG
146 Mio.

FLÄCHE
148 460 km²

AMTSSPRACHE
Bengalisch (Bangla)

Bengalischer Tiger im Sundarbans-Nationalpark

BANGLADESCH

Das grünste Land Südostasiens ist von vielen Flüssen durchzogen. Trotz der vielfältigen Kultur steckt der Tourismus noch in den Kinderschuhen, und so ist das Land ideal für abenteuerlustige Reisende.

Herzlich willkommen im Land der Flüsse! Mehr als 700 fließen durch das kleine Land und sorgen für die üppig grüne Landschaft. Bangladesch ist eines der am dichtesten bevölkerten Länder, doch wenn man auf einem Holzboot den Fluss hinabtreibt, ist davon nichts zu spüren. Boote aller Art sind das Hauptverkehrsmittel im Land und bringen Reisende sowohl ins hektische Dhaka als auch in dichte Mangrovenwälder und zu den Tigern im Sundarbans-Nationalpark.

Vom Tourismus ist Bangladesch noch weitgehend unberührt. So können sich Reisende wie Pioniere fühlen und stehen meist sofort im Mittelpunkt des allgemeinen Interesses. Dabei sind die Einheimischen für ihre Herzlichkeit und Gastfreundschaft berühmt. Wer gern neue Freundschaften schließt, mit den hier lebenden Menschen in Kontakt kommen möchte und möglichst wenigen Touristen begegnen will, für den ist Bangladesch genau das Richtige.

Highlights

TIGER IN DEN SUNDARBANS

1 In den Mangrovenwäldern des Sundarbans-Nationalparks leben noch die legendären bengalischen Königstiger – sie von einem Boot aus zu beobachten, gehört zu den Höhepunkten einer Reise nach Bangladesch. Die besten Chancen eine der scheuen Großkatzen zu erspähen, hat man auf einer der viertägigen Bootstouren ab Khulna. Aber auch wenn man keinen Tiger sehen sollte, lohnt sich die Fahrt allein schon wegen der herrlichen Landschaft.

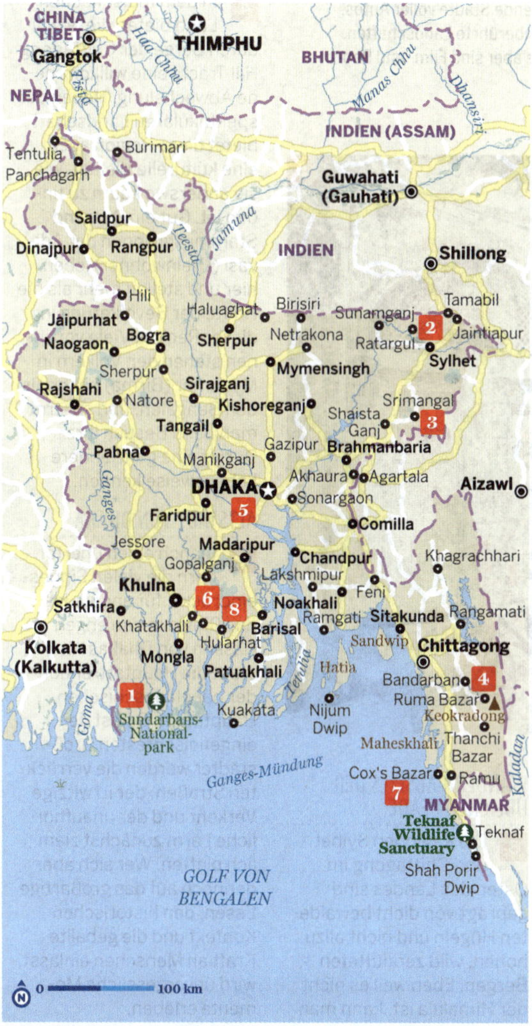

DIE SUMPFWÄLDER VON RATARGUL

2 Der immergrüne, tropische Regenwald im sumpfigen Altwasser von Ratargul bildet eine verzauberte Landschaft aus ruhigen Wasserwegen, über die kleine Holzboote geräuschlos gleiten. Es gilt als das

▼ ESSEN & TRINKEN

Die Küche Bangladeschs gleicht der des benachbarten Indiens sehr, verwendet aber wesentlich mehr Fisch. Grundnahrungsmittel sind Reis und Dhal, die mit Fisch, Gemüse und Fleisch serviert werden und meist mit Chili, Masala und Senföl gewürzt sind. Biryani (gekochter Reis mit Gewürzen und Hühnchen) ist ein beliebtes Mittagessen der muslimischen Bevölkerung, während die buddhistische Küche im Südosten stark birmanisch beeinflusst ist. Hier werden Bambussprösslinge, Kokos und Shrimpspaste verwendet. In den Provinzen Sylhet und Khulna soll es das beste Essen des Landes geben.

▼ REISEZEIT

HAUPTSAISON
(Okt.–März)

ZWISCHENSAISON
(April–Mai)

NEBENSAISON
(Juni–Sept.)

RIKSCHAKUNST

Einer der ersten und wohl auch nachhaltigsten Eindrücke in Bangladesch sind die kunterbunten Fahrradrikschas. Sie sind nicht nur ein preiswertes und umweltfreundliches Verkehrsmittel, sondern auch kleine, rollende Kunstwerke. So bilden diese Rikschas die schönste Kunstgalerie, die man sich vorstellen kann. Die Straßenkunst auf Rädern muss kühn, auffällig und schnell zu erfassen sein. Dafür verwenden die Künstler möglichst viel Farbe und dramatische Motive, die zugleich einfach und bemerkenswert sind. Oft sind die Kunstwerke auch unverhohlen kommerziell.

Oder sie spiegeln die Träume der einfachen, hart arbeitenden Männer und Frauen wider. Zu den typischen Motiven gehören idyllische Landszenen, wohlhabende Städte voller Autos, Flugzeuge und Hochhäuser sowie unberührte Landschaften. Die mit Abstand beliebtesten Motive aber sind Film- und Popstars aus Bangladesch und Indien.

5

ATHIKHOM SAENGCHAI / SHUTTERSTOCK ©

größte Süßwasser-Sumpfland von Bangladesch und kann bequem im Rahmen eines Tagesausflugs von Sylhet aus erkundet werden. Der Zugang zu dem Gebiet erfolgt über eine Dorfstraße, die mitten durch schöne Teeplantagen und dichte Wälder führt.

WANDERN ABSEITS DER ÜBLICHEN PFADE

3 Die Regionen Sylhet und Chittagong im Osten des Landes sind geprägt von dicht bewaldeten Hügeln und nicht allzu hohen, wild zerklüfteten Bergen. Eben weil es nicht der Himalaja ist, kann man hier ein paar nicht allzu anstrengende Wanderungen durch die herrliche Landschaft machen. So führen einfache Tageswanderungen von Srimangal zu Teeplantagen, den Hum-Hum-Wasserfällen und zu den Gibbons in den Wäldern des Lowacherra-Nationalparks.

CHITTAGONG HILL TRACTS

4 In dem meist flachen Land bieten die bewaldeten Berge der Chittagong Hill Tracts eine willkommene Abwechslung. Neben der spektakulären Landschaft bietet diese Region auch eine kulturelle Vielfalt, wie sie anderswo kaum zu finden ist. Gut ein Dutzend Stammesgruppen der Adivasi (Ureinwohner) leben hier und stellen mehr als die Hälfte der Bevölkerung in dieser Region. Viele von ihnen stehen den Völkern in Myanmar (Birma) näher als den Bengalen, und so lernt man beim Besuch ihrer Dörfer eine ganz andere Lebensweise kennen.

ALTSTADT VON DHAKA

5 Manch einen überfordern die vielen Sinneseindrücke, für andere ist das Chaos in den engen Gassen von Dhakas Altstadt die Hauptattraktion der bangladeschischen Hauptstadt. Selbst den eingefleischtesten Großstädter werden die verrückten Straßen, der irrwitzige Verkehr und der unaufhörliche Lärm zunächst ziemlich plätten. Wer sich aber dennoch auf das großartige Essen, den historischen Kontext und die geballte Kraft an Menschen einlässt, wird unvergessliche Momente erleben.

UNTERWEGS VOR ORT

Es gibt superbillige Stadtbusse und teure, sehr bequeme Reisebusse.

Züge sind sicherer als Straßenfahrzeuge. Es gibt aber nur wenige Verbindungen und noch weniger Plätze.

Fahrrad- und Autorikschas (mit Erdgasantrieb) sind praktisch, um Attraktionen in den Städten und abgelegene Dörfer zu besuchen.

EINE FAHRT MIT DER ROCKET

6 Bangladeschs bekannter Raddampfer blickt auf eine fast 100-jährige Geschichte zurück. Er ist nicht mehr der Schnellste, versprüht aber mit jedem Jahr mehr Romantik. Heute gibt es noch vier Rockets, die alle aus dem frühen 20. Jh. stammen. Touren von Dhaka nach Khulna gehören zwar nicht mehr zum Repertoire, dafür jedoch ausgedehnte Fahrten mit Übernachtung, bei denen man die Landschaft an sich vorbeiziehen lassen kann.

AM COX'S BAZAR SURFEN

7 Die Einwohner von Bangladesch erzählen gern, dass sie mit Cox's Bazar über einen der längsten Naturstrände der Welt verfügen. Weniger publik machen sie, dass dort allmählich eine Surfszene entsteht. Die Wellen im Golf von Bengalen eignen sich für Anfänger ebenso wie für Fortgeschrittene. Nach einem Tag am Strand kann man sich dann in einem der Restaurants entspannen und eine Portion frischer Meeresfrüchte genießen.

HISTORISCHE MOSCHEEN IN BAGERHAT

8 Im verschlafenen Bagerhat befindet sich die größte Ansammlung mittelalterlicher Moscheen und Mausoleen von Bangladesch, die den Ort zu einem Freilichtmuseum der islamischen Vergangenheit der Region machen. Die von der UNESCO als Welterbe geschützte Stadt mit ihren Kuppelmoscheen und freundlichen Bewohnern erkundet man am besten zu Fuß. Dabei kann man auch über einen Teich voller Krokodile staunen.

HAUPTSTADT
Bridgetown
BEVÖLKERUNG
301 800
FLÄCHE
432 km²
AMTSSPRACHE
Englisch

Rockley Beach

BARBADOS

Wellenreiten, Windsurfen oder Schnorcheln am Riff – auf Barbados bleibt keine Haarsträhne trocken. Landratten lockt das schöne grüne Inselinnere mit tropischen Wanderungen.

Barbados ist rundum von azurblauem Wasser und weißen Sandstränden umgeben. Neben diesen zu Recht berühmten Stränden hat die Insel aber auch ein tolles Nachtleben, eine zum UNESCO-Welterbe zählende Hauptstadt, ein herrliches Landesinnere und eine stolze Bevölkerung zu bieten.

Auf der Insel gibt es Unterkünfte für jeden Geschmack und Geldbeutel, vor allem an der Süd- und Westküste. Seine Einzigartigkeit zeigt Barbados aber andernorts: Plantagenhäuser zwischen den grünen Hügeln spiegeln den Reichtum europäischer Siedler wider, während botanische Gärten das Land perfekt in Szene setzen. Die wilde Ostküste hat in der Surferszene einen legendären Ruf. Zu einem Barbados-Urlaub gehören aber auch Windsurfen, Wandern und Tauchen.

Abseits des Glamours präsentiert sich die Insel als kultivierter Ort mit einer Alphabetisierungsrate von 98 %, klassischen Calypso-Rhythmen und weltbekanntem Rum.

Highlights

WELLENRITT AUF DER SOUP BOWL

1 Gleich einer Monsterwelle ist Barbados in die weltweite Surferszene gekracht. Nachdem die Brandung an der Ostküste lange Zeit fest in den Händen einheimischer Surfer war, wurde in den letzten Jahren die sogenannte Soup Bowl als sensationeller Surfspot weltweit bekannt. Über Tausende von Kilometern bauen sich im rauen Atlantik Wasserberge auf, die hier schließlich sogar die Besten unter den Surfern herausfordern. Von September bis Dezember widmen sich die Surfmagazine der ganzen Welt nur diesen Wellen vor dem ruhigen Strandort Bathsheba. Von Januar bis Mai beruhigt sich alles wieder etwas und lässt auf die nächste Saison hoffen.

ROCKLEY BEACH

2 Der größte Strand in der Gegend um Bridgetown ist ein perfektes Halbrund aus feinstem Sand. Bäume im Hintergrund spenden Schatten, die Wellen sind bescheiden. Auf einem Holzsteg kann man in Richtung Westen 3 km weit bis nach Hastings laufen. An der Hauptstraße, dem Hwy 7, gibt es jede Menge Geschäfte, Banken und Geldautomaten.

REISEZEIT

HAUPTSAISON
(Dez.–April)

ZWISCHEN-SAISON
(Mai & Nov.)

NEBENSAISON
(Juni–Okt.)

ST. NICHOLAS ABBEY

3 Die St. Nicholas Abbey im jakobinischen Stil ist eines der ältesten Plantagenhäuser in der Karibik und fester Bestandteil jedes Besichtigungsprogramms. Auf dem Gelände befinden sich das Herrenhaus, mehrere Gärten und eine alte Rumbrennerei.

FISH FRY IN OISTINS

4 Das Fish Fry am Wochenende muss man erleben! Die legendäre Party mit fangfrischen Fischgerichten und mitreißender Stimmung wird zu 60 % von Einheimischen und 40 % von Reisenden besucht. Ort des Geschehens ist ein Komplex aus kleinen, modernen Gebäuden am Strand neben dem Fischmarkt. Zu den Klängen von Soca, Reggae, Pop und Country wird gegrillter Fisch und viel Rum konsumiert.

PAYNES BAY

5 Die sanft geschwungene Bucht mit ihrem feinen Sandstrand ist sehr beliebt. Im ruhigen Wasser kann man herrlich schwimmen und schnorcheln (und mit Glück und Geduld auch Meeresschildkröten beobachten). Das Dorf selbst besteht nur aus teuren Hotels und luxuriösen Villen sowie ein paar Restaurants und dem Fischmarkt am südlichen Ende.

SPEIGHTSTOWN

6 Die mit Abstand bemerkenswerteste Kleinstadt auf Barbados ist eine tolle Kombination aus altem Kolonialflair und kantigem Charme, der wiederum in krassem Gegensatz zu den luxuriösen Stadtteilen im Süden steht. Der Ort wurde einst als „Little Bristol" bezeichnet, da viele der ersten Siedler aus der britischen Hafenstadt stammten und ihrer neuen Heimat ihren klassisch maritimen Stempel aufdrückten.

WELCHMAN HALL GULLY

7 Die tiefe Schlucht auf dem Gelände eines riesigen, alten Anwesens gehört heute zum Nationalerbe der Insel und umfasst die letzten Überreste des

UNTERWEGS VOR ORT

Man kommt fast überall mit öffentlichen Bussen hin. Sie fahren meist über Bridgetown.

Auch für Radfahrer gibt's gute Bedingungen, denn die Straßen durch das Berg- und Hügelland sind zwar schmal, aber nicht sehr steil.

Wassertaxis sind praktisch nur an der Westküste zu finden.

ROY RILEY / ALAMY STOCK PHOTO ©

ursprünglichen tropischen Regenwalds von Barbados, in dem mittlerweile aber auch viele neu eingeführten Tier- und Pflanzenarten heimisch sind. Ein schmaler Weg führt vom Parkplatz durch die von Tropenbäumen und dicht mit Moos bedeckten Felsen gesäumte Schlucht, vorbei an einigen Höhlen, die von wildem Wein überwuchert sind.

BRIDGETOWN

8 Für einen Rundgang durch das geschäftige Bridgetown mit seinen vielen Sehenswürdigkeiten und alten Kolonialgebäuden sollte man sich einen Tag Zeit nehmen. Sehenswert sind u. a. das Nidhe Israel Museum im restaurierten Jüdischen Zentrum von 1750 und das neugotische Parlamentsgebäude. Wegen ihrer historischen Bedeutung wurden das Zentrum und die südlichen Stadtteile bis zur Festung 2012 in die Welterbeliste der UNESCO aufgenommen.

ESSEN & TRINKEN

Bananen Es gibt Sorten auf Barbados, die auch reif grün sind (auf Märkten erhältlich).

Barbados-Rum Gilt als einer der besten der Karibik; Mount Gay ist die bekannteste Marke.

Conkies Masse aus Maismehl, Kokosnuss, Kürbis, Süßkartoffel, Rosinen und Gewürzen, die in einem Bananenblatt gedämpft wird.

Cou-cou Cremiges Püree aus Maismehl und Okra.

Cutters Fleisch- oder Fischsandwichs mit gesalzenem Brot.

Jug-jug Mix aus Maismehl, grünen Erbsen und Salzfleisch.

8

STYVE REINECK / SHUTTERSTOCK ©

KRICKET

Dies ist nicht nur der Nationalsport, sondern fast eine nationale Obsession. Gemessen an der Einwohnerzahl bringt Barbados weltweit die meisten Topspieler hervor. Einer der besten Allrounder der Welt, Sir Garfield Sobers, wurde 1975 von Königin Elisabeth II. sogar zum Ritter geschlagen. Ein weiterer Kricket-Star, Sir Frank Worrell, ziert den Fünf-Dollar-Schein des Landes. Wer ein Spiel sehen will, kann zwischen einem internationalen Testspiel, einem Lokalderby der ersten Liga oder einem Freundschaftsspiel am Strand bzw. auf einem Grasplatz wählen.

HAUPTSTADT
Brüssel

BEVÖLKERUNG
11,8 Mio.

FLÄCHE
30 528 km²

AMTSSPRACHEN
Niederländisch, Französisch, Deutsch

Kanal in Brügge

BELGIEN

Bestens erhaltene mittelalterliche Städte, sehr lebendige Großstädte, Höhlen, Kajaktouren, alte Industriestätten und feine Nordseestrände – das sind nur einige der vielen Attraktionen im kleinen Belgien.

Das kleine dreisprachige Land verbindet mühelos Historisches mit Modernem und bietet neben Burgen, Schlössern, mittelalterlichen Belfrieden und Gedenkstätten der beiden Weltkriege auch originelle Kunstmuseen und schicke Cafés. Die geschichtsträchtigen „Kunststädte" im niederländischsprachigen Flandern locken mit Glockentürmen, Marktplätzen und Treppengiebelhäusern an verträumten Kanälen, zwischen denen überall Museen und Galerien zu finden sind. Die französischsprachige Wallonie im Süden ist dagegen ländlich geprägt und wartet mit Höhlen, Burgen und idyllischen Tälern am Fuße dicht bewaldeter Hügel auf. Hier kommen vor allem Outdoor-Fans auf ihre Kosten.

Nicht zu vergessen natürlich die legendären kulinarischen Spezialitäten wie Waffeln, Schokolade, Pommes und Muscheln, die mit einem der berühmten belgischen Biere hinuntergespült werden.

Highlights

BRÜGGE

1 Mit ihren verträumten Kanälen und beeindruckenden Treppengiebelhäusern ist die Stadt ein Postkartenidyll. Das ist weithin bekannt und Brügge daher oft völlig überlaufen. Nur im Winter unter der Woche lässt es sich in Ruhe genießen. Ansonsten kann man in einem der wunderbaren Kunstmuseen den Menschenmassen und Pferdekutschen entfliehen. Das einzigartige Groeningemuseum zeigt eine Auswahl der Werke altniederländischer Maler, aber auch Neoklassizismus, Realismus oder die Moderne sind vertreten.

GRAND-PLACE IN BRÜSSEL

2 Auf diesem Platz schlägt das Herz der Hauptstadt. Er ist gesäumt von alten Gildenhäusern und wird vom gotischen Rathaus aus dem 15. Jh. überragt. Das Kopfsteinpflaster stammt aus dem 12. Jh., als der Platz noch Marktplatz war. Die Namen der zum Platz führenden Seitenstraßen verweisen auf Gewürz-, Käse- und Fleischhändler. Heute finden auf dem Platz nur noch ein Blumen- und der Weihnachtsmarkt sowie Konzerte statt. Alle zwei Jahre verwandelt ihn ein Teppich aus bunten Blüten in ein Farbenmeer.

REISEZEIT

HAUPTSAISON
(Juli–Aug.)

ZWISCHENSAISON
(Mai–Juni & Sept.)

NEBENSAISON
(Okt.–März)

KUNST & MODE IN ANTWERPEN

3 Antwerpen steht ganz im Zeichen der Mode, verfügt jedoch auch über einige der schönsten Treppengiebelhäuser des Landes. Und die Museen in den mittelalterlichen Häusern sind voller Werke von Peter Paul Rubens, dem berühmtesten Einwohner der Stadt im 17. Jh. Doch Antwerpen

hat auch zeitgenössische Kunstmuseen, ein pulsierendes Nachtleben und eine interessante Designerszene. Wohl nirgendwo sonst auf der Welt gibt es so viele Boutiquen großer Namen, Designerläden und exquisite Antiquitätenhändler in einem Stadtzentrum.

FLANDERNS SCHLACHTFELDER

4 Gediehen auf den Feldern in Flandern einst Kartoffeln und Hopfen, so wurden sie im Ersten Weltkrieg zum Synonym für sinnlosen Tod in den Schützengräben. Vor allem rund um Ypern erinnern Soldatenfriedhöfe mit endlosen Reihen weißer Holzkreuze an die Toten der „Urkatastrophe des 20. Jhs.", zeigen Museen das Leben und den Alltag der einfachen Soldaten. Aber auch die wunderbar restaurierten zentralen Plätze von Diksmuide und Ypern sind einen Besuch wert.

KARNEVAL IN BINCHE

5 Wer sich gern mit unförmigen Kostümen verkleidet, kleine Glöckchen zum Klingen bringt, schaurige Masken und Hüte mit Pfauenfedern aufsetzt und dann mit Orangen auf Passanten wirft, ist hier richtig. Der ausschweifende Karneval von Binche muss für die Besucher einmal so beeindruckend gewesen sein, dass der Stadtname für das englische Wort *binge* („Gelage", „Sauferei") Pate stand. Nach dem Karneval in Binche wird in anderen belgischen Städten weitergefeiert, vor allem in Stavelot und Aalst.

UNTERWEGS VOR ORT

Busse eignen sich für die Fahrt in ländliche Gegenden und in Orte, in denen der Bahnhof außerhalb liegt.

Mit dem Auto ist man unabhängig, doch die vielen Staus machen keinen Spaß.

Flächendeckendes Bahnnetz mit vernünftigen Preisen.

3

RUDY MAREEL / SHUTTERSTOCK ©

BURGEN & SCHLÖSSER

6 Von vornehmen französischen *châteaux* bis zu Burgruinen der Kreuzfahrer – überall in Belgien sind spektakuläre Burgen und Schlösser zu finden. In Antwerpen und Gent stehen die Burgen sogar mitten im Zentrum. Bei der Burg von Gent, die im Wesentlichen aus dem 12. Jh. stammt, sind der Wassergraben, die Zinnen und Schießscharten zu bewundern. Und die Festungen hoch über Namur, Huy und Dinant waren bis ins 20. Jh. von militärischer Bedeutung.

BRÜSSELER SCHOKOLADE

7 1857 eröffnete der Schweizer Konditor Jean Neuhaus seinen „medizinischen Süßwarenladen" in den Galeries St-Hubert in Brüssel. Das Geschäft gibt es bis heute. Es war aber sein Sohn, der 1912 die typisch belgische Praline erfand, in dem er einen Schokoladenkörper mit einer aromatisierten Masse füllte. Ihren Ruf bekam die belgische Schokolade, weil sie zu 100 % aus Kakaobutter bestehen muss. Jede Stadt hat ihre eigenen Schokotempel, in denen die behandschuhten Verkäufer feierlich Stück für Stück der süßen Köstlichkeiten in Schachteln packen.

ESSEN & TRINKEN

Schokolade Typisch belgische Schokolade wird in Form von Pralinen und kleinen *manons* mit cremiger Füllung angeboten.

Gegratineerde witloof/Chicons au gratin Mit Schinken umwickelter, überbackener Chicorée in Käse-/Béchamelsauce.

Chèvre chaud Salat mit warmem Ziegenkäse.

Moules-frites Gekochte Muscheln mit Pommes.

Paling in 't groen/anguilles-au-vert Aal in hellgrüner Sauerampfer- oder Spinatsauce.

Stoemp Kartoffelbrei mit Gemüse, der als Beilage oder einfache Mahlzeit mit Wurst und Schinken serviert wird.

Waffeln Traditionell werden sie warm nur mit Puderzucker bestäubt, für die Touristen kommen noch Sahne, heiße Früchte oder Schokosauce dazu. Die **gaufre de Liège** (Lütticher Waffel) ist an den Ecken abgerundet und wird mit Zimt gewürzt.

Waterzooi Eintopf mit Hühnchen, Fisch oder Gemüse und viel Sahne.

DANYL / SHUTTERSTOCK©

BELGISCHES BIER

In kaum einem anderen Land gibt es eine so vielfältige Bierbrautradition wie in Belgien. Die Auswahl reicht von weichem, hellen Lagerbier bis zu dunklen Starkbieren wie dem flämischen Roten und Trappistenbier. Bezeichnend sind auch die Namen der großen Biere, die oft nach alten Rezepten der Mönche gebraut und meist als Teufelswerk bezeichnet werden, so heißen sie z. B. „Verbotene Frucht", „Judas" oder „Duvel" (Teufel). Die bekanntesten sechs Trappistenbiere werden sogar noch in bewohnten Klöstern gebraut. Bei einem Alkoholgehalt zwischen 7 und 11 % sollte man sie nur langsam und in Maßen genießen. Deutlich weniger Alkohol haben Lagerbiere wie Jupiler, Maes und Stella Artois, die man auch in jedem *Café* bekommt, wenn man nur ein *pintje/bière* bestellt. Sie können zwar nicht mit deutschem oder tschechischem Bier mithalten, sind aber süffig und durchaus trinkbar.

HAUPTSTADT
Belmopan
BEVÖLKERUNG
405600
FLÄCHE
22965 km²
AMTSSPRACHE
Englisch

Riesenmanta, Glovers Reef

BELIZE

Mit einem Bein im Urwald von Mittelamerika, mit dem anderen in der Karibik: das winzige Land bietet das Beste aus beiden Regionen.

Tauchen im Blue Hole, an der Seilrutsche durch das Blätterdach des Dschungels rauschen, über Wasserfällen abseilen, durch uralte Höhlensysteme schwimmen: Belize ist ein einziges Outdoor-Abenteuer.

Das Barriereriff von Belize ist das zweitgrößte der Welt und mit über 100 Korallenarten und 500 Arten tropischer Fische ein Paradies für Taucher und Schnorchler. Im Landesinneren bietet ein Netz von Nationalparks und Reservaten Heimat und Schutz für zahllose Tiere und Pflanzen.

Belize ist aber auch die Heimat der alten Maya, einer der geheimnisvollsten Kulturen der Welt. Zu den sehenswerten Hinterlassenschaften der Maya gehören Gräber mit kunstvollen Hieroglyphen, natürliche Höhlen, in denen die Rituale ihrer Könige durchgeführt und Opfer an die Götter der Unterwelt gebracht wurden. Weitere Überbleibsel dieser alten Kultur haben sich bis heute erhalten, etwa in vielen Pensionen auf dem Land oder in der Kunst der Schokoladenherstellung.

Highlights

KAJAKFAHRT AM GLOVER'S REEF ATOLL

1 Wie eine Schnur aus weißen Perlen erstreckt sich das Atoll des Glover Reef über ein halbes Dutzend Inselchen inmitten des unendlichen blauen Meeres. Die einzigartige Lage auf einem Unterwasser-Bergrücken am Rand des Kontinentalschelfs schafft ideale Bedingungen für Kajakfahrten zwischen den Inseln und rund um die flache zentrale Lagune. Glasbodenkajaks bieten unterwegs Blicke auf Adlerrochen, Amerikanische Stechrochen, Schildkröten und unzählige tropische Fische.

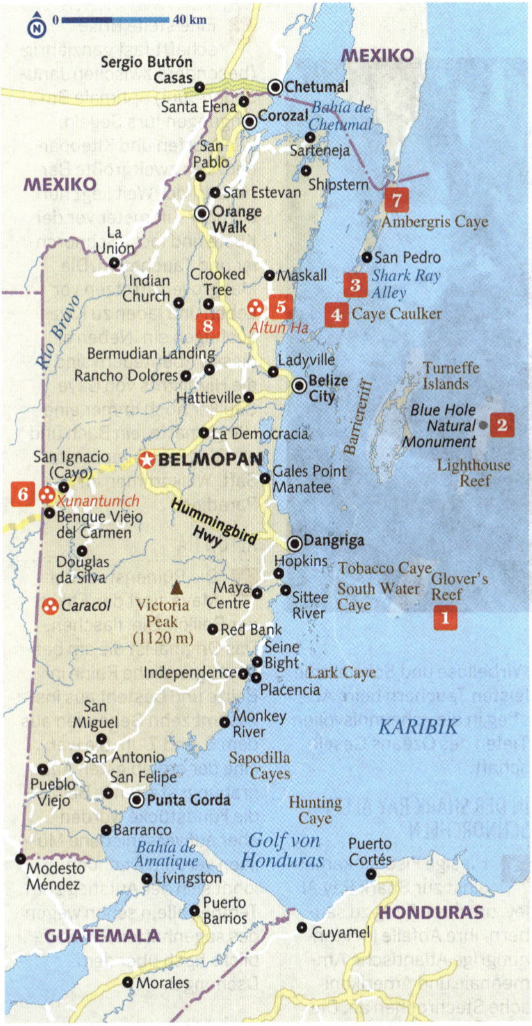

ESSEN & TRINKEN

Alabundiga Gericht der Garifuna aus zerriebenen, grünen Bananen, Kokosmilch, Gewürzen, gekochten Kartoffeln und Paprika, das mit gebratenem Fisch und Reis serviert wird.

Chirmole Hühncheneintopf nach Maya-Art mit Chili-Schokoladensauce.

Cowfoot soup Dicke Suppe, in der ein Rinderfuß (oder auch nur die Ferse) schwimmt.

Gibnut Ein kleines, einheimisches Nagetier, das als besondere Delikatesse auf manchen Speisekarten zu finden ist.

Johnnycake Pikanter Keks, der frisch aus dem Ofen mit etwas Butter meist zum Frühstück serviert wird.

Rice & Beans Eintopf aus roten Bohnen und Reis, alles zusammen gekocht in Kokosmilch.

Beans & Rice Variante von „Rice & Beans", bei der die gekochten Bohnen als Eintopf separat serviert werden.

REISEZEIT

HAUPTSAISON
(Dez.–April)

ZWISCHEN-SAISON
(Mai & Nov.)

NEBENSAISON
(Juni–Okt.)

DER BRÜLLENDE AFFE

Horch! Da oben am Himmel! Ist das ein Flugzeug? Oder eine Harley Davidson? Oder Led Zeppelin? Nein, es ist ein Brüllaffe!

Und der ist so laut? Brüllaffen erreichen eine Lautstärke von bis zu 128 dB und sind damit lauter als Löwen, Elefanten und sogar Kettensägen. Damit gehören sie zu den lautesten Landtieren überhaupt. Für die Lautstärke der gerade einmal 9 kg schweren Affen sorgt ein hohler Knochen im Rachen der Tiere.

Der Guatemala-Brüllaffe, einer der in Belize heimischen Brüllaffen, ist zudem die größte Brüllaffenart der Welt. Zu sehen sind die Brüllaffen in Belize nur selten, dafür aber umso besser zu hören, denn ihr markerschütterndes Gebrüll überwindet Distanzen von bis zu 8 km.

CICLOCO / SHUTTERSTOCK ©

IM BLUE HOLE TAUCHEN

2 Das Blue Hole Natural Monument ist eine Doline, die über 120 m tief im türkisfarbenen Meer abfällt. Obwohl es zur Hälfte mit Schlick und natürlichen Ablagerungen gefüllt ist, ist das kreisrunde tiefblaue „Loch" ein imposanter Anblick. Die Wände des Blue Hole sind mit einem dichten Netz aus uralten Stalaktiten und Stalagmiten bedeckt. Riffhaie sowie jede Menge Wirbellose und Schwämme leisten Tauchern beim Abstieg in die geheimnisvollen Tiefen des Ozeans Gesellschaft.

IN DER SHARK RAY ALLEY SCHNORCHELN

3 Hiesige Fischer kamen einst zur Shark Ray Alley, um ihren Fang zu säubern. Ihre Abfälle lockten hungrige Atlantische Ammenhaie und Amerikanische Stechrochen an. Die Raubfische gewöhnten sich an die Boote, die heute eher Touristen als Fischer herbringen. Die Shark Ray Alley ist das Schnorchelparadies des Hol Chan Marine Reserve, eines geschützten Teils des Belize Barrier Reef, das eine unglaubliche Vielfalt farbenfroher Korallen und anderer Meeresbewohner beherbergt.

CAYE CAULKER

4 Eine steife Brise schafft fast ganzjährig (besonders zwischen Januar und Juni) optimale Bedingungen fürs Segeln, Windsurfen und Kiteboarden. Das zweitgrößte Barriereriff der Welt liegt nur ein paar Kilometer vor der Küste und lockt Schnorchler und Taucher an. Die Mangroven strotzen vor Leben und laden zu Kajakausflügen ein. Neben all diesen Abenteuern sind die Highlights von Caye Caulker noch immer eine Hängematte, ein Buch und ein Glas frisch gepresster Saft. Willkommen im Paradies!

ALTUN HA

5 Die Ruinenstadt der Maya ziert das Etikett der Belikin-Bierflaschen. Das Original ist die am besten zugängliche Ruine in Belize und besteht aus insgesamt zehn Gebäuden aus dem 6. und 7. Jh. Sie war eine der ergiebigsten Ausgrabungsstätten in Belize – die Fundstücke wurden aber auf verschiedene Museen verteilt. Dennoch lohnt sich der Aufstieg zum Tempel, allein schon wegen des sagenhaften Rundumblicks hoch über dem Dschungel.

UNTERWEGS VOR ORT

Zwischen allen größeren Städten gibt es schnelle und auch preiswerte Verbindungen mit kleinen Flugzeugen.

Die meisten Strecken werden allerdings per Bus zurückgelegt. Von Corozal bis Punta Gorda fahren private Busunternehmen.

Von Belize City fahren Fähren nach Caye Caulker und Ambergris. Zwischen Corozal und Ambergris ist ein Boot unterwegs (Stopp in Sarteneja möglich).

XUNANTUNICH

6 Diese Ruinen bilden zwar nicht die größte archäologische Stätte in Belize, aber eine der beeindruckendsten, nicht zuletzt wegen der interessanten Hieroglyphen. Um zu den Ruinen zu gelangen, setzt man erst mit einer Handfähre über den Mopan und wandert dann durch den Urwald, bis man den Komplex aus Tempeln und Plätzen aus der frühen Klassik der Maya erreicht. Dort kann man die vielen Gebäude und Plätze erkunden und auf den knapp 40 m hohen El Castillo klettern, um den Rundumblick zu genießen.

AMBERGRIS CAYE

7 Ambergris Caye alias La Isla Bonita ist das tropische Urlaubsparadies schlechthin – Madonna war wahrscheinlich derselben Meinung. Hier werden Schnorchelausflüge am Riff, Kajakfahrten in der Lagune, Windsurftouren, Erholung im Spa, Yogakurse, Radtouren am Strand und ein Nickerchen am Meer geboten. Nach Sonnenuntergang locken dann die besten Restaurants und das dynamischste Nachtleben des Landes.

CROOKED TREE WILDLIFE SANCTUARY

8 Belize ist das Land der Vögel. Dies gilt nirgendwo mehr als im Schutzgebiet Crooked Tree, das sich rund um ein Bauern- und Fischerdorf an einer hübschen Lagune erstreckt. In dem Sumpfgebiet leben Hunderte von Vogelarten (genau 276!), darunter auch Dutzende von Zugvögeln. Am besten beobachtet man die Vögel in der Trockenzeit (Feb.–Mai), wenn die Lagune ausgetrocknet ist und die Vögel sich an den verbleibenden Tümpeln drängen. Vogelkundler führen die Besucher mit dem Boot oder zu Fuß.

4

ALEKSANDAR TODOROVIC / SHUTTERSTOCK ©

HAUPTSTADT
Porto-Novo

BEVÖLKERUNG
13,3 Mio.

FLÄCHE
112 622 km²

AMTSSPRACHE
Französisch

Pfahlbautendorf Ganvié

BENIN

Als Geburtsstätte des Voodoo und mit seiner drei Jahrhunderte währenden Funktion als wichtige Plattform des Sklavenhandels ist Benin sehr geschichtsträchtig.

Benin begeistert Besucher mit seinem afrobrasilianischen Erbe, Voodoo-Kulten, Pfahlbauten und der faszinierenden Kultur der Somba. Entlang der palmengesäumten Küste locken herrliche Strände, und der Parc National de la Pendjari ist ein einziges Wildtierparadies.

Zu einem Besuch des kleinen, lang gezogenen Landes gehört das Eintauchen in das afro-brasilianische Erbe von Ouidah, Abomey und Porto Novo mit seinen Geistern und Fetischen. Darüber hinaus begeistert Benin mit landschaftlicher Schönheit, und zwar von der Strandidylle an der Atlantikküste bis zum zerklüfteten Norden. Der Parc National de la Pendjari zählt zu den besten Wildtierreservaten Westafrikas und dient Löwen, Geparden, Leoparden, Elefanten und Hunderten anderer Arten als Lebensraum.

Highlights

PARC NATIONAL DE LA PENDJARI

1 Der 2750 km² große Nationalpark liegt zwischen dem majestätisch zerklüfteten Atakora-Gebirge und der bewaldeten Savanne. Hier leben Raubkatzen, Elefanten, Paviane, Flusspferde, unzählige Vogelarten und Antilopen, die am besten am Ende der Trockenzeit beobachtet werden können, wenn sie sich an den letzten Wasserstellen versammeln.

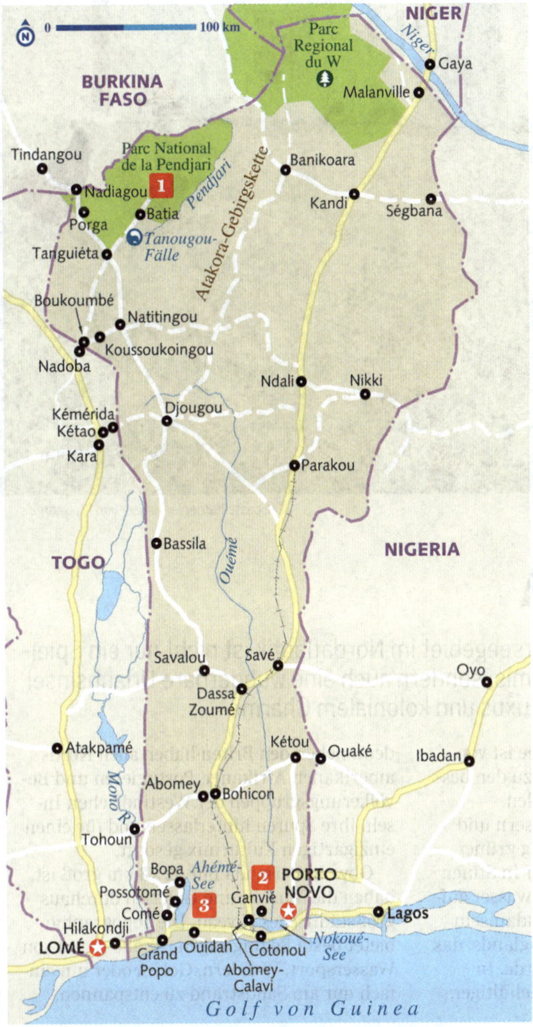

REISEZEIT

HAUPTSAISON (Nov.–Feb.)

ZWISCHENSAISON (März–Mai)

NEBENSAISON (Juni–Okt.)

ESSEN & TRINKEN

Fisch Ein Genuss: Es kommen Barrakudas, Doraden und Zackenbarsche auf den Teller.

La Béninoise Heimisches Bier.

Ndole Eintopf mit Blättern und Nüssen.

Pâte Stärkehaltiges Grundnahrungsmittel, das meist aus Hirse, Mais, Plantago, Maniok oder Pflanzenfasern hergestellt wird.

GANVIÉ

2 Im faszinierenden Pfahlbautendorf im Nokoué-See leben 30 000 Tofinu in Bambushütten. Die ursprünglich zum Schutz vor Sklavenjägern dienende Bauweise wurde zum Bestandteil der Kultur dieses Volkes.

AHÉMÉ-SEE

3 Das fruchtbare Ufer des Ahémé-Sees lädt zum Verweilen ein, insbesondere rund um Possotomé, das größte Dorf der Gegend. Besucher können schwimmen, Ausflüge ins Umland unternehmen, traditionelle Angeltechniken erlernen, Kunsthandwerkern bei der Arbeit zusehen oder sich bei einer Botaniktour über Pflanzen und ihre Heilkräfte informieren.

HAUPTSTADT
Hamilton

BEVÖLKERUNG
72 084

FLÄCHE
54 km²

AMTSSPRACHE
Englisch

Die pastellfarbenen Häuser von St. George's

BERMUDA

Das winzige britische Überseegebiet im Nordatlantik ist nicht nur ein Spielplatz der Reichen und Promis, sondern auch eine wunderbare Urlaubsinsel mit einem tollen Mix aus Luxus und kolonialem Charme.

Die Inselkette in der Sargassosee ist von tückischen Riffen gesäumt, die zu den besten Tauchgebieten der Welt zählen.

Mit den pastellfarbenen Häusern und stattlichen Villen inmitten üppig grüner Landschaft, deren weiße Dächer in Stufen angeordnet sind, um das Regenwasser aufzufangen, erscheinen die Bermudainseln wie ein Stück des ländlichen Englands, das in wärmere Gefilde versetzt wurde. In Wirklichkeit ist es wesentlich vielfältiger, denn neben den Briten haben auch Nordamerikaner, Afrikaner, Portugiesen und Bevölkerungsgruppen der Westindischen Inseln ihre Spuren hinterlassen und für einen einzigartigen Kulturmix gesorgt.

Obwohl Bermuda nur 32 × 3 km groß ist, haben die Museen und Galerien durchaus großstädtisches Niveau. Die Topographie bietet beste Bedingungen für alle Arten von Wassersport, Wandern, Golfen oder um einfach nur am Sandstrand zu entspannen.

Highlights

ST. GEORGE'S

1 Hier gingen die ersten Siedler an Land, und die Stadt und der Pfarrbezirk sind immer noch das historische Herz von Bermuda. Mit 400 Jahren ist St. George's die älteste, durchgehend bewohnte englische Siedlung der Neuen Welt, zudem war es 200 Jahre lang die Hauptstadt der Inselgruppe, bevor es Hamilton wurde. Das zum UNESCO-Welterbe gehörende Labyrinth aus engen Straßen mit jahrhundertealten Gebäuden erkundet man am besten zu Fuß. Zum Pfarrbezirk gehören noch weitere Inseln, die über Brücken verbunden sind.

COOPER'S ISLAND NATURE RESERVE

2 Seit sich die US-Marine 1995 zurückgezogen hat, ist das 77 Morgen große Naturschutzgebiet aus Wald, unberührten Stränden, Salzmarschen und Felsküsten allgemein zugänglich. Naturpfade führen durch die letzten Waldgebiete mit heimischen Bermudazedern und Olivenbäumen, zwischen denen eingeführter brasilianischer Pfeffer und Piment gedeihen. An den sieben ruhigen Stränden kann man gut schnorcheln, und in den Salzmarschen tummeln sich Reiher, Eisvögel und riesige Landkrabben.

REISEZEIT

HAUPTSAISON
(Mai–Okt.)

ZWISCHENSAISON
(März, April & Nov.)

NEBENSAISON
(Dez.–Feb.)

ROYAL NAVAL DOCKYARD

3 Als die Briten nach der amerikanischen Unabhängigkeit ihre dortigen Häfen nicht mehr nutzen konnten, machten sie Bermuda zu ihrem „Gibraltar der Neuen Welt". Neben dem Bermuda Maritime Museum lohnen auch die größten Befestigungsanlagen Bermudas mit Gefäng-

nis einen Besuch, ebenso eine Versorgungsstation aus viktorianischer Zeit, Restaurants, Kunsthandwerkermärkte, ein künstlich angelegter Strand- und Schnorchelpark sowie das größte Wassersportzentrum der Insel.

CRYSTAL CAVE & FANTASY CAVE

4 Die Crystal Cave ist mit Tausenden kristallähnlichen Stalaktiten über einem grün-blauen See das spektakulärste von Bermudas Höhlensystemen. Trotz ihrer Ausmaße wurde die Höhle erst 1907 entdeckt. Damals ließen zwei Jungen ein Seil durch ein Loch im Boden fallen, seilten sich ab und fanden sich im Inneren der Höhle wieder. Heute führen 82 Stufen 37 m unter die Erdoberfläche zu einem kristallklaren See, und Licht beleuchtet subtil die empfindlichen, dünnen Stalaktiten und die Wasserfälle aus Stein.

BLUE HOLE PARK & WALSINGHAM NATURE RESERVE

5 Der unter Naturschutz stehende Tom Moore's Jungle besteht aus Küstenmangroven, Fächerpalmen- und Zedernwäldern, Höhlen und unterirdischen Schwimmbecken und liegt hinter dem Restaurant Tom Moore's Tavern. Ein Weg führt zu einer Höhle mit einem Badebecken. Von hier verläuft ein Pfad durch den Wald zu der von Mangroven gesäumten Lagune des Blue Hole Park, an der man von den 3,5 bis 4,5 m hohen Klippen ins Wasser springen kann.

FORT ST. CATHERINE

6 Die beeindruckendste der 91 Festungen von Bermuda wurde 1614 auf einem Felsvorsprung errichtet und seitdem fünfmal

▼ UNTERWEGS VOR ORT

Fahrräder werden überall vermietet, allerdings ist das Gelände teilweise recht hügelig.

Öffentliche Fähren verkehren täglich im Great Sound und Hamilton Harbour. Sie sind eine attraktivere Alternative zum Bus.

Mit dem landesweiten Busnetz gelangt man zu fast allen Attraktionen und Stränden.

4

erweitert. Über eine Zugbrücke gelangt man ins Innere, wo ein Museum die Geschichte der Festung anhand von Dioramen erläutert. In den unterirdischen Tunneln kann man das Pulverlager, den Geschossaufzug und die Waffenkammer besichtigen.

NATIONAL MUSEUM OF BERMUDA

7 Wer nur ein Museum in Bermuda besuchen möchte, sollte dieses wählen. In den zwei Hauptausstellungen erfährt man alles über die Dockyard-Festungen des 19. Jhs. Die Queen's Exhibition Hall zeigt die Schätze, die von den 18 bedeutendsten Schiffswracks geborgen wurden. In den oberen Stockwerken ist im ersten schmiedeeisernen Gebäude der Welt, dem Commissioner's House, die Geschichte Bermudas von der Sklaverei bis zur Teilnahme am Zweiten Weltkrieg dokumentiert.

ELBOW BEACH

8 Ein endloser weißer Strand, tiefblaues Wasser und sich sanft wiegende Palmen: So stellt man sich das Paradies vor. Und genau so sieht der Elbow Beach aus, an dem noch nicht einmal etwas Seetang das Bild trübt. Die Enden des Strands sind mit luxuriösen Ferienhotels besetzt, doch der größte Teil ist frei zugänglich. Werden die Wellen etwas höher, ist der Strand fest in der Hand von Kitesurfern.

SOPA_COLLECTION / SHUTTERSTOCK ©

▾ ESSEN & TRINKEN

Bermudas Küche ist eine wilde Mischung aus Britisch, Portugiesisch, Afrikanisch und Westindisch. So bekommt man irischen Shepherd's Pie ebenso selbstverständlich wie Fish and Chips sowie Sandwichs mit frittiertem Fisch, Bermuda Fish Chowder, Johnnycakes und luftgetrocknetes Hühnchenfleisch. Zum Sonntagsbrunch serviert man traditionell Kabeljau mit Kartoffeln. Und natürlich gibt's von Thunfisch über Wahoo bis Schwertfisch viel frischen Fisch. Die meisten Kneipen hier sind Pubs im britischen Stil, doch in Hamilton findet man auch Weinlokale und Cocktailbars.

▾ BERMUDAS ROSAFARBENE SANDSTRÄNDE

Bermudas berühmter rosafarbener Sand besteht aus Partikeln von Korallen, wirbellosen Meerestieren und Muscheln. Die hellrosa Farbe stammt jedoch von einem Meeresbewohner, der zur Familie der Foraminiferen gehört. Die Urtierchen sind auf den Riffen Bermudas zahlreich vertreten und haben winzige harte Schalen, die ans Ufer gespült werden, wenn das Tier stirbt. Ohne diese rosa Schalenteilchen hätte der Sand die Farbe von weißen Korallen und beigefarbenen Muscheln aus Kalziumkarbonat.

Dzong von Trongsa

HAUPTSTADT
Thimphu

BEVÖLKERUNG
857 400

FLÄCHE
38 394 km^2

AMTSSPRACHE
Dzongkha

BHUTAN

Bhutan ist kein gewöhnlicher Ort. Das geheimnisvolle Bergland ist das letzte große Königreich des Himalaja und öffnet die traditionelle buddhistische Kultur vorsichtig für die Neuerungen der modernen Welt.

Bhutan wird oft als das letzte Shangri-La bezeichnet. In der atemberaubenden Landschaft erheben sich schneebedeckte Gipfel über schattigen Schluchten, die mit Urwald bedeckt sind. An den Hängen kleben Dzongs, Klöster sind allgegenwärtig.

Die Bhutaner sind stolz darauf, den Tourismus nachhaltig zu entwickeln und legen Wert auf Umweltschutz und die Bewahrung ihrer Kultur. Besucher erleben schöne Wanderungen durch intakten Wald und können in den vielen Nationalparks Vögel beobachten. Zudem ist es noch immer ein zutiefst buddhistisches Land, in dem Mönche nach der Meditation das Handy zücken und riesige Phalli zum Schutz vor bösen Geistern an die Eingänge gemalt werden. Dennoch ist Bhutan nicht zum Museum erstarrt, sondern hat eine fröhliche, gebildete Bevölkerung, die bestens über die Außenwelt informiert ist. Genau diese Mischung aus Tradition und Moderne macht Bhutan so faszinierend.

Highlights

TAKTSHANG GOEMBA

1 Taktshang Goemba, Bhutans bekanntestes Kloster, zählt zu den heiligsten Stätten des Landes. Der Legende nach floh Guru Rinpoche auf dem Rücken eines Tigerweibchens hierher, um einen Dämonen zu besiegen. Danach meditierte er drei Monate lang. Der wunderschöne Bau klebt spektakulär an einer Felsklippe hoch über dem Kiefernwald. Der herrliche, aber steile und anstrengende Weg über dem Paro-Tal bietet kurze Blicke auf das Kloster und wird von rot blühenden Rhododendren geziert.

HUNDERTJÄHRIGER MARKT VON THIMPHU

2 Thimphus geschäftiger Hundertjähriger Bauernmarkt ist Bhutans größter und farbenfrohster Markt. Die Auswahl überfordert den Geruchssinn: Trockenfisch konkurriert mit Weichkäse, Betelnüssen und Chilis. Zum exotischen Angebot gehören *nakey* (Farnwedel) und roter Reis. Über den schnellen Wang Chhu führt eine Brücke zu Kunsthandwerks- und Textilienständen, die „Antiquitäten", Gebetsfahnen und Trompeten aus Oberschenkelknochen verkaufen.

TRONGSA DZONG & MUSEUM IM TURM VON TRONGSA

3 Die Dzong (buddhistische Klosterburg) von Trongsa, die sich von einem Gebirgskamm zu einer Schlucht hinunterzieht, bildet nicht nur den geografischen Mittelpunkt des Landes, sondern steht auch im Mittelpunkt seiner jüngeren Geschichte. Die strategisch günstige Festung war der Regierungssitz der ersten

1

KAI19 / SHUTTERSTOCK ©

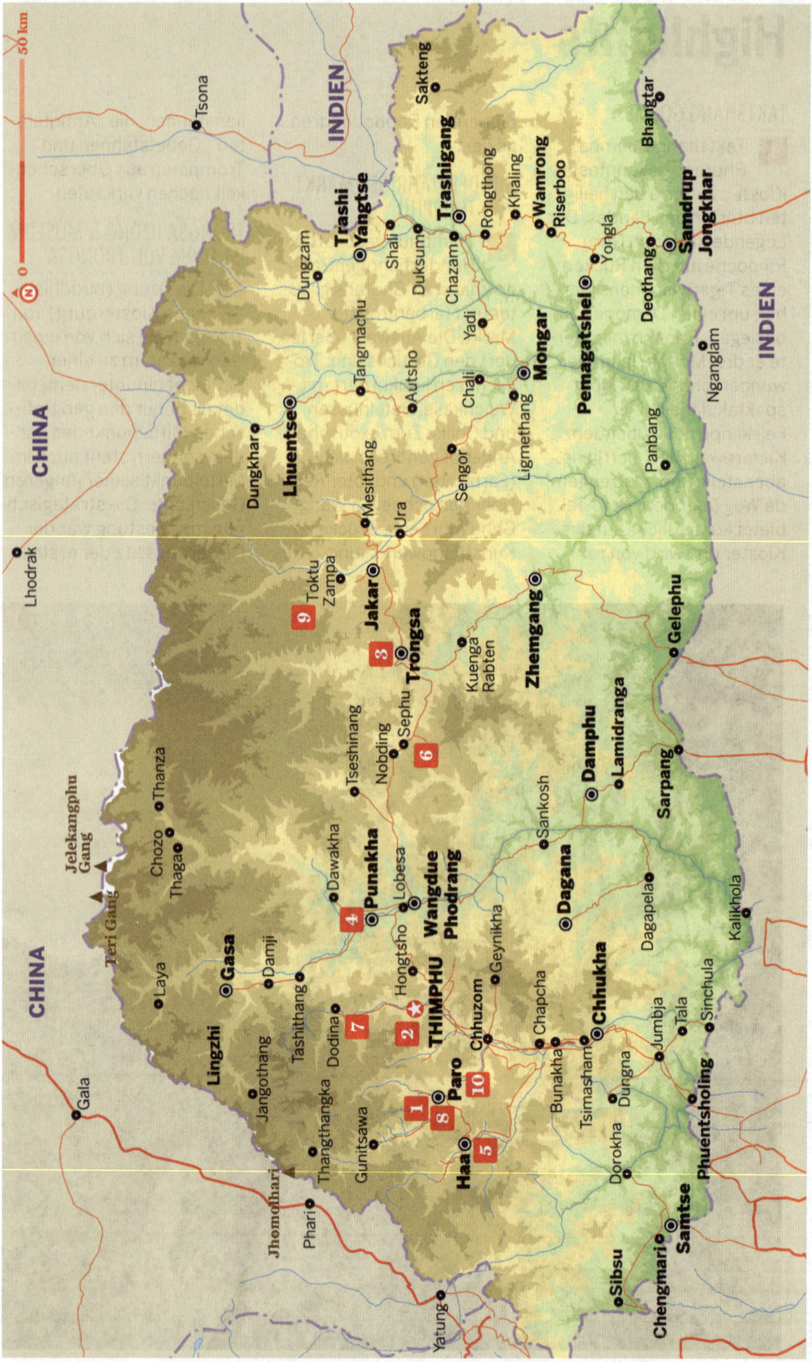
CHINA
CHINA
INDIEN
INDIEN
0
50 km
Tsona
Lhodrak
Gala
Phari
Yatung
Jhomolhari
Teri Gang
Jelekangphu Gang
Laya
Lingzhi
Gasa
Damji
Jangothang
Thangthangka
Gunitsawa
Tashithang
Dodina
Chozo
Thaga
Thanza
Haa
Paro
THIMPHU
Chhuzom
Hongtsho
Geynikha
Punakha
Wangdue Phodrang
Lobesa
Dawakha
Tseshinang
Nobding
Sephu
Trongsa
Kuenga Rabten
Zhemgang
Jakar
Toktu Zampa
Ura
Mesithang
Sengor
Dungkhar
Lhuentse
Tangmachu
Autsho
Chali
Ligmethang
Mongar
Yadi
Dungzam
Trashi Yangtse
Shali
Duksum
Chazam
Trashigang
Rongthong
Khaling
Wamrong
Riserboo
Sakteng
Yongla
Pemagatshel
Deothang
Samdrup Jongkhar
Bhangtar
Nganglam
Panbang
Gelephu
Sarpang
Damphu
Lamidranga
Sankosh
Dagana
Dagapela
Kalikhola
Chapcha
Chhukha
Bunakha
Tsimasham
Dungna
Jumbja
Tala
Sinchula
Phuentsholing
Dorokha
Samtse
Chengmari
Sibsu
1
2
3
4
5
6
7
8
9
10

beiden Könige. Das Innere ist ein mehrstöckiges Labyrinth aus schmalen Korridoren und Innenhöfen. Im Wachturm mit den zwei Seitenflügeln befindet sich ein Museum, das sich der Geschichte dieser *Dzong* und den Königen der Wangchuck-Dynastie widmet. So sind neben Buddhastatuen auch persönliche Dinge der Königsfamilie zu sehen.

PUNAKHA DZONG

4 Die malerisch am Zusammenfluss zweier Flüsse gelegene Dzong ist das schönste und spektakulärste Beispiel für bhutanische Architektur. Im Frühjahr sind die weißen Wände über und über mit den lila Blüten des Jakarandabaums bedeckt, und die Mönche in ihren roten Gewändern gehen auf einem Teppich aus Blütenblättern. Im ersten Moment wirken die Festungsmauern einschüchternd, sie hallen jedoch schon im nächsten Moment vom Gelächter junger Mönche wider, die sich zu Tisch begeben.

HAA-TAL

5 Das kaum besuchte Tal mit geheimnisvollen Einsiedeleien an den Hängen, alten Tempeln und zauberhaften Dörfern liegt nur ein paar Autostunden von Paro entfernt an der höchsten befahrbaren Straße von Bhutan. An Unterkünften stehen nur hübsche Bauernhäuser und Privatpensionen zur Verfügung, was die heimelige Atmosphäre noch verstärkt. Rund um das Tal kann man herrliche Wanderungen und Trekkingtouren unternehmen und entweder entlang des Cheli-La-Kamms oder hinauf zum Saga-La gehen, um den Blick auf den verschneiten Gipfel des Jhomolhari zu genießen.

PHOBJIKHA-TAL

6 Das Gletschertal an der Westseite der Schwarzen Berge grenzt an den Nationalpark Jigme

TOP-BÜCHER

The Raven Crown (Michael Aris) Umfassende Geschichte der Monarchie von Bhutan, reich mit Fotos illustriert.

The Hero with a Thousand Eyes (Karma Ura) Historischer Roman über das Leben von Shingkhar Lam, der an den Höfen der zweiten bis vierten Könige von Bhutan diente.

The Circle of Karma (Kunzang Choden) Die Reise einer Frau durch Bhutan auf der Suche nach ihrem Schicksal thematisiert auch Alltag und Rituale.

Bhutan: The Land of Serenity (Matthieu Ricard) Wunderbarer Bildband, der Bhutan einfühlsam von der schönsten Seite zeigt.

ESSEN & TRINKEN

Bang chhang Warmes, bierähnliches Getränk aus Weizen.

Chili Chili ist in Bhutan kein Gewürz, sondern oft Hauptbestandteil eines Gerichts, das dann mit chilihaltiger Würze oder Sauce serviert wird.

Chugo Steinharter, getrockneter Yakkäse.

Ema datse Bhutans Nationalgericht besteht aus großen grünen (manchmal auch roten) Chilischoten, die in einer Käsesauce gekocht werden.

Nakey Farnkrautwedel.

Momos Gedämpfte Klößchen, gefüllt mit Fleisch oder Käse.

Sud-ja Tee mit Salz und Butter.

REISEZEIT

HAUPTSAISON
(März–Mai & Sept.–Nov.)
Der Blick auf den Himalaja ist am schönsten im Oktober, im März und April blühen die Rhododendren.

ZWISCHENSAISON
(Dez.–Feb.)
Weniger Touristen. Das Wetter ist angenehm, auch wenn es im Dezember und Januar kalt werden kann.

NEBENSAISON
(Juni–Aug.)
Monsun und Blutegel machen Trekking unmöglich.

JETZT REISEN!

Noch wirkt Bhutan so, als sei das Land aus der Zeit gefallen. Der winzige Staat im Himalaya hat strenge Richtlinien erlassen, um sich vor den negativen Auswirkungen des Tourismus zu schützen. Nur gut 30 000 ausländische Touristen pro Jahr werden ins Land gelassen – verständlich schließlich gilt Naturschutz dort als Maxime. Bis heute ist Bhutan also ein fernöstliches Paradies.

UNTERWEGS VOR ORT

Bei geführten Touren fahren die Besucher zumeist in den neuesten Minibussen, Geländewagen oder Autos.

Manche Reisende bringen ihr eigenes Mountainbike nach Bhutan mit und lassen sich dann von örtlichen Veranstaltern eine Mountainbiketour organisieren.

Die öffentlichen Busse sind klapprig und meistens überfüllt, was das Reisen auf den sehr kurvigen Straßen des Landes noch ungemütlicher macht.

Auf den schmalen Straßen mit engen Haarnadelkurven wird Autofahren in Bhutan zum Albtraum.

Singye Wangchuck und hat die Form einer riesigen Schüssel. Wegen der vielen Schwarzhalskraniche, die hier überwintern, wurde der Nationalpark als größtes Naturschutzgebiet des Landes ausgewiesen. Zudem leben in der hügeligen Landschaft auch Muntjak- und Pferdehirsche, Wildschweine, Seraue, Himalaja-Schwarzbären, Leoparden und Füchse. Entwässert wird das sumpfige Tal vom Nakey Chhu, der später in den unteren Punak Tsang Chhu mündet. Manchmal wird die gesamte Region auch als Gangte (oder Gangtey) bezeichnet, nach dem Goemba, der sich auf einem Gebirgskamm hoch über dem Tal befindet. Bhutan hat weltweit den größten Anteil seiner Landesfläche als Schutzgebiet ausgewiesen. 65 % des Staatsgebiets sind von Wäldern und Bergen bedeckt, in denen eine unglaubliche Vielfalt an Pflanzen und Tieren heimisch ist.

THIMPHU-TAL

7 Zu den wunderbaren Museen und kulturellen Sehenswürdigkeiten der Hauptstadt zählt auch die Trashi Chhoe Dzong, wo jeden Herbst eines der populärsten Tsechus (religiöses Fest) Bhutans gefeiert wird. In dem recht breiten Tal rund um die Hauptstadt befinden sich viele interessante Sehenswürdigkeiten. So kann man von Thimphu aus zu einigen der perfekt positionierten Klöster mit gutem Blick auf das Tal wandern. Im Schutzgebiet Motithang Takin westlich des Zentrums kann man die eigentümlichen Takine, das Nationaltier Bhutans, beobachten.

KYICHU LHAKHANG

8 Kyichu Lhakhang, unweit der Stadt Paro gelegen, zählt zu Bhutans ältesten, heiligsten und schönsten Tempeln. Der ältere der Zwillingsbauten auf dem Komplex soll im Jahr 659 vom tibetischen König Songtsen Gampo errichtet worden sein. Die Anlage ist vom Summen der Gebete und sich drehender Gebetsmühlen erfüllt, während das Heiligtum im Inneren eine hochverehrte Statue von Jowo Sakyamuni aus dem 7. Jh. beherbergt. In der Nähe des idyllischen Lhakhang (Tempel) starten schöne Tageswanderungen.

BUMTHANG

9 Die Täler, die Bumthang ausmachen, sind das kulturelle Kernland Bhutans. Tageswanderungen führen zu den alten Goembas (Klöstern), Dzongs und Tempeln der Gegend, die von großer Bedeutung für Bhutans frühe Entwicklung sowie die Herausbildung der Charakteristika des bhutanischen Buddhismus waren. Besucher können den Abdruck des Körpers von Guru Rinpoche bewundern, Pema Lingpas 25 kg schweres Kettenhemd anlegen und in die Schlucht des ungezähmten Mebartsho starren, wo der buddhistische Meister Pema Lingpa seine Termas (Schätze bzw. religiöse Lehren) fand.

PARO DZONG & NATIONALMUSEUM

10 Die Rinpung Dzong in Paro ist eines der wuchtigeren Beispiele der festungsähnlichen *Dzong*-Architektur. Finster und bedrohlich schützt sie das Tal und die Stadt. Wie in den meisten *Dzongs* sind auch hier sowohl die Klostergebäude als auch Büros der Distriktverwaltung untergebracht. Im Frühjahr findet das farbenfrohe Tsechu-Fest von Paro statt, dessen Höhepunkt die Entfaltung des Thondrol (riesiges religiöses Bildnis) des Guru Rinpoche bildet. In dem runden Wachturm Ta Dzong oberhalb der *Dzong* ist das ausgezeichnete Nationalmuseum mit einer bunt gemischten und aufschlussreichen Ausstellung untergebracht.

WANDERN

Bhutans Wanderoptionen reichen von Hochgebirgstreks bis zu relaxten Touren durch subtropischen Urwald in der Ebene.

BOGENSCHIESSEN

Datse (Bogenschießen) ist ein unterhaltsamer Zuschauersport. Laute Kommentare zu Fehlschüssen, Hänseleien, Gesang und Tanz begleiten die Pfeile.

HAUPTSTADT
La Paz

BEVÖLKERUNG
11,8 Mio.

FLÄCHE
1,1 Mio. km²

AMTSSPRACHEN
Spanisch, Quechua, Aymara

Salar de Uyuni

BOLIVIEN

Etwas grob und kantig, aber mit einer Natur der Superlative, schroff, irritierend, vielfältig und manchmal ziemlich nervenaufreibend: Bolivien ist eines der vielseitigsten und erstaunlichsten Länder Südamerikas.

Bolivien ist nichts für schwache Nerven. Für die Besteigung der bis zu 6000 m hohen Andengipfel sind Steigeisen und Eispickel erforderlich, und ein Flug im Hängegleiter über tiefe Abgründe erfordert fast genauso viel Mut. Die atemberaubenden Berge, Flüsse und Schluchten Boliviens bringen viele an ihre Grenzen.

Die Reise durch eine beeindruckende Wildnis führt zur größten Salzpfanne der Welt, zu bizarren Felsformationen, Täler voller Kakteen, Vulkankratern und farbigen Seen. Und über allem wölbt sich ein Himmel, der endlos zu sein scheint.

Die Hauptstadt La Paz ist ein Chaos aus hupenden Minivans, Straßenmärkten, Tänzern und Unmengen von Straßenverkäufern. Dieses Labyrinth der Widersprüche, in dem Kopfsteinpflaster auf Beton trifft und gotische Kathedralen neben gläsernen Hoteltürmen aufragen, erschreckt und fasziniert die Besucher gleichermaßen.

Highlights

SALAR DE UYUNI

1 Wer hätte gedacht, dass es so schön sein könnte zu frieren? So sehr man nach einer Geländewagentour über den größten Salzsee der Welt zittern wird, so prägend wird dieser drei- bis viertägige Ausflug sein. Die Weite, die Kargheit und die in Tausenden Kristallen glitzernde Perfektion der Salzwüste sind für die meisten Traveller eine Quelle der Inspiration. Die frühmorgendliche Erkundung der Felsengärten, die Geysirfelder und die heißen Quellen werden sich einem für immer ins Gedächtnis brennen.

WANDERN IN DER CORDILLERA REAL

2 Auf den Trekkingrouten, die sich von den Anden aus hinunter ins Amazonasbecken winden, kann man auf den Spuren der Inka wandeln. Dabei geht es durch die beeindruckende Wildnis der Cordillera Real. Die vier- bis 14-tägigen Touren sind kein Zuckerschlecken, jeder Schritt, jeder Tropfen Schweiß und jede Blase sind es aber wert. Unterwegs kann man bei indigenen Familien zu Abend essen, sich an Wasserfällen abkühlen und mitten im grünen Herzen der Natur mit der Pachamama (Mutter Erde) auf Tuchfühlung gehen.

ISLA DEL SOL, TITICACASEE

3 Mitten im weitläufigen Titicacasee liegt die Isla del Sol, die als Geburtsstätte der andinen Zivilisation betrachtet wird. Man kann hier leicht vier Tage

4

ASTUDIO / SHUTTERSTOCK ©

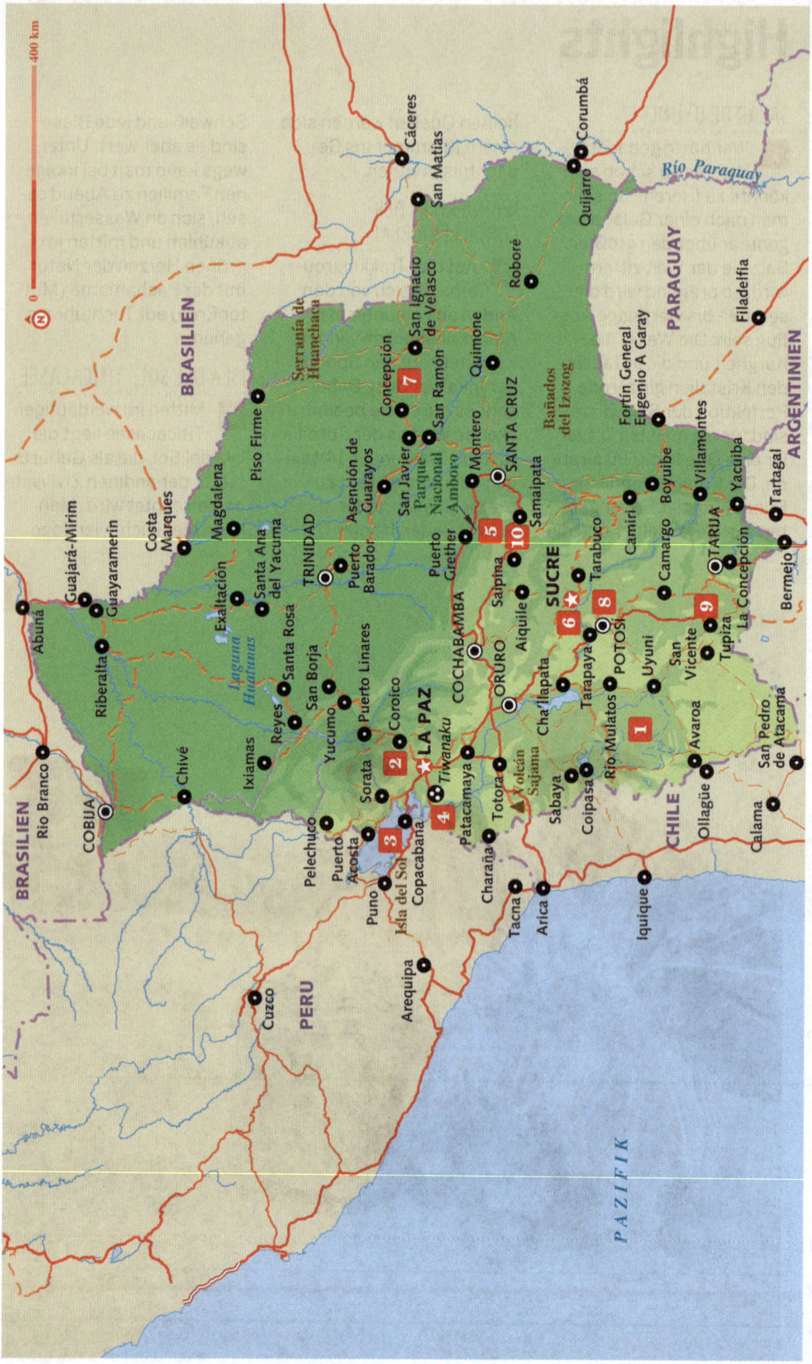
0
400 km
BRASILIEN
Rio Branco
COBIJA
Abunã
Guajará-Mirim
Guayaramerín
Riberalta
Chivé
Costa Marques
Magdalena
Exaltación
Santa Ana del Yacuma
Laguna Huatunas
Santa Rosa
Reyes
Ixiamas
San Borja
Yucumo
Puerto Linares
Piso Firme
Serranía de Huanchaca
TRINIDAD
Puerto Barador
Asención de Guarayos
Concepción
San Javier
San Ramón
San Ignacio de Velasco
San Matías
Cáceres
Corumbá
Quijarro
Roboré
Quimone
Río Paraguay
PARAGUAY
Bañados del Izozog
SANTA CRUZ
Montero
Parque Nacional Amboro
Puerto Grether
Samaipata
COCHABAMBA
Saipina
Aiquile
SUCRE
Tarabuco
POTOSÍ
Camiri
Boyuibe
Villamontes
Fortín General Eugenio A Garay
Filadelfia
ARGENTINIEN
Yacuiba
Tartagal
TARIJA
Camargo
La Concepción
Bermejo
Tupiza
San Vicente
Uyuni
Tarapaya
Cha'llapata
ORURO
Río Mulatos
Coipasa
Sabaya
Volcán Sajama
Totora
Patacamaya
Tiwanaku
LA PAZ
Coroico
Sorata
Pelechuco
Puerto Acosta
Copacabana
Isla del Sol
Puno
Arequipa
Cuzco
PERU
Charaña
Tacna
Arica
Iquique
CHILE
Ollagüe
Avaroa
Calama
San Pedro de Atacama
PAZIFIK
1
2
3
4
5
6
7
8
9
10

verbringen. Auf vergessenen Inkastraßen geht es zu kleinen archäologischen Stätten, einsamen Buchten und indigenen Gemeinden. Am Ende des Tages lässt sich der Sonnenuntergang am besten in einer Lodge mit einem *cerveza* (Bier) in der Hand genießen. Der See selbst versprüht eine Anziehungskraft und Energie, die in der Welt einzigartig sind.

▼ TOP-FILME

Der Berg des **Teufels** (2005) Faszinierender Dokumentarfilm über einen Jungen, der in der Silbermine von Potosí arbeitet.

Cocalero (2007) Dokumentarfilm über die Präsidentschaftskandidatur von Evo Morales.

Bitteres Meer (1984) Vielbeachteter Film über den Verlust der bolivianischen Küste an Chile.

▼ ESSEN & TRINKEN

Schon mal Lama-Steak probiert? Dann wird es höchste Zeit! Dazu passt ein Glas des aufstrebenden Tarija-Weins, eine Cola oder ein Quinoa-Bier. Brot gibt es als tellergroßes und ebenso flaches *mama qonqachi* (Käsebrot) in Cochabamba, als feste Rolle *maraqueta* aus Sauerteig, als Frühstücksbrot zum *paceña* und als leckere *cunapes* (Käse-Brot-Kugeln) in Santa Cruz. Vegetarier können sich auf *sonsos*, Pfannkuchen mit Yukka und Käse der Camba-Ureinwohner und auf tropische Fruchtsäfte wie *maracuya* (Passionsfrucht) und *chirimoya* (Zimtapfel) freuen. Frische *surubím* aus dem Amazonas schmecken immer wie soeben gefangen. Yungas-Kaffee und *chuquisaceña*-Schokolade (aus Sucre) ergeben das perfekte *postre* (Dessert).

TIWANAKU

4 Tiwanaku (Tiahuanaco) ist Boliviens bedeutendste archäologische Stätte. Auch wenn sie Vergleiche mit Machu Picchu oder Tikal nicht ganz standhalten mag, hat die Ruinenstätte aus der Prä-Inka-Zeit einiges zu bieten. Zur Sonnenwende findet hier ein riesiges Fest statt, und das hiesige Museum vermittelt einen Einblick in den Alltag des einstigen religiösen und astronomischen Zentrums. Tiwanaku ist problemlos im Rahmen eines Tagesausflugs von La Paz zu erreichen und ein guter erster Stopp einer Odyssee durch die Anden.

PARQUE NACIONAL & ÁREA DE USO MÚLTIPLE AMBORÓ

5 Der atemberaubende Nationalpark ist einer der am besten zugänglichen Naturschutzgebiete Boliviens und bietet eine der größten Artenvielfalten des Landes. Hier ist der üppig grüne Amazonasurwald ebenso vertreten wie die karge Dornbuschsavanne des Chaco und das heiße Flachland ebenso wie das kühle Hochland. Folglich ist hier auch die gesamte Flora und Fauna dieser Lebensräume zu finden: bei den Säugetieren Brillenbären, Jaguare, Tapire, Nabelschweine und zahllose Affenarten, außerdem mehr als 800 nachgewiesene Vogelarten. Die Entdeckung dieser faszinierenden Landschaft und der wunderbaren Tierwelt an der Seite eines fachkundigen Veranstalters sollte man sich keinesfalls entgehen lassen.

▼ REISEZEIT

HAUPTSAISON
(Mai–Sept.)
Viele sonnige Tage, aber im Altiplano schon recht kühl. Im August strömen die Massen zu den Festivals.

ZWISCHENSAISON
(Okt./Nov.)
Günstige Preise.

NEBENSAISON
(Dez.–April)
Im Sommer ist Regenzeit, dann ist es im Flachland kaum auszuhalten.

▼ MÄRKTE IN LA PAZ

Die Märkte von La Paz sind der Motor, der die Nation antreibt. Sie sind so verrückt, stinkend, farbenfroh, irrsinnig und beeindruckend, dass man gleich mehrere Nachmittage damit verbringen wird, von Stand zu Stand zu tigern. Es gibt Bereiche mit Essen, für Hexerei, Bereiche, in denen man sich seine geklaute Kamera zurückkaufen kann, Abschnitte für Flöten und Styropor (in jeder nur erdenklichen Art und Form) und solche mit Obst, Blumen und stinkendem Fisch, die den Geruchssinn überfluten.

▼ UNTERWEGS VOR ORT

Mit dem Flugzeug erreicht man auch abgelegene Orte schnell und zuverlässig, und es ist auch nicht allzu teuer.

Busse sind das bevorzugte Verkehrsmittel der Einheimischen, können aber unbequem und unzuverlässig sein. Dafür sind sie sehr preiswert und relativ sicher.

Geführte Touren sind beliebt, um problemlos zu abgelegenen Orten wie dem Salar de Uyuni zu gelangen.

Züge kosten ungefähr genauso viel wie Busse, sind aber wesentlich langsamer. Allerdings verfügen sie über Heizung und Klimaanlage.

SUCRE

6 Das in der Andensonne strahlend weiß glitzernde Sucre ist der Geburtsort der bolivianischen Nation und ein Muss für jeden Besucher. Die Stadt mit ihren weißen Häusern rund um schöne Innenhöfe hat sich ihren kolonialen Charme bis heute erhalten; bereits 1991 wurde sie deswegen in die UNESCO-Welterbeliste aufgenommen. Sucre ist aber auch eine bunte Mischung aus Alt und Neu, in der man tagsüber historische Gebäude und Museen besichtigen kann, bevor man sich abends ins Nachtleben stürzt. So ist es kein Wunder, dass sich alle Besucher in diese Stadt verlieben.

JESUITISCHE MISSIONEN

7 In den sieben Städten der Region *Las Misiones Jesuíticas* verbergen sich einige der wertvollsten kulturellen und historischen Schätze Boliviens. Nachdem die Region und ihre Geschichte mehr als 200 Jahre in Vergessenheit geraten war, stand sie 1986 plötzlich wieder im Mittelpunkt des weltweiten Interesses, als der Film *The Mission* über das Ende der jesuitischen Missionen die Goldene Palme von Cannes gewann. Danach wurden in 25 Jahren unter der Leitung des verstorbenen Architekten Hans Roth die jahrhundertealten Missionsgebäude und Kirchen restauriert, die heute wieder in ihrem ursprünglichen Glanz zu bewundern sind. Will man alle Missionen besuchen, dauert dies fünf bis sechs Tage. Wer nicht soviel Zeit hat, sollte zumindest die beiden Kirchen von San José de Chiquitos und Concépcion besuchen, da sie am besten die unterschiedlichen Stile repräsentieren und auch am besten zugänglich sind.

POTOSÍ

8 Das erhabene Potosí, eine der höchstgelegenen Großstädte der Welt, lag einst auf einem riesigen Silbervorkommen, das jahrhundertelang Geld in die Kassen des spanischen Imperiums spülte. Heute sind die Minen erschöpft, und die Stadt befindet sich schon seit Langem im wirtschaftlichen Sinkflug. Dennoch sind die Überreste der wohlhabenden Vergangenheit noch an den bröckelnden Fassaden der reich verzierten kolonialzeitlichen Gebäude und schönen erhaltenen Kirchen zu erahnen. Das berühmteste Museum Potosís, die Casa de la Moneda, war einst die bolivianische Münzanstalt.

TUPIZA

9 Die Schluchtenlandschaft rund um Tupiza könnte gut und gern einem Wildwest-Roman entsprungen sein. Sie ist ein traumhafter Ort, um den Sonnenuntergang zu genießen – auf dem Rücken eines Pferdes, auf dem Mountainbike, zu Fuß oder mit dem Geländewagen. Tupiza ist Ausgangspunkt für Ausflüge in die vielfarbige, wunderbare Wüste und in die Schluchten, bei denen man von harter Arbeit geprägte Bergbaudörfer erkunden kann. Das angenehme Klima und Flair machen Tupiza zu einem willkommenen Rastplatz.

SAMAIPATA

10 Das weltoffene Samaipata ist auf dem besten Weg, ein fester Zwischenstopp auf der Route von Bolivienreisenden zu werden, und hat sich dennoch das Flair eines entspannten Bergdorfs bewahrt. Das tolle Preis-Leistungs-Verhältnis der Unterkünfte und erstklassigen Restaurants zieht Besucher an. Samaipatas Nähe zu den Ruinen von El Fuerte sowie einige hervorragende Tagesauflüge in die außergewöhnlich schöne Umgebung sorgen dafür, dass viele viel länger bleiben als geplant.

MEZZOTINT / SHUTTERSTOCK ©

MOUNTAINBIKEN

Mit Höhenunterschieden von bis zu 4000 m bietet Bolivien einige der besten Mountainbike-Downhills der Welt.

FIESTA DE LA VIRGEN DE CANDELARIA

Das Fest der Heiligen Jungfrau im Februar wird in Copacabana besonders groß gefeiert.

STEFANO BUTTAFOCO / SHUTTERSTOCK ©

HAUPTSTADT
Sarajevo
BEVÖLKERUNG
3,8 Mio.
FLÄCHE
51129 km²
AMTSSPRACHEN
Bosnisch, Kroatisch, Serbisch

Pliva-Wasserfall, Jajce

BOSNIEN & HERZEGOWINA

Schroffe Schönheit prägt dieses Land ebenso wie die einzigartige Mischung aus Ost und West, die es seiner wechselvollen Geschichte unter den Osmanen und Österreich-Ungarn verdankt.

Die Bosnier beschreiben ihr Land gern als „herzförmig", was aus geografischer Sicht auch zutrifft. Weltweit wird das kleine Land in erster Linie immer noch mit dem Bürgerkrieg in den 1990er-Jahren assoziiert, und viele Sehenswürdigkeiten beschwören die Erinnerung an diese Zeit herauf. Doch Besuchern werden auch und vor allem die Bescheidenheit und Herzlichkeit der Bewohner, die wunderbare Berglandschaft und die mittelalterlichen Burgruinen in Erinnerung bleiben. Abgesehen vom recht einfachen Neum gibt es keine Badeorte oder Strände, dafür aber beste Raftings auf den vielen Flüssen, schöne Wanderwege zu traumhaften Wasserfällen und lange Skiabfahrten in den Bergen.

Weitere Highlights sind die wiederhergestellten Altstädte von Sarajevo und Mostar sowie die üppige orientalische Architektur, die ausgefallenen Bars, einladenden Straßencafés und die lebhafte Kunstszene.

Highlights

MOSTARS ALTSTADT

1 Die weltberühmte alte Brücke von Mostar ist der Star von Stari Most. Bei Sonnenuntergang erstrahlen die Steinquader golden, bei Nacht werden sie stimmungsvoll beleuchtet. Die ursprüngliche Brücke ließ Sultan Suleiman der Prächtige zwischen 1557 und 1566 errichten. Die heutige Brücke wurde erst in diesem Jahrhundert originalgetreu nachgebaut, nachdem sie in den 1990er-Jahren im Bombenhagel zerstört worden war. Die Cafés und Restaurants in der Nähe sind so günstig platziert, dass man die Brücke immer im Blick hat.

BAŠČARŠIJA

2 Der von Ausländern „Taubenplatz" genannte einstige Marktplatz ist das Zentrum der Altstadt von Sarajevo. Hin führen schmale Gassen aus osmanischer Zeit, auf deren Pflaster man fast wie auf Wolken geht und in denen Kupferschmiede (für Touristen) ihrem Handwerk nachgehen. Zwischen Moscheen laden Restaurants in ehemaligen Karawansereien, Cafés und *ćevapi*-Buden zu einer Pause ein.

JAJCE-WASSERFALL

3 An den Wasserfällen stürzt die Pliva 21 m tief in den Vrbas. Um dieses Spektakel beobachten zu können, gibt es am Fuß des Wasserfalls seit Neuestem eine Aussichtsplattform, zu erreichen über eine Treppe, die zwischen dem Busbahnhof und der Tankstelle beginnt. Wer nicht nass gespritzt werden möchte, kann auch von oben auf den Wasserfall hinunterschauen.

REISEZEIT

HAUPTSAISON
(Juni–Sept.)

ZWISCHENSAISON
(April, Mai, Okt. & Nov.)

NEBENSAISON
(Dez.–März)

MEHMET-PAŠA-SOKOLOVIĆ-BRÜCKE

4 Die Brücke mit ihren zehn Bogen ist die Hauptsehenswürdigkeit Višegrads. Dem 1571 errichteten Bauwerk hat der Literaturnobelpreisträger Ivo Andrić in dem Roman *Die Brücke über die Drina* ein Denkmal gesetzt. Seit 2007 gehört sie zum UNESCO-Welterbe. Das umfangreich restaurierte Bauwerk wird abends stimmungsvoll beleuchtet. Besonders beeindruckend ist der Anblick in der Dämmerung, wenn der Nebel vom Fluss aufsteigt.

BJELAŠNICA

5 In dem beliebten Wintersportgebiet 30 km südlich von Sarajevo wurden während der Olympischen Winterspiele 1984 einige Wettbewerbe ausgetragen. Als Attraktion bietet es eine Nachtpiste mit Flutlicht. Im Sommer kann man Bergwanderungen unternehmen und zauberhafte Bergdörfer besuchen. Im bekanntesten Dorf Lukomir scheint die Zeit stehen geblieben zu sein. Auf mehreren Terrassen breitet es sich rund um einen Felsvorsprung aus, von dem man einen tollen Blick auf das Dorf mit seinen steinigen Schafweiden und die Schlucht zu Füßen des Gebirges am Horizont hat.

TVRDOŠ-KLOSTER

6 Zwischen Weinreben, Bienenstöcken und Obstbäumen steht 6 km westlich von Trebinje dieses Kloster. Bekannt ist es für seinen Wein, der als der beste der Herzegowina gilt und am Tor verkauft wird. Für bosnische Serben ist es jedoch vor allem ein Ort von höchster religiöser Bedeutung: Hier wurde der hl. Ba-

▼ UNTERWEGS VOR ORT

Fahrkarten im Vorverkauf bekommt man an Busbahnhöfen. Zwischen den Städten lassen sich Busse ganz einfach anhalten.

Auf den kurvigen Straßen von Bosnien und Herzegowina herrscht nicht viel Verkehr. Man kann gut fahren, aber nicht schnell.

Züge sind zwar langsamer und fahren nicht so häufig wie Busse, sind im Allgemeinen aber etwas preiswerter.

5

silius zum Mönch. Wer will, kann sich durch die Anlage führen lassen. Das Kloster entstand um eine römische Kirche aus dem 4. Jh. und war im 16. Jh. der Sitz des Metropols (orthodoxer Erzbischof). Die Kirche mit Glockenturm ist voller Ikonen und Wandmalereien, die teilweise Reste der Bemalung von 1517 enthalten.

VISOČICA

7 Im Mittelalter war Visoko die Hauptstadt Bosniens und das geistige Zentrum der umstrittenen Bosnischen Kirche. Im 20. Jh. war von diesem Ruhm nicht mehr viel übrig, und die Stadt existierte hauptsächlich dank der Ledergerberei. Dann kam plötzlich die These auf, dass der teilweise bewaldete, leicht pyramidenförmige Berg bei Visoko die höchste Pyramide der Welt sein könnte. Seitdem lockt die Stadt Scharen von Touristen und New-Age-Fans an.

▼ ESSEN & TRINKEN

Üppige Eintöpfe mit viel Fleisch sind typische Hausmannskost, und *ćevapi* (würziges Rind-, Schweine- oder Lammhackfleisch) werden als Nationalgericht immer und überall, oft auch als Fast Food, angeboten.

In vielen Dörfern gibt es eine *pekara* (Bäckerei), in der Gebäck, Brot und oft *burek* (Blätterteigrollen, häufig mit Fleisch gefüllt) verkauft werden. Für Letztere gibt es auch spezielle Fabrikverkäufe *(buregdžinica)*.

Für Vegetarier ist die Auswahl sehr begrenzt.

Zum Nachtisch sollte man unbedingt *tufahije* probieren: Bratapfel, mit Walnusspaste gefüllt und mit Schlagsahne serviert. Auch das Eis ist göttlich!

DARIO VUKSANOVIC / SHUTTERSTOCK ©

▼ DIE VISIONEN VON MEĐUGORJE

Am 24. Juni 1981 wollen sechs Teenager in Međugorje in Herzegowina eine Vision gehabt haben, die sie als die Erscheinung der Heiligen Jungfrau deuteten. Prompt wurde das ärmliche Winzerdorf zum geschäftigen Pilgerort und erfreut sich immer noch stetig wachsender Beliebtheit, obwohl die Katholische Kirche die Visionen immer noch nicht anerkannt hat. Auf dem Brdo Ukazanja (Berg der Erscheinung) rund 3 km südlich der St. Jakobskirche (Foto) im Zentrum von Međugorje soll sich das Wunder ereignet haben. Den genauen Ort ziert eine weiße Statue der Jungfrau Maria.

HAUPTSTADT
Gaborone

BEVÖLKERUNG
2,3 Mio.

FLÄCHE
581730 km²

AMTSSPRACHEN
Englisch, Setswana

Jäger der San im Central Kalahari Game Reserve

BOTSUANA

Das mit einer grandiosen Tierwelt gesegnete Land ist eines der am besten für eine Safari geeigneten Länder Afrikas.

Das Okavangodelta ist einzigartig auf dieser Welt, denn hier leben und herrschen die Tiere. Große Raubkatzen und noch größere Elefanten leben völlig frei in dieser letzten großen Wildnis der Welt. Damit ist das Delta ein Synonym für Überfluss und Vielfalt, aber auch für einzigartige Schönheit – und das Angebot an Safaris in diesem Paradies scheint so endlos wie das Wasser selbst.

Einen krassen Gegensatz dazu bildet die ebenfalls großartige Kalahari, eine der größten zusammenhängenden Sandflächen der Welt, mit ihren Salzpfannen, Baobab-Bäumen, fossilienreichen Flusstälern und den wunderbaren Tieren und Pflanzen.

Botsuana hat sich vom Massentourismus mit all seinen Nachteilen abgewandt und setzt nun auf exklusive Luxus-Safaris. Das bedeutet Übernachtungen in opulenten Lodges oder noblen Camps, die einmal sehr modern, das andere Mal wie zu Kolonialzeiten ausgestattet sein können. Auf jeden Fall sitzt man in der ersten Reihe des wilden Spektakels und kann es in Ruhe genießen.

Highlights

SAFARI IM OKAVANGODELTA

1 Botsuana hat die Luxus-Safaris nicht erfunden, aber perfektioniert. Nirgendwo sonst findet man so luxuriöse Lodges und Camps mitten in der Wildnis, die oft nur per Flugzeug oder Boot zu erreichen sind. Sie machen die Safari erst perfekt. Die meisten Camps und Lodges liegen im Okavangodelta, ein paar auch im benachbarten Linyanti, Chobe National Park und natürlich im Central Kalahari Game Reserve. Das beste zu bestimmen, ist sehr schwer, doch das Vumbura Plains Camp wäre sicher ein Kandidat.

CHOBE NATIONAL PARK

2 Hier leben mehr Elefanten – Zehntausende – als irgendwo sonst auf der Welt. Und sie sind richtig groß! Zudem locken hier die typisch afrikanische Landschaft des Savuti mit seinen Elefanten fressenden Löwen, einer der besten Orte des Kontinents, um den gefährdeten Afrikanischen Wildhund zu sehen, und die Chobe Riverfront, zu der die meisten der afrikanischen Großwildarten kommen, um zu trinken. Es ist also mehr als verständlich, dass der Nationalpark zu den führenden Safari-Zielen Afrikas gehört.

MAKGADIKGADI PANS NATIONAL PARK

3 Der Park, von dem ein Teil zum weltweit größten Netz von Salzpfannen gehört, ist einer der weniger bekannten Schätze der Kalahari. Während der Regenzeit wandern hier bei einer der großen Tierwanderungen auf diesem Kontinent Zebras durch das Gebiet. Während der Trockenzeit ziehen Tiere in ebenso unvorstellbar großer Zahl zum frisch aufgefüllten Fluss Boteti. Hinter den Salzpfannen erheben sich Affenbrotbäume wie die Beschwörung einer uralten afrikanischen Oase aus dem Salz.

3

2630BEN / SHUTTERSTOCK ©

CENTRAL KALAHARI GAME RESERVE

4 Die Kalahari hat etwas. Vielleicht ist es ja nur der Name, mit dem man den ganzen Zauber der Wildnis Afrikas verbindet. Vielleicht ist es aber auch ihre unglaubliche Größe – die Kalahari bildet das größte Wildschutzgebiet Afrikas. Und die Population der Kalaharilöwen trägt sicher auch dazu bei. Warum auch immer, die Kalahari ist keine Wüste wie jede andere, denn hier gibt es uralte Flusstäler, lichte Wälder und eine überraschend hohe Konzentration an Tieren und Pflanzen rund um die ausgedehnten Salzpfannen.

ECO PIC / GETTY IMAGES ©

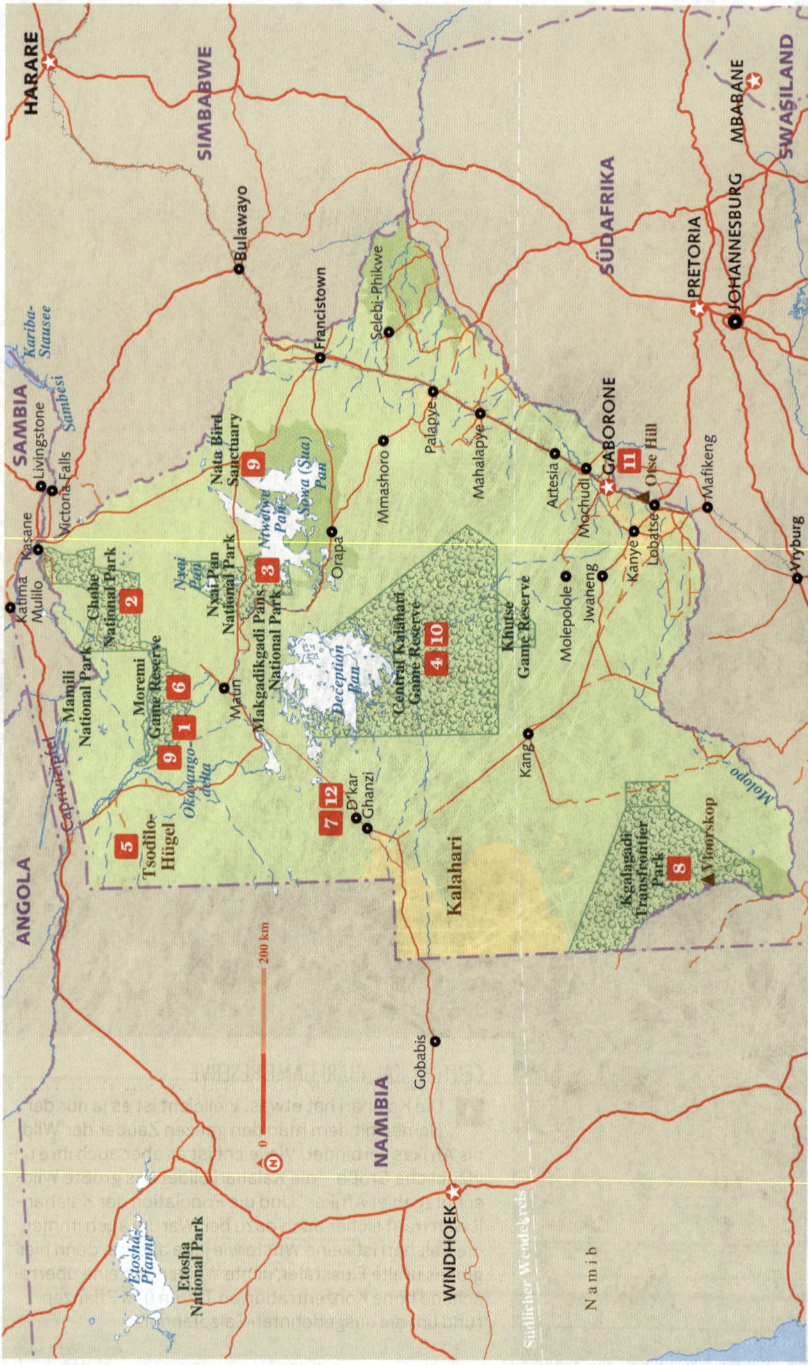

HARARE
SIMBABWE
Bulawayo
Kariba-Stausee
SAMBIA
Sambesi
Livingstone
Victoria Falls
Kasane
Katima Mulilo
Chobe National Park
2
Nata Bird Sanctuary
9
Ntwetwe Pan
Sowa (Sua) Pan
Francistown
Selebi-Phikwe
Mmashoro
Palapye
Mahalapye
Orapa
3
Nxai Pan
Nxai Pan National Park
Makgadikgadi Pans National Park
Moremi Game Reserve
6
1
9
Mamili National Park
Maun
Okavangodelta
Caprivizipfel
Deception Pan
Central Kalahari Game Reserve
4
10
Khutse Game Reserve
Molepolole
Jwaneng
Kanye
Lobatse
Mochudi
Artesia
GABORONE
11
Otse Hill
Mafikeng
Vryburg
SÜDAFRIKA
PRETORIA
JOHANNESBURG
MBABANE
SWASILAND
Kang
D'kar
Ghanzi
7
12
5
Tsodilo-Hügel
ANGOLA
Kalahari
Kgalagadi Transfrontier Park
8
Molopo
0
200 km
NAMIBIA
Gobabis
WINDHOEK
Südlicher Wendekreis
Namib
Etosha-Pfanne
Etosha National Park

TOP-FILME

Die Götter müssen verrückt sein (1984) Kultklassiker über die San in Botsuana.

The Last Lions (2011) Der Film folgt einer Löwin und ihren Jungen beim Kampf ums Überleben im Delta.

Eye of the Leopard (2006) Beobachtet, wie ein junger Leopard in Botsuana erwachsen wird.

A United Kingdom (2016) Nach der wahren Geschichte des ersten Präsidenten von Botsuana und seiner britischen Ehefrau.

Savage Kingdom (2016) Fantastische Dokumentation der Rivalität zwischen Raubtieren am Savuti.

TOP-BÜCHER

Ein Krokodil für Mma Ramotswe (Alexander McCall Smith; 1998) Krimis aus Botsuana.

Die verlorene Welt der Kalahari (Laurens van der Post; 1958) Lobrede auf die Kultur der San in den 1950er-Jahren.

Der Ruf der Kalahari (Mark & Delia Owens; 1984) Das Leben in der Kalahari bevor die Touristen kamen.

Twenty Chickens for a Saddle (Robyn Scott; 2008) Herzerwärmende Geschichte einer Kindheit in Botsuana.

Far and Beyon' (Unity Dow; 2000) Fabel über das moderne Botsuana.

FELSKUNST IN DEN TSODILO-HÜGELN

5 Die Tsodilo-Hügel, die schon vor dem Okavangodelta zum UNESCO-Welterbe ernannt wurden, werden auch „Louvre der Wüste" genannt. Mehr als 4000 alte Felsmalereien, von denen viele Tausende Jahre alt sind, schmücken die Höhlen und Felsen der malerischen Hügel, die für das Volk der San bis heute eine heilige Stätte sind. Die Malereien, die mit natürlichen Farbpigmenten in Ockertönen ausgeführt sind, beeindrucken durch ihre Schönheit und sind zugleich eine unschätzbare Chronik der sich entwickelnden Beziehung zwischen den Menschen und der Natur. Sie sind so abgelegen, dass man sie oft ganz für sich allein hat.

MOREMI GAME RESERVE

6 Was der Chobe National Park für Elefanten ist, ist das Moremi Game Reserve für so ziemlich alle anderen Tiere. Das Reservat, in das man sowohl mit einem Zelt und dem eigenen Auto fahren als auch im Rahmen einer Luxus-Safari fliegen kann, erscheint wie ein Dokumentarfilm über Jäger und Gejagte. Hier gibt es alles: jede Menge Großkatzen, Wasserantilopen, Hunderte von Vogelarten und unzählige Vertreter der Big Five.

DAS VOLK DER SAN

7 Dieses Volk ist eines der ältesten im südlichen Afrika, und der Kontakt mit seinen Angehörigen gehört zu den schönsten Erlebnissen einer Botsuana-Reise. In D'Kar, dem Nachbarort von Ghanzi, das viele als Hauptstadt der Kalahari betrachten,

REISEZEIT

HAUPTSAISON
(Juni–Okt.)
Warme Tage, milde Nächte; im Oktober kann es drückend heiß werden. Sehr kalte Nächte in der Kalahari.

ZWISCHENSAISON
(April, Mai & Nov.)
Nachts kann es recht kalt werden, ansonsten eine gute und preiswerte Zeit.

NEBENSAISON
(Dez.–März)
Preiswerter und weniger überlaufen. Bei Regen sind viele Straßen unpassierbar. Hauptsaison in der Kalahari.

ZAHLEN

Botsuana ist eines der am dünnsten besiedelten Länder der Welt (3,75 Ew./km2). Zudem hat das Land mit einem Durchschnitt von 23,2 Jahren eine sehr junge Bevölkerung.

DAS MOKORO-ERLEBNIS

Der Okavango ist ein wunderschöner, wilder Fluss, den man am besten erlebt, indem man mit einem *mokoro* (Einbaumkanu) langsam auf dem schilfgesäumten Wasser dahingleitet.

▼ ESSEN & TRINKEN

Die Küche Botsuanas zielt in erster Linie auf die Ernährung und weniger auf Geschmackserlebnisse ab. Den Hauptbestandteil der meisten Mahlzeiten bilden *mabele* (Sorghumhirse) oder *bogobe* (Brei aus Sorghumhirse), doch diese Grundnahrungsmittel werden immer stärker durch importierte *ugalis* (Maisbrei aus Maismehl) verdrängt, die *mealie pap* oder einfach *pap* genannt werden. Sie bilden die Basis für Fleisch- und Gemüsesaucen wie *seswaa* (mit Ziegen- oder Lammfleisch), *morogo* (mit wildem Spinat) oder *leputshe* (mit wildem Kürbis). Morgens gibt es *pathata* (wie ein Muffin) oder *megunya* (Fettkuchen). Das sind Bällchen aus Teig, die wie Donuts aussehen, aber ohne das Loch und mit anderem Geschmack.

Und dann sind da noch die Mopane-Würmer. Die fetten Würmer werden von den Mopane-Bäumen „gepflückt" und zu Delikatessen gebraten – sie schmecken lecker und sind ein guter Eiweißlieferant. Manchmal kann man sie im Haupteinkaufszentrum in Gaborone oder in Francistown bei Frauen erstehen, die sie im Beutel verkaufen.

gibt es viele Kunsthandwerkerläden, Kunstzentren und Camps der San, in denen man von ihnen lernen kann, im Busch nach Nahrungsmitteln zu suchen und so zu jagen, wie die San es seit Tausenden von Jahren tun.

KGALAGADI TRANSFRONTIER PARK

8 Über einen besonders schönen Bereich am Rand der Kalahari erstreckt sich dieser Nationalpark, der weit über die Grenze bis nach Südafrika reicht. Hier gibt es einige der schönsten Salzpfannen und Dünen der Wüste, in denen an das Wüstenklima angepasste Großkatzen, Meerkatzen, Vögel aller Art und Wüstentiere wie Spießböcke und Strauße leben. Trotz kleiner Wäldchen direkt am Fluss und weiten Gebieten mit ursprünglicher Wildnis ist dieser Nationalpark einer der am wenigsten beachteten in Botsuana.

VOGELBEOBACHTUNG

9 Botsuana ist mit fast 600 dokumentierten Vogelarten ein Paradies für Vogelfreunde. Hier leben u. a. die berühmten Afrikanischen Scherenschnäbel des Deltas, Bienenfresser, Bindenfischeule, Zwergenten, Habichte, mehrere Geierarten und Fischadler. Im Okavango Panhandle, einem schmalen Sumpf von etwa 100 km Länge hin zur namibischen Grenze, verteilt sich das Wasser über das Tal und bildet riesige

Schilfgebiete und von Papyrus überwucherte Lagunen, die gute Bedingungen zur Vogelbeobachtung bieten.

OFFROAD-TOUREN

10 Offroad-Fans können sich hier richtig austoben. In vielen einsamen Gegenden führen nur uralte Pisten (Vorsicht nach Regenfällen!) durch die Wildnis. Vor allem das Central Kalahari Game Reserve ist ein Offroad-Paradies. Dazu gibt's Wüstenfeeling und brüllende Löwen in der Nacht. Selbst wer das Reserve komplett durchquert, wird kaum einem anderen Fahrzeug begegnen.

GABORONE GAME RESERVE

11 Dieses Schutzgebiet wurde 1988 von der Kalahari Conservation Society ausgewiesen, damit die Menschen der Hauptstadt die Tiere und Pflanzen Botsuanas in ihrer natürlichen Umgebung und in nicht allzu weiter Entfernung beobachten können. Das scheint zu klappen: Obwohl das Gebiet nur 5 km^2 groß ist, weist es die dritthöchste Besucherzahl des Landes auf und ist die Heimat von Gnus, Riesenantilopen, Spießböcken, Kudus, Straußen und Warzenschweinen. Zu den vielen hier heimischen Vogelarten gehören Eis- und Nashornvogel.

DAS KURU-PROJEKT

12 Das Kunstprojekt in D'kar ermöglicht (zuletzt 14) Künstlern aus der Region, ihre Gemälde und anderen Kunstwerke herzustellen und zu verkaufen. Es lohnt sich, eine oder zwei Stunden lang durch die Kunstmappen zu blättern!

JAY BO / SHUTTERSTOCK ©

UNTERWEGS VOR ORT

Obwohl es viele Inlandsflüge gibt, die auch recht zuverlässig sind, ist Fliegen nicht gerade preiswert; außerdem werden nur wenige Städte angeflogen.

Busse sind preiswert und verkehren häufig, fahren aber nur auf befestigten Straßen zwischen den Städten.

Ein Mietwagen ist eine sehr praktische Alternative zu den anderen Verkehrsmitteln.

HAUPTSTADT
Brasilia

BEVÖLKERUNG
213,4 Mio.

FLÄCHE
8,5 Mio. km²

AMTSSPRACHE
Portugiesisch

BRASILIEN

Feine weiße Sandstrände, üppiger Regenwald und von wilden Rhythmen erfüllte Metropolen machen Brasilien zu einem faszinierenden Land.

Brasiliens Attraktionen reichen von Kolonialstädten über Wasserfälle und tropische Inseln bis hin zu überirdisch schönen Landschaften mit feuerroten Felsenschluchten. Nicht zu vergessen die unglaubliche Artenvielfalt: In den verschiedenen Ökosystemen lebt die größte Anzahl von Tier- und Pflanzenarten weltweit. So warten auf die Besucher Outdoor-Abenteuer aller Art: im Pantanal reiten, mit dem Kajak durch die überfluteten Wälder des Amazonas paddeln, den Ausblick von meterhohen Klippen genießen, Wale beobachten, auf Weltklassewellen surfen und im glasklaren Wasser der Flüsse oder Korallenriffe schnorcheln.

Der berühmte Karneval lockt mit hüftschwingenden Samba- und *frevo*-Tänzerinnen, tollen Kostümen und Feiern bis zum Morgengrauen. Das ganze Jahr über finden ebenso ausgelassene *festas* (Feste) statt, die einen guten Einblick in die kulturelle Vielfalt des Landes gewähren. Und sobald irgendwo Musik erklingt, ist alles nur noch pure Lebensfreude und Lust am Leben.

Highlights

PÃO DE AÇÚCAR, RIO DE JANEIRO

1 Viele sagen, dass man von diesem bizarr geformten Berg bei Sonnenuntergang den schönsten Blick hat. Doch eigentlich ist's egal, wann man kommt – in jedem Fall wird man Rio (und vielleicht die eigene Heimatstadt) danach mit anderen Augen sehen. Die Landschaft besteht aus grünen Hügeln und goldenen Stränden, die das blaue Meer benetzt, und entlang der Küste wachsen Wolkenkratzer in den Himmel. Ein Vergnügen ist auch die Fahrt zum Gipfel mit der Seilbahn. Abenteuerlustige können eine Klettertour nach oben unternehmen.

AMAZONAS

2 Keine Frage, der Hauptgrund für einen Besuch am Amazonas ist der Regenwald, in dem man Kanu fahren, auf dicht bewachsenen Wegen wandern und in den Bäumen nach Affen, Faultieren und anderen Tieren Ausschau halten kann. Der bekannteste Regenwald der Welt bietet Outdoor-Spaß aller Art, von einfachen Naturpfaden bis zum Erklettern 50 m hoher Bäume, von Luxus-Lodges bis zu improvisierten Camps im Wald. Welche Interessen, Erfahrungen und Fähigkeiten oder wie viel Geld man mitbringt, ist egal – ein Trip am Amazonas ist atemberaubend.

SALVADOR

3 Die Hauptstadt Afrobrasiliens ist bekannt für Capoeira und Candomblé, für Olodum, portugiesische Kolonialarchitektur, afrikanisches Straßenessen und einen der ältesten Leuchttürme in Amerika. Die Vergangenheit der Stadt war geprägt von portugiesischen Seefahrern und dem Sklavenhandel. Die heutige Hauptstadt von Bahia bietet dagegen einen einzigartigen Mix aus zwei sehr lebendigen Kulturen. Die allgegenwärtige Musik und das Nachtleben erreichen im Februar ihren Höhepunkt, wenn in Salvador einer der feurigsten Karnevals des Landes gefeiert wird.

1

0
500 km
ATLANTIK
PAZIFIK
Äquator
Südlicher Wendekreis
VENEZUELA
GUYANA
SURINAME
FRANZÖSISCH-GUAYANA
CAYENNE
KOLUMBIEN
BOGOTÁ
ECUADOR
PERU
LIMA
BOLIVIEN
LA PAZ
PARAGUAY
ASUNCIÓN
ARGENTINIEN
URUGUAY
CHILE
BRASÍLIA
Fernando de Noronha
Parque Nacional dos Lençóis Maranhenses
Ilha de Marajó
Serra Tumucumaque
Pico da Neblina
Amazonasbecken
Ilha do Bananal
Parque Nacional da Chapada dos Veadeiros
Planalto de Mato Grosso
Pantanal
Serra do Espinhaço
Serra do Mar
Ilha Grande
Ilha de Santa Catarina
Iguaçu-Wasserfälle
Rio Negro
Amazonas
Rio Madeira
Rio Xingu
Rio Araguaia
Rio São Francisco
Rio Grande
Rio Paraná
Rio Ucayali
Titicacasee
Transamazônica
Oiapoque
Macapá
Belém
Salinópolis
São Luís
Parnaíba
Fortaleza
Natal
João Pessoa
Olinda
Recife
Maceió
Aracaju
Salvador
Ilhéus
Vitória da Conquista
Juazeiro
Picos
Teresina
Carolina
Marabá
Palmas
Barreiras
Santarém
Manaus
Boa Vista
Santa Elena
Alta Floresta
Humaitá
Porto Velho
Guajará-Mirim
Vilhena
Rio Branco
Cruzeiro do Sul
Letícia
Iquitos
Cuzco
Arequipa
Cuiabá
Corumbá
Campo Grande
Ponta Porã
Goiânia
Uberlândia
Belo Horizonte
Ouro Prêto
Vitória
Rio de Janeiro
São Paulo
Curitiba
Florianópolis
Porto Alegre
Rio Grande
Foz do Iguaçu
Santa Maria
Uruguaiana
Salta
Antofagasta
Santa Fe
Córdoba
San Juan
La Serena
1
2
3
4
5
6
7
8
9
10

ILHA GRANDE

4 Das Inselparadies verdankt seine Ursprünglichkeit einer ungewöhnlichen Vergangenheit. Nachdem es zuerst ein Piratennest war, wurde es zur Leprakolonie und schließlich zur Gefängnisinsel. Davon zeugen heute nur noch ein paar versunkene Steinfundamente, doch der schlechte Ruf der Insel hat lange die touristische Erschließung verhindert. So kann man heute tagelang durch unberührten Atlantischen Regenwald wandern, in azurblauem Wasser schnorcheln und Wasserfälle bewundern. Da keine motorisierten Fahrzeuge erlaubt sind, ist die Insel immer noch ein sauberes, üppig grünes Naturparadies, das gut als Tagesausflug von Rio aus besucht werden kann.

OURO PRÊTO

5 Das steile Auf und Ab der Straßen aus dem 18. Jh. erinnert an eine Achterbahn, die an barocken Häusern und Gebäuden vorbeiführt. Ein Spaziergang durch die Gassen ist zwar anstrengend, lohnt sich aber wegen der grandiosen Skulpturen von Aleijadinho, der Statue des im 18. Jh. vom afrikanischen Stammeshäuptling zum Nationalhelden mutierten Chico Rei und den üppig vergoldeten Kirchen. Die 300 Jahre alte Stadt stieg vom Goldgräberdorf zur Hauptstadt von Minas Gerais (bis 1889) auf, stand im Zentrum des revolutionären Umschwungs und wurde schließlich UNESCO-Welterbe.

TOP-FILME

Tropa de Elite (2007) Actionfilm über Kriminalität und Korruption, die in Form einer Eliteeinheit der Polizei und Drogenbossen aufeinandertreffen.

Central Station (1998) Roadmovie über einen obdachlosen Jungen und eine ältere Frau, die durch Brasilien reisen.

Die Poetin (2013) Drama über die unglückliche Liebe zwischen einer amerikanischen Dichterin und einem brasilianischen Architekten im Petrópolis der 1950er-Jahre.

Bel Borba Aqui (2012) Dokumentarfilm über einen Künstler, der seine Werke auf die Gebäude von Salvador malt.

ESSEN & TRINKEN

Bolinho de bacalhau Frittierte Kabeljaubällchen.

Cachaça Hochprozentiger Zuckerrohrschnaps.

Coxinha Birnenförmige, mit geschnetzeltem Hühnchenfleisch gefüllte Maismehlkugeln.

Esfiha Dreieckige Teigtaschen, die mit Fleisch und Gewürzen, Spinat u. a. gefüllt werden.

Feijoada Schwarze Bohnen, die langsam mit Fleisch gekocht und mit Salz, Knoblauch, Zwiebeln und Öl gewürzt werden.

Tapioca Crêpes aus Maniokmehl, die mit Hühnchen, Käse, eingemachtem Obst und vielem mehr gefüllt werden.

REISEZEIT

HAUPTSAISON
(Dez.–März)
Hohe Preise und kaum freie Zimmer, besonders während des Karnevals.

ZWISCHENSAISON
(April & Okt.)
An der Küste ist es warm und trocken, im Süden schon eher kühl.

NEBENSAISON
(Mai–Sept.)
Im Süden ist es mild, und bis auf die Zeit der Schulferien im Juli sind die Preise überall günstig.

CAPOEIRA

Die einzige Kriegskunst, die in der Neuen Welt entstand und bis heute überlebt hat, wurde vor mehr als 400 Jahren von afrobrasilianischen Sklaven erfunden. Der Kontaktkampf diente ursprünglich der Selbstverteidigung gegen die Sklavenbesitzer, und wurde deshalb schnell verboten, entwickelte sich im Geheimen aber weiter. Später wurde Capoeira dann als eine Art Tanz ausgegeben, damit der Kampfsport wieder praktiziert werden durfte. In dieser Form existiert Capoeira bis heute.

Begleitet wird er von Händeklatschen und dem *berimbau* (einem langen Musikinstrument mit nur einer Saite). Nach diesem Rhythmus führen die Kämpfer schnelle, kräftige Kicks und Schläge aus, die bei langsamerem Tempo eher wie Tanzschritte wirken.

UNTERWEGS VOR ORT

Die langen Strecken im Land legt man am besten per Flugzeug zurück. Das spart Zeit, und oft gibt es günstige Angebote bei den meist hohen Flugpreisen.

Außer im Amazonasgebiets gibt es überall ein ausgedehntes Netz von Busverbindungen, wobei man zwischen *comun* (normal) und *leito* (Nachtbus) wählen kann. Fahrpläne und Veranstalter stehen auf der Website von Busca Ônibus (www.buscaonibus.com.br).

Zwischen den Städten im Amazonasgebiet fahren langsame und unbequeme Boote mit hohem Erlebnisfaktor. Dabei wird die Fahrzeit nicht in Stunden, sondern in Tagen angegeben. Unbedingt mitbringen: eine Hängematte, etwas zu essen und ausreichend Trinkwasser.

PANTANAL

6 Kaum irgendwo sonst lassen sich so viele Tiere beobachten wie in diesem abgelegenen Sumpfgebiet im Bundesstaat Mato Grosso. Das Amazonasgebiet ist zwar bekannter, doch im Patanal kann man viel mehr Tiere viel besser beobachten. Dies liegt nicht nur an der unglaublichen Artenvielfalt, die von kleinen Warzenschweinen bis zu stattlichen Störchen reicht, sondern auch an der weiten, offenen Landschaft, in der man die Tiere hervorragend beobachten kann. Es gibt also viele Gründe, diese einmalige Naturerfahrung zu machen, und keinen einzigen, es nicht zu tun – nicht zuletzt auch, weil sich hier die beste Gelegenheit in Südamerika bietet, einen scheuen Jaguar vors Zoomobjektiv der Kamera zu bekommen.

BIER AUS BLUMENAU

7 Die allgegenwärtigen hellen Lagerbiere Brahma und Skol sind sicher nicht schlecht, doch das mit Abstand beste Bier Brasiliens kommt aus der Gegend um Blumenau. Anfang des 19. Jhs. brachten deutsche Einwanderer mit Lederhosen und Leberkäse auch das Reinheitsgebot hierher und hielten ihre Geheimnisse unter Verschluss. So schmecken die Biere der Brauereien Schornstein-Kneipe, Bierland und Das Bier tatsächlich wie deutsches Bier. Die einzige Ausnahme ist die frühere Mikrobrauerei Eisenbahn. Zu finden sind die Brauereien in Vale Europeu in Santa Catarina.

FERNANDO DE NORONHA

8 Der Archipel im Atlantik, 350 km von Natal entfernt, besteht aus einer großen, 10 km langen Insel und 20 kleineren Inseln. Es ist ein tropisches Inselparadies mit allem, was dazugehört: atemberaubende Landschaft im Inneren und an der Küste, schöne Strände, beste Tauch- und Schnorchelbedingungen, gute Surfwellen, tolle Wanderwege, gute Unterkünfte und Restaurants. Und das alles ist nie überlaufen, denn es wird jeden Tag nur eine bestimmte Anzahl von Besuchern eingeflogen. Deshalb ist ein Besuch der Inseln zwar kostspielig, aber gleichwohl jeden Centavo wert.

IGUAÇU-WASSERFÄLLE

9 Egal, wie viele Wasserfälle man schon gesehen hat und wie oft man gedacht hat, dass es eigentlich genug fürs ganze Leben sind: Die Iguaçu-Fälle werfen alle Ideen von Wasser, das über Klippen schießt, über den Haufen. Das Tosen von 275 Wasserfällen, die an der brasilianisch-argentinischen Grenze in die Tiefe krachen, verschlägt jedem Traveller die Sprache. 3 km breit und 80 m hoch – die Iguaçu-Fälle sind breiter als die Victoriafälle, höher als der Niagarafälle und schöner als beide zusammen. Voller Ehrfurcht staunt man über dieses gewaltige Wunder der Natur.

BRASÍLIA-ARCHITEKTUR

10 Was die Stadt der Zukunft wirklich brauchte, um ihren Anspruch zu untermauern, eine neue Zeit in Brasilien einzuläuten, war ein Architekt, der Gebäude entwarf, die diese Idee ausdrückten. In Oscar Niemeyer fand man den richtigen Mann. Die an eine Dornenkrone erinnernde Catedral Metropolitana ist ein religiöses Meisterwerk, das Teatro Nacional schlicht nicht von dieser Welt! Brasília ist eine Stadt, die vor architektonischen Juwelen nur so strotzt und von einem Genie entworfen wurde, das von einer besseren Zukunft träumte.

2

KLETTERN

Mit 350 in nur einer Autostunde erreichbaren Kletterrouten ist Rio de Janeiro das Zentrum der brasilianischen Kletterszene.

REVEILLON

Am 31. Dezember strömen gut 2 Mio. Menschen (alle in Weiß) zum Strand der Copacabana, um mit Konzerten und Feuerwerk das Neue Jahr zu begrüßen.

3

Omar-Ali-Saifuddien-Moschee, Bandar Seri Begawan

HAUPTSTADT
Bandar Seri Begawan

BEVÖLKERUNG
471100

FLÄCHE
5765 km²

AMTSSPRACHE
Malaiisch

BRUNEI DARUSSALAM

Hinter der wohlgeordneten und streng kontrollierten Fassade des Sultanats verbergen sich herzliche, gastfreundliche Menschen und eine ursprüngliche, wilde Natur.

Das Land mit dem Namenszusatz *darussalam* (arab. „Haus des Friedens") ist tatsächlich ruhig und friedlich. Es verfügt über die größten Ölfelder Südostasiens, sodass es, anders als seine Nachbarn, den Regenwald nicht in Palmenplantagen verwandeln muss. So finden sich hier noch jede Menge uralter Wälder, vor allem im üppig grünen Ulu-Temburong-Nationalpark.

Da Alkohol verboten ist, vergnügen sich die Bewohner der Hauptstadt Bandar Seri Begawan (BSB) mit Essen und Shoppen. In der Stadt stehen prächtige Moscheen neben dem bezaubernd chaotischen Wasserdorf, im benachbarten Mangrovenwald leben Affen und Krokodile.

In dem ruhigen (fast verschlafenen) Land ist eine Vision wahr geworden: ein streng religiöser Staat mit starker sozialer Kontrolle, in dem das Glück in gottesfürchtiger Andacht und Massenkonsum liegt. Über das Ergebnis mag jeder selbst urteilen.

Highlights

KAMPONG AYER

1 In den 42 dicht an dicht liegenden Pfahlbaudörfern am Ufer des Brunei leben insgesamt 30000 Menschen. Die mindestens 1000 Jahre alte Anlage gilt als die älteste Pfahlbausiedlung der Welt. Noch vor einem Jahrhundert lebte die Hälfte der Bevölkerung Bruneis hier, und noch immer bevorzugen viele ein Leben im Wasserdorf. Die Siedlung verfügt über eigene Schulen, Moscheen, Polizeiwachen und eine Feuerwehr. Wer den Fluss zum Dorf überqueren will, wartet einfach an einer Anlegestelle der Wassertaxis und hält eines an.

BANDAR SERI BEGAWAN

2 Städte, die mit dem Geld aus Ölvorkommen gebaut werden, sind oft sehr prunkvoll, ja protzig, doch diese Version hier gibt sich mit Ausnahme eines Palasts (der in der Regel nicht öffentlich zugänglich ist), einiger riesiger Moscheen und eines kitschig-noblen Hotels ziemlich ruhig und bescheiden. Meist dreht sich alles um Einkaufszentren und kulinarische Wonnen. In BSB gibt's ein paar Museen und die größte Pfahlbausiedlung der Welt, ein kleines Stück der Tradition, die für die Bruneier Gemütlichkeit und Nostalgie bedeutet.

REISEZEIT

HAUPTSAISON (Juli–Sept.)

ZWISCHENSAISON (März–Juni)

NEBENSAISON (Okt.–Feb.)

OMAR-ALI-SAIFUDDIEN-MOSCHEE

3 Die 1958 fertiggestellte Moschee steht in einer künstlichen Lagune, in deren Wasser sie sich spiegelt. Entsprechend dem Reichtum des Sultanats ist der Innenraum sehr luxuriös. Fußböden und Wände sind mit feinstem italienischem Marmor verkleidet,

der Kronleuchter wurde in England von Hand gefertigt, und die dicken Teppiche stammen aus Saudi-Arabien. In der Hauptkuppel bedeckt ein Glasmosaik aus 3,5 Mio. Teilen das Blattwerk aus purem Gold. Abends wird die Moschee zum Zentrum des städtischen Lebens. Nach dem Gebet gehen die Menschen wie überall in Brunei ihren Lieblingsbeschäftigungen nach: Essen und Shoppen.

EMPIRE HOTEL & COUNTRY CLUB

4 Prinz Jefri ließ das riesige, protzige Hotel mit 522 Zimmern eigentlich als Gästehaus der königlichen Familie errichten, doch schnell wurde es zu einem Luxushotel. Selbst in den preiswertesten Zimmern liegen handgewebte Teppiche und wird alles per Fernbedienung bedient. Die Steckdosen sind mit Gold überzogen, die riesigen Bäder haben Marmorfußboden. Online gibt's Rabatte.

ULU-TEMBURONG-NATIONALPARK

5 Von oben sieht der Temburong-Distrikt aus wie einst ganz Borneo: wie ein dichter Teppich aus Urwald ohne Straßen, Gebäude oder Schneisen. Auch wenn der größte Teil dieses Gebiets im Osten Bruneis nur für Wissenschaftler zugänglich ist, vermittelt der Ulu-Temburong-Nationalpark Travellern eine Ahnung von dieser naturbelassenen Wildnis. Man kommt nur mit einem Langboot in den Park. Dort kann man auf einem Baumwipfelpfad zwischen den Baumkronen umherspazieren und die Füße im kalten Nass der Flüsse kühlen.

▼ UNTERWEGS VOR ORT

In Brunei zugelassene Autos tanken das günstigste Benzin in ganz Südostasien. Mit einem Mietwagen kommt man gut in abgelegene Ecken des Landes.

Für die Erkundung von BSB empfiehlt sich ein Taxi, sofern man eines findet.

Auf Fremde wirkt das recht eingeschränkte Busnetz unberechenbar und chaotisch.

5

BANGAR

6 Der kleine Ort am Ufer des Temburong ist das Tor und das Verwaltungszentrum des Temburong-Distrikts. Er kann auf einem Tagesausflug von BSB aus besucht werden, doch lassen sich die ruhige Lässigkeit der Stadt und der schöne Regenwald besser genießen, wenn man mindestens einmal übernachtet. Die Fahrt von BSB hierher legt man am besten mit einem Schnellboot zurück, das an Mangrovenwäldern vorbeirauscht.

RIFFE & WRACKS

7 Obwohl es das Angebot noch nicht lange gibt, hat Bruneis aufstrebende Tauchszene schon einige gute Tauchschulen, die noch nicht so überlaufen sind. Getaucht wird zwischen den vielen intakten Riffen vor der Küste und zu Wracks, die teilweise aus dem Zweiten Weltkrieg stammen. Wracks wie Riffe sind meist mit herrlich bunten Hart- und Weichkorallen bedeckt. Dazwischen wimmelt es nur so von Sepien, Oktopussen, Muränen, Igelfischen, riesigen Kugelfischen und sogar Seeschlangen.

SUMBILING ECO VILLAGE

8 Das umweltfreundliche Dorf ist Bruneis Version eines Dschungelcamps, aus dem man nicht gerettet werden will: mit allen wichtigen Annehmlichkeiten und einer entspannten, zenartigen Atmosphäre. Das rustikale Camp mit Bambushütten und Zelten liegt wunderschön am Fluss und bietet leckere Iban-Küche.

▼ ESSEN & TRINKEN

Wer als Kind mal Klebstoff probiert hat, wird sich beim inoffiziellen Nationalgericht *ambuyat* daran erinnern: Der geleeartige Brei besteht aus dem Mark der Sagopalme, das gemahlen und mit Wasser verrührt wird. Dazu werden aromatische Saucen serviert.

Gegessen wird *ambuyat* mit speziellen Stäbchen, den *chandas*, die am oberen Ende miteinander verbunden sind (auf keinen Fall entzweibrechen!) und mit denen man die klebrige Masse aufwickelt. Hat man es geschafft, eine mundgerechte Portion aufzuwickeln, wird sie in eine der Saucen getaucht. Wenn alles von Sauce durchtränkt ist, balanciert man den tropfenden Wackelpudding in den Mund und schluckt ihn hinunter. Ja, genau: Nicht kauen, einfach nur hinunterschlucken!

KHONG KATESORN / SHUTTERSTOCK ©

▼ IM PALAST DES SULTANS

Wer eine Schwäche für Royals hat und zu den Feierlichkeiten des Hari Raya Aidil Fitri am Ende des Fastenmonats Ramadan gerade in Brunei ist, sollte dem Sultan in seiner Residenz Istana Nurul Iman (mit 1788 Zimmern) einen Besuch abstatten. Gemäß den Regeln der Gastfreundschaft öffnet der Sultan seinen Palast drei Tage lang für die Öffentlichkeit und bewirtet sie mit Currys, Trockenfrüchten und Kuchen. Eine Einladung ist nicht nötig, man geht einfach zum Palast und reiht sich in die Schlange ein. Man sollte anständig und mäßig elegant gekleidet sein.

Nach dem Essen wartet man dann noch gut eine Stunde, bis die Männer zum Sultan und die Frauen zur Königin geleitet werden, die ihre Gäste in getrennten Räumen empfangen. An diesen Tagen schütteln die beiden die Hände von gut 40 000 Menschen.

HAUPTSTADT
Sofia
BEVÖLKERUNG
6,9 Mio.
FLÄCHE
110 879 km²
AMTSSPRACHE
Bulgarisch

Festung von Veliko Tărnovo

BULGARIEN

Spektakuläre Berge, goldgelbe Strände, Städte voller Kunst, in denen das Nachtleben pulsiert – Bulgarien ist eine faszinierende Mischung aus Natur und Geschichte, die unvergessliche Erlebnisse garantiert.

Festungen und Ruinen künden von der jüngeren Geschichte Bulgariens, in Höhlen findet man dagegen Spuren von Siedlungen aus der Jungsteinzeit. Die rätselhaften Thraker hinterließen sagenhafte Schätze, die Römer bauten große, prächtige Städte, deren Reste noch in modernen Städten wie Warna und Plowdiw zu sehen sind. Und kein Besucher wird sich der religiösen Kunst in Form von Kirchen mit riesigen Goldkuppeln und winzigen Ikonenmalereien entziehen können.

Im Sommer sorgen die langen Sandstrände und das gute Wetter am Schwarzen Meer für Urlaubsstimmung. Sieben Gebirgszüge durchziehen das Land. Rund um stille Gletscherseen erheben sich schneebedeckte Gipfel, durch dichte Wälder streifen Wölfe, Bären und Luchse. Bei Trekkingtouren in den Rhodopen, rasanten Abfahrten im Skigebiet von Bansko oder bei der Vogelbeobachtung im Pirin-Nationalpark kommen Outdoor-Fans voll auf ihre Kosten.

Highlights

RILA-KLOSTER

1 Das schöne Kloster, das hoch über einem Tal in den nebligen Rila-Bergen thront, ist seit mehr als 1000 Jahren bewohnt. Während der jahrhundertelangen Herrschaft der Osmanen wurden hier die bulgarische Kultur und die christliche Religion bewahrt, im 19. Jh. wurde es zum geistigen Zentrum der Revolution. Das Kloster entstand aus einer Einsiedelei aus dem 10. Jh. Nach einem Brand wurde das Kloster im 19. Jh. mit den Bogengängen, hohen Kuppeln und apokalyptischen Fresken so wieder aufgebaut, wie es heute noch zu sehen ist.

WELIKO TARNOWO

2 In der früheren Hauptstadt wird die lange Geschichte der kriegerischen Zaren samt ihren großen Schlachten wiederbelebt. Die mittelalterliche Festung thront hoch über der Stadt mit ihren sowjetischen Denkmälern und kopfsteingepflasterten Gassen. Auch die uralten Kunsthandwerkerläden scheinen noch aus der Zarenzeit zu stammen. Doch hier befindet sich auch die zweitgrößte Universität des Landes, und so hat die geschichtsträchtige Stadt ein pulsierendes Nachtleben und eine kreative, multikulturelle Bevölkerung.

REISEZEIT

HAUPTSAISON
(Juni–Aug.)

ZWISCHENSAISON
(April, Mai, Sept. & Okt.)

NEBENSAISON
(Nov.–März)

ALEXANDER-NEWSKI-KATHEDRALE, SOFIA

3 Über den Dächern von Sofia ragen die majestätischen Kuppeln der neo-byzantinischen orthodoxen Kirche auf. Sie ist den 200 000 russischen Soldaten gewidmet, die im russisch-türkischen Krieg von 1877/78 ihr Leben für die bulgarische Unabhängigkeit ließen. 1912 wurde die ein-

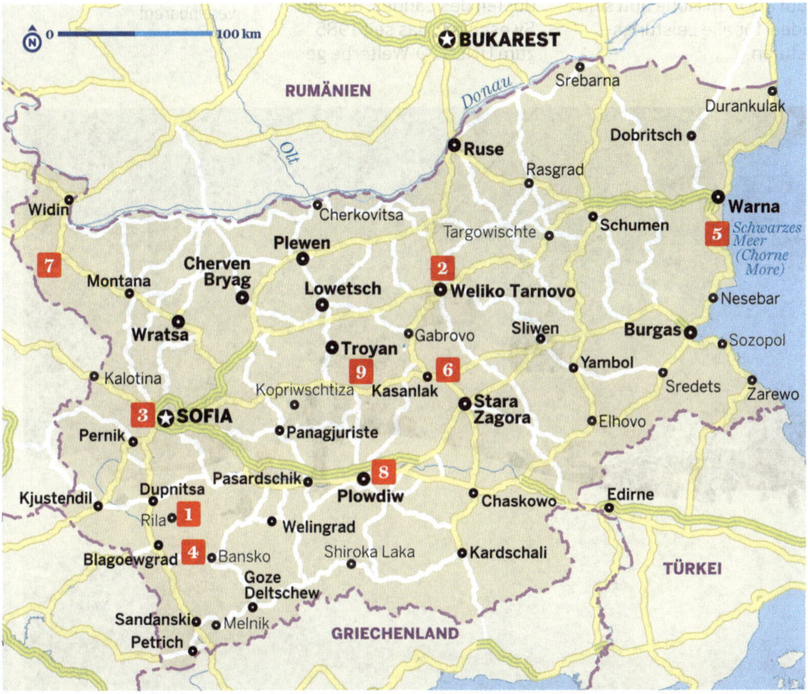

zigartige Hauptsehenswürdigkeit der bulgarischen Hauptstadt nach knapp 30-jähriger Bauzeit fertiggestellt. Der von Kerzen beleuchtete Innenraum mit italienischem Marmor, Alabaster und verblassenden Wandmalereien duftet nach Weihrauch.

SKIFAHREN IM PIRIN-GEBIRGE

4 Das Pirin-Gebirge, das Land der Riesen: Mehr als 100 Gipfel dort sind höher als 2000 m. Im Sommer lockt es Wanderer in den Nationalpark Pirin, und der lange Winter macht es zum besten Skigebiet auf dem Balkan. Der Wintersportort schlechthin ist Bansko am Fuß des 2915 m hohen Wichren. Die Pisten mit einer Gesamtlänge von 75 km erstrecken sich bis auf 2600 m Höhe und sind ideal für alle Leistungsstufen.

STRÄNDE AM SCHWARZEN MEER

5 An der langen Schwarzmeerküste Bulgariens kann man den ganzen Tag im feinen Sand faulenzen, bevor man sich abends ins Nachtleben stürzt oder sich anderweitig entspannt. Neben den großen, lauten Ferienorten findet man einige bezaubernde Strandörtchen an kleinen Buchten. In Varna und Burgas gibt es lange, selten überfüllte Stadtstrände.

THRAKISCHE GRÄBER

6 Im Tal der thrakischen Könige zwischen Schipka und Kasanlak werden immer noch Gräber entdeckt und freigelegt. Eines der am besten erhaltenen thrakischen Gräber befindet sich jedoch im Nordosten des Landes: das von Sweschtari, das seit 1985 zum UNESCO-Welterbe ge-

UNTERWEGS VOR ORT

Die zuverlässigsten Verbindungen zwischen den Städten sind Busse. Je nach Saison fahren sie auch in die Skigebiete und zu den Stränden.

Mit dem Auto ist man am bequemsten unterwegs und kommt auch leicht in kleine Dörfer.

Taxis eignen sich für Tagesausflüge. Vorher unbedingt einen Festpreis vereinbaren!

4

hört. Das Grab aus dem 3. Jh. v. Chr. besteht aus drei Kammern mit Kunst und Reliefs (u. a. eleganten Frauenfiguren); es wurde 1982 entdeckt und wird wenig besucht.

BELOGRADTSCHIK

7 Am Rand des Balkangebirges erheben sich die atemberaubenden Sandsteinformationen des Belogradtschik-Gebirges, die zu den am meisten fotografierten Felsformationen Bulgariens gehören. Die bis zu 200 m hohen Felsen verteilen sich auf einem Gebiet von 90 km². Mit ihren bizarr erodierten Spitzen erinnern sie an mythische Figuren und Fabelwesen. Inmitten der Belogradtschik-Felsen liegt die beeindruckende Festung Kaleto aus der spätantiken-byzantinischen Zeit. Wanderwege führen zwischen den Felsen hindurch zur Festung hinauf, von wo man einen tollen Blick auf die faszinierende Landschaft hat.

PLOWDIW

8 Die zweitgrößte Stadt Bulgariens hat eine bezaubernde Altstadt, ein wiederbelebtes Künstlerviertel und nach Sofia das aufregendste Nachtleben des ganzen Landes zu bieten. Im Zentrum der Stadt auf sieben Hügeln stehen noch viele alte Gebäude, die moderne Einkaufsstraße führt an einer Moschee aus dem 15. Jh. und dem römischen Stadion aus dem 2. Jh. vorbei, in dem heute wieder Konzerte abgehalten werden.

WANDERN IM BALKANGEBIRGE

9 Das 550 km lange Balkangebirge (Stara Planina) bietet ein atemberaubendes Netz von Wanderwegen. So führt eine leichte, kurze Wanderung durch die Wiesen rund um Drjanovo oder zu ruhigen Klöstern, wie etwa in Sokolski. Anspruchsvollere Wanderer können den mit 2376 m höchsten Gipfel Botew erklimmen. Schön sind auch mehrtägige Wanderungen durch die einsame Berglandschaft.

9

JASMINE_K / SHUTTERSTOCK ©

▼ ESSEN & TRINKEN

Banitsa Blätterteigpastete mit Käse.

Bier Die beliebtesten bulgarischen Biersorten sind Zagorka, Kamenitza und Shumensko.

Kavarma Im Tontopf zubereiteter Fleischeintopf, meist mit Hühnchen oder Schweinefleisch.

Kebabche Dünne gegrillte Schweinefleischwürstchen; gibt's in jeder *mehana* (Taverne) im Land.

Shishcheta Ein Holzspieß mit Hühnchen- oder Schweinefleischstückchen, Pilzen und Paprika.

Shkembe chorba Traditionelle Kuttelsuppe.

▼ JA ODER NEIN?

Eine kulturelle Besonderheit ist für ausländische Besucher besonders verwirrend: Wenn die Bulgaren mit dem Kopf schütteln, meinen sie damit „ja". Wenn sie dagegen nicken, bedeutet dies „nein". Wenn sie nun aber mit einem Ausländer sprechen, versuchen viele Bulgaren, sich den fremden Gewohnheiten anzupassen und die beiden Gesten zu tauschen. Das führt aber meistens nur zu noch mehr Verwirrung. Deshalb sollte man im Zweifelsfall besser nachfragen: *Da ili ne?* („Ja oder nein?")

HAUPTSTADT
Ouagadougou

BEVÖLKERUNG
21,4 Mio.

FLÄCHE
274 200 km²

AMTSSPRACHE
Französisch

Cour Royale, Tiébélé

BURKINA FASO

Das frühere Obervolta erfährt allgemein nur wenig Beachtung, ist aber das Lieblingsland vieler Reisender in Westafrika.

Burkina Faso sollte auf jeder Afrika-Reiseliste stehen. Es hat zwar nicht viele große Sehenswürdigkeiten, doch die Herzlichkeit und Freundlichkeit der Bevölkerung ist einzigartig. Überall werden Besucher mit einem unvergesslichen *„bonne arrivée"* (Willkommen) und Handschlag begrüßt.

Und es hat eine sehr lebendige Kulturszene. Die Hauptstadt Ouagadougou und Bobo-Dioulasso sind die zwei größten Städte des Landes und bekannt für ihre musikalische Tradition und das schöne Kunsthandwerk. In jedem ungeraden Jahr findet in Ougadougou mit dem Fespaco das bedeutendste Filmfestival Afrikas statt, in dem sich ein paar Wochen lang alles um die neuesten Filme dreht.

Touristische Infrastruktur ist noch kaum vorhanden, doch die wahren Schätze von Burkina Faso sind sowieso weitab von den großen Städten in den abgelegenen Ecken zu finden: die unglaubliche Schönheit der Landschaft, die einzigartige Kultur und die aufrichtige Gastfreundschaft der Menschen.

Highlights

PICS DE SINDOU

1 Die überirdisch schönen Felsformationen sind ein Meisterwerk der Natur, das man einfach gesehen haben muss. Zu Füßen der bizarren Felsen erstrecken sich üppig grüne Reisfelder und sorgen für einen unglaublichen Kontrast.

COUR ROYALE

2 Mehr als 450 Menschen leben im Königshof in Tiébélé, einem Komplex von mehreren der typischen *sukhalas* (traditionell bemalte Wohnhäuser). Dabei leben in den achteckigen Häusern die Kinder mit ihren Großeltern, Paare in rechteckigen und Alleinstehende in runden Häusern. Die geometrischen und bildhaften Bemalungen haben jeweils eine Bedeutung (wie Fruchtbarkeit, Leben nach dem Tod, Weisheit usw.).

RÉSERVE DE NAZINGA

3 Dieses Naturschutzgebiet gehört zu den beliebtesten und zugänglichsten Gebieten für die Tierbeobachtung. Das liegt nicht nur an der Vielzahl der Tiere wie Antilopen, Affen, Kaimane und unzählige Vogelarten, sondern vor allem an den Elefanten, die am besten in der Trockenzeit zu beobachten sind.

▼ REISEZEIT

HAUPTSAISON
(Jan.–März)

ZWISCHENSAISON
(Okt.–Dez.)

NEBENSAISON
(April–Sept.)

▼ ESSEN & TRINKEN

Grundlage sind **Saucen** wie *Arachide* (mit Erdnüssen) oder *graine* (scharf, mit Palmnüssen).

Aloco In Palmöl frittierte Kochbananen mit Chili.

Dolo Hirsebier.

Fruchtsaft *Bissap* (aus Hibiskus) und Tamarindensaft sind typisch.

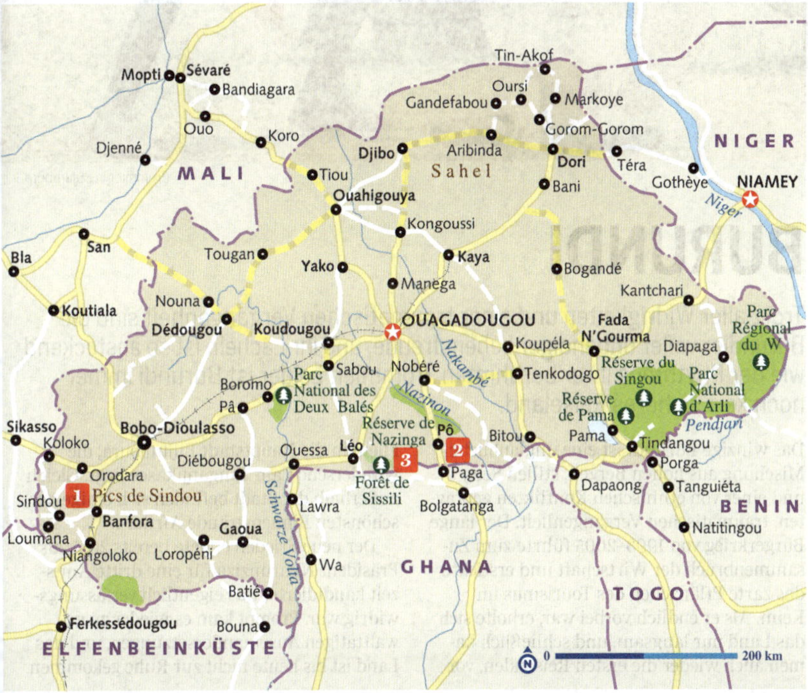

HAUPTSTADT
Bujumbura

BEVÖLKERUNG
12,2 Mio.

FLÄCHE
27 830 km²

AMTSSPRACHEN
Kirundi, Französisch

Trommler in Bujumbura

BURUNDI

Trotz aller Widrigkeiten und einer traumatischen Vergangenheit sind die Burundier voller unbändiger Lebensfreude, und ihr Lächeln ist so ansteckend wie der Rhythmus ihrer berühmten Trommler. Leider ist Burundi immer noch kein sicheres Reiseland.

Das winzige Burundi ist eine unglaubliche Mischung aus hohen Bergen, stillen Seen und einer von ethnischen Konflikten geprägten, traumatischen Vergangenheit. Der lange Bürgerkrieg von 1993–2005 führte zum Zusammenbruch der Wirtschaft und erstickte das zarte Pflänzchen des Tourismus im Keim. Als er endlich vorbei war, erholte sich das Land nur langsam, und schließlich kamen auch wieder die ersten Reisenden, vor allem in die Hauptstadt Bujumbura, die wunderschön am Tanganjikasee liegt. Gleich außerhalb der Stadt befinden sich einige der schönsten Binnenstrände Afrikas.

Der neue Frieden endete bereits 2015, als Präsident Nkurunziza für eine dritte Amtszeit kandidierte, was eigentlich verfassungswidrig war. Prompt kam es wieder zu gewalttätigen Auseinandersetzungen, und das Land ist bis heute nicht zur Ruhe gekommen.

Highlights

PARC NATIONAL DE LA RUSIZI

1 Durch den Nationalpark außerhalb von Bujumbura streifen Antilopen und Flusspferde.

BUJUMBURA

2 Vor den neu aufgeflammten Auseinandersetzungen war Burundis schwüle Hauptstadt für ausgezeichnetes Essen und ein pulsierendes Nachtleben bekannt. Aufgrund des zwölfjährigen Bürgerkriegs war schon davor die Zeit stehen geblieben, sodass die großartige koloniale Architektur und der französische Lebensstil weitgehend erhalten blieben.

CHUTES DE LA KARERA

3 Damit werden insgesamt vier herrliche Wasserfälle in der Nähe von Rutana bezeichnet. Der schönste ist der Nyakai I, weiter flussaufwärts ist der kleinste, Nyakai II. In den Fluss ergießt sich auch der Mwaro-Wasserfall und bildet zusammen mit den Karera-Fällen die höchsten Wasserfälle der Region. Am schönsten sind die Wasserfälle in der Regenzeit.

SOURCE DU NIL

4 Eine Pyramide am kleinen Flüsschen Kasumo markiert die südlichste Quelle des Nils.

REISEZEIT

HAUPTSAISON
(Juni–Sept.)

NEBENSAISON
(Okt.–Mai)

ESSEN & TRINKEN

Brochettes (Fleischspieße) mit *frites* (Pommes) sind das Erbe der belgischen Kolonialherren, aber es gibt auch frischen Fisch aus dem Tanganjikasee und ordentliche Steaks.

Burundi hat sogar eine eigene staatliche Brauerei, die ihr Primus-Bier in riesige Flaschen abfüllt.

HAUPTSTADT
Santiago

BEVÖLKERUNG
18,3 Mio.

FLÄCHE
756 102 km²

AMTSSPRACHE
Spanisch

Parque Nacional Torres del Paine

CHILE & OSTERINSEL

Chile ist Natur pur, dennoch ist das Reisen hier überraschend einfach, wenn man es langsam angehen lässt.

Das unglaublich schmale, lang gezogene Land, das vom Bauch bis zu den Füßen Südamerikas reicht, umfasst sowohl die trockenste Wüste der Erde als auch ihren südlichsten Gletscher. Die Landschaft wechselt von kargen Sanddünen über fruchtbare Täler, Vulkane und uralte Wälder bis hin zu massiven Eiszungen und Fjorden – ein faszinierendes Kaleidoskop der Erde und ihrer Naturwunder.

In Chile ist bereits der Weg zum Abenteuer ein Abenteuer. Erst radelt man auf der groben Schotterpiste der Carretera Austral und trifft sich dann mit SUVs und Ochsenkarren auf der Fähre. Biegt man irgendwo falsch ab, steht man vielleicht plötzlich in einem paradiesischen Obstgarten.

Die einzige Konstante ist die Gastfreundschaft der Menschen. Rituale wie das gemeinsame Trinken von *maté*-Tee und die freundliche Aufnahme mit *buena onda* (gute Stimmung) sind hier so selbstverständlich, dass sie kaum noch als solche wahrgenommen werden.

Highlights

PARQUE NACIONAL TORRES DEL PAINE

1 Manches verliert nie seinen Reiz – also: den schweren Rucksack auf den Rücken schnallen und durch die öde Steppe und dichten Bergwälder zum heiligsten der heiligen Granittürme wandern. Die Granitfelsen der Las Torres sind zwar die Hauptattraktion des Parks, doch die Wildnis hat weit mehr zu bieten. Wie wär's mit Eistrekking auf dem Grey-Gletscher, der Erkundung des ruhigen Hinterlandes, Kajakfahren auf dem Río Serrano oder dem Aufstieg auf den John Gardner Pass hoch über dem südlichen Eisfeld?

MOAI

2 Die rätselhaften *moai* (Statuen) sind meist das Erste, was einem zur Osterinsel (Rapa Nui) einfällt. Die massiven, mit Schnitzereien verzierten Figuren stehen auf steinernen Sockeln wie riesige Puppen auf einer Bühne. Aufgrund der mythischen Atmosphäre, die sie vermitteln, glaubt man, dass sie die Ahnen der Clans repräsentieren. Damit ist aber die wichtigste Frage noch nicht beantwortet: Wie wurden die Statuen vom Ort ihrer Bearbeitung zu ihren endgültigen Plätzen transportiert? Die Suche nach der Antwort hält bis heute an.

CALETA CONDOR

3 Einmal ist der Weg das Ziel, ein anderes Mal ist es umgekehrt. Für das einsame, an einer schwer zugänglichen und geschützten Bucht gelegene Bilderbuchdorf trifft auf jeden Fall beides zu. Ob man den ebenfalls geschützten Valdivianischen Regenwald per Boot, zu Fuß oder im Geländewagen durchquert, der erste Blick auf die traumhaft schöne Bucht an der Mündung des Río Cholcuaco ist immer derselbe. Der Strand, der Fluss und die nahezu unbewohnte Umgebung vereinigen sich zu einem der spektakulärsten Tropenparadiese in Chile.

4

PROF FOTO 101 / SHUTTERSTOCK ©

Osterinsel (Rapa Nui)
Anakena
2
Hanga Roa
PAZIFIK
0 5 km
Arica
Iquique
SUCRE
BOLIVIEN
Calama
Valle de la Luna
San Pedro de Atacama
5
Antofagasta
Salta
Ojos del Salado (6893 m)
Cordillera de los Andes
Tucumán
Copiapó
Elqui-Tal
8
La Serena
Córdoba
San Juan
10
Mendoza
Valparaíso
SANTIAGO
Osterinsel (3680 km)
Archipiélago Juan Fernández
Isla Robinson Crusoe
Rancagua
6
Colchagua-Tal
Talca
ARGENTINIEN
7
Concepción
Bahía Blanca
Neuquén
Temuco
Volcán Villarrica
Valdivia
Osorno
3
Parque Nacional Vicente Pérez Rosales
Puerto Montt
Cochamó
Isla Grande de Chiloé
PAZIFIK
4
9
Coyhaique
Comodoro Rivadavia
Valle Chacabuco (Parque Nacional Patagonia)
ARGENTINIEN
ATLANTIK
Parque Nacional Torres del Paine
1
Rio Gallegos
Puerto Natales
Monumento Natural Los Pingüinos
Punta Arenas
Isla Grande de Tierra del Fuego
Ushuaia
0 500 km
Cabo de Hornos (Kap Hoorn)

TOP-FILME

Gloria (2013) Erfrischend lustiges Porträt einer ungewöhnlichen 58-Jährigen.

Eine fantastische Frau (2017) Eine junge Transgender-Frau muss sich nach dem Tod ihres Freundes auf eigene Faust durchboxen.

Violeta Parra (2012) Filmbiografie der gesellschaftstkritischen Sängerin Violeta Parra.

Die Reise des jungen Che (2004) Roadmovie über den Werdegang des Revolutionärs.

No! (2013) Führte eine Werbekampagne zur Niederlage eines Diktators?

180 Grad Süd (2010) Film über einen Traveller in unberührten Gegenden.

ESSEN & TRINKEN

Maté In Patagonien sehr beliebte Teesorte aus den getrockneten Blättern des Mate-Strauchs.

Pisco Der Traubenschnaps aus dem trockenen Norden ist Chiles Nationalgetränk. Als Pisco sour mit Zucker und frisch gepresstem Zitronensaft ist er ein beliebter Cocktail.

Meeresfrüchte Dank Chiles langer Küste gibt es hier Unmengen an *pescado* (Fisch) und *mariscos* (Schalentieren), die zu Suppen, Eintöpfen und *ceviche* (marinierte rohe Meeresfrüchte) verarbeitet werden.

Pasteles Diese Ofenaufläufe, eine Spezialität mit *choclo* (Mais), *carne* (Fleisch), *jaiva* (Krabben) oder *papas* (Kartoffeln), werden in kleinen Orten und bei Freunden daheim serviert.

Wein Die Weinregionen Chiles sind zu Recht weltbekannt. Eine Rebsorte, die man unbedingt probieren sollte, ist Carmenere, ein kräftiger Rotwein.

KIRCHEN AUF CHILOÉ

4 Ganz egal, wie viele europäische Kathedralen, buddhistische Klöster oder islamische Moscheen man bereits kennt: Die 16 zum UNESCO-Weltkulturerbe zählenden, hölzernen Kirchen aus dem 17. und 18. Jh. auf Chiloé sind ganz anders als alles, was man zuvor gesehen hat. Jede ist ein architektonisches Wunderwerk, das europäische und indigene Elemente vereint und recht unorthodoxe Farben und Baustile aufweist. Die Kathedralen wurden von jesuitischen Missionaren erbaut, die hier Heiden zu Christen bekehren wollten.

VALLE DE LA LUNA

5 Von riesigen Sanddünen blickt man auf die surrealistische Wüstenlandschaft, in der die Sonne hinter dem Horizont verschwindet und den Sand in

REISEZEIT

HAUPTSAISON
(Nov.–Feb.)
Von Dezember bis Februar ist es in Patagonien am schönsten (und am teuersten).

ZWISCHENSAISON
(Sept.–Nov. & März–Mai)
Beste Reisezeit für Santiago. In den Weinbaugebieten werden die Trauben geerntet, im März gibt es viele Weinfeste.

NEBENSAISON
(Juni–Aug.)
Gute Reisezeit für den Norden und hervorragende Wintersportbedingungen.

BLÜHENDE WÜSTE

Alle paar Jahre ereignet sich ein verblüffendes Naturwunder in der öden Wüste von Norte Chico. Nach heftigen Regenfällen verwandelt sich die sandige Einöde für kurze Zeit in eine bunte Wildblumenwiese.

Das wunderbare, schnell vergängliche Phänomen wird passenderweise als *desierto florido* (blühende Wüste) bezeichnet. Zu bestaunen ist es in regenreichen Jahren zwischen Ende Juli und September, wenn die im Boden ruhenden Wildblumensamen vom Regenwasser zum Leben erweckt werden. Viele der Blumen und Pflanzen sind vom Aussterben bedroht, darunter vor allem die endemische *garra de león* (Löwentatze), eine der schönsten und seltensten Blumen in Chile. Selbst auf der Panamericana kann man in der Nähe von Vallenar die weißen und lila Blüten der *suspiro de campo* (Glockenwinde), die roten, violetten und weißen Blüten der *pata de Guanaco* (Cistanthe grandiflora) und die gelben Blüten der *corona de fraile* (Kugelblumen) am Straßenrand sehen.

In den Llanos de Challe ist die „Blühende Wüste" am schönsten, allerdings lassen die völlig unberechenbaren Regenfälle in dieser Gegend keine verlässliche Vorhersage zu.

UNTERWEGS VOR ORT

Bei großen Entfernungen spart man mit dem Flugzeug viel Zeit. Viele Gesellschaften bieten günstige Regionaltickets an.

Ansonsten fährt man am besten mit dem Bus. Die chilenischen Busse sind bequem, preiswert, verkehren häufig und fahren in alle Städte des Landes.

Mit einem Mietwagen kann man auch weit abgelegene Gegenden wie Patagonien gut erkunden.

Zugverbindungen gibt es nur wenige, und diese vor allem in Zentralchile.

Mit der Fähre die zerklüftete Südküste abzufahren, ist umständlich und langwierig, aber ein echtes Erlebnis. Die chilenischen Teile von Patagonien und Feuerland werden von Fähren angefahren, die durch das Labyrinth von Inseln und Fjorden an der spektakulären Küstenlandschaft entlangschippern.

ein leuchtendes Farbenmeer verwandelt, das sich bis zu den Vulkanen und der Cordillera de la Sal in der Ferne erstreckt. In diesem Augenblick vergisst man sogar all die vielen anderen Menschen, die dieses Spektakel in Lila, Gold, Rosa und Gelb ebenfalls beobachten.

WEINVERKOSTUNG IM COLCHAGUA-TAL

6 Aus dem von der Sonne ausgedörrten Tal kommen vor allem Cabernet- und Carménèe-Weine, die es zur bedeutendsten Weinbauregion Chiles machen. Weinliebhaber und Feinschmecker werden gleichermaßen begeistert sein von den Leckereien, die die kleinen Weingüter, Bistros und noblen Unterkünfte zu bieten haben. Hier kann man einige der besten Cabernet Sauvignons Südamerikas direkt aus den Fässern der Weingüter wie dem vornehmen Lapostolle oder dem altmodischen Viu Manent probieren. Oder man deckt sich mit Köstlichkeiten aus biologisch nachhaltiger Produktion für ein Picknick ein.

SKIFAHREN IN DEN ANDEN

7 Die chilenischen Anden gehören zu den besten Wintersportgebieten der südlichen Hemisphäre. Es gibt steile Abfahrten, tolle Ausblicke, Whirlpool-Partys und viel Après-Ski. Das Hotelangebot reicht vom Luxus-Resort Portillo über das feudale La Parva bis zum preiswerten El Colorado. Im Valle Nevado wurde das Skigebiet auf knapp 2900 ha ausgeweitet. In Termas de Chillán kann man sich nach dem Skifahren im warmen Thermalwasser entspannen.

ELQUI-TAL

8 Wer ein paar Tage im grünen Elqui-Tal verbringt, wird ins Schwärmen geraten oder sich vielleicht sogar von der verstorbenen nobelpreisgekrönten Dichterin Gabriela Mistral inspirieren lassen, die in dieser Gegend aufwuchs. Dichtkunst, Pisco, hübsche Dörfer und sternenfunkelnde Nachthimmel prägen diese Region voller spiritueller Orte, Öko-Gasthöfe, Aussichtspunkte und Destillen, in denen die aromatische Traube gebrannt wird. Hier kann man sonnengegarte Gerichte und andine Fusionsküche mit Kräuteraromen kosten und in die Mystik des Tals eintauchen.

DIE CARRETERA AUSTRAL

9 Die recht abenteuerliche Straße führt über 1350 km quer durch die Anden, vorbei an Nationalparks und rustikalen Privatunterkünften. Sie ist der Traum aller Abenteuertraveller. Die staubige Straße wurde in den 1980er-Jahren unter Pinochet gebaut, um die entlegendsten Ecken des Landes mit dem Rest zu verbinden. Wer etwas Zeit hat, sollte auf den Nebenstraßen zu Gletschern, Küstenorten und Bergdörfern fahren.

SANTIAGOS RESTAURANTS UND NACHTLEBEN

10 Die avantgardistischen Restaurants der Hauptstadt setzen neue Standards der südamerikanischen Fusionsküche, indem sie das Gespür der alten Schule mit dem Geschmack der Moderne kombinieren. Für kulinarische Streifzüge empfehlen sich die mit poppiger Deko verzierten Bistros in Bellavista, die Straßencafés in Lastarria und die abgehobenen Restaurants in Las Condes. Santiago hat auch ein interessantes Nachtleben. In den lauten Bierkneipen, dröhnenden *discotecas*, romantischen Restaurants und vielen anderen Etablissements der Partymeilen in Bellavista, Bellas Artes und Lastarria wird die Nacht zum Tag gemacht.

OLGA DANYLENKO / SHUTTERSTOCK ©

▼ WALBEOBACHTUNG

Walbeobachtung in Patagonien wird immer beliebter, denn hier sind die verschiedenen Arten von Finn-, Buckel-, Schwert- und Pottwalen zu sehen.

▼ DIE CHILENISCHEN BERGARBEITER

Als die nach einem Grubenunglück eingeschlossenen 33 Kumpel nach Wein und Zigaretten verlangten, schickte ihnen der Arzt vor Ort stattdessen Nikotinpflaster.

SOREN EGEBERG PHOTOGRAPHY / SHUTTERSTOCK ©

HAUPTSTADT
Peking
BEVÖLKERUNG
1,4 Mrd.
FLÄCHE
9,6 Mio. km²
AMTSSPRACHEN
Mandarin, Kantonesisch

Nordtor der Verbotenen Stadt, Peking

CHINA

China – schon bei dem Wort packt einen das Fernweh. Und am besten lässt man sich einfach treiben und schaut, wohin die Reise geht.

China ist groß. Einfach riesig. Mit den unterschiedlichen Dialekten sowie klimatischen und topografischen Extremen scheint es, als ob mehrere Länder in eins gepackt worden wären. Zu den Attraktionen zählen der ethnische Mix im Südwesten, die mit Yakbutter beleuchteten Tempel Xiàhés, die Seidenstraße, eine Nacht im Mount-Everest-Basislager und das brodelnde Nachtleben Shanghais.

Neben diesen Verlockungen kann man mit 1,4 Mrd. Menschen ihre Liebe zum Essen teilen und die Geschmacksnerven kitzeln: in Peking mit einer Pekingente, in Chongqing mit einem Hotpot und im Süden mit Dim Sum vom Straßenimbiss.

Hinter der modernen Fassade verbirgt sich eine uralte Geschichte, deren Spuren überall zu finden sind: Die einst Verbotene Stadt ist heute zugänglich, noch ist der größte Teil der Chinesischen Mauer zu bestaunen, in den Bergdörfern scheint die Zeit stehen geblieben zu sein, Städte stehen ruhig im Wasser und es locken buddhistische Höhlentempel sowie Festungen.

Highlights

DIE VERBOTENE STADT

1 Zunächst einmal: Pekings riesiger Palastkomplex ist weder eine Stadt noch ist er heute für die Öffentlichkeit verboten. Gigantische Hallen und großartige Tore machen ihn stattdessen zum ultimativen Ausdruck dynastischer Pracht. Kein anderer Ort in China strotzt dermaßen vor Geschichte, Legenden und Intrigen. Besucher verirren sich hier oft, finden aber immer etwas, von dem sie auf der ersten greifbaren Postkarte berichten können. Der riesige Palastkomplex ist nicht nur eine der größten Sehenswürdigkeiten Chinas, sondern auch eine der teuersten – doch keine Sorge, für sein Geld bekommt man auch wirklich etwas zu sehen!

CHINESISCHE MAUER

2 Es ist sinnlos, die Chinesische Mauer vom Weltraum aus sehen zu wollen – erfassen lässt sie sich ohnehin nur vor Ort. Da entscheidet man, wie sie einem am besten gefällt: perfekt gemeißelt, verfallen, ihrer Steine beraubt, von Bäumen überwuchert, fast zu Staub zerfallen oder sich über die Hügel windend. Das Bollwerk verkörpert typisch Chinesisches: Fleiß, Macht des Volkes, ehrgeizige Visionen, Ingenieurskunst und Misstrauen gegenüber Nachbarn.

BUDDHISMUS

Wer sich für tibetischen Buddhismus interessiert, reist am besten in die gut zugängliche Innere Mongolei. Hier warten bedeutende Klöster wie Da Zhao in Hohhot oder Wudang.

EISIG SCHÖN

Wenn im Januar in der Hauptstadt der Provinz Heilongjiang arktische Temperaturen herrschen, formen die Menschen glitzernde Skulpturen aus Eis und Schnee.

APHOTOSTORYE / SHUTTERSTOCK ©

DUNHUANG

3 Die schöne Oasenstadt am Rand der Gobi-Wüste ganz im Westen Chinas bot sich als Zwischenstation für die Händler und Reisenden der Seidenstraße geradezu an. Heutige Besucher kommen wegen der hohen Sanddünen und des von Wind und Wetter blank gescheuerten Abschnitts der Mauer, vor allem aber wegen der faszinierenden Mogao-Grotten. Diese sind die schönsten Höhlentempel in ganz China; ihre herrlichen Buddhastatuen gehören zu den größten kulturellen Schätzen des Landes.

HELLORF ZCOOL / SHUTTERSTOCK ©

1000 km
0
RUSSLAND
KASACHSTAN
BISCHKEK
KIRGISISTAN
TASCHKENT
TADSCHIKISTAN
KABUL
PAKISTAN
MONGOLEI
ULAANBAATAR
DELHI
INDIEN
NEPAL
KATHMANDU
THIMPHU
BHUTAN
BANGLADESCH
DHAKA
MYANMAR (BIRMA)
NAY PYI TAW
LAOS
VIETNAM
HANOI
PHILIPPINEN
TAIWAN
TAIPEI
NORD-KOREA
PJÖNGJANG
SEOUL
SÜD-KOREA
JAPAN
TOKIO
OSTCHINESISCHES MEER
SÜDCHINESISCHES MEER
Golf von Bengalen
Heihe
Hailā'er
Yichun
Mudanjiang
Ha'erbin
Jilin
Changchun
Liaoyan
Shenyang
Jinzhou
Xilinhot
PEKING
Tianjin
Qīngdăo
Jining
Ji'nan
Nanjing
Shanghai
Ningbo
Hangzhou
Hefei
Zhengzhou
Hohhot
Shijiazhuang
Taiyuan
Yinchuan
Lanzhou
Xi'an
Xiangfan
Yichang
Chongqing
Nanchang
Fuzhou
Xiamen
Chaozhou
Changsha
Ganzhou
Hongkong
Macau
Guangzhou
Kaiping
Guilin
Zunyi
Guiyang
Kunming
Nanning
Haikou
Jinghong
Jingzhen
Chengdu
Leshan
Jiuzhaigou-National-park
Xining
Zhangye
Shilin
Shibaoshan
Tengchong
Dunhuang
Ürümqi
Yining
Kuqa
Kashgar
Tashkurgan
Hotan
Changtang
Ali
Nagchu
Lhasa
1
2
3
4
5
6
7
8
9
10

TOP-FILME

Still Life (Jia Zhangke; 2005) Tristes und schrecklich-schönes Porträt einer Familie, die durch den Bau des Drei-Schluchten-Staudamms zerstört wird.

Asche ist reines Weiß (Zhangke Jia; 2018) Eine Liebesgeschichte voller Gewalt, erzählt als bildgewaltiger Gangsterfilm und Roadmovie.

In the Mood for Love (Wong Kar-Wai; 2000) Sinnlicher Film über eine langsam sich entwickelnde Liebe in Hongkong, mit sehr stylischen Kostümen.

TOP-BÜCHER

Country Driving: A Chinese Road Trip (Peter Hessler) Amüsante und aufschlussreiche Beschreibung einer Autoreise quer durch China.

Tiger Head, Snake Tails (Jonathan Fenby) Spannende Darstellung der Probleme und Widersprüche des modernen China.

Diary of a Madman & Other Stories (Lu Xun) Erstaunliche Geschichten vom Vater der modernen chinesischen Literatur

TWANDERN IM JIUZHAIGO-NATIONALPARK

4 Inmitten der dicht bewaldeten Täler des Nationalparks liegen tiefblaue Seen und kleine tibetische Dörfer im Schatten schneebedeckter Berge. Damit war der Park schon immer das Highlight einer Reise in die Provinz Szechuan, doch dank des Ökotourismus im Zharu-Tal können die Besucher nun auf eigene Faust in diesem schönen Teil Südwestchinas wandern und campen. Mitzubringen sind in erster Linie Abenteuerlust und ein geladener Ersatzakku für die Kamera.

TIGERSPRUNG-SCHLUCHT

5 Schneebedeckte Berge erheben sich auf beiden Seiten einer an manchen Stellen 2 km tiefen Schlucht, in der ein Fluss nur so über die Felsen schießt. Gewundene Pfade führen bergauf und bergab zu winzigen Bauerndörfern, in denen sich Pausen bei einer unglaublichen Aussicht anbieten. Die Tigersprung-Schlucht zieht sich über 16 Kilometer durch den entlegenen Nordwesten der Provinz Yunnan und ist ein absolutes Pflichtziel: Nach der Rückkehr von dort sind Wanderer ausnahmslos begeistert.

THE BUND, SHANGHAI

6 Dies ist mehr als nur eine Stadt: Shanghai ist Chinas Neonleuchtfeuer der Veränderung, der ungeahnten Möglichkeiten und der Moderne. Ihre Sehenswürdigkeiten weisen auch den Weg in die hier schier mit Händen greifbare Zukunft. Von der höchsten Aussichtsplattform bis zum schnellsten gewerblich genutzten Zug vermittelt die Stadt einen Eindruck von all den Superlativen, von denen der Rote Drache unentwegt träumt. Egal, ob man gerade nach 44 Stunden Zugfahrt aus Xinjiang angekommen ist oder ob die Reise durch China gerade erst beginnt: Am besten beginnt man mit seiner Erkundung Shanghais an der vibrierenden Uferpromenade The Bund mit ihrem Mix aus kolonialzeitlichen und modernen Gebäuden.

REISEZEIT

HAUPTSAISON
(Mai–Aug.)
Im Sommer gibt es oft Platzregen, und die großen Sehenswürdigkeiten sind hoffnungslos überlaufen.

ZWISCHENSAISON
(Feb.–April, Sept. & Okt.)
Im Frühjahr kann es recht warm sein, im Herbst kalt.

NEBENSAISON
(Nov.–Feb.)
Kaum chinesische Touristen, nur zum Chinesischen Neujahr wird es überall voll.

JETZT REISEN!

In Quzhou in der chinesischen Provinz Zhejiang wird derzeit an einem gigantischen **Sportpark** gebaut. Dazu gehören u. a. ein Stadion, ein Schwimmbad, eine Sporthalle sowie ein Wissenschafts- und Technologiemuseum. Das Besondere: Die Gebäude sind in den Boden eingelassen und fügen sich dadurch hervorragend in die Umgebung ein, werden ein Teil der Landschaft. Es gibt keine in die Höhe gebauten Fassaden, sondern grüne Hänge. Die Fertigstellung des Geländes ist für Ende 2021 geplant.

▼ ESSEN & TRINKEN

Dim Sum Köstliche Snackhäppchen, die am besten in Hongkong schmecken.

Haarige Krabben Die Wollhandkrabbe ist eine Spezialität Shanghais, die es von Oktober bis Dezember gibt. Die besten kommen aus dem Jangcheng-See und werden mit Soja, Ingwer und Essig zubereitet. Dazu gibt's Reiswein.

Hotpot Chongqing Das kochend heiß servierte Gericht bringt einen ins Schwitzen.

Nudeln Nudeln gibt es in allen Variationen: von den scharfen *Dandan mian* (Scharfe Nudeln) bis hin zu den salzigen *Zhajiangmian* (Nudeln mit Hackfleisch).

Peking-Ente Macht süchtig, ist aber nur in Peking wirklich echt.

Saure Fischsuppe mit Kohl Das Gericht aus Szechuan, bei dem große Fischstücke in Brühe schwimmen, steht auf vielen Speisekarten Chinas.

Teigtäschchen Die besten mit Lauch, Schwein, Lamm oder Krabben gefüllten *Jiaozi* gibt's im Norden und Nordosten Chinas. Manchmal werden sie nicht nur gedämpft, sondern auch frittiert *(guōtiē)*. In Shanghai heißen die Happen *Xiaolongbao* und werden nur gedämpft.

Xiaolongbao In den kleinen Täschchen steckt großer Geschmack (und die Gefahr, sich an heißer Brühe zu verbrennen).

FENGHUANG

7 Mit ihren Pfahlbauten, den Ahnenhallen, den Tempeln und Toren inmitten eines Labyrinths von kleinen Gassen voller Geschäfte, die überaus geheimnisvolle Lebensmittel und Medizin verkaufen, lohnt diese alte Stadt auf jeden Fall einen Besuch. Dazu kommt noch die traumhafte Lage an beiden Ufern des Tuo Jiang und die ziemlich verlockende Möglichkeit, direkt am Wasser zu übernachten.

DIE REISTERRASSEN VON YUANJANG

8 Die in die Hügel geschlagenen Terrassen bezeugen die innige Verbundenheit des Hani-Volkes mit der grandiosen Landschaft, in der sie leben. Die in steilen Stufen ansteigenden Reisterrassen sind zu jeder Jahreszeit ein faszinierender Anblick, doch ganz besonders schön sind sie im Winter, wenn das Sonnenlicht auf den überfluteten Feldern glitzert.

Kein Wunder, dass sie das am meisten fotografierte Motiv in ganz China sind.

DIE TERRAKOTTA-ARMEE

9 Seit mehr als 2000 Jahren wachen die Tonkrieger über ihren Kaiser in seinem stillen Grab, dessen Entdeckung eine archäologische Sensation war. Diese bestand vor allem darin, dass nicht nur Tausende von lebensgroßen Figuren akkurat in Reih und Glied stehen, sondern dass keine der anderen gleicht und jede einen ganz eigenen Gesichtsausdruck hat. Eine Armee aus Individualisten. Ihre Existenz erklären sich Archäologen mit der Angst Qin Shihuangs vor den Geistern der von ihm Getöteten oder seiner Erwartung, sein Leben auch nach dem Tode fortsetzen zu können. Blickt man in die kunstvoll gearbeiteten Gesichter, erwacht die Vergangenheit zu neuem Leben.

DIE RUNDEN TULOU-HÄUSER VON FUJIAN

10 Ganze Siedlungen aus den faszinierenden Tulou-Häusern erstrecken sich über die bergigen Grenzregionen von Fujian und Guangdong, die aber kaum noch bewohnt sind. Die meisten der gewaltigen und gut befestigten Rundhäuser aus Holz und Lehm, die nicht immer kreisrund sind, befinden sich in den Bezirken Nanjing und Yongding der Provinz Fujian. Leider sind diese einmalig pittoresken Dörfer im modernen China vom Aussterben bedroht. Deshalb sollte man sie unbedingt besuchen, solange es noch möglich ist, und in einem solchen Rundhaus übernachten.

ALEXGCS / GETTY IMAGES ©

UNTERWEGS VOR ORT

Die umfangreichen, innerchinesischen Flugverbindungen werden ständig erweitert. Fliegen ist günstig und für lange Strecken ideal, aber Verspätungen sind normal.

Busse sind preiswerter und langsamer als Züge, fahren aber auch in entlegene Ecken. Schnellstraßen zwischen größeren Städten machten Autotouren interessant ...

... wenn das Land nicht so riesig wäre und es weniger Beschränkungen gäbe. Autofahren ist nicht zu empfehlen.

Für lange Strecken quer durch China eignen sich daher Züge am besten, die schnell und bequem sind. Außerdem ist Zugfahren in China abenteuerlich, aufregend, unterhaltsam, praktisch und erschwinglich.

HAUPTSTADT
Avarua

BEVÖLKERUNG
8300

FLÄCHE
236 km²

AMTSSPRACHE
Englisch

Aitutaki Lagoon, Tapuaeta'i (One Foot Island)

COOKINSELN

15 Fleckchen Land, die sich über 2 Mio. km² ungezähmtes Pazifikblau verteilen: Die Cookinseln sind gleichermaßen abgeschieden und gut erreichbar, modern und traditionell.

Mit einer lang zurückreichenden Cafékultur, einer wachsenden naturverbundenen Gastroszene sowie einer Handvoll Bars und Clubs zeigt Rarotonga sein Selbstbewusstsein im 21. Jh. Doch hinter dem Touristengetümmel und dem zeitgenössischen Erscheinungsbild der Insel verbirgt sich eine uralte Kultur, die tief in den traditionellen polynesischen Werten verwurzelt ist.

Nördlich von „Raro" liegt eine der schönsten Perlen des Pazifiks: die traumhafte Lagune von Aitutaki, die von menschenleeren Mini-Inseln umringt ist. Weiter draußen treten die alten Traditionen Polynesiens immer stärker zutage. Besucher können z. B. Selbstgebrautes in einem *tumunu* (Buschbier-Club) auf Atiu trinken, die uralten *makateas* (gehobenen Atolle) und Taro-Felder von Mangaia erkunden oder auf Mitiaro und Mauke in Höhlenbecken schwimmen. Die Südsee-Idylle der einsamen Nordgruppe wird erst von wenigen Glücklichen genossen.

Highlights

MURI LAGOON

1 Die vier *motu* (winzige Inselchen) von Muri bilden den schönsten Abschnitt der Lagune von Rarotonga. Im Wasser wimmelt es von bunten Tropenfischen, vor allem rund um die *motu* Taakoka, Koromiri, Oneroa und Motutapu und weiter draußen im Riff. Taakoka ist eine Vulkaninsel, während es sich bei den anderen eher um Sandbänke handelt. Bei allen vieren besteht der Meeresboden aus feinstem, weißem Sand. Captain Tama's and Koka's Lagoon Cruises bietet Bootsfahrten in der Lagune an und verleiht Wassersportgeräte.

ATIU

2 Atiu ist die Ökohauptstadt der Cookinseln und ein Paradies für Naturalisten. Außerdem lockt sie Reisende, die sich für das traditionelle Leben der Inselbewohner interessieren.

Zu den Naturschönheiten von Atiu gehört die *makatea*, ein Ring aus Felsen, die voller Meeresfossilien sind, da sie einst das Korallenriff der Insel bildeten. Die Insel ist mit Wald bedeckt und von Kalksteinhöhlen durchzogen. Am bekanntesten ist die Anatakitaki Cave – der einzige Rückzugsort der *kopeka* (Atiu-Salangane). Die Grabhöhle Te Ana O Rakanui ist voller Knochenreste.

REISEZEIT

HAUPTSAISON
(Juni–Sept.)

ZWISCHENSAISON
(April, Mai, Okt. & Nov.)

NEBENSAISON
(Dez.–März)

AITUTAKI LAGOON

3 Die wunderschöne Lagune hat eine herrliche Unterwasserwelt und ist von 15 *motu* umgeben. In Maina („Kleines Mädchen") kann man ausgezeichnet schnorcheln und Ausschau nach Rotschwanzbussarden mit ihren leuchtend roten Federn halten. In der Nähe liegt das Wrack des Frachters *Alexander*, der in

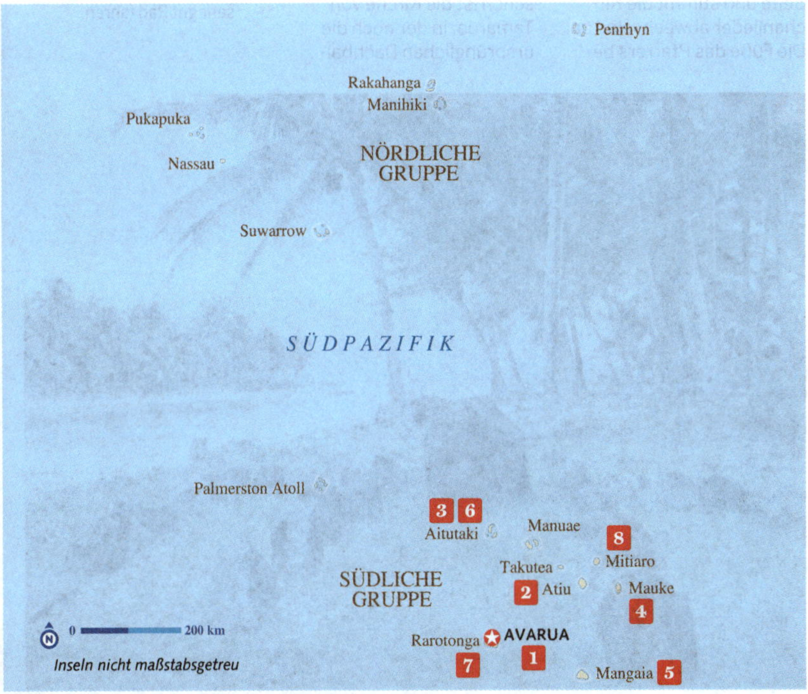

den 1930er-Jahren sank. Die bekannteste *motu* ist Tapuaeta'i (One Foot Island), die von weißen Stränden gesäumt ist und von ihrer Nachbarinsel Tekopua durch eine tiefe, fischreiche Wasserstraße getrennt wird.

DIE GETEILTE KIRCHE

4 Die Cook Islands Christian Church (CICC) auf Mauke wurde 1882 von den Dörfern Areora und Ngatiarua errichtet. Nach der Vollendung des Rohbaus konnten sich die beiden Parteien jedoch nicht über die Inneneinrichtung einigen. So zogen sie eine Mauer ein. Obwohl diese inzwischen wieder verschwunden ist, existieren die zwei Dekorationsstile nach wie vor. Jedes Dorf hat seinen eigenen Eingang, sitzt auf seiner Seite und stimmt die Kirchenlieder abwechselnd an. Die Füße des Pfarrers befinden sich rechts und links der Trennlinie, die durch die Mitte der Kanzel verläuft. Im Holzaltar sind chilenische Münzen eingesetzt: Im 19. Jh. kursierte diese südamerikanische Währung regelmäßig im ganzen Pazifikraum.

MANGAIA

5 Zu den vielen spektakulären Höhlen von Mangaia gehört auch die riesige Grabhöhle Te Rua Rere, in der neben bizarren Tropfsteinen auch uralte menschliche Skelette zu bestaunen sind. Ebenfalls sehr sehenswert sind die mehrstöckige Tuatini-Höhle und die lange, labyrinthartige Höhle Toru a Puru.

Auf Mangaia stehen auch einige der schönsten alten christlichen Kirchen der Cookinseln. Besonders schön ist die Kirche von Tamarua, in der noch die ursprünglichen Dachbal-

UNTERWEGS VOR ORT

Es gibt täglich mehrere Flüge nach Aitutaki und wöchentliche Flüge von Rarotonga zu den Inseln im Süden.

Schiffe legen an den einzelnen Inseln nur für ein paar Stunden an. Einen richtigen Hafen haben nur Rarotonga und Penrhyn, sonst werden die Passagiere mit kleinen Booten an Land gebracht.

Auf allen Inseln kann man sehr gut Rad fahren.

ken, Holzschnitzereien im Innenraum und Verbindungen aus Kabelgarn erhalten sind. Vom Gipfel des Rangimotia hat man einen tollen Blick auf die Küste.

DIE MARAE VON AITUTAKI

6 Die meisten Besucher kommen wegen der Lagune, aber die alten *marae* (Zeremonialorte) mit ihren riesigen Steinquadern und großer kultureller Bedeutung sind ebenso faszinierend. Das *marae* Orongo ist heute der Hauptort auf Arutanga. Die Hauptstraße der Insel führt durch ein anderes, großes *marae*, während sich die schönsten *marae* wie Tokangarangi und Te Poaki O Rae an der Inselstraße zwischen Nikaupara und Tautu befinden.

TAUCHEN & SCHNORCHELN VOR RAROTONGA

7 Rund um die Insel kann man fantastisch tauchen – die Sicht ist gut und so kann man zahlreiche Meeresschildkröten, tropische Fische, Riffhaie, Adlerrochen und viele andere Meeresbewohner beobachten. Außerhalb der Lagune ist das Meer bis zu 4000 m tief, und man kann durch Canyons, Höhlen und Tunnel tauchen, die sich meist in einer Tiefe zwischen 3 und 30 m befinden. Vor der Nordküste von Raro liegen auch einige Schiffswracks, z. B. die *SS Maitai*. In der traumhaften Lagune von Rarotonga kann man aber auch einfach nur schnorcheln und baden.

VAI NAURI

8 Das Naturschwimmbecken von Mitiaro ist ein Highlight der Region. Am Vai Nauri und am benachbarten Vai Tamaroa hielten Frauen ihre als *terevai* bezeichneten Versammlungen ab, bei denen sie die anzüglichen Lieder ihrer Ahninnen sangen. Mit sinkender Einwohnerzahl von Mitiaro wird diese Tradition heute meist nur noch in den Ferien gepflegt.

ROBERTHARDING / ALAMY STOCK PHOTO ©

▼ ESSEN & TRINKEN

Der Punanga Nui Market ist die erste Adresse für frisches Obst und Gemüse, Fisch und Meeresfrüchte, kleine Grillgerichte, frisches Brot und traditionelles polynesisches Essen. Unbedingt probieren sollte man auch die leckeren Fruchtsmoothies, einheimischen Kaffee und gebratene Schweinefleischrollen mit Apfelsauce sowie die köstlichen Zitronenmeringen. Nicht zu vergessen den natürlichsten Fitnessdrink der Welt *nu* (Saft der jungen grünen Kokosnuss), der am besten gut gekühlt getrunken wird.

▼ MUSIK & TANZ

Die Bewohner der Cookinseln tanzen gern und gelten als die besten Tänzer in Polynesien. Zu den traditionellen Tänzen gehören der *karakia* (Gebetstanz), der *pe'e ura pa'u* (Trommeltanz), der *ate* (zu einem christlichen Kirchenlied) und der *kaparima* (Kampftanz). Während die Männer stampfen, wild gestikulieren und mit ihren Knien zusammenstoßen, bewegen sich die Frauen auf recht anzügliche Weise und schwingen verführerisch ihre Hüften.

Außerdem singen und musizieren die Insulaner für ihr Leben gern. In den Gottesdiensten wird mehrstimmig gesungen, und in Restaurants und Hotels spielen oft Bands mit Gitarren, Ukulelen und anderen polynesischen Saiteninstrumenten auf.

HAUPTSTADT
San José

BEVÖLKERUNG
5,1 Mio.

FLÄCHE
51100 km²

AMTSSPRACHE
Spanisch

Rotaugenlaubfrosch

COSTA RICA

Alle Wege hier führen zu Wasserfällen, Kraterseen in dichtem Nebel oder einsamen Stränden am Rand des Regenwalds. Egal, ob zu Pferde, zu Fuß oder mit dem Kajak: In Costa Rica erlebt jeder sein persönliches Tropen-Abenteuer.

Durch den Regenwald wandern, hohe Berge erklimmen, durch Wildwasser raften und auf Wellen reiten: Costa Rica bietet unzählige Outdoor-Abenteuer. In den Nationalparks kann man das Leben im tropischen Regen- und Nebelwald beobachten, rauchende Vulkane bieten einen unglaublichen Anblick, und die Brandung begeistert Surfanfänger und -profis gleichermaßen.

Allgegenwärtig ist eine Fauna und Flora wie aus dem Bilderbuch: Tukane schauen von Baumwipfeln herab, das Gekreische der roten Aras ist weithin zu hören, leuchtend blaue Schmetterlinge flattern zwischen den mit Orchideen überwucherten Bäumen umher, vor den Küsten tummeln sich bunte Fische, Haie, Rochen, Delfine und Wale.

Auch die Menschen sind wundervoll: Die Costa Ricaner oder Ticos, wie sie sich selbst bezeichnen, sind stolz auf ihr herrliches Land und lassen Gäste gern am lässigen Rhythmus ihres *pura vida* (reines Lebens) teilhaben.

Highlights

VOLCÁN ARENAL & THERMALQUELLEN

1 Der imposante, fast kegelförmige Vulkan erhellt die Nacht nicht mehr mit seiner glühenden Lava, gilt aber immer noch als aktiv und ist nach wie vor eine Reise wert. In der Gegend gibt es viele schöne Wanderwege, insbesondere den herrlichen Aufstieg auf den Cerro Chato. Nur eine kurze Autofahrt vom Fuß des Bergs entfernt gibt es viele Thermalquellen, von denen einige kostenlos zugänglich sind. Die Einheimischen zeigen den Besuchern gern den Weg zu diesen Quellen. Die anderen Quellen wurden ausgebaut, herausgeputzt und in luxuriöse Bäder wie das romantische Eco Termales verwandelt.

SAN JOSÉ

2 Studenten, Intellektuelle, Künstler und Politiker bevölkern das Zentrum der Tico-Kultur. San José ist zwar nicht die attraktivste Hauptstadt Mittelamerikas, hat aber einige grüne Viertel mit stolzen Gebäuden im neoklassizistischen oder im spanischen Kolonialstil. Die Museen der Stadt zeigen Jade und Gold aus präkolumbischer Zeit; das Nachtleben tobt bis in die frühen Morgenstunden. Hinzu kommen ein paar der raffiniertesten Restaurants des Landes. Straßenkunst (legal oder illegal) verleiht dem Stadtbild ein paar unerwartete Farbtupfer und sorgt vor Ort für Diskussionen. Für erfahrene Reisende hat Chepe, wie die Stadt auch genannt wird, ihren ganz eigenen Charme.

DIE REGION POÁS

3 Eine Stunde nordwestlich der Hauptstadt befindet sich ein Märchenland aus grünen Bergen, wo die Straßen von Hortensien gesäumt sind und sich die größten und am besten zugänglichen Vulkane des Landes erheben. Zum Glück überstand die Region das Erdbeben der Stärke 6,2 im Jahr 2009 weitgehend unbeschadet. So winden sich die Straßen immer noch an Erdbeerfeldern und Kaffeeplantagen vorbei und hinauf zum rauchenden Vulkan und seinem smaragdgrünen Kratersee. In den La Paz Waterfall Gardens können die Besucher

KARIBIK
NICARAGUA
PANAMA
PAZIFIK
Puerto Limón
6
Parque Nacional Tortuguero
Siquirres
Turrialba
White-Water Rafting
Parque Nacional Chirripó
Cerro Chirripó
Valle de Coto Brus
Golfito
Pavones
Interamericana
Valle del General
Golfo Dulce
Península de Osa
7
Parque Nacional Corcovado
Isla del Caño
Bahía de Coronado
San Isidro de El General
Parque Nacional Los Quetzales
Valle de Parrita
Cartago
Volcán Irazú
Valley
Guápiles
10
Sarapiquí Valley
Heredia
Central
2
SAN JOSÉ
3
Volcán Poás
Alajuela
Santiago de Puriscal
Quepos
4
Parque Nacional Manuel Antonio
Ciudad Quesada (San Carlos)
San Rafael de Guatuso
1
Volcán Arenal
8
Nebelwald von Monteverde
Miramar
Puntarenas
Golfo de Nicoya
Jacó
Upala
Laguna de Arenal
Cañas
Lago de Nicaragua
Volcán Santa María
Volcán Rincón de la Vieja
Parque Nacional Santa Rosa
La Cruz
Liberia
Nicoya
Santa Cruz
Tamarindo
Playa Grande
Playa Tamarindo
Paraíso
Nosara
5
Montezuma
9
Golfo de Papagayo
Isla del Cocos (300 km; s. Detailplan)
0
100 km
PAZIFIK
Isla del Cocos
Cerro Iglesias
0
2 km

zu den malerischen Wasserfällen wandern und die geretteten Affen, Tropenvögel und Raubkatzen, u. a. drei Jaguare, bestaunen.

PARQUE NACIONAL MANUEL ANTONIO

4 Im kleinsten Nationalpark des Landes – gerade einmal 19,83 km² ist er groß – wiegen sich Palmen im Wind, toben Affen und kreischende Tropenvögel durch die Bäume, und glitzert blaues Wasser am Strand. Kein Wunder, dass er sehr beliebt ist. Das Gebiet wurde 1972 unter Naturschutz gestellt, um es vor dem Abholzen zu bewahren. In dem traumhaft schönen Park ziehen sich gut markierte Wanderwege durch den Regenwald, der bis zu den weißen Sandstränden und bis auf die felsige Landspitze reicht. Zu den vielen hier lebenden Tieren gehören Leguane, Faultiere und Affen. Von der Bucht reicht der atemberaubende Blick bis weit zu den unberührten Inseln am Horizont.

NOSARA

5 Die Stadt ist eine bunte Mischung aus internationaler Surfszene, Dschungelatmosphäre und Yogakultur. Die drei wunderschönen Strände sind über ein Netz von kurvigen, holprigen Küstensträßchen miteinander verbunden. Unterkünfte findet man im lebhaften Surferort Playa Guiones, wo es auch ein paar fantastische Restaurants und einen sagenhaften Strand gibt, oder in Playa Pelada, das ebenso romantisch wie heruntergekommen und abgelegen ist. Ein Bewohner bezeichnete es einmal als „kultiviertes Dschungelcamp".

▼ TOP-FILME

El Regreso (Die Rückkehr, 2011) Der Film erhielt als erster costa-ricanischer Film internationale Anerkennung. Hernán Jiménez schrieb das Drehbuch, führte Regie, spielte die Hauptrolle und finanzierte ihn über Crowdfunding.

Agua Fría de Mar (Kaltes Meerwasser; 2010) Der sozialkritische Film von Paz Fábrega spielt an einem paradiesischen Strand und erhielt mehrere Preise.

Caribe (Karibik; 2004) Der erste costa-ricanische Film, der für einen Oscar nominiert war, spielt in Limón.

▼ ESSEN & TRINKEN

Die Einheimischen schätzen die Produkte ihres Landes immer mehr und experimentieren damit in der Küche. Meeresfrüchte gibt es in Hülle und Fülle, Fisch wird fangfrisch und köstlich zubereitet. Obwohl es nicht aus Costa Rica stammt, ist Ceviche (in Zitronen- oder Limettensaft mit Knoblauch und Gewürzen marinierte Meeresfrüchte) auf den Speisekarten zu finden.

Die meisten Bars bieten *chifrijo* an, der seinen Namen den beiden Hauptzutaten verdankt: *chicharrón* (gebratenes Schweinefleisch) und *frijoles* (Bohnen). Dazu kommen noch Tomatenstückchen, Gewürze, Reis, Tortillachips und Avocado.

▼ REISEZEIT

NEBENSAISON
(Aug. & Okt.)
Die Niederschläge sorgen für beste Surfbedingungen.

ZWISCHENSAISON
(Mai–Juli & Nov.)
Schlammige Straßen machen das Reisen zur Herausforderung.

HAUPTSAISON
(Dez.–April)
In der „Trockenzeit" regnet es immer noch etwas, aber die Badeorte füllen sich.

▼ PURA VIDA

Pura vida – reines Leben – ist mehr als nur ein Slogan, der den Ticos leicht von der Zunge geht und Souvenirs aller Art ziert. Der immer und überall lässig-entspannt geäußerte Ausspruch ist das Mantra des costa-ricanischen Lebensstils. Der tiefere Sinn ist leichter zu erleben als zu erklären, zumal man ihn immer wieder zu hören bekommt. *Pura vida* dient als Begrüßung, als Verabschiedung, bedeutet „cool" und wird als Antwort auf „danke" gesagt. Damit ist dieses Prinzip tief in der Mentalität des Landes und seiner Bewohner verwurzelt.

Im Vergleich zu seinen mittelamerikanischen Nachbarn ist das Leben hier auch wirklich rein und einfach, denn es gibt kaum Armut, Analphabetismus oder politische Unruhen. Der Lebensstandard ist hoch und das Land mit Naturschätzen gesegnet. Zudem gibt es hier seit 60 Jahren keine Armee mehr, sodass es eine Oase der Ruhe in dieser regelmäßig von Kämpfen geprägten Gegend der Welt ist.

▼ UNTERWEGS VOR ORT

Die recht preiswerten Inlandsflüge von und nach San José sparen jede Menge Zeit.

Mit einem Mietwagen lassen sich auch weit abgelegene Ziele gut erreichen.

Busfahren ist recht preiswert, doch sobald es über Land geht, wird es teurer. Dennoch kommt man oft langsam voran. Eine Alternative, die Zeit spart, sind Shuttle-Services, die Fahrgäste von Tür zu Tür bringen.

PARQUE NACIONAL TORTUGUERO

6 Auf Safari geht man im Parque Nacional Tortuguero mit dem Kanu, in dem man durch den Regenwald gleitet. Dabei kann man Kaimane, Flussschildkröten, Nachtreiher, Affen und Faultiere aus nächster Nähe beobachten. Manchmal wird man auch Zeuge des uralten Rituals der nächtlichen Eiablage der Meeresschildkröten an den schwarzen Sandstränden. Der Park, der sich zwischen üppig grünem Sumpfgebiet und den Wellen der Karibik erstreckt, ist einer der besten Spots zur Tierbeobachtung in ganz Costa Rica.

PARQUE NACIONAL CORCOVADO

7 Der riesige, weitgehend unberührte Regenwald des Nationalparks ist matschig, schwül und dicht, und eine Wanderung dort alles andere als ein gemütlicher Spaziergang. Doch wer etwas Zeit hat und sich mit festen Gummistiefeln in die unbekannte Wildnis wagt, wird dieses einmalige Erlebnis nie vergessen. Je weiter man in den Dschungel vordringt, desto mehr Tiere entdeckt man, bis man schließlich zu den einsamsten Stränden des ganzen Landes kommt.

BOSQUE NUBOSO MONTEVERDE

8 Der unberührte Nebelwald von Monteverde (105 km²) verdankt seine natürliche Schönheit größtenteils amerikanischen Quäkern, die die USA in den 1950er-Jahren aus Protest gegen den Koreakrieg verließen und zusammen mit einheimischen Ticos den Umweltschutz förderten. Doch so faszinierend die Geschichte auch ist: Die Natur selbst verleiht Monteverde seine Romantik. Das geheimnisvolle, stets diesige Nimmerland mit den vielen Bächen ist geprägt von Farnen, Bromelien, Moosbärten und Kletterpflanzen. Überall blüht das Leben, während die Evolution neue Wege einschlägt.

MONTEZUMA

9 Hierher verschlägt es alle, die auf Strandkultur mit künstlerischem Touch stehen oder gern unter Neo-Rastas und Yogis weilen. Oder gern an Buchten mit Pudersand abhängen. Oder Spanisch und Feuerjonglieren lernen wollen. Ob in der Stadt oder an der Küste: Man ist nie weit vom Rauschen des Meeres entfernt. Zudem bietet Montezuma Zugang zum Naturschutzgebiet Cabo Blanco und ist Ausgangspunkt einer tollen Wanderung zu einem dreistufigen Wasserfall. Hier kann man in einigen der besten Restaurants Costa Ricas speisen – in der Hoffnung, dass einen danach nicht „Montezumas Rache" trifft.

SARAPIQUÍ

10 Zu Zeiten der skrupellosen United Fruit Company war Sarapiquí der wichtigste Hafen für die Ausfuhr von Bananen und anderen Früchten, bevor die Stadt zunächst in der Bedeutungslosigkeit versank und schließlich dank der schäumenden Fluten des gleichnamigen Flusses zum Mekka für Paddler und Rafter wurde. Jenseits des Paddelparadieses locken fantastische Öko-Lodges und private Wälder, in denen die Spuren präkolumbischer Kulturen und natürlich das Leben und die Tierwelt im feuchten Regenwald zu entdecken sind.

JETZT REISEN!

Costa Rica wurde von Lonely Planet bei *Best in Travel 2021* als „barrierefreies Reiseziel" ausgezeichnet. Die Erkundung üppiger Regenwälder und weißer Sandstrände sind hier für Rollstuhlfahrerinnen und Rollstuhlfahrer kein Problem. Zudem gibt es behindertengerechte Abenteuer wie Surfen oder Zipline.

CHARLIEMILLERKB / GETTY IMAGES ©

SCHLANGEN TÖTEN

Die Wendung *matando la culebra* („die Schlange töten“) bedeutet soviel wie „untätig sein“. Sie entstand auf den Bananenplantagen, als Arbeiter auf die Frage, was sie gerade täten, oft antworteten: „*¡Matando la culebra!*“

GIFTPFEILE

Costa Ricas acht Pfeilgiftfroscharten sind allesamt schön anzusehen, sondern aber Gifte ab, die zu Lähmungen und dem Tod führen können.

WOLLERTZ / SHUTTERSTOCK ©

HAUPTSTADT
Kopenhagen

BEVÖLKERUNG
5,9 Mio.

FLÄCHE
43 094 km²

AMTSSPRACHE
Dänisch

Nyhavn, Kopenhagen

DÄNEMARK

Wikinger, Hans Christian Andersen, Dänisches Design, Lego und die Neue Skandinavische Küche: Das kleine Dänemark hat es in sich!

Dänemark bildet die Brücke zwischen Mitteleuropa und Skandinavien. Mitunter genießen die Dänen den Ruf, freizügige Partytiere mit relativ liberaler und progressiver Einstellung zu sein. Ob Kultur, Essen oder Architektur: All dies ist eventuell mehr von Dänemarks deutschen Nachbarn beeinflusst als von seinen früheren Kolonien (Schweden, Norwegen, Island) im Norden.

Dänemarks Hauptstadt Kopenhagen gehört zu Europas hippsten Metropolen. Hier warten viele interessante Museen, Läden, Bars, Nightspots und preisgekrönte Restaurants. Aber auch andere Großstädte des Landes, etwa Odense oder Aarhus, haben ihre Kulturschätze, die mit einer weiteren Hauptattraktion Dänemarks, der malerischen, vom Meer geprägten Landschaft, konkurrieren. Und zu guter Letzt wären da noch geschichtliche Sehenswürdigkeiten: Grabkammern aus der Jungsteinzeit, Moorleichen aus der Eisenzeit, stimmungsvolle Wikinger-Ruinen und Schätze aus Dänemarks kolonialen Seefahrertagen.

Highlights

KOPENHAGEN

1 Die 850 Jahre alte Hafenstadt hat sich ihr historisches Gesicht größtenteils bewahrt (z. B. kupferbeschlagene Turmdächer und Giebelhäuser in Pastelltönen), dabei aber nicht versäumt, auf Innovation zu setzen. Die coolste Hauptstadt Skandinaviens kann stolz sein auf eine blühende Designerszene, ein futuristisches U-Bahn-System und saubere, grüne Viertel. Ihre Straßen säumen ungemein hippe Läden, Cafés und Bars, ergänzt von tollen Museen, Kunstgalerien, mutig moderner Architektur und 14 (!) Restaurants mit Michelin-Sternen.

LEGOLAND

2 Der Themenpark Legoland feiert das „Spielzeug des Jahrhunderts" (*Fortune*-Magazin, 2000) in dem Land, in dem es erfunden wurde und das laut Gallup-Umfrage zu den „glücklichsten Ländern der Erde" zählt. Wer kann also daran zweifeln, dass das Legoland einen Besuch wert ist?

KRONBORG SLOT

3 Etwas ist faul im Staate Dänemark? Ganz sicher nicht in diesem großartigen Schloss in Helsingør aus dem 16. Jh., das als „Schloss Elsinore" aus Shakespeares *Hamlet* berühmt wurde. In erster Linie diente die Festung als Zollstation, die über 400 Jahre lang Steuern von Schiffen schröpfte, die den Øresund passieren mussten. Dass Hamlet eine erfundene Figur ist, hält die Touristenmassen bis heute nicht von einem Schlossbesuch ab. Während des sommerlichen HamletScenen-Festivals finden hier Shakespeare-Aufführungen statt.

REISEZEIT

NEBENSAISON
(Okt.–April)

ZWISCHENSAISON
(Mai–Mitte Juni, Mitte Aug.–Sept.)

HAUPTSAISON
(Mitte Juni–Mitte Aug.)

JETZT REISEN!

Reisen und Nachhaltigkeit sind in **Kopenhagen** kein Widerspruch. Die Stadt hat es sich zum Ziel gesetzt, bis 2025 klimaneutral zu werden. Schon heute ist das Fahrrad eines der beliebtesten Verkehrsmittel, es gibt elektrische Busse und solarbetriebene Boote und auf dem Løs Market kann man sich mit verpackungsfreien Snacks eindecken.

AARHUS

4 In Aarhus, der zweitgrößten Stadt in Dänemark, kann man wunderbare Tage verbringen. Malerische Waldwege und Strände, ein sich wandelndes Hafenviertel, tolle Restaurants und ein studentisch geprägtes Nachtleben lassen keine Langeweile aufkommen. Und schließlich wäre da auch noch eines der besten Kunstmuseen des Landes.

SKAGEN

5 Das bezaubernde Skagen an Dänemarks Nordspitze wirkt belebend. Zwar scheint sich im Sommer hier ganz Dänemark zu tummeln, doch selbst dann versprüht die Stadt immer noch Charme. Im späten 19. Jh. strömten Künstler hierher, angezogen vom Kontrast des strahlenden Lichts und der schroffen Landschaft. Heutige Besucher bewundern die künstlerischen Kreationen der „Skagen-Schule", schätzen die große Auswahl an Meeresfrüchten und relaxen an den großartigen Sandstränden.

BORNHOLM

6 Diese Ostsee-Schönheit liegt ca. 150 km östlich von Kopenhagen – und damit näher an Deutschland und Schweden als am übrigen Dänemark. Die magische Insel nimmt in den Herzen der meisten Dänen einen besonderen Platz ein. Geschätzt wird sie für viel Sonnenschein, herrliche Sandstrände, endlose Rad-

UNTERWEGS VOR ORT

Das Bahnnetz ist groß, die Züge fahren regelmäßig und zu fairen Preisen.

Dänemark ist sehr gut mit dem Auto zu erkunden.

Alle größeren Orte und Städte sind an ein Busnetz angeschlossen.

6

BILDAGENTUR ZOONAR GMBH / SHUTTERSTOCK ©

wege, markante *rundkirker* (Rundkirchen), Künstlerkommunen, Fischräuchereien und idyllische Dörfer mit Reetdächern. Und obendrein verwöhnen einige Spitzenrestaurants mit regionalen Köstlichkeiten.

RIBE

7 Dänemarks älteste Stadt verkörpert auf exquisite Weise die goldene Vergangenheit des Landes. Verschwenderisch wartet sie mit malerischen Kopfsteinpflasterstraßen, schiefen Fachwerkhäusern, vegetationsreichen Auen und einer imposanten Kathedrale aus dem 12. Jh auf. Am besten übernachtet man in einer der stimmungsvollen wie geschichtsträchtigen Unterkünfte (wie einem Raum mit niedriger Balkendecke in einem Gasthaus von 1600 oder in einer umgebauten Gefängniszelle) und nimmt an einem kostenlosen Stadtspaziergang unter Leitung des Nachtwächters teil.

ÆRØ

8 Dänemark wird oft mit einem Porzellanteller verglichen, der in tausend Scherben zerbrochen ist. Jede Scherbe stellt eine Insel dar – insgesamt sind es 406. Jede größere Insel hat einen eigenen, unverwechselbaren Charakter – hier machen Erkundungstouren besonders Spaß. Südlich von Fünen liegt eine Inselgruppe, die vor allem Segler anzieht. Das verschlafene Eiland Ærø bietet Inselidylle pur: Seefahrer-Geschichte, ländliche Fahrradwege, kopfsteingepflasterte Dörfer, sandige Strände und malerische Badehütten.

7

FRANK BACH / SHUTTERSTOCK ©

▼ ESSEN & TRINKEN

Smørrebrød Roggen- oder Weißbrot, belegt mit Rindertartar, Garnelen oder Ei – dieses Sandwich ist Dänemarks bekannester kulinarischer Exportschlager.

Sild Geräucherter, gepickelter oder gebratener Hering ist ein dänisches Alltagsgericht, das am besten mit viel Aquavit (Kartoffel-Kümmel-Schnaps) hinuntergespült wird.

Kanelsnegle Süße Kalorienbomben: Die buttrigen „Zimtschnecken" werden ab und zu mit Schokolade überzogen.

Koldskål Eine kalte, süße Buttermilchsuppe mit Vanille, die traditionell mit knusprigen Keksen, z.B. *kammerjunkere*, serviert wird.

Bier Carlsberg ist noch immer der Marktführer; zur wachsenden Schar von Kleinbrauereien gehören Mikkeller, Amager Bryghus und Bryghuset Møn.

▼ HYGGE

Wer sich mit ein oder zwei Einheimischen anfreundet, erhöht seine Chancen, zu etwas gemeinsamer *hygge* eingeladen zu werden. *Hygge* wird oft mit „Gemütlichkeit" übersetzt, aber in Wahrheit bedeutet *hygge* (sprich „ügghe") viel mehr. *Hygge* beschreibt ein freundliches, warmes Miteinander, das entsteht, wenn sich Dänen in Gruppen von zwei oder mehr Personen versammeln. Allerdings ist es auch möglich, *hygge* alleine zu erleben, falls niemand sonst da ist. Die Teilnehmer müssen noch nicht einmal befreundet sein, aber wenn die Unterhaltung vor einem offenen Feuer dahinfließt, und kontroverse Themen wie Politik oder das beste Rezept zum Einlegen von Heringen ausgeklammert werden, entsteht Wohlbehagen. Ein Trinkspruch folgt auf den nächsten – und plötzlich ist man *hygge* schon sehr nahe.

HAUPTSTADT
Berlin

BEVÖLKERUNG
83,2 Mio.

FLÄCHE
357 672 km²

AMTSSPRACHE
Deutsch

Berliner Cafés

DEUTSCHLAND

Eine Potpourri aus Festen und Köstlichkeiten, herrliche Landschaften, erbauliche Kultur, schmucke Großstädte, romantische Schlösser und Fachwerkhäuser – willkommen zu Hause!

Die deutsche Landschaft entfaltet sich wie ein Kunstwerk: Die dünengesäumten Küsten im Norden, die Wälder, romantischen Flusstäler und Weinberge in der Mitte sowie die Pracht der Alpen im Süden, deren zerklüftete Herrlichkeit von Gletschern und den Elementen geformt wurde.

In den Städten warten atemberaubende kulturelle Highlights: Der Bogen spannt sich von Kunstmuseen über Opernaufführungen, kecke Kabaretts zu Undergroundclubs. Und wo auch immer das Auge des Besuchers hinfällt, reihen sich romanische, gotische und barocke Bauten an die architektonischen Kreationen moderner Meister.

Nur wenige Länder haben die Welt so beeinflusst wie Deutschland, viele bedeutende Persönlichkeiten kamen hier zur Welt. Man kann römische Amphitheater bewundern, in Schlössern übernachten oder die Reste der Mauer betrachten – in Deutschland bleibt die Vergangenheit lebendig.

Highlights

BERLIN

1 Berlins Glanz und Mut faszinieren jeden, der die pulsierende Kultur, bahnbrechende Architektur, tolle Kulinarik und gelebte Geschichte erkunden möchte. Über ein Vierteljahrhundert nach dem Fall der Mauer wird die vereinte Hauptstadt langsam erwachsen, ohne dabei ihren unabhängigen Geist aufzugeben. Berlin bietet Sterne-Küche, Party und Weltklasse-Kunst. Zu den wichtigsten historischen Sehenswürdigkeiten gehören Reichstag, Brandenburger Tor und Gedenkstätte Berliner Mauer. Wer diese Stationen abgeklappert hat, kann sich den vielen Museen hingeben.

MÜNCHEN

2 Wer alpine Klischees sucht, bekommt sie in München in einem schicken Paket geliefert. Aber die bayerische Hauptstadt wartet mit einigen unerwarteten Trümpfen auf: Modernität und Tradition existieren Seite an Seite mit schicken BMWs, Designerboutiquen und Hightech. München ist frech und selbstbewusst – und verströmt dabei eine nonchalante Atmosphäre. Die Museen beherbergen alles, von künstlerischen Meisterwerken zu technologischen Schätzen. Die Musik- und Kulturszene wird nur von Berlin übertroffen. Und dann gibt es auch noch das Oktoberfest …

SCHLOSS NEUSCHWANSTEIN

3 Neuschwanstein wurde im 19. Jh. von Bayerns bekanntestem (und skurrilstem) König in Auftrag gegeben. Wie auf einem Bild in einem Märchenbuch ragt das Schloss aus den Wäldern empor. Das Innere zeigt, wie besessen Ludwig von Deutschlands mystischer Vergangenheit war, und stellt selbst den glamourösesten Oligarchenpalast in den Schatten. Der Zuckertortentraum soll als Vorbild für das Schloss in Disney World gedient haben; heute pilgern die Touristenmassen über die Romantische Straße hierher, die in der Nähe endet.

SCHWARZWALD

4 Ob bei Nebel, Schnee oder Sonnenschein – der tiefe, dunkle Schwarzwald wirkt bezaubernd. Jedes Tal des größten zusammenhängenden Mittelgebirges in Deutschland wartet mit neuen Überraschungen auf: donnernden Wasserfällen und dunklen Seen, hausgroßen Kuckucksuhren und Fachwerkdörfern. Die Kalorien der obligatorischen Schwarzwälder Kirschtorte lassen sich auf vielen herrlichen Waldwegen verbrennen. Übernachtet wird in rustikalen Bauernhäusern. Und zu vernehmen ist dabei nur – Stille. Wundervoll!

NORDSEE
SCHWEDEN
KOPENHAGEN
Malmö
Esbjerg
Kolding
Odense
Køge
0
100 km
DÄNEMARK
OSTSEE
Westerland
Sylt
Flensburg
Nordfriesische Inseln
Helgoland
Husum
Puttgarden
Sassnitz
Kiel
Stralsund
Rostock
Greifswald
Neumünster
Ostfriesische Inseln
Cuxhaven
Lübeck
Wismar
Wilhelmshaven
Bremerhaven
Schwerin
Neubrandenburg
Pasewalk
Szczecin (Stettin)
Emden
Hamburg
Groningen
Lüneburg
Neustrelitz
Oldenburg
Bremen
NIEDERLANDE
Rheinsberg
Salzwedel
POLEN
Celle
Stendal
1
Oder
Hannover
Wolfsburg
BERLIN
Elbe
Potsdam
Osnabrück
Braunschweig
Frankfurt (Oder)
Bad Bentheim
Bielefeld
Magdeburg
Emmerich
Münster
Hildesheim
Lübben
Dessau
Lutherstadt Wittenberg
Cottbus
Paderborn
Essen
Dortmund
Halle
Duisburg
Bochum
Kassel
Göttingen
Wuppertal
Leipzig
Bautzen
Görlitz
Düsseldorf
Mühlhausen
Dresden
Mönchengladbach
6
Eisenach
Erfurt
Weimar
Zittau
Köln
Siegen
8
Gera
Chemnitz
Gotha
Jena
Aachen
Bonn
Marburg
Zwickau
Suhl
Giessen
5
Rhein
Fulda
BELGIEN
Plauen
Koblenz
Coburg
Hof
Wiesbaden
Frankfurt
LUXEMBURG
Schweinfurt
Bayreuth
PRAG
9
Mosel
Bacharach
Aschaffenburg
Mainz
Trier
Darmstadt
Würzburg
Bamberg
Marktredwitz
Plzen
Worms
LUXEMBURG
Mannheim
Kaiserslautern
Erlangen
Saar
Heidelberg
10
Nürnberg
Schwandorf
TSCHECHISCHE REPUBLIK
Saarbrücken
7
11
Rothenburg ob der Tauber
Regensburg
Karlsruhe
Pforzheim
Donau
Strasbourg
Baden-Baden
Stuttgart
Nördlingen
Ingolstadt
FRANKREICH
Landshut
Passau
Offenburg
4
Ulm
Augsburg
Linz
Schwarzwald
München
2
Freiburg
Memmingen
Rosenheim
Singen
Bodensee
Kempten
Salzburg
Konstanz
Schloss Neuschwanstein
Basel
Lindau
Füssen
Kufstein
Berchtesgaden
Zürich
3
Mittenwald
Oberstdorf
Innsbruck
LIECHTENSTEIN
ÖSTERREICH
Bern
Vaduz
SCHWEIZ
ITALIEN

TOP-BÜCHER

Grimms Märchen (Jacob & Wilhelm Grimm; 1812)

Geschichte des Dritten Reiches (Wolfgang Benz; 2019) Klar und anschaulich.

Berlin Alexanderplatz (Alfred Döblin; 1929) Berlin in den 1920er-Jahren.

Helden wie wir (Thomas Brussig, 1995) Wie die Mauer wirklich fiel und andere schelmische Episoden erzählt dieser launige Wenderoman.

Der Vorleser (Bernhard Schlink; 1995) Ein Junge trifft eine Frau, die wegen Kriegsverbrechen vor Gericht gestellt wird.

TOP-MUSIK

Brandenburgische Konzerte (J. S. Bach)

Wassermusik (Händel)

Beethovens Symphonien

Brahms Violinkonzert

Autobahn (Kraftwerk, 1974)

Mutter (Rammstein, 2001)

Soundso (Wir sind Helden, 2007)

Moderat II (Moderat, 2013)

REISEZEIT

HAUPTSAISON
(Juli–Aug.)
Volle Straßen, überall Hochbetrieb.

ZWISCHENSAISON
(April–Juni & Sept.–Okt.)
Sonnig, nicht zu heiß – ideal für Outdoor-Aktivitäten.

NEBENSAISON
(Nov.–März)
Wenig los, aber oft kürzere Öffnungszeiten.

RHEINROMANTIK

5 Zwischen Rüdesheim und Koblenz ist die Landschaft am Rhein von einem einzigartigen Kontrast zwischen Stein und Wasser geprägt. Starke Strudel und spektakuläre Felsen, fast senkrechte Weinberge und mittelalterliche Fachwerkdörfer, kühn auf Hügeln thronende Burgen, die sagenumwobene Loreley und Barkassen, Dampfer und Züge als einstige Vorboten der Moderne – all dies sind die Zutaten der Rheinromantik. Wer sie erleben möchte, erkundet zu Fuß Weinberge oder Wälder mit ihren atemberaubenden Aussichten. Einen romantischen Abend kann man mit lokalem Wein ausklingen lassen.

DRESDEN

6 In einer Februarnacht 1945 erlebte Dresden die Apokalypse: Stundenlange Flächenbombardements legten das „Elbflorenz" in Schutt und Asche. Inzwischen hat die Stadt das Comeback geschafft: Wiederaufgebaute Architekturschätze treffen auf großartige Kunstsammlungen – Dresden belegt zu Recht einen Spitzenplatz im Pantheon der europäischen Kulturhauptstädte. Ein belebtes Kneipenviertel, das spektakulär von Daniel Libeskind umgestaltete Militärhistorische Museum und viele Palais und Villen am Fluss runden das Gesamtpaket ab.

HEIDELBERG

7 Die Romantiker des 19. Jhs. schätzten Deutschlands älteste Unistadt für ihre Schönheit und geistige Inspiration. Generationen von Studenten haben hier Vorlesungen besucht, Bierkrüge gestemmt und Lieder geträllert, ihre Namen in Kneipentische geritzt und ab und zu den Weg in den Karzer angetreten. Bis heute behaupten sich alte Traditionen und die Schlossruine neben erstklassiger Forschung, innovativen Kulturveranstaltungen und einem mitunter wilden Nachtleben.

KÖLNER DOM

8 Der Dom, die doppeltürmige Ikone Kölns, erhebt sich über dem urbanen Stadtbild und dem zeit-

JETZT REISEN!

Das Humboldt Forum im wieder aufgebauten **Berliner Schloss** wird in mehreren Etappen im Laufe des Jahres 2021 eröffnet. Das Ethnologische Museum und das Museum für Asiatische Kunst – weltweit bedeutende Sammlungen für außereuropäische Kunst – starten im Herbst 2021. Und wer nicht in die Großstadt möchte: Laut einer Analyse der Ferienhaus-Suchmaschine von 2020 sind folgende kleinere Städte besonders interessant für Touristen: Füssen, Berchtesgaden, Cochem, Rothenburg ob der Tauber und Monschau in der Eifel.

▼ ESSEN & TRINKEN

Bier Nur Weniges ist so tief in der Seele der Deutschen verankert wie ihre Liebe zum Bier.

Bratwurst Nürnbergs Bratwürste, die gegrillt im Brötchen („Drei im Weggla“) oder mit Sauerkraut serviert werden, gehören zu den besten in Deutschland.

Currywurst In Scheiben geschnittene Wurst mit Ketchup und Currypulver.

Eisbein Gesalzene und gepökelte Schinkenhaxe mit Sauerkraut.

Klöße Die runden Beilagen werden aus verschiedenen Zutaten hergestellt, z. B. aus Kartoffeln.

Labskaus Hamburger Seemannskost aus gepökeltem Rindfleisch, Roter Bete, Kartoffeln, Zwiebeln und manchmal Hering; oben drauf kommen ein Spiegelei und eingelegte Gurken.

Mecklenburger Rippenbraten Schweinerollbraten gefüllt mit Zitronen, Äpfeln, Pflaumen und Rosinen.

Nürnberger Lebkuchen Lebkuchen mit Nüssen, Orangeat oder Zitronat, Honig und Gewürzen.

Pinkel Bremens würzige Wurst aus Schwein, Rind, Haferflocken und Zwiebeln.

Spätzle Der schwäbische Klassiker wird oft mit Linsen und Saitenwurst (Wiener) serviert.

Saure Kutteln/Nierle/Lüngerl Saure Kutteln/Nieren/Lungen, gegart in Essig oder Wein, mit Gewürzen.

Schwarzwälder Kirschtorte Der Tortenklassiker.

los schönen Rhein. Dieses perfekt proportionierte Zeugnis des Glaubens und der Willenskraft wurde im Jahr 1248 begonnen und erst sechs Jahrhunderte später vollendet. Von den beiden Türmen bietet sich ein unvergleichlicher Blick auf die umliegende Stadt.

TRIER

9 Es gab eine Zeit, als Trier die Hauptstadt Westeuropas war: Vor 2000 Jahren, als Kaiser Konstantin das zerfallende Römische Reich von hier aus regierte. An keinem anderen Ort hat das römische Erbe in so greifbarer Form überlebt wie in diesem Städtchen mit seinen Thermalbädern, dem antiken Amphitheater und dem Stadttor Porta Nigra. Zu den Schätzen aus späterer Zeit zählen Deutschlands älteste gotische Kirche und das Geburtshaus von Karl Marx. Seit 1986 gehört Trier zum UNESCO-Welterbe. Heute fließt das Leben in Deutschlands ältester Stadt so ruhig dahin wie die Mosel, an der sie liegt, unweit der vielleicht besten – und steilsten – Weinberge des Landes.

NÜRNBERG

10 Nürnberg, bis 1806 freie Reichsstadt, lässt an die Reichsparteitage der NSDAP oder Kriegsverbrecherprozesse denken. Doch die Hauptstadt Frankens ist weit mehr als das: Dürer stammte aus der Altstadt – sein Geburtshaus ist heute ein Museum. Von Nürnberg aus ratterte Deutschlands erster Dampfzug zum benachbarten Fürth. Zudem beherbergt Deutschlands Spielzeughauptstadt zahllose Schätze, die Kinderaugen leuchten lassen. Die Augen der Großen leuchten derweil beim fränkischen Bier, das so wunderbar zu Nürnberger Rostbratwürsten passt. Nürnberg ist eines der beliebtesten Touristenziele Bayerns, vor allem wenn der Christkindlesmarkt stattfindet.

ROTHENBURG OB DER TAUBER

11 Das mittelalterliche Juwel Rothenburg ob der Tauber, das hoch über dem Flüsschen Tauber thront, ist ein Touristenstopp an der Romantischen Straße. Das Netz aus kopfsteingepflasterten Straßen und Gassen, schnuckeligen Häusern und Stadtmauern gleicht einem Ort aus einem deutschen Märchen. Allerdings überfluten Horden von Tagesbesuchern aus aller Welt das schöne Städtchen. Wer es also in seiner ganzen Magie erleben möchte, sollte entweder möglichst früh oder recht spät hierher kommen. Dann kann man bei einem Spaziergang durch die Gassen die ganze Romantik aufsaugen.

OLENA Z / SHUTTERSTOCK ©

▼ UNTERWEGS VOR ORT

Deutschland hat ein hervorragendes Netz aus Fern- und Regionalzügen, die regelmäßig verkehren. Fahrkarten sind relativ teuer, aber es gibt auch Angebote.

Deutschlands Straßen sind gut. Mit dem Auto ist man unabhängig und kann Regionen besuchen, die mit öffentlichen Verkehrsmitteln schwieriger erreichbar sind.

Busse sind billiger und langsamer als Züge, aber Fernbusse sind mittlerweile eine ernstzunehmende Konkurrenz für Fernzüge. Regionalbusse füllen die Lücken, die nicht von Regionalzügen abgedeckt werden.

Flüge lohnen sich nur für längere Entfernungen, z. B. Hamburg–München oder Berlin–München.

HAUPTSTADT
Roseau

BEVÖLKERUNG
74 500

FLÄCHE
750 km²

AMTSSPRACHE
Englisch

Heiße Quelle im Morne Trois Pitons Nationalpark

DOMINICA

Dschungel, Wasserfälle, Schwefelquellen, Badelöcher, Flüsse, Riffe und Küsten – diese unberührte „Naturinsel" verspricht ungewöhnliche Abenteuer.

Den Großteil der Vulkaninsel Dominica bedeckt ungezähmter Regenwald, der als grüne Kulisse für viele Outdoor-Aktivitäten dient, z. B. anspruchsvolle Wanderungen zu Seen, schmerzlindernde Muskelbäder in heißen Schwefelquellen, Badevergnügen unter Wasserfällen, Schnorchelgänge in „Champagnergläsern" oder Schwimmtouren in Schluchten – die Liste ist lang ...

Mit den wilden Küsten, dichten Wäldern und versteckten Buchten war Dominica stets ein beliebter Ort für Piraten. So überrascht es nicht, dass hier für den zweiten und dritten Teil der Filmreihe *Fluch der Karibik* gedreht wurde. Als Locations dienten u. a. die Titou Gorge, Soufriere, der Indian River und der Batibou Beach.

In vielerlei Hinsicht ist Dominica die „Anti-Karibikinsel". Massentourismus gibt's hier nicht – teils wegen der wenigen Sandstrände, teils mangels Luxusresorts und internationaler Direktflüge. Die Einheimischen sind so freundlich, dass sie Besuchern oft einfach so einen schönen Aufenthalt wünschen.

Highlights

MORNE TROIS PITONS NATIONALPARK

1 Dieser Nationalpark erstreckt sich über 69 ha der Berglandschaft im Inneren der Vulkaninseln und ist eine Hommage an Seen, Vulkane, Fumarolen, heiße Quellen und dichten Urwald. Wanderungen beginnen in dem Bergdorf Laudat (auf 600 m Höhe).

INDIAN RIVER

2 Die ruhige Bootsfahrt auf dem schattigen Indian River ist unvergesslich. Es geht vorbei an Mangroven und Bwa-Mang-Bäumen, deren Stämme aus dem Flachwasser ragen, während die Wurzeln seitlich am Ufer wuchern. Aus nächster Nähe lassen sich Reiher, Krabben, Leguane und Kolibris beobachten.

BOILING LAKE

3 Die sechsstündige Rundtour zum zweitgrößten aktiven kochenden See der Welt (der größte ist in Neuseeland) ist Dominicas bekannteste Wanderung – und eine der anstrengendsten. Geologen halten den 63 m breiten See für eine Fumarole, also einen Riss in der Erdkruste, durch den Gase aus dem darunterliegenden Magma entweichen. Das blubbernde Wasser befindet sich in einem tiefen Kessel und bietet einen grandiosen Anblick. Die 10 km lange Strecke beginnt an der Titou Gorge und führt durch das Valley of Desolation, dessen Name („Tal der Trostlosigkeit") nicht passender sein könnte: Die Schwefelflüsse, Dampfschlote und Geysire lassen das Tal wie eine post-atomare Landschaft wirken. Die Wanderung geht von dort über schmale

▼ REISEZEIT

HAUPTSAISON
(Feb.–Juni)

ZWISCHENSAISON
(Nov.–Jan.)

NEBENSAISON
(Juli–Okt.)

JETZT REISEN!

Dominica hat ein WIN-Visum herausgegeben. Damit können sich Personen, die zum Arbeiten nur ein Laptop benötigen, für bis zu 18 Monate auf der Karibikinsel niederlassen. Es stehen ganz unterschiedliche Unterkünfte zur Verfügung, von Resorts bis zu Apartments (windominica.gov.dm).

Kämme, auf und ab durch die Berge, vorbei an heißen Quellen. Wanderer sollten feste Schuhe tragen und einplanen, nass und schmutzig zu werden. Für die Wanderung wird ein Führer benötigt: einfach in der Unterkunft fragen.

KALINAGO BARANA AUTÊ

4 Das nachgebaute traditionelle Dorf ist ideal, um alles über die Geschichte und Kultur der Kalinago zu erfahren. Die 30- bis 45-minütige Tour führt zu einem *karbet* (Männerhaus), einem 3 m langen Einbaumkanu und einem Wasserfall. Den Schlusspunkt setzt eine Kombination aus Snackbar und Souvenirladen, in dem Frauen kunstvolle Körbe flechten.

TITOU GORGE

5 Am Startpunkt der Wanderung zum Boiling Lake liegt ein Schwimmloch, das sich zu der schmalen Schlucht Titou Gorge öffnet, die wiederum an einem Wasserfall endet. Die merkwürdig stille Schwimmstrecke durch das kristallklare Wasser ist unheimlich, aber denkwürdig.

UNTERWEGS VOR ORT

Die Ringstraße ist in gutem Zustand, andere Straßen oft nicht. Fahrer benötigen einen lokalen Führerschein (erhältlich bei Autovermietungen).

Busse sind am günstigsten. Private Minibusse fahren montags bis sonntags zwischen größeren Orten; sie halten nach Bedarf.

7

JORG HACKEMANN / SHUTTERSTOCK ©

CHAUDIERE POOL

6 Der smaragdgrüne Chaudiere Pool im Norden ist ein Schwimmloch am Ende einer mittelschweren 45-minütigen Wanderung durch eine alte Plantage. Es ist tief genug, um von den Felsen ins Wasser zu springen. Der Ausgangspunkt der Wanderung liegt in dem Dorf Bense. An der Abzweigung zum Startpunkt gibt's ein Schild, aber die Zugangsstraße ist in sehr schlechtem Zustand, vor allem nach schweren Regenfällen; wer also keinen Jeep hat, muss vielleicht laufen. Der Weg ist gut markiert und führt Wanderer zur Mündung zweier Flüsse. Um zu dem Pool zu gelangen, muss man den Fluss überqueren. Die Rundwanderung dauert etwa 90 Minuten. Wer Glück hat, sieht Papageien!

ROSEAU

7 Die kleine, chaotische und dynamische Hauptstadt an der Küste und dem Roseau River entdeckt man am besten zu Fuß. Tagsüber ist die Stadt voller Menschen, nachts ist sie fast menschenleer. Historische Stein- und Holzhäuser säumen die Straßen – von einsturzgefährdet bis elegant ist alles dabei. Der historischste Teil ist das Französische Viertel südlich der King George V. St.

WOTTEN WAVEN

8 Eine Straße über den River Blanc führt von Trafalgar auf die andere Talseite nach Wotten Waven, das für die heißen Schwefelquellen berühmt ist. Hier gibt es ruhigere Varianten – oder das quirlige Screw's Sulfur Spa.

▼ ESSEN & TRINKEN

Callaloo Cremige, dicke Suppe bzw. Eintopf mit Kokosnussmilch und diversen Gemüsesorten (z. B. Taro, Spinat, Kohl, Zwiebeln, Karotten, Auberginen, Knoblauch oder Okraschoten) und gelegentlich Krebsen oder Schinken.

Frische Früchte Bananen, Kokosnüsse, Papaya, Guaven und Mangos wachsen hier so massenhaft, dass sie stellenweise an der Straße gestapelt werden.

Sea Moss Alkoholfreies Mixgetränk aus Seetang, Zucker, Gewürzen und teils auch Kondensmilch. In Supermärkten und Snackbars erhältlich.

Kubuli Dominicas eigene Biermarke basiert auf Quellwasser der Insel. Überall sieht man das rot-weiße Schild mit dem Kubuli-Werbeslogan „The Beer We Drink" (d. h. „Unser Bier").

Macoucherie Rum-Fans lieben das lokale Feuerwasser. Die Plastikflaschen und das billig wirkende Etikett täuschen: Das Zeug ist ein echter Geheimtipp.

JAD DAVENPORT / GETTY IMAGES ©

▼ TRAFALGAR FALLS

Kameras lieben die dunstigen, gut zu erreichenden Zwillingswasserfälle. Ein leichter, ca. 600 m langer Pfad (mit vielen Stufen) führt auf eine Aussichtsplattform. Das Wasser des oberen Wasserfalls durchquert die Titou Gorge, ehe es rund 60 m in die Tiefe stürzt und so das Wasserwerk speist. Der untere Wasserfall fließt von dem Trois Pitons River in die Gegend des Boiling Lake.

Der enge, felsige Pfad hinter der Plattform führt über bemooste Felsen – unbedingt feste Schuhe tragen und aufpassen! Als Belohnung kann man sich in flachen Flussstellen abkühlen oder in Schwefelquellen unter dem oberen Wasserfall entspannen.

HAUPTSTADT
Santo Domingo
BEVÖLKERUNG
10,6 Mio.
FLÄCHE
48 670 km²
AMTSSPRACHE
Spanisch

Kokospalmen auf der Península de Samaná

DOMINIKANISCHE REPUBLIK

Berglandschaft, Busch, bewegende Kolonialarchitektur und unzählige Strände machen dieses Land zu einem der facettenreichsten der Karibik.

Die Dominikanische Republik verfügt über Hunderte Kilometer Küste. An einigen Stellen besteht diese aus weißen Sandstränden, an anderen aus Klippen, windgepeitschten Dünen oder stillen Mangrovenlagunen.

Die Einwohner lieben ihre Siesta; jedes Örtchen hat seine eigene Mittagszeit. Allerdings wissen die Menschen auch bestens, wie man feiert – besonders zur Karnevalszeit. Die Feierlichkeiten gewähren einen Einblick in die Kultur des Landes, daher sollte man sie sich nicht entgehen lassen.

Außerhalb der Hauptstadt geht's ländlich zu: Man sieht Kühe und Pferde und LKWs mit lokalen Erzeugnissen. Weiter landeinwärts erinnert die Landschaft an die Alpen: Flüsse schlängeln sich durch üppigen Wald und werden zu herrlichen Wasserfällen.

Highlights

ZONA COLONIAL, SANTO DOMINGO

1 In der ältesten von Europäern gegründeten Stadt der Neuen Welt trifft Vergangenheit auf Gegenwart. Bei all den Kopfsteinpflasterstraßen, restaurierten Stadthäusern, Kirchen und Festungen, von denen viele in Museen verwandelt wurden, kann man sich gut vorstellen, dass Santo Domingos historisches Viertel im 16. Jh. der Sitz des Spanischen Reiches war

PLAYA RINCÓN

2 Die Playa Rincón wird von Kennern – Menschen, die auf der Suche nach dem idealen Strand Hitzschlägen und Sonnenbränden trotzen – als einer der schönsten Strände der Karibik bezeichnet. Der 3 km lange Sandstrand wird in der Dominikanischen Republik nur von der Bahía de Las Águilas übertroffen. Er ist so groß, dass sich jeder sein Revier abstecken kann, ohne dass Nachbarn übers Treibholz linsen.

BAHÍA DE LAS ÁGUILAS

3 Die Abgelegenheit des schönsten Sandstrands des Landes macht die Anreise hierher zu einem Abenteuer. Die Bahía de Las Águilas ist ein überwältigender, 10 km langer Sandstrand, der am äußersten Ende der Península de Pedernales fast an Haiti stößt. Dass man ein Boot nehmen muss, das sich zwischen Klippen und tauchenden Pelikanen hindurchschlängelt, um hierher zu kommen, und dass man hier so gut wie allein ist, verstärken die magische Anziehungskraft dieses Ortes.

REISEZEIT

HAUPTSAISON
(Mitte Dez.–Feb.)

ZWISCHENSAISON
(März–Juli)

NEBENSAISON
(Aug.–Mitte Dez.)

LAS GALERAS

4 Las Galeras am Ostende der Península de Samaná ermöglicht Erholung vom Urlaub: Die Umgebung des verträumten Fischerdorfs ist wenig besucht und gehört zu den malerischeren Ecken des Landes. Palmen säumen hier filmreife Strände; an schwer zugänglichen Klippen brechen sich Wellen.

WALBEOBACHTUNG

5 Nordamerikaner und Europäer sind nicht die einzigen, die es im Winter in die Karibik zieht. Jahr für Jahr versammeln sich Tausende Buckelwale vor der Península de Samaná, um sich zu paaren und ihre Kälber zur Welt zu bringen. Aus respektvoller Entfernung schauen ihnen dabei Bootsladungen menschlicher Fans zu. Von Mitte Januar bis Mitte März kann man hier einen Sitz in der ersten Reihe ergattern. Wer noch näher an die Wale heran möchte, hat auf einwöchigen Bootstouren zur Silver Bank nördlich von Puerto Plata die Gelegenheit, mit diesen riesigen Säugetieren zu schnorcheln.

CAFÉ-KULTUR IN LAS TERRENAS

6 In diesem kosmopolitischen Strandort, in dem französische und italienische Einflüsse genauso spürbar sind wie dominikanische, lässt es sich gut abhängen. Jeder Tag beginnt und endet mit einem Espresso, den man zwischen baguetteliebenden Travellern in Strandlokalen genießt, während der Blick übers Meer schweift. In dem Städtchen tummeln sich Wassersportler, die Tipps austauschen, und eine gesetztere Klientel, die damit zufrieden ist, die an-

UNTERWEGS VOR ORT

Komfortable Busse fahren regelmäßig zwischen den größten Städten und Orten.

Ein Auto ist die bequemste Option, besonders zur Erkundung der ländlichen und bergigen Regionen.

Guaguas sind Minibusse. Sie sind allgegenwärtig, billig und unbequem – aber oft die einzigen öffentlichen Transportmittel.

1

SAATON / SHUTTERSTOCK ©

deren von fern zu beobachten, während sie das europäische Flair des einstigen Fischerdorfs genießen.

WANDERN AM PICO DUARTE

7 Hispaniola hat mit der Cordillera Central bergiges Terrain, etwa den Pico Duarte, den höchsten Berg der Karibik (3087 m). Wer herkommt, sollte feste Schuhe, warme Kleidung, Ausdauer und einige Tage Zeit mitbringen. Wenn die Wolken sich lichten, entschädigt der Meerblick für alle Blasen. Zusammen mit der Erinnerung an eine Nacht am Lagerfeuer nimmt man das verdiente Gefühl von Vollendung mit heim.

KARNEVAL IN LA VEGA

8 Karneval ist überall im Land ein Erlebnis, aber besonders in La Vega. Die ganze Stadt kommt zum Karnevalsumzug, und in jeder Ecke und jedem Park gibt's eine Mischung aus spontanem Konzert und Party. Wer mit als Teufeln Verkleideten tanzt, sollte auf die Peitschen achtgeben. Die bunten, verschnörkelten, aufwendig gefertigten Kostüme – Umhänge und Dämonenmasken mit riesigen Augen und spitzen Zähnen – werden von zechenden Jecken getragen.

▼ ESSEN & TRINKEN

Chivo Ziegenfleisch ist beliebt und wird in vielen Varianten zubereitet, etwa als *pierna de chivo asada con ron y cilantro* (gerösteter Ziegenschenkel mit Rum und Koriander) und *chivo guisado en salsa de tomate* (Ziege in Tomatensauce).

Guineos (Bananen) Bananen werden auf vielerlei Weise serviert, z. B. gekocht, geschmort oder flambiert, am häufigsten aber gestampft wie Kartoffelbrei. Aus Kochbananen zubereitet heißt das Ganze *mangú*; mit Schweineschwarten gemischt *mofongo*.

La Bandera Das typischste Gericht besteht aus Reis, *habichuela* (roten Bohnen), Schmorfleisch, Salat und gebratenen grünen Kochbananen. Meist gibt's Fruchtsaft dazu,

Locrio Die hiesige Version von *paella* kommt in verschiedenen Variationen auf den Tisch.

Meeresfrüchte Zumeist wird ein Fischfilet mit Knoblauch in Kokos- oder Tomatensauce serviert, entweder mild oder scharf. Andere Meeresfrüchte, z. B. Krebs, Tintenfisch, Krabbe, Oktopus, Hummer oder Koncha, werden auf ähnliche Weise oder in einer Essigsauce zubereitet, eine Variation von *ceviche*.

8

DANIEL-ALVAREZ / SHUTTERSTOCK ©

▼ EINE DOMINIKANISCHE LEIDENSCHAFT

Beisbol (Baseball) ist kein rein amerikanischer Sport, sondern auch ein wichtiger Bestandteil der dominikanischen Gesellschaft und Kultur. So wichtig, dass erfolgreiche einheimische Baseballspieler, die es in den USA geschafft haben, zu den beliebtesten Persönlichkeiten des Landes zählen. Mehr als 400 Dominikaner haben in den amerikanischen Major Leagues gespielt (2013 stammten fast 100 von insgesamt 856 Spielern aus der Dominikanischen Republik), u. a. Stars wie David Ortiz, Albert Pujols, Robinson Cano, Sammy Sosa und Juan Marichal, der einzige Dominikaner, der in die Hall of Fame aufgenommen wurde.

Im Winter treten die sechs Teams der dominikanischen Liga mehrere Abende pro Woche gegeneinander an. Das Estadio Quisqueya in Santo Domingo ist Heimat zweier alter Rivalen. Ende Januar gipfelt das Ganze in einer Meisterschaftsserie.

HAUPTSTADT
Dschibuti
BEVÖLKERUNG
938 400
FLÄCHE
23 000 km²
AMTSSPRACHEN
Französisch, Arabisch

Kamelkarawane auf dem Weg zum Assalsee

DSCHIBUTI

Das winzige Dschibuti trumpft ganz groß auf: Was ihm an Größe fehlt, macht es durch Schönheit wett.

Nur wenige Länder der Welt – mit Ausnahme vielleicht von Island – bieten dem Besucher derartig bizarre Landschaften: Salzseen, erloschene Vulkane, tiefe Ebenen, Kalksteinschlote (die hörbar Dampfschwaden ausstoßen), Basaltplateaus und majestätische Schluchten. Outdoor-Fans finden hier eine gute Mischung aus Land- und Wasseraktivitäten, z. B. Wandern und Tauchen. Die Bucht von Ghoubbet gehört zu den wenigen Orten weltweit, an denen man regelmäßig Walhaie beobachten kann.

Außerhalb der Hauptstadt Dschibuti ist das Land noch erfrischend unberührt und hat sich nicht umfassend weiterentwickelt. Alles dreht sich um Ökotourismus: Nachhaltige Aufenthalte im Hinterland erlauben faszinierende und spannende Einblicke in das Leben von Nomadenstämmen.

Individuelle Touren durch Dschibuti sind nicht billig, doch trotz der Kosten verlässt man das Land auf jeden Fall mit tollen Erinnerungen. Die Grenzregionen zu Eritrea und Somaliland gelten als nicht sicher.

Highlights

DSCHIBUTI (STADT)

1 Dschibutis Hauptstadt wandelt sich spürbar. Unter ihrer hektischen urbanen Oberfläche ist die Stadt jedoch noch immer bodenständig. Hier treffen kulturelle und soziale Gegensätze aufeinander: Afar in traditioneller Stammestracht, US-Soldaten und müde Geschäftsmänner mit den neuesten Mobiltelefonen drängeln sich Seite an Seite durch die Straßen.

ASSALSEE

2 Eines der spektakulärsten Naturwunder in Afrika ist der Assalsee. Er ist von dunklen, schlafenden Vulkanen umgeben und bildet den tiefsten Punkt des Kontinents. Salz- und Gipsufer umrahmen den 10 km langen See. Das blendende Weiß des Ufers kontrastiert stark mit den schwarzen Lavafeldern der Umgebung. Außergewöhnliche Fotos garantiert!

GODA-BERGE

3 Die grandiosen Goda-Berge bieten viele Wandermöglichkeiten. Besucher sollten einige Tage Zeit mitbringen, um den Charme der wenigen, verstreuten Afar-Dörfer aufzusaugen. Es ist schwer, sich der Beschaulichkeit und dem entspannten Lebensstil der Region zu entziehen.

▼ REISEZEIT

HAUPTSAISON
(Nov.–Jan.)

ZWISCHENSAISON
(Feb.–April & Okt.)

NEBENSAISON
(Mai–Sept.)

▼ ESSEN & TRINKEN

Dschibuti (Stadt) ist *der* Ort am Horn von Afrika, an dem man erlesen essen kann. Neben Meeresfrüchten, Reis und Pasta kommen lokale Fleischgerichte (z. B. gefülltes Kitz oder Lamm) oder andere französische Köstlichkeiten auf den Tisch.

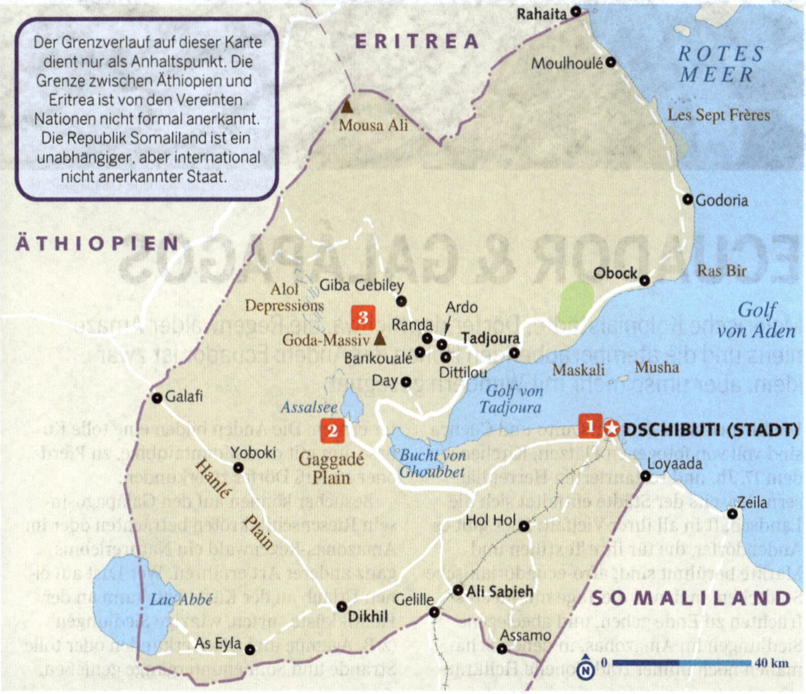

HAUPTSTADT
Quito

BEVÖLKERUNG
17,1 Mio.

FLÄCHE
283 561 km²

AMTSSPRACHE
Spanisch

Galápagos-Landleguane, Galápagosinseln

ECUADOR & GALÁPAGOS

Malerische Kolonialstädte, Dörfer der Kichwa, die Regenwälder Amazoniens und die atemberaubenden Höhen der Anden: Ecuador ist zwar klein, aber umso mehr mit Wundern gesegnet.

Die historischen Zentren Quito und Cuenca sind voll von fotogenen Plätzen, Kirchen aus dem 17. Jh. und restaurierten Herrenhäusern. Jenseits der Städte entfaltet sich die Landschaft in all ihrer Vielfalt: Hier gibt es Andendörfer, die für ihre Textilien und Märkte berühmt sind; afro-ecuadorianische Städtchen, in denen die Tage mit Meeresfrüchten zu Ende gehen, und abgelegene Siedlungen im Amazonas, in denen Schamanen noch immer traditionelle Heilkräuter ernten. Die Anden bilden eine tolle Kulisse, um mit dem Mountainbike, zu Pferd oder zu Fuß Dörfer zu erkunden.

Besucher können auf den Galápagosinseln Riesenschildkröten betrachten oder im Amazonas-Regenwald ein Naturerlebnis ganz anderer Art erfahren. Wer Lust auf einen Urlaub an der Küste hat, kann an der Pazifikküste surfen, winzige Siedlungen (z. B. Ayampe und Olón) erkunden oder tolle Strände und Sonnenuntergänge genießen.

Highlights

QUITOS ALTSTADT

1 Quitos pulsierendes Centro Histórico ist ein Juwel aus der spanischen Kolonialzeit: Überall sieht man hier prachtvolle Kirchen, Glockentürme, belebte Plätze und düstere Klöster (an denen teilweise jahrhundertelang gebaut wurde). Überall sind Ausflüge in die Vergangenheit möglich – abseits des Kopfsteinpflasters warten u. a. historische Herrenhäuser, Heiligtümer und gepflegte Museen. Danach empfiehlt sich eines der altmodischen Restaurants oder die fröhliche Straßenparty auf der La Ronda. Wer hier übernachten will, findet im Centro charmante Pensionen.

GALÁPAGOSINSELN

2 Wenn das Ziel ist, auf Tuchfühlung mit der Urzeit zu gehen, sind die Galápagosinseln kaum zu toppen. Die Inselgruppe ist von einzigartigen Echsenarten bevölkert, die bei Annäherung und angesichts klickender Kameras nicht etwa davonflitzen, sondern ihr langsames Leben relativ ungerührt weiterführen. Die dunkelgrauen oder schwarzen Meerechsen sonnen sich quer aufeinander liegend in Gruppen; die imposanten Galapagos-Landleguane (Drusenköpfe) knabbern derweil an Kaktusgewächsen, die ihre Hauptnahrung sind. (s. auch „Jetzt reisen!", S. 214)

VILCABAMBA

3 Dieser Besuchermagnet im südlichen Hochland hat genau die richtige Luft: nicht zu warm, nicht zu kalt, bergfrisch und kaum verraucht – fast mystisch also, was viele Traveller unwiderstehlich finden. Vielleicht ist das der Grund, warum in der Region mehr ausländische Unternehmen ansässig sind als im übrigen Ecuador. In der Nähe toller Wanderrouten erstreckt sich ein Nationalpark mit einsamen Wäldern, die Abenteuer auf dem Pferderücken oder dem Mountainbike ermöglichen. Und perfekte Spa-Resorts erfüllen wirklich alle Wünsche ihrer Gäste.

1

JESS KRAFT / SHUTTERSTOCK ©

0
100 km
PAZIFIK
Galápagos-Inseln (800 km) (s. Nebenkarte)
KOLUMBIEN
San Lorenzo
Esmeraldas
Punta Galera
Río Esmeraldas
Cordillera de los Andes
Tulcán
Ibarra
Otavalo
9
Äquator
Pedernales
Río San Miguel
Lago Agrio
Río Aguarico
1
6
QUITO
Punta Ballena
Cabo Pasado
Santo Domingo de los Colorados
7
Cuyabeno
Canoa
Papallacta
Coca
Parque Nacional Cotopaxi
Embalse Daule-Peripa
Río Tiputini
4
Manta
Portoviejo
8
Latacunga
Tena
Parque Nacional Yasuní
Isla de la Plata
Jipijapa
Volcán Chimborazo (6310 m)
Ambato
Río Daule
Puyo
Río Curaray
Guaranda
Riobamba
Río Pintoyacu
Montañita
Babahoyo
Guayaquil
Salinas
Macas
Playas
Isla Puná
Azogues
Golfo de Guayaquil
Cuenca
5
Machala
PERU
Tumbes
Loja
Olmedo
Zamora
3
Vilcabamba
Parque Nacional Podocarpus
Macará
10
PERU
Zumba
Sullana
GALÁPAGOSINSELN
0
50 km
PAZIFIK
Volcán Wolf (1707 m)
Äquator
Isla San Salvador (Santiago od. James)
Isla Fernandina (Narborough)
Isla San Cristóbal (Chatham)
Isla Santa Cruz
2
Isla Isabela (Albemarle)
PUERTO BAQUERIZO MORENO
Isla Santa María (Floreana od. Charles)

TOP-FILME

Entre Marx y una Mujer Desnuda (1996) Porträtiert eine Gruppe junger Intellektueller in Quito.

Wie weit noch? (2006) Roadmovie über zwei Frauen, die auf einem Trip durch das Andenhochland zu sich selbst finden.

Kleine Ratten (1999) Preisgekrönter Film über zwei kleine Gauner auf der Flucht in Quito und Guayaquil.

ESSEN & TRINKEN

Arroz con pollo Reis mit Hähnchenstückchen.

Ceviche Rohes mariniertes Seafood.

Churrasco Gebratenes Fleisch, Eier, Kartoffeln, Reis und Gemüse (u. a. Avocado- und Tomatenscheiben).

Corviche Köstliche Kroketten aus Kochbanen, gefüllt mit Meeresfrüchten oder Krabben.

Cuy Geröstetes Meerschweinchen.

Empanadas de verde Teigtaschen aus grünen Kochbananen, oft gefüllt mit Käse.

Encebollado Dünne Fischsuppe mit Zwiebeln, die über Maniokknollen gegossen wird; dazu gibt's frittierte Bananenchips.

Encocado In Kokossauce gegarte Garnelen oder Fischstücke.

Hornado Ganzes Spanferkel.

Llapingachos Pfannkuchen aus Bratkartoffeln und Käse.

Locro de papa Kartoffelsuppe mit Avocado und Käse.

Maito Im Palmenblatt gegrilltes Fisch- oder Hähnchenfleisch.

Pollo a la brasa Brathähnchen (oft mit Pommes serviert).

Seco de chivo Eintopf mit Ziege.

PARQUE NACIONAL YASUNÍ

4 Der atemberaubende Artenreichtum dieses riesigen Regenwaldgebiets sucht weltweit seinesgleichen. Erfahrene Guides leiten aufregende Urwaldwanderungen und Kanutouren auf kleinen, zugewucherten Wasserläufen. Dabei sieht man Pflanzen und Tiere, die einem bisher völlig unbekannt waren. Im Nationalpark widersetzen sich mehrere indigene Volksgruppen dem Kontakt zur übrigen Welt. So erscheint dieses Naturwunder zumindest momentan noch unberührt.

CUENCA

5 Cuencas märchenhaftes, kolonialzeitliches Zentrum ist eine UNESCO-Welterbestätte, die Besucher seit dem 16. Jh. begeistert. Kopfsteinpflasterstraßen, bunte Gebäudefassaden und eine bemerkenswert gut erhaltene Kathedrale animieren hier fast überall zum Fotografieren. Richtig einnehmend ist jedoch der Mix aus Künstlergeist, entspannter Atmosphäre und freundlichen Einheimischen. Hinzu kommen ein lebendiges Nachtleben, eine Vielzahl von Museen bzw. Kunstgalerien und ein paar der besten Restaurants des Landes. All dies macht Cuenca zweifellos zu einem ab-

REISEZEIT

HAUPTSAISON
(Juni–Sept.)
Warme Temperaturen und regelmäßige Regenschauer an der Küste.

ZWISCHENSAISON
(Okt. & Nov.)
Kühlere Temperaturen.

NEBENSAISN
(Dez.–Mai)
Kühlere, regnerischere Tage im Hochland.

ES IST EIN MONTECRISTI!

Seit über einem Jahrhundert erträgt Ecuador, dass die Welt seinen berühmtesten Exportartikel einem anderen Land zuschreibt – den Panamahut. Für jede Frau bzw. jeden Mann, die bzw. der etwas auf sich hält, ist der Panamahut ein *sombrero de paja toquilla* (Toquilla-Strohhut); für den Kenner ist es ein Montecristi, benannt nach dem berühmtesten aller Hutmacher-Städtchen.

Der Ursprung des Namensirrtums geht zurück ins 18. Jh., als spanische Unternehmer, die die Qualität der *sombreros de paja toquilla* erkannten, damit begannen, diese über Panama zu exportieren. Im 19. Jh. nutzten Arbeiter am Panamakanal die leichten und widerstandsfähigen Hüte, um sich vor der Tropensonne zu schützen, was die Assoziation mit Panama stärkte.

Paja-toquilla-Hüte werden aus den faserigen Wedeln der *toquilla*-Palme gefertigt, die in den trockenen Regionen im Inland der Zentralküste wachsen, vor allem um Montecristi und Jipijapa.

▼ UNTERWEGS VOR ORT

Mit dem Flugzeug kommt man am besten auf die Galápagosinseln und in entlegene Dschungel-Lodges. Gut für alle, die lange Busfahrten vermeiden wollen.

Busse fahren fast überall hin, wo man hinkommen möchte. Sie fahren oft, und die Fahrkarten sind ziemlich preiswert.

Die Boote, die zwischen den Inseln verkehren, eignen sich hervorragend für einen maßgeschneiderten Trip zu den vier größten bewohnten Galapagosinseln.

Mit einem Auto kann man das Land im eigenen Tempo erkunden; die Straßen sind in sehr gutem Zustand.

soluten Top-Ziel im Süden Ecuadors.

FAHRTEN MIT DEM TELEFÉRIQO

6 Der TeleféríQo beweist, dass die Andengipfel auch auf ganz andere Weise erreichbar sind: Diese Seilbahn bringt einen auf atemberaubende 4100 m Höhe oberhalb von Quito. In dieser Stadt der herrlichen Aussicht bietet der Cruz Loma an klaren Tagen den besten Blick – vor majestätischen Bergen in der Ferne (z. B. dem Cotopaxi) erstreckt sich Quito quer über das Andental. Ganz oben lässt sich das Abenteuer um einen Fußmarsch oder einen Ausritt zum Gipfel des Rucu Pichincha (4680 m) erweitern.

PAPALLACTA

7 Die öffentlichen Bäder am Rand des Andendorfs Papallacta sind eines der besten Natur-Highlights des Landes. Überall umgeben von Bergen kann man zwischen verschiedenen Thermalbecken wechseln, in einem tollen Pool schwimmen, in ein eiskaltes Tauchbecken springen und dann wieder zurück ins dampfende Nass steigen.

Bei Nacht wirkt der schöne Komplex noch magischer: Im Liegen kann man dann die Sterne beobachten.

QUILOTOA-LOOP

8 Das Abenteuer beginnt auf 3000 m entlang des beliebten Quilotoa-Loop, einer rauen Route, die durch indigene Dörfer und Malerkolonien zu einem tiefblauen Kratersee und in das Herz von Ecuadors zentralem Hochland führt. Das Beste an diesem Rundweg ist, dass man das Abenteuer ganz an die eigenen Bedürfnisse anpassen kann: Besucher können in einem nachhaltigen Landwirtschaftsprojekt volontieren oder auf vergessenem Pfaden von Dorf zu Dorf wandern oder radeln.

KUNSTHANDWERK AUF OTAVALOS MARKT

9 Jeden Samstag scheint sich alle Welt im belebten Otavalo zu versammeln: Rund um die Plaza de Ponchos erstreckt sich dann ein riesiger Markt (an den anderen Wochentagen ist er kleiner) durch das ganze Andenstädtchen. Innerhalb der enormen Auswahl variiert die Qualität gewaltig; auch die Menschenmassen sind mitunter lästig. Nichtsdestotrotz verstecken sich hier ein paar unglaubliche Schnäppchen zwischen strahlend bunten Decken, traditionellem Kunsthandwerk, Bekleidung, toller Folklorekunst und hochwertigen Strohhüten.

PARQUE NACIONAL PODOCARPUS

10 An der Grenze zu Peru liegt der Parque Nacional Podocarpus, eines der am wenigsten besuchten Naturschutzgebiete des südlichen Hochlands. Zwischen 900 und 3600 m Höhe beheimatet es eine erstaunliche Biodiversität: Hier wachsen ca. 3000 Pflanzenarten (viele sieht man nirgendwo anders auf der Welt). Vogelliebhaber verblüfft der Park mit 600 einzigartigen Spezies der Federträger. Wanderpfade, Hochlandseen und weite Ausblicke runden das Erlebnis ab. Alles in allem: eine der außergewöhnlichsten Attraktionen in Ecuadors Wildnis!

JETZT REISEN!

Die Ruhepause während des Lockdowns hat den Tieren auf den **Galapagosinseln** gut getan – doch ganz ohne Besuche von Reisenden geht es auch nicht. Während dieses „positiven Lockdowns" ist das Meer klarer geworden und man sieht wieder mehr Fischschwärme, auch mehr Vögel und Seelöwen beim Fischen. Deutlich vermehrt haben sich auch die Galapagos-Pinguine.

HACIENDAS

Im Hochland liegen einige tolle *haciendas* (historische Familienfarmen, die in Touristen-Bleiben umgewandelt wurden). Sie sind meist sehr teuer, dafür sind hausgemachte Gerichte und individuelle Aktivitäten oft im Preis enthalten.

MANCO CAPAC

Manco Capac, ein Sohn Huayna Capacs, war der letzte Inkaherrscher und begann einen der größten Aufstände gegen die Spanier. Er wurde von einem Spanier ermordet, dem er das Leben gerettet hatte.

9

KSENIA RAGOZINA / GETTY IMAGES ©

8

VOLANTHEVIST / GETTY IMAGES ©

HAUPTSTADT
Yamoussoukro

BEVÖLKERUNG
28,1 Mio.

FLÄCHE
322 463 km²

AMTSSPRACHE
Französisch

Azuretti-Strand, Grand-Bassam

ELFENBEINKÜSTE

Die Elfenbeinküste (Côte d'Ivoire) ist eine Augenweide: Mit Seesternen übersäte Strände, Palmenwälder und Straßen, die an Streifen aus bronzefarbenem Puder erinnern.

Die Elfenbeinküste ist ein Tropenparadies. Das Land macht wirtschaftliche Fortschritte, es ist eine Nation, die ihren Lebensstil und ihre Kultur schnell modernisiert, ohne dabei ihre Identität zu verlieren.

Im Parc National de Taï im Süden verstecken sich Geheimnisse, Spezies und nussknackende Schimpansen unter den Bäumen. Die Berge und Täler von Man punkten mit Hochlandklima, Frischluft und tollen Wanderungen durch Tropenwälder.

Die Strandressorts in Assinie und Grand-Bassam wurden für Wochenendausflügler aus Abidjan errichtet, der eigentlichen Hauptstadt des Landes. Hier liegen Lagunen zwischen Wolkenkratzern, und Kathedralen recken ihre Türme in den Himmel. Mehrere Orte an der Küste, vor allem Assinie und Dagbego, bieten Surfstrände. In Yamoussoukro schwebt die Basilika wie ein Spiegelbild über der Landschaft, und heilige Krokodile bewachen den Präsidentenpalast.

Highlights

PARC NATIONAL DE TAÏ

1 Es gibt viele Orte in Westafrika, die man als das bestgehütete Geheimnis einer Region bezeichnen kann, aber dieser Regenwald schlägt die meisten. Der Park ist für seine Schimpansen bekannt, die Werkzeuge in ihren täglichen Aktivitäten benutzen – aber ganz allgemein ist die hiesige Flora und Fauna unglaublich.

ABIDJAN

2 Im Schatten der überwältigenden Skyline können Besucher kreative lokale Gerichte genießen, zeitgenössische afrikanische Kunst erkunden und sich zu den verführerischen Klängen der *coupé-decalé*-Musik wiegen. Beim Spaziergang durch Abidjans Viertel erlebt man den Alltag der Einheimischen und die pulsierende Stimmung der Tropen.

GRAND-BASSAM

3 Die Küstenstadt Bassam war die französische Kolonialhauptstadt der Elfenbeinküste, bis 1896 eine Gelbfieberepidemie ausbrach. Heute genießen Wochenendurlauber die Strandatmosphäre der kunstbeflissenen Stadt, die sich noch immer in ihrer einstigen Herrlichkeit sonnt.

REISEZEIT

HAUPTSAISON
(Nov.–Mai)

ZWISCHENSAISON
(Okt. & Juni)

NEBENSAISON
(Juli–Sept.)

ESSEN & TRINKEN

Die Elfenbeinküste ist gesegnet mit einer leichten und leckeren Küche. *Poisson braisé*, ein Gericht aus gegrilltem Fisch mit in Ingwer gekochten Tomaten und Zwiebeln, muss man probieren.

Flag ist Standard; aber wer ein Premium-Bier möchte, sollte sich ein lokal gebrautes Tuborg oder Beaufort bestellen.

HAUPTSTADT
San Salvador

BEVÖLKERUNG
6,5 Mio.

FLÄCHE
21040 km²

AMTSSPRACHE
Spanisch

Playa El Zonte, La Costa del Bálsamo

EL SALVADOR

El Salvador ist ein beliebtes Surfer-Ziel, galt wegen des Bürgerkriegs und negativer Schlagzeilen aber bis vor einigen Jahren noch nicht als Reiseland.

Jeder, der El Salvador besucht, ist von den vielen tollen Dingen beeindruckt, die es zu bieten hat: Surfspots von Weltklasse an leeren Stränden mit dunklem Sand, Kaffeeplantagen, die sich an Vulkanhänge schmiegen, farbenfrohe spanische Kolonialstädtchen und großartige Nationalparks. In der Hauptstadt San Salvador ist zwar viel los, aber wenn man sie verlässt, lässt man auch die Menschenmassen hinter sich.

Einst waren es nur ein paar widerspenstige Surfer und Auslandskorrespondenten, die den Gang durch die strengen Grenzkontrollen wagten, heute sucht jedoch eine neue Generation von Travellern hier nach authentischen Erlebnissen. Und sie werden fündig: Es gibt eine blühende zeitgenössische Kunstszene, und viele Dörfer widmen sich ausschließlich der Kreativwirtschaft.

Am besten kauft man eine Hängematte, stürzt sich mit dem Surfbrett in die Wellen, besucht ein Festival, wandert durch einstige Guerrilla-Hochburgen oder schwimmt im Vulkankrater Lago de Coatepeque.

Highlights

LA COSTA DEL BÁLSAMO

1 Die Costa del Bálsamo ist ein Surferparadies. Ab der rauen Hafenstadt La Libertad verläuft die Küstenschnellstraße nach Westen, vorbei an Two-Break-Stränden mit schwarzem Sand. Dieser Teil El Salvadors ist bei jungen Reisenden und Ozeanliebhabern besonders beliebt.

LA RUTA DE LAS FLORES

2 Eine Reise entlang der Ruta de las Flores ist wie eine Reise durch die Geschichte El Salvadors. In den Dörfern mit ihrer Mischung aus Kolonialarchitektur und indigenem Leben kann man das lokale Essen kosten, durch die *tiendas* (Geschäfte) mit Kunsthandwerk bummeln und einen Kaffee direkt vom Produzenten genießen. Hier liegt auch die Cordillera Apaneca, ein vulkanischer Gebirgszug voller Wasserfälle, Mountainbike-Trails und Wanderwege durch Pinienwälder.

TAZUMAL

3 Die Mayaruinen von Tazumal sind für viele Traveller ein Highlight ihrer Reise. Oft ist man hier ganz alleine und kann anschließend im nahen Santa Ana die schönste Architektur im Land bewundern.

REISEZEIT

NEBENSAISON
(Mai–Aug.)

ZWISCHENSAISON
(Feb.–April & Sept.–Nov.)

HAUPTSAISON
(Dez. & Jan.)

ESSEN & TRINKEN

Das bekannteste Lebensmittel hier ist *pupusa*, ein Maismehlfladen, der mit Käse, gebackenen Bohnen, Gemüse wie *ayote* und *mora*, *chicharrón* (Schweineschwarten) oder *revuelta* (gemischt) gefüllt und dann gegrillt wird. Darauf kommt *curtido*, eine Mischung aus Sauerkraut und eingelegtem Gemüse.

HAUPTSTADT
London

BEVÖLKERUNG
ca. 56 Mio.

FLÄCHE
130 395 km²

AMTSSPRACHE
Englisch

Bibury in den Cotswolds

ENGLAND

Dieses grüne Land – königliche Insel, Schmelztiegel eines Weltreichs und Pionier der parlamentarischen Demokratie – ist vielleicht der exzentrischste, ungewöhnlichste und hinreißendste Ort auf der Welt.

Von den Überresten des römischen Hadrianswalls bis hin zu Londons unvergleichlicher Theaterszene ist England verblüffend vielfältig. Die rund um die Uhr belebten Straßen der Großstädte werden von attraktiven Läden und Restaurants und ein paar der weltbesten Museen gesäumt. Innovative Clubs, erstklassige Perfomances und großartige Livemusik sorgen für unvergessliche Abende. Am nächsten Tag reist man dann in die Weiten des ländlichen Englands oder vergnügt sich in einem der klassischen Küstenorte. Hier wird wirklich für jeden etwas geboten!

Das Reisen an sich gestaltet sich in England problemlos, und eine Zugfahrt ist dank der herrlichen Landschaft meist ein wundervolles Erlebnis. Unabhängig vom gewählten Verkehrsmittel wartet das nächste Highlight ohnehin schon ganz in der Nähe – sei es ein Städtchen, ein Pub, ein Nationalpark oder ein imposantes Schloss.

Highlights

STONEHENGE

1 Geheimnisvoll und faszinierend: Stonehenge ist Englands berühmteste Ikone aus uralter Zeit. Seit mehr als 5000 Jahren pilgern Menschen zu diesem sagenumwobenen Ring aus Megalithen, dessen Zweck trotz unzähliger Theorien bis heute Rätsel aufgibt. Die meisten Besucher schauen nur vom Rundweg aus auf die 50 t schweren Kolosse. Bei rechtzeitiger Reservierung kann man jedoch auch direkt in den inneren Ring hineinkommen. In der Dämmerung und ohne Menschenmassen wirkt dieser Ort geradezu himmlisch. Ein unvergessliches Erlebnis!

LONDON

2 Man könnte London ein Leben lang erkunden und dem steten Wandel zusehen. Doch eine bleibt wie sie ist: die Themse, die sich mächtig durch die Stadt windet und sie mit Englands grünem Herz und der übrigen Welt verbindet. Wohl kein anderer Ort des Planeten ist multikultureller als London, das mit faszinierender Geschichte, herrlicher Kunst, eindrucksvoller Architektur und Popkultur aufwartet. Ganz zu schweigen vom endlosen Reservoir britischer Coolness. Yes, Ladies and Gentlemen, dies ist eine der großen Weltstädte – wenn nicht gar die großartigste!

HADRIANSWALL

3 Der rund 1900 Jahre alte und 117,5 km lange Hadrianswall gehört zweifellos zu den bedeutsamsten und spektakulärsten ömischen Stätten Großbritanniens. Quer durch Nordenglands wilde Einsamkeit reihen sich die Forts, Kastelle, Garnisonen und Türme der einstigen Reichsgrenze aneinander. Diese markierte auch das Ende von Ordnung und Zivilisation: Nördlich davon erstreckte sich das raue Land der marodierenden Kelten, während südlich davon die römische Welt mit Fußbodenheizung, Latrinen und geregeltem Steuersystem lag.

2

FIIPHOTO / SHUTTERSTOCK ©

LAKE DISTRICT

4 William Wordsworth und seine Romantikerfreunde waren die ersten, die den Reiz des Lake District priesen: Lang gezogene Hügel, tiefe Täler, dunstige Bergseen und hohe Gipfel (samt Englands höchstem Berg) prägen die spektakulär schroffe Landschaft, die die geistige Heimat der englischen Wanderbewegung ist. Unser Tipp: Die Wanderstiefel schnüren, Mint Cake einpacken und den Ausblick genießen: Die Inspiration wird nicht lange auf sich warten lassen.

DANIEL_KAY / SHUTTERSTOCK ©

0
100 km
Perth
Dundee
Stirling
Glasgow
EDINBURGH
Berwick-upon-Tweed
Tweed
Holy Island
Farne Islands
Alnwick
Moffat
SCHOTTLAND
Northumberland National Park
3
Newcastle-upon-Tyne
NORD-IRLAND
Carlisle
Warwick
Durham
NORDSEE
BELFAST
Keswick
Whitby
Lake District National Park
Isle of Man
4
Windermere
North York Moors National Park
Douglas
Ulverston
Yorkshire Dales National Park
5
IRISCHE SEE
York
Blackpool
Leeds
Hull
Manchester
Peak District National Park
DUBLIN
Liverpool
10
12
Sheffield
Louth
Buxton
Chester
Lincoln
IRLAND
Nottingham
King's Lynn
Derby
Stafford
Shrewsbury
Leicester
Norwich
Great Yarmouth
Wolverhampton
Birmingham
Aberystwyth
Ludlow
Coventry
St. Ives
9
Aldeburgh
Hay-on-Wye
Worcester
11
Stratford-upon-Avon
Cambridge
Ipswich
Moreton-in-Marsh
8
Luton
Colchester
WALES
Gloucester
6
Oxford
Chelmsford
Swansea
CARDIFF
Bristol
Windsor
2
LONDON
Canterbury
Bath
7
Reading
Avon
Exmoor National Park
Glastonbury
1
Maidstone
Dover
Salisbury
Winchester
Folkestone
ATLANTIK
Worthing
Brighton
Southampton
Hastings
Exeter
Dorchester
13
Portsmouth
Eastbourne
Dartmoor National Park
Bournemouth
Isle of Wight
St. Ives
Plymouth
Dartmouth
ÄRMELKANAL
Land's End
Penzance
Isles of Scilly
Kanalinseln
s. Detailplan Kanalinseln
0
30 km
Alderney
FRANKREICH
Guernsey
St. Peter Port
2°W
Jersey
St. Helier
FRANKREICH

TOP-FILME

Begegnung (1945) Klassiker über eine heimliche Liebschaft.

Mein wunderbarer Waschsalon (1985) Bewegende, komische Studie zu Rassismus und Homophobie in Thatchers London.

Gefährten (2011) Über den Weg eines jungen Mannes, der den Ersten Weltkrieg überlebt hat.

Pride (2014) Humoristische, einfühlsame Erzählung über homosexuelle Aktivisten, die für betroffene Familien des Bergarbeiterstreiks in Großbritannien (1984–85) Geld sammelten.

Suffragette – Taten statt Worte (2015) Fesselnde Story über den Kampf um das Frauenwahlrecht vor dem Ersten Weltkrieg.

TOP-BÜCHER

Reif für die Insel (Bill Bryson; 1995) Dieser amerikanische Blick auf Britisches ist ein Klassiker, aber noch immer aktuell.

The English (Jeremy Paxman; 1998) Scharfsinnige Analyse des englischen Nationalcharakters.

Erste Riten (Jonathan Coe; 2001) Erwachsenwerden in den 1970ern zwischen Streiks, Anschlägen der IRA und Punkrock.

Watching the English (Kate Fox; 2004) Faszinierender Guide zu englischen Eigenarten.

A Week in December (Sebastian Faulks; 2009) Astreine Satire über das Leben in London.

REISEZEIT

HAUPTSAISON
(Juni–Aug.)
Optimales Wetter und teure Preise für Unterkünfte (v. a. im August).

ZWISCHENSAISON
(März–Mai, Sept. & Okt.)
Sonne und plötzliche Regenschauer (März–Mai); mitunter milder Altweibersommer (Sept.–Okt.).

NEBENSAISON
(Nov.–Feb.)
Meistens nass und kalt; besonders im Norden kann es schneien.

YORK

5 Alte Stadtmauern, verwinkelte Kopfsteinpflasterstraßen und Spuren von Römern und Wikingern – York ist ein Paradebeispiel für die Highlights der englischen Geschichte. Viele Themenspaziergänge tauchen in das Gewirr der Gassen ein. Staunen lässt das York Minster, Nordeuropas größte mittelalterliche Kathedrale – oder die deutlich jüngeren Exponate im National Railway Museum, das mit der weltgrößten Sammlung historischer Lokomotiven aufwartet.

OXFORD

6 Oxfords große Geister und erhabene Institutionen sind weltberühmt. Die Annäherung daran beschränkt sich jedoch meist auf einen Besuch der Universitätsstadt. Einen Eindruck von der exklusiven Welt vermitteln die Kopfsteinpflastergassen und Plätze, auf denen sich die Wege radelnder Studenten und ergrauter Professoren kreuzen. Die schönen College-Gebäude, die Traditionen und die Architektur haben sich über Jahrhunderte kaum verändert und bestehen neben einer lebendigen, modernen Stadt.

BATH

7 In einem Land voller hübscher Städte besticht Bath durch besondere Schönheit. Es wurde von den Römern gegründet, die hier das Kurbad Aquae Sulis einrichteten, um von den heißen Quellen der Umgebung zu profitieren. Der Durchbruch kam im 18. Jh., als der Industrielle Ralph

DAS KELTISCHE

Trotz der angelsächsischen Vorherrschaft ab etwa 500 n. Chr. wurde das Keltische in Teilen Südenglands noch bis ins 11. Jh. gesprochen, als die Normannen in die Region eindrangen.

WILDE TIERE

Für seine Größe hat England sehr viele Pflanzen und Tiere. Manche Spezies ist kaum zu finden, doch es gibt viele Naturschätze, von den Blumen in den Wäldern der Lowlands bis hin zum majestätischen Rotwild der Hochmoore.

▼ ESSEN & TRINKEN

Christmas Pudding Kuppelförmiger Weihnachtskuchen mit Früchten, Nüssen, Brandy oder Rum.

Cornish Pasty Pikante Pastete; eine Spezialität des Südwestens, heute landesweit erhältlich.

Fish & Chips Allzeit beliebt und in Küstenorten am besten.

Full English Breakfast Warmes Frühstück mit Speck, Würstchen, Eiern, Tomaten, Pilzen, gebackenen Bohnen und Toast.

Ploughman's Lunch Pub-Klassiker: Brot und Käse (idealerweise plus Bier); wird manchmal auch mit Salat, eingelegtem Gemüse (z. B. Zwiebeln) und diversen Dressings serviert.

Roastbeef & Yorkshire Pudding Traditionelles Mittagessen am Sonntag.

Allen mit den Architekten John Wood dem Älteren und John Wood dem Jüngeren die Neuerfindung der Stadt als Modell georgianischer Architektur in Angriff nahm. Mit seinen Stadthäusern aus goldfarbenem Stein, Grünflächen und palladianischen Villen zieht Bath alle Blicke auf sich.

DIE COTSWOLDS

8 Das Tollste an den Cotswolds: Wo man auch hinfährt oder wohin man sich auch verirrt – am Ende des Wegs liegt ein malerisches Dorf mit schmuckem Platz, Steinhäuschen, Rosen und Aussicht auf grüne Hügel. Und garantiert gibt's auch einen Pub mit schiefen Fußböden und prima Bier. Hier kann man den Massen entfliehen und das mittelalterliche England auf seine Art entdecken. Außerdem finden sich in den Cotswolds einige der besten englischen Boutiquehotels.

CAMBRIDGE

9 Cambridge ist eine von zwei großartigen alten Universitätsstädten Englands. Zu den Highlights zählen eine Führung durch eins der alten Colleges und die Kapelle des King's College mit ihrem aufwendigen Gewölbe. Natürlich darf eine Stocherkahnfahrt entlang der malerischen „Backs" – den Grünflächen hinter den Top-Colleges der Stadt – nicht fehlen. Zum Schluss gibt's ein Bier in einem historischen Pub. Schnell fragt man sich, wieso man eigentlich nicht hier studiert hat.

LIVERPOOLS MUSEEN

10 Nach zehnjähriger Sanierung ist der Uferbereich erneut das Herz Liverpools. Zentral ist dabei das Albert Dock, eine Welterbestätte mit markanten Gebäuden, von denen einige tolle Museen beherbergen: Das Merseyside Maritime Museum und das International Slavery Museum sorgen dafür, dass Liverpools Ruhm und Schmach nicht vergessen werden. Das Tate Liverpool Museum und das Beatles Story Museum feiern dagegen die Kultur und die berühmtesten Söhne der Stadt.

STRATFORD-UPON-AVON

11 Kein Geringerer als William Shakespeare wurde in diesem hübschen Städtchen geboren und segnete hier auch das Zeitliche. In Stratfords dichtem Straßengewirr aus der Tudorzeit folgen Theaterfans aus aller Welt den Spuren des Dramatikers. Anschauen sollte man sich unbedingt eine Theatervorstellung, die fünf Häuser, die einst Shakespeare und dessen Verwandtschaft gehörten, und die Schulräume. Pflicht ist zudem ein Besuch des Dichtergrabs in einer alten Steinkirche.

PEAK DISTRICT

12 Seltsamerweise hat der Peak District nur wenige Berge, dafür aber raue Heidelandschaften, tiefe Täler, grüne Felder, uralte Weiler und Sandsteinfelsen. Die großartige Szenerie zieht Radfahrer, Sportkletterer und Wanderer an. Wer's entspannter mag, besucht in Bakewell den Bauernmarkt und lässt sich die berühmten Puddings schmecken. Auch die viktorianischen Pavillons des Kurorts Buxton oder das beeindruckende Chatsworth House, das als Palace of the Peak (Gipfelpalast) bekannt ist, lohnen sich.

SEVEN SISTERS

13 Dovers weiße Steilküste zieht am meisten Aufmerksamkeit auf sich, dabei sind die kolossalen Kreidefelsen der Seven Sisters (Sieben Schwestern) viel spektakulärer. Die 6,5 km langen Klippen aus kargem, weißem Fels winden sich an der Küste von Sussex und dem Ärmelkanal entlang und bilden damit die beeindruckende südliche Grenze des Nationalparks South Downs. Der dramatischste Ausblick bietet sich von der Landspitze Beachy Head. Beim Wandern entlang der Felder oben an der Klippe kann man hinaus aufs Meer schauen – einfach atemberaubend.

VALDIS SKUDRE / SHUTTERSTOCK ©

UNTERWEGS VOR ORT

Wer mit dem Auto unterwegs ist, ist unabhängig und flexibel und kann auch in abgelegenere Ecken vordringen. Nachteile sind Staus und der hohe Spritpreis.

Um in England längere Strecken zurückzulegen, sind Züge schnell und komfortabel, können aber teuer sein. Dafür ist das Streckennetz gut ausgebaut, und fast überall im Land gibt es regelmäßige Verbindungen.

Wer aufs Geld schauen muss, kommt mit dem Fernbus fast immer am günstigsten voran. Allerdings sind die Busse meist auch die langsamste Option.

England ist nicht allzu groß: Wenn man Zeit hat, kann man das Land prima per Leihfahrrad erkunden.

HAUPTSTADT
Asmara

BEVÖLKERUNG
6,1 Mio.

FLÄCHE
117 600 km²

AMTSSPRACHEN
Tigrinya, Arabisch, Englisch

Ruinen von Kohaito

ERITREA

Eritrea, kaum mehr als ein schmaler Streifen am Horn von Afrika, empfängt seine Gäste mit jeder Menge Kultur, Geschichte und natürlicher Schönheit.

Historisch faszinierend, kulturell einnehmend und landschaftlich beeindruckend – Eritrea ist eines der geheimnisvollsten Länder Afrikas. Wer sich nach Orten abseits der Touristenpfade sehnt, findet hier Herausforderungen, Abenteuer und eine Mischung natürlicher und kultureller Highlights.

Eritrea begeistert Besucher mit seiner Landschaft, die von den typischen abessinischen Formen – Schichtstufen, Hochebenen und aufragende Gipfel – bis hin zu den menschenleeren, wüstenähnlichen Stränden an der Küste des Roten Meeres reichen. Kulturell gesehen ist Eritrea ein Schmelztiegel. Im afrikanischen Vergleich mag es zwar klein sein, hier leben aber viele ethnische Gruppen. Zudem gibt es zahlreiche archäologische Stätten, und das Sahnehäubchen ist Asmara mit seiner Art-déco-Architektur.

Trotz der schwierigen politischen und wirtschaftlichen Lage und der teilweise geltenden Reisebeschränkungen ist Eritrea ein inspirierendes Ziel, vor allem für Traveller auf der Suche nach neuen Erfahrungen.

Highlights

KAMELMARKT IN KEREN

1 Jeden Montagmorgen ab 8 Uhr tummeln sich Käufer und Verkäufer an der Straße nach Nakfa auf dem Markt, um über den Preis für Nutztiere zu feilschen. Obwohl der Name bereits sein Highlight offenbart – die Kamelkarawanen auf der unteren Ebene – sollte man auch hinauf auf die Terrassen gehen und sich die vielen Schafe, Kühe und anderen Tiere anschauen.

KOHAITO

2 Diese Stadtruinen mit der imposanten Größe von 2,5 km auf 15 km zeugen von ihrer einstigen Bedeutung. Kohaito liegt an einer ehemaligen aksumitischen Handelsroute, und seine vorchristlichen Kirchen auf malerischen Bergspitzen und die Höhlenmalereien in der Nähe lassen einen über Eritreas geheimnisvolle Vergangenheit spekulieren.

PANZER-FRIEDHOF

3 Dieser Ort ist teils Schrottplatz, teils Erinnerungsstätte. In den Jahren nach dem Ende der schweren Kämpfe wurden die Überreste von Militärfahrzeugen aus dem ganzen Land auf dieses offene Feld gebracht. Auf ergreifende Weise spiegeln sie die angerichteten Schäden wider.

REISEZEIT

HAUPTSAISON
(Okt.–März)

ZWISCHENSAISON
(April, Mai & Sept.)

NEBENSAISON
(Juni–Aug.)

ESSEN & TRINKEN

Von feurigen Currys, die auf *injera*-Fladen serviert werden, bis hin zu italienischen Pastasaucen finden sich in Eritrea viele verschiedene leckere Gerichte. Gute Restaurants gibt's in der Hauptstadt, und in Massawa bekommt man ausgezeichnetes Seafood.

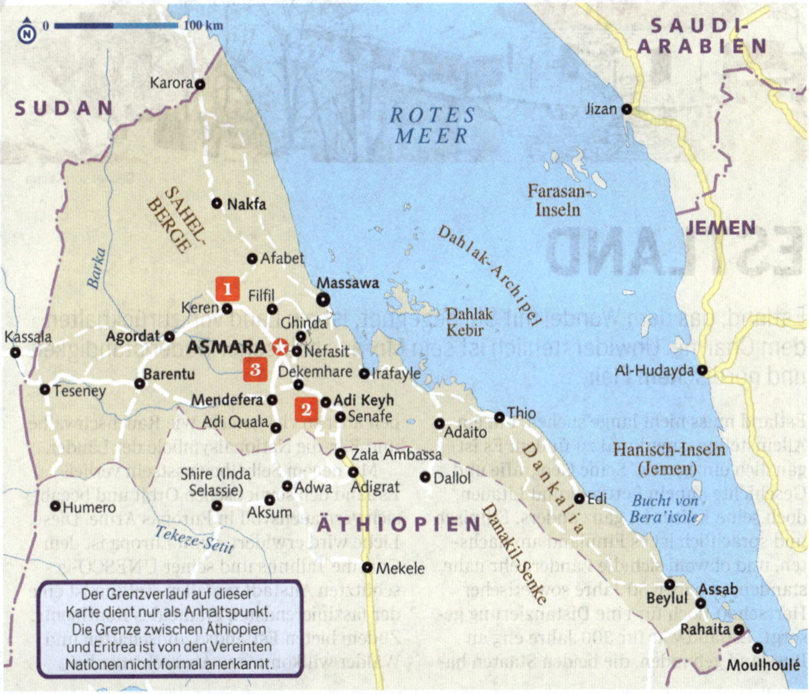

HAUPTSTADT
Tallinn

BEVÖLKERUNG
1,2 Mio.

FLÄCHE
45339 km²

AMTSSPRACHE
Estnisch

Dächer von Tallinn

ESTLAND

Estland, das dem Wandel mit Stil begegnet, ist ein Land von zurückhaltendem Charme. Unwiderstehlich ist sein Mix aus baltischer Bodenständigkeit und nordischem Flair.

Estland muss nicht lange suchen, um ein Alleinstellungsmerkmal zu finden: Es ist gänzlich einzigartig. Seine Geografie und Geschichte ähneln Lettland und Litauen, doch seine Kultur ist ganz anders. Ethnisch und sprachlich ist es Finnland am nächsten, und obwohl sich die Länder sehr nahe standen, so haben 50 Jahre sowjetischer Herrschaft doch für eine Distanzierung gesorgt. Estland war für 300 Jahre eng an Russland gebunden, die beiden Staaten haben aber so viel gemein wie Rauchschwalbe und Bär, die Nationalsymbole der Länder.

Mit neuem Selbstbewusstsein verließ Estland den sowjetischen Orbit und begab sich vertrauensvoll in Europas Arme. Diese Liebe wird erwidert, denn Europa ist dem Charme Tallinns und seiner UNESCO-geschützten Altstadt verfallen. Tallinn ist eine der faszinierendsten Städte des Kontinents. Zudem bieten Estlands Landschaften und Wälder willkommene Abgeschiedenheit.

Highlights

TALLINN

1 Tallinn hat einen bestechenden Charme. Hier treffen Moderne und Mittelalter aufeinander und ergeben eine spezielle Atmosphäre. Ein Kontrast zur Mischung aus Kirchtürmen, Wolkenkratzern, Palästen, Restaurants, Zinnen, Einkaufszentren, Holzhäusern und Cafés an sonnigen Plätzen bilden die wenigen Sowjet-Relikte, die noch zu finden sind. Zudem entwickelt sich Tallinn mit seiner steigenden Zahl an Top-Restaurants, stimmungsvollen Hotels und einer gut laufenden Tourismusmaschinerie zu einem sehr unkomplizierten Reiseziel.

SAAREMAA

2 Saaremaa (wörtlich „Land der Insel") ist für Esten der Inbegriff für Platz, Fichten und frische Luft – und für Tafelwasser, Wodka und Bier. Estlands größte Insel ist noch immer zu einem Großteil von Fichten, Kiefern und Wacholderbüschen bewachsen, während sich Windmühlen, Leuchttürme und winzige Dörfer im Lauf der Zeit kaum verändert zu haben scheinen.

VILJANDI

3 Viljandi zählt zu den bezauberndsten Orten Estlands und liegt über einem malerischen Tal mit einem ruhigen See in der Mitte. Die Schwertbrüder erbauten hier im 13. Jh. ein Schloss, um das eine Ortschaft gewachsen ist – perfekt für Spaziergänge mit tollen Ruinen, alten Gebäuden und viel Natur. Im Juli, wenn das viertägige Musikfestival stattfindet, verdoppelt der Ort seine Größe. Es ist bekannt für eine tolle Atmosphäre und ein spannendes internationales Line-up.

REISEZEIT

HAUPTSAISON
(Mai–Sept.)

ZWISCHENSAISON
(April, Okt. & Nov.)

NEBENSAISON
(Dez.–März)

JETZT REISEN!

Die **Seefestung Patarei** aus dem 19. Jh. war von 1919 bis 2002 ein berüchtigtes Gefängnis, nun sind die weitgehend original belassenen Gemäuer in Tallinn zur Besichtigung freigegeben. Unter dem Titel „Kommunismus ist Gefängnis" wird das Innere mit seinen muffig-feuchten Zellen und Gängen gezeigt. Ein internationales Gedenkmuseum für die Opfer des Kommunismus ist in Patarei in Planung.

NATIONALPARK LAHEMAA

4 Der größte *rahvuspark* (Nationalpark) Estlands, das „Land der Buchten", ist 725 km² groß und steht für das unberührte Estland. Der Nationalpark ist gut auf Besucher eingestellt: Es gibt nette Pensionen, restaurierte Herrenhäuser und ein großes Netz an Waldwegen für Wanderer und Radfahrer.

OTEPÄÄ

5 Das auf einem Hügel gelegene Dorf Otepää ist unter den Einheimischen für seine Schönheit und die Optionen zum Wandern, Radfahren und Schwimmen sowie Langlaufen bekannt. Es wird oft als die Hauptstadt des Wintersports bezeichnet, und so ist hier an den Winterwochenenden viel los. Von manchen wird die Region sogar als die „estnischen Alpen" bezeichnet. Damit sind aber weniger die Gipfel, als vielmehr die Skipisten gemeint.

TARTU

6 Tartu mit seinem gemächlich fließenden Emajõgi ist klein und provinziell und Estlands wichtigste Universitätsstadt. Studenten machen fast ein Siebtel der Bevölkerung aus. Dies sorgt für ausgelassene Lebensfreude in einem grünen, historischen

UNTERWEGS VOR ORT

Die Straßen sind sehr gut. Autofahren ist kein Problem.

Die flache Landschaft ist ideal für Radtouren.

Das Busnetz ist gut: Größere Städte sind verbunden, von den kleineren geht's zu regionalen Drehkreuzen.

Wichtige Verbindungen ab Tallinn sind Rakvere, Tartu, Viljandi und Pärnu.

2

A. ALEKSANDRAVICIUS / SHUTTERSTOCK ©

Umfeld. An Sommerabenden findet man diejenigen Studenten, die die Stadt nicht Richtung Strand verlassen haben, am Hügel hinter dem Rathaus beim Flirten und Trinken.

PÄRNU

7 In Pärnu treffen estnische Familien, Jugendliche sowie deutsche, schwedische und finnische Urlauber aufeinander, beten die Sonne an oder flanieren am Strand, durch die Parks oder das Zentrum. Pärnu gilt als die Sommerhauptstadt und ist mit begrünten Straßen, Parks sowie Villen, die von einer eleganten Vergangenheit zeugen, beschaulich.

MUHU

8 Die Insel Muhu, durch einen 2,5 km langen Damm mit Saaremaa verbunden, steht zu Unrecht im Schatten der Nachbarinsel Saaremaa. Dabei bietet Estlands drittgrößte Insel viele Gründe für einen Abstecher, z. B. ein Top-Restaurant und tolle Unterkünfte.

▼ ESSEN & TRINKEN

Kama Ein dickflüssiges, milchshakeartiges Getränk aus Buttermilch, vermischt mit zermahlenem Erbsen-, Roggen-, Gerste- und Weizenpulver.

Kasukas Russischer Schichtsalat mit Roter Bete, Kartoffeln, Möhren, gesalzenem Hering, gekochten Eiern und Joghurt.

Rukkileib Roggenbrot; estnisches Grundnahrungsmittel.

Sealiha ja kartul Schweinefleisch und Kartoffeln.

Suitsukala Geräucherter Fisch; meist Forelle oder Lachs.

Verivorst Blutwurst.

ANNA GRIGORJEVA / SHUTTERSTOCK ©

▼ KIIKING

Bei der 1997 erfundenen Extremsportart Kiiking („Schaukeln") steht der Sportler auf einer Schaukel und versucht, ausreichend Schwung für einen Überschlag aufzunehmen. Die Füße sind auf der Stehfläche gesichert, während man sich mit den Armen an den zwei Seitenstangen festhält. Der Clou dabei: Je länger die Schaukel ist, desto schwieriger wird es. Der Erfinder des Sports, Ado Kosk, entwickelte daher teleskopisch ausfahrbare Seitenstangen. Bei Wettkämpfen gewinnt, wer mit der längsten Schaukel noch den Überschlag hinbekommt. Neugierig geworden? Auf www.kiiking.ee gibt es die Bilder dazu und Infos, wo man Kiiking live sehen (oder sogar selbst ausprobieren) kann!

HAUPTSTADT
Stanley

BEVÖLKERUNG
3198

FLÄCHE
12173 km²

AMTSSPRACHE
Englisch

Königspinguine am Volunteer Beach

FALKLANDINSELN

Heftig umkämpft und doch standhaft britisch, so präsentieren sich die Falklandinseln im Südatlantik, die Lebensraum für Pinguine, Wasservögel, einige wenige Menschen und natürlich jede Menge Schafe bieten.

Fällt der Name Falklandinseln (oder Malwinen – in Argentinien als Islas Malvinas bekannt), denkt man noch immer an den Krieg von 1982, als Großbritannien nach der argentinischen Invasion die Herrschaft über die Inseln wiedergewann. Heute sind sie ein beliebter Stopp für Kreuzfahrten und Naturbeobachter. Buchten, Flussmündungen und Strände prägen die Küsten und die artenreiche Natur. Die Inselgruppe beheimatet Falkland- und Schopfkarakaras, Kormorane, Austernfischer, Weißgesicht-Scheidenschnäbel sowie viele Pinguinarten, zudem Seelöwen, See-Elefanten, Bärenrobben, Delfinen und Schwertwale.

Stanley, die Hauptstadt der Falklandinseln, liegt auf East Falkland und ist eine kleine Ansammlung von Häusern – der richtige Ort, um bei einem Bier lokalen Sagen zu lauschen. In den „Camps", wie die übrigen Siedlungen genannt werden, begegnet man eher einem Schaf als einem Menschen.

Highlights

STANLEY

1 Die Hauptstadt ist kaum größer als ein Dorf, aber hier leben zwei Drittel der Bevölkerung. Man kann die Architektur aus recycelten Schiffswracks bewundern, Einheimische in einem Pub treffen sowie das Falkland Islands Museum und die Kriegsdenkmäler besuchen.

VOLUNTEER BEACH

2 Man muss nicht in die Antarktis reisen, um Königspinguine zu sehen – am Volunteer Beach gibt es die nördlichste Kolonie der Welt. Kolonien von Eselspinguinen und Magellanpinguinen bevölkern ebenfalls den Strand, der nach der *Volunteer* benannt ist, einem amerikanischen Walfangschiff, das 1815 in Port Louis vor Anker ging.

SEA LION ISLAND

3 Die südlichste der bewohnten Falklandinseln hat eine besonders artenreiche Tierwelt. Hier leben fünf Falkland-Pinguinarten und riesige Kormorankolonien; zudem pflanzen sich hier die Südlichen See-Elefanten fort. Die Population der Seelöwen, die der Insel den Namen gaben, ist weit kleiner und zählt nur etwa 100 Tiere.

REISEZEIT

HAUPTSAISON
(Dez.–Feb.)

ZWISCHENSAISON
(März, Okt. & Nov.)

NEBENSAISON
(April–Sept.)

ESSEN & TRINKEN

Die Küche der Falklandinseln ist von britischen Ess- und Trinkgewohnheiten beeinflusst – beispielsweise Fish & Chips oder Lammfleisch. Der reichlich vorhandene frische Fang sorgt außerdem für den Schwerpunkt auf Fisch und Meeresfrüchten.

HAUPTSTADT
Suva

BEVÖLKERUNG
939 535

FLÄCHE
18 274 km²

AMTSSPRACHEN
Englisch, Fidschianisch

Tavarua, Mamanuca-Inseln

FIDSCHI

Hier stellt man schnell auf „Fidschi-Zeit" um, denn bei tollen Stränden, einer schönen Unterwasserwelt und faszinierender Kultur vergisst man jeden Stress.

Die Strände Fidschis mit ihrem weißen Sand, den perfekten Palmen und dem leuchtend blauen Wasser wirken wie gemalt. Schöne Ecken gibt's überall, die Strände auf den Mamanuca- und Yasawa-Inseln sind jedoch der Inbegriff eines Südseeparadieses.

Natürlich kann man seinen Urlaub hier problemlos im, am oder unter Wasser verbringen, doch auch das Festland bietet viele Überraschungen. Fidschi hält jede Menge Möglichkeiten zum Wandern, zur Vogelbeobachtung und für Waldliebhaber bereit, besonders auf Taveuni und Kadavu, ein von Besuchern bisher fast ignorierter Teil des Paradieses.

Wer Abenteuer im (Groß-)Stadtdschungel sucht, findet in Suva ein aktives Nachtleben, während Orte wie Savusavu mit Nachbarschaftskneipen locken. Die Fidschianer sind offen und freundlich. Dank ihrer Gastfreundschaft wird man hier schnell Freunde finden. Oder man lässt sich ganz auf die fidschianische Kultur ein und entscheidet sich für einen Homestay in einem Dorf.

Highlights

SUVA

1 Das feuchtheiße Suva bietet einen multikulturellen Mix aus Fidschis kolonialer Vergangenheit und der Gegenwart. Alte Gebäude säumen das Ufer mit Hafen. Im Zentrum gibt es schicke Einkaufszentren und Stände mit kunsthandwerklichen Erzeugnissen, die beide einen Besuch lohnen. Am besten lässt man sich im Chaos des städtischen Marks treiben, informiert sich im Nationalmuseum über die Geschichte des Archipels und schlürft im alten Grand Pacific Hotel einen Cocktail, bevor man die Restaurantszene Suvas erkundet.

NAVALA

2 Das Dörfchen Navala liegt in einem Tal tief in den Nausori Highlands und ist der beste Ort auf den Inseln, um das authentische Leben, das die indigene Bevölkerung hier schon seit Urzeiten führt, zu erleben. Es ist die letzte Bastion traditioneller Architektur: Vom Haus des Häuptlings bis zur Außentoilette sind alle 200 Gebäude mit uralten Techniken erbaut, für die geflochtene Bambuswände, strohgedeckte Dächer und Seile aus Fasern der hier wachsenden Pflanzen verwendet werden. Besucher werden mit einer Kaya-Zeremonie willkommen geheißen und es gibt über offenem Feuer zubereitete Gerichte.

REISEZEIT

HAUPTSAISON
(Juni–Sept. & Dez.–Jan.)

ZWISCHENSAISON
(Mai & Okt.)

NEBENSAISON
(Nov. & Feb.–April)

SAWA-I-LAU CAVE

3 Sawa-i-Lau ist eine Kalksteininsel inmitten der Yasawa-Vulkaninseln. In seiner Höhle finden sich Felsritzungen, Malereien und Inschriften, über die

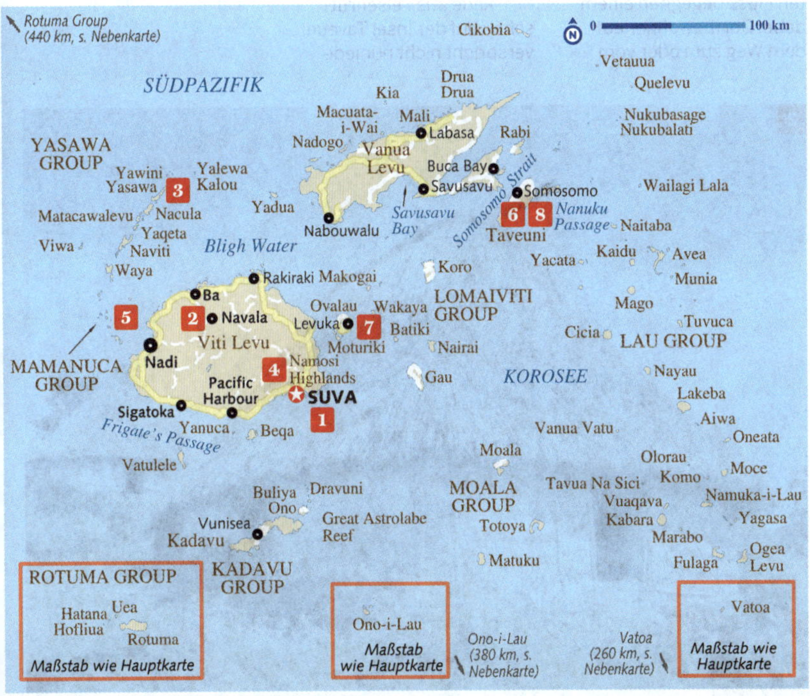

man nur wenig weiß. Die Höhle kann mit einem Guide und einer Taschenlampe besucht werden. Dafür muss man aus der Hauptkammer der Höhle durch eine kurze Unterwasserpassage tauchen. Wer es weniger aufregend mag, kann auch in einem klaren Becken unterhalb der gewölbten Decke etwas herumplanschen.

NAMOSI HIGHLANDS

4 Die Geologie zeigt sich in den spektakulären Namosi Highlands von ihrer mächtigsten Seite. Steile Schluchten säumen den Wainikoroiluva River und bilden eine tolle Kulisse für die malerischste Raftingtour Fidschis, die man in einem *bilibili* (Bambusfloss) unternimmt. Überall auf dem von Palmen gesäumten Fluss begegnen einem dabei Dorfbewohner auf dem Weg zum oder vom Markt, die in ihren Booten Schweine, Kokosnüsse, Taro oder frisches Gemüse transportieren.

SURFEN AM CLOUDBREAK

5 Fidschi gehört zu den besten Surfspots der Welt. Es gibt hier geniale Breaks und gewaltige Tubes, die Surfer aus aller Welt anlocken. Die berühmtesten Breaks sind der Cloudbreak und Restaurants, zwei mächtige Left-Hander, die nichts für Anfänger sind. Überall auf der Inselgruppe finden sich Surfresorts, von den Inseln Mamanuca und Yanuca neben Viti Levu bis hin zu Qamea (im Norden) und der Kadavu Group (im Süden).

WAITAVALA WATER SLIDE

6 Diese natürliche Kaskade aus Felsenrutschen auf der Insel Taveuni verspricht nicht nur jede

▼ UNTERWEGS VOR ORT

Es gibt regelmäßige Flüge zu den äußeren Inseln.

Taxis können für Tagestouren eine günstige Option sein.

Busse bieten eine echt fidschianische Erfahrung.

Fähren und Frachtschiffe verbinden die Inseln.

2

DON MAMMOSER / SHUTTERSTOCK ©

Menge Spaß, sondern auch blaue Flecken. Zuerst sollte man die einheimischen Kinder beobachten, denn sie wissen, wie es geht. Bei ihnen sieht die Rutschpartie ganz leicht aus; sie bewältigen sie teilweise sogar stehend. Man selbst sollte das Ganze aber lieber auf seinem Allerwertesten hinter sich bringen. Die Tapferkeit wird am Ende durch eine Abkühlung in den Becken unterhalb belohnt.

KOLONIALARCHITEKTUR IN LEVUKA

7 In dem verschlafenen Levuka, zu Kolonialzeiten die Hauptstadt des Landes und Fidschis einzige UNESCO-Welterbestätte, trifft der Wilde Westen auf die Südsee. Man kann sich gut vorstellen, wie einst Matrosen zu den farbenfrohen Türen herausstolperten. Früher gab es hier Saloons, heute hingegen vor allem Läden mit Krimskrams. Einige der Gebäude wurden 2016 vom Wirbelsturm Winston beschädigt. Frauen verkaufen am Straßenrand zubereitetes *dalo* (Taro), eine etwas ausgeblichene Kirche ragt in den Himmel und gelegentlich tuckert ein Auto durch die Straßen.

WANDERN AUF TAVEUNI

8 Unfassbar grün und feucht – Taveuni ist Fidschis „Garteninsel" und ein Paradies für Wanderer. Selbst der kürzeste Weg führt zu einem seltenen endemischen Vogel, riesigen Bäumen und bizarren Felsformationen. Etwa 80 % der Insel liegen in den schützenden Grenzen des Bouma Nationalparks, in dem sich auch der Lavena Coastal Walk befindet. Der 5 km lange Weg führt vorbei an wunderschönen Stränden, durch Dörfer im Dschungel und über eine Hängebrücke zu einem verborgenen Wasserfall. Wem das nicht genug ist, der kann den steilen Weg hinauf zum Gipfel des Des Voeux in Angriff nehmen oder zum trüben Bergkratersee Tagimaucia wandern.

▼ ESSEN & TRINKEN

Kokoda Rohfischsalat mit Zitronensaft, Gemüse und Kokos.

Lovo Traditionelles Festessen, bei dem die Speisen in einem Erdofen zubereitet werden.

Palusami Corned beef oder Zwiebeln mit Kokosnusscreme, gebacken in jungen Taroblättern.

Roti Zu empfehlen sind die *cepelinai* (mit Fleisch, Pilzen oder Käse gefüllte Kartoffelknödel).

Thali Indische Gerichte, serviert mit verschiedenen Gewürzen.

Yaqona Das leicht betäubende Getränk, auch als *kava* oder Grog bekannt, ist ein trüber Tee, der aus der Wurzel der Pfefferpflanze gewonnen wird.

5

IMAGE SOURCE RF/JUSTIN LEWIS/KEYWORDS / GETTY IMAGES ©

▼ DORFLEBEN

Die Begrüßung *bula* ist viel mehr als ein einfaches „Hallo". Wörtlich übersetzt bedeutet es „Leben", ein angemessener Gruß für ein so temperamentvolles Volk. Die Bewohner Fidschis sind aufrichtig freundlich, und Besucher dürfen sich über einen herzlichen Empfang freuen – nicht selten mit offenen Armen und Liedern. Am besten erlebt man diese Gastfreundschaft in einem der Dörfer auf dem Land. Zu einem Besuch gehört im Normalfall eine *kava*-Zeremonie und vielleicht noch ein *meke* (zeremonieller Tanz) oder ein *lovo* (Festessen aus einem Erdofen).

HAUPTSTADT
Helsinki

BEVÖLKERUNG
5,6 Mio.

FLÄCHE
338 145 km^2

AMTSSPRACHEN
Finnisch, Schwedisch

Aurora Borealis (Polarlichter), Lappland

FINNLAND

In Europas hohem Norden treffen Design, Technologie und Kulinarik auf schier endlose Wildnis – man muss sich nur zwischen der Mitternachtssonne im Sommer und der eiskalten Magie des Winters entscheiden.

Das Erlebnis Finnland wird auch von der Jahreszeit bestimmt. Was man hier jedoch jederzeit findet, sind reine Luft und eine vitale, anregende Lebensart. Der Sommer wartet mit Festivals, Ausstellungen, Bootsrundfahrten auf Seen, Mitternachtssonne, geselligen Biergärten, idyllischen Tagen in abgelegenen Hütten am Wasser und vielen Märkten mit frischen Produkten auf.

Aber auch der Winter mit seinen schneebedeckten Bäumen und zugefrorenen Seen hat seinen Charme. Den eisigen Temperaturen begegnet man am besten, indem man aktiv wird; bis Mai kann man auch prima Skifahren. Weitere Zeitvertreibe sind die Beobachtung der *Aurora Borealis* (Polarlichter), ein Besuch in einer holzbeheizten Sauna oder in einem funkelnden Eishotel.

Aber Finnland besteht nicht nur aus Wildnis. Im Süden gibt's pulsierende Städte, allen voran die moderne Hauptstadt Helsinki, die für Design und Musik weltbekannt ist.

Highlights

WANDERN IN NORDFINNLANDS NATIONALPARKS

1 Dank der vielen geschützten Wälder und Fjelle gehört Finnland zu den besten Wanderzielen Europas. Eine tolle Hügellandschaft und schroffe Schluchten finden sich auf dem Karhunkierros bei Kuusamo, der im Herbst am schönsten zu bewandern ist. Der Nationalpark Urho Kekkonen in Lappland zählt zu den größten Wildnisregionen Europas, und auch die spektakuläre Schlucht des Naturreservats Kevo und die Fjelllandschaft des Pallas-Yllästunturi-Nationalparks sind tolle Optionen im hohen Norden. Es gibt ein gutes Netz aus Campinghütten, was die Reiseplanung erleichtert; auch eine gute Gelegenheit, Einheimische zu treffen.

SCHLITTEN- & SCHNEEMOBILFAHRTEN, LAPPLAND

2 In der Sonne mit einem Husky-Gespann durch Lappland zu flitzen, ist ein schier unübertreffliches Erlebnis. Kurze Touren sind schön, aber bei einer Ausfahrt mit Übernachtung kann man die liebenswerten Hunde füttern und einspannen und in der Wildnis saunieren. Dennoch ist das alles keine Spazierfahrt: Man macht ab und an persönliche Bekanntschaft mit dem Schnee, bevor man lernt, sein Gespann zu kontrollieren. Ähnliche Touren gibt's mit Schneemobilen oder Rentiergespannen.

DESIGN-SHOPPING, HELSINKI

3 Funktionell, elegant, abgefahren oder exzentrisch: Die Wahl ist Geschmackssache. Den bewusst vom Mainstream abweichenden Chic der Hauptstadt versteht man am besten, wenn man in den Designerläden herumstöbert, die überall im Zentrum zu finden sind. Ob man sich nun an kultige finnische Interpretationen der Mode des 20. Jhs. von Marken wie Iittala, Marimekko und Artek hält oder auf topangesagte, kuriose Mode steht, die man im unkon-

2

BLUEORANGE STUDIO / SHUTTERSTOCK ©

0
100 km
NORWEGEN
Alta
Vadsø
Utsjoki
Inarijärvi
Kilpisjärvi
Narvik
6
Inari
Njurgulahti
Kaaresuvanto
Ivalo
Hetta
(Enontekiö)
Saariselkä
Kiruna
Urho Kekkonen
National Park
1
Muonio
Portipadhan
tekojärvi
Lokan
tekojärvi
Kittilä
SCHWEDEN
Kolari
Sodankylä
2
LAPPLAND
Kemijärvi
RUSS-
LAND
Rovaniemi
Juuma
Ruka
Tornio
Kemi
Ranua
Kuusamo
Luleå
4
Taivalkoski
Pudasjärvi
Bottnischer
Meerbusen
Oulu
Skellefteå
Raahe
Suomussalmi
Kalajoki
Oulainen
Umeå
Kajaani
Sotkamo
Ylivieska
Kokkola
Kuhmo
Jakobstad
Teljo
Kvarken
Archipelago
Sonkajärvi
Iisalmi
Nurmes
Ruunaa
Vaasa
Lapua
Lieksa
Vuonislahti
Seinäjoki
Pielinen
7
Kurikka
Saarijärvi
Kuopio
Kristinestad
Äänekoski
Ilomantsi
Bottnischer
Meerbusen
Virrat
Joensuu
Pieksämäki
Parkano
Näsijärvi
Jyväskylä
Varkaus
Kankaanpää
8
Jämsä
SEENPLATTE
Kerimäki
Pori
Tampere
Päijänne
Mikkeli
Savonlinna
10
5
Rauma
Valkeakoski
Parikkala
Pyhäjärvi
Saimaa
Uusikaupunki
Hämeenlinna
Imatra
Forssa
Lahti
Kouvola
Lappeenranta
Eckerö
Turku
Hyvinkää
Vyborg
Ladoga-
see
9
Hamina
Åland
Lohja (Lojo)
Vantaa
Kotka
Espoo
HELSINKI
RUSSLAND
Hanko
3
Finn. Meerbusen

ventionellen Stadtteil Punavuori findet, man wird auf etwas stoßen, von dem man noch nicht wusste, dass man es braucht. Und: Man kann sich alles nach Hause schicken lassen.

BÄRENBEOBACHTUNG, OSTFINNLAND

4 Der Braunbär (*Ursus arctos*) ist Finnlands Symboltier. Über tausend der mächtigen Tiere leben im Nordosten des Landes und wandern unbehelligt über die russisch-finnische Grenze. In Grenznähe gibt es Beobachtungsposten, in denen man nachts Ausschau nach Bären hält und darauf wartet, dass sie den Geruch von für sie bereit gelegtem Aas oder Lachs wittern. Am ehesten sieht man sie von Mitte April bis August, mit einer kurzen Unterbrechung im Juli, wenn sie mehr mit der Paarung als mit der Nahrungssuche beschäftigt sind.

TAMPERES MÄRKTE

5 Jede Stadt hat einen *kauppahalli* (Markthalle), an dessen Theken heimischer Käse, grobes Roggenbrot, handgemachte Schokolade, finnische Würstchen und geräucherter Fisch verkauft werden. Der Markt in Tampere – unbedingt die traditionelle *mustamakkara* (Blutwurst) probieren – ist absolut typisch und von verlockenden Aromen erfüllt. Im Sommer werden auf dem *kauppatori* (Marktplatz) überall Unmengen an frisch geerntetem Gemüse angeboten: winzige neue Kartoffeln, nussig und süß, saftige rote Erdbeeren oder Erbsen, die am Morgen noch in ihrer Schote steckten. Sobald sich der Sommer dem Ende zuneigt, sieht man auch Pfifferlinge, und im August tauchen wie aus dem Nichts wunderbare, orangefarben leuchtende Moltebeeren aus Lappland auf.

KULTUR DER SAMEN, INARI

6 Die Lappen (Samen), Finnlands indigene Bevölkerung, entwickelten Techniken, um das Hüten der Rentierherden zu erleichtern und bewiesen ein tiefes Verständnis der Natur. Ihre Hauptstadt Inari und der nahe Lemmenjoki-Nationalpark sind die besten Orte,

▼ REISEZEIT

HAUPTSAISON
(Juli)
Die Attraktionen und Unterkünfte sind geöffnet. Überall im Land werden Feste gefeiert.

ZWISCHENSAISON
(Juni & Aug.)
Lange Tage mit angenehmen Temperaturen.

NEBENSAISON
(Sept.–Mai)
Kurze, kühle oder kalte Tage. Von Dezember bis April ist Wintersport angesagt.

▼ TOP-BÜCHER

Kalevala (Elias Lönnrot) Nationalepos, zusammengestellt aus den Liedern keltischer Sänger (Barden).

Das Jahr des Hasen (Arto Paasilinna) Bizarre Geschichte über eine „hasige" Reise.

Sieben Brüder (Aleksis Kivi) Klassiker aus dem 19. Jh.

▼ ESSEN & TRINKEN

Ålandspannkaka Grießbrei mit gedünsteten Pflaumen.

Geräucherter Fisch Auf allen Märkten des Landes gibt's eine große Auswahl.

Kalakukko Roggenbrotlaib gefüllt mit *muikku* (ein kleiner Süßwasserfisch).

Karjalanpiirakka Mit Reis gefülltes Gebäck, das mit der typischen Schicht aus Ei und Butter am besten schmeckt.

Lemin särä Stattlicher, in einer Birkenschale gegarter Hammelbraten.

Rentier In Lappland ein Grundnahrungsmittel.

▼ PSST ...

Während das Klischee des „stillen Finnen" oft etwas überstrapaziert wird, ist es durchaus wahr, dass Finnen Verfechter des Schweigens sind. Wenn ein Gespräch abebbt, muss man es nicht krampfhaft durch Smalltalk wiederbeleben. Finnen behaupten scherzhaft, die SMS erfunden zu haben, damit sie nicht reden müssen. Es ist normal, mit einem Kumpel in der Sauna zu sitzen und nichts zu sagen. Zudem sind die Finnen bekannt für schwarzen Humor und Selbstironie, und es kommt vor, dass sie sich ihre Worte für eine kleine Stichelei zur richtigen Zeit aufsparen.

UNTERWEGS VOR ORT

Züge sind im Allgemeinen modern und komfortabel, und es gibt ein gut ausgebautes Schienennetz. Beliebte Verbindungen sollte man im Voraus buchen.

Autovermietungen gibt es überall; Angebote für eine Woche oder ein Wochenende sollte man vorab buchen, da dies viel günstiger ist als die exorbitanten Tagespreise. Automatikschaltungen sind rar.

Busse ähneln preislich den Zügen, sind aber langsamer. Sie fahren überall, Buchungen sind selten nötig.

Flüge sind oft recht teuer, für Verbindungen nach Lappland gibt's aber gute Angebote. Einzelflüge sind meist teurer als Hin- und Rückflug.

um ihre Kultur kennenzulernen; den Anfang macht das tolle Siida-Museum. Hier begibt man sich mit einem Guide auf Touren durch die Wildnis, geht mit Rentieren auf Tuchfühlung und stöbert durch Kunsthandwerk und Musikträger, deren Verkauf einheimische Gemeinschaften unterstützt.

TRADITIONELLE SAUNA, KUOPIO

7 Heute haben viele Finnen eine Sauna zu Hause, es gibt aber auch noch öffentliche Exemplare. Darin riecht es nach Kiefer, Teershampoo und Tradition. Extras sind etwa Birkenreisigbündel oder Peelings. Abgehärtete Finnen kühlen sich auf der Straße ab, ein Handtuch um die Lenden und in der Hand ein Bier. Helsinki und Tampere eignen sich prima für solch eine Erfahrung. Kuopios riesige *savusauna* (Rauchsauna) braucht einen Tag zum Vorheizen, bietet jedoch ein unvergessliches Erlebnis. Sie hat Platz für 60 Personen, und man erhält ein Saunahandtuch. Danach kann man sich im See abkühlen (Badekleidung nicht vergessen) – einheimische Saunaprofis und mutige Touristen tun dies selbst dann, wenn dieser mit Eis bedeckt ist.

FINNISCHE SEENPLATTE

8 Die Finnische Seenplatte scheint mehr Wasser zu haben als Land; man sollte sie also auf diesem Weg entdecken. Lohnend sind Paddeltouren auf der familienfreundlichen Oravareitti (Eichhörnchenroute) und ein Besuch der Nationalparks Kolovesi und Linnansaari bei den Süßwasserrrobben. Müde Arme? Boote befahren einst wichtige Verkehrsadern, und von jeder Stadt aus starten Fahrten. Oder man fährt von Savonlinna gen Kuopio und über Finnlands größten See, den Saimaa, nach Lappeenranta.

RADFAHREN, ÅLAND-ARCHIPEL

9 Die Ålandinseln erkundet man am besten mit dem Fahrrad: Ihre Attraktionen schätzt man dann umso mehr. Brücken und Fähren verbinden die über 6000 Inseln, und Schilder weisen den Weg. Wann immer man möchte, kann man wilde Erdbeeren pflücken, zu Ruinen wandern, sich auf einem Felsen sonnen, eine alte Kirche besuchen, seinen Durst mit Apfelwein stillen oder von einem Aussichtsturm das glitzernde Meer betrachten.

RAUMAS ALTSTADT

10 Rauma, die größte aus Holz erbaute Altstadt in Nordeuropa, verdient ihren Status als UNESCO-Weltkulturerbe voll und ganz. Ihre etwa 600 Häuser wirken wie Exponate; dabei bilden sie ein lebendiges Zentrum, in dem die Bewohner leben, Blumen pflegen und mit Nachbarn plaudern, während die Besucher durch Cafés und Läden, Museen und Werkstätten der Kunsthandwerker tingeln.

Hier wird noch immer *giäl* gesprochen, ein alter Seemannsslang, der viele Sprachen vermischt. Während des Pitsiviikko (Spitzenwoche) wird das Klöppel-Erbe der Stadt zelebriert.

JETZT REISEN!

Finnland wurde 2021 zum vierten Mal in Folge *happiest country in the world* (laut World Happiness Report). Also nichts wie hin! Dank der dünnen Besiedlung und der saubersten Luft der Welt können Reisende hier die Natur in vollen Zügen genießen. Und Spaß ist auch garantiert: Verrückte Events wie die Weltmeisterschaft im Frauentragen, Luftgitarrenspielen oder Handyweitwurf tragen in Nach-Corona-Zeiten zum Glücksgefühl bei.

VALERIJAP / GETTY IMAGES ©

NORDIC WALKING

Finnland ist stolz darauf, diese beliebte Sportart erfunden zu haben. Dabei marschiert man mit zwei Stöcken voran – das intensiviert den Trainingseffekt beim Gehen.

SAUNEN

Seit Jahrhunderten dient die Sauna zur Meditation, zum Aufwärmen und für Geburten. Viele saunieren mindestens einmal pro Woche.

ERIKMANDRE / GETTY IMAGES ©

HAUPTSTADT
Paris

BEVÖLKERUNG
68 Mio.

FLÄCHE
551 000 km^2

AMTSSPRACHE
Französisch

Nizza, an der Côte d'Azur

FRANKREICH

Frankreich lockt mit einer unvergleichlichen Lebensart – dazu gehören auch Cafés, Märkte und Bistros, die mit Kreideschrift auf Schiefertafeln zum *plat du jour* (Tagesmenü) laden.

Frankreich verführt mit seinen weltbekannten Wahrzeichen und manch weniger berühmten Attraktionen. Es ist ein Land mit einem atemberaubenden kulturellen Repertoire. Und genau das ist das Besondere an Frankreich: Auch wenn man die Superstars wie den Eiffelturm, Versailles und die mit Prominenten bevölkerte Riviera abgehakt hat, gibt es noch viel zu erkunden.

Von den Steilküsten und Dünen im Norden Frankreichs bis zum strahlend blauen Meer an der Französischen Riviera und den grünen Eichenwäldern Korsikas hält *La France* eine unglaubliche Vielfalt bereit. Angesichts der wundervollen Landschaft sind Outdooraktivitäten hier schon fast ein Muss – und es ist für jeden etwas dabei. Ob man barfuß zum Mont St-Michel hinübergeht, nach einer Fahrt mit der Seilbahn den Panoramablick über Chamonix genießt oder sich Europas höchste Sanddüne hinunterrollen lässt: Frankreich enttäuscht nie.

Highlights

EIFFELTURM

1 Paris wäre ohne den Eiffelturm kaum vorstellbar. Ursprünglich erbaute Gustave Eiffel den eleganten, 320 m hohen Turm nur für die Weltausstellung 1889. Zum Glück erfreute er sich solcher Beliebtheit, dass er überdauert hat. Jährlich zählt er über sieben Millionen Besucher und ist – etwa nachts im Schein blinkender Lichter oder mittags in einem seiner Restaurants – einfach unvergleichlich. Der Eiffelturm ist ein tolles Fotomotiv, und im 1. Stock gibt's im Winter oft eine Schlittschuhbahn. Am ergreifendsten wirkt der Turm aber, wenn er zu besonderen Anlässen in verschiedenen Farben erstrahlt.

LOIRE-TAL

2 Wer sich für Prunk und architektonische Juwelen begeistert, ist in diesem königlichen Tal richtig. Die Loire, die nach über 1000 km in den Atlantik mündet, ist einer der *fleuves sauvages* (wilden Flüsse), und entlang ihres Ufers entfaltet sich die 1000-jährige Geschichte adeliger Geschlechter. Das Tal ist übersät von Schlössern mit Türmchen und Ballsälen. Romantikern auf der Suche nach einem Märchenschloss seien das Wasserschloss Azay-le-Rideau, Villandry und Château de Beauregard ans Herz gelegt.

DUNE DU PILAT

3 Die Düne 8 km südlich von Arcachon erstreckt sich von der Mündung des Bassin d'Arcachon über 2,7 km gen Süden. Die größte Düne Europas wächst jedes Jahr um 1,5 m ostwärts und hat bereits Bäume, eine Kreuzung und, so heißt es, ein Hotel verschluckt. Der Blick von oben (etwa 115 m ü. d. M.) ist traumhaft. Im Westen erblickt man Sandbänke, darunter das Cap Ferret und das Vogelschutzgebiet Banc d'Arguin, in dem im Frühjahr 6000 Brandseeschwalbenpaare nisten.

1

VIACHESLAV LOPATIN / SHUTTERSTOCK ©

MONT ST-MICHEL

4 Das Wechselspiel der Gezeiten an der Abteiinsel in der Normandie wirkt magisch und geheimnisvoll. Der Mont St-Michel, in der keltischen Mythologie das Seegrab, wohin die Seelen der Toten gelangten, steckt voller faszinierender Legenden und Geschichte. Man spaziert allein umher oder man heuert einfach in Genêts einen Guide an und begibt sich auf eine Wanderung durch die Bucht.

ZHOTO / SHUTTERSTOCK ©

0
200 km
BELFAST
Irische See
York
Nordsee
Kiel
Lübeck
Schwerin
Hamburg
Bremen
NIEDERLANDE
AMSTERDAM
Hannover
DEUTSCHLAND
Aberystwyth
WALES
Birmingham
Swansea
Ipswich
Den Haag
Rotterdam
CARDIFF
Bristol
LONDON
Folkestone
ENGLAND
Antwerpen
Düsseldorf
Erfurt
Calais
Eastbourne
Lille
BRÜSSEL
Frankfurt am Main
Plymouth
BELGIEN
Ärmelkanal (La Manche)
Mainz
LUXEMBURG
Cherbourg
7
Rouen
LUXEMBURG
Saarbrücken
St-Lô
Caen
Reims
10
Roscoff
4
Mont St-Michel
Evreux
PARIS
Épernay
Stuttgart
Versailles
1
Nancy
Strasbourg
Presqu'île de Crozon
St-Brieuc
Alençon
Chartres
Troyes
6
Josselin
Rennes
Quimper
2
Beaugency
Belle Île
Carnac
Tours
Amboise
Dijon
Besançon
VADUZ
Nantes
Arc-et-Senans
BERN
Le Creusot
Arbois
SCHWEIZ
Poitiers
Lausanne
La Rochelle
Gueret
Chamonix
Sondrio
8
Aosta
ATLANTIK
Limoges
Lyon
12
Les Eyzies-de-Tayac-Sireuil
Mailand
Moissac
St-Étienne
Grenoble
Bordeaux
ITALIEN
Turin
3
Sarlat-la-Canéda
Vaison-la-Romaine
Bucht von Biskaya
Genua
Pont du Gard
Moissac
5
Santander
San Sebastián
Ligurisches Meer
Toulouse
Montpellier
9
Aix-en-Provence
Nizza
MONACO
Bilbao
11
Cannes
St-Étienne de Baigorry
Marseille
St-Tropez
Vitoria
Carcassonne
Golfe de Beauduc
Île Rousse
Burgos
Pamplona
ANDORRA
Calvi
Monte Cinto
Perpignan
Logroño
KORSIKA
ANDORRA LA VELLA
Ajaccio
Saragossa
Barcelona
Bonifacio
MADRID
Sassari
Nuoro
SPANIEN
ITALIEN
Oristano
SARDINIEN
Valencia
Palma de Mallorca
Cagliari
Albacete
MITTELMEER
Murcia

TOP-BÜCHER

Paris. Roman einer Stadt (Edward Rutherfurd; 2013) Acht Jahrhunderte Pariser Geschichte.

Paris – Ein Fest fürs Leben (Ernest Hemingway; 1964) Wunderschöne Geschichte über das Paris der 1920er-Jahre.

Madame Mallory und der kleine indische Küchenchef (Richard C. Morais; 2010) Kulinarischer Krieg zwischen einem jungen Mumbaier und einem Starkoch.

TOP-FILME

La Vie en Rose (2007) Film über Edith Piaf mit Marion Cotillard.

Coco Chanel – Der Beginn einer Leidenschaft (2009) Geschichte über ein Waisenmädchen, das zur Modedesignerin heranwächst; mit Audrey Tautou.

Hugo Cabret (2011) Martin Scorseses oscargekrönter Film über einen Waisenjungen, der in den 1930er-Jahren die Uhren eines Pariser Bahnhofs wartet, ist eine Hommage an Georges Méliès.

Marseille (2016) Komödie über die Stadt mit dem französisch-algerischen Schauspieler und Filmemacher Kad Merad.

TROIS CORNICHES, NIZZA

5 Beim Befahren dieser drei dramatischen Küstenstraßen, von denen eine höher und mit noch mehr Haarnadelkurven verläuft als die andere, muss man unweigerlich an Filmszenen mit Grace Kelly in Hitchcocks *Über den Dächern von Nizza* und den Glanz der Riviera denken, während sich überwältigende Ausblicke auf das unfassbar blaue Meer auftun, das die legendäre Küste umspült. Der perfekte Tag beginnt mit einem Einkauf auf dem Morgenmarkt des Cours Saleya.

ELSÄSSISCHE WEINROUTE

6 Es ist eine der beliebtesten Routen Frankreichs: Eine Autoreise durch die nordöstliche Ecke des Landes führt durch eine vielfältige Landschaft, in der sich üppige Weinberge, Burgen und nebelverhangene Berge abwechseln. In den Bann dieser Landschaft gerät man, wenn man im Herbst auf der Route des Vins d'Alsace unterwegs ist: Dann steht die Weinlese an, alles erstrahlt in leuchtenden Farben, und bei Pausen in Weinkellern kann man den fruchtigen elsässischen Wein im Glas schwenken, verkosten und kaufen.

LANDUNGSSTRÄNDE

7 Ein Ausflug zu diesen weiten, feinen Sandstränden und den von der Meeresbrise umwehten Klippen ist mit Sicherheit eine der emotionalsten Erfahrungen in Frankreich. Am 6. Juni 1944 waren die Strände im Norden der Normandie erfüllt von den Klängen der Geschütze und Explosionen, als die Alliierten hier landeten und viele Soldaten ihr Leben ließen, während ihre Kameraden landeinwärts vordrangen. Oberhalb des Omaha Beach bildet der Normandy American Cemetery & Memorial

REISEZEIT

HAUPTSAISON
(Juli & Aug.)
Unterkünfte und Tische im Restaurant weit im Voraus reservieren.

ZWISCHENSAISON
(April–Juni & Sept.)
Der Frühling bringt das warme Wetter zurück, und überall gedeihen Blumen und lokale Produkte.

NEBENSAISON
(Okt.–März)
Die Preise sinken im Vergleich zur Hauptsaison um bis zu 50 %.

JETZT REISEN!

Platz eins in Sachen Lebensqualität, höchste Punktzahl beim Umweltbewusstsein: **Montpellier**. Beim jährlichen Städteranking des Magazins L'Express belegt die Boomtown des Languedoc üblicherweise seit Jahren Platz eins. Neuester Nabel der urbanen Revolution ist der Marché du Lez. Spätestens abends zum Apero brummt's hier.

Der Architekt Tadao Ando baute das ehemalige Gebäude der **Börse Paris** zu einem privaten Kunstmuseum des Sammlers François Pinault um. Seit März 2021 werden dort u. a. in einem 9 m hohen und 30 m durchmessenden Betonzylinder, den Ando in das Gebäude eingefügt hat, zeitgenössische Kunstwerke gezeigt.

▼ ESSEN & TRINKEN

Croque Monsieur Ein Sandwich aus Toastbrot, Schinken und Käse; auf die Variante „Croque Madame" kommt noch ein Ei.

Maronen Werden im Winter frisch aus dem Ofen an jeder Straßenecke verkauft.

Socca Aus Kichererbsenmehl zubereiteter Pfannkuchen, typisch für Nizza.

Pan Bagnat Knuspriges Sandwich mit Thunfisch Niçois mit viel Olivenöl beträufelt.

Flammkuchen *(tarte flambée)* Elsässische dünne Pizza mit Zwiebeln, Speck und Schmand.

Crêpes Große, dünne, süße Pfannkuchen, die an Ständen frisch zubereitet werden.

Galettes Herzhafte Pfannkuchen aus Buchweizenmehl, serviert mit *frômage* (Käse) und *jambon* (Schinken).

Pastilles de Vichy Allgegenwärtige Bonbons, denen heilende Kräfte nachgesagt werden.

Beignets au Brocciu Korsische frittierte Donuts in süßer oder herzhafter Ausführung, gefüllt mit dem für die Insel typischen Frischkäse.

ein äußerst ergreifendes Zeugnis des entsetzlichen Preises für die Befreiung von der deutschen Besatzung.

BOUCHONS LYONNAIS

8 Rot-weiß karierte Tischdecken, eng zusammengestellte Tische und alte Bistrodeko findet man überall. Was Lyons *bouchons* (Bistros) jedoch so einzigartig macht, sind die Küche und die Traditionen dieser Lokale. Viele *bouchons* haben am Wochenende zu, die Rechnung wird auf der Papiertischdecke addiert und der Wein aus einer Flasche serviert, die mit Gummis umwickelt ist, um das Tropfen zu verhindern. In der *Cuisine lyonnaise* werden verschiedenste Teile vom Schwein verarbeitet, man darf den Einheimischen aber ruhig vertrauen: Lyon gilt als die Gastro-Hauptstadt Frankreichs. Ruhig alles probieren!

PONT DU GARD

9 Das UNESCO-Welterbe bei Nîmes ist riesig: 35 Bögen stützen allein die höchste Ebene des 275 m langen römischen Aquädukts, der einst erbaut wurde, um täglich rund 20 000 m³ Wasser befördern zu können. Am besten bestaunt man das Bauwerk vom Kanu oder der obersten Bogenreihe aus. Schwimmsachen mitnehmen, denn es lockt auch ein Bad im kühlen Fluss.

CHAMPAGNE

10 Champagner aus Reims und Épernay in der Champagne sind weltberühmt. Es lohnt sich aber durchaus, auch kleineren *vignerons* (Winzern) einen Besuch abzustatten, da die edlen Tropfen dort mit viel Leidenschaft hergestellt werden und sie sich außerdem in reizenden Dörfern befinden. So ist eine Tour durch die malerische Landschaft die beste Art, Champagner inmitten von Weinbergen zu verkosten.

CARCASSONNE

11 Der Anblick der wuchtigen Cité von Carcassonne mit ihren Türmen lässt einen vor Ehrfurcht erstarren. Um die märchenhafte Festungstadt richtig zu genießen, sollte man bei Sonnenuntergang kommen, wenn die Massen weg sind, alles wieder den ca. 200 Einwohnern gehört und die wenigen Besucher in den niedlichen Hotels innerhalb der Mauern bleiben. Beim Gehen noch einen Blick zurück werfen und die Altstadt im Glanz des warmen Abendlichts bewundern.

CHAMONIX AKTIV

12 Dieser legendäre Skiort in den französischen Alpen ist die Wiege des Alpinismus und Tummelplatz der Reichen und Schönen. Dennoch hält er für jedermann etwas bereit. Ski- und Snowboardfahrer bestaunen bei einer Abfahrt den Mont Blanc. Wer dem Wintersport nichts abgewinnen kann, für den gibt es etliche Alternativen. Etwa die Seilbahn zum Aiguille du Midi (3800 m) – unvergesslich.

ROBERT CAUCINO / SHUTTERSTOCK ©

▼ UNTERWEGS VOR ORT

Frankreichs Schienennetz wird von der staatlichen SNCF betrieben und ist erstklassig. Es bietet ein gutes Streckennetz und häufige Verbindungen.

Außerhalb der Städte (wo Parken zum großen Problem werden kann) kann ein eigenes Auto praktisch sein. Auch hier gilt Rechts vor Links.

Busse sind günstiger, aber langsamer als Züge. Nützlich, wenn man in abgelegene Ortschaften reist.

Einige Regionen – das Tal der Loire, Burgund und den Lubéron – sollte man mit dem Rad erkunden. Dort gibt es Radwege, die sich an Kanälen entlangschlängeln oder durch Obstplantagen und Weinberge führen.

HAUPTSTADT
Cayenne

BEVÖLKERUNG
294 000

FLÄCHE
91 000 km²

AMTSSPRACHEN
Französisch, Kreol

Die ehemalige Strafkolonie auf der Île Royale, Îles du Salut

FRANZÖSISCH-GUAYANA

Französisch-Guayana ist ein kleines Land mit aufgeräumter Kolonialarchitektur, einer Vergangenheit als Verbannungsort sowie einer Flora und Fauna, die zu den weltweit artenreichsten gehören.

Dies ist ein eigentümlicher Mix aus französischem Recht und tropischer Feuchtigkeit, ein Land, in dem nur wenige Orte entlang der Küste leicht erreichbar sind und in dem das Reisen beschwerlich und teuer ist. Als Überseedepartement zählt es zu den wohlhabendsten Gebieten Südamerikas, da ständig Finanzmittel ins Land fließen, um den Betrieb des Weltraumbahnhofs zu sichern.

Aber selbst eine europäische Großmacht kann die Natur nicht zähmen – darum gibt es in frisch asphaltierten Straßen Schlaglöcher und zwischen Ziegeln sprießen Farne. Zugleich leben die indigene Bevölkerung und die Hmong-Flüchtlinge so weit ab vom französischen Einfluss nach ihren eigenen Traditionen, dass die Verbindung zu Frankreich mitunter fern und fremd erscheint.

Highlights

ÎLES DU SALUT

1 Auf den abgelegenen Îles du Salut findet man Strände, Palmen – und eine etwas gruselige einstige Strafkolonie. Seit Kaiser Napoleon III. wurden Sträflinge aus Frankreich auf die Inseln geschickt, die als fluchtsicher galten. Mittlerweile haben sie sich zu einem erholsamen Paradies entwickelt; ein Ort, an den man gern fliehen will.

CENTRE SPATIAL GUYANAIS

2 Wer sich für den Weltraum begeistert, wird die Führungen in diesem Zentrum lieben. Seit 1980 wurden zwei Drittel aller kommerziellen Satelliten aus Französisch-Guayana ins All geschossen. Aktuell sind drei Trägerraketen im Einsatz, die *Ariane 6* soll 2021 oder .2022 ihren Erstflug absolvieren. Man kann versuchen, den Besuch auf den Abschuss einer Rakete zu legen.

CACAO

3 Cacao, ein Stück Laos in Guayana, liegt 75 km südwestlich von Cayenne und hat klare Flüsse, Gemüseplantagen und Pfahlhäuser. Die Hmong, die in den 1970er-Jahren aus Laos hierher flohen, haben ihre Stadt zu einem friedlichen Refugium gemacht. Ein beliebtes Ausflugsziel.

REISEZEIT

HAUPTSAISON
(Juli–Sept.)

ZWISCHENSAISON
(Okt.–Dez.)

NEBENSAISON
(Jan.–Juni)

ESSEN & TRINKEN

Gibier Wild, z. B. Capybara, Wildschwein und Agouti stehen in Restaurants oft auf der Karte.

Jamais goûté Delikater Süßwasserfisch, der meist in Bananenblättern gedünstet wird.

Ti'punch Wörtlich „kleiner Punsch", hergestellt aus heimischem Rum, Limettensaft und Zuckerrohrsirup.

HAUPTSTADT
Papeete

BEVÖLKERUNG
297 154

FLÄCHE
2,5 Mio. km²

AMTSSPRACHEN
Französisch, Polynesisch

Moorea

FRANZÖSISCH-POLYNESIEN

Bereits der Name Tahiti beschwört Tagträume herauf: von Hibiskusblüten, gebräunten Tänzerinnen und feucht-warmem Wind über türkisfarbenem Meer.

Französisch-Polynesien ist ein tropischer Garten Eden par excellence. Und die schmalen Strände mit weißem, rosafarbenem und schwarzem Sand sind noch nicht einmal die Highlights – das sind die Lagunen. Die meisten Vulkaninseln sind von Riffen umgeben, durch die „Schwimmbecken" in unfassbarem Türkis entstehen. Die Korallengärten werden von Fischen, Delfinen, Rochen, Haien, Schildkröten und weiteren Meeresbewohnern bewohnt und eignen sich perfekt zum Schnorcheln, Tauchen oder Baden. Für Surfer sind die Wellen an den Schnittstellen der Riffe interessant, und Kitesurfer fliegen dank der günstigen Passatwinde mit Leichtigkeit übers Wasser.

Für viele Traveller ist Bora Bora das Traumziel. In den Resorts der „Perle des Pazifiks" können Reisende in Bungalows über dem Wasser mit tollem Ausblick übernachten. In kleinen, familienbetriebenen Unterkünften bekommt man aber einen besseren Einblick in die Kultur des Landes – und preiswerter sind sie auch.

Highlights

BORA BORA

1 Wenn der Landeanflug beginnt, rückt ein perfekter Ring aus palmengesäumten *motu* (Inselchen) ins Blickfeld, der den indigoblauen Ozean vom Türkis der Lagune abtrennt. Bora Bora ist nicht umsonst beliebt bei Frischverheirateten. Die Wasserwelt lässt sich prima mit Flossen, Taucherbrille und Schnorchel, vom SUP aus, mit Tauchmaske und Sauerstoffflasche oder vom Strand aus erkunden.

MOOREA

2 Auf Moorea wird das Klischee der tropischen Trauminsel Wirklichkeit. Die türkisfarbenen Lagunen, Korallenstrände, Gipfel und grünen Landschaften, die man aus dem Reisekatalog kennt, sind nichts gegen dieses Juwel. Moorea hat für jeden etwas und verblüffend viele Abenteuer zu bieten: Man kann Berge besteigen, in Korallengärten schnorcheln, mit dem Quad durch malerische Landschaften düsen, surfen und an Riffen tauchen. Wer Entspannung sucht, findet diese an reizenden Korallenständen.

MARQUESA-INSELN

3 Auf einer unvergesslichen Kreuzfahrt zwischen den sechs bewohnten Inseln des Marquesa-Archipels gelangt man zu zerklüfteten vulkanischen Gipfeln, Schluchten, Wasserfällen, Buchten und Wäldern, die allesamt einer eigenen Dokumentationsreihe würdig wären. Die *Aranui* ist eine Mischung aus Fracht- und Kreuzfahrtschiff und sorgt bei jedem Anlegen für Aufsehen, wenn die Versor-

REISEZEIT

HAUPTSAISON
(Juni–Aug., Dez. & Jan.)

ZWISCHENSAISON
(Feb.–Mai & Sept.)

NEBENSAISON
(März, April, Okt. & Nov.)

gungsgüter gelöscht werden. Während der Fahrt gibt es Tanzaufführungen und hiesige Spezialitäten. Ein Guide erklärt Reisenden die außergewöhnliche Kultur und die Hintergründe zu den archäologischen Stätten.

HUAHINE

4 Die Strände von Huahine gehören zu den besten im Land, und mit dem verträumten Charme ist die Insel der richtige Ort, um Energie für die Weiterreise zu tanken. Tatendurstige finden hier viele Optionen, vom Wandern durch üppige Vegetation bis zum Schnorcheln in den Korallengärten. Für Kultur-Fans hat das Dorf Maeva etwas zu bieten: Hier gibt es eine der größten Stätten präeuropäischer *marae* (Tempel) in Französisch-Polynesien. Huahine steht für nachhaltiges Reisen; auch deshalb ist es beliebt.

MAUPITI

5 Maupiti liegt inmitten einer Lagune und wirkt wie ein Bora Bora in Miniatur. Es hat dieselben Merkmale eines Inselparadieses wie sein großer Nachbar, bekommt aber viel weniger Aufmerksamkeit. Besucher können sich auf nette Einheimische und die Erkundung der weißen Sand-*motus*, der blauen Lagune und der von Mantas bevölkerten Passagen freuen. Statt großer Resorts findet man hier reizende familiengeführte Hotels und Pensionen. Zu den Aktivitäten gehören kajakfahren, tauchen, wandern und glückselig am Strand liegen.

MARAE TAPUTAPUATEA

6 Der bedeutendste *marae* in Französisch-Polynesien – wenn nicht in ganz Polynesien – ist der aufwendig restaurierte

▼ UNTERWEGS VOR ORT

Das Flugzeug ist das praktischste Verkehrsmittel.

Nahverkehr gibt's kaum, Mietwagen bieten sich an.

Mit Booten kommt man in abgeschiedene Ecken und zu manchen Inseln.

Kleinere Inseln kann man mit dem (Leih-)Rad erkunden.

4

SEAPHOTOART / SHUTTERSTOCK ©

marae Taputapuatea auf Raiatea. *Marae* sind religiöse Stätten, die aus neben- und aufeinandergestapelten Basaltblöcken bestehen. In präeuropäischer Zeit dienten sie quasi als Tempel und waren Orte der Anbetung, Begräbnisstätten und Opferstätten.

TAHITIANISCHE PERLENFARMEN

7 Die schwarzen Tahiti-Perlen stehen nicht nur bei den Einheimischen hoch im Kurs. Die Juwelen des Meeres gibt es in allen möglichen Nuancen. Man sollte unbedingt eine Perlenfarm besuchen (die auf Tahaa sind besonders sehenswert), wo man mehr über Zucht und Ernte erfährt und mit etwas Glück auch dabei sein kann, wenn die Mitarbeiter den Austern die Perlmuttkerne einpflanzen. Danach darf man beim Anblick verschiedener schimmernder Schmuckstücke blass vor Neid werden und kann vielleicht sogar einen guten Preis für ein ganz spezielles Souvenir aushandeln.

TAUCHEN & SCHNORCHELN

8 Die Meeresfauna ist hier dank des warmen Wassers so groß und vielfältig wie sonst selten im Südpazifik. Die meisten Lebewesen findet man am Tiputa Pass um Rangiroa. Hier kann man zwischen Haien, Mantarochen, Delfinen, aber auch Makrelen und Schmetterlingsfischen schwimmen. Die Lagune eignet sich auch zum Schnorcheln, denn das Wasser ist klar, und die Korallengärten sind intakt.

ESSEN & TRINKEN

Die moderne Küche Tahitis ist eine Mischung aus französischen, chinesischen und polynesischen Einflüssen. Béchamelsauce, Sojasauce und Kokosmilch nehmen als Zutat etwa denselben Stellenwert ein.

Hochseefische (Thunfisch, Bonito, Wahoo, Schwertfisch und *mahi mahi*) und Lagunenfische (Papageienfisch, Stachelmakrele und Eichhörnchenfisch) sind in der traditionellen Küche häufig zu finden. *Poisson cru* (roher Fisch in Kokosmilch) ist die beliebteste Speise, Fisch wird aber auch gegrillt, gebraten oder gedünstet serviert.

Ma'a Tahiti ist eine traditionelle tahitianische Speise, die aus stärkehaltigem Taro und *uru* (Brotfrucht), rohem oder gekochtem Fisch, fettigem Schweinefleisch, Kokosmilch und etwas Gemüse besteht. Es wird zu besonderen Anlässen in einen *hima'a* (Erdofen) gelegt, wo es durch Steine und Bananenblätter von den heißen Kohlen darunter getrennt ist. Die Speise wird mit weiteren Blättern und Erde bedeckt, sodass alles mehrere Stunden lang garen kann – äußerst zart!

8

MARTIN VALIGURSKY / SHUTTERSTOCK ©

MONOI

Monoi ist ein wahrer Alleskönner. Das Gemisch wird aus Kokosnussöl und Tiare (wohlriechende Gardenie; Nationalblume) hergestellt und mit wunderbaren Düften wie Sandelholz, Vanille, Kokos oder Jasmin versetzt. Es wird als Haaröl, Wundsalbe, Sonnencreme und Mückenschutz verwendet. Eine Flasche kostet zwischen 400 und 800 CFP und ist nicht nur ein wunderbares After-Sun-Mittel, sondern auch ein tolles Mitbringsel für zuhause (allerdings wird es in kühlerem Klima schnell fest).

HAUPTSTADT
Libreville

BEVÖLKERUNG
2,3 Mio.

FLÄCHE
267 667 km²

AMTSSPRACHE
Französisch

Waldelefanten, Nationalpark Loango

GABUN

Beeindruckende 11,25 % der Fläche in Gabun sind Naturschutzgebiet und so bietet das Land mit seinen dichten Regenwäldern und Savannen Naturliebhabern eine spektakuläre Vielfalt an wilden Tieren.

Neben den schier endlosen Regenwäldern und der offenen Savanne gibt es hier auch erstklassige weiße Sandstrände, rauschende Flüsse und himmlische Landschaften. Außerdem verspricht das kaum erkundete Land in Afrika ein traumhaft paradiesisches Reiseerlebnis.

Gabun ist das fortschrittlichste und reisefreundlichste Land der Region, der Tourismus bleibt jedoch eine Frage der Selbstorganisation. Entweder vertraut man einem Reiseveranstalter oder man nimmt den Kampf mit den schlechten Straßen, seltenen Verkehrsverbindungen und einer fast völlig fehlenden verlässlichen Infrastruktur auf. Abgesehen von den beiden größten, weltoffenen Städten Libreville und Port-Gentil ist Gabun ein noch unerforschtes Wunderland, das man auf keinen Fall verpassen sollte – auch wenn in den letzten Jahren aufgrund der schlechten Wirtschaftslage die sozialen Spannungen zugenommen haben.

Highlights

LAMBARÉNÉ

1 Es lohnt sich, das gemütliche Lambaréné zu erkunden, das seine Bekanntheit dem Nobelpreisträger Albert Schweitzer verdankt. Mit ihren Seen, den Flüssen, dem dichten Laubwerk und einer tief verwurzelten Freundlichkeit wirkt die Stadt liebenswürdiger als das übrige Gabun, so als habe das humanitäre Wirken Schweitzers nachhaltigen Einfluss auf ihren Charakter. Sein Erbe ist tatsächlich überall zu spüren, vom noch immer geöffneten Krankenhaus (das Schweitzer 1924 zur Behandlung von Leprakranken gründete) bis zum mit Freiwilligen besetzten Labor, in dem Malaria und andere Tropenkrankheiten erforscht werden. Die Stadt wird von zwei Flussarmen in drei nah beieinander liegende Bereiche unterteilt. Am ersten Ufer steht das Schweitzer-Hospital-Museum. Auf der Insel auf anderen Seite der Brücke sind die wichtigsten Märkte, der Flusshafen und Le Tribune, von wo Sammeltaxis abfahren. Über eine weitere Brücke kommt man ins lebendige Quartier Isaac.

NATIONALPARK MAYUMBA

2 Hier kann man sich in die Wellen stürzen und dabei in der Ferne Buckelwale sehen. Der Nationalpark Mayumba liegt näher an der Grenze zum Kongo als an Libreville und wirkt, als läge er am Ende der Welt. Zwischen November und April legen hier um die 550 Lederschildkröten – das sind 30 % der weltweiten Gesamtpopulation – ihre Eier ab. Zwischen Juni und Oktober ist die Paarungszeit der mit Ranken-

REISEZEIT

HAUPTSAISON
(Mai–Sept.)

ZWISCHENSAISON
(April & Okt.)

NEBENSAISON
(Nov.–Jan.)

fußkrebsen übersäten Buckelwale und auch große Gruppen von Delfinen, darunter der seltene Buckeldelfin (Sousa), kann man beobachten. Im Wald laufen Elefanten und Antilopen herum und, glaubt man den Einheimischen, ist das Land von den Geistern der Vorfahren beseelt.

NATIONALPARK LOPÉ

3 Direkt am Äquator und eingerahmt vom schönen Fluss Ogooué wird der von der Unesco als Welterbe gelistete Nationalpark Lopé seine Besucher begeistern. Der Park ist geprägt von sanften Hügeln, einer Savanne und kleinen Regenwaldgebieten, die von Elefanten, Büffeln, Gorillas, Schimpansen und der weltweit größten Mandrillpopulation bevölkert sind. Schätzungsweise leben hier pro Quadratkilometer drei Elefanten, wodurch der Park die höchste Dichte der Dickhäuter auf der Welt aufweist. Unter den über 400 Vogelarten sind der seltene Riesenbuschsänger, der Felshüpfer und sieben Arten von Nashornvögeln.

LIBREVILLE

4 Libreville ist das dynamische, kräftige Herz von Gabun und die größte Stadt des Landes. Hier lebt über ein Drittel der gabunischen Bevölkerung und überall ist der Einfluss des Öl-Geldes zu spüren: Bürgersteige, saubere Straßen, elegante Restaurants und umzäunte Villen bestimmen auf den ersten Blick das Stadtbild. Wer aber länger bleibt, entdeckt unschwer, wo Librevilles authentisches afrikanisches Herz schlägt, nämlich auf den überfüllten Straßenmärkten und in den geschäftigen

▼ UNTERWEGS VOR ORT

Die oft alten Busse mit harten Sitzen fahren zwischen Libreville und den meisten größeren Städten; Klimaanlage bedeutet ein offenes Fenster.

Flüge sind zwar die einfachste Fortbewegungsart, aber weder günstig noch häufig.

Die Bahnlinie Transgabonais führt von Owendo nach Franceville. Jede Woche gibt's vier Verbindungen.

4

HEMIS / ALAMY STOCK PHOTO ©

Wohnvierteln, die etwas abseits der schillernden Küste liegen. Unvergesslich ist ein Fußballspiel im Omnisport-Stadion.

NATIONALPARK LOANGO

5 Loango ist zu Recht als „das letzte Paradies Afrikas" berühmt. Hier treffen warme Wasserströmungen auf Regenwald und salzhaltige Savanne, während mit Inseln übersäte Lagunen und lange Strände jeglichen Geschöpfen einen Lebensraum bieten. Der Park ist wohl am bekanntesten für seine legendären surfenden Nilpferde. Vor der Küste tummeln sich aber auch viele verschiedene Wal- und Delfinarten und am Strand begegnet man Elefanten, in den Wäldern Westlichen Flachlandgorillas und die Savanne ist bevölkert von seltenen Landsäugetieren. Wer ausreichend Kleingeld hat, sollte unbedingt eine Safari machen, denn Loango ist eine der weltweit besten Adressen für Tierbeobachtungen.

▼ ESSEN & TRINKEN

In Libreville und Port-Gentil gibt's jede Menge Restaurants, die vorwiegend europäische Speisen servieren. Wer aufmerksam genug sucht, findet aber auch hervorragende gabunische Speisen wie etwa Fisch- und Fleischgerichte mit den Saucen *nyemboué* (zerkleinerte Palmnüsse) oder *odika* (zerkleinerte Akaziensamen, auch „Schokolade" genannt). An der Küste sind Fisch und tropische Früchte allgegenwärtig. Das Lieblingsgericht der Einheimischen ist jedoch stangenförmig verarbeiteter Maniok.

PASCAL DELOCHE / SHUTTERSTOCK ©

▼ BACH IN GABUN

Was hat Johann Sebastian Bach um das Jahr 1724 mit Gabuns Bantu-Trommlern zu tun? Bis in die 1990er-Jahre nicht viel. Das war jedoch, bevor sich Pierre Akendengué, einer der berühmtesten Komponisten Afrikas, 100 Tage lang in einem Pariser Studio einschloss und „Lambarena" aufnahm, ein dynamisches Stück, in dem traditionelle gabunische Trommeln und Gesänge nach den Noten von Bachs Johannespassion gespielt werden. Akendengué, der sowohl ein Protestsänger der 1970er-Jahre als auch kultureller Berater des verstorbenen Omar Bongo seit dessen ersten Berührungen mit Musik in den 1940er-Jahren war, hat das Stück als eine Hommage an Dr. Albert Schweitzer aufgenommen, der das gleichnamige, bekannte Krankenhaus in Lambaréné gründete. Das Ergebnis ist ein schönes Zusammenspiel ungleicher Akteure, als ob man im Nationalpark ein Violinkonzert hört.

HAUPTSTADT
Banjul

BEVÖLKERUNG
2,2 Mio.

FLÄCHE
11 300 km²

AMTSSPRACHE
Englisch

Strand von Banjul

GAMBIA

Gambia, der kleinste Staat des afrikanischen Festlandes, hat auf wenig Raum viel zu bieten. Er zieht sonnenhungrige Reisende und Vogelbeobachter an und kann mit einer Reihe von Naturschätzen aufwarten.

Gambia mag das kleinste Land des Kontinents sein, es trumpft jedoch mit jeder Menge Attraktionen auf. Seine Küste ist nur 80 km lang, deshalb aber nicht weniger traumhaft. Hier gibt es goldgelbe Strände, gesäumt von im Wind wogenden Palmen, malerischen Lagunen, verschlafenen Fischerdörfern und Meeresschutzgebieten mit einer großen Artenvielfalt.

Gambia ist aber natürlich mehr als Sonne, Meer und Strand. Am und im gleichnamigen Fluss tummeln sich Unmengen von Lebewesen, u. a. fast 600 Vogelarten, Seekühe, Nilpferde, Krokodile und Stummelaffen. Bei einer Bootsfahrt mit Übernachtung in einer Ökolodge im Wald eröffnen sich einem die Wunder des Hinterlands, von einem Inselschutzgebiet für Schimpansen bis zu Ruinen eines britischen Forts aus dem 17. Jh. Die Juwelen des Landes sind jedoch die Einheimischen, die den Beinamen Gambias, „lächelnde Küste Afrikas“, repräsentieren.

Highlights

CHIMPANZEE REHABILITATION PROJECT

1 Dieses Reha-Projekt für Schimpansen im Nationalpark River Gambia umfasst die Baboon Island sowie einige weitere Inseln und ist das bedeutendste Schutzgebiet Gambias. Das Gebiet ist trotz seines Namens (engl. *baboon* = Pavian) ein Schimpansen-königreich: Auf den vier Inseln leben über 100 Vertreter der Primaten in vier getrennten Gemeinschaften. Die Besucher können während einer Bootsfahrt zwischen den Inseln viele der Tiere beobachten. Andere Bewohner sind Nilpferde, Seekühe, Krokodile und zahlreiche Vogelarten, außerdem gibt es weitere Primaten wie Rote Stummelaffen, Grüne Meerkatzen und, ja, auch Paviane zu sehen.

BIJILO FOREST PARK

2 Dieses ungefähr 51 ha große Schutzgebiet ist ein großartiges Ausflugsziel. Auf gut gepflegten Wegen (zw. 900 & 1400 m Länge) geht es durch üppige Vegetation, Galeriewälder sowie niedriges Busch- und Grasland in Richtung der Dünen. Man sieht sehr wahrscheinlich Grüne Meerkatzen, Rote Stummelaffen und Husarenaffen und wird von Waranen neugierig beäugt werden. Vögel beobachtet man am besten auf Küstenseite – hier wurden über 100 Arten gezählt, darunter verschiedene Bienenfresser, Grautokos, Fischadler, Raubseeschwalben, Frankoline und Flecktauben. Es lohnt sich, einen Guide anzuheuern, der einem mehr über die Pflanzen und Tiere hier erzählen kann.

REISEZEIT

HAUPTSAISON
(Nov.–Feb.)

ZWISCHENSAISON
(März–Mai & Okt.)

NEBENSAISON
(Juni–Sept.)

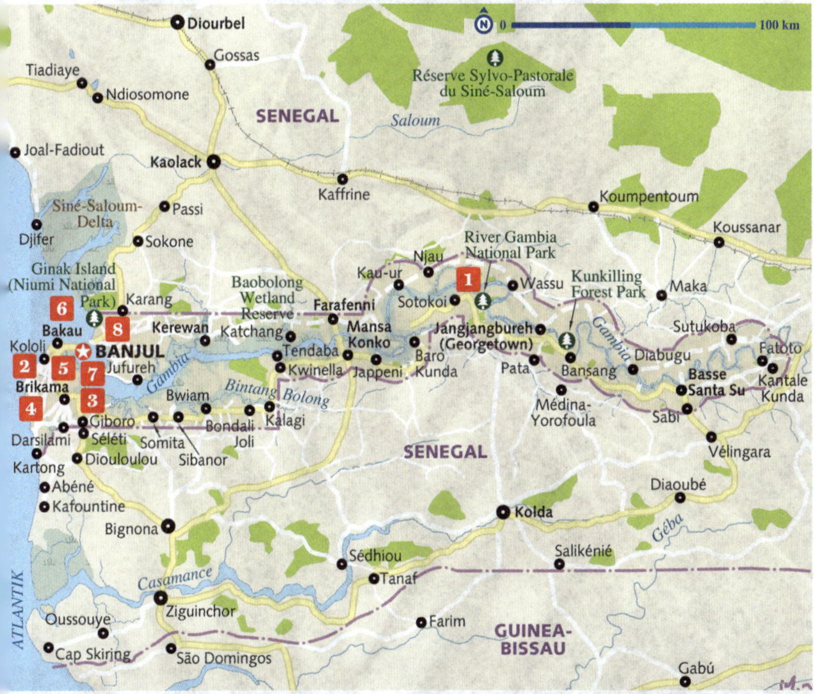

MAKASUTU CULTURE FOREST

3 Der 1000 ha große Makasutu Culture Forest bildet im Kleinen die landschaftliche Vielfalt des ganzen Landes ab. Die Szenerie ist überwältigend: Palmenhaine, Sumpf, Mangroven und Savannen, alle bevölkert von einer artenreichen Fauna.

Im Schutzgebiet kann man mit dem Einbaum durch den Mangrovenwald gleiten, geführte Touren durch verschiedene Lebensräume machen (darunter ein Palmenhain, in dem man zusehen kann, wie Palmensaft gewonnen wird), ein Kunsthandwerkszentrum besuchen und Tanzvorführungen beiwohnen.

SANYANG

4 Die wunderschönen, goldfarbenen Strände von Sanyang, südlich von Tujering an der Küste, sind bei Reisegruppen sehr beliebt. Dennoch stellt sich hier ein überraschendes Gefühl der Unberührtheit ein, und wer es auf paradiesische Ausblicke abgesehen hat, sollte diesen Ort auf jeden Fall besuchen.

ABUKO NATURE RESERVE

5 Für ein afrikanisches Naturschutzgebiet ist Abuko ungewöhnlich winzig und einfach zu erreichen; man braucht nicht einmal ein Auto. Der Park ist gut verwaltet, beherbergt eine bemerkenswerte Vielfalt von Pflanzen und Tieren

▼ UNTERWEGS VOR ORT

Regelmäßig fahren Busse am Nord- und Südufer des Gambia entlang.

Wer selbst fahren möchte, muss die Herausforderungen des westafrikanischen Verkehrs meistern: Schlaglöcher, fehlende Schilder, zahllose Fußgänger, langsame Fahrzeuge und freilaufende Nutztiere. In Eile sollte man hier nicht sein.

DAVE MONTREUIL / SHUTTERSTOCK ©

und ist einer der besten Orte in der Gegend, um Vögel zu beobachten (über 250 Arten). Abuko liegt etwa 11 km vom Atlantik entfernt und kann von den meisten Unterkünften am Strand auf einem Tagesausflug erkundet werden.

KACHIKALLY CROCODILE POOL

6 Die heilige Stätte gehört zu den beliebtesten Touristenattraktionen Gambias. Da Krokodile in Gambia für Fruchtbarkeit stehen, kommen Frauen, die Probleme mit der Empfängnis haben, oft hierher, um zu beten und sich zu waschen (jedes Kind namens Kachikally zeugt von einem erhörten Gebet). Im Becken und rund um den angrenzenden Naturpfad leben Dutzende Nilkrokodile, die man beim Sonnen am Ufer beobachten kann. Wer den Mumm aufbringt, kann sogar eines von ihnen streicheln – viele sind zahm genug, um berührt zu werden (Guides bringen einen zu den entsprechenden Stellen).

ESSEN & TRINKEN

Zu den Nationalgerichten zählen Reis mit *domoda* (Erdnusssauce) und *benachin* (mit Tomaten, Fisch und Gemüsesauce gekochter Reis). An der Küste gibt's überall frisches Seafood; besonders gut sind Frauenfisch, Barrakuda und Butterfisch vom Grill. Vegetarier sollten *niebbe* kosten, würzige rote Bohnen mit Brot, die an der Straße verkauft werden. In den Touristengebieten an der Küste finden sich unzählige Restaurants. Anderenorts kann man oft nur in den Hotels essen.

WIDE OPEN WALLS

7 Inmitten von Wellen grasende Steinböcke, ein blau tätowierter Löwe und ein liebestrunkener Hufschmied sind nur einige der Bilder, die Besucher im Dorf Kubuneh erwarten. Die einfachen Häuser der afrikanischen Siedlung wurden in eine nachdenklich machende Straßenkunstsammlung von Künstlern aus aller Welt verwandelt. Surreal schön in dieser Ecke Westafrikas!

ALBERT MARKET

8 Seit seiner Gründung im 19. Jh. ist der Albert Market, ein Areal, auf dem hektisch gekauft, getauscht und gehandelt wird, das Zentrum des Geschehens in Banjul. Das bunte Leben Banjuls auf dem Obst- und Gemüsemarkt mit seinen Verkaufsständen voller Stoffe, Haarteile, Schuhe, Haushalts- und Elektrowaren und all den Farben und Aromen ist berauschend.

DAMIAN PANKOWIEC / SHUTTERSTOCK ©

EINWOHNER

Mit über 170 Einwohnern pro Quadratkilometer besitzt Gambia eine der höchsten Bevölkerungsdichten Afrikas. Die meisten Menschen leben in den urbanen Gebieten an der Atlantikküste. 35 % der Bevölkerung ist unter 14 Jahre.

Die wichtigsten ethnischen Gruppen sind die Mandinka (rund 34 %), die Fula (rund 22 %) und die Wolof (rund 12,5 %). Kleinere Gruppen sind die Diola (auch „Jola" geschrieben; 11 %), die Serer und die Manjango. Rund 96 % der Bevölkerung ist muslimischen Glaubens. Das Christentum ist unter den Diola am weitesten verbreitet.

HAUPTSTADT
Tiflis

BEVÖLKERUNG
4,9 Mio.

FLÄCHE
69 700 km²

AMTSSPRACHE
Georgisch

Altstadt von Tiflis

GEORGIEN

Georgien mit seinen grünen, weinbergübersäten Hügeln sowie den alten Kirchen und Wachtürmen, die in traumhaften Berglandschaften stehen, gehört zu den schönsten Ländern auf Erden.

Georgien liegt mitten im faszinierenden Kaukasus und ist ein herrliches Ziel zum Wandern, Reiten, Radeln, Skilaufen, Raften und Reisen. Aber auch sein stolzes, fröhliches und kultiviertes Volk ist etwas ganz Besonderes: Georgien rühmt sich, die Wiege des Weins zu sein, und Gäste werden hier als Geschenk und Gastfreundschaft als ein Lebenselixier angesehen.

Seine sehr bewegte Geschichte hat Georgien ein reiches architektonisches und künstlerisches Erbe beschert, von Höhlenstädten bis zu alten Kathedralen und den einzigartigen Gemälden von Pirosmani. In der Hauptstadt Tiflis ist die Vergangenheit als einstiges eurasisches Drehkreuz noch immer greifbar. Georgien ist aber auch ein Land, das im 21. Jh. angekommen ist. Es gibt spektakuläre moderne Gebäude, eine verschwindend geringe Kriminalitätsrate und immer bessere Einrichtungen für den Tourismus, auf den man für die Zukunft setzt.

Highlights

▼ REISEZEIT

HAUPTSAISON
(März–Juni & Sept.–Nov.)

ZWISCHENSAISON
(Juli–Aug.)

NEBENSAISON
(Dez.–Feb.)

ALTSTADT VON TIFLIS

1 Nirgendwo verschmilzt Vergangenheit besser mit Georgiens Streben nach Erneuerung wie in der Altstadt von Tiflis. Verschlungene, von schiefen Häusern gesäumte Gassen führen an friedlichen Steinkirchen vorbei zu schattigen Plätzen mit Blick auf die moderne Friedensbrücke über der Mtkwari (Kura). Entspannte Cafés und Künstlerbars reihen sich an trendige Lounge-Clubs, Teppichläden, neue Hostels und kleine, schräge Hotels. Die ehrwürdige Silhouette der Narikala-Festung wacht über der Stadt, und am Fluss thront der Präsidentenpalast aus dem 21. Jh. mit seiner ovalen Glaskuppel.

REGION QASBEGI

2 Nur ein paar Stunden Autofahrt von Tiflis entfernt liegt das kleine Stepanzminda, das Drehkreuz einer der spektakulärsten, aber leicht zugänglichen Hochgebirgslandschaften der Region. Oben thront vor dem schneebedeckten Kegel des Kasbek ein Wahrzeichen Georgiens, die Gergetier Dreifaltigkeitskirche. Wander-, Ausritt- und Mountainbikerouten durch steile Täler hinauf zu Gletschern, Wasserfällen, Pässen und abgeschiedenen Dörfern gewähren Einblick in die Höhenlagen des Kaukasus.

DAWIT GAREDSCHA

3 Das hoch verehrte Höhlenkloster inmitten karger Abgeschiedenheit nahe Georgiens Grenze zu Aserbaidschan wurde vor langer Zeit aus einer Klippenwand geschlagen. Es gilt als Wiege der mittelalterlichen Klosterkultur und

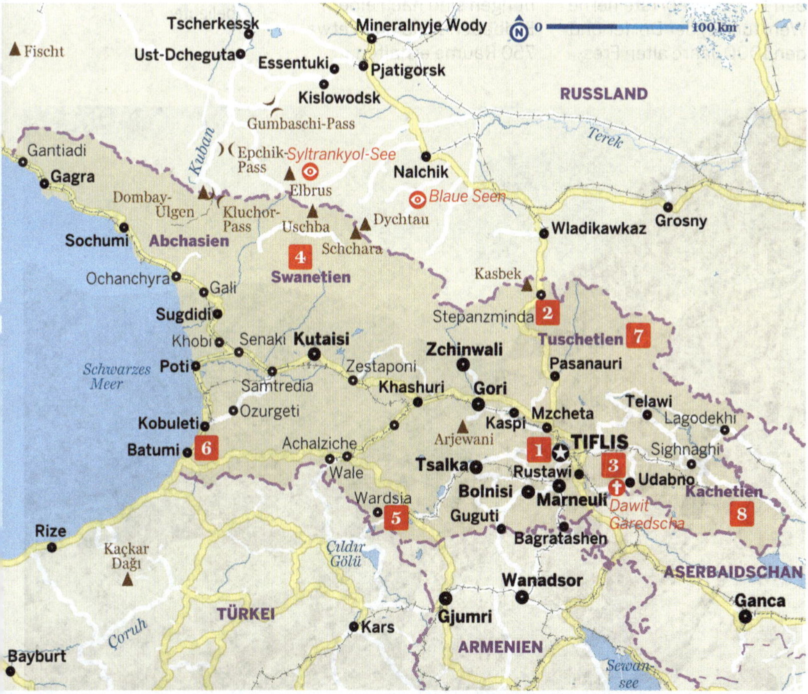

Freskenmalerei. Heiligengräber, 1000 Jahre alte Wandbilder, die unwirkliche Landschaft und die Vorstellung eines freiwilligen Lebens in Höhlen machen einen Besuch des Dawit Garedscha zu einem faszinierenden Erlebnis. Obwohl es abgelegen ist, bietet sich ein Tagesausflug ab Tiflis, Telawi oder Sighnaghi an.

SWANETIEN

4 Die Bergtäler Swanetiens liegen tief im Kaukasus, umgeben von schneebedeckten Gipfeln, Wiesen und Wäldern, und sind im Sommer ein Wanderparadies. Swanetien war lang von der Außenwelt isoliert und besitzt neben einer eigenen Sprache auch eine traditionell geprägte Kultur. Diese spiegelt sich in den 175 *koshkebi* (steinerne Wehrtürme) der Dörfer und den 1000 Jahre alten Fresken der Kirchen wider. Bis vor Kurzem war Swanetien nur mühsam mit dem Auto erreichbar, mittlerweile fliegen täglich Kleinflugzeuge von Tiflis aus hierher.

WARDSIA

5 Die Höhlenstadt Wardsia ist ein kulturelles Symbol, das den Georgiern sehr viel bedeutet. König Giorgi III. errichtete hier im 12. Jh. eine Festung, und seine Tochter, Königin Tamara, gründete ein Höhlenkloster, das zu einer heiligen Stadt mit bis zu 2000 Mönchen heranwuchs und als spirituelle Bastion Georgiens und der christlichen Ostgrenze galt. Seine Einwohner lebten in aus dem Fels gehauenen Behausungen mit 13 Stockwerken. Von den ursprünglich wohl über 3000 Wohnungen sind nach einem Erdbeben 1283 noch etwa 750 Räume erhalten..

UNTERWEGS VOR ORT

Georgian Airways bietet viele Verbindungen an.

Fast jedes Dorf hat eine Bus- oder Minibusverbindung.

Die effiziente U-Bahn von Tiflis fährt zwischen 6 und 24 Uhr.

Radfahren wird hier immer beliebter.

5

BATUMI

6 Vor nebelverhangenen Bergen entstanden in Georgiens Sommerhauptstadt in den letzten Jahren unzählige Hotels und Attraktionen, einen Teil ihres Reizes verdankt sie jedoch der Belle-Époque-Eleganz ihrer Blütezeit vor einem Jahrhundert. Batumi mit seinem relaxten Flair, vielen Unterkünften, guten Lokalen und einem existierenden Nachtleben (im Sommer) ist ein guter Ort für eine Annäherung an Georgien.

TUSCHETIEN

7 Das im Kaukasus im Nordosten Georgiens gelegene Tuschetien ist als Sommerreiseziel für Wanderer und Reiter bekannt und ein beliebtes Wochenendziel für Einheimische aus dem Tiefland. Dennoch bleibt es eine der malerischsten und am wenigsten erschlossenen Hochgebirgsregionen des Landes. Die einzige Straße hierher führt von Kachetien über den 2900 m hohen Abano-Pass. Sie ist von Ende Mai bis Mitte Oktober und nur mit Allradantrieb befahrbar. Die gesamte Region (1137 km^2) ist als Naturschutzgebiet ausgewiesen.

KACHETIEN

8 Kachetiens östlichste Region ist Georgiens bedeutendstes Weinanbaugebiet. Fast überall wird man auf ein Glas Wein eingeladen – nicht unwahrscheinlich, dass man bald auf einer Welle der Glückseligkeit treibt … Kachetien hat aber auch Geschichtliches zu bieten: Hier stehen die Klosteranlage Dawit Garedscha, das malerische Dörfchen Sighnaghi und rund um die Hauptstadt Telawi viele hübsche Kirchen, Schlösser und Herrenhäuser.

1

EFESENKO / SHUTTERSTOCK ©

▼ ESSEN & TRINKEN

Badridschani nigvzit Auberginenscheiben mit Walnuss-Knoblauch-Paste.

Tschurtschchela An einem Faden aufgezogene Nüsse (meist Walnüsse) mit einem rötlichen Überzug aus Traubensaft.

Khachapuri Mit Käse überbackenes Brot.

Chinkali Teigtaschen, gefüllt mit scharfem Hackfleisch, Kartoffeln, Pilzen oder Gemüse.

Mzwadi (ghoris/chbos) Schaschlikspieß (mit Schwein/Rind; „Barbecue").

Sulguni Salziger Käse; teilweise geräuchert.

JETZT REISEN!

Vor der Corona-Krise avancierte Georgien zum Trendziel. Rund 65 000 deutsche Urlauber pro Jahr verzeichnete das Land. Attraktionen sind Klöster und Wehrkirchen, die uralte Weinkultur und nicht zuletzt Tiflis. Wanderer begeistert die Hochgebirgslandschaft des Großen Kaukasus, die Natur ist hier fast unberührt. Nicht zuletzt deshalb wurden 2015 die Arbeiten an einem **Wanderweg durch den Kaukasus** begonnen. Der Fernwanderweg, der einmal vom Schwarzen Meer zum Kaspischen Meer führen soll, wird durch Georgien, Armenien und Aserbaidschan, durch den Großen und den Kleinen Kaukasus und mehrere Nationalparks verlaufen. Abschnitte des Transkaukasischen Trails im georgischen Swanetien durch spektakuläre Bergwelten mit mittelalterlichen Dörfern sind schon fertig.

HAUPTSTADT
Accra

BEVÖLKERUNG
32,4 Mio.

FLÄCHE
238 533 km²

AMTSSPRACHE
Englisch

Buschbock, Mole National Park

GHANA

Ghana gilt als Goldkind Afrikas. Mit seiner Geschichte, reicher Kultur und seinen Naturattraktionen hat es den Platz an der Sonne wahrlich verdient.

Ghana ist eine der großen Erfolgsgeschichten Afrikas. Der Lohn für die stabile Demokratie ist eine rasante Entwicklung, die mit unglaublicher Energie einhergeht.

Die schöne Küste, das herrliche Hinterland, kultureller Reichtum, dynamische Städte, facettenreiche Fauna, leicht zugängliche Transportmittel und herzliche Menschen machen das Land zum idealen Ziel für Afrika-Anfänger.

Keine Ghanareise ist vollkommen ohne einen Besuch der Sklavenfestungen an der Küste, die schmerzlich an ein Kapitel der Geschichte erinnern, das unsere Welt geprägt hat. Die meisten Festungen wurden im 17. Jh. von den europäischen Mächten erbaut, die um die wirtschaftliche Vorherrschaft an der Goldküste und am Golf von Guinea wetteiferten.

Im Norden zeigt sich ein anderes Ghana mit eigener Religion, Geografie und Kultur. Die Schönheit liegt dabei in der Harmonie der Andersartigkeit – ein Wunder in unsicheren Zeiten.

Highlights

CAPE COAST CASTLE

1 Das weiß getünchte „Schloss" an der Cape Coast mit Blick auf das Meer prägt das Stadtzentrum. Es gehörte früher einmal zu den wichtigsten Stätten des Sklavenhandels und gewährt seinen Besuchern einen erschütternden Einblick in die Geschichte. Mitarbeiter bieten einstündige Führungen an, bei denen u. a. die Kerker besichtigt werden, in denen die Sklaven zwei bis zwölf Wochen ausharren mussten, während sie sich ausmalten, welches Schicksal sie erwartet. Den Kontrast bildet das Schlafzimmer des Gouverneurs, der mit deckenhohen Fenstern und Meerblick aufwartet.

ESSEN & TRINKEN

Feurige Saucen und ölige Suppen sind die Säulen der hiesigen Küche. Meist werden sie mit Stärkehaltigem wie Reis, *fufu* (Brei aus Maniok, Kochbanane oder Yam) oder *banku* (Kloß aus fermentiertem Mais) serviert.

Andere Küchen, etwa die indische oder chinesische, sind überall im Land verbreitet. In Accras Restaurantszene findet man sowieso alles, von Sushi bis zum Gourmet-Burger.

Am weitesten verbreitet ist wohl der Erdnusseintopf, ein würziges Gericht mit flüssiger Erdnusspaste, Ingwer sowie Fisch oder Fleisch. Die Palmnusssuppe (mit Tomate, Ingwer, Knoblauch, Chilipfeffer und Palmnuss) verdankt ihre Farbe dem Palmöl. *Jollof*-Reis wird mit Tomaten und Zwiebeln zubereitet und meist mit Fleisch serviert.

REISEZEIT

HAUPTSAISON
(Nov.–März)

ZWISCHEN-SAISON
(April–Mai & Sept.–Okt.)

NEBENSAISON
(Juni–Aug.)

▾ GHANAISCHE MUSIK

Kein Zweifel: Ghana liegt der Rhythmus im Blut.

Traditionelle Musik ist hier nicht so populär wie etwa in Burkina Faso. Sie ist speziellen Anlässen vorbehalten und wird mit dem Königshaus assoziiert. Moderne Musik aber floriert. Highlife, ein sanfter Mix aus Big-Band-Jazz, Kirchenliedern, Brassband- und Seemannsliedern, verbreitete sich in den 1920er-Jahren in Ghana.

Der Zweite Weltkrieg brachte den Swing an die Küste und führte zur ersten Verschmelzung westlicher und afrikanischer Musik. In den frühen 1990er-Jahren begann dann in Ghana der Siegeszug des Hiplife: afrikanische Texte gemischt mit Hip-Hop-Klängen aus den USA.

Hip-Hop und nigerianische Musik konkurrieren nach dem Hiplife um Platz zwei. Beliebt sind auch Gospel und Reggae.

PAUL D SMITH / SHUTTERSTOCK ©

MOLE NATIONAL PARK

2 Der Park mit seinen safrangelben Savannen lockt mit den mit Sicherheit günstigsten Safaris in ganz Afrika. Hier leben mindestens 3000 Vogel- und 94 Säugetierarten. Elefanten werden zwischen Dezember und April häufig gesichtet, andere Säuger wird man das ganze Jahr über sehen. Am Hauptquartier des Parks starten tolle Safaris, zu Fuß oder per Jeep. Auf Anfrage fahren bewaffnete Ranger auch in den Geländewagen der Besucher mit, ohne Begleitung darf man den Park nicht erkunden. Wer mag, hat im auf Ökotourismus ausgerichteten Mognori Eco Village am Parkrand die Möglichkeit, eine Kanusafari zu machen, ein Dorf zu besuchen und etwas über die hiesige Kultur zu erfahren.

KEJETIA MARKET

3 Aus der Ferne sieht der Kejetia Market wie das Mutterschiff von Außerirdischen aus, das im Zentrum von Kumasi gelandet ist. Von Nahem erinnern die rostigen Blechdächer des riesigen Markts (wohl der größte Markt Westafrikas; 11000 Stände, mindestens viermal so viele Mitarbeiter) dann aber an eine Ghettostadt. Steht man mitten drin, ist der geschäftige Kejetia Market zwar verwirrend, aber eine faszinierende Erfahrung.

ACCRA

4 Ghanas Herz wird anfangs wohl keine Liebesgefühle aufkommen lassen, aber man kann sich an die stickigen, nach Schweiß, Abgasen und Frittieröl riechenden Straßen gewöhnen. Wie Ballons kurz vorm Platzen hängen feuchte Wolken über den Ständen, an denen Mangos, *banku* (fermentiertes Maismehl) und Reis verkauft werden. Die Stadt erstreckt sich gen Strand, Zentrum und Westen; jedes Viertel hat ein eigenes Gesicht. Accra besitzt kaum Attraktionen, hier kann man aber shoppen, das Nachtleben genießen und findet die beste Restaurantszene Ghanas.

VOLTA-REGION

5 Keine Region wird so unterschätzt wie die Volta-Region. Dabei ist sie ein Juwel mit fruchtbarem, von Felsen eingerahmtem Ackerland und Bergen mit schönen Ausblicken. Es gibt tolle Wandermöglichkeiten und großartige Ökotourismus-Programme.

UNTERWEGS VOR ORT

Ein *tro-tro* ist meist ein Minibus, der losfährt, sobald alle Plätze belegt sind. Für längere Strecken sind Busse die beste Wahl: Sie sind komfortabler und verlässlicher.

Täglich gehen mehrere Flüge von Accra nach Kumasi, Takoradi und Tamale. Sie sind meist günstig und sparen Zeit, wenn man nach Norden weiterreist.

Für Fahrten in der Stadt und kürzere Strecken zwischen Orten sind Taxis das beliebteste Transportmittel.

Keinesfalls verpassen sollte man den höchsten Wasserfall des Landes, den Wli, inmitten einer Landschaft aus sanften Hügeln, Wäldern und Flüssen. Zwischen April und Oktober ist er am beeindruckendsten, dann hört man das Wasser schon von Weitem donnern.

BUSUA

6 Das kleine Busua rund 30 km westlich von Takoradi ist bei Freiwilligen und Backpackern beliebt, die hier erholsame Strandtage verbringen. Es herrscht ein geselliges Flair in den relaxten Bars und Cafés, in denen man gut ein paar Stunden verbringen kann. Zudem ist Busua ein bekannter Surfer-Hotspot. Hier gibt es zwei hervorragende Surfschulen, die beide auch Unterricht für Anfänger anbieten.

AKWIDAA & CAPE THREE POINTS

7 Akwidaas Highlight ist der einzigartige lange weiße Sandstrand. Vom Dorf aus kann man durch die Wälder wandern, Kakao- und Kautschukplantagen erkunden, zwischen Mangroven paddeln oder das windige Cape Three Points besuchen, den südlichsten Punkt Ghanas. In der Saison lassen sich hier Schildkröten, Buckel- und Pottwale blicken.

WECHIAU HIPPO SANCTUARY

8 Das am Schwarzen Volta gelegene, beliebte Nilpferd-Schutzgebiet wurde 1999 von den Dorfhäuptlingen der Gegend ins Leben gerufen. Zu sehen bekommt man die Dickhäuter meist zwischen November und März. Sobald die Regenzeit (April–Okt.) begonnen hat, verschwinden sie; Wechiau ist dann auch nur schwer zu erreichen. Man kann Flusssafaris machen, Vögel beobachten, Dörfer besichtigen und spazieren gehen. Wer nicht motorisiert ist, muss im Schutzgebiet übernachten.

MATTIAS SAMUELSSON / GETTY IMAGES ©

HAUPTSTADT
St. George's

BEVÖLKERUNG
113 570

FLÄCHE
340 km²

AMTSSPRACHE
Englisch

GRENADA

Weißer Sand, türkisfarbenes Meer und Einsamkeit machen Grenadas Strände einzigartig. Noch beschaulicher als die Hauptinsel sind Carriacou und Petit Martinique.

Grenada und Carriacou (sowie das kleine Petit Martinique), die südlichsten der Inseln über dem Winde, kamen durch die US-Invasion in den 1980er-Jahren und die Zerstörungen des Hurrikans Ivan Anfang des 21. Jhs. in die Schlagzeilen. Die Verwüstungen durch den Sturm sind jedoch nicht mehr zu sehen, und die amerikanische Besetzung ist nicht viel mehr als eine Erinnerung. Heute zählen die Inseln zu den schönsten der Karibik.

Die großartigen Strände sind von Palmen, weißem Sand, klarem Wasser, grauschwarzen Dünen und hohen Wellen geprägt. Grenadas Küste grenzt an nebligen Regenwald mit Wanderwegen und Wasserfällen samt Badestellen. Märkte, Festungen und der Hafen machen St. George's zu einer hübschen Hauptstadt und einer Basis für Fährfahrten. Obwohl Kreuzfahrtschiffe Kurzurlauber herbringen, sind alle drei Inseln angenehm ruhig.

Highlights

CARRIACOU

1 Viele Menschen wissen gar nicht, dass der Staat Grenada aus drei Inseln besteht – wenn das nicht für Carriacou spricht! Die friedliche und freundliche Insel hat wunderschöne, ruhige Strände, und Kreuzfahrtschiffe, große Resorts oder Souvenirläden sucht man vergebens. Dafür punktet Carriacou mit karibischer Gelassenheit, Freundlichkeit und Ruhe wie vor 50 Jahren.

UNDERWATER SCULPTURE PARK

2 Diese Unterwasser-Galerie liegt unmittelbar nördlich von St. George's in der Molinière Bay. Das Projekt wurde vom britischen Künstler Jason de Caires Taylor initiiert. Die 80 Werke sind alle in unterschiedlichen Ausprägungen von Korallen bedeckt; dieser Prozess schreitet kontinuierlich voran. Unter den Skulpturen finden sich z. B. lebensgroße Frauenfiguren, die sich an den Händen halten, und ein Mann an einem Schreibtisch. Auch Fische und Schwämme besiedeln das Gebiet. So ergibt sich eine faszinierende Mischung aus Kultur und Natur. Der Park lohnt sich für Schnorchler wie Taucher; Tauchläden auf der ganzen Insel organisieren Ausflüge.

REISEZEIT

HAUPTSAISON
(Jan.–April)

ZWISCHENSAISON
(Mai & Dez.)

NEBENSAISON
(Juni–Nov.)

GRAND ANSE

3 Grenadas Touristenzentrum ist ein langer weißer Standstrand mit türkisfarbenem Meer vor hügeliger Kulisse. Hier gibt es so viele große Hotels, Bars, Restaurants und Wassersportangebote wie nirgends sonst auf der Insel, dennoch hat sich Grand Anse noch Seele bewahrt. Der Strand gehört zu den

schönsten der Insel und ist entsprechend beliebt. Anders als an anderen Karibikstränden trifft man hier Besucher wie Einheimische, die hier schwimmen und trainieren. Für viele gehört ein Besuch hier zu einem Grenada-Urlaub unbedingt dazu. Den Massen entgeht man, indem man der kleinen Zufahrt folgt, die von der Grand Anse Rd abzweigt und zu einem kleinen Parkplatz im Süden der Bucht führt, wo sich weniger Menschen tummeln.

LEVERA

4 Vor zerklüfteten, niedrigen Klippen erstreckt sich der wunderschöne, wilde Sandstrand Levera Beach, zu dem nur wenige Besucher kommen. Direkt vor der Küste ragt der Sugar Loaf auf, die Grenadinen sprenkeln den Horizont im Norden. Der Strand, der Mangrovensumpf und der Teich in der Nähe wurden in Grenadas Nationalpark integriert und sind ein wichtiger Lebensraum für Wasservögel und Nistplatz für Schildkröten.

GRAND ETANG NATIONAL PARK

5 Der Eingang zu diesem Naturparadies rund um einen hübschen See liegt 4 km nordöstlich von Constantine im Osten Grenadas. Er ist nach einer in Serpentinen ansteigenden Straße auf 580 m erreicht. Den Eintritt bezahlt man am Besucherzentrum; dort erfährt man auch etwas über den Park und kann Erfrischungen kaufen. Im Park gibt es viele Wanderwege unterschiedlicher Länge und Schwierigkeit. Manche sind gut in Schuss, andere überwuchert und ohne Guide nicht zu finden. Der Park birgt vier der höchsten Gipfel Grenadas – absurderweise trägt ausgerechnet der höchste keinen Namen.

UNTERWEGS VOR ORT

Die Hauptstraßen auf Grenada sind gut, Mietwagen und Taxis verfügbar.

Täglich zwei Flüge zwischen Grenada und Carriacou.

Private Minivans sind ein gutes Transportmittel.

Ein Schnellboot verbindet Grenada, Carriacou und Petit Martinique.

7

DARRYL BROOKS / SHUTTERSTOCK ©

MORNE ROUGE BAY

6 Die Bucht liegt zwar fast unmittelbar neben dem Grand Anse Beach, doch hier ist der Strand noch kaum berührt; somit ist auch angenehm wenig los. Die Morne Rouge Bay verkörpert perfekt das Bild von den schneeweißen Stränden und dem kristallklaren Wasser, für das die Karibik so berühmt ist. Es gibt viel Schatten, aber nur wenige Service-Einrichtungen.

ST. GEORGE'S

7 St. George's ist eine der malerischsten Städte der Karibik und kann zu Fuß erkundet werden: Es gibt hübsche Bauten zu sehen und den Hafen Carenage mit den bunten Booten und den Warenladungen. Bei einem Bummel durch die geschäftigen Sträßchen entdeckt man kleine Läden, die Kunstvolles verkaufen, das so gar nicht mit dem zu vergleichen ist, was man nahe den Anlegern der Kreuzfahrtschiffe bekommt. Cafés sind an jeder Ecke zu finden. In St. George's stehen das Fort Frederick und das über 300 Jahre alte Fort George. Der Aufstieg zu den Festungen wird mit Panoramablick belohnt; auch Kanonen gibt es hier. Vor dem Fort George warten dunkle Verteidigungstunnel auf Erkundung.

PHB.CZ (RICHARD SEMIK) / SHUTTERSTOCK ©

▼ ESSEN & TRINKEN

Auf Grenada finden sich Essoptionen aller Art, von einfachen Buden am Straßenrand mit lokalen Spezialitäten bis hin zu eleganten Restaurants am Wasser in St. George's und Grand Anse. Auf Carriacou geht es unkonventioneller zu, dennoch finden sich auch hier viele Lokale; internationale Gerichte zeugen von der Anwesenheit von Reisenden und Jachtbesitzern. Auf Petit Martinique gibt's nur wenige einfache Restaurants.

Das Wichtigste im Folgenden in Kürze:

Roti Fladenbrot, gefüllt mit Fleisch- und Gemüsecurry.

Oil Down Eintopf mit Rind und gepökeltem Schweinefleisch in Kokosmilch.

Saltfish and Bake Salzfisch mit Zwiebeln, Gemüse und gebackenem oder frittiertem Brot.

Lambi Hiesiger Name für Muscheln.

Carib-Bier Das Bier wird in Grenada gebraut; es wird immer eiskalt serviert.

Jack-Iron-Rum Teuflischer Verdauungstrunk; wird auf Eis serviert.

▼ SCHOKOLADE AUS GRENADA

Große Gebiete des Landes sind von Kakaoplantagen bedeckt, von denen viele auch auf Bioanbau setzen – klar, dass auf Grenada hervorragende Schokolade hergestellt wird. Am bekanntesten ist die Grenada Chocolate Company (www.grenadachocolate.com), deren dunkle Riegel überall zu kaufen sind.

Wer genauer wissen möchte, wie Schokolade hergestellt wird, kann sich in der Diamond Chocolate Factory bei Victoria einer Führung anschließen. Die Schokoladenfabrik ist in einer ehemaligen Brennerei ansässig, die einst von französischen Mönchen erbaut wurde. Hier wird die Marke Jouvay hergestellt, die es überall gibt. Das Unternehmen gehört einer Kooperative lokaler Kakaobauern. Die Führung beinhaltet eine Verkostung; vorab anrufen!

HAUPTSTADT
Athen
BEVÖLKERUNG
10,6 Mio.
FLÄCHE
131 957 km²
AMTSSPRACHE
Griechisch

Akropolis, Athen

GRIECHENLAND

Eine endlos blaue Küste, von der Sonne ausgebleichte Ruinen, würziger Feta und starker Ouzo ... Die griechische Landschaft fesselt ihre Besucher und die Menschen begeistern sich für Politik, Kaffee, Kunst und Klatsch.

Wer die Natur liebt, ist in Griechenland goldrichtig. Man kann über byzantinische Kopfsteinpflasterwege gehen, zu Vulkanen wandern, Delfine und Meeresschildkröten beobachten und durch grüne Wälder radeln. Es gibt tolle Möglichkeiten zum Kitesurfen, Tauchen und Felsklettern; oder man chartert ein Boot und segelt der Sonne entgegen.

Austragungsstätten der ursprünglichen Olympischen Spiele, die Meteora-Klöster auf hoch aufragenden Felsnadeln, die Wirkungsstätte des Orakels in Delphi oder antike Amphitheater – all dies erwartet den Griechenlandreisenden. Das Land hat wie wenige andere Länder ein Gleichgewicht zwischen Vergangenheit, Gegenwart und Zukunft gefunden. Das Ergebnis ist eine Nation voller kultureller Möglichkeiten.

Griechen sind voller Leidenschaft und lieben das Leben, selbst in schwierigen Zeiten. Das ist das Geheimnis dieses Landes, das immer wieder vor Herausforderungen steht.

Highlights

DIE AKROPOLIS

1 Die Akropolis ist zu Recht eines der Wahrzeichen der westlichen Zivilisation schlechthin – und einfach spektakulär. Ob bei einem frühmorgendlichen Spaziergang oder bei einem Abendessen mit Blick auf den prachtvoll beleuchteten Parthenon: Die Akropolis verkörpert eine solche Macht und Schönheit, dass sich jede Generation davon angezogen fühlt. Jenseits des Hauptgebäudes locken traulichere Gebäude wie der exquisite Tempel der Athena Nike. Und das Akropolismuseum zeigt in schönen Ausstellungen die erhaltenen Schätze der Akropolis.

METEORA

2 Der erste Blick auf die großartigen Meteora-Klöster (der Begriff beschreibt deren Lage) mit den hoch aufragenden Sandsteinsäulen und mehreren Bauten in der Höhe (teils aus dem 14. Jh.) ist unvergesslich. Die Strickleitern, über die die Mönche früher nach oben gelangten, wurden schon vor langer Zeit durch in den Stein gehauene Stufen ersetzt. Das geologische Herz von Meteora bildet der Obelisk Adhrakhti, den man von überall in Kastraki sehen kann. Heute sorgen die spektakulären Felstürme bei Kletterern aus der ganzen Welt für Begeisterung.

ZAGORI

3 Nach einer scheinbar endlosen Serie von Tunneln führt die Schnellstraße Egnatia Odos ins raue Epirus mit dem Pindos-Gebirge und Zagori, einer unberührten Region mit 46 traditionellen, aus Stein und Schiefer erbauten Dörfern am Rand der tiefsten Schlucht Europas, der Vikos-Schlucht. Hier ist die Luft klar, frisch und kühl und der Ausblick umwerfend. Die Region erkundet man am besten beim Wandern oder Mountainbiken. Natürlich ist auch ein Plausch am Kaminfeuer in einer der zahlreichen rustikalen Pensionen eine verlockende Option.

2

EMI CRISTEA / SHUTTERSTOCK ©

ΨΗΤΟΠΩΛΕΙΟΝ
GYROS
CHICKEN GYROS
SOUVLAKI
MIXED GRILL
SEA FOOD
GREEK SALAD
DRAFT BEER

DIE INNOVATIVE HAUPTSTADT

4 In Athen mischen sich auf großartige Weise Antike und Zeitgenössisches. Hinter den prächtigen Fassaden bekannter Wahrzeichen versprüht die Stadt Energie und Kreativität. Ausstellungen, Performances und Installationen in Galerien und Clubs zeugen von der florierenden Kunstszene, trendige Restaurants und einfache Tavernen servieren Leckereien, und die Cafés sind voller gestylter Einheimischer. Punkrock und Haute Couture sind angesagt, und in Discos und Bars steppt bis spät in die Nacht der Bär.

MILAN GONDA / SHUTTERSTOCK ©

BULGARIEN
MAZEDONIEN
ALBANIEN
ITALIEN
TÜRKEI
TIRANA
İSTANBUL
Edirne
Didymotiho
Kipi
Alexandroupolis
Komotini
Xanthi
Kavala
Drama
Seres
Promahonas
Thessaloniki
Evzoni
Florina
Ptolemaida
Kozani
Kastoria
Konitsa
Meteora
Mertziani
Vikos-Schlucht
Ioannina
Korfu
Parga
Preveza
Arta
Trikala
Karditsa
Larissa
Olymp
Volos
Lamia
Agios Konstantinos
Karpenisi
Agrinio
Delphi
Patra
Argostoli
Zakynthos
IONISCHE INSELN
Pirgos
Olympia
Kyparissia
Kalamata
Korinth
Tripoli
Sparta
Geraki
Gythio
Areopoli
Monemvasia
Neapoli
ATHEN
Marathon
Lavrio
Nea Styra
Karystos
Gavrio
Hydra
Saronischer Golf
Toronäischer Golf
Thrakisches Meer
Myrina
NORDÄGÄISCHE INSELN
Halbinsel Gallipoli
Dardanellen
Marmarameer
Mytilini
Chios
Izmir
Kuşadası
Patmos
Bodrum
Datça Halbinsel
Kos
Rhodos
Lindos
DODEKANES
Olymbos
Pigadia
KYKLADEN
Hora (Naxos)
Santorin (Thira)
Ägäis
Karpathisches Meer
Myrtoisches Meer
Lakonischer Golf
Kretisches Meer
Kreta
Hania
Falasarna
Iraklio
Knossos
Sitia
Ierapetra
Strand von Preveli
Ionisches Meer
Adria
MITTELMEER
0
200 km
1
2
3
4
5
6
7
8
9
10

TOP-BÜCHER

Odyssee (Homer; 8. Jh. v. Chr.) Über Odysseus' schwierige und von Poseidon sabotierte Rückkehr in seine Heimat Ithaka.

Alexis Sorbas (Nikos Kazantzakis; 1946) Für viele eine spirituelle Bibel über die unstillbare Lebenslust des Protagonisten.

Der Magus (John Fowles; 1966) Gruselige Psychospiele auf der fiktiven Insel Phraxos.

Falling For Icarus: A Journey among the Cretans (Rory MacLean; 2004) Ein Reiseschriftsteller erreicht sein Ziel, im Land Ikarus' ein Flugzeug zu bauen.

Der Koloss von Maroussi (Henry Miller, 1941) Reisebericht aus dem Griechenland der Vorkriegszeit und das wohl beste Werk des Autors.

TOP-FILME

300 (2007) Testosterongeschwängerte und bildgewaltige Nacherzählung des epischen Aufstands der Spartaner gegen die mächtige persische Armee in der Schlacht bei den Thermopylen 480 v. Chr.

Mamma Mia (2008) Die Insel Skopelos diente als Kulisse für das lebenslustige Abba-Musical-Spektakel

Die Kanonen von Navarone (1961) Alliierte Soldaten dringen in diesem fesselnden Thriller in das von den Nazis besetzte Griechenland ein.

Shirley Valentine (1989) Klassische griechische Inselromanze, die auf Mykonos spielt.

Corellis Mandoline (2001) Bildreiche Verfilmung des Liebesromans von Louis de Bernières im besetzten Griechenland.

Before Midnight (2013) Dritter Film über ein französisch-amerikanisches Paar; gedreht auf der Peloponnes.

OSTERN AUF PATMOS

5 Der griechische Kalender ist voller Feste und Feiertage, das mit Abstand größte Ereignis der griechisch-orthodoxen Kirche ist jedoch Ostern. Am besten ist das Spektakel auf Patmos, Teil der Dodekanes-Inseln, zu bestaunen. Die Insel erwacht mit Feuerwerk, Straßentanz, gegrillten Lämmern und Ouzos zum Leben. Den Beginn der Feierlichkeiten am Karfreitag markiert eine bewegende Prozession, bei der mit Blumen beladene Bahren durch die Stadt getragen werden. Und Samstagnacht wird auch der kritischste Beobachter *hristos anesti* (Christ ist erstanden) rufen und rot gefärbte Eier essen.

ALTSTADT VON RHODOS

6 In die Altstadt von Rhodos einzutauchen, ist ein echtes Muss. Abseits der Besucherströme locken Kopfsteinpflastergassen, Bogen, Plätze und versteckte Orte, an denen man seinen Mittelalterfantasien freien Lauf lassen kann. Neben dem Ritterviertel, dem alten Judenviertel und dem türkischen Viertel locken winzige Tavernen mit traditioneller Livemusik und Freiluftrestaurants mit frischen Meeresfrüchten. Bei einem Spaziergang auf der Stadtmauer genießt man auf der einen Seite den Blick auf das Meer, auf der anderen die museumsartige Szenerie.

REISEZEIT

HAUPTSAISON
(Ostern & Mai–Aug.)
Hochbetrieb und viele Transportoptionen.

ZWISCHENSAISON
(April & Sept.–Okt.)
Milderes Wetter; weniger Inlandsflüge und Fähren.

NEBENSAISON
(Nov.–März)
Viele Hotels, Sehenswürdigkeiten und Restaurants schließen, besonders auf den Inseln.

SAUBERE STRÄNDE

Im Jahr 2019 erhielten 515 Strände und 15 Marinas die begehrte „Blaue Flagge", ein Gütezeichen, das Sauberkeit auszeichnet. Damit ist Griechenland auf Platz zwei von 47 Ländern.

ALTSTADT VON XANTHI

Bis vor Kurzem war das alte Xanthi Inbegriff verblasster Pracht, nun wurde ihm zu neuer Größe verholfen. Abends ist die Altstadt ein Anziehungspunkt mit Bars und *mezedopoleia* (Cafés, die kleine Speisen servieren).

ESSEN & TRINKEN

Die Griechen unternehmen alles Menschenmögliche, um ihre Gäste kulinarisch zu verwöhnen. Und hausgemachtes Tzatziki auf Gyros oder gegrilltes Souvlaki sind nur der Anfang.

Die Griechen lieben es zu essen und laden oft Familie und Freunde zu großen Mengen an Speisen ein, die bei einem langen Abendessen verzehrt werden. Ob man am Meer Seafood verdrückt oder im Schatten der Akropolis moderne griechische Küche kostet – hier geht es immer um das Gesamterlebnis.

Nach dem Essen gibt es oft Obst. Auch Süßwaren und Kuchen sind verbreitet. Süßspeisen sind Baklava, *loukoumadhes* (Bällchen mit Honig und Zimt), *kataifi* (Nüsse in einem „Engelshaar" genannten Teig), *rizogalo* (Reispudding) und *galaktoboureko* (Gebäck mit Vanillecreme). *Ghlika kutalyu* (Sirup-Früchte) werden zur Begrüßung serviert oder zu Joghurt gegessen.

Der Kaffee hier ist so stark, dass der Löffel darin stehenbleibt und der Ouzo kann einen komplett ausknocken.

INSEL-HOPPING IN DEN KYKLADEN

7 Vom pulsierenden Nachtleben und den Promidomizilen auf Mykonos und Ios bis hin zu den sandigen Küsten winziger Inselchen wie Anafi ist Insel-Hopping in den Kykladen ein Griechenlanderlebnis, das man nicht verpassen sollte. Die Inseln warten mit Highlights wie Ruinen (z. B. Delos), Schlössern (etwa Naxos), grüner Landschaft und beeindruckender Küste (wie auf Milos) auf. Ob man mit dem Katamaran über die Ägäis brettert oder auf einer Fähre hin- und herschwankt: Man wird keine einzige salzwassergetränkte Sekunde missen wollen.

BUNTES THESSALONIKI

8 Durch Universitäten, Kultur, Kunst und das Nachtleben bleibt Thessaloniki die dynamischste Stadt Nordgriechenlands. Die Altstadt prägen bunte Sträßchen mit weißen Häusern, faulen Katzen und byzantinische Kirchen. Am besten lernt man Thessaloniki kennen, indem man sich auf

JETZT REISEN!

Im Land der Götter, der Mythen und Sagen scheint man mit jedem Schritt geschichtsträchtigen Boden zu betreten – ein Schlaraffenland für Archäologie-Freaks! In **Chaniá** auf Kreta soll spätestens 2022 das Archäologiemuseum wiedereröffnet werden: Zeugnisse alter Kulturen in moderner griechischer Architektur.

Verkostungstour durch die *zaharoplasteia* (Konditoreien) macht und ottomanische Süßspeisen probiert, in stilvollen Bars und Clubs mit Studenten sein Glas erhebt, sich die Galerien dieser künstlerischen Ecke des Landes anschaut und auch noch Zeit für die erstklassigen Museen lässt.

HYDRA

9 Der Weg nach Hydra führt übers Meer. Es gibt keinen Flughafen und keine Autos. Besucher erwartet ein großartiges Steindorf mit weiß-goldenen Häusern, die sich über eine Bucht und die Ausläufer der Berge erstrecken. Das Treiben am Hafen prägen Segelboote und Megajachten sowie viele Cafés, deren Gäste die Szenerie auf sich wirken lassen. Hier, knapp eineinhalb Stunden von Athen, locken Cappuccino, die bunte Seefahrts- und Architekturgeschichte und Badestellen an der rauen Küste.

KRETAS KÜCHE

10 Kreta ist *der* Ort, um sich seinem Appetit hinzugeben. Die mediterrane Küche der Insel gilt als äußerst gesund. Ihre Beliebtheit verdankt sie aber den frischen Produkten: Fisch, weichem, würzigem Käse und dem nativen Olivenöl. Und ob es Schnecken, Artischocken, Muscheln oder Feigen gibt: Das Geheimnis dieser Küche ist die Ausgewogenheit ihrer Aromen. Es ist schwierig, etwa besseres zu finden als handgemachter Blätterteig, *horta* (Wildgemüse) aus dem Garten hinterm Haus oder Rotbarbe, die gerade frisch vom Fischerboot geladen wurde.

7

VITMARK / SHUTTERSTOCK ©

▼ UNTERWEGS VOR ORT

Wer es eilig hat, findet in Griechenland ein gutes Netz an Inlandsflügen. Es gibt häufig Flüge; das spart viel Zeit.

Für die meisten Besucher ist das Insel-Hopping mit den vielen Fähren, die die Adria und die Ägäis durchqueren, der Inbegriff einer Griechenlandreise.

Busse sind das wichtigste Verkehrsmittel an Land und das Netz ist so gut ausgebaut, dass man mit ihnen auch in die kleinsten Dörfer kommt.

Die Preise für Mietwagen sind o. k. und Autovermietungen finden sich so gut wie überall, außer auf den ganz kleinen Inseln. So kann man die Inseln auf eigene Faust erkunden, etwas Mumm und Fahrpraxis sind aber nötig.

HAUPTSTADT
Nuuk (Godthåb)

BEVÖLKERUNG
57 799

FLÄCHE
2,2 Mio. km²

AMTSSPRACHEN
Grönländisch (Inuktitut), Dänisch

Ilulissat, Diskobucht

GRÖNLAND

Traditionen aus der Steinzeit und moderne Technologien sind die Säulen einer komplexen Gesellschaft, in der Kinder zum Satellitenfernsehen Walspeck essen und Jäger sich zu Guides ausbilden lassen

Eine alte Reiseweisheit besagt: „Wenn du die Welt gesehen hast, dann ist da immer noch Grönland". Aber warum warten? Grönland ist zwar kein günstiges Reiseziel, es gibt aber nur wenige Orte weltweit, an denen solch eine wunderbare Landschaft, solch klares Licht und die Urgewalt der Natur aufeinandertreffen.

In der weiten Wildnis können sich Abenteuerlustige frei bewegen, sei es zu Fuß, auf Skiern oder per Hundeschlitten. Dabei lohnt es sich durchaus auch, sich einen Helikopterflug oder eine Bootsfahrt zu gönnen, um der traumhaften Berglandschaft, den Gletschern und Fjorden nahe zu kommen.

An der Westküste liegen malerische kleine Ortschaften sowie die Hauptstadt, Nuuk, und im Süden überall Höfe mit smaragdgrünen Wiesen. Man sollte sich auf jeden Fall Zeit nehmen, um die Mitternachtssonne zu genießen und über einen Gletscherabbruch oder die Polarlichter zu staunen.

Highlights

UUMMANNAQ

1 Ein hoher roter Gipfel wacht über einem farbenfrohen Dorf und gibt ihm zugleich seinen Namen: Uummannaq („herzförmig"). Häuser schmiegen sich an die steile Küste, während sich Holzstufen und Straßen durch den Ort schlängeln. Im Winter kann man diese freilich nur erahnen, geht doch die Sonne zwei lange Monate nicht auf. Der Frühling aber eignet sich dann bestens für Hundeschlittenfahrten. Viele ansässige Familien leben bis heute hauptsächlich von der Jagd, Schlitten und Kajak sind ihre Haupttransportmittel, da es verboten ist, vom Schneemobil oder Motorboot aus zu jagen und zu fischen. Von dieser Ursprünglichkeit zeugt der in der Luft liegende Geruch

ESSEN & TRINKEN

Fleisch dominiert die traditionelle grönländische Küche.

Krabbentaucher Die pinguinähnlichen Vögel sicherten den Nordgrönländern einst das Überleben. Für das wenig appetitliche *kivioq* lässt man das Fleisch in ausgehöhlten Robbenkadavern verrotten.

Rentier Im September nimmt fast jeder Grönländer Urlaub, um *tuttu* (Rentiere) zu jagen. Die Steaks und das Keulenfleisch schmecken großartig.

Robbe Das Fleisch hat eine schokoladenbraune Farbe; mit einem zentimeterdicken Stück Walfischspeck erinnert sein Geschmack an Lammkotelett.

Wal Die beste rohe *mattak* (Walhaut) stammt vom Weißwal oder Narwal. Beim Kochen nimmt sie einen leicht nussigen, pilz-ähnlichen Geschmack an.

REISEZEIT

HAUPTSAISON (April–Aug.)

ZWISCHENSAISON (März & Sept.)

NEBENSAISON (Okt.–Feb.)

▼ EXTREMSKIFAHREN

Die dreitägige Arctic Circle Race (www.acr.gl) gehört zu den härtesten Skirennen der Welt. Es folgt einem 160 km langen Rundkurs um die Berge östlich von Sisimiut im Südwesten und findet meist in der letzten Aprilwoche statt (wieder 2022). Die Teilnehmer verbringen dabei zwei Nächte im Zelt in der Tundra und werden aus Sicherheitsgründen von Hundeteams begleitet.

VADIM PETRAKOV / SHUTTERSTOCK ©

von Hunden, Trockenfisch und gespannten Fellen.

ILULISSAT KANGERLUA

2 Der Hauptgrund für die kostspielige Reise nach Grönland ist die atemberaubende Kraft und Schönheit des Ilulissat Kangerlua. Das UNESCO-Welterbe gehört zu den aktivsten Gletschern der Welt und bietet ein wahrhaft unvergessliches Spektakel. Direkt vor dem Ort Ilulissat an der Mündung des Fjords erheben sich gewaltige Eisberge, teils von der Größe einer Kleinstadt. Von dem 5 km breiten Gletscher lösen sich pro Jahr über 35 km³ Eis ab: Das entspricht rund 20 Mio. t pro Tag, dem Wasserverbrauch New Yorks für ein ganzes Jahr bzw. einem Zehntel aller Eisberge in den Meeresgewässern Grönlands!

QASSIARSUK

3 Das hübsche, am Fjord gelegene Dorf gilt weithin als Brattahlíð, wo Erik der Rote (Eiríkur Rauðe) im 10. Jh. eine Siedlung gründete. Unauffällige Überreste eines hufeisenförmigen Torffundaments markieren den Ort, an dem im Jahr 1000 angeblich die erste christliche Kirche der Neuen Welt entstand. Der Legende nach wollte Eriks Frau Þjóðhildur ihm den Beischlaf verweigern, bis er sich christlich taufen ließe. Erik gab zwar nicht nach, lenkte jedoch durch den Bau einer Kirche ein. Zusehen sind außerdem nordische Ruinen, darunter ein Langhaus und eine Kirche, sowie der Nachbau einer Torfhütte der Inuit aus dem 19. Jh.

NANORTALIK

4 Das malerische Nanortalik wirkt wie das Filmset eines Fischerdorfs in Neuengland. Der Name von Grönlands südlichster Stadt bedeutet „Eisbärenort" und bezieht sich auf die Bärenpopulation, die ab und zu vorbeischaut. Je nach Jahreszeit und Wetter strahlt die Stadt in ganz unterschiedlichem Licht. Treppen führen zu einem skurrilen eiförmigen Felsen mit Fahnenmast, der die Stadt überblickt. Zudem können Besucher zu einer verblüffenden Attraktion der Stadt spazieren: einem Naturstein, der in einem bestimmten Blickwinkel dem Profil des Polarforschers und Nationalhelden Knud Rasmussen ähnelt.

MIT HUNDESCHLITTEN AUF DER DISKOINSEL

5 Auf Grönlands größter Insel mit dem klangvollen Namen Disko warten Ausflüge mit dem Hundeschlitten, dem Hauptverkehrsmittel der Einheimischen. Grönländische Musher spannen ihre Hunde in

UNTERWEGS VOR ORT

Grönland hat gute Flugverbindungen. Hubschrauberflüge bieten tolle Ausblicke.

Auf den Fähren gleitet man an großartigen Eislandschaften vorbei. Wenn es das Eis zulässt, gibt es im Sommer Verbindungen zu den Dörfern an der Westküste.

Viele Einheimische nutzen bis heute den Hundeschlitten als Transportmittel. Für Besucher gibt es eintägige bis einwöchige Ausflüge. Die beste Zeit sind die Monate März bis Mai.

einer Fächerform ein, ihre Kollegen in Alaska und Kanada nutzen hingegen eine kompliziertere Linienformation. Die beste Saison zum Schlittenfahren ist von März bis Mai, wenn die Tage länger und die Temperaturen nicht so extrem sind; Fahrten sind jedoch auch unter der Mitternachtssonne im Sommer möglich. Die Insel ist der einzige Ort südlich des nördlichen Polarkreises, an dem das Halten von Schlittenhunden erlaubt ist.

KAJAKTOUR IM FJORD

6 Grönländische *qajaq* sind die Vorläufer moderner Kajaks – wo sonst sollte man sich also auf eine Tour aufmachen? Rund um Tasiilaq, 100 km südlich des nördlichen Polarkreises, kommt man vereisten Fjorden besonders nahe. Das Dorf inmitten hoher Berge, grüner Täler und jeder Menge Wasser ist das Paradies für jeden Naturfreund. Die 4 km lange Tour von Tasiilaq durch den Fjord ist leicht zu bewältigen, die 20–30 km lange Route um den Fjord ist eine größere Herausforderung.

SEGELTOUR VOR GRÖNLAND

7 Südgrönlands schönste und auf dem Landweg quasi nicht zugängliche Fjordlandschaft ist das perfekte Ziel für einen Törn ab Aappilattoq, einem Fischerdorf an einem natürlichen Binnenhafen. Die Segelroute gehört zu den spektakulärsten der Welt. Von Mitte November bis April verkehrt z. B. die *Ketil* wöchentlich zwischen Nanortalik und Aappilattoq mit Rückkehr am selben Tag. Die unvergessliche Reise fällt aber immer mal wieder Wetter und Eis zum Opfer. Neben Aappilattoq gibt es noch viel beeindruckendere Fjorde zu sehen, man braucht dazu nur etwas Zeit und Geduld. Es besteht immer die Gefahr, dass die Zufahrt durch lästige Eisschollen behindert wird.

HAUPTSTADT
Basse-Terre

BEVÖLKERUNG
405700

FLÄCHE
1628 km²

AMTSSPRACHEN
Französisch, Kreolisch

Vulkan La Soufrière

GUADELOUPE

Guadeloupe ist ein faszinierender Archipel. Jede Insel hat ihren eigenen Charakter, wobei sich alle ihre vielfältige frankokaribische Kultur und Identität bewahren konnten. Die zwei Hauptinseln von Guadeloupe sind wie Schmetterlingsflügel geformt und nur durch ein paar Brücken und einen Mangrovensumpf verbunden.

Auf Grande-Terre, der östlichen der beiden Inseln, liegen mehrere Küstenorte mit wunderschönen Sandstränden und einem großen Freizeitangebot. Die bergige Insel Basse-Terre im Westen beherbergt den wunderschönen Parc Nacional de la Guadeloupe mit dem spektakulären aktiven Vulkan La Soufrière.

Neben dem „Festland" gibt es noch eine Reihe kleiner, vorgelagerter Inseln, darunter Les Saintes, Marie-Galante und La Désirade, die Besuchern einen individuellen Einblick ins Guadeloupe längst vergangener Zeiten geben. Sie zählen zu den stimmungsvollsten und am wenigsten besuchten Orten der Französischen Antillen.

Highlights

▼ REISEZEIT

HAUPTSAISON
(Dez.–Mai)

ZWISCHENSAISON
(Juni)

NEBENSAISON
(Juli–Nov.)

DESHAIES

1 Der auf liebenswerte Art verschlafene Ort ist einerseits ein traditionelles Fischerdorf, besitzt aber andererseits diverse Restaurants und Bars – das kommt bei Besuchern das ganze Jahr über gut an. Vor der Kulisse aus grünen Hügeln erstreckt sich ein kleiner Strand; da Deshaies jedoch einen Fischereihafen hat, eignet sich der nahe Strand Grande Anse besser zum Baden und Sonnen. Dank der geschützten Bucht ist das Dorf ein beliebter Stopp auf Jacht- und Segeltouren und versprüht trotz seiner Winzigkeit internationales Flair.

PIGEON ISLAND

2 Der lange Streifen aus ineinander übergehenden Strandorten ist ein Mekka für Taucher. Das Réserve Cousteau rund um die kleine Pigeon Island lädt zum Tauchen und Schnorcheln ein, und an den dunklen Sandstränden der Plage de Malendure kann man sich anschließend erholen. Im Hintergrund erheben sich überall steile Hügel, und so ist es ein besonders schönes Erlebnis, diesen Küstenabschnitt mit dem Auto zu erkunden. Die Plage de Malendure ist zwar nicht der schönste Strand der Umgebung, wer seinen Aufenthalt aktiv gestalten möchte, findet hier jedoch ein großes Angebot und dadurch auch angemessene Preise vor.

TERRE-DE-HAUT

3 10 km vor Guadeloupe liegt Terre-de-Haut, die größte der acht kleinen Les-Saintes-Inseln. Da sie zu hügelig und zu trocken für Zuckerplantagen war, lebten hier keine Sklaven. Deshalb

führen ältere Inselbewohner ihre Abstammung auf frühe normannische und bretonische Kolonisten und Seefahrer zurück. Die meisten Bewohner der Insel leben im malerischen Bourg des Saintes, das einen normannischen Touch hat. In den engen Straßen stehen weiß getünchte Häuser mit roten Dächern und Fensterläden, und in den Höfen blühen Hibiskussträucher.

CHUTES DU CARBET

4 An einem klaren Tag fällt der Blick während der Fahrt hinauf zu den Chutes du Carbet auf zwei herrliche Wasserfälle, die an einer kargen Gebirgswand hinabdonnern. Vom Aussichtspunkt am oberen Parkplatz kann man die höchsten Abschnitte sehen. Ein Schild weist den Weg hinab zur Basis der Fälle. Der beliebte Pfad zum zweithöchsten Wasserfall (110 m) kann in rund 20 Minuten begangen werden, zum höchsten Wasserfall (115 m) braucht man etwa zwei Stunden.

MARIE-GALANTE

5 Marie-Galante ist eine angenehm unberührte Insel, die besonders bei den Reisenden beliebt ist, die es ein bisschen ruhiger mögen und gern ohne die Massen am Strand liegen. Im Vergleich zu den anderen Inseln ist Marie-Galante relativ flach – die zwei Kalksteinplateaus erreichen gerade einmal eine Höhe von 150 m –, aber auch wenn man spektakuläre Landschaftsformen hier vergeblich sucht, gibt es doch herrliche Strände, faszinierende alte Bauwerke und tolle Restaurants und Unterkünfte. Auf Marie-Galante liegen drei Ortschaften. Grand-Bourg ist das Ge-

UNTERWEGS VOR ORT

Guadeloupe hat ein gutes Busnetz; Reisende, die mehr als einen Ort besuchen möchten, brauchen jedoch einen Mietwagen. Taxis gibt es überall; sie sind teuer.

Air Caraïbes bietet fast täglich Flüge zwischen Pointe-à-Pitre und Marie-Galante an.

Zwischen den Inseln sind Fähren das am weitesten verbreitete Verkehrsmittel.

5

OLGA S. ANDREEVA / SHUTTERSTOCK ©

schäfts- und Verwaltungszentrum, die anderen beiden, Capesterre an der Südostküste und Saint-Louis an der Nordküste, sind traumhaft entspannte Fischerdörfer mit guten Stränden in der Nähe. Da man die Insel jedoch in einer halben Stunde überquert hat und fast alle Reisenden ein Auto mieten, ist es egal, wo man unterkommt.

LA SOUFRIÈRE

6 Guadeloupes aktiver Vulkan thront über dem Parc National de la Guadeloupe. Abenteuerlustige können sich an die 105-minütige Wanderung hinauf zum schwefeligen, einer Mondlandschaft ähnelnden Gipfel wagen. Oben angekommen, kann man den Vulkan aus der Nähe bewundern und den Blick über die Insel schweifen lassen. Am Ende der Straße, die zum Vulkan führt, liegt ein Parkplatz. Dort beginnt die sehr beliebte Wanderung entlang eines Kiesbetts und durch niedriges Gebüsch und dichten Farn den Hang hinauf. Am besten startet man früh morgens!

GRANDE ANSE

7 Grande Anse ist der wohl beste Strand Guadeloupes und auf jeden Fall einer der längsten und schönsten Strände auf Basse-Terre. Er punktet mit goldenem Sand, Palmen und azurblauem Meer. Hier ist kein Hotel in Sicht, und doch liegt er nur 2 km nördlich von Deshaies. Ein Geheimtipp ist er aber nicht. Den Massen entgeht man, indem man ein Stück an der Bucht entlanggeht. Am Strand gibt's einige Restaurants.

▼ ESSEN & TRINKEN

Guadeloupe wartet mit toller Kulinarik auf, von einfachen Imbissen, an denen der Fang des Tages gegrillt wird, bis hin zu Nobelrestaurants mit mehrgängigen Gourmetangeboten. Frischer Hummer, Meeresschnecken, Tintenfisch und Shrimps stehen auf fast jeder Karte.

Accras Bei der beliebten Vorspeise handelt es sich um Fisch, Meeresfrüchte oder Gemüse, frittiert in Tempurateig. Üblich sind die Varianten *accras de morue* (Kabeljau) und *crevettes* (Garnelen).

Ti-punch Kurz für *petit punch*. Der starke Cocktail ist auf Guadeloupe ein typischer Aperitif und besteht aus Rum sowie Limetten und Zuckerrohrsirup.

Crabes farcis Gefüllte Krabben sind ein typisches Gericht. Meist werden sie mit einer Mischung aus Krabbenfleisch, Knoblauch, Schalotten und Petersilie gefüllt und in der Schale gekocht.

Blaff Weißer Fisch, der in Limettensaft, Knoblauch und Paprika mariniert und pochiert wird – ein beliebter Klassiker.

OLIVER HOFFMANN / SHUTTERSTOCK ©

▼ NOMEN EST OMEN

Auf den ersten Blick scheint die Namensgebung der Zwillingsinseln von Guadeloupe irreführend. Die östliche Insel, die kleiner und flacher ist, heißt Grande-Terre („großes Land"), während die größere, bergigere Westinsel Basse-Terre („flaches Land") genannt wird.

Die Namen gehen allerdings nicht auf das Terrain, sondern auf die Winde darüber zurück. Die Passatwinde aus dem Nordosten wehen *grande* (groß) über den flachen Ebenen von Grande-Terre, werden jedoch von den Bergen im Westen abgebremst und sind auf Basse-Terre nur noch *basse* (flach) zu spüren.

HAUPTSTADT
Hagåtña
BEVÖLKERUNG
168800
FLÄCHE
544 km²
AMTSSPRACHEN
Englisch, Chamorro

Talofofo Falls

GUAM

Den Norden Guams nimmt der US-Luftwaffenstützpunkt Andersen Air Force Base ein, aber der Süden mit seinen historischen Dörfern, den atemberaubenden Wasserfällen und den unberührten Stränden ist sehr sehenswert.

Guam, die am dichtesten bevölkerte Insel Mikronesiens, ist sehr kosmopolitisch, und zuweilen wird ihr auch vorgeworfen, es fehle ihr an „echter Inselkultur". Natürlich begegnet man hier überall amerikanischen Reminiszenzen (die Insel ist ein nichtinkorporiertes Territorium der USA, vor vielen Häusern weht die US-Flagge), und die Chamorro-Sprache ist nicht mehr so verbreitet wie früher einmal. Und wenn man sich nie von der Tumon Bay – der *Duty free*-Einkaufsmeile und Touristenhochburg – entfernt, ist man ziemlich sicher ein wenig enttäuscht.

Die Insel ist aber gerade dabei, sich neu zu erfinden. Vielleicht kommt einmal der Tag, an dem die Chamorro-Kultur, die lange von den Besatzern unterdrückt wurde, wieder gefördert wird und an dem die lokalen Speisetraditionen sowie die Überlieferungen hervorgehoben werden, die es zu vielen Orten auf der Insel gibt.

Highlights

RITIDIAN POINT

1 Dieses Naturschutzgebiet im Norden Guams wird vom Fish and Wildlife Service verwaltet. Hauptattraktion ist der Sandstrand. Azurblaues Wasser, goldener Sand, Palmen – das Paradies? Nein, Ritidian Point! Werktags ist der Strand menschenleer; an den Wochenenden bevölkern ihn Familien und picknickende Gruppen.

WAR IN THE PACIFIC NATIONAL HISTORICAL PARK

2 Guam war im Zweiten Weltkrieg besetzt. Auf dem Gelände des historischen Parks liegen auch einige Schlachtfelder. Zum Schlachtfeld Asan Beach Unit gehört auch Asan Point, ein großer, friedlicher, grasbewachsener Strandpark etwa 1,6 km südlich mit Geschützen, Torpedos und Monumenten.

TALOFOFO FALLS

3 Dieser Bade- und Picknick-Spot liegt an einem Wasserfall mit zwei Stufen und zwei Becken. Unten befindet sich eine Hängebrücke mit Blick auf den Wasserfall. Im oberen Teil stürzt das Wasser 9 m tief herab – man kann sich aber gefahrlos darunterstellen.

REISEZEIT

HAUPTSAISON
(Jan.–Mai)

ZWISCHENSAISON
(Juni & Nov.–Dez.)

NEBENSAISON
(Juli–Okt.)

ESSEN & TRINKEN

Guam ist spamsüchtig – es gibt sogar ein „Guam Spam", ein scharfwürziges Dosenfleisch mit Tabasco-Geschmack.

Guam hat Mikronesiens beste Gastroszene und eine vielfältige Küche. Mittelpunkt ist die Tumon Bay. Chamorro-Gerichte gibt's auf dem Chamorro Village Night Market.

HAUPTSTADT
Guatemala (Stadt)

BEVÖLKERUNG
17,4 Mio.

FLÄCHE
108 889 km²

AMTSSPRACHE
Spanisch

Maya-Ruinen, Tikal

GUATEMALA

Das vielseitigste Land Mittelamerikas ist geheimnisvoll und nicht selten eine Herausforderung; mit seinen Landschaften und Erfahrungen begeistert Guatemala Reisende jedoch bereits seit Jahrhunderten.

Guatemala ist magisch. Ob Maya-Kultur, Berge, Märkte, Relaxen am Seeufer oder stimmungsvolle präkolumbische Ruinen – das Land zieht alle Besucher in seinen Bann: Morgens surfen und nachmittags Spanischunterricht? Kein Problem! Wie wär's mit einer Vulkan-Exkursion mit anschließender Dusche und Sushi? Warum nicht? Oder lieber einen Maya-Tempel besichtigen und den Sonnenuntergang in einer Hängematte liegend bewundern? Auf geht's!

Viele fragen sich, was aus den Maya geworden ist. Die Antwort lautet schlicht: nichts. Es gibt sie noch immer und manche Traditionen werden bis heute bewahrt. Wer sich für Archäologie interessiert, der kommt an Tikal und den hervorragenden Museen von Guatemala (Stadt) nicht vorbei. Gelebte Maya-Kultur in Reinform lässt sich in Orten wie Rabinal und an heiligen Stätten wie der Laguna Chicabal erfahren. Und die Maya selbst sind sowieso überall.

Highlights

TIKAL

1 Die wunderbar restaurierten Tempel auf einer weitläufigen Urwaldlichtung beeindrucken sowohl mit ihrer Größe als auch als architektonischer Geniestreich, wie ein morgendlicher Besuch der Gran Plaza beweist. Die über rund 16 Jahrhunderte lang besiedelte Maya-Stätte ist ein faszinierendes Zeugnis der kulturellen und künstlerischen Blüte eines Naturvolks. Ein Highlight ist die Aussicht vom hohen Tempel IV am westlichen Rand. Ebenso bemerkenswert ist die reiche Tierwelt, die bei einem Spaziergang entlang alter Fußwege zwischen zeremoniellen Zentren zutage tritt.

ANTIGUA

2 Riesige Vulkangipfel und bergige Kaffeeplantagen dienen als Kulisse für die in der früheren Hauptstadt Guatemalas verstreuten Überreste spanischer Besetzung. Antigua ist ein reizvoller Ort, um Spanisch zu lernen, und erstklassige Institute wie die Escuela de Español San José el Viejo verzeichnen Lernende aus aller Welt. Nirgendwo sonst im Land findet man solch eine großartige Gastronomie- und Ausgehszene gepaart mit Märkten voller toller Souvenirs, einer niedlichen kleinen Hauptplaza mit Springbrunnen und postkartenverdächtigen Aussichten an jeder Ecke.

CHICHICASTENANGO

3 Zwar kann man hier auch gut shoppen gehen, „Chichi" ist aber vor allem lebendiger Zeuge indigener Traditionen, alter Treffpunkt der hiesigen K'iche-Maya-sprechenden Bevölkerung und spirituelle Stätte. In der Santo-Tomás-Kirche im Zentrum und auf dem Pascual-Abaj-Hügel am südlichen Rand verschwimmen Maya-Rituale und christliche Ikonografie so stark miteinander, dass man kaum noch sagen kann, was eigentlich wozu gehört. Der zweimal wöchentlich stattfindende Markt ist eine gute Gelegenheit, um Souvenirs zu kaufen, besonders feinste

MEUNIERD / SHUTTERSTOCK ©

Golf von Mexiko
Laguna de Términos
Ciudad del Carmen
Esárcega
Xpujil
Chetumal
MEXIKO
Candelaria
Jonuta
El Mirador
Carmelita
Tikal
Palenque
Río Tulijá
Río Azul
Belize City
Belize River
BELMOPAN
El Naranjo
Río San Pedro
Sierra del Lacandón
Río Usumacinta
Lago de Petén Itzá
Melchor de Mencos
El Remate
Benque Viejo del Carmen
Ocosingo
Flores
Santa Elena
Frontera Corozal
Bethel
El Subín
Río Mopán
BELIZE
Laguna Miramar
Sayaxché
Río San Juan
San Quintín
Río Lacantún
Benemérito de las Américas
Río Machaquilá
Poptún
Punta Gorda
Presa de la Angostura
KARIBISCHES MEER
Gracias a Dios
Playa Grande
San Antonio Las Cuevas
Modesto Méndez
Bahía de Amatique
Barillas
Chisec
Río Dulce
Lívingston
Ciudad Cuauhtémoc
Nentón
Sebol
Sierra de Chamá
Puerto Barrios
Camoa Grande
Soloma
La Mesilla
Río Dulce
Corinto
Cordillera de los Cuchumatanes
Nebaj
Semuc Champey
El Estor
Lago de Izabal
Cobán
Mariscos
Huehuetenango
San Cristóbal Verapaz
Sacapulas
Río Polochic
Volcán Tajumulco (4220 m)
Santa Cruz del Quiché
Salamá
Sierra de las Minas
Sierra de Chuacús
Río Hondo
La Entrada
El Carmen
Chichicastenango
Zacapa
Quetzaltenango (Xela)
Río Motagua
El Florido
Copán Ruinas
Panajachel
GUATEMALA (STADT)
Chiquimula
Santa Rosa de Copán
Lago de Atitlán
Chimaltenango
Ciudad Tecún Umán
Jalapa
Ipala
Quetzaltepeque
Santiago Atitlán
Antigua
Esquipulas
Ocós
Retalhuleu
San José Pinula
HONDURAS
Champerico
Anguiatú
Escuintla
El Progreso
Santa Lucía Cotzumalguapa
Cuilapa
Jutiapa
Embalse Cerrón Grande
El Tulate
San Cristóbal Frontera
Chiquimulilla
Nueva Venecia
Valle Nuevo
Chalatenango
Santa Ana
Iztapa
Sipacate
Puerto San José
Monterrico
Ciudad Pedro de Alvarado
Lago de Coatepeque
SAN SALVADOR
EL SALVADOR
PAZIFIK
0
100 km

gewebte Textilien und geschnitzte Holzmasken.

LAGO DE ATITLÁN

4 Der Atitlán, eine der Topattraktionen Guatemalas, begeistert auch die erfahrensten Reisenden. Der teilweise ruhige, teilweise aufgewühlte See ist vulkanischen Ursprungs und wird von Vulkanen gesäumt. Seine Küsten sind mit Dörfern übersät, darunter Santiago Atitlán mit blühender indigener Kultur und San Marcos, wo man der kosmischen Energie des Lago nachspüren kann. Daneben laden Aktivitäten – Gleitschirmflüge in Santa Catarina Palopó, Kajakfahrten rund um Santa Cruz La Laguna oder Wanderungen entlang der Uferwege – zu einem längeren Aufenthalt ein.

RÍO DULCE

5 Der Río Dulce (wörtlich: Süßer Fluss) verbindet Guatemalas größten See mit der Karibikküste. Eine Bootsfahrt zwischen steilen Wänden hindurch inmitten üppiger Vegetation mit Vogelgesang und vereinzelten Seekühen sollte man sich nicht entgehen lassen. Das Ganze ist kein Touristenausflug – der Fluss gehört zum Alltag und ist ein wichtiges Transportmittel –, dennoch garantieren Stopps bei Gemeinden am Ufer und Thermalquellen ein magisches, unvergessliches Erlebnis.

SEMUC CHAMPEY

6 In Guatemala gibt es nicht viele einladende Süßwasser-Badestellen, die Regenwaldoase Semuc Champey, wo türkisfarbenes Wasser in mehrere Kalksteinbecken hinabstürzt, ist jedoch eine Ausnahme. Für viele ist die

▼ TOP-FILME

Aquí me Quedo (Rodolfo Espinoza; 2010) In und um Quetzaltenango gedrehte Geschichte einer Entführung mit politischem Unterton, schwarzem Humor und Satire-Elementen.

When the Mountains Tremble (Pamela Yates & Newton Thomas Sigel; 1983) Dokumentarfilm mit Susan Sarandon und Rigoberta Menchú über den Bürgerkrieg.

Capsulas (Verónica Riedel; 2011) Film über Gier, Korruption und Drogenhandel von einer der wenigen Regisseurinnen des Landes.

▼ TOP-BÜCHER

Der Herr Präsident (Miguel Ángel Asturias; 1946) Der guatemaltekische Nobelpreisträger rechnet nicht allzu subtil mit den vielen Diktatoren des Landes ab.

A Mayan Life (Gaspar Pedro Gonzáles; 1995) Die erste veröffentlichte Novelle von einem Maya-Autor ist eine exzellente Studie des ländlichen Lebens in Guatemala.

Die Kunst des politischen Mordes (Francisco Goldman; 2008) Akribisch recherchierter Bericht über die Ermordung des Bischofs Gerardi.

▼ REISEZEIT

HAUPTSAISON
(Dez.–April & Juni–Juli)
Rund um Weihnachten, Silvester und Ostern sind die Hotelpreise am höchsten.

ZWISCHENSAISON
(Okt.–Nov.)
Der Regen lässt nach, der Oktober ist aber die Hauptzeit für Wirbelstürme.

NEBENSAISON
(Mai & Aug.–Sept.)
Preise und Besucherzahlen an archäologischen Stätten sinken; Reservierungen sind selten notwendig.

▼ ALTE RUINEN

Das Maya-Reich erstreckte sich zu seiner Blütezeit vom nördlichen El Salvador bis zum Golf von Mexiko und war während der klassischen Zeit die wohl brillanteste Zivilisation des präkolumbischen Amerikas. Zu den großen zeremoniellen und kulturellen Zentren Guatemalas gehörten Quiriguá, Kaminaljuyú, Tikal, Uaxactún, Río Azul, El Perú, Yaxhá, Dos Pilas und Piedras Negras. Die Entwicklung und der Untergang des Reiches und seiner einzelnen Teilreiche prägte auch Copán in Honduras.

Der Besuch einer Maya-Ruine ist eine eindrucksvolle Erfahrung und eine Reise in die Vergangenheit. Manche Stätten sind nicht mehr als ein paar Steinhaufen oder Rasenhügel, andere (wie Tikal und Copán) wurden umfassend restauriert. Deren Tempel, Plätze und Ballspielplätze geben exzellente Einblicke in das Leben von früher.

▼ UNTERWEGS VOR ORT

Wer mit dem verrückten Verkehr hier zurechtkommt, für den ist ein eigener fahrbarer Untersatz eine tolle Möglichkeit, ausgetretene Pfade zu verlassen.

In Gebieten ohne Busanbindung bewegt man sich meist mit Pick-ups (Kleinlastern) fort. Einfach heranwinken und hinten auf die Ladefläche klettern.

Ausgediente US-Schulbusse sind günstig, fahren überall hin, halten für jeden und nehmen alle mit. Pullman-Busse sind die bequemsten, sie verkehren aber nur auf großen Landstraßen. Shuttle-Busse können über Reisebüros und Hotels gebucht werden. Sie fahren zu den wichtigsten Sehenswürdigkeiten.

idyllische Szenerie sogar der schönste Ort des Landes. Die Badestelle ist in einem stressigen Tagesausflug zu erreichen – was aber ganz schön unsinnig wäre, denn in Semuc und seiner Umgebung erhält man einen wunderbaren Eindruck vom ländlichen Guatemala.

QUETZALTENANGO

7 Quetzaltenango – bei fast allen auch als „Xela" bekannt – ist eine freundlichere, sanftere Version der Landeshauptstadt. Die Bergszenerie, die indigenen Völker im Hochland, die reizvolle Architektur und die urbane Raffinesse locken Besucher hierher, die vor allem authentische Stadtkultur erleben möchten. Verschiedene Sprachinstitute bieten hier Spanischkurse an, außerdem sind Exkursionen ins Hochgebirge möglich, beispielsweise zur großartigen Laguna Chicabal, einem Kratersee und Maya-Pilgerort, oder zum Fuentes Georginas, einem natürlichen Thermalresort, das sich in einem grünen Tal versteckt.

GUATEMALA (STADT)

8 Guatemalas Hauptstadt ist lebendig und ungehobelt, widerspenstig und gelegentlich überraschend: Entweder man liebt sie oder man hasst sie. Viele Besucher gehören der zweiten Kategorie an und machen sich schnell wieder aus dem Staub. Wer sich jedoch Zeit nimmt und hinter die triste Architektur und die Ecken und Kanten blickt, entdeckt eine Stadt voller Leben. Ob Kultur, Restaurants, Einkaufszentren oder Livemusik: In Sachen Dynamik ist die Hauptstadt im Land einsame Spitze.

EL MIRADOR

9 Die abenteuerliche Wanderung nach El Mirador bietet Travellern die Chance, die Ursprünge der Maya-Geschichte zu entdecken. Bis heute widmen sich Archäologen vor Ort dieser Aufgabe. Zu den Hunderten überwucherten Tempeln gehört die größte Maya-Pyramide, La Danta. Wer sie erklimmt, wird mit Panoramablicken aufs Dach des Regenwalds belohnt. Die Wanderung dauert mindestens sechs Tage hin und zurück, durch Schlamm und Moskitos hindurch, wer das nicht mag, fliegt einfach mit dem Hubschrauber.

FLORES

10 Flores, eine Insel der Ruhe am Rand eines riesigen Urwaldreservats, ist der Ausgangspunkt für Ausflüge nach El Petén und ideal, um Energie zu tanken. Auf den Terrassen der Lokale und Bars mit Blick auf den Lago de Petén Ixtá oder bei einer Fahrt in einem verwitterten Beiboot zu kleinen Inseln findet man leicht Mitreisende für Ausflüge nach Tikal oder zu noch entlegeneren Zielen. Die malerische Stadtszenerie vor der Kulisse ferner Dörfer ist jedoch für sich schon einen Besuch wert.

NEBAJ

11 Nach Nebaj, eine Enklave indigener Kultur in einer abgeschiedenen (aber leicht zugänglichen) Berglandschaft, verirren sich kaum Reisende, dabei verkörpert es die Quintessenz von Guatemala. Hier ist die Heimat der widerstandsfähigen Ixil-Maya, die ihre eigene Sprache und lebendige Kultur haben und im Bürgerkrieg unerbittlich verfolgt wurden. Zudem ist es Ausgangspunkt für Wanderungen durch das spektakuläre Cuchumatanes-Gebirge mit Dutzenden traditioneller Dörfer wie Cocop oder Chajul, in denen von der Gemeinschaft betriebene Unterkünfte den Bewohnern dringend benötigte zusätzliche Einkünfte bringen. Für Besucher ein faszinierende Einblick in das Leben in dieser Ecke der Welt.

SOFT_LIGHT / SHUTTERSTOCK ©

▼ HELLROTER ARA

La Ruta Guacamaya (Hellroter-Ara-Route) zwischen den Ruinen von El Perú in El Petén ist der beste Ort, um den seltenen Hellroten Ara in Freiheit zu sehen.

▼ MAYA-RITUALE

Am Pascual-Abaj-Schrein oder an den Altären an der Küste der Laguna Chicabal können Besucher zwar Maya-Zeremonien beobachten, viele alte Riten werden den Ausländer jedoch nie zu Gesicht bekommen.

ALEKSANDAR TODOROVIC / SHUTTER

HAUPTSTADT
Conakry

BEVÖLKERUNG
12,9 Mio.

FLÄCHE
245 857 km²

AMTSSPRACHEN
Französisch, Maninka, Pulaar (Fulfulde), Susu

La Dame de Mali, Fouta Djalon

GUINEA

Guinea ist wie die staubige Abzweigung mit dem Schild „Abenteuer", die von einem gut ausgebauten Highway abgeht. Der Großteil der Welt weiß nur wenig über das Land, das von überraschender Schönheit ist, vom Bergplateau Fouta Djalon über die Weiten der Sahelzone bis hin zu den Wäldern.

Lange Zeit war Guinea ein beliebtes Ziel für diejenigen, die sich mit ihrem Fahrzeug den Herausforderungen von felsigen Straßen und ausgewaschenen Wegen zu stellen wagten. Auf Naturliebhaber warten hier ausgedehnte Wanderungen vorbei an donnernden Wasserfällen, stolz aufragenden Hügeln und winzigen Dörfern. Im feuchten Regenwald kann man auch auf Schimpansensuche gehen.

Das Beste an Guinea ist aber, dass sonst fast keiner diese Abenteuer-Abzweigung nimmt – so hat man fast das ganze Land für sich allein.

Guinea wurde 2014 verheerend vom Ausbruch der Ebola-Epidemie in Westafrika getroffen. Im Juni 2016 wurde es offiziell als frei von Ebola erklärt – die wirtschaftlichen und sozialen Folgen der Epidemie sind aber bis heute spürbar.

Highlights

ÎLES DE LOS

1 Lust auf Relaxen an einem palmengesäumten Sand mit einem Kokoswasser in der Hand? Die Îles de Los, eine kleine Ansammlung von Inseln, die Tropenfantasien heraufbeschwören, liegen nur eine 30-minütige Bootsfahrt von Conakry entfernt. Wer sie erkundet, findet ein schönes, bewaldetes und von zahlreichen Vögeln bewohntes Hinterland vor.

FOUTA DJALON

2 Mit ihren grünen Hügeln, lauen Temperaturen, bewaldeten Tälern und Wasserfällen ist die Region Fouta Djalon eine der hübschesten Ecken Westafrikas. Das 1000 m hohe Plateau bietet herrliche Wanderoptionen – am besten heuert man einen einheimischen Guide an.

PARC NATIONAL DU HAUT NIGER

3 Der 1200 km² große Park ist einer der letzten Überreste tropischen Trockenwaldes in Westafrika und eines der bedeutendsten Naturschutzgebiete Guineas. Es gibt hier auch Savannen, und der Niger fließt hindurch. Der Park wird von vielen Tieren bevölkert, darunter Schimpansen, Ducker, Krokodile und Nilpferde.

REISEZEIT

HAUPTSAISON (Dez.–Feb.)

ZWISCHENSAISON (März–Juli)

NEBENSAISON (Aug.–Okt.)

ESSEN & TRINKEN

Essen ist wohl einer der letzten Gründe, warum man Guinea besucht. Selbst in Conakry ist kaum ein richtiges Restaurant zu finden. Reisende essen hier in hoteleigenen Lokalen oder den an Imbissständen zubereiteten *riz gras* (in Öl und Tomatenmark frittierter Reis, serviert mit frittiertem Fisch oder Fleisch).

HAUPTSTADT
Bissau

BEVÖLKERUNG
2 Mio.

FLÄCHE
36 125 km²

AMTSSPRACHEN
Crioulo, Portugiesisch, Französisch, etwa 20 weitere Dialekte

Salzwasser-Flusspferd, Ilha de Orango

GUINEA-BISSAU

Das winzige Land ist Afrika im Miniformat: Hier gibt es eine riesige Vielfalt von Landschaften, Menschen, Kulturen, Pflanzen und Tieren. Und alles befindet sich ganz in der Nähe der Hauptstadt Bissau.

Langsam, aber sicher zerfallen die Häuser aus der Kolonialzeit unter dem Gewicht der Geschichte und in der tropischen Witterung. Nach Jahrzehnten portugiesischer Kolonisation folgten ein langer, schmerzvoller Befreiungskampf, verschiedene Bürgerkriege und politisches Chaos.

Doch die Bevölkerung von Guinea-Bissau bleibt trotz Not und großer Armut standhaft. Ihre Späße – ebenso wie die Musik – sind laut, aber liebevoll. Auf den Tisch kommen gegrillte Austern mit einer Limettensauce, die angenehm scharf ist, ohne jedoch bittere Aromen zu überdecken.

Das Kleinod des Landes sind die labyrinthisch angeordneten tropischen Inseln des Arquipélago dos Bijagós. Hier gehen weiße Sandstrände in ein Meer über, in dem es von Fischen wimmelt. Nilpferde, Affen, Schimpansen und Büffel durchstreifen Schutzgebiete, und Hunderte Vogelarten leben in den Mangroven- und Sumpfgebieten.

Highlights

ILHA DE ORANGO

1 Die Ilha de Orango im Herzen des gleichnamigen Nationalparks ist die Begräbnisstätte der Königinnen und Könige der Bijagós. Hier befindet sich auch die Anôr Lagoon, wo die seltenen Salzwasser-Flusspferde anzutreffen sind. Sie gelten als heilig, da sie sowohl in Salz- als auch in Süßwasser leben.

PARQUE NACIONAL DE CANTANHEZ

2 Schwer zu erreichen, aber wunderschön: Dieser Park nimmt eine Fläche von über 1000 km² mit dem letzten Regenwald des Landes ein. Er ist dicht bewachsen mit Kapokbäumen, Lianen und Palmen (über 200 Pflanzenarten). Um Elefanten, Paviane, Stummelaffen, die am weitesten westlich angesiedelte Schimpansenpopulation und die vielen Vögel zu sehen, muss man sich an die Wege halten.

BOLAMA

3 Bolama war zwischen 1879 und 1943 die portugiesische Kapitale von Guinea-Bissau. Die Küste ist gesäumt von zerfallenen Gebäuden aus jener Zeit. Alte Straßenlaternen flankieren die Boulevards; die einstige Kaserne dient heute als Krankenhaus, das, wie der Großteil der Insel, in einem desolaten Zustand ist.

REISEZEIT

HAUPTSAISON
(Dez.–Feb.)

ZWISCHENSAISON
(März–Juli)

NEBENSAISON
(Juli–Okt.)

ESSEN & TRINKEN

Highlight der Küche des Landes ist Seafood wie Garnelen, Austern und fleischige *bica* (Seebrasse). Sehr beliebt ist auch *chabeu*, frittierter Fisch, serviert in einer dicken Palmölsauce. An den Straßenständen bekommt man kleine Spieße mit Rind-, Schaf- oder Ziegenfleisch, das über Feuer gegrillt wurde.

HAUPTSTADT
Georgetown

BEVÖLKERUNG
787 971

FLÄCHE
215 000 km²

AMTSSPRACHE
Englisch

Kaieteur-Fälle

GUYANA

Hohe Wasserfälle, tropischer Dschungel und Flüsse voller Kaimane: Nur wenige Orte auf der Welt bieten solch authentisch-ursprüngliche Abenteuer wie das dicht bewaldete Guyana.

Das Land blickt auf eine bewegte Geschichte politischer Instabilität und ethnischer Spannungen zurück. Hinter den Schlagzeilen über Korruption und Misswirtschaft verbergen sich jedoch lebensfrohe, engagierte Menschen, die das Land in das am besten gehütete Ökotourismusziel des Kontinents verwandeln.

Georgetown, die bröckelnde koloniale Hauptstadt des Landes, ist durch und durch karibisch und bietet ein dynamisches Nachtleben, tolle Restaurants und einen originellen Markt. Abseits des urbanen Trubels warten im Landesinnern das Amazonasgebiet, indigene Gemeinschaften und unvergleichliche Möglichkeiten zur Naturbeobachtungen. Ob Schildkrötennistplätze entlang der Nordküste oder Ausritte mit *vaqueros* (Cowboys) auf einer Ranch im Süden: Guyana ist den Schlamm, die Schlaglöcher und den Schweiß mehr als wert.

Highlights

KAIETEUR-FÄLLE

1 Am Rand eines der höchsten einstufigen Wasserfälle der Welt bieten sich Blicke auf über 110 000 l Wasser, die über eine 250 m hohe Klippe mitten im nebligen Urwald in die Tiefe stürzen. Weit und breit gibt es keine anderen Reisende – ein unvergessliches Erlebnis.

RUPUNUNI-SAVANNE

2 Bei einer Paddeltour durch die afrikaähnlichen Ebenen mit jeder Menge Riesenotter und Mohrenkaimanen, gespickt mit indigenen Dörfern und Dschungelinseln, bieten sich Blicke auf die reiche Tierwelt. Flüsse voller Seerosen durchziehen Wiesen, während die verschiedensten Vögel darüber kreisen.

SHELL BEACH

3 Eine Flussfahrt durch Mangrovensümpfe und Savannen führt zum Shell Beach, der sich ca. 140 km entlang der venezolanischen Grenze erstreckt. Hier nisten vier von Guyanas acht Meeresschildkrötenarten. Die Gegend zählt zu den ursprünglichsten der südamerikanischen Küste.

▼ ESSEN & TRINKEN

Einige der besten Speisen gibt's für wenig Geld in Georgetown.

Bake and Saltfish Frittiertes Brot und gesalzener Kabeljau.

Cow Heel Soup Karibische Suppe mit Schälerbsen, Gemüse, Teigtaschen und Rinderfuß.

Farine Gute Beilage aus Maniok.

Pepper Pot Herzhafter indigener Eintopf mit Maniok und Wildfleisch.

▼ REISEZEIT

HAUPTSAISON
(Mitte Nov.–Mitte Jan.)

ZWISCHENSAISON
(Mitte Jan.–April & Sept.–Mitte Nov.)

NEBENSAISON
(Mai–Aug.)

HAUPTSTADT
Port-au-Prince

BEVÖLKERUNG
11,2 Mio.

FLÄCHE
27 750 km²

AMTSSPRACHEN
Kreyòl (haitianisches Kreolisch), Französisch

HAITI

Die abwechslungsreiche Landschaft ist von friedvollen Stränden, tosenden Wasserfällen und mit Kiefern bewachsenen Gipfeln geprägt und kann problemlos mit jener Schönheit mithalten, die die Karibik auch andernorts zeigt.

Es mag überraschen, aber am häufigsten hört man in Haiti den Satz *pa gen pwoblem* („kein Problem"). Die Haitianer verwenden ihn in fast allen Situationen: als Antwort auf „Danke", um zu versichern, dass es ihnen gut geht, oder um ein peinliches Schweigen zu brechen. Trotz der vielen Probleme, zu denen in letzter Zeit auch noch Naturkatastrophen hinzukamen, wird dieser Satz von den Einwohnern voller Aufrichtigkeit gesprochen. Sie demonstrieren damit eine unglaubliche Fähigkeit, im Hier und Jetzt zu leben und das zu schätzen, was sie haben. Und das ist eine ganze Menge.

Hier fand der einzige erfolgreiche Sklavenaufstand der Welt statt und die Musik, Kunst und Kultur, die damit einhergingen, machten Haiti einzigartig. Helfer, die nach Haiti kommen, lernen schnell, dass die Begegnung mit der Seele dieses faszinierenden Landes dem Besucher oft mehr bringt als dieser je zurückgeben könnte.

Highlights

KARNEVAL IN JACMEL

1 Glitzernde Pailletten und geordnetes Karnevalsvergnügen gibt's vielerorts, das surreale Straßentheater in Jacmel ist jedoch eine ganz andere Geschichte. Dabei ziehen Einzelne und Gruppen in handgearbeiteten Kostümen und Pappmaché-Masken hiesiger Kunsthandwerker durch die Stadt. Voodoo, Sex, Tod und Revolution sind prominente Themen, daneben machen aber auch Straßenmusik und wilde Grimassen den Umzug aus, bei dem sich Künstler und Zuschauer miteinander vermischen.

LA CITADELLE LA FERRIÈRE

2 Die stattliche Citadelle la Ferrière steht sinnbildlich für Haitis Unabhängigkeitskampf. Wie ein riesiges, unbesiegbares Schlachtschiff thront die Festung samt den Ruinen eines versaillesähnlichen Palastes als stolzes Symbol für die erste schwarze Republik der Welt auf einem Steilhang über der Landschaft. Episch in Konzept und Ausführung und doch von der Weltöffentlichkeit fast völlig vergessen, gehört die Anlage mit Sicherheit zu den sehenswertesten historischen Stätten Amerikas.

REISEZEIT

HAUPTSAISON
(Nov.–März)

ZWISCHENSAISON
(April–Juni)

NACHSAISON
(Aug.–Okt.)

PARC NATIONAL LA VISITE

3 Die perfekte Wanderung führt durch den Parc National la Visite von Furcy bis hinunter nach Seguin. Der Park umfasst große Teile von Haitis ursprünglichem Kiefernwald und bizarre Felsformationen. Die lange Tagestour führt entlang des Weges, der auch von hiesigen Bauern genutzt wird, und

ist der perfekte Kontrast zum Trubel der Großstadt.

ÎLE-À-VACHE

4 Die sogenannte „Kuhinsel", die Île-à-Vache, liegt 15 km südlich von Les Cayes. Im 16. Jh. diente sie dem Piraten Henry Morgan als Stützpunkt, von dem aus er Santo Domingo und Kolumbien terrorisierte. Heute findet man auf der Insel ein paar ländliche Häuser, Plantagen, Mangroven, eine skurrile Begräbnisstätte der Arawak und tolle Strände.

VOODOO-ZEREMONIEN

5 Wer hier an Zombies und von Nadeln durchbohrte Puppen denkt, hat wohl zu viele Filme gesehen. Voodoo ist von zentraler Bedeutung für die haitianische Identität, eine spirituelle Religion, die auf die afrikanische Vergangenheit des Landes zurückgeht, die aber auch Praktiken der indigenen Bevölkerung und der französischen Kolonialherren angenommen hat. Die beste Möglichkeit, das Wesen der Bevölkerung zu verstehen, ist die Teilnahme an einer Voodoo-Zeremonie mit Trommeln, gesungenen Gebeten und starker Symbolik.

CAP-HAÏTIEN

6 Die zweitgrößte Stadt des Landes ist Welten von den Menschenmassen und dem Trubel von Port-au-Prince entfernt. In der französischen Kolonialzeit war es die wohlhabendste Stadt der Karibik und selbst wenn diese Pracht längst verblichen ist, so bleiben doch ihre entspannte Atmosphäre und die Architektur des alten Hafens mit seinen Ladenfronten, die zu einem Spaziergang einladen. Die Einheimischen nennen die Stadt oft nur „Cap" oder,

UNTERWEGS VOR ORT

Die Flugzeiten sind kurz und ein Flug erspart lange Fahrten auf schlechten Straßen.

Haiti per Bus und Minibus zu bereisen ist meist nicht gerade komfortabel, günstiger geht's aber kaum und fast alle interessanten Orte werden angefahren.

Fürchterliche Straßen, zu wenige Straßenschilder, leichtsinnige Fußgänger und viel Verkehr sorgen für eine gefährliche Mischung.

6

ROMRODPHOTO / SHUTTERSTOCK ©

wie sie im melodischen Kreyòl heißt, „O'Kap". Außer der tollen Atmosphäre gibt es in Cap-Haïtien allerdings nicht viel, es ist aber ein perfekter Ausgangspunkt, um nahe Attraktionen wie die Citadelle la Ferrière und die Strände rund um die Plage Labadie zu erkunden.

BASSIN BLEU

7 Bassin Bleu versteckt sich 12 km nordwestlich von Jacmel in den Bergen. Hierbei handelt es sich um drei kobaltblaue Becken, die durch Wasserfälle verbunden sind und zu den schönsten Badestellen Haitis gehören. Das schönste der drei Becken (Bassin Clair, Bassin Bleu und Bassin Palmiste) ist das Bassin Clair, denn es liegt tief im Berg am Fuß eines Wasserfalls und geschützt von glatten, mit Farn und Schlingpflanzen bedeckten Felsen. Leider ist die Wahrscheinlichkeit eher gering, dass man beim Baden die Nymphen zu Gesicht bekommt, die der Legende nach hier in den Grotten leben. Sie sollen sich allerdings schon Taucher geschnappt haben, die den Grund des Beckens erkunden wollten.

KABIC

8 Rund 30 Minuten östlich von Jacmel, nicht weit von Cayes, liegt dieses kleine Fischerdorf, das sich erst vor wenigen Jahren zu einem unkonventionellen Strandrefugium entwickelt hat und nun Lebenskünstler anlockt, die näher an der Natur und weiter weg von der Hauptstadt leben wollen. Der Ort ist wirklich winzig und hat nur ein paar Hotels und Restaurants, sein blaues Wasser und die aufstrebende Surfschule schlagen aber Wellen.

1

TONY WHEELER / GETTY IMAGES ©

▼ ESSEN & TRINKEN

In Haiti kann man sich für ein paar Gourdes ein *fritay* (frittiertes Straßenessen) kaufen oder aber in Pétionville 30 US$ für ein Gericht hinblättern. Zum Essen gehen Einheimische meist in ein *bar-resto* (Bar mit Restaurant). Dort gibt's eine Portion Ziegenfleisch oder Hähnchen mit Kochbananen, Salat und Bier für 5 US$. Gemüse ist nicht sehr verbreitet, dafür findet man überall frisches Obst. An der Küste gibt's hervorragende Meeresfrüchte.

▼ VOODOO-FLAGGEN

Die glitzernden Voodoo-Flaggen gehören zu den ungewöhnlichsten Kunstformen auf Haiti. Die *drapo* (Flaggen) werden bei Voodoo-Zeremonien verwendet und sind herrliche Kunstwerke aus Tausenden Perlen und Pailletten, die auf Sackleinen aufgenäht werden und das Licht aus jeder Richtung reflektieren. Traditionelles Zentrum der Flaggenherstellung ist das Viertel Bel Air. Hier kann man seine Souvenirs direkt bei den Künstlern kaufen. Bekannte Künstler sind die Voodoo-Priesterin Silva Joseph und Yves Telemaque. Auch im Viertel Nazon gibt's ein paar gute Flaggenkünstler, darunter Ronald Gouin und Georges Valris.

HAUPTSTADT
Tegucigalpa

BEVÖLKERUNG
9,3 Mio.

FLÄCHE
112 090 km²

AMTSSPRACHE
Spanisch

Roatán

HONDURAS

Grandiose Tauchspots rund um die Islas de la Bahía, Maya-Ruinen, alte Kolonialstädte, karibische Strände und schwüle Bergwälder – Honduras wartet darauf, neu entdeckt zu werden.

Aufgrund seines Rufs, ein gefährliches Pflaster zu sein, lassen viele Reisende das Land so schnell wie möglich hinter sich oder meiden es ganz, dabei ist es ein faszinierender Ort, der unerschrockenen Travellern einiges zu bieten hat. Zehn Jahre lang war Honduras gefangen in einer Spirale schrecklicher Gewalt, mittlerweile hat es dieser Zeit aber den Rücken gekehrt. Die Herausforderungen, die vor ihm liegen, sind zwar sehr groß, aber die Lage ist vielversprechend.

Attraktionen sind z. B. die Maya-Ruinen von Copán, die unberührten Tauchspots der Islas de la Bahía und die beeindruckende Landschaft von mehr als einem Dutzend Nationalparks. Ein weiterer guter Grund für eine Reise: Honduras gehört zu den billigsten Ländern der Region und so bezahlt man nur einen Bruchteil der Preise in den Nachbarländern. In den Städten muss man vorsichtig sein, aber ansonsten wartet Honduras nur darauf, Reisende zu empfangen.

Highlights

ISLAS DE LA BAHÍA

1 Spektakuläre Tauch- und Schnorchelspots locken Besucher aus aller Welt zu den drei Islas de Bahía (Roatán, Utila & Guanaja) 50 km vor Honduras' Nordküste. Ihre Riffe sind Teil des zweitgrößten Barriereriffs der Welt.

RUINEN VON COPÁN

2 Eine der wichtigsten Maya-Zivilisationen lebte, florierte und zerfiel auf mysteriöse Weise rund um Copán, das inzwischen zum UNESCO-Welterbe zählt und nur einen Spaziergang vom charmanten Städtchen Copán Ruinas entfernt liegt. Heute kann man Steinmetzarbeiten und mächtige Bauten bewundern, deren Spuren in das Maya-Reich zurückführen.

LAGO DE YOJOA

3 In den Nebelwäldern, die sich über dem Lago de Yojoa und seiner atemberaubenden Landschaft ringsum erheben, kann man auch Quetzale beobachten. Der malerische See ist größtenteils unerschlossen und von dichtem tropischem Wald umringt. Er ist ein Vogelbeobachtungsgebiet von Weltklasse: Zuletzt wurden hier bis zu 485 Arten gezählt – über die Hälfte der in Honduras lebenden Arten.

REISEZEIT

HAUPTSAISON
(Juni–Sept.)

ZWISCHENSAISON
(März–April)

NEBENSAISON
(Okt.–Feb.)

ESSEN & TRINKEN

Baleada Traditionelles honduranisches Gerichte aus einer Mehltortilla, die gefaltet und mit Bohnenpüree gefüllt wird.

Casabe Knuspriges Fladenbrot

Pan de coco Kokosbrot.

Pinchos Gegrillte Fleischspieße.

Tapado Fischsuppe der Garifuna mit Kokos und Gewürzen.

HAUPTSTADT
Hongkong

BEVÖLKERUNG
7,3 Mio.

FLÄCHE
1104 km^2

AMTSSPRACHEN
Kantonesisch, Englisch

Wolkenkratzer am Victoria Harbour

HONGKONG

Hongkong begrüßt Besucher mit einer markanten Skyline, legendärer Küche, farbenfrohen Traditionen und üppig grünen Naturschutzgebieten.

Hongkong zählt zu den Top-Gastrozielen der Welt: Die vom Küchengott gesegnete Stadt kredenzt Köstlichkeiten en masse – ob kantonesisch, sichuanesisch, japanisch oder französisch. Die Passion für Essen sorgt für ein riesiges Angebot für jeden Geschmack.

Die Stadtviertel und Inseln bereiten den Sinnen ein weiteres Fest. So kann man z. B. mit einer Doppeldecker-Straßenbahn durch die Gegend schaukeln, unter vielen Einheimischen bei Pferderennen jubeln oder einfach den herrlichen Hafenblick genießen.

Das Nahverkehrsnetz macht die Flucht aus dem Trubel der Stadt leicht: Außerhalb Hongkongs laden ein Dorf aus der Song-Dynastie, Wanderungen auf einer menschenleeren Insel und Seekajaktrips zwischen vulkanischen Brandungstoren zu Ausflügen ein.

Seit der Einführung des Sicherheitsgesetzes 2020 wurden die Repressionen gegen kritisch Denkende immer mehr verschärft und viele Verhaftungen folgten. Wie sich dies auf Reisen in diese zauberhafte Stadt auswirken wird, muss sich erst noch zeigen.

Highlights

STAR FERRY

1 Die Star Ferry gehört zu Hongkongs Vermächtnis. Sie wurde 1888 in Betrieb genommen, tuckert durch den Victoria Harbour und transportiert Pendler und Touristen. Die 15-minütige Fahrt kostet wochentags nur 3,20 HK$ – eine der günstigsten Bootstouren der Welt – und gewährt Ausblick auf Hongkongs Skyline. Der Blick zur Insel ist spektakulär, aber der Art-déco-Pier von Kowloon, der wie ein Finger zur Hong Kong Island zeigt, ist charmanter.

VICTORIA PEAK

2 Hoch über Hongkongs Finanzzentrum wartet „The Peak" mit einem Traumblick auf Stadt und Umgebung auf. Steil hinauf zu den kühleren Gefilden am Gipfel geht's mit der Peak Tram, Asiens ältester Standseilbahn (seit 1888 in Betrieb). Unterwegs rücken die Wolkenkratzer und Wohnblocks in immer weitere Ferne. Und wenn abends die Lichter angehen, funkelt der Victoria Harbour so geheimnis- und verheißungsvoll wie die Milchstraße auf einem Science-Fiction-Filmplakat.

MÄRKTE IN MONG KOK

3 Spezialitätenmärkte machen Mong Kok zum besten Pflaster für tolle Einkaufsbummel. Die Klamottenauswahl des mehr als 1,5 km langen Ladies' Market reicht von Rugby-Trikots mit der Aufschrift *I Love HK* bis hin zu Badeanzügen. Auf dem Blumenmarkt warten exotisches Saatgut und Gartengeräte neben duftenden Blüten. Die Stände des Goldfischmarkts präsentieren bunte Flossenträger in Aquarien mit UV-Beleuchtung und surrenden Pumpen. „Senkrechte" Märkte wie eine Computer-Mall und ein Paradies für Elektronik-Nerds runden das Erlebnis ab.

MAN-MO-TEMPEL

4 In Soho kann man traditionelle chinesische Religiosität erleben: Dieser berühmte Tempel wird vom

4

JOSE L VILCHEZ / SHUTTERSTOCK ©

CHINA
GRENZZONE
SÜDCHINESISCHES MEER
10 km
Tung Ping Chau
Tai Pang Wan (Mirs Bay)
Crooked Island
Crescent Island
Double Island
Port Island
Tap Mun Chau
Tap Mun
Ko Lau Wan
Hoi Ha Wan Marine Park
Hoi Ha
Sha Tau Kok
Kat O Hoi
Yan Chau Tong
Pat Sin Leng Country Park
Plover Cove Country Park
Plover Cove Reservoir
Tolo Channel
Starling Inlet
Luk Keng
Tai Mei Tuk
Wong Leng Shan
San Mun Tsai
Sham Chung
Pak Tam Au
Chek Keng
Ham Tin
Tai Long Wan
Sai Wan
Sai Kung Peninsula
Sai Kung West Country Park
Sai Kung East Country Park
High Island Reservoir
Pak Tam Chung
Tai Tau Chau
Leung Shuen Wan
Wong Nai Chau
Kong Tau Pai
Basalt Island
Bluff Island
Kau Sai Chau
Port Shelter
Sai Kung
Hebe Haven
Shelter Island
Lang Ha Wan
Clearwater Bay
Tseung Kwan O
Tai Au Mun
Tin Ha Shan
Tung Lung Chau
Joss House Bay
Junk Bay
Big Wave Bay
Sung Kong
Shek O
Po Toi
Lo Chau
Tai Tam Bay
Nai Chung
Ma On Shan
Ma On Shan Country Park
Ma Liu Shui
Tolo Harbour
Tai Po
Hok Tau Wai
Fanling
Sheung Shui
Lo Wu
Ping Kong
Ng Tung Chai
Tai Po Kau
Tai Po Kau Nature Reserve
Lead Mine Pass
Tai Mo Shan
Shing Mun Country Park
Buffalo Hill
Sha Tin
Marina Cove
Kowloon Peak
Lion Rock Country Park
Kam Shan Country Park
Hang Hau
Po Lam
High Junk Peak
Lei Yue Mun
Yau Tong
Hong Kong Island
Stanley
East Lamma Channel
Repulse Bay
Aberdeen
Ap Lei Chau
Victoria Peak
Pok Fu Lam
Mo Tat Wan
Sham Wan
Sok Kwu Wan
Pak Kok Tsuen
Yung Shue Wan
Lamma Island
Kwai Fong
Tsuen Wan
Tsing Yi
San Tin
Lok Ma Chau
Mai Po Lo Wai
Lam Tseun North Country Park
Kam Tin
Kat Hing Wai
Shui Tau Tsuen
Tai Mo Shan Country Park
Tai Lam Country Park
Tai Lam Chung Reservoir
Sham Tseng
Ma Wan
Hong Kong Wetland Park
Tuen Mun
Castle Peak
Nim Wan
West Brother
East Brother
Tai Pak Wan (Discovery Bay)
Discovery Bay
Kau Yi Chau
West Lamma Channel
Peng Chau
Cha Kung To
Hei Ling Chau
Cheung Chau
Silvermine Bay
Mui Wo
Ham Tin
Chi Ma Wan Peninsula
Shek Kwu Chau
Pak Mong
Lantau South Country Park
Sunset Peak
Pui O
Cheung Sha
Tong Fuk
Lantau Peak
Siu A Chau
Tau Lo Chau
Chek Lap Kok
Lantau
Sha Lo Wan
Shek Pik Reservoir
Shek Pik
Tai O
Ma Chau
Tai A Chau
Fan Lau
Lantau Channel
1
2
3
4
5
6
7
8
9
10
11

TOP-FILME

Die achte Hölle (2002) Gangsterfilm/Thriller, der Scorsese zu *Departed – Unter Feinden* inspirierte.

Election 1 & 2 (2005 & 2006) Zweiteiliger Film noir über den „Wahlkampf" in einem Triaden-Clan.

Night and Fog (2009) Düsteres Drama der Autorenfilmerin Ann Hui über Gewalt und das Leben von Einwandererfrauen.

The Grandmaster (2013) Wong Kar-wais stilvolles Kampfkunst-Drama über den Wing-Chun-Großmeister Ip Man.

Comrades: Almost a Love Story (1996) Ein Einwandererpaar vom Festland muss sich in Hongkong der Realität stellen.

Trivisia (2016) Fesselnder, tiefgründiger und actionreicher Gangsterfilm/Thriller (Produktion: Johnnie To und Yau Nai-hoi).

ESSEN & TRINKEN

Dim Sum – gehört zum Leben Jeden Morgen ein Ritual vieler Pensionäre sowie ein Grund für Familientreffen am Wochenende.

Teepause Nachmittags schwatzen Senioren in *cha chaan tangs* (Teestuben) über Börsenkurse und Fleischpreise. Zwischen ihnen entspannen Bürohengste.

Süßes zu später Stunde Nach dem Abendessen gehen die Einheimischen gern zu Süßigkeiten-Shops, um süße Suppen und andere Desserts im chinesischen oder Fusion-Stil zu kaufen (z. B. Suppe aus schwarzem Sesam oder Crêpes mit Durianfrüchten).

Wärme im Winter Im Winter sorgen *dai pai dongs* (Imbisse) und Restaurants mit Feuertöpfen für Geselligkeit: Fleisch-, Seafood- und Gemüsestückchen werden in Brühe getunkt.

Sandelholzrauch der Räucherspiralen durchwabert. Gewidmet ist er Man (Gott der Literatur), Mo (Gott des Krieges) und deren übergeordneten Gottheiten. Einst war der Schrein ein kulturelles und politisches Zentrum der chinesischen Gemeinde. Heute zieht er nicht nur Schüler in Sachen Spiritualität oder Kampfkunst an: Touristen wie Einheimische praktizieren hier uralte Riten und lassen sich die Zukunft vorhersagen.

DINNER IN WAN CHAI

5 Wenn man mit geschlossenen Augen ein Viertel auswählen und in irgendein Restaurant stolpern würde, stünden die Chancen, einen Volltreffer zu landen, in Wan Chai bestens. Hier gibt es großartige Restaurants für jeden Geldbeutel. Regionale Gerichte, europäische und asiatische Küche, Ost-West-Fusion, edel, Mittelklasse, Imbissbude … egal, wonach einen gelüstet – in „Wanch" findet man es.

NACHTMARKT AN DER TEMPLE STREET

6 Im Schein nackter Glühbirnen verkaufen zahllose Stände hier ein riesiges Angebot, von Sexspielzeug bis hin zu nepalesischen Dolchen. Beim Stöbern nach praktischen Helferlein oder schrägen Souvenirs kann man sich im Feilschen üben. Nebenan bieten Wahrsager in schummerigen Zelten ihre Dienste auf Englisch an, während Sänger der Kanton-Oper für Zuschauer posieren. Viele Imbissstände

REISEZEIT

HAUPTSAISON
(Okt.–Anfang Dez., chinesisches Neujahrsfest)
Gemäßigte Temperaturen und klarer Himmel – die beste Reisezeit.

ZWISCHENSAISON
(Jan.–Mai)
Januar und Februar sind trocken, aber wolkig und kalt. Die Zeit von März bis Mai ist wärmer, aber niederschlagsreicher.

NEBENSAISON
(Juni–Sept.)
Heiß, feucht und regnerisch; Vorsicht vor Taifunen im September!

JETZT REISEN!

Schon seit Jahren wird in Hongkong an einem neuen Museum gebaut, das die Metropole als internationale Kunststadt etablieren soll. Die Pläne für das **M+**, das eines der größten Museen der Welt sein wird, stammen von den Schweizer Stararchitekten Herzog & de Meuron. Ein erbitterter Streit ergibt sich noch vor der Eröffnung (geplant für Ende 2021) um die Frage, was in dem Kunsttempel gezeigt werden soll – auch Werke des bekannten chinesischen Künstler Ai Weiwei?

▾ UNTERWEGS VOR ORT

Die recht schnellen Stadtbusse sind ideal für Fahrten zu Zielen, die von der Mass Transit Railway (MTR) nicht oder nach 24 Uhr nicht mehr bedient werden.

Das MTR-Netz deckt den Großteil Hongkongs ab und ist vor Ort das beste Nahverkehrsmittel. Die meisten Linien verkehren von 6 Uhr bis nach Mitternacht.

Verglichen mit Europa oder Nordamerika sind Taxis hier recht günstig; alle haben Taxameter.

Im Norden von Hong Kong Island verkehren langsame Straßenbahnen (6–24 Uhr) mit super Aussicht von der zweiten Ebene.

stillen den Hunger mit Snacks und Seafood. Das Ganze ist zweifellos sehr touristisch, dank der faszinierenden, facettenreichen Atmosphäre fühlen sich aber auch Einheimische wie willkommene Besucher.

HONG KONG WETLAND PARK

7 Dier 61 ha große Öko-Park versteckt sich surrealerweise unter einem Wald aus Wohntürmen in Tin Shui Wai und ist ein sumpfiges Bio-Paradies – eine harmonische Vereinigung von Urbanität und Natur. Der weitläufige, leicht zugängliche Teil der New Territories bietet Wasservögeln und anderen Tieren einen friedlichen Lebensraum. Kurz vergisst man die Menschenwelt und taucht in die Landschaft aus Mangroven, Flüssen und vor Fischen wimmelnden Teichen ab.

SHOPPEN IN TSIM SHA TSUI

8 Bei einem Nachmittag in den Einkaufsvierteln von Tsim Sha Tsui lassen sich tolle Schätze entdecken. Für typisch chinesische Souvenirs (z. B. Roben, Kannen, Modeschmuck) empfehlen sich die Straßen nahe dem Südende. Glamour-Fans mischen sich unter die superreichen Festlandchinesen, die ihre Kreditkarten in der Luxus-Shoppingmeile an der Canton Rd zum Glühen bringen. Wer Ausgefallenes sucht, geht zur Granville Rd oder zur Mini-Mall in deren Nähe: Dort gibt's z. B. orangefarbene XXL-Strickjacken, asymmetrische Ohrringe oder schenkelhohe Stiefel.

TIAN-TAN-BUDDHA

9 Die weltgrößte Statue eines draußen sitzenden Buddhas ist bei Tagesausflüglern und Touristen sehr beliebt. Der gleichmütige Gigant wacht über die westlichen Hügel Lantaus und ist mit der Seilbahn Ngong Ping 360 erreichbar. Vorbei an drei Gebetshallen führen 268 Stufen hinauf zur dreistufigen Altarplattform mit dem Buddha. Für eine Stärkung nach dem Rückweg empfehlen sich die von Mönchen zubereiteten Gerichte im vegetarischen Restaurant des Po-Lin-Klosters. Ein Besuch dieser Pilgerstätte lohnt sich besonders während der farbenfrohen Feiern zu Buddhas Geburtstag im Mai.

LAMMA ENTDECKEN

10 Reggae wäre der passende Soundtrack für diese Insel: Lammas entspannte Atmosphäre zieht „Kräutergärtner", Musiker und New-Age-Therapeuten an. Die Dorfläden verkaufen Prosecco, die Straßenhunde hören auf französischsprachige Kommandos. Beim Marsch zum nächsten Strand hilft ein ungewöhnlicher Kompass am Horizont: drei kohlebefeuerte Industrieanlagen, die eher psychedelisch als düster wirken. Abends geht's zurück ins Dorf, um Tintenfisch und Bier am Pier zu genießen.

UMMAUERTE DÖRFER VON YUEN LONG

11 In den ummauerten Dörfern von Yuen Long kann man über ein halbes Jahrtausend weit in eine wilde, stürmische Zeit zurückreisen, als Piraten die südchinesische Küste unsicher machten. Hongkong war von der chinesischen Verwaltung isoliert und mit seinen Küsten und Bergregionen ideal für Piraten. Die ersten Einwohner bauten Dörfer mit hohen Mauern, einige kanonenbewehrt, um sich vor Angreifern zu schützen. Innerhalb dieser Mauern findet man Ahnenhallen, Höfe, Pagoden, Tempel und Farmwerkzeuge – Reste von Hongkongs präkolonialer Geschichte, alle aufwendig restauriert.

MICKK168 / SHUTTERSTOCK ©

DAS CLOCKEN-FLAP-FESTIVAL

Dies ist das Highlight des Hongkonger Konzertkalenders. Drei Tage lang treten lokale, regionale und internationale Musiker in West Kowloon auf.

DIE FLUCH-OMAS

Ab März gibt's traditionelle Hexerei: Gegen Geld schlagen Fluch-Omas mit Schuhen auf Bilder von Feinden ihrer Kunden ein und stoßen Verwünschungen aus.

CHERDCHANOK / SHUTTERSTOCK ©

HAUPTSTADT
Neu-Delhi

BEVÖLKERUNG
1,34 Mrd.

FLÄCHE
3,3 Mio. km²

AMTSSPRACHEN
Hindi, Englisch

City Palace, Jaipur

INDIEN

Indien lockt mit uralten Traditionen, künstlerischem Erbe, herrlichen Landschaften und tollen kulinarischen Kreationen: Dieses bemerkenswert vielfältige Land weckt die Neugier, reizt die Sinne und streichelt die Seele.

Von den schneebedeckten Bergriesen im Norden bis zu den sonnenverwöhnten Stränden im Süden – Indiens Landschaften sind atemberaubend. Aus den Wüstenebenen ragen majestätische Tempel empor, während verwitterte Festungen am Rand von Schluchten wachen. Outdoorfans können bei Dschungelsafaris nach Großkatzen Ausschau halten, im Himalaja trekken oder einfach bei meditativen Waldspaziergängen den Kieferduft genießen.

Das moderne Indien wirkt wie ein kunterbuntes, von Spiritualität durchzogenes Gewebe. Die Vielzahl heiliger Stätten und Rituale zeugt von der so langen wie facettenreichen Religionsgeschichte des Landes.

Vor allem für Erstbesucher kann eine Reise durch das nun auch noch von der Corona-Pandemie schwer getroffene Land herausfordernd sein. Doch das gehört mit dazu – wer die Unberechenbarkeit Indiens akzeptiert, wird dessen Seele schätzen lernen.

Highlights

TAJ MAHAL

1 Der Dichter Rabindranath Tagore bezeichnete den Taj Mahal als „Träne auf der Wange der Ewigkeit", Rudyard Kipling als „Verkörperung aller reinen Dinge". Als angeblich schönstes Bauwerk der Welt erinnert das Grabmal zugleich an Liebe und Tod. Errichtet wurde es von Großmogul Shah Jahan, der damit seine dritte Ehefrau Mumtaz Mahal ehrte. Kalligrafien, Edel- und Halbedelsteine sowie komplexe Blumenmuster zieren den milchig-weißen Marmor. So steht das Mausoleum sowohl für Romantik als auch für den Höhepunkt der Mogul-Architektur.

TRAUMHAFTES HAMPI

2 Hampi war einst die Hauptstadt eines Hindu-Reichs und wirkt auch als Ruine noch eindrucksvoll: Die alten Tempel und Königspaläste verschmelzen mit dem Terrain, riesige Steinbrocken balancieren auf dünnen Sockeln in der Nähe eines alten Elefantenstalls, Tempel verstecken sich in Felsspalten, während Weidenboote an Reisfeldern und der gigantischen Badewanne einer früheren Königin vorbeitreiben. Und wenn schließlich die Landschaft bei Sonnenuntergang in rosigem Glanz erstrahlt, vergisst man fast, auf welchem Planeten man ist.

LADAKHS MONDLANDSCHAFTEN

3 Im kühleren Norden des Landes liegen historische Hill Stations inmitten von verschneiten Bergen. Hierher flüchteten Indiens Adlige und Kolonialherren früher vor der Sommerhitze. Kulturelle Einflüsse erreichten Ladakh einst nicht per Schiff, sondern über Bergpässe. Bis heute blüht hier der tibetische Buddhismus. Die Klöster auf den steilen Felsen wirken höchst lebendig und poetisch. Gebetsfahnen flattern im Wind, während Mönchsgesänge in Meditationshallen erschallen und Einheimische viele heilige Opfergaben darbringen.

1

HEILIGES VARANASI

4 In Varanasi sind Leben und Tod allgegenwärtig. Die Stadt gehört zu den heiligsten Orten Indiens: Pilger strömen hierher, um zu beten, ein Bad im Ganges zu nehmen oder Angehörige einzuäschern. Hindus glauben, dass das Wasser des Flusses die Sünden wegwäscht. Und wer hier stirbt, kann sich besonders glücklich schätzen – denn dies verspricht Erlösung vom mühsamen Kreislauf aus Tod und Wiedergeburt. Varanasi zieht Besucher schnell in seinen spirituellen Strudel: Tief einatmen und über Leben und Tod nachdenken …

KASACHSTAN
BISCHKEK
Almaty
TASCHKENT
KIRGISISTAN
Die hier gezeigten Außengrenzen entsprechen den Angaben der indischen Regierung.
Kashgar
Duschanbe
TADSCHIKISTAN
AFGHANISTAN
CHINA
Kabul
Kargil
Srinagar
Leh
Islamabad
Kishtwar
Jammu
Pathankot
Manali
Amritsar
Shimla
Chandigarh
Nanda Devi
PAKISTAN
Dehra Dun
Lhasa
Großer Himalaja
Thar-Wüste
Delhi
NEPAL
Bikaner
BHUTAN
Großer Himalaja
Itanagar
Jaisalmer
Mathura
Kathmandu
Agra
Gangtok
Jaipur
Darjeeling
Guwahati
Jodhpur
Lucknow
Kohima
Barmer
Chittorgarh (Chittor)
Jhansi
Varanasi
Patna
Shillong
Imphal
Udaipur
BANGLADESCH
Großer Rann von Kachchh
Khajuraho
Satna
Bodhgaya
Aizawl
Bhuj
Gandhinagar
Ranchi
Dhaka
Bhopal
Dindori
Rajkot
Indore
Jamshedpur
Kolkata (Kalkutta)
MYANMAR (BIRMA)
Bhavnagar
Seoni
Bilaspur
Junagadh
Surat
Nagpur
Balasore
Diu
Sambalpur
Raipur
Bhubaneswar
Dahanu
Daman
Ajanta
Mumbai (Bombay)
Aurangabad
Ranipur-Jharial
Puri
Konark
Nanded
Berhampur
Pune
Nizamabad
Varanasi
Mahabaleshwar
Sholapur
Warangal
Bheemunipatnam
Visakhapatnam
Bijapur
Ratnagiri
Konkan
Hyderabad
Vijayawada
Machilipatnam
Eastern Ghats
Panaji (Panjim)
Hampi
Ongole
Golf von Bengalen
Arabisches Meer
Nellore
Bengaluru (Bangalore)
Mangaluru (Mangalore)
Chennai (Madras)
Andamanen
Mysuru (Mysore)
Kozhikode (Calicut)
Puducherry (Pondicherry)
Port Blair
Lakshadweep Islands
Chidambaram
Coimbatore
Trichy (Tiruchirappalli)
Andamanensee
Kochi (Cochin)
Madurai
Rameswaram
Thiruvananthapuram (Trivandrum)
Nikobaren
SRI LANKA
Kanyakumari (Kap Komorin)
Colombo
MALEDIVEN
MALE
INDISCHER OZEAN
N
0
500 km
1
2
3
4
5
6
7
8
9
10

TOP-BÜCHER

Mitternachtskinder (Salman Rushdie; 1981) Allegorie über die Unabhängigkeit und Teilung Indiens.

Das Gleichgewicht der Welt (Rohinton Mistry; 1995) Tragödie, die in Mumbai spielt.

Der weiße Tiger (Aravind Adiga; 2008) Ein mit dem Booker-Preis prämierter Roman zum Klassenkampf im globalisierten Indien.

Eine gute Partie (Vikram Seth; 1993) 1300 Seiten über Romantik, Familiengeheimnisse und politische Intrigen.

Der Gott der kleinen Dinge (Arundhati Roy; 1997) Mit dem Booker-Preis ausgezeichneter Roman um zweieiige Zwillinge.

HENNA-MUSTER

Bei *mehndi* handelt es sich um die traditionelle Kunst, Frauenhände und/oder -füße für glückverheißende Zeremonien (z. B. Hochzeiten) mit komplexen Henna-Mustern zu bemalen. Bei Verwendung von hochwertigem Henna können die orange-braunen Kreationen bis zu einem Monat lang erhalten bleiben.

In Touristenregionen verzieren *mehndi*-Wallahs Arme, Beine und Steißzonen ihrer Kunden mit bandförmigen Henna-„Tattoos" – man muss mehrere Stunden für das Auftragen und Trocknen einplanen.

Zuvor sollte man stets um einen „Testpunkt" am Arm bitten: Manche Henna-Farben enthalten Chemikalien, die Allergien auslösen können. Finger weg von „schwarzem Henna" – dessen Inhaltsstoffe sind potenziell stark giftig! Bei hochwertigem Henna ist beim Auftragen (sowie danach) keinerlei Schmerz spürbar.

DIE HÖHLEN VON AJANTA

5 Im 2. Jh. v. Chr. schlugen Mönche die Höhlen von Ajanta in den Fels. Sie waren zwar Asketen, hatten aber einen Blick fürs Dramatische: Von den 30 Waldgrotten in einer hufeisenförmigen Steilwand führten ursprünglich Einzeltreppen hinunter zum Fluss. Die hohen Stupas machten die Anlage einst zur inspirierenden Wohn- und Meditationsstätte. Die wirkliche Pracht kam jedoch erst Jahrhunderte später – in Form von herrlichen Reliefs und Malereien, die die Inkarnationen Buddhas portraitieren.

KERALAS BACKWATERS

6 Wer gemächlich über die funkelnden Backwaters von Kerala schippert, wähnt sich in einem tropischen Traum: Indiens wohl entspanntester Bundesstaat bietet ein großartiges, 900 km langes Netz aus Flüssen, Seen, Kanälen und Lagunen – gesäumt von malerischen Dörfern und dichten Kokosplantagen mit wehenden Palmen. Zu den beliebtesten und schönsten Erkundungsmethoden gehören Fahrten mit palmgedeckten Hausbooten aus Teakholz. Einfach entlangtreiben lassen, Seafood à la Kerala zum Sonnenuntergang vertilgen und später unter dem Sternenzelt schlafen ...

REISEZEIT

HAUPTSAISON
(Nov.–März)
Warme Tage und kühle Nächte. Besucherzahlen und Preise am höchsten.

ZWISCHENSAISON
(Juli–Okt.)
Ständiger Monsunregen bis September.

NEBENSAISON
(April–Juni)
Mai und Juni sind glühend heiß; ab Juni bringt der Monsun drückende Schwüle.

YOGA

Im Ursprungsland des Yogas gibt's zahllose Schulen, die Interessenten aller Erfahrungs- und Leistungsstufen in verschiedenen Yogastilen unterrichten. Ob Strandort oder Bergrefugium: Geübt werden kann fast überall.

INDIENS BASARE

Indiens Basare sind echte Schatzgruben: Dort gibt's z. B. Textilien, Holzarbeiten, Silberwaren, Edelsteine und viele andere tolle Kreationen. Das riesige Angebot an Kunst bzw. Kunsthandwerk macht die Shopping-Möglichkeiten so interessant und vielfältig wie das Land selbst.

▼ ESSEN & TRINKEN

Chaat Pikanter Snack, teils mit *chaat masala* gewürzt.

Gulab jamun Frittierte, mit Rosensirup begossene Teigbällchen.

Faluda Getränk aus Rosensirup, Milch, Sahne, Nüssen und Fadennudeln.

Idli Runder und fermentierter Reiskuchen aus Südindien.

Jalebi Spiralen aus frittiertem Teig; werden in Zuckersirup getaucht und warm serviert.

Kulfi Relativ feste Eiscreme mit Aroma (oft Pistazie).

Lassi Getränk aus Joghurt und Eiswasser.

Pakora Gemüsehäppchen im Backteig.

Samosa Frittierte Teigtaschen mit Gemüse- oder Fleischfüllung.

Puri Luftiges Fladenbrot, das in Öl ausgebacken wird.

Barfi Fondant-artige Süßigkeit aus Milch.

Dhansak Parsisches Gericht aus Fleisch (meist Huhn oder Lamm), Curry-Linsen, (Flaschen-)Kürbis und Reis.

Vada Südindische „Donuts" aus frittiertem Linsenmehlteig.

GOAS STRÄNDE

7 Palmen auf der einen Seite des weißen Sands und hellblaue Wellen auf der anderen: An Goas wunderbaren Stränden herrscht ein relaxter und hedonistischer Vibe, der in Indien seinesgleichen sucht. Der coole Küstenstreifen ist aber kein einsames Paradies – hier sieht man viele andere Reisende, Händler und Hütten mit Restaurants. Richtig sind hier vor allem gesellige Genießer, die frisches Seafood und entspannte Ferien mögen.

FATA MORGANA IN JAISALMER

8 Jaisalmers Zitadelle aus dem 12. Jh. ragt wie eine Sandburg aus der Wüste Rajasthans empor. Mit seinen zinnenbewehrten Schutzmauern und Türmen erweckt der Sandsteinbau den Eindruck einer romantischen Fata Morgana. Die fantastische Architektur verschmilzt elegant mit den Karamelltönen der umliegenden Landschaft. Drinnen warten ein Königspalast, stimmungsvolle alte *havelis* (traditionelle Unterkünfte), jainistische Tempel mit komplexen Reliefs und

JETZT REISEN!

Indien kennt viele Religionen – eine davon ist Cricket. Ungebrochen ist auf dem Subkontinent, Heimat der größten Cricket-Profiliga der Welt, die Begeisterung für das Schlagballspiel, das vor allem im britischen Commonwealth verbreitet ist. Wer diese Begeisterung nachvollziehen und den indischen Nationalsport wirklich verstehen will, sollte im Okt. und Nov. 2023 zum **Cricket World Cup** nach Indien reisen.

schmale Gassen – eines der landesweit besten Pflaster, um sich nett zu verlaufen.

DELHI

9 Von Mogulgräbern bis zu Villen aus der Kolonialzeit wird Indiens Hauptstadt von den Überresten früherer Imperien geprägt. So gibt's hier viel zu sehen: Zur bröckelnden Pracht Alt-Delhis gehören neben der Jama Masjid und dem Red Fort auch die uralten Festungen Tughlakabad und Purana Qila – ebenso zwei weitere Wunder in Form des Qutb Minar und Mehrauli Archaeological Park. Darauf folgt eine Zeitreise nach New Delhi mit kolonialzeitlichen Parlamentsgebäuden. Und dann weiter gen Zukunft: Die Satellitenstadt Gurgaon steht im Zeichen von Bürohochhäusern und Einkaufszentren. Hinzu kommen tolle Museen, beste Shoppingmöglichkeiten und großartiges Essen.

AMRITSARS GOLDENER TEMPEL

10 Der Goldene Tempel in Amritsar ist der heiligste Schrein der Sikhs. Er scheint auf einem Teich namens „Nektar der Unsterblichkeit" zu schweben und prunkt mit Edelmetall – die lotusförmige Kuppel ist mit Gold überzogen. Selbst bei großen Pilgerscharen herrscht hier würdevolle Ruhe: Inmitten des heiligen Wasserbeckens sind nur die *kirtan* (spirituelle Sikh-Gesänge) und das Vogelgezwitscher im Freien zu hören. Der Tempel ist nur ein kleiner Teil eines riesigen Gurdwara-Komplexes, den die Sikhs als Harmandir Sahib bezeichnen.

DMITRY RUKHLENKO / SHUTTERSTOCK ©

▼ UNTERWEGS VOR ORT

Indiens Inlandsfluglinien konkurrieren sehr stark miteinander und befördern jedes Jahr zahllose Passagiere.

Zugreisen sind typisch für Indien und komfortabler als Bustouren. Daher empfehlen sie sich vor allem für lange Nachtfahrten. Das Bahnnetz des Landes gehört zu den größten und verkehrsreichsten der Welt.

Busse fahren in Indien überall hin. Einige Ziele werden rund um die Uhr bedient, manche Fernrouten aber eventuell nur ein- bis zweimal pro Tag.

In Indiens Großstädten geht's per Taxi, Fahrrad- oder Autorikscha, Boot und Stadtbahn voran.

HAUPTSTADT
Jakarta

BEVÖLKERUNG
275 Mio.

FLÄCHE
1904600 km²

AMTSSPRACHE
Indonesisch (Bahasa)

Traditionelles Boot, Gili Meno

INDONESIEN

Indonesien beeindruckt auch mit Zahlen: Von den über 17000 Inseln sind 8000 bewohnt. Dort werden wiederum mehr als 300 Sprachen gesprochen.

Das Land mit der weltweit viertgrößten Einwohnerzahl (275 Mio. und weiter ansteigend) ist ein schwül-heißes Kaleidoskop, das dem Äquator über 5000 km folgt. Zwischen der Westspitze Sumatras und dem östlichen Rand von Papua regiert hier die Vielfalt: Die Zahl der Kulturen, Volksgruppen, Tiere, Traditionen, Pflanzen, Sehenswürdigkeiten, Kunstwerke und Regionalküchen ist so groß, dass man von 100 Ländern in einem sprechen könnte.

Im stets faszinierenden Indonesien warten einige der letzten großen Abenteuer. Besucher können z. B. im offenen Bahnwaggon durch Java fahren, per Fähre nach Kalimantan schippern, auf Flores auf Motorrollern mitfahren und die geheimnisvollen Ecken uralter Dörfer auf Westtimor erkunden – oder einfach nur durch die oft unberührte Wildnis wandern. Die vielen Inseln mit ihrem unglaublichen Facettenreichtum bieten endlose Entdeckungsmöglichkeiten.

Highlights

NATIONALPARK KOMODO

1 Indonesiens bekanntester, 1817 km² großer Nationalpark umfasst ein paar der reichhaltigsten Gewässer des Landes und mehrere bergige, von Savannen bedeckte Inseln, auf denen der Komodowaran, die größte Echse der Welt, lebt. Aber auch unter der Wasseroberfläche verbirgt sich eine grandiose Natur: Kaleidoskopische Beuteschwärme ziehen große im offenenen Meer lebende Fische wie Haie und Mantas scharenweise an. Der perfekte Ausgangspunkt für Reisende ist das nahe Labuanbajo auf der Insel Flores.

GILI-INSELN

2 Eins der schönsten Erlebnisse in Indonesien besteht darin, vom belebten Bali aus mit einem Schnellboot zu den unwiderstehlichen Gili-Inseln zu fahren. Weißer Pulversand, warmes Wasser in Türkistönen und tolle Strandresorts oder Bungalows animieren hier zu verlängerten Aufenthalten. Ganz zu schweigen von den Korallenriffen voller Haie, Rochen und Schildkröten. So genießt man Restaurants und Nachtleben auf Gili Trawangan, perfekte Ausgewogenheit auf Gili Air und Mini-Attraktionen auf Gili Meno – oder man frönt einfach dem Nichtstun.

UBUD

3 Balis künstlerisches Herz hat berühmte Auftritte in Büchern bzw. Filmen und versprüht eine fesselnde Spiritualität. In den vielen Galerien der Stadt arbeiten bekannte und unbekannte Kreative. Auf einem Dutzend Bühnen zeugen jeden Abend Tänze von der vielfältigen Inselkultur, und Museen ehren die Werke jener, die sich von Ubud inspirieren ließen. In den Reisfeldern suchen Leute nach der perfekten Stelle, um im Lotussitz über die endlosen Möglichkeiten des Lebens nachzudenken. So ist Ubud zugleich ein großartiger Bewusstseins- und Daseinszustand.

RICH CAREY / SHUTTERSTOCK ©

0
500 km
N
PAZIFIK
PALAU
PHILIPPINEN
MANILA
SULU-SEE
SÜDCHINESISCHES MEER
KAMBODSCHA
VIETNAM
MYANMAR (BIRMA)
PHNOM PENH
HO-CHI-MINH-STADT (Saigon)
Golf von Thailand
MALAYSIA
KUALA LUMPUR
SINGAPUR
BRUNEI
BANDAR SERI BEGAWAN
Kota Kinabalu
Kuching
Sintang
Pontianak
Samarinda
Balikpapan
Banjarmasin
Nationalpark Tanjung Puting
SULAWESI-SEE
Manado
Kota Ternate
Gorontalo
Pulau Bunaken
Pulau Halmahera
Raja Ampat
MALUKU-SEE
Palu
Tana Toraja
Rantepao
Majene
Watampone
Kendari
Makassar
Selat Makassar
Sula-Inseln
Pulau Seram
Kota Ambon
Banda-Inseln
BANDA-SEE
Sorong
Manokwari
Fak-Fak
Kota Biak
Pulau Biak
Sarmi
Jayapura
Baliem-Tal
Wamena
Timika
Pulau Yos Sudarso
ARAFURA-SEE
AUSTRALIEN
Darwin
TIMOR-SEE
TIMOR-LESTE
DILI
Pulau Wetar
Pulau Timor
Kupang
SAWUSEE
Flores
Ende
Nationalpark Komodo
FLORESSEE
Pulau Sumba
Mataram
Lombok
Gili-Inseln
Bali
Denpasar
JAVASEE
Pulau Madura
Surabaya
Semarang
Yogyakarta
Cilacap
Bandung
JAKARTA
Serang
Bandarlampung
Palembang
Pulau Belitung
Pangkal Pinang
Pulau Bangka
Jambi
Pekanbaru
Padang
Bengkulu
Pulau Enggano
Medan
Bukit Lawang
Nationalpark Gunung Leuser
Banda Aceh
Pulau Nias
Pulau Siberut
Mentawai-Inseln
Weihnachtsinseln (Australien)
INDISCHER OZEAN
1
2
3
4
5
6
7
8
9
10
11

BANDA-INSELN

4 Geschichte, Kultur und die raue Schönheit der Natur sind die Zutaten eines berauschenden Cocktails. Die Banda-Inseln sind ein abgeschiedenes Archipel aus Dschungel und weißem Sand, umgeben von klarem Meer und unberührten Riffen. Die Muskatnussbäume sollen das eigentliche Ziel der Entdeckungsfahrten von Kolumbus gewesen sein. Man kann von Ambon aus in die Hauptstadt Bandaneira fliegen, auf Alleen flanieren, die kolonialen Überreste bestaunen und dann auf den äußeren Inseln wunderbar leichtes Dorfleben genießen und den Stress des Alltags abstreifen.

NATIONALPARK TANJUNG PUTING

5 *African Queen* trifft Dschungel-Safari! In dem beliebten Nationalpark im Süden Kalimantans kommt man Asiens größtem Affen, dem Orang-Utan, ganz nahe und macht an Bord eines Hausboots eine stilvolle Tour durch den Dschungel. Die meist dreitägige Fahrt auf dem Sungai Sekonyer führt nach Camp Leakey, vorbei an Fütterungsstationen für Orang-Utans und unzähligen Punkten zur Naturbeobachtung. Hier erlebt man trotz vielen Komforts eine wirklich authentische Abenteuerreise, die für jedermann zugänglich ist.

RAJA AMPAT

6 Die abgeschiedenen Inseln vor Papuas Nordwestspitze werden immer noch entdeckt und sind ein Paradies für Taucher und Schnorchler. In der extrem vielfältigen Unterwasserwelt leben riesige Mantarochen und Epaulettenhaie, Myriaden von Nacktkiemerschnecken und

▼ TOP-BÜCHER

A Brief History of Indonesia (Tim Hannigan; 2015) Lesenswertes und unterhaltsames Buch eines Indonesien-Experten.

Indonesia Etc. (Elizabeth Pisani; 2014) Toller Reisebericht über die Erkundung Indonesiens.

This Earth of Mankind (Pramoedya Ananta Toer, 1925–2006; 1980) Einer von Indonesiens Top-Schriftstellern portraitiert seine Heimat unter niederländischer Herrschaft.

Stranger in the Forest (Eric Hansen; 1988) Der Autor durchquerte Borneo als vielleicht erster Ausländer zu Fuß.

Krakatoa – The Day the World Exploded (Simon Winchester; 2003) Mix aus Geschichte, Geologie und Politik zur Zeit des Krakatau-Ausbruchs (1883).

▼ ESSEN & TRINKEN

Indonesiens Essen repräsentiert den Charakter des Landes: Der viele Reis resultiert aus dem fruchtbaren Boden, die Gewürze erinnern an Zeiten von Handel und Invasion. Und die scharfen Chilis reflektieren das leidenschaftliche Wesen der Einheimischen. Indonesien ist quasi ein einziges großes Gemeinschaftsgericht. Denn Chinesen, Portugiesen, Kolonisten und Händler haben die hiesige Küche allesamt beeinflusst – zusammen mit den vielen verschiedenen Regionen, Völkern und Kulturen der Inseln.

▼ REISEZEIT

HAUPTSAISON
(Juli & Aug.)
Im ganzen Land viele Touristen.

ZWISCHENSAISON
(Mai, Juni & Sept.)
Bestes Wetter (trocken, geringere Luftfeuchtigkeit) auf Java, Bali und Lombok.

NEBENSAISON
(Okt.–April)
Viele Sonderangebote; Reservierung nur selten nötig.

JETZT REISEN!

Astronomie-Begeisterte sollten sich den 20. April 2023 rot im Kalender anstreichen. Dann nämlich wird im Indischen Ozean und im Pazifik eine (nahezu in ihrem kompletten Verlauf) totale Sonnenfinsternis zu sehen sein. Wer diese mit festem Boden unter den Füßen erleben will, sollte eine Reise nach Indonesien buchen. Der Kernschatten trifft dort die Inseln **Kisar, Damar** und **Kasiui** sowie die indonesische Provinz **Papua Barat** auf Neuguinea. Aber auch in anderen Landesteilen des Inselstaats wird zumindest eine partielle Sonnenfinsternis zu beobachten sein.

▾ UNTERWEGS VOR ORT

Zwischen den zahllosen Inseln sind schnelle und langsame Boote unterwegs. Vorsicht vor skrupellosen Betreibern mit schlechten Sicherheitsstandards!

Günstige und langsame Busse bedienen fast das ganze Land.

Gemietet werden können beispielsweise kleine Jeeps, Motorräder und Autos mit Fahrer.

Ojeks (Motorradfahrer) nehmen Beifahrer zu verhandelbaren Preisen mit.

In Großstädten und Touristengebieten gibt's preiswerte Taxis. Nur mit Bluebird fahren (keine Abzocke!).

fantastische, unberührte Korallen und Fische in allen Größen, Formen und Farben. Hier kann man sehr gut schnorcheln und auch über dem Wasser gibt es eine einzigartige und erhabene Szenerie.

KARIMUNJAWA-INSELN

7 Rund 90 km vor der Nordküste von Zentraljava (Jawa Tengah) wirkt dieser Archipel so einsam und wild wie alle anderen ostindonesischen Eilande. Trotzdem gelangt man noch per Fähre oder Flieger ab Semarang und Surabaya hierher. Die insgesamt 27 herrlichen Inseln mit Korallen am Rand sind teils Sperrgebiet, können aber oft als Tagestrip ab Karimunjawa besucht werden. Die Hauptinsel selbst punktet mit einem magischen Mix aus Dschungel, Bergen, weißen Sandstränden und wehenden Palmen.

PULAU BUNAKEN

8 Wen bezaubern nicht diese Gärten, in denen Hunderte Pflanzenarten auf kunstvolle Weise in Beeten erblühen? Man stelle sich dies nun mit Korallen in allen erdenklichen Farben von Schwarz über Weiß bis zu Violetttönen vor. Unter wunderbar klarem Wasser bieten diese Fischen ein Zuhause, die teilweise in dichten Schwärmen wie Lichtblitze vorbeischwirren. Die Schönheit der Unterwasserwelt rund um Pulau Bunaken lässt sich kaum beschreiben. Selbst riesige Schildkröten, Riffhaie und manchmal auch Delfine und Seekühe schwimmen lässig durch die Kulisse.

BALIEM-TAL

9 Auf einer Wanderung in Papuas Baliem-Tal dringt man in die Welt des Bergvolks der Dani ein, dessen traditionelle Kultur indonesischen Regierungsbeamten und christlichen Missionaren stolz die Stirn geboten hat. Man übernachtet in ihren Dörfern mit grasbedeckten Hütten und wird vom Lächeln der Einheimischen verzaubert, man klettert schmale Dschungelpfade hinauf, überquert offene Hügellandschaften und passiert tosende Flüsse auf wackeligen Hängebrücken. Ein kleiner Tipp: Nicht ins Wasser schauen, sondern aufpassen, wo man hintritt!

TOGIAN-INSELN

10 Fast genau auf dem Äquator liegt dieses einsame Tropenparadies wie aus dem Bilderbuch: strahlend weiße Sandstrände mit Kokospalmen, ein paar wenige Fischerdörfer, Privatunterkünfte und majestätische Korallenriffe mit erstklassigen Tauch- bzw. Schnorchelspots. Die Friedlichkeit der Togian-Inseln gipfelt in einem „Quallensee" mit nicht stechenden Nesseltieren. News und Facebook-Updates kann man hier vergessen: Internetzugang und Handyempfang gibt's so gut wie gar nicht.

BOROBUDUR

11 Der grandiose, aus 2 Mio. Steinblöcken errichtete Tempelkomplex zeugt faszinierend und ergreifend von Javas buddhistischer Blütezeit im 9. Jh. Er zählt zu den bedeutendsten buddhistischen Stätten der Welt und besteht aus sechs quadratischen Ebenen, die von drei runden Terrassen gekrönt werden. Der Borobudur bedeckt einen Hügel und steht in einem Gelände mit gepflegten Rasenflächen, die von tropischen Hartholzbäumen umgeben sind. Die fast 1500 Reliefs auf den Terrassen repräsentieren buddhistische Lehren und Geschichten. Ihnen gegenüber sitzen 432 Buddha-Statuen in Nischen.

JAN KVITA / SHUTTERSTOCK ©

5

NYEPI

Im März oder Anfang April feiert Balis größtes Hindu-Fest das neue Jahr mit einer fröhlichen Nacht, nach der dann alles ruht. Dies soll bösen Geister vorgaukeln, dass Bali unbewohnt ist.

STRÄNDE

Zu Indonesiens zahllosen Stränden gehören z. B. die sehr beliebten Optionen im Süden Balis oder die Party-Hochburgen auf den Gili-Inseln – und buchstäblich Hunderte weiterer Sandstreifen, die man ganz für sich allein hat.

6

ETHAN DANIELS / SHUTTERSTOCK ©

HAUPTSTADT
Bagdad

BEVÖLKERUNG
39,6 Mio.

FLÄCHE
437 072 km²

AMTSSPRACHEN
Arabisch, Kurdisch

Amediye

IRAK

Der Irak steht zwischen seiner glorreichen Vergangenheit und seiner jüngsten blutigen Geschichte. Die 2003 von den USA angeführte Invasion schuf Probleme – und im Juni 2014 brach eine neue Welle der Gewalt los, als die Dschihadisten des sogenannten IS in weiten Teilen des Nordens die Kontrolle übernahmen. 2017 war der IS zwar militärisch weitgehend besiegt, aber Gruppen von Kämpfern und Attentate stellen weiterhin eine große Gefahr dar. Die Instabilität macht den Irak aktuell zu gefährlich für Individualreisen.

Die fruchtbaren Täler zwischen Euphrat und Tigris waren vor langer Zeit eine Wiege der Zivilisation: Hier lag das alte Mesopotamien (griech. für „zwischen zwei Flüssen“), wo die Menschen erstmals Ackerbau trieben und die Schrift erfanden. So machten Assyrer, Sumerer und Babylonier die Gegend, die heute Irak heißt, zum Mittelpunkt der antiken Welt.

Mit dem Aufkommen des Islams wurde Bagdad zu einer der größten muslimischen Hauptstädte sowie zu einem Inbegriff für das goldene Zeitalter muslimischer Bildung und Kultur.

Highlights

HAMILTON ROAD

1 Die 1928 eröffnete Hamilton Road ist nach ihrem Erbauer benannt und nach wie vor eine beachtliche Ingenieursleistung: Im Nordosten des irakischen Kurdistan führt sie durch eine der unwirtlichsten Gegenden der Welt. Die umliegende Landschaft besticht durch unentdeckte Schönheit mit Wasserfällen, verschneiten Bergen, wilden Flüssen in tiefen Schluchten, grünen Hügeln und üppigen Tälern.

DUKAN-SEE

2 Rund 60 km nordwestlich von Sulaimaniyya umgibt eine weite und sanft gewellte Hügellandschaft den größten künstlichen See des Iraks. In den wärmeren Monaten picknicken und entspannen Familien aus der ganzen Region vergnügt am Ufer.

AMEDIYE

3 Die uralte Stadt Amediye thront malerisch auf einem Berggipfel (1200 m) und soll die Heimat der Heiligen Drei Könige aus der Bibel sein. Heute leben hier Muslime und Assyrer (syrische Christen), was das Vorhandensein von Moscheen und Kirchen erklärt. Rund um das Hochplateau liegen grüne Täler und himmelhohe Berge.

REISEZEIT

HAUPTSAISON
(Juli–Aug.)

ZWISCHENSAISON
(Mai–Juni & Sept.–Nov.)

NEBENSAISON
(Dez.–April)

ESSEN & TRINKEN

Masgouf Fisch aus dem Tigris, im Freien über dem Holzfeuer gegrillt.

Quzi-sham Eine Art Biryani im Schlafrock.

Tee Wird im Irak zumeist süß und ohne Milch getrunken.

HAUPTSTADT
Teheran

BEVÖLKERUNG
85,9 Mio.

FLÄCHE
1,7 Mio. km²

AMTSSPRACHE
Farsi (Persisch)

Scheich-Lotfollah-Moschee, Isfahan

IRAN

Willkommen im vielleicht freundlichsten Land des Planeten: Als Kronjuwel der islamischen Welt paart der Iran tolle Architektur mit Gastfreundschaft.

Der Iran ist ein Land, in dem Zeugnisse uralter Zivilisationen allgegenwärtig sind. Einige historische Berühmtheiten – Kyros, Dareios, Alexander der Große und Dschingis Khan – haben hier ihre Spuren hinterlassen. Persepolis und Susa (Schusch) fesseln Besucher mit atemberaubender Schönheit und Abgeschiedenheit. Auch beim Bewundern der kolossalen Zikkurat von Tschogha Zanbil wird man direkt in die Blütezeit des alten Persiens zurückversetzt.

Der Iran gehört zu den tollsten architektonischen Schatztruhen der Welt. Die Hauptattraktion sind aber seine Einwohner: Wer nur etwas Kontakt zu den Iranern knüpft, wird zum Tee oder gar zum Essen nach Hause eingeladen.

Leider ist die Sicherheitslage derzeit eher unsicher, sodass Reisen nicht zu empfehlen sind. Doch die Situation kann sich auch wieder zum Positiven wenden und dann sollte man die Chance auf einen Besuch nutzen.

Highlights

ISFAHAN

1 Beim Reisen erlebt man Momente, die lange im Gedächtnis bleiben, und der erste Blick auf Isfahans majestätischen Platz Meidan-e Emam (Platz des Imams) ist so ein Moment. Dieser Platz beherbergt die wohl großartigste Ansammlung von Gebäuden der islamischen Welt: die perfekt proportionierte blaue Kuppel der Masdsched-e Shah, die erhabene Sheich-Lotfollah-Moschee und den aufwendig verzierten Ali-Qapu-Palast. Für Robert Byron gehörte „Isfahan zu diesen seltenen Orten, wie Athen oder Rom, die die ganze Menschheit bereichern".

YAZD

2 Nur wenige Orte haben sich so gut an ihre Umgebung angepasst wie die Wüstenstadt Yazd. Sie ist ein Schmuckstück aus Gassen, blauen Kuppeln, Minaretten, überdachten Basaren und schönen alten Häusern mit Innenhöfen, die von *badgirs* (Windtürmen) gekrönt und von genialen *qanats* (unterirdischen Wasserkanälen) bewässert werden. Einige dieser Häuser wurden restauriert und in wunderschöne traditionelle Hotels umgewandelt.

ANTIKES PERSEPOLIS

3 Die Harmonie der monumentalen Treppen, Tore und Reliefs lassen kaum einen Zweifel daran, dass Persepolis einst das Zentrum der bekannten Welt war. Es wurde von den Königen Darius und Xerxes als Hauptstadt des Achämenidenreichs erbaut, und ein Besuch der zum UNESCO-Welterbe gehörenden Ruinen zeugt auch von der gnadenlosen Zerstörung dieses Reiches durch Alexander den Großen. Die gigantischen Gräber nahe Naqsch-e Rostam sind ebenfalls den Besuch wert.

NOMADEN DES ZAGROS-GEBIRGES

4 Rund 2 Mio. Iraner verschiedener Ethnien leben noch als Nomaden und ziehen mit ihren Ziegen im Frühling und Herbst auf der Suche nach Weiden durchs Land. Die Kaschgai- und Bachtiaren-Nomaden verbringen den Sommer im Zagros-Gebirge, bevor sie im Winter an die Küste ziehen. Auf einem Tagesausflug von Schiras aus kann man einen Einblick in das Nomadenleben gewinnen, oder man übernachtet bei den Khamseh in den Hügeln über Bavanat.

MARCIN SZYMCZAK / SHUTTERSTOCK ©

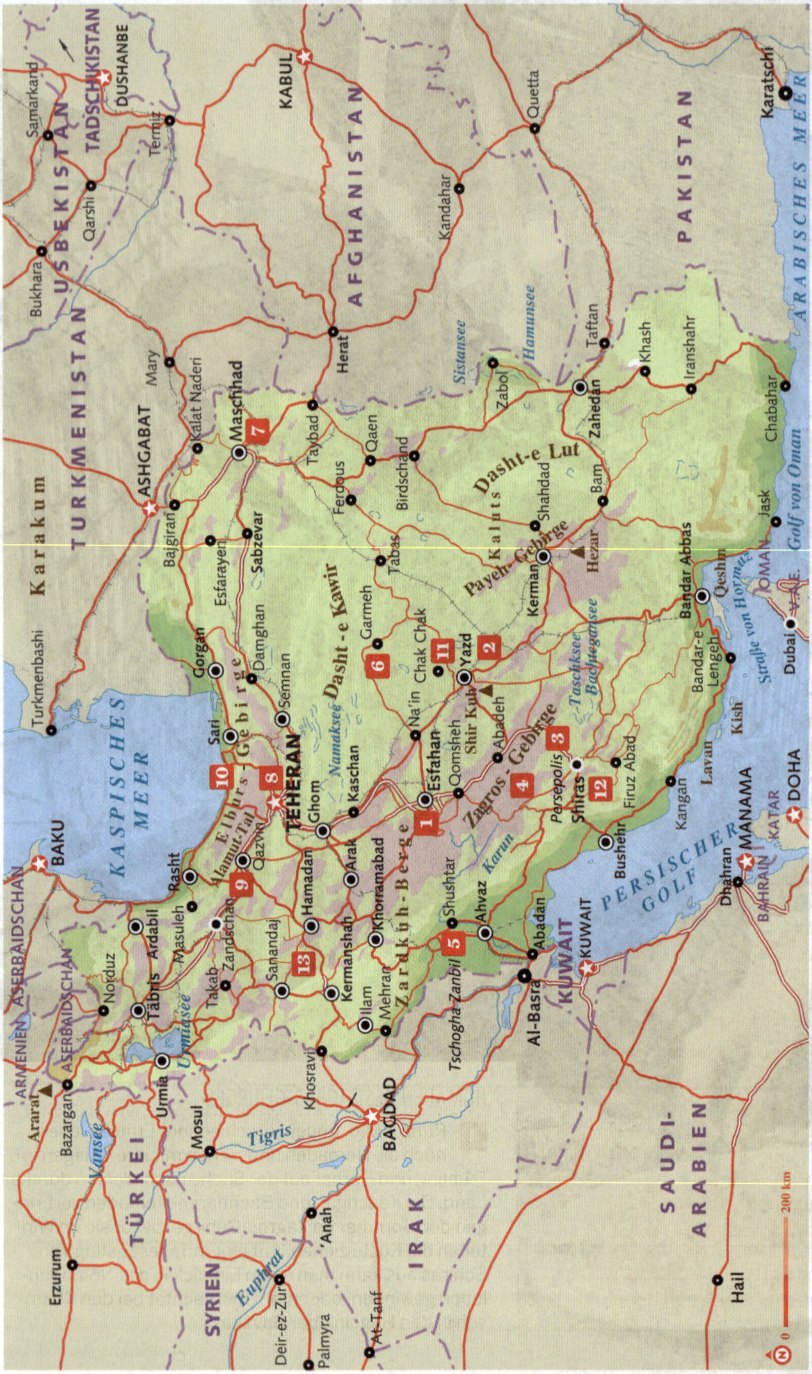
TURKMENISTAN
USBEKISTAN
TADSCHIKISTAN
DUSHANBE
Samarkand
Bukhara
Qarshi
Termiz
Karakum
ASHGABAT
Mary
Turkmenbashi
KASPISCHES MEER
BAKU
ASERBAIDSCHAN
ARMENIEN
TÜRKEI
Erzurum
Vansee
Ararat
Bazargan
SYRIEN
Deir-ez-Zur
Palmyra
Euphrat
Tigris
Mosul
IRAK
'Anah
At-Tanf
BAGDAD
Khosravi
Al-Basra
KUWAIT
SAUDI-ARABIEN
Hail
Dhahran
MANAMA
BAHRAIN
KATAR
DOHA
PERSISCHER GOLF
Dubai
V.A.E.
OMAN
Straße von Hormus
Golf von Oman
ARABISCHES MEER
Karatschi
PAKISTAN
Quetta
AFGHANISTAN
KABUL
Kandahar
Herat
Hamunsee
Sistansee
Taftan
Khash
Iranshahr
Chabahar
Jask
Zahedan
Zabol
Bam
Dasht-e Lut
Kaluts
Shahdad
Birdschand
Qaen
Taybad
Maschhad
Kalat Naderi
Bajgiran
Esfarayen
Sabzevar
Ferdous
Tabas
Garmeh
Dasht-e Kawir
Chak Chak
Yazd
Kerman
Payeh-Gebirge
Hezar
Bandar Abbas
Qeshm
Bandar-e Lengeh
Kish
Lavan
Kangan
Firuz Abad
Bachtegansee
Taschksee
Shiras
Persepolis
Abadeh
Shir Kuh
Na'in
Esfahan
Qomsheh
Zagros-Gebirge
Bushehr
Karun
Ahvaz
Abadan
Shushtar
Tschogha-Zanbil
Zardkuh-Berge
Khorramabad
Arak
Kaschan
Ghom
Namaksee
TEHERAN
Semnan
Damghan
Gorgan
Sari
Elburs-Gebirge
Alamut-Tal
Qazvin
Rasht
Masuleh
Ardabil
Zandschan
Hamadan
Sanandaj
Kermanshah
Mehran
Ilam
Takab
Täbris
Norduz
Urmia
Urmiasee
0
200 km
1
2
3
4
5
6
7
8
9
10
11
12
13

TOP-FILME

The Salesman (Asghar Farhadi; 2016) Moderne, oscar-prämierte Milieustudie über problematische Beziehungen.

Taste of Cherry (Abbas Kairostami; 1997) Film über das Tabuthema Selbstmord.

Der Apfel (Samira Makhmalbaf; 1998) Erstlingswerk über zwei Mädchen, die von ihrem Vater eingesperrt werden.

Taxi Teheran (Jafar Panahi; 2015) Dokufiktion, die normalen Iranern eine Stimme gibt.

Nader und Simin – Eine Trennung (Asghar Farhadi; 2012) Oscarprämierter Film über das Scheitern einer Teheraner Ehe.

TOP-MUSIK

Googoosh (2011) Sängerin mit wunderbarer Stimme und einigen Superhits in den 1970er-Jahren; lebt heute in Kalifornien.

Gole Aftabgardoon (The Arian Band; 2000) Debüt der beliebten Männer- und Frauenband.

Kherghe Biandaz (O-Hum; 2014) Mixt Rock mit traditionellen Texten und Instrumenten.

Music of Iran (Mohammad Reza Shadjarian & Ensemble Aref; 2012) Einführung in die iranische Klassik; erschienen über World Network.

Living Fire (The Kâmkârs; 1995) Kurdisch-iranische Superstars mit hypnotischen Sounds.

TSCHOGHA ZANBIL, SUSA & SCHUSCHTAR

5 Auch wenn man keine antiken Ruinen mag: Die immense Größe, die abgeschiedene Lage in einer Halbwüste und ihre Geschichte machen die Zikkurat Tschogha Zanbil zu einer äußerst eindrucksvollen Stätte. Sie wurde im 13. Jh. v. Chr. von den Elamiten erbaut, ging im 7. Jh. v. Chr. unter dem Sand „verloren" und wurde erst durch die Luftvermessung einer britischen Ölfirma im Jahr 1935 wiederentdeckt.

ÜBERNACHTEN IN DER WÜSTE

6 Man wird nur selten wärmer empfangen als in der weiten, leeren Stille der beiden großen Wüsten des Iran. Garmeh ist ein traumhaftes Oasen-Dorf, mit einer zerfallenden Burg, Dattelpalmen und plätscherndem Quellwasser – einer dieser Orte, an den man für einen Tag reist, dann aber vier bleibt. Das nahe Farahzad und das winzige Toudeshk Cho zwischen Isfahan und Na'in bieten auch Optionen, bei Familien in der Wüste zu übernachten, mit Betten auf dem Boden, schlichten Badezimmern und köstlicher Hausmannskost.

REISEZEIT

HAUPTSAISON
(März–Mai)
Fast überall mildes Klima mit klarem Himmel und idealer Temperatur.

ZWISCHENSAISON
(Juni–Okt.)
Wärmeres Wetter und daher weniger Touristen im Juni; September und Oktober gemäßigter.

NEBENSAISON
(Nov.–Feb.)
Extrem kalt (vor allem im Nordosten und Westen), aber sehr gute Skimöglichkeiten.

PERSERTEPPICHE

Die bekannteste Exportware des Iran ist der Perserteppich, und für einen Iraner ist er viel mehr als nur eine Möglichkeit, den Fußboden zu bedecken. Er ist eine Zurschaustellung von Reichtum, eine Investition und ein integraler Bestandteil religiöser und kultureller Feste. Das älteste erhaltene Beispiel ist der „Pasyryk", der aus dem 5. Jh. v. Chr. stammen soll. Heute arbeiten über 5 Mio. Iraner in der Teppichindustrie.

ZURKHANEHS

Zurkhanehs im Iran und anderen muslimischen Ländern vereinen Sport, Theater und Religion: In diesen „Häusern der Stärke" absolvieren Männergruppen rituelle Kraftübungen rund um eine achteckige Mulde, während ein Morsched (Führer) die Trommel schlägt. Die meisten *zurkhanehs* lassen Besucher gratis zuschauen; der Zutritt ist aber nur Männern erlaubt.

IMAM-REZA-SCHREIN (MASCHHAD)

7 Obwohl der Iran eine muslimische Republik ist, dominiert der Islam das lokale Leben nicht so stark, wie man das vielleicht erwartet hätte. Dennoch ist der schiitische Glauben ein wichtiger Teil des iranischen Alltags. Davon zeugt auch die tiefe Gläubigkeit an heiligen Orten wie dem riesigen Imam-Reza-Schrein (Haram-e Razavi) in Maschhad. Hiesiges Highlight ist das Mausoleum des Imam Reza, der als einziger schiitischer Imam im Iran begraben ist.

TEHERANS KUNST

8 Teheran kann zwar einschüchternd sein, aber es hat auch Charme. Abseits der Museen und Paläste warten hippe Cafés und Galerien, die einen Einblick in ein Leben bieten, von dem man sonst nur hören würde. Meist hat man sich kaum mit seinem Kaffee hingesetzt, schon wird man in ein Gespräch verwickelt. Oder man schlendert durch die Galerien rund um den Honarmandan-Park (Artist's Park).

WANDERN ZWISCHEN ASSASSINEN-BURGEN

9 Das Alamut-Tal verlockt zum Wandern, Erkunden und Sinnieren, und all das zwischen den sagenumwobenen Burgen der Assassinen. Die Überreste von mehr als 50 Festungen liegen auf felsigen Gipfeln verstreut. Sie waren einst die Heimat des meistgefürchteten religiösen Kults der mittelalterlichen Welt. Man kann von Qazvin aus eine Tageswanderung machen oder von Gazor Khan zu einem längeren Trek starten: einer von Maultieren begleiteten Tour ins kaspische Umland.

SKIFAHREN IM ELBURS-GEBIRGE

10 Wer an den Iran denkt, verbindet damit wohl nicht in erster Linie Wintersport – aber es gibt im Land über 20 Skigebiete. Das Geschehen konzentriert sich praktischerweise rund um Teheran. Die Resorts Dizin und Schemschak sind am beliebtesten und bieten steile Abfahrten und spurenfreien Schnee. Im Vergleich zu westlichen Ländern sind die Chalets und Skipässe günstig, und die Pisten sind emanzipierter als der große Rest des Iran – hier sieht man auch wehendes Frauenhaar.

ZOROASTRISCHE FEUERTEMPEL

11 Im islamischen Iran findet man auch ein paar zoroastrische Stätten mit viel Atmosphäre – darunter Chak Chak in der einsamen Wildnis der Provinz Yazd. In

MARCIN SZYMCZAK / SHUTTERSTOCK ©

1

einem schmucken Feuertempel mit Messingportalen und noch schönerer Aussicht herrscht uralte Religiosität. Der Komplex im alten Kernland des Zoroastrismus ist dessen wichtigster Wallfahrtsort. Besucher werden in die Zeiten vor der Islamisierung des Irans zurückversetzt. In Yazd und Kerman gibt's noch weitere Feuertempel.

DIE DICHTER VON SCHIRAS

12 Die Iraner sagen, dass man selbst im ärmsten Heim mindestens zwei Bücher findet: einen Koran und die Gedichte von Hafis. Das passt zu einem Land, dessen meistgefeierte Söhne Dichter sind und in dem fast jeder Worte seines Lieblingsdichters aufsagen kann. In Schiras ziehen die Gräber von Hafis und Saadi viele Pilger an. Man kann sich ihnen anschließen, wenn sie Tee trinken und Werke rezitieren.

MALERISCHER WESTIRAN

13 Da der Westiran per Überlandreise schwer erreichbar ist, wird er selten besucht – was aber nicht unbedingt von Nachteil ist. Hier kann man Welterbestätten in Form von armenischen Kirchen bewundern oder die malerische Region Hawraman zwischen Marivan und Paweh durchqueren. Oder das Aras-Tal und die „bunten Berge" erkunden. Oder sich mit Kurden (Hawraman), Aserbaidschanern (Nordwesten), Gilan (Kaspisches Meer) und Arabern (Chuzestan) anfreunden. All dies macht den Westiran zu einem durchaus lohnenden Ziel.

UNTERWEGS VOR ORT

Dank verlässlicher Inlandsflüge lassen sich lange Überlandtrips im Iran vermeiden.

Busse sind komfortabel und fahren fast überall hin. Tempokontrollen haben die Sicherheit verbessert.

Sammeltaxis (*savaris*) sind schneller als Busse, aber weniger bequem.

Züge verkehren relativ selten zwischen den Großstädten.

HAUPTSTADT
Dublin
BEVÖLKERUNG
5 224 884
FLÄCHE
84 421 km²
AMTSSPRACHEN
Englisch, Irisch

Cliffs of Moher

IRLAND

Das kleine Land mit großem Ruf hat eine so uralte wie herrliche Landschaft. Das lyrische Wesen der faszinierenden und freundlichen Iren zeigt sich in herzlicher Gastfreundschaft.

Eventuell schon im Flugzeug und spätestens vor Ort hört man häufig *tá fáilte romhat* – herzlich willkommen. Oder die noch berühmteren Worte *céad míle fáilte* – hunderttausend Willkommen. Das alte Klischee von der irischen Freundlichkeit beschreibt den sehr komplexen Nationalcharakter nicht genau genug. Nichtsdestotrotz sind die Iren sehr herzlich und gastfreundlich: Sie beginnen mit Fremden oft nette Plaudereien und bieten dabei obendrein ihre Hilfe an. Dahinter steckt aber keine reine Selbstlosigkeit, sondern ein gewisser Eigennutz. Denn die Iren fühlen sich nicht wohl in Gesellschaft von Leuten, die sich selbst nicht wohlfühlen. Hunderttausend Willkommen scheinen übertrieben – doch Irland ermutigt zu maßvollen Übertreibungen.

Highlights

DUBLIN

1 Irlands Hauptstadt ist mit Abstand die größte Stadt und das Haupttor zum Rest des Landes, und sie bietet mehr als genug Ablenkungen, um Besucher ein paar Tage lang zu beschäftigen. Von erstklassigen Museen und ebensolcher Unterhaltung über tolle Restaurants bis zu Spitzenklassehotels – Dublin hat alles, was eine internationale Metropole braucht. Aber das wahre Highlight sind die Dubliner selbst, die entspannter und herzlicher sind als die Bürger aller anderen europäischen Hauptstädte. Und außerdem ist es die Heimat des Guinness.

CONNEMARA, COUNTY GALWAY

2 Eine filigrane Küste mit winzigen Buchten und Stränden bildet die Grenze zwischen der Connemara-Halbinsel und dem Atlantik. Auf einer Wanderung über die charaktervollen Straßen kommt man von einem Dorf ins nächste, und jedes bietet ein paar traditionelle Pubs und Restaurants. Im Landesinneren ist die Kulisse noch dramatischer. Die fantastischen Täler, die grünen Hügel, die Wildblumen und die wilden Flüsse zeigen die reine Schönheit der Natur. Wer hier wandert, ist ganz weit weg von allem und reist in eine einfachere Zeit zurück.

GLENDALOUGH, COUNTY WICKLOW

3 St. Kevin kannte sich mit magischen Orten aus. Als er eine abgeschiedene Höhle an einem Gletschersee in einem bewaldeten Tal als seinen klösterlichen Rückzugsort auswählte, gründete er damit gleichzeitig unbeabsichtigt eine Siedlung, die sich später zu einer der dynamischsten Universitäten Irlands entwickeln sollte und heute zu den schönsten Ruinen des Landes gehört. Die Überreste der Siedlung (einschließlich eines intakten Rundturms) sind, gepaart mit der grandiosen Kulisse, einfach unvergesslich.

MILOSZ_M / SHUTTERSTOCK ©

0 50 km
N
Malin Head
Tory Island
Lough Swilly
Lough Foyle
Arranmore Island
Buncrana
Coleraine
Nord-kanal
Letterkenny
Derry
Bann
NORD-IRLAND
ATLANTIK
Lough Eske
Donegal
Omagh
Lough Neagh
Belfast
Donegal Bay
Lisburn
Inishmurray Island
Bundoran
Sligo Bay
Enniskillen
Armagh
Sligo
Monaghan
Ballina
Ballysadare
Cullcagh Mountain
Clones
Newry
Achill Island
Annagh
Dundalk
Cavan
Castlebar
Irische See
Clare Island
Clew Bay
Westport
Brú na Bóinne
Inishturk Island
Croagh Patrick
Longford
Drogheda
6
Roscommon
Lough Ree
Inishbofin
Croagh Patrick
2
Tuam
Suck
Inny
Mullingar
Clifden
Connemara National Park
Lough Corrib
1
Swords
Athlone
Howth
Omey Island
Clare
Ballinasloe
DUBLIN
5
Galway
Tullamore
Naas
Dun Laoghaire
Bray
Greystones
Aran Islands
11
Birr
Portlaoise
Wicklow Mountains
CLARE
Glendalough
Wicklow
Avoca
3
Nenagh
Carlow
Arklow
7
Ennis
Mt. Leinster
Thurles
Kilkenny
Shannon
10
Barrow
Scattery Island
Limerick
8
Cashel
Enniscorthy
Mouth of the Shannon
Tipperary
Wexford Bay
Galtee Mountains
Clonmel
New Ross
Wexford
Tralee
Suir
Connor Pass
Waterford
Rosslare Harbour
4
Dingle
Mallow
Killarney
Blackwater
Dungarvan
Saltee Islands
Valentia Island
9
Ring of Kerry
Youghal
Cork
Kenmare
Cobh
Youghal Bay
Skellig Islands
Glengarriff
Bantry
Dursey Island
St.-Georgs-Kanal
Clear Island

TOP-BÜCHER

Dubliner (James Joyce; 1914) Eine Kurzgeschichtensammlung, die heute noch so bedeutend ist wie zum Zeitpunkt ihrer Entstehung.

Raum (Emma Donoghue; 2010) Erschütternder, aber toller Roman über einen Jungen, der mit seiner Mutter aus Gefangenschaft flieht und die Ereignisse aus seiner Sicht erzählt.

Ein verborgenes Leben (Sebastian Barry; 2008) Geschichte einer 100-jährigen Psychiatrie-Patientin, die ihre Autobiografie schreibt; 2015 verfilmt.

Das Familientreffen (Anne Enright; 2007) Eindringlicher Roman über Alkoholismus und häusliche Gewalt in einer irischen Familie.

ESSEN & TRINKEN

Kartoffeln Immer noch Teil vieler Traditionsgerichte; werden auf allerlei Art serviert.

Sodabrot Irlands berühmteste Brotsorte wird mit Backsoda und Buttermilch hergestellt; das Brot ist sehr lecker und steht auf den Frühstückskarten vieler B&Bs.

Stout Guinness ist weltweit ein Synonym für dieses Bier. Zwei weitere große Hersteller sind Murphy's und Beamish & Crawford in Cork.

Tee In Irland trinkt man mehr Tee pro Kopf als in allen anderen Ländern – bevorzugt sehr kräftige Sorten mit Milch (Zucker optional).

The Fry Appetitlicher Teller mit gebratenem Speck, Bratwurst, Blutwurst, Grützwurst, Eiern und Tomaten.

Whiskey Irlands exquisites *uisce beatha* (Wasser des Lebens) versetzt Kenner in Verzückung und überzeugt Neulinge schnell.

DINGLE (COUNTY KERRY)

4 Dingle ist der Name der Halbinsel, die idyllisch und reich an uralten Ruinen vom County Kerry aus in den Atlantik ragt. Zudem heißt so auch die Hauptstadt der Halbinsel. Fischerboote landen hier frisches Seafood an, auf das jeder Meeresangler stolz wäre. Künstler verkaufen ihre Kreationen (u. a. tollen Schmuck mit irischen Designs) in reizvollen Boutiquen. Und an den offenen Kaminen der Pubs wird man überall von traditioneller Musik mitgerissen.

GALWAY CITY

5 Irlands lebendigste Stadt summt sich in ihren von Musik erfüllten Pubs im wahrsten Sinne des Wortes durch die Nacht. Hier kann man drei alten Herren lauschen, die auf Löffeln und Fideln spielen, oder einer jungen Band. Oder man mischt sich unter die Einheimischen, wenn sie von einem Laden zum nächsten ziehen. Hinzu kommen Highlights wie die berühmten Austern, die Abenteuer verheißenden Aran Islands und die nahe Connemara-Halbinsel – hier hört der Spaß nie auf.

REISEZEIT

HAUPTSAISON
(Juni–Mitte Sept.)
Bestes Wetter und höchste Übernachtungspreise.

ZWISCHENSAISON
(Ostern–Mai, Mitte Sept.–Okt.)
Weniger Touristen, günstigere Unterkünfte.

NEBENSAISON
(Nov.–Feb.)
Kalt und nass: teils schlechte Sicht wegen Nebel.

GAELIC FOOTBALL & HURLING

Gälische Ballspiele sind ein wichtiger Teil der irischen Identität und bekleiden in der Landeskultur einen einzigartigen Rang. Während der Irischen Renaissance und des Unabhängigkeitskampfs wurden sie am Ende des 19. Jhs. wiederentdeckt. Bis heute sind diese Sportarten in Irland bei weitem am beliebtesten.

Gälische Ballspiele sind schnell, turbulent und nichts für Weicheier: Die Spieler greifen entschlossen an und fechten sehr aggressive Zweikämpfe aus. Sowohl beim Gaelic Football als auch beim Hurling versuchen je zwei 15-köpfige Mannschaften, den Ball am Torwart vorbei in eine Art Rugby-Tor zu schießen.

Beim Gaelic Football wird ein Rundleder in Fußballgröße getreten und wie beim Australian Football auch per Hand gespielt. Beim vergleichsweise eleganteren Hurling schlagen oder tragen die Spieler einen kleinen Lederball *(slíotar)* mit einem flachen Schläger (Hurley bzw. *camán*) übers Feld; Pässe mit der Hand sind erlaubt. Die Spieldauer beträgt jeweils 70 Minuten.

▼ UNTERWEGS VOR ORT

Dublins Bikesharing-Programm betreibt über 100 Verleihstationen in der ganzen Stadt.

Das große Busnetz (staatliche und private Linien) ist die preiswerteste Reiseoption; Anschluss besteht zu und ab den meisten bewohnten Gebieten.

Mit einem Auto lässt sich Irland am besten intensiv erkunden. Achtung Linksverkehr!

Ein eingeschränktes Bahnnetz verbindet Dublin mit den anderen irischen Großstädten – relativ teuer.

BRÚ NA BÓINNE, COUNTY MEATH

6 Sie sehen zugleich antik und futuristisch aus: Newgranges mächtige, runde Mauern aus weißem Stein, die von einer Graskuppel gekrönt sind, gehören zu den außergewöhnlichsten Sehenswürdigkeiten überhaupt. Sie sind Teil des neolithischen Friedhofs Brú na Bóinne (Boyne Palace), der auch das schönste steinzeitliche Ganggrab in Irland umfasst, das 600 Jahre vor den Pyramiden erbaut wurde. Das Grab ist zur Wintersonnenwende exakt auf die Sonne ausgerichtet!

COUNTY CLARE

7 Die legendären Cliffs of Moher sind nur eines der Highlights im County Clare. Wenn man unten in einem schaukelnden Boot sitzt, bleibt einem beim Anblick dieser mächtigen Steinwände vor Staunen der Mund offen. Weiter südlich, in Loop Head, ragen Felssäulen über dem Meer empor, auf denen verlassene Steinhütten stehen, deren Existenz unerklärlich ist. Entlang der ganzen Küste reihen sich kleine, niedliche Dörfer aneinander, etwa das von Traditionen geprägte Ennistymon und das Surfer-Mekka Lahinch.

ROCK OF CASHEL, COUNTY TIPPERARY

8 Diese Festung erhebt sich aus den grünen Weiden Tipperarys und raubt einem schon beim ersten Anblick den Atem. Sie war der Sitz der Könige und Kirchenmänner, die vor über 1000 Jahren die Gegend regierten, und machte Tara vor 400 Jahren als Machtzentrum Irlands Konkurrenz. Man betritt sie durch die Hall of the Vicars Choral (15. Jh.), und ihre Mauern bewachen eine ehrfurchtgebietende Anlage mit einem Rundturm, einer gotischen Kathedrale (13. Jh.) und der schönsten romanischen Kapelle des Landes (12. Jh.).

RING OF KERRY

9 Eine Fahrt auf dem Ring of Kerry ist an sich schon ein Erlebnis, aber man muss sich nicht auf die Hauptroute beschränken. Auf der 179 km langen Schlaufe rund um die Halbinsel Iveragh bieten sich zahllose Möglichkeiten für einen Abstecher. Nahe Killorglin ist es nur eine kurze Fahrt zur schönen, kaum bekannten Halbinsel Cromane. Zwischen Portmagee und Waterville kann man den Skellig Ring erkunden. Vom Mittelpunkt der Halbinsel bietet sich ein atemberaubender Blick auf die Berge. Und das ist nur der Anfang …

KILKENNY CITY

10 Vom königlichen Schloss bis zu seiner Kathedrale – Kilkenny steht für Beständigkeit und Kultur in allen Ecken, und es ist ein unerlässlicher Stopp auf der Fahrt nach Süden oder Westen. Der namensgleiche County erfreut sich einer Fülle von Kunsthandwerkern, deren Waren man in den Läden der Stadt erwerben kann. Zahlreiche Köche ziehen von Dublin nach Kilkenny, um näher an der Quelle seiner wundervollen Erzeugnisse zu sein, und das gleichnamige Bier kann man in vielen bezaubernden Pubs genießen.

IRISCHE VOLKSMUSIK

11 Westeuropas lebhafteste Volksmusik wurde u. a. durch die Tanzshow *Riverdance* berühmt. Am schönsten wirken Irlands traditionelle Klänge aber in einem altmodischen Pub. Der Westen der grünen Insel ist besonders musikalisch: Von Donegal bis hinunter nach Kerry liegen dort Hochburgen musikalischer Meisterschaft – insbesondere Doolin (County Clare), Irlands inoffizielle Musikhauptstadt. Man kann zwar eventuell nicht selbst mitspielen, aber dafür immer kräftig mitklatschen.

CARL BRUEMMER / GETTY IMAGES ©

▼ PUCK FAIR

In Killorglin (County Kerry) steigt Mitte August das älteste und seltsamste Fest des Landes. Dabei wird ein Ziegenkönig gekrönt und drei Tage lang gefeiert.

▼ WANDERN

Sanfte Hügel, felsige Bergkämme, wilde Moorgebiete, spektakuläre Klippen, einsame Inseln und launisches Wetter: Vom Verdauungspaziergang bis zum anspruchsvollen Eintausender bietet Irland etwas für jeden Wanderer.

PETER UNGER / GETTY IMAGES ©

HAUPTSTADT
Reykjavík

BEVÖLKERUNG
354 234

FLÄCHE
103 000 km²

AMTSSPRACHE
Isländisch

Westfjorde

ISLAND

Island macht Schlagzeilen, ist für viele ein Lebenstraum, lockt Naturfans und wird immer beliebter – dieses grandiose Reiseziel im Norden scheint zahllose Talente zu haben.

Island ist ein riesiges Vulkanlabor, in dem mächtige Kräfte die Erde formen: Hier gibt's spritzende Geysire, blubbernde Schlammtöpfe und grollende Feuerberge mit Eiskappen. Hinzu kommen riesige Gletscher, die breite Schneisen durch die Berge schneiden. Die herrliche Landschaft mit frischer, klarer Luft schlägt jeden in ihren Bann.

Dennoch dreht sich hier definitiv nicht alles um Outdoorspaß – das kulturelle Leben der Insel bildet einen Gegenpol zur überwältigenden natürlichen Schönheit. So reicht das literarische Erbe Islands von mittelalterlichen Sagas bis zu modernen Thrillern über Nobelpreisträger. Zudem warten hier überall Livemusik, bildende Kunst, Kunsthandwerk und regionale Küche.

Highlights

WESTFJORDE

1 Islands breites Spektrum natürlicher Superlative findet in den Westfjorden seinen dramatischen Höhepunkt – Islands reinstes Abenteuer abseits der ausgetretenen Pfade. Weite, bunte Strände säumen die Südküste, eine Vogelkolonie reiht sich an die nächste, Fjordwände türmen sich erst auf und stürzen dann atemberaubend in die Tiefe und ein Netz aus rötlichen Straßen schlängelt sich durch die Landschaft. Eine Wanderung auf der nördlichsten Halbinsel der Region, Hornstrandir, ist ein echtes Abenteuer: unberührte Wildnis, die den Polarkreis küsst.

JÖKULSÁRLÓN

2 Eine geisterhafte Prozession leuchtend blauer Eisberge schwebt friedlich durch die 25 km² große „Gletscherflusslagune", bevor sie aufs Meer hinaustreibt: Gut möglich, dass der eine oder andere das filmreife Spektakel schon in *Batman Begins* und *James Bond 007 – Stirb an einem anderen Tag* gesehen hat. Das Eis bricht vom Breiðamerkurjökull ab, einer Zunge des mächtigen Gletschers Vatnajökull. Sehr beliebt sind Bootsfahrten, man kann aber auch einfach am Ufer wandern, nach Seehunden Ausschau halten und die Speicherkarte vollknipsen.

DIE RINGSTRASSE

3 Die beste Methode für die Erkundung Islands ist ein Mietwagentrip entlang der Rte 1 (alias Ringstraße). Diese 1330 km lange Asphaltstraße führt einmal rund um die Insel. Hierbei passiert sie grüne Täler voller Wasserfälle, graue wüstenähnliche Sanderflächen, Lavafelder mit samtig anmutendem Moosbewuchs und Gletscherzungen, die von Eiskappen herabfließen wie Zuckerguss. Alles sehr spektakulär – aber Abstecher nicht vergessen: Idealerweise nutzt man die Ringstraße als Hauptroute und folgt dann den Abzweigungen in die Wildnis hinein.

FIMMVÖRÐUHÁLS

4 Wer keine Zeit für eine von Islands mehrtägigen Trekkingtouren hat, kann seine Wanderlust mit dieser Tagestour (23 km) stillen. Ab den schimmernden Stufenwasserfällen von Skógafoss geht's zunächst durch die Wildnis hinauf zu weiteren tollen Wasserfällen. Dann tastet man sich über die dampfenden Überbleibsel des Eyjafjallajökull-Ausbruchs und läuft über die Steinterrassen eines Königreichs voller Blumen. Endziel ist das stille Camperparadies Þórsmörk, das von einer Krone aus vereisten Bergkämmen gesäumt wird.

NAKCRUB / SHUTTERSTOCK ©

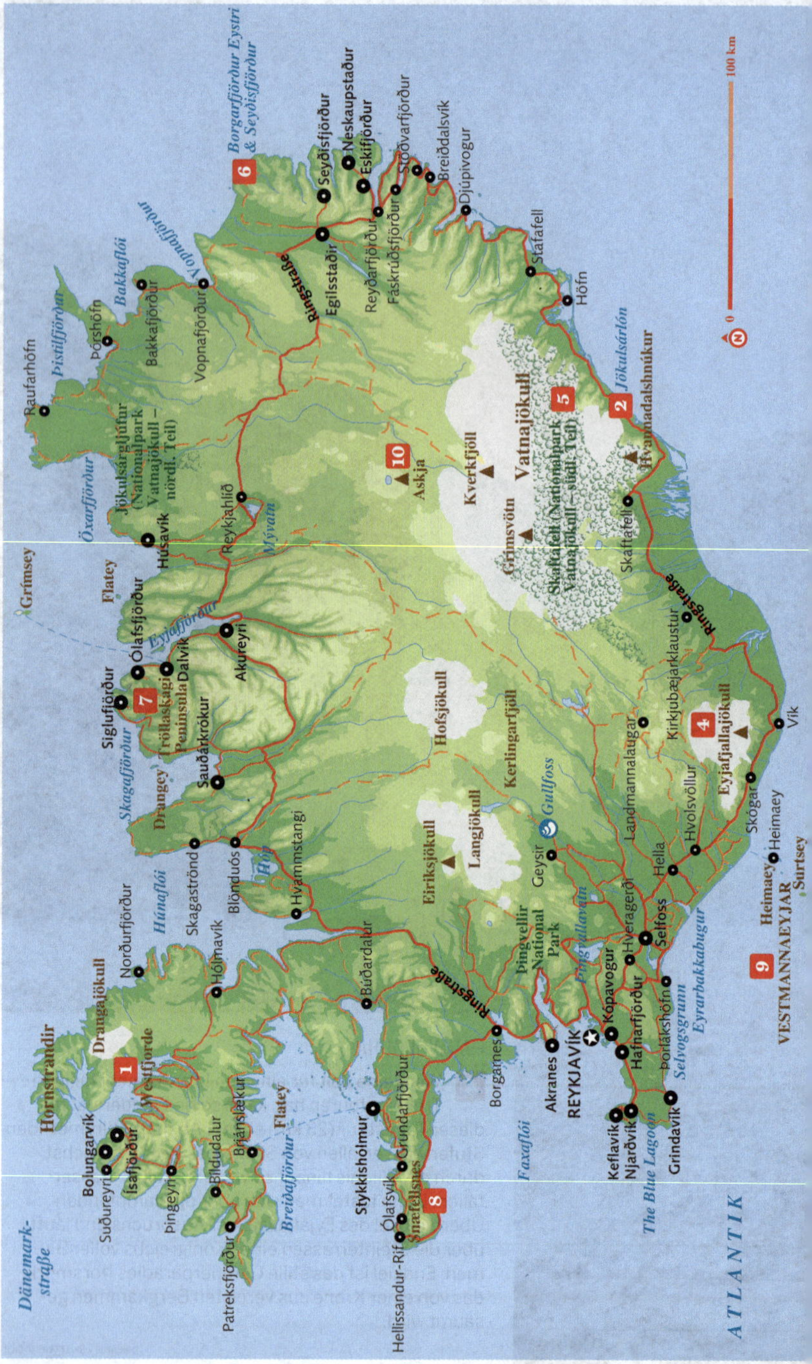

Dänemark-straße
Hornstrandir
Drangajökull
1
Westfjorde
Bolungarvík
Suðureyri
Ísafjörður
Þingeyri
Bíldudalur
Brjánslækur
Patreksfjörður
Norðurfjörður
Hólmavík
Flatey
Breiðafjörður
Húnaflói
Skagaströnd
Blönduós
Hóp
Hvammstangi
Búðardalur
Stykkishólmur
Grundarfjörður
Ólafsvík
Hellissandur-Rif
Snæfellsnes
8
Borgarnes
Ringstraße
Akranes
Faxaflói
REYKJAVÍK
Keflavík
Njarðvík
Grindavík
The Blue Lagoon
Hafnarfjörður
Kópavogur
Þorlákshöfn
Selvogsgrunn
Eyrarbakkabugur
Hveragerði
Selfoss
Þingvallavatn
Þingvellir National Park
Geysir
Gullfoss
Eiríksjökull
Langjökull
Kerlingarfjöll
Hofsjökull
Landmannalaugar
Hella
Hvolsvöllur
Skógar
Eyjafjallajökull
4
Vík
Kirkjubæjarklaustur
Heimaey
Surtsey
VESTMANNAEYJAR
9
ATLANTIK
Skagafjörður
Drangey
Sauðárkrókur
Tröllaskagi Peninsula
7
Siglufjörður
Ólafsfjörður
Dalvík
Akureyri
Eyjafjörður
Grímsey
Flatey
Húsavík
Öxarfjörður
Reykjahlíð
Mývatn
Jökulsárgljúfur (Nationalpark Vatnajökull – nördl. Teil)
Raufarhöfn
Pistilfjörður
Þórshöfn
Bakkaflói
Bakkafjörður
Vopnafjörður
Askja
10
Kverkfjöll
Grímsvötn
Vatnajökull
Skaftafell (Nationalpark Vatnajökull – südl. Teil)
5
Skaftafell
Hvannadalshnúkur
2
Jökulsárlón
Höfn
Stafafell
Ringstraße
Egilsstaðir
Seyðisfjörður
Neskaupstaður
Eskifjörður
Reyðarfjörður
Fáskrúðsfjörður
Stöðvarfjörður
Breiðdalsvík
Djúpivogur
6
Borgarfjörður Eystri & Seyðisfjörður
N
0
100 km

TOP-FILME

Heima (2007) Dokumentation über eine Islandtour der Band Sigur Rós.

Sture Böcke (*Hrútar;* 2015) Packende Geschichte über zwei zerstrittene Brüder und deren Schafe.

The Homecoming (*Blóðberg;* 2015) Clevere, moderne Dramedy über eine „perfekte“ Familie, deren Leben aus den Fugen gerät.

Von Menschen und Pferden (2013) Surreales Porträt der miteinander verflochtenen Leben von Menschen und Pferden.

101 Reykjavík (2000) Düstere Komödie über Sex, Drogen und Gammlerleben im Zentrum von Reykjavík.

Der Tote aus Nordermoor (2006) Gut gemachter Polizei-Thriller nach dem Roman von Arnaldur Indriðason.

TOP-BÜCHER

Kältezone (Arnaldur Indriðason; 2004) Eine von vielen fesselnden Geschichten eines Meisters des „Nordic Noir“.

Sein eigener Herr (Halldór Laxness; 1934–1935) Triste Tragikomödie des Nobelpreisträgers.

Die Isländersagas (Jane Smiley u. a.; 2001) Islands epische und oft brutale Sagas in sehr lesenswerter Übersetzung.

Die Teufelsinsel (Einar Kárason; 1983) Im Reykjavík der Nachkriegsjahre prallt US-amerikanische Kultur auf ländliche Tradition.

Schattenfuchs (Sjón; 2003) Poetisches Fantasy-Abenteuer, das im 19. Jh. spielt.

NATIONALPARK VATNAJÖKULL

5 Europas größter Nationalpark bedeckt fast 14 % der Fläche Islands und schützt den Vatnajökull, die größte Eiskappe außerhalb der Pole (sie ist dreimal so groß wie Luxemburg!). Von der frostigen Masse fließen Auslassgletscher ab, während darunter aktive Vulkane brodeln. Ja, das hier ist eindeutig die Inkarnation all dieser „Feuer und Eis“-Klischees. Man wird von der Vielfalt der Landschaften, Wanderwege und Aktivitäten in diesem Park völlig hin und weg sein. Aufgrund seiner Größe gibt es viele Zugänge – unser Tipp: im Skaftafell im Süden oder im Ásbyrgi im Norden beginnen.

BORGARFJÖRÐUR EYSTRI & SEYÐISFJÖRÐUR

6 Die Geschichte zweier Fjorde im Osten: Der bekanntere davon ist der Seyðisfjörður – nur 27 asphaltierte Kilometer von der Ringstraße entfernt leben dort viele Künstler. Zwischen den Berghängen voller Wasserfälle besteht zudem wöchentlich Fährverbindung zum übrigen Europa. Der wunderschöne

REISEZEIT

HAUPTSAISON
(Juni–Aug.)
Touristenzahlen und Preise am höchsten – unbedingt rechtzeitig reservieren!

ZWISCHENSAISON
(Mai & Sept.)
Ideal für alle, denen weniger Besucher und niedrigere Preise wichtiger sind als wolkenlose Tage.

NEBENSAISON
(Okt.–April)
Sehr kurze Tage plus lange Nächte mit Nordlichtern.

THERMALQUELLEN

Die allgegenwärtigen „Thermalpools“ sind sehr erholsam und perfekt gegen Kater. Zudem kann man sich dort prima unter die Isländer mischen: Ähnlich wie Kneipen oder Stadtplätze dienen solche Pools oft als lokale Treffpunkte.

NORDLICHTER

Nordlichter entstehen, wenn Sonnenwinde vom Magnetfeld der Erde zum Nordpol gezogen werden. Ergebnis sind Schleier aus grünem, weißem, violettem oder rotem Licht, die wie stilles Feuerwerk über den Himmel zucken. Am besten zu sehen sind sie am klaren, dunklen Himmel zwischen Mitte September und Mitte April.

Borgarfjörður Eystri liegt dagegen 70 km (meist unbefestigt und holperig) abseits der Ringstraße. Seine subtilen Reize sind Papageientaucher und schroffe Gipfel aus Rhyolith. Beide Fjorde bieten natürliche Schönheit und viele tolle Wanderwege.

HALBINSEL TRÖLLASKAGI

7 Die Erkundung dieser Halbinsel macht Spaß. Vor allem, seit Tunnel die beiden spektakulär gelegenen Siedlungen Siglufjörður und Ólafsfjörður an den früheren Straßenenden verbinden. Die örtliche Landschaft steht in dramatischem Kontrast zu den sanften Hügeln, die den Großteil Nordislands bedecken. Zu Zwischenstopps animieren beispielsweise das Schwimmbad von Hofsós in perfekter Lage am Fjordufer, die leckere Regionalküche in Lónkot oder das Heringsmuseum in Siglufjörður. Hinzu kommen herrliche Aussichtspunkte, prima Wanderwege, Skigebiete, Kleinbrauereien, Walbeobachtungen und Fähren zu den Inseln Grímsey und Hrísey im offenen Meer.

HALBINSEL SNÆFELLSNES

8 Wilde Strände, Vogelschutzgebiete, Pferdefarmen und Lavafelder machen Snæfellsnes zu einem von Islands schönsten Schlupfwinkeln – ob bei Tagesausflügen ab der Hauptstadt oder für erholsame Wochenenden. Das kleine Wunder der Halbinsel ist ein „Miniatur-Island", zu dem sogar ein Nationalpark und ein Schichtvulkan mit Eiskappe gehören. Jules Verne lag richtig, als er den eisigen Gipfel des Snæfellsjökull zum Tor ins Innere der Erde machte.

VESTMANNAEYJAR

9 Die Inselgruppe mit ihren schroffen Bergen liegt zwar nur etwa 30 Fährminuten, aber gefühlte Lichtjahre von der Hauptstadt entfernt. Bootstrips durch den Archipel erfreuen Teilnehmer mit krächzenden Seevögeln, hohen Klippen und dem Anblick einsamer Jagdhütten auf Felsvorsprüngen. Die etwas mehr als 4000 Insulaner leben vor allem in Heimaey. Mitten in dem kleinen Ort mit windgepeitschten

ZHUKOVA VALENTYNA / SHUTTERSTOCK ©

PAPAGEIENTAUCHER & WALE

Die beiden charismatischsten Geschöpfe Islands sind auch seine tierischen Highlights: Niedliche Papageientaucher schwirren hier herum wie nervöse Hummeln. Und durch das kalte Meer rund um die Küste ziehen mehrere mächtige Walarten (u. a. Blauwale). Beide Spezies lassen sich vielerorts zu Land und zu Wasser bewundern. Walbeobachtungen per Boot starten vor allem in Húsavík, aber auch in anderen nördlichen Städten und in Reykjavík. Auf Küstenklippen und vorgelagerten Inseln (z. B. Heimaey, Grímsey, Drangey, Látrabjarg, Borgarfjörður Eystri) posieren Papageientaucher bereitwillig für Großaufnahmen.

SIMON DANNHAUER / SHUTTERSTOCK ©

Flachbauten erinnert ein erstarrter Lavastrom eindringlich an Islands aktiven Vulkanismus.

ASKJA

10 Die riesige und sagenumwobene Caldera der Askja ist jedes Jahr nur wenige Monate lang zugänglich. Umringt von Bergen erstreckt sich hier ein saphirblauer See. Wer diesen großartigen Ort erreichen will, braucht einen Geländewagen und ein paar Tage Wanderzeit. Oder nimmt an Super-Jeep-Touren durchs Hochland teil. Dabei stehen meist Flussdurchquerungen, Lavafelder und die Schlupfwinkel von Banditen auf dem Programm – mitunter auch Nacktbaden in Thermalwasser. Zudem kann man gleich südlich von Askja bei Holuhraun eines der jüngsten Lavafelder Islands sehen.

UNTERWEGS VOR ORT

Bei wenig Zeit sind Inlandsflüge sehr praktisch.

Etwa von Mitte Mai bis Mitte September deckt ein gutes Busnetz die wichtigsten Touristenziele und das Hochland ab. Außerhalb dieser Zeit ist der Linienbetrieb eingeschränkt oder ruht sogar komplett.

Die meisten Besucher erkunden Island mit einem Mietwagen – das ist zwar oft recht teuer, aber dafür ist man sehr flexibel. Das Hochland und mit „F" gekennzeichnete Straßen erfordern Allradantrieb.

HAUPTSTÄDTE
Jerusalem (Israel, auch von Palästina beansprucht)
Ramallah (Palästina)

BEVÖLKERUNG
13,4 Mio.

FLÄCHE
26 990 km²

AMTSSPRACHEN
Hebräisch, Arabisch

Felsendom, Jerusalem

ISRAEL & PALÄSTINA

Wo Asien, Europa und Afrika in geografischer wie kultureller Hinsicht aufeinandertreffen, sind Israel und Palästina seit jeher ein Treffpunkt der Kulturen, Imperien und Religionen.

Nur wenige Länder bieten so viel geografische Vielfalt auf so kleiner Fläche. Dank kurzer Distanzen kann man hier an einem Tag an mediterranen Stränden relaxen, sich am nächsten auf dem salzigen Wasser des Toten Meeres treiben lassen und am dritten im Roten Meer tauchen. Wanderer können dem Israel National Trail durch das ganze Land folgen, saisonal wasserführende Bäche durchwaten und Quellwasseroasen in der Felswüste oberhalb des Toten Meeres erkunden.

In Jericho warten 10 000 Jahre alte Lehmziegelruinen. Masadas dramatische Geschichte steht für den Widerstand gegen Roms mächtige Legionen, während Bet Sche'an immer noch vor römischer Opulenz strotzt.

Highlights

FELSENDOM

1 Wer den Felsendom von Jerusalem – die schimmernde Kuppel auf der türkisfarbenen achteckigen Trägerkonstruktion – zum ersten Mal erblickt, der wird mit Sicherheit den Atem anhalten. Vielleicht hatten die unbekannten Architekten vor über 1300 Jahren genau das im Sinn, als sie mit seiner Erbauung begannen. Vom Ölberg aus, so sagen manche, kann man den Felsendom am besten bewundern, ganz nahe kommt man ihm aber bei einem Morgenspaziergang am Tempelberg (Al-Haram ash-Sharif).

TOTES MEER

2 An der Straße zum Toten Meer steht ein Schild mit der Aufschrift „Meeresspiegel". Dann geht es noch weiter hinab, bis das Kobaltblau des Toten Meeres aufblitzt, umgeben von Salzablagerungen, rötlichen Felsen und grüner Vegetation. In der Oase En Gedi beginnen Wanderungen durch steile Schluchten zu Becken mit klarem Wasser und Wasserfällen. Dann geht es hinauf zum Plateau der judäischen Wüste oder hinunter ans Ufer, um ein Salzbad zu nehmen – dank des gegenüber dem normalen Meer etwa 10-fach erhöhten Salzgehalts schwebt man förmlich im Wasser. Im Süden warten rund um den Berg Sodom Outdoor-Aktivitäten, beispielsweise Radtouren durch ausgetrocknete Flussbetten.

TEL AVIV

3 Forsch, modern und unverhohlen weltlich: Tel Aviv ist ein multikultureller Mix aus Wolkenkratzern, Radwegen, stimmungsvollen Cafés und durchtrainierten Sonnenanbetern am Strand. Die 4000 Bauhaus-Gebäude der „Weißen Stadt" bilden das weltweit größte Ensemble in diesem Architekturstil und sind seit 2003 eine Welterbestätte.

3

AUDUN BAKKE ANDERSEN / GETTY IMAGES ©

0 40 km
MITTELMEER
Tyre
Kiryat Shmona
Nationalpark Banyas
LIBANON
Quneitra
Rosh HaNikra
Tsfat (Safed)
Golanhöhen
SYRIEN
Nahariya
Peqi'in
Akko
Karmiel
Jordan
Haifa
Galiläa
See Genezareth
Tiberias
Atlit
Nazareth
Afula
Irbid
Deraa
Caesarea
Beit She'an
Hadera
Jenin
Netanya
Nablus
TEL AVIV
Jaffa
Westjordanland
AMMAN
Rishon LeZion
Ramla
Rehovot
Abu Ghosh
RAMALLAH
Jericho
Ashdod
JERUSALEM
Bethlehem
Ashkelon
Gat
Totes Meer
Hebron
Gaza City
Gazastreifen
En Gedi
Khan Younis
Rafah
Masada
Be'er Sheva
Arad
Kerak
Al-Arish
Dimona
Nationalpark Awdat
Negev
JORDANIEN
Mitzpe Ramon
Makhtesh Ramon
Wadi Musa
Maan
ÄGYPTEN (Sinai)
Eilat
Taba
Aqaba
Rotes Meer
1
2
3
4
5
6
7
8
9
10

TOP-FILME

Sallah – oder: Tausche Tochter gegen Wohnung (Ephraim Kishon; 1964) Satire über Einwanderer in einem Durchgangslager der 1950er-Jahre.

Yossi & Jagger – Eine Liebe in Gefahr (Eytan Fox; 2002) Film über die heimliche Liebe zweier durchtrainierter IDF-Soldaten.

Null Motivation (Talya Lavie; 2013) Schwarze Komödie über alberne IDF-Soldatinnen.

ESSEN & TRINKEN

Falafel Die frittierten Bällchen aus Kirchererbsenmehl isst man am besten heiß. Serviert werden sie meist in Pita oder Fladenbrot *(lafa)* mit Hummus und/oder Tahina, Tomaten, Gurken und eingelegtem Gemüse.

Hummus Die beliebte Paste aus gekochten Kichererbsen dient als Dip oder wird mit frischem Fladenbrot aufgetunkt. Auf den Tisch kommt sie oft mit *fuul* (Ackerbohnen), Kichererbsen oder Tahina (Sesampaste).

Jachnun Langsam gebackene Butterteigrollen, serviert mit Tomaten und scharfer *S-chug*-Paste.

Laban Ein dickflüssiger, säuerlicher Rahmkäse bzw. -joghurt; wird auf eine Pita bzw. *lafa* gelegt, mit Olivenöl beträufelt und mit *Zatar* (Gewürz, u. a. aus Eisenkraut, Sumach, Sesam) bestreut.

Sabih Pitatasche mit Auberginen, Eiern, Kartoffeln, Gurken, Tomaten, Petersilie und Tahina.

Schawarma Am Spieß gegrilltes Hähnchen-, Puten- oder Lammfleisch, das in Streifen geschnitten und in eine Pitatasche gefüllt wird. Ultimativer Straßensnack für Nichtvegetarier.

Shakshuka Pikanter Eintopf mit Eiern und Tomaten.

GOLANHÖHEN

4 Unterhalb der gewaltigen Festung Nimrod breitet sich der „galiläische Pfannenstiel" aus. Ein Blick in die Gegenrichtung zeigt jedoch: Gegen den mächtigen Berg Hermon (er ist oft bis ins späte Frühjahr schneebedeckt) wirkt sogar diese Kreuzfahrerbastion winzig. Wanderer können den Gipfel des Hermon in Angriff nehmen oder den felsgesäumten Wadis der Naturschutzgebiete Banyas und Yehudiya zum Jordan bzw. zum See Genezareth folgen. Da der Basaltboden der Golanhöhen ideal für den Weinbau ist, gehören die lokalen Weine zu den besten der Region.

KLAGEMAUER

5 Seit Jahrhunderten beten Juden an der erhaltenen Westmauer des Tempelbergs. Zudem betrauern sie hier die Zerstörung des ersten und zweiten Jerusalemer Tempels. Die gewaltigen Steine der Klagemauer sind 2000 Jahre alt und glatt von den zahllosen Berührungen: Sie haben eine geradezu magnetische Anziehungskraft auf die Hände und Stirnen der Gläubigen, die hier nach einer tiefen und unmittelbaren Verbindung zu Gott suchen.

GRABESKIRCHE

6 Die Jerusalemer Grabeskirche steht an jenem Ort, den die

REISEZEIT

HAUPTSAISON
(Juli & Aug.)
Hotels sind teuer, freie Zimmer rar.

ZWISCHENSAISON
(Okt., Nov. & März–Juni)
Frühlingsblüte der Wildblumen im März und April – top zum Wandern.

NEBENSAISON
(Dez.–Feb.)
Kühl im Norden, Hochbetrieb in Eilat und am Toten Meer.

JETZT REISEN!

Das **ANU – Museum des jüdischen Volkes** (früher: Beit Hatfutsot) in Tel Aviv ist drauf und dran, das wichtigste jüdische Museum weltweit zu werden. Schon als es 1978 eröffnet wurde, galt seine Ausstellung als zukunftsweisend. Im Jahr 2016 wurde ein neuer Anbau eröffnet, 2020 dann die neue Kernausstellung. Mit Bildern, Filmen und interaktiven Stationen wird jüdische Geschichte und Gegenwart gezeigt, erfolgreiche Kreativität und Erfindergeist von Juden überall auf der Welt präsentiert. Interessant ist auch der Standort auf dem Gelände der Universität Tel Aviv – ein Bummel über den modernen Campus lohnt sich.

▼ UNTERWEGS VOR ORT

In den Großstädten fahren Lokalbusse überall hin. Wer kein Hebräisch lesen kann, hat aber evtl. Probleme mit dem Identifizieren der einzelnen Linien – dann einfach Einheimische oder einen beliebigen Busfahrer fragen.

Vor Ort reicht ein gültiger nationaler Führerschein; eine Internationale Fahrerlaubnis (International Driving Permit; IDP) ist nicht erforderlich.

Sammeltaxis werden von Israelis *sherut* (schehruht) und von Palästinensern *service* (ser-wihs) genannt. Diese praktischen Fahrzeuge (oft 13-sitzige Minivans) verkehren zu Fixpreisen auf festen Routen – wie Busse, nur ohne feste Haltestellen.

Durch legendär malerische Landschaft geht's mit Israel Railways von Tel Aviv nach Süd-Jerusalem, Haifa, Akko und Nahariya. Seit 2019 pendelt ein Hochgeschwindigkeitszug etwa halbstündlich zwischen Tel-Aviv HaHagana und Jerusalem Yitzhak Navon. Fahrzeit: 36 Minuten.

Hl. Helena (Mutter Konstantins des Großen) für die Kreuzigungs- und Begräbnisstätte Jesu hielt. Für viele Christen sind die dunklen Kammern das bedeutendste Heiligtum der Welt: In unglaublich spiritueller Atmosphäre pflegen verschiedene christliche Glaubensrichtungen hier ein paar ihrer ältesten Traditionen. Besucher können sich den prächtig gekleideten Geistlichen und schlicht angezogenen Pilgern anschließen, die ehrfurchtsvoll im Kerzenschein durch die nach Weihrauch duftenden Gänge schreiten.

BAHAI-GÄRTEN

7 Die perfekt gepflegten Bahai-Gärten in Haifa paaren religiösen Symbolismus mit herrlicher Aussicht. Ihre 19 abgestuften Terrassen an der Flanke des Bergs Karmel sind ein grandioser Ausdruck des menschlichen Strebens nach Schönheit. Im Zentrum erhebt sich der Schrein des Bab mit seiner vergoldeten Kuppel. Die geometrischen Blumenbeete, makellosen Rasenflächen, Skulpturen und Springbrunnen empfangen Pilger wie Touristen mit einer unglaublichen Atmosphäre voller Ruhe.

TSFAT (SAFED)

8 Im 16. Jh. wurde Tsfat zum weltweit wichtigsten Zentrum der Kabbala (jüdischer Mystizismus). Der Geist der damaligen Rabbis prägt immer noch die Gassen des uralten Synagogen- und des benachbarten Künstlerviertels, wo kreative und fröhliche Judaica (jüdische Kultgegenstände) in ganz privaten Galerien zu sehen sind. Sehr kabbalistisch wirkt auch der Friedhof, auf dem ein paar der größten Weisen des Judentums (z. B. Ari, Isaak Luria, Josef Caro) an einer Hügelflanke ruhen.

BETHLEHEMS ALTSTADT

9 Seit nunmehr fast 2000 Jahren pilgern Christen zum biblischen Geburtsort Jesu. Rund um die Geburtskirche (seit 2012 eine UNESCO-Welterbestätte) und den Krippenplatz sieht man uralte Steinhäuser und schmale Gassen, die sich seit Jahrhunderten so gut wie nicht verändert haben. Doch hier dreht sich nicht alles nur um die Vergangenheit: Die Sperrmauer zwischen Bethlehem und Jerusalem ist heute eine große „Leinwand" für Straßenkünstler – darunter einheimische Palästinenser und der britische Veteran Banksy, dessen Hotel direkt an der Mauer steht.

CÄSAREA

10 Angesichts der höchst eindrucksvollen Römerruinen kann man sich das örtliche Stadtleben vor 2000 Jahren, als Cäsarea mit legendären Häfen wie Alexandria und Karthago konkurrierte, leicht vorstellen. Im Amphitheater wurden damals u. a. Gladiatorenkämpfe gegen wilde Tiere bejubelt. Und begnadete Musiker – was übrigens immer noch so ist. Der große Hafen war ein Prestige-Projekt von Herodes dem Großen (73–4 v. Chr.). Heute gehört er zu Israels schönsten Orten für ein Essen mit kaltem Bier am Meer. Schnuppertauchen erlaubt Einblicke in die Welt unter der türkisfarbenen Wasseroberfläche.

9

RADELN IN TEL AVIV

Tel Aviv hat seine Einwohner davon überzeugt, häufiger vom Auto aufs Fahrrad umzusteigen. So gibt's hier nun ein 120 km langes Radwegnetz.

EINWANDERER

In Relation zur Bevölkerung hat Israel seit 1948 mehr Einwanderer aufgenommen als jedes andere Land – z. B. in den 1990er-Jahren rund 900 000 Juden aus der früheren Sowjetunion. Vor ein paar Jahren kamen viele französische Juden ins Land.

7

HAUPTSTADT
Rom

BEVÖLKERUNG
62,4 Mio.

FLÄCHE
301230 km²

AMTSSPRACHE
Italienisch

Positano, Amalfiküste

ITALIEN

Italien ist der ultimative Mix aus fesselnder Kunst, leckerer Küche und herrlicher Landschaft – fast konkurrenzlos und heiß begehrt.

Dieser sonnenverwöhnte Virtuose war einst das Kernland des Römischen Reiches und die Keimzelle der Renaissance. Zu den zahllosen Highlights seines kulturellen Erbes gehören z. B. der *David* und die Fresken der Sixtinischen Kapelle von Michelangelo, *Die Geburt der Venus* von Botticelli und da Vincis *Abendmahl*. Kein anderes Land besitzt so viele Welterbestätten wie Italien.

Doch neben Kunst, Geschichte und Kultur wartet hier auch eine ungemein vielfältige Landschaft. Ob verschneite Alpengipfel und Gletscherseen im Norden oder Vulkankrater und türkisfarbene Grotten im Süden: Ganz Italien punktet mit lohnenswerten Aktivitäten und Erkundungszielen.

Basis der weltberühmten Küche sind hochwertige und rein regionale Zutaten. Gelegenheiten zum Schwelgen bieten z. B. Probiertouren in Modena, Trüffelsuchen im Piemont oder die süffig-kräftigen Rotweine der Weinregion Valpolicella.

Highlights

HERRLICHES VENEDIG

1 Wer durch die Portale des Markusdoms tritt, kann leicht nachempfinden, wie sich ein Bauer oder Handwerker im Mittelalter beim Anblick all der prachtvollen Kuppeln und Mosaiken gefühlt haben muss. Die riesigen Dimensionen, die exquisiten Details und das ständig wechselnde Licht bieten endlose Chancen für mehr als einen Dombesuch.

TOUREN DURCH DIE TOSKANA

2 Von Brunelleschis Dom bis zu Masaccios Fresken in der Brancacci-Kapelle: Laut der UNESCO hat Florenz „die größte Konzentration weltbekannter Kunstwerke". An den makellosen Straßenzügen aus der Renaissance findet man berühmte Museen und schmucke Kirchen. Das umliegende Hügelland hat Highlights wie die gotische Erhabenheit von Siena, die manhattanmäßige Silhouette von San Gimignano und die Weinberge des Chianti zu bieten.

GEISTERHAFTES POMPEJI

3 Momentaufnahme eines Untergangs: Die weitläufigen Ruinen von Pompeji versetzen Besucher um 2000 Jahre zurück: römische Straßen mit Spurrillen von Pferdewagen, Villen mit prächtigen Fresken, Badehäuser, Lebensmittelläden, Märkte, Theater, ein antikes Bordell … Beim Anblick des Vesuvs denkt man unwillkürlich an Plinius den Jüngeren, der Pompejis Todeskampf so beschrieb: „Wieder brach Finsternis herein, wieder fiel reichlich und schwer die Asche herab. Von Zeit zu Zeit mussten wir aufspringen und sie abschütteln, sonst hätte sie uns völlig bedeckt und durch ihr Gewicht erdrückt."

RONNYBAS / SHUTTERSTOCK ©

ROM

4 Der Legende nach gründeten die von einer Wölfin gesäugten Romulus und Remus die einstige Welthauptstadt. Rom, jahrhundertelang Zentrum eines Weltreichs, ist seit 1700 Jahren spirituelles Herz des Christentums und heute ein urbanes Museum mit europäischer Kunst und Architektur aus mehr als zwei Jahrtausenden. Es gibt so viel zu sehen: Pantheon, Kolosseum Michelangelos Sixtinische Kapelle …

MAPICS / SHUTTERSTOCK ©

ROMANVS PONT MAX AN MDCXII PONT VII

DEUTSCHLAND
Donau
WIEN
BRATISLAVA
SLOWAKEI
ÖSTERREICH
BUDAPEST
UNGARN
Zürich
VADUZ
Innsbruck
BERN
SCHWEIZ
Bozen
6
Dolomiten
SLOWENIEN
9
Comer See
Trient
Udine
LJUBLJANA
ZAGREB
Aosta
Bergamo
Brescia
Vicenza
Triest
KROATIEN
12
Mailand
Venedig
Turin
Cremona
Verona
Padua
1
Emilia-Romagna
8
Parma
Po-Delta
Genua
Bologna
Ravenna
BOSNIEN & HERZEGOWINA
SARAJEVO
10
Italienische Riviera
SAN MARINO
Golf von Genua
Lucca
Florenz
Pesaro
Pisa
Ancona
Livorno
2
Arezzo
Gorgona
Adriatisches Meer
Capraia
Siena
Perugia
Ascoli Piceno
Dubrovnik
Ligurisches Meer
Elba
Viterbo
Pescara
Korsika
ROM
Sulmona
Promontorio del Gargano
Ajaccio
4
Campobasso
FRANKREICH
Isernia
13
Vesuv
Valle d'Itria
Sassari
Olbia
Neapel
Matera
Lecce
Alghero
7
Sorrent
Pompeji
Potenza
3
5
Nuoro
Golf von Orosei
Küste von Amalfi
Golf von Tarant
Oristano
SARDINIEN
Cosenza
Iglesias
Carbonia
Cagliari
Golf von Squillace
Costa del Sud
Liparische Inseln
Palermo
11
Reggio di Calabria
Trapani
Marsala
Ätna
Catania
Ionisches Meer
Agrigento
SIZILIEN
Syrakus
Annaba
TUNIS
Pantelleria
Ragusa
MITTELMEER
Linosa
VALLETTA
MALTA
TUNESIEN
ALGERIEN
N
0
200 km

TOP-FILME

La Grande Bellezza – die große Schönheit (Paolo Sorrentino; 2013) Fellini-mäßige Ode an Italien.

Das süße Leben (Federico Fellini; 1960) Fängt den italienischen Zeitgeist der 1950er-Jahre ein.

Der Leopard (Luchino Visconti; 1963) Darstellung des Niedergangs des sizilianischen Adels.

Fahrraddiebe (1948) Bewegendes Portrait der italienischen Nachkriegsjahre.

TOP-BÜCHER

Die Italiener (Luigi Barzini; 1964) Aufschlussreicher Blick auf Italiens Kultur.

Der Gattopardo (Giuseppe Tomasi di Lampedusa; 1958) Meisterwerk über turbulente Veränderungen im 19. Jh.

Gomorrah (Paolo Saviano; 2006) Fesselnder Roman über die neapolitanische Camorra.

Meine geniale Freundin (Elena Ferrante; 2012) Folgt den Lebensgeschichten zweier Freundinnen, die in den 1950er-Jahren nahe Neapel aufwachsen.

AMALFIKÜSTE

5 Italiens berühmteste Küste paart ultimative Schönheit mit Geologie: die Felswände der dicht bewaldeten Küstenberge stürzen fast senkrecht ins hellblaue Meer hinab, dazwischen sonnengebleichte Dörfer – atemberaubend! Hoch droben zwischen Himmel und Meer genießen Wanderer einen Traumblick auf das Tyrrhenische Meer.

DOLOMITEN

6 Nur wenige Berge verheißen so viel Romantik wie die rosa schimmernden Granitformationen der Dolomiten. Vielleicht liegt es an ihren rauen, zerklüfteten Gipfeln, den Wildblumen, die im Sommer überall blühen, und an ihrem reichen Schatz an Ladinischen Legenden. Oder auch einfach nur an der großen Anziehungskraft von Geld und Glamour im berühmtesten Skigebiet Italiens, Cortina d'Ampezzo. Wie auch immer, die Bergwelt Norditaliens verdreht Besuchern den Kopf. Ganz besonders vielleicht im Museum LUMEN das sich seit 2018 auf dem 2275 m hohen Kronplatz der Bergfotografie widmet.

SARDINIENS STRÄNDE

7 An der glamourösen Costa Smeralda vergnügen sich dauergebräunte Promis. Das übrige Sardinien ist aber immer noch größtenteils eine wilde und

REISEZEIT

HAUPTSAISON
(Juli–Aug., in Skiregionen Dez.–März)
Lange Schlangen vor bekannten Attraktionen und Stau auf den Straßen (vor allem im August).

ZWISCHENSAISON
(April–Juni & Sept.–Okt.)
Im Herbst mildes Wetter und Traubenernte.

NEBENSAISON
(Nov.–März)
Preise bis zu 30 % niedriger als in der Hauptsaison.

GÜNSTIGE SNACKS

Arancini Frittierte Reisbällchen, gefüllt mit *ragù* (Fleischsauce), Tomaten und Gemüse.
Gelato Italiens beste Eiscreme enthält saisonale Zutaten und natürliche Farbstoffe.
Pane e panelle Kichererbsenpuffer à la Palermo in einem Sesambrötchen.
Pizza al taglio Pizzastücke – der perfekte Snack.
Porchetta-Brötchen Scheiben aus Schweine-Rollbraten (mit Fenchel, Knoblauch und Pfeffer geröstet), warm im knusprigen Brötchen.

KLEINES KAFFEE-GLOSSAR

Caffè latte und Cappuccino werden generell morgens, Espresso und Latte macchiato bevorzugt nach dem Mittagessen getrunken. Manche Baristas servieren zum Espresso ein Glas Mineralwasser – entweder *liscia* (still) oder *frizzante* (mit Kohlensäure).
Kaffee zum Nachtisch ist o.k.

▼ KULTIGE KÄSE-SORTEN

Gorgonzola Aus der Lombardei und dem Piemont kommt dieser Blauschimmelkäse. Aus Vollmilch gewonnen reift er meist drei bis vier Monate. Zu den Sorten gehören u. a. der süßere *gorgonzola dolce* und der pikantere bzw. schärfere *gorgonzola piccante*.

Mozzarella Dieser Weichkäse aus Kampanien oder Apulien ist am Herstellungstag am besten. Ganz oben steht eine porzellanweiße Köstlichkeit: der DOC-zertifizierte *mozzarella di bufala* (Büffel-Mozzarella) aus der Vollmilch schwarzer Wasserbüffelkühe.

Provolone Halbweicher Klassiker, heute vor allem in der Lombardei und in Venetien hergestellt. Wie beim Mozzarella geschieht dies mit der Methode *pasta filata:* Der Käsebruch wird gesäuert, dann mit Heißwasser überbrüht und schließlich zu einem formbaren Teig geknetet.

urige Spielwiese für Outdoorfans. Ihre raue Schönheit verdankt die Inselküste z. B. den skurrilen Felsen bei Santa Teresa di Gallura, den Klippen am Golfo di Orosei und den wunderschönen Dünenstränden der windigen Costa Verde.

REGION EMILIA ROMAGNA

8 Bologna wird nicht ohne Grund *la grassa* (die Dicke) genannt. Von Mortadella und Tortellini bis hin zu den berühmten *tagliatelle al ragù* – viele klassische Kalorienbomben Italiens wurden hier kreiert, und im Quadrilatero-Viertel gibt's jede Menge Feinkostläden. Danach empfiehlt sich ein Abstecher nach Modena, um den weltberühmten Balsamessig zu probieren. Und auch Parma ist Pflicht: Von dort kommen der *Parmigiano Reggiano* (Parmesan) und der Parmaschinken.

COMER SEE

9 Im Schatten der Rätischen Alpen gelegen ist der Lago di Como der spektakulärste unter den oberitalienischen Seen. Kein Wunder, dass in den Jugendstilvillen Filmzaren, Modedesigner und arabische Scheichs residieren. Der von üppigem Grün umgebene See zieht Besucher

JETZT REISEN!

Matera, die Höhlenstadt in der Basilikata, ist heute so schön wie nie. Im Zuge der Ernennung zur Kulturhauptstadt 2019 wurden viele Höhlenwohnungen, die Sassi di Matera, und Kunstdenkmäler herausgeputzt. Die gesamte Innenstadt präsentiert sich jetzt als wahres Schmuckstück. Am besten lässt man sich einfach durch das Gassengewirr treiben.

u. a. mit den Gärten der Villa Melzi d'Eril, der Villa Carlotta und der Villa Balbianello an, in denen im Frühjahr Kamelien, Azaleen und Rhododendren blühen.

RIVIERA

10 Als Buße für ihre Sünden mussten Bürger der bunten Cinque-Terre-Dörfer Monterosso, Vernazza, Corniglia, Manarola und Riomaggiore über eine lange, strapaziöse Strecke zum Heiligtum auf den schwindelerregenden Klippen klettern und um Vergebung bitten. Heute führen die Pfade durch Weinbergterrassen und vorbei an Berghängen voller *macchia* (Buschwerk), und es fällt schwer, sich angesichts des himmlischen Ausblicks eine mildere Strafe vorzustellen.

SIZILIENS KÜCHE

11 „Lass die Waffe liegen, nimm die *cannoli*." Selbst die Gangster in Coppolas „Pate" konnten einem sizilianischen Snack nicht widerstehen. Siziliens Aromen stehen für Jahrtausende interkultureller Beeinflussung (u. a. durch Griechen, Araber, Spanier und Franzosen). Davon zeugen z. B. *panelle* (Kichererbsenpuffer) in Palermo, duftender Kuskus in Trapani und Chili-Schokolade in Modica. Auf Märkten wie Palermos Mercato di Ballarò oder Catanias Pescheria stapeln sich Köstlichkeiten. Keinesfalls die süße Schichttorte (Cassata) vergessen!

FLUCHT NACH PARADISO

12 Im Gran Paradiso (Großen Paradies) kann man sich den Kopf richtig freiwandern: Vorbei an 57 Gletschern führt hier ein 724 km langes Netz aus markierten Wanderwegen und Maultierpfaden durch unberührte Natur. Auf den Bergwiesen blühen zahllose wilde Stiefmütterchen, Enziane und Alpenrosen. Ein weiteres Highlight sind die Alpensteinböcke, zu deren Schutz der Park ursprünglich eingerichtet wurde.

NEAPELS STRASSENLEBEN

13 Nirgendwo sonst im Land sind sich die Italiener ihrer Rolle im Alltagstheater so bewusst wie in Neapel. Die uralten Straßen gleichen einer Bühne voller burschikoser Matriarchinnen, rufender Baristas und knutschender Liebespaare. Die intensivste Atmosphäre bietet der Markt an der Porta Nolana: Wie in einer opulenten Oper preisen Händler hier (Meeres-) Früchte an, während der Duft frisch gebackener *sfogliatelle* (Knuspertaschen mit süßer Ricottafüllung) in der Luft liegt.

YULIA GRIGORYEVA / SHUTTERSTOCK ©

▼ UNTERWEGS VOR ORT

Ein Auto bietet maximale Flexibilität, gerade in Regionen mit wenigen öffentlichen Verkehrsmitteln. Fahren in städtischen Ballungsräumen ist jedoch sehr stressig.

Busse sind zwar langsamer, aber günstiger als Züge; zudem praktisch, um abgelegene Ziele zu erreichen.

Großes Bahnnetz mit fairen Preisen, regelmäßigen Verbindungen und Hochgeschwindigkeitszügen zwischen Großstädten.

HAUPTSTADT
Kingston
BEVÖLKERUNG
2,8 Mio.
FLÄCHE
10 991 km²
AMTSSPRACHEN
Englisch, Patois (Patwa)

Straßenparty, Kingston

JAMAIKA

Jamaika hat einen eigenen Soundtrack. Der einzigartige Rhythmus des karibischen Landes offenbart sich vor allem jenseits der Strände und Resorts.

Die musikalischen Wurzeln der kleinen Insel reichen zurück zu westafrikanischer Folklore und äußern sich heute z. B. auch in den Elektro-Beats des modernen Dancehall-Stils. Einfach gesagt: Jamaika ist eine Hochburg der Musik – was sich nicht nur am Bass der allgegenwärtigen Soundsystems, sondern auch an der Emotionalität des Patois und am Gospel-Gesang in den vielen Kirchen der Insel zeigt. Musik gehört in Jamaika einfach zum Leben und reißt auch Besucher sehr schnell mit.

Zudem ist die Landschaft wunderschön: Kristallklares Wasser schwappt über Korallengärten hinweg an weiche Sandstrände. Dahinter sieht man rote Erde, üppige Bananenhaine und steile Berge. Scheinbar aus dem Nichts rauschen Wasserfälle zu Tal. Ausländer verstehen Jamaikas Kultur eventuell nur schwer. Doch letztlich kommt es nur darauf an, diesen großen grünen Garten von einem Land zu lieben und zu genießen, wie pulsierende Rhythmen einen Großteil des Insellebens bestimmen.

Highlights

KLETTERN AM BLUE MOUNTAIN PEAK

1 Eine Nachtwanderung inmitten von Glühwürmchen, um bei Sonnenaufgang auf Jamaikas höchstem Punkt zu stehen, ist eine großartige Erfahrung. Je höher man kommt, desto untropischer wird die Vegetation – hier wachsen verkrüppelte, mit Flechten behangene Bäume und riesige Farne. Kurz vor Sonnenaufgang steht man auf dem Gipfel in der Kälte und wartet auf die ersten Sonnenstrahlen, die die Berggipfel, die Kaffeeplantagen sowie Kuba in der Ferne zum Leuchten bringen.

NACHTLEBEN IN KINGSTON

2 Tanzen ist immer eine schweißtreibende, lebendige Sache, ob in einem Nachtclub oder bei einer Straßenparty. Also: Einfach in Schale werfen und den Einheimischen folgen! Auf einer Straßenparty stehen zwei riesige Lautsprecher einander gegenüber, die Bässe dröhnen. In den Nachtclubs ist es kaum anders, nur, dass man hier ein Dach über dem Kopf hat. Fremde werden in den Trubel einbezogen, denn Jamaikaner wollen sehen, wie gut man zu Reggae- und Ska-Musik tanzen kann.

NEGRIL

3 Man schlendert auf dem Seven Mile Beach an nackten Sonnenanbetern vorbei, sieht die Sonne hinterm Horizont versinken und springt ins Meer, um sich vom Verscheuchen der Schlepper zu erholen. Gekrönt wird schließlich alles vom Schnorcheln oder Tauchen am Rand der Klippen. Und natürlich vom mitreißenden Reggae oder Dancehall bei Negrils vielen Partynächten.

REACH FALLS

4 Hinter den einsamen Urwald- und Strandabschnitten an der Ostküs-

3

CRAZYCHRIS84 / SHUTTERSTOCK ©

Jamaica Channel
Karibik
Karibik
0
40 km
Negril
3
Seven Mile Beach
10
Black River Great Morass
Southwest Point
Lucea
Sandy Bay
Montego Bay
8
Great River
Ferris Cross
Savanna-la-Mar
Falmouth
Queen of Spain's Valley
Windsor Caves
Cockpit Country
9
Maggotty
Black River
Treasure Beach
6
Santa Cruz Mountains
Malvern
Mandeville
Alligator Pond
Christiana
Clark's Town
Albert Town
Dry Harbour Mountains
Discovery Bay
Runaway Bay
Brown's Town
St. Ann's Bay
Moneague
Long Bay
May Pen
Portland Point
Portland Bight
Linstead
Ocho Rios
Oracabessa
Highgate
Rio Cobre
Spanish Town
Hellshire Beach
Port Royal
7
Lime Cay
Port Maria
Annotto Bay
Annotto Bay
Newcastle
Kingston
2
5
Cow Bay
Buff Bay
Orange Bay
Blue Mountains
Hagley Gap
Blue Mountain Peak
1
Hope Bay
Port Antonio
John Crow Mountains
11
Winnifred Beach
Boston Bay
Long Bay
4
Kensington
Holland Bay
Morant Point
Morant Bay
Morant Bay

▾ TOP-BÜCHER

The Book of Night Women (Marlon James; 2009) Ergreifender Roman über Aufstände auf Plantagen unter weiblicher Führung.

The Lunatic (Anthony Winkler; 1987) Amüsanter Roman über die Affäre eines durchgeknallten Dorfbewohners mit einer Touristin.

Lionheart Gal (1986) Lebhafte Kurzgeschichten über Patois und das Leben jamaikanischer Frauen.

Die weiße Hexe von Rose Hall (Herbert de Lisser; 1928) Klassischer Gothic-Horror, der im kolonialzeitlichen Jamaica angesiedelt ist.

▾ ESSEN & TRINKEN

Ackee & Saltfish Jamaikas Heldenfrühstück; gekochte Ackee-Früchte erinnern verblüffend an Rührei.

Breadkinds Sammelbegriff für stärkehaltige Beilagen.

Fish Tea Warme Fischbrühe, die auf Jamaika ein beliebtes Allheilmittel ist.

Jerk Jamaikas bekanntestes Gericht; Fleisch oder Fisch wird mit scharfen Gewürzen mariniert, dann langsam über Pimentholz geräuchert.

Kaffee Der Blue Mountain gehört zu den exotischsten und teuersten Sorten der Welt.

Patties Leckere Blätterteigpasteten mit pikanter Füllung aus Rindfleisch, Gemüse, Fisch oder Garnelen.

Rum Jamaika ist stolz auf seinen Rum. Am berühmtesten ist der sanfte, dunkle Appleton. Der weiße Overproof von Wray & Nephew hat einen heftigen Alkoholgehalt.

te befindet sich in den Bergen einer der schönsten Wasserfälle Jamaikas – und die Insel hat viele schöne Wasserfälle! Man sollte unbedingt einen Guide anheuern, wenn man die glitschigen Felsen über grünes Moos und durch Becken mit kühlem Quellwasser hinaufkraxeln will. An einigen Stellen passiert man Wassertunnel und schäumende Stromschnellen.

BOB MARLEY MUSEUM, KINGSTON

5 Bob Marleys Wohnhaus in Kingston ist rappelvoll mit Erinnerungsstücken. Besonders faszinierend ist aber das original erhaltene Schlafzimmer des Musikers, in dem man allerlei spirituell bedeutende Dinge findet. Dasselbe gilt für die Küche, in der er im Ital-Stil kochte. Und für die Hängematte, in der er sich von den fernen Bergen inspirieren ließ. Und für das Zimmer voller Einschusslöcher, in dem er und seine Frau fast bei einem Attentat starben … Die vertrauliche Umgebung und die bescheidene persönliche Habe zeugen eindrucksvoll von Marleys bewegtem Leben.

▾ REISEZEIT

HAUPTSAISON
(Dez.–März)
Warm und sonnig.

ZWISCHENSAISON
(April & Mai)
Aufgrund der dann preiswerteren Unterkünfte gut für einen Besuch geeignet.

NEBENSAISON
(Juni–Nov.)
Zeitweise Starkregen auf der ganzen Insel (nur an der Südküste nicht).

▾ JAMAIKAS MUSIKSZENE

Jamaikas Livemusik-Szene ist überraschend klein: Hier regieren die Sound Systems, während viele Berufsmusiker ihr Geld verdienen, indem sie Reggae in Resorthotels spielen. Dank des Roots-Revivals der letzten Jahre treten in Kingstons Clubs aber wieder mehr Livebands auf. Von den Reggae-Festivals sind vor allem das SumFest in Montego Bay (Juli) und das Rebel Salute in St. Ann (Jan.) erwähnenswert. Mit dem Februar als „Reggae Month" feiert Jamaika auch Bob Marleys Geburtstag (6. Feb.). Vor allem in Kingston gibt's dann jede Menge Livemusik.

Dancehall-Fans können in diverse Discos gehen, erleben aber bei den Straßenpartys in Kingston die meiste Action: Der Mix aus Sound System, Toasting (Sprechgesang), Straßenmode und Tanzwut ist kaum zu schlagen. Einfach Einheimische (vor allem das Personal der eigenen Unterkunft) nach den besten Partys fragen! Diese teilweise offiziell beworbenen Events sind generell gut organisiert und von Gemeinschaftsgeist geprägt. Und sie starten spät – vor Mitternacht braucht man dort gar nicht erst aufzutauchen.

▼ UNTERWEGS VOR ORT

Zwischen den Städten fahren oft überfüllte Regionalbusse mit sehr wagemutigen Fahrern. Die Alternative sind teurere, aber verlässlichere Linien-Reisebusse.

Ein eigenes Auto bietet maximale Freiheit und ermöglicht Touren in Ecken mit schlechtem Verkehrsanschluss. Achtung Linksverkehr!

In den Städten und deren Umland verkehren preiswerte, praktische Sammeltaxis auf festen Routen.

TREASURE BEACH

6 Jamaikas vielfältigste und interessanteste Unterkunftsauswahl findet man in Treasure Beach an der Südküste: Statt riesiger All-Inclusive-Resorts gibt's hier ruhige Pensionen und künstlerisch angehauchte Enklaven nach Entwürfen von Theater-Bühnenbildnern. Hinzu kommen bei Budgetreisenden beliebte Rasta-Refugien sowie ein paar der vornehmsten und elegantesten Luxus-Unterkünfte des Landes. Abgesehen von Betten und Bädern bieten einige Optionen auch Extras wie Kochkurse, Yoga auf Dachterrassen, Bankette mit frischen Zutaten vom Bauernhof oder Filmabende.

AUF PIRATENSUCHE IN PORT ROYAL

7 Das Fischerdorf Port Royal lebt von seiner Vergangenheit als Piratenhochburg der Karibik und als „verruchteste Stadt der Welt". Hier kann man in die Fußstapfen des Piraten Sir Henry Morgan treten und über die Festungsmauern des Fort Charles bummeln, auf denen noch immer Kanonen stehen. Im Artellerielager Giddy House verliert man durch die Schräglage schnell die Orientierung, und im Maritime Museum kann man all die Schätze bewundern, die beim Erdbeben 1692 im Meer verschwanden und später geborgen wurden.

TAUCHEN IN DER MONTEGO BAY

8 Die Resorts in Montego Bay mögen überfüllt sein, aber ein Tauchgang in den umliegenden Gewässern macht das wieder wett, denn hier wimmelt es nur so von Fischen und Schwämmen. Mit all den tropischen Pastellfarben und coolen Blautönen gibt es hier eine überwältigende Meereslandschaft, ein ruhiges, aber labiles marines Ökosystem und eine der einzigartigsten Naturressourcen der Insel. Die besten Spots befinden sich bei The Point, geübte Taucher können die geheimnisvolle (und wunderschöne) Widowmakers Cave erkunden.

COCKPIT COUNTRY

9 Das Cockpit Country im Inselinneren zählt zu den ursprünglichsten Landschaften der Karibik: Zwischen mit Dschungel bewachsenen Rundhügeln erstrecken sich hier tiefe und steile Täler. Regenwasser sammelt sich in diesen Bergen und durchdringt deren Fels, was zu zahllosen Dolinen und Höhlen führt. Die meisten Wanderrouten sind stark zugewuchert. Daher erlebt man die Gegend am besten, indem man der alten Barbecue Bottom Road an ihrem Ostrand folgt oder die Painted Circuit Cave erkundet.

KROKODILSAFARIS IM BLACK RIVER GREAT MORASS

10 Bootstrips durch den Black River Great Morass sind eine der schönsten Methoden zum Erkunden von Jamaikas Wildnis. Dabei gleitet man an dürren Mangroven und Bäumen mit Moosbärten vorbei, während Silberreiher über den Himmel flattern. Die Guides erzählen eventuell etwas über die Frauen, die Beutel voller pikanter *swimps* (Garnelen) am Flussufer verkaufen. Und zeigen dann auf ein vorbeischwimmendes, breit grinsendes Spitzkrokodil.

BOSTON BAY

11 Die besten Jamaika-Erfahrungen sind sinnlicher Art. In Boston Bay ist aber eher der Duft und nicht so sehr die sonst vorherrschende Aussicht und Musik prägend. Boston Bay ist angeblich der Herkunftsort der Gewürzmischung Jerk, des berühmtesten kulinarischen Beitrags Jamaikas. An der Abzweigung nach Boston Bay (mit hübschem Strand) reihen sich die Jerk-Stände aneinander. Hier gibt es Rauchfleisch, und man erfährt, was Hitze und Süße alles bewirken können. Unglaublich!

4

RICK ELKINS / GETTY IMAGES ©

GANJA

Ganja (Marihuana) ist in Jamaika heute zwar entkriminalisiert, aber Erwerb, Besitz und Konsum sind weiterhin verboten. Wer erwischt wird, zahlt nun meist nur noch ein Bußgeld.

SONNTAG IST RUHETAG

Sonntags nicht allzu viel planen: Viele Sehenswürdigkeiten und Restaurants sind dann geschlossen.

5

DOUG PEARSON / GETTY IMAGES ©

HAUPTSTADT
Tokio

BEVÖLKERUNG
124,7 Mio.

FLÄCHE
377 915 km²

AMTSSPRACHE
Japanisch

Geisha, Kyoto

JAPAN

Im wahrhaft zeitlosen Japan verschmelzen uralte Traditionen auf ganz natürliche und selbstverständliche Art und Weise mit dem modernen Leben.

Die neonbeleuchteten Straßenzüge von Japans Metropolen erinnern an Kulissen von Science-Fiction-Filmen, sind aber oft schon Jahrzehnte alt. Doch längst demonstrieren z. B. Tokio oder Osaka mit neuen Architekturwundern, wie Gebäude und Städte heute aussehen sollten. Mit belebten Straßen und rund um die Uhr geöffneten Bars und Restaurants schlafen diese urbanen Zentren praktisch nie. Zudem sind sie Hochburgen der Kreativität, die weltweit Trends in Sachen Mode und Popkultur setzen.

Auf den ersten Blick wirkt Japan extrem modern. Dennoch bieten sich viele Chancen, die traditionelle Kultur kennenzulernen. So kann man etwa in einem *ryokan* (Gasthof) übernachten und durch abgenutzte Flure zum Badehaus schlurfen. Oder mit Mönchen plaudern. Oder lernen, wie bitterer *matcha* (pulverisierter Grüntee) zu Schaum gerührt wird. Ob Geisha-Tänze in Kyoto oder karge Schönheit in Zen-Gärten: Japan fasziniert auch Traveller, die glaubten, es könne sie nichts mehr überraschen.

Highlights

ONSEN

1 Sein starker Vulkanismus beschert Japan viele blubbernde Onsen (Thermalquellen). Etwas so Einfaches wie Baden wird hier als eine Art entspannende Volksreligion praktiziert. Zweifler werden spätestens dann bekehrt, wenn sie zum ersten Mal spüren, wie jahrelanger Stress in einem Onsen dahinzuschmelzen scheint. Dies ist in Japan praktisch überall möglich. Besonders berühmt für ihre Quellen sind jedoch Kyūshū und Tōhoku im Norden von Honshū. Zudem lohnen sich Abstecher zu den versteckten Kurokawa Onsen und Nyūtō Onsen in den Bergen.

KIRSCHBLÜTE

2 Im Frühling tauchen unzählige Kirschbäume ganz Japan in Weiß und Rosa. Anlässlich dessen versammeln sich Einheimische in Parks und an Flussufern, um die Kirschblüte mit Sake bei *hanami* (Kirschblütenfesten) zu genießen. Größere Varianten beglücken mit Grillpartys, DJs und *yozakura* (beleuchteten Kirschbäumen) bei Nacht. Über die besten Orte zum Blütenbewundern wird heiß diskutiert. Mit am beliebtesten sind der Maruyama-kōen (Kyoto) mit seinem weinenden Kirschbaum und der Yoyogi-kōen (Tokio), wo eine Woche lang auf dem Rasen gefeiert wird.

TOKIOS MODERNE ARCHITEKTUR

3 Tokio bewegt sich nonstop gen Zukunft: In diesem dicht bevölkerten und von Erdbeben gebeutelten Land erweitert die Stadt mit immer höheren und eleganteren Gebäuden ständig die Grenzen des Möglichen. Designer-Boutiquen nach Entwürfen von Japans Stararchitekten säumen den Boulevard Omote-sandō, während Einkaufszentren die Stadtlandschaft neu definieren. Und mit dem Tokyo Skytree findet man hier den höchsten Fernsehturm der Welt. So lassen sich Designer (und Touristen) schon lange von Tokio inspirieren.

1

KYOTOS TEMPEL & GÄRTEN

4 Kyoto war 1000 Jahre lang die kaiserliche Hauptstadt Japans und hat über 1000 Tempel. Manche davon sind so gigantisch wie der Kinkaku-ji, dessen prachtvoller Pavillon komplett vergoldet ist. Andere haben dagegen eher subtile Reize: Die schlichte Schönheit des Shōren-in aus schmucklosem Holz offenbart sich bei einem Matcha im Teehaus. Noch meditativer wirkt etwa der Ryōan-ji mit seinem Zen-Garten. Nur die berühmtesten von Kyotos Schreinen sind stark besucht – so haben Tempelfans hier ansonsten zahllose Chancen, in ruhiger Umgebung zu relaxen.

SOMJORK / SHUTTERSTOCK ©

RUSSLAND
Kunashiri-tō
Shikotan-tō
Ochotskisches Meer
Shiretoko-Nationalpark
Akan-Nationalpark
Daisetsuzan-Nationalpark
Hokkaidō
Shikotsu-tōya-Nationalpark
Rebun-tō
Rishiri-tō
Sapporo
Okushiri-tō
Aomori
Towada-Hachimantai-Nationalpark
Morioka
Akita
Sendai
Yamagata
Fukushima
Niigata
Sado-ga-shima
Honshū
Utsunomiya
Maebashi
TOKIO
Chiba
Yokohama
Fuji
Shizuoka
Nagano
Nagoya
Tsu
Kōya-san
Hikone
Kanazawa
Fukui
Kyoto
Osaka
Tottori
Oki-Inseln
Matsuyama
Shikoku
Hiroshima
Tsu-shima
Fukuoka
Kumamoto
Nagasaki
Aso-san
Kyūshū s. Detailplan
Miyazaki
Kagoshima
PAZIFIK
Japanisches Meer
Ogasawara-Inseln (500 km)
RUSSLAND
Wladiwostok
Chankasee (Xingkai Hu, Ozero Khanka)
SEOUL
SÜDKOREA
Shanghai
Hangzhou
CHINA
Taipei
TAIWAN
Amakusa-Inseln
Tanegashima
Yakushima
Tokara-Inseln
Amami-Inseln
Okinawa-hontō
Naha
Miyako-Inseln
Yaeyama-Inseln
0
500 km

TOP-FILME

Osaka Elegy (Mizoguchi Kenji; 1936) Eine moderne junge Frau geht in Osaka ihren Weg.

Die Reise nach Tokyo (Ozu Yasujirō; 1953) Familienportrait während Japans rasantem Wandel nach dem Zweiten Weltkrieg.

Lost in Translation – Zwischen den Welten (Sofia Coppola; 2003) Verwirrender und faszinierender Blick auf Tokio durch die Augen zweier Amerikaner.

Adrift in Tokyo (Satoshi Miki; 2008) Zwei glücklose Antihelden auf langem Fußmarsch durch die Stadt.

ESSEN & TRINKEN

Okonomiyaki Verschiedene Teig- und Kohlsorten werden auf einer Eisenplatte gegart.

Sake Die meisten Japaner betrachten Sake als Nationalgetränk. Es ist das perfekte Getränk zu traditionellen japanischen Speisen.

Shabu-shabu In Brühe gekochte, dünne Rindfleischscheiben und Gemüse, die in diverse Saucen gedippt werden.

Tonkatsu Paniertes Schweineschnitzel mit spezieller Sauce. Meistens ist *tonkatsu* Teil eines Menüs (*tonkatsu teishoku*).

Unagi Aal ist eine teure, aber beliebte Delikatesse in Japan.

Yakitori Über Holzkohle gegrillte Hähnchen- und Gemüsespieße.

DER OKU-NO-IN IN KŌYA-SAN

5 Wer per Standseilbahn zum heiligen Buddhistenkloster Kōya-san hinauffährt, reist praktisch in eine andere Welt: Hier oben gibt's Hunderte Tempel. Der schönste davon ist der Oku-no-in, dessen Pfade sich zwischen mächtigen Sicheltannen und verwitterten Stupas voller Moos und Flechten hindurchschlängeln. In anderen hiesigen Schreinen kann man übernachten, buddhistische Traditionsküche ohne Fleisch genießen und in aller Frühe mit den Mönchen meditieren.

TSUMAGO & MAGOME

6 Tsumago und Magome gehören zu den Poststationen am alten Nakasendō – eine von fünf Straßen, auf der Adlige und Boten während der Edo-Zeit zu Fuß zwischen Tokio und Kyoto pendelten. Der Pfad ist bis heute erhalten und mit großen Steinen gepflastert. Entlang der 7,8 km zwischen Tsumago und Magome kommen Wanderer an verschlafenen Bergdörfern, Zedernwäldern, Wasserrädern und Reisfeldern vorbei. Die beiden Städte sind aber auch selbst interessant: An schmalen Gassen warten dort Gasthöfe, Nudelrestaurants und Kunsthandwerksläden in Flachbauten aus dunklem Holz.

GROSSER BUDDHA VON NARA

7 Der 15 m hohe Daibutsu (Große Buddha) von Nara wurde im 8. Jh. in der Frühphase des Kaiserreichs gegossen. Er besteht aus vergoldeter Bronze und zählt weltweit zu den größten Statuen aus diesem Material. Seine Heimat, der Tōdai-ji-Tempel, gehört zu den größten Holzgebäuden des Planeten. Der grandiose Buddha ist kaum ohne Superlative zu beschreiben und im Nara-kōen (Nara-Park) zu finden. Dort gibt's viele weitere Attraktionen – z. B. das Nara-Nationalmuseum mit seinen funkelnden Reliquien.

REISEZEIT

HAUPTSAISON
(April–Mai & Aug.)
Zumeist herrscht prima Wetter im April und Mai.

ZWISCHENSAISON
(Juni & Juli, Sept.–Dez.)
Regenzeit im Juni & Juli (außer Hokkaidō).

NEBENSAISON
(Jan.–März)
Hauptsaison in den Skiorten; ansonsten überall günstige Preise und wenig Touristen.

SUMO-RINGEN

Die Rituale des Sumo-Ringens sind genauso faszinierend wie die Kämpfe selbst. In Tokio, Nagoya, Osaka und Fukuoka finden mehrmals jährlich Turniere statt.

RYOKAN

Ryokan heißt „Gasthof" – und zwar der traditionellen Art. Hier gibt es meist Böden aus Tatamis (Reisstrohmatten). Gäste schlafen auf Futons, nicht in Betten. Es sind oft Flachbauten mit verwinkelten Fluren aus Holz.

▼ JAPANS GÄRTEN

Gartenbau gehört zu Japans höchsten Kunstformen. Vor Ort gibt's vier Haupttypen von Gärten:

Funa asobi („Vergnügungsboot") Während der Heian-Periode besonders beliebt; mit großem Bootsteich und oft rund um prachtvolle Herrenhäuser angelegt – so wie der Byōdō-in in Uji.

Shūyū („Spaziergarten") Führt Betrachter entlang eines gewundenen Fußpfads, wobei sich die Gestaltung des Areals erst nach und nach und aus verschiedenen Perspektiven offenbart. Berühmt für diesen Stil ist z. B. der Ginkaku-ji-Tempel in Kyoto.

Kanshō („Besinnungsgarten") Ist etwa in Form eines Zen-Gartens (*kare-sansui*) darauf ausgelegt, von einer einzigen Position aus betrachtet zu werden und die Meditation zu unterstützen. Am bekanntesten ist wohl der Ryōan-ji in Kyoto.

Kaiyū („Verschiedene Freuden") Kombiniert viele kleine Gärten mit mindestens einem Teehaus und einem zentralen Teich; soll zu Fuß erkundet werden und erfreut Besucher mit wechselnden Szenerien, die oftmals literarische Bezüge haben. Das klassische Beispiel ist die kaiserliche Katsura-Villa in Kyoto.

FUJI

8 Bereits aus der Ferne ist der Fuji eindrucksvoll, doch aus der Nähe verschlägt einem der symmetrische Kegel von Japans höchstem Berg den Atem. Sonnenaufgang auf dem Gipfel? Pure Magie! Der Fuji-san ist Japans meistverehrte, zeitloseste Attraktion. Jedes Jahr besteigen Hunderttausende den heiligen Vulkan und setzen

JETZT REISEN!

Alle sechs Jahre, zum nächsten Mal 2022, findet in der Nähe des Suwa-Sees in der Präfektur Nagano das Fest **Onabashira Matsuri** statt, bei dem riesige, tonnenschwere Baumstämme ins Tal „geritten" und über einen Fluss transportiert werden. Ein gewaltiges und gefährliches Spektakel! Hier gilt es, noch ein Jahr länger zu warten, aber planen kann man ja schon mal: Ein neuer **Harry Potter Filmpark** soll in Tokio in der ersten Hälfte des Jahres 2023 eröffnet werden. Damit erhält die ebenfalls in Tokio ansässige Wizarding World magischen Zuwachs.

eine jahrhundertealte Pilgertradition fort. Wer sich mit dem Postkartenblick von den weniger einschüchternden Gipfeln in der Nähe begnügt, kann auf den Spuren japanischer Maler und Dichter wandeln.

NAOSHIMA

9 Naoshima ist eine von Japans großen Erfolgsgeschichten: Die ländliche, einst fast verlassene Insel ist heute ein Kunstzentrum von Weltniveau. Japanische Stararchitekten haben hier Museen, ein Boutiquehotel und sogar ein Badehaus errichtet. Diese Gebäude sind allesamt so gestaltet, dass sie die Schönheit der Insel nicht verschandeln und zu den Siedlungen passen. Ergebnis ist ein atemberaubender Mix aus Avantgarde und japanischer Ländlichkeit. Zwecks Entschleunigung sind einige Japaner aus den Großstädten nach Naoshima gezogen, um Cafés und Gasthöfe zu eröffnen.

HIROSHIMA

10 Hiroshima ist eine fortschrittliche Stadt mit schmucken, grünen Boulevards. Die Ausmaße der menschlichen Tragödie nach dem Atombombenabwurf am 6. August 1945 offenbaren sich erst im Friedensmuseum – dann aber umso heftiger: Eine ergreifende, wichtige Geschichtsstunde. Darüber nachdenken kann man im Park, der von Tange Kenzō (Japans berühmtester Modernist) gestaltet wurde. Mit seinem vorwärtsgewandten Geist und guten Essen beschert einem Hiroshima aber auch viele schöne Erinnerungen.

WILDES HOKKAIDŌ

11 Die nahezu unberührte Vulkanlandschaft von Hokkaidō ist Japans letzte wilde Region: In den gewaltigen Bergen verstecken sich kristallblaue Caldera-Seen und schimmernde Thermalquellen mit hohem Schwefelgehalt. Die artenreiche Natur der herrlichen Gegend erinnert eher an die russische Insel Sachalin im Norden, weniger an das übrige Japan im Süden. Wanderer, Radfahrer und entdeckungsfreudige Autotouristen lockt Hokkaidō mit weitem Himmel und dramatischer Topografie. Dank einer Hochgeschwindigkeits-Bahnstrecke ist Japans nördlichste Insel von Tokio aus kinderleicht erreichbar.

YAYOI KUSAMA "PUMPKIN" - PHOTO BY SHIGEO ANZAI ©

UNTERWEGS VOR ORT

Bei langen Distanzen ist das große Inlandsflugnetz eine praktische Sache.

Busse sind die günstigste Option für Langstrecken; in die Berge oder raus aufs Land geht's manchmal nur mit einem Bus.

Viele Mietwagen, gute Straßen und hohe Verkehrssicherheit; ein eigenes Auto bietet maximale Freiheit.

Bestes örtliches Verkehrsmittel: Schnelle, effiziente und verlässliche Züge bedienen fast ganz Japan.

HAUPTSTADT
Sanaa

BEVÖLKERUNG
30,4 Mio.

FLÄCHE
527 968 km²

AMTSSPRACHE
Arabisch

Drachenblutbäume, Insel Sokotra

JEMEN

Der Jemen lässt zwar den Glamour vieler anderer Golfstaaten vermissen, entschädigt dafür aber mit langer Geschichte, tief verwurzelten Traditionen und reicher Kultur. Aktuell haben Traveller davon allerdings nichts: Das Land leidet unter Bürgerkrieg und Terrorismus, die viele Opfer unter den Einwohnern fordern. Vor Reisen durch die Region wird gewarnt.

Für die Söhne Noahs war der Jemen das Land von Milch und Honig. Gilgamesch suchte hier nach dem Geheimnis des ewigen Lebens, weise Männer sammelten Weihrauch und Myrrhe in den regionalen Bergen. Die wohl berühmteste Bewohnerin war die Königin von Saba.

Der Jemen mag zwar das Armenhaus der Arabischen Halbinsel sein, dafür begeistert er aber mit ein paar wunderschönen Orten – genau darin liegt der Reiz des Landes. Denn ohne den Ölreichtum seiner Nachbarn hat es sich die Traditionen und das Gefüge des alten Arabiens bewahrt.

Highlights

INSEL SOKOTRA

1 Auf Sokotra wächst der merkwürdige Drachenblutbaum. Dessen dunkelrotes und namengebendes Harz war im Altertum als Färbemittel höchst begehrt. Die vier Eilande der winzigen und entlegenen Inselgruppe gehören heute zum UNESCO-Welterbe. Grund hierfür ist ihr unglaublicher Artenreichtum mit fast 700 endemischen Spezies.

HARAZ-GEBIRGE

2 Das Haraz-Gebirge ragt abrupt aus der feuchtheißen Küstenebene am Roten Meer empor. Ein Pfad führt hier durch einen Flickenteppich aus Festungen und Feldern. Die Berge fungierten jahrhundertelang als Bollwerk, das das Landesinnere vor ausländischen Störenfrieden schützte.

WADI HADRAMAUT

3 Im Wadi Hadramaut mit seinen so bizarren wie schönen „Sandburgstädten" streiften einst Riesen umher, während Skorpione den Eingang zur Hölle säumten. Das trockene Flusstal mit üppigen Oasen wirkt wie eine andere Welt: Urplötzlich sieht man hier Fruchtbarkeit statt Ödnis und Grün statt Ockerbraun.

▼ REISEZEIT

Nov.–Feb.

März–Mai & Okt.

Juni–Sept.

▼ ESSEN & TRINKEN

Brot Im Jemen gibt's davon über 40 leckere Sorten.

Ful Püree aus Bohnen, Tomaten, Zwiebeln und Chilis.

Shai Süßer Tee.

Shurba wasabi Suppe mit Lammfleisch.

HAUPTSTADT
Amman

BEVÖLKERUNG
10,9 Mio.

FLÄCHE
89 342 km²

AMTSSPRACHE
Arabisch

Wadi Rum

JORDANIEN

Das Land begeistert Besucher seit Jahrhunderten mit Welterbestätten, freundlichen Städten und einer herrlichen Wüstenlandschaft. Jordanien ist im konfliktreichen Nahen Osten ein Ruhepol, Reisen ins syrische und irakische Grenzgebiet sollten jedoch unterlassen werden.

Wer das Wadi Rum bei Sonnenuntergang durchquert, wird wahrscheinlich sehr schnell verstehen, warum T. E. Lawrence (Lawrence von Arabien) dieses Land des verwitterten Sandsteins und der rötlichen Dünen so liebte. Jordanien hat schon eine Vielzahl unterschiedlichster Besucher empfangen, seit Kamelkarawanen gegen Gewürze eingetauschten Weihrauch über die legendäre Königsstraße transportierten: Nabatäische Händler, römische Legionäre, muslimische Armeen und enthusiastische Kreuzritter – und sie alle haben hier eindrucksvolle Bauwerke hinterlassen.

Diese Monumente (u. a. römische Amphitheater, Kreuzfahrerburgen, christliche Mosaike) faszinieren seitdem viele Altertumsfans und Reisende auf der Suche nach den Wurzeln ihres Glaubens. Gastfreundschaft ist hier bis heute Tradition.

Highlights

PETRA

1 Seit der Schweizer Forschungsreisende Jean Louis Burckhardt die antike Nabatäerstadt 1812 wiederentdeckte, zieht sie die Massen an – und das mit gutem Grund. Petra ist zweifellos die Hauptattraktion Jordaniens. Wenn die Sonne über der von Gräbern, gemeißelten Fassaden, Säulen und Sandsteinfelsen durchzogenen Landschaft untergeht, ist ihre Magie offensichtlich. Um dem Ort gerecht zu werden und die wichtigsten Monumente zu optimalen Tageszeiten zu besichtigen, sind mehrere Tage nötig.

RÖMISCHE RUINEN

2 Für ein derart kleines Land beherbergt Jordanien verblüffend viele Kulturdenkmäler von Weltrang – darunter ein paar der schönsten römischen Stätten außerhalb Roms: In Amman warten eine Zitadelle und ein gut erhaltenes Theater. Zu den Highlights im Norden gehören die schwarzen Basaltruinen von Gadara (Umm Qais) sowie Gerasa (Jerasch) mit großen Amphitheatern, Säulenreihen und einer Wagenrennbahn. Letztere besucht man am besten während eines nachgestellten Rennens.

WADI RUM

3 Es war nicht nur der dramatische Blick auf das Wadi Rum mit seinen polierten Sandsteinklippen und leuchtenden Dünen, der Lawrence von Arabien beeindruckte, als er auf dem Rücken eines Kamels durch das Land der Beduinen trabte. Ihm imponierte auch der Gleichmut, mit dem die Menschen die Mühsal des Wüstenlebens ertrugen. Heute lässt sich ein Einblick in die traditionelle, aber nun etwas komfortablere Lebensweise erhaschen, indem man in einem der über die Wüste verstreuten Beduinenlager übernachtet.

1

YONGYUT KUMSRI / SHUTTERSTOCK ©

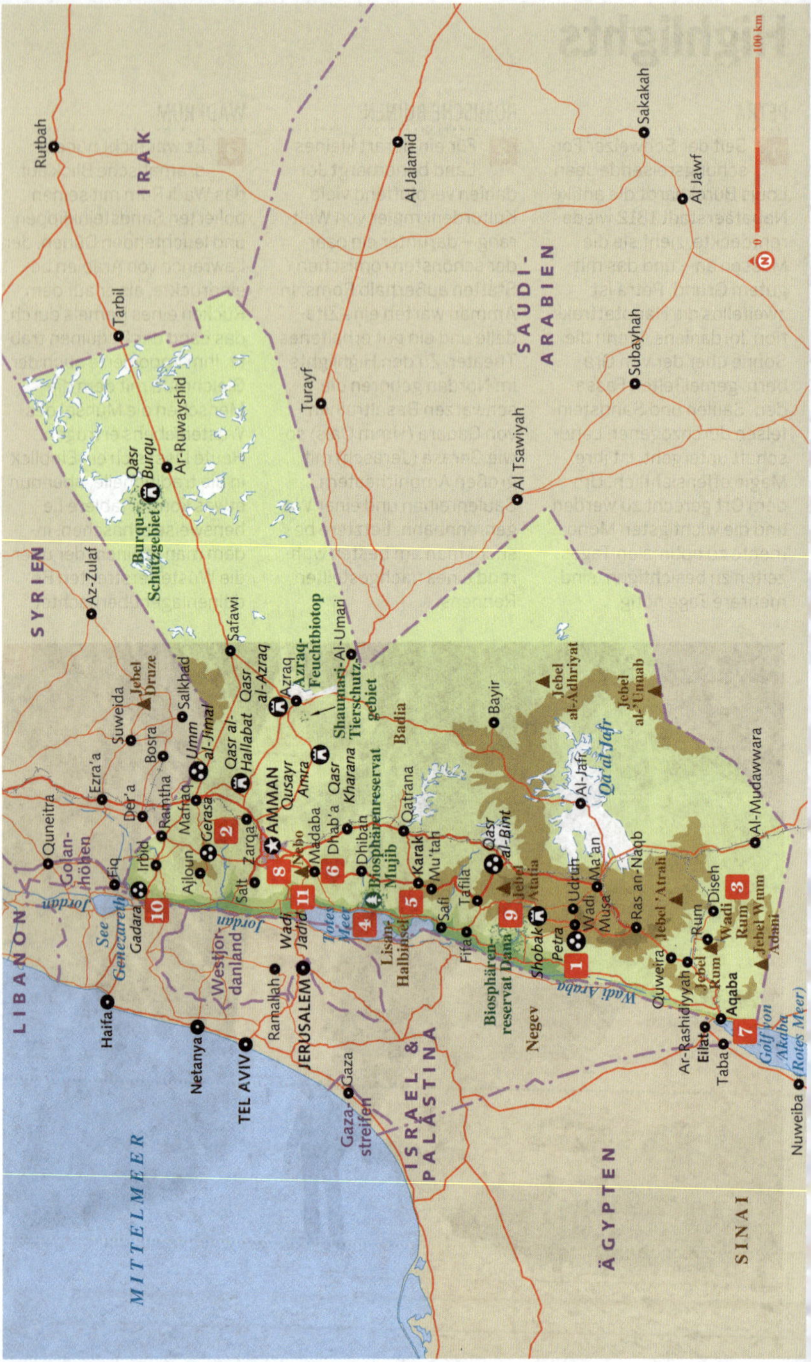

LIBANON
SYRIEN
IRAK
SAUDI-ARABIEN
ISRAEL & PALÄSTINA
ÄGYPTEN
SINAI
MITTELMEER
Rutbah
Tarbil
Ar-Ruwayshid
Qasr Burqu
Burqu-Schutzgebiet
Safawi
Az-Zulaf
Al Jalamid
Turayf
Al Tsawiyah
Sakakah
Al Jawf
Subayhah
Jebel Druze
Salkhad
Suweida
Bosra
Ezra'a
Quneitra
Golan-höhen
Fiq
Der'a
Ramtha
Irbid
Mafraq
Umm al-Jimal
Ajloun
Gerasa
Zarqa
Salt
AMMAN
Qasr al-Hallabat
Qasr al-Azraq
Azraq
Azraq-Feuchtbiotop
Shaumari-Al-Umari
Shaumari-Tierschutzgebiet
Qusayr Amra
Qasr Kharana
Nebo
Madaba
Dhab'a
Dhiban
Biosphärenreservat Mujib
Qatrana
Badia
Bayir
Karak
Mu'tah
Qasr al-Bint
Jebel Atatia
Jebel al-Adhriyat
Jebel al-'Unaab
Qa'al Jafr
Al-Jafr
Safi
Tafila
Fifa
Lisan-Halbinsel
Biosphären-reservat Dana
Shobak
Petra
Wadi Musa
Udruh
Ma'an
Ras an-Naqb
Jebel 'Atrah
Al-Mudawwara
Quweira
Rum
Diseh
Wadi Rum
Jebel Umm Adani
Jebel Rum
Ar-Rashidiyyah
Aqaba
Eilat
Taba
Nuweiba
Golf von Akaba (Rotes Meer)
Wadi Araba
Negev
Totes Meer
Jordan
See Genezareth
Gadara
Westjordanland
Wadi Jadid
Ramallah
JERUSALEM
Haifa
Netanya
TEL AVIV
Gaza
Gaza-streifen
1
2
3
4
5
6
7
8
9
10
11
N
0
100 km

DAS TOTE MEER ERLEBEN

4 Im 415 m unter dem „Meeresspiegel" gelegenen Toten Meer zu schweben, ist eine der großartigsten Naturerfahrungen des Landes. Schweben ist das richtige Wort, denn bei einem so hohen Salzgehalt, dass einem das Wasser in den Augen brennt, ist es quasi unmöglich zu schwimmen und zu versinken. Das Erlebnis wird meist kombiniert mit einem Schlamm- und einem Sonnenbad sowie mit einer Wellnessbehandlung in einem der modernen Lustschlösser, die sich am Ufer des Toten Meeres aufreihen.

KREUZRITTERBURGEN

5 Eine Front der Kreuzfahrerkriege verlief durch die Levante; daher gibt's in dieser Region viele Burgen. Zu den gut erhaltenen Beispielen in Jordanien zählen Adschlun und Montreal. Am stimmungsvollsten ist jedoch Kerak oberhalb der Königsstraße: Man muss kein Faible für Militärisches haben, um von den Mauern beeindruckt zu sein. Leicht vorstellbar sind hier die Todesschreie jener, die der sadistische Renaud de Châtillon von der Brüstung werfen ließ.

GESCHICHTSTRÄCHTIGES MADABA

6 Jahrhundertelang war Madaba, am Beginn der alten Königsstraße, ein Drehkreuz für Handelskamelkarawanen, für Legionen von Armeen, die die Grenzen verschiedener Reiche verschoben, und christliche Pilger auf der Suche nach dem Gelobten Land. Bis heute zeigt die Stadt mit ihren Kirchen, Moscheen, Museen, Märkten und Werkstätten Spuren dieses kulturellen Austauschs. Der beste Beweis für die bewegte Vergangenheit ist wohl Madabas Sammlung von Mosaiken, ein Erbe, das von der

▼ TOP-FILME

Lawrence von Arabien (1962) David Leans Klassiker.

A Dangerous Man: Lawrence after Arabia (1991) Mit dem jungen Ralph Fiennes.

Indiana Jones und der letzte Kreuzzug (1989) Harrison Ford in Petra.

▼ ESSEN & TRINKEN

Frühling Lamm aus dem *zerb* (traditionelle Gargrube) macht süchtig nach Schaffleisch. Überall gibt's frische Kamelmilch. Wassermelonen reifen auf Feldern am Wüsten-Highway.

Sommer Erntezeit für Grenadinen, Pistazien, Pfirsiche und Limonen. Während des Ramadan einfach mal wie die Einheimischen von Sonnenaufgang bis Sonnenuntergang fasten und dann spüren, wie der Hunger die Aromen des Zuckerwerks am Abend verstärkt.

Herbst An den Ästen baumeln Feigen und Weintrauben; zudem kann man Mais mit frisch gepresstem Olivenöl probieren. Im Jordantal reifen Bananen und Mango in subtropischer Wärme.

Winter Kupferfarbene Dattelpflaumen reifen für Weihnachten – eine gute Zeit, um „Täuferfisch" in Bethanien (al-Maghtas) zu probieren. Die roten Flecken auf den Straßen stammen nicht von Unfällen, sondern von Tomaten. Sie stapeln sich kistenweise auf den Feldern bei Safi.

▼ REISEZEIT

HAUPTSAISON
(März–Mai)
Perfektes Wetter mit warmen Tagen und kühlen Nächten.

ZWISCHENSAISON
(Sept.–Feb.)
Bitterkalte Wüstennächte; Regen oder Schnee erschweren bzw. verhindern viele Aktivitäten wie Camping.

NEBENSAISON
(Juni–Aug.)
Teils sehr hohe Temperaturen.

▼ DAS ROTE MEER – EIN WELTWUNDER

Woher hat das Rote Meer eigentlich seinen Namen? Manchen Theorien zufolge von den roten Sandsteinbergen drum herum – oder von den Algenblüten, die das Wasser zeitweise rötlichbraun färben ... Doch warum auch immer: Das Rote Meer ist heute ein Synonym für eine großartige Unterwasserwelt. Und das sogar ganz offiziell! Denn 1989 erkor eine Gruppe von Wissenschaftlern und Naturschützern den Nordteil des 1800 km langen Meeres zu einem der Sieben Unterwasser-Weltwunder.

UNTERWEGS VOR ORT

Das Busnetz beschränkt sich auf reine Lokalbusse und Routen zwischen Großstädten. Je nach Ziel braucht man daher oft viel Zeit und Geduld.

Mietwagen empfehlen sich vor allem für Touren zum Toten Meer, zur Östlichen Wüste und zur Königsstraße. Hier herrscht Rechtsverkehr.

Einige Hotels in Amman, Madaba, Petra und Akaba organisieren Minibus-Shuttles und/oder geführte Touren zu bekannten Touristenzielen.

Viele Jordanier benutzen Sammeltaxis. Halb- oder ganztägige Taxitouren sind oft eine gute Alternative zu einem Mietwagen.

Mosaikschule der Stadt bewahrt wird.

IM ROTEN MEER TAUCHEN

7 Es ist kein Geheimnis, dass das Rote Meer einige der schönsten Unterwasserlandschaften der Welt birgt. Die jordanische Küste am Golf von Akaba ist zwar kurz, aber der vergleichsweise unerschlossene Küstenabschnitt umfasst Riffe, Wracks und Korallengärten. Zwischen Mönchsfischen, Wasserschildkröten und Seepferdchen zu schnorcheln und zu tauchen, ist ein unvergessliches Erlebnis, das sich über die Tauchzentren in und um das lebhafte Akaba organisieren lässt. Sowohl über den Strand als auch mit einer kurzen Bootsfahrt kommt man dorthin.

BIBLISCHE GESCHICHTE

8 Das Land am Jordantal ist für viele nicht nur ein Reise-, sondern auch ein Wallfahrtsziel: Hier liegen zahllose Orte voller religiöser Bedeutung. In al-Maghtas (Bethanien) soll Jesus von Johannes dem Täufer getauft worden sein. Laut der Bibel traf Gottes Zorn die ebenfalls in Jordanien gelegenen Städte Sodom und Gomorrha. Und vom Berg Nebo schaut man auf das Gelobte Land hinunter – wohl nirgendwo sonst ist das Gefühl stärker, auf heiligem Boden zu stehen.

DIE KÖNIGSSTRASSE

9 Auch wenn man hier keinen echten Königen begegnet, folgt die Königsstraße doch recht großen Fußstapfen. Darunter sind die der Nabatäer (deren legendäre Stadt Petra am südlichen Ende der Königsstraße liegt), der Römer (deren Militärstützpunkte in Umm ar-Rasas zum UNESCO-Welterbe gehören) und der Kreuzritter (deren Festungen Karak und Shobak eigene Highlights darstellen). Zu den kleineren Fußstapfen gehören jene, die Salome bei ihrem Tanz mit sieben Schleiern auf dem einsamen Hügel Mukawir hinterließ.

WÜSTENBLUMEN

10 Leuchtend rote Mohnteppiche in der Wüste, Oleanderhecken entlang der Wadis und die Blütenblätter von Schwarzen Schwertlilien an der Königsstraße bescheren Jordanien eine herrliche Wildblumenpracht. Besonders schön wirken die römischen Ruinen von Gadara (Umm Qais) im äußersten Norden des Landes an sonnigen Aprilnachmittagen: Zwischen dem verfallenen Mauerwerk konkurrieren dort kniehohe Margeriten und Disteln mit gelben Stockrosen und rosa Malven um etwas Wärme.

WADI JADID

11 Am Wadi Jadid („Neues Tal") ist gar nichts neu. Das unberührte Tal ist vielmehr ein Paradebeispiel für Jordaniens traditionelles Landleben: Zwischen grasenden Schafen zuckeln hier Hirten auf dickbäuchigen Eseln durch die Disteln, während die heiße Sommerluft nach Salbei duftet. Eigentlich völlig unspektakulär – wären da nicht die bronzezeitlichen Dolmen an den terrassierten Hängen. Die Steinmonumente wurden zwischen 5000 und 3000 v. Chr. an ihre Standorte gehievt und sind die etwas mühevolle Suche nach ihnen wert.

JORDANISCHE GASTFREUNDSCHAFT

12 Im kleinen Jordanien leben viele verschiedene Ethnien, die alle großen Wert auf traditionelle Gastfreundschaft legen. Die Behauptung, dass die Jordanier freundlicher als die meisten anderen Völker sind, mag vielleicht übertrieben romantisch klingen. Doch schnell wird klar, dass

Gastfreundschaft ein wichtiger Teil der Landeskultur ist. Denn egal, ob man von Palästinensern zum Minztee eingeladen wird, Brot und Salz von Beduinen bekommt oder Ammans Tschetschenen einen mit Grenadinensalat bewirten: Persönlicher Kontakt mit Jordaniern ist immer ein Highlight.

HILDAWEGES PHOTOGRAPHY / SHUTTERSTOCK ©

▼ ABTANZEN IN DER WÜSTE

Noch heißer wird der jordanische August durch das jährliche Distant-Heat-Event: Die ganze Nacht beschallen internationale DJs das Wadi Rum mit elektronischer Tanzmusik.

▼ WANDERN IM FRÜHLING

Die Naturschutzgebiete besucht man am besten im Frühling (Ende März–Mitte Mai): Dann blüht die Schwarze Schwertlilie (Jordaniens Nationalblume), während Wanderungen durch Wadis ohne Sturzflutgefahr möglich sind.

ATHIKHOM SAENGCHAI / SHUTTERSTOCK ©

HAUPTSTADT
Charlotte Amalie (Amerik. Jungferninseln), Road Town (Brit. Jungferninseln)

BEVÖLKERUNG
107 000 (Amerik. Jungferninseln), 30 000 (Brit. Jungferninseln)

FLÄCHE
1910 km² (Amerik. Jungferninseln), 151 km² (Brit. Jungferninseln)

AMTSSPRACHE
Englisch

Trunk Bay, St. John

JUNGFERNINSELN

Mildes Wetter, irrwitzig weiße Sandstrände, Tauchen und Schnorcheln, Strandbars mit Calypso-Musik: die Jungferninseln bieten echtes Tropenfeeling.

Die Jungferninseln gelten aus geografischer Sicht als eine Inselkette, politisch sind sie jedoch zweigeteilt in die Britischen und die Amerikanischen Jungferninseln. 90 Inseln, beständige Passatwinde und Hunderte geschützter Buchten – es ist kein großes Mysterium, warum die Jungferninseln zum tropischen Märchenland wurden.

Hat man von der Faulenzerei am Strand irgendwann einmal genug, dann ist es an der Zeit, mit Meeresschildkröten und Gefleckten Adlerrochen zu schnorcheln, an einem Schiffswrack zu tauchen, zu Felszeichnungen und Ruinen von Zuckermühlen zu wandern und im Kajak durch eine Bucht zu paddeln.

Highlights

VIRGIN ISLANDS NATIONAL PARK

1 Der tolle Nationalpark bedeckt zwei Drittel von St. John und schützt zudem fast 23 km^2 Unterwasserlandschaft. Hier warten kilometerlange Strände, unberührte Riffe und 20 Wanderrouten. Am Hafen gegenüber vom Einkaufszentrum Mongoose Junction liegt eine wichtige erste Anlaufstelle: Beim Visitor Center gibt's Gratisinformationen zu Wanderrouten, Vogelbeobachtungen, Felsbildern und Aktivitäten unter der Leitung von Rangern. Im Park leben Grüne Leguane, Geckos, Echte Karettschildkröten und Wildesel. Hinter dem Zentrum beginnen ein paar gute Wanderpfade.

THE BATHS

2 Die beliebteste Attraktion der Britischen Jungferninseln: Die mächtigen Brocken aus Vulkangestein (ca. 70 Mio. Jahre alt) sind das Wahrzeichen des gleichnamigen Nationalparks und bilden eine Reihe von Grotten, die bei Flut unter Wasser stehen. Die Gegend eignet sich super zum Schwimmen und Schnorcheln. Am coolsten ist aber die „Höhlenwanderung" zur Devil's Bay (20 Min.). Dabei klettert man über Felsen, watet durch Gezeitenbecken, quetscht sich durch enge Passagen und erreicht schließlich einen Strand mit Pulversand.

CHRISTIANSTED

3 Christiansted erinnert an eine traurige Vergangenheit: Am Ufer ragt Fort Christiansvaern empor. Daneben liegt die Kings Wharf, wo über 250 Jahre lang Schiffe voller Sklaven

REISEZEIT

HAUPTSAISON
(Dez.–April)

ZWISCHENSAISON
(Mai–Juli)

NEBENSAISON
(Aug.–Nov.)

festmachten und mit Zucker oder Melasse an Bord wieder ablegten. Heute gibt's dort eine Promenade mit Restaurants, Tauchanbietern und Bars. Dies macht die Stadt zur prima Ausgangsbasis für die Erkundung von St. Croix.

WHITE BAY

4 Der lange weiße Strand erstreckt sich sichelförmig zwischen steilen Hügeln und dem Meer. Ein Wallriff schützt die Bucht vor der Dünung – so kann man hier prima schwimmen und sicher ankern. Viele Tagesausflügler kommen per Charterboot hierher. Die Hauptaktivitäten hier sind Bechern und Leute beobachten.

SALT RIVER BAY

5 An der Nordküste warten glitzernde Buchten, tolle Tauchspots und die Landungsstelle von Kolumbus. Ein Highlight auf St. Croix ist Nachtpaddeln über die funkelnde Salt River Bay.

WRACK DER RHONE

6 Auf dem T-förmigen und tristen Salt Island wird bis heute das namengebende Salz gewonnen. Hauptattraktion ist aber die RMS *Rhone*, die 1867 bei einem Hurrikan gegen die Felsen vor der Südwestküste prallte und sank. Die Überreste des Dampfers liegen heute in einem Nationalpark und gehören zu den besten karibischen Spots für Wracktaucher. Das Heck liegt in flacherem Wasser und ist so auch für Schnorchler zu erreichen.

CRUZAN RUM DISTILLERY

7 Die Führungen (ca. 20 Min.) durch die historische Rumbrennerei zeigen, wie das beliebte Lebenselixier der Jungfern-

▼ UNTERWEGS VOR ORT

Auf den Jungferninseln gibt's ein paar wenige kommerzielle Flugverbindungen (vor allem zwischen St. Thomas und St. Croix). Ansonsten geht Inselhopping nur mit Chartermaschinen.

Fähren verbinden die Hauptinseln und auch ein paar der kleineren Eilande. Transfers zwischen den Amerikanischen und Britischen Jungferninseln erfordern einen Reisepass. In den Jachthäfen der größeren Inseln kann man Segel- und Motorboote mit oder ohne Crew mieten.

inseln entsteht. Vorbei an zahlreichen Eichenfässern geht's dabei durch Lagerhallen, die wegen der verwendeten Melasse und Hefe nach Lebkuchen duften. Anschließend werden die guten Tropfen natürlich verkostet. Die Inhaberfamilie Nelthropp verfeinert ihre Rum-Rezepturen seit 1760.

CRUZ BAY

8 St. Johns größte Stadt trägt den Spitznamen „Love City" – und tatsächlich herrscht hier ein sorgloser Party-Vibe, der an einen ewigen Spring Break erinnert: Hippies, Kapitäne, US-Pensionäre und Reggaefans genießen gleichermaßen die Happy-Hour-Drinks und haben aus reiner Freude am Hiersein ein Dauergrinsen im Gesicht. Cruz Bay ist auch der beste Ort, um Aktivitäten wie Wanderungen, Schnorcheltrips oder Kajaktouren zu organisieren. Obendrein hat die Stadt überraschend gute Restaurants. Alles ist in Laufentfernung zum Fähranleger zu finden.

5

ROMONA ROBBINS PHOTOGRAPHY / GETTY IMAGES ©

ESSEN & TRINKEN

Anegada Lobster Riesige Schalentiere werden am Strand in umgebauten Ölfässern gegrillt.

Callaloo Würzige, pürierte Suppe mit Okra, Fleisch, Gemüse und Chili.

Cruzan Rum Seit 1760 wird dieses Getränk auf St. Croix hergestellt – von leichtem weißem Rum bis zu aromatisierten Sorten.

Fungi (*fun-ghi*) An Polenta erinnerndes Maismehl wird mit Okras gekocht und meist mit Fisch und Bratensauce serviert.

Painkiller Cocktail aus Rum, Kokos-, Ananas- und Orangensaft sowie Muskat.

Pate (*paw-tay*) Blätterteigtaschen mit Fleisch oder Fisch.

Roti Feuriges Chutney, Curry, Hähnchen, Rindfleisch, Muschelfleisch oder Gemüse wird in flaches Brot gewickelt.

INSELMUSIK

Auf den Amerikanischen Jungferninseln dröhnen Reggae und Calypso aus Autos, Restaurants und Strandbars. Zudem erklingen hier die Volksmusik-Stile *quelbe* und *fungi* (*fuhn*-gih; auch ein lokales Gericht aus Maismehl). *Quelbe* mixt Jig- und Quadrille-Rhythmen mit Schwegel-Flöten und afrikanischen Trommeln; die oft satirischen Texte entstammen alten Sklavenliedern. *Fungi*-Sänger werden von selbst gemachten Schlaginstrumenten (z. B. aus Waschbrettern, Muschelhörnern) begleitet. Am besten lauscht man der Inselmusik bei Umzügen und Wettbewerben im Vorfeld großer Feste (z. B. Karneval auf St. Thomas und St. John, Cruzan Christmas Fiesta auf St. Croix).

HAUPTSTADT
George Town

BEVÖLKERUNG
63200

FLÄCHE
264 km^2

AMTSSPRACHE
Englisch

Künstliches Riff USS *Kittiwake*, Grand Cayman

KAIMANINSELN

An Traumstränden relaxen, erstklassige Tauchspots erkunden und strahlend blaue Leguane auf Grand Cayman beobachten: Die Kaimaninseln sind viel mehr als nur ein Steuerparadies.

Rund 2 Mio. Touristen besuchen jedes Jahr die Kaimaninseln. Die meisten sind Kreuzfahrtpassagiere, die ein paar Stunden lang an Land shoppen, in der Sonne relaxen oder mit Stachelrochen schwimmen. Andere urlauben in einem All-Inclusive-Resort nahe dem Seven Mile Beach und ein paar wenige Glückliche erkunden weit mehr.

Die Kaimaninseln sind kosmopolitisch: Fast 50 % der Einwohner stammen aus anderen Ländern. Dennoch blüht vor allem in Bodden Town, East End und Cayman Brac eine reiche einheimische Kultur. North Side und die Sister Islands punkten mit dichten Wäldern, geheimnisvollen Höhlen und unberührten Stränden. Unter Wasser warten Steilwände und Schiffswracks.

Man braucht nur etwas Abenteuerlust, um in den Vibe der Inseln einzutauchen und deren Schätze zu entdecken: die Gastfreundschaft der Einheimischen sowie die Naturwunder über und unter Wasser.

Highlights

USS KITTIWAKE

1 Das alte U-Boot-Bergungsschiff (76 m) der US-Marine wurde gezielt versenkt, um ein künstliches Riff zu erschaffen. Dank breiter Zu- bzw. Ausgänge können Taucher leicht durch das Wrack schwimmen, die Räume erkunden, durch die Fenster spähen und am Steuerrad drehen. Die USS *Kittiwake* liegt zwischen 4,5 und 19,5 m Tiefe.

STARFISH POINT

2 An dem kleinen Strand leben zahllose Netz-Kissensterne in klarem Wasser, das überall höchstens 30 cm tief ist. So lassen sich die Seesterne auch ohne Schnorchelausrüstung leicht bewundern. Mitunter schauen hier Tourgruppen vorbei. Doch ansonsten wirkt der Strand wie ein geheimer Ort, den bis auf die Seesterne selbst kaum jemand kennt.

LITTLE CAYMAN

3 Wie der Name schon sagt: Little Cayman ist winzig. Dafür warten hier zahllose Vogelarten und Meereslebewesen in toller Natur. Zudem beherbergt die Insel mehr Leguane als Menschen – somit genau das Richtige für alle, die Einsamkeit, Ruhe und spektakuläre Tauchspots suchen.

REISEZEIT

HAUPTSAISON
(Dez.–April)

ZWISCHENSAISON
(Mai, Juni & Nov.)

NEBENSAISON
(Juli–Okt.)

ESSEN & TRINKEN

Conch Das rosa Fleisch der großen Meeresschnecke gibt's als Eintopf mit Zwiebeln und Gewürzen, frittiert oder in rohen Streifen mit Limetten-Marinade.

Tortuga Rum Cake Ein schwerer und feuchter Kuchen.

Mudslide Cremiger Cocktail (erfunden in Rum Point) aus Kahlua, Baileys und Wodka.

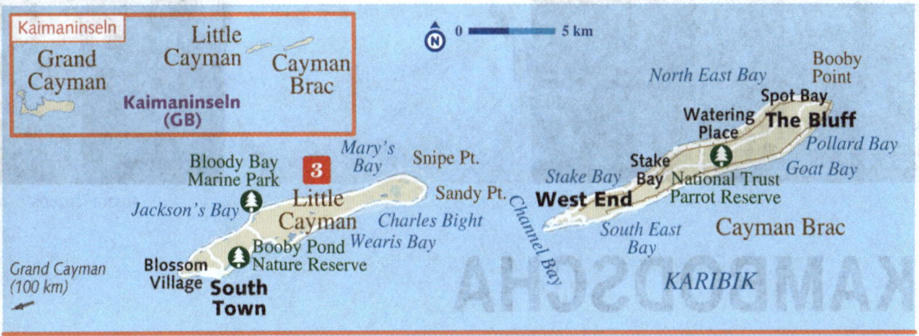

HAUPTSTADT
Phnom Penh

BEVÖLKERUNG
17,3 Mio.

FLÄCHE
181 035 km²

AMTSSPRACHE
Khmer

Apsara-Tänzerin

KAMBODSCHA

Im Angkor Wat geht's zu den Göttern hinauf, im Tuol-Sleng-Gefängnis hinab in die Hölle. Kambodschas so erbauliche wie bedrückende Vergangenheit resultiert in einer faszinierenden Gegenwart.

Kambodscha ist ein fesselndes Ziel, das jeden Besucher in seinen Bann zieht. Mit seinen wunderschönen Stränden und tropischen Inseln, seinem Leben spendenden Mekong und seiner hier und da noch immer vorhandenen smaragdgrünen Wildnis ist Kambodscha prädestiniert sowohl für Abenteuer als auch fürs Faulenzen. Das Herz Südostasiens bietet seinen Besuchern alles, was man sich nur wünschen kann – und das Ganze auch noch in mundgerechte Happen verpackt.

Doch noch mehr als die vielen Wunder, die man im Land bewundern kann, sind die Menschen das kostbarste Gut Kambodschas. Die Khmer sind durch die Hölle gegangen, aber dank ihres unbeugsamen Naturells und ansteckenden Optimismus konnten sie sich ihr Lächeln und ihren Lebensmut bewahren.

Highlights

PHNOM PENH

1 Kambodschas chaotisch-charmante Hauptstadt ist aus dem Schatten der Vergangenheit getreten und strebt nun nach einer besseren Zukunft. Phnom Penh hat eine der schönsten Uferpromenaden der Region und wirkt überraschend kultiviert: Auf Stadttouristen warten hippe Hotels, tolle Restaurants und unkonventionelle Bars. Jeweils sehr emotional wird's im Nationalmuseum und im bedrückenden Tuol-Sleng-Gefängis, wo die hellsten und dunkelsten Epochen der Landesgeschichte beleuchtet werden. Phnom Penh, die einstige „Perle Asiens", funkelt wieder.

SIHANOUKVILLES STRÄNDE

2 Sihanoukville gilt als hedonistischer Backpacker-Treff. Hauptattraktion sind aber die belebten Strände: Vom rustikalen Zentrum aus ist es nicht weit bis zum beliebten Otres Beach, der trotz ständiger Bedrohung durch Erschließungsmaßnahmen immer noch sehr idyllisch wirkt. Zentraler liegt der schönste Stadtstrand: der Sokha Beach, dessen schmales Ostende meist recht ruhig ist. Ursprünglicher Traveller-Magnet ist der Serendipity Beach neben dem Occheuteal Beach, auf dem sich tagsüber Einheimische und nachts Party-Fans tummeln.

MONDULKIRI

3 Kambodschas Landschaft ist geprägt von Reisfeldern und Zuckerpalmen. Doch dies ändert sich mit den sanften Hügeln im wilden Osten der Provinz Mondulkiri. Das zählebige Volk der Bunong praktiziert hier immer noch Animismus und Ahnenverehrung. Ein Highlight der Region ist die Natur: Besucher können z. B. die Elefanten des Elephant Valley Project begleiten oder beim Wandern im Seima Protected Forest nach Kleideraffen und Gibbons spähen. Dazu noch donnernde Wasserfälle, Seilrutschen im Dschungel und Quad-Touren – fertig ist das perfekte Abenteuer.

6

GUOZHONGHUA / SHUTTERSTOCK ©

SIEM REAP & ANGKOR WAT

4 Die Tempel von Angkor gehören zu den eindrucksvollsten Sehenswürdigkeiten überhaupt: Der Angkor Wat ist der größte Sakralbau der Welt, der Bayon zählt zu den skurrilsten religiösen Stätten und im Ta Prohm läuft die Natur Amok. Siem Reap mit seiner tollen Auswahl an belebten Restaurants und Bars ist die beste Ausgangsbasis für Touren zu dem prachtvollen Tempel-Ensemble. Abgesehen davon locken hier schwimmende Dörfer auf dem See Tonle Sap, Adrenalinkicks (z. B. Quadfahren, Ultraleichtflüge) und kulturelle Aktivitäten wie Kochkurse.

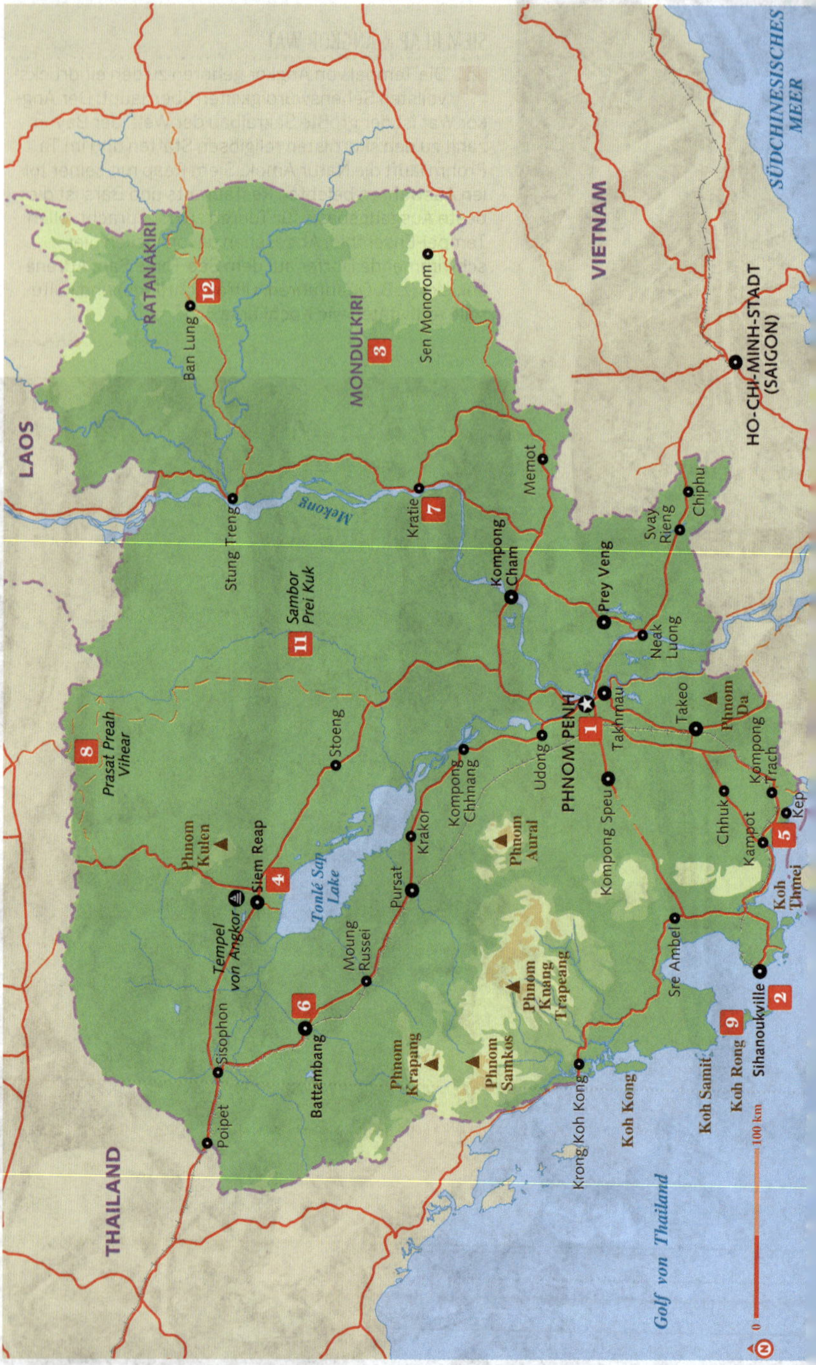

LAOS
THAILAND
VIETNAM
SÜDCHINESISCHES MEER
Golf von Thailand
RATANAKIRI
MONDULKIRI
Ban Lung
12
3
Sen Monorom
Stung Treng
Mekong
Kratie
7
Memot
Kompong Cham
Sambor Prei Kuk
11
Prey Veng
Svay Rieng
Chiphu
HO-CHI-MINH-STADT (SAIGON)
Neak Luong
PHNOM PENH
1
Takhmau
Takeo
Phnom Da
Kompong Trach
Kep
5
Kampot
Chhuk
Koh Thmei
Sihanoukville
2
9
Koh Rong
Koh Samit
Koh Kong
Krong Koh Kong
Sre Ambel
Kompong Speu
Udong
Kompong Chhnang
Phnom Aural
Phnom Knang Trapeang
Phnom Samkos
Phnom Krapang
Krakor
Pursat
Moung Russei
Battambang
6
Sisophon
Poipet
Tempel von Angkor
Siem Reap
4
Tonlé Sap Lake
Phnom Kulen
Stoeng
8
Prasat Preah Vihear
0
100 km
N

PROVINZ KAMPOT

5 Zu den vielen Attraktionen der vielfältigen Provinz gehören stimmungsvolle Städte, Nationalparks, Höhlenpagoden und tropische Strände. Die ruhige Stadt Kampot punktet mit Backpacker-Hostels, Uferresorts, Boutiquehotels, französischer Kolonialarchitektur und der Möglichkeit, den Fluss auf dem SUP-Board oder im Kajak zu erkunden. Etwas weiter unten an der Straße dient das noch stillere Kep mit seinem berühmten Krabbenmarkt auch als Wandertor zum Nationalpark Kep und zur nahen Koh Tonsay (Haseninsel). Ebenfalls super sind der kurvige Aufstieg zur Bokor Hill Station und die Pfefferplantagen, für die Kampot zu Recht berühmt ist.

BATTAMBANG

6 Dies ist das echte Kambodscha, weit weg von den Jetset-Zielen Phnom Penh und Siem Reap. Battambang am Fluss Sangker zählt landesweit zu den am besten erhaltenen Kolonialstädten. Die Ladenzeilen im französischen Stil beherbergen von Fair-Trade-Cafés bis zu Kunstgalerien alles Mögliche. Im schönen Umland liegen ein paar uralte Tempel – zwar nicht so eindrucksvoll wie der Angkor Wat, aber dafür weit weniger überfüllt. Und dann wäre da noch der handgebaute und weltweit einzigartige „Bambuszug" als Nahverkehrsmittel. Mit einem Wort: zauberhaft.

TOP-FILME

The Killing Fields – Schreiendes Land (1984) Bester Film über die Zeit der Roten Khmer in Kambodscha; erzählt die Geschichte des US-Journalisten Sydney Schanberg und des kambodschanischen Fotografen Dith Pran im Krieg und danach.

Apocalypse Now (1979; Francis Ford Coppola) In diesem Meisterwerk spielt Marlon Brando einen durchgeknallten Colonel, der nach Kambodscha desertiert ist. Martin Sheen verkörpert den Soldaten, der ihn zurückholen soll.

The Last Reel (2014) Preisgekrönter kambodschanischer Film über den Einfluss der düsteren Landesgeschichte auf die nächste Generation.

TOP-BÜCHER

Hun Sen's Cambodia (Sebastian Strangio) Knallharter Blick auf das heutige Kambodscha unter Premierminister Hun Sen.

The Gate (François Bizot) Bizot wurde von den Roten Khmer entführt und in deren Spezialgefängnis M-13 in Anlong Veng inhaftiert.

Voices from S-21 (David Chandler) Buch über das Verhör- und Folterzentrum der Roten Khmer.

Cambodia's Curse (Joel Brinkley) Die unverblümte Kritik eines Journalisten an Kambodschas Regierung und deren Geldgebern wurde mit dem Pulitzer-Preis ausgezeichnet.

REISEZEIT

HAUPTSAISON
(Nov.–Feb.)
Kühl und windig mit fast mediterranen Temperaturen.

ZWISCHENSAISON
(April & Okt.)
Ab April steigen die Temperaturen; ab Oktober lässt der Regen nach.

NEBENSAISON
(Mai–Sept.)
Drückende 40 °C im Mai; smaragdgrüne Landschaften infolge der Regenzeit.

KAMPOT-PFEFFER

Vor dem kambodschanischen Bürgerkrieg war Pfeffer aus der Provinz Kampot ein Muss für alle guten Pariser Restaurants. Die Roten Khmer zerstörten jedoch fast alle Pfefferplantagen im Land. Inzwischen aber erlebt das leckere, aromatische und sehr scharfe Gewürz ein Comeback.

SEILRUTSCHEN MIT GIBBONS

In Angkor bei Siem Reap betreibt Flight of the Gibbon einen Seilrutschenpark mit der Chance, wildlebende Gibbons zu beobachten.

▼ SNACKS

Banh chev Reispfannkuchen mit einer leckeren Füllung aus Kräutern, Bohnensprossen und Fleisch oder Fisch.

Bobor Reisbrei à la chinesisches Congee; wird gern mit Trockenfisch und Ei gegessen sowie mit Chilis und schwarzem Pfeffer pikanter gemacht.

Chek chien Frittierte Bananen; beliebter Straßensnack.

Nam ben choc Dünne Reisnudeln mit rotem Hühner-Curry oder Fischbrühe.

Kaun pong tier Ungeschlüpfte Entenküken – der landesweit populäre Straßensnack ist sicher nicht jedermanns Sache.

Loat Kleine weiße Nudeln, die fast wie Bohnensprossen aussehen; gebraten mit Rindfleisch besonders lecker.

KRATIE

7 Bei Kratie leben die seltenen Irrawaddy-Delphine im Mekong. Doch nicht nur deswegen entwickelt sich der Ort immer mehr zu einer geschäftigen Station auf der Landroute von Phnom Penh nach Nordostkambodscha oder Südlaos. Das am sanften Flussufer gelegene Kratie selbst lockt mit einer verblichenen Kolonialpracht und traumhaften Sonnenuntergängen über dem Mekong. Die nahe Insel Koh Trong kann per Fahrrad oder Motorrad erkundet werden. Und nördlich von Kratie hält der Mekong Discovery Trail viele Abenteuer und Erlebnisse parat, beispielsweise ein Aufenthalt bei Gastfamilien, Radtouren und Bootstrips. Jenseits des Flusses kommen nur wenige Fremde in die abgelegene und wilde Provinz Kratie.

PRASAT PREAH VIHEAR

8 Die Mutter aller kambodschanischen Bergtempel, der Prasat Preah Vihear, erhebt sich majestätisch über dem Dang-krek-Gebirge und bildet einen umstrittenen Grenzposten zwischen Kambodscha und Thailand. Sein Fundament erstreckt sich bis zum Rand von Felsen, die dramatisch zur Ebene hinabstürzen. Der Blick ist atemberaubend. Aufgrund seiner 300 Jahre währenden Bauzeit ermöglicht der Tempel einen Einblick in die Entwicklung der Schnitz- und Bildhauerkunst in der Angkor-Periode. Am spektakulärsten ist jedoch seine Lage.

SÜDLICHE INSELN

9 Kambodschas südliche Inseln werden immer beliebter: Im Meer vor Sihanoukville erfüllen Koh Rong und Koh Rong Sanloem alle Träume vom südostasiatischen Paradies. Koh Rongs feierwütiger Traveller-Treff ist das Dorf Koh Tuch mit seiner Hippie-Atmosphäre. Den Gegenpol dazu bilden die weichen Sandstrände und der dichte Dschungel der übrigen Insel. Koh Rong Sanloem ist entspannter und familienfreundlicher; dort gibt's ein paar nette Tropenresorts und flache, ruhige Buchten. Zu den weiteren Inseln an der Küste gehören z. B. der Koh-Sdach-Archipel oder das große und fast unerschlossene Koh Kong.

KHMER-KÜCHE IN SIEM REAP

10 Wer nach Kambodscha kommt, hat oft schon die Spezialitäten Thailands und Vietnams probiert. Die teils abenteuerlichen Überraschungen der Khmer-Küche sind aber noch recht unbekannt. Amok (gebratener Fisch mit Zitronengras, Chilis und Kokosmilch) ist das Nationalgericht. Auch sonst gibt's hier überall Fisch und leckeres Seafood wie Krabben aus Kep mit Pfeffer aus Kampot. Wie das übrige Asien hat auch Kambodscha seine typischen Straßensnacks – darunter *mee* (Nudeln), *bobo* (Reisbrei), frittierte Taranteln und geröstete Grillen. Einiges davon kann bei Schlemmertouren in Siem Reap verkostet werden.

SAMBOR PREI KUK

11 Sambor Prei Kuk ist Kambodschas eindrucksvollste Gebäudegruppe aus der Zeit vor Angkor. Die über 100 Waldtempel bestehen vor allem aus Backstein; ein paar davon gehören zu den ältesten Bauwerken des Landes. Die Stätte hieß einst Isanapura und diente König Isanavarman im frühen 7. Jh. als Hauptstadt des oberen Chenla. In der Angkor-Periode war sie ein bedeutendes Zentrum der Bildung.

BOENG YEAK LOM

12 Einer der friedvollsten Orte des Landes: Mitten im Naturschutzgebiet Yeak Lom sticht dieser smaragdfarbene Kratersee herrlich aus dem kräftigen Grün des Dschungels hervor. Hölzerne Uferstege und extrem klares Wasser sorgen hier für perfektes Schwimmvergnügen. Das kleine lokale Kultur- und Umweltzentrum zeigt eine schlichte Ausstellung zu den ethnischen Minderheiten der Provinz; zudem verleiht es Schwimmwesten für Kinder.

ELIZABETH EDIE / SHUTTERSTOCK ©

UNTERWEGS VOR ORT

Inlandsflüge verbinden Phnom Penh mit Siem Reap und Siem Reap mit Sihanoukville.

Heute fahren weniger Boote als in der Zeit, in der die Straßen noch schlecht waren. Bootstouren von Siem Reap nach Battambang oder Phnom Penh sind weiterhin beliebt.

Busse steuern alle größeren Städte und Ortschaften an; bevorzugtes Verkehrsmittel der meisten Traveller.

Autos oder Geländewagen sind eine erschwingliche Option für alle, die Zeit über Geld stellen. Erfahrene Biker können Kambodscha gut mit dem Motorrad erkunden.

HAUPTSTADT
Yaoundé

BEVÖLKERUNG
28,5 Mio.

FLÄCHE
475 440 km²

AMTSSPRACHEN
Englisch, Französisch

KAMERUN

Ein wirres Mosaik aus aktiven Vulkanen, weißen Sandstränden, dichten Regenwäldern und ausgedörrten Landschaften, durchbrochen von bizarren Felsformationen der Sahelzone – Kamerun ist Afrikas pulsierendes Herz.

Franko- und anglofone Regionen sowie ca. 250 Stammesdialekte machen Kamerun in ethnischer wie sprachlicher Hinsicht zu einem großen Puzzle, das aber auf politischem Gebiet größtenteils stabil ist. Die schnell wachsende Landeshauptstadt Yaoundé prägt ein bunter Architekturmix aus Art-déco-Stil, Bauten aus der Zeit der Unabhängigkeit und Regierungsgebäuden aus den 1970er-Jahren. Yaoundé ist Kameruns Regierungs- und Verwaltungszentrum.

Obwohl Reisen in diesem Land dank der akzeptablen Infrastruktur deutlich bequemer ist als anderswo in Afrika, so spürt man doch überall, dass man sich im Herzen dieses faszinierenden Kontinents befindet. Hier scheint jeder etwas auf dem Kopf zu tragen, Makossa-Tanzmusik gibt den Rhythmus vor und in den Straßen duftet es nach gebratenen Kochbananen. Und was braucht es mehr zum Glücklichsein als gegrillten Fisch und ein kühles Bier?

Highlights

VILLAGE DES ARTISANS

1 Südlich der Stadt Foumban wird hier scheinbar mehr Kunsthandwerk produziert als im ganzen übrigen Land zusammen. Man sollte sich auf Feilschen und nettes Geplänkel einrichten. Sehr schön sind die Federhüte und perlenbesetzten Stäbe.

KAMERUNBERG

2 Der Aufstieg zum Gipfel des aktiven und sehr spektakulären Vulkans ist ein besonderes Highlight. Er dauert meist zwei bis drei Tage und ist nicht nur aufgrund der großen Höhe (4095 m) wahrlich kein Spaziergang: Man wandert knapp über dem Meeresspiegel los und muss daher eine heftige Höhenänderung auf relativ kurzer Distanz verkraften.

LIMBE

3 Limbe liegt traumhaft zwischen den mit Regenwäldern bewachsenen Ausläufern des Kamerunbergs und der dramatischen Atlantikküste. Die charmante Stadt ist bei Reisenden sehr beliebt: Hier kann man vor der Weiterreise ein paar entspannte Strandtage einlegen.

ESSEN & TRINKEN

Bier Wird den ganzen Tag in Bars und Straßenbuden getrunken.

Fufu Brei aus Süßkartoffeln, Mais, Kochbananen oder Couscous.

Gambas (Garnelen) Regionale Delikatesse.

Ndole Sauce aus spinatähnlichen Bitterblättern, verfeinert mit Räucherfisch.

REISEZEIT

HAUPTSAISON (Nov.–Feb.)

ZWISCHENSAISON (März & Okt.)

NEBENSAISON (April–Okt.)

HAUPTSTADT
Ottawa

BEVÖLKERUNG
37,9 Mio.

FLÄCHE
10 Mio. km^2

AMTSSPRACHEN
Englisch, Französisch

Bow River, Rocky Mountains

KANADA

„A Mari Usque Ad Mare" – von Meer zu Meer – und dazwischen imposante Berge, zerklüftete Küsten und Elche, eine exzellente Küche und eine coole, lebendige Kulturszene. Willkommen in Kanada!

Das zweitgrößte Land der Welt hat höchst facettenreiche Landschaften: Über sechs Zeitzonen verteilen sich hier himmelhohe Berge, glitzernde Gletscher, gespenstische Regenwälder und einsame Strände. Vor dieser Kulisse erlebt man viele tolle Momente und trifft allerlei spezielle Charaktere. Ebenso eindrucksvoll ist die Tierwelt mit Eisbären, Grizzlys, Walen und Elchen.

Auch in kultureller, ethnischer, musikalischer, künstlerischer und kulinarischer Hinsicht ist Kanada äußerst vielfältig. So kann man z. B. *café au lait* und Blätterteig-Croissants in Montréals Straßenbistros genießen – oder Nudeln auf einem asiatischen Nachtmarkt in Vancouver. Auf Cape Breton Island steigen keltische Partys, während Haida Gwaii zu Kajaktouren zwischen indigenen Dörfern einlädt. Super sind auch das International Fringe Theater Festival in Edmonton und das weltberühmte International Film Festival in Toronto.

Highlights

HAIDA GWAII

1 Der früher unter dem Namen Queen Charlotte Islands bekannte Archipel 80 km vor der Küste von British Columbia ist ein magisches Reiseziel. Fichten und Zedern bedecken die wilde, regenfeuchte Landschaft, Weißkopfseeadler und Bären leben in uralten Wäldern, Seelöwen und Orkas gleiten durchs Wasser. Die wahre Seele der Inseln bildet jedoch das Volk der Haida. Ihre Kriegskanus und Totempfähle, verlassene Dörfer, Grabhöhlen und Thermalquellen kann man im Gwaii Haanas National Park Reserve bewundern.

NAHANNI NATIONAL PARK RESERVE

2 Die grandiosen Thermalquellen, verwunschenen Schluchten und großen Grizzlys in diesem entlegenen Park nahe der Grenze zu Yukon erreicht man per Flugzeug. Die Hälfte der nur rund 1000 Besucher pro Jahr sind Paddler, die den South Nahanni River bezwingen wollen. Der braust ungezähmt über 500 km durch die Mackenzie Mountains. Wasserfälle, so hoch wie Wolkenkratzer, tiefe Canyons und Legenden von Riesen oder verschollenem Gold runden die Reise in den Norden ab.

VANCOUVER

3 Vancouver landet stets ganz oben auf der Liste der „attraktivsten Städte" – und das zu Recht. Vom Meer bis zum Himmel ist diese Metropole von Schönheit umgeben: Mit Skipisten und elf Stränden in Zentrumsnähe sowie dem Regenwald des Stanley Parks unweit der Wolkenkratzer von Downtown bilden Stadt und Natur eine Einheit. Hollywood-Chic mischt sich mit einem lebendigen multikulturellen Flair und einer unbekümmerten Gegenkultur, wie sie in der Parteizentrale der Marijuana Party anzutreffen ist.

MFFOTO / SHUTTERSTOCK ©

ROCKY MOUNTAINS

4 Die schroffen, verschneiten Berggipfel an der Grenze zwischen British Columbia und Alberta lösen zugleich Staunen und Lust auf Abenteuer und Unternehmungen aus. Vier Nationalparks – Banff, Yoho, Kootenay und Jasper – bieten zahllose Möglichkeiten zum Eintauchen in die Wildnis. Hierfür sorgen u. a. Wanderwege, ungezähmte Flüsse und Skipisten. Beliebt sind auch Zugreisen durch die großartige Landschaft: Seen, Wildblumenwiesen und Gletscher gleiten draußen vorbei, während es ost- oder westwärts über Bergpässe hinauf- und durch Flusstäler wieder hinuntergeht.

BGSMITH / SHUTTERSTOCK ©

RUSSLAND
USA
Anchorage
ISLAND
GRÖNLAND (DÄNEMARK)
ATLANTIK
Davisstraße
Labradorsee
Beaufortsee
Tuktoyaktuk
Inuvik
Dawson City
Whitehorse
Juneau
Watson Lake
Mackenzie Mountains
Franklin Mountains
Nahanni National Park Reserve
Fort Simpson
Yellowknife
Great Bear Lake
Great Slave Lake
Banks Island
Victoria Island
Melville Island
Axel Heiberg Island
Ellesmere Island
Somerset Island
Devon Island
Melville Peninsula
Baffin Island
Southampton Island
Iqaluit
Hudson Strait
Hudson Bay
Belcher Islands
Churchill
Reindeer Lake
Lake Athabasca
Thompson
Lake Winnipeg
Rocky Mountains
Prince Rupert
Haida Gwaii
Prince George
Vancouver Island
Nanaimo
Vancouver
Victoria
Kelowna
Banff
Calgary
Edmonton
Saskatoon
Regina
Winnipeg
Thunder Bay
Moosonee
Sudbury
Manitoulin Island
Lake Michigan
Toronto
Niagarafälle
OTTAWA
Montréal
Québec (Stadt)
Fredericton
Smallwood Reservoir
Labrador
Anticosti Island
Charlottetown
Cabot Trail
Halifax
Yarmouth
Bay of Fundy
Port aux Basques
Newfoundland
St. John's
Boston
New York
Portland
USA
PAZIFIK
1000 km
1
2
3
4
5
6
7
8
9
10
11

TOP-ADRENALIN-KICKS

Whistler Kanadas Top-Revier für Skifahrer und Snowboarder.

Tofino Kleiner Ort, große Abenteuer: An der Pazifikküste heißt's surfen, paddeln, wandern und Stürme beobachten.

Banff Die „Königin der Rockies" bietet das volle Programm: Skifahren, Wandern, Rafting, Reiten, Mountainbiken ... Puh!

Laurentinische Berge Skifahren, Rodeln und Klettern in den Bergdörfern rund um Montréal.

Marble Mountain Skifahren und Snowkiten (Winter), Höhlenwandern und Kajakfahren (Sommer) sowie Seilrutschen (ganzjährig) in Newfoundland.

HERBSTLAUB

Der Herbst färbt Kanada bunt – kein Wunder: Das Land ist zur Hälfte mit Wald bedeckt. Die Laurentinischen Berge (Québec) sind dann besonders farbenprächtig. Dies liegt an den vielen Zucker-Ahornbäumen, die auch den Sirup für Kanadas Pancakes liefern. Cape Breton (Nova Scotia) ehrt das Herbstlaub mit einem Fest namens Celtic Colours (Mitte Okt.). Blätterfans zieht es zudem an die Fundy Coast (New Brunswick) und in die Umgebung der Muskoka Lakes (Ontario).

NIAGARAFÄLLE

5 Zu überlaufen? Zu kitschig? Ja, durchaus! Aber mal ehrlich, wenn die Wassermassen wie flüssiges Glas über die Fallkanten in die Tiefe rauschen und man sich ihnen durch die Gischt in einem kleinen Boot nähert, dann ist das schon überwältigend. Zwar „nur" knapp 60 m hoch, hat die donnernde Kaskade einen Wasserdurchfluss, der in Nordamerika seinesgleichen sucht: Pro Sekunde stürzt hier das Wasser von über 1 Mio. Badewannen hinunter!

CABOT TRAIL

6 Die 300 km lange Panoramastraße windet sich über die Küstenberge. Hinter jeder Kurve wartet ein atemberaubender Blick aufs Meer, mitunter erspäht man Wale in Küstennähe, am Wegesrand grasen Elche und die vielen Wege laden zum Zwischenstopp und zu Wanderungen ein. Man sollte auf jeden Fall auch Tanzschuhe dabei haben, denn in den vielen keltischen und akadischen Gemeinden der Gegend bringt deren Fidelmusik die Pubs zum Vibrieren.

FAHREN AUF DEM TRANS-CANADA HIGHWAY

7 Auf den 7800 km zwischen St. John's, Newfoundland, und Victoria, BC, führt Kanadas bekannteste Hauptverkehrsader an den Highlights des Landes vorbei, u. a. dem Gros Morne National Park, Cape Breton Island, Québec City, dem Banff National Park und dem Yoho National Park. Auch Großstädte wie Montréal, Ottawa, Calgary und Vancouver liegen an der Strecke. Gut einen Monat sollte man sich schon Zeit nehmen. Also volltanken, Musik an und Gas geben.

REISEZEIT

HAUPTSAISON
(Juni–Aug.)
Meist Sonne und Wärme; kurze Tauperiode im hohen Norden.

ZWISCHENSAISON
(Mai & Sept.–Okt.)
Kühl, aber angenehm; Regionen mit Herbstlaub weiterhin betriebsam.

NEBENSAISON
(Nov.–April)
Dunkel und kalt; außerhalb von Großstädten und Skiorten ist vieles geschlossen.

PANORAMASTRASSEN

Kanada ist ideal für Autotouren: Selbst Tagesfahrten können atemberaubend sein. Wer mehr Zeit hat, kann richtig Kilometer fressen.

EISHOCKEY

Die Kanadier sind keine Warmduscher, wenn es um Eishockey geht. Sie spielen knallhart – und extrem gut. Grassroots Hockey wird allabendlich auf zugefrorenen Teichen gespielt. Einen Puck, einen Eishockey-Schläger und ein paar Freunde – mehr braucht es dazu nicht.

ESSEN & TRINKEN

Beavertails In Zimt und Zucker gewälztes Fettgebäck.

Beef Alberta ist das Rindfleischmekka Kanadas. In führenden Restaurants im ganzen Land gibt's Alberta Steaks.

Lobster Das Lieblingsgericht an der Ostküste. Hummer wird in einem Topf gekocht und mit etwas Butter serviert.

Maktaaq Die in kleine Stücke geschnittene Walhaut wird ungekaut genossen.

Maple Syrup Québec ist der weltgrößte Ahornsiruphersteller (rund 25 Mio. l/Jahr).

Poutine Kalorienreicher Imbiss aus Québec: Pommes mit Bratensauce und geriebenem Käse.

Prairie Oysters Auf diverse Arten zubereitete Bullenhoden.

Seal Robbenfleisch – die aus dem Norden stammende Spezialität kommt gekocht auf den Tisch.

OLD QUÉBEC CITY

8 Steinmauern, majestätische Kathedralen und Eckcafés mit Jazzmusik verleihen der über 400 Jahre alten Hauptstadt der Provinz Québec Romantik, Melancholie, Exzentrik und Faszination nach Art europäischer Großstädte. Am besten genießt man das Flair bei einem Bummel durch das Gassengewirr der Altstadt, in der man sich zwischen all den Straßenkünstlern und gemütlichen Gasthäusern schnell verirrt. Frische Energie liefern ein Café au Lait, Blätterteiggebäck oder Poutine.

MANITOULIN ISLAND

9 Die weltgrößte Binnenseeinsel mit ihren ruhigen Stränden und Sommerhäusern liegt mitten im Lake Huron. Am Ufer befinden sich schroffe Felszungen aus weißem Quarzit und Granit, von denen der Blick über schimmernde Weiten schweift. Die acht indigenen Inselgemeinschaften servieren ihren Gästen lokaltypisches Essen (Wildreis, Maissuppe) und organisieren nachhaltige Abenteuer (Kanuausflüge, Ausritte, Wanderungen) – ergänzt durch Powwows mit Trommeln, Tänzen und Geschichtenerzählen.

PRÄRIEN

10 In Zentralkanada regiert die Einsamkeit: Über die Ebenen von Manitoba und Saskatchewan rollen Autofahrer durch goldgelbe Weizenfelder, die sich endlos bis zum Horizont erstrecken und dort scheinbar in der Sonne schmelzen. Bei Wind wogt der Weizen wie die Wellen eines Ozeans, aus dem gelegentlich Getreidespeicher wie mächtige Schiffe emporragen. Aus dem weiten Himmel donnern immer wieder heftige Unwetter von mehreren Kilometern Breite herab wie Hammerschläge. Zu den weit verstreuten Städten des riesigen Gebiets gehören das künstlerisch angehauchte Winnipeg, das trinkfreudige Moose Jaw und die Mountie-Hochburg Regina. Dazwischen verteilen sich ukrainische und skandinavische Dörfer.

VIKING TRAIL

11 Dieser Themen-Highway zwischen Newfoundlands Westküste und dem südlichen Labrador ist nach den ersten Europäern auf kanadischem Boden benannt. Der Viking Trail (Rte 430) verbindet zwei Welterbestätten auf der Great Northern Peninsula miteinander. An deren unterem Ende erstreckt sich der Gros Morne National Park mit fjordartigen Seen und geologischen Kuriositäten. L'Anse aux Meadows an der äußersten Spitze der Halbinsel ist eine 1000 Jahre alte Wikingersiedlung, die vielleicht von Leif Eriksson angelegt wurde. Die Straße ist eine Attraktion für sich: In Meeresnähe führt sie direkt gen Norden – vorbei an den uralten Grabstätten von Port au Choix und am Hafen für die Fähren nach Labrador.

NORDLICHTER

12 Zwischen der Küste Labradors und den arktischen Dörfern liegen einige Siedlungen in Kanadas hohem Norden. Mitten im Nirgendwo ist dort tagsüber nicht viel geboten – doch bei Nacht flackern und tanzen plötzlich Vorhänge in Grün, Blau, Violett und anderen Farben über den Himmel. Nach dem traditionellen Glauben einiger Inuit-Stämme sind diese Nordlichter (Aurora Borealis) die Geister erlegter Tiere oder die Laternen von Dämonen auf der Jagd nach verlorenen Seelen. Sie treten von September bis März auf, wobei die kältesten Wintermonate mit ihrem dunkleren Himmel am besten für Beobachtungen geeignet sind.

8

KIEV VICTOR / SHUTTERSTOCK ©

▼ UNTERWEGS VOR ORT

Ein großes Highwaynetz verbindet die meisten Städte miteinander. Abseits der Ballungszentren verschätzt man sich mitunter leicht bei Distanzen und Fahrtzeiten.

Abgesehen von der Strecke Toronto–Montréal (Korridor) dienen Zugreisen vor allem dem Genuss der wunderschönen Landschaft.

In British Columbia, Québec und den Seeprovinzen verkehren viele öffentliche Fähren.

Nationale und regionale Inlandsfluglinien decken ganz Kanada ab. Mit dem Flugzeug spart man viel Zeit und erreicht auch sonst unzugängliche Orte im Norden.

HAUPTSTADT
Praia

BEVÖLKERUNG
589 500

FLÄCHE
4033 km²

AMTSSPRACHE
Portugiesisch

Berge der Serra Malagueta, Santiago

KAP VERDE

Diese herrliche Inselkette ragt rund 500 km westlich des Senegal aus dem Atlantik. Sie empfängt Besucher mit einem bezaubernden Mix aus Bergen, Stränden und ruhigen Küstendörfern.

Die schroffen Berge von Santo Antão überschatten leuchtend grüne Täler voller Blumen und Zuckerrohr – ideal für lange Wanderungen. Auf São Vicente liegt die kapverdische Kulturhauptstadt Mindelo mit vielen Bars und Discos.

Auf Sal und Maio gibt's unberührte Strände mit weißem Pulversand, an denen windumtoste Dünen auf das indigoblaue Meer treffen. Fogo und Brava weit draußen im Südwesten haben ihre eigenen Reize – darunter surreale Vulkanlandschaften und funkelnde Buchten vor hohen Gipfeln. Zudem sind die Kapverden für den steten Rhythmus ihrer Musik und die *morabeza* (Gastfreundschaft) ihrer Einwohner berühmt. Kein Wunder, dass viele hier stranden und nicht mehr weg wollen.

Highlights

SANTO ANTÃO

1 Hauptgrund für einen Besuch in Kap Verde ist oft das spektakuläre Santo Antão: Die fast senkrecht aus dem Meer aufragende Insel mit vielen Canyons, Schluchten und Tälern ist eines der schönsten Wanderreviere Westafrikas. Nur hier auf der zweitgrößten Insel des Archipels entspricht das *verde* (grün) im Namen der Inselgruppe der Realität. Bei der Anreise mit einer Fähre ab São Vicente ist dies aber nicht zu erkennen: Die Südküste wirkt öde und rau. Doch der Nordosten ist nicht ohne Grund am bevölkerungsreichsten und am beliebtesten bei Wanderern. Denn dort regnet es so regelmäßig und viel, dass auf den Hügeln dichte Kiefernwälder und in den dunstigen Tälern etliche Tropenpflanzen wachsen.

PICO DO FOGO

2 Der von Schlacke bedeckte Schichtvulkan (2829 m) ist der höchste Berg der Inseln. Sein Kegel ragt spektakulär vom Boden eines uralten Kraters namens Chã das Caldeiras empor. Eine malerische Kopfsteinpflasterstraße führt rund um die Insel – vorbei an Dörfchen mit Häusern aus Lavasteinen. Der Fogo ist immer noch aktiv; der letzte Ausbruch dauerte von Ende 2014 bis Anfang 2015. Dennoch kultivieren furchtlose Bauern weiterhin Kaffee, Wein und Obst an den schwarzen, fruchtbaren Hängen.

SAL

3 Wer nichts gegen Menschenmassen hat, findet auf Sal gute Restaurants, viel Nachtleben und ein paar schöne Strän-

REISEZEIT

HAUPTSAISON
(April–Juli)

ZWISCHENSAISON
(Aug.–Okt.)

NEBENSAISON
(Nov.–März)

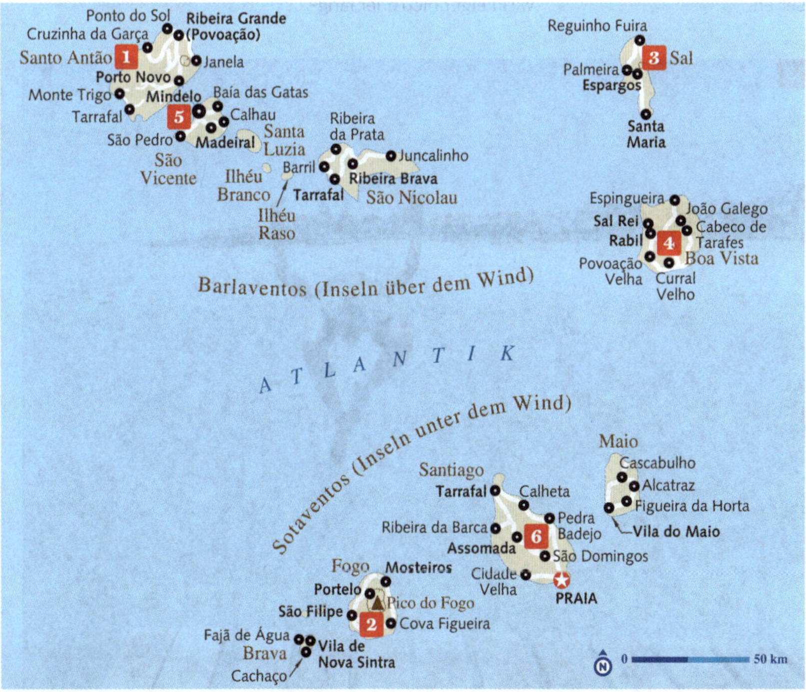

de, die zum Relaxen und zu diversen Wassersport-Aktivitäten einladen. Hauptattraktion ist jedoch die surreale Mondlandschaft von Pedra do Lume: In einem uralten Vulkankrater kristallisiert Meerwasser hier zu schimmerndem Salz. Besucher können die alten Salinengeräte besichtigen, im heilsamen Salzwasser baden und sich im kleinen Spa massieren oder mit Salz abrubbeln lassen. Interessant sind auch der Fischmarkt in Palmeira, der tolle Igrejinha-Strand am äußersten Ostende von Santa Maria und das Naturschwimmbecken von Buracona. Dieses besucht man am besten am Nachmittag, um das sogenannte Blaue Auge (ein natürlicher Lichteffekt in einem kleinen unterirdischen Becken) zu sehen.

BOA VISTA

4 Mit ihren vom Wind geformten Dünen, den kahlen Ebenen und kleinen Oasen wirkt die Insel Boa Vista, als ob ein Stück der Sahara von Afrika abgebrochen und hinaus ins Meer getrieben wäre. Trotz einiger fantastischer, wenn auch recht windiger Strände, an denen beste Surfbedingungen herrschen, der malerischen Kleinstadt Sal Rei und einer stetig wachsenden Zahl von Unterkünften ist dieses wüstenhafte Inselinnere der Hauptgrund, sich hierher zu verirren. Doch Vorsicht, die meisten Straßen von Boa Vista haben es in sich!

SÃO VICENTE

5 Das kleine, öde und hügelige São Vicente wirkt eigentlich eher lang-

UNTERWEGS VOR ORT

Flüge zwischen den Inseln sind generell recht günstig.

Die einzigen verlässlichen Linienfähren verkehren zwischen Praia, Brava und Fogo, zwischen Praia und Maio sowie zwischen Mindelo (São Vicente) und Santo Antão.

Minibusse (*colectivos* bzw. *aluguers*) verbinden auf den meisten Inseln sogar recht kleine Orte miteinander.

3

SAMUEL BORGES PHOTOGRAPHY / SHUTTERSTOCK ©

weilig – wäre da nicht das schmucke Mindelo im mediterranen Stil: In der hübschesten Stadt der Kapverden steigt auch eines der wildesten Feste Westafrikas. Erholung davon bietet eine einfache Tageswanderung zum kaum grünen Monte Verde (750 m), von wo aus man den Panoramablick vom höchsten Berg der Insel genießen kann. Windige, aber schöne Strände gibt's u. a. an der Baía das Gatas und in Calhau. An der zauberhaften Bucht bei Salamansa finden Kurse im Kite- und Windsurfen statt (nach der Strandbude von Kitesurf Cabo Verde Ausschau halten).

SANTIAGO

6 Die größte kapverdische Insel wurde einst zuerst besiedelt und stellt eine Schnittmenge ihrer Nachbarn dar: Sandstrände, Wüstenebenen, grüne Täler, bergiges Binnenland und die Hauptstadt Praia machen Santiago zusammen zum lohnenden Ziel. Das Bergdorf Rui Vaz nahe São Domingos ist eine malerische Ausgangsbasis für Wanderungen durch die umliegenden Berge.

▼ ESSEN & TRINKEN

Trotz portugiesischer Facetten (z. B. importierte Oliven oder Weine aus dem Alentejo) hat die kapverdische Küche eine solide afrikanische Basis. Hiesige Grundnahrungsmittel sind *milho* (Mais) und *feijão* (Bohnen). Dank vieler italienischer Besucher und Auswanderer gibt's gute Pizzas und Pasta sogar in den entlegensten Inselecken.

HENRYK KOTOWSKI / ALAMY STOCK PHOTO ©

▼ FRÖHLICHE FESTE

Mindelo (São Vicente) hat den heißesten Karneval diesseits von Río: 40 Tage vor Ostern wird hier der heißblütige und spektakuläre Creole Carnival mit kunterbunten Straßenumzügen gefeiert.

Die viertägige Atlantic Music Expo in Praia (Santiago) erfreut Musikfans jeden April mit Livekünstlern aus Kap Verde, Afrika, Europa und anderen Regionen der Welt – ergänzt durch einen guten Straßenmarkt. Kurz darauf findet dann das Kriol Jazz Festival statt.

HAUPTSTADT
Astana

BEVÖLKERUNG
19,2 Mio.

FLÄCHE
2,7 Mio. km²

AMTSSPRACHEN
Kasachisch, Russisch

Skiresort Chimbulak südlich von Almaty

KASACHSTAN

Heutzutage kann man in Kasachstans Teil der riesigen Eurasischen Steppe eine der letzten fast unentdeckten Gegenden mit gewissem Komfort bereisen.

Das neuntgrößte Land der Welt ist dank seiner reichen Vorkommen an Erdöl und Mineralerzen das wirtschaftlich am stärksten entwickelte Land unter den „-stans". Das bringt im Allgemeinen bessere Standards hinsichtlich Unterkunft, Restaurants und Transport als anderswo in Zentralasien mit sich. Almaty, die größte Stadt des Landes, erinnert mit ihren baumgesäumten Alleen, schicken Cafés, glitzernden Einkaufszentren und dem pulsierenden Nachtleben an Europa. Die Hauptstadt Astana, im Norden der windgepeitschen Steppe gelegen, stellt mit ihren futuristischen Bauwerken ein Vorzeigeobjekt des 21. Jhs. dar. Aber die wirklich großen Reiseabenteuer spielen sich jenseits der Städte ab – ob es nun um Wanderungen in den hohen Bergen und grünen Tälern des Tian Shan, um Naturbeobachtung in der von Seen gesprenkelten Steppe, um Gastfreundschaft in ländlichen Pensionen oder um das holprige Vorankommen in den westlichen Wüsten auf dem Weg zu unterirdischen Moscheen geht.

Highlights

ALMATY

1 Das russisch und mittelasiatisch geprägte Almaty ist die kosmopolitischste und hedonistischste Stadt Mittelasiens. Man kann die Christi-Himmelfahrt-Kathedrale aus zaristischer Zeit besichtigen, eine Replik der skythischen Rüstung des Goldenen Mannes bestaunen, im Arasan-Badehaus abhängen und einige der Cafés, Clubs und Läden entdecken, die dank der Öleinnahmen des Landes boomen. Die Stadt ist Ausgangspunkt für Gebirgswanderungen und Wintersport und ein Sprungbrett zur Seidenstraße nach China.

NATURSCHUTZGEBIET AKSU-JABAGLY

2 Das 1319 km² große Gebiet mit grünen Tälern, Flüssen, schneebedeckten Gipfeln und Gletschern, das bis zur kirgisischen und usbekischen Grenze reicht, ist das älteste (1926) Naturreservat Kasachstans und zugleich eines der schönsten und zugänglichsten. Die Artenvielfalt am Schnittpunkt zwischen Gebirge und Steppe begeistert Botaniker wie Ornithologen. Zu den 1300 hiesigen Blumenarten zählt die rote Greig-Tulpe, die von Mitte April bis Anfang Mai auf den Bergwiesen und in den Dörfern blüht.

REISEZEIT

HAUPTSAISON
(April–Juni, Sept.–Okt.)

ZWISCHENSAISON
(Juli–Aug.)

NEBENSAISON
(Nov.–März)

ARCHITEKTUR IN ASTANA

3 Die spektakuläre Hauptstadt in der nördlichen Steppe hat sich rasant entwickelt und ist inzwischen ein Vorzeigeprojekt für das Kasachstan des 21. Jhs. Astana soll noch weiter wachsen und bis 2030 mehr als 1 Mio. Einwohner zählen. Die Skyline verändert sich rasant:

Jedes Jahr schießen fantastische Bauwerke empor – Wahrzeichen in asiatischem, westeuropäischem, sowjetischem oder futuristischem Stil, deren Entwürfe oft aus den Büros von führenden internationalen Architekten stammen. Mehrere spektakuläre Gebäude sind für die Öffentlichkeit zugänglich.

TÜRKISTAN

4 Hier befindet sich die wichtigste Pilgerstätte des Landes. Das im Auftrag des Mongolenherrschers Timur errichtete Mausoleum von Khoja Ahmed Yesevi ist mit seiner türkisblauen Kuppel und der Fliesenverzierung ein architektonisches Juwel in dem von Nomaden geprägten Land. Man erhält Einblick in den Sufismus Mittelasiens und sieht, wie Pilger beten und Wunschbänder an Bäume binden.

MANGGHYSTAU

5 Die Steinwüsten dieser Region erstrecken sich von Aktau 400 km ostwärts bis zur usbekischen Grenze. Die spektakulären Schluchten, seltsam erodierten mehrfarbigen Felsen, unterirdischen Moscheen und antiken Nekropolen werden gerade erst durch Archäologen erschlossen. Einst verlief ein Nebenarm der Seidenstraße durch diese Ödnis, und dort, wo die Menschen ihre Toten begruben oder heilige Männer lebten, entstanden religiöse Stätten, teilweise mit starken Verbindungen zum Sufismus. Die unterirdischen Moscheen waren ursprünglich vielleicht Höhlenbehausungen von Asketen. In einer Wüstenlandschaft, wo einem ansonsten höchstens Schafe oder Kamele begegnen, sind diese Stätten Highlights der Reise.

▼ UNTERWEGS VOR ORT

Ein umfassendes Netz von Inlandsflügen mit erschwinglichen Preisen verbindet alle Städte Kasachstans.

Züge verbinden alle Städte sowie viele kleine Orte und sind toll, um die Landschaft, die Weite und die Menschen des Landes kennenzulernen.

Taxis sind schneller als die unregelmäßig fahrenden, alten Busse und Kleinbusse.

6

MAXIM PETRICHUK / SHUTTERSTOCK ©

ALTAI

6 Im äußersten Osten von Kasachstan erhebt sich das großartige Altai-Gebirge und bildet die Grenze zu Russland, China und der 50 km entfernten Mongolei. Die Mühe, in diese dünn besiedelte Region zu kommen, lohnt sich. Weiden, verschneite Gipfel, bewaldete Höhen, Gletscher, Seen und Flüsse, archäologische Fundstätten sowie ländliche Dörfer mit kasachischen Reitern prägen die weite Landschaft. Um den Doppelgipfel des hohen Bjelucha (4506 m) an der kasachisch-russischen Grenze ranken sich viele Legenden. So verorten asiatische Mythen auf dem Berg das paradiesische Königreich Shambhala.

ESSEN & TRINKEN

Äpfel Kasachstan gilt als Ursprungsland der Äpfel, und in Teilen des Südostens wachsen noch immer wilde Apfelbäume.

Baursaki Frittierte Teigbällchen oder -dreiecke; schwere Donuts.

Beschbarmak Hammel-, Rind- oder Pferdefleisch, das lange gegart und in einer großen Schüssel auf lasagneähnlichen Nudelscheiben mit Zwiebeln und Kartoffeln serviert wird.

Kasy, Sucuk/Schudjak, Karta Wurst aus Pferdefleisch in Pferdedarm.

Kumys Gegorene Stutenmilch; alkoholhaltig, säuerlich, erfrischend.

Kuurdak Schmorgericht mit Kartoffeln, Innereien und Fleisch vom Pferd, Schaf oder Rind.

Manty Gegarte, mit Fleisch gefüllte Teigtaschen.

3

VASCA / SHUTTERSTOCK ©

KASACHISCHE MUSIK

Das wichtigste Instrument Kasachstans ist die *dombra*, eine kleine, zweisaitige Laute mit ovaler Kastenform. Daneben gibt es u. a. die *kobys* (zweisaitige Fiedel), deren Klang Dschingis Khan zu Tränen gerührt haben soll, und die *sybyzgy* (zwei miteinander verbundene Flöten; wie kleine Panflöten).

Die begabtesten Sänger werden *akyn* genannt. Die bedeutendste Form der traditionellen Musik ist das *aitys*, ein Duell zwischen zwei *dombra*-Spielern, die sich in ihrem Vortrag gegenseitig zu übertrumpfen versuchen. Während des Nouruz oder an anderen Feiertagen kann man die Kunstform erleben.

HAUPTSTADT
Doha

BEVÖLKERUNG
2,5 Mio.

FLÄCHE
11 586 km²

AMTSSPRACHE
Arabisch

Suq Waqif, Doha

KATAR

Noch vor 15 Jahren galt Katar als eines der langweiligsten Länder der Welt. Inzwischen entwickelt es sich schnell zu einem der aufregendsten.

Mit seinem hervorragenden Museum der islamischen Kunst, dem wohl schönsten traditionellen Suk in der Golfregion und der aufstrebenden Kunst- und Gastronomieszene entwickelt sich Doha zu einer Stadt von Weltklasse.

In Katar kann man beispielsweise die uralte Kunst der Falknerei genauer kennenlernen, ein Kamelrennen mit ferngesteuerten Roboterjockeys mitten in der Wüste anschauen, traditionelle Daus bewundern, die vor einer der spektakulärsten Skylines der Welt auf dem Wasser schaukeln, oder die vielen raffinierten Restaurants von Doha erkunden und anschließend den wie aus einem arabischen Märchen stammenden Sonnenuntergang über den Sanddünen beobachten.

Kurz: Katar stürmt kopfüber in die Zukunft, ohne seine Vergangenheit aus dem Auge zu verlieren – und das ist ein richtig aufregender Ritt!

Highlights

SUK WAQIF

1 In den letzten 15 Jahren hat sich der Suk Waqif zum geselligen Mittelpunkt Dohas gemausert. Der Suk ist *das* Highlight der Stadt und perfekt, um sich auf einer Erkundungstour ziellos durch die Gassen treiben zu lassen. An dieser Stelle gibt es schon seit Jahrhunderten einen Markt. Die Anlage wurde gekonnt nach dem Vorbild eines Suks des 19. Jhs. saniert. Man sieht lehmverputzte Läden, freiliegende Holzbalken und einige restaurierte Originalbauten. Echte Tradition verspricht der Falkenmarkt, der in einem eigenen Gebäude neben dem Suk Waqif untergebracht ist.

AL-CORNICHE

2 Mehr als die meisten anderen Städte am Golf nutzt Doha seine reizende Uferpromenade voll aus. Das liegt auch daran, dass die Doha Bay ihre sichelförmige Erscheinung einer Landaufschüttung verdankt. Der schönste Blick bietet sich vom Ufer nahe dem Museum für islamische Kunst, mit diesem im

ESSEN & TRINKEN

Alkohol Nur in Top-Hotelrestaurants und Bars erhältlich.

Kaffee Wird hell und mit Kardamom oder schwarz, stark und mit viel Zucker getrunken.

Leitungswasser Man kann es zwar trinken, aber die meisten bevorzugen Wasser in Flaschen.

Makbus Hühnchen, Lamm oder Fisch in dicker Sauce mit Reis und Gewürzen.

Khabees Datteln in verschiedenen Größen, Farben und Reifestadien.

REISEZEIT

HAUPTSAISON (Okt.–März)

NEBENSAISON (Mai–Sept.)

JB-2078 / ALAMY STOCK PHOTO ©

Vordergrund und den Wolkenkratzern der West Bay am gegenüberliegenden Ufer. Die beste Zeit für einen Besuch ist der späte Freitagnachmittag. Dabei kann man auch das Museum für islamische Kunst besichtigen. Das Museum mit der weltweit größten Sammlung islamischer Kunst erhebt sich auf einer eigens angelegten Insel inmitten einer schön gestalteten Fläche mit Zierbäumen.

JEBEL JASSASSIYEH

3 Vermutlich haben bisher nur wenige Besucher die Felszeichnungen im Norden Katars besucht, denn bis vor einigen Jahren war ihr genauer Standort noch streng geheim. Diese flache Felsplatte rund 60 km nördlich von Doha wirkt zunächst unscheinbar, doch am Jebel Jassassiyeh lassen sich sage und schreibe 900 Felszeichnungen verteilt über rund 580 Stätten entdecken. Einige Archäologen vermuten, die Zeichnungen könnten gar bis ins 3. Jh. v. Chr. zurückreichen; die meisten Wissenschaftler datieren die Kunstwerke allerdings in die Zeit zwischen dem 10. und 18. Jh. v. Chr.

KHOR AL-ADAID

4 Katars größte Natur-Attraktion ist zweifellos das schöne „Binnenmeer" Khor al-Adaid nahe der Grenze zu Saudi-Arabien. Der *khor* wird zwar oft als Meer oder See bezeichnet, ist aber eigentlich ein Bach, umgeben von silbrig glänzenden Sicheldünen (Barchane). Die Sanddünen von Khor al-Adaid sehen in der späten Nachmittagssonne herrlich aus, doch wenn bei Vollmond die *sabkha* (Salzebenen) in den Kuhlen zwischen dem Sand glitzern, haben sie fast schon etwas Magisches an sich.

KAMELE IN AL-SHAHANIYA

5 Wer im Nahen Osten Kamele sehen will, kommt in Al-Shahaniya garantiert auf seine Kosten. Man kann sie in der Wüste frei herumlaufen sehen oder sie bei den berühmten Kamelrennen erleben. Für diesen „Sport der Scheichs" wurde extra ein Stadion gebaut, und es gibt ferngesteuerte Roboter-Jockeys (!), die 25 kg wiegen. Wer ein Auto hat, kann während des Rennens die 8 km lange Strecke entlangfahren.

JETZT REISEN!

2022 gastiert die FIFA Fußball-Weltmeisterschaft zum zweiten Mal in Asien. Korruptionsvorwürfe, ausbeuterische Arbeitsbedingungen, eine Verlegung des Turniers in den Winter – bis heute ebbt die Kritik an der Vergabe des Turniers an Katar nicht ab. Um so kritischer wird die Weltöffentlichkeit auf den Wüstenstaat schauen, wenn vom 21. Nov. bis 18. Dez. 2022 am Persischen Golf das zweitgrößte Sportereignis der Welt über die Bühne geht und Fans aus aller Welt in den acht Arenen und drum herum ein hoffentlich fröhliches und friedliches Fußballfest feiern.

BIR ZEKREET

6 Der Steilabbruch von Bir Zekreet scheint aus einem Lehrbuch zu stammen und illustriert die Beschaffenheit der Wüstenformationen: Die Kraft des Windes hat das weichere Sedimentgestein abgetragen und Säulen sowie pilzförmige Strukturen aus Kalkstein freigelegt. Die Strände hier sind voller leerer Austernschalen, das flache Wasser ist ruhig und friedlich. Da nur wenige Besucher hierher kommen, ist Bir Zekreet ein angenehmes Reiseziel für einen Ausflug.

KATARA

7 Das Kulturdorf Katara ist eine große Ansammlung von Gebäuden im neuen Katar-Stil am Ufer von Doha. Hier kann man Ausstellungen besichtigen, Opernaufführungen besuchen, am Strand baden oder gut essen gehen. Mit dem supermodernen Amphitheater im Zentrum ist Katara eine fantastische Stätte für Liveunterhaltung. Das Gelände, auf dem auch verschiedene Restaurants und ein Strand auf die Gäste warten, kann man kostenlos betreten.

AL-ZUBARA

8 Al-Zubara, Katars einziges UNESCO-Weltkulturerbe, nimmt einen wichtigen Platz in der Geschichte Katars ein. Im 18. und 19. Jh. war es ein großer Perlenfischer- und Handelshafen – heute ist es eine wichtige archäologische Stätte.

UNTERWEGS VOR ORT

Seit 2019 verbindet die Doha Metro die meisten besiedelten Gebiete Katars.

Im öffentlichen Busverkehr bedienen klimatisierte Busse eine Reihe von Zielen.

Dohas Straßenplaner lieben Kreisverkehre. Die Polizei ist streng und verhängt schnell heftige Bußgelder.

![Flag of Kenya]

HAUPTSTADT
Nairobi

BEVÖLKERUNG
54,7 Mio.

FLÄCHE
580 367 km²

AMTSSPRACHEN
Englisch, Swahili

Diademmeerkatze, Kakamega Forest

KENIA

Ausgedehnte Savannen, riesige Herden mit wilden Tieren, schneebedeckte Berge am Äquator und traditionsverbundene Menschen, die der Erde Farbe und Seele geben – das ist Kenia!

In Kenia leben einige der bekanntesten afrikanischen Völker: die Massai, die Samburu, die Turkana, die Swahili und die Kikuyu. Diesen Kulturen näher zu kommen, sie vielleicht sogar besser zu verstehen, könnte das Highlight jeder Kenia-Reise sein.

Und dann gibt es natürlich noch die umherziehenden Gnus und Zebras mit den großen Raubtieren im Schlepptau, die roten Elefanten im Tsavo National Park, die Elefanten-Familien im Amboseli National Park im Schatten des Kilimandscharo und die Millionen von Rosaflamingos, die durch das seichte Wasser der Seen schreiten.

Kenias Tierwelt verdankt ihr Überleben und ihre Fülle vor allem einer der innovativsten Umweltschutzaktivitäten Afrikas. In Orten wie Laikipia und Masai Mara verbinden private und kommunale Initiativen den Tourismus mit Entwicklungsprojekten und dem Natur- und Tierschutz. Wer mit gutem Gewissen reisen will, ist hier genau richtig!

Highlights

WANDERNDE TIERHERDEN, MASAI MARA

1 Akazien überziehen die wogende Savannenlandschaft in der Masai Mara, die das Masai Mara National Reserve und private Schutzgebiete in der Umgebung umfasst und einige der weltweit größten Wildtierbestände aufweist. Das Gebiet ist zu jeder Zeit fantastisch, doch zwischen Juli und Oktober überrollen Hunderttausende von Gnus auf ihrer Wanderschaft die Ebenen der Mara, zu denen sich Herden von Zebras, Elefanten und Giraffen gesellen. Dieser Nahrungsquelle folgen Löwenrudel, lauernde Leoparden, einsame Geparden und Verbände grinsender Hyänen. Wer in Kenia nur Zeit für einen Ort hat, sollte sich auf jeden Fall für die Mara entscheiden.

ELEFANTEN IM AMBOSELI NATIONAL PARK

2 Es gibt wohl keinen besseren Ort weltweit, um Elefanten zu beobachten als den Amboseli National Park im Süden des Landes. Einen Großteil seiner Attraktivität verdankt der Park seiner Lage: Afrikas höchster Gipfel, der Kilimandscharo, ist die Kulisse für praktisch jedes Foto, das man hier macht. Wichtig ist auch, dass der Park von Kenias Wilderern verschont blieb und die hiesigen Elefanten, deren Stoßzähne zu den größten in Kenia zählen, überraschend tolerant gegenüber Menschen sind.

LAMUS GASSEN ERKUNDEN

3 Lamu ist das stimmungsvollste Reiseziel an Kenias Küste. Da es auf der Insel keine Autos gibt, erkundet man diese malerische Stadt am besten, indem man durch die Gassen schlendert, die alten Swahili-Tore bewundert, einen Blick in die bunten Innenhöfe wirft, in einem Schaukelstuhl sitzt und an einem Fruchtsaft nippt, und alle Einladungen für ein Schwätzchen annimmt – so werden die Gassen von Lamu zu einem Ort, von dem man immer wieder träumt.

3

AXEL FASSIO / GETTY IMAGES ©

Goba
Abayasee
Omo
Arba Minch
SÜDSUDAN
ÄTHIOPIEN
Chamosee
Nagele
Genale
Kapoeta
Chew Bahir
Turkana-See
Mandera
Moyale
10
Lodwar
Garbahaarey
Moroto
Marsabit
UGANDA
Wajir
Kumi
Marich Pass
SOMALIA
Kitale
Maralal
Samburu National Reserve
Eldoret
8
6
Busia
9
Eldama Ravine
Nanyuki
4
Meru
Kakamega
Kisumu
Nakuru
Kendu Bay
Mount Kenya
Garissa
Victoriasee
9
Nyeri
Embu
Sotik
Kisii
Naivasha
Hell's Gate National Park
5
Karungu
Thika
Mwingi
Buur Gaabo
Masai Mara National Reserve
NAIROBI
11
Musoma
1
Konza
Nairobi National Park
Tana
Tsavo National Park
Witu
Lamu
3
Natronsee
Namanga
Amboseli National Park
2
7
Tsavo
Ngorongoro
Mount Meru
Kilimandscharo
Malindi
Arusha
Moshi
Voi
Manyara-See
Kilifi
Pare-Gebirge
Eyasisee
Same
Mombasa
Babati
Mount Hanang
Usambara-Berge
Singida
TANSANIA
INDISCHER OZEAN
Tanga
0
180 km
N
Itigi
Sansibar
DODOMA
Kibaha
DARES-SALAAM
Morogoro

WANDERN AUF DEM MOUNT KENYA

4 Der Mount Kenya liegt im Herzen des Landes und nimmt auch einen besonderen Platz im Herzen der Kikuyu ein. Er ist der höchste Gipfel des Landes und der zweithöchste Afrikas. Mit ausreichender Entschlossenheit und mehreren Schichten warmer Kleidung erwandert man in vier Tagen den vereisten Point Lenana – nur einige Minuten vom Äquator, aber Welten entfernt vom übrigen Afrika.

HELL'S GATE NATIONAL PARK

5 Es ist eine Sache, Afrikas Großwild aus einem sicheren Fahrzeug heraus zu beobachten, und etwas ganz anderes, zu Fuß oder auf dem Fahrrad unterwegs zu sein. Im Hell's Gate National Park mit seiner Vulkanlandschaft aus roten Klippen, seltsamen Felsformationen und den Schluchten des Großen Afrikanischen Grabenbruchs mögen Raubtiere zwar fehlen, aber die Wildnis aus nächster Nähe zu beobachten, sorgt bei den Besuchern oft für Herzklopfen. Das „Höllentor" schafft es wie kein anderer Nationalpark Kenias, einem Afrika näher zu bringen.

LAIKIPIA PLATEAU

6 Das Plateau im Schatten des Mount Kenya bietet ein Netz an Schutzgebieten und privaten Tierreservaten. Das Gebiet ist auch das Ergebnis einer der aufregendsten Geschichten im afrikanischen Naturschutz. Die Ranches auf der Hochebene stehen an vorderster Front beim Schutz gefährdeter Arten und bieten eine tolle Mischung aus Unterkunft in Berghütten der Spitzenklasse, weitem Horizont und Megafauna. Noch dazu ist es ein viel intimeres Erlebnis als in einem Nationalpark, denn weit und breit ist kaum ein anderes Fahrzeug in Sicht.

▼ TOP-BÜCHER

Jenseits von Afrika (Karen Blixen alias Tania Blixen oder Isak Dinesen; 1937) Epische Geschichte im kolonialen Kenia.

Mein Leben als Pavian (Robert M. Sapolsky; 2002) Erzählung eines jungen Primatenforschers.

No Man's Land (George Monbiot; 1994) Die Probleme der Nomadenvölker der Region.

Die Flammenbäume von Thika (Elspeth Huxley; 1959) Erinnerungen an eine Kindheit im Kolonialzeitalter.

Verbrannte Blüten (Ngũgĩ wa Thiong'o; 1977) Roman über das Schicksal von vier Kenianern nach der Unabhängigkeit.

The Worlds of a Maasai Warrior: An Autobiography (Tepilit Ole Saitoti; 1988) Ein Einblick in die Welt der Massai.

▼ TOP-FILME

Ein Paradies für Tiere: Afrikas wildes Herz – The Great Rift (2010) BBC-Dokumentation

Echo of the Elephants (1993) Die Elefanten im Amboseli National Park.

Enough is Enough (2004) Von der Kritik gefeierte Darstellung des Mau-Mau-Aufstands.

Frei geboren – Königin der Wildnis (1966) Abenteuerfilm über die zahme Löwin Elsa.

Jenseits von Afrika (1985) Ließ eine ganze Generation von Afrika träumen.

Der ewige Gärtner (2005) Hollywoodstory in Kenia.

▼ REISEZEIT

HAUPTSAISON
(Juni–Okt., Jan. & Feb.)
Die Lodges sind sehr teuer, vor allem Juli bis Oktober.

ZWISCHENSAISON
(Nov. & Dez.)
Ab November sinken die Preise in den meisten Lodges und Parks.

NEBENSAISON
(März–Mai)
Die Regenzeit sorgt für niedrige Preise.

▼ TAUCHEN & SCHNORCHELN

Die kenianische Küste hat ein paar der besten Tauch- und Schnorchelstellen Afrikas. Angesichts der unzähligen Fischarten und bunten Korallen, die neben Meeressäugern wie Delfinen, Meeresschildkröten, Walhaien und Buckelwalen (Aug.–Okt.) das Meer bevölkern, verwundert es nicht, dass es hier jede Menge professioneller Tauchzentren gibt.

Wer kein Tauchzertifikat hat, kann das ändern, denn fast alle Hotels und Resorts an der Küste können Open-Water-Tauchkurse arrangieren. Die Kurse sind hier allerdings kaum billiger als anderswo.

▾ UNTERWEGS VOR ORT

Flüge können recht teuer sein, sind aber zum Glück schnell und in der Regel auch verlässlich.

Die meisten Ortschaften und Städte Kenias sind mit Bussen erreichbar. Für die Fahrt zu den Nationalparks und Lodges muss man meistens jedoch ein privates Transportmittel organisieren.

Erfahrene Autofahrer können mit einem stabilen Leihwagen auch schwerer zugängliche Gebiete erreichen. Kenianische Autofahrer zählen aber zu den gefährlichsten der Welt. Es kostet kaum mehr, ein Auto mit Fahrer zu mieten; man muss dann auch für Verpflegung und Unterkunft des Fahrers bezahlen.

STRÄNDE IN KENIA

7 Die kenianische Küste am Indischen Ozean ist eine der schönsten Afrikas. Lange weiße Sandstrände, klares Wasser und von Palmen geschützte Buchten sind für viele schon Grund genug für eine Reise. Hinzu kommt, dass durch den Handel im Laufe der Jahrhunderte ein beeindruckender Mix aus afrikanischen und arabischen Kulturelementen der Küste besonderen Schwung verliehen hat: Sie ist einerseits entspannt im besten Sinne des Hakuna Matata, andererseits voller Ruinen und stimmungsvoller Symbole der Swahili-Kultur.

SAMBURU NATIONAL RESERVE

8 Dieses Schutzgebiet ist vielleicht nicht so berühmt wie andere in Kenia, aber das macht auch seinen Reiz aus. Die Lebensader der atemberaubenden ariden Landschaft ist der Fluss Uaso Nyiro, der mit seinen palmengesäumten Ufern mindestens so schön ist wie die Wasserwege im Landesinneren. Auch die Tiere werden vom Fluss angezogen: In der Landschaft wimmelt es von Elefanten, Löwen und Leoparden. Es gibt auch einige für den Norden typische Arten, z. B. den blaubeinigen Somalistrauß und das gefährdete Grevyzebra.

KAKAMEGA FOREST

9 Pfade durchziehen den Kakamega Forest und bieten die seltene Möglichkeit zu Fuß auf Safari zu gehen. Dieser uralte Wald bietet Lebensraum für über 330 Vogel-, 400 Schmetterlings- und sieben Primatenarten. Im Schatten der Bäume stößt man hier auch auf die botanische Entsprechung der Schönen und des Biestes: zarte Orchideen und parasitäre Feigenbäume, die auf dem Weg nach oben zum Licht ihre Wirtspflanze umschlingen.

DER FERNE NORDEN

10 Inmitten der Wüsten und der horizontlosen Weite schimmert der Turkana-See wie eine jadegrün und türkisblaue Fata Morgana. Aus dem Wasser erhebt sich der Teleki, ein perfekt geformter Vulkankegel, und verstreut am Ufer liegen staubige, faszinierende Dörfer traditioneller Völker wie den Turkana, Samburu, Gabbra und El Molo, die hier in dieser isolierten Ecke Afrikas zuhause sind. Und dann gibt's hier auch noch Krokodile – und zwar viele!

NAIROBI NATIONAL PARK

11 Keine andere Stadt der Welt kann sich rühmen, in Sichtweite der Wolkenkratzer einen Nationalpark (mit vier der „Big Five“) vor der Haustür zu haben. Der Park mag zwar einige Abstriche haben– er ist einer der kleinsten in Afrika und ist fast ganz von Siedlungen umringt –, doch er ist ein bedeutendes Refugium für gefährdete Spitzmaulnashörner (hier leben mehr als 50), alle drei Großkatzenarten und eine reiche Vogelwelt. Es gibt hier auch eine Aufzuchtstation für verwaiste Elefanten-Jungtiere, ein nahegelegenes Zentrum für Rothschild-Giraffen und viele Dinge, die einen vergessen lassen, dass man in Nairobi ist.

JETZT REISEN!

Seit 2018 ist die archäologische Stätte **Thimlich Ohinga** nahe dem Viktoriasee ein UNESCO-Weltkulturerbe. Die Siedlung, die einen spannenden Einblick in die Siedlungsgeschichte der südlichen Sahara ermöglicht, wurde vermutlich im 15. Jh. erbaut und besteht aus vier großen, hervorragend erhaltenen Komplexen aus Trockenmauerwerk. Die beeindruckenden Mauern, die die Komplexe umgeben und gliedern sind zwischen 1,5 und 4,5 m hoch und im Durchschnitt etwa 1 m breit.

PAUL BANTON / SHUTTERSTOCK ©

KENYA MUSIC FESTIVAL

Kenias ältestes Musikfestival findet im August in Nairobi statt und dauert zehn Tage. Die Stars stammen vor allem aus Afrika, das Festival lockt aber auch internationale Künstler an.

SPEKTAKULÄRES NATURSCHAUSPIEL

Nach der Regenzeit ziehen die Gnus zwischen Mitte Juni und Mitte Juli ins Masai Mara National Reserve und bleiben bis Oktober. Ihnen folgen die Raubtiere – dies ist eines der größten Naturschauspiele auf Erden.

ATHIKHOM SAENGCHAI / SHUTTERSTOCK ©

HAUPTSTADT
Bischkek

BEVÖLKERUNG
5,7 Mio.

FLÄCHE
199 951 km²

AMTSSPRACHEN
Kirgisisch, Russisch

Songköl

KIRGISISTAN

Kirgisistan, ein fast vergessenes Land, ist mit seinen Gebirgstälern, den glitzernden Seen und den Filzjurten ein Traumziel für Abenteurer, Ökotouristen und Möchtegern-Nomaden.

Kirgisistan wird von seiner Schönheit bestimmt: Gebirgslandschaften, schroffe Bergkämme und sanft gewellte *jailoos* (Sommerweiden), die durch die halbnomadischen, in Jurten lebenden Hirten zu neuem Leben erwachen. Berücksichtigt man noch das Angebot an Pensionen und die aufgehobene Visumspflicht, dann wird klar, weshalb Kirgisistan das von Reisenden bevorzugte Tor zu Zentralasien ist (die Grenzregion zu Tadschikistan sollte man aber meiden). Wie es von einem Land zu erwarten ist, dessen landschaftliche Attraktionen in großer Höhe liegen, ist die Reisezeit wichtig. Der Sommer ist ideal für Wanderungen, und die Straßen sind gut befahrbar. Im Hochsommer strömen kasachische und russische Reisende zum See Yssykköl. Zwischen Oktober und Mai aber sind viele Unterkünfte auf dem Land zu und die Jurten abgebaut. Man sollte sich also zweimal überlegen, im Winter zu kommen – außer man will Ski fahren.

Highlights

▼ REISEZEIT

HAUPTSAISON
(April–Juni & Okt.)

ZWISCHENSAISON
(Juli–Sept.)

NEBENSAISON
(Nov.–März)

PFERDETREKKING

1 Kirgisistan ist ideal, um sich in den Sattel zu schwingen und die Almen zu entdecken. Überall organisieren die Tourismusämter den stunden- oder tageweisen Verleih von Reitpferden. Oft vermitteln die Pferde den Eindruck, sie seien auf dem besten Wege, wieder zu ihren wilden Wurzeln zurückzukehren und davonzugaloppieren. Ungeübte Reiter sollten darauf hinweisen, dass sie Anfänger sind, und man wird ihnen zahmere Pferde geben.

SONGKÖL

2 Das Juwel des zentralen Kirgisistan ist dieser von grünen Sommerweiden gesäumte Hochgebirgssee, an dessen Ufer im Sommer Jurten stehen. Um hierher zu kommen, kann man wandern oder mit dem Auto fahren. Am schönsten ist der Ausflug jedoch hoch zu Ross mit Übernachtung in einer Jurte. Die besten Monate für einen Besuch sind Juni und August. Dann hat man auch die Chance, eines der Reiterfestspiele, die Darbietung eines kirgisischen Sängers oder eine Jagd mit Adlern mitzuerleben. Schlafsack mitbringen!

ALA-ARTSCHA-SCHLUCHT

3 In dem prächtigen, gut zugänglichen Y-förmigen Tal südlich von Bischkek können Besucher an einem Wasserfall sitzen, zu einem Gletscher wandern oder die höchsten Gipfel der Region erklimmen. Etwa 42 km von Bischkek entfernt endet die Straße am sogenannten Alplager, dem Beginn des Wanderwegs. In der Saison stehen dort viele Jurten, die *kumys* (vergorene Stutenmilch) verkaufen. Etwa 300 m nördlich von hier, wo zwei Bergtäler zusammenlaufen,

gabelt sich der Fluss und an den beiden Armen führen relativ gut markierte Wanderwege entlang

ARSLANBOB

4 Das Babasch-Ata-Gebirge bildet eine mächtige Mauer aus Bergkämmen hinter der hochgelegenen „Oase" Arslanbob. Das ziemlich große Dorf mit seinen usbekischen, religiös konservativen Einwohnern erstreckt sich entlang eines fast unsichtbaren, von Bäumen beschatteten Wegenetzes und ist umgeben von einem riesigen Forst mit dem weltweit größten Walnussbaumwald. Die echten Attraktionen hier sind Wanderungen, Pferdeausflüge, Radtouren und Skiabenteuer in den umliegenden Bergen und Wäldern. Zudem kann man bei Gastfamilien und ihren Garten-Unterkünften gut entspannen.

ALTYN-ARASCHAN

5 Das wohl beliebteste Reiseziel ab Karakol ist das spartanische Thermalbad Altyn-Araschan (Goldenes Spa) in einem pittoresken Gebirgstal in 3000 m Höhe vor der Kulisse des 4260 m hohen Pik Palatka am südlichen Ende des Tals. Der Großteil des Gebiets ist botanisches Forschungsgelände. Im staatlichen Naturschutzgebiet Araschan leben etwa 20 Schneeleoparden und ein paar Bären. Vermutlich sieht man aber nur die Pferde und Schafe der örtlichen Familien. Von der Thermal-

UNTERWEGS VOR ORT

Leihwagen ohne Fahrer sind noch eher unüblich, aber in Bischkek kann man mittlerweile Autos und in Osch Motorräder leihen.

Nur eingeschränkt kommen Busse zum Einsatz, aber an den meisten Busbahnhöfen stehen Sammeltaxis und Minibusse, die teilweise nach Fahrplan fahren oder starten, wenn sie voll besetzt sind.

RADIOKAFKA / SHUTTERSTOCK ©

quelle ist es eine fünfstündige Wanderung bis zur Gletscherzunge am Pik Palatka.

OSCH

6 Der fünfgipflige Felsen am Rand des Zentrums ist der Blickfang von Kirgisistans zweitgrößter Stadt. Für seine 3000-jährige Geschichte hat Osch architektonisch nicht viel zu bieten, aber der Basar und die Einwohner sorgen für eine Atmosphäre, die im Vergleich mit Bischkek viel mittelasiatischer anmutet.

BISCHKEK

7 Die ruhige, lockere Hauptstadt ist ein perfekter Einstieg in das Land. Das Zentrum ähnelt einem Park mit unzähligen Bäumen. Das Alatau-Gebirge ist eine großartige Kulisse, und dessen Schmelzwasser fließen durch Bischkeks Kanäle. Die aus der Sowjetzeit erhaltenen Gebäude wirken allerdings wie aus der Zeit gefallen.

MICHAL KNITL / SHUTTERSTOCK ©

ESSEN & TRINKEN

Lagman Mild gewürzte, fettige Nudeln, die meist in einer Suppe serviert werden.

Hoschan Gebratene und gedämpfte Klöße – am besten auf Märkten direkt vom Feuer.

Aschlam fu Kalte Reisnudeln, Aspik, Essig und Eier.

Bozo Dickflüssiges, spritziges Getränk aus vergorener Hirse oder anderem Getreide.

Borsok Nicht gefüllte, ravioligroße frittierte Teigbällchen, die eingetunkt oder mit Sahne gegessen werden.

Kurut Kleine, harte Bällchen aus getrocknetem, säuerlichem Joghurt – ein beliebter Snack.

PFERDESPORT

Pferdesport ist in Kirgisistan sehr populär und erlebt in den letzten Jahren einen Aufschwung. Zu den unvergesslichen Events gehört *buzkaschi*, ein Reiterkampf um eine enthauptete Ziege, die in einem Zielkreis abgeworfen werden muss. Der Sport, der auch als *ulak tartisch* oder *kok-boru* bekannt ist – Letzteres heißt auf Kirgisisch „grauer Wolf" –, kommt aus dem Jagdtraining. Anders als z. B. in Tadschikistan, wo jeder gegen jeden antritt, ist *buzkaschi* hier ein ebenso heftiger Mannschaftssport.

Andere typische Pferdesportarten sind *at-chabisch*, ein Langstrecken-Pferderennen über 20 bis 30 km, *jamby atmai*, Bogenschießen im Galopp, *tyin enmei*, bei dem Reiter im vollen Galopp Münzen vom Boden aufheben müssen, und *odarisch*, ein Ringkampf zwischen zwei Reitern.

HAUPTSTADT
Tarawa

BEVÖLKERUNG
113000

FLÄCHE
811 km²

AMTSSPRACHEN
Kiribatisch, Englisch

Hütten in South Tarawa

KIRIBATI

Kiribati, eine Ansammlung winziger Eilande im Pazifik, bewahrt seine traditionelle Lebensweise. Man kennt hier keine Eile – also einfach mal das Tempo drosseln, relaxen und die Insel genießen.

Die Republik Kiribati umfasst die Archipele der Gilbert-, Phoenix- und Linieninseln. Mit 811 km² Landfläche ist sie ein Mini-Staat, aber die 33 Atolle verteilen sich auf eine Wasserfläche von 3,5 Mio. km². Viele Inseln liegen in Lagunen und ragen nur wenige Meter empor – der Ozean ist allgegenwärtig.

Kiribatis jüngere Kolonialvergangenheit und die Zeit des Zweiten Weltkrieges (das Land wurde 1942 von Japan besetzt) wirkten sich kaum auf die äußeren Inseln aus, deren Einwohner schon seit Jahrhunderten von Kokosnüssen, Brotfrüchten und Fischfang leben. Selbst auf der Hauptinsel Tarawa leben viele in traditionellen Hütten. Der westliche Einfluss nimmt mit Autos, Bars und Internet jedoch zu, immer mehr Menschen wandern von entfernten Atollen nach Tarawa ein.

Die Kiribatier, die Einwohner der Inselgruppen, sind freundlich, aber wortkarg – mehr als ein nettes *mauri* („hallo") im Vorbeigehen darf man nicht erwarten.

Highlights

GILBERTINSELN

1 Um wirkliche Abgeschiedenheit zu erleben, macht man sich zu den Gilbertinseln auf, auf denen man die alte Lebensart der Kiribatier kennenlernen kann. Die Inseln sind unverfälscht und westliche Produkte noch eine Seltenheit. Die Menschen leben von Fischerei, Kokosnussanbau und dem Verkauf von gesalzenen Muscheln oder Kopra.

GESCHÜTZE AUS DEM ZWEITEN WELTKRIEG

2 Auf dem Eiland Betio vor Tarawa gibt es allerhand Spuren des Zweiten Weltkriegs, z. B. 8-Zoll-Geschütze, Bunker und ein MG-Nest. 1943 erstürmten 20 000 US-Marines Betio und vertrieben die japanischen Besatzer. Hier ist auch ein Soldatenfriedhof und ein Mahnmal.

CHRISTMAS ISLAND

3 Kiritimati ist ein Paradies für Sportangler und eine der größten Attraktionen Kiribatis. Fliegenfischen ist beliebt, denn in den flachen Gewässern gibt es viele Fische. Die Insel ist auch ein toller Tauchspot. Die Tauchgänge werden gern in den korallenreichen Kanälen entlang der Cook-Insel durchgeführt, wo das Riff steil abfällt.

REISEZEIT

HAUPTSAISON
(Dez.–Feb., Juni–Aug.)

NEBENSAISON
(März–Mai, Sept.–Nov.)

ESSEN & TRINKEN

Brotfrucht Sie ist neben der Kokosnuss ein Grundnahrungsmittel.

Fisch & Meeresfrüchte Fisch gibt es zuhauf. Viele andere Lebensmittel kommen aus Australien.

Kaokioki Kiribatis berühmtes Getränk wird aus Kokospalmen gewonnen und gegoren.

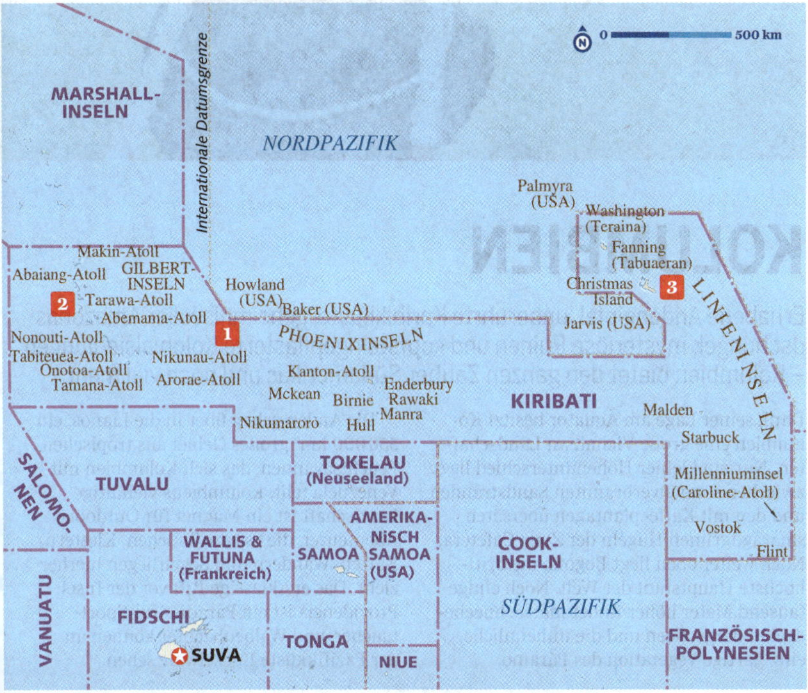

HAUPTSTADT
Bogotá

BEVÖLKERUNG
50,4 Mio.

FLÄCHE
1,1 Mio. km²

AMTSSPRACHE
Spanisch

KOLUMBIEN

Erhabene Andengipfel, unberührte Karibikküste, geheimnisvoller Amazonasdschungel, mysteriöse Ruinen und kopfsteingepflasterte Kolonialsiedlungen – Kolumbien bietet den ganzen Zauber Südamerikas und noch viel mehr.

Dank seiner Lage am Äquator besitzt Kolumbien eine große Vielfalt an Landschaften. Nur ein kleiner Höhenunterschied liegt zwischen sonnenverbrannten Sandstränden und den mit Kaffeeplantagen übersäten smaragdgrünen Hügeln der Zona Cafetera. Noch weiter oben liegt Bogotá, die dritthöchste Hauptstadt der Welt. Noch einige tausend Meter höher findet man schneebedeckte Berge, Seen und die unheimliche, einzigartige Vegetation des Páramo.

Die Anden gehen über in die Llanos, ein 550 000 km² großes Gebiet aus tropischen Feuchtsavannen, das sich Kolumbien mit Venezuela teilt. Kolumbiens vielfältige Landschaft ist ein Magnet für Outdoor-Abenteurer, die es zum Tauchen, Klettern, Raften, Wandern und Segelfliegen hierher zieht. Das erstklassige Riff vor der Insel Providencia ist ein Paradies für Sporttaucher, und Walbeobachter können an der Pazifikküste Buckelwale sehen.

Highlights

ALTSTADT VON CARTAGENA

1 Wenn man Cartagenas Altstadt betritt, scheinen sich die Zeiger der Uhr an der Puerta del Reloj um 400 Jahre zurückzudrehen. Ein Spaziergang durch die Straßen ist wie das Eintauchen in einen Roman von Gabriel García Márquez. Bougainvilleen überwuchern die Balkone, und auf den Straßen rund um die herrlichen, von den Spaniern erbauten Kirchen, Plätzen und historischen Villen gibt es auf Schritt und Tritt Imbissstände. Es ist eine lebendige Stadt, die nur durch Zufall noch so aussieht wie vor Jahrhunderten.

TOUR ZUR CIUDAD PERDIDA

2 Die Ciudad Perdida ist nach Machu Picchu eine der rätselhaftesten präkolumbischen Städte Südamerikas. Der mehrtägige Trip durch den Urwald führt durch einige der majestätischsten tropischen Landschaften des Landes. In der stillen Schönheit der Sierra Nevada kann der Puls kaum mit den reißenden Strömen mithalten, wenn man diese durchwatet. Und das Ziel der Wanderung ist in jeder Hinsicht ehrfurchtgebietend – eine antike „verlorene Stadt", die, angelegt auf verschwiegenen Terrassen, tief in den Bergen von Grabräubern und Goldgräbern „wiederentdeckt" wurde. Allein schon der Weg dorthin ist die Strapazen wert.

CAÑO CRISTALES

3 Der Caño Cristales war 20 Jahre lang von Guerrillas besetzt, ist aber wieder zugänglich. Die Schlucht mit dem sogenannten Fünffarbenfluss gehört zu den faszinierendsten Naturwundern Kolumbiens. Umgeben von Urwald und Gebirgslandschaft, die den Übergang zum kolumbianischen Amazonas bildet, verwandelt sich der Fluss zwischen Juli und November in ein verblüffendes Meer aus Rot. Das Phänomen wird durch den Algenwuchs auf dem

VARNAK / SHUTTERSTOCK ©

0
200 km
KARIBIK
Providencia (Kolumbien)
San Andrés (Kolumbien)
NIEDERLÄNDISCHE ANTILLEN (NIEDERLANDE)
Aruba
Curaçao
Bonaire
Parque Nacional Natural Tayrona
La Guajira Península
5
Riohacha
Santa Marta
Barranquilla
2
Coro
Maracaibo
CARACAS
Cartagena
1
Valledupar
Barquisimeto
Valencia
Lago de Maracaibo
Sincelejo
PANAMA
PANAMA-STADT
Montería
Mérida
VENEZUELA
Cúcuta
San Cristóbal
Bucaramanga
Parque Nacional Natural El Cocuy
Barichara
San Gil
8
10
Medellín
9
4
Quibdó
Puerto Ayacucho
Manizales
Yopal
6
Pereira
Zona Cafetera
BOGOTÁ
Villavicencio
Buenaventura
Isla Gorgona
Cali
Neiva
PAZIFIK
Popayán
San José Del Guaviare
7
San Agustín
Parque Nacional Natural Sierra de La Macarena (Caño Cristales)
Florencia
3
Pasto
Mocoa
Laguna de la Cocha
Ibarra
QUITO
ECUADOR
BRASILIEN
PERU
Parque Nacional Natural Amacayacu
Machala
Iquitos
Amazonas
Leticia
Río Yavarí
Trujillo

TOP-FILME

Todos Tus Muertos (2011) Kritik an Korruption und Gleichgültigkeit in Kolumbien.

Apaporis (2010) Dokumentation über das Leben der indigenen Einwohner im Amazonasgebiet.

Perro come Perro – Den letzten fressen die Hunde (2008) Gangster-Thriller im Stil Tarantinos.

Maria voll der Gnade (2008) Die Geschichte einer schwangeren jungen Kolumbianerin, die sich als Drogenkurierin verdingt.

Soñar No Cuesta Nada (2006) Kolumbianische Soldaten finden mehrere Millionen Dollar der FARC und behalten sie.

Rosario, die Scherenfrau (2004) Thriller über eine rachsüchtige Auftragsmörderin.

ESSEN & TRINKEN

Probieren sollte man *ajiaco* (Hühnchen-Eintopf mit Mais, Kartoffeln, Avocado und einem Gewürz namens *guasca)* und *bandeja paisa*, ein kalorienreiches Gericht mit Würstchen, Bohnen, Reis, Eiern und *arepa* (Fladenbrot aus Maismehl).

An Straßenimbissen gibt's u. a. herzhafte *arepas* aller Art (mit Käse, Schinken und Eiern oder Hühnchen), *mazamorra* (Maisgebräu), *empanadas* (Teigtaschen mit Füllung), frisch gepresster Orangensaft und Obstsalate. Regionale Optionen sind *llapingachos* (Kartoffelküchlein mit Fleisch) und *helado de paíla* (in einem Kupferkessel geschlagenes Eis) in Nariño, Ceviche an der Karibikküste und Tamales in Tolima und Huila. Für Süßschnäbel gibt's z. B.: *obleas con arequipe* (Waffeln in Milchkaramell) und *cuajada con melao* (Frischkäse mit geschmolzenem Palmzucker).

Flussgrund verursacht, der das Wasser in den verschiedensten Farben leuchten lässt.

TREKKING IN EL COCUY

4 Die eine Woche dauernde Trekkingroute Güicán–El Cocuy im Parque Nacional Natural (PNN) El Cocuy ist aus gutem Grund sehr beliebt. In der Hauptsaison (Dez.–Feb.) ist in der Region der Sierra Nevada del Cocuy alles von den Sonnenaufgängen geprägt, die die Gipfel und das Páramo-Ökosystem aus Gletschertälern, Hochebenen, Gebirgsseen und seltener Vegetation überziehen. An klaren Tagen genießt man von bis zu 5000 m hohen Aussichtspunkten Panoramablicke über die weite Fläche der Los Llanos.

DIE DÜNEN & WÜSTEN DER LA GUAJIRA

5 Der Ausflug zu dieser einsamen Wüstenhalbinsel kann als amüsant oder als mühsam empfunden werden. Doch alle, die es bis zum nördlichsten Punkt Südamerikas schaffen, sind fasziniert von der Schlichtheit der Gegend. Verstreut in dieser kaum besuchten

REISEZEIT

HAUPTSAISON
(Dez.–Feb.)
In den Anden sonniges Wetter und warme Tage.

ZWISCHENSAISON
(März–Sept.)
In Cartagena scheint im April die Sonne, ab Mai regnet es stark.

NEBENSAISON
(Okt.–Nov.)
Sturzfluten in der Andenregion, aber exzellente Wandermöglichkeiten und weiße Sandstrände im Amazonasgebiet.

DIE GROSSE KRABBENWANDERUNG

Die Wanderung der Schlammkrabben ist einzigartig: Für eine Woche im April verlässt die an Land lebende schwarze Providencia-Krabbe ihren Lebensraum in den Bergen und macht sich tapsig auf den Weg Richtung Meer, wo die Weibchen ihre Eier ablegen und die Männchen sie befruchten, bevor sie kurz darauf wieder zurück landeinwärts ziehen. In dieser Zeit ist die einzige Straße, die um die winzige Karibikinsel führt, gesperrt. Das Leben verharrt mehr oder weniger in völligem Stillstand, es ist noch ruhiger als sonst, und man kommt nur noch zu Fuß voran.

Einige Monate später (meist im Juli) verlassen die frisch geschlüpften Jungkrabben das Meer und krabbeln in die Berge. Auch dann ist alles auf der Insel gesperrt, und man hört Tag und Nacht das Rascheln, das die Millionen von winzigen Krabben auf ihrem Weg in die Hügel verursachen. Mit etwas Glück wird man bei seinem Aufenthalt auf Providencia Zeuge dieses faszinierenden Naturschauspiels.

▼ UNTERWEGS VOR ORT

Flugzeuge sind das einfachste (aber teuerste) Mittel, um die großen Entfernungen zwischen den Großstädten in Kolumbien zu bewältigen. Es gibt jetzt auch hier Billigfluglinien, die das Fliegen erschwinglicher machen. Wer früh bucht, kann gute Schnäppchen erwischen. Fast alle Städte haben einen Flughafen, sogar viele kleinere, abgelegene Orte.

Busse – von vollbesetzten *colectivos* (Sammeltaxis oder Kleinbusse) bis hin zu komfortablen und klimatisierten Fernbussen – sind das Hauptverkehrsmittel in Kolumbien. Sie verbinden fast alle Orte im Land.

Mit einem Auto kann man unabhängig reisen und auch Regionen, die mit öffentlichen Verkehrsmitteln kaum erreichbar sind, besuchen. Leihwagen sind aber recht teuer und nur in größeren Städten erhältlich.

Ecke Kolumbiens findet man Rosaflamingos, Mangrovensümpfe, Sanddünenstrände und Wayuu-Siedlungen.

DIE MUSEEN VON BOGOTÁ

6 Es gibt nur wenige Orte auf der Welt, an denen man nachfühlen kann, wie es sein muss, einen Schatz zu entdecken. Im Museo del Oro in Bogotá, einem der faszinierendsten Museen Südamerikas, fühlt man sich wie Indiana Jones – und das ist nur eines der vielen Museen der Stadt. Ob nun korpulente Botero-Skulpturen, präsidiale Hubschrauber, Waffen-Arsenale berühmter Kokain-Bosse, bolivianische Schwerter oder zerbrochene Vasen – in Bogotá gibt's ein entsprechendes Museum.

ANTIKE STATUEN VON SAN AGUSTÍN

7 Die über sanfte grüne Hügel verstreuten Statuen von San Agustín bilden eine der wichtigsten archäologischen Stätten des Kontinents. Über 500 aus Vulkangestein herausgeschlagene Statuen, die heilige Tiere darstellen oder menschenähnliche Gestalt haben, wurden bisher ausgegraben. Viele Statuen sind in einem archäologischen Park zu Gruppen angeordnet, aber etliche stehen noch am ursprünglichen Ort und können zu Fuß oder mit dem Pferd entlang von Pfaden erkundet werden.

AN DER PAZIFIKKÜSTE WALE BEOBACHTEN

8 Es gibt in der Natur kaum ein beeindruckenderes Schauspiel wie einen 20 t schweren Wal, der vor einer Kulisse bewaldeter Berge hoch in die Luft schnellt. Jedes Jahr machen sich Hunderte von Buckelwalen auf die mehr als 8000 km lange Reise von der Antarktis in die pazifischen Gewässer vor Kolumbien, um Junge zu gebären und aufzuziehen. Sie kommen dabei so nah an die Küste von Ensenada de Utría heran, dass man vom Frühstückstisch aus zusehen kann, wie sie im flachen Wasser herumtollen. Wer ihnen noch näher kommen möchte, bucht eine Bootstour.

KOLONIALES BARICHARA

9 Barichara ist wohl Kolumbiens malerischstes koloniales Städtchen: rostorangefarbene Dächer, symmetrisch gepflasterte Straßen, weiße Wände und blumengeschmückte Balkone kontrastieren mit dem Grün der Anden. Barichara ist ein Juwel der Gemächlichkeit – der Name bedeutet im Dialekt der Region Guane „Ort der Entspannung" – und so ist es nicht überraschend, dass man, geblendet von der Schönheit des Städtchens, nur mit dem Tempo eines Schlafwandlers durch die Gassen schlendert.

MEDELLÍN ERKUNDEN

10 Von der preisgekrönten städtischen Hochbahn aus kann man die Stadt aus der Vogelperspektive würdigen. Man sieht die Arbeiterviertel Medellíns, die sich gefährlich an die steilen Berghänge klammern. Das Labyrinth aus roten Lehmziegelhäusern ist das pulsierende Herz einer Stadt, die sich von dem schwierigen Gelände nicht im Wachstum bremsen lässt. Abends kann man sich die andere Seite anschauen und den schicken Restaurants, Bars und Clubs von El Poblado einen Besuch abstatten. Dies ist das Zentrum des legendären Nachtlebens von Medellín, wo sich die Schönen und Reichen tummeln.

MEHDI33300 / SHUTTERSTOCK ©

▼ KAFFEE-FINCAS

Überall in Caldas, Risaralda und Quindío heißen ein paar der besten Kaffeefarmen (*fincas*) Kolumbiens Besucher herzlich willkommen. Man erhält einen Einblick in die harte Arbeit des Kaffeeanbaus und in die Kaffeekultur.

▼ MELODIEN DES WALDES

Die *marimba de chonta* ist das wichtigste Musikinstrument für den an der Pazifikküste Kolumbiens typischen Tanz *El Currulao*. Hergestellt wird das traditionell an der Decke aufgehängte Instrument aus dem Holz einer Palmenart.

KANOKRATNOK / SHUTTERSTOCK ©

HAUPTSTÄDTE
Moroni (K)
Mamoudzou (M)

BEVÖLKERUNG
864 335 (K)
288 926 (M)

FLÄCHE
2235 km² (K)
374 km² (M)

AMTSSPRACHEN
Arabisch,
Französisch (K),
Französisch (M)

Ngoudja, Mayotte

KOMOREN & MAYOTTE

Die bezaubernden, im Indischen Ozean verstreuten Komoreninseln sind ein Ort, an den man reist, um die Welt für eine gewisse Zeit zu vergessen.

Die Bewohner der abgelegenen Komoren sind die Nachfahren arabischer Händler, persischer Sultane, afrikanischer Sklaven und portugiesischer Piraten. Die drei Inseln haben seit ihrer Unabhängigkeit (1975) bis 2008 rund 20 Staatsstreiche erlebt. Danach haben die streitlustigen Inseln beschlossen, ihre Konflikte ruhen zu lassen und unter dem gemeinsamen Banner der Union des Comores aufzutreten. Die vierte Insel, Mayotte, ist französisches Überseegebiet und unterscheidet sich politisch von den anderen Komoreninseln dadurch, dass ihre Einwohner französische Staatsbürger sind.

Auf den Komoreninseln Urlaub zu machen ist nicht jedermanns Sache. Alles verläuft hier in Zeitlupe und auch die touristische Infrastruktur lässt zu wünschen übrig. Aber all jenen, die im Urlaub nur faulenzen, Tee schlürfen und mit Einheimischen plaudern möchten, bieten die Komoren genau das, wonach sie sich so sehr sehnen.

Highlights

MORONI

1 Moroni ist ein zeitloser Ort, an dem die Luft an arabische Nächte erinnert. Wer durch die engen Gassen schlendert, kommt an bunt gekleideten Frauen vorbei, die auf Steintreppen sitzen und plaudern, und an Männern in weißen Umhängen, die Domino spielen. Bei Sonnenuntergang wird Moroni zu einem der reizvollsten Orte im Indischen Ozean.

MOHÉLI

2 Es lohnt sich, die kleinste, wildeste und interessanteste Komoreninsel mit ihren Stränden und dem türkisblauen Wasser zu erkunden. Sie ist nicht erschlossen und nur dünn besiedelt. Mohélis Status ist eindeutig: Hier hat selbst das 20. Jh. noch keinen Einzug gehalten – vom 21. Jh. ganz zu schweigen. Und das ist auch sehr gut so.

ANJOUAN

3 Von ihren Bewohnern als „Perle der Komoren" bezeichnet ist Anjouan die landschaftlich reizvollste der Inseln und erfüllt jeden Traum vom einsamen Robinson-Dasein. Anjouan, von den Einheimischen auch Nzwani oder Ndzouani genannt, ähnelt am stärksten der Idealvorstellung eines exotischen Orts, an den man sich mit einem geliebten Menschen gern zurückziehen würde.

REISEZEIT

HAUPTSAISON
(Mai–Sept.)

ZWISCHENSAISON
(Okt. & Nov.)

NEBENSAISON
(Dez.–April)

ESSEN & TRINKEN

Hummer Erschwinglicher Hummer – besonders köstlich ist Hummer *à la vanille*.

Tee Tee mit Zitronengras und Ingwer trinken.

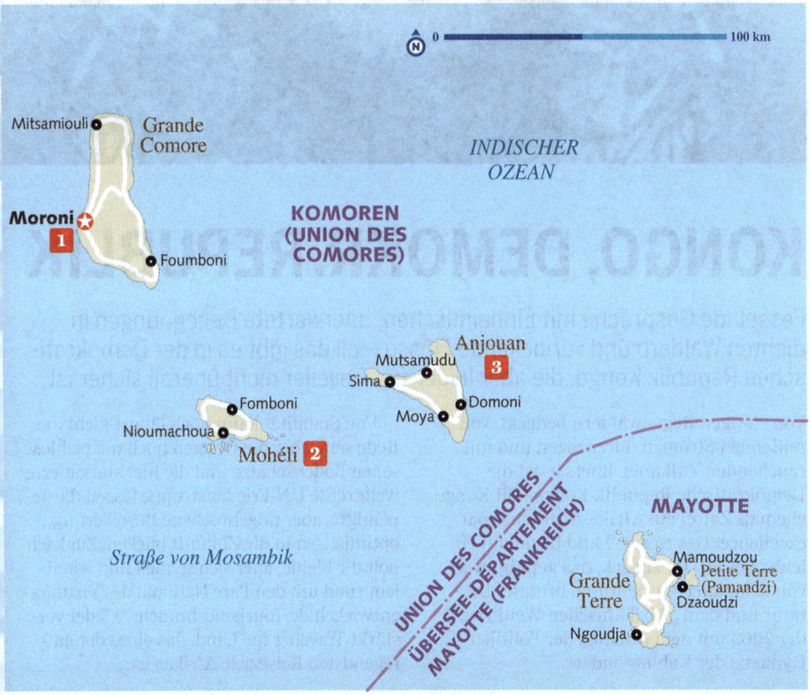

HAUPTSTADT
Kinshasa

BEVÖLKERUNG
105,0 Mio.

FLÄCHE
2,3 Mio. km²

AMTSSPRACHE
Französisch

KONGO, DEMOKR. REPUBLIK

Fesselnde Gespräche mit Einheimischen, unerwartete Begegnungen in dichten Wäldern und verlockende Flüsse – all das gibt es in der Demokratischen Republik Kongo, die aber leider für Traveller nicht überall sicher ist.

Von riesigen Regenwäldern bedeckt, von reißenden Strömen durchzogen und mit rauchenden Vulkanen übersät, ist die Demokratische Republik Kongo (DR Kongo, ehemals Zaire) ein Afrika-Abenteuer par excellence. Das riesige Land blickt auf ein leidvolles 20. Jh. zurück, das geprägt war von kolonialer Ausbeutung, brutaler Diktatur und dem „Afrikanischen Weltkrieg", der 2003 mit dem Aufstieg der Politiker-Dynastie der Kabilas endete.

Von Stabilität kann noch längst nicht die Rede sein, aber die riesigen noch unerschlossenen Bodenschätze und die hier stationierte weltgrößte UN-Friedenstruppe lassen die gepeinigte, aber ungebrochene Bevölkerung optimistisch in die Zukunft blicken. Zugleich holt die kleine, aber sich schnell und vor allem rund um den Parc National des Virunga entwickelnde Tourismusbranche wieder verstärkt Traveller ins Land, das eines der aufregendsten Reiseziele Afrikas ist.

Highlights

PARC NATIONAL DES VIRUNGA

1 In den dichten Wäldern von Afrikas ältestem Nationalpark leben Berggorillas. Derzeit unmöglich ist leider die Wanderung hinauf zum Rand des Ende Mai 2021 ausgebrochenen Vulkans Nyiragongo, der nahe der Großstadt Goma liegt. Hier schlägt das betörend schöne Herz Afrikas.

KINSHASA

2 Chaos, Musik und Lebenslust prägen Kinshasa – eine Stadt, die man nicht nur besuchen, sondern erleben muss! Es gibt zwar auch andere interessante Städte in Afrika, aber hier ist alles größer, schneller und lauter. Eine bessere Wirbelwind-Einführung ins kongolesische Leben erhält man nirgendwo sonst.

KISANGANI

3 Eine legendäre Bootstour den wilden Kongo hinauf bringt einen zu dieser charmanten, abgelegenen Stadt. Kisangani ist zwar die drittgrößte Stadt der DR Kongo, aber zugleich ist sie auch reinstes Hinterland, in das sich nur wenige Reisende verirren. Die sandigen Straßen, der laute Markt am Ufer und der dunstige braune Fluss sorgen für eine ansteckende Atmosphäre.

REISEZEIT

HAUPTSAISON
(April–Okt.)

ZWISCHENSAISON
(Dez.–März)

NEBENSAISON
(Jan.)

ESSEN & TRINKEN

Die kongolesische Küche ist eine der besten Afrikas. Typische Gerichte sind z. B. *fufu*, ein fester Brei aus Maniok, und *poulet à la moambé*, Hühnchen in einer Sauce, die aus der Außenschicht von Palmnüssen gemacht wird. Und zu fast allem wird *pili pili*, eine unglaublich scharfe Chilisauce, gereicht.

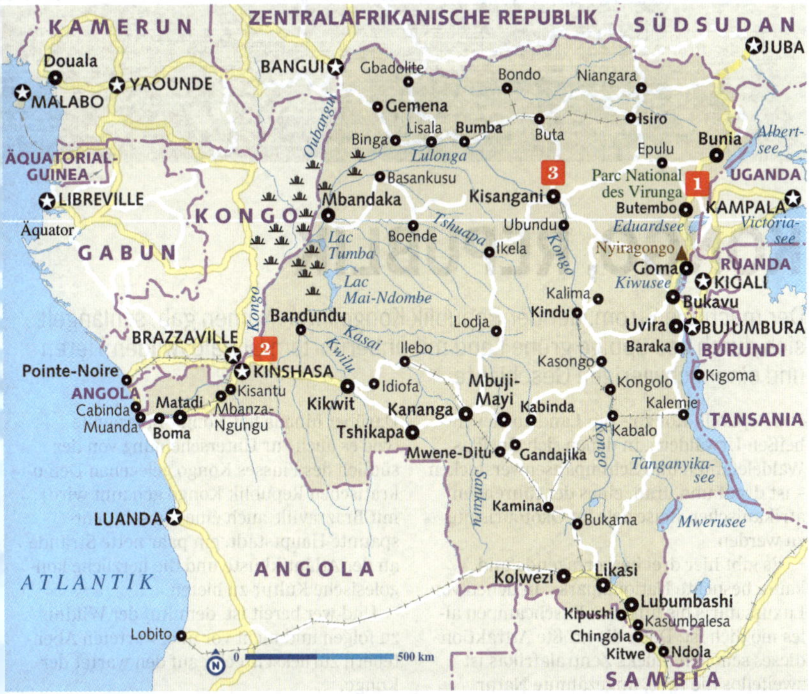

HAUPTSTADT
Brazzaville

BEVÖLKERUNG
5,4 Mio.

FLÄCHE
342 000 km²

AMTSSPRACHE
Französisch

Sangha (Fluss)

KONGO, REPUBLIK

Der mächtige Strom, der der Republik Kongo ihren Namen gab, schlängelt sich durch das üppige grüne Land mit unberührtem Urwald, wilden Tieren und einer schwierigen Geschichte.

Die Republik Kongo – ein Land aus feuchtheißen Urwäldern, in denen sich Gorillas, Waldelefanten und Schimpansen verstecken – ist drauf und dran, eines der führenden afrikanischen Reiseziele im Ökotourismus zu werden.

Es gibt hier drei hervorragende und kaum besuchte Nationalparks, in denen von Luxussafaris bis hin zum Buschcampen alles möglich ist. Doch die größte Attraktion dieses schönen Stücks Zentralafrikas ist zweifellos die raue, ungezähmte Natur.

Darüber hinaus hat Kongo-Brazzaville (wie es auch zur Unterscheidung von der südlich des Flusses Kongo gelegenen Demokratischen Republik Kongo genannt wird) mit Brazzaville auch eine hübsche, entspannte Hauptstadt, ein paar nette Strände an der Atlantikküste und die herzliche kongolesische Kultur zu bieten.

Und wer bereit ist, dem Ruf der Wildnis zu folgen und nicht vor unerwarteten Abenteuern zurückschreckt, auf den wartet der Kongo.

Highlights

▼ REISEZEIT

HAUPTSAISON
(Mai–Sept.)

ZWISCHENSAISON
(Dez.–Feb.)

NEBENSAISON
(März, April, Okt. & Nov.)

PARC NATIONAL NOUABALÉ-NDOKI

1 Ein Team von *National Geographic*, das Mitte der 1990er-Jahre den noch jungen Nationalpark besuchte, bezeichnete diese nördliche Ecke des Kongo als das „letzte Paradies der Welt" – und sie wählten ihre Worte mit Bedacht. Tatsächlich ist der Nouabalé-Ndoki so außergewöhnlich, dass die UNESCO ihn 2012 als Teil des viel größeren Trinational de la Sangha (der mit insgesamt 7500 km² auch den benachbarten Parc national Dzanga-Ndoki in der Zentralafrikanischen Republik und den Parc national de Lobéké in Kamerun umfasst) zum Weltnaturerbe erklärte.

Ein Besuch hierhin zählt zu den einmaligen Erlebnissen. Nirgendwo ist Afrika echter, rauer und wilder.

PARC NATIONAL CONKOUATI-DOULI

2 Kongos abwechslungsreichster Nationalpark erstreckt sich vom Atlantik über einen Streifen Küstensavanne bis zu den vom Urwald bedeckten Bergen. Die wegen der Nachfrage nach Buschfleisch in Pointe-Noire grassierende Wilderei führte dazu, dass lange nur wenige Wildtiere zu sehen waren. Dank Investitionen in die Infrastruktur des Parks und verbesserter Sicherheitsmaßnahmen steigt die Zahl der Elefanten, Gorillas und Büffel wieder an, sodass sie leichter zu beobachten sind.

BRAZZAVILLE

3 Mit einigen interessanten modernistischen Bauten, einem herrlichen Ufergelände mit tollem

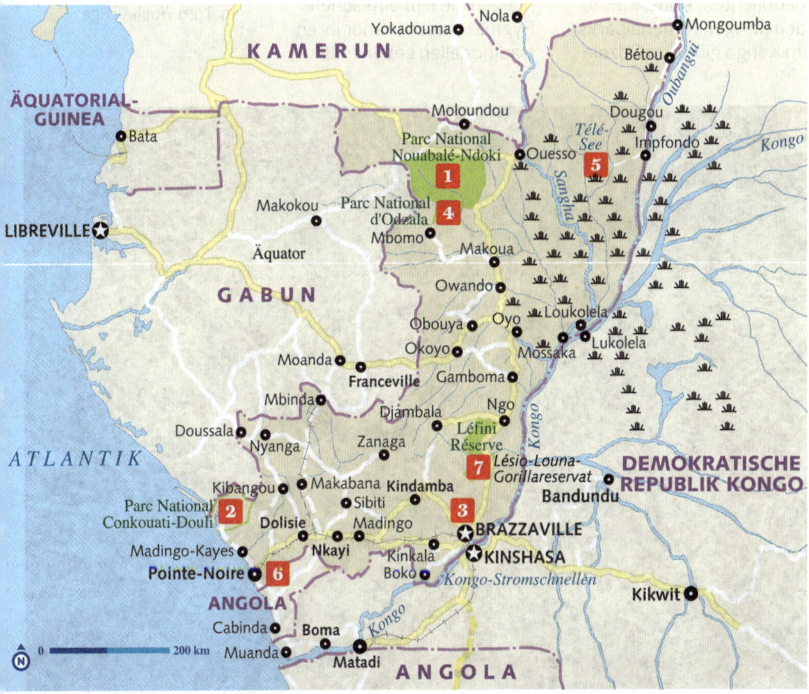

Blick auf den Kongo und vielen hochwertigen Restaurants hat Brazzaville jede Menge Charme und Charakter zu bieten, was es zu einem überraschend angenehmen Zwischenstopp auf dem Weg von einem kongolesischen Nationalpark zum nächsten macht.

Brazza war schon immer der wirtschaftliche Juniorpartner von Kinshasa (der Hauptstadt der DR Kongo), das direkt am gegenüberliegenden Ufer des mächtigen Flusses liegt. Brazzaville ist allerdings viel entspannter – und sicherer.

PARC NATIONAL D'ODZALA

4 Der wohl zugänglichste Nationalpark des Kongos ist ein toller Ort, um Flachlandgorillas und andere zentralafrikanische Großtiere in der Wildnis zu beobachten. Anders als in den übrigen Nationalparks im Kongo gibt's im Odzala erstklassige (und leider auch sehr teure) Camps und Serviceeinrichtungen – dies ist das höchste Maß an Luxus, das außerhalb von Brazzaville oder Pointe-Noire zu haben ist.

TÉLÉ-SEE

5 In einem Land wie dem Kongo befindet man sich schnell abseits der ausgetretenen Pfade. Wer aber wirklich in den tiefsten Urwald vordringen will, kann sich zum kreisrunden Télé-See in der entlegensten nordöstlichen Ecke des Landes aufmachen. Diese Reise verspricht spannend und abenteuerlich zu werden: Der See ist von weitgehend unerforschten Mangrovenwäldern umgeben. Geschätzte 100 000 Flachlandgorillas sollen in der Gegend leben. Zudem pflegen die einheimischen Pygmäen noch immer ihren traditionellen Lebensstil.

UNTERWEGS VOR ORT

Autos oder Geländewagen zu mieten, ist teuer, aber einfach.

Busse fahren auf den zwei wichtigsten Straßen Kongos.

Flugzeuge sind die beste und schnellste Reisemöglichkeit.

Zwischen Brazzaville und Pointe-Noire verkehren dreimal pro Woche Züge.

1

FAUSTINO GAITAN / SHUTTERSTOCK ©

Und für den Mystery-Effekt sorgt die Legende, dass im See der Mokèlé-Mbèmbé, ein sauropodenähnliches Reptil, hausen soll.

POINTE-NOIRE

6 Die zweitgrößte Stadt der Republik Kongo besitzt reiche Ölvorkommen und zahllose Geländewagen, aber ansonsten ist Pointe-Noire ein zersiedelter, recht reizloser Ort (trotz der Lage am Meer). Die Barackensiedlungen erstrecken sich kilometerweit und stoßen bisweilen direkt an die durch Mauern gesicherten Villen der Petrochemie-Elite der Stadt. Wegen der vielen ortsansässigen Ausländer gibt's eine große Auswahl internationaler Restaurants, schicker Hotels und schmieriger Nachtclubs sowie ein paar nette Strände außerhalb der Stadt.

LÉSIO-LOUNA-GORILLA-RESERVAT

7 Das Reservat bietet verwaisten Gorillas Schutz und Pflege, bevor sie in die Wildnis entlassen werden. Höhepunkte des Besuchs sind u. a. die Gorillababys in ihrer Station und die Fütterung der ausgewachsenen Tiere, die auf einer eigenen Insel untergebracht sind. Wer will, kann auch baden oder einfach die Ruhe am hübschen Lac Bleu genießen. Von Brazzaville ist das ein relativ leichter Ausflug in die Wildnis für alle, die nicht zu den entlegeneren Nationalparks im Land gelangen können.

2

GUDKOV ANDREY / SHUTTERSTOCK ©

▼ ESSEN & TRINKEN

Das Essen wird sicher keines der Highlights der Kongo-Reise sein. Allerdings gibt's in Brazzaville und Pointe-Noire eine gute Auswahl einheimischer und internationaler Küchen. Die Nordkongolesen sind Fleischesser (sehr oft Buschfleisch), während die Leute im Süden Fisch lieben. Alle essen dazu fast nur Maniok, aber in manchen Restaurants findet man auch Yamswurzel oder Reis. Vegetarier haben es außerhalb von Brazzaville und Pointe-Noire schwer.

▼ REISEN MIT DEM LASTKAHN

Die epische Fahrt im Lastkahn den Kongo und den Oubangui hinauf bietet Stoff für Reiselegenden. Zwischen Juni und Dezember verkehren bei ausreichend hohem Wasserstand Lastkähne ab Brazzaville auf den beiden Flüssen. Die Boote sind meistens knarrende alte Kähne mit mehreren Decks, die praktisch schwimmende Märkte sind. An Bord drängen sich Hunderte von Menschen. Statt Privatsphäre oder Komfort gibt's jede Menge Abenteuer.

Einige Boote fahren nach Bangui (Zentralafrikanische Republik) und Impfondo, andere biegen bei Mossaka ab und steuern über den wilderen Fluss Sangha nach Ouesso. Es gibt meist ein Boot pro Woche, keinen genauen Fahrplan, und nur volle Kähne legen ab. Die Fahrt zwischen Brazza und Impfondo dauert flussabwärts ca. fünf Tage und flussaufwärts neun, zwischen Bangui und Brazza flussabwärts zehn Tage und flussaufwärts zwei Wochen.

Mit der Suche nach einem Boot am besten am Hafen in Brazza oder Bangui beginnen und ausreichend Verpflegung sowie Trinkwasser mitbringen (Fisch und Obst kann man unterwegs kaufen)!

HAUPTSTADT
Pristina

BEVÖLKERUNG
1,9 Mio.

FLÄCHE
10 887 km²

AMTSSPRACHEN
Albanisch, Serbisch

Erlöserkirche, Prizren

KOSOVO

Der Kosovo mag der jüngste Staat Europas sein, doch er blickt auf eine lange und dramatische Geschichte zurück, deren Zeugnisse an jeder Ecke zu sehen sind – ob in eleganten osmanischen Städten oder in kaum besuchten Bergregionen.

Der Kosovo, inzwischen ein sicheres Reiseziel, ist ein faszinierendes Land im Herzen des Balkans und eines der touristisch unberührten Gebiete in Europa. Die Spuren der Vergangenheit sind unübersehbar: An den Straßen stehen Denkmäler für die Opfer von 1999, und noch immer sind NATO-Soldaten der Mission Kosovo Force im Land.

Ob beim Wandern in der atemberaubenden Landschaft des Rugova-Gebirges, beim Bummel über den geruchsintensiven Käsemarkt samstags in Peja oder beim Relaxen in einem der exzellenten Restaurants oder Nachtclubs in der Hauptstadt Pristina – Besucher werden reich belohnt. Im Kosovo erwarten einen freundliche Menschen, charmante Bergdörfer, hervorragende Wanderungen und mit Kuppeldächern geschmückte Klöster aus dem 13. Jh. – und das ist erst der Anfang!

Highlights

ALTSTADT VON PRIZREN

1 Prizrens malerische Altstadt erstreckt sich an beiden Ufern der Bistrica. Ein Spaziergang durch das charmante, restaurierte Altstadtviertel mit den vielen Moscheen und Kirchen lohnt sich definitiv. Hoch über der Stadt thront die alte Festung von Prizren, von der aus sich ein atemberaubender Blick bietet.

BÄRENWALD PRISTINA

2 Das Bärengehege in einer abgelegenen Gegend hinter dem Dorf am Berg Mramor beherbergt Braunbären, die von der Tierschutzorganisation Vier Pfoten aus der Gefangenschaft als Restaurant-Maskottchen befreit wurden. Als 2010 die private Haltung von Bären im Kosovo verboten wurde, nahm sich Vier Pfoten dieser Tiere an und schaffte ihnen hier einen exzellenten Lebensraum.

KLOSTER VISOKI DEČANI

3 Das alte Kloster hat eine unglaublich schöne Lage unterhalb der Berge, umgeben von einem Kiefern- und Kastanienwald. Besucher sind herzlich eingeladen, sich die Ikonen in der Kirche anzuschauen. Schwerlich wird man einen friedlicheren Ort im ganzen Land finden.

REISEZEIT

HAUPTSAISON
(Juli–Sept.)

ZWISCHENSAISON
(Mai–Juni, Okt.–Nov.)

NEBENSAISON
(Dez.–April)

ESSEN & TRINKEN

Byrek Mit Käse oder Fleisch gefüllte Teigtaschen.

Fli Blätterteigpastete mit Honig.

Gjuveç Schmortopf mit Fleisch und Gemüse.

Tavë Mit Käse und Eiern gebackenes Fleisch.

Vranac Rotwein aus der Rahovec-Region des Kosovo.

HAUPTSTADT
Zagreb

BEVÖLKERUNG
4,2 Mio.

FLÄCHE
56 594 km²

AMTSSPRACHE
Kroatisch

Franziskanerkloster, Insel Hvar

KROATIEN

Wer von milden Tagen am saphirblauen Mittelmeer oder im Schatten alter Stadtmauern träumt, der ist in Kroatien genau richtig.

Die außergewöhnliche, mit 1244 Inseln gespickte und von reizenden historischen Ortschaften geprägte Adriaküste ist zweifellos Kroatiens größte Attraktion. Das Highlight ist natürlich Dubrovnik mit seiner unverwechselbaren, von mächtigen Verteidigungsmauern geschützten Altstadt. Das an der Küste gelegene Split punktet mit dem Diokletianpalast, einem der imposantesten römischen Monumente der Welt. Hinter seinen alten Mauern wimmelt es nur so von Bars, Restaurants und Geschäften. Rovinj auf der herzförmigen Halbinsel Istrien ist ein charmanter Fischerhafen mit kopfsteingepflasterten Gassen. Die Adriainseln tragen viel zum Reiz des Landes bei – von der Insel Hvar mit der eleganten gleichnamigen Stadt bis hin zu den FKK-Buchten auf den Pakleni-Inseln gleich vor der Küste.

Abseits der Küste bietet Kroatiens hübsche Hauptstadt Zagreb Kaffeekultur und Kunst, und der Nationalpark Plitvicer Seen lockt mit einem üppigen Labyrinth aus türkisblauen Seen und tosenden Wasserfällen.

Highlights

DUBROVNIK

1 Kroatiens beliebtestes Ziel ist das überwältigende, ummauerte Dubrovnik, aus gutem Grund ein UNESCO-Weltkulturerbe. Während des Kroatienkrieges in den 1990er-Jahren wurde die Stadt unbarmherzig beschossen, heute strahlt sie mit ihren mächtigen Mauern und Türmen, mittelalterlichen Klöstern, Barockkirchen, anmutigen Plätzen und faszinierenden Wohnvierteln wieder im alten Glanz. Ein unvergleichlicher Blick auf diese Perle der Adria bietet sich von der Seilbahn, die hinauf auf den Hausberg Srđ führt.

WINDSURFEN IN BOL

2 In Bol, an der südlichen Küste der Insel Brač, liegt der malerische Strand Zlatni Rat, der wie ein Horn geformt und mit goldenen Kieseln bedeckt ist. Bei Windsurfern ist die Stadt beliebt: Der Kanal zwischen den Inseln Brač und Hvar bietet dank des Mistrals, der von April bis Oktober bläst, ideale Surfbedingungen. Nachmittags ist der Wind stark – perfekt für alle, die auf der Suche nach Adrenalinkicks sind.

HVAR

3 Im Hochsommer gibt's wahrscheinlich keinen besseren Ort, um sich aufzubrezeln und einfach mal zu feiern als die Stadt Hvar. Nachdem die Sonne hinter dem Horizont verschwunden ist, strömen schöne, braungebrannte Menschen scharenweise von ihren Jachten, um wie gleichgesinnte Backpacker bei angesagten Après-Beachpartys abzutanzen. Während die gut betuchten Jachttypen die erstklassigen Restaurants und Cocktailbars der Stadt am Laufen halten, machen die sonnenbetäubten jungen Wilden die kleinen Tanzbars zu den beliebtesten Spots der Szene.

IHOR PASTERNAK / SHUTTERSTOCK ©

NATIONALPARK PLITVICER SEEN

4 Der Nationalpark Plitvicer Seen bietet atemberaubende Anblicke – wie ein türkisblaues Band aus durch tosende Wasserfälle verbundenen Seen im bewaldeten kroatischen Hinterland. Es gibt hier Dutzende Seen – vom 4 km langen Kozjak bis hin zu von Schilf gesäumten Teichen –, die aufgrund des Karstgesteins in den unglaublichsten Farben schillern. Sinterterrassen mit moosigen Pflanzen teilen die Seen; Holzstege ermöglichen es Besuchern, die Wasserwelt zu erkunden.

RICHARD GUIJT PHOTOGRAPHY / SHUTTERSTOCK ©

UNGARN
SERBIEN
SLOWENIEN
BOSNIEN & HERZEGOWINA
MONTENEGRO
KOSOVO
ALBANIEN
ITALIEN
Belgrad
Čačak
Novi Sad
Bačka Palanka
Šabac
Subotica
Mohács
Pécs
Naturpark Kopački Rit
Osijek
Vukovar
Vinkovci
Brčko
Đakovo
Našice
Slavonski Brod
Slavonska Požega
Nova Gradiška
Virovitica
Koprivnica
Bjelovar
Kutina
Čakovec
Varaždin
Zabok
Zagreb
Sisak
Petrinja
Karlovac
Glina
Novo Mesto
Ljubljana
Rijeka
Trieste
Portorož
Pazin
Labin
Rovinj
Pula
Kvarner Golf
Krk
Cres
Rab
Pag
Otočac
Nationalpark Plitvicer Seen
Nationalpark Paklenica
Bihać
Bosansko Petrovac
Banja Luka
Jajce
Travnik
Sarajevo
Mostar
Gračac
Knin
Zadar
Šibenik
Split
Sinj
Brač
Bol
Hvar
Vis
Biševo
Korčula
Metković
Neum
Mljet
Dubrovnik
Herceg Novi
Nikšić
Donau
Sava
Una
Kupa
Drava
Ancona
Pesaro
Civitanova Marche
Macerata
Ascoli Piceno
Teramo
Pescara
0
100 km
1
2
3
4
5
6
7
8
9
10
11

TOP-FILME

Samo jednom se ljubi (Man liebt nur einmal; Rajko Grlić; 1981) Das in Cannes nominierte Drama gilt als einer der besten kroatischen Filme.

Kiklop (Zyklop; Antun Vrdoljak; 1982) Nach dem gleichnamigen Roman von Ranko Marinković (1965).

Kako je počeo rat na mom otoku (Wie der Krieg auf meiner Insel begann; Vinko Brešan; 1996) Gefeierte schwarze Komödie.

Broj 55 (Nummer 55; Kristijan Milić; 2014) Spielt zur Zeit von Kroatiens Unabhängigkeitskrieg.

TOP-STRÄNDE

Es gibt viele herrliche Strände an der kroatischen Küste und auf den Inseln, wo man die Hüllen fallen lassen oder die neueste Designer-Bademode vorführen kann.

Zlatni Rat Auf der Landzunge aus goldenen Kieseln gibt's jede Menge Strandgänger und Aktivitäten.

Stiniva Hohe Felsen umrahmen halbkreisförmig die spektakuläre abgeschiedene Bucht aus weißen Kieseln.

Dubovica Blaues Wasser und weiße Kieselsteine prägen diesen einsamen Strand auf der Insel Hvar.

Pakleni-Inseln Strände mit schattenspendenden Kiefern für FKK-Fans und Badeanzugträger.

WEIN & ESSEN IN ISTRIEN

5 *La dolce vita* – so lautet das Motto im Feinschmeckerparadies Istrien. Man labt sich an Meeresfrüchten, Trüffeln, wildem Spargel und *boškarin*, Fleisch von einer istrischen Hausrindrasse. Neben diesen tollen Gerichten gibt es noch viel mehr regionale Spezialitäten sowie preisgekrönte Olivenöle und Weine kleiner Produzenten. Hier dreht sich alles um Slow Food – ob in gehobenen Restaurants in Badeorten, in familiengeführten Tavernen in alten Bergdörfern oder in Olivenmühlen in den Hügeln der Halbinsel.

BLAUER ZAUBER AUF BIŠEVO

6 Von den vielen Höhlen auf den Inseln rund um Vis ist die Blaue Grotte (Modra Špilja) auf Biševo die spektakulärste. Das Lichtspiel, das die Natur hier erzeugt, ist verblüffend. An klaren Morgen dringen Sonnenstrahlen durch ein Loch unter dem Wasserspiegel in die Höhle und tauchen sie in ein hypnotisches silberblaues Licht. Unter dem türkisfarbenen Wasser schimmern Felsen silbern und rosa. Die Höhle ist so beliebt, dass es im Sommer

REISEZEIT

HAUPTSAISON
(Juli & Aug.)
Jetzt ist das Wetter am besten. Die Preise sind am höchsten und die Orte an der Küste am vollsten.

ZWISCHENSAISON
(Mai, Juni & Sept.)
Die Küste ist herrlich: Die Adria ist schon warm genug zum Baden, aber es sind weniger Touristen da und die Preise sind niedriger.

NEBENSAISON
(Okt.–April)
Die Winter auf dem kroatischen Festland sind kalt, die Preise niedrig.

TAUCHEN

Wer sich etwas Gutes tun will, packt Taucherbrille und Schnorchel ein: Bei den vielen kleinen Fischen im klaren, warmen Wasser gibt's viel zu sehen. Auch erfahrene Taucher finden viel Interessantes, z. B. Schiffswracks (von der Antike bis zum Zweiten Weltkrieg) und Höhlen.

VÖGEL BEOBACHTEN

Auf den kroatischen Inseln Cres, Krk und Prvić brüten Gänsegeier, deren Flügelspannweite bis zu 2,6 m reichen kann. Im Nationalpark Paklenica gibt's viele Wanderfalken, Habichte, Sperber, Bussarde und Eulen. Der Nationalpark Krka ist ein wichtiges Winterquartier für Adler sowie Zugvögel und Sumpfvögel. Der Naturpark Kopački Rit im Osten Kroatiens ist ein bedeutendes Vogel-Refugium.

ESSEN & TRINKEN

Bazga Der hausgemachte Holunderbeerensaft ist ein kroatischer Klassiker – erfrischend, gut und wohltuend.

Bermet Starkes alkoholisches Getränk aus Samobor, für das Trockenobst (Johannisbrot und Feigen), Wermut, Orangenschale, Salbei und Senfkörner in Wein eingelegt werden.

Boškarin Unbedingt sollte man Istrisches Rindfleisch probieren. Die Rinderrasse war Ende des 20. Jhs. fast ausgestorben, wurde aber als Delikatesse wiederentdeckt.

Gregada Fischeintopf mit Weißfisch, Kartoffeln, Weißwein, Knoblauch und Gewürzen.

Komiška pogača Eine Spezialität aus Komiža auf Vis sind die herzhaften Teigtaschen mit Zwiebeln, Tomaten und Sardellen. Ohne Tomaten sind es *viška pogača* (aus der Stadt Vis).

Rogačica Kroatien ist für *rakija* (Schnaps) bekannt. Dieser Johannisbrot-Likör aus Dalmatien ist prima für Süßschnäbel.

kaum möglich ist, hier zu schwimmen. Wer später in der Saison kommt, hat oft bessere Chancen.

DIOKLETIANPALAST, SPLIT

7 Im Diokletianpalast, einem der imposantesten römischen Überreste der Welt, kann man sich Tausende von Jahren zurückträumen. In den labyrinthischen Gassen des Viertels, Splits pulsierendem Herzen, reihen sich Bars, Geschäfte und Restaurants aneinander. Sich im Gewirr der Straßen und Höfe zu „verirren", ist eins der faszinierendsten Erlebnisse Kroatiens.

BURGEN IN ZAGORJE

8 Die pittoresken mittelalterlichen Burgen von Zagorje sind perfekt für Zeitreisen. Im Schloss Trakošćan erlebt man das Jahr 1334, die neugotische Fassade ist allerdings eine Zutat des 19. Jhs. Besucher erfahren im Museum etwas über den kroatischen Adel und spazieren durch den 87 ha großen, wie ein englischer Landschaftsgarten mit exotischen Bäumen und einem künstlichen See angelegten Schlosspark. Die auf einem Hügel gelegene Burg Veliki Tabor versetzt einen ins 16. Jh. Ein Besuch lohnt sich schon wegen der fünfeckigen Türme, der stimmungsvollen Innenräume und der Landschaft.

ZAGREBS CAFÉ-KULTUR

9 Ein Kaffee in einem von Zagrebs Straßencafés ist ein Muss. Dazu gehört, dem bunten Treiben zuzusehen, zu schwatzen oder zu entspannen. Wer diese Café-Kultur erleben will, schnappt sich einen Tisch in der autofreien Tkalčićeva oder an der Trg Petra Preradovića oder Bogovićeva. Ein Highlight ist die *špica* am Samstagvormittag, das

5

IVICA DRUSANY / SHUTTERSTOCK ©

Ritual des Kaffeetrinkens und Leutebeobachtens, das den Höhepunkt des gesellschaftlichen Lebens darstellt.

MLJET

10 Die unberührte, wunderbare Insel Mljet, die von dichten Kiefernwäldern bedeckt ist, ist ein wahres Paradies. Der Legende nach strandete Odysseus hier für sieben Jahre, und man versteht leicht, warum er es nicht eilig hatte, die Insel wieder zu verlassen. Sie wartet mit zwei Seen, einem kleinen Kloster und dem malerischen Hafen Pomena auf. Auch den Osten Mljets, wo sich einige kleine Buchten, großartige Strände und exzellente Restaurants befinden, sollte man nicht vergessen, zu besuchen.

KOPAČKI RIT

11 Der Naturpark Kopački Rit erstreckt sich entlang der Talauen von Donau und Drau und gehört zu einem UNESCO-Biosphärenreservat. Er lockt mit einer atemberaubenden Landschaft und gehört zu den besten Vogelbeobachtungsgebieten Europas. Am besten nimmt man an einer Bootsfahrt teil und hält Ausschau nach Adlern, Schwarzstörchen, Purpurreihern und Spechten – an die 300 Arten kommen vor. Man kann per Kanu einen überfluteten Wald erkunden oder eine schöne Wanderung unternehmen und im Park einen Ausritt machen.

UNTERWEGS VOR ORT

Es gibt viele Inlandsflüge, vor allem im Sommer.

Busse sind recht günstig. Es gibt ein gutes Liniennetz und häufige Verbindungen.

An der Küste und zwischen den Inseln verkehren Fähren und schnellere Katamarane.

Leihwagen sind praktisch, um Regionen zu besuchen, die mit öffentlichen Verkehrsmitteln schwer erreichbar sind. Autovermieter gibt's in den größeren Orten. Es gilt Rechtsverkehr.

Züge fahren weniger häufig als Busse und sind langsamer. Das Bahnnetz ist wenig ausgebaut.

HAUPTSTADT
Havanna

BEVÖLKERUNG
11 Mio.

FLÄCHE
110 860 km²

AMTSSPRACHE
Spanisch

KUBA

Abgewetzt und prächtig, verfallen und doch voller Würde, heiter und zugleich frustrierend – Kubas Zauber lässt sich kaum mit Worten einfangen.

Die gut erhaltenen kubanischen Kolonialstädte haben sich kaum verändert, seit Piraten die Karibik unsicher machten. Die Atmosphäre und die Schönheit der Architektur zeigen sich in Städten, die zum UNESCO-Welterbe gehören, etwa Havanna, Trinidad, Cienfuegos und Camagüey. Hier erzählen prachtvolle Plätze und kopfsteingepflasterte Gassen Geschichten von vergangenen Zeiten, Reichtum und Intrigen.

Natürlich sind die weißen Strände an der kubanischen Nordküste herrlich, aber wer Kuba jenseits der Strände erkundet, entdeckt eine Welt mit üppigen Wäldern, Sümpfen voller Krokodile und Bergen, die für ihre Revolutionsfolklore genauso berühmt sind wie für ihre Tiere.

Kuba lebt für die Musik, einen Stilmix aus afrikanischen Rhythmen, Erinnerungen an die Kolonialzeit, Geistern der Taíno-Stämme und Eigenheiten aus Haiti, Jamaika, Frankreich und sogar China. Dies spiegelt sich auch im Tanz, in der Architektur, der Sprache, der Religion und den Menschen wider.

Highlights

HABANA VIEJA

1 Nur ein Ignorant würde Havanna besuchen und die Meerespromenade Malecón verpassen, deren marode Pracht sich 8 km von Habana Vieja bis zum Miramar erstreckt. Sie ist quasi das zweite Wohnzimmer Zehntausender von *habaneros*, die hier herumflirten, Händchen halten, knutschen und Romantik suchen. Besonders schön ist der Malecón bei Stürmen, wenn sich an den Mauern riesige Wellen brechen. Oder in der Abenddämmerung – mit Benny Moré auf dem MP3-Player, einem Havana Club und dem Wissen, dass nach 22 Uhr alles möglich ist.

TAUCHEN & SCHNORCHELN

2 Allen Unkenrufen zum Trotz: Kuba hat die besten Tauchspots der Karibik. Es gibt beispiellos klares Wasser, unberührte Riffe und geschützte Gewässer mit Millionen von Fischen. Der Zugang kann so leicht sein wie an der Bahía de Cochinos (Schweinebucht), wo man ganz einfach hinausschwimmt, oder auch schwierig wie im Unterwasserparadies des Archipels Jardines de la Reina. Für viele aber ist die Punta Francés vor der Isla de la Juventud, wo jedes Jahr ein Unterwasserfotowettbewerb stattfindet, außer Konkurrenz.

TIERWELT DER CIÉNAGA DE ZAPATA

3 Der Zapata-Sumpf, einer der wenigen Teile Kubas, die nie wirklich gezähmt wurden, kommt echter Wildnis so nahe wie sonst nichts auf Kuba. Hier leben das gefährdete kubanische Krokodil, diverse Amphibien und Hummelkolibris; zudem gibt's mehr als ein Dutzend unterschiedlicher Pflanzenhabitate. Zugleich steht das Areal, das größte Feuchtgebiet der Karibik, u. a. als UNESCO-Biosphärenreservat und durch die Ramsar-Konvention unter Schutz. In fast unberührter Natur kann man angeln, Vögel beobachten oder wandern.

AGOTA KADAR / SHUTTERSTOCK ©

CAMAGÜEYS STRASSENLABYRINTH

4 Traveller, die durch Camagüey, Stadt der *tinajones* (Tontöpfe), Kirchen und Piraten, kommen, sollten den Stadtplan erst einmal in der Tasche lassen. Camagüey hatte schon immer seinen eigenen Kopf – und so ist das Design des Straßennetzes anders als das fast aller spanischen Kolonialstädte Lateinamerikas. Die Straßen bilden ein Labyrinth wie in einer nordafrikanischen Medina. Und an jeder Ecke verstecken sich Kirchen, dreieckige Plätze und unerwartete Kunstschätze.

JULIAN PETERS PHOTOGRAPHY / SHUTTERSTOCK ©

ATLANTIK
BAHAMAS
Eleuthera
Cat Island
San Salvador
Great Exuma
Long Island
Crooked Island
Acklins
Nassau
New Providence
Andros
Great Bahama Bank
Cay Sal Bank
FLORIDA (USA)
Florida Keys
Floridastraße
GOLF VON MEXIKO
HAVANNA
Guanabo
Matanzas
Varadero
Cárdenas
Corralillo
Colón
Sagua la Grande
Caibarién
Santa Clara
Máximo Gómez
Morón
Esmeralda
Ciego de Avila
Camagüey
San Miguel de Bagá
Las Tunas
Holguín
Gibara
Bahía de Gibara
Guardalavaca
Bahía de Nipe
Birán
Moa
Baracoa
Guantánamo
Bahía Guantánamo
Baconao
Santiago de Cuba
Bayamo
Pico Turquino
Manzanillo
Guayabal
Marea del Portillo
Cabo Cruz
Santa Cruz del Sur
Archipiélago de los Jardines de la Reina
Sancti Spíritus
Trinidad
Cienfuegos
Aguada de Pasajeros
Jagüey Grande
Ciénaga de Zapata
Schweinebucht (Bahía de Cochinos)
Güines
Surgidero de Batabanó
Nueva Gerona
Cayo Piedra
Las Terrazas
La Coloma
Bahía de Cortés
Viñales
Pinar del Río
La Bajada
Bahía de Corrientes
KARIBIK
KAIMAN-INSELN (UK)
Cayman Brac
Little Cayman
Grand Cayman
George Town
1
2
3
4
5
6
7
8
9
10
11
0
200 km

TOP-BÜCHER

Unser Mann in Havanna (Graham Greene; 1958) Satire über den britischen Geheimdienst und das korrupte Batista-Regime.

Cuba and the Night (Pico Iyer; 1995) Das wohl fesselndste Buch über Kuba, das von einem Nicht-Kubaner geschrieben wurde.

Schmutzige Havanna Trilogie (Pedro Juan Gutiérrez; 2002) Harte Studie über Leben und Sex im Havanna der Sonderperiode.

Che. Die Biographie (Jon Lee Anderson; 1997) Andersons akribisch recherchierte Biografie bewirkte, dass Ches Überreste in Bolivien exhumiert wurden.

TOP-FILME

Che – Revolución (Steven Soderbergh; 2008) Der erste Teil der Filmbiografie konzentriert sich auf Ches Jahre in Kuba.

Bevor es Nacht wird (Julian Schnabel; 2000) Über den Schriftsteller Reinaldo Arenas.

Erdbeer und Schokolade (Tomás Gutiérrez Alea; 1993) Es geht um Homosexualität und Kommunismus.

El Ojo del Canario (Das Auge des Kanarienvogels; Fernando Pérez; 2010) Film über José Martí, der viele lateinamerikanische Filmpreise bekam.

TRINIDAD

5 Das träge Trinidad sank 1850 in einen Dornröschenschlaf, aus dem es niemals richtig erwachte. Für Traveller ist es ein Glücksfall, können sie doch durch eine perfekt erhaltene Zuckerstadt des 19. Jhs. spazieren, wie Besucher aus einer anderen Zeit. Trinidad mag schon lange kein Geheimtipp mehr sein, seine Besucher verzaubert es aber nach wie vor mit prächtigen kolonialen Häusern, der ländlichen Umgebung und der pulsierenden Musikszene. Gleichzeitig ist es aber auch eine lebendige Stadt mit all den Problemen und Freuden des modernen Kuba.

ÖKO-DORF LAS TERRAZAS

6 Als die in den Kinderschuhen steckende Umweltbewegung 1968 noch eine Gruppe langhaariger Studenten in komischen Klamotten war, hatten prophetische Kubaner, die die inselweite Abholzung mit Sorge beobachteten, eine gute Idee. Nachdem sie viele Hektar abgeholzten Waldes vor einer Umweltkatastrophe bewahrt hatte, bauten sie ihr Öko-Dorf, Las Terrazas, und machten sich daran, es mit Künstlern, Musikern, Kaffeebauern und dem architektonisch einzigartigen Hotel Moka zu beleben.

REVOLUTIONÄRES ERBE

7 Gut aussehende bärtige Guerrilleros, die mit knapper Not den Untergang ihrer Jacht abwenden, dann in bester Robin-Hood-Manier für Gerechtigkeit sorgen und als (absolute) Außenseiter einen Kampf David gegen Goliath gewinnen – Kubas Revolutionskrieg

REISEZEIT

HAUPTSAISON
(Nov.–März, Juli & Aug.)
Von November bis März ist es kühler und trockener.

ZWISCHENSAISON
(April & Okt.)
Außerhalb der Hauptsaison nach Angeboten Ausschau halten.

NEBENSAISON
(Mai, Juni & Sept.)
Zwischen Juni und November besteht Hurrikangefahr und eine höhere Regenwahrscheinlichkeit.

NATÜRLICHE SPAS

Kubanische Spas sehen oft mehr nach Erholungsheim als nach Wohlfühloasen aus. Die bekanntesten Spas werden von Thermal- und Mineralquellen gespeist und gehören zu preisgünstigen Islazul-Hotels. Sie bieten eine Mischung aus Bädern, Sporthallen und Anwendungen.

KUBAS HÖHLEN ERFORSCHEN

Kuba ist von Höhlen gespickt – mehr als 20 000 sind bisher bekannt. Erkundungen sind für Freizeitsportler und Forscher möglich. Die Gran Caverna de Santo Tomás bei Viñales ist mit Stollen in einer Länge von mehr als 46 km Kubas größte Höhle.

▼ ESSEN & TRINKEN

Baracoa Die hiesige Küche unterscheidet sich vollkommen vom Rest Kubas. Zu den Spezialitäten gehören *cucurucho* (aus Honig, Kokos, Guaven und Nüssen), *bacán* (Tamale mit Banane, Krabben und Kokos), *teti* (winziger Fisch, der im Fluss Toa heimisch ist) und *lechita* (würzige Kokossauce).

Bayamo In der wichtigsten Stadt der Provinz Granma sind *ostiones* (Austern, meist in Tomatensauce) ein Straßensnack.

Caibarién Diese Kleinstadt in der Provinz Villa Clara ist Kubas Krabbenhauptstadt.

Oriente *Congrí* – Reis mit roten Bohnen, Kümmel, Paprika und Schweinefleisch – hat seine Wurzeln in der afrikanisch geprägten Kultur im Osten Kubas. Im Westen bekommt man eher *moros y cristianos* (mit schwarzen Bohnen und ohne Schwein).

Playa Larga & Halbinsel Zapata Im Süden der Provinz Matanzas werden Krokodile gezüchtet und dann in den Hotels und den *casas particulares* verspeist.

liest sich wie das Drehbuch eines Steven-Soderbergh-Films. Anstatt sich die Geschichte aber auf einer Leinwand anzuschauen, kann man hier die echten Stätten der Revolution in Augenschein nehmen. Der Ort, an dem die Granma in Kuba an Land ging, Fidel Castros Kriegs-Hauptquartier in den Bergen und die Comandancia de la Plata, haben sich seit 50 Jahren kaum verändert.

FOLKLÓRICO-TANZ IN SANTIAGO DE CUBA

8 Nichts ist so transzendental wie die hypnotisierenden Schläge der Trommel, die die Geister der *orishas* (Gottheiten) heraufbeschwören. Die meisten afrokubanischen Riten sind zwar Eingeweihten vorbehalten, doch das Trommeln und Tanzen der Folklórico-Truppen kann jeder erleben. Die Ensembles – in den 1960er-Jahren gegründet, um die uralte Kultur der Sklaven auf Kuba lebendig zu erhalten – werden von der Regierung gefördert. Ihre energiegeladenen, bunten Shows sind bis heute spontan, ursprünglich und authentisch.

CIENFUEGOS

9 Cienfuegos, Kubas selbsternannte „Perle des Südens", hat das gewisse Etwas. Trotz Hochwasser

JETZT REISEN!

Die Nutzer von TripAdvisor kürten 2021 **Santa Maria Beach** an Kubas zentraler Nordküste zum besten Strand in der Karibik. Es gibt dort herrlich feinen weißen Sand, man sieht Fische im Wasser und etwas weiter entfernt manchmal sogar Delfine. Der Strand von Varadero belegte übrigens Platz 4.

JAVIER GONZALEZ LEYVA / SHUTTERSTOCK ©

UNTERWEGS VOR ORT

Die staatliche Busgesellschaft Víazul betreibt täglich regelmäßige Verbindungen zu den meisten touristisch relevanten Zielen. Die Ortsbusse sind oft überfüllt, und es gibt keinen Fahrplan.

Mietwagen sind teuer, und das Fahren ist wegen fehlender Beschilderung und mehrdeutiger Verkehrsregeln ein Abenteuer.

Taxis sind gut, wenn man in einer Kleingruppe längere Strecken zurücklegen will.

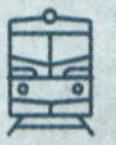

Obwohl das Schienennetz groß ist, sind Züge langsam, unzuverlässig und unkomfortabel. Nur etwas für Stoiker!

und der kräftezehrenden Sonderperiode hat die Stadt immer Haltung bewahrt. Ihre Eleganz zeigt sich auch im homogenen Stadtbild, das im Wesentlichen im 19. Jh. von Siedlern aus Frankreich und den USA geschaffen wurde. Also nichts wie hinein ins Leben im Zentrum und in der Gartenvorstadt an der Punta Gorda, um französische Raffinesse zu genießen!

MIT DEM RAD IM VALLE DE VIÑALES

10 Mit weniger Verkehr als in Großbritannien in den 1940er-Jahren ist Kuba ein tolles Radfahrerland – und es gibt keine schönere Gegend für Fahrradfans als das Valle de Viñales. Dieses Tal bietet alles, was zu einer Tour de France durch die Tropen gehört: zerklüftete *mogotes* (flache Hügel), grüne Tabakfelder, idyllische *campesino*-Hütten und großartige Aussichten. Das Gelände ist relativ flach. Wer sich also ein Fahrrad besorgt hat, muss nur noch entdecken, wo es den besten Sundowner gibt.

KULINARISCHES HAVANNA

11 Seit neue Gesetze ab 2011 die Gründung privater Unternehmen in Kuba ermöglichten, ist eine kulinarische Revolution im Gang. Gab es früher kaum mehr als Reis und Bohnen, hat Kuba jetzt seine gastronomische Magie wiederentdeckt. Überall entstehen Restaurants, die mit Gewürzen und internationalen Speisen experimentieren und Kubas Küche neuen Glanz verleihen. In Bezug auf Anzahl und Vielfalt der Restaurants ist Havanna Spitzenreiter.

HAUPTSTADT
Kuwait-Stadt

BEVÖLKERUNG
3,03 Mio.

FLÄCHE
17 818 km²

AMTSSPRACHE
Arabisch

Kuwait Towers mit Blick auf die Bucht von Kuwait

KUWAIT

Lange war Kuwait eine Oase in der ausgedörrten Wüste. Heute steht es an vorderster Front des politischen Wandels und der kulturellen Entwicklung am Persischen Golf.

Kuwait mag zwar genauso ölreich sein wie andere Golfstaaten, ist dem Glanz und Glamour aber nicht im selben Maße verfallen – vielleicht wegen der verlorenen Jahre durch die irakische Invasion und deren Folgen. Vielleicht ist es aber auch eine bewusste Entscheidung der Menschen, die Seele nicht völlig den Göttern des Kommerzes zu verkaufen. Hinzu kommt, dass Kuwait weit genug von eben jenen Reisezentren weiter südlich am Golf entfernt liegt, dass es weniger Touristen und Expats hierher verschlägt.

Das Ergebnis? Eine authentischere arabische Atmosphäre. So ist Kuwait nach wie vor eine Oase in einer Wüstenregion. Das Land verfügt über exzellente Museen, einen schönen Suk und eine Küstenstraße mit gepflegten Stränden und gut besuchten Restaurants. All diese Dinge machen es zu dem vielleicht faszinierendsten Reiseziel am Golf.

Highlights

KUWAIT TOWERS

1 Die Wassertürme von Kuwait-Stadt mit ihren blau-grünen „Pailletten" sind Kuwaits Wahrzeichen. Der größte der drei Türme hat eine Höhe von 187 m und birgt eine zweistöckige, sich drehende Aussichtsplattform, einen Souvenirladen und ein Café.

SALMIYA SCIENTIFIC CENTER

2 Das Scientific Center in einem Bau in Form eines Segels an der Küstenstraße punktet mit einem der größten Aquarien im Nahen Osten. In dem einzigartigen Gezeitenbecken leben Schwarztupfen-Süßlippen und die heimischen Schlammspringer. Am spektakulärsten sind jedoch die deckenhohen Becken mit Haien und Rochen.

TAREQ-RAJAB-MUSEUM

3 Das ethnografische Museum sollte man sich nicht entgehen lassen. Gezeigt werden mit Intarsien verzierte Musikinstrumente, omanischer Silber- und saudi-arabischer Goldschmuck, Kopfbedeckungen von der Gebetsmütze bis zum Mongolenhelm, Kleidung von Prinzessinnen und Ziegenhirten, Emaille aus Jaipur und Perlen aus Bahrain.

REISEZEIT

HAUPTSAISON
(Nov.–April)

ZWISCHENSAISON
(Okt.)

NEBENSAISON
(Mai–Sept.)

JETZT REISEN!

Selbstgerösteten Kaffee in trendigen Cafés gibt es seit Kurzem immer öfter in Kuwait City. Im Mukha (www.instagram.com/mukhacoffee/), z. B. bekommt man Single-Origin-Filterkaffee u. a.aus Äthiopien.

HAUPTSTADT
Vientiane

BEVÖLKERUNG
7,5 Mio.

FLÄCHE
236 800 km²

AMTSSPRACHE
Laotisch

Luang Prabang

LAOS

Während in den Nachbarländern der Fortschritt galoppiert, geht es in Laos immer noch gemächlich zu. Das Land vereint auf kleinstem Raum das Beste, was Südostasien zu bieten hat.

Abenteurer können sich in unterirdischen Flusshöhlen verirren, im Urwald eine Seilrutschpartie unternehmen oder Kalksteinfelsen hinaufkraxeln. Naturfreunde können sich in die Wildnis stürzen und exotische Tiere wie Gibbons oder Elefanten beobachten. Und Kulturliebhaber erforschen alte Tempel und die Spiritualität in Laos.

Laos hat sich viele der Traditionen bewahrt, die anderswo in der Region der Entwicklungswut weichen mussten. Kaum zu glauben, dass das verschlafene Vientiane eine asiatische Hauptstadt ist. Das dörfliche Leben mit Stelzenhäusern und Reisfeldern wie aus einer Filmkulisse wirkt zeitlos. Im faszinierenden Luang Prabang ziehen jeden Morgen Hunderte Mönche in safrangelben Roben auf der Suche nach Almosen durch die Straßen. Kühne Traveller erwartet ein Land, das vom Massentourismus verschont geblieben ist, Asien in Zeitlupe – dies ist die Demokratische Volksrepublik Laos.

Highlights

LUANG PRABANG

1 Die zeitlose Tempelstadt zwischen Mekong und Khan hält Stoff für Erzählungen bereit: eine faszinierende Königsgeschichte, in safrangelbe Roben gehüllte Mönche, tolle Blicke auf den Fluss, eine erstklassige Küche und ein paar der besten Boutiqueunterkünfte der Region. Man kann sich ein Rad leihen und die Nebenstraßen der tropischen Halbinsel erkunden, an einem Kochkurs teilnehmen oder in einem der vielen preisgünstigen Spas bei einer Massage entspannen. Nicht selten werfen Besucher all ihre Reisepläne um und bleiben ein paar Tage länger.

VANG VIENG

2 Vang Vieng, die Flussperle in der laotischen Karstlandschaft, liegt unter hohen Klippen am Ufer des Nam Song und ist die unbestreitbare Abenteuerhauptstadt von Laos. Nachdem die Partymeute weitergezogen ist, konnte hier wieder Ruhe einkehren, und Familienurlauber erholen sich bei gut organisierten Aktivitäten wie Ballonfahrten, Trekking, Höhlenwanderungen und Klettertouren. Nach wie vor ist aber Tubing auf dem Fluss der Travellermagnet schlechthin. Wo es früher nur Budgetpensionen und die ewig gleichen Travellercafés gab, entstehen heute mehr und mehr schickere Boutiquehotels und Gourmetrestaurants.

SI PHAN DON

3 Laos' Hängemattenmekka lockt schon lange erschöpfte Traveller an. Die tropischen Inseln im Mekong sind zwar vor allem als Paradies für Sonnenanbeter bekannt, aber auch Aktivere haben hier die Qual der Wahl. Die Palette reicht von Tubing und Radtouren durch Reisfelder über Kajakfahrten bis zum Beobachten der seltenen Irawadidelfine – und bei Sonnenuntergang kann man den Tag mit einer Bootsfahrt ausklingen lassen.

2

KWANCHAI_K / GETTY IMAGES ©

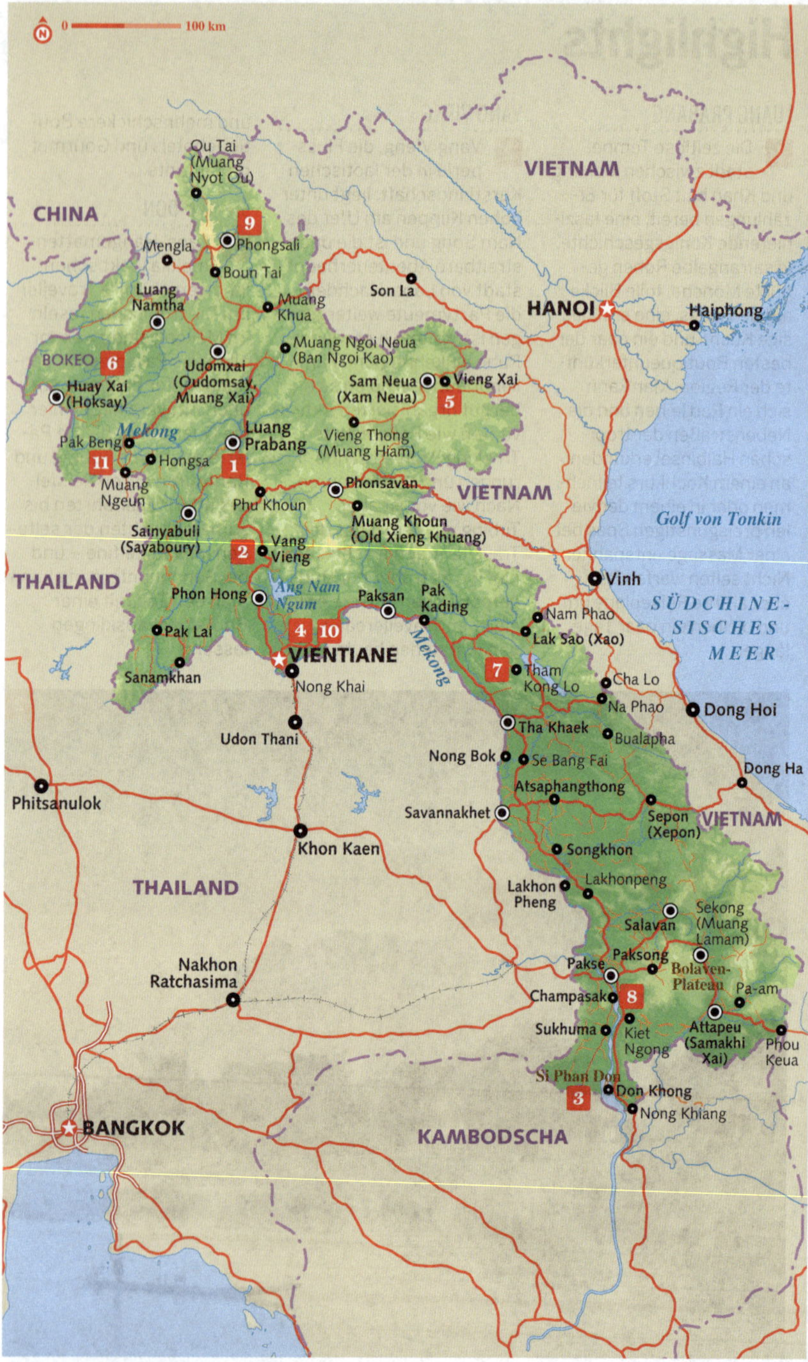
0 100 km
CHINA
VIETNAM
Ou Tai (Muang Nyot Ou)
9
Phongsali
Mengla
Boun Tai
Luang Namtha
Muang Khua
Son La
HANOI
Haiphong
BOKEO
6
Udomxai (Oudomsay, Muang Xai)
Muang Ngoi Neua (Ban Ngoi Kao)
Huay Xai (Hoksay)
Sam Neua (Xam Neua)
Vieng Xai
5
Mekong
Pak Beng
Luang Prabang
Vieng Thong (Muang Hiam)
11
Hongsa
1
Muang Ngeun
Phonsavan
VIETNAM
Phu Khoun
Muang Khoun (Old Xieng Khuang)
Golf von Tonkin
Sainyabuli (Sayaboury)
2
Vang Vieng
THAILAND
Ang Nam Ngum
Phon Hong
Paksan
Pak Kading
Vinh
Nam Phao
SÜDCHINESISCHES MEER
Pak Lai
4
10
Lak Sao (Xao)
VIENTIANE
Sanamkhan
Nong Khai
7
Tham Kong Lo
Cha Lo
Na Phao
Dong Hoi
Udon Thani
Tha Khaek
Bualapha
Nong Bok
Se Bang Fai
Dong Ha
Phitsanulok
Atsaphangthong
Savannakhet
Sepon (Xepon)
VIETNAM
Khon Kaen
Songkhon
THAILAND
Lakhon Pheng
Lakhonpeng
Salavan
Sekong (Muang Lamam)
Nakhon Ratchasima
Pakse
Paksong
Bolaven-Plateau
Champasak
8
Pa-am
Sukhuma
Kiet Ngong
Attapeu (Samakhi Xai)
Phou Keua
Si Phan Don
Don Khong
3
Nong Khiang
BANGKOK
KAMBODSCHA

VIENTIANE

4 Die langgezogene Schönheit an den Ufern des Mekong ist die wohl lässigste Hauptstadt Südostasiens. Vientiane hat breite, von Tamarindenbäumen gesäumte Straßen und schmale Gassen, in denen sich französische Villen, chinesische Ladenhäuser und funkelnde Wats drängen. Die Stadt prägt ein Mix aus Straßenhändlern, Mönchen, einer feinen französischen Küche, Boutiquehotels und einem Unterhaltungsangebot von Spa-Anwendungen über Yogakurse bis zu Radtouren. Vientiane kann optisch vielleicht nicht mit Luang Prabang mithalten, doch es hat Charme.

VIENG-XAI-HÖHLEN

5 Hier ist Geschichte zu Stein geworden. In Vieng Xai, einem wunderschönen Fleckchen, befand sich während der US-Bombenangriffe (1964–1973) das Hauptquartier der kommunistischen Widerstandsbewegung Pathet Lao. Neben den Höhlen ist es die Audiotour, die die Geschichte lebendig werden lässt. Wenn zu den Klängen von Jimi Hendrix Bomber brummen, sucht man im Garten des „Roten Prinzen" automatisch Deckung.

GIBBON EXPERIENCE

6 Lust auf Ziplining hoch über dem Waldboden? Das großartige Seilsystem mit teilweise über 500 m langen Seilen überquert bewaldete Täler im üppigen Bokeo Nature Reserve (Lebensraum des Schwarzen Schopfgibbons und des Asiatischen Tigers). Mit einem Teil der Einnahmen werden die namensgebenden gefährdeten Primaten unterstützt, und die Führer sind ehemalige Wilderer, die heute als Ranger arbeiten. Abends geht's an der Zipline zum Übernachten in sehr hoch gelegene Baumhäuser, in denen man dem Ruf der Wildnis lauscht. Das Gibbon Experience ist das beste Naturerlebnis in Laos. Weitere Seilrutschen findet man nahe Vang Vieng und auf dem Bolaven Plateau.

THAM KONG LO

7 Der zerklüftete Eingang einer Flusshöhle unter einem riesigen Kalksteinfelsen, ein Bootsmann, der sein klappriges Gefährt mitten in die tiefste Dunkelheit steuert – ein gruseliges Szenario! Die Tour unter der hohen Decke voller Stalaktiten in dieser außergewöhnlichen, 7,5 km langen Unterwelt in der Provinz Khammuan ist ein echtes Erlebnis! Man wird froh sein, am anderen Ende des Tunnels wieder Licht zu sehen! Das Dorf Ban Kong Lo

TOP-FILME

The Rocket (2013) Die Geschichte eines Jungen, der für das Unglück seiner Familie verantwortlich gemacht wird. Um ihr Vertrauen zurückzugewinnen, will er beim jährlichen Raketenfest teilnehmen und baut eine riesige Rakete.

Bomb Harvest (2007) Kraftvolle Dokumentation über Blindgänger, ihre Auswirkungen auf laotische Gemeinden und die Arbeit der Mines Advisory Group (MAG). Für manche geht der Krieg noch weiter.

TOP-BÜCHER

Dr. Siri und seine Toten (Colin Cotterill; 2004) Die wunderbare Welt des Dr. Siri, eines Vollzeitgerichtsmediziners und Hobbydetektivs in den 1970ern. Erster Band der zehnbändigen Krimireihe.

Ant Egg Soup: The Adventures of a Food Tourist in Laos (Natacha Du Pont de Bie; 2004) Widmet sich lokalen Spezialitäten (darunter einige, die nichts für empfindliche Mägen sind).

One Foot in Laos (Dervla Murphy; 2001) Die irische Autorin reist Anfang der 1990er-Jahre quer durch Laos und entdeckt ein Land, das tiefgreifende Veränderungen durchmacht.

REISEZEIT

HAUPTSAISON
(Nov.–März)
In großen Teilen von Laos angenehme Temperaturen, in den Bergen kalt.

ZWISCHENSAISON
(Juli & Aug.)
In den meisten Teilen des Landes nass, hohe Luftfeuchtigkeit.

NEBENSAISON
(April–Juni, Sept. & Okt.)
Im April und Mai Temperaturen um 40 °C. Im September und Oktober kann es sehr nass werden.

ist heute der bequemste Ausgangspunkt für den Besuch der Höhle, weil in den letzten Jahren Unmengen Pensionen und kleiner Resorts eröffnet wurden.

WAT PHU CHAMPASAK

8 Nicht ganz so majestätisch wie die Tempel von Angkor, aber nicht minder geheimnisvoll ist diese Khmer-Anlage an einem Hang, die mit ihrer Machart und ihrer Lage beeindruckt. Einst gehörten die Ruinen zu einer bedeutenden Stadt, heute liegen sie verloren am Hang des Phu Pasak. Beim Aufstieg entdeckt man in jeder Höhe etwas Besonderes, und vom Gipfel eröffnet sich ein weiter Blick. Massenandrang gibt es hier nicht. Noch mehr Ruinen dieser Art finden sich in den Reisfeldern und im Wald unterhalb.

TREKKING RUND UM PHONGSALI

9 Laos ist für die vielen von Gemeinden organisierten Trekkingtouren bekannt, die oft Homestays, die Übernachtung bei einheimischen Familien, beinhalten. Trekking ist im ganzen Land möglich, doch Nordlaos ist eines der beliebtesten Gebiete. Touren um Phongsali gelten als besonders authentisch, denn sie bieten die Gelegenheit, bei den Akha zu übernachten.

PHA THAT LUANG

10 Der grazile, goldene Pha That Luang ist das wichtigste nationale Monument in Laos, ein Symbol für den Buddhismus und die laotische Souveränität. Einer Legende nach errichteten im 3. Jh. v. Chr. indische Abgesandte von König Ashoka hier einen *tâht* (Stupa) mit einem Stück von Buddhas Brustbein. Der Stupa wird flankiert von einem Kreuzgang mit hohen Wänden und winzigen Fenstern, der mehrere Buddha-Statuen beherbergt, darunter eine von Jayavarman VII., dem großen König aus der Angkor-Zeit, der den Buddhismus zur Staatsreligion des Khmer-Reichs erklärte.

▼ UNTERWEGS VOR ORT

Für Traveller, die es sich leisten können, ist ein Mietwagen mit Fahrer die einfachste Möglichkeit, in begrenzter Zeit große Teile des Landes zu bereisen.

In Laos gibt's einige schicke Busse, die auf den Hauptstrecken von Vientiane aus verkehren. Auf dem Land sind die Fahrzeuge allerdings fast so alt wie die Hügel.

Laos bietet viele Inlandsflüge. Bei einem Kurztrip kann das eine Menge Zeit sparen.

Die Flüsse sind die Lebensadern von Laos. Daher sind Boote ein wichtiger Bestandteil des Verkehrsnetzes.

▼ ESSEN & TRINKEN

Đạm màhk hung Salat aus zerkleinerter grüner Papaya mit Knoblauch, Limettensaft und Fischsauce sowie manchmal Tomaten, Palmzucker, Landkrebsen und Chilis.

Fěr Reisnudeln in einer Gemüsebrühe mit Fleisch, abgeschmeckt mit Fischsauce, Limettensaft, getrockneten Chilis, Minzeblättern, Basilikum und scharfer Chilisauce.

Kòw něeo Klebreis, der in einem kleinen Korb serviert wird. Mit einer Hand etwas Reis nehmen, zu einem Ball formen und ins Essen tauchen.

Láhp Pikanter Salat aus Hackfleisch (Rind, Schwein, Huhn, Ente oder Fisch), vermischt mit Fischsauce, Schalotten, Minzeblättern, Limettensaft, gebratenem Reis und Chilis.

Lòw-lów Tieflandlaoten mögen den laotischen Likör oder Reisschnaps, obwohl er eigentlich illegal ist.

FLUSSFAHRTEN

11 Flusstouren sind ein Highlight bei Reisen durch Laos. Eine der beliebtesten Strecken ist die zwischen Luang Prabang, Pak Beng und Huay Xai, dem Tor zum Goldenen Dreieck. Die Angebote reichen von Booten bis zu Luxuskreuzern und zu Touren nach Si Phan Don. Jenseits des Mekongs führen viele Seitenflüsse wie der Nam Ou und der Nam Tha zu ganz unterschiedlichen Orten, etwa nach Nong Khiaw und Muang Khua (zur Weiterreise nach Phongsali). Zusätzlich gibt es auch die Möglichkeit, mit Kajaks mehrtägige Trips auf einigen Flüssen zu unternehmen.

GLEN ALLISON / GETTYIMAGES ©

9

BUN PI MAI

Das laotische Neujahr ist der wichtigste Feiertag des Jahres. Die Häuser werden geputzt, die Leute ziehen neue Sachen an, die Buddha-Figuren werden gewaschen. Der 14., 15. und 16. April sind Feiertage.

FELSEN

Überall in Laos werden seltsame Felsformationen verehrt. Selbst mitten im Nirgendwo sieht man Felsen, die in gelbe Roben gehüllt sind und vage an Schildkröten, Angelkörbe oder Stupas erinnern.

8

ISARESCHEEWIN / SHUTTERSTOCK ©

HAUPTSTADT
Maseru

BEVÖLKERUNG
2,1 Mio.

FLÄCHE
30 355 km²

AMTSSPRACHEN
Sesotho, Englisch

Sehlabathebe National Park

LESOTHO

Das gebirgige Lesotho ist ein reichlich unterschätztes Reiseziel. Es ist schön, kulturell reich, sicher, erschwinglich und leicht von Durban und Johannesburg aus zu erreichen.

Der Unterschied zu Südafrika könnte nicht größer sein – angefangen beim Stolz der Basotho auf ihre eigene Identität bis hin zu den topografischen Extremen der Gebirgsregion. Schon nach ein paar Tagen in einer Berg-Lodge oder einem Handelsposten eröffnet sich ein neuer Blick auf den Süden Afrikas.

Lesotho ist durch und durch ein Gebirgsland, wo einem an jeder Steilkurve Dorfbewohner hoch zu Ross mit bunten Skimützen und Decken begegnen. Die Wander- und Trekkingoptionen – oft auf den berühmten Basotho-Ponys – sind spitze, und die Infrastruktur der drei atemberaubenden Nationalparks verbessert sich stetig.

Im 1000 m hoch gelegenen „Tiefland" können sich Traveller mit Kunsthandwerk eindecken und Sehenswürdigkeiten bestaunen. Auf jeden Fall aber sollte ein Trip ins südliche, zentrale oder nordöstliche Hochland drin sein, wo sich Flüsse durch das ehemalige Revier von Dinosauriern winden.

Highlights

▼ REISEZEIT

HAUPTSAISON
(Nov.–März)

ZWISCHENSAISON
(April–Mai, Sept., Okt.)

NEBENSAISON
(Juni–Aug.)

MALEALEA LODGE

1 Malealea – ein Lesotho im Kleinen – ist *das* Vorzeigeprojekt für das Bergkönigreich. Abends geben die Chöre und Bands des Dorfes eine Vorstellung. Die Aktivitäten werden von der Gemeinde initiiert; ein Teil der Einnahmen aus dem Tourismus sowie Spenden gehen an örtliche Projekte. Und ach ja: Das Panorama ist der Wahnsinn!

SEHLABATHEBE NATIONAL PARK

2 Der am wenigsten besuchte Nationalpark Lesothos ist entlegen, rau und wunderschön! Die sanft gewellten Grassavannen, die Wildblumen und die Ruhe sorgen für innere Stille, zur Gesellschaft hat man nur viele Vögel (u. a. Bartgeier) und die eine oder andere Rehantilope. Am besten erkundet man die Gegend beim Wandern (oder Reiten ab Sani Top oder den Drakensbergen). In den Stauseen und Flüssen kann man auch angeln.

PONY-TREKKING IM HOCHLAND

3 Ponytouren sind eine der Top-Attraktionen Lesothos. Man reitet auf trittsicheren Basuto-Ponys, einer Kreuzung aus europäischen Rassen. Reiterfahrung ist nicht erforderlich, es empfiehlt sich aber, im Voraus zu buchen. Egal, wie geübt oder ungeübt man ist – nach einem Tag im Sattel tut einem allerlei weh.

MALETSUNYANE FALLS

4 Semonkong (Platz des Rauchs), ein winziger Ort in der zerklüfteten Bergkette Thaba Putsoa, hat seinen Namen von den

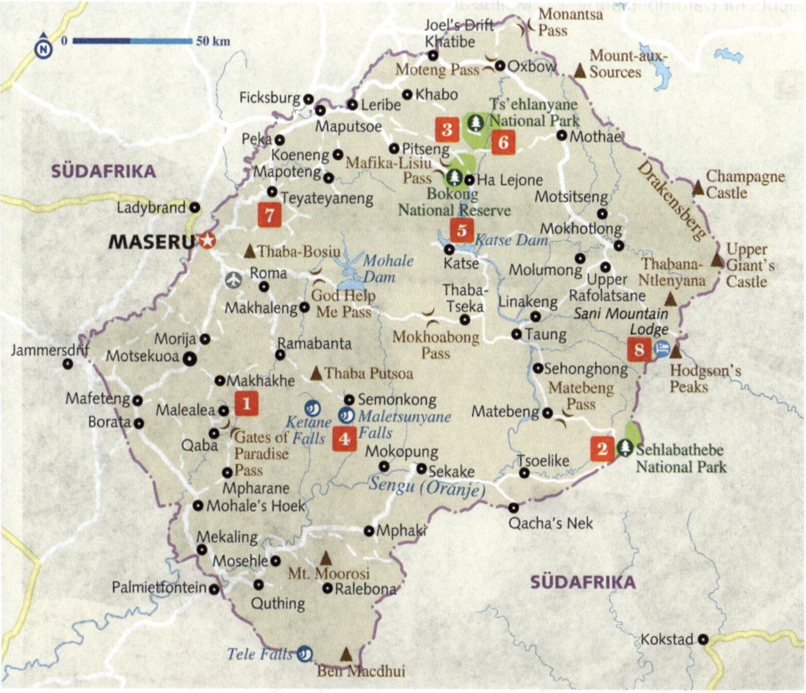

nahe gelegenen Maletsunyane Falls (204 m), die im Sommer am lautesten tosen. In dem Städtchen beginnen viele Wander- und Reitwege, u. a. die zweitägige Route über die Gipfel des Thaba Putsoa bis zu den Ketane Falls (122 m).

KATSE DAM

5 Dieses Wunder der Ingenieurskunst birgt 1950 Mio. m³ Wasser für das durstige Gauteng, die bevölkerungsreichste Provinz Südafrikas. Das hochgelegene, 35,8 km² große Gewässer erzeugt auch Strom für Lesotho. Der von steilen, grünen Hügeln gesäumte Staudamm ist ein heiterer, fast unwirklicher Ort. Die üblichen Schilder auf Sesotho weichen plötzlich englischen wie *Mohale Tunnel Outlet*. Selbst wer nichts für Dammbau übrig hat, kann hier eine erholsame Pause einlegen.

TS'EHLANYANE NATIONAL PARK

6 Dieser in 2000 bis 3000 m Höhe gelegene Nationalpark schützt ein 5600 ha großes Gebiet rauer Wildnis mit einem der letzten Urwälder Lesothos. Die unterschätzte und viel zu wenig besuchte Gegend ist so abgeschieden wie nur möglich und ideal zum Wandern. Neben Tageswanderungen gibt's hier den anspruchsvolleren, 39 km langen Wander- bzw. Ponyreitweg vom/zum Bokong Nature Reserve, der durch einige von Lesothos spektakulärsten Landschaften führt. Gemeindebetriebene Touren zu den Dörfern im Umkreis des Ts'ehlanyane bietet Maliba an.

UNTERWEGS VOR ORT

Inzwischen kommt man auch mit normalen Autos voran, aber wer eine Rundtour machen will, braucht einen Geländewagen. Meist ist es billiger, sich in Südafrika ein Auto zu mieten und über die Grenze zu fahren.

Minibus-Sammeltaxis bedienen alle größeren Orte und viele kleinere. In den größeren Orten fahren auch Busse (billiger, langsamer) und Sprinter (schneller, teurer). Keine Busklassen; spärlicher Service.

KUNSTHANDWERK IN TEYATEYANENG

7 Teyateyaneng (Platz des Treibsands, oft auch nur „TY" genannt) ist das Zentrum des Kunsthandwerks in Lesotho und lohnt einen Besuch, um Wandteppiche zu kaufen oder bei ihrer Herstellung zuzuschauen.

SANI MOUNTAIN LODGE

8 Die Lodge thront in 2874 m Höhe auf dem Sani Pass und behauptet, „die höchstgelegene Kneipe im Süden Afrikas" zu sein. Wer den Aufstieg aus KwaZulu-Natal schafft, wird mit kuscheligen Rondavels und tollem Essen belohnt. Backpacker wohnen ein Stück die Straße runter in modernen Zimmern für zwei bis sechs Personen. Im Winter ist der Schnee manchmal tief genug zum Skifahren. Auf Wunsch werden Pony-Trekkingtouren und Dorfbesuche organisiert.

3

GIL.K / SHUTTERSTOCK ©

ESSEN & TRINKEN

Das Essen der Basotho ist recht einfach. Viele Familien halten Vieh und bauen Gemüse, Mais und Weizen an.

Joala Traditionelles Sorghum-Bier – in den Dörfern zeigt eine weiße Flagge an, dass es erhältlich ist.

Mealie pap Fader, aber sättigender Maisbrei, der mit einer guten Sauce oder mit Eintopf richtig lecker schmeckt.

Morogo Blattgemüse, meist Wildspinat, gekocht, gewürzt und mit Maisbrei serviert.

Motoho Vergorener Sorghum-Brei.

DIE KULTUR DER BASOTHO

Die traditionelle Kultur der Basotho blüht, und die farbenprächtigen Feiern zu bestimmten Meilensteinen im Leben wie der Geburt, der Pubertät, der Hochzeit und dem Tod sind ein wichtiger Teil des Dorflebens. Beim Wandern hört man vielleicht die *lekolulo*-Flöte, die von Schäferjungen gespielt wird; das *thomo*, ein von Frauen gespieltes Saiteninstrument oder das *setolo-tolo*, ein Saiteninstrument, das von Männern mit dem Mund gespielt wird. Kühe sind im täglichen Leben wichtig, sowohl als Opfertiere als auch als Symbol des Wohlstands.

Die Basotho glauben an ein höheres Wesen und messen den *balimo* (Ahnen), die als Vermittler zwischen den Menschen und den Kräften der Natur sowie der Welt der Geister dienen, große Bedeutung bei. Das Böse ist eine ständige Gefahr. Es wird von *boloi* (Hexenkunst; Hexen können sowohl Männer als auch Frauen sein) und *thkolosi* (kleine, bösartige, verspielte Wesen) verursacht. Wer von solchen Kräften geplagt wird, sollte sich zum nächsten *ngaka* aufmachen, einem gelehrten Mann, der halb Zauberer und halb Arzt ist – er kann sie bekämpfen.

HAUPTSTADT
Riga

BEVÖLKERUNG
1,86 Mio.

FLÄCHE
64 589 km²

AMTSSPRACHE
Lettisch

Schwarzhäupterhaus, Riga

LETTLAND

Wer Lust auf eine der weniger bekannten Perlen Europas hat, wird das lettische Leben mit seinen klangvollen Chören und der Jugendstilarchitektur sehr anregend finden.

Lettland, ein Teppich aus Meer, Seen und Wald, ist sozusagen ein großer, unberührter Landschaftspark mit nur einer einzigen richtigen Stadt – seiner kosmopolitischen Hauptstadt Riga. Das Land ist zwar klein, aber man hat viel Freiraum. Man findet immer irgendein Fleckchen unberührter Natur für sich allein zum Wandern, Radeln oder einfach nur zum Träumen an einem weißen Sandstrand inmitten grüner, kiefernbedeckter Dünen.

Da Lettland jahrhundertelang von jeder nur möglichen Regionalmacht eingenommen wurde, ist es kulturell sehr vielschichtig und hat eine weniger homogene Bevölkerung als seine Nachbarländer. Die Menschen hier sehen sich als die kreativsten und am wenigsten pragmatischen im baltischen Raum. Das beweisen sie auch regelmäßig mit ihren unzähligen Festen und ihrer fröhlich-unbekümmerten Haltung – jedenfalls für Nordländer.

Highlights

RIGA

1 Die vielen gotischen Kirchtürme lassen eine gewisse Strenge befürchten, doch es ist die prächtige Jugendstilarchitektur, die Äußeres und Geist der pulsierenden Stadt – der größten der drei Hauptstädte im Baltikum – prägt. Wie alle nordischen Städte wirkt Riga ruhig und reserviert, brodelt aber dennoch vor hippen Bars, modernen Kunst- und Kulturzentren und experimentellen Restaurants.

KAP KOLKA

2 Eine Fahrt zum abgeschiedenen und überwältigend schönen Kap Kolka (Kolkas rags) wirkt wie eine Reise ans Ende der Welt. Während der sowjetischen Ära war die gesamte Halbinsel als Hochsicherheitsmilitärbasis gesperrt und für Zivilisten unerreichbar. Dies verhinderte auch die Entwicklung der Region, und heute wirken die öden Küstendörfer total anachronistisch, als wären sie in der Zeit stehen geblieben.

CĒSIS

3 Mit seiner mittelalterlichen Burg, den kopfsteingepflasterten Straßen, grünen Hügeln und Landschaftsgärten ist Cēsis zweifellos die hübscheste Kleinstadt in Lettland. Es gibt hier auch jede Menge Regionalgeschichte, die vor 800 Jahren begann, als dies eine Hochburg des Livländischen Ordens in einem Land widerspenstiger Heiden war und es vor (und hinter) den Burgmauern zu grausamen Schlachten kam. Cēsis kann man zwar auch im Rahmen eines Tagesausflugs aus Riga besuchen, doch ein längerer Auf-

REISEZEIT

HAUPTSAISON
(Juni–Sept.)

ZWISCHENSAISON
(Mai & Okt.)

NEBENSAISON
(Nov.–April)

enthalt lohnt sich – schon weil der Nationalpark Gauja vor der Tür liegt.

VENTAS RUMBA

4 In einem Land ohne Erhebungen, wo sich alles in die Breite erstreckt, zeigt sich auch die Landschaft eher zweidimensional – und das gilt auch für Wasserfälle. Mit einer Breite von 240 m gilt der Ventas Rumba als Europas breitester Wasserfall. Dabei ist er nur unwesentlich höher als ein Basketballer und würde im Vergleich zu manchen internationalen Konkurrenten nicht mehr als den Namen Stromschnelle verdienen. Vom Burghügel Kuldīga aus wirkt der Ventas Rumba aber wie ein niedlicher, kleiner Niagara. Die gewölbten Bogen der alten Backsteinbrücke machen den Anblick noch malerischer.

SCHLOSS RUNDĀLE

5 Dieses prächtige Schloss ist ein architektonisches Highlight im ländlichen Lettland. Es wurde im 18. Jh. als Residenz für den kurländischen Herzog erbaut und zeugt von der damaligen Verschwendungssucht des Adels. Der Entwurf stammt vom italienischen Barockmeister Bartolomeo Rastrelli, der vor allem für den Winterpalast in St. Petersburg bekannt ist. Etwa 40 der 138 Räume im Schloss sind für Besucher zugänglich, ebenso wie der wundervolle Schlossgarten, der nach dem Versailler Vorbild gestaltet wurde.

LIEPĀJA

6 Liepāja passt in kein Klischee. Es ist eine Hafenstadt mit schmuddeligen Lagerhäusern aus rotem Backstein, vor Anker

UNTERWEGS VOR ORT

In Lettland gilt Rechtsverkehr. Jederzeit müssen Autofahrer mit Licht fahren. Autos mit Automatikschaltung bekommt man hier kaum.

Jenseits der Vororte im Großraum Riga sind Busse viel bequemer als Züge.

Reisende können die städtischen Pendlerzüge gut für Tagesausflüge nutzen.

3

TRAVELSEWHERE / SHUTTERSTOCK ©

liegenden Torpedobooten und einem alten Gefängnis als Hauptattraktion. Die Stadt punktet mit einem der schönsten Strände des Landes und hat überdurchschnittlich viele lettische Musiker hervorgebracht. Die raue Atmosphäre (die sich auch in der Musik widerspiegelt) lässt Liepāja als eine Art Manchester erscheinen, doch eigentlich sucht die Stadt gerade erst nach ihrer Identität.

JŪRMALA

7 Die baltische Version der französischen Riviera ist ein langer Streifen aus Siedlungen mit einzigartigen preußischen Villen. Selbst zur Blütezeit des Kommunismus war Jūrmala immer ein Badeort für Privilegierte. Heute gehören russische Magnaten und ihre glamourösen Frauen als sichtbarer Teil der Bevölkerung zum Alltag, und reiche Fashionistas tragen zwischen den Schönheitsbehandlungen am Strand ihre Designermode zur Schau. An den Sommerwochenenden, wenn die Jetsetter und Tagesausflügler aus Riga den Kurort überfluten, sind die Straßen voller Autos.

▼ ESSEN & TRINKEN

Alus Für ein so kleines Land herrscht kein Mangel an *alus* (Bier) – jede größere Stadt hat ihre eigene Sorte.

Black Balzām Der schwarze Likör hat 45 % Alkohol und wird nach einem Geheimrezept mit mehr als einem Dutzend Zutaten hergestellt, u. a. Eichenrinde, Wermut und Lindenblüten. Wem er zu stark ist, der mischt ihn mit Cola.

Kwas Das verbreitete und beliebte Getränk aus gegorenem Roggenbrot dürfte den Niedergang von Coca Cola zu Beginn des 21. Jhs. wohl im Alleingang bewirkt haben.

Pilze Mit den ersten Regenschauern im Herbst ziehen die Pilzsammler los.

Räucherfisch Dutzende Fischbuden sprenkeln die Küste Kurzemes – man erkennt sie am Rauch. Den Fisch gibt's auch zum Mitnehmen – er ist der perfekte Nachmittagssnack.

5

NIKONAFT / SHUTTERSTOCK ©

JETZT REISEN!

Lettland bietet viel für die unterschiedlichsten Musikliebhaber: 2019 fand das erste **Riga Jurmala Music Festival** statt, das in Zukunft internationale Größen der klassischen Musik nach Riga und ins nahe Jurmala holen will. Bereits seit 1873 findet das **Lettische Liederfest** (ebenfalls in Riga) statt, das normalerweise alle 5 Jahre veranstaltet wird – zum nächsten Mal 2023. Und an der Ostseeküste wurden zwei neue Konzerthäuser eröffnet, **„Großer Bernstein"** in Liepaja und **„Latvija"** in Ventspils mit großer Orgel – beide architektonische Hingucker.

HAUPTSTADT
Beirut

BEVÖLKERUNG
5,2 Mio.

FLÄCHE
10 400 km²

AMTSSPRACHE
Arabisch

Palast Beit ed-Din, Beit ed-Din

LIBANON

Der Libanon liegt in einer der schönsten Ecken des Nahen Ostens und hat eine der dynamischsten und kompliziertesten Gesellschaften der Welt.

In dem kleinen Mittelmeerland spielen Kultur, Familie und Religion eine wichtige Rolle. Allerdings flammen immer wieder religiöse Unstimmigkeiten auf, die zu oft in Gewalt ausarten, Menschenleben fordern und in der Landschaft wie in der nationalen Seele Narben hinterlassen. Der Libanon besitzt eine weltberühmte Küche, herrliche Strandresorts und mit Beirut die glamouröseste Stadt im Nahen Osten. Aber hier hat auch die Hisbollah mit ihren fanatischen Propagandisten und gewalttätigen Anhängern ihre Zentrale. Und in den Flüchtlingslagern drängen sich Palästinenser und neuerdings auch Syrer.

Das Land ist gezeichnet von Jahrzehnten mit Bürgerkrieg, Invasionen, Terrorangriffen und Missständen in der Regierung, die für viele Einwohner auch Ursache der Explosionskatastrophe 2020 in Beirut waren, aber auch gesegnet mit prächtigen Berglandschaften, antiken Ruinen und Menschen, die unbeugsam und für ihre Herzlichkeit bekannt sind – der Libanon belohnt Traveller mit viel Stoff zum Nachdenken und ist ein Fest für alle Sinne.

Highlights

BEIRUT

1 Wer die Begegnung von westlicher und östlicher Zivilisation erleben will, von der im Nahen Osten so oft die Rede ist, ist hier richtig. Schnelllebig, modebewusst, freundlich – Beirut ist wahrlich keine relaxte Stadt, aber die hervorragenden Museen, Restaurants, Bars und Clubs machen es zu einem unverzichtbaren Bestandteil der Reise. Das Land ist so klein, dass man von hier aus problemlos Tagesausflüge zu allen Städten und bedeutenden Stätten machen kann – deshalb wohnen die meisten Traveller während ihres gesamten Libanon-Aufenthalts hier.

PALAST BEIT ED-DIN

2 Eines der Highlights im Chouf-Gebirge ist der Palast Beit ed-Din, den der osmanische Statthalter Emir Bashir Chehab II. Anfang des 19. Jhs. erbauen ließ und dessen Fertigstellung 30 Jahre dauerte. Er thront majestätisch auf einem Hügel, umgeben von terrassierten Landschafts- und Obstgärten, und vereint viele traditionelle Formen arabischer Architektur. Der Palast wurde von der Lokalregierung genutzt, war die Sommerresidenz des ersten libanesischen Präsidenten, wurde während des israelischen Einmarschs beschädigt und von der drusischen Miliz besetzt, bevor er 1999 restauriert und an den Staat zurückgegeben wurde.

BYBLOS

3 Byblos (arab. Dschubail), ein hübsches Fischerstädtchen mit antikem Hafen, mittelalterlicher Altstadt, Kreuzritterburg und archäologischer Stätte, ist eine super Wahl für alle,

REISEZEIT

HAUPTSAISON
(Juni–Aug.)

ZWISCHENSAISON
(Mai–Sept.)

NEBENSAISON
(Dez.–April)

die einen oder zwei Tage außerhalb Beiruts verbringen wollen. Ein Tagesausflug geht aber auch.

JEITA-GROTTE

4 Die Grotte ist eines der größten Naturwunder im Nahen Osten. Das Höhlensystem findet sich 18 km nordöstlich von Beirut und führt etwa 6 km in den Berg hinein. Es wurde 1836 entdeckt und 1969 als Touristenattraktion zugänglich gemacht. Danach dienten die Höhlen im Bürgerkrieg als Munitionslager, obwohl die untere Galerie im Winter wegen des Wasserstands des Nahr-el-Kalb überflutet wird. Die außergewöhnliche obere Galerie ist das ganze Jahr über geöffnet und kann zu Fuß erkundet werden. Hin kommt man mit einer Seilbahn – ein spektakulärer Tagestrip ab Beirut.

QADISHA-TAL

5 Das Tal, Welterbe der UNESCO, ist für schöne Natur mit Wildblumen und -tieren sowie für die in die Felsen gehauenen Klöster bekannt. Dörfer mit roten Dächern thronen auf den Hügeln oder an Hängen. Der Fluss Qadisha, der etwas unterhalb des Skiresorts The Cedars entspringt, windet sich durchs Tal, darüber erhebt sich der höchste Berg, der 3090 m hohe Qurnat as-Sauda. Mit den vielen Möglichkeiten zum Wandern auf friedlichen Wegen oder zum Klettern im einsamen Gebirge bildet das Tal den perfekten Gegensatz zu Beirut.

BATRUN

6 Die Kleinstadt zwischen Byblos und Tripoli hat eine verschlafene, sehr stimmungsvolle Alt-

UNTERWEGS VOR ORT

In den Orten fahren Busse oder Sammeltaxis. Letztere sind meist ältere Mercedes mit rotem Nummern- und einem Dach-Taxischild.

Kleinbusse fahren zwischen Beirut und allen größeren Orten. Von Beirut nach Tripoli fahren große Busse.

Innerhalb des Libanon gibt es keine Flüge, aber das Land ist so klein, dass das auch gar nicht nötig ist.

7

JPRICHARD / SHUTTERSTOCK ©

stadt am Wasser, die erkundet werden will. Der Großteil der Einwohner sind Christen, und es gibt viele historische Kirchen in den schmalen, kopfsteingepflasterten Gassen der Altstadt.

TYROS

7 Die mehrheitlich von Schiiten bewohnte Stadt punktet mit phönizischer Geschichte, einer tollen Lage am Meer, römischen Ruinen und einem mittelalterlichen Suk. Dank guter Strände und Hotels ist Tyros ein beliebtes Urlaubsziel für die Beiruter.

BIOSPHÄRENRESERVAT AL-CHOUF-ZEDERN-NATIONALPARK

8 Das größte der drei libanesischen Naturschutzgebiete ist dieses Reservat, das 5 % der gesamten Landfläche des Libanon umfasst. Es ist das größte Zedernschutzgebiet des Landes und hat mehr als 250 km an Wanderwegen. Inmitten des Zedernwaldes befinden sich die Überreste einer alten, in den Felsen gehauenen Festung sowie sechs der letzten noch verbliebenen Zedernwälder – einige der Bäume sollen 2000 Jahre alt sein. Mehr als 200 Vogel- und Säugetierarten (u. a. Wölfe, Gazellen und Wildschweine) leben ganzjährig oder zeitweise in dem Gebiet.

ANNA OM / SHUTTERSTOCK ©

▼ ESSEN & TRINKEN

Falafel Frittierte Bällchen aus gewürzten Kichererbsen und/oder Saubohnen.

Fattusch Romanasalat mit getoastetem Fladenbrot, Gurken, Tomaten und Sumach.

Kibbeh Kroketten aus Weizenschrot, gefüllt mit Hackfleisch und gehackten Zwiebeln und frittiert oder in Sud gekocht; die vegetarische Variante beinhaltet Kürbis und Gewürze.

Kofta Gewürzte, mit Petersilie verfeinerte Hackfleischspieße.

Labné Fester Rahmjoghurt mit Olivenöl und Knoblauch.

Lahm bi-ajin Pizza mit gewürztem Hackfleisch und Tomaten.

Mujaddara Mit Reis und Zwiebeln gekochte Linsen.

Sambusa Frittierte Teigtaschen mit Käse oder Fleisch, vergleichbar mit Samosa.

Sayadieh Fisch und Reis mit Zwiebelsauce.

Taboulé Bulgur mit Petersilie, Tomate, Frühlingszwiebeln und Minze.

Warak Enab Gefüllte Weinblätter (auch *warak arisch*).

▼ LIBANON-ZEDERN

Die berühmteste der verschiedenen Zedernarten der Welt ist die Libanon-Zeder, die schon im Alten Testament erwähnt wird und einst große Flächen des Libanon-Gebirges bedeckte.

Der ursprüngliche Salomonstempel in Jerusalem war aus diesem Zedernholz, und auch die alten Phönizier mochten das Holz wegen seines Dufts und seiner Haltbarkeit und verwendeten es für ihre Häuser. Leider ist diese so weit zurückreichende Geschichte der Abholzung auch der Grund dafür, dass es heute im Libanon nur noch einige Ecken mit Zedern gibt, obwohl der Baum auf der Landesfahne abgebildet ist.

Die besten Orte, um die noch existierenden Libanon-Zedern zu sehen, sind der Al-Chouf-Zedern-Nationalpark und das Wäldchen bei The Cedars im Norden.

HAUPTSTADT
Monrovia
BEVÖLKERUNG
5,2 Mio.
FLÄCHE
111 369 km²
AMTSSPRACHE
Englisch

Doula Market, Monrovia

LIBERIA

Liberia, das von befreiten Sklaven aus den USA gegründet wurde und einen verheerenden Bürgerkrieg erlebt hat, ist ein mit einer herrlichen Natur gesegnetes Land, das sich wieder auf die Füße kämpft.

Liberia ist ein üppig-grünes, freundliches und lebenssprühendes Land. Hier gibt's alles von Surfspots und Designerläden bis zu relaxten Tagen in einer Hängematte am Rand des Regenwalds zum Gesang tropischer Vögel. Das Land ist immer noch von US-amerikanischem Selbstbewusstsein und daneben auch von westafrikanischer Kultur geprägt. Trotz aller Verwüstungen in der Vergangenheit ist Liberia ein fantastisches Reiseziel voller Hoffnung und Energie.

Nachdem die Liberianer ein Jahrzehnt lang versucht haben, nach dem brutalen Bürgerkrieg wieder ein halbwegs normales Leben zu führen, ereilte sie 2014 ein weiterer Schlag – und zwar in Form des todbringenden Ebola-Virus. Der WHO zufolge ist Liberia offiziell zwar wieder frei von Ebola, doch um die wirtschaftliche Genesung ringt das Land immer noch. Der Tourismus kann dabei eine große Rolle spielen – zumal die Reisebeschränkungen aufgehoben sind.

Highlights

MONROVIA

1 Monrovia war alles Mögliche: Eine prächtige Hauptstadt voller eleganter Menschen, eine von Sheriffs in US-Polizei-Uniformen aus zweiter Hand überwachte Partystadt, ein von Einschusslöchern gezeichnetes Kriegsgebiet und eine Stadt, die nach Krieg und Ebola wieder auf die Beine kommen will. Wer einen Bummel entlang der Broad St macht, bekommt die Originalklänge der lokalen hippen Coolness und den sanften Rhythmus des liberianischen Englisch zu hören – das heutige Monrovia ist geprägt von einer neuen Energie.

HARPER

2 Wer Harper erreicht, fühlt sich wie am Ende einer langen, aber erfolgreichen Schatzsuche. Die Hauptstadt des einstigen autonomen Staates Maryland ist mit zerbröckelnden Ruinen gespickt, die die frühere Pracht erahnen lassen.

ROBERTSPORT

3 Die hübsche, von Stränden und Wäldern gesäumte Hauptstadt des Grand Cape Mount County hat sich ihre paradiesisch-ursprüngliche Atmosphäre größtenteils erhalten. Aber heute begrüßen einen beim Altstadtbummel auch Surflodges und Bodyboarder.

REISEZEIT

HAUPTSAISON
(Okt.–Jan.)

ZWISCHENSAISON
(Aug.–Sept. & Feb.)

NEBENSAISON
(März–Juni)

ESSEN & TRINKEN

Reis, pikante Fleischsaucen und Fischeintöpfe sind sehr beliebte liberianische Gerichte. Ebenfalls beliebt sind Palmenbutter mit Fisch, Potato Green, *palava*-Sauce (aus Okrablättern, getrocknetem Fisch oder Fleisch bzw. Palmöl) sowie *jollof*-Reis (mit Gemüse, Fleisch oder Fisch).

HAUPTSTADT
Tripolis

BEVÖLKERUNG
7,0 Mio.

FLÄCHE
1,759 Mio. km²

AMTSSPRACHE
Arabisch

Leptis Magna

LIBYEN

Libyen ist ein Land der atemberaubenden Küsten, spektakulären antiken Ruinen und der majestätischen Sahara. Leider halten die Unruhen an, die im Zuge des arabischen Frühlings 2011/2012 ausgebrochen waren, sodass das Land aufgrund der chronischen Instabilität und der andauernden Konflikte für Traveller tabu bleibt.

Seine Anziehung verdankt Libyen vor allem seiner Lage am Schnittpunkt verschiedener antiker Zivilisationen, die an der Küste einige der schönsten Ruinen der römischen und griechischen Welt hinterließen, darunter Leptis Magna, Cyrene und Sabratha.

Zudem finden sich in Libyen ein paar der wundervollsten Teile der Sahara – von Ergs mit einer Fläche so groß wie die Schweiz (Erg Ubari) über von Palmen gesäumte Seen bis hin zu entlegenen Bergmassiven mit prähistorischen Felszeichnungen (Akkakus-Gebirge), labyrinthischen Karawanenstädtchen (Ghadames) und einem rabenschwarzen Vulkan (Waw an-Namus) im Herzen der Wüste.

Highlights

LEPTIS MAGNA

1 Leptis Magna, einst größte römische Stadt Afrikas, ist ein Glücksfall. Da über ihren aus robustem Kalkstein errichteten Gebäuden nie eine modernere Siedlung entstand, sind genug Relikte erhalten, um Besuchern eine Zeitreise in die Blütezeit der antiken Metropole zu ermöglichen.

TRIPOLIS

2 Libyens Hauptstadt, die an einem der besten Naturhäfen Nordafrikas liegt, verströmt einen mediterranen Charme mit deutlichem arabischem Einschlag. Das reiche Mosaik historischer Zeugnisse – von römischen Ruinen und Artefakten bis zur Medina aus osmanischer Zeit – ist in der ganzen in Weiß getünchten Stadt zu entdecken.

GHADAMES

3 Die seit rund 5000 Jahren besiedelte Stätte von Ghadames, Bestandteil des UNESCO-Weltkulturerbes, ist der Inbegriff einer Wüstenoase. Geprägt wird sie von ausgedehnten Palmenhainen, einer labyrinthischen Altstadt mit überdachten Gassen und weiß getünchten Häusern sowie einem gemächlichen Lebensrhythmus, der sich seit Jahrhunderten nicht verändert hat.

▼ REISEZEIT

Feb.–Nov.

Dez.–Jan.

▼ ESSEN & TRINKEN

Algarra Lammfleisch oder Meeresfrüchte, die in einem Tontopf bei hoher Temperatur im Ofen gegart werden.

Bourdim Langsam in einer Sandgrube gegartes Fleischgericht.

Fitaat Linsen, Hammelfleisch und Buchweizen-Pfannkuchen, gekocht in einer leckeren Sauce.

Shay Tee, meistens schwarzer Tee, mit viel Zucker.

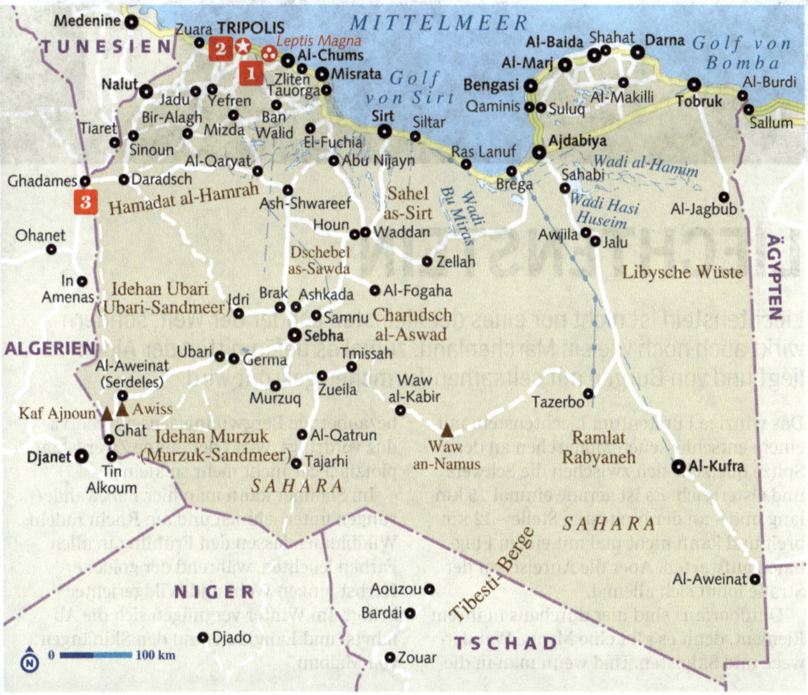

HAUPTSTADT
Vaduz

BEVÖLKERUNG
39 425

FLÄCHE
160 km²

AMTSSPRACHE
Deutsch

Schloss Vaduz

LIECHTENSTEIN

Liechtenstein ist nicht nur eines der kleinsten Länder der Welt, sondern wirkt auch noch wie ein Märchenland, zumal es tief inmitten der Alpen liegt und von Burgen mit seltsamen Türmchen gekrönt wird.

Das winzige Fürstentum Liechtenstein mit einem entschlossenen Monarchen an der Spitze quetscht sich zwischen die Schweiz und Österreich. Es ist gerade einmal 25 km lang und – an der breitesten Stelle – 12 km breit und kann nicht mal mit einem Flughafen aufwarten. Aber die Anreise auf der Straße lohnt sich allemal.

Outdoorfans sind hier durchaus in ihrem Element, denn es gibt eine Menge Wanderwege und Skipisten. Und wenn man in die bezaubernde Bergwildnis jenseits von Vaduz vordringt, wirkt der alpine Zwergstaat plötzlich gar nicht mehr so klein.

Im Sommer kann man hier Bergwanderungen unternehmen und am Rhein radeln. Wildblumen lassen den Frühling in allen Farben leuchten, während der goldene Herbst jungen Wein und Wildgerichte bringt. Im Winter vergnügen sich die Abfahrts- und Langläufer auf den Skihängen von Malbun.

Highlights

MALBUN

1 Am Ende der Straße aus Vaduz fühlt man sich im 1600 m hoch gelegenen Skiort Malbun wie am Rand der Welt. Doch so abgelegen ist Malbun gar nicht; in der Hauptsaison ist der Ort recht überlaufen. Aber sonst kann man sich in Malbun prima entspannen. Skifahren ist hier nicht teuer, das Gelände ist mit 23 km an Pisten aber auch nicht sonderlich groß. Dafür kann man aber gut wandern.

SCHLOSS VADUZ

2 Das Schloss thront auf einem Hügel über der Hauptstadt. Es ist für die Öffentlichkeit nicht zugänglich, aber der Aufstieg lohnt sich wegen des Ausblicks allemal. Wanderwege führen vom Ende der Egertastrasse auf den Hügel. Wer einen Blick auf das Gelände werfen will, sollte am 15. August vorbeischauen. Am Nationalfeiertag gibt's ein prächtiges Feuerwerk, und der Fürst lädt alle 39 425 Liechtensteiner auf ein Glas Wein oder Bier in sein Schloss ein.

ESSEN & TRINKEN

Liechtensteins Küche ist von seinen Nachbarn Österreich und Schweiz bestimmt.

Bier Die hiesigen Brauereien produzieren hochwertige helle, dunkle und Weizenbiere.

Käsknöpfle Kleine Mehlklößchen mit Käse.

Ribel Ein Gericht aus Maisgries mit Zucker und Obstkompott oder Marmelade.

Wein Auf vielen Weingütern in Liechtenstein werden Verkostungen angeboten.

REISEZEIT

HAUPTSAISON
(Juli & Aug.)

ZWISCHENSAISON
(April–Juni, Sept.–Okt.)

NEBENSAISON
(Nov.–März)

▼ WISSENSWERTES & BELANGLOSES

Liechtenstein ist das einzige Land der Welt, das nach der Person benannt wurde, die es gekauft hat.

Liechtenstein ist der größte Exporteur künstlicher Gebisse.

Bei Liechtensteins letzter Kriegsbeteiligung (1866) wurde keiner der 80 Soldaten des Landes getötet. Vielmehr kamen 81 Mann zurück, weil sich ein italienischer „Freund" angeschlossen hatte.

Liechtenstein ist das viertkleinste Land Europas (nur die Vatikanstadt, Monaco und San Marino sind kleiner).

8

ROSSHELEN / GETTY IMAGES ©

WALSERMUSEUM

3 Triesenbergs Hauptattraktion erzählt die Geschichte der Walser und zeigt einige Schnitzereien, die aus Baumstümpfen und Ästen gemacht wurden. Die Walser besiedelten von ihrer ursprünglichen Heimat im Oberwallis aus im 13. und 14. Jh. weite Berggebiete. Einige zogen nach Liechtenstein, wo sie noch heute ihren sehr altertümlichen höchstalemannischen Dialekt sprechen. Im Museum kann man sich nach einer Besichtigung des 400 Jahre alten Walserhauses (Hag 19) erkundigen.

FÜRSTENSTEIG

4 Von den vielen Wanderwegen des Landes ist der Fürstensteig der berühmteste. Er ist für fast alle Liechtensteiner ein Initiationsritus. Der mitunter schmale Pfad erfordert Trittsicherheit, Schwindelfreiheit und gute Ausrüstung, manche Stellen sind mit Seilen gesichert und/oder führen direkt an steilen Felskanten entlang.

DREI-LÄNDER-TOUR

5 Es ist leicht, an einem Tag per Fahrrad die Grenzen zur Schweiz und nach Österreich zu passieren. Eine der malerischsten Strecken ist die 59 km lange, flache Drei-Länder-Tour, die von Vaduz ins mittelalterliche Feldkirch in Österreich führt. Weiter geht es im Auenwald zum Illspitz und am Rhein entlang nach Buchs im Schweizer Kanton St. Gallen und von dort zurück nach Vaduz.

BURG GUTENBERG

6 Balzers' Wahrzeichen ist die Burg aus dem 13. Jh., die nur zu Konzerten geöffnet ist. Sie wurde im 20. Jh. restauriert und ist heute in Staatsbesitz. Ihre Silhouette fällt bei Wanderungen, die man hier machen kann, immer wieder ins Auge. Die Gegend war schon in der Jungsteinzeit besiedelt; auch römische Funde wurden in den Grundmauern entdeckt.

UNTERWEGS VOR ORT

Das Land ist von einem umfangreichen Busnetz durchzogen.

In Liechtenstein gibt's sieben Stände mit kostenlosen orangefarbenen Leihfahrrädern; E-Bikes kann man sich vielerorts ausleihen.

Dank Anschluss an das internationale Schienennetz ist Liechtenstein mit dem Zug leicht zu erreichen.

HINTERSCHELLENBERG

7 Die Stadt Hinterschellenberg kam kurz in den Fokus der Weltgeschichte, als hier 1945 rund 500 russische Offiziere und Soldaten, die auf der Seite der Wehrmacht gekämpft hatten, um Asyl baten. Sie blieben rund zweieinhalb Jahre im Land, ehe die meisten von ihnen nach Argentinien ausreisen durften. Ein Gedenkstein rund 100 m vor der österreichischen Grenze erinnert daran.

VADUZ

8 Vaduz ist ein briefmarkengroßes Städtchen vor einer Postkartenidylle als Kulisse. Vaduz liegt traumhaft schön am Alpenrhein und am Fuß bewaldeter Berge, in denen das Vaduzer Schloss über die Umgebung wacht. Das Zentrum selbst ist seltsam modern und steril, Tax-free-Luxusshops wechseln sich mit Betongebäuden ab. Doch bei einem kurzen Spaziergang entdeckt man schnell Spuren des beschaulichen Dorfs von einst.

VALÜNATAL

9 Im Valünatal warten 15 km Loipen im klassischen und Skating-Stil; es ist das wichtigste Langlaufgebiet im Land (Ausgangspunkte in Steg). Eine 3 km lange Strecke wird sogar nachts beleuchtet.

POSTMUSEUM VADUZ

10 Liechtenstein verdiente einst gut mit Souvenirbriefmarken für Philatelisten; durch die Konkurrenz von E-Mails ist dieser Markt aber etwas eingebrochen. Hier kann man alle Marken bewundern, die das Land seit 1912 ausgegeben hat.

HAUPTSTADT
Vilnius

BEVÖLKERUNG
2,7 Mio.

FLÄCHE
65 300 km²

AMTSSPRACHE
Litauisch

Gediminas-Turm, Vilnius

LITAUEN

Das stolze, unabhängige Litauen, ein Land der Wälder und Seen, entdeckt man schnell als eines der Schmuckstücke Europas. Der südlichste der baltischen Staaten ist zwar klein, besitzt aber schöne Naturlandschaften und faszinierende Städte.

Litauens Hauptattraktion ist die hinreißende Ostseeküste, insbesondere die einmaligen weißen Sanddünen der Kurischen Nehrung. Einsame Feuchtgebiete locken an der Küste Zugvögel zu Zehntausenden an, während im Hinterland üppige Wälder spiegelglatte Seen bewachen.

Die Hauptstadt Vilnius ist eine betörende Künstlerenklave, in der alte Höfe, kopfsteingepflasterte Straßen und barocke Kirchen die schöne Kulisse für die lebenssprühende, optimistische Kultur von heute bilden.

Weiter draußen im Land erinnern Überbleibsel aus Sowjetzeiten – ein zu einem Museum des Kalten Krieges umgebauter ehemaliger Atomraketensilo und ein Skulpturenpark – an die düstere jüngere Vergangenheit, während der Berg der Kreuze und der Orvydas-Skulpturengarten die ungebrochene Gläubigkeit der Litauer aufzeigen.

Highlights

VILNIUS

1 Die barocke Perle des Baltikums ist zweifellos die Hauptattraktion des Landes und lockt mit ihrem leichten, selbstbewussten Charme und ihrem warmen, goldenen Glanz, der einen wünschen lässt, die langen Sommerabende mögen nie vergehen, Heerscharen von Touristen an. Die reizvolle Hauptstadt liegt zwar weit im Norden und Osten Europas, wirkt aber mit der größten barocken Altstadt des Kontinents entschieden mitteleuropäisch. Von einem Heißluftballon aus sieht die von den Türmen zahlreicher katholischer und orthodoxer Kirchen geprägte Skyline wie ein riesiges Nadelkissen aus. Zu dem berauschenden Mix kommen noch Kopfsteingassen, verfallene Winkel, herrliche Ausblicke von den Hügeln und traditionelle Kunsthandwerkerateliers hinzu. All dies findet sich in einer Stadt, die so klein ist, dass sie manchmal an ein Dorf erinnert.

BERG DER KREUZE

2 Eine der eindrucksvollsten Sehenswürdigkeiten Litauens ist der legendäre Berg der Kreuze. Die Geräusche der Tausenden von Kreuzen, die scheinbar aus dem Hügel wachsen und sich im Wind wiegen, hat etwas Magisches. Sie wurden hier spätestens ab dem 19. Jh., wahrscheinlich aber schon viel früher, aufgestellt. Die Sowjets walzten die Wallfahrtsstätte nieder, aber jede Nacht schlichen Menschen an den Wachsoldaten vorbei und krochen durch den Stacheldraht, um unter Gefahr für ihr Leben und ihre Freiheit neue Kreuze

REISEZEIT

HAUPTSAISON
(Juni–Sept.)

ZWISCHENSAISON
(Mai & Okt.)

NEBENSAISON
(Nov.–April)

JETZT REISEN!

Kaunas ist zu Unrecht den wenigsten Menschen außerhalb von Litauen ein Begriff. Dabei hat die 300 000-Einwohner-Stadt an der Memel ein einzigartiges Kulturerbe mit rund 6000 Bauten der Moderne zu. Und so lautet das Motto der europäischen Kulturhauptstadt 2022 dann auch „Von der Gegenwart bis in die Moderne“: Unter diesem wird Kaunas bildender Kunst, Musik und Theater, Literatur, neuen Medien sowie interdisziplinärer Kunst eine „farbenfroh graue“ Bühne bieten.

aufzustellen und so ihren Glauben und ihren Nationalstolz zu bekunden. Einige der Kreuze sind reine Devotionalien, andere Denkmäler (viele für nach Sibirien deportierte Familienangehörige). Manche der Kreuze sind fein geschnitzte Meisterwerke der Volkskunst.

KURISCHE NEHRUNG

3 Der Landstreifen, der heute zwischen Litauen und der zu Russland gehörenden Oblast Kaliningrad (dem Nordteil Ostpreußens) aufgeteilt ist, besitzt einige der kostbarsten Sanddünen Europas und ist zur Hälfte von duftenden Kiefernwäldern bedeckt – hier atmet man reine Luft. Auf der Kurischen Nehrung finden sich Elche, Rehe und viele Vögel.

MEMEL-DELTA

4 Das niedrige, von Sümpfen durchsetzte Ostufer des Kurischen Haffs wirkt wie das Ende der Welt. Der Tourismus hat diese ferne, ländliche und isolierte Gegend noch kaum erreicht. Im Sommer hat

▼ UNTERWEGS VOR ORT

Die Straßen sind generell in sehr gutem Zustand und leicht zu befahren.

Ein landesweites Busnetz verbindet alle größeren Städte miteinander sowie die kleineren Orte mit dem jeweiligen regionalen Zentrum.

Auf Hauptstrecken, etwa von Vilnius nach Kaunas oder nach Klaipėda, ist der Zug oft bequemer und günstiger als der Bus.

2

man einen herrlichen Ausblick über das Haff auf die weißen Dünen der Kurischen Nehrung; im Winter hocken Eisfischer in der Hoffnung auf einen Stint an Eislöchern auf dem zugefrorenen Haff, das teils bis zu 12 km breit ist.

NATIONALPARK ŽEMAITIJA

5 Der 200 km² große Park, eine magische Landschaft aus Seen und Wäldern, ist so mysteriös wie schön und wie geschaffen für allerlei Sagen von Teufeln, Geistern und vergrabenen Schätzen. Besucher können schwimmen, Boot fahren, radeln und eine der bizarrsten Attraktionen des Landes ansehen: ein Museum des Kalten Kriegs in einer Abschussbasis für Atomraketen.

DRUSKININKAI

6 Litauens ältester und schickster Kurort aus dem 19. Jh. lockt heute viele Investoren an; hippe und wohlhabende Litauer suchen schnelle Erholung vom Großstadtleben und Reisende kommen u. a. für die Kureinrichtungen her. In der Sowjetzeit hofften Alte und Kranke in dem berühmten Kurzentrum auf Wunderkuren gegen jegliches Leiden. Viele der riesigen alten Sanatorien gibt es heute noch, aber Renovierungen und Restaurierungen schreiten voran, sodass der Ort seinen in der Sowjetära verloren gegangenen Charme schnell zurückgewinnt.

NATIONALPARK AUKŠTAITIJA

7 In dem beliebten Park versteht man sofort, woher die Naturliebe der Litauer stammt. Er verzauberte schon ihre heidnischen Ahnen und besteht zu ca. 70 % aus Kiefern-, Lärchen- und Laubwäldern, in denen Elche, Hirsche und Wildschweine leben. Das Highlight ist das Labyrinth der 126 Seen mit Stein- und Seeadlern sowie Störchen.

4

FRANZ MARC FREI / GETTY IMAGES ©

ESSEN & TRINKEN

Alus-Bier ist das beliebteste alkoholische Getränk Litauens und wirklich gut.

Blyneliai Pfannkuchen werden süß oder herzhaft zu jeder beliebigen Tageszeit verzehrt; zu empfehlen sind *Varskečiai* mit süßem Quark.

Cepelinai Kartoffelklöße mit Quark-, Fleisch- oder Pilzfüllung.

Pilze Vor allem Ende August und im September sammeln Litauer mit Vorliebe Pilze, die in den Wäldern mannigfaltig aus dem Boden schießen.

Šaltibarsčiai Die im Sommer gegessene kalte Rote-Bete-Suppe ist vielleicht das bekannteste Gericht des Landes; als Beilage gibt's einen Teller gekochte Kartoffeln.

NACHZÜGLER DES GLAUBENS

Die Litauer sind heute mehrheitlich Katholiken, aber das war nicht immer so. Tatsächlich war Litauen das Land in Europa, das am längsten heidnisch blieb. Erst 1413 waren auch die letzten Gebiete vollständig christianisiert. Dies hatte verschiedene Gründe, nicht zuletzt den ausgeprägten Unabhängigkeitssinn der Litauer, die sich Bekehrungsversuchen gewalttätig widersetzten.

Heute bezeichnen sich rund 80 % der Litauer als römische Katholiken. Daneben gibt es kleine Minderheiten anderer Glaubensrichtungen, darunter Russisch-Orthodoxe (4 %) und Protestanten (2 %).

HAUPTSTADT
Luxemburg
BEVÖLKERUNG
639 589
FLÄCHE
2586 km²
AMTSSPRACHEN
Luxemburgisch, Französisch, Deutsch

Burg Vianden

LUXEMBURG

Dieses sagenhaft historische, aber auch topmoderne, freundliche und mehrsprachige kleine Großherzogtum hält wundervolle Überraschungen bereit.

Das kleine Luxemburg steht regelmäßig auf einem der ersten drei Plätze bei Untersuchungen zum Wohlstand und zum Weinkonsum – es muss sich hier also gut leben lassen. Dass Luxemburg ein Steuerparadies und ein Bankenzentrum ist, ändert nichts daran, dass es eines der bezauberndsten Länder Mitteleuropas ist.

Der märchenhafte historische Kern der Hauptstadt gehört zum Weltkulturerbe der UNESCO und thront dramatisch auf einem einst unbezwingbaren Felsvorsprung. Jenseits der Hauptstadt wird man schnell Gefallen am bewaldeten Hügelland finden, wo sich Ketten bezaubernder Dörfer unter trutzigen mittelalterlichen Höhenburgen ducken. Spaß macht ein Abstecher ins Weinland an der Mosel oder ein Spaziergang zu den hübschen Mini-Schluchten in Müllerthal. Alles in allem hat das kleine Land seinen Besuchern also viele Überraschungen zu bieten.

Highlights

CHEMIN DE LA CORNICHE

1 Diese Fußgängerpromenade von Luxemburg (Stadt) wurde als „Europas schönster Balkon" gepriesen. Sie folgt dem Verlauf der Befestigungsmauern aus dem 17. Jh. und ermöglicht wunderbare Blicke über den Fluss zur stark befestigten Wenzelsmauer. Der Spaziergang setzt sich auf der Festungsmauer über den Blvd Victor Thorn bis zu den Drei Türmen fort.

BURG VIANDEN

2 Die eindrucksvolle Silhouette der Anlage ist das Ergebnis des im 20. Jh. originalgetreu durchgeführten Wiederaufbaus der aus dem 11. bis 14. Jh. stammenden Burg, die vollständig zur Ruine geworden war. Hier werden die verschiedenen Besiedlungsschichten seit der Römerzeit veranschaulicht. Wundervoll sind die zum Himmel offene „Byzantinische Galerie" und die um ein Wasserbecken herum im gotischen Stil errichtete polygonale Obere Kapelle. Wandteppiche aus Flandern schmücken die üppigen Säle, und eine Ausstellung zeigt den Fortgang der Restaurierungsarbeiten und berühmte Gäste der Burg.

▼ ESSEN & TRINKEN

Judd mat Gaardebounen Das Nationalgericht ist geräuchertes Schweinefleisch in Sahnesauce mit breiten Bohnen und Kartoffeln.

Liewekniddelen mat Sauerkraut Leberknödel mit Sauerkraut.

Wein Das Moseltal produziert tollen Schaumwein, Rivaner, Pinot Blanc und Riesling.

▼ REISEZEIT

HAUPTSAISON
(Juli–Aug.)

ZWISCHENSAISON
(Mai–Juni & Sept.)

NEBENSAISON
(Okt.–März)

▼ LUXEMBURGS FÜRSTEN

Die holländischen Monarchen trugen von 1815 bis 1890 als Großherzöge von Luxemburg eine zweite Krone. Als Wilhelm III. starb, wurde seine Tochter Wilhelmina Königin. In Luxemburg waren Frauen aber von der Thronfolge ausgeschlossen. So wurde Adolph von Nassau Großherzog von Luxemburg – seine Nachkommen herrschen bis heute. Durch die Änderung der Erbfolgeregelung konnte Maria-Adelheid Großherzogin werden, aber wegen ihrer deutschfreundlichen Haltung im Ersten Weltkrieg musste sie abdanken und eine Volksabstimmung über die Staatsform wurde durchgeführt (1919). Diese brachte ein „Ja" für die Monarchie, und Maria-Adelheids Schwester Charlotte kam auf den Thron. Der heutige Großherzog Henri lernte seine Frau Maria Teresa beim Studium in Genf kennen. Die beiden leben in einem Palast (Schloss Berg), aber ihre Kinder besuchten öffentliche Schulen.

6

CAHIR DAVITT / JOHN WARBURTON-LEE PHOTOGRAPHY LTD / GETTY IMAGES ©

LUXEMBURG (STADT)

3 Wer glaubt, dass die Hauptstadt nur aus Banken und Ämtern der EU besteht, wird schnell eines Besseren belehrt. Die zum UNESCO-Welterbe zählende Altstadt ist eine der malerischsten Europas – auch dank ihrer Lage an den tiefen Flusstälern der Alzette und der Petruss. Die Stadt ist voller Winkel, Tunnel und spannender Ecken, die eine Erkundung lohnen, nicht zu vergessen die Museen und wunderbaren Bars und Restaurants mit traditioneller und Avantgarde-Küche.

ECHTERNACH

4 Echternach ist nicht nur ein guter Ausgangspunkt für Wanderungen in die bezaubernden Wälder und Schluchten, sondern auch eine der hübschesten Städte des Landes mit einem wunderschönen Platz und einer langen Geschichte als Klostersiedlung. Die wiederaufgebauten Gebäude der im Jahr 698 gegründeten Abtei reichen von der Basilika bis zum baumbestandenen Ufer der Sauer. Gleich nördlich der Hauptkirche befindet sich ein stimmungsvolles Museum im Keller des Skriptoriums.

BURG BEAUFORT

5 Hinter dem Dorf Befort erhebt sich jenseits eines hübschen, bewaldeten Tals die Ruine der mittelalterlichen Burg Beaufort. Auf dem Gelände hatte sich einst ein römisches Feldlager befunden. Im 12. Jh. wurde die Festung aus Sandstein errichtet und später erweitert. Sie verfiel nach dem 30-jährigen Krieg und wurde erst im 20. Jh. der Öffentlichkeit zugänglich gemacht. Innenräume oder Verzierungen gibt es

JETZT REISEN!

Das sonst eher beschauliche Städtchen **Esch an der Alzette** wirft sich für das Jahr 2022 in Schale. Dann nämlich teilt sich die zweitgrößte Stadt Luxemburgs mit dem litauischen Kaunas den Titel der europäischen Kulturhauptstadt und will als solche Vielfalt und die Vision eines grenzenlosen Europas feiern. Unter dem Motto „Remix Culture" wird das Programm mit Theater, Performances und digitaler Kunst der Frage nachgehen, „was uns als Menschen ausmacht" und „wie wir von unserer Umwelt geprägt sind".

UNTERWEGS VOR ORT

Luxemburg verfügt über ein gut ausgebautes Busnetz.

Luxemburgs öffentlicher Nahverkehr (Busse, Bahnen und Straßenbahnen) ist seit dem 1. März 2020 im ganzen Land kostenlos.

nicht; man kann aber die Anlage erkunden. An der Kasse wird auch Pflaumen- und Johannisbeerlikör verkauft.

AMERICAN CEMETERY & MEMORIAL

6 Auf einem gepflegten Friedhof in der Nähe von Hamm sind mehr als 5000 US-Soldaten, die im Zweiten Weltkrieg fielen, begraben. Auch George S. Patton Jr., der kühne General der 3. US-Armee, die an der Befreiung Luxemburgs 1944 beteiligt war, liegt hier begraben. Die Reihe der weißen Kreuze, unterbrochen von einigen Davidsternen, ist ein ergreifender Anblick.

MOSELTAL

7 Das breite Tal der Mosel, deren steil ansteigende Ufer von schier endlosen Weinbergen geprägt sind, bildet die Grenze zu Deutschland. Zwischen Schengen und Wasserbillig lösen sich Dörfer und Weingüter ab. Schaumweine sorgen in Luxemburg sommers für Laune, aber die Region produziert auch Rivaner, vollmundigen Pinot Blanc, ausgewogenen Riesling sowie Pinot Gris, Gewürztraminer und Auxerrois.

ESCH-SAUER

8 Das Dorf drängt sich auf einem Hügel, der von einer smaragdgrünen Schlaufe des Flusses Sauer umgeben ist. Der Anblick des von einem Burgturm aus dem Jahr 927 bekrönten Städtchens ist zauberhaft, auch wenn es hier nicht viel tun gibt außer spazieren zu gehen und zu entspannen. An einem Samstag im Juli oder August sorgt der Nachtmarkt für Stimmung.

HANS GEORG EIBEN / GETTY IMAGES ©

HAUPTSTADT
Macao

BEVÖLKERUNG
630 396

FLÄCHE
29,5 km²

AMTSSPRACHEN
Chinesisch (Hochchinesisch & Kantonesisch), Portugiesisch

Ruine der Kirche São Paulo

MACAO

Als letzter Außenposten des portugiesischen Weltreichs verströmt Macao weiterhin einen mediterranen Flair. Aber natürlich ist der Einfluss der chinesischen Kultur an der Mündung des Perlflusses deutlich zu spüren.

Als das „chinesische Vegas" bekannt, ist die Sonderverwaltungszone Macao der VR China ein Mekka des Glücksspiels. Aber die Stadt hat mehr zu bieten und ist ein Mix der Kulturen, da sie über 300 Jahre lang eine portugiesische Kolonie war. Chinesische Tempel stehen an Straßen, die mit portugiesischen Fliesen gepflastert sind und portugiesische Namen tragen, während Leute Kantonesisch sprechen. Man kann zum Frühstück chinesisches *congee* essen, mittags eine portugiesische *caldo-verde*-Suppe und Fritten mit *bacalhau* (Kabeljau) und abends *minchi* aus der Fusionküche (Hackfleisch mit Kartoffeln und Zwiebeln).

Die Halbinsel Macao umfasst die Altstadt mit Ruinen und künstlerischen Boutiquen. Weiter südlich sind die verbundenen Inseln Taipa, Cotai und Coloane. Auf Taipa gibt's gut erhaltene alte Gebäude, auf Cotai neue Megakasinos und auf Coloane kolonialzeitliche Villen und hübsche Strände.

Highlights

RUINEN DER KIRCHE SÃO PAULO

1 Von der im frühen 17. Jh. errichteten Jesuitenkirche sind nur noch die Fassade und die Treppe erhalten. Mit den Statuen, Portalen und Reliefs ist die Fassade eines der wichtigsten christlichen Monumente in Ostasien.

TAIPA

2 In dem charmanten alten Dorf isst man portugiesische Gerichte und schlendert durch ein Labyrinth enger Gassen mit traditionellen chinesischen Geschäften, während kolonialzeitliche Villen, Kirchen und Tempel an den breiteren Hauptstraßen Spalier stehen. Die Avenida da Praia ist ideal für einen Spaziergang.

FORTALEZA DA GUIA & CAPELA DE NOSSA SENHORA DA GUIA

3 Mit der Seilbahn kommt man zum höchsten Punkt auf der Halbinsel mit dem im 17. Jh. erbauten Fort und seiner Kapelle. Hier hat man einen weiten Blick auf die Stadt, bei klarem Wetter auch auf die Inseln und bis hinüber zum chinesischen Festland.

▼ ESSEN & TRINKEN

Eine berühmte Spezialität aus Macao ist *galinha africana* (afrikanisches Hühnchen) mit Kokos, Knoblauch und Chili. Zu weiteren beliebten Gerichten zählen *casquinha* (gefüllte Krabbe) und *serradura* (ein Milchpudding). Zudem gibt's auch portugiesische Gerichte wie *arroz de pato* (Entenconfit mit Reis) oder *leitão assado no forno* (geröstetes Ferkel).

▼ REISEZEIT

HAUPTSAISON
(Dez., Feb., April–Mai)

ZWISCHENSAISON
(Jan., März, Okt.–Nov.)

NEBENSAISON
(Juni–Sept.)

HAUPTSTADT
Antananarivo
BEVÖLKERUNG
27,5 Mio.
FLÄCHE
587 041 km²
AMTSSPRACHEN
Malagasy,
Französisch

Kattas (Lemuren)

MADAGASKAR

Lemuren, Affenbrotbäume, Regenwald, Wüste, Wandern und Tauchen – Madagaskar ist ein Traumziel für Naturliebhaber und Outdoor-Fans. Schon der Weg zu all diesen unglaublichen Attraktionen macht den halben Spaß aus.

Madagaskar ist einzigartig: 5 % aller bekannten Tier- und Pflanzenarten kommen hier vor – und nur hier. Die bekanntesten Tiere der Insel sind die Lemuren, aber es gibt noch viele weitere seltsame und wunderbare Kreaturen: die grimmig ausschauende Fossa (ein an eine Katze erinnerndes Raubtier), farbenfrohe Chamäleons, seltsam geformte Insekten und vor der Küste während des Winters vorbeiziehende Buckelwale. Genauso eindrucksvoll ist die Pflanzenwelt mit merkwürdig aussehenden Affenbrotbäumen und Hunderten Orchideenarten.

Der beachtlichen Tier- und Pflanzenwelt entsprechen vielfältige Landschaften. Man findet Sandsteinschluchten, Kalksteinkarst, Berge, Hügel mit Reisfeldern, Wälder und einen laterithaltigen Boden, der dem Land den Spitznamen „rote Insel" eintrug. Und bei einer Küstenlänge von 5000 km ist das Meer niemals sehr weit entfernt. Für Abenteuerlustige ist Madagaskar ein prima Reiseziel.

Highlights

PARC NATIONAL D'ISALO

1 Der Park ist nicht nur wegen seiner Wüstenlandschaften aus Canyons, Klammen, Schluchten und Savannenebenen beliebt, sondern auch für die vielen Aktivitäten: Hier kann man wandern, klettern, reiten, mountainbiken, mit Geländewagen fahren, in Teichen baden und Lemuren sowie Vögel beobachten. Und natürlich den farbenfrohen Sonnenuntergang und nachts den klaren Sternenhimmel bewundern.

NOSY BE

2 Die „große Insel" ist ein Traumziel: Man kann 14 Tage hier und auf den umliegenden Inseln verbringen und wird immer noch länger bleiben wollen. Es gibt Top-Tauch- und Schnorchelstellen, türkisblaues Meer, sanftes Sonnenlicht und tolle Ausblicke. Wer mag, kann auch Gewürzplantagen besuchen, auf kilometerlangen Wegen im Hinterland wandern, in den Meeresschutzgebieten und Reservaten Tiere beobachten, leckeres Seafood essen und zu kleinen Inseln in der Nähe segeln.

UNTERWEGS AUF DER BERÜCHTIGTEN RN5

3 Wer sich einer Herausforderung auf der Straße stellen will, ist hier richtig. Die RN5, die 240 km lange Verbindung zwischen Maroantsetra und Soanierana-Ivongo, ist zwar eine „Route Nationale", aber keine Straße. Sie ist ein Feldweg, ein Morast, ein Hindernisparcours, stellenweise ein Fluss und ein Berg – aber nirgends eine Straße. Wer die Reise hinter sich hat, besitzt Erzählstoff fürs ganze Leben. Mananara auf halber Strecke ist zudem einer der wenigen Orte, wo man ein Aye-Aye zu Gesicht bekommen kann.

TROPISCHE HAUTE CUISINE

4 Die frischesten Zutaten haben in Kombination mit traditionellen und kolonialen kulinarischen Einflüssen in Madagaskar

2

BYVALET / SHUTTERSTOCK ©

MORONI
KOMOREN
Dzaoudzi
MAYOTTE (FRANKREICH)
Cap d'Ambre (Tanjon'ny Bobaomby)
Antsiranana
Nosy Be
Andoany
2
Ambanja
Maromokotro
Sambava
Tsaratanana-Massiv
Straße von Mosambik
Marojejy-Massiv
5
Antsohihy
Antalaha
Parc National de Marojejy
Sofia
Cap Est
Maroantsetra
Mahajanga
Masoala
Mandritsara
Marovoay
RN5
3
Mahajamba
Besalampy
Soanierana-Ivongo
Ile aux Nattes
Betsiboka
Mahavavy
Lac Alaotra
Ambatondrazaka
Maintirano
Toamasina
Parc National des Tsingy de Bemaraha
Ambohimanga
10
7
9
4
ANTANANARIVO
Manambolo
Miandrivazo
Ankaratra-Massiv
Antsirabe
Tsiribihina
Mania
8
Morondava
Canal des Pangalanes
Matsiatra
Mananjary
Fianarantsoa
Manja
Morombe
Mangoky
Zomandao
Parc National d'Andringitra
Andavadoaka
Lac Ihotry
Parc National d'Isalo
11
Pic Imarivolanitra
INDISCHER OZEAN
6
1
Ihosy
Andringitra-Gebirge
Riff
Farafangana
Toliara
Onilahy
Nosy Ve
Anakao
Lac Tsimanampetsotsa
Bekiy
Linta
Menarandra
Androka
Tolanaro
Cap Sainte Marie
0
200 km
N

eine einmalige Fusionküche hervorgebracht. Das Fleisch des Zebus kommt dem des Hausrinds an Saftigkeit und Zartheit gleich, Gewürze sorgen für pikante Saucen, und die unter der tropischen Sonne gereiften Früchte finden sich in allem, vom Sorbet bis zum aromatisierten Rum. Antananarivo besitzt die größte Auswahl an Restaurants, aber auch das Mad Zebu in Belon'i Tsiribihina, das La Table d'Alexandre auf Nosy Be und das Piment Banane in Toamasina sind lohnende kulinarische Adressen.

PARC NATIONAL DE MAROJEJY

5 Mit dem unberührten, gebirgigen Regenwald voller Wurzeln und Wasserfälle ist der Park ein urtümlicher Ort, wo der „Engel des Waldes", der Seidensifaka (Lemurenart), lebt und wo man durch das Blätterdach auf das Marojejy-Massiv sieht. Ein toller Weg führt hinauf zum 2132 m hohen, schwer zu besteigenden Gipfel. Der Eintritt in den Park umfasst den Zugang zum schönen Réserve Spéciale d'Anjanaharibe-Sud, wo Besucher den klagenden Ruf des Indri (weitere Lemurenart) hören werden.

TAUCHEN & SCHNORCHELN IN ANAKAO

6 Madagaskar besitzt das fünftgrößte Korallenriff der Welt, das sich in Form von Saum-, Plattform-

TOP-FILME

Madagascar (2011) Dreiteilige BBC-Serie über Natur und Tiere auf der Insel, erzählt von Sir David Attenborough.

Madagascar (2005) Der computeranimierte Trickfilm mit einem Staraufgebot an Sprechern hat das Ansehen Madagaskars erheblich gesteigert.

ESSEN & TRINKEN

Reis Oft dreimal täglich gegessen – als Suppe zum Frühstück sowie mittags und abends als Beilage zu Fleisch und Sauce.

Reiswasser Die meisten Madagassen trinken zu einem Reisgericht Reiswasser. *Ranovola* oder *ranon'apango* erhält man, indem man den im Topf kleben gebliebenen Reisrest mit heißem Wasser aufgießt – eine gewöhnungsbedürftige Spezialität!

Würzmischungen Durch sehr viele Würzmischungen werden die Speisen interessant, darunter *sakay* (superscharfe Paprikapaste mit Ingwer und Knoblauch), *pimente verde* (scharfes grünes Chili) und *achards* (scharf eingelegte Früchte wie Tomaten, Zitronen, Mohrrüben oder Mangos, die als Würzsaucen dienen).

Zebus Die Tiere dienen nicht nur als Statussymbole und Transportmittel, sie liefern auch exzellentes Fleisch. Es wird auf ziemlich die gleiche Weise zubereitet wie Rindfleisch – in Eintöpfen, Kebabs (die hier *masikita* heißen und oft winzig sind) sowie als saftiges Steak.

REISEZEIT

HAUPTSAISON
(Juli & Aug.)
Es ist Winter – tagsüber ist es lau und nachts kühl (im Hochland kalt).

ZWISCHENSAISON
(April–Juni, Sept.–Dez.)
Die beste Reisezeit: warme Temperaturen und weniger Traveller.

NEBENSAISON
(Jan.–März)
Überall herrscht Regenzeit – viele Gebiete sind nicht zu erreichen.

FAMADIHANA

Famadihana (wörtlich: „das Wenden der Gebeine") bezeichnet den Ritus der Umbettung verstorbener Vorfahren bei den Ethnien der Betsileo und Merina. Unter Ess- und Trinkgelagen, Musik und Tanz werden etwa alle sieben Jahre die Gebeine der Toten aus dem Familiengrab geholt, in Bambusmatten gewickelt und tanzend um das Grab herum getragen. Danach werden sie erneut in Leichentücher gewickelt und bestattet.

Famadihana-Zeremonien gibt es nur zwischen Juli und September in der Region um Antsirabe. Örtliche Tourveranstalter können einem dabei helfen, eine Einladung für das fröhliche Fest zu bekommen. Wer eingeladen wird, bringt den Gastgebern als Zeichen der Höflichkeit eine Flasche Rum mit. Bevor man Fotos schießt, zuerst fragen! Ausländer werden in der Regel freundlich empfangen. Die meisten Teilnehmer am Fest fanden es gar nicht morbide, sondern eher anrührend und faszinierend.

▼ UNTERWEGS VOR ORT

Wer es sich leisten kann, erkundet Madagaskar am besten mit eigenem Fahrzeug. Damit ist man unabhängig und kann fahren, wohin und wann man will. Zudem macht es Spaß, durchs offene Gelände zu fahren.

Sie sind langsam, unbequem und nicht immer sicher, aber *taxi-brousse* (Buschtaxis) sind billig, fahren (fast) überall hin und sind so ortstypisch wie möglich.

Ein Flug kann viel Zeit sparen, aber auch teuer sein. Außerdem gibt's oft Verspätungen oder gar Annullierungen.

und Barriereriffs über 450 km von Morombe im Norden bis nach Itampolo im Süden erstreckt. Durch die Zusammenarbeit mit örtlichen Gemeinden und dank Meeresschutzgebieten wird das Riff trotz wachsenden Drucks intakt gehalten. Anakao besitzt mit die beste Infrastruktur, zudem kann man im Winter Wale beobachten. Weitere tolle Stellen sind die „Kathedralen" bei Ifaty und Mangily sowie das Dorf Ambola.

PARC NATIONAL DES TSINGY DE BEMARAHA

7 Nichts auf Erden gleicht den zerklüfteten, nadelartigen Kalksteinformationen im Nationalpark Tsingy de Bemaraha, einer UNESCO-Welterbestätte. Die gezackten, fast surreal anmutenden Spitzen und Felsen sind ein geologisches Kunstwerk, das Ergebnis jahrtausendelanger Erosion durch Wasser und Wind. Der Park besitzt eine Infrastruktur, die zur Erkundung des Naturwunders genutzt werden kann: Es gibt Klettersteige, Seilbrücken und Leitern; die Ausflüge umfassen Wald- und Höhlenwanderungen, Fahrten mit Pirogen und sogar Abseiltouren.

SONNENUNTERGANG AN DER ALLÉE DES BAOBABS

8 Wenige Dinge sind hier schöner als der kurze Abschnitt der RN8 zwischen Morondava und Belo sur Tsiribihina. Der mit majestätischen Affenbrotbäumen gesäumte Weg ist besonders eindrucksvoll bei Sonnenaufgang und -untergang. Auch jenseits der Allee finden sich viele Affenbrotbäume im südlichen und westlichen Madagaskar. Die bis zu 1000 Jahre alten Bäume können gigantisch werden. Mahajangas heiliger Baobab ist im Stammumfang 21 m!

MANAMBOLO

9 Bei einer Flussfahrt auf dem Manambolo ist man ganz allein mit sich, seinem Führer und der Piroge: Drei Tage lang sieht man keine Straßen und keine Autos und hat kaum Handyempfang. Hier kann man herrlich entspannen, denn es gibt praktisch nichts zu tun, außer die Landschaft und Schluchten zu bewundern, das Leben der Einheimischen kennenzulernen, am Lagerfeuer zu singen und in den Sternenhimmel zu blicken. Unbedingt darauf achten, dass man sich einem zuverlässigen Tourveranstalter anvertraut!

AMBOHIMANGA

10 Die einzige UNESCO-Welterbestätte auf Madagaskar ist Ambohimanga, und das aus gutem Grund: Der Palast war der Herrschaftssitz von König Andrianampoinimerina, dem Merina-Monarchen, der die zerstrittenen Stämme der Insel vereinte, sodass sein Reich nur noch das Meer als Grenze hatte. Die kulturelle Bedeutung der Stätte geht aber über ihre historische hinaus: Ambohimanga ist für die Madagassen heilig, sie kommen her, um die Geister der begrabenen Könige zu beschwören und sie um Schutz und Glück zu bitten.

ANDRINGITRA-GEBIRGE

11 Die majestätische Gebirgskette im Landesinneren wird von dem Namoly- und dem Tsaranoro-Tal gesäumt (letzteres wird auch nach dem hindurchfließenden Fluss als Sahanambo-Tal bezeichnet). Das Gebirge ist ein Paradies für Wanderer und Bergsteiger. Man genießt einen spektakulären Ausblick in alle Richtungen. Es gibt gut ausgebaute Wanderwege, tolle Unterkünfte, interessante Dörfer und drei Gipfel: den Imarivolanitra (früher Pic Boby), der mit 2658 m der zweithöchste Berg des Landes ist, das 1910 m hohe Tsaranoro-Massiv mit einer 800 m hohen Steilwand, die zu den anspruchsvollsten Kletterstellen der Welt gehört, und schließlich den wundervollen Bergstumpf des Pic Dondy (2195 m). Pro Jahr kommen weniger als 3000 Besucher – das ist, als hätte man den Yosemite Park für sich alleine!

DENNIS VAN DE WATER / SHUTTERSTOCK ©

WARMWASSER

Warmes Wasser gibt's selten in Budgetunterkünften, in mittelklassigen Bleiben ist es Glückssache, aber in Top-Hotels und im Hochland bekommt man es. Zentralheizung gibt's nicht.

LITSCHIS

Ca. 70 % der Litschis in Europa kommen aus Madagaskar, aber es bleiben noch genug, um sich auch hier satt zu essen. Von November bis Januar ist Hauptsaison; zu Weihnachten sind sie äußerst beliebt.

DENNISVDW / GETTY IMAGES ©

HAUPTSTADT
Lilongwe

BEVÖLKERUNG
20,3 Mio.

FLÄCHE
118 484 km²

AMTSSPRACHEN
Chichewa, Englisch

Malawisee

MALAWI

Freundliche Einwohner und geografische Vielfalt machen den Reiz dieses vor Leben nur so sprühenden Landes aus.

Als ein vom Großen Afrikanischen Grabenbruch geformter Trog durchschneidet der eindrucksvolle Malawisee die Landschaft. Er ist Afrikas drittgrößter See, eine schimmernde Fläche glitzernden Wassers voller farbenfroher Buntbarsche. Der See ist unvergesslich, ganz gleich, ob man hier taucht, schnorchelt, Kajak fährt oder einfach an den Stränden oder auf den einsamen Inseln ausspannt.

Tief im Süden Malawis erheben sich die spektakulären Gipfel des Mulanje-Massivs und das geheimnisvoll wirkende Zomba-Plateau, die wegen ihrer nebligen Wälder und der exotischen Tiere ein Traum für jeden Wanderer sind. Höher im Norden findet sich das schöne Nyika-Plateau, dessen Grasweiden an das schottische Hochland erinnern.

Malawi wurde einst als Safariziel abgeschrieben, das änderte sich aber gerade mit dem ambitionierten Programm zur Wiederansiedlung von Löwen im Majete Wildlife Reserve, das mittlerweile einer der wenigen lohnenden Orte zur Wildtierbeobachtung im Land ist.

Highlights

MALAWISEE

1 Der im Binnenland gelegene Malawisee ist das smaragdgrüne Juwel Malawis. Der von goldenen Stränden gesäumte „Kalendersee" – so genannt, weil er 365 Meilen (587 km) lang und 52 Meilen (84 km) breit ist – ist ein Wasserparadies, wo man zwischen farbenfrohen Buntbarschen baden und auf abgelegene Inseln entfliehen kann. Die Ferienorte Chintheche Strip, Nkhata Bay und Cape Maclear (Chembe) bieten tolle Unterkünfte und Aktivitäten wie Kajakfahren und Windsurfen – das macht den Aufenthalt perfekt.

MAJETE WILDLIFE RESERVE

2 Malawis einziger Park, in dem die „Big Five" alle vertreten sind, ist eine raue Wildnis aus hügeligem Miombo (Waldland) und Savanne, die sich an das Westufer des Flusses Shire schmiegt. Seit 2003 die African Parks Foundation die

▼ ESSEN & TRINKEN

Das Hauptnahrungsmittel der meisten Einwohner ist *nshima*, ein dicker, zäher Maisbrei, der zwar fade ist, aber sättigt. Man isst ihn mit den Händen. Dazu gibt es stets Bohnen oder Gemüse, eine scharfe Sauce und manchmal Fleisch oder Fisch.

Fisch ist in Malawi besonders gut, sehr beliebt sind *chambo*, eine Brassenart, und *kampango*, ein Seefisch, der dem Wels ähnelt.

Das traditionelle Bier wird aus Mais gebraut. Malawis Lagerbier heißt Kuche Kuche, aber Traveller (und viele Einheimische) ziehen das von Carlsberg in der Brauerei in Blantyre gebraute Bier vor; am beliebtesten ist Carlsberg Green, ein helles Bier.

▼ REISEZEIT

HAUPTSAISON
(Mai–Okt.)

NEBENSAISON
(Nov.–April)

▼ DER JUNGE, DER DEN WIND EINFING

Als 2001 die Dürre den Hunger brachte und schwere Überschwemmungen die Ernte von William Kamkwambas Eltern fast völlig vernichteten, musste der 14-jährige Junge die Schule verlassen. Er bildete sich selbst an seiner alten Grundschule weiter. Ein Buch sprach ihn besonders an: Es handelte von der Erzeugung elektrischen Stroms durch Windmühlen.

Nach der anstrengenden Feldarbeit suchte William überall nach Altmetall und begann mit dem Bau seiner vierflügeligen Windkraftanlage. Bald kamen Nachbarn, um an seiner Windmühle ihre Handys aufzuladen.

Als sich die Nachricht von Williams Erfindung verbreitete, boten Menschen aus aller Welt ihm ihre Hilfe an. Er kehrte ans College zurück und reiste durch die USA, um Windparks zu sehen. Nun hilft er Kids dabei, eigene Stromanlagen zu bauen. Das Buch *Der Junge, der den Wind einfing* (William Kamkwamba & Bryan Mealer; 2009) erzählt seine erstaunliche Geschichte.

DAVID ELSE / GETTY IMAGES ©

Verwaltung übernahm, haben sich die Verhältnisse in dem einst von Wilderern heimgesuchten Reservat verbessert. Ein Zaun wurde errichtet, Unterkünfte und Straßen wurden ausgebaut. Dank des Löwen-Wiedereinführungsprogramms gilt der Park heutzutage als beispielhaft in Sachen Naturschutz.

MULANJE-MASSIV

3 Das Granitmassiv erhebt sich majestätisch aus der Ebene; der höchste Gipfel, der Sapitwa, ist 3002 m hoch. Auf dem Massiv finden sich bewaldete Täler und Flüsse, die über nackte Felswände stürzen. Die Einheimischen nennen das Massiv die „Insel am Himmel", weil es an dunstigen Tagen (davon gibt es viele) wie in Watte gepackt wirkt. Die höchsten Gipfel durchbrechen dann die Wolken und scheinen den Himmel zu berühren.

LIWONDE NATIONAL PARK

4 Mit seinen Lodges und Safari-Angeboten kommt der Nationalpark unter allen Schutzgebieten Malawis am ehesten einem traditionellen Naturpark gleich. Der Westen wird vom Shire bestimmt, der von Flusspferden und Krokodilen wimmelt und in dessen Nähe sich die über 500 Elefanten bevorzugt tummeln. Auch die Wasserböcke zieht es zum Fluss, die Rappen- und Pferdeantilopen, Zebras und Elenantilopen durchstreifen vor allem die Schwemmebenen. Spitzmaulnashörner, die zu einem Aufzuchtprogramm gehören, leben geschützt in einem Gehege; außerdem gibt es hier viele Vögel.

KAYA MAWA

5 Wer erinnert sich nicht an Scaramangas Bleibe in *Der Mann mit dem Goldenen Colt*? Das Resort Kaya Mawa mit seinem bernsteinfarbenen Strand vor dem türkisblauen Wasser ist der perfekte Ort, um eigene James-Bond-Fantasien auszuleben. Die geschickt verteilten Chalets an den Klippenhängen sind so schön, dass man nie wieder abreisen möchte. Man springt in Tauchbecken, die Wellen plätschern, und ein Kellner kommt mit einer Flasche Champagner vorbei. Die Anlage ist zweifellos eine der schönsten Boutiqueunterkünfte auf dem afrikanischen Kontinent.

▼ UNTERWEGS VOR ORT

Tägliche Flüge verbinden Lilongwe mit Blantyre, und es gibt planmäßige und Charterflüge mit Propellermaschinen zu großen Wildparks und zur Insel Likoma.

Einmal pro Woche tuckert die *Ilala* den Malawisee hinauf und hinab und befördert Passagiere und Frachtgut.

Busse fahren von Blantyre nach Lilongwe sowie von Blantyre über Lilongwe und Mzuzu nach Karonga. Kleinere Unternehmen bedienen die Route am Ufer.

NKHOTAKOTA WILDLIFE RESERVE

6 Das Schutzgebiet, das 1800 km² unwegsamen Geländes und einige befahrbare Straßen umfasst, erlebt eine Renaissance. Einst von Wilderern geplündert, aufgegeben und von menschlichen Siedlungen eingeengt, hat sich die Lage dank besserer Finanzierung, der Errichtung zweier Lodges und der Verwaltung durch African Parks verbessert. Diese NGO begann Ende 2016 mit der Wiederansiedlung von 500 Elefanten. Am besten erkundet man das Gelände bei einer Kajakfahrt auf dem Fluss Bua. Es kann einem allerdings mulmig werden, wenn hinter einem Krokodile lautlos ins Wasser gleiten...

NYIKA NATIONAL PARK

7 Malawis ältestes Schutzgebiet verspricht eines der zauberhaftesten Reise-Erlebnisse: Das mehr als 2000 m über den Meeresspiegel aufragende Nyika-Plateau wirkt rätselhaft – das hügelige Grasland erinnert an die Täler Yorkshires, aber dann springt eine Antilope vor dem Auto vorbei, oder man erblickt Elefantenkot und erinnert sich, dass dies Afrika ist. Im Park leben auch Leoparden.

NKHATA BAY

8 Mit seinen über die grüne Bucht setzenden Fischerbooten, den Marktständen mit gegrilltem Fisch und dem Reggae, der durch die trägen Nachmittage dudelt, wirkt Nkhata Bay fast karibisch. Die freundliche Fischerstadt und Rasta-Zentrale ist ein wundervoller Ort, um ein paar Tage zu relaxen. Es gibt auch unzählige Aktivitäten, denen man sich hingeben kann, ehe man sich in die Hängematte fallen lässt, u.a. schnorcheln, tauchen, kajakfahren, Fischadler füttern und wandern im Wald.

4

CHRISTOPHE CERISIER / GETTY IMAGES ©

HAUPTSTADT
Kuala Lumpur

BEVÖLKERUNG
33,5 Mio.

FLÄCHE
329 847 km²

AMTSSPRACHE
Bahasa Malaysia (malaysische Variante des Malaiischen)

Zentraler Markt, Kota Kinabalu

MALAYSIA

Malaysia hat Dschungel voller Tiere, wunderschöne Strände, idyllische Inseln, kulinarische Genüsse und Kulturen aus vielerlei Ländern zu bieten.

Malaysia ist wie zwei Länder in einem, da es durch das Südchinesische Meer in zwei Teile gespalten ist. Die malaiische Halbinsel ist von trubeligen Städten, Kolonialzeitbauten, Teeplantagen und vorgelagerten Inseln geprägt, während der malaysische Teil Borneos von Orang-Utans bewohnten Dschungel, Stammesvölker und Tauchspots bietet. In beiden Regionen gibt es eine ganze Palette unterschiedlicher Lebenswelten, von den Wolkenkratzern Kuala Lumpurs bis zu den Langhausdörfern von Sarawak.

Wenn es etwas gibt, das alle Ethnien, Religionen und Regionen vereint, dann ist es das Essen. In Malaysia gibt es beste Kulinarik in bescheidenstem Ambiente. Die zahllosen Anbieter verkaufen köstliche Speisen von Karren, an Ständen und in kleinen Läden – oft zubereitet nach uralten Rezepten. Man wählt zwischen Spezialitäten der sino-malaiischen Baba-Nyonya-Küche, indischen, chinesischen, malaiischen und Dayak-Gerichten sowie guten westlichen Speisen. Hungrig bleibt hier keiner.

Highlights

TAUCHEN AUF PULAU SIPADAN

1 Manchmal scheint es, als ob die buntesten Meeresbewohner – von ganz gewöhnlichen bis zu sehr seltsam aussehenden Fischen, Weichtieren und Reptilien, Wesen, die in allen erdenklichen Farben leuchten – das Riff von Sipadan als liebsten Tummelplatz schlechthin betrachten. Sie leben, spielen, jagen und fressen hier, und Besucher können mit ihnen ein Unterwasserballett tanzen. Für alle Taucher, von Amateuren bis zu Tauchveteranen vom Kaliber eines Jacques Cousteau, ist Sipadan das ultimative Unterwassererlebnis.

CHINATOWN, KUALA LUMPUR

2 Rauchfäden steigen aus den glühenden Weihrauchbecken auf, Blumengirlanden hängen um den Hälsen hinduistischer Figuren, und den Verkehrslärm übertönt der Gebetsruf des Muezzins – in dem stimmungsvollen Viertel am Ufer des Klang, das ein Abbild der hiesigen multikulturellen Vielfalt ist, drängen sich die Tempel und Moscheen der Hindus, Muslime und chinesischen Buddhisten der Stadt. Nicht versäumen sollte man tagsüber die Imbissstände an der Madras Lane und abends den lärmigen Nachtmarkt am Jln Petaling.

CAMERON HIGHLANDS, PERAK

3 Nebelverhangene Berge, Gummistiefel, Architektur im Tudor-Stil, Geländewagen, Scones, Erdbeeren und Teeplantagen hat dieses gar nicht so südostasiatisch wirkende Reiseziel zu bieten. Mit Aktivitäten wie Wandern und Agrartourismus ist es eines der lohnendsten und am leichtesten zu erreichenden malaysischen Gebiete für einen Aktivurlaub. Zudem sind die Cameron Highlands eine sehr gute Möglichkeit, der Hitze zu entkommen, liegen sie doch so hoch, dass es hier das gesamte Jahr über angenehm kühl bleibt.

3

THAWIWAT SAE-HENG / SHUTTERSTOCK ©

PHILIPPINEN
VIETNAM
THAILAND
SÜDCHINESISCHES MEER
INDONESIEN
KALIMANTAN INDONESIEN
SABAH MALAYSIA
SARAWAK MALAYSIA
BRUNEI DARUSSALEM
BANDAR SERI BEGAWAN
KUALA LUMPUR
SINGAPUR
Kota Kinabalu
Sandakan
Kudat
Kpg Datong
Kota Belud
Papar
Keningau
Kuala Tomani
Tawau
Semporna
Tarakan
Berau
Samarinda
Sangkulirang
Tanahgrogot
Muara Teweh
Longiram
Kasungan
Tumbangjul
Kudangan
Ketapang
Telukbatang
Rambai
Pontianak
Mempawah
Pemangkat
Sambas
Sematan
Tanjung
Sintang
Kuching
Serian
Kabong
Sibu
Dalat
Bintulu
Belaga
Miri
Palu
Kinabalu
Danum Valley
Gunung Mulu
Kelabit Highlands
Kapuas-Hulu-Gebirge
Schwanergebirge
Kapuas
Kayan
Baram
Pulau Balambangan
Pulau Banggi
Pulau Malawali
Balabacstraße
Sulu-see
Celebessee
Pulau Sipadan
Teluk Lahad Datu
Teluk Sebuko
Teluk Sekatak
Tidung Astuar
Derawan-Inseln
Straße von Makassar
Teluk Brunei
Telok Datu
Serasan-Straße
Pulau Maya
Teluk Sukadana
Pulau Karimata
Pukau Natuna
Anambas-Inseln
Tambelan-Inseln
Pulau Langkawi
Kangar
George Town
Ipoh
Kota Bharu
Pulau Perhentian
Cameron Highlands
Gunung Korbu
Taman Negara
Gunung Tahan
Gunung Benom
Genting Highlands
Raub
Putrajaya
Temerloh
Gemas
Kuantan
Cherating
Pekan
Johor Bahru
0
400 km
1
2
3
4
5
6
7
8
9
10

GEORGE TOWNS KOLONIALES VIERTEL, PENANG

4 Einst von den Einheimischen verlassen und von Touristen übersehen, hat sich George Town in den letzten Jahren zu einem der angesagtesten Ziele in Südostasien gemausert. Dass die Stadt 2008 zum UNESCO-Welterbe ernannt wurde, hat einen Restaurierungs-Boom ausgelöst: Die Ladenhäuser der Stadt wurden zu Museen, Boutiquehotels und schicken Restaurants. Die Stadt lässt sich gut zu Fuß erkunden, man sich jedoch vor den aggressiven Autofahrern in Acht nehmen. Das Essen hier gehört zum besten im Land.

SCHNORCHELN IN PULAU PERHENTIAN, TERENGGANU

5 Obwohl es vor der östlichen Küste der malaiischen Halbinsel mehrere Inseln gibt, die wunderbare Unterwasseraktivitäten zu bieten haben, sind die Perhentian-Inseln an Attraktivität für Schnorchler nicht zu toppen. Vielleicht liegt das einfach an dem klaren, himmelblauen Wasser. Oder an der riesigen Vielfalt der farbenfrohen Meeresfauna mit Haien, tropischen Fischen, Schildkröten und Seeigeln. Lebende Korallenbänke liegen nahe der Küste, und an den meisten Tagen braucht man nur bis zur Anlegestelle am Long Beach hinauszuschwimmen und ist schon von Schwärmen bunter Fische in allen Formen und Größen umgeben.

▼ REISEZEIT

HAUPTSAISON
(Dez.–Feb.)
Ferien und das nahende Chinesische Neujahr treiben die Preise in die Höhe.

ZWISCHENSAISON
(Juli–Nov.)
Am Ende des Ramadan (Hari Raya) nimmt die Besucherzahl in der Region zu.

NEBENSAISON
(März–Juni)
In diesen Monaten kann man das Land ohne großen Touristenandrang erleben.

KINABALU, SABAH

6 Der höchste Berg Malaysias, eine der hervorstechendsten Landmarken Nordborneos, gilt als Wohnsitz der Geister und ist eine der beliebtesten Touristenattraktionen auf Borneo. Der Anmarsch hat zwar schon vielen Travellern alles abverlangt, dafür wird man aber mit dem Ge-

▼ TYPISCHE GERICHTE

Asam laksa Die säuerliche, mit Fisch und Kräutern zubereitete Suppe mit Reisnudeln ist eine berühmte Spezialität Penangs.

Cendol Das Dessert besteht aus Grüne-Bohnen-Mehl in Kokosmilch, die mit Malakkas berühmtem Palmzucker gesüßt und eisgekühlt serviert wird.

Char kway teow Kurz gebratene feine Reisnudeln mit Garnelen, Muscheln, zäher chinesischer Wurst, knackigen Sprossen, Ei und einem Hauch Chili.

Hinava Roher Fisch, mit Zitronensaft und Kräutern mariniert; ein Gericht aus Sabah.

Maggi goreng Die gebratenen Instant-Nudeln sind als Snack am späten Abend überall in Kuala Lumpur zu haben.

Sarawak laksa Dünne Reisnudeln in einer Curry-Brühe mit Garnelen, Hühnchen und einem kleingeschnittenen Omelette.

▼ TOP-NATURPARKS

Taman Negara Malaysias ältester und angesehenster Nationalpark hat von Leuchtkäfern bis zu Elefanten alles zu bieten.

Royal Belum State Park In dem Park leben zehn Nashornvogel- und die meisten in Malaysia heimischen großen Säugetierarten.

Kinabatangan An den Flussufern kann man Orang-Utans und Borneo-Zwergelefanten in freier Wildbahn beobachten.

Bako National Park Eines der besten Ziele, um Nasenaffen zu beobachten.

▼ LANGHÄUSER AUF BORNEO

Ein Merkmal der Lebensweise der indigenen Dayak auf Borneo sind die Langhäuser. Dabei handelt es sich um ganze Dörfer unter einem scheinbar endlosen Dach. Bei zeitgenössischen Versionen wird die uralte Gebäudetypologie mit modernen Elementen wie Wellblechdächern und Satellitenschüsseln verbunden. Nach der alten Tradition der Dayak muss jeder Besucher, der ein Langhaus betritt, freundlich begrüßt und zum Wohnen eingeladen werden. Heutzutage könnten sich die Bewohner durch unangekündigte Besucher aber belästigt fühlen. Daher heuert man einen Guide an oder nimmt an einer organisierten Tour teil.

UNTERWEGS VOR ORT

Zwischen den größeren Städten der Malaiischen Halbinsel und Sabah und Sarawak auf Borneo fliegt man.

Es gibt keine Schiffsverbindung zwischen der Malaiischen Halbinsel und Borneo. Lokale Boote und Fähren fahren zu Inseln vor der Küste.

Per Bus kommt man auf der Malaiischen Halbinsel praktisch überall hin.

Das malaysische Hinterland lässt sich mit dem Mietwagen erkunden, Autofahren in Städten ist eine Qual.

Züge sind komfortabel und preisgünstig, es gibt aber nur zwei Hauptlinien, und die Züge sind langsam.

fühl grenzenloser Freiheit, der raren Bergluft Sabahs und – mit etwas Glück – mit einem weiten Ausblick bis zu den Philippinen belohnt. Aber selbst bei wolkigem Wetter ist der Aufstieg noch aufregend genug.

SEPILOK ORANGUTAN REHABILITATION CENTRE, SABAH

7 Orang-Utans verkörpern Gegensätzlichkeiten: Muskelmasse und Anmut, rohe Kraft und freundliche Zurückhaltung und unglaubliche Niedlichkeit und noch mehr Niedlichkeit. Aus ihren Augen spricht Weisheit, manchmal Traurigkeit. All diese Beobachtungen kann man im Sepilok Orangutan Rehabilitation Centre machen. Die Beobachtung der Menschenaffen von der Aussichtsplattform (allerdings sehr oft überfüllt) ist für viele *das* Highlight in Sabah.

PULAU LANGKAWI

8 Die Insel Langkawi heißt nicht umsonst „Juwel von Kedah" – die weißen Sandstrände, abgelegenen Resorts, Tauchspots und unberührten Urwaldgebiete werden dieser Bezeichnung voll gerecht. Günstiger Alkohol und eine passable Restaurant- und Barszene sorgen für ein bisschen Partystimmung; wegen der vielen kinderfreundlichen Aktivitäten ist die Insel aber auch ein tolles Ziel für Familien. Und das Beste: Pulau Langkawi ist keine reine Ferieninsel, sondern hat abseits der ausgetretenen Pfade eine bezaubernde Dorfkultur bewahrt.

MÄRKTE IN KOTA BHARU, KELANTAN

9 Die Stadt ist ein Zentrum des malaysischen Kunsthandwerks. In Kota Bharu können Besucher traditionelle Arbeiten wie Batiken, *kain songket* (mit Goldfäden durchwirkte Stoffe), Silberarbeiten, handgeschnitzte Puppen und Papierdrachen finden. Gewürze, Messingwaren und andere regionale Produkte werden auf dem Zentralmarkt und auf dem nahen Bazaar Buluh Kubu angeboten. Wer sich beim Shoppen auch bewegen möchte, der findet an der für Fahrräder geeigneten Straße von der Stadt zum Strand Pantai Cahaya Bulan Manufakturen und Werkstätten, die sich der Herstellung von Kunsthandwerk aller Art widmen.

NACHTMARKT AM JONKER'S WALK, MALAKKA

10 Der Rundgang beginnt am Fluss gegenüber dem rosafarbenen Stadthuys-Gebäude, das im Licht der Straßenlaternen leuchtet. Dr. Ho Eng Hui gibt wie an jedem Abend seine Vorstellung, umringt von einer Schar von Zuschauern: Zur Titelmelodie von *Hawaii Five-O* zeigt er Kung-Fu-Techniken. Man bahnt sich seinen Weg durch das Gedränge am Jonker's Walk, der von Ständen gesäumt ist, an denen alles von billiger Unterwäsche bis zu frischem Zuckerrohrsaft angeboten wird. Man feilscht, knabbert hie und da einen Bissen und setzt sich vielleicht ins Geographer Café auf ein kaltes Bier und schaut den Leuten zu.

JETZT REISEN!

Von 1998 bis 2004 waren die Petronas Towers in Kuala Lumpur mit ihren 452 m Höhe die höchsten Bauwerke der Welt – bald geht es in der Hauptstadt noch höher hinauf, was dann jedoch nur für Platz drei der höchsten Gebäude weltweit reichen wird. Dank einer 150 m hohen, zur Gebäudestruktur gehörenden Spitze wird der 2022 fertiggestellte **PNB 118** eine Höhe von 644 m erreichen.

KJERSTI JOERGENSEN / SHUTTERSTOCK ©

THAIPUSAM

Menschenmengen versammeln sich zu diesem Hindu-Fest, bei dem sich Gläubige den Körper durchbohren, vor den Batu Caves nördlich von Kuala Lumpur (zw. Mitte Jan. & Mitte Feb.).

HALAL-KÜCHE

Halal-Essen ist in Malaysia, in dem der Islam Staatsreligion ist, die Norm – selbst Fast-Food-Ketten besitzen ein *halal*-Zertifikat. Lokale haben einen entsprechenden Aufkleber am Fenster oder zeigen das Zertifikat in ihren Speisekarten an.

F11PHOTO / SHUTTERSTOCK ©

HAUPTSTADT
Malé
BEVÖLKERUNG
390 669
FLÄCHE
298 km²
AMTSSPRACHE
Dhivehi

MALEDIVEN

Unvergleichlicher Luxus, hinreißende weiße Sandstrände und eine erstaunliche Unterwasserwelt machen die Malediven zu einem Traumziel.

Auf den Malediven finden sich die vielleicht schönsten Strände der Welt. Fast alle der nahezu 1200 Inseln des Landes besitzen perfekte Strände; manche mögen weicheren Sand haben als andere, aber unbestritten ist, dass sich so blendend weißer, pulveriger Sand und so leuchtend blaues Wasser fast nirgendwo sonst auf Erden findet. Schon allein deswegen kommen jährlich nahezu 1 Mio. Besucher auf dieses winzige, abgelegene und ansonsten recht unbekannte Paradies im Indischen Ozean.

Die klaren Gewässer der Malediven bieten Tauch- und Schnorchelstellen, die zu den besten der Welt zählen. Sie sind ein Magnet für alle, die sich für die Meereswelt interessieren. Der Reichtum und die Vielfalt der Meeresbewohner sind erstaunlich: Wer zum Riff abtaucht, entdeckt atemberaubende Korallenwände, prächtige Höhlen und ganze Schwärme bunter, tropischer Fische. In den tieferen Gewässern lauern Mantas, Schildkröten und Haie, darunter auch Walhaie, die größten Fische der Welt.

Highlights

MALÉ

1 Die Hauptstadt der Malediven ist der beste Ort, um auch Land und Leute kennenzulernen. Besonders reizvoll sind die bunt angemalten Häuser, die überfüllten Märkte und die betriebsamen Teeläden, in denen man mit Stammgästen plaudern und sich Teller köstlicher Imbissgerichte teilen kann. Fazit: Ein Besuch in Malé ist die ideale Ergänzung zum Resort-Urlaub.

FRÜHSTÜCK MIT HAMMERHAIEN

2 Hammerhaie gehören zu den merkwürdigsten Kreaturen im Meer (und das will etwas heißen). Sie sind in den maledivischen Gewässern häufig anzutref-

ESSEN & TRINKEN

Bier In Malé ist Alkohol tabu. Wer nicht auf Bier verzichten mag, muss über die Lagune zur Flughafeninsel fahren, wo es erhältlich ist.

Bis hulavuu Kaltes Gebäck aus Eiern, Zucker und Ghee.

Kaffee Die Einheimischen lieben Kaffee. Überall in Malé bekommt man sehr guten Espresso, Milchkaffee oder Cappuccino, ebenso in den meisten Resorts und Pensionen.

Kavaabu Kleine frittierte Teigbällchen, gefüllt mit Thunfisch, Kartoffeln, Paprika und Zitrone – ein beliebtes Schnellgericht.

Maledivische Tapas Finger Food wie *fihunu mas* (Fischstücke mit Paprika-Kruste), *gulha* (frittierte Teigbällchen, gefüllt mit Fisch und Gewürzen), *keemia* (gebratene Fischrollen in Teig) oder *kuli boakiba* (würzige Fisch-Küchlein) sind beliebte Snacks.

REISEZEIT

HAUPTSAISON
(Dez.–Feb.)

ZWISCHENSAISON
(März–April)

NEBENSAISON
(Mai–Nov.)

▼ BODU-BERU-VORFÜHRUNGEN

Das kulturelle Highlight fast aller Trips auf die Malediven sind die als *bodu beru* (Dhiveli: „große Trommel“) bezeichneten, wunderbaren Tanz- und Trommel-Darbietungen.

Die ausschließlich männlichen Tänzer beginnen mit einer langsamen, nonchalanten Biegung und schwingen ihre Arme, bis sich das Tempo allmählich zu einem wilden Rhythmus steigert.

Zu dem Ensemble gehören meist vier bis sechs Trommler; die Musik wird stark von afrikanischen Traditionen beeinflusst. Mit dem vorrückenden Abend wird der Tanz regelrecht frenetisch – ein fantastisches Erlebnis.

fen – man muss nur wissen, wo. Es gibt kaum aufregendere Erlebnisse, als in der Morgendämmerung 30 m tief im freien Fall in das Meer einzutauchen und dort plötzlich in einem Schwarm hungriger Hammerhaie zu landen, die auf Nahrung warten. Der beste Ort dafür ist der weltberühmte Hammerhead Point (alias Rasdhoo Madivaru) vor dem Rasdhoo-Atoll.

TAUCHEN LERNEN

3 Auf den Malediven muss man einfach tauchen, denn die Korallen, tropischen Fische, Haie, Schildkröten und Rochen bilden eine unvergessliche, fremdartige Welt unter Wasser. Alle Resorts und viele Pensionen bieten Gelegenheiten zum Tauchen – und man wird es nicht bereuen, es hier zu lernen. Auf den Malediven herrschen ausgezeichnete Sicherheitsstandards; es gibt moderne Ausrüstung und engagierte und erfahrene Tauchschulen. Das Wasser ist so warm, dass viele auf den Neopren-Anzug verzichten. Einige der besten Tauchstellen liegen rund um das Addu- und das Ari-Atoll.

AB MALÉ EIN WASSERFLUGZEUG NEHMEN

4 Nur wenige Reiseziele können damit punkten, dass bereits die Anreise einer der Höhepunkte des Trips ist. Doch wo sonst braucht man ein Wasserflugzeug, um sein Hotel zu erreichen? In diesem Land ohne Straßen fungieren Turboprop-Maschinen als Taxis: Das Abheben vom Wasser ist ein unvergessliches Erlebnis – und das gleiche gilt für den Blick hinunter auf die spektakulären Korallenatolle, blauen Lagunen und winzigen Inseln.

SCHWIMMEN MIT WALHAIEN IM ARI-ATOLL

5 Auch der größte Fisch auf Erden, der Walhai, ist in den hiesigen Gewässern zu finden, vor allem südlich des Ari-Atolls sowie zwischen den Atollen, wenn bei Vollmond die Strömung besonders stark ist. Das Schwimmen mit diesen etwa 10 m langen sanften Riesen ist ein wundervolles, recht ungefährliches Erlebnis – anders als viele ihrer Artverwandten ernähren sie sich vor allem von Plankton.

MAAFUSHI

6 Maafushi ist die erste bewohnte Insel der Malediven, die zum Touristenzentrum wurde. Heute gibt es hier rund 30 Pensionen und Hotels. Das Atoll ist der wohl beste Ort für einen billigen Strandurlaub im Land, weil die Preise für Unterkunft sowie Tauch-, Schnorchel- und andere Ausflüge dank starker Konkurrenz günstig sind. Es gibt auch einen guten Privatstrand, wo man ungestört baden kann, ohne die Bevölkerung in ihren Sitten und Gebräuchen zu verletzen. Die Insel ist auch nur ein paar Stunden vom Internationalen Flughafen entfernt und leicht erreichbar.

4

JAG_CZ / SHUTTERSTOCK ©

UNTERWEGS VOR ORT

Von Malé gibt's mindestens einmal täglich Flüge zu den neun regionalen Flugplätzen. Nach der Ankunft bringen Wasserflugzeuge die Traveller direkt zu ihren Resorts.

Die Resorts holen Gäste auch per Schnellboot von Malé oder regionalen Flugplätzen ab – dann geht's sicher und schnell ins Hotel. Wer auf eigene Faust reist, kommt mit den langsamen, aber billigen Fähren herum.

Die meisten Inseln sind autofrei. Autos und Straßen gibt's nur auf Malé und einigen der größeren Inseln.

HAUPTSTADT
Bamako
BEVÖLKERUNG
20,1 Mio.
FLÄCHE
1,24 Mio. km²
AMTSSPRACHE
Französisch

Markt und Moschee von Djenné

MALI

Wie eine sagenhafte Sandburg in einer Wüstenlandschaft ist Mali mit vielen Sehenswürdigkeiten, Talenten und Wissen gesegnet. Zur Zeit bleiben die Landschaften, Denkmäler und Geschichten Malis aber wegen eines Konflikts, der den Fortbestand der Landeskultur bedroht, Besuchern verschlossen.

Das pulsierende Zentrum Malis ist Bamako, wo Musikanten auf der Ngoni und der Kora den aus allen Bevölkerungsgruppen zusammengesetzten tanzenden Einheimischen aufspielen, während im Land der Dogon sich wie seit Urzeiten Dörfer auch heute noch an steile Klippen klammern.

Weiter im Westen beladen mit Silberohrringen geschmückte Fulbe-Frauen Esel mit ihren Habseligkeiten, um in malerischen Karawanen durch die *hammada* (trockene, staubige Steinwüste) zu ziehen.

Und im Nordosten ruhen die Schriften altehrwürdiger afrikanischer Kulturen verborgen in den schönen Bibliotheken von Timbuktu und warten darauf, dass sie eines besseren Tages von Einheimischen und Travellern wiederentdeckt werden können.

Highlights

LAND DER DOGON

1 Märchenhaft rosafarbene Dörfer am Fuß des gewaltigen Bandiagara-Felsmassivs, weite Landschaften, über die sich ein blauer Himmel spannt, heilige Krokodile und Sandsteinklippen bestimmen die Eindrücke im Land der Dogon. Das Land der Dogon ist die Heimat einer faszinierenden animistischen Kultur, die auf komplexen Traditionen und Kosmogonien basiert.

DJENNÉ

2 Die zum UNESCO-Weltkulturerbe gehörende Altstadt von Djenné ist eines der ältesten Zentren in Westafrika. Die unvergleichliche, aus Lehmziegeln errichtete Moschee wirkt wie ein Märchentraum und bildet den Hintergrund für den riesigen, munteren und farbenfrohen Montagsmarkt, der sich seit den Zeiten, als Kamelkarawanen Salz durch die Sahara bis vor die Tore von Djenné transportierten, kaum verändert hat.

TIMBUKTU

3 In wenigen Städten der Welt stand der Erwerb von Wissen so hoch im Kurs wie in Timbuktu. Die Stadt fasziniert mit ihren uralten Monumenten und Bibliotheken, in denen noch undigitalisierte antike Texte zur Philosophie und Astronomie aufbewahrt werden.

REISEZEIT

Okt.–Feb.

März–Juni, Sept.

Juli–Aug.

ESSEN & TRINKEN

Bissap/Dableni Kalter Tee aus Hibiskusblüten.

Capitaine Nilbarsch, ein Süßwasserfisch.

Castel Bier aus Mali.

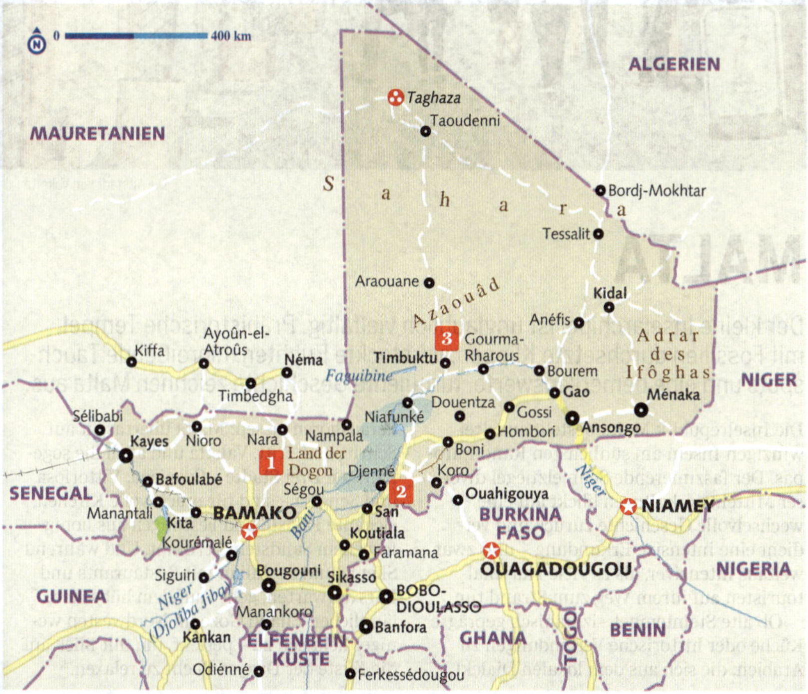

HAUPTSTADT
Valletta

BEVÖLKERUNG
460 891

FLÄCHE
316 km²

AMTSSPRACHEN
Maltesisch, Englisch

Die Altstadt von Valletta

MALTA

Der kleine Inselarchipel ist unglaublich vielfältig. Prähistorische Tempel, mit Fossilien durchsetzte Klippen, versteckte Buchten, hinreißende Tauchspots und eine bemerkenswerte, turbulente Geschichte zeichnen Malta aus.

Die Inselrepublik Malta besteht aus drei winzigen Inseln am südlichsten Rand Europas. Der faszinierende Schmelztiegel diverser Mittelmeerkulturen blickt auf eine wechselvolle Geschichte zurück und verdient eine intensive Erkundung – und zwar weitaus intensiver, als es viele Pauschaltouristen auf ihrem Weg zum Strand tun.

Ob alte Steintempel, sizilianisch geprägte Küche oder historische Verbindungen zu Arabien, die sich aus dem lokalen Dialekt heraushören lassen: Malta überrascht auf Schritt und Tritt. Valetta und auch die sogenannten Drei Städte – Cospicua, Vittoriosa und Senglea – sind für prachtvolle Kirchen, elegante Paläste und Festungen aus honigfarbenem Sandstein berühmt. Und während Sliema und St. Julian mit Restaurants und Bars aufwarten, geht's auf dem hübschen, ländlichen Eiland Gozo im Nordwesten weniger hektisch zu – perfekt, um mit Blick auf die Küste der Dwejra-Bucht zu relaxen.

Highlights

VALLETTA

1 Maltas bemerkenswerte Hauptstadt, die im Jahr 2018 Kulturhauptstadt Europas war, erlebt gegenwärtig eine Renaissance. Die Stadt, ein ummauertes Geviert mit einer Länge von 1 km und einer Breite von 600 m, besticht mit einem harmonischen Ensemble von Stadthäusern des 16. und 17. Jhs. samt traditionellen maltesischen Balkonen. Alle Straßen enden am Meer. In den letzten Jahren ist Valletta aufgeblüht: Gebäude wurden renoviert, neue Restaurants sind entstanden und aus dem ehemaligen Rotlichtbezirk an der Strait St wurde ein Ausgehviertel. Die Energie der Stadt spürt man schon, wenn man durch das von Renzo Piano entworfene topmoderne City Gate schreitet und das ebenfalls von ihm entworfene Parlamentsgebäude sowie das Opernhaus erblickt.

DWEJRA

2 Wind und Meer haben die herrlichen Felsformationen an der Küste der Dwejra-Bucht auf Gozo geprägt. Sie sind so spektakulär, dass sie sogar als Drehort für *Game of Thrones* genutzt wurden. Im Inland Sea kann man bei schönem Wetter herrlich baden und schnorcheln. In Küstennähe ragt der Fungus Rock aus dem strahlend blauen Mittelmeer.

BIRGUS GASSEN

3 Birgu (Città Vittoriosa) ist die faszinierendste der Drei Städte. Die alte Stadt liegt auf einer kleinen Landzunge und bietet herrliche Ausblicke und bestens erhaltene Straßen. Birgu war der Hauptsitz des Jo-

REISEZEIT

HAUPTSAISON
(Juni–Aug.)

ZWISCHENSAISON
(März–Mai, Sept.–Okt.)

NEBENSAISON
(Nov.–Feb.)

hanniterordens auf Malta und erhielt nach der osmanischen Belagerung von 1565 den Ehrennamen Vittoriosa („die Siegreiche"). Das Fort St. Angelo, Sitz des Großmeisters, wurde restauriert und Ende 2015 der Öffentlichkeit zugänglich gemacht. Birgu ist aber kein Museum, sondern ein munteres Städtchen mit starkem Gemeinschaftsgeist. Am besten legt man seinen Besuch in den Oktober: Zum Höhepunkt des Birgu-Fests sind die alten Gassen von Kerzen erleuchtet.

BLAUE LAGUNE

4 Die schöne Insel Comino blickt auf eine bunte Geschichte zurück. Schon Ptolemäus erwähnte sie vor 1800 Jahren, später diente sie u. a. als Aufenthaltsort von Einsiedlern, als Cholera-Quarantänestation und als Gefangenenlager. Heute lockt die Insel hauptsächlich mit ihrer Blauen Lagune, einem intensiv blau schimmernden Salzwasserbecken. Selbst die Horden der Badelustigen, die im Sommer einfallen, können ihrer Schönheit nichts anhaben. (Trotzdem kommt man besser nachmittags, wenn es sich etwas leert).

HYPOGÄUM VON ĦAL SAFLIENI

5 Der Besuch dieser unterirdischen Grabkammern ist ein einzigartiges Erlebnis. Die gut erhaltene Sakralstätte wurde vor rund 5000 Jahren aus dem Fels gehauen; in manchen Abschnitten sind an der Decke noch ockerfarbene Verzierungen zu erkennen. Die Anlage öffnet ein Fenster in eine rätselhafte Welt und hinterlässt einen betörenden Eindruck. Den Besuch muss man Monate im Voraus buchen.

UNTERWEGS VOR ORT

Wasserflugzeuge verkehren zwischen Valletta und dem Hafen von Mġarr auf Gozo; die Flugzeit beträgt 10 Min.

Fähren verbinden Valletta mit Sliema. Bei der Promenade (Valletta) starten Fähren nach Cospicua und Senglea. Auch Wassertaxis sind beliebt.

Von Valletta aus fahren Buslinien in alle Teile der Insel Malta.

4

PAUL BIRIS / GETTY IMAGES ©

TEMPEL VON ĦAĠAR QIM & MNAJDRA

6 Die eindrucksvollen prähistorischen Bauten zählen zu den schönsten und stimmungsvollsten Maltas, auch dank ihrer Lage hoch oben auf den Klippen, die im Frühjahr mit Wildblumen bedeckt sind. Besucher genießen den Ausblick aufs Meer und hinüber zum fernen Inselchen Filfla. Markierte Pfade führen in die Umgebung, ein tolles Besucherzentrum widmet sich den mysteriösen Erbauern der Tempel.

ST. JOHN'S CO-CATHEDRAL

7 Das schlichte Äußere von Vallettas Konkathedrale lässt nicht erahnen, wie viel barocke Pracht und Üppigkeit das goldene Innere zu bieten hat. Den Boden zieren Grabplatten aus Marmor, die mit symbolischen Reliefs bedeckt sind. Die Kapellen, die den „Zungen" des Johanniterordens zugeordnet sind, versuchen sich an Pracht zu übertreffen. Das größte Highlight ist Caravaggios *Enthauptung Johannes des Täufers* im Oratorium – das größte Altarbild von der Hand des Meisters.

3

IAKOV FILIMONOV / SHUTTERSTOCK ©

ESSEN & TRINKEN

Braġioli Diese „Rindfleisch-Oliven" sind Rindsrouladen mit einer Füllung aus Brotkrumen, Petersilie, Speckwürfeln und hartgekochtem Ei. Geschmort werden sie in Weißweinsauce.

Fenek Ob im Ofen geröstet, als Eintopf, in Olivenöl gebraten, in Pastetenform oder mit Spaghetti: Malteser lieben einfach Kaninchen.

Ftira Brot aus einer Backform, das mit Tomaten, Oliven, Kapern und Sardellen belegt wird.

Ġbejniet Kleiner weißer Hartkäse, der traditionell aus Rohmilch von Schaf oder Ziege hergestellt wird.

Kinnie Markenname eines Softdrinks mit Bitterorangen- und Kräuteraroma.

Pastizzi Kleine Blätterteigteilchen mit Erbsenpüree- oder Ricottafüllung; erhältlich in den meisten Bars und *pastizzerijas* (meist Buden oder Takeaways mit Verkaufsfenster).

MALTI: EIN SPRACHLICHER SCHMELZTIEGEL

Malti (Maltesisch) ist die Nationalsprache des maltesischen Volkes. Einige Forscher führen sie bis auf die phönizische Besiedlung im 1. Jt. v. Chr. zurück, die meisten meinen aber, sie sei aus nordafrikanischen Dialekten des Arabischen entstanden. Maltesisch ist eine semitische Sprache mit arabischer Grammatik und Wortbildung sowie sizilianischen, italienischen, spanischen, französischen und englischen Lehnwörtern. Bis in die 1930er-Jahre war Italienisch die offizielle Sprache in Kirche und Verwaltung, auch wenn nur die Aristokratie sie beherrschte. Malti wurde erst 1934 (neben Englisch) zur Amtssprache.

Englisch lernen maltesische Kinder im Grundschulalter; fast alle Malteser sprechen somit Englisch, viele auch Italienisch, weil Malta italienisches Fernsehen empfängt. Recht viele Einwohner verstehen zudem Französisch oder Deutsch.

Mausoleum von Moulay Ismail, Meknès

HAUPTSTADT
Rabat

BEVÖLKERUNG
36 655 800

FLÄCHE
446 550 km²

AMTSSPRACHEN
Marokkanisches Arabisch (Darija), Tamzight (eine Berbersprache), Französisch

MAROKKO

Marokko ist das Tor nach Afrika und ein Land von hinreißender Vielfalt. Besucher finden hier gewaltige Gebirgszüge, antike Städte, riesige Wüsten und herzliche Gastfreundlichkeit.

Ein Besuch Marokkos beginnt am besten mit dem nationalen Freizeitvergnügen, in einem Straßencafé bei einem Kaffee oder Minztee die Leute zu beobachten. Hier kann man seine Unternehmungen planen: eine Wanderung auf den höchsten Gipfel Nordafrikas, einen Kameltrek in die Wüste oder auch bescheidenere Aktivitäten wie das Reiben von Couscous, ein Einkaufsbummel in den Suks oder ein Streifzug durch die Medina.

Von den Dünen der Sahara bis zu den Gipfeln des Hohen Atlas ist Marokko für Traveller wie gemacht. Es ist ein geschichtsträchtiges Land, das in Jahrhunderten seine Verbindungen nach Schwarzafrika, Europa und zur arabischen Welt zu einem Ganzen verwoben hat. Die aus Berbern und Arabischstämmigen zusammengesetzte Bevölkerung hat eine starke, aber jugendliche nationale Identität, die die besten Traditionen zur Erneuerung des Landes einsetzt.

Highlights

STRASSENTHEATER AUF DEM DJEMAA EL-FNA

1 Zirkusse sind keine Konkurrenz für das *halqa* (Straßentheater) auf Marrakeschs Hauptplatz, das bereits von der UNESCO gewürdigt wurde. Tagsüber locken Wahrsager, Schlangenbeschwörer und Akrobaten die Menschen zu „La Place". Abends starten dann zig Restaurantstände den wildesten Grillwettbewerb der Welt. „Ich habe Jamie Oliver alles beigebracht", brüstet sich ein Chefkoch, „wir sind die Nummer eins ... buchstäblich!", witzelt der Koch von Stand 1. Nach dem Abendessen gibt's Jamsessions, bei denen Mitmachen erwünscht ist.

MEDINA VON FÈS

2 Die Medina von Fès ist ein wahrer Irrgarten. Wenn man sich verirrt, folgt man einfach dem Strom der Menschen zurück zur Hauptdurchgangsstraße oder lässt sich von einem kleinen Jungen gegen Bezahlung den Weg zeigen. Bei dem Abenteuer entdeckt man eine mittelalterliche Welt mit versteckten Plätzen, verzierten Türen und farbenfrohen Suks, die sich in ihrer Anlage seit nahezu 1000 Jahren nicht verändert hat. Man läuft über wunderbare Mosaikböden und sieht beim Aufblicken feine Stuckarbeiten, Zedernholzschnitzereien und arabische Kalligrafien.

DER HOHE ATLAS

3 Zaouiat Ahansal ist das Chamonix des östlichen Atlasgebirges. Das vom Gipfel des Aroudane (3359 m) begrenzte Tal wartet mit kilometerlangen Klippen, hohen Steinpfeilern und engen Schluchten auf. Seit dem Bau einer Asphaltstraße 2013 wird diese Landschaft langsam von Travellern entdeckt. Für Rafter und Kajakfahrer ist das Tal ein grünes Juwel, in dem die Boote auf dem 2,50 m breiten Strom zwischen den Felsen hindurchsausen; Kletterer und Wanderer locken die extreme Topografie, die unberührte Natur und Routen mit unglaublicher Aussicht.

1

MONTICELLO / SHUTTERSTOCK ©

Mittelmeer
ATLANTIK
ALGERIEN
WEST-SAHARA
KANARISCHE INSELN (SPANIEN)
Umstrittene Grenze
Gibraltar
Ceuta (Sp.)
Tétouan
Tanger
Chefchaouen
Ouezzane
Al-Hoceima
Melilla (Sp.)
Ahfir
Oujda
Oran
Tlemcen
Mascara
Ain Sefra
Guercif
Bouarfa
Fès
Moulay Idriss
Meknès
Azrou
Midelt
Kenitra
Rabat
Casablanca
Settat
Beni Mellal
El-Jadida
Safi
Marrakesch
Ourika-Tal
Jbel Toubkal
Aït Benhaddou
Ouarzazate
Agdz
Tazenakht
Drâa-tal
MHamid
Tafilalt
Rissani
Erg Chebbi
Erg Er-Raoui
Westlicher Großer Erg
Gourara
Erg Iguidi
HOHER ATLAS
ANTI-ATLAS
Essaouira
Taghazout
Agadir
Tafraoute
Sidi Ifni
Bouizakarne
Cap Drâa
Tarfaya
Laâyoune
1
2
3
4
5
6
7
8
9
10
0
400 km

OBST & GEMÜSE

Angesichts des Obsts und Gemüses auf marokkanischen Märkten kann man schon einen Ekel gegenüber dem heimischen Supermarktsortiment entwickeln. Die Früchte werden meist reif von Hand geerntet und direkt zu den Suks gebracht. Vor dem Verzehr sollte man Obst und Gemüse schälen, kochen oder gründlich waschen. Saisonale Highlights:

Frühjahr Aprikosen, Kirschen, Erdbeeren, Pfirsiche.

Sommer Wassermelonen, wilde Artischocken, Tomaten.

Herbst Feigen, Granatäpfel, Weintrauben.

Winter Orangen, Mandarinen, Zwiebeln, Rüben, Kartoffeln, Mohrrüben und anderes Wurzelgemüse.

TOP-BÜCHER

Die Nacht der Unschuld (Tahar ben Jelloun; 1987) Die Geschichte eines Mädchens aus Marrakesch, das als Junge aufgezogen wird.

Der Harem in uns (Fatima Mernissi; 1994) Die Erinnerungen der Autorin an das Fès der 1940er-Jahre verschmelzen mit anderen Geschichten.

Le Savant (Bensalem Himmich; 2004) Die fiktionalisierte Lebensgeschichte von Ibn Khaldun, eines Universalgelehrten des 14. Jhs.

Die alte Dame in Marrakesch (Fouad Laroui; 2017) Ein Pariser Ehepaar, neue Besitzer eines Riads in Marrakesch, treffen dort auf eine rätselhafte Greisin.

Kannibalen (Mahi Binebine; 1999) Die Hoffnungen und Enttäuschungen bei der Auswanderung über die Straße von Gibraltar.

MEDINA VON CHEFCHAOUEN

4 Die steile, kopfsteingepflasterte Medina von Chefchaouen zieht sich mit roten Dächern, schmiedeeisernen Balkonen und Geranien den Berghang hinan. Zauberhaft sind die blau verputzten Gassen. Auf dem von Cafés gesäumten Hauptplatz vor der großen, rötlich schimmernden Kasbah kann man bei einem Minztee stundenlang Leute beobachten. Man kann aber auch am Fluss entlanglaufen, zur spanischen Moschee auf dem Hügel wandern oder sich in den umliegenden Talassemtane-Nationalpark wagen, um das Rifgebirge zu erkunden.

WANDERN IM ANTIATLAS

5 Im Vergleich zum Hohen Atlas ist der Antiatlas ein sonnenverbrannter Gebirgszug aus Granit – und ein nahezu unerforschter noch dazu. Die Hauptattraktion für Wanderer ist das Quarzmassiv des Jbel Lekst, zu dem man durch das üppige Tal der Ammeln gelangt. Weitere Bauerndörfer und zerfallende Kasbahs finden sich rund um den Jbel Aklim, ein weiteres Wandergebiet in diesem Land des blauen Himmels und der Berberhirten. Von Schluchten voller Palmen bis hin zum ausgedörrten, vulkanischen Jbel Sirwa bietet die Landschaft so viel Abwechslung, dass man auch einen ganzen Wanderurlaub hier verbringen kann.

REISEZEIT

HAUPTSAISON
(Nov.–März)
Die meisten Besucher kommen im Frühjahr und im Herbst.

ZWISCHENSAISON
(April & Okt.)
Rund um Ostern sind Unterkünfte sehr gefragt und entsprechend teuer.

NEBENSAISON
(Mai–Sept.)
Bei Unterkünften und in den Suks gibt's Rabatt.

JETZT REISEN!

Bald gibt es in Marokko gleich mehrere neue Glanzlichter moderner Architektur und Kultur zu bestaunen. So stehen zwei Theater der Superlative kurz vor der Eröffnung: das **Grand Théâtre de Casablanca,** ein Bauwerk des in Casablanca geborenen Architekten Christian de Portzamparc, und das **Grand Théâtre de Rabat,** das die irakisch-britische Architektin Zaha Hadid entworfen hat. Beide werden als größte Theater im arabischen Raum bzw. in Afrika bezeichnet. Große Momente zeitgenössischer afrikanischer Kunst kann man in Marrakesch in dem privaten **Museum of African Contemporary Art Al Maaden (MACAAL)** erleben, das in einem schlichten, schönen Neubau eingerichtet ist.

▼ UNTERWEGS VOR ORT

Mit Bussen (von modern bis klapprig) reist man billiger, aber langsamer als mit dem Zug. Man nutzt sie für Ziele, die nicht ans Bahnnetz angeschlossen sind.

Mit einem Auto ist man unabhängig vom öffentlichen Nahverkehr. Rechts und vorsichtig fahren – nicht alle marokkanischen Autofahrer halten sich an die Verkehrsregeln.

Billige aber überfüllte Mercedes-„Großraumtaxis" fahren zwischen benachbarten Orten und Städten.

Züge sind recht günstig. Es gibt gute und häufige Verbindungen zwischen den größeren Städten. Züge fahren weder in den Süden noch an der Mittelmeerküste.

ESSAOUIRA

6 Mit unaufhörlichen, erfrischenden Brisen vom Atlantik, den alten Seemauern und der schimmernd weißen Medina ist Essaouira eines der bezauberndsten Ziele in Marokko. Die Stadt bietet schicke Paläste, frische Meeresfrüchte direkt aus dem Hafen und eine Atmosphäre, in der traditionelle bildende Kunst und Wassersport eine nahtlose Verbindung eingehen. Alle Einwohner wissen, dass Jimi Hendrix die Stadt liebte – und alle Besucher werden ihre Reize für sich entdecken.

SIDI IFNI

7 Nicht weitersagen: Die nur einen Kamelritt von der Sahara entfernte frühere spanische Küstenstadt ist genauso zauberhaft, verfallen und luftig wie Essaouira. Wer möchte, kann zur Legzira Plage laufen oder einfach die blau-weißen Gassen erkunden. Aus den Cafés tönen spanische Rhythmen, und die dort abhängenden Einheimischen und hier lebenden Ausländer sind selbst für marokkanische Verhältnisse entspannt. Die architektonischen Art-déco-Relikte, die eher an Kuba als an Casablanca erinnern, erkundet man am besten bei Sonnenuntergang, wenn sich die Palmen in der Atlantikbrise wiegen und kühlender Dunst vom Meer heraufzieht.

SURFEN IN TAGHAZOUT

8 Surfen kann man überall an Marokkos Atlantikküste, aber das Fischerdorf Taghazout ist dafür die beste Adresse. Schon bei der Ankunft erkennt man, was den Ort am Laufen hält: Neben Cafés und Telefonläden finden sich viele Surfshops, in denen Einheimische und Besucher ihre Bretter wachsen und von den nahen Stränden schwärmen. Am gleichen Küstenabschnitt zwischen Agadir und Essaouira liegen auch die Surforte Tamraght und Sidi Kaouki; weiter südlich folgt Mirleft, Marokkos neuestes Surferziel, wo jährlich eine Longboard-Meisterschaft stattfindet.

TAFRAOUTE

9 Die größte Stadt des Antiatlas kombiniert Marktstraßen und rosafarbene Häuser mit einer außergewöhnlichen Umgebung: *palmeraies* (Palmenhaine) und Berberdörfer überziehen das Tal der Ammeln, während die roten Granit-Berge zweimal täglich in Ocker und Bernsteingelb erstrahlen. Trotz ihrer Reize ist diese Region touristisch kaum erschlossen. Somit eignet sie sich bestens als Basis für Aktivitäten wie Mountainbiken oder Touren zu prähistorischen Felsbildern. Und als ob die Granitfelsen und Oasen noch nicht genug wären: Ein belgischer Künstler hat hier ein paar Felsbrocken angepinselt – alles sehr surreal.

KAMELTREKS IN DER SAHARA

10 Auf einem Dromedar in den Sonnenuntergang zu entschwinden, ist ein netter Tagtraum – doch in der Realität gerät man dabei ganz schön ins Schwanken. Aber keine Sorge: Niemand sieht wirklich elegant aus, wenn er ein aufgezäumtes Kamel besteigt. Und auch wenn man krummbeinig oben hockt, findet man nachts doch instinktiv den Weg auf den Kamm der Dünen. Nie hat man die Sterne klarer gesehen. Das ist kein Wunder, denn der Erg Chigaga, die größte Sandwüste Marokkos ist sehr abgelegen und einen mehrtägigen Kamelritt von der nächsten Straßenlaterne entfernt.

DARIA PETRICHEVA / 500PX ©

FEILSCHEN

Das Feilschen in den Suks sollte man als eine Art Darbietung genießen und nicht als ernsthafte Preisverhandlung auffassen.

TAJINES

Schlichte Terrakotta-Tajines kosten keine 80 Dh und eignen sich für die Zubereitung von Speisen im Ofen oder auf der Herdplatte. Gut und sicher verpacken!

EKATERINA POKROVSKY / SHUTTERSTOCK ©

HAUPTSTADT
Majuro

BEVÖLKERUNG
78831

FLÄCHE
181 km²

AMTSSPRACHEN
Englisch, Marshallesisch

Bikini Lagoon, Bikini Atoll

MARSHALLINSELN

Die verstreute Gruppe schmaler, flacher Korallenatolle ist vom weiten tropischen Meer umgeben. Alles ist erfüllt vom Salz des Wassers und der Luft.

Die Republik Marshallinseln (RMI) besteht aus etwa 1000 schmalen Korallenatollen. Zwischen Lagunen und dem Pazifik leben hier erfahrene Fischer und Seefahrer, die eine enge Beziehung zum Meer pflegen.

Die Geschichte dieses Teils von Mikronesien spiegelt sich in den Gesichtern der Einheimischen: Nach 2000 Jahren Isolation wurden die Inseln ab den späten 1700er-Jahren mal besucht, mal besiedelt, mal besetzt oder gar zur Kolonie gemacht – von Briten, Russen, Deutschen, Japanern und US-Amerikanern (zuerst Missionare, später Soldaten). All diese Einflüsse sind heute auf den stärker erschlossenen Atollen bemerkbar. So gibt's dort gut sortierte Läden mit Lebensmitteln aus aller Welt, Restaurants mit internationaler Küche und Basketballplätze. Umgeben von Blumen leben die Einheimischen bis heute in Großfamilien an den ruhigeren Nebenstraßen.

Highlight des Archipels sind die äußeren Inseln, wo heute noch die Atmosphäre eines einsamen Tropenparadieses herrscht.

Highlights

LAURA

1 Wenn einem der örtliche Alltag zu hektisch wird, empfiehlt sich die reizvolle Fahrt zum Westende des Majuro-Atolls: Die palmgesäumte Straße führt nach Laura, das für seine ruhigen Strände berühmt ist. Deren toller weißer Sand lädt zum Picknicken und Entspannen ein, während ein flaches Riff Schnorcheloptionen bietet.

ARNO-ATOLL

2 Der Bezirk Longar auf Arno ist für seine „Liebesschule" berühmt, in der junge Frauen einst ihre Sexualpraktiken perfektionierten. Die Gewässer vor dem Longar Point sind super für Tiefseeangler: Dort tummeln sich Gelbflossen-Thune, Marline, Fächerfische und Goldmakrelen.

BIKINI-ATOLL

3 Hier explodierte einst die erste Atombombe in Friedenszeiten. Nach der Nukleartestgeschichte ist das Atoll heute aber eines der beliebtesten Tauchreviere Mikronesiens. Zu den Highlights gehört die USS *Saratoga*, die als einziges Flugzeugträgerwrack der Welt für Taucher zugänglich ist. Achtung, Haifans: An den Wracks sind oft Silberspitzenhaie zu sehen.

REISEZEIT

HAUPTSAISON (Dez.–April)

NEBENSAISON (Mai–Nov.)

ESSEN & TRINKEN

Kokosnuss Erfrischend-kühles Kokoswasser lässt die Hitze erträglicher werden.

Palmendieb Die weltgrößte landlebende Krabbenart ist eine lokale Delikatesse.

Früchte des Schraubenbaums Gekocht ein süßer Snack – aber Vorsicht vor dem wolligen Inneren!

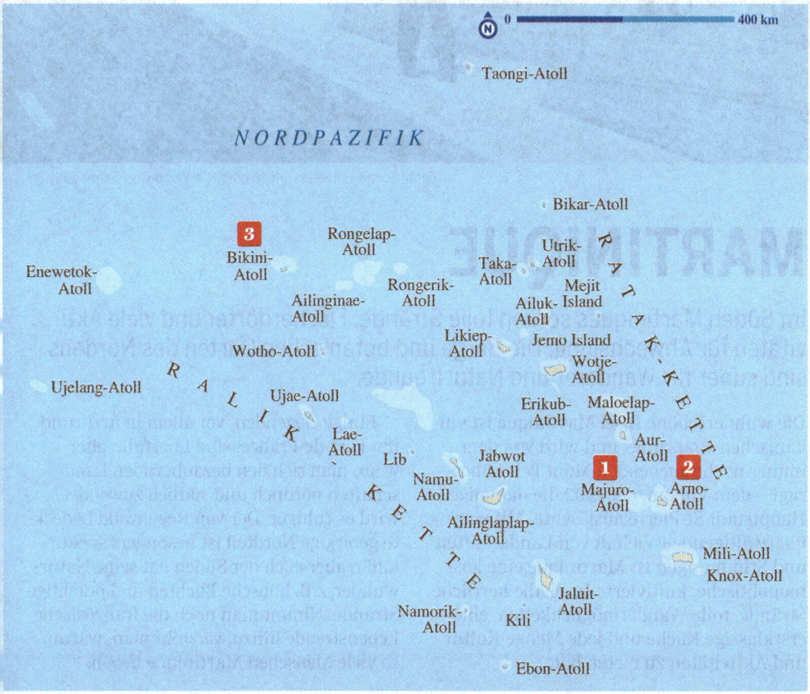

HAUPTSTADT
Fort-de-France

BEVÖLKERUNG
368 783

FLÄCHE
1080 km²

AMTSSPRACHEN
Französisch, Martinique-Kreolisch

Église Sainte-Catherine und traditionelle Wohnhäuser, Grand-Rivière

MARTINIQUE

Im Süden Martiniques sorgen tolle Strände, Fischerdörfer und viele Aktivitäten für Abwechslung. Die Berge und botanischen Gärten des Nordens sind super für Wanderer und Naturfreunde.

Die wunderschöne Insel Martinique ist vulkanischen Ursprungs und wird von dem immer noch rauchenden Mont Pelée überragt – dem Vulkan, der 1902 die damalige Hauptstadt St-Pierre auslöschte. Mit einer überwältigenden Vielfalt von Landschaften und Stimmungen ist Martinique eine kosmopolitische, kultivierte Insel, die herrliche Strände, tolle Wandermöglichkeiten, eine erstklassige Küche und jede Menge Kultur und Aktivitäten zu bieten hat.

Einige Gegenden, vor allem in und rund um Fort-de-France, sind überfüllt, aber wenn man sich den bezaubernden Landschaften nördlich und südlich zuwendet, wird es ruhiger. Der von Regenwald bedeckte gebirgige Nordteil ist besonders spektakulär, aber auch der Süden hat seine Naturwunder, z. B. hübsche Buchten und prächtige Strände. Nimmt man noch die französische Lebensfreude hinzu, versteht man, warum so viele Menschen Martinique lieben.

Highlights

GRANDE ANSE DES SALINES

1 Der riesige, weiche und schimmernde Strand Grande Anse des Salines enttäuscht weder die Badelustigen, die im Meer schwimmen wollen, noch die Sonnenanbeter, die den herrlichen Sand genießen. Die Plage des Salines, zu der der Strandabschnitt gehört, verdankt ihren Namen dem dahinter liegenden Etang des Salines (Salzteich) und liegt ca. 5 km südlich von Ste-Anne an der D9. Food Trucks und Imbisse sorgen fürs leibliche Wohl, doch davon abgesehen ist der Strand ein wunderschönes Stück unberührter Natur.

ROUTE DE LA TRACE

2 Ab Fort-de-France windet sich die Route de la Trace (die auf Karten nüchtern besser als N3 bekannt ist) nordwärts in die Berge hinauf. Die reizvolle Fahrt führt durch üppige Regenwälder mit hohen Baumfarnen, dichten Bambushainen und Hängen voller Flamingoblumen. Dabei rollt man an den Osthängen der vulkanischen Pitons du Carbet entlang. Über mehrere ausgeschilderte, nicht nur für passionierte Wanderer verführerische Pfade geht's von der Route de la Trace aus in den Regenwald hinein und zu den Gipfeln hinauf.

REISEZEIT

HAUPTSAISON
(Dez.–Mai)

NEBENSAISON
(Juni–Nov.)

PRESQU'ÎLE DE CARAVELLE

3 Die wundervolle, wenig besuchte Halbinsel wirkt wild und ursprünglich und hat einige prächtige Strände zu bieten. Eine sanft gewundene Straße mit herrlichem Ausblick führt durch Zuckerrohrfelder zum charmanten Hauptort Tartane und dann weiter zur Baie du Galion. Am Nordufer der Halbinsel gibt es ein paar geschützte Strände; einige sind bei Surfern sehr beliebt. Ange-

sichts mehrerer hervorragender Restaurants und Hotels, einer kolonialzeitlichen Ruine und toller Wandermöglichkeiten überrascht es, dass so wenige Touristen den Weg hierher finden.

GRAND-RIVIÈRE

4 Am nördlichsten Punkt des französischen Überseedepartements versteckt sich Grand-Rivière, ein unberührtes Fischerdorf voller Gebäude aus dem 19. Jh. unterhalb von dschungelbedeckten Küstenklippen. Im Süden ragt der zerklüftete Mont Pelée auf, nach Norden hat man einen wunderbaren Blick auf die Nachbarinsel Dominica, und links und rechts erstrecken sich eindrucksvolle Strände mit schwarzem Sand. Martinique zeigt sich hier von seiner urtümlichsten Seite.

LES ANSES-D'ARLET

5 Das unberührt anmutende Les Anses d'Arlet ist mit seinen prächtigen Landschaften und Stränden zweifellos der bezauberndste Fleck im Süden Martiniques. Die Gemeinde Les Anses d'Arlet besteht aus einer Kette von Dörfern, die jeweils nach der zugehörigen Bucht (*anse*) benannt sind: Grande Anse, Anse Noire, Anse Dufour sowie Anses d'Arlet Bourg, dem Verwaltungszentrum. Die Dörfer sind über eine kurvenreiche Küstenstraße verbunden, von der man einen herrlichen Blick hinunter auf die Wellen hat.

ST-PIERRE

6 Es ist kaum zu glauben, dass St-Pierre einst die kosmopolitischste Stadt in der Karibik war. 1902 wurde die einstige

UNTERWEGS VOR ORT

Die regelmäßig zwischen den wichtigsten Ferienanlagen und Fort-de-France fahrenden *vedettes* (Fähren) sind angesichts der verstopften Straßen eine Alternative zum Auto. Sie sind schneller, und in der Stadt entfällt die lästige Parkplatzsuche.

In der städtischen Region rund um Fort-de-France sind einige größere Busse im Einsatz; in den übrigen Gebieten dienen mit „TC" (*taxi collectif*) markierte Kleintransporter als Busersatz.

6

Hauptstadt der Insel in nur 10 Minuten durch einen Ausbruch des nur 7 km entfernten, massiven und immer noch aktiven Vulkans Mont Pelée vollständig vernichtet. Das heutige St-Pierre ist zwar nur mehr ein Schatten seines früheren Selbst, aber ein attraktiver und interessanter Ort für eine Wanderung – eines der hübschesten Städtchen der Insel mit karibischem Charme sowie einer ruhigen, azurblauen Bucht vor einem mit dunstigem Regenwald bewachsenen Hang. Neben kolonialzeitlichen Gebäuden bietet St-Pierre auch einen schönen dunkelgrauen Sandstrand und herrliche Sonnenuntergänge.

ESSEN & TRINKEN

Acras Diese Häppchen aus Fisch, Seafood oder Gemüse im Backteig mag auf Martinique jeder. Die ebenso guten Varianten mit *acras de morue* (Dorsch) und *crevettes* (Garnelen) sind am weitesten verbreitet.

Blaff Einheimischer Begriff für Weißfisch, der zuerst mariniert (in Limettensaft, Knoblauch, Paprika) und dann pochiert wird. Auch wenn er in der Karibik sehr beliebt ist, ist seine wahre Heimat Martinique.

Crabes farcis Gefüllte und in der Schale gekochte Krabben sind ein örtlicher Klassiker. Die pikante Füllung besteht meist aus Krabbenfleisch, Knoblauch, Schalotten und Petersilie.

Ti-punch Kurz für *petit punch* (kleiner Punsch); dieser starke Cocktail ist der normale *apéro* (Aperitif) auf Martinique. Gemixt wird er aus (viel) Rum, Limettensaft und Zuckerrohrsirup.

JARDIN DE BALATA

7 Der großartige Jardin de Balata ist eine von Martiniques schönsten Sehenswürdigkeiten: Dieser altehrwürdige botanische Garten erfreut jeden, der sich auch nur ansatzweise für Pflanzen interessiert. Der einstündige Rundgang ist gut ausgeschildert; Kindern werden die Baumpfade besonders gefallen. Das Gelände bietet zudem einen traumhaften Blick auf die Küste. Dahinter schlängelt sich die Straße bis auf 600 m Höhe in die Berge hinauf. Dann führt sie steil abwärts zur Site de l'Alma, wo ein Fluss durch eine vegetationsreiche Schlucht rauscht. Obendrein warten dort Picknicktische und ein paar kurze Regenwaldpfade.

7

GUIZIOU FRANCK / GETTY IMAGES ©

DER AUSBRUCH DES MONT PELÉE

Ende der 19. Jhs. war Martiniques damalige Hauptstadt St-Pierre eine florierende Hafenstadt und so kosmopolitisch, dass sie den Spitznamen „kleines Paris der Westindischen Inseln" trug. Dahinter bildete der höchste Inselberg (1397 m) nur eine malerische Kulisse.

Im Frühling 1902 traten am Mont Pelée plötzlich schweflige Gase aus, während sich ein Kratersee aus kochendem Wasser bildete. Die Behörden bewerteten dies als normal, da der Vulkan zuvor nur Perioden harmloser Aktivität gezeigt hatte.

Doch am 8. Mai 1902 kam es zur Katastrophe: Der Mont Pelée explodierte in einer glühenden Wolke aus Gas und brennender Asche. Ganz St-Pierre lag innerhalb von Minuten in Trümmern; nur drei der 30 000 Einwohner überlebten.

HAUPTSTADT
Nouakchott

BEVÖLKERUNG
4,0 Mio.

FLÄCHE
1030700 km²

AMTSSPRACHEN
Arabisch, Hassania
Französisch, Pulaar,
Soninke, Wolof

Sanddünen, Adrar

MAURETANIEN

Bei der Fahrt durch die Weiten Mauretaniens würde man sich kaum wundern, wenn ein Fahrzeug aus Mad Max am Horizont zu sehen wäre. Aber der Ziegenhirt mit seinem Turban erzählt eine andere Geschichte, die vom Überleben in einem Land handelt, das von uralten geologischen Kräften geprägt ist.

Mauretanien ist ein Land mit einer Bevölkerungsdichte, die zu den niedrigsten weltweit zählt. Die Bevölkerung besteht fast zu gleichen Teilen aus Mauren arabisch-berberischer Abkunft und aus Schwarzafrikanern. Diese kulturelle Kombination trägt zum besonderen Reiz des Landes bei.

Mauretanien hat zweifellos einige der eindrucksvollsten Naturlandschaften des afrikanischen Kontinents zu bieten und mit der expandierenden Hauptstadt Nouakchott fasst die Moderne Fuß in der Wüste.

Die Region Adrar punktet mit riesigen Dünen, großartigen Plateaus, Oasen und Afrikas größtem Monolithen. Ähnlich sieht es in Tagant aus. In beiden Regionen liegen mit Chinguetti, Ouadane und Oualata alte (zum UNESCO-Welterbe zählende) Karawanenstädte. Leider aber ist das mauretanische Hinterland derzeit für Traveller nicht sicher.

Highlights

PARC NATIONAL DU BANC D'ARGUIN

1 Die Welterbestätte ist ein wichtiges Rast- und Brutgebiet für Zugvögel, die zwischen Europa und dem südlichen Afrika pendeln, und daher afrikaweit einer der besten Orte zur Vogelbeobachtung. Der Park erstreckt sich über ein Gebiet 200 km nördlich von Cap Timiris bis 235 km südlich von Nouadhibou.

RÉSERVE SATELLITE DU CAP BLANC

2 Das kleine Naturschutzgebiet birgt eine Kolonie der bedrohten Mittelmeer-Mönchsrobbe. Die grauen, an Seeelefanten erinnernden Tiere wurden seit dem 15. Jh. wegen ihrer Häute und zur Ölgewinnung gejagt. Die hiesige Kolonie mit ca. 150 Tieren ist eine der letzten auf Erden – weltweit leben heute weniger als 500 Tiere dieser Art.

PORT DE PÊCHE

3 Der Port de Pêche ist Nouakchotts Hauptattraktion. An der Küste bietet sich ein farbenfrohes Bild, wenn Hunderte von Bootsbesatzungen, die vor allem den Volksgruppen der Wolof und Fulbe angehören, die schweren Netze einholen. Kleine Jungen nehmen die Fische aus und dörren sie auf Gestellen.

REISEZEIT

Nov.–März

April–Juni, Okt.

Juli–Sept.

ESSEN & TRINKEN

Mafé Ein Eintopf mit Erdnüssen.

Méchoui Festessen der Nomaden, bei dem ein ganzes, mit Reis gefülltes Lamm über dem offenen Feuer geröstet wird.

Thieboudiene (ceebu jën) Fisch mit Reis – weiß (ohne) oder rot (mit Tomatensauce).

Zrig Ungesüßte Sauermilch von Ziege oder Kamel.

Le Morne Peninsula

HAUPTSTADT
Port Louis

BEVÖLKERUNG
1,3 Mio.

FLÄCHE
2040 km²

AMTSSPRACHEN
Englisch, Französisch (Kreol ist aber ebenfalls weit verbreitet)

MAURITIUS

Mark Twain schrieb einmal: „Zuerst wurde Mauritius geschaffen und danach der Himmel als eine Kopie von Mauritius." Er hatte recht.

Mauritius ist zu Recht berühmt für sein saphirblaues Wasser, die Strände mit puderigem, weißen Sand und Luxusresorts mit Blick auf den Indischen Ozean. Es gibt Unterkünfte von äußerster Eleganz und makellosem Service, mit von Designern gestalteten Zimmern, erstklassigen Spas, traumhaften Pools, Wassersporteinrichtungen aller Art und Restaurants von Weltklasse. An den Aufenthalt hier wird man sich lange erinnern und nur bedauern, dass man nicht länger bleiben kann.

Was soll man nur tun? Den ganzen Tag am Strand liegen? Oder möglichst viele Angebote nutzen? So oder so wird man auf seine Kosten kommen, und es gibt fast nichts, was man auf dem Wasser nicht machen könnte. Da Mauritius von flachen Gewässern umgeben ist, gibt es sehr gute Tauch- und Schnorchelstellen, ein Korallenriff, herrliche Unterwasserlandschaften und eine spektakuläre Abbruchkante zum Ozean. An Land locken fabelhafte Wanderstrecken, Ausritte und tolle Golfplätze.

Highlights

TAUCHEN VOR DER WESTKÜSTE

1 Vor der Westküste von Mauritius warten ein paar der besten Tauchreviere des Indischen Ozeans. Erstklassig ist vor allem die Unterwasserwelt von Flic en Flac mit großen Fischschwärmen und wunderbaren Felsformationen wie La Cathédrale. Zu den schönsten Spots zählen außerdem die Wände und Kanten am Rand der türkisfarbenen Lagune.

KÜSTENWEG AUF RODRIGUES

2 Der Küstenweg an der Ostküste der Insel Rodrigues zwischen Graviers und Saint François gehört zu den schönsten Wanderstrecken am Indischen Ozean. In diesem Teil der Insel gibt es keine Straßen, dafür aber den verlockenden Strand Trou d'Argent, der zu den schönsten des Landes zählt. Am Ende des Wegs (bzw. am Anfang, je nachdem, wo man startet) finden sich in Saint François ein paar nette, zwanglose Restaurants und ein beschaulicher Strand.

BLACK RIVER GORGES NATIONAL PARK

3 Der Black River Gorges National Park gehört zu den am häufigsten unterschätzten Attraktionen auf Mauritius, umfasst aber die schönsten Landschaften der Insel. Gut gepflegte, klar markierte Wanderwege führen über bewaldete Hügel zu schwindelerregenden Wasserfällen und tiefen Schluchten, wo man die eine oder andere für Mauritius typische Vogelart beobachten kann, während hoch in der Luft auffällige

▼ REISEZEIT

HAUPTSAISON
(Dez.–Feb.)

ZWISCHENSAISON
(März–April & Okt.–Nov.)

NEBENSAISON
(Mai–Sept.)

Weißschwanz-Tropikvögel und vielleicht auch einer der gefährdeten Mauritiusfalken kreist. Wer keine Lust zum Wandern hat, kann auf einer guten Straße durch den Park zu einigen hübschen Aussichtspunkten fahren.

CHAMAREL

4 Hoch in den Hügeln, die spektakulär an der Westküste aufragen, entwickelt sich das Gebirgsdorf Chamarel ganz allmählich zu einem kulinarischen Ausflugsziel. An der Straße, die durch den Ort hindurch führt, und zunehmend auch an dem steilen Anstieg hinauf zum Black River Gorges National Park finden sich Restaurants aller Art, von zwanglos-entspannten Familienbetrieben bis hin zu wirklich eleganten Etablissements, die sich hier vor der Außenwelt zu verstecken scheinen.

ÎLE AUX AIGRETTES

5 Die vor der wunderschönen Südostküste liegende Île aux Aigrettes ist einer der Orte, wo der Lauf der Zeit umgekehrt wurde. Dank des uralten Ebenholzwaldes und umfangreicher Programme zum Schutz von Tierarten, die vor gar nicht so langer Zeit auf dem Festland kurz vor der Ausrottung standen, fühlt man sich in die Zeit vor der Ankunft der ersten niederländischen Segelschiffe (1598) zurückversetzt.

RODRIGUES

6 Auf der Insel Rodrigues (580 km östlich der Hauptinsel) verläuft das Leben in einem anderen Rhythmus. Vom geschäftigen Samstagsmarkt in Port Mathurin bis zu Bootsausflügen gibt's auf der Insel zwar durchaus einiges zu sehen und zu tun, aber die

UNTERWEGS VOR ORT

Private Veranstalter bieten Kreuzfahrten zu vorgelagerten Inseln sowie Schnorchel- und Angelausflüge.

Busfahrten sind billig und angenehm. Die Busse sind eher langsam, bringen einen aber bequem und verlässlich auf der Insel herum.

Mit einem Mietwagen erreicht man fast jeden Punkt der Insel in weniger als 90 Minuten.

6

überall auf der Insel zu findenden ruhigen *chambres d'hôte* (familiengeführten Pensionen) mit den abendlichen *tables d'hôte* sind ganz besonders beliebt. La Belle Rodriguaise ist ein gutes Beispiel: Die Pension liegt hinter dem Ende der asphaltierten Straße. Hier lässt man die Welt und ihren Lärm hinter sich.

EUREKA PLANTATION MANSION

7 Ein Ausflug nach Eureka, dem wohl schönsten erhaltenen Pflanzer-Anwesen auf Mauritius, ist eine der besten Optionen im Bereich des Zentralplateaus. Das Herrenhaus liegt in der kühleren Region Moka und scheint in Backstein und Mörtel den ganzen lässigen Charme des Insellebens einzufangen. Wem es hier gefällt, der kann ein Essen im hübschen Restaurant genießen und in der *chambre d'hôte* übernachten.

STRÄNDE AN DER OSTKÜSTE

8 In Mauritius gilt die Regel, dass dort, wo sich Luxusresorts ballen, mit Sicherheit auch ein schöner Strand liegt. Das gilt vor allem für die Ostküste mit ihren langen, unglaublich schönen und oft einsamen Stränden. Ganz besonders attraktiv sind die Strände um Pointe Lafayette, das so weit vom Getümmel entfernt ist, dass man sich in einem unentdeckten Tropenparadies wähnen könnte. Natürlich gibt's auch hier Resorts, aber sie sind nur Punkte in dieser herrlichen, ansonsten unberührten Gegend.

KLETR / SHUTTERSTOCK ©

ESSEN & TRINKEN

Fleisch Auf Mauritius gibt's mitunter tolle Steaks (vor allem aus Südafrika); die typischen kreolischen Würstchen werden oft in roter Sauce gekocht.

Seafood Hauptelement der Inselküchen mit *crevettes* (Garnelen) und *ourite* (Tintenfisch) als Highlights; letzterer wird in Salaten oder Currys und in Safran gekocht serviert. Der Fisch des Tages ist fast immer eine gute Wahl.

Straßensnacks Hervorragend: *dhal puri* (Linsen-Dhal in *chapati*-Pfannkuchen) und *boulettes* (gedämpfte Miniklöße auf chinesische Art).

Table d'hôte Restaurant-Pendant zu familiengeführten Pensionen, wo traditionelle Gänge am Gemeinschaftstisch serviert werden. Wer das verpasst, lässt einen wichtigen Teil der Inselkultur aus.

AUSGESTORBENE DODOS

Die Logbücher der ersten Schiffe, die Mauritius erreichten, erwähnen flugunfähige Riesenvögel: Auf Zeichnungen rennen Hunderte von ihnen zum Strand, um die Neuankömmlinge in Augenschein zu nehmen. Die feisten Verwandten der Tauben hatten auf der Insel keine natürlichen Feinde, daher konnten die Seeleute sie leicht erlegen und nannten sie daraufhin *dodo* (dumm). Auch durch Haustiere und Seuchen waren die Vögel nur 30 Jahre später ausgerottet – die letzte Sichtung fand in den 1660er-Jahren statt.

1865 fand der Lehrer George Clark ein Dodo-Skelett in einem Sumpfgebiet, das heute dem Flughafen gewichen ist. Das Gerippe wurde von Wissenschaftlern zusammengesetzt und ist die Basis für alle späteren Dodo-Rekonstruktionen. Eine davon ist im Natural History Museum in Port Louis ausgestellt.

HAUPTSTADT
Skopje

BEVÖLKERUNG
2,1 Mio.

FLÄCHE
25 713 km²

AMTSSPRACHEN
Mazedonisch, Albanisch

Sveti Jovan Kaneo, Ohrid

MAZEDONIEN

Der mediterran anmutende Balkanstaat Mazedonien, der seit 2019 Republik Nordmazedonien heißt, hat eine griechisch, römisch und osmanisch geprägte Vergangenheit und eine vielschichtige nationale Identität.

Der glitzernde Ohridsee und die an seinem Ufer gelegene historische Stadt Ohrid haben Mazedonien einen Platz auf der touristischen Landkarte verschafft, aber das kleine Land hat weit mehr zu bieten. Skopje ist dank eines staatlichen Bauprogramms mit Denkmälern, Museen und Brunnen gesegnet und ist die vielleicht unterhaltsamste Hauptstadt auf dem Balkan, in der alte Geschichte und topaktuelle Modernität aufeinanderprallen.

Das übrige Mazedonien ist toll für Abenteuerlustige. Die touristische Infrastruktur ist dürftig, aber die Einheimischen sind stets hilfsbereit. Überall ragen Berge auf, und die Wanderwege sind ruhig. Die Nationalparks Mavrovo, Galičica und Pelister haben ausgezeichnete Initiativen für kulinarischen und kulturellen Tourismus – diese Regionen werden leider noch viel zu wenig beachtet. Wer in Europa die ausgetretenen Pfade verlassen will, ist hier genau richtig.

Highlights

SVETI JOVAN KANEO

1 Wie aus dem Bilderbuch wirkt diese wunderhübsche Szenerie: Oberhalb von Ohrid und dem gleichnamigen See steht die kleine Kirche des Heiligen Johannes von Kaneo auf einem Felsen. Das Gotteshaus aus dem 13. Jh. ist das Prunkstück von Mazedoniens bedeutendster historischer Stadt und das wohl am häufigsten fotografierte Gebäude des Landes. Wer von hier aus auf das Wasser hinunterblickt, wird begreifen, warum mittelalterliche Mönche an diesem Ort spirituelle Inspiration fanden. Die Fresken hinter dem Altar sind Originale.

SKOPJE

2 Skopje gehört zu Europas kleinsten, aber unterhaltsamsten und vielfältigsten Hauptstädten. In den letzten Jahren haben umfassende staatliche Baumaßnahmen vor Ort für einigen Diskussionsstoff gesorgt. Trotzdem prägen zahllose Statuen, Brücken, Museen und andere Gebäude aus früheren Zeiten immer noch das sich wandelnde Stadtbild – und die Kameras der Besucher klicken. Zu den osmanischen und byzantinischen Highlights gehören z. B. die Kameni Most (Steinbrücke) aus dem 15. Jh., der Čaršija (alter türkischer Basar) oder die Kirche Sveti Spas mit ihrer von Hand geschnitzten Ikonenwand. Bars, Clubs und Galerien bescheren Skopje zudem eine moderne Kultur.

PELISTER-NATIONALPARK

3 In diesem unterschätzten Nationalpark kann man sich bei kulinarisch orientierten dörflichen Tourismusinitiativen satt essen

REISEZEIT

HAUPTSAISON
(Juni–Aug.)

ZWISCHENSAISON
(März–Mai, Sept.–Nov.)

NEBENSAISON
(Dez.–Feb.)

und am nächsten Tag den Park erkunden. Der 1948 gegründete Nationalpark ist der älteste Mazedoniens und umfasst 125 km² im dritthöchsten Gebirgszug des Landes, dem von Quarz bestimmten Baba-Gebirge mit acht Gipfeln über 2000 m, darunter als höchsten der Pelister (2601 m). Zwei Gletscherseen, die „Augen des Pelister", liegen auf dem Gipfel. Die Wanderung hierhin und auf den Pelister gehört zu den Reisehöhepunkten.

GOLEM GRAD

4 Die Insel im Großen Prespasee war einst die Sommerresidenz des Zaren Samuil; heute ist sie ein Refugium für Schildkröten, Kormorane, Pelikane und vielleicht einige Geister. Auf der Insel bestand vom 4. Jh. v. Chr. bis ins 6. Jh. n. Chr. eine Siedlung; während des Mittelalters gab es ein Kloster. Die Ruinen, die Vogelwelt und die fremdartige Schönheit sind eine Erkundung wert.

TIKVEŠ

5 In Tikveš, Mazedoniens wichtigstem Weinbaugebiet, wird Wein schon seit dem 4. Jh. v. Chr. angebaut. Unter osmanischer Herrschaft wurde der Weinbau unterdrückt und erst in den letzten 30 Jahren in größerem Stil wieder aufgenommen. Die Region profitiert von 300 Sonnentagen im Jahr und bietet alles, was man bei diesem Gewerbezweig erwartet: Weinberge, staubige Landstädte, Seen, Schluchten und Kirchen. Hauptattraktion ist das Weingut Popova Kula mit Hotel und Lokal – eine wundervolle Basis, um die Gegend zu erkunden.

▼ UNTERWEGS VOR ORT

Es praktisch unmöglich, einen Mietwagen mit Automatikschaltung zu bekommen.

Von Skopje aus erreicht man die meisten Ziele im Inland. Die größeren Busse sind neu und haben Klimaanlagen, dies gilt jedoch nicht für *kombis* (Minibusse).

Die Inlandszüge sind verlässlich, aber langsam.

FILIP VIRANOVSKI / GETTY IMAGES ©

KLOSTER SVETI JOVAN BIGORSKI

6 Das ehrwürdige, 1020 gegründete orthodoxe Kloster liegt an einem steilen Serpentinenweg an einem Berghang abseits der Straße nach Debar und nahe dem Dorf Janče. Der Legende nach erschien hier auf wundersame Weise eine Ikone des Täufers Johannes (Sveti Jovan Bigorski); seither wurde das Kloster mehrfach wieder aufgebaut, und auch die Ikone soll gelegentlich erneut erschienen sein. Unter kommunistischer Herrschaft verfiel der Komplex, wurde dann aber sorgsam rekonstruiert und erstrahlt heute in altem Glanz. Vom Kloster hat man einen herrlichen Blick über die Berge des Mavrovo-Nationalparks.

HERAKLEIA LYNKESTIS

7 Rund 1 km südlich von Bitola liegt eine von Mazedoniens interessantesten archäologischen Stätten: Nach seiner Gründung durch Philipp II. von Makedonien war Herakleia Lynkestis bis zur römischen Eroberung (168 v. Chr.) ein wichtiges Handelszentrum. Während der Zeit als Bischofssitz (ab dem 4. Jh.) plünderten Goten und Slawen die Stadt. Heute kann man ein Bad, einen Säulengang, ein Amphitheater und eine frühchristliche Basilika besichtigen. Gut erhaltene Bodenmosaiken mit Bäumen und Tieren zieren die Ruinen des Bischofspalasts.

OLLIRG / GETTY IMAGES ©

▾ ESSEN & TRINKEN

Ajvar Süße Sauce aus roten Paprika; passt zu Käse oder Fleisch.

Bekonegs Sparversion von „Eiern mit Speck"; nicht unbedingt sehr traditionell, aber auf vielen Frühstückskarten zu finden.

Rakija Traubenschnaps, der sich gut zum Zuprosten, Fensterputzen und zur Wunddesinfektion eignet.

Skopsko und Dab Mazedoniens beliebteste (Lager-) Biere.

Šopska salata Tomaten, Zwiebeln und Gurken, garniert mit lockerem *sirenje* (Weißkäse).

Uviač Röllchen aus Hühner- oder Schweinefleisch, in Speck gewickelt und mit gelbem Schmelzkäse gefüllt.

Vranec und Temjanika Mazedoniens beliebtester Rot- bzw. Weißwein.

▾ DER OHRIDSEE

Die im Ohridsee endemische Ohridforelle *(Salmo letnica)* ist eine bedrohte Art, und das Fischen im See ist verboten. Die Einheimischen beachten das Verbot inzwischen, und die Forelle wird heute zum Verzehr in Fischfarmen gezüchtet.

Die wachsende Beliebtheit des Sees als Touristenziel besorgt inzwischen die Naturschützer: Es gibt Pläne zur Anlage einer Marina, künstlicher mediterraner Strände und zur Trockenlegung eines wichtigen Sumpfgebiets, das als ein natürlicher Filter für den See fungiert und auf dem neue Apartments entstehen sollen. 2015 wurde dagegen die Initiative Ohrid SOS gegründet. Der Versuch, eine Balance zwischen Wirtschaftsinteressen und den Belangen des Naturschutzes zu finden, blieb bisher ergebnislos.

HAUPTSTADT
Mexico City

BEVÖLKERUNG
130,2 Mio.

FLÄCHE
1,9 Mio. km²

AMTSSPRACHE
Spanisch

Fiesta am Día de la Virgen de Guadalupe, Oaxaca

MEXIKO

Mit dampfenden Dschungeln, rauchenden, schneebedeckten Vulkanen, Wüsten voller Kakteen und einer 10 000 km langen Küste verspricht Mexiko unaufhörliche Abenteuer für alle Sinne.

Die präkolumbischen Kulturen Mexikos hinterließen großartige Monumente, und während der spanischen Kolonialzeit entstanden schöne Städte mit baumbestandenen Plazas und Steinkirchen. In der Moderne entstand in Mexiko eine bedeutende Kunstszene. Das Land hat eine faszinierende Geschichte und eine unbändige Kreativität, die sich in den Underground-Tanzclubs und der Straßenkunst von Mexico City genauso zeigt wie im Kunsthandwerk der indigenen Bevölkerung.

Im Mittelpunkt eines Mexiko-Erlebnisses stehen immer die Menschen. Die bunt zusammengesetzte Bevölkerung – von den Hipstern in Mexico City bis zu den indigenen Dorfbewohnern in Chiapas – eint die Begeisterung für bunte Farben und Fiestas. Dabei sind die Leute aber auch einfühlsam, und *simpatía* (Empathie) steht höher im Kurs als das strikte Einhalten von Zeitplänen. Die Mexikaner sind höflich, charmant und Gästen ihres Landes gegenüber freundlich.

Highlights

PALENQUE

1 In Palenque, wo sich Pyramiden aus dem Dschungel erheben, kann man mit allen Sinnen in die antike Welt der Maya eintauchen. Man bewundert das Grab und den Sarkophag der rätselhaften „Roten Königin", wandert durch das Labyrinth des El Palacio, schaut zum eindrucksvollen Turm hinauf und schreitet die Steintreppe des Tempels der Inschriften hinauf zum Mausoleum Pakals (Palenques mächtigstem Herrscher), um sich von oben einen Überblick über das Ausmaß der Ruinen zu verschaffen.

MEXICO CITY

2 Mexico City ist seit Langem die politische Hauptstadt des Landes, steht aber auch an der Spitze der Kulturszene. Viele der führenden Muralisten des Landes schufen hier ihre wichtigsten Werke, so Diego Rivera seine Wandbilder im Palacio Nacional und José Clemente Orozco seine sozialkritischen Bilder im Palacio de Bellas Artes. Kunst, Musik und Theater sind überall anzutreffen – selbst eine Gondelfahrt auf den antiken Kanälen von Xochimilco wäre ohne eine feurige Mariachi-Ballade nicht komplett.

OAXACA DE JUÁREZ

3 Die eigenwillige Stadt im Süden badet im Licht des Hochlands und verzaubert alle mit ihrer köstlichen Küche, prächtigem Kunsthandwerk, farbenfrohen Fiestas, kolonialzeitlichen Bauten, einer boomenden Kunstszene und feinem Mezcal. Die Stadt liegt zudem in der Nähe der antiken Zapoteken-Hauptstadt Monte Albán, von Dutzenden indigenen Kunsthandwerkerdörfern und der kühlen bewaldeten Hügel der Sierra Norte, in denen man prima wandern, mountainbiken und reiten kann.

1

LMSPENCER / SHUTTERSTOCK ©

PYRAMIDEN VON TEOTIHUACÁN

4 Teotihuacán gehörte einst zu den prachtvollsten Städten Mesoamerikas und liegt nur etwas mehr als eine Stunde außerhalb von Mexico City. Die Pirámide del Sol (Pyramide der Sonne) und die Pirámide de la Luna (Pyramide des Mondes) dominieren die Überreste der Metropole, die noch Jahrhunderte nach ihrem Untergang im 8. Jh. n. Chr. ein Pilgerziel des aztekischen Adels war. Heute wollen viele Besucher die mystischen Energien spüren, die hier angeblich zusammenkommen.

San Diego
Tijuana
Mexicali
Tucson
Las Cruces
Nogales
Ciudad Juárez
San Felipe
San Quintin
Yaqui
Hermosillo
Punta Prieta
Guerrero Negro
Santa Rosalia
Guaymas
Ojinaga
Chihuahua
Delicias
Ciudad Camargo
Los Mochis
Culiacan
La Paz
Durango
La Cruz
11 Cabo Pulmo
Cabo San Lucas
Mazatlan
USA
Pecos
Del Rio
Ft. Worth
Dallas
Waco
Austin
San Antonio
Houston
Tuscaloosa
Jackson
Montgomery
Baton Rouge
New Orleans
Laredo
Rio Grande
Monclova
Monterrey
Torreon
Saltillo
Linares
Matamoros
San Fernando
Cuencame
Matehuala
Ciudad Victoria
Fresnillo
Zacatecas
9
San Luis Potosi
Tampico
Aguascalientes
Tepic
Tamazunchale
Tuxpam
Guanajuato
Queretaro
Poza Rica de Hidalgo
Puerto Vallarta
Guadalajara
MEXICO CITY
Pachuca
10
4
Morelia
2
Puebla
Veracruz
Manzanillo
Colima
Tecoman
Cuernavaca
Ciudad Altamirano
Tehuacan
Coatzacoalcos
Petatlan
Oaxaca
3
Acapulco
Ometepec
Puerto Escondido
8
Pochutla
Mérida
5
Cancun
7
Cozume
Tulum
Campeche
Ciudad del Carmen
Chetumal
Villahermosa
1
Tuxtla Gutierrez
6
San Cristóbal
BELMOPAN
BELIZE
Pijijiapan
GUATEMALA
Tapachula
HONDURAS
TEGUCIGALPA
GUATEMALA
N
0
500 km

TOP-FILME

Amores Perros (2000) Mutiger Meilenstein, mit dem Regisseur Alejandro González Iñárritu und Schauspieler Gael García Bernal berühmt wurden.

Y Tu Mamá También (2001) Roadmovie übers Erwachsenwerden, das von zwei Teenagern aus Mexico City handelt.

Heli (2013) Die Geschichte eines Paars in den Wirren des Drogenkriegs brachte Amat Escalante in Cannes den Regiepreis ein.

ESSEN & TRINKEN

Elotes Frisch gedünstete oder gegrillte Maiskolben; meist mit Mayonnaise bestrichen und oft mit Chilipulver bestreut.

Enchiladas Leicht frittierte Tortillas; mit Käse, Ei oder Hühnerfleisch gefüllt und mit Chilisauce übergossen.

Quesadillas Tortilla-Taschen mit Käse und/oder anderem gefüllt.

Tacos Klassiker, bei dem eine beliebige Art von gekochtem Fleisch, Fisch oder Gemüse in eine Tortilla gewickelt wird; zum Verfeinern dienen Salsa, Zwiebeln und Koriander.

Tamales Teigmix aus Maismehl und Schweineschmalz, der mit gedünstetem Fleisch, Fisch oder Gemüse gefüllt und im Mais- oder Bananenblatt gegart wird.

Tequila Mexikos Champagner.

MÉRIDA

5 Die kulturelle Hauptstadt der Halbinsel Yucatán ist eine große, aber zu bewältigende Stadt mit einem schönen kolonialzeitlichen Kern mit schmalen, kopfsteingepflasterten Straßen, sonnigen Plazas, vielen Museen und Galerien und einer Küche, die zu den besten in der Region zählt. Gleich außerhalb der Stadt finden sich Naturschutzgebiete, Haziendas und von Dschungel umgebene Cenoten (Dolinen), in denen man baden kann. Etwas weiter draußen liegen an der Ruta Puuc wenig besuchte Maya-Stätten.

SAN CRISTÓBAL

6 Einen Bummel lohnen die Straßen der hochgelegenen kolonialzeitlichen Stadt San Cristóbal de las Casas im Zentrum des von indigener Bevölkerung geprägten Bundesstaats. Die Stadt bietet einen Mix aus Moderne, kosmopolitischen Cafés und Maya-Kultur und ist zudem ein Sprungbrett zu den Attraktionen von Chiapas und zu Tzotzil- und Tzeltal-Dörfern. An sonnigen Tagen erkundet man die Kirchen und Märkte, an kühlen Abenden wärmt man sich am Kamin einer gemütlichen Schenke.

CHICHÉN ITZÁ

7 Es hat schon seinen guten Grund, dass diese Maya-Stätte zu einem der Sieben Neuen Weltwunder erklärt wurde: sie ist schlicht spektakulär. Von der imposanten Pyramide El Castillo (wo zur Frühjahrs- und Herbst-Tagundnachtgleiche der Schatten des gefiederten Schlangengotts Kukulcán über die Treppenstufen kriecht)

REISEZEIT

HAUPTSAISON
(Dez.–April)
Trockenste Monate – die Besucher wollen dem Winter zu Hause entfliehen.

ZWISCHENSAISON
(Juli–Aug.)
Fast überall ist es heiß und an der Pazifikküste zudem extrem feucht.

NEBENSAISON
(Mai–Juni & Sept.–Nov.)
Im Mai und Juni erreichen die Temperaturen vielerorts Spitzenwerte. Im September regnet es an der Golf- und Pazifikküste stark.

GROSSE ARTENVIELFALT

Mexiko gehört zu den fünf Ländern mit der größten Artenvielfalt weltweit: hier gibt es ca. 1100 Vogelarten, über 500 Säugetier-, über 1200 Amphibien- und Reptilienarten, über 5000 Schalentier-, ca. 2000 Schmetterlingsarten und über 25 000 Pflanzenspezies.

VIVE LATINO

Vive Latino (www.vivelatino.com.mx), ein Festival im Foro Sol in Mexico City (März oder April), gehört zu den weltweit größten Events mit rock en español (Rock in Spanisch).

▼ TAG DER TOTEN

Nur wenige Festivals verraten mehr über Mexikos Spiritualität als der Día de Muertos (Tag der Toten), an dem Anfang November Verstorbenen gedacht wird. Dann werden überall Gräber geputzt und geschmückt. Zudem wachen die Mexikaner nachts auf den Friedhöfen, besprengen die Gräber mit Alkohol (auch die Toten feiern gern!) und errichten Altäre, um ihre Angehörigen mit ihrem Lieblingsessen wieder in ihren Kreis aufzunehmen. Die meisten Mestizen (Menschen mit indigenen und europäischen Wurzeln) betrachten das Ganze als Volks- bzw. Familienfest.

Überall werden Zuckerschädel, Schokosärge und Spielzeugskelette verkauft, die als Friedhofsschmuck und Geschenke für Kinder dienen. Diese Tradition beruht vor allem auf den Werken von José Guadalupe Posada (1852–1913): Er ist für seine satirischen Darstellungen eines Sensenmanns berühmt, der fröhlich Alltagsgeschäften nachgeht, tanzt, bechert, flirtet und zu Pferd in die Schlacht reitet.

über den heiligen Cenote Sagrado bis hin zum sonderbar gestalteten El Caracol ist das Erbe der Maya-Astronomen und -Baumeister hinreißend.

KÜSTE VON OAXACA

8 Oaxacas schöne, wenig erschlossene Pazifikküste hat alles für einen wunderbaren Urlaub am Meer. Lange goldene Strände und Lagunen säumen die nahezu einsame, 550 km lange Küste. Nach ein paar Tagen ist man so entspannt, dass man es kaum noch schafft, die Heimreise anzutreten. Highlights sind Puerto Escondido, ein Fischerhafen und Surfermekka, das Resort Bahías de Huatulco und die noch relaxteren Orte Zipolite, San Agustinillo und Mazunte. Man döst, genießt das Essen und trinkt in munteren Strandbars. Wenn der Aktivitätsdrang zurückkommt, geht man eine Runde schwimmen, surfen oder schnorcheln oder steigt in ein Boot, um Schildkröten, Delfine, Wale, Krokodile oder Vögel zu beobachten.

HUASTECA POTOSINA, SAN LUIS POTOSÍ

9 Die üppig grüne Huasteca Potosina, der im Bundesstaat San Luis Potosí gelegene Teil der Region Huasteca, bietet Ruinen, faszinierende Höhlenerkundungen und Aktivitäten auf dem Wasser. Man kann in mehreren Flüssen baden, Boot fahren und Wasserfälle bestaunen. Die Türkis-, Blau- und Grüntöne der Landschaft sind so satt wie auf einem nachkolorierten Bild. In der Region ist die huaxtekische Kultur stark vertreten. Unbedingt probieren sollte man ein *zacahuil*, ein gehaltvolles Tamale. In der Region liegt auch der surrealistische Garten Las Pozas mit gigantischen, skurrilen, daliesken Skulpturen.

VOLCÁN PARICUTÍN

10 Als Vulkan steckt der Paricutín noch im Kindergarten. Erst 1943 brach er in einem Maisfeld in Michoacán aus dem Boden und ist damit einer der jüngsten Vulkane auf Erden. Sein Lebenszyklus wird von Wissenschaftlern gründlich studiert. Wunderbarerweise lässt sich der Paricutín recht leicht besteigen. Einige klettern von Fels zu Fels über öde Lavafelder, andere reiten durch den heißen schwarzen Sand und steigen erst für den letzten Aufstieg zum Gipfel ab. Vom Gipfel aus kann man dann dieses geologische Wunder gebührend bestaunen.

CABO PULMO

11 Der Zauber des alten Baja lässt sich bei einem Besuch der nahezu unerschlossenen Ostküste wiederentdecken. Hier finden sich vor Cabo Pulmo erstklassige Tauchspots, das einzige Korallenriff an der Westküste Nordamerikas und eines der größten (71 km²) und erfolgreichsten Meeresschutzgebiete des Planeten. Im Meer erwarten einen Büsche aus schwarzen Korallen und Schwärme von Drückerfischen, Gelbflossen-Thuns und Schnappern. Je nach Jahreszeit und Strömung lassen sich mit etwas Glück auch Hammerhaie, gewaltige Mantarochen und Walhaie entdecken.

LEONARDO GONZALEZ / SHUTTERSTOCK ©

▼ UNTERWEGS VOR ORT

Inlandsflüge führen zu über 60 Großstädten und sind eine lohnenswerte Option für Langstreckenreisen. Je nach Fluglinie und Buchungszeitpunkt variieren die Preise sehr stark.

Das leistungsfähige, komfortable und recht günstige Busnetz ist in den meisten Fällen die beste Wahl für Reisen durch Mexiko (in der 1. Klasse ca. 1,10 Mex$/km bei etwa 75 km/Std.). Hauptrouten werden regelmäßig bedient.

Autos sind eine praktische Option mit maximaler Freiheit. Auf Mexikos meist recht brauchbaren Straßen wird allgemein langsamer gefahren als in Europa oder den USA.

HAUPTSTADT
Palikir

BEVÖLKERUNG
101675

FLÄCHE
702 km²

AMTSSPRACHEN
Englisch und sechs Landessprachen

Traditionelles Haus mit Steingeld an der Fassade, Insel Yap

MIKRONESIEN

Kosrae, Pohnpei, Chuuk und Yap sind vier einzigartige Kleinstaaten mit jeweils ureigener Kultur, Tradition und Identität. Sie sind so farbenfroh und facettenreich wie ihre zahllosen Korallenriffe.

Die vier Republiken sind zusammen als Föderierte Staaten von Mikronesien (FSM) bekannt, haben aber sonst kaum etwas gemein. Traveller, die in kurzer Zeit viel Neues kennenlernen wollen, sind also goldrichtig.

Kosrae ist ein pazifisches Paradies und wohl das schönste Eiland Mikronesiens. Frömmigkeit und Lockerheit finden hier Ausdruck im Gottesdienst mit Gesang und Tanz.

Auf Pohnpei warten Ruinen und herrliche Landschaft. Es gibt ein Clansystem.

Chuuk ist für Wracktauchspots bekannt und gewöhnt sich gerade erst an den Tourismus. So haben sich seine Einwohner bislang ihren unverfälschten Charakter bewahrt.

Yap ist durch und durch traditionell: Architektur, Bräuche und Religion haben sich hier noch nicht verändert. So benutzen die Einheimischen beispielsweise immer noch gigantische Geldstücke aus Stein – ein faszinierender Ort.

Highlights

RUINEN VON LELU

1 Auf der Insel Lelu wurde im 13. und 14. Jh. eine massive Festung für die Herrscher der Insel Kosrae errichtet. Die Ruinen von Lelu verstecken sich in der Vegetation, man erkennt aber noch die Wohnbezirke der Häuptlinge, zwei Begräbnishügel der Herrscher, mehrere Sakralbezirke und Mauern, die aus sechseckigen Basaltblöcken bestanden.

NAN MADOL

2 Nan Madol besteht aus 92 künstlichen Inselchen im Watt- und Riffgebiet vor der Südostküste von Pohnpei. Große Basaltpfeiler wurden auf der Insel Pohnpei gefördert und als Mauern um die Inselchen gestapelt; so entstanden die gewundenen Kanäle des „mikronesischen Venedig". In der ebenerdigen Anlage befanden sich Tempel, Grabgewölbe, Versammlungshäuser, Badebereiche und Teiche für Schildkröten und Fische, z. B. Aale.

YAP

3 Auf der Insel Yap säumt die winzige Hauptstadt Colonia die Chamorro Bay und bietet fast überall Aussicht aufs Meer. Im nahe gelegenen Dorf Balabat befindet sich die Steingeldbank. Zudem kann man das Ethnic Art Village besuchen, das die insulare Kunst in Szene setzt. Im Norden liegt das Stranddorf Bechiyal mit Yaps ältestem *faluw* (Männerhaus).

REISEZEIT

HAUPTSAISON
(Dez.–Juni)

NEBENSAISON
(Juli–Nov.)

ESSEN & TRINKEN

Hund Festessen, das Besucher eher nicht zu sich nehmen.

Sakau Starkes, berauschendes Getränk aus den Wurzeln von Kava-Pfeffersträuchern.

HAUPTSTADT
Chişinău

BEVÖLKERUNG
3,3 Mio. (einschließlich Transnistrien)

FLÄCHE
33 851 km²

AMTSSPRACHE
Rumänisch

Kloster Ciuflea, Chişinău

MOLDAU

Langsam entdecken auch Traveller den Reiz des kleinen, zwischen Rumänien und der Ukraine liegenden Landes, das nun auch ganz offiziell nicht mehr der unglücklichste Platz auf Erden ist.

Das vor rund zehn Jahren in einem Buch als unglücklichstes Land der Erde bezeichnete Moldau (auch Moldawien genannt) wird zunehmend für seine unberührten Landschaften und die erstklassigen Weintouren bekannt. Als eines der am wenigsten besuchten Länder Europas bietet es zudem den Reiz, die ausgetretenen Pfade zu verlassen. Aber auch damit wird es bald vorbei sein, da dank Billigflügen aus London und anderen europäischen Städten die muntere Hauptstadt Chişinău inzwischen ein beliebtes Wochenendziel ist. Wer hier trotzdem noch unentdecktes Terrain erkunden will, dem bleibt die abtrünnige Region Transnistrien, die sich immer noch an die Sowjetzeit klammert.

Mit seinem Ruf als unglücklichstes Land ist es jedenfalls vorbei: Nach einer UN-Untersuchung von 2020 zu dem Thema lag Moldau auf dem 70. Platz in der Liste der glücklichsten Länder.

Highlights

CHIŞINĂU

1 Die von Bäumen gesäumten Straßen und Parks von Moldaus freundlicher Hauptstadt laden zu einem Spaziergang ein. Die Stadt wurde zwar durch den Zweiten Weltkrieg und das Erdbeben von 1940 zerstört, verlor aber trotz der sowjetischen Behörden, die für den Wiederaufbau verantwortlich waren, weder ihre kosmopolitische Seele noch ihren Charme.

WEINGÜTER

2 Bei Touren zum Weingut Cricova, einem der bekannten Weingüter außerhalb von Chişinău, sollte man vorab bestimmen, wer fahren soll. Das rund 15 km nördlich von Chişinău gelegene Weingut hat einen der größten Weinkeller Europas. Auf rund 60 km der insgesamt 120 km langen, aus dem 15. Jh. stammenden Kalksteintunnel lagert Wein.

ORHEIUL VECHI

3 Im fantastischen Klosterkomplex von Orheiul Vechi (Alt-Orhei) kann man prima ausspannen. Er ist Moldaus malerischste Sehenswürdigkeit. Der Komplex ist in wilder, felsiger Gegend in eine Kalksteinklippe gehauen. Das Höhlenkloster über dem Fluss Răut wurde im 13. Jh. von Mönchen angelegt.

REISEZEIT

HAUPTSAISON
(Juni–Aug.)

ZWISCHENSAISON
(April–Mai, Sept. & Okt.)

NEBENSAISON
(Nov.–März)

ESSEN & TRINKEN

Brânză Der leicht salzig-säuerliche Schafskäse ist der verbreitetste Käse in Moldau.

Mămăligă Der feste Maisbrei wird als Beilage zu vielen Gerichten serviert.

Wein Örtliche Weingüter wie Cricova, Chateau Vartely oder Purcari haben gute Tropfen.

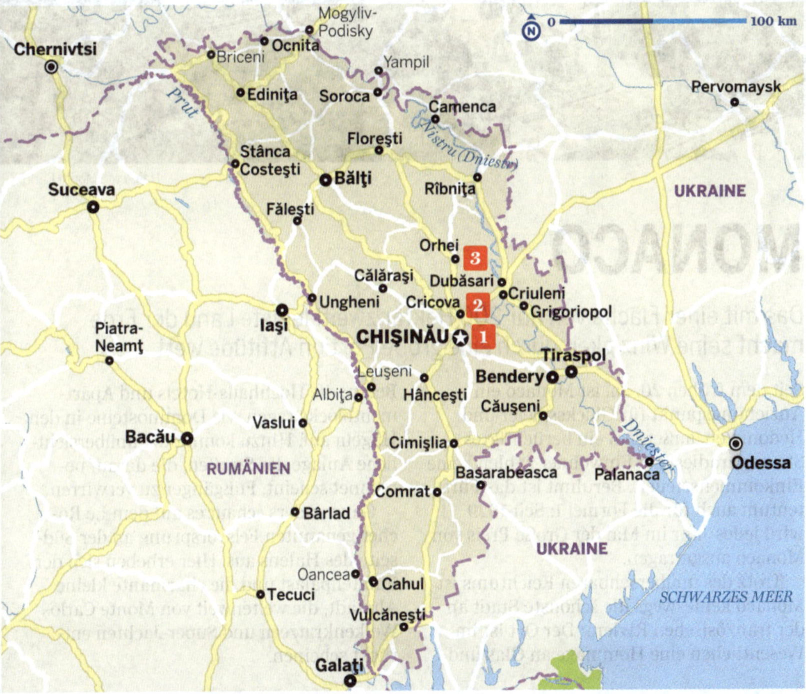

HAUPTSTADT
Monaco

BEVÖLKERUNG
31 223

FLÄCHE
2 km²

AMTSSPRACHE
Französisch

Hafen von Monte Carlo

MONACO

Das mit einer Fläche von nur 200 Hektar zweitkleinste Land der Erde macht seine Winzigkeit durch eine große Portion Attitüde wett.

Seit dem frühen 20. Jh. ist Monaco ein Anziehungspunkt für Glücksspieler und Hedonisten, außerdem ein berüchtigtes Steuerparadies (die Einwohner zahlen keine Einkommenssteuer). Berühmt ist das Fürstentum auch für die Formel 1: Seit 1929 wird jedes Jahr im Mai der Große Preis von Monaco ausgetragen.

Trotz des unübersehbaren Reichtums ist Monaco keineswegs die schönste Stadt an der französischen Riviera: Der Ort ist im Wesentlichen eine Hommage an Glas und Beton; die Hochhaus-Hotels und Apartmentblocks ragen wie Dominosteine in den Hügeln auf. Hinzu kommt die unübersichtliche Anlage der Straßen, die darauf berechnet scheint, Fußgänger zu verwirren.

Ganz anders schaut es auf dem Le Rocher genannten Felsvorsprung an der Südseite des Hafens aus. Hier erheben sich der Fürstenpalast und die charmante kleine Altstadt, die weltenweit von Monte Carlos Wolkenkratzern und Super-Jachten entrückt scheinen.

Highlights

WACHWECHSEL

1 Der Palais Princier de Monaco (Fürstenpalast) wurde im 13. Jh. als Festung auf dem Felsvorsprung von Le Rocher errichtet und ist die Residenz der Fürstendynastie der Grimaldis. Geschützt wird der Palast von den blau behelmten, weiße Gamaschen tragenden Carabiniers du Prince; der Wachwechsel findet um 11.55 Uhr statt.

MUSÉE OCÉANOGRAPHIQUE DE MONACO

2 Das seit 1910 spektakulär über einer Klippe thronende berühmte Museum ist ein Augenschmaus, sein Highlight das Aquarium mit 6 m tiefer Lagune, in der Haie und Raubfische durch ein Korallenriff von bunten Tropenfischen getrennt sind. Von der Dachterrasse des Cafés blickt man über Monaco und das Meer.

CASINO DE MONTE CARLO

3 In Monte Carlos legendärem, in Marmor und Gold prunkendem Kasino vorbeizuschauen, ist ein Muss. Das Gebäude kann vormittags besichtigt werden und ist das verschwenderischste Beispiel von Belle-Époque-Architektur in Europa. Wer spielen oder zuschauen will, kommt nach 14 Uhr (Zutritt ab 18 Jahren).

REISEZEIT

HAUPTSAISON
(Juni–Aug.)

ZWISCHENSAISON
(April, Mai, Sept. & Okt.)

NEBENSAISON
(Nov.–März)

ESSEN & TRINKEN

Das kulinarische Angebot in Monaco ist so vielfältig wie die Bevölkerung. Von monegassischer (einer Abwandlung der Küche Nizzas) über italienische und japanische Küche bis hin zu französischer Nobel-Cuisine ist alles erhältlich, aber – wie das meiste im Fürstentum – nur zu hohen Preisen.

HAUPTSTADT
Ulaanbaatar

BEVÖLKERUNG
3,2 Mio.

FLÄCHE
1,6 Mio. km²

AMTSSPRACHE
Chalcha-Mongolisch

MONGOLEI

Die raue Mongolei ist ein Reiseziel, das Abenteuer verspricht. Abgehärtete Nomaden, die in den weiten Steppen und Wüsten des Landes leben, halten hier noch immer an ihren althergebrachten Traditionen fest.

Fast das gesamte 20. Jh. lang war die Mongolei von der Außenwelt abgeschlossen – der Name allein kündete schon von Abgelegenheit und Ferne. Im 21. Jh. hat sich die Mongolei der Welt geöffnet; die Einwohner reisen in alle Welt, und Ausländer kommen als Traveller oder Geschäftsleute ins Land. Visa sind leicht zu bekommen, und Bürger mancher Länder brauchen auch gar keines.

In wenigen Ländern der Erde ist der Gegensatz zwischen Stadt und Land so ausgeprägt. Während auf dem Land mongolische Nomaden am einfachen Leben festhalten, stürzen sich ihre Vettern in Ulaanbaatar kopfüber in die Zukunft. Die Hauptstadt verändert sich mit atemberaubender Geschwindigkeit, und viele Mongolen öffnen sich begeistert der globalen Ökonomie, dem Kapitalismus und dem Konsum. Mit einem Besuch trägt man dazu bei, dass sich dieses bemerkenswerte Land auch künftig weiterentwickelt.

Highlights

REISEZEIT

HAUPTSAISON
(Juni–Aug.)

ZWISCHENSAISON
(Mai & Sept.)

NEBENSAISON
(Okt.–April)

NAADAM IN KHATGAL

1 Die Mongolen lieben ihr Naadam. Wer wäre nicht begeistert von zwei, drei Tagen voller Wettbewerbe im Ringen, Reiten und Bogenschießen? „Naadam" heißt „Spiele", aber dieses Fest ist weitaus mehr. Es geht um Spaß, das Zusammensein mit Freunden und Verwandten, viel *chuuschuur* (Teigtaschen mit Hammelfleisch) und Wodka. Besonders traditionell gestaltet sich das Fest in kleinen Orten wie Khatgal in der nördlichen Mongolei, wo fast jedes Gemeindemitglied irgendwie beteiligt ist. Diese dörflichen Naadams bieten auch Gelegenheiten zum Fotografieren – denn die muskulösen Ringer, scharfäugigen Bogenschützen und zähen Jockeys sind recht ansehnlich.

WÜSTE GOBI

2 Die Idee, Urlaub in der Wüste Gobi zu machen, würde Marco Polo verwundern. Der venezianische Weltreisende fürchtete wie viele andere die unwirtliche Landschaft. Zum Glück haben sich aber die Transportmöglichkeiten in den letzten 800 Jahren verbessert. Man kann auf Kamelen reiten und Dinosaurier-Friedhöfe entdecken, das Highlight sind aber die hohen, malerischen Sanddünen von Chongoryn im Nationalpark Gobi Gurwan Saichan, die bei starkem Wind singen.

CHÖWSGÖL NUUR

3 Die größte Naturschönheit der Mongolei ist der Chöwsgöl Nuur, ein 136 km langer See am südlichen Rand Sibiriens. Für die Mongolen ist der See ein höchst spiritueller Ort, die Heimat mächtiger *nagas* (Wassergeister) und eine

JETZT REISEN!

Im Jahr 2017 wurden die **Daurischen Landschaften** in der Mongolei und in Russland von der UNESCO zum Weltnaturerbe ernannt. Die gewaltige, quasi menschenleere Steppenlandschaft, die auch nach China hineinreicht, stellt einen einzigartigen Lebensraum dar, der u. a. ein wichtiges Rast- und Durchzugsgebiet für Vögel und Antilopen ist.

Quelle der Inspiration für Schamanen. Für Ausländer hingegen ist er ein Ort für Outdoor-Abenteuer: Reiten, Angeln, Kajakfahren, Wandern und Mountainbiken sind einige der Optionen. Abenteurer können sich einer 15-tägigen Uferwanderung anschließen.

AMARBAYASGALANT KHIID

4 An den in der Landschaft verteilten buddhistischen Klöstern hat der Zahn der Zeit genagt. Dennoch gewähren sie Einblicke in die spirituellen Wurzeln der Mongolei. Lamas bewahren das Erbe einer Religion, die vor einer halben Ewigkeit aus Tibet hierher gelangte. Laien erweisen der Stätte mit dem Drehen von Gebetsrädern und dem Flüstern von Mantras Respekt. Zudem wird in den Klöstern Geschichte anschaulich: Kostbare Ikonen, Schriftrollen und Wandmalereien werden hier verwahrt. Das am besten erhaltene Kloster Amarbayasgalant Khiid ist dem Bildhauer Dsanabadsar gewidmet.

ULAANBAATAR

5 Die Mongolei gilt als das am dünnsten besiedelte Land der Erde,

UNTERWEGS VOR ORT

In der Mongolei ist man aufs Fliegen angewiesen. Im Sommer kann es schwierig sein, einen Platz zu kriegen.

Die Provinzhauptstädte sind per Bus erreichbar. Solche Busse fahren täglich. Züge spielen keine große Rolle.

Es ist billiger, ein Auto mit Fahrer als eines ohne zu mieten. Für viele Ziele außerhalb der Hauptstadt braucht man einen Geländewagen.

8

CHANWIT WHANSET / SHUTTERSTOCK ©

doch in der Hauptstadt merkt man davon nichts. Das Gedränge und das Entwicklungstempo sind aufregend und erdrückend zugleich. Abgesehen vom hektischen Nachtleben, Cafés und protzigen Geländewagen hat die Stadt aber auch eine ruhige Seite. Man kann im Gandan Khiid (Gandan-Kloster) eine Gebetsmühle drehen, über den Dschingis-Khan-(Süchbaatar-)Platz schlendern und zur Dsaisan-Gedenkstätte emporsteigen – und sich eine Pause gönnen.

WANDERN IM GORCHI-TERELDSCH-NATIONALPARK

6 Mit zerklüfteten Bergen, heiteren Flusstälern und Wildblumenwiesen lädt das mongolische Hinterland zu Wandertouren ein. Sie sind für den mongolischen Tourismus zwar noch recht neu, aber mit etwas Improvisation sind sie möglich. Es gibt zwar keine Hütten zum Aufwärmen und kaum markierte Wege, man findet aber Unterkunft in Jurten und trifft auf Einheimische, die einem gern den Weg zeigen. Wanderführer oder Träger gibt's nicht, aber Packpferde (oder Yaks). Mit Abenteuerlust, guten Karten und einem robusten Zelt kann eigentlich nichts schiefgehen.

ZENTRALMUSEUM DER MONGOLISCHEN DINOSAURIER

7 Fleisch- und pflanzenfressende Dinosaurier aller Größen und Arten stampften einst durch die Gobi. In den 1920er-Jahren machte sich der US-Amerikaner Roy Chapman Andrews als Erster auf die Suche nach ihren Knochen und Eiern. Heute kann man einige der schönsten Dinosaurierfossilien im Museum in Ulaanbaatar bestaunen.

ADLERJÄGER IN BAJAN-ÖLGII

8 Jahrhundertelang war die Jagd mit Adlern ein Sport bei den zentralasiatischen Nomaden. Schon Marco Polo erwähnt die Greifvögel, die Kublai Khan hielt. Den Sport gibt es heute noch, wenn auch nicht überall. Bei einer Reise in den Aimag (Provinz) Bajan-Ölgii kann man kasachische Jäger kennenlernen, die die prächtigen Vögel fangen und trainieren. Die beste Zeit dafür ist Oktober, wenn das Adlerfest in Ölgii stattfindet.

2

GALYNA ANDRUSHKO / SHUTTERSTOCK ©

▼ ESSEN & TRINKEN

Buuds Gedämpfte Teigtaschen mit Hammelfleisch.

Mach Typisches mongolisches Abendgericht aus gekochten Schafsteilen (Knochen, Fett, diverse Organe und der Kopf) und Kartoffelstücken.

Schölte chool Wörtlich: Suppe mit Essen – heiße Brühe, Nudeln, gekochtes Hammelfleisch und ein paar Kartoffelstücke.

Süütei tsai Salziger Milchtee.

▼ TRADITIONELLE JURTEN (GERS)

Von den diversen Behausungen, die der Mensch entwickelt hat, ist die mongolische Jurte oder *ger* eine der nützlichsten, weil sie perfekt zu den Bedürfnissen der Nutzer passt. Abgebaut werden kann diese Wohnung binnen einer Stunde, dann mit der Hilfe von ein, zwei Kamelen transportiert und wieder aufgebaut werden – ein Tag genügt. *Gers* gibt's nicht nur hier; Varianten stehen überall in Zentralasien von Xinjiang bis nach Turkmenistan. Während andere Traditionen verblassen, sind Jurten noch immer gefragt; sie gehören zum Mongolei-Erlebnis essenziell dazu.

HAUPTSTADT
Podgorica

BEVÖLKERUNG
607 414

FLÄCHE
13 812 km²

AMTSSPRACHEN
Montenegrinisch

Sveti Stefan

MONTENEGRO

Reich an majestätischen Bergen, wunderhübschen Stränden und groß gewachsenen Menschen beweist das winzige Montenegro, dass das Gute oft im Kleinen zu finden ist.

Lang ist sie nicht – sie misst gerade mal 300 km –, doch Montenegros Küste ist wunderschön. Die Berge ragen so schroff aus dem kristallklaren Wasser in die Höhe, dass es fast bedrohlich wirkt. Als ob das nicht malerisch genug wäre – obendrein schmiegen sich uralte, von Stadtmauern umgebene Orte entspannt an die Felsen, als würden sie hier Urlaub machen. Im Sommer liegt der Duft von wilden Kräutern, Mittelmeerblumen und Nadelbäumen in der Luft.

Wenn sich die Strände mit osteuropäischen Sonnenanbetern füllen, können kühne Traveller den Massen leicht entfliehen, indem sie sich in die zerklüfteten Berge von Durmitor und Prokletije oder zu den vielen Orten aufmachen, in denen die Montenegriner ihrem Alltag nachgehen. Wer zu Fuß, zu Pferd, mit dem Mountainbike oder dem Kajak zu irgendeinem weniger bekannten Ziel aufbricht, wird dieses vermutlich ganz für sich alleine haben.

Highlights

KOTOR

1 Wie wär's mit einer Zeitreise zurück ins alte Europa der kleinen, von Wassergräben umgebenen Orte mit dunklen Gassen und Steinkirchen? Kotors Altstadt ist vielleicht nicht so eindrucksvoll wie die von Dubrovnik oder so funkelnd wie die von Budva, wirkt aber lebendig und dramatisch. Die Art, wie sie aus den nackten grauen Felsen herauszuwachsen scheint, hat etwas Bedrohliches – als könnte sich der Berg urplötzlich entscheiden, das Städtchen in einer felsigen Umarmung zu zerquetschen.

NJEGOŠ-MAUSOLEUM

2 Es war einmal ein schwarzer Berg, und auf dem Berg stand ein Grabmal, bewacht von zwei Riesinnen aus Granit. In dem Grabmal ruhte unter einem goldenen Baldachin ein stolzer Recke in den Schwingen eines gewaltigen Adlers. Dieser märchenhafte Ort ist die letzte Ruhestätte einer realen Persönlichkeit aus dem 19. Jh.: des Vladika (Fürstbischofs) Petar II. Petrović Njegoš. Das schlichte Gebäude und die monumentalen Statuen lenken kaum vom atemberaubenden Blick über das alte Fürstentum Montenegro ab.

SVETI STEFAN

3 Das Dorf Sveti Stefan ist wunderschön. Die befestigte Insel ist über einen Damm mit dem Festland verbunden; die Villen aus dem 15. Jh. blicken auf den makellosen Strand und das verführerisch blaue Wasser. Das Ganze wirkt wie ein mediterranes Paradies mit Oleander, Kiefern und Olivenbäumen. Die Insel gehört einem Luxusresort, und nur Gäste kommen hin. Aber Hinüberschauen kostet nichts.

1

Sarajevo
Čačak
Užice
Požega
Višegrad
Guča
Goražde
Sirogojno
Priboj
SERBIEN
Foča
BOSNIEN & HERZEGOWINA
Boljanići
Nova Varoš
Šćepan Polje
Cehotina
Pljevlja
Prijepolje
Aljinovići
Ohac
Gračanica
Sjenica
Nationalpark Durmitor
Piva
Tara-Schlucht
Kosanica
Dobrakovo
Gacko
Goransko
Bobotov Kuk
Žabljak
Tara
Treskavac
Savin Kuk
Miloševići
Bijelo Polje
Bukovica
Zlostup
Goslic
Komarnica
Timar
Mojkovac
Brzava
Kruščica
Šavnik
Krnja Jela
Poda
Krstača
Mokro
Ravna Vlaka
Presjeka
Nationalpark Biogradska Gora
Bileća
Gvozd
Redice
Kalače
Bac
Vir
Kapa Moračka
Krupac-See
Kolašin
Berane
Rožaje
Podbožur
Nikšić
Raško
Trebinje
Vilusi
Slanosee
Andrijevica
Lastva
Međuriječje
Mateševo
Grahovo
Pusti Lisac
Kloster Ostrog
Lim
Peć
Kucište
Cavtat
Zagorak
Morača-Canyon
Morača
Murino
Lisac
Izvori
Surdup
Plav
Gusinje
KOSOVO
Crkvice
Gorica
KROATIEN
Čevo
Risan
Spuž
Nationalpark Prokletije
Perast
Resna
Bioče
Herceg Novi
Tivat
Cijevna
Kolac
Kotor
PODGORICA
Dragobija
Tropoja
Morina
Mirišta
Boga
Njegoš
Cetinje
Tuzi
Teti
Mausoleum
Bajram Curri
Riječani
Hani i Hotit
Nationalpark Lovcen
Ducaj
Budva
Nationalpark Skutarisee
Zagora
Drin
Sveti Stefan
Godinje
Fireze
Petrovac
Kopljik
Skutarisee
Fierzasee
Murići
Sutomore
Koman-Stausee
Brca
Stari Bar
Bar
Ckla
Shkodra
Puka
Pečurice
Vladimir
ALBANIEN
Kruće
Muricani
Ulcinj
Štoj
Ada Bojana
Lezha
Rresheni
Adriatisches Meer
Milot
Laci
Burrel
Klosi
Bulqiza
N
0
50 km
1
2
3
4
5
6
7
8
9
10
11
12

ESSEN & TRINKEN

Gürtel lockern – das Schlaraffenland ruft. Hier kommen die Lebensmittel meist frisch aus lokalem Bio-Anbau. Montenegro ist zwar klein, aber es gibt mindestens drei Regionalküchen: die des alten Kernlands, die der Berge und die der Küste.

Küche der Berge: Diese Küche ist traditionell schwerer und fleischhaltiger. Eine traditionelle Zubereitungsmethode ist *ispod sača;* dabei werden Gemüse und Fleisch unter einem heißen Metalldeckel gegart.

Küche des Kernlands: *pršut* (geräucherter Schinken), *sir* (Käse), mit Schinken und Käse gefülltes Fleisch, Fische.

Küche der Küste: Urlauber auf der Suche nach Sonne und Meer werden vor allem dieser Küche begegnen, bei der gegrillte Meeresfrüchte, Knoblauch, Olivenöl und Gerichte italienischer Art auf dem Speiseplan stehen. Kosten sollte man die aromatische *riblja čorba* (Fischsuppe) und *lignje na žaru* (gegrillten Tintenfisch) – knusprige Tentakel mit Knoblauch und Olivenöl.

TOP-BÜCHER

Sin (Der Sohn) (Andrej Nikolaidis; 2011) Der Roman spielt in Ulcinj in einer einzigen Nacht und erhielt den Literaturpreis der Europäischen Union.

Realm of the Black Mountain (Elizabeth Roberts; 2007) Interessante, detaillierte Darstellung der vielschichtigen Geschichte Montenegros.

Montenegro (Starling Lawrence; 1997) Roman über Politik, Blutvergießen und Romantik zu Beginn des 20. Jhs.

Schwarzes Lamm und Grauer Falke (Rebecca West; 1941) Ein Klassiker der Reiseliteratur.

REISEZEIT

HAUPTSAISON
(Juli & Aug.)
Die wärmsten Monate sind auch die teuersten und besucherreichsten.

ZWISCHENSAISON
(Mai, Juni, Sept. & Okt.)
Die beste Reisezeit: Sonnenschein und badefreundliche Wassertemperaturen.

NEBENSAISON
(Nov.–April)
Skisaison: Höchstpreise in Kolašin und Žabljak.

AUGEN DES BERGS, DURMITOR-NATIONALPARK

4 Die schönen, imposanten grauen Gipfel des Durmitormassivs spiegeln sich in 18 Gletscherseen, den *gorske oči* („Augen des Bergs"). Der Crno jezero („Schwarzer See") ist der größte und schönste der Seen; das tintenschwarze Erscheinungsbild ist den umliegenden Schwarzkiefern zu verdanken. Über dem See ragt der Gipfel des Međed („der Bär") auf. Der Schwarze See ist leicht erreichbar, und ein Spaziergang um den See macht Spaß. An den Wanderwegen des Parks harren aber noch einsamere Seen der Entdeckung.

PERAST

5 Das romantische Kleinstädtchen, das fast nur aus Kirchen und Barockpalästen besteht, bildet das Zentrum der Bucht von Kotor. Die Lage am Scheitelpunkt der inneren Bucht mit Blick über den engen Kanal zur äußeren Bucht ist perfekt. Mit einem Boot gelangt man zur Gospa od Škrpjela (Insel der Felsenmadonna), einer von zwei winzigen Inseln gleich vor der Küste. Dort findet sich eine Kirche mit blauer Kuppel und vielen Votivgaben, die dankbare Fischer gespendet haben.

BUDVAS ALTSTADT

6 Budvas von einer Mauer umgebene Stari Grad (Altstadt) erhebt sich wie ein kleines, aber weniger hektisches Dubrovnik aus der Adria und ist geprägt von einer romantischen Atmosphäre und der

HALLO, WIE IST DIE LUFT DA OBEN?

In Montenegro sind nicht nur die Berge hoch – die Einwohner gehören zu den größten Europäern. Die durchschnittliche Körpergröße liegt (bei beiden Geschlechtern) bei 176 cm, aber viele messen weit über 1,80 m. Kein Wunder also, dass der recht große (1,88 m) Tennisspieler Novak Đoković montenegrinischer Herkunft ist. Die Gebirgsluft, der gemischte Genpool und das gesunde Essen wurden als Grund für die Größe der Montenegriner angeführt. Mancher mag sich hier wie ein Zwerg vorkommen, aber gerade hochgewachsene Frauen werden sich in dem Land (endlich) einmal unter ihresgleichen fühlen.

UNTERWEGS VOR ORT

Busse verbinden alle größeren Ortschaften. Sie sind erschwinglich, verlässlich und relativ bequem.

Man kommt zwar auch mit dem Bus zu vielen Orten, aber wer ein Auto mietet, kann auch die idyllischen Landstraßen erkunden. Einige davon sind extrem schmal und schmiegen sich an steile Abhänge – nichts für unerfahrene oder ängstliche Fahrer.

Züge sind billig, aber das Netz ist beschränkt, viele Waggons sind alt, und es kann sehr heiß werden. Die wichtigste Linie verbindet Bar, Virpazar, Podgorica, Kolašin, Mojkovac und Bijelo Polje; eine zweite Strecke verläuft von Podgorica nach Danilovgrad und Nikšić.

mediterranen Liebe zum Leben. Bei der Erkundung des Labyrinths aus schmalen, kopfsteingepflasterten Gassen entdeckt man winzige Kirchen und charmante Galerien und kann in Café-Bars im Freien etwas trinken, Pizza essen und sich auf der Zitadelle aus vom Meerblick verzaubern lassen. Zur Entspannung gibt's auf beiden Seiten noch einen Strand.

RAFTEN AUF DER TARA

7 Einen guten Blick auf die Tara-Schlucht zu erhaschen, ist schwierig, denn irgendwie sind immer die von Bäumen gesäumten, bis zu 1300 m hohen Wände im Weg. Den spektakulärsten Blick hat man vom Wasser aus. Kein Wunder, dass Rafting hier so beliebt ist. Man muss ein paar Stromschnellen passieren, aber außer im April und Mai geht es eher sanft voran: Man gleitet durch klares Wasser, vorbei an unberührter Landschaft.

ULCINJ

8 Ulcinj, die südlichste Stadt Montenegros, hat eine besondere Anziehungskraft und ist aufregend – vor allem an Sommerabenden, wenn der Strand von slawischem Pop erfüllt ist. Man sieht Minarette, die mit einer übergroßen Skulptur aus der Zeit des Sozialismus und der imposanten Mauer um die Altstadt oben auf den Klippen konkurrieren. An der Küste weichen die Buchten dem Sandstrand von Velika Plaža (Großer Strand) und dem FKK-Strand auf der Insel Ada Bojana.

WANDERN IM PROKLETIJE

9 Die „Verwunschenen Berge" (Albanische Alpen) im Osten des Landes sind ein Paradies für Wanderer und Bergsteiger. Der raue Gebirgszug, der sich über Montenegro, Albanien und das Kosovo erstreckt, bildet den schwierigsten Teil der Dinarischen Alpen. Der wundervolle Wanderweg „Peaks of the Balkans" windet sich auf 192 km durch drei Länder; die einzelnen Abschnitte liegen zwischen einfach und extrem schwer. Ob man nun den gesamten Trail oder nur eine Etappe absolviert – im Prokletije fühlt man sich wie auf dem Gipfel der Welt.

STARI BAR

10 Die moderne Industriestadt Bar ist nicht so interessant, aber im Hinterland verbirgt sich ein Schmuckstück: Auf einem Felsvorsprung inmitten knorriger, tausendjähriger Olivenbäume träumen die Ruinen von Stari Bar (Alt-Bar) vor sich hin. Eine Stadt gab es hier seit rund 2800 Jahren; seit einem Artilleriebeschuss im Jahr 1877 war sie weitgehend zerstört und nach einem schweren Erdbeben im Jahr 1979 wurde sie aufgegeben. Hier gibt es viel zu entdecken.

HERCEG NOVI

11 Zwischen der Uferpromenade und der Autobahn liegt eine bescheidene Altstadt, in der sich das eigentliche Herceg Novi versteckt. Hier stehen viele Kirchen, teils katholische, teils orthodoxe, droben drängen sich Festungen; Bars und Cafés stellen Tische auf sonnige Plätze. Man kann sich hier niederlassen und bei einem Glas Wein alles auf sich wirken lassen. Die Stadtstrände sind nicht besonders, aber einige der schönsten Strände Montenegros liegen nur eine kurze Bootsfahrt entfernt.

MUSEEN IN CETINJE

12 Cetinje hat zwar seinen Hauptstadtstatus an Podgorica verloren, aber Montenegros einstige Königsstadt besitzt immer noch die reichsten und wichtigsten Museen. Die vier Museen, zusammen als Nationalmuseum bezeichnet, umspannen Jahrhunderte. Zu ihnen gehören prunkvolle Paläste, aber auch die von Kugeln durchsiebten Überreste von Montenegros erstem Billardtisch (der dem berühmtesten Sohn des Landes, dem Dichter und Fürstbischof Petar II. Petrović Njegoš gehörte). Zwei erstklassige Galerien, ein Kloster und schöne Gebäude ergänzen den Reigen der Kunst- und Kulturschätze.

DOMIN_DOMIN / GETTY IMAGES ©

SPRACHE

Man muss kein Kyrillisch lernen, aber um Schilder, Karten usw. lesen und aussprechen zu können, sollte man den Lautwert der 30 Buchstaben des montenegrinischen lateinischen Alphabets kennen.

FLUGHAFEN TIVAT

Besucher, die zur Bucht von Kotor wollten, landeten früher in Dubrovnik (Kroatien). Seit 2016 gibt es aus vielen Städten aber auch Direktflüge nach Tivat.

TATIANA POPOVA / SHUTTERSTOCK ©

HAUPTSTADT
Maputo

BEVÖLKERUNG
30,8 Mio.

FLÄCHE
800 000 km²

AMTSSPRACHE
Portugiesisch

Igreja da Misericórdia, Ilha de Moçambique

MOSAMBIK

Mosambik lockt mit seiner Küste, mit sich im Wind wiegenden Palmen, mit seinen Traditionen, Kulturen, guter Stimmung und jeder Menge Abenteuer.

Bei den meisten Travellern steht dieses geheimnisvolle südostafrikanische Land nicht einmal auf der Karte. Dabei hat es seinen Besuchern sehr viel zu bieten: lange, von Dünen gesäumte Strände, türkisblaues Wasser mit bunten Fischschwärmen, gut erhaltene Korallen, abgeschiedene Archipele im Norden, donnernde Wellen im Süden und anmutige Daus, deren Segel sich im Wind blähen. Und hinzu kommen noch kolonialzeitliche Architektur, ein pulsierendes Nachtleben, ein faszinierender kultureller Mix und große Gebiete unberührten Buschs.

Es ist nicht immer einfach, diese Attraktionen zu entdecken, aber es lohnt sich auf jeden Fall. Wer Geduld, Ausdauer für lange Busfahrten und einen Sinn für Abenteuer mitbringt, kann sich auf eine Reise voller einmaliger Erlebnisse freuen.

Highlights

ILHA DE MOÇAMBIQUE

1 Daus gleiten durch die flache See, koloniale Gebäude verfallen elegant in der tropischen Hitze, und die Stimmen eines Kirchenchors wetteifern mit dem Gebetsruf des Muezzins. All das und mehr erwartet einen auf der dicht bevölkerten, kleinen Insel, die eines der historischen Highlights Afrikas ist. Einflüsse verschiedener Kulturen (Afrikaner, Portugiesen, Swahili, Franzosen und Goanesen) sind hier am Indischen Ozean schon seit Jahrhunderten eine faszinierende Verbindung eingegangen.

MAPUTO

2 Mit seiner Architektur im mediterranen Stil, den mit Jacaranda- und Flammenbäumen gesäumten breiten Alleen und seiner Lage am Wasser gehört Maputo zu den schönsten Hauptstädten Afrikas. Mit einer großen Auswahl an Hotels und Restaurants, gut

▼ ESSEN & TRINKEN

Mosambiks Küche mixt afrikanische, indische und portugiesische Einflüsse und ist bekannt für die Verwendung von Kokosmilch und *piri-piri* (Chili).

Typische Gerichte sind *xima oder upshwa* (Mais oder Maniok mit einer Sauce aus Bohnen, Gemüse oder Fisch) und *frango grelhado* (Grillhähnchen); Letzteres ist billig, wird überall angeboten und meist mit Fritten oder Reis serviert.

Zu den Spezialitäten zählen *matapa* (Maniokblätter in Erdnusssauce, oft mit Garnelen), *chamusas* (Samosas), *caril* (Currygerichte), gegrillte Garnelen, Hummer und Krebse, *lulas* (Calamari) und andere Meeresfrüchte.

▼ REISEZEIT

HAUPTSAISON
(Mai–Nov.)

NEBENSAISON
(Dez.–April)

TRADITIONELLE RELIGIONEN & MEDIZIN

Traditionelle, auf Animismus beruhende Religionen sind weit verbreitet in Mosambik. Dabei wird den Geistern der Ahnen ein großer Einfluss auf das Schicksal der Lebenden zugesprochen. Viele heilige Stätten, darunter Wälder, Flüsse, Seen und Berge, spielen eine große Rolle im Leben der Gemeinden.

In enger Beziehung zum animistischen Glauben steht die traditionelle Heilkunde, die im ganzen Land praktiziert wird – mitunter in Verbindung mit westlicher Medizin. *Curandeiros* (Medizinmänner) sind hoch angesehen und werden oft aufgesucht. Heiler werden gut bezahlt, oft auch in Naturalien. In einigen ländlichen Gebieten, die weit von Kliniken oder Hospitälern entfernt sind, ist der *curandeiro* vielleicht die einzige verfügbare medizinische Hilfe. Neben *curandeiros* findet man auch *profetas* (Geisterheiler und Wahrsager) und *feticeiros* (Medizinmänner).

2

FELIX LIPOV / SHUTTERSTOCK ©

bestückten Supermärkten, schattigen Straßencafés und einer munteren Kulturszene ist sie auch die eindeutig modernste Stadt des Landes.

QUIRIMBAS-ARCHIPEL

3 Versteckt liegen die Inseln dieses Archipels vor Mosambiks Nordküste. Sie bergen viele Geheimnisse – von den Korallenriffen von Medjumbe bis zu den Affenbrotbäumen auf Quilaluia. Doch keine der 31 Inseln kann sich mit Ibo vergleichen, das praktisch die Hauptinsel des Archipels ist. Ibo zeigt heute eine Mischung der portugiesischen, Swahili-, indischen und afrikanischen Kultur und wirkt, als sei sie in den 1850er-Jahren in einen noch andauernden Dornröschenschlaf gefallen.

MALAWISEE

4 Ein kleiner, aber stetiger Strom abenteuerlustiger Traveller verirrt sich an das mosambikanische Ufer des Binnensees und findet hier ein wildes afrikanisches Paradies, von dem nur wenige wissen. Im tiefblauen Wasser des Sees leben mehr als 500 Fischarten, von denen mehr als 350 nur hier vorkommen.

NATIONALPARK GORONGOSA

5 Obwohl die Infrastruktur dieses Parks nach dem Bürgerkrieg weiterhin im Wiederaufbau ist und sich die Wildpopulation noch nicht mit der anderer Safariziele im südlichen Afrika vergleichen lässt, ist der Aufschwung deutlich erkennbar: Besucher können hier Impalas, Wasserböcke, Rappenantilopen, Warzenschweine, Flusspferde, Krokodile und mit Glück vielleicht sogar Elefanten und Löwen beobachten. Eine weitere Attraktion ist die Vogelwelt mit mehr als 300 Spezies, zu denen viele endemische Arten sowie unzählige Wasservögel in den Feuchtgebieten im Osten rund um den Fluss Urema zählen.

UNTERWEGS VOR ORT

Flüge verbinden Maputo mit Inhambane, Vilankulo, Beira, Chimoio, Quelimane, Tete, Nampula, Lichinga und Pemba.

Radfahren ist gut geeignet, um Mosambik kennenzulernen. Das erfordert aber viel Zeit und Planung.

Zwischen größeren Orten fahren Busse zumindest einmal täglich. Der Zustand der Fahrzeuge lässt aber viel zu wünschen übrig.

CHIMANIMANI-GEBIRGE

6 Südwestlich von Chimoio zeichnet sich am Horizont an der Grenze zu Simbabwe das grüne und bewaldete Chimanimani-Gebirge ab. An seinem Ostrand liegt Mosambiks höchster Gipfel, der Monte Binga (2436 m). In zwei Tagen kann man durch die Berge wandern und den Monte Binga bezwingen. Die meisten Traveller kommen mit dem eigenen Geländewagen, Zelten und viel Verpflegung.

INHAMBANE

7 Mit seiner hübschen Lage am Wasser, den von Bäumen gesäumten Alleen, den verblassten kolonialzeitlichen Bauwerken und seinem Mix aus arabischen, indischen und afrikanischen Einflüssen ist Inhambane eine der charmantesten Städte Mosambiks. Seine Geschichte reicht mindestens ein Jahrtausend zurück, was die Siedlung zu einer der ältesten an der Küste macht.

BAZARUTO-ARCHIPEL

8 Der Archipel lockt mit klarem türkisblauen Wasser voller bunter Fische und vielen Möglichkeiten zum Tauchen, Schnorcheln und Vögel beobachten. Wer auf der Suche nach einem echten Refugium am Indischen Ozean ist, findet hier ein tolles Urlaubsziel. Hier gibt es Dutzende von Vogelarten, darunter Fischadler und Rosaflamingos. An Vierfüßern sind Rotducker, Buschböcke und, vor allem auf Benguera, auch Nilkrokodile vertreten. Delfine, 2000 Fischarten sowie unechte Karett-, Leder- und Suppenschildkröten schwimmen in den klaren Gewässern. Die interessantesten Meeresbewohner sind die scheuen Dugongs.

8

FELIX LIPOV / SHUTTERSTOCK ©

Fischer auf dem Inle-See

HAUPTSTADT
Naypidaw

BEVÖLKERUNG
57,1 Mio.

FLÄCHE
676 578 km²

AMTSSPRACHE
Birmanisch

MYANMAR (BIRMA)

Pagoden und ein traditioneller Lebensstil prägen dieses außergewöhnlichen Land, das nach dem Militärputsch 2021 in eine unsichere Zukunft blickt.

Myanmar kann selbst den abgebrühtesten Traveller noch überraschen. Da sind der Shwedagon Paya, die 4000 über die Ebene verteilte Stupas von Bagan oder der Goldene Fels mit der Kyaiktiyo-Pagode, den nur ein Haar Buddhas am Herunterstürzen hindern soll. Das alles sind wichtige buddhistische Pilgerstätten in einem Land, in dem Mönche größere Verehrung genießen als Rockstars.

2015 wählte Myanmar erstmals seit 50 Jahren eine Regierung in demokratischen Wahlen. Doch die Hoffnungen auf einen nachhaltigen Wandel wurden durch den Militärputsch 2021 und die sich anschließenden Unruhen vorerst zunichte gemacht. Aktuell wird vor Reisen in das Land gewarnt.

Wenn diese wieder unbeschwert möglich sind, lassen sich in Myanmar noch einfache Freuden finden: Man kann in einem Flussdampfer den Irrawaddy hinuntertuckern, sich ein Stück Strand am Golf von Bengalen sichern oder in den Bergen des Shan-Staats zu von ethnischen Minderheiten bewohnten Dörfern wandern. Und überall trifft man auf höfliche und neugierige Menschen.

Highlights

SHWEDAGON PAYA

1 Es gibt wahrscheinlich keinen gewaltigeren Sakralbau in Südostasien als diese Pagode. Tatsächlich könnte die schiere Größe und die mystische Aura des vergoldeten Meisterwerks in Rangun (Yangon) sogar einen Atheisten schwach werden lassen. Aber der Shwedagon-Paya dient keineswegs nur der inneren Einkehr, sondern ist zu gleichen Teilen auch religiöse Pilgerstätte und Vergnügungspark. So kann es durchaus vorkommen, dass man hier bei seinem Besuch eine lautstarke Ordinationszeremonie oder sogar eine Wahrsagersitzung erlebt.

INLE-SEE

2 Fast alle Myanmar-Besucher kommen hierher, und das hat seinen Grund: Der See ist groß genug, dass jeder seine ganz eigene Erfahrung mitnehmen kann. Wer wenig Zeit hat, wird sich wohl auf die Highlights beschränken: die Tempel, Märkte und schwimmenden Gärten. Alle anderen sollten auch die einsameren Ecken des Sees erkunden, die umliegenden Fischerdörfer besuchen oder eine Wanderung in den Hügeln der Umgebung unternehmen. In jedem Fall jedoch wird man sich noch lange an eine Fahrt auf dem ruhigen Wasser des Sees erinnern.

BAGAN

3 Trotz der Schäden infolge des Erdbebens von 2016 sind die mehr als 3000 Tempel in der Ebene von Bagan immer noch ein hinreißender Anblick. Die meisten der aus dem 11. bis 13. Jh. stammenden Tempel wurden renoviert, denn Bagan ist ein aktives religiöses Zentrum und eine wichtige Pilgerstätte. Natürlich gibt es Reisebusse und Touristen drängen sich an beliebten Stellen, aber man kann den Massen entgehen, indem man mit dem Rad zu den weniger zerstörten Tempeln strampelt oder sich in einem Heißluftballon über die unglaubliche Szenerie treiben lässt.

NICK FOX / SHUTTERSTOCK ©

CHINA (TIBET)
BHUTAN
Brahmaputra
INDIEN
BANGLADESCH
CHINA
Hkakabo Razi
Pangsaw-Pass
Putao
Sumprabum
Kumon Taung
Khamti
Hpakant
Myitkyina
Homilin
Mangin Taung
Tamu
Katha
Bhamo
Mawlaik
Kawlinn
Mu-se
Tiddim
Kennedy
Kalaymyo
Rih
10
Hakha
Ye-U
Mogok
Lashio
Thanlwin
Mekong
Chittagong
8
Hsipaw
Chin Hills
Minigun
Monywa
Pyin Oo Lwin
Sagaing
Mandalay
Mong La
4
Kyaukse
Pakokku
Myingyan
Paletwa
Kyaingtong
Bagan
Popa
Meiktila
Taunggyi
Teknaf
Loilem
Maungdaw
Mrauk U
3
Kalaw
5
9
2
Inle-See
Tachileik
LAOS
Sittwe
Magwe
NAYPYI-DAW
Pyinmana
Loikaw
Chiang Rai
Kyaukpyu
Rakhaing Yoma
Yinnbye Kyun
Taungoo
Pyay
Taunggok
Bago Yoma
Pasauwng
Chiang Mai
Manaung Kyun
Sittoung
VIENTIANE
Ngapali Beach
Golf von Bengalen
Kanthaya
Hinthada
Gwa
Yakyi
Bago
Kyaikto
Chaung Tha Beach
Yangon (Rangun)
Hpa-an
Pathein
Myawaddy
1
Letkhokkon
Mawlamyine
6
THAILAND
Bilu Kyun
Mawdwin Point
Thanbyuzayat
Golf von Mottama
Irrawaddy-Delta
Payathonzu
Drei-Pagoden-Pass
Ye
Sangkhlaburi
Yebyu
Ayuthaya
Maungmagan
Dawei
BANGKOK
Zalut
Andamanen (INDIEN)
ANDAMANENSEE
7
Mergui-Archipel
Palaw
KAMBODSCHA
Myeik
Tanintharyi
Bokpyin
Golf von Thailand
N
0
500 km
Kawthoung
Ranong

TOP-BÜCHER

Burma's Spring (Rosalind Russell; 2016) Spannende Erinnerungen mit vielen Charakteren, von den Sängerinnen einer Girlband über Hausangestellte bis hin zu Oppositionspolitikern.

Golden Parasol (Wendy Law-Yone; 2013) Insider-Blick auf die jüngere birmanische Geschichte: Wendys Vater Ed Law-Yone, ein Zeitungsredakteur, wurde in den 1960er-Jahren gezwungen, das Land zu verlassen.

Burma – Der Fluss der verlorenen Fußspuren (Thant Myint-U; 2009) Lesenswerte historische Übersicht aus der Feder des Enkels des ehemaligen UN-Generalsekretärs U Thant.

ESSEN & TRINKEN

Eines der Highlights der birmanischen Küche ist *ăthouq* – ein würzig-säuerlicher Salat aus Gemüse, Kräutern, Früchten oder Fleisch mit Zitronensaft, Zwiebeln, Erdnüssen, geröstetem Kichererbsenmehl und Chili. Zu den feinsten Varianten zählen *maji·yweq thouq* mit zarten, jungen Tamarindenblättern und *shauq·thi dhouq* mit einer zitronenähnlichen Zitrusfrucht.

Den Abschluss eines Mahls bildet oft *leq·p'eq* (auch *laphet*); es besteht aus fermentierten grünen Teeblättern, vermischt mit einer Kombination aus Sesamsamen, gebratenen Erbsen, gebratenem Knoblauch, Erdnüssen und anderen knusprigen Zutaten. Eine beliebte Version ist *leq·p'eq thouq;* dabei werden die fermentierten Teeblätter und die Nüsse mit Tomaten, Kohl und Zitronensaft vermischt. Der Salat ist ein beliebter Snack, der wegen des Koffeins in den Teeblättern von Studenten geschätzt wird, die lange lernen wollen.

SAGAING

4 Sagaing ist ein Pilgerziel für die birmanischen Buddhisten und liegt nur einen bequemen Tagesausflug von Mandalay entfernt. Die Zeit als Hauptstadt des birmanischen Königreichs währte zwar nur vier Jahre, aber die Stadt wurde und blieb ein intellektuelles Zentrum der buddhistischen Tradition. Viele weiße und goldene Stupas krönen die kleinen Hügel der Stadt. Den Tilawkaguru-Höhlentempel, in dem sich gut erhaltene Wandmalereien finden, sollte man ebenfalls besuchen.

MRAUK U

5 Die Tempel, Klöster, der ehemalige Palast und die verfallene Stadtmauer der ehemaligen Hauptstadt des Rakhaing-Staats lassen erahnen, was für eine unglaubliche Stadt Mrauk U zu ihren Glanzzeiten im 16. Jh. gewesen sein muss. Damals verglichen staunende Reisende aus dem Westen die Stadt mit London oder Venedig. Doch Mrauk U ist kein Museum: Die Tempel liegen inmitten von munteren Dörfern und grünen Reisfeldern. Und das Beste: Weil sich nur we-

REISEZEIT

HAUPTSAISON
(Dez.–Feb.)
Der wenigste Regen und es ist nicht allzu heiß. Unterkünfte im Voraus buchen!

ZWISCHENSAISON
(März, April, Okt. & Nov.)
März bis Mai: die Temperatur in Rangun, Bagan und Mandalay erreicht oft 40 °C.

NEBENSAISON
(Mai–Sept.)
Der Südwestmonsum setzt Mitte Mai ein; Höhepunkt von Juli bis September.

CHINLONE

Chinlone ist ein bei allen Altersstufen beliebtes Fußballspiel, bei dem ein gewebter Rattanball mit einem Durchmesser von 13 cm in der Luft gehalten werden muss. Eine beliebige Zahl von Spielern bildet einen Kreis. Die Spieler spielen sich den Ball zu, der nur mit den Füßen und dem Kopf gespielt werden und den Boden nicht berühren darf. Eine Punktwertung gibt es nicht. .

Bei der formalen Variante stehen sechs Spieler in einem 7 m durchmessenden Kreis. Jeder muss den Ball in der Luft halten und ihn dabei in einer Abfolge von 30 Techniken mit sechs Körperstellen an Fuß und Knie spielen. Pro Spieler sind fünf Minuten erlaubt. Für jeden erfolgreichen Kick gibt's einen Punkt, hingegen Punktabzug, wenn der falsche Körperteil eingesetzt wird oder der Ball den Boden berührt. Der Sport war Bestandteil der Südostasienspiele, die Dezember 2013 in Myanmar stattfanden. Eine Abwandlung – als Hallensport oder in internationalen Wettbewerben – ist eine Art Volleyball, bei dem der Ball auch nur mit den Füßen oder dem Kopf gespielt werden darf.

UNTERWEGS VOR ORT

Schnelle, relativ verlässliche Verbindungen. Sicherheit und Wartung sind aber manchmal problematisch.

Bootsfahrten ermöglichen den Kontakt mit Einheimischen und etwas vom Land zu sehen. Die Boote sind aber langsam und erreichen nur wenige Ziele.

Busse sind verlässlich, das Tempo hängt vom Straßenzustand ab. Ein Nachtbus spart Unterkunftskosten.

Mit einem Auto ist man flexibel, aber teuer unterwegs; für manche Ziele muss man einen staatlichen lizenzierten Guide und Fahrer engagieren.

Bei einer Zugfahrt lernt man Land und Leute kennen, allerdings können Bahnreisen langwierig und unbequem sein, auch weil lange Verspätungen häufig sind.

nige Besucher hierher verirren, hat man die prachtvollen Ruinen fast für sich allein.

MAWLAMYAING

6 Die einstige Hauptstadt von Britisch-Birma ist wie eine Zeitkapsel, denn Mawlamyaing hat sich seit der Kolonialzeit kaum verändert. Der geschäftige Hafen, die alten Gebäude, die Tempel auf den Hügeln und die imposanten Kirchen könnten die Besucher glauben machen, dass Kipling und Orwell die Stadt nie verlassen hätten. Rund um die Stadt finden sich tropische Inseln, Höhlen und Dörfer, die immer noch von der Mon-Kultur in dieser Gegend geprägt sind. Dass sich dies nur merkwürdig wenig Besucher anschauen, ist ein zusätzlicher Vorteil.

MERGUI-ARCHIPEL

7 Rund 800 kaum bevölkerte Inseln mit weißen Sandstränden inmitten türkisblauer See, einige der besten Tauchspots in der Region, auf dem Meer herumziehende Moken und wenige Hotels oder auch nur ein Tourist – kaum zu glauben, dass es Orte wie den Mergui-Archipel in Südostasien noch gibt. Um zu diesen herrlichen Inseln zu gelangen, braucht man viel Zeit und Geld, aber angekommen in einer der letzten unerschlossenen Ecken Asiens kann man alle Strandträume ausleben.

HSIPAW

8 Das hübsche und relaxte Hsipaw ist ein idealer Startpunkt für kurze, einfache Wanderungen zu faszinierenden Dörfern der Shan und Palaung (De'ang) wie auch für anstrengendere Märsche zu kaum besuchten Weilern. Das Umland wirkt wesentlich unerforschter als das Gebiet um Kalaw, in dem diverse Treks angeboten werden, oder als das südöstliche Asien. Hsipaw selbst ist eine historische Stadt mit einem eigenen Shan-Palast, die als ehemaliger Herrschersitz einen Komplex alter Stupas besitzt, das sogenannte Kleine Bagan. Es gibt auch einen wundervollen Morgenmarkt am Fluss Myitnge.

KALAW

9 Die hoch gelegene Stadt erinnert dank kühlerer Temperaturen und vieler Einheimischer, die von nepalesischen Gurkha-Soldaten abstammen, ein wenig an den Himalaja. Daher ist dies auch einer der besten Orte im Land, um Wanderungen im Hochland zu unternehmen (zumal die Behörden – zumindest vor dem Putsch – entspannt blieben, wenn Traveller die gebahnten Pfade verließen). Schlendert man durch die Dörfer der Danu, Pa-O und Taung Yo, die in den Wäldern, an den Feldern und an Straßen liegen, die Kalaw mit dem Inle-See verbinden, gewinnt man einen wirklichen Einblick in das Leben der in dieser Region beheimateten Bergvölker.

RIH-SEE

10 Der einsam an der Grenze zwischen Myanmar und Indien gelegene Rih-See ist ein kleines, herzförmiges und geheimnisvolles Gewässer zwischen üppig bewaldeten Hügeln. Nicht nur der See ist hinreißend schön, sondern auch die schwierige Anreise durch die wenig besuchten Berge, Täler und Dörfer im nördlichen Chin-Staat. Pro Jahr gelangen nur ein paar ausländische Besucher hierher, sodass einem die freundlichen Einheimischen interessiert und aufgeschlossen begegnen. Viel Komfort und touristische Einrichtungen darf man nicht erwarten – hier ist man wirklich abseits der ausgetretenen Pfade.

PATRICK FOTO / SHUTTERSTOCK ©

▾ MEDITATION

Mehrere Klöster veranstalten Kurse in *satipatthana vipassana* (Achtsamkeitsmeditation), bei denen Ausländer willkommen sind. Von Anfängern wird erwartet, dass sie sich dabei für eine zehntägige Klausur eintragen.

▾ NACHTLEBEN

Partygänger seien gewarnt: Nachtleben gibt es in Myanmar kaum. Rangun bietet noch die besten Optionen, aber sogar dort geht man früh ins Bett. Anderswo gibt's nur ein paar Bierbars mit Videos und Sportfernsehen sowie Teehäuser, die Tee und Snacks servieren.

SCOTT BIALES / SHUTTERSTOCK ©

HAUPTSTADT
Windhoek

BEVÖLKERUNG
2,7 Mio.

FLÄCHE
824 292 km²

AMTSSPRACHE
Englisch

Dünen im Sossusvlei

NAMIBIA

Namibia wird oft als „Afrika für Anfänger" bezeichnet – ein prächtiger Anfang, denn nur wenige Länder Afrikas sind so schön wie Namibia.

Das Sandmeer und die Täler mit abgestorbenen Bäumen im Sossusvlei gehören zu den eindrucksvollsten Wüstenlandschaften auf Erden, gleiches gilt für die Dünen, die sich am Sandwich Harbour und an der Skelettküste auftürmen. Im Binnenland zieht sich eine Gebirgskette mitten durch das Land. Da zu Namibia auch die Flüsse und Feuchtgebiete des Caprivizipfels und die Savanne der Kalahari gehören, gibt es kaum eine typisch afrikanische Landschaft, die in Namibia nicht zu finden wäre.

Namibias menschengemachte Geschichte ist genauso interessant wie die geologische, von der Felsen, Erde und Sand künden. Mit ihren Bauten und Museen erzählen Lüderitz, Swakopmund und Windhoek von der komplexen Geschichte kolonialer Landnahme und Unterdrückung. Und anderswo kann ein Kontakt mit den Angehörigen der vielen traditionell lebenden Völker, die in Namibia zu Hause sind, zu den denkwürdigsten Momenten einer Reise gehören.

Highlights

ETOSHA NATIONAL PARK

1 Wenige Orte in Afrika können mit der reichen Tierwelt im außerordentlichen Etosha National Park mithalten. Das Netz von Wasserstellen, die sich im Busch und Grasland rund um die blendend weiße, flache Salzebene verteilen, lockt unzählige Tiere an. An einem einzigen Wasserloch kann man im Verlauf eines Tages Tausende von Giraffen, Zebras, Elefanten und noch viele weitere Tiere beobachten – mit Löwen und Nashörnern als Highlights. Kurz: Etosha ist einer der besten Orte auf Erden für Tierbeobachtungen.

SOSSUSVLEI

2 Sand türmt sich zu hohen roten Dünen. Sand, der unglaublich fein ist und sich weich anfühlt, wenn man ihn durch die Finger gleiten lässt. Sand, der im Sonnenlicht in allen Farben des Regenbogens schimmert und vor Millionen Jahren in der Kalahari entstanden ist. Aber nicht nur die gigantischen Dünen, die ohne Unterlass in Bewegung sind, auch die Vleis (tiefe Trockentäler) machen das Sossusvlei zu einem verblüffenden Ort. Wer die Sandberge erklimmt und die Weite auf sich wirken lässt, dem wird es vorkommen, als würde sich hier die Zeit verlangsamen.

FISH RIVER CANYON

3 Die riesige Erdspalte im Süden Namibias bildet eine vollkommen unfassbare Szenerie. Der Fish River Canyon, den man am besten in der klaren Morgenluft überblicken kann, ist wüst, riesig und wirkt wie von einem meisterhaften Architekten in die Erde gegraben. Die nackten Felsen und das Fehlen jeglicher Vegetation wirken erschreckend und rufen beim Betrachter schnell Nachdenklichkeit und Ehrfurcht hervor. Die abgerundeten Enden und scharfen Kanten erschaffen eine Sinfonie aus Stein von gewaltigen, imposanten Proportionen.

LOCKENES / SHUTTERSTOCK ©

ANGOLA
SAMBIA
SIMBABWE
BOTSUANA
NAMIBIA
SÜDAFRIKA
LESOTHO
Kariba-Stausee
Sambesi
Bulawayo
Francistown
GABORONE
PRETORIA
JOHANNESBURG
Mafikeng
Vryburg
Kimberley
Okavango-delta
Kang
Kalahari
Caprivizipfel
Rundu
Khaudum National Park
Tsumkwe
Oshakati
Lake Oponono
Etosha Pfanne
Etosha National Park
Tsumeb
Otavi
Outjo
Otjiwarongo
Waterberg Plateau Park
Waterberg Plateau
Omaruru
Okahandja
WINDHOEK
Gobabis
Rehoboth
Hardap Dam Recreation Resort & Game Park
Keetmanshoop
Karasburg
Brukkaros
Fish River
Fish River Canyon
Alexander Bay
Naukluft
Namib-Naukluft Park
Namib Rand Nature Reserve
Sossusvlei
Namib
Lüderitz
Elizabeth Bay
Diamond Area 1 (Eingeschränkter Zugang)
Spencer Bay
Usakos
Spitzkoppe
Uis
Brandberg
Twyfelfontein
Damaraland
Swakopmund
Walvis Bay
Kaokoveld Region
Ehomba
Schwarze Kuppen
Skeleton Coast Wilderness
ATLANTIK
Südlicher Wendekreis
0
200 km
N
1
2
3
4
5
6
7
8
9
10
11
12

LÜDERITZ

4 Namibia ist ein Land, das allen Afrika-Klischees widerspricht. Das wird nirgendwo deutlicher als in der historischen Kolonialstadt Lüderitz. Das zwischen dem kalten Südatlantik und der kochenden Namib gelegene Städtchen wirkt wie in einer Zeitschleife gefangen. Wenn man sich in den Straßen umgeschaut hat, kann man sich mit Würstchen, Sauerkraut und einen Weißbier entspannen, die deutsche Jugendstilarchitektur bewundern und noch einmal auf die Karte schauen – ja doch, auch das ist Afrika.

SWAKOPMUND

5 Die wohl schönste Stadt Namibias ist das schicke Swakopmund mit seinen deutschen Jugendstilbauten, Uferpromenaden, Fachwerkhäusern und sonstigen kolonialzeitlichen Gebäuden. Die von Wüste umgebene Stadt liegt filmreif direkt an der Atlantikküste und ist ein regionales Zentrum des Abenteuersports: Man kann Fallschirmsprünge machen, reiten oder 300 m hohe Dünen hinuntersurfen. Ob Backpacker oder Jetset – alle finden hier ihre Nische.

SKELETON COAST

6 Eine Fahrt entlang der trügerischen Skeleton Coast (Skelettküste), der schon viele Schiffe zum Opfer gefallen sind, ist exakt der Stoff, aus dem Offroad-Abenteuer gestrickt sind. Felsklippen und Sandbänke im seichten Wasser vor der Küste, Nebelbänke und wirbelnde Sandstürme prägen die unwirtliche Region. Tat-

SCHÖNSTE LANDSCHAFTEN

Fish River Canyon Wahrhaftig das afrikanische Pendant des Grand Canyon.

Etosha-Pfanne Die Pfanne ist eine ungeheure, leere Salzwüste, in der nach Regenfällen das Leben erwacht; dahinter breitet sich die Savanne aus.

Nordwestliches Namibia Zu den unglaublichsten Landschaften der Region zählen die Skeleton Coast und das Kaokoveld mit weiter offener Sicht und einsamen Wüstenstraßen.

Namib-Naukluft Park Der Park bietet einige der schönsten Sanddünen des Planeten und die karg-schönen Naukluftberge.

Spitzkoppe Der höchste Gipfel der Felskette, die quer durch Namibia verläuft.

ESSEN & TRINKEN

Die traditionelle Küche Namibias kennt einige wenige Hauptgerichte. Am verbreitetsten ist *oshifima*, ein teigartiger Hirsebrei, der zu einem Gemüse- oder Fleischeintopf gegessen wird. Weitere beliebte Gerichte sind *oshiwambo*, eine schmackhafte Speise mit Rindfleisch und Spinat, sowie *mealie pap*, eine Art Porridge.

Als Ausländer wird man solchen Gerichten kaum begegnen. Die meisten Restaurants in den größeren Städten Namibias servieren europäische Speisen und Meeresfrüchtegerichte.

In Namibia gibt's jede Menge Lagerbier, das beliebteste ist das leichte und erfrischende Windhoek Lager.

REISEZEIT

HAUPTSAISON
(Juni–Okt.)
Die Unterkünfte fordern Spitzenpreise und müssen Monate im Voraus gebucht werden.

ZWISCHENSAISON
(Mai & Nov.)
Mehr Unterkünfte sind frei und entsprechend fallen die Preise.

NEBENSAISON
(Dez.–April)
Unangenehme Tage wegen Schwüle und hohen Temperaturen.

BEGRÜSSUNGEN

Sich zu begrüßen, ist in Namibia eine regelrechte Kunstform, die in aller Form praktiziert wird. In manchen Fällen zieht sich das Geplänkel mit Nachfragen nach der Gesundheit, der Ernte und der Familie endlos hin.

Es ist aber unerlässlich, alle zu begrüßen – von einer gleichgültigen Begegnung bis zu einem wichtigen, ersten Zusammentreffen. Wer sich nicht daran hält, gilt als unhöflich. Wem es an Redegewalt mangelt, praktiziert den Handschlag, um das Eis zu brechen. In Afrika besteht er aus drei Teilen: dem normalen Handschlag, gefolgt von einem Verschränken der gebogenen Finger mit nach oben deutendem Daumen und einer Wiederholung des konventionellen Handschlags.

▼ UNTERWEGS VOR ORT

Eine große Zahl von Inlandsflügen nutzt den Flughafen Windhoek-Eros.

Das öffentliche Verkehrsnetz ist begrenzt. Öffentliche Busse bedienen die größten Orte, doch die wichtigsten Sehenswürdigkeiten erreicht man mit ihnen nicht. Minibusse fahren auf den Hauptstraßen durchs Land.

Mit dem Auto lässt sich Namibia am besten erkunden.

sächlich ist die gespenstische, einsame und ungezähmte Küste auch eines der unzugänglichsten Gebiete in Namibia. Hier in der Wildnis kann man seine Lieblingsmusik auflegen, sich zurücklehnen und Fantasie und Wirklichkeit eins werden lassen.

OKONJIMA NATURE RESERVE

7 In Namibia leben mehr Geparden als in jedem anderen Land der Erde, aber diese anmutigen Sprinter werden zunehmend Opfer im Konflikt zwischen Tier und Mensch. Hier hilft AfriCat mit dem schönen, 200 km² großen Okonjima Nature Reserve, das sich dem Schutz der Geparden und anderer Wildtiere widmet. Man kann Geparden, Leoparden und Wildhunde beobachten, und sich in den ausgezeichneten Info-Zentren über dieses Naturschutzprojekt informieren. Der Besuch lohnt dank komfortabler Unterkünfte, kundiger Führer, echter Wildnis und dem Gefühl, eine gute Sache zu unterstützen.

CAPE CROSS

8 Ein wenig bekanntes, aber unbedingt sehenswertes Bild: Mehr als 100 000 Südafrikanische Seebären liegen – ölglänzend und ziemlich streng riechend – vor der Atlantikdünung am Strand im Cape Cross Seal Reserve. In einer Weltecke, wo sonst Landraubtiere oder gewaltige Elefanten die größte Beachtung finden, ist das Beobachten dieser Unmenge von Meeressäugern ein besonderes Erlebnis.

CAPRIVIZIPFEL

9 Der Caprivizipfel, auch bekannt als Namibias Sambesi-Region, ist eine der seltsamsten Formen auf der Landkarte Afrikas. Der schmale Geländestreifen ist reich an Nationalparks. Früher wurden die Wildbestände hier durch Wilderei dezimiert, aber inzwischen erholen sie sich. Kein Wunder, denn das von Leben wimmelnde Okavangodelta und die Linyanti-Feuchtgebiete liegen gleich hinter der Grenze und/oder dem Fluss in Botswana. Man ist nur einen Steinwurf von Sambia und Botswana entfernt, sodass sich zahlreiche Optionen zur Weiterreise anbieten.

TWYFELFONTEIN

10 Sprechen Kenner von sagenhaften, jahrtausendealten Felskunststätten im südlichen Afrika, meinen sie in aller Regel die UNESCO-Welterbestätte Twyfelfontein. An den spektakulären Felswänden künden Felszeichnungen und -ritzungen von der Geschichte der Region, ihren Tieren, ihren Menschen und den klimatischen Veränderungen. Wer hierher kommt, kann glauben, auf einen verborgenen Schatz zu stoßen: Man spaziert durch eine unbezahlbare Bibliothek, die von einer ansonsten undokumentierten Epoche der frühen Menschheitsgeschichte berichtet.

WATERBERG PLATEAU

11 Ein Gebirgskamm zieht sich in Nord-Süd-Richtung mitten durch Namibia; eine der spektakulärsten Erhebungen ist das aus Sandstein bestehende Waterberg Plateau – eine jener Landschaften, die schon aus der Ferne (der Tafelberg ragt 150 m aus der umgebenen Ödnis hervor) eindrucksvoll und aus der Nähe absolut faszinierend sind. Abgesehen von der wunderbaren, wilden Landschaft

JETZT REISEN!

Namibia Tourism Board hat einige neue **Touren für die Erkundung des Landes** zusammengestellt. Die Route „Four Rivers" führt beispielsweise in den grünen Nordosten des Landes, während mit der Tour „Arid Eden" die Kunene Region erkundet werden kann. Neben einer genauen Routenbeschreibung werden auch Camps und Lodges vorgestellt, die an der Strecke liegen (Infos unter: namibia tourism.com.na).

gibt es hier auch viele Wildtiere zu sehen, darunter Spitzmaulnashörner, Rappen- und Pferdeantilopen.

DAMARALAND

12 Damaraland ist ein Namibia im Kleinen. Die braun-orange Landschaft leuchtet bei Sonnenuntergang blutrot– der Anblick allein lohnt den Besuch. Dies ist eine der schönsten Gegenden des Landes mit Bergen, sich schlängelnden Trockentälern, bizarren Baumformen und vor allem vielen Tieren. Spitzmaulnashörnern, Steppenelefanten und Löwen, den Königen der namibischen Wildnis, in dieser prächtigen Umgebung nachzuspüren, garantiert einen wunderbaren Urlaub.

RESERVIERUNGEN

Die Luxuslodge, das Zelt im Camp oder auch den einfachen Stellplatz sollte man viele Monate im Voraus reservieren. Das gleiche gilt auch für das Anmieten eines Geländewagens.

DIE RÜCKKEHR DER LÖWEN

Nach einigen schwierigen Jahrzehnten kehren die Löwen nach Namibia zurück. Ihre Hochburg ist der Etosha National Park mit ca. 450 bis 500 Tieren.

TOP: RADEK BOROVKA / SHUTTERSTOCK ©; BOTTOM: PYTY / SHUTTERSTOCK ©

HAUPTSTADT
Keine

BEVÖLKERUNG
9770

FLÄCHE
21 km²

AMTSSPRACHEN
Nauruisch

Bergspitzen aus Kalkstein an der Küste von Nauru

NAURU

Naurus Schönheit wird an der Küste sichtbar: Vögel schweben über grünen Klippen, die Sonnenuntergänge sind spektakulär, das Meer wirkt endlos.

Die Küste ist wunderschön – man kann baden, schnorcheln und den Sonnenuntergang über den Kokospalmen und dem Marschengestrüpp betrachten –, das Inselinnere aber präsentiert sich infolge des Phosphatabbaus als unheimliche Öde, aus der Kalksteinnadeln ragen. Die Felsen reflektieren die Sonne, was die Wolken vertreibt und der Grund für häufige Dürren ist.

Auf den Reichtum wegen des Bergbaus folgte die Armut, als die Vorkommen erschöpft waren. Das Land war dem Zusammenbruch nahe. Während des Phosphat-Booms der 1980er-Jahre war Nauru dem Pro-Kopf-Einkommen nach das zweitreichste Land der Erde; 30 Jahre später liegt das Durchschnittseinkommen bei ca. 9850 US$ pro Jahr. Seit 2001 ist Australiens umstrittenes „ausgelagertes" Flüchtlingscamp auf Nauru eine wichtige Geldquelle.

Vielleicht kann der einst geschmähte Tourismus Nauru helfen. Verkehrsmittel, Unterkünfte und Lokale sind dünn gesät, aber die Menschen sind freundlich.

Highlights

COMMAND RIDGE

1 Auf Naurus höchstem Punkt, von dem aus die Japaner im Zweiten Weltkrieg ausspähten, finden sich verrostete Waffen, darunter zwei Granatwerfer für 40-kg-Granaten. Den Kommunikationsbunker kann man besichtigen, wenn man eine Lichtquelle dabei hat. Man erkennt sogar japanische Schriftzeichen.

EHEMALIGES PRÄSIDENTENHAUS

2 Von den Ruinen des einst so prächtigen Präsidentenhauses hat man einen schönen Ausblick. Der Regierungssitz wurde 2001 von Einheimischen niedergebrannt, die über die schlechte Finanzverwaltung aufgebracht waren.

VERLADEKÄNE

3 Die erste Schiffsladung mit 2000 t Phosphat verließ Nauru 1907. Im folgenden Jahr begann der Aufbau einer industriellen Infrastruktur. Zwischen den Kriegen wurde der erste der beiden Verladekräne an der Küste errichtet, mit denen das Phosphat effizienter verladen werden konnte. Als nach dem Zweiten Weltkrieg die Phosphatnachfrage stieg, kam in den 1960er-Jahren ein zweiter hinzu.

REISEZEIT

HAUPTSAISON
(März–Okt.)

NEBENSAISON
(Nov.–Feb.)

ESSEN & TRINKEN

Weißkopfnoddy Die Vogelart mit ihrem sonderbaren Schrei gilt vor Ort als Delikatesse.

Demangi Palmwein aus vergorenem Kokoswasser.

Meeresfrüchte Speerfische, Gelbflossen-Thunfische, Barrakudas und andere Fische kann man bei einer Ausfahrt mit den Fischern fangen, anschließend grillen und genüßlich verspeisen.

HAUPTSTADT
Kathmandu

BEVÖLKERUNG
30,4 Mio.

FLÄCHE
147 181 km²

AMTSSPRACHE
Nepali

Buddhistische Mönche im Kloster Bodnath

NEPAL

Nepal liegt zwischen dem Himalaja und den Dschungeln der indischen Ebenen. Es ist das Land der schneebedeckten Gipfel und Sherpas, der Yaks und Yetis, der Klöster und Mantras.

Der nepalesische Himalaja ist für die meisten Bergwanderer der Heilige Gral. Einige der malerischsten und am leichtesten zugänglichen Wanderwege im Himalaja liegen hier, die u.a. zum Mount Everest oder zum Annapurna führen.

Für Adrenalinkicks sorgen Raftings auf einem reißenden Strom oder Bungee-Jumpings hinunter in eine scheinbar bodenlose Himalaja-Schlucht. Canyoning, Klettern, Kajakfahren, Gleitschirmfliegen und Mountainbiken sind weitere spektakuläre Aktivitäten in einer der großartigsten Landschaften der Erde.

Andere erleben Nepal lieber gemächlicher: Sie bewundern von einem Aussichtspunkt aus die Gipfel bei einem Gin Tonic, schlendern über die mittelalterlichen Plätze von Kathmandu, Lalitpur (Patan) und Bhaktapur oder schließen sich tibetisch-buddhistischen Pilgern bei ihrem Marsch zu jahrhundertealten Stupas und Klöstern an.

Highlights

ALTSTADT VON KATHMANDU

1 Auch nach dem Erdbeben von 2015 ist das historische Zentrum des alten Kathmandus immer noch ein architektonisches Freiluftmuseum mit prächtigen mittelalterlichen Tempeln, Pagoden, Pavillons und Schreinen. Hinter dem Durbar Sq. war einst die Heimat der nepalesischen Königsfamilie, und noch heute lebt hier die Kumari, Kathmandus lebendige Inkarnation der Göttin Durga. Der Platz bildet das Tor zum Labyrinth der mittelalterlichen Straßen, in denen es während der spektakulären Feste noch munterer zugeht als sonst.

WANDERN ZUM EVEREST-BASISLAGER

2 Ganz oben auf der To-Do-Liste vieler Besucher steht der zweiwöchige Trek zum Fuß des höchsten Bergs der Erde. Abgesehen von einigen Erdbebenschäden und der Tatsache, dass vom Everest nicht allzu viel zu sehen ist, sind die umliegenden Gipfel wirklich überwältigend. Die halbe Stunde, in der man das Bergglühen am herrlichen Pumori oder Ama Dablam beobachtet, ist den der Höhe geschuldeten Kopfschmerz allemal wert. Im Oktober drängen sich die Massen, aber ein freundlicher Empfang in den Sherpa-Lodges ist einem trotzdem sicher.

DEN ANNAPURNA CIRCUIT WANDERN

3 Die Umrundung des 8091 m hohen Annapurna-Massivs ist Nepals beliebtester Trek. Unterwegs warten komfortable Lodges auf müde Wanderer. Die Überquerung des Thorung La (5416 m) ist eine körperliche Herausforderung. Und dann wäre da noch das ungemein befriedigende Gefühl, aus tieferen Gefilden Nepals auf das Dach der Welt zu steigen. Idealerweise nimmt man sich genug Zeit und erkundet auch die spektakulären Nebenpfade (vor allem im Bereich von Manang). Ein paar der westlichen Abschnitte sind inzwischen

2

MEIQIANBAO / SHUTTERSTOCK ©

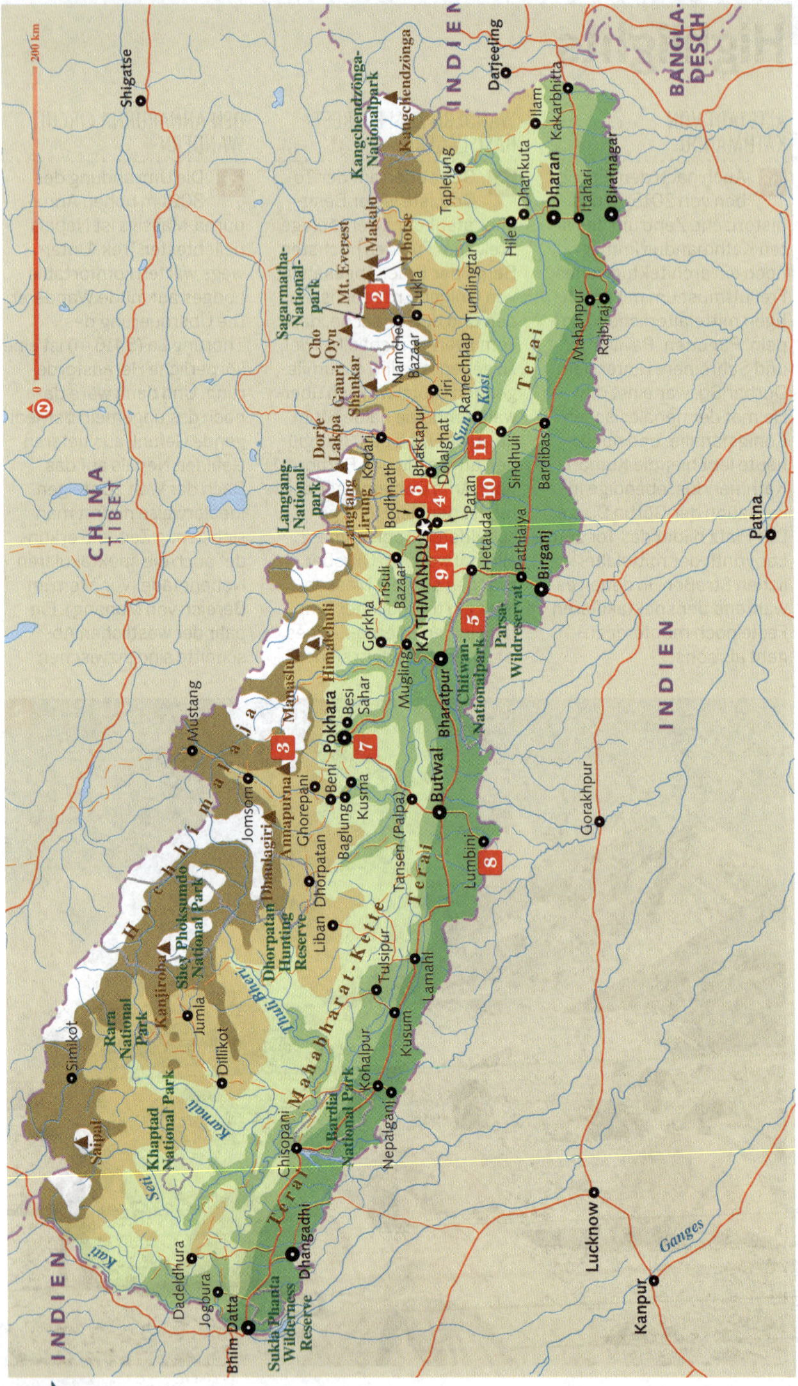

0
200 km
CHINA
TIBET
INDIEN
INDIEN
INDIEN
BANGLA-DESCH
Shigatse
Darjeeling
Kangchendzönga-Nationalpark
Kangchendzönga
Makalu
Mt. Everest
Lhotse
Sagarmatha-National-park
Cho Oyu
Gauri Shankar
Dorje Lakpa
Langtang-National-park
Langtang Lirung
Manaslu
Himalchuli
Annapurna
Dhaulagiri
Hochhimalaja
Shey Phoksundo National Park
Kanjiroba
Rara National Park
Khaptad National Park
Saipal
Seti
Kali
Karnali
Thuli Bheri
Dhorpatan Hunting Reserve
Mahabharat-Kette
Terai
Terai
Terai
Bardia National Park
Sukla Phanta Wilderness Reserve
Chitwan-Nationalpark
Parsa-Wildreservat
Sun Kosi
Ganges
Simikot
Mustang
Jomsom
Jumla
Dillikot
Dadeldhura
Jogbura
Bhim Datta
Dhangadhi
Chisopani
Nepalganj
Kohalpur
Kusum
Lamahi
Tulsipur
Liban
Dhorpatan
Ghorepani
Baglung
Beni
Kusma
Pokhara
Besi Sahar
Gorkha
Mugling
Bharatpur
Tansen (Palpa)
Butwal
Lumbini
Trisuli Bazaar
KATHMANDU
Bodhnath
Bhaktapur
Patan
Dolalghat
Kodari
Hetauda
Pathlaiya
Birganj
Sindhuli
Bardibas
Jiri
Ramechhap
Namche Bazaar
Lukla
Tumlingtar
Hile
Dhankuta
Taplejung
Ilam
Dharan
Itahari
Biratnagar
Kakarbhitta
Mahanpur
Rajbiraj
Patna
Gorakhpur
Lucknow
Kanpur
1
2
3
4
5
6
7
8
9
10
11

Straßen. Wanderer können sie aber dank einiger Alternativrouten umgehen.

BHAKTAPUR

4 Von den drei ehemaligen Stadtstaaten – heute alle UNESCO-Welterbestätten –, die um die Herrschaft über das Kathmandu-Tal rangen, ist Bhaktapur die stimmungsvollste. Trotz schwerer Schäden durch das Erdbeben von 2015 bersten die Nebenstraßen immer noch von Tempeln und Pagoden. Zu ihnen gehört der Nyatapola-Tempel, Nepals größter Tempel. Krumme, von roten Ziegelgebäuden gesäumte Gassen führen zu Plätzen, wo Einheimische Getreide trocknen und Töpferwaren herstellen. Eine Erkundung der Straßenlabyrinths ist trotz der Narben, die das Erdbeben hinterlassen hat, immer noch ein Erlebnis. Wer aber in die Stadt richtig eintauchen will, sollte in einer Pension übernachten oder eines der Feste besuchen.

CHITWAN-NATIONALPARK

5 Dieser Nationalpark liegt in den feuchtwarmen Ebenen des „anderen Nepal". Er gehört zu Asiens besten Revieren für Tierbeobachtungen: Hier kann im Morgennebel nach Tigern oder Nashörnern Ausschau halten. Auch sonst können Parkbesucher allerlei unternehmen, z. B. Dörfer der einheimischen Tharu besuchen oder eine geführte Wanderung in den Wald antreten, der voller unheimlicher Geräusche ist.

BODHNATH-STUPA

6 Das Dorf Bodhnath ist das Herz von Nepals tibetischer Gemeinde und Standort des größten Stupas in Asien. Dessen spektakuläre weiße Kuppel wird von einer Spitze gekrönt und lockt buddhistische Pilger von weither an. Ebenso faszinierend sind die Straßen, auf denen sich viele Mönche mit kahlen Köpfen und rötlich-braunen Kutten tummeln. An den Straßen stehen tibetische Klöster neben Läden für Gebetsmühlen und Räucherwerk.

REISEZEIT

HAUPTSAISON
(Okt.–Feb.)
Warme Tage prägen die beliebteste Reisezeit.

ZWISCHENSAISON
(März–Mai)
Die zweitbeste Option für einen Besuch und Wanderungen sind die warmen Frühlingsmonate.

NEBENSAISON
(Juni–Sept.)
Die Regenfälle des Monsuns bringen Erdrutsche mit sich, und Wolken verdecken oft den Blick auf die Berge.

TOP-BÜCHER

Auf der Spur des Schneeleoparden (Peter Matthiessen; 1978) Über einen Trek nach Dolpo.

Snake Lake (Jeff Greenwald; 2010) Familientragödie während der nepalesischen Revolution.

TOP-FILME

Himalaya – Die Kindheit eines Karawanenführers (Eric Valli; 1999) Mit Dolpo als Drehort.

Everest (Baltasar Kormákur; 2015) Das Bergsteigerdrama erzählt die Geschichte des Unglücks von 1996 am höchsten Berg der Erde.

MUSIK IN NEPAL

Im letzten Jahrzehnt hat es eine Renaissance von Musik und Liedern auf Nepali gegeben. Die überall präsenten Hindi-Filmsongs wurden dank Fortschritten im UKW-Rundfunk durch eine muntere lokale Musikszene zurückgedrängt.

Auf dem Land sorgen Dorfbewohner meist selbst für die Unterhaltung. Tänze und traditionelle Musik sorgen bei Festen und Familienfeiern für Stimmung. Dann hört man in den Dörfern die Klänge der *bansari* (Flöten), *madal* (Trommeln) und Zymbeln oder gibt sich Andachtsgesängen und dem sanften Klimpern der viersaitigen *sarang* hin. Beim Singen können Mädchen und Jungen miteinander flirten, und bei Tänzen oder mit improvisierten Liedern ihre Anmut und ihr Können beweisen.

Eine gute Einführung in die nepalesische Volksmusik bietet die Gruppe Sur Sudha (www.sursudha.com), deren Aufnahmen einen zurück in die Region entführen, auch wenn die letzte *dal bhat* (Linsensuppe mit Reis) schon lang zurückliegt. Hörenswert sind ihre Alben *Festivals of Nepal* und *Images of Nepal*.

▾ UNTERWEGS VOR ORT

Flüge von/zu größeren Städten sind praktisch, Gebirgsflüge zu den Ausgangspunkten von Bergwanderungen aber stark wetterabhängig und oft verspätet.

Mit Fahrrädern kommt man billig und bequem herum; in Kathmandu und Pokhara gibt's viele Fahrradverleihe.

Die Busse der Touristenklasse sind bequem, in der Regel klimatisiert sowie relativ sicher und verlässlich. Mikro- oder Minibusse sind schnell, aber meist überfüllt. Regionalbusse sind ausnahmslos unbequem, überfüllt und langsam.

Autovermietungen für Selbstfahrer gibt's in Nepal nicht, man kann aber leicht über Reiseveranstalter ein Auto oder Jeep mit Fahrer mieten. Motorradvermietungen finden sich in Kathmandu und Pokhara.

Abends kann man sich den Pilgern anschließen und die tägliche *kora* (Umrundung des Stupas) zelebrieren.

AUSSICHT IN POKHARA

7 Nepals zweitgrößte Touristenstadt ist nicht so geschichtsträchtig wie Kathmandu. Das entspannte Flair in einer der schönsten Lagen des Landes entschädigt dafür aber. Zum Sonnenuntergang bietet sich ein unvergesslicher Blick, wenn man den Machhapuchhare und den Annapurna von den Aussichtspunkten auf den umliegenden Hügeln aus betrachtet oder bestaunt, wie sich die Berge im Wasser des Phewa-Tals spiegeln. Aussicht pur gibt's auch beim Trekken, Mountainbiken und – am besten von allem – Gleitschirmfliegen hoch über der Talebene.

MAYA-DEVI-TEMPEL, LUMBINI

8 Eine Wallfahrt zum Maya-Devi-Tempel, Buddhas Geburtsort, zählt zu den großen spirituellen Reisen auf dem Subkontinent. Die genaue Stelle, an der Siddhartha Gautama vor 2500 Jahren geboren wurde, wurde erst vor ca. 100 Jahren wiederentdeckt. Nach ihrer Besichtigung kann man sich die multinationalen Tempel ansehen. Die intensivste Erfahrung besteht aber wohl darin, ein Buch über den Buddhismus an einen stillen Ort mitzunehmen und über die Natur des Daseins zu meditieren.

SWAYAMBHUNATH

9 Der malerische, weiß getünchte Stupa von Swayambhunath ist eine UNESCO-Welterbestätte und einer der heiligsten buddhistischen Schreine des Landes. Der große Stupa, den das Erdbeben von 2015 im Gegensatz zu vielen umstehenden Gebäude verschonte, ist *der* Bezugspunkt der buddhistischen Verehrung. Pilger wandern zu den Schreinen, drehen Gebetsräder und murmeln Mantras, während ganz in der Nähe Wahrsager aus der Hand lesen und Ladenbesitzer magische Amulette und heilige Perlen verkaufen. Bei Einbruch der Dunkelheit hat man einen herrlichen Blick auf die Lichter der Stadt Kathmandu.

PATAN (LALITPUR)

10 Kathmandus Schwesterstadt erhält nicht die Aufmerksamkeit, die sie verdient. Patan ist eine Stadt miteinander verbundener buddhistischer Höfe und versteckter Tempel. Man wandert durch faszinierende Gassen, schlendert über den prächtigen, nach dem Erdbeben allmählich wieder restaurierten Durbar Sq und besucht das hervorragende Patan Museum. Da einen hier auch noch vier antike Stupas und die besten internationalen Restaurants im Tal erwarten, braucht man schon mehrere Rundgänge. Wer hier übernachtet, hat die Gassen ganz für sich allein.

WILDWASSER-RAFTEN

11 Nepal ist eines der weltweit besten Rafting- und Kajak-Ziele. Ströme wie der Trisuli und der Bhote Kosi versprechen Tagesausflüglern spannende Wildwasserabenteuer. Noch besser sind mehrtägige Unternehmungen, bei denen es auf dem Karnali, Tamur oder Sun Kosi durch einige der abgelegensten Ecken Nepals geht. Unternehmen wie Ultimate Descents veranstalten alles, von Wildwasserfahrten bis zu beschaulichen Bootstouren durch den Dschungel mit Übernachtungen auf unberührten Sandstränden.

▼ HEILIGE LANDSCHAFTEN

Hindu und Buddhisten betrachten das Land als heilige Landschaft. Zusammenflüsse und Quellen von Flüssen, Bergseen und Gipfel gelten als heilige Orte.

▼ HOLI

Während des Holi (Feb. oder März) werden großzügig farbiges Pulver und Wasser in Vorfreude auf die kommenden kühlen Monsuntage verteilt. Ausländer werden besonders beachtet – die Kamera schützen und alte Kleidung anziehen!

HAUPTSTADT
Nouméa

BEVÖLKERUNG
271400

FLÄCHE
18 275 km²

AMTSSPRACHE
Französisch

Grand Lagon Nord (Nordlagune)

NEUKALEDONIEN

Neukaledonien lockt mit verführerischen, zum Weltnaturerbe zählenden Lagunen, aquamarinblauem Wasser und weißen Sandstränden.

Hier hat der Südpazifik einen französischen Einschlag, vor allem rund um Nouméa mit seiner Herzlichkeit, seiner europäischen Eleganz, den Resorts, Bungalows und kulinarischen Genüssen. Hinter langen Stränden finden sich Cafés und Bars, und am Horizont zeichnen sich winzige Inseln ab. Draußen auf den Îles Loyauté genießt man die Gastfreundschaft der Einheimischen und lernt die Kultur der Kanaken kennen. Die legendäre Île des Pins lohnt eine Erkundung, ebenso eine Tour zur Nordküste von Grande Terre. Reizvoll sind Kajaktouren, Flüge in Ultraleichtflugzeugen, Kletterpartien, Segeltörns, Tauchgänge hinunter in die Welt der Korallen, Schluchten, Höhlen und Schiffswracks, Walbeobachtungs- oder Schnorcheltouren und das Relaxen auf dem warmen Sandstrand einer einsamen Insel.

Eine herrliche Lagune umgibt Neukaledonien mit allen Schattierungen von Blau, Grün und Türkis. Dass die Lagune zur UNESCO-Welterbestätte erklärt wurde, animiert alle Einwohner sie zu schützen.

Highlights

LA PISCINE NATURELLE

1 Ein schmaler Kanal schützt das türkisblaue Wasserbecken auf der Île des Pins vor dem Meer. Die Schnorchelbedingungen sind unglaublich, und wenn man sich ins knietiefe Wasser an den Sandstrand setzt, schwimmen Fische heran – ein tolles Erlebnis!

GRANDE TERRES ÄUSSERSTER SÜDEN

2 Der äußerste Süden ist das Abenteuer-Zentrum der Insel – hier hängt die Unterkunft buchstäblich in den Bäumen (man kann in aufgehängten Segeltuch-Kokons schlafen). Im 80 km² großen Parc Provincial de la Rivière Bleue unternimmt man eine Mondschein-Kajaktour durch einen Wald im Wasser stehender Kauri-Bäume und macht sich dann auf den Weg zur kleinen, ehemaligen Sträflingssiedlung Prony. Das ist eines der ungewöhnlichsten Dörfer Neukaledoniens – ein Ensemble aus Flüssen, zerfallenden Ruinen, historischen Wohnhäusern und einem Strand.

OUVÉA

3 Die wundervolle Insel besitzt einen 25 km langen Sandstrand, Gras, tropische Blumen und einen Wald, in dem der geschützte Ouvéasittich lebt. Draußen im Meer liegt eine Kette winziger Inseln, die Pléiades. Die hinreißende, türkisfarbene Lagune von Ouvéa war eines von sechs Meeresgebieten in Neukaledonien, die zum UNESCO-Welterbe erklärt wurden; sie lädt zu allerlei Aktivitäten ein.

REISEZEIT

HAUPTSAISON
(Sept.–März)

ZWISCHENSAISON
(April–Aug.)

NEBENSAISON
(Dez.–März)

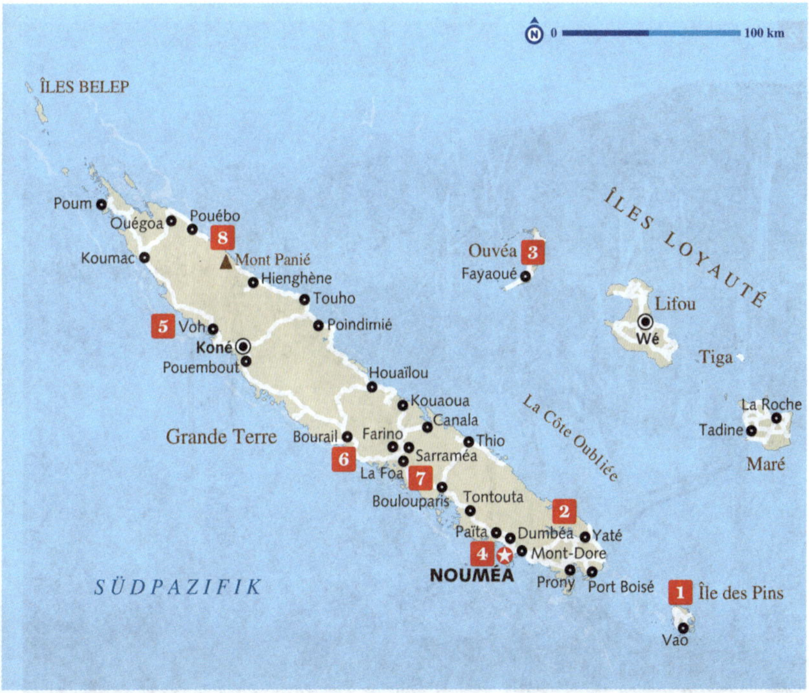

LE MARCHÉ, NOUMÉA

4 Der bunte, vieleckige Markt liegt neben der Marina am Port Moselle in Nouméa. Fischer löschen ihren Fang, Laster laden Obst, Gemüse und Blumen ab, und es gibt frisch gebackenes Brot, Kuchen, Oliven und Pasteten. Im Bereich für Kunsthandwerk gibt's ein Café, und am Samstag und Sonntag sorgt Livemusik für Unterhaltung. Morgens ist hier am meisten Betrieb.

LA COEUR DE VOH

5 Der Mangrovensumpf nördlich von Koné auf Grande Terre weist einzigartige Merkmale auf. Am Faszinierendsten ist die Herzform des Cœur de Voh, die auf dem Cover von *Die Erde von oben*, einem Buch mit Luftaufnahmen des bekannten Fotografen Yann Arthus-Bertrand, zu sehen ist. Auch in natura erkennt man die Herzform am besten aus der Luft. Die Flüge mit Ultraleichtflugzeugen führen auch zu einer Lagune: Man blickt in ein „Blaues Loch" und kann Rochen, Meeresschildkröten und Haie erspähen, da die Flugzeuge so niedrig fliegen.

LA ROCHE PERCÉE

6 Nur zehn Fahrtminuten außerhalb der Ortschaft Bourail besteht La Roche Percée (der durchbrochene Felsen) aus zwei berühmten Felsformationen: La Roche Percée, einer Landspitze mit einem Loch, durch das man gehen kann, sowie Le Bonhomme, einem aufgerichteten, rundlichen Felsen vor dem Ende

UNTERWEGS VOR ORT

Sehr gute Flugverbindungen bestehen in den Norden von Grande Terre, zu den Îles Loyauté und zur Île des Pins.

Die Schnellfähre *Betico 2* verbindet Nouméa mit den Îles Loyauté und der Île des Pins.

Busse fahren regelmäßig auf Grande Terre, auf den äußeren Inseln nur eingeschränkt.

2

der Landzunge. Die Wellen an der Plage de la Roche Percée werden von einer Unterbrechung in dem umsäumenden Riff verursacht, man braucht also nicht vor das Riff hinauszufahren, um Wellen zu reiten. Die Strände in der Gegend sind als Nistgelände von Meeresschildkröten bekannt, Einheimische schützen ihre Nester.

LE PARC DES GRANDES FOUGÈRES

7 Der 4500 ha große „Park der großen Farne" liegt in den Bergen nahe von La Foa in der Mitte von Grande Terre und besitzt tropischen Regenwald mit einer reichen, vielfältigen Flora und Fauna. Wie der Name verrät, wachsen hier jede Menge Farne, und auch die heimische Vogelwelt ist zahlreich vertreten. Gut markierte Wanderwege (45 Min.–6 Std.) führen durch den Park, und es gibt auch Mountainbike-Trails.

NORDOSTKÜSTE

8 Der wildeste Abschnitt der Küste von Grande Terre liegt nördlich von Hienghène. Inmitten tropischer Vegetation stürzen hier Wasserfälle und Bäche die Berge hinunter ins Meer. Eine kleine Fähre führt über den Fluss Ouaïème, es gibt viele einspurige Brücken und Stände mit Obst und Schnitzereien am Straßenrand. Faszinierend ist das historische Gelände um Balade: Hier landete James Cook und gab der Insel ihren Namen; 1853 nahm hier Frankreich die Insel ein.

DANITA DELIMONT / GETTY IMAGES ©

▼ ESSEN & TRINKEN

Bougna Eine Mischung aus Taro, Yams, Süßkartoffeln, Gemüse und Fleisch, Fisch oder Meeresfrüchten, die mit Kokosmilch übergossen und, in Bananenblätter gewickelt, gegart wird.

Fleisch & Meeresfrüchte Hummer, Palmendiebe, Dugongs und Meeresschildkröte stehen auf dem traditionellen Speisezettel. Heute dürfen Schildkröten und Dugongs aber nur noch für den Eigenbedarf gejagt werden; die kommerzielle Jagd ist verboten.

Französische Gerichte Nouméa besitzt jede Menge französischer Restaurants aller Art.

Getränke Die beliebtesten alkoholischen Getränke sind *vin* (Wein) und *bière* (Bier), geschätzt werden aber auch Aperitifs wie der französische Anisschnaps *pastis*.

Grundnahrungsmittel Fisch, Kokosnuss, Bananen, Taro, Süßkartoffeln und Yams.

▼ PERLBOOTE

Perlboote haben sich seit mehr als 100 Mio. Jahren nicht verändert. Die lebenden Fossilien sind die Letzten einer Familie, die es vor 450 Mio. Jahren gab, und zu der auch die Ammoniten zählten, deren Schale an ein Widderhorn erinnert. Es ist unbekannt, warum der Großteil der Gruppe vor 70 Mio. Jahren plötzlich ausstarb. Sechs überlebende Arten kommen heute noch im Südwestpazifik vor, eine davon, *Nautilus macromphalus*, nur in Neukaledonien.

Perlboote sind Weichtiere und die einzigen Kopffüßer mit einer äußeren Schale. Mithilfe eines Gewebeschlauchs (Sipho) bewegen sie sich nach dem Rückstoßprinzip durchs Wasser; durch Einpumpen von Gas und Luft in die Kammern regulieren sie ihren Auftrieb. Perlboote meiden helles, warmes Wasser und leben an den äußeren Hängen des Barriereriffs in Tiefen von bis zu 500 m.

HAUPTSTADT
Wellington
BEVÖLKERUNG
5,0 Mio.
FLÄCHE
268 838 km²
AMTSSPRACHEN
Englisch, Maori

Kaikoura

NEUSEELAND

Während sich vielerorts auf der Welt das Klima (auch das politische) zunehmend aufheizt, ist es beruhigend zu wissen, dass es Neuseeland gibt. Das grüne, friedliche und aufgeschlossene Land ist eine echte Zufluchtsstätte.

Neuseeland ist größer als das Vereinigte Königreich, hat aber nur ein Vierzehntel von dessen Einwohnerzahl. Dafür gibt's herrliche Wälder, Berge, Seen, Strände und Fjorde, die Neuseeland zu einem der weltweit schönsten Wandergebiete machen. Man kann einen der neun legendären „Great Walks" in Angriff nehmen, einige Stunden an einem Strand umherwandern, eine Kanutour unternehmen oder die leicht zugängliche Wildnis mit dem Mountainbike erkunden.

Auch das moderne Neuseeland ist noch immer stark von der Maori-Kultur geprägt: Überall in Neuseeland kann man *Te Reo Māori* (die maorische Sprache) hören, Maori-Fernsehen empfangen, an einem *hangi* (Maori-Festmahl) teilnehmen oder sich eine der interessanten Vorführungen anschauen, zu denen auch traditionelle Maori-Gesänge und -Tänze gehören; natürlich darf ein markerschütternder *haka* (Kriegstanz) da nicht fehlen.

Highlights

WELLINGTON

1 Das windige Wellington ist eine der coolsten kleinen Hauptstädte der Welt und wird seinem Ruf als hippes, vielfältiges und in sich ruhendes Zentrum gerecht. Die Stadt ist für ihre Kunst- und Musikszene bekannt, für ausgezeichneten Espresso und mehr Restaurants pro Kopf als New York. Jetzt sind noch etliche Bars hinzugekommen, die Craft Beer anbieten. Eigenwillig, aber gesellig, farbenfroh und doch oft in Schwarz gekleidet, liebt Wellington das Unerwartete und Unkonventionelle. Das launische Wetter gibt dem Erlebnis zusätzliche Würze.

AUCKLAND

2 Zwischen zwei Meeresbuchten erhebt sich Auckland auf den Überresten längst erloschener Vulkane. Die Stadt ist wahrlich keine Metropole wie jede andere: In der Liste der Städte mit der höchsten Lebensqualität rangiert Auckland regelmäßig weit oben. Zwar kann es beim Unterhaltungsangebot nicht mit New York oder London mithalten, dafür locken aber Strände und Weinbaugebiete, und die Millionenbevölkerung ist Nährboden für eine blühende Restaurant-, Bar- und Livemusikszene. Kulturfeste werden in dieser ethnisch vielfältigen Stadt – in keiner anderen Großstadt leben so viele Polynesier – mit Begeisterung gefeiert.

BAY OF ISLANDS

3 Türkisfarbenes Wasser, Delfine, die am Bug des Bootes schwimmen, Schulen von Orcas, die durchs Wasser gleiten ... Nicht selten sind es diese Bilder, die Traveller nach Neuseeland locken – und die Bay of Islands ist genau der richtige Ort, dies alles live zu erleben. Egal, ob Seebär oder Landratte: Es gibt unzählige Optionen, die einen aufs Wasser ziehen, um die über 150 Inseln der schönen Bucht zu erkunden.

1

PETE SEAWARD / LONELY PLANET ©

MILFORD SOUND

4 Mit Glück erlebt man den Milford Sound an einem klaren, sonnigen Tag. Dann zeigt sich seine unschlagbare Mischung aus Wasserfällen, grünen Klippen, schroffen Gipfeln und dunkelblauem Wasser von der schönsten Seite. Wahrscheinlicher jedoch ist, dass man auf die für Fjordland typische Kombination aus Nebel und Nieselregen trifft und man die Umrisse des Mitre Peak wie durch einen Schleier sieht. Auf alle Fälle sollte man nach Robben und Delfinen spähen, etwa wenn man Neuseelands berühmtesten Fjord per Kajak erkundet.

DANITA DELIMONT / GETTY IMAGES ©

0
200 km
SÜDPAZIFIK
TASMANSEE
Great Exhibition Bay
Bay of Islands
Kaitaia
Waitangi
Opononi
Whangarei
Hen & Chicken Islands
Dargaville
Wellsford
Hauraki Gulf
Great Barrier Island
Kaipara Harbour
Helensville
Whitianga
Coromandel Peninsula
Auckland
Drury
Thames
Hamilton
Tauranga
Raglan
Bay of Plenty
Te Kaha
Kawhia
Whakatane
Opotiki
Rotorua
Te Kuiti
Gisborne
Lake Taupo
New Plymouth
Wairoa
Tongariro National Park
Mt. Taranaki (Mt. Egmont)
Stratford
Hawke Bay
Mt. Ruapehu
Opunake
Napier
Hawera
Hastings
Whanganui
Waipawa
Golden Bay
Marlborough Sounds
Woodville
Collingwood
Abel Tasman National Park
Takaka
Tasman Bay
Karamea
Richmond
WELLINGTON
Cook Strait
Mt. Owen
Blenheim
Westport
St. Arnaud
Punakaiki
Kaikoura
Greymouth
Hokitika
Arthur's Pass
Ross
Mt. Murchison
Franz-Josef-Gletscher
Pegasus Bay
Fox-Gletscher
Methven
Christchurch
Aoraki/ Mt. Cook
Haast
Akaroa
Lake Tekapo
Jackson Bay
Ashburton
Lake Pukaki
Temuka
Milford Sound
Lake Wanaka
Omarama
SÜDPAZIFIK
Waimate
Milford
Cromwell
Oamaru
Queenstown
Lake Te Anau
Lake Wakatipu
Alexandra
Palmerston
Lake Manapouri
Lumsden
Dunedin
Winton
Gore
Milton
Tuatapere
Invercargill
Catlins Conservation Park
Foveaux Strait
Bluff
Stewart Island (Rakiura)
Oban
1
2
3
4
5
6
7
8
9
10
11
12

TOP-FILME

Herr-der-Ringe-Trilogie (Sir Peter Jackson; 2001–03) Hobbits, Drachen und Magie – Tolkiens fantastische Ideen bildgewaltig in Neuseelands Landschaft umgesetzt.

Hobbit-Trilogie (Sir Peter Jackson; 2012–14) Noch mehr sehenswerte Hobbit-Abenteuer.

Das Piano (Jane Campion; 1993) Ein Piano und ihre Besitzerinnen kommen Mitte des 19. Jhs. am Strand der West Coast an.

Whale Rider (Niki Caro; 2002) Zauberhafte Story über Familie und Tradition auf der Nordinsel.

TOP-BÜCHER

Die Gestirne (Eleanor Catton; 2013) Der mit dem Man Booker Prize ausgezeichnete Roman handelt von Verbrechen in den Goldfeldern der West Coast.

Mister Pip (Lloyd Jones; 2007) Beim Bürgerkrieg auf Bougainville erweisen sich Dickens' *Große Erwartungen* als Überlebenshilfe.

Lebende Fracht (Maurice Gee; 1998) Verlust und Wiedergutmachung in der Nachkriegszeit.

Abends um 10 (Kate de Goldi; 2009) Der 12-jährige Frankie wird mit den ewigen Fragen des Lebens konfrontiert.

REISEZEIT

HAUPTSAISON
(Dez.–Feb.)
Sommer: gut besuchte Strände, Outdoor-Erkundungen, Festivals und Sport-Events.

ZWISCHENSAISON
(März, April & Sept.–Nov.)
Schönes Wetter, kürzere Schlangen. Lange Abende bei neuseeländischem Wein oder Craft-Bier.

NEBENSAISON
(Mai–Aug.)
Keine Touristenmassen, Sonderangebote in Unterkünften. Gute Skibedingungen an den Hängen der Neuseeländischen Alpen.

WAIHEKE ISLAND & HAURAKI GULF

5 Der von Inseln übersäte Hauraki Gulf ist Aucklands Wasserspielplatz und ein Jachtparadies. Er schützt den Hafen und bietet für die City of Sails gute Gelegenheiten, in See zu stechen. Trotz des geschäftigen Verkehrs auf dem Wasser leben im Golf zahlreiche Wale und Delfine. Rangitoto Island ist eines der Wahrzeichen der Stadt; die Insel mit der fast perfekten Form eines Vulkankegels ist ein beliebtes Motiv. Dennoch ist Waiheke mit seinen Stränden, Weinkellereien und gehobenen Restaurants das beliebteste Inselziel vor Auckland.

ROTORUA

6 Das erste, was hier auffällt, ist der Geruch von Schwefelwasserstoff – die Thermalquellen hier müffeln ganz gewaltig. Aber die Leute kommen gerade wegen der vulkanischen Nebenprodukte: der hochspritzenden Geysire, des blubbernden Schlamms, der dampfenden Spalten und der heißen Quellen mit mineralreichem Wasser. Rotorua ist einmalig – was kommerziell ausgenutzt wird. Besucher müssen trotzdem kein Vermögen ausgeben: günstige (oder kostenlose) Begegnungen mit dem vulkanischen Land gibt's in Parks, Maori-Dörfern und sogar am Straßenrand.

ABEL TASMAN NATIONAL PARK

7 In diesem Nationalpark zeigt sich die Natur von ihrer verführerischsten Seite: üppig grüne Hügel mit goldenen Sandbuchten, die sanft ins flache, warme Wasser des kristallklaren,

BAUERNMÄRKTE

Landesweit gibt's mehr als 50 Bauernmärkte. Die meisten finden am Wochenende statt und sind Lokalereignisse, bei denen man Lebensmittel direkt bei regionalen Produzenten kaufen kann. Infos unter www.farmersmarkets.org.nz.

DIE HONGI-BEGRÜSSUNG

Stirnen und Nasen werden aneinander gepresst, die Hände gedrückt und dazu oft Grußworte wie „*Kia ora*" oder „*Tēnā koe*" gesprochen. Mancherorts ist eine Berührung (für einige Sekunden) üblich, anderswo zwei kürzere.

TAPU

Tapu (Geheiligtes, Unantastbares) und *mana* (Macht und Ansehen) werden bei den Maori sehr ernst genommen. Besucher setzen sich auf angebotene Stühle oder Sitze (nie auf einen Tisch). Man geht um Menschen herum und schreitet nie über sie hinweg. Das *powhiri* (Begrüßungszeremonie der Maori) ist *tapu*, und das Mischen von Essen und *tapu* ist eine Beleidigung. Deswegen nur essen und trinken, wenn man aufgefordert wird! Verhungern wird man nicht, denn auch *manaakitanga* (Freundlichkeit) ist enorm wichtig.

Je nach Region gibt es beim *powhiri* verteilte Rollen für die Geschlechter: Frauen rufen herbei (*karanga*), Männer reden (*whaikōrero*); Frauen führen den Zug zum *marae* (Zeremonialstätte), Männer sitzen auf den *paepae* (den Rednerbänken). Heute gibt es Debatten über diese Rollenverteilung.

blauen Meeres abfallen. Der Abel Tasman National Park ist ein vollkommenes Postkartenparadies, das unendlich viele mögliche Posen für Erinnerungsfotos bietet: Wandern, Kajakfahren, Schwimmen, Sonnenbaden oder sonstige Aktivitäten in der Natur. Diese wunderschöne Ecke von Neuseeland legt die Messlatte ziemlich hoch. „Sweet-as", wie der Kiwi sagen würde.

KAIKOURA

8 Die Maori mit ihrem Gelüst auf Meeresfrüchte waren die ersten, die in Kaikoura (was „Langusten essen" bedeutet) siedelten. Heute ist der Ort der beste in Neuseeland, um Meerestiere zu verspeisen oder sie zu sehen. Die Languste steht immer noch ganz oben auf der Speisekarte, aber bei Angeltouren kann man auch andere essbare Gesellen erbeuten. Wale, Delfine und Neuseeländische Seebären stehen nicht auf dem Speisezettel, aber Beobachtungstouren per Boot oder Flugzeug sind ein großes Geschäft. Solche Touren sind weltweit umstritten, aber die hiesigen Veranstalter halten sich an strenge, von der Naturschutzbehörde überwachte Vorschriften.

WEST COAST

9 Die West-Coast-Region liegt zwischen der Tasmansee und den Neuseeländischen Alpen und lässt sich mit sonst keinem Gebiet in Neuseeland vergleichen. An den äußersten Enden der Küste fühlt man sich ganz weit weg – vom verschlafenen Karamea am Kahurangi National Park bis zum südlichen Ende der SH6, dem Tor zu Neuseelands Welterbestätten. Dazwischen erstreckt sich ein betörender Mix aus Küste, Wildnis, Geschichte und Highlights wie den Pancake Rocks bei Punakaiki oder dem Franz-Josef- und dem Fox-Gletscher.

ZENTRALES OTAGO

10 Hier lassen sich körperliche Herausforderungen und Genuss prima kombinieren. Per Rad erkundet man den leicht befahrbaren Otago Central Rail Trail, der durch schroffe, schöne Landschaften und denkmalgeschützte Straßen ehemaliger Bergarbeitersiedlungen führt. Unterwegs kann man im

Sommer von den Steinfrüchten naschen, für die die Region berühmt ist. Dazu gönnt man sich ein Bier in einem der historischen Pubs. Alternativ kostet man einen der bekannten edlen Tropfen der Gegend.

WAITOMO CAVES

11 Waitomo ist ein Muss: ein erstaunliches Labyrinth aus unterirdischen Höhlen, Schluchten und Flüssen, die den Kalkstein des nördlichen King Country durchziehen. Der große Hit hier ist das Raften durch dunkle Höhlen (*black-water rafting*). Es gibt aber auch Glühwürmchen-Grotten, unterirdisches Abseilen und zahllose Stalagmiten und Stalaktiten. Das Örtchen Waitomo besteht vor allem aus einer kleinen Brauerei, einem Café, einem Wohnmobilpark und einigen B&Bs. Die eigentliche Party aber steigt unter der Erdoberfläche!

QUEENSTOWN

12 Queenstown ist als Geburtsort des Bungee-Jumping bekannt, das Abenteuerzentrum hat aber noch viel mehr zu bieten. Vor der malerischen Kulisse der bläulich schimmernden, schroffen Bergkette der Remarkables können Traveller skifahren, wandern oder mountainbiken und abends in kosmopolitischen Restaurants speisen oder in Bars feiern, die zu den besten im Land zählen. Am nächsten Tag locken z. B. Gleitschirmfliegen, Kajakfahren oder Raftings, sofern man es nicht bei einem Trip nach Arrowtown oder Glenorchy etwas gemächlicher angehen lässt.

12

NICRAM SABOD / SHUTTERSTOCK ©

UNTERWEGS VOR ORT

Inlandsflüge sind günstig, häufig und obendrein noch schnell.

Im ganzen Land gibt's verlässliche, häufige Busverbindungen (die in der Regel billiger als Flüge sind).

Mit einem Auto reist man im eigenen Tempo und kann abgelegene Gebiete und Regionen besuchen. Autovermietungen finden sich in allen größeren Städten. In Neuseeland herrscht Linksverkehr.

Zuverlässig und regelmäßig fahren Züge auf der Nord- und Südinsel – sie sind aber weder billig noch schnell.

HAUPTSTADT
Managua

BEVÖLKERUNG
6,2 Mio.

FLÄCHE
130 370 km²

AMTSSPRACHE
Spanisch

Catedral de Granada

NICARAGUA

Nicaragua empfängt Traveller mit Vulkanlandschaften, Kolonialarchitektur, tollen Stränden und unberührten Wäldern – die Angebote reichen von atemberaubend bis einfach nur unglaublich.

Auf der Suche nach dem ultimativen Kick? Nicaragua mit seiner vielseitigen Landschaft, intensiven Energie und Zwanglosigkeit ist ideal für allerlei Outdoor-Abenteuer. Hier kann man einige Punkte auf der Liste der Dinge abhaken, die man schon immer mal tun wollte: einen aktiven Vulkan besteigen, in Unterwasserhöhlen tauchen, mit dem Kanu durch Sümpfe voller Alligatoren paddeln, über das Meer von einer winzigen Insel zur nächsten schwimmen oder mitten im Dschungel unter einer spanischen Festung einen mehr als 90 kg schweren Tarpun an Land ziehen. Und ob man seine Zehen in das Karibische Meer taucht oder in die donnernden Wogen des Pazifiks hinauspaddelt – Nicaraguas Strände sind absolut lohnend.

Nicaraguas Natur ist relativ ungezähmt. Damit ist das „Land der Seen und Vulkane" ideal für ein Abenteuer auf eigene Faust. Und überall trifft man auf Einheimische, die ihre Kultur gerne mit Fremden teilen.

Highlights

GRANADA

1 Granada übt eine starke Anziehungskraft aus. Den Reiz der Innenstadt bilden die malerischen Kopfsteinpflasterstraßen sowie die bunten Kolonialhäuser und -kirchen, die Granadas Vergangenheit in die Gegenwart holen. Am besten erkundet man die Stadt zu Fuß. Mit einem Bummel zu Galerien, Restaurants und Kolonialkirchen lässt sich problemlos fast ein Tag füllen. In der Nähe warten Wildnis, Inseln, Vulkane und Kunsthandwerksdörfer.

LITTLE CORN ISLAND

2 Keine Autos, kein Lärm, nur paradiesische Sandstrände und einsame Buchten mit kristallklarem Wasser des Karibischen Meers. Little Corn Island ist ein perfekter Ort, wenn man der Großstadt entfliehen will. Langweilig wird einem hier bestimmt nicht. Tagsüber kann man mit Hammerhaien um die Wette schwimmen, in unterirdischen Höhlen tauchen, in einer steifen Brise kitesurfen oder über mit Urwald bewachsene Landzungen kraxeln. Und auch abends gibt es genug zu unternehmen. Kommt dann zu dem Ganzen noch ein gutes Essen hinzu, so ist es nicht verwunderlich, dass so mancher nur allzu gern für immer auf Little Corn Island bleiben würde.

ISLA DE OMETEPE

3 Die beliebte Isla de Ometepe mitten im Lago de Nicaragua hat alles: zwei Vulkane, grüne Hänge mit Wanderwegen, archäologische Stätten, Ziplines, Affen, Vögel, Wasserfälle und relaxtes Inselfeeling beim Klettern, Kajak und Fahrradfahren. Im Inselinneren locken coole Hostels, Campingplätze und eine lockere Travellerszene. Hier gibt's alles Mögliche, von exklusiven Luxus-Lodges bis zu groovigen Hippie-Hütten.

PEARL KEYS

4 Wenn man sich den zwölf winzigen Inseln mit ihren weißen Sand-

2

PHILIP LEE HARVEY / LONELY PLANET ©

KARIBIK
PAZIFIK
HONDURAS
EL SALVADOR
COSTA RICA
Cabo Gracias a Dios
Laguna Bismuna
Bismuna Tara
Cayos Miskitos
Dákura
Laguna Pahara
Bilwi (Puerto Cabezas)
Laguna Karatá
Laguna Wounta
Sisin
Costa de Mosquitos
Yulu
Waspám
Río Coco (Segovia)
Leimus
La Troquera
Luciana
Kukalaya
Rosita
El Empalme
Siuna
Reserva de Biosfera Bosawás
San Andres
Río Patuca
Cordillera Entre Ríos
Catacamas
Juticalpa
La Unión
San Juancito
Danlí
Las Manos
Ocotal
Somoto
El Espino
San Marcos de Colón
Choluteca
TEGUCIGALPA
La Paz
La Esperanza
Santa Bárbara
Santa Rosa de Copán
Nueva Ocotepeque
SAN SALVADOR
San Miguel
La Unión
El Amatillo
Golfo de Fonseca
Potosí
El Guasaule
Reserva Natural Estero Padre Ramos
Padre Ramos
Volcán San Cristóbal (1745 m)
Chinandega
Corinto
Poneloya
Puerto Sandino
León
Cordillera de los Maribios
Somotillo
San Isidro
Sébaco
Estelí
San Rafael del Norte
Jinotega
El Cuá
Cordillera Isabelia
Río Coco
Yaoska
El Ocote
Valle Kukuinita
Kangrina
Río Grande de Matagalpa
San José
Chamarro
Barrera
Tortuguero
Matiguás
Matagalpa
Boaco
Camoapa
El Ayote
Karawala
Barra de Río Grande
Tasbapauni
Pearl Keys
Corn Islands
Orinoco
Laguna de Perlas
El Rama
Bluefields
Bahía de Bluefields
Monkey Point
Punta Gorda
Bahía Punta Gorda
San Juan del Norte (Greytown)
Río San Juan
El Castillo
San Carlos
Los Chiles
San Miguelito
Morrito
San Ubaldo
Juigalpa
San Lorenzo
El Alto
Tipitapa
Lago de Managua
MANAGUA
Masaya
Volcán Masaya
Granada
Jinotepe
Montelimar
Lago de Nicaragua
Isla de Ometepe
Islas Solentiname
Rivas
La Virgen
Peñas Blancas
La Cruz
San Juan del Sur
El Ostional
Refugio de Vida Silvestre La Flor
Península Santa Elena
0
100 km
1
2
3
4
5
6
7
8
9
10
11

SCHÖNSTE NATUR

Refugio de Vida Silvestre La Flor Tausende Schildkröten legen ihre Eier am Strand ab – eines der besten Naturerlebnisse in Lateinamerika.

Refugio Bartola Mit Gummistiefeln geht's in den Urwald, um drei Affenarten, Frösche und vielleicht einen Tapir zu erspähen.

Volcán Mombacho Gut zu erreichender Nebelwald für Wanderungen und Vogelbeobachtungen.

Refugio de Vida Silvestre Los Guatuzos In dem Feuchtgebiet entdeckt man tagsüber Vögel und nachts Krokodile.

Islas Solentiname Wer einen Feldstecher mitbringt, kann Tausende Zugvögel beim Brüten auf dem entlegenen Archipel sehen.

Reserva Natural Macizos de Peñas Blancas Nahe prächtiger Berggipfel leben in dem Urwald Pumas, Jaguare und Ozelote.

TOP-BÜCHER

Blood of Brothers (Stephen Kinzer; 1991) Faszinierender Bericht über Krieg und Revolution.

Das Land unter meiner Haut (Gioconda Belli; 2002) Autobiografie einer revolutionären Dichterin.

Selected Poems of Rubén Darío (engl. Übsetzung von Lysander Kemp; 2001) Zweisprachige Anthologie aus den Werken des berühmten Dichters.

Das Lächeln des Jaguars (Salman Rushdie; 1987) Eine Reise durch Nicaragua während der sandinistischen Revolution.

Tycoon's War (Stephen Dando-Collins; 2008) Dokumentiert den legendären Machtkampf zwischen den Imperialisten Vanderbilt und Walker.

stränden und dem klaren Karibikwasser nähert, kann man nachempfinden, wie sich Schiffbrüchige wohl fühlen mögen. Aber glücklicherweise hat man ja einen fähigen kreolischen Guide, der einem köstliches Seafood zubereitet und der weiß, in welcher geheimnisvollen Quelle es eiskaltes Bier gibt. So kann man also ganz beruhigt schwimmen, schnorcheln, Meeresschildkröten beobachten oder einfach nur in der Hängematte faulenzen und den traumhaften Rundumblick genießen.

RÍO SAN JUAN

5 Einst nutzten Piraten und Goldsucher den Río San Juan als Weg zum Reichtum, heute steht er bei Naturfans hoch im Kurs. Am Ufer nisten unzählige Vögel in Zweigen, die über den langsam fließenden Fluss hängen. Der Unterlauf befindet sich größtenteils in der Reserva Biológica Indio-Maíz, ein undurchdringlicher Dschungel, in dem Jaguare und Horden lärmender Affen leben. Die einzige von Menschenhand errichtete Attraktion am Fluss ist die großartige spanische Festung an den Stromschnellen bei El Castillo.

REISEZEIT

HAUTSAISON
(Dez.–April)
Es ist heiß, sonnig und trocken.

ZWISCHENSAISON
(Nov.)
Beste Wanderbedingungen: Es ist kühl und das Land grünt.

NEBENSAISON
(Mai–Okt.)
Surfer strömen zur Pazifikküste, die zu dieser Zeit die höchsten Wellen bietet.

DIE „SCHRIFT" AN DER WAND

Nirgendwo zeigen sich der Geist, die Kreativität und die politische Stimmung der Einheimischen so deutlich wie bei ihrer Vorliebe für Wandmalereien. Oftmals richtige Kunstwerke, dienten sie vor der Alphabetisierungskampagne der Sandinisten dem praktischen Zweck, der weitgehend analphabetischen Bevölkerung Botschaften zu vermitteln. Wandmalereien finden sich in allen größeren Städten, vor allem in sandinistischen Hochburgen wie León und Estelí. Schöne Beispiele gibt's auch auf dem Gelände um die Universidad Centroamericana in Managua.

Einige der besten Werke wurden jedoch übermalt, oft mit Reklame multinationaler Handy-Anbieter. In Estelí unterrichtet eine Nichtregierungsorganisation Kinder und Teenager in Wandmalerei. Hier ist auch das Zentrum einer neuen Bewegung von *muralistas*, die mit Graffiti-Techniken sozialkritische Bilder schaffen. Einen Eindruck von der Wandmalerei Nicaraguas vermittelt David Kunzles Bildband *The Murals of Revolutionary Nicaragua*.

UNTERWEGS VOR ORT

Mit einem Mietwagen reist man so schnell, wie man will, und erreicht auch abgelegene Ziele. Viel Straßenverkehr gibt's nicht, deswegen ist das Autofahren relativ stressfrei (wenn man mit den Verkehrspolizisten umzugehen weiß).

Nicaraguas alte Schulbusse sind langsam und unbequem, aber dafür gelangt man zu einem Spottpreis praktisch überall hin. Auf einigen Langstrecken sind auch etwas komfortablere, aber keineswegs luxuriöse Busse im Einsatz.

Inlandsflüge sind relativ günstig und der schnellste Weg, um an sein Ziel zu kommen; es gibt sie allerdings nur zu abgelegenen Orten.

KAFFEE-LAND

6 Ein Besuch in Nicaraguas Kaffee-Region bedeutet mehr als nur Unmengen Kaffee zu schlürfen – hier erfährt man, wie er angebaut wird und woher er stammt. Man wandert durch die Büsche im Schatten der herrlichen Nebelwälder rund um Jinotega oder pflückt gemeinsam mit seinen Gastgebern auf einer bäuerlichen Kooperative in der Nähe von Matagalpa reife Kaffeebohnen. Anschließend folgt man den Bohnen in eine Rösterei und lernt bei einer Verkostung die verschiedenen Aromen zu unterscheiden. Danach weiß man seinen Morgenkaffee ganz anders zu schätzen.

SURFEN BEI SAN JUAN DEL SUR

7 Sonnengebräunte Surffreaks verhalfen einst Nicaragua zu internationalem Ruhm. Bis heute gibt es nördlich und südlich des regionalen Drehkreuzes San Juan del Sur eine coole, kleine, beseelte und einfach nur brillante Surfszene. Stars sind die langen Breaks, die sowohl für Anfänger als auch für echte Könner geeignet sind. Hinzu kommen relaxte Surfcamps, Strandpartys und kühle Brisen – das alles macht den Strandurlaub für jeden perfekt (sogar für die Bodyboard-Fans).

REFUGIO DE VIDA SILVESTRE LA FLOR

8 An Nicaraguas südlicher Pazifikküste kann man zwischen Juli und Januar Meeresschildkröten beobachten, die zu Tausenden an Land kommen und bei der Refugio de Vida Silvestre La Flor ihre Eier ablegen. Einen schönen Strand gibt es hier ebenfalls, aber das Highlight ist ein nächtlicher Ausflug an den Strand, wo man mit etwas Glück Lederrücken- oder Oliv-Bastardschildkröten dabei zusehen kann, wie sie ihre Eier im Sand verbuddeln.

ISLAS SOLENTINAME

9 Der Inselarchipel scheint direkt aus dem Märchenbuch zu stammen: Man muss einfach die Magie dieses abgelegenen, von dichtem Urwald bedeckten Archipels erlebt haben, auf dem eine Gemeinschaft talentierter Künstler lebt, arbeitet und sich von den Tieren der Region inspirieren lässt. Hier ermunterte ein aufgeklärter Priester eine Dorfgemeinde, eine hübsche Kirche zu errichten, in der die Laute der Natur zu hören sind, und Sternschnuppen zeigen sich am Nachthimmel. Nachdem man hier gewesen ist, glaubt man immer noch nicht, dass es diese Inseln wirklich gibt.

FERNE STRÄNDE VON POPOYO

10 Eine holprige Fahrt bringt einen von Rivas zu den entfernt liegenden Stränden von Popoyo, die für ihre Surfwellen berühmt sind. Vor Ort findet man hohe, rollende Breaks, entspannte Surfer-Lodges, Sandstrände mit leuchtend rosafarbenen Muscheln, hochragende Felsformationen und kilometerlange verlassene Strände, an denen man stundenlang wandern kann, ohne dass einem jemand begegnet. Neue Pensionen und Surfer-Lodges werden links und rechts in dieser sich schnell entwickelnden Region eröffnet, aber derzeit wirken diese Strände noch unberührt. Surfbrett oder ein gutes Buch mitbringen!

RESERVA NATURAL ESTERO PADRE RAMOS

11 Die Reserva Natural Estero Padre Ramos ist ein großes Naturschutzgebiet am Nordwestzipfel Nicaraguas. Der größte noch erhaltene Mangrovenwald

Zentralamerikas bietet Ozelots, Alligatoren und Vögeln ein Zuhause. Hier in der wilden Ecke Nicaraguas gibt es einfache Einrichtungen für Gäste, Mangrovenwälder voller Spinngewebe, Strände, an denen Meeresschildkröten ihre Eier ablegen, und gute Surfwellen. Auch erfährt man viel über die hiesigen Gemeinschaften.

PAUL KENNEDY / GETTY IMAGES ©

10

SPRACHE

Vor der Reise sollte man etwas Spanisch lernen. Nicaraguaner sind freundlich und offen, aber nur wenige können eine Fremdsprache.

FENSTERPLATZ

In öffentlichen Verkehrsmitteln immer einen Fensterplatz nehmen, denn die Landschaft ist atemberaubend!

MORGAN ARNOLD / GETTY IMAGES ©

6

HAUPTSTADT
Amsterdam

BEVÖLKERUNG
17,3 Mio.

FLÄCHE
41 543 km²

AMTSSPRACHE
Niederländisch

Grachtenhäuser in Amsterdam

NIEDERLANDE

Tradition und Innovation sind in den Niederlanden kein Gegensatz: Meisterwerke der Malerei, Windmühlen, Tulpenfelder und Cafés mit Kerzenbeleuchtung sind hier genauso zu finden wie avantgardistische Bauten, topaktuelles Design und ein vibrierendes Nachtleben.

Rund ein Viertel des topfebenen Landes liegt unterhalb des Meeresspiegels. 20 % der Fläche wurden dem Meer abgerungen, eingedeichte Polder sind im ganzen Land zu finden. Da die malerische Landschaft so flach ist, macht das Radfahren Spaß (außer bei Gegenwind) – insgesamt rund 37 000 km Radwege durchziehen das ganze Land.

In den Niederlanden stehen Gespräche und Geselligkeit höher im Kurs als Trinkgelage, besonders gern trifft man sich in gemütlichen Cafés. Viele haben im Sommer fantastische Außenterrassen, oft sind diese aber auch – dann überdacht und beheizt – im Winter beliebt. In den meisten Cafés gibt es Essen, von Barsnacks bis hin zu fabelhaften Gerichten. Am stimmungsvollsten sind die *bruin cafés* (braune Cafés), in denen man die niederländische *gezelligheid* von ihrer besten Seite erleben kann.

Highlights

AMSTERDAMS GRACHTENGÜRTEL

1 Die niederländische Hauptstadt ist ein Wasser-Wunderland. Der *grachtengordel* entstand im goldenen Zeitalter der Niederlande, als Amsterdam mit dem maritimen Handel reich wurde. Er lädt zu einem Spaziergang ein: Man kann die schmalen Giebelhäuser und unzähligen Hausboote bewundern, in einem Café am Wasser relaxen oder auch eine Bootsfahrt unternehmen. Dabei erkennt man dann ganz neue architektonische Details, etwa die Verzierungen an den Brücken. Und bei Nacht spiegeln sich die Lichter in den kräuselnden Wellen.

ROTTERDAMS ARCHITEKTUR

2 Anders als viele europäische Städte, deren Zentren nach dem Zweiten Weltkrieg hastig wiederaufgebaut wurden, ging Rotterdam eigene Wege. Die hiesige Architektur erschöpft sich nicht in Funktionalität. Die besten Architekten der Welt wetteifern mit raffinierten Entwürfen: z. B. einer „vertikalen Stadt", einem Viertel mit Kubushäusern, einem stiftförmigen Hochhaus, einer geschwungenen weißen Hängebrücke, einer großartigen hufeisenförmigen Markthalle oder dem an eine Wolke erinnernden Gebäude des Stadtmuseums.

MEISTERWERKE IM RIJKSMUSEUM

3 Das Amsterdamer Rijksmuseum ist die Kunstschatztruhe der Niederlande. Rund 7500 Meisterwerke, darunter Bilder von Rembrandt und Vermeer, sind hier zu bewundern. Um den größten Andrang zu meiden, sollte man nach 15 Uhr kommen; ratsam ist es auch, das Ticket vorab online zu kaufen. Vor allem die Werke des „Gouden Eeuw" (Goldenen Zeitalters) begeistern: Stillleben, Porträts von Herren mit Halskrause und Malereien von Landschaften in fahlem, gelbem Licht. Absolutes Highlight ist Rembrandts *Nachtwache* (1642).

3

0
50 km
Waddeneilanden
WESTFRIESISCHE INSELN
Schiermonnikoog
Ameland
Terschelling
Vlieland
Texel
Waddenzee
NORDSEE
IJsselmeer
Dokkumer Ee
Groningen
Eems Kanaal
Winschoterdiep
Leeuwarden
Sneek
Assen
Emmen
Den Helder
Nationalpark Dwingelderveld
Nationalpark Weerribben-Wieden
Alkmaar
Edam
Zwolle
IJssel
Bad Bentheim
AMSTERDAM
Haarlem
Aalsmeer
Enschede
Deventer
Nationalpark Hoge Veluwe
Twenterkanal
Amersfoort
Utrecht
Den Haag
Nationalpark Veluwezoom
Delft
Gouda
Lek
Rotterdam
Waal
Arnhem
Kinderdijk
Nijmegen
Dordrecht
Nationalpark De Biesbosch
Schouwen-Duiveland
Bergse Maas
Den Bosch
Willemstad
Noord-Beveland
Breda
Domburg
Roosendaal
Maas
Walcheren
Tilburg
DEUTSCHLAND
Middelburg
Zuid-Beveland
Westerschelde
Oosterschelde
Eindhoven
Perkpolder
Venlo
Zeeuws-Vlaanderen
Düsseldorf
Antwerpen
Roermond
Ghent
BELGIEN
Julianakanaal
Köln
Maastricht
BRÜSSEL
Aachen
Verviers
Mons
Charleroi
Valenciennes

NATIONAAL PARK DE HOGE VELUWE

4 Wälder, Sanddünen, Marschen und Teiche prägen den weitläufigen Landstrich, der eine idyllische Abwechslung von den dicht bevölkerten Städten bietet – also genau das Richtige für einen erholsamen Tag im Grünen. Aber das wirkliche Highlight liegt in der Mitte des Parks: Das grandiose Kröller-Müller Museum besitzt einen herrlichen Skulpturengarten und eine Van-Gogh-Sammlung, die sich mit der des Amsterdamer Van-Gogh-Museums messen kann.

TOP-FILME

Mein Kriegswinter (2008) Die Loyalität eines Jungen wird auf die Probe gestellt, als er einen britischen Piloten versteckt.

Das schwarze Buch (2006) Erkundet die weniger heroische Seite des niederländischen Widerstands im Zweiten Weltkrieg.

The Paradise Suite (2015) In Amsterdam kreuzen sich die Wege einer Prostituierten, eines Piano-Wunderkinds und eines Kriegsverbrechers.

TOP-BÜCHER

Das Tagebuch der Anne Frank (1947) Der Bericht eines jüdischen Mädchens, das sich vor den Nazis versteckte.

Amsterdam: A History of the World's Most Liberal City (2013) Russell Shorto porträtiert seine Wahl-Heimatstadt.

In the City of Bikes: The Story of the Amsterdam Cyclist (2013) Pete Jordan schildert, wie Amsterdam zur fahrradfreundlichsten Stadt der Welt wurde.

KÄSE, KÄSE, KÄSE

5 Namen wie Gouda und Edam lassen einen erst einmal an Käse denken und nicht an die gleichnamigen niederländischen Stadtgemeinden. In beiden Städten kann man in der Saison die traditionellen Käsemärkte besuchen, die schon seit Jahrhunderten auf den Hauptplätzen stattfinden. Niederländischen Käse gibt's in vielen unterschiedlichen berühmten Sorten und Geschmacksrichtungen, etwa gereiften Käse, der an feinen Parmesan erinnert, oder auch Varianten mit Kümmel oder Senf. Läden, in denen riesige Käselaibe aufgestapelt sind, finden sich überall im Land.

AMSTERDAMS „BRAUNE CAFÉS"

6 *Gezelligheid* muss man erleben – die typisch niederländische Mischung aus Frohsinn, Gemütlichkeit, Wärme, gutmütigem Humor und einem starken Gemeinschaftsgefühl ist ein Markenzeichen der berühmten *bruin cafés* des Landes. Ihren Namen verdanken die kleinen historischen Kneipen ihrer durch Tabakqualm entstandenen Patina, ihren dunklen Möbeln oder einfach nur ihrem Alter. Tausende solcher Cafés gibt's allein in Amsterdam, zahllose weitere im ganzen Land. Die einladende Atmosphäre dürfte einen gleich begeistern.

REISEZEIT

HAUPTSAISON
(Juni–Aug.)
Hohe Preise. Man sollte rechtzeitig buchen. In dieser Zeit hat man die besten Chancen, bei mildem Wetter radeln oder gemütlich in einem Biergarten sitzen zu können.

ZWISCHENSAISON
(April–Mai & Sept.–Okt.)
Weniger Touristen. Allerdings sind nasse und kalte Tage möglich.

NEBENSAISON
(Nov.–März)
Viele Sehenswürdigkeiten außerhalb der Großstädte sind geschlossen. Es kann frostig werden und schneien.

JETZT REISEN!

Der **Harlinger Hafenkran** wurde in den letzten Jahren liebevoll restauriert und bietet nun in luftiger Höhe eine außergewöhnliche Übernachtungsmöglichkeit für zwei Personen. Man kann ihn in der Steuerkabine selbst drehen und so bestimmen, welchen Ausblick man haben möchte (havenkraan.nl).

Im neuen **Museum für Electronic Dance Music „Our House"** in Amsterdam können die Besucher mithilfe von Projektionen und interaktiven Effekten in die Geschichte berühmter DJs und elektronischer Bands eintauchen.

▾ UNTERWEGS VOR ORT

Radwege ziehen sich durch das gesamte Land und führen oft durch schöne Landschaften. Einen Fahrradverleih gibt's noch am kleinsten Bahnhof, in allen Städten und fast allen größeren Ortschaften.

Busse dienen hauptsächlich dem Nahverkehr, für größere Entfernungen nimmt man besser den Zug.

Die niederländischen Autobahnen sind gut ausgebaut, aber stauanfällig. Parkplätze sind teuer und die Parkplatzsuche kann nervig werden.

Die niederländischen Züge sind zuverlässig, schnell und bequem. Züge fahren häufig und bedienen die Ziele im Inland in regelmäßigen Abständen.

MAASTRICHT

7 Römische Ruinen, raffinierte Speisen und Getränke, französische und belgische Architektureinflüsse sowie eine für die Niederlande ungewohnte Lässigkeit prägen Maastricht. Die Stadt, in der der Euro geboren wurde, ist schon seit jeher ein Ort der Begegnung. Die Römer bauten Festungen, die man noch heute erkunden kann, wie auch jede folgende Epoche in der 2000-jährigen Stadtgeschichte ihre Spuren hinterlassen hat. Doch trotz der prächtigen Monumente, himmelwärts weisender Kirchen und wundervoller Museen liegt Maastrichts eigentliche Stärke in seinem Way of Life. Kaum eine andere Stadt in den Niederlanden besitzt so viele Cafés und Restaurants, in denen sich die Menschen treffen und das Leben genießen.

TEXEL

8 Das riesige Wattenmeer, das sich von den Niederlanden bis nach Dänemark erstreckt, gehört zum UNESCO-Weltnaturerbe. Der Küste vorgelagert reihen sich Inseln aneinander, von denen Texel die größte ist. Hier locken herrliche Spaziergänge auf breiten Sandstränden, ein riesiges Freizeitprogramm und eine karge, schöne Natur, die man an Land oder bei einer Bootstour erleben kann. Es gibt erstklassige Unterkünfte, Restaurants und Bars und ein paar Produzenten von Obst, Käse, Schokolade, Eiscreme, Bier und – eine Rarität in den Niederlanden – Wein.

DELFT

9 Den Niederlanden mangelt es nicht an stimmungsvollen alten Städten, in denen die Schönheit des Gouden Eeuw noch heute sichtbar ist. Haarlem, Leiden und Utrecht gehören zu den bekanntesten Beispielen, aber auch Enkhuizen und Hoorn sind historische Schmuckstücke. Eine der schönsten dieser Städte ist Vermeers Heimatstadt Delft. Einen Nachmittag lang kann man sich die Kanäle, Kirchen und Museen anschauen und dann in einem Café die Eindrücke verarbeiten. Besonders romantisch ist Delft abends: Wenn die Tagesbesucher wieder gegangen sind, strömen die Einheimischen in die Bars und Restaurants an den Grachten, die im Licht der Laternen besonders idyllisch wirken.

DEVENTER

10 Deventer überrascht. Am schönsten wirkt die Stadt an einem Augustabend bei einem Spaziergang durch die gewundenen Straßen der Hansezeit, bei denen man die merkwürdigen Details an den alten Fassaden bewundert. Deventer war schon um 800 ein blühender Handelshafen und bewahrte sich seine lukrativen Handelsbeziehungen über Jahrhunderte. Prächtige alte Bauten zeugen von dem großen Wohlstand des „Delft des Ostens". Großartig sind auch die bekannten Backwaren der Stadt (Deventer Koek).

RADFAHREN

11 Wer kein eigenes Rad dabeihat, leiht sich eines – Verleiher gibt es überall. Und kein Land der Welt ist besser zum Radeln geeignet: Die Niederlande sind so flach wie ein *pannenkoek* und das Radwegenetz deckt praktisch jeden Winkel des Landes ab. Unterwegs passiert man Polder (eingedeichte Gebiete), knarrende historische Windmühlen, Tulpenfelder, Kühe, die auf den weiten Wiesen grasen, und immer wieder bezaubernde Dörfer. Unser Tipp: die Breda-Grenzschleife, die Ooijpolder-Route und die Tour durch den Nationalpark Weerribben-Wieden.

SARAH COGHILL / LONELY PLANET ©

WINDMÜHLEN

Die Wahrzeichen des Landes waren eine geniale Erfindung: Man nutzte die steten Winde der Nordsee, um das Meer in Schach zu halten. Seit dem 13. Jh. pumpten Windmühlen Wasser aus den Poldern über die Deiche.

AMSTEL GOLD RACE

Das größte niederländische Radrennen führt durch die Provinz Limburg. Die hügelige, 260 km lange Strecke gilt als eine der schwierigsten Prüfungen im Profi-Radsport.

SERGEY KOHL / SHUTTERSTOCK ©

HAUPTSTADT
Niamey
BEVÖLKERUNG
23,6 Mio.
FLÄCHE
1267000 km²
AMTSSPRACHE
Französisch

Große Moschee, Niamey

NIGER

Der mächtige Niger im Südwesten und die gewaltige Sahara im Norden prägen die Landschaft dieses afrikanischen Binnenstaats, der an sieben Nachbarländer grenzt und derzeit leider für Traveller nicht sicher ist.

Der Niger sorgt selten für internationale Schlagzeilen, und wenn, dann immer aus schlimmen Gründen wie Staatsstreichen, Aufständen oder Hungersnöten. Aber wer früher diesen Wüstenstaat besuchte, konnte in aller Regel von freundlichen und großzügigen Menschen berichten, die in den alten Karawanenstädten am Rand der Sahara leben.

Im Norden verbirgt die schroffe Pracht des Aïr-Gebirges neolithische Felskunststätten und faszinierende Oasenstädte. In den ausgedehnten Dünen der Sandwüste Ténéré liegen Dinosaurier-Friedhöfe und verlassene mittelalterliche Siedlungen, im Süden befinden sich Agadez, eine wichtige Station der antiken Trans-Sahara-Handelsroute, und das Sultanat Zinder.

Highlights

AGADEZ

1 Eine Lehmziegelmoschee ragt majestätisch über die Sahara und die Stadt, die seit dem erneut aufgeflammten Tuareg-Aufstand schwere Zeiten erlebt. Das Leben der Einheimischen geht weiter, aber auf dem Flughafen landen keine Linienflüge mehr, und viele Restaurants und Hotels mussten wegen ausbleibender Gäste schließen.

KOURÉ

2 Kouré ist die Heimat der letzten freilebenden Westafrikanischen Giraffen. Sie mampfen stoisch Akazienblätter und stolzieren rund um die Stadt.

AYOROU

3 Die verschlafene Stadt am Ufer des Niger liegt gerade einmal 24 km südlich der Grenze nach Mali und ist für ihren Sonntagsmarkt berühmt. Auf dem Viehmarkt bieten Nomaden Kamele, Rinder, Maultiere, Schafe und Ziegen zum Kauf an.

KUNSTHANDWERK AUS ZINDER

4 Die Arbeit der *artisans du cuir* (Lederbearbeiter) wird hoch geschätzt. Neben traditionellen Dingen – z. B. Satteltaschen, Kissenbezüge und mit Quasten verzierte Beutel – gibt es auch Modernes wie Sandalen oder Brieftaschen.

REISEZEIT

Okt.–Juni

Juli–Sept.

ESSEN & TRINKEN

Bière Niger Nigrisches Bier.

Brochettes Kebab, normalerweise aus Hühner- oder Rindfleisch.

Grillfisch Standardgericht in Restaurants, hauptsächlich Fingerfisch oder Viktoriabarsch.

Riz Sauce Reis mit Sauce.

Tuareg Durststillender Tee.

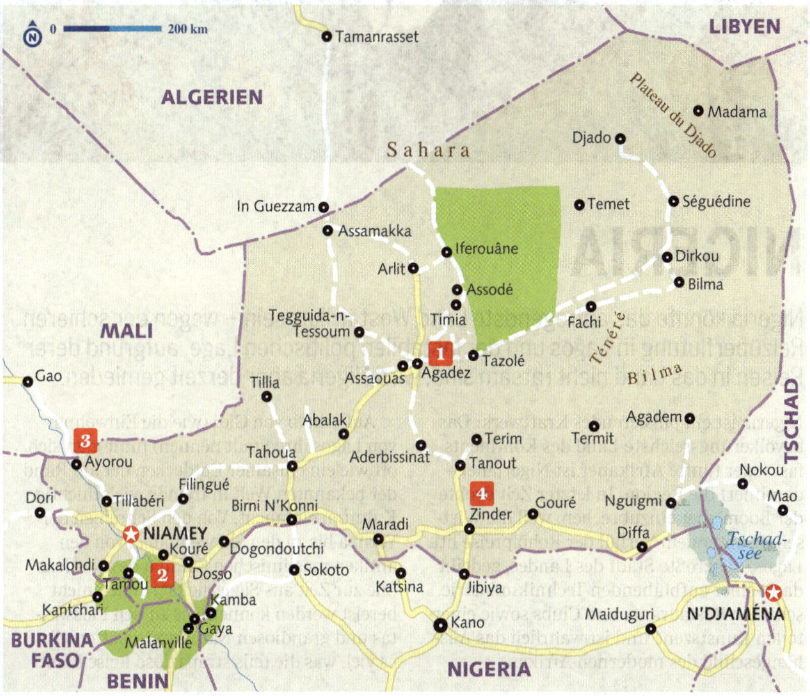

HAUPTSTADT
Abuja

BEVÖLKERUNG
219,5 Mio.

FLÄCHE
923 768 km²

AMTSSPRACHE
Englisch

NIGERIA

Nigeria könnte das aufregendste Land Westafrikas sein – wegen der schieren Reizüberflutung in Lagos und der instabilen politischen Lage, aufgrund derer Reisen in das Land nicht ratsam sind, wird Nigeria aber derzeit gemieden.

Nigeria ist ein pulsierendes Kraftwerk: Das bevölkerungsreichste Land des Kontinents fast jeder fünfte Afrikaner ist Nigerianer – dominiert die Region. In letzter Zeit drohte der Boom aber einzubrechen, weil die Wirtschaft unter dem Verfall der Rohölpreise litt. Lagos, die größte Stadt des Landes, gedeiht dank einer aufblühenden Technikindustrie, schicken Restaurants und Clubs sowie einer tollen Kunstszene und ist wahrlich das Aushängeschild des modernen Afrikas.

Außerhalb von Gidi (wie die Einwohner von Lagos ihre Stadt nennen) fühlt man sich oft wie ein einsamer Entdecker, der am Rand der bekannten Welt in fremde, vielschichtige Kulturen eintaucht. Von den Schreinen der Yoruba bis zu den Sklavenhäfen, von den antiken muslimischen Städten des Nordens (die zur Zeit aus Sicherheitsgründen nicht bereist werden können) bis zu den Flussdeltas und grandiosen Naturlandschaften gibt es viel, was die teils strapaziöse Reise lohnt.

Highlights

LAGOS

1 Der Goldrausch in dieser boomenden Stadt wirkt ansteckend. Als wirtschaftlicher und kultureller Motor des Landes, der vom Zustrom der Ölgelder am Laufen gehalten wird, besitzt Lagos eine unglaubliche Musik- und Kunstszene, die einen bis in die Morgenstunden auf Trab halten kann. Wer Nigeria besucht, hat keine Wahl, als sich voll hineinzustürzen.

ABEOKUTA

2 Abeokuta ist ein bemerkenswerter Ort vor der Kulisse des riesigen Olumo Rock. Man kann den heiligen Felsen mit seinen historischen Unterschlupfen und Schreinen erklettern und aus der Höhe auf die malerischen Dächer hinunterschauen. Die von zurückgekehrten Sklaven erbauten großen, aber ungepflegten brasilianischen und kubanischen Villen stehen dicht an schlichten Baracken mit handgemalten Schildern, historischen Moscheen und Kirchen und runden, massigen Felsen – ein unvergessliches Stadtbild.

OSHOGBO

3 Diese sehr eigenwillige Stadt ist ein traditionelles Zentrum der Yoruba-Kultur und war in den 1950er-Jahren die Wiege der zeitgenössischen nigerianischen Kunst. Besonders sehenswert ist der heilige Hain, in dem Osun, die Fruchtbarkeitsgöttin der Yoruba, wohnen soll. Man kann traditionelles Kunsthandwerk bewundern, eindrucksvolle Galerien durchstöbern und sich in dem heiligen Hain am Flussufer verlieren.

REISEZEIT

HAUPTSAISON
(Okt.–Jan.)

ZWISCHENSAISON
(Feb.–Mai, Sept.)

NEBENSAISON
(Juni–Aug.)

BENIN (STADT)

4 In Benin entwickelte sich im 15. Jh. die erste afrikanische Kunst, die international Beachtung fand – die „Bronzen von Benin" (die aber meist aus Messing bestehen). Heute ist die Stadt das Zentrum des nigerianischen Kautschukhandels und eine ausgedehnte Metropole. In der Straße der Messinggießer, die von einer uralten Geheimgilde verwaltet wird, spürt man einen Hauch des sagenhaften alten Königreichs Benin.

GASHAKA-GUMTI NATIONAL PARK

5 Im Gashaka-Gumti National Park, einem kürzlich umstrukturierten Gebirge-trifft-auf-Savanne-Platz, erfährt man, was echte Wildnis ist. Nigerias größter Nationalpark (6700 km^2) liegt im abgelegensten Teil des Landes. Es gibt Hügel, Savanne und Gebirgswälder – wie man es sich für Afrika vorstellt. Zudem leben hier neben Löwen, Elefanten, Flusspferden und Büffel die bedeutendsten Primatenbestände Westafrikas. Der Park ist ganzjährig geöffnet, ein Besuch in der Trockenzeit (Dez.–März) ist am einfachsten.

CALABAR

6 Die in der Südostecke Nigerias liegende Hauptstadt des Bundesstaats Cross River ist dank ihrer Geschichte eine Reise wert. Hier befand sich einst eine Ansammlung von Siedlungen der Efik, später gab es einen großen Hafen, von dem aus Sklaven und später Palmöl exportiert wurden. Die freundliche Stadt ist ein beliebter Zwischenstopp für Traveller auf dem Weg nach Kamerun und hat ein fantastisches Museum sowie

▼ UNTERWEGS VOR ORT

Nigerias Straßen sind gut, aber ebene, geteerte Strecken veranlassen Nigerianer immer wieder, ihr Talent als Rennfahrer zu beweisen, was viele Unfälle zur Folge hat. Die Regel: Der Beste überlebt.

In jeder Stadt gibt es mindestens einen Parkplatz, der als Busbahnhof dient und wo Minibusse sowie Buschtaxis auf Gäste warten.

Per Flieger kommt man schnell in Nigeria herum.

7

IRENE BECKER PHOTOGRAPHY / GETTY IMAGES ©

ein ausgezeichnetes Primaten-Schutzzentrum.

ABUJA

7 Abuja, Nigerias am Reißbrett entworfene Hauptstadt, wurde während der Blütezeit in den 1970er-Jahren gegründet. Nach dem Biafra-Krieg beschloss man, die Hauptstadt von Lagos in die ethnisch neutrale Mitte des Landes zu verlegen. Die saubere, ruhige Stadt Abuja mit ihrer guten Stromversorgung scheint mitunter so gar nicht in Nigeria zu liegen. Sie ist ein guter Ort, um einmal durchzuatmen und sich um sein Visum zu kümmern.

LEKKI CONSERVATION CENTRE

8 Zu dem von der nigerianischen Naturschutzstiftung betriebenen Zentrum gehört eine Besucherinformation, eine Bibliothek und ein Feuchtgebiet, in dem man Wildtiere von Baumkronenpfaden beobachten kann, u. a. Affen, Krokodile und verschiedene Vogelarten – am besten kommt man frühmorgens.

MILA SUPINSKAYA GLASHCHENKO / SHUTTERSTOCK ©

ESSEN & TRINKEN

Die Nigerianer lieben ihr Essen scharf und stärkehaltig. Das typische Gericht ist ein als „Suppe" bezeichneter feuriger Chili-Eintopf mit etwas Fleisch oder Fisch und Stärke – üblicherweise aus zerstoßener Yamswurzel oder Maniok (*garri*, *eba* oder leicht säuerliches *fufu*). Ein anderes beliebtes Gericht ist *jollof* – scharf gewürzter Reis mit Palmöl und Tomaten. Besteck wird nicht unbedingt benutzt: Die Yamswurzel oder der Maniok saugen alle Flüssigkeit des Eintopfs auf. Beim Essen nur die rechte Hand einsetzen!

AFRIKANISCHE BEATS

In dem extrem musikalischen Land gibt's kaum etwas Besseres, als ein wenig Livemusik zu erleben. Hier unsere Lieblingsorte:

Bogobiri II Afrobeat, Reggae, Hip-Hop – in dieser Bar in Lagos wird Musik aller Art gespielt. Wer sich traut, kann beim Open Mic selber mitmachen.

New Afrika Shrine Die Power von Fela Kuti ist in diesem Club in Lagos spürbar, in dem seine Söhne Femi und Seun die Fackel weitertragen.

Jazz Hole In dem sagenhaften künstlerischen Buch- und Plattenladen in Lagos gibt's auch Live-Konzerte.

Freedom Park In der Freiluftstätte in Lagos finden Musikfestivals und Konzerte statt.

Hexagon Tolle Livemusik mit jungen Bands in Benin (Stadt).

HAUPTSTADT
Belfast

BEVÖLKERUNG
1,9 Mio.

FLÄCHE
13 843 km²

AMTSSPRACHE
Englisch (de facto)

White Park Bay in der Giant's Causeway World Heritage Site

NORDIRLAND

Von den atemberaubenden geologischen Wundern der Nordküste bis zu den frechen Wandbildern von Belfast hat Nordirland Travellern viel Faszinierendes und Schönes zu bieten.

Die jahrzehntelang von Gewaltakten und Unversöhnlichkeit geprägte Provinz ist zu neuem Leben erwacht. Das Karfreitagsabkommen von 1998 schuf die Grundlage für einen Frieden und weckte Zukunftshoffnungen; seither fließen hohe Investitionen und Wiederaufbauhilfen in diesen Landesteil des Vereinigten Königreichs. Belfast ist zu einem angesagten Pflaster mit einem wilden Nachtleben geworden, Derry-Londonderry entwickelte sich zu einem coolen Künstlerzentrum, und die atemberaubende Causeway Coast wird Jahr für Jahr von immer mehr Travellern besucht.

Viel erinnert noch an den Nordirlandkonflikt – vor allem die „Friedenslinien", die Belfast immer noch teilen – und die unterschiedlichen Leidenschaften, die die nordirische Gesellschaft über Jahrzehnte gespalten haben, sind immer noch vorhanden und werden infolge des Brexit wieder lebendig. Doch noch herrscht Optimismus vor.

Highlights

NORDKÜSTE

1 Nordirlands Nordküste präsentiert sich mit ihren Pfeilern, Zinnen, Klippen und Höhlen sagenhaft malerisch. Die mythische Landschaft mit ihren Felsformationen, Burgruinen und Schluchten bildet die stimmungsvolle Kulisse vieler Schauplätze der Fernsehserie *Game of Thrones*.

BELFAST

2 Belfast ist in vielerlei Hinsicht eine neue Stadt; in den letzten Jahren ist aus der Stadt der Bombenanschläge und Attentate eine hipp-hedonistische Hotel- und Partystadt geworden. Zu den Highlights zählen die Ausstellung Titanic Belfast, eine Uferpromenade mit moderner Kunst, viele Spitzenrestaurants und Musikkneipen.

ÜPPIG GRÜNE LANDSCHAFTEN

3 Abseits von Belfast finden sich die Schätze der Grafschaft Down. Die Gewässer des Strangford Lough erstrecken sich im Süden, und die Mourne Mountains fallen in der Nähe von Downpatrick und Lecale, dem alten Wirkungskreis des hl. Patrick, zum Meer hin ab. Saisonale Genüsse gibt es dank der grünen Landschaften und der muschelreichen Meeresbuchten.

REISEZEIT

HAUPTSAISON
(Juni–Mitte Sept.)

ZWISCHENSAISON
(Ostern–Mai, Mitte Sept.–Okt.)

NEBENSAISON
(Nov.–Feb.)

JETZT REISEN!

Der Klippenwanderweg **Gobbins Cliff Path** auf der Halbinsel Islandmagee ist nun für Besucher geöffnet. Guides begleiten die 3,2 km lange Wanderung über Brücken und durch Höhlen.

HAUPTSTADT
Pjöngjang

BEVÖLKERUNG
25,8 Mio.

FLÄCHE
120 540 km²

AMTSSPRACHE
Koreanisch

Arirang-Festival, Pjöngjang

NORDKOREA

Nachrichtensendungen und James-Bond-Filme prägen unser Bild von Nordkorea, aber die „Demokratische Volksrepublik Korea" (DVRK) besteht aus mehr als nur Militärparaden und Auseinandersetzungen mit der UNO.

Der nominell kommunistische Staat wird inzwischen in dritter Generation von einer Familiendynastie gelenkt und hat wider Erwarten den Zusammenbruch des Ostblocks um mittlerweile ein Vierteljahrhundert überlebt. Nordkorea ist das isolierteste Land der Erde, in dem das Internet und viele Entwicklungen des 21. Jhs. noch nicht angekommen sind und Millionen Menschen unter der Herrschaft eines allumfassenden Personenkults leben, der ihren Alltag prägt.

Eine Reise nach Nordkorea wäre theoretisch trotz der Reisewarnungen möglich. Tatsächlich müsste man bei einer solchen Reise sehr große Kompromisse machen: Man würde stets und überall von zwei staatlichen „Fremdenführern" begleitet und bekäme eine einseitige Sicht der Geschichte zu hören. Aufgrund dieser Überwachung und Propaganda, verzichtet man wohl besser auf diese Reise, die in eine beunruhigend fremde, aber faszinierende Welt führen würde.

Highlights

PJÖNGJANG

1 Pjöngjangs Sehenswürdigkeiten lassen sich in zwei Kategorien unterteilen: die allgegenwärtigen Statuen, Denkmäler und Museen zum Ruhm der Kim-Dynastie und die viel interessanteren Einblicke in das Alltagsleben, die man auf Jahrmärkten, beim Kinobesuch, in Parks oder öffentlichen Verkehrsmitteln gewinnen kann. Die „Fremdenführer" wollen einem natürlich die erste Kategorie nahebringen.

PAEKTUSAN

2 Einen umwerfenden Anblick bietet der Berg Paektusan an der äußersten Nordostspitze der DVRK vor der Grenze zur VR China. Er ist nicht nur der höchste Berg des Landes (2744 m) und ein erstaunliches geologisches Phänomen, sondern auch von großer mythischer Bedeutung.

DEMILITARISIERTE ZONE PANMUNJEOM

3 Die volle Gewalt des Kalten Kriegs spürt man bei einem Besuch in Panmunjeom, wo bis heute der instabile Waffenstillstand von 1953 anhält. Von Norden aus die Stellung gegen die US-Truppen im Süden zu betrachten, ist eine ungewohnte, einzigartige Perspektive.

REISEZEIT

HAUPTSAISON (Mai, Okt.)

ZWISCHENSAISON (Juni–Sept.)

NEBENSAISON (Nov.–April)

ESSEN & TRINKEN

Reisende bekommen für nordkoreanische Verhältnisse üppig zu essen, aber die Standardkost aus Kimchi, Reis, Suppen, Nudeln und gebratenem Fleisch ist mittelmäßig. Vegetarische Gerichte sind meist fade und vor allem aus Reis, Eiern sowie Gurken. *Soju* (der koreanische Klare) ist beliebt und stark.

HAUPTSTADT
Saipan

BEVÖLKERUNG
51659

FLÄCHE
464 km²

AMTSSPRACHEN
Englisch, Chamorro, Karolinisch

Gewässer vor der Insel Saipan

NÖRDLICHE MARIANEN

Die Inselkette erweckt mitunter den Eindruck eines Pauschalreise-Albtraums. Doch wer genauer hinschaut, wird mit türkisgrünem Wasser, weißen Stränden und großartigen Tauchspots belohnt.

Das Commonwealth der Nördlichen Marianen (CNMI), das im nordwestlichen Teil des Pazifischen Ozeans liegt, ist ein „nicht inkorporiertes Gebiet" der USA, besitzt also innere Unabhängigkeit.

Die Nördlichen Marianen erlebten in den letzten Jahren große Veränderungen, da der japanische Tourismusmarkt einen Umbruch erlebte. Doch auch wenn sich Reisetrends ändern, der Charme der Inseln bleibt weiterhin bestehen.

Saipan, die Hauptstadt der Nördlichen Marianen, ist mit US-Anteilen und ihren Mini-Märkten ein beliebtes Ziel von Pauschaltouristen. Wer die Hauptinsel verlässt, wird eine einsamere Version des Paradieses vorfinden: türkisgrünes Wasser, weiße Strände und spannende Chamorro-Kultur.

Highlights

MAÑAGAHA

1 Die Insel Mañagaha ist ein altes Kuppelriff, das geologische Kräfte vor 10 000 Jahren über den Meeresspiegel hoben. Die Insel ist von einem schönen weißen Sandstrand gesäumt und besitzt mit die besten Schnorchelbedingungen vor Saipan. In den Gewässern gibt es bunte Fische und jede Menge Korallen, von denen viele nahe der Küste durch Menschen beschädigt wurden.

THE GROTTO

2 Saipan ist berühmt für diesen Tauchspot, eine eingebrochene Kalksteinkaverne mit einem Becken mit tiefblauem Wasser, das über drei unterirdische Gänge befüllt wird. Manchmal ist „The Grotto" ruhig, zu anderen Zeiten strömt das Wasser in mächtigen Wogen ein und aus. Früher ließen sich Badewillige an einem Seil hinunter, heute führen Betonstufen hinab.

OBYAN BEACH

3 Der Obyan Beach ist ein weißer Strand in geschützter Lage hinter Naftan Point. Er eignet sich prima zum Schnorcheln. Am Ende des Parkplatzes liegt ein Bunker aus dem Zweiten Weltkrieg. Gleich hinter dem Strand finden sich in einem Kokoshain die Überreste von acht Latte Stones, die für die Marianen typisch sind und um 1500 v. Chr. aufgestellt wurden.

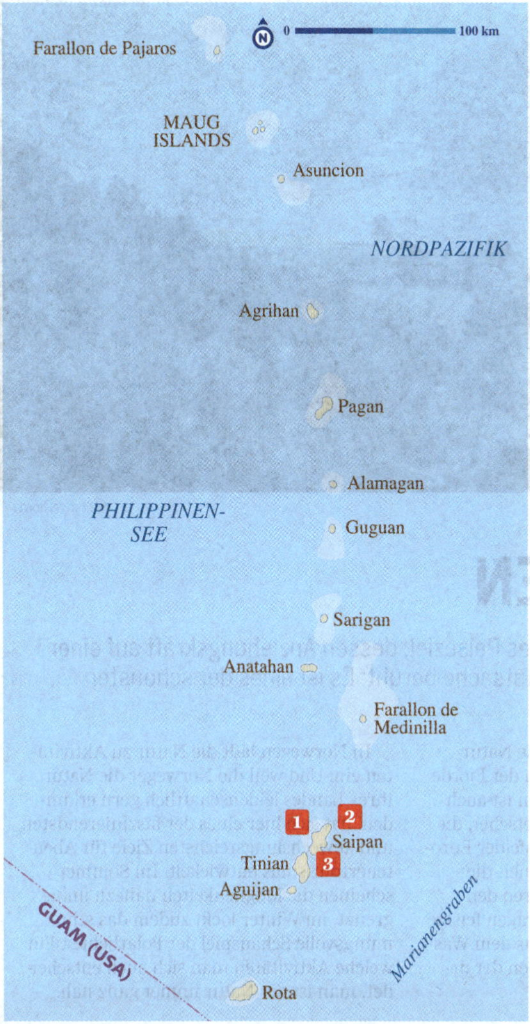

▼ ESSEN & TRINKEN

Die Speisen der Chamorro sind ein Mix aus spanischen, philippinischen und pazifischen Gerichten. Das beste Essen gibt's auf Dorffesten.

▼ REISEZEIT

HAUPTSAISON
(Dez.–März)

ZWISCHENSAISON
(April–Sept.)

NEBENSAISON
(Okt. & Nov.)

HAUPTSTADT
Oslo

BEVÖLKERUNG
5,5 Mio.

FLÄCHE
386 224 km²

AMTSSPRACHE
Norwegisch (Bokmål und Nynorsk)

Geirangerfjord

NORWEGEN

Norwegen ist ein einmaliges Reiseziel, dessen Anziehungskraft auf einer einzigen, ganz einfachen Tatsache beruht: Es ist eines der schönsten Länder unserer Erde.

An Dramatik ist die norwegische Natur kaum zu übertreffen. Der Ruhm der Fjorde ist wohlverdient, doch Norwegen ist auch ein Land riesiger, prächtiger Gletscher, die sich von einigen der größten Eisfelder Europas herabwinden. Anderswo ähnelt die Berglandschaft des Landesinneren den Wällen natürlicher Festungen, ragen felsige Küsteninseln wie Gespenster aus dem Wasser empor. Und nicht zu vergessen der urzeitliche Zauber der Arktis.

In Norwegen lädt die Natur zu Aktivitäten ein. Und weil die Norweger die Natur ihres Landes leidenschaftlich gern erkunden, hat sich hier eines der faszinierendsten und abwechslungsreichsten Ziele für Abenteuertourismus entwickelt. Im Sommer scheinen die Möglichkeiten nahezu unbegrenzt, im Winter lockt zudem das stimmungsvolle Schauspiel der Polarlichter. Für welche Aktivitäten man sich auch entscheidet, man ist der Natur immer ganz nah.

Highlights

GEIRANGERFJORD

1 Die Fahrt durch den 20 km langen Geirangerfjord, Teil des UNESCO-Weltnaturerbes, gehört wohl zu den schönsten Bootsfahrten der Welt. Seit Langem verlassene Gehöfte klammern sich an die fast senkrecht abfallenden Felsen, eisige Kaskaden stürzen ins smaragdgrüne Wasser. Man kann von Geiranger aus die Fähre nehmen und die ruhige Ausfahrt aus dem kleinen, lebendigen Hafen genießen oder im beschaulicheren Hellesylt an Bord gehen. Einfach die Kamera knipsbereit halten, einen Platz auf dem Oberdeck sichern und das einmalige Erlebnis genießen!

LOFOTEN

2 Den Anblick wird man mit Sicherheit so schnell nicht wieder vergessen: die im Sommer grün und gelb und im Winter stahlblau und weiß leuchtenden Lofoten, die sich mit ihren zerklüfteten Spitzen vor einem kobaltblauen, klaren Himmel abzeichnen oder geheimnisvoll hinter Nebelschwaden hindurchschauen. Immer wieder schmiegen sich idyllische Dörfer an die Ufer. Und überall künden dreieckige Holzgestelle, an denen die Fische getrocknet werden, von einem Land und einer Kultur, die sehr eng mit dem Meer verbunden sind.

HURTIGRUTEN

3 Die Küstenfähren dieser norwegischen Postschifflinie sind mehr als nur ein Fortbewegungsmittel, sie sind ein (sehr berühmtes) Wahrzeichen des Landes und versprechen eine der weltweit spektakulärsten Küsten-Kreuzfahrten. Bei den täglich startenden Fahrten von Bergen nach Kirkenes fahren die Schiffe in Küstenfjorde ein, legen an einsamen, über Straßen kaum erreichbaren Dörfern an, kommen spektakulären Landzungen ganz nah und überqueren den Polarkreis – die gesamte prächtige Küste Norwegens in sieben Tagen!

STAS MOROZ / SHUTTERSTOCK ©

Magdalenefjord
Storøya
Kvitøya
Nordaustlandet
Erik Eriksenstretet
Svalbard
6
Kong Karls Land
Prins Karls Forlandet
Svenskøya
Barentsøya
Longyearbyen
Edgeøya
Spitsbergen
Storfjorden
Olgastretet
0 200 km
0 200 km
EUROPÄISCHES NORDMEER
Nordkapp
Kjøllefjord
Honningsvåg
Båtsfjord
Vardø
Hammerfest
Repvåg
Vadsø
Hasvik
3
Lakselv
Alta
Kirkenes
Tromsø
11
Karasjok
RUSSLAND
Skibotn
Andenes
Kautokeino
Finnsnes
Lofoten
Harstad
2
Svolvær
Narvik
Henningsvær
FINNLAND
Å
Kiruna
Bodø
Fauske
Ørnes
Mo i Rana
Sandnessjøen
Mosjøen
Brønnøysund
Oulu
Namsos
SCHWEDEN
Grong
Steinkjer
7
Trondheim
Kristiansund
Stjørdal
Östersund
Molde
Ålesund
1
Åndalsnes
Røros
Dombås
Geiranger
Florø
Øvre Årdal
Galdhøpiggen
Førde
4
Tampere
Trysil
Sognefjorden
Lillehammer
3
Voss
Myrdal
5
Bergen
9
Hamar
Eidfjord
Odda
Råholt
Kongsvinger
Turku
HELSINKI
Leirvik
OSLO
8
Notodden
Uppsala
TALLINN
10
Moss
Halden
Stavanger
Larvik
STOCKHOLM
ESTLAND
Egersund
Risør
Arendal
Flekkefjord
Grimstad
Mandal
Kristiansand
Hirtshals
Göteborg
LETTLAND
Hanstholm
Frederikshavn
RIGA
Aalborg
DÄNEMARK

WANDERN IM JOTUNHEIMEN

4 Das Hochland Zentralnorwegens gehört zu den beliebtesten Sommerreisezielen Europas. Nationalparks mit gepflegten Wanderwegen gibt es viele, doch der Jotunheimen-Nationalpark, das „Land der Riesen", übertrifft sie alle. Mit seinen 60 Gletschern und 275 Gipfeln über 2000 m ist das Gebirge von außergewöhnlicher Schönheit. Auf gut ausgerüstete Wanderer warten berühmte Wege wie Besseggen und Hurrungane sowie einsame Pfade im Schatten des Galdhøpiggen, Norwegens höchstem Berg. Die Nähe zu den Fjorden macht den Park noch reizvoller.

BRYGGEN, BERGEN

5 Mitten in der malerischen norwegischen Küstenlandschaft mit ihren Hügeln und Fjorden liegt Bergen, eine der schönsten Städte Europas. Ihre Vergangenheit als wichtiger Seehandelshafen hinterließ der Stadt das einzigartige, zum UNESCO-Weltkulturerbe zählende Hafenviertel Bryggen. Die alten und farbenfrohen Holzhäuser zeugen von einer reichen und turbulenten Vergangenheit und beherbergen heute Kunsthandwerksgeschäfte und traditionelle Restaurants, für die die Stadt berühmt ist.

SPITZBERGEN

6 Die arktische Inselgruppe Spitzbergen (Svalbard) ist eine Herzensangelegenheit. Herrlich abgelegen und dennoch erstaunlich gut zu erreichen, ist sie Europas faszinierendstes Stück Arktis und eines der letzten großen Wildnisgebiete des Kontinents. Wohlgeformte Gipfel, riesige Eisfelder – 60 % von Spitzbergen sind mit Gletschern bedeckt – und spektakuläre Fjorde bilden den Lebensraum für Wildtiere

TOP-BÜCHER

The Almost Nearly Perfect People (Michael Booth; 2014) Unterhaltsamer Blick auf das moderne Skandinavien.

Island Summers: Memories of a Norwegian Childhood (Tilly Culme-Seymour; 2013) Eine Liebeserklärung an die norwegische Küste.

The Ice Museum (Joanna Kavenna; 2006) Fängt die Faszinationskraft des arktischen Nordens ein.

Fellowship of Ghosts (Paul Watkins; 2004) Eine einsame Wanderung durch die norwegische Landschaft.

Rowing to Latitude (Jill Fredston; 2002) Eine Reise mit dem Ruderboot an Norwegens Küste.

ESSEN & TRINKEN

Elch Bekommt man z. B. als Steak oder in Burgern.

Fleischbällchen Traditionelle norwegische Fleischbällchen kommen mit Erbsenpüree, Kartoffelbrei und Wildbeerenmarmelade auf den Tisch.

Kaffee Norwegens Nationalgetränk. Die meisten Norweger trinken ihn schwarz und stark.

Lachs Gibt's gebraten *(laks)* oder geräuchert *(røykelaks)*.

Andere Meeresfrüchte Häufig kommen Kabeljau (*torsk* oder *bacalao*; oft als Stockfisch), Garnelen, Heringe und Seesaiblinge auf den Tisch.

Rentier Gebratenes Rentier *(reinsdyrstek)* sollten alle Nichtvegetarier einmal probieren.

REISEZEIT

HAUPTSAISON
(Mitte Juni–Mitte Aug.)
Unterkünfte und Verkehrsmittel sind oft frühzeitig ausgebucht.

ZWISCHENSAISON
(Mai–Mitte Juni & Mitte Aug.–Sept.)
Generell herrscht mildes, klares Wetter. Der Besucherandrang hält sich in Grenzen.

NEBENSAISON
(Okt.–April)
Es kann eisig kalt werden. Viele Attraktionen sind geschlossen.

ESSEN AUS DER TUBE

Der Pariser bestellt zum Frühstück einen Milchkaffee, der Londoner Kippers, der New Yorker vielleicht einen Bagel und der Tokioter Reis. Der Norweger holt seines aus der Tube.

Frischkäse und *kaviar* (gezuckerter und geräucherter Kabeljau-Rogen) in Tuben ist seit Jahrzehnten in Norwegen beliebt. Zwei Marken sind am beliebtesten: Mills aus Trondheim ist vor allem für *kaviar* bekannt. Kavli aus Bergen, seit 1893 im Geschäft, produziert Käse in den Geschmacksrichtungen Schinken, Salami, Shrimps, Tomate, mexikanisch und Jalapeño.

UNTERWEGS VOR ORT

SAS und Norwegian betreiben ein umfangreiches Netz von recht günstigen Inlandsflügen, Widerøe fliegt zwischen kleineren Ortschaften.

Fähren, von denen viele auch Autos befördern, verbinden die Inseln vor der Küste mit dem Festland.

Busse bringen einen überall dorthin, wo keine Züge fahren; die Verbindungen auf den Hauptrouten sind schnell und effizient.

Die Straßen befinden sich in gutem Zustand, aber der kurvenreiche Verlauf der Straßen und starker Verkehr im Sommer verlängern die Fahrtzeit.

Das Schienennetz reicht im Norden bis Bodø, eine weitere Bahnlinie verbindet Narvik mit Nordschweden. Bei *minipris* gibt es günstige Tickets im Vorverkauf.

(so z. B. ein Sechstel der weltweiten Population der Eisbären). Im Sommer wie im Winter locken zahlreiche Aktivitäten in schier endloser weißer Stille.

KYSTRIKSVEIEN

7 Die wenig befahrene Küstenstraße (Fylkesvei 17) durch die Provinz Nordland verspricht Ausblicke von seltener, erhabener Schönheit. Wer keine Zeit hat, die gesamte 650 km lange Strecke zu fahren, sollte sich zumindest einen Abschnitt (vorzugsweise jenen zwischen Sandnessjøen und Storvik) gönnen. „Eile mit Weile" heißt hier die Devise. Da zwischendurch mehrere Fähren genommen werden müssen, sind Pausen mit malerischem Ausblick auf die Küste programmiert. Und als verlockende Abstecher bieten sich Gletscher im Hinterland sowie Inseln vor der Küste wie die Vega-Inseln mit ihren Eiderenten oder Lovund, Heimat von 200 000 Papageitauchern an.

SAMISCHE KULTUR

8 Schneemobile haben zwar die Schlitten verdrängt und nur noch eine Minderheit der Samen lebt heute von der Rentierzucht oder dem Fischfang. Doch die Kultur dieses Volks, das in Norwegen, Schweden, Finnland und Russland lebt, besteht bis heute fort und ist zunehmend auch für Besucher zugänglich, vor allem in den Samen-Zentren Kautokeino und Karasjok – der Sameting, das samische Parlament in Karasjok, ist ein Meisterwerk traditioneller Holzbauweise. Die Identität der Samen wurzelt in ihrer finnougrischen Sprache sowie in Traditionen wie dem eintönig-gutturalen Gesang Joik oder dem Kunsthandwerk.

OSLO-BERGEN-BAHN

9 Die Oslo-Bergen-Bahn bietet als eine der großartigsten Bahnstrecken der Welt viel Gelegenheit, einige der schönsten Landschaften Norwegens zu bestaunen. Sie passiert die Wälder im Süden, steigt hinauf zur Hochebene Hardangervidda und wieder hinab in die Gegend rund um Voss und erreicht schließlich Bergen. Unterwegs sind die Fjorde zum Greifen nah. In Myrdal kann man mit einer der steilsten Normalspurbahnen ins Fjordland fahren, das sich von Flåm aus fächerförmig ausbreitet.

PREIKESTOLEN

10 Wenn es um Aussichtspunkte geht, sucht der dank *Mission: Impossible – Fallout* noch bekannter gewordene Preikestolen (Predigtstuhl) seinesgleichen. Er liegt hoch über dem Lysefjord – auf einem 600 m hohen, fast senkrecht abfallenden Felsen! Während man Wagemutigen dabei zusieht, wie sie sich scheinbar viel zu weit über den Abgrund lehnen, fühlt man sich auch selbst magisch vom Rand der Klippe angezogen. Der Aufstieg, ein Tagesausflug

JETZT REISEN!

Oslo ist im Wandel: In der grünen Hauptstadt entstehen neue Quartiere am Wasser und moderne Gebäude wurden errichtet, darunter eine öffentliche Bibliothek und das neue Munch-Museum. Letzteres gehört zu den größten Ausstellungsflächen, die nur Werke eines einzigen Künstlers zeigen. 2022 soll auf dem Gelände des alten Westbahnhofs das neue Nationalmuseum eröffnet werden; es wird dann das größte Kunstmuseum in Skandinavien sein.

ab Stavanger, dauert rund zwei Stunden.

TROMSØ

11 Tromsø liegt eisige 400 km nördlich des Polarkreises. Die bedeutendste Stadt Nordnorwegens hat einige Superlative zu bieten: die nördlichste Kathedrale, die nördlichste Brauerei und den nördlichsten botanischen Garten der Welt. Die Clubs und Kneipen – mehr pro Kopf als sonstwo in Norwegen – verdankt die Stadt der Universität. Im Sommer ist es in Tromsø rund um die Uhr taghell. Sobald der erste Schnee fällt, schnallen sich die Einheimischen ihre Ski oder Schneeschuhe an, voller Hoffnung, ein Nordlicht zu erblicken.

JAHRESZEITEN

Für Aktivitäten in Norwegen gibt es zwei Jahreszeiten: den Sommer und den Winter. Dazwischen machen viele Veranstalter einfach ihre Läden dicht.

KLIMA

Bei Wanderungen in einsamen Gebieten Norwegens ist zu beachten, dass sich das Wetter (auch im Sommer) schnell ändern kann.

5

10

HAUPTSTADT
Maskat

BEVÖLKERUNG
3,7 Mio.

FLÄCHE
309 500 km²

AMTSSPRACHEN
Arabisch; Englisch weit verbreitete Handelssprache

Blick vom Dschabal Schams auf den Wadi Ghul

OMAN

Oman ist das ideale Reiseland für alle, die zwar das moderne Gesicht Arabiens sehen, aber auch seine uralte Seele spüren wollen.

In Maskats Großer Moschee gibt es einen handgewebten Teppich, der der größte der Welt war, bis ein Teppich in der Großen Moschee von Abu Dhabi (VAE) ihm den Rang ablief. Das ist bitter, weil Oman in einer Region, in der sonst der Prunk regiert, nicht viel „Größtes" zu bieten hat. Was das Land aber besitzt, sind ein reiches Erbe, eine gastfreundliche Gesellschaft, viel Identität, Stolz auf die vom Handel mit Weihrauch geprägte Vergangenheit und Vertrauen auf eine von Bildung geprägte gute Zukunft.

Besucher haben in Oman die seltene Gelegenheit, eine arabische Welt kennenzulernen, die sich nicht in der protzigen Zurschaustellung von Reichtum erschöpft. Omans niedrig bebaute Städte haben sich ihren traditionellen Charme bewahrt, und in der Gesellschaft herrschen noch die gastfreundlichen Werte der Beduinen. Mit seinen vielen Naturschönheiten, zu denen spektakuläre Gebirge, vom Wind verwehte Wüsten und eine unberührte Küste gehören, ist Oman in vielerlei Hinsicht reizvoll.

Highlights

REISEZEIT

HAUPTSAISON
(Nov.–März)

ZWISCHENSAISON
(April–Juni, Sept. & Okt.)

NEBENSAISON
(Juli–Aug.)

DSCHABAL SCHAMS

1 Omans höchster Berg (3009 m) ist weniger für seinen Gipfel als für den Blick in das spektakuläre Wadi Ghul bekannt, das vor Ort als der „Grand Canyon Arabiens" bezeichnet wird. Der Wadi bricht abrupt auf und zeigt schroff abfallende Klippen von über 1000 m Höhe. Etwas zu tun gibt's auf der Bergspitze nicht, aber man kann tolle Fotos machen, auf dem Gipfelweg wandern, picknicken oder einen Teppich kaufen: Sobald man aus dem Auto steigt, tauchen wie aus dem Nichts Verkäufer auf, die Ballen mit Teppichen aus Ziegenhaar schleppen.

RIMAL AL WAHIBA

2 Die ausgedehnte Wüste mit ihren schönen Dünen ist eine Attraktion für sich oder auch ein netter Abstecher auf dem Weg von Maskat nach Sur. Die Gegend kann Traveller tagelang fesseln. Die hiesigen Beduinen ermöglichen einen Einblick in eine aussterbende Lebensweise, da moderne Einrichtungen eine nomadische Existenz überflüssig machten. Bei den Wüstenbeduinen haben Frauen eine präsentere Rolle als anderswo in Arabien. Trotz ihrer aufwendigen Kleidung sind die Beduinen gute Autofahrer, die oft zu Hilfe eilen, wenn Touristen im Sand steckenbleiben.

RA'S AL-DSCHUNAIZ

3 Ra's al-Dschunaiz, der östlichste Punkt der Arabischen Halbinsel, ist wichtiger Brutplatz der vom Aussterben bedrohten Grünen Meeresschildkröte. Jedes Jahr kehren über 20 000 Weibchen an den Strand, an dem sie geschlüpft sind, zurück, um nachts ihre Eier abzulegen – ein Naturspektakel, dem man beiwohnen sollte. Der Oman spielt bei der Erhaltung der gefährdeten Art eine wichtige Rolle und nimmt dies sehr ernst. Die Verletzung der Tiere oder Eier wird hart bestraft.

SALALA

4 Das bunte, subtropische Salala ist die Hauptstadt von Dhofar, einer für Gold, Weihrauch und Myrrhe berühmten Region. Den Großteil ihrer Ausstrahlung verdankt sie den ehemaligen Territorien Omans in Ostafrika. Wer von Maskat aus Salala anfliegt, mag sich kaum vorstellen, dass die zwei größten Städte des Landes auf demselben Kontinent liegen. Von Mitte Juni bis Mitte August sorgen Monsunwolken aus Indien für Nieselregen, sodass sich die Hänge rund um Salala in eine Oase aus nebelverhangenen Weiden verwandeln. Das ganze Jahr über wirkt Salala mit seinen von Kokospalmen gesäumten Stränden, Bananen- und Papaya-Plantagen wie ein Stück Sansibar in der arabischen Wüste.

BAHLA

5 Die Festung Hisn Tamah, Teil des UNESCO-Welterbes, wurde 20 Jahre lang restauriert und kann wieder besichtigt werden. Eine mächtige, mehr als 10 km lange Stadtmauer, die wohl vor 600 Jahren von einer Frau geplant wurde, umgeben Ort und Festung und machen Bahla zu einer der bedeutendsten ummauerten Städte der Welt.

MUSANDAM

6 Die Halbinsel ist vom übrigen Oman durch die Ostküste der Vereinigten Arabischen Emirate getrennt und bewacht die südliche Seite der strategisch wichtigen Straße von Hormus. Wegen der schönen *khors* (Fjorde), kleinen Dör-

▼ UNTERWEGS VOR ORT

Lange kam man zu den Sehenswürdigkeiten in Maskat nur mit Taxis oder Mietwagen, jetzt fahren klimatisierte Busse alle 15 oder 30 Minuten von den drei Busbahnhöfen ins Stadtgebiet.

Für Fahrten zwischen den meisten größeren Städten gibt's Sammeltaxis, die für Traveller interessanten Orte sind aber nur mit echten Taxis erreichbar.

5

TRABANTOS / SHUTTERSTOCK ©

fer und den sich spektakulär an die Berge schmiegenden Straßen nennt man Musandam auch das „arabische Norwegen". Die zugängliche, aber denoch recht isolierte, schöne Halbinsel mit ihren kulturellen Eigenwilligkeiten lohnt einen Besuch, wenn man eine ausgedehnte Reise durch Oman unternimmt oder nach dem Großstadtflair von Dubai in die Wildnis entkommen möchte.

SUQ VON MATRAH SOUQ

7 Im Labyrinth des Suqs von Matrah (einem Stadtteil von Maskat) kann man um Kupfergeschirr und Armreifen aus Gold feilschen. Viele Leute kommen zur Uferstraße von Matrah nur, um den Suq zu besuchen, der zwar unter einem modernen Holzdach residiert, sich aber mit dem Durcheinander eines traditionellen arabischen Marktes präsentiert. Neben Läden, die osmanische und indische Artefakte sowie Antiquitäten anbieten, finden sich traditionellere Händler mit Textilien, Haushaltswaren und Schmuck.

MASIRA

8 Camping am Strand von Masira ist ein Wüsteninsel-Erlebnis. Hinter der von Stränden gesäumten Küste liegt felsiges Land mit Oasen. Flamingos, Reiher und Austernfischer patrouillieren hier, nachts kommen Reiterkrabben an Land. Diese Insel, Heimat der Eloise-Muschel und Brutplatz von Schildkröten, ist ein wahres Naturparadies.

EQROY / SHUTTERSTOCK ©

ESSEN & TRINKEN

„Lobster" Regionale Krebstiere ohne Klauen.

Harissa Gedämpfter, gemahlener Weizen und Fleisch.

Schuwa Mariniertes Lamm, das nach traditioneller Art in einem Ofen in der Erde gegart wird.

Halva Geléeartige Süßigkeit aus Zucker oder Dattelsirup.

Leitungswasser Ist bedenkenlos trinkbar; die meisten Leute ziehen aber Wasser in Flaschen vor.

Alkohol ist in Hotels und touristischen Restaurants erhältlich.

Kaffee ist wichtiger Bestandteil omanischer Gastlichkeit. Er wird mit Kardamom gewürzt und mit Datteln serviert.

OMANS BELIEBTE SÜSSSPEISE

Die Omanis haben eine Vorliebe für Süßspeisen, der sie bei wichtigen Anlässen frönen. Am gemeinschaftlichen Verzehr von süßen Sachen teilzunehmen, ist ein Gebot der Höflichkeit – wobei man nur mit der rechten Hand zugreifen darf.

Bei Zeremonien wie der Eröffnung einer Veranstaltung oder am Nationalfeiertag wird den Gästen *halva* angeboten. Man nimmt die Stücke der klebrigen Köstlichkeit mit Ringfinger und Daumen vom Gemeinschaftstisch – besser man hat sein Taschentuch dabei. Halva wird aus Zucker oder Dattelsirup, Safran, Kardamom, Mandeln, Muskatnuss und Rosenwasser in Kupferkesseln zubereitet. Die Masse wird über dem Feuer erhitzt und stundenlang umgerührt.

HAUPTSTADT
Wien

BEVÖLKERUNG
8,9 Mio.

FLÄCHE
83 871 km²

AMTSSPRACHE
Deutsch

Burgruine Aggstein über der Donau

ÖSTERREICH

Kein Land schafft so mühelos den Spagat zwischen Großstadt und freier Natur wie Österreich. Heute eine Bergbesteigung, morgen ein Bummel durch die Kaiserstadt Wien.

Österreich beschwört Bilder von Barockkirchen mit prachtvollem ornamentalen Schmuck herauf, von ausladenden Habsburgerpalästen wie Schloss Schönbrunn und von gotischen Kathedralen wie dem Stephansdom. Aber das Land ist mehr als die Summe aus Pomp und Pracht. Ein frischer architektonischer Wind und eine neu entdeckte Coolness prägen die Städte und schaffen ein schönes Gleichgewicht aus Zeitgenössischem und Historischem.

Außerhalb der Städte winden sich Straßen durch tiefe Täler, Bahnstrecken ziehen sich an kargen Berghängen entlang durch die Alpen, vorbei an Gletschern und Almwiesen, und Wanderer schnüren ihre Stiefel, um abgelegene Ecken des Landes zu erkunden. Der Berg ruft: Im Winter bevölkern Skifahrer die Hänge, während es im Sommer Wildwasserkanuten und Schluchtentaucher zu den wie Juwelen funkelnden Gebirgsflüssen und -seen zieht.

Highlights

WIENER KAISERPALÄSTE

1 Man stelle sich vor, unbegrenzt viel Geld zur Verfügung zu haben und 640 Jahre lang mit Österreichs Top-Architekten zusammenarbeiten zu können: Das Ergebnis wäre das Wien der Habsburger. Die monumentale elegante Hofburg mit Schatzkammer, Spanischer Hofreitschule, Kaiserappartements und Sisi Museum versetzt einen im Handumdrehen in die Zeit, als Wien Mittelpunkt eines Weltreichs war. Nicht weniger prächtig sind Schloss Schönbrunn und das barocke Schloss Belvedere, die beide von erlesenen Gärten umgeben sind.

GROSSGLOCKNER-HOCHALPENSTRASSE

2 Haarnadelkurven: 36. Länge: 48 km. Durchschnittliche Steigung: 9 %. Höchster Aussichtspunkt: die Edelweißspitze (2571 m). Die Großglockner-Hochalpenstraße durch den Nationalpark Hohe Tauern gehört zu den spektakulärsten Strecken Europas. Je höher man auf dieser Serpentinenstraße kommt, umso grandioser präsentiert sich die Landschaft. Welch eine Szenerie! Die schneebedeckten Berge, tosenden Wasserfälle und Seen sind nur das Vorspiel zum Großglockner (3798 m), Österreichs höchstem Gipfel, und zur Pasterze, Österreichs größtem Gletscher. Tipp: Früh aufbrechen und nicht hetzen – es gibt viel zu sehen!

JETZT REISEN!

Für Wanderer ein besonderes Erlebnis: der **Hohe Tauern Panorama Trail.** Der 2021 eröffnete Weitwanderweg führt in zehn Tagesetappen über 150 km von den Krimmler Wasserfällen bis zur Schmittenhöhe oberhalb von Zell am See. Bergsteigererfahrung benötigt man nicht.

1

CANADASTOCK / SHUTTERSTOCK ©

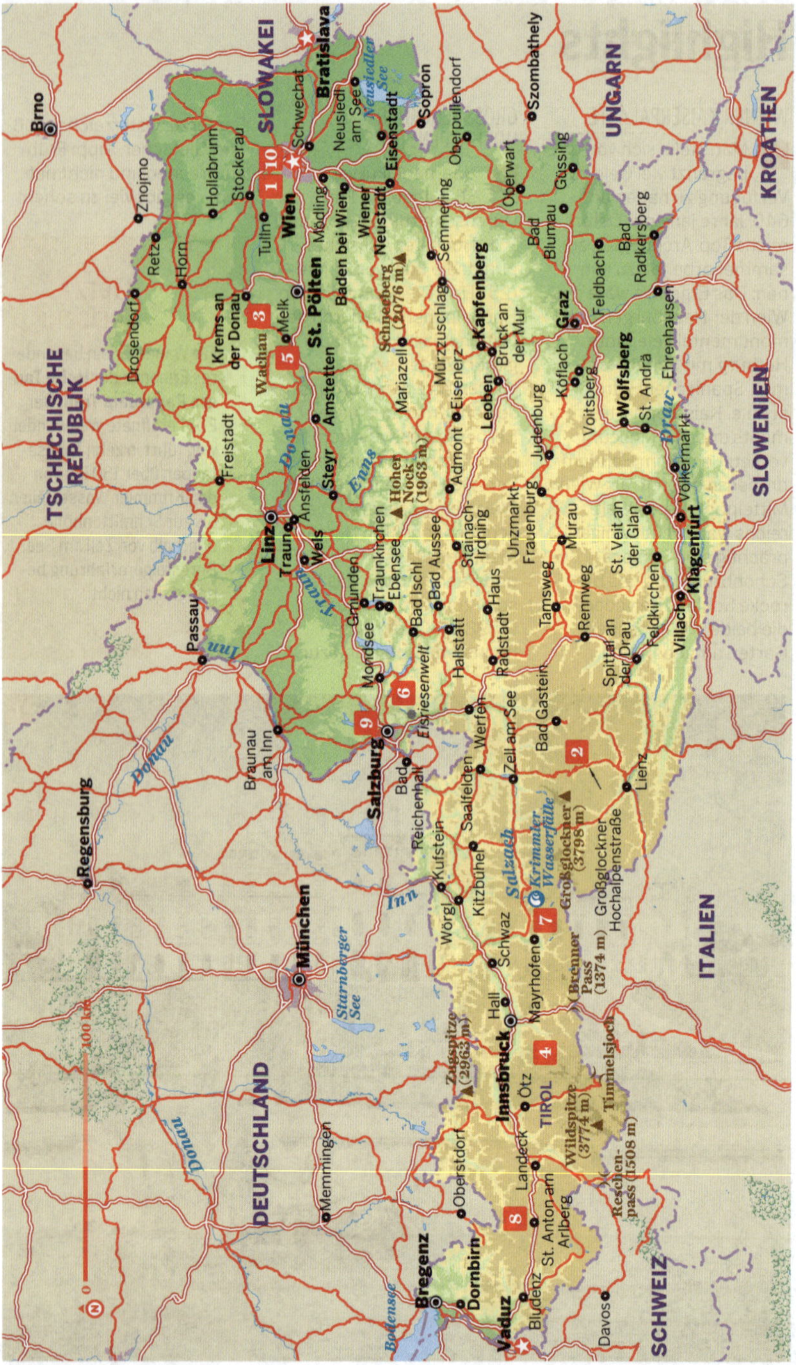

TSCHECHISCHE REPUBLIK
SLOWAKEI
UNGARN
KROATIEN
SLOWENIEN
ITALIEN
SCHWEIZ
DEUTSCHLAND
TIROL
Brno
Znojmo
Bratislava
Schwechat
Neusiedl am See
Neusiedler See
Eisenstadt
Sopron
Oberpullendorf
Szombathely
Güssing
Oberwart
Bad Blumau
Bad Radkersberg
Feldbach
Graz
Ehrenhausen
Wolfsberg
St. Andrä
Drau
Völkermarkt
Klagenfurt
Villach
Feldkirchen
St. Veit an der Glan
Murau
Judenburg
Voitsberg
Köflach
Bruck an der Mur
Leoben
Kapfenberg
Mürzzuschlag
Semmering
Wiener Neustadt
Baden bei Wien
Mödling
Wien
Tulln
Stockerau
Hollabrunn
Retz
Horn
Drosendorf
Krems an der Donau
Wachau
Melk
St. Pölten
Schneeberg (2076 m)
Mariazell
Eisenerz
Admont
Amstetten
Steyr
Enns
Hoher Nock (1963 m)
Freistadt
Donau
Linz
Traun
Ansfelden
Wels
Traunkirchen
Ebensee
Gmunden
Bad Ischl
Bad Aussee
Stainach-Irdning
Unzmarkt-Frauenburg
Tamsweg
Rennweg
Haus
Radstadt
Hallstatt
Spittal an der Drau
Passau
Inn
Mondsee
Eisriesenwelt
Salzburg
Bad Reichenhall
Braunau am Inn
Werfen
Zell am See
Bad Gastein
Lienz
Saalfelden
Kitzbühel
Kufstein
Wörgl
Salzach
Krimmler Wasserfälle
Großglockner (3798 m)
Großglockner Hochalpenstraße
Regensburg
München
Starnberger See
Schwaz
Mayrhofen
Brenner Pass (1374 m)
Hall
Innsbruck
Zugspitze (2963 m)
Ötz
Wildspitze (3774 m)
Timmelsjoch
Reschenpass (1508 m)
Landeck
Oberstdorf
Memmingen
St. Anton am Arlberg
Dornbirn
Bregenz
Bodensee
Vaduz
Bludenz
Davos
1
2
3
4
5
6
7
8
9
10
0
100 km
N

DIE WACHAU

3 Als Strauss „An der schönen blauen Donau“ komponierte, dachte er bestimmt an die Wachau. Dieser romantische Abschnitt des Donautals, der sich durch eine poetische Landschaft mit terrassierten Weinbergen, bewaldeten Hängen und Marillengärten schlängelt, wurde in die Liste des UNESCO-Welterbes aufgenommen. Jenseits der Hauptattraktion Stift Melk wartet die Burgruine Dürnstein darauf, erkundet zu werden. Hoch oben auf dem Berg versuchte hier der Minnesänger Blondel, seinen Herren Richard Löwenherz aus den Fängen von Herzog Leopold V. zu befreien.

OUTDOOR-ABENTEUER IN TIROL

4 Überall wo es schäumendes Wasser, einen hohen Berg oder eine senkrechte Schlucht gibt, schlägt das Herz eines jeden Outdoorfreaks höher. Im Sommer kann man reißende Flüsse wie den Inn und die Sanna im Rafting-Mekka Tirol in Angriff nehmen. Oder man legt im Zillertal seine Gurte an und schwebt im Paraglider über die Alpenlandschaft. Radfahrer können die Seilbahnen benutzen, um die vielen Downhill-Pisten und Bergstrecken zu erreichen.

STIFT MELK

5 Es heißt, die größten Kunstwerke Österreichs seien für Gott geschaffen worden. Und betrachtet man die goldene Pracht des Stifts Melk, des wichtigsten Benediktinerklosters Österreichs, kann man dem nur beipflichten. Die Klosterkirche ist ein barocker Wahnsinn: Tänzelnde Engel, goldener Zierrat und Fresken von Johann

TOP-FILME

Der dritte Mann (1949) Der Film-Noir-Klassiker spielt im Nachkriegswien.

Die Klavierspielerin (2001) Michael Hanekes Meisterwerk über eine masochistische Klavierlehrerin.

Liebe (2012) Michael Hanecke schrieb das Drehbuch und führte Regie bei diesem Film über ein älteres Paar, dessen Liebe auf die Probe gestellt wird.

Die Geträumten (2016) Ruth Beckermanns experimenteller Film widmet sich der Dichterliebe zwischen Ingeborg Bachmann und Paul Celan.

ESSEN & TRINKEN

Graukäse Der graue Sauermilch-Schimmelkäse aus dem Zillertal schmeckt leckerer, als der Name vermuten lässt.

Käsekrainer Die fette, mit Käsestücken gefüllte Wurst ist eine Kalorienbombe, die an Wiener Würstelständen Hunger lindert.

Leberknödelsuppe Die Suppe ist überall in Österreich der Auftakt zu einer herzhaften Mahlzeit.

Mohn Der Graumohn, der bei Klößen, Nachspeisen, Strudel und Nudeln zum Einsatz kommt, gibt dem Speisezettel im Waldviertel eine blumige Note.

REISEZEIT

HAUPTSAISON
(Juni–Okt.)
Der Besucherandrang ist in Salzburg im Juli und August am stärksten.

ZWISCHENSAISON
(April–Mai, Sept. & Okt.)
Das Wetter ist wechselhaft, die Seen sind kühl und die Wanderbedingungen ausgezeichnet.

NEBENSAISON
(Nov.–März)
Viele Sehenswürdigkeiten sind geschlossen; die Ski-Hauptsaison dauert von Mitte Dezember bis März.

ALPENBLUMEN

Die Wildblumen sind ein besonderes Highlight in den österreichischen Alpen – von Mai bis September sind die Almwiesen ein wahres Meer aus Farben und Gerüchen.

Die hier wachsenden Arten sind robuste Naturen: Im Frühjahr blühen die Krokusse, Schneeglöckchen und Anemonen, im Sommer die Alpenrosen und der Enzian und im Herbst die Disteln, der Rittersporn und der Eisenhut. So verlockend es ist, ein paar Blumen zu pflücken – sie sehen wirklich besser an den Hängen aus und stehen zudem größtenteils unter Naturschutz.

Früher riskierten junge Burschen Leib und Leben, um von den höchsten Steilhängen ein Edelweiß für ihre Liebste zu pflücken. Die wollige Blüte ist Österreichs Nationalblume und symbolisiert Tapferkeit, Liebe und Stärke.

▼ UNTERWEGS VOR ORT

In Österreich sind Inlandsflüge kaum üblich. Die wichtigste Ausnahme sind Flüge ab/nach Innsbruck (im westlichen Bundesland Tirol).

In kleinen Orten und Städten gibt es oft keine Autovermieter. Mietwagen stets im Voraus reservieren.

Der ÖPNV ist ausgezeichnet und erreicht auch abgelegene Regionen, auch wenn es etwas länger dauern kann. In den meisten Bundesländern gibt es Tageskarten, die sowohl im Bus als auch in Zügen gelten.

Die Donau ist eine Verkehrsader zwischen Wien und Ober- und Niederösterreich. Mit den Donauschiffen kommt man sehr gemächlich vorwärts, genießt dafür aber einen schönen Ausflug in malerischer Landschaft.

Michael Rottmayr schmücken das Innere. Diese Opulenz setzt sich in der Bibliothek und dem Marmorsaal mit *Trompes l'oeil* von Paul Troger fort. Wer kann, sollte hier übernachten, um den wunderbaren Anblick zu genießen, den das angestrahlte Kloster nachts bietet.

EISRIESENWELT

6 Die glitzernden Kammern und Gänge könnten aus dem Reich von Narnia stammen. Die eisige Höhle im Tennengebirge mit ihren über Jahrtausende entstandenen Skulpturen gehört zu den größten zugänglichen Eishöhlen der Welt. Tief im eisigen Berginneren kann man mit einer Karbidlampe in der Hand Skulpturen, glitzernde Seen und einen riesigen Eispalast bewundern. Selbst im Sommer liegen die Temperaturen in der Höhle unter 0° C – also warm anziehen!

KRIMMLER WASSERFÄLLE

7 Eines ist sicher, die 380 m hohen Krimmler Wasserfälle, die höchsten Österreichs, hört man schon lange, bevor man sie sieht. Man fühlt sich klein und unbedeutend, wenn man der Gewalt und Größe dieses Katarakts gegenübersteht. Das Wasser stürzt über riesige Felsblöcke in die Tiefe und erzeugt absolut fotogene Regenbogen. So wie es bei allen Naturwundern ist, hat man den schönsten Blick vom Wasserfallweg aus, der sich durch feuchte, diesige Wälder zu Aussichtspunkten schlängelt, an denen man den Wassermassen so nah ist, dass man auch einige Spritzer abbekommt.

SKIFAHREN IN DEN ALPEN

8 In einem Land, wo schon Dreijährige durch den Schnee pflügen, 70-Jährige immer noch über Pisten wedeln und selbst das winzigste Dorf seinen eigenen Skilift besitzt, ist Skifahren kein Sport, sondern eine Weltanschauung. Und das ist verständlich: Da sind St. Anton am Arlberg mit seinem Après-Ski-Programm, Mayrhofen mit Trickski und der legendären Harakiri-Piste oder Kitzbühel mit seinem perfekten Mix – das Angebot ist grenzenlos, das Terrain phantastisch. Ob Skilanglauf oder Skitourengehen, Abfahrtsläufe oder Gletscherwanderungen, in Österreich ist sicher die richtige Location dabei.

FESTUNG HOHENSALZBURG

9 Bei dem Aufstieg zu Salzburgs prächtiger Festung Hohensalzburg, die auf einem Gipfel über der Stadt thront, gerät man ganz schön ins Schwitzen – wenn man nicht die Seilbahn nimmt. Der Rundgang durch die großartig erhaltene Festung führt durch den herrlichen Goldenen Saal, dessen Decke mit einem Sternenzelt bemalt ist. Im Festungsmuseum lassen einen gruselige Folterinstrumente erschaudern. Und auch den Rundumblick vom Turm sollte man sich keinesfalls entgehen lassen.

MUSEUMSQUARTIER

10 Das 60 000 m^2 umfassende MuseumsQuartier in Wien gehört zu den weltweit größten Ausstellungsflächen. Die ehemaligen kaiserlichen Hofstallungen beherbergen mehr Kunstwerke als manch kleines Land besitzt. Beeindruckende Werke von Klimt und Schiele hängen im Leopold Museum, der spektakuläre Basaltbau des MUMOK punktet mit provokativen Wiener Aktionisten und die Kunsthalle mit neuen Medien. An warmen Tagen treffen sich die Wiener in dem riesigen Hof, um zu schwatzen, etwas zu trinken und das Leben zu genießen.

FILMBERÜHMTHEIT

Zu den Salzburger Drehorten des Filmmusicals *Meine Lieder – meine Träume* zählen der Mirabellgarten mit der „Do-Re-Mi"-Szene und der Gartenpavillon im Hellbrunner Park.

SALZBURGER FESTSPIELE

Von Ende Juli bis in den August steht klassische Musik im Mittelpunkt.

HAUPTSTADT
Islamabad
BEVÖLKERUNG
238,2 Mio.
FLÄCHE
796 095 km²
AMTSSPRACHEN
Urdu, Englisch

Blick vom Balkon des Forts von Lahore auf die Lahore Grand Mosque

PAKISTAN

Pakistan ist mit natürlichen und historischen Reichtümern gesegnet, wird aber noch immer von politischer Instabilität heimgesucht.

Auch wenn sich die Situation zuletzt leicht gebessert hat: Angesichts von bewaffneten Gruppierungen, die alles, von der Regierung bis zu Bergsteigern, angreifen, ist die Zahl der Traveller stark geschrumpft.Dies ist bedauerlich, weil das Land eines der faszinierendsten Reiseziele in Asien wäre. Die riesigen Städte im Süden gehören zu den alten Städten im Norden des indischen Subkontinents, und im rauen Norden, einem wilden Grenzland, hat sich seit der Zeit der Moguln wenig geändert. Dazwischen liegen Ruinen und trockene Wüsten. Im Norden liegen die westlichen Ausläufer des Himalajas und das angrenzende Karakorum Gebirge mit dem K2, dem zweithöchsten Berg der Welt.

Pakistans Hauptattraktion ist der Karakoram Highway, der sich vom nördlichen Punjab bis nach Kaxgar in China erstreckt.

Pakistan ist ein Land voller Widersprüche mit Wüstenfestungen wie aus *Tausendundeine Nacht*, mit Freundlichkeit und Gastfreundschaft, aber auch mit schwelenden, oft gewalttätigen Konflikten.

Highlights

FORT VON LAHORE (SHAHI QILA)

1 Die Hauptattraktion von Lahores Altstadt ist die Festung, die mehrmals zerstört, verwüstet, wiederaufgebaut und restauriert wurde, ehe sie durch den Mogulkaiser Akbar 1566 (als er Lahore zur Hauptstadt machte) ihre heutige Gestalt erhielt. Die Festung hat eine anziehende „verlassene“ Atmosphäre (wenn sie nicht von Besuchern überlaufen ist) und lädt zu einem Spaziergang ein. Den Eingang bildet das kolossale Alamgiri-Tor, durch das mehrere Elefanten gleichzeitig marschieren konnten. Der Shish Mahal (Spiegelpalast), der 1631 für die Kaiserin und ihren Hofstaat errichtet wurde, ist mit in den Stuck eingelassenen Spiegeln ausgeschmückt. Spektakulär ist auch der üppig mit Pietra dura – Mosaiken aus winzigen Schmucksteinen, die komplexe Blumenmotive bilden – verzierte Marmorpavillon Naulakha. Auf dem Gelände gibt's auch drei kleine Museen.

SUFI-SCHREINE VON MULTAN

2 Seit dem 9. Jh. ist Multan ein wichtiges islamisches Zentrum, das sich sein Erbe bis heute bewahren konnte. Über die Jahrhunderte hat die Stadt mehr Mystiker und heilige Männer angezogen als vielleicht jeder andere Ort auf dem Subkontinent. Hiervon zeugen Ehrfurcht gebietende Schreine, Gräber und Moscheen; das Mausoleum von Scheich Rukn-i-Alam ist mit seinem blau und türkisfarben gefliesten Innenraum außergewöhnlich. Das aus rotem Backstein und Holz errichtete Gebäude ist

▼ REISEZEIT

HAUPTSAISON
(Okt.–Feb.)

ZWISCHENSAISON
(März–Juni)

NEBENSAISON
(Juli–Sept.)

zugleich schön und kundig ausgeführt: Die Trompe (der Gewölbezwickel zwischen den Kanten des Unterbaus und der Kuppel) ist meisterhaft entworfen. Angeblich soll Ghiyas-ud-din Tughluq, der spätere Sultan von Delhi, das Mausoleum im Jahr 1320 für sich gebaut haben; sein Sohn übereignete es aus Pietät der Familie des Scheichs Rukn-i-Alam als dessen Begräbnisstätte.

K2

3 Es mögen dem K2 (8611 m) im Vergleich zum Mt. Everest (8848 m) ja ein paar Meter fehlen, ja sogar einen „richtigen" Namen hat der Bergriese nicht. Unterschätzen darf man den zweithöchsten Gipfel der Welt, der über der pakistanisch-chinesischen Grenze Wache steht, dennoch nicht: Fast 25 % der Bergsteiger, die eine Besteigung des K2 versuchten, kamen dabei ums Leben. Doch auch ohne alpinen Ehrgeiz ist einiges geboten: Wie wär's mit einem Trek zum Concordiaplatz, dem Zusammenfluss zweier Gletscher, der sich inmitten von vier Achttausendern befindet? Von dort kann man den K2 entspannt aus sicherer Entfernung bewundern.

MOENJODARO

4 Bei einem Streifzug durch die Ruinen, die zum UNESCO-Weltkulturerbe gehören, wandelt man auf den Spuren einer Stadt, die gegen 2500 v. Chr. eine Metropole im Industal war. Der 250 ha große Komplex mit ausgegrabenen Versammlungshallen, Bädern und Wohngebäuden vermittelt eine Vorstellung von einer hochentwickelten, verschollenen Zivilisation. Ein Drittel des gesamten Gelän-

UNTERWEGS VOR ORT

Inlandsflüge verbinden die großen Zentren wie Islamabad, Karatschi und Lahore.

Busfahrten sind nicht besonders bequem, aber spottbillig.

Die Fernzüge sind oft überfüllt, daher sollte man seinen Platz (Sleeper 1st class oder Air-con class) im Voraus buchen. Frauen reservieren am besten einen Platz in einem Frauen vorbehaltenen Abteil.

3

K_BOONNITROD / SHUTTERSTOCK ©

des ist freigelegt und kann besichtigt werden. Die restlichen Teile der Stadt sind noch nicht ausgegraben. Wer sich für Archäologie interessiert, ist hier genau richtig, für alle anderen dürfte die Stätte, angesichts der nicht einfachen Anreise, etwas enttäuschend sein. Das Museum zeigt Relikte, u. a. Siegel mit Reliefs, Spielzeug aus Terrakotta, Küchengeräte, Schmuck und Ornamente.

KARAKORAM HIGHWAY

5 Jahrtausendelang zogen Menschen durch das Industal und benutzten diesen Abschnitt der Seidenstraße, um zwischen Ost und West ihre Waren und Ideologien anzupreisen. Niemand weiß warum, denn das Gelände ist schwer passierbar. Bis 1986 wurde die Strecke dann modernisiert, und der 1200 km lange Highway führt nun entlang der Felsmassen von Himalaja und Hindukusch von Islamabad bis nach Kaxgar (Kaschgar) in China. Es ist eine umwerfende Fahrt – Schlaglöcher, Erdrutsche, steile Abhänge, Lastwagen, Straßensperren und Banditen sind normal. Aber dennoch, es wird die Fahrt des Lebens sein.

KHLONGWANGCHAO / SHUTTERSTOCK ©

ESSEN & TRINKEN

Chai Tee wird in Pakistan in Massen getrunken, manchmal als „Milchtee": Gleiche Teile Wasser, Milch, Blätter und Zucker werden zum Kochen gebracht und oft aus großer Höhe eingeschenkt.

Gosht (Fleisch) ist in Pakistan gewöhnlich Lamm- oder Hühnerfleisch, manchmal auch Rindfleisch (*gay ka gosht*). Meeresfrüchte und Fisch (*machlee*) werden vor allem in Karatschi häufig gegessen. Schweinefleisch ist für Muslime tabu.

Mithai (Süßigkeiten) Pakistan hat ein leckeres Sortiment an bunten Süßigkeiten. Einige Läden produzieren ihre Kunstwerke vor Ort – Ausschau halten nach *jalebis*, orangefarbene, frittierte und in klebrigen Zuckersirup getauchte Teigkringel.

Roti Rundes, ungesäuertes Brot, das in Pakistan meistens in einem *tandoor* (Lehmofen) hergestellt wird.

KABBADI

Kabbadi, ein Mix aus Ringen, Rugby und Fangen, stammt aus dem Bundesstaat Punjab. Zwei Teams à sieben Spieler tummeln sich auf einem 12,5 × 10 m großen Spielfeld. Eine Mannschaft schickt einen „Angreifer" in die gegnerische Hälfte, der dort so viele Spieler wie möglich zu berühren versucht und dabei ununterbrochen das Wort *kabaddi* wiederholen muss. Der Clou: Erst wenn er in seine Hälfte zurückgekehrt ist, darf er wieder Luft holen. Die verteidigende Seite muss sich selbst schützen und versuchen, den Eindringling entweder auf den Boden zu zwingen und/oder ihn zu veranlassen, Luft zu holen. Kabbadi ist seit Jahrhunderten auf dem Subkontinent bekannt und wird auch international gespielt.

HAUPTSTADT
Ngerulmud

BEVÖLKERUNG
21600

FLÄCHE
459 km²

AMTSSPRACHEN
Palauisch, Englisch

PALAU

Um sich in Palau, dem winzigen Inselstaat im West-Pazifik, wohlzufühlen, muss man nicht unbedingt ins kühle Nass springen – aber es hilft ungemein.

Die Republik Palau ist landschaftlich zauberhaft und hat für ein so kleines Land eine Menge zu bieten. Überwältigend ist die Zahl der Naturwunder: Der Archipel umfasst rund 200, zum großen Teil unberührte Kalkstein- und Vulkaninseln, bedeckt von smaragdgrünen Wäldern und umgeben von einer türkisfarbenen Lagune. Angesichts der Tauchspots von Weltklasse ist es kein Wunder, dass Tauchen hier die beliebteste Aktivität ist. Taucher schwören auf die faszinierende Unterwasserwelt mit spannenden Wracks und einer erstaunlich vielfältigen Fauna und Flora – die „Unterwasser-Serengeti" trägt ihren Namen zu Recht.

Wenn die Unterwasserwelt erkundet ist, warten weitere abenteuerliche Möglichkeiten: Kajakfahren, Schnorcheln und Fahrten durchs freie Gelände in sagenhafter Landschaft gehören dazu. Geschichtsinteressierte entdecken verstreut im Dschungel viele Relikte des Zweiten Weltkriegs, außerdem gibt es einige gute Museen in Koror, der größten Stadt Palaus.

Highlights

BLUE CORNER

1 Dieses Tauchgebiet ist für sein Unterwasserleben, den Aufbau des Riffs (es ragt ins offene Meer hinaus und sinkt dann in die Tiefen) sowie seinen Artenreichtum an Fischen bekannt, darunter Barrakudas, Stachelmakrelen, Napoleon-Lippfische und Graue Riffhaie.

CHELBACHEB-INSELN

2 Die Chelbacheb-Inseln (auch Rock Islands) sind unvergleichbar, und es ist nicht übertrieben zu behaupten, dass die über einen 32 km langen Meeresabschnitt verteilten Inseln der eigentliche Grund sind, nach Palau zu kommen. Der Anblick der von kristallklarem Wasser umgebenen Kalksteininselchen ist einfach fantastisch.

PELELIU

3 Die kleine Koralleninsel im Süden der Inselgruppe ist ein friedvolles Refugium. Kaum zu glauben, dass hier eine der blutigsten Schlachten des Zweiten Weltkriegs auf dem pazifischen Kriegsschauplatz tobte. Heute sind die Relikte von japanischen und US-amerikanischen Truppen Pelelius Hauptattraktion.

REISEZEIT

HAUPTSAISON
(Dez.–März)

ZWISCHENSAISON
(April, Juli & Aug., Okt. & Nov.)

NEBENSAISON
(Mai & Juni, Sept.)

ESSEN & TRINKEN

Japan, Korea, die Philippinen und die USA haben die Küche Palaus beeinflusst. Wer Seafood über alles liebt, ist hier goldrichtig. Sushi und Sashimi sind beliebt, Mangrovenkrabben und Schalentiere recht verbreitet. Es wird aber auch ziemlich Sonderbares angeboten: Die Fruchtfledermaus-Pastete z. B. soll wie Hühnerfleisch schmecken.

HAUPTSTADT
Panama (Stadt)

BEVÖLKERUNG
3,9 Mio.

FLÄCHE
75 420 km²

AMTSSPRACHE
Spanisch

Fiesta de la Pollera, Las Tablas

PANAMA

Klares, türkisfarbenes Meer, Kaffeeplantagen, Nebelwälder in Chiriquí – Panama präsentiert sich entspannt oder spannend, ganz wie gewünscht.

Mit vielen unbewohnten Inseln, entspannter Karibik-Atmosphäre auf der einen und gewaltigen Pazifik-Wellen auf der anderen Seite, bietet Panama bestes Strandleben. Und am Ufer beginnt noch eine ganze andere Welt, die man beim Tauchen mit Walhaien im Pazifik, beim Schnorcheln in den Riffs von Bocas del Toro oder beim Segeln im indigenen Territorium Guna Yala mit seinen wenig besuchten Inseln erkunden kann. Surfer sind begeistert, dass sie in Panama Weltklasse-Breaks für sich alleine haben.

Auf Wildtiere trifft man überall: Auf Hochlandwegen begegnen einem bunte Quetzals, vor der Hütte randalieren Brüllaffen und ein plötzlich aus dem Wasser schnellender Wal verwandelt eine Fährfahrt in ein spannendes Abenteuer. In Sachen Abenteuertourismus kann man an Seilrutschen durch den Regenwald sausen, mit Meeresschildkröten schwimmen oder im Nebelwald zu herrlichen Aussichtspunkten wandern. Das kleine Land mit zwei langen Küsten ist ein richtiger großer Abenteuerspielplatz.

Highlights

PANAMA (STADT)

1 Die Ciudad de Panamá ist Lateinamerika auf hoher Drehzahl. Hier erwarten einen *ceviche* (marinierte Meeresfrüchte), Kasinos und eine imposante Skyline. Die Stadt mit ca. 1 Mio. Einwohnern ist im Wandel: Am Ufer entstehen Grünflächen, ein von Frank O. Gehry entworfenes Museum der Artenvielfalt wurde errichtet, im kolonialzeitlichen Viertel Casco Viejo werden Gebäude restauriert, und die erste U-Bahn Mittelamerikas wird weiter ausgebaut. Die Verkehrsströme gleichen einer Boa Constrictor, die eine Mahlzeit verdrückt, aber die Stadt hat ihren Reiz. Die Menschen sind offen und die Natur ist nie weit weg. Die Schönheit liegt im Rhythmus, in den Widersprüchen und den Sonnenuntergängen.

PANAMAKANAL

2 Der Kanal ist eine der wichtigsten Abkürzungen der Welt, er verbindet Atlantik und Pazifik. So faszinierend wie die Containerschiffe, die die Schleusen passieren, sind die vielen Geschöpfe, die vom Urwaldrand aus zusehen. Es gibt zwei Besucherzentren mit Aussichtsplattformen und Museen über die Konstruktion und den Ausbau des Kanals. Es werden tolle Boots- und Kajaktouren angeboten, oder man kann ein Teilstück des Kanals befahren und sich selbst durch die Schleusen quetschen.

PARQUE NACIONAL COIBA

3 Der Meerespark, der oft mit den Galapagosinseln verglichen wird, ist eine vergessene Welt mit

REISEZEIT

SPITZENSAISON
(Feste im November, Weihnachten, Neujahr, Ostern)

HAUPTSAISON
(Mitte Dez.–Mitte April)

NEBENSAISON
(Ende April–Anf. Dez.)

urtümlichen Ökosystemen und einmaliger Fauna. Man findet hier Scharen von Hellroten Aras, Fischschwärme, Buckelwale mit ihren Jungtieren und Mantarochen. Taucher erspähen vielleicht auch einen Hammerhai oder einen Walhai. Vor allem ist die ganze Gegend, deren Hauptinsel vor nicht langer Zeit ein isoliertes Straflager war, noch ungezähmt – es gibt kaum Besucher und nur wenige Einrichtungen.

ARCHIPIÉLAGO DE BOCAS DEL TORO

4 Die karibische Inselkette ist das beliebteste lokale Urlaubsziel: Man kann mit einem Cruiser-Bike zum Strand radeln, auf der Isla Bastimentos beim Calypso mitsummen und am Wasser in einer Strohhütte zu Abend essen. An Unterkünften gibt's alles: von billigen Backpackerbleiben bis zu Urwald-Lodges und Resorts auf den äußeren Inseln. Wer nicht surft, kann schnorcheln oder bei Freiwilligenprojekten Meeresschildkröten retten.

CASCO VIEJO

5 Die Altstadt von Ciudad de Panamá lohnt mit verfallenen Konventen und kopfsteingepflasterten Gassen einen Besuch. Die Kolonialarchitektur erinnert an Havanna, aber hier steht die Zeit nicht still. Der Alltag ist bunt, die Stimmung lässig. Die Cinta Costera, eine vor ein paar Jahren fertiggestellte Grünfläche, bringt Spaziergänger und Radfahrer von der Innenstadt aus durch Casco Viejo. An schwülen Abenden säumen Schaustellerbuden die Promenade, Paare dinieren unter Sonnenschirmen, und Livemusik füllt die Plazas.

UNTERWEGS VOR ORT

Vom Flughafen Albrook in Panama (Stadt) starten Inlandsflüge zu Zielen im ganzen Land.

Die meisten Städte haben Busbahnhöfe, wo häufig Regionalbusse abfahren.

Mietwagen sind nicht billig, die Straßen aber generell in gutem Zustand. Manche Gebiete, darunter Panama (Stadt) und viele ländliche Regionen, sind sehr schlecht ausgeschildert.

4

HOCHLAND

6 In den Tropen steht Hochland für eine Brise frischer Luft. Panamas Hochland reicht von üppigen Wäldern mit goldenen Fröschen bis hinauf zu nebelverhangenen Kaffeeplantagen. Von Panama (Stadt) unternehmen die Leute am Wochenende Ausflüge nach El Valle und El Copé. Bajo Boquete ist ein typisches Bergstädtchen, aber abseits der ausgetretenen Pfade verspricht wirkliche Ruhe Santa Fé, wo man mit Einheimischen reiten und zu Wasserfällen mit Badestellen wandern kann.

PENÍNSULA DE AZUERO

7 Sanfte Hügellandschaften, einsame Strände und eine donnernde Brandung sind Gründe für die wachsende Beliebtheit der ländlichen Halbinsel. Den stärksten Eindruck hinterlassen aber die Traditionen. Die spanische Kultur ist hier tief verwurzelt, das zeigen geflieste Kolonialbauten, die Gastlichkeit der Einwohner, die religiösen Feste und die *polleras* (mit Spitze bestickte Kostüme). Die Playa Venao ist zu einem Ziel für Surfer geworden, während westlich an der unberührten „Sonnenuntergangsküste" ruhige Strände, tolle Surfbedingungen und Schildkröten-Touren winken.

5

GST PRODUCTIONS / SHUTTERSTOCK ©

▼ ESSEN & TRINKEN

Panamas Nationalgericht ist *sancocho* (Huhn-Gemüse-Eintopf). Ein anderes Standardgericht ist *Ropa vieja* (wörtlich „Altkleider"), scharfes Rindergeschnetzeltes mit Reis. Reis und Bohnen sind in Panama Grundnahrungsmittel und werden mit *patacones* (Kochbananen), Krautsalat und Fleisch serviert. Seafood ist preiswert, u. a. *ceviche* (roher marinierter Fisch).

An der Straße werden Fruchtsäfte und Kokoswasser *(pipa)* verkauft. Das alkoholische Nationalgetränk wird aus *seco*, Milch und Eis gemixt. *Seco* wird wie Rum aus Zuckerrohr destilliert und vor allem auf dem Land getrunken. In den zentralen Provinzen beliebt ist *vino de palma*, der vergorene Saft aus dem Stamm einer Palme.

▼ INDIGENE VÖLKER

Von den Dutzenden indigener Völker, die Panama besiedelten, als die Spanier kamen, existieren heute nur noch sieben. Die indigenen Kulturen sind hier zwar präsenter als in den Nachbarländern, aber ein sehr hoher Prozentsatz von ihnen lebt in Armut. In den *comarcas* (autonomen Regionen) liegt die Analphabetenrate zwischen 10 und 30 %. Der Zugang zu Gesundheits- und Bildungseinrichtungen ist weiterhin unzureichend.

Zu den indigenen Völkern zählen die Bokotá in der Provinz Bocas del Toro und die Bribrí, die sich auf Costa Rica und in Panama auf die Cordillera de Talamanca verteilen. Beide Völker haben sich ihre Sprache und Kultur bewahrt, obwohl sie viel kleiner und politisch einflussloser sind als andere indigene Völker in Panama.

HAUPTSTADT
Port Moresby
BEVÖLKERUNG
7,4 Mio.
FLÄCHE
462 840 km²
AMTSSPRACHEN
Tok Pisin, Englisch, Hiri Motu

Hochland-Fest, Mt. Hagen

PAPUA-NEUGUINEA

Rauchende Vulkane, von Regenwald überzogene Berge und Korallenriffe bilden die Bühne für eine unverwechselbare, eindrucksvolle Kultur.

Bereit für ein Abenteuer? In Papua-Neuguinea kann man mit kundigen Führern durch dampfenden Dschungel wandern und durch reißende Ströme waten. Das Ziel mag ein abgelegenes Dorf sein, ein prächtig gefiederter Paradiesvogel oder ein Baumkänguru. Warum nicht einmal bei einem mehrtägigen Trek auf dem Kokoda Track den Spuren australischer Goldgräber folgen oder im Hochland einen mehr als 4000 m hohen Gipfel erklimmen, um den Rundblick von Küste zu Küste zu genießen?

Das Land ist auch ein tolles Ziel für Taucher, da die meisten Monate im Jahr beste Tauchbedingungen herrschen. Die Artenvielfalt im Meer ist erstaunlich, außerdem kann man zu vielen Wracks tauchen.

Wer in einem Dorf übernachtet, lernt das Land besonders gut kennen. Am Tag geleiten einen einheimische Guides zu den Sehenswürdigkeiten, abends beobachtet man den Sonnenuntergang, speist frische Meeresfrüchte und sieht zu, wie sich der Himmel langsam mit Sternen füllt.

Highlights

TAUCHEN & SCHNORCHELN

1 Papua-Neuguinea gehört zweifellos zu den besten Tauchzielen. Hier erwarten einen unwiderstehliche Unterwasserschätze: leuchtende Korallenriffe, warme Gewässer mit Fischen in allen Farben des Regenbogens, Schluchten und Abbruchkanten, hinter denen es in die Tiefe geht, und viele gruselige Wracks aus dem Zweiten Weltkrieg. Ein großer Vorteil ist, dass die Tauchspots nicht überlaufen sind. Ein paar idyllische Tauchresorts wie Kimbe Bay sind die perfekten Sprungbretter zu den Abenteuern unter Wasser.

HOCHLANDFESTE

2 Der Karneval in Rio ist nichts gegen die Umzüge bei einem Hochlandfest. Die größten Feste in Papua-Neuguinea, z. B. die Mt. Hagen und Goroka Shows, sind die reinste Reizüberflutung – enormer Federkopfschmuck, Grasröcke und Gesichts- und Körperbemalungen inklusive. Über 100 verschiedene Stämme aus allen Ecken des Hochlands und noch weiter entfernte nehmen teil. Voller Stolz tragen Singsing-Gruppen ihre Lieder und Tänze vor. Der Reiz, diese Traditionen hautnah zu erleben, ist unbeschreiblich. Es lohnt sich unbedingt, ein solches Fest bei der Reiseplanung zu berücksichtigen.

REISEZEIT

HAUPTSAISON
(Mai–Okt.)

ZWISCHENSAISON
(April & Nov.)

NEBENSAISON
(Dez.–März)

MILNE BAY

3 Die Milne Bay an der Ostspitze des Landes ist wunderschön. Hier liegen einige Inseln, Korallenriffe, palmengesäumte Strände, Wasserfälle, Flüsse und steil ins Meer abfallende, mit Regenwald be-

deckte Berge. Die Abenteuer sind zahlreich, man kann wunderbar Vögel beobachten, wandern und von Insel zu Insel und von Dorf zu Dorf ziehen. Das Sprungbrett ist Alotau, wo auch das bunte Canoe Festival stattfindet, bei dem Singsing-Gruppen und Bands auftreten und voll besetzte Langboote sich an der Uferpromenade ein Rennen liefern.

TROBRIAND-INSELN

4 Anthropologen sind seit Langem von den Trobriand-Inseln fasziniert. Hier gibt es eine recht intakte polynesische Kultur mit einzigartigen, auf einer strikt matrilinearen Gesellschaft beruhenden Traditionen und einer ganz eigenen Kosmologie. Die Inselbewohner sind bekannt für ihre bunten Yams-Häuser, wilde Erntefeste und feierliche Kricketspiele (mit Gesang und Tänzen). Besucher sind hier immer noch selten, sodass sich die fantastische Möglichkeit bietet, in Dörfern zu wohnen und die Insulaner direkt kennenzulernen, Schädelhöhlen und Korallen-Megalithen zu sehen und die Landschaft zu bewundern.

MT. WILHELM TREK

5 Der höchste Gipfel des schroffen Bismarckgebirges und ganz Ozeaniens ist der windumtoste Mt. Wilhelm. Wer die Nord- und Südküste bewundern möchte bevor Wolken aufziehen, sollte vor Sonnenaufgang losziehen und die Hänge nach oben kraxeln.

UNTERWEGS VOR ORT

Von Region zu Region bewegt man sich meist per Flugzeug (oft via Port Moresby).

Es gibt kaum Straßen, und Mietwagen sind teuer – Selbstfahren ist hier keine besonders nützliche Option.

Taxis gibt's in den größeren Städten. Sie haben nicht unbedingt einen Taxameter.

MICKRICK / GETTY IMAGES ©

SEPIK RIVER

6 Der nebelverhangene und von Urwald umgebene Sepik fließt wie eine braune Schlange durch den Nordwesten des Landes. Der Fluss ist die Lebensader der Region. An ihm liegen Dörfer, die eine reiche Kunsttradition und zahlreiche Kulturschätze zu bieten haben. Man kann sich ein Kanu mit geschnitztem Krokodilkopf mieten und saisonal auf Wasserläufen von Dorf zu Dorf schippern, in Pfahlbauten übernachten und *haus tambarans* (Geisterhäuser) bewundern.

RABAUL

7 Rabaul, eine der schönsten Städte im Südpazifik, wurde durch den Ausbruch des Tavurvur 1994 verwüstet und größtenteils unter Asche begraben. Heute kann man über die verlassenen Straßen des Ortes bummeln. Es gibt in einiger Entfernung aber auch noch andere Abenteuer zu erleben. Von den Vulkanen hat man einen tollen Blick über die Stadt.

KOKODA TRACK

8 Der Weg ist matschig und zermürbend, es geht steil bergauf und dann wieder rutschig-holprig bergab. Flussüberquerungen sorgen für nasse Füße, und die Schwüle setzt auch vorbereiteten Wanderern zu. Warum sollte man also den 96 km langen Kokoda Track wandern? Viele Australier tun es, um in die Fußstapfen jener Männer zu treten, die auf diesem höllischen Weg im Zweiten Weltkrieg kämpften und starben. Während man einsame Dörfer passiert und neben Kriegsdenkmälern pausiert, mag man zur Überzeugung gelangen, dass sich die Strapazen doch lohnen.

▼ ESSEN & TRINKEN

Fleisch Schweine sind die Hauptlieferanten für tierisches Protein, sie kommen aber meist nur bei Festen auf den Tisch. *Kakaruk* (Hühnchen) ist auch recht geschätzt. Ein Überbleibsel aus dem Zweiten Weltkrieg ist die Vorliebe für Fleisch- und Fischkonserven. Viele Einheimische ziehen Dosenfisch *(tinpis)* frischem Fisch vor.

Gemüse Auf den Märkten gibt es ein sehr gutes Gemüseangebot. Man sieht Paprika, Tomaten, Erdnüsse, Avocados und tropische Früchte. Im Hochland gibt's manchmal auch Erdbeeren, Blumenkohl und Broccoli.

Meeresfrüchte Viele Resorts an der Küste und sogar einige im Hochland (wo der frische Fisch eingeflogen wird) bieten tolle Meeresfrüchte-Büfetts.

Typische Kost Das Essen der Dorfbewohner besteht überwiegend aus stärkehaltigem Gemüse. Im Hochland sind das vor allem *kaukau* (Süßkartoffeln), auf den Inseln Taro oder Yams und am Sepik und in anderen Sumpfgebieten *saksak* (Sago). *Rais* (Reis) ist überall beliebt.

MICHAL KNITL / SHUTTERSTOCK ©

▼ EINMALIGE NATUR

Kängurus und Kloakentiere gibt's nur in Australien und Neuguinea. Das Wallaby ist in Neuguinea und in Australien vertreten, aber die meisten Kängurus Neuguineas sind Baumkängurus, die sich deutlich von den australischen Känguruarten unterscheiden.

Papua-Neuguinea ist immer noch biologisches Entdeckungsgebiet, deswegen lohnt es sich, jede Beobachtung eines ungewöhnlichen Tieres genau aufzuzeichnen. In wenig besuchten Regionen kann es sich nämlich durchaus um eine noch unbekannte Spezies handeln. Es dürfte noch Hunderte Arten geben – vor allem Frösche, Reptilien und Insekten –, die der westlichen Wissenschaft bisher unbekannt sind.

HAUPTSTADT
Asunción

BEVÖLKERUNG
7,3 Mio.

FLÄCHE
406752 km²

AMTSSPRACHEN
Spanisch, Guaraní

Jesuitenmission La Santísima Trinidad de Paraná

PARAGUAY

Der kleine, wenig besuchte Binnenstaat Paraguay grenzt an die größten Länder Südamerikas. Man wird freundlich empfangen, und es gibt hier viel zu erleben.

Trotz seiner Lage im Herzen des Kontinents wird Paraguay von Travellern häufig übersehen, weil sie glauben, dass es in einem Land ohne Mega-Attraktionen nichts zu entdecken gäbe. Dabei ist Paraguay ideal für alle, die das authentische Südamerika abseits der Touristenpfade kennenlernen wollen.

Die außerordentlich große Artenvielfalt macht das Land zu einem reizvollen Ziel des Ökotourismus, insbesondere für Vogelbeobachtungen. Die Paraguayer sind entspannt und für ihre herzliche Gastfreundschaft berühmt. Paraguay ist ein Land bemerkenswerter Kontraste: Es ist rustikal und raffiniert; es gibt extreme Armut neben obszönem Reichtum, exotische Naturreservate neben gigantischen Staudämmen, Pferdewagen neben Luxuskarossen, Werkstätten von Kunsthandwerkern neben schicken Einkaufszentren und Jesuitenruinen in ländlichen Gemeinden, die nicht weit entfernt von eleganten kolonialzeitlichen Städten liegen.

Highlights

CHACO

1 Obwohl durch großflächige Abholzung stark bedroht, ist der Chaco immer noch eine tolle Region, um Wildtiere zu beobachten. Die Ebene umfasst die ganze westliche Hälfte Paraguays und erstreckt sich bis hinein nach Argentinien und Bolivien. Viele Wasser- und Greifvögel lassen sich direkt vom Straßenrand aus entdecken.

LAGUNA BLANCA

2 Der unberührte, klare See heißt Laguna Blanca wegen des feinen Sandes von Strand und Seebett. Der umliegende Cerrado ist Lebensraum seltener Vögel und Landtiere, beispielsweise des Mähnenwolfs und der gefährdeten Weißflügel-Nachtschwalbe – hier ist einer von drei Orten weltweit, wo diese Vogelart brütet.

JESUITENMISSIONEN

3 Die auf einem Hügel 28 km nordöstlich von Encarnación thronende La Santísima Trinidad de Paraná ist die am besten erhaltene Jesuiten-*reducción* (Siedlung) in Paraguay. Spanischsprachige Führer kann man in der Nähe des Tors engagieren. Abends wird eine Lightshow gezeigt, bei der ihre Geschichte auf die Ruinenmauern projiziert wird.

▼ REISEZEIT

HAUPTSAISON
(Juni–Aug.)

ZWISCHENSAISON
(April–Mai & Sept.–Nov.)

NEBENSAISON
(Dez.–März)

▼ ESSEN & TRINKEN

Asado Gegrillte Rind- und Schweinefleischscheiben gibt's bei jedem geselligen Treffen.

Chipa Ein Brot aus Maniokmehl mit Käse.

Chipa guasú Warmer Maiskuchen mit Käse und Zwiebeln.

Tereré Mit Eiswasser zubereiteter Matetee ist sehr beliebt.

HAUPTSTADT
Lima

BEVÖLKERUNG
32,2 Mio.

FLÄCHE
1,3 Mio. km²

AMTSSPRACHEN
Spanisch, Aymara, Quechua

Schwimmende Schilfinseln, Titicacasee

PERU

Peru ist so komplex wie die Muster seiner Webarbeiten. Feste stehen für uralte Bräuche, die städtische Avantgarde ist innovationsfreudig, und die Natur präsentiert sich herrlich vielfältig.

Besucher pilgern zur prächtigen Inkafestung Machu Picchu, aber die weltberühmte Stätte ist nur ein Highlight aus 5000 Jahren. Man kann die staubigen Ruinen von Chan Chan erkunden, der größten vorkolonialen Stadt Amerikas. Bei einem Rundflug bestaunt man die rätselhaften Geoglyphen von Nazca, oder man wandert durch raue Wildnis bis zur Festung Kuelap.

Gewaltige Dünen, Gipfel und der Pazifik sind nur einen Steinwurf entfernt vom Berufsverkehr der Hauptstadt – von Limas Innenstadt ist man schnell im Nirgendwo. Daher ist das gewaltige Land ein Paradies für Aktivurlauber, die hier Seilrutschen finden und raften, paragleiten oder biken können. Am Amazonas erblickt man Aras, anderswo erlebt man den Sonnenuntergang über den Relikten antiker Zivilisationen. Am besten genießt man das Land in kleinen Happen und mit Geduld. Verzögerungen passieren – und das Abenteuer beginnt mit der Anreise.

Highlights

MACHU PICCHU

1 Vor ihrer Wiederentdeckung im frühen 20. Jh. schien die fantastische Inka-Festung Machu Picchu für die Welt verloren zu sein. Mit ihren samtgrünen Terrassen vor der Kulisse steiler Andengipfel übersteigt sie beinahe die menschliche Vorstellungskraft. Das Meisterwerk der Ingenieurskunst überstand sechs Jahrhunderte mit Erdbeben, ausländischen Invasionen und extremem Wetter. Man kann es ganz einfach selbst erkunden, durch die Steintempel gehen und den schwindelerregenden Weg hinauf zu Wayna Picchu in Angriff nehmen.

SCHILFINSELN, TITICACASEE

2 Die Region rund um den Lago Titicaca, der eigentlich eher wie ein Meer wirkt, birgt viele Attraktionen, die surrealen schwimmenden Inseln aus dicht geknüpftem Totora-Schilf sind jedoch unerreicht. Vor Jahrhunderten schuf das Volk der Uru die Islas Uros als Schutz gegen aggressivere Ethnien des Festlands, etwa die Inka. Das Schilf muss regelmäßig ausgebessert werden und wird zum Bau von schilfbedeckten Hütten, eleganten Booten und selbst Torbogen oder Kinderschaukeln eingesetzt. Die beste Möglichkeit, diese Wunder hautnah mitzuerleben, ist eine Übernachtung bei einer der Familien auf den Inseln. Hier lernt man Fischen und man erfährt etwas über die traditionellen Bräuche.

WANDERN IN DER CORDILLERA BLANCA

3 Die dramatischen Gipfel der Cordillera Blanca erheben sich über Huaraz und die umliegende Region wie eine imposante Schar von Granitsoldaten. Diese Gebirgskette ist die höchste außerhalb des Himalajas mit 16 herrlichen Gipfeln, die die 6000-m-Marke überragen und damit die für Bergsteiger anspruchsvollste Ansammlung von Gipfeln auf dem Kontinent darstellen. Im

COOPERMOISSE / SHUTTERSTOCK ©

QUITO
KOLUMBIEN
ECUADOR
Guayaquil
Machala
Tumbes
Máncora
Macará
Loja
Talara
La Tina
Zumba
Sullana
Piura
San Ignacio
Huancabamba
Bagua
Pedro Ruiz
Moyobamba
Chachapoyas
Kuélap
Chiclayo
Celendín
Cajamarca
Chan Chan
Trujillo
Río Marañón
Tayabamba
Alpamayo
Caraz
3
Chimbote
Huascarán
Casma
Huaraz
Nationalpark
Huascarán
Chavín de Huántar
10
Yerupajá
Barranca
Tingo María
Huánuco
Cerro de Pasco
Junín
La Merced
Satipo
Tarma
La Oroya
LIMA
Pachamacac
Huancayo
Huancavelica
Ayacucho
Pisco
Paracas
Ica
9
Nazca
Chala
PAZIFIK
Iquitos
Río Napo
Río Tigre
Amazonas
Reserva Nacional Pacaya-Samiria
Río Marañón
Lagunas
Requena
Yurimaguas
Río Ucayali
Tarapoto
Contamana
Pucallpa
Río Ucayali
Río Urubamba
Leticia
Santa Rosa
Tabatinga
BRASILIEN
Cruzeiro do Sul
Assis
Iñapari
Río de las Piedras
Río de los Amigos
Parque Nacional Manu
7
Boca Manu
Puerto Maldonado
Puerto Heath
1
8
4
Machu Picchu
Cusco
Andahuaylas
Abancay
5
Ausangate
2
Titicacasee
Juliaca
Cañón del Colca
Ampato
Puno
Copacabana
Arequipa
Camaná
6
LA PAZ
BOLIVIEN
Mollendo
Moquegua
Tacna
Arica
CHILE
N
0
200 km

Zentrum dieser Landschaft mit Gletscherseen, Riesenbromelien (*Puya raimondii*) und spitz zulaufenden Gipfeln liegt der Parque Nacional Huascarán, in dem der Santa-Cruz-Trek ehrgeizige Wanderer mit rasiermesserscharfen Gipfeln belohnt.

DER INKA-TRAIL

4 Der Inka-Trail ist die berühmteste Hauptverkehrsstraße für Fußgänger. Er schlängelt sich auf 43 km über steinerne Treppen und durch Nebelwälder. Die vier- bis fünftägige Wanderung endet am berühmten Intipunku – oder Sonnentor –, wo man erstmals einen Blick auf Machu Picchu hat. Obwohl ganz Peru von zahllosen alten Verkehrswegen durchzogen ist, ist der Inka-Trail mit seinem Mix aus grandiosen Ausblicken, atemberaubenden Pässen und Ruinen der Liebling der Traveller.

CUSCO

5 Mit seinen Kopfsteinpflasterstraßen, den Barockkirchen und den Inkaruinen gibt es keine zweite Stadt, die in der Geschichte der Andenregion eine so große Rolle spielt wie Cusco, das seit vorspanischer Zeit bewohnt ist. Die ehemalige Hauptstadt des Inkareichs ist heute fest in der Hand der Touristen und dient als Basis für Ausflüge nach Machu Picchu. Geheimnisvoll, kommerziell und chaotisch – Cusco ist eine Wucht. Wo sonst findet man Frauen in verzierten Kleidern, die Lamas an der Leine führen, ein Museum für Wunderpflanzen und ausgelassenes Nachtleben?

REISEZEIT

HAUPTSAISON
(Juni–Aug.)
Trockenzeit im Hochland und in den Regenwäldern im Osten, die beste Zeit zum Besuch von Festen und für Wanderungen im Hochland.

ZWISCHENSAISON
(Sept.–Nov. & März–Mai)
Ideal, wenn man die Massen vermeiden will. Eine gute Zeit für Wanderungen im Regenwald.

NEBENSAISON
(Dez.–Feb.)
Regenzeit im Hochland und im Amazonasgebiet; Hauptsaison an der Küste.

TOP-BÜCHER

The Last Days of the Inca (Kim MacQuarrie; 2007) Handelt von einem Zusammenstoß der Kulturen, der die Weltgeschichte veränderte.

Tante Julia und der Kunstschreiber (Mario Vargas Llosa; 1977) Klassische Geschichte einer ungewöhnlichen Liebe.

Cradle of Gold (Christopher Heaney; 2010) Eine lesenswerte Biografie von Hiram Bingham, dem „wirklichen" Indiana Jones.

TOP-FILME

Eine Perle Ewigkeit (2009) Claudia Llosas Film über ein Mädchen mit einer posttraumatischen Belastungsstörung.

Contracorriente – Gegen den Strom (2009) Ein verheirateter Fischer betreibt zusammen mit dem Geist seines toten Liebhabers Vergangenheitsbewältigung.

REGIONALE KÜCHE

Peru, einst ein Land, in dem wichtigen Gästen französische Küche und schottischer Whisky vorgesetzt wurde, besitzt heute Spitzenrestaurants, in denen Chefköche raffinierte Interpretationen von Klassikern der Andenküche servieren, darunter Quinoa und *cuy* (Meerschweinchen). Die gastronomische Szene boomt, und Tourismusveranstalter springen auf den Zug auf, indem sie als Teil aller Touren irgendein kulinarisches Event anbieten. Im Jahr 2000 wurde Peru Sitz der ersten Cordon-Bleu-Akademie in Lateinamerika, und im Jahr 2009 bezeichnete die Zeitschrift *Bon Appétit* Lima als die nächste „Food City". In Lima feiert das Museum La Casa de La Gastronomía Peruana das kulinarische Erbe des Landes. 2019 gewann Peru zum siebten Mal den World Travel Award als „bestes gastronomisches Reiseziel". Von Perus jährlich 3,1 Mio. Besuchern sind 40 % Feinschmecker-Touristen.

Das Gourmetfieber hat die Peruaner gänzlich erfasst; noch der bescheidenste Anbieter von *chicharrón* (Schweinefleisch) legt Wert auf alle Details der Zubereitung. Wichtigen Anteil hat der medienaffine Promi-Koch Gastón Acurio, der mit seinen Fähigkeiten und seinem Geschäftssinn (ihm gehören dutzende Restaurants in aller Welt) den Ruhm eines Rockstars genießt.

▼ UNTERWEGS VOR ORT

Flugpläne und -preise ändern sich oft. Großstädte werden von Jets, kleinere Städte von Propellermaschinen bedient.

Für Einheimische und Traveller sind Busse die vorrangige Form der Fortbewegung. Sie sind billig, und die wichtigsten Fernverkehrsstrecken werden häufig bedient. Die Qualität der Busse variiert stark. In abgelegenen Gebieten fahren oft alte Fahrzeuge.

Mit einem Auto reist man so schnell wie man möchte. Allerdings ist das Fahren in Städten kein Spaß, und man muss das Auto immer sicher abstellen.

Das privatisierte Bahnunternehmen PeruRail hat täglich Verbindungen von Cusco nach Aguas Calientes bei Machu Picchu, und dreimal wöchentlich von Cusco nach Puno am Ufer des Titicacasees.

KOLONIALES AREQUIPA

6 Perus zweitgrößte Metropole überbrückt die Kluft zwischen Cuscos Inka-Pracht und Limas moderner Hektik. Einige hinreißende, aus dem örtlichen weißen Sillar-Vulkangestein errichtete Gebäude im barocken Kolonialstil schmücken Arequipas Zentrum, das im Wesentlichen eine spanische Kolonialstadt ist, an deren Aufbau sich seit den Anfängen wenig geändert hat. Zur Naturkulisse inmitten dösender Vulkane und der Hochlandpampa gesellen sich ein 400 Jahre altes Kloster, eine mächtige Kathedrale und eine interessante Fusionsküche, die in traditionellen *picanterías* (Restaurants mit pikanten Suppen) aufgetischt wird.

PARQUE NACIONAL MANU

7 Auf dem Weg in den Dschungel dieses Nationalparks, der Abenteuer im Amazonasgebiet verspricht, passiert man von den steilen Hängen der Anden bis zu den Nebelwäldern in tieferen Lagen drei Klimazonen. Der Parque Nacional del Manù ist seit Langem Perus bestgeschütztes Urwaldgebiet mit guten Chancen, sagenhafte Tiere des Dschungels wie Anakondas, Tapire, Jaguare oder Tausende farbenprächtiger Aras an Lehmlecken zu beobachten. Tief im Urwald leben seit Hunderten von Jahren Stammesvölker fast ohne Kontakt zur Außenwelt.

VALLE SAGRADO

8 Der Urubamba fließt auf seinem Weg durch das „Heilige Tal der Inka" an Dörfern, vom Verfall bedrohten militärischen Außenposten der Inka und Terrassenwirtschaft vorbei. Das Heilige Tal liegt wunderschön und ist für Besucher ein guter Standort zwischen Cusco und Machu Picchu und zugleich Ausgangspunkt, um Bauernmärkte und Ruinen zu erkunden. Die Palette an Unterkünften reicht von Gasthöfen bis hin zu Luxusresorts. Angeboten werden u. a. Ausritte, Raftingtrips und Wanderungen.

DIE NAZCALINIEN

9 Waren es Außerirdische? Dienten sie als Sternenkarte? Es gibt keine zwei Theorien zu den Geoglyphen im südlichen Peru – Nazcalinien genannt –, die sich einig wären. Ab den 1940er-Jahren widmete die deutsche Archäologin Maria Reiche ihr halbes Leben dem Studium dieser Wüstenzeichnungen, und seither ziehen sie Menschen aus aller Welt in den Bann. Aber weder Reiche noch nachfolgende Archäologen waren in der Lage, das Rätsel endgültig zu lösen. Und so bleibt Platz für Spekulationen. Auf jeden Fall inspirieren die Linien jeden, der sie zu Gesicht bekommen hat.

CHAVÍN DE HUÁNTAR

10 Die von der UNESCO als Weltkulturerbe gelisteten Ruinen von Chavín de Huántar waren einst ein zeremonielles Zentrum. Heute besteht das großartige Ingenieurskunststück, das auf die Zeit zwischen 1200 und 800 v. Chr. zurückgeht, aus tempelähnlichen Konstruktionen über der Erde und einem labyrinthartigen Komplex unterirdischer Korridore und Kammern. Das nahe Museo Nacional de Chavín beherbergt den Großteil der für Chavín typischen furchteinflößenden steinernen Köpfe, die einst die Wände verzierten. Zudem hilft es dem Besucher dabei, die Teile dieses Rätsels zusammenzufügen.

6

JEREMYRICHARDS / SHUTTERSTOCK ©

SEMANA SANTA

In der Woche vor Ostersonntag gibt es fast täglich spektakuläre religiöse Prozessionen. Am ausgiebigsten von allen peruanischen Städten feiert Ayacucho, nämlich sogar zehn Tage lang.

INDIGENES PERU

Perus gesellschaftliche Ordnung wurde zwar durch die Spanier umgekrempelt, aber das Land ist trotzdem indigen geprägt. Nach Angaben des Statistischen Amts leben in Peru 52 Ethnien, es gibt 13 verschiedene Sprachfamilien und 1786 indigene Gemeinden.

7

MARTIN MECNAROWSKI / SHUTTERSTOCK ©

HAUPTSTADT
Manila
BEVÖLKERUNG
110 818 325
FLÄCHE
300 000 km²
AMTSSPRACHEN
Filipino (eine Variante des Tagalog), Englisch

Jeepney auf der Fahrt durch Reisterrassen, Banaue

PHILIPPINEN

Smaragdgrüne Reisfelder, Megastädte, mit Graffitis bedeckte Jeepneys (zu Kleinbussen umgebaute Jeeps), Vulkane, knopfäugige Koboldmakis, struppige Wasserbüffel und lächelnde Menschen – das sind die Philippinen.

Die Philippinen sind ein Land, das sich von den Staaten des südostasiatischen Festlands nicht nur geografisch, sondern auch in religiöser und kultureller Hinsicht unterscheidet. Der vorherrschende Katholizismus, das Resultat der 350-jährigen spanischen Kolonialherrschaft, ist das sofort sichtbare Merkmal. Zu den Hinterlassenschaften der spanischen Ära zählen überschwängliche Stadt-Fiestas, die spanisch-philippinische Kolonialarchitektur und alte Steinkirchen.

Einkaufszentren, Fastfood-Ketten und die recht weite Verbreitung der englischen Sprache verraten den Einfluss der USA, die die Spanier Ende des 19. Jhs. als Kolonialmacht ablösten.

Doch trotz dieser Einflüsse von außen besitzt das Land seine einmalige Individualität. Die Leute sind einfach Filipinos – und stolz darauf. Und mit ihrer einladenden, freundlichen und immer fröhlichen Art bezaubern sie die Besucher.

Highlights

BACUIT-ARCHIPEL

1 Eine Bootsfahrt durch den Bacuit-Archipel im nördlichen Palawan vorbei an Stränden, Lagunen und Felsinseln sollte man sich nicht entgehen lassen. Nur eine kurze Bangka-Fahrt vom Küstenstädtchen El Nido entfernt, gibt es an der Bacuit-Bucht eine Mischung aus imposanten Kalksteinwänden, Sandstränden und Korallenriffen. Inseltrips mit Übernachtung in Orten in der Bucht oder auf Coron, zu erreichen über die Linapacan-Straße, bieten die Gelegenheit, abgelegene Fischerdörfer zu besuchen, wo der tägliche Fang abends gegrillt auf den Tisch kommt.

REISTERRASSEN VON IFUGAO

2 Beim Blick auf die Karte von Nord-Luzon könnte man annehmen, die Cordillera bestünde nur aus unberührter Wildnis. Und tatsächlich gibt es hier auch Dschungel. Was Besucher von Banaue, Batad und den anderen Ortschaften in Ifugao aber verwundert, ist, wie stark kultiviert die Berge sind. Noch auf der nacktesten Klippe gibt es kleine Bereiche, die mit Reis bestellt sind. Nimmt man all diese Flecken zusammen, entpuppt sich fast das gesamte Hochland als intensiv bepflanzt – eine große Landschaft aus Hügeln mit grünen Reisfeldern.

SÜDLICHES NEGROS

3 Die „Fußspitze" der stiefelförmigen Insel Negros bietet von allem etwas: Tauchspots von Weltklasse bei der Insel Apo, Wanderwege im Balinsasayao Twin Lakes Natural Park, Delfin- und Walbeobachtungen in der Bis-Bucht sowie schöne Strände praktisch überall. Zudem liegt die idyllische Insel Siquijor gleich vor der Küste. Alle Ziele sind in einer Stunde von Dumaguete aus erreichbar, einer hübschen Stadt mit munteren Restaurants und einem Flughafen. Planung ist hier nicht nötig, man kann einfach aufbrechen und wird sicher etwas Besonderes finden.

SEAN HSU / SHUTTERSTOCK ©

Batan-Inseln
SÜDCHINESISCHES MEER
Babuyan-Inseln
Babuyan-Kanal
Luzon
Laoag
Kabugao
Santa Ana
Gattaran
Vigan
Tuguegarao
Tabuk
Sagada
Ilagan
Bontoc
Palanan
San Fernando
La Trinidad
Dinapigue
Bolinao
Baguio
Casiguran
Dagupan
San Carlos
Baler
Tarlac
Cabanatuan
Angeles
San Fernando
Balanga
MANILA
Mariveles
Daet
Catanduanes
Lucena
Lubang
Anilao
Batangas
Naga
Virac
Calapan
Mamburao
Mindoro
Sibuyan-See
Legazpi
Bicol
Sorsogon
Apo-Riff
Sablayan
Sibuyan
Masbate
Catarman
San José
Boracay
Samar
Coron
Calbayog
Calamian-Inseln
Caticlan
Kalibo
Masbate
Catbalogan
Roxas
Borongan
Biliran
Panay
El Nido
Cuyo-Archipel
Iloilo City
Visayas
Tacloban
Silay
Ormoc
Taytay
Taytay-Bucht
Palawan-Passage
Bacolod
Toledo
Leyte
Port Barton
San Jose de Buenavista
San Carlos
Dumaran
Roxas
Cebu City
Maasin
Siargao
Kabankalan
Palawan
Puerto Princesa
Sipilay
Negros
Cebu
Bohol
Surigao
Tagbilaran
Cagayan
Quezon
Narra
Dumaguete
Camiguin
Tandag
Butuan
Prosperidad
Sulusee
Brooke's Point
Dipolog
Oroquieta
Cagayan de Oro
Tubbataha-Riff
Bugsuk
Bislig
Liloy
Iligan
Lanao-See
Malaybalay
Balabac
Ipil
Pagadian
Mindanao
Tagum
Cotabato
Davao
Cagayan Sulu
Golf von Moro
Zamboanga
Mati
Kidapawan
Digos
Isabela
Turtle Islands
Pangutaran
Basilan
Malita
Alah-Tal
Jolo
Jolo
General Santos
Sandakan
Mindanaosee
Glan
Tawi-Tawi
MALAYSIA (Sabah)
Sulu-Archipel
Bongao
Celebessee
INDONESIEN
0
100 km
N

BORACAY

4 Vor noch gar nicht so langer Zeit war die Insel Boracay ein verschlafenes, fast unbekanntes Eiland. Wie sich die Zeiten geändert haben! Nun hat die Welt Boracay entdeckt, und die winzige Insel ist zur Konkurrenz für die bekannten südostasiatischen Partystrände geworden, auch wenn es in Boracay noch friedlicher zugeht als am Strand von Kuta oder auf Ko Samui. Frieden findet man vor allem noch am Südende des berühmten White Beach von Boracay, wo der Geist des alten Boracay weiterlebt.

ABENTEUER IN DER BICOL-REGION

5 Das südöstliche Luzon, das geografisch der Halbinsel Bicol entspricht, entwickelt sich zum Zentrum des Abenteuer-Tourismus auf den Philippinen. Neben einer tollen regionalen Küche ist Bicol dank des CamSur Watersports Complex eine Top-Adresse für Wassersportler und Adrenalinjunkies. Daet, die Hauptstadt der Provinz Camarines Norte, ist ein aufblühendes Ziel für Surfer und Kitesurfer. Entspanntere Unternehmungen gibt's bei Donsol im Südosten von Bicol, wo Schnorcheln mit den sanften Walhaien ein Highlight ist.

SAGADA

6 Sagada ist ein überraschend milder Gebirgsort tief in der wilden, bewaldeten Cordillera Central im Norden von Luzon. Der Ort ist ein echtes Shangri La für Backpacker, die hier tolle Wanderwege, geheimnisvolle Höhlen, aufgehängte Särge, starken Kaffee, bodenständige Bäckereien und günstige Unterkünfte finden. Man isst sein Müsli und begibt sich auf der Suche nach Abenteuern hinaus in die freie Natur, wenn man es nicht vorzieht, in einem Café am Kaminfeuer zu lesen oder mit anderen zu plaudern. In Sagada gibt's keine feste Agenda, sondern man kann sich nach Lust und Laune treiben lassen.

▼ TOP-BÜCHER

Pacific Rims: Beermen Ballin' in Flip-Flops and the Philippines' Unlikely Love Affair with Basketball (Rafe Bartholomew) So verrückt, wie der Titel verspricht.

Wasserspiele (James Hamilton-Paterson) Der zeitlose Bericht über das Leben auf einer philippinischen Insel erlaubt tiefe Einblicke in die Kultur.

Manila (Alex Garland) Eine Reise zur dunklen Seite Manilas; der zweite Roman des Autors nach seinem 1996 erschienenen Kult-Bestseller *Der Strand*.

▼ ESSEN & TRINKEN

Kain na tayo – die philippinische Einladung zum Essen, wird man immer wieder hören. Der Satz, der „Lasst uns essen" bedeutet, zeigt zwei wesentliche Aspekte der Filipinos auf: ihre Gastfreundlichkeit und ihre Lust am Essen. Die kulinarischen Traditionen des Landes sind eine Melange der asiatischen, spanischen, amerikanischen und indigenen Küche, die die einmalige Kolonialgeschichte des Landes und seine Landschaften widerspiegelt.

▼ REISEZEIT

HAUPTSAISON
(Dez.–April)
Fast überall im Land herrscht Trockenzeit.

ZWISCHENSAISON
(Mai & Nov.)
Die steigenden Temperaturen im Mai sind Vorboten der nahenden Regenzeit.

NEBENSAISON
(Juni–Sept.)
In den Feriengebieten sinken die Unterkunftspreise um 30 %.

▼ FIESTAS

Fast jedes *barangay* (Dorf oder Bezirk) hat seine Fiesta, und fast täglich gibt's irgendwo eine. Fiestas sind ein integraler Bestandteil des Lebens und der philippinischen Identität und meist mit der Feier des Jahrestags des jeweiligen Schutzheiligen verbunden. Wie andere Aspekte der philippinischen Kultur sind viele Feste aber auch das Resultat eines Synkretismus, bei dem ältere Rituale und Glaubensvorstellungen, die z. B. mit einer reichen Ernte verbunden waren, in ein katholisches Gewand gekleidet wurden – oft schon vor Jahrhunderten auf Betreiben von Missionaren. Echte, die Aussaat feiernde Frühlingsfeste und vorkoloniale Traditionen existieren außerdem immer noch.

▼ UNTERWEGS VOR ORT

Von Manila und Cebu aus fliegen mehrere Billigfluglinien diverse Ziele im Inland an.

Bangkas, Schnellfähren, Autofähren und große Boote mit Schlafkojen und Privatkabinen verbinden die Inseln.

Von schrottreifen Gefährten bis zu modernen Fernbussen mit Klimaanlagen sind Busse aller Komfort- und Verlässlichkeitsarten im Einsatz.

„Tricycles" (Motorräder mit Beiwagen) sind das hiesige Äquivalent einer Rikscha. Es gibt sie überall und sie bringen einen ein paar Blocks bzw. Kilometer weiter.

NATUR AUF BOHOL

7 Die meisten Besucher Bohols sind zwar Taucher, die zum Alona Beach eilen, aber der eigentliche Zauber dieser Insel verbirgt sich im Hinterland. Keine andere Insel im Land ist so gut für eine mehrtägige Motorradtour geeignet: Bestens asphaltierte Straßen führen einen durch den Dschungel zu leuchtend grünen Flüssen, schokoladenbraunen Hügeln, spektakulären Seilrutschen und niedlichen Koboldmakis. Die Insel wurde 2013 von einem Erdbeben schwer getroffen; viele der alten spanischen Kirchen stürzten ein. Aber Bohol hat sich schnell erholt und boomt heute mehr denn je.

SIARGAO

8 Entspanntes Flair und freundliche Brecher für Erfahrene und Anfänger machen diese Insel zum wichtigsten Akteur der philippinischen Surfer-Szene. Der legendäre Cloud-Nine-Break ist das Highlight, aber Wellen finden sich auch anderswo: Man fährt in das ruhige Dorf Burgos im Norden oder unternimmt eine Surf-Safari zu kaum besuchten Stellen. Auch für Nichtsurfer gibt's viele Möglichkeiten: Man kann von Insel zu Insel fahren, schnorcheln oder im Meer so gut fischen, wie fast nirgendwo sonst auf den Philippinen.

KULTUR & NACHTLEBEN IN MANILA

9 Anders als viele glauben, hat die Megastadt mehr zu bieten als Lärm und Verkehrschaos, nämlich ein unvergleichliches Nachtleben. Von Hipstertreffs in Quezon City und Cubao bis zu den Bars und schicken Nachtclubs von Makati hat die Stadt für alle etwas. Die Museen sind erstklassig, und in Kreisen, die sich für zeitgenössische Kunst und Design interessieren, gilt Manila als Asiens aufgehender Stern. Intramuros, der ummauerte Altstadtbezirk, verströmt Geschichte. Und auch die lange gering geschätzte kulinarische Szene entwickelt sich.

PUERTO GALERA

10 Puerto Galera auf Mindoro ist bekannt als ein Taucher-Mekka der Philippinen. Weniger bekannt ist, dass es sich auch um einen der schönsten Flecken auf Erden handelt. Serpentinenstraßen führen aus der Stadt und gewähren einen weiten Ausblick auf prächtige Buchten und kleine Inseln vor der Küste, während zur Landseite dschungelbedeckte Berge eine spektakuläre Kulisse bilden. Tagsüber kann man zu abgelegenen Dörfern von Hügelvölkern wandern und abends in sein Quartier zurückkehren und ein ausgiebiges italienisches Fünf-Gänge-Menü genießen.

CEBU

11 Cebu ist ein Paradies für Strandliebhaber. Rund um die Insel grenzen sandige Buchten und spektakuläre Klippen an türkisfarbenes Wasser. Vor der Westküste zieht ein Riff viele Meerestiere an. Taucher strömen zu Orten wie Moalboal, wo Sardinenschwärme ein sehenswertes Schauspiel sind. Vor der Küste sind die Inseln Malapascua und Mactan Tauchermekkas, die für Fuchshaie bzw. Schildkröten bekannt sind, und auf Bantayan kann man sich gar nicht vom Strand loseisen. Den Mittelpunkt der Provinz bildet die locker-lustige Hauptstadt Cebu City.

KLETTERN AUF DEN VULKANEN VON CAMIGUIN

12 Von der Nordküste der Hauptinsel Mindanao aus gesehen verdeckt üppiges Grün die Silhouette der zerklüfteten Vulkanlandschaft von Camiguin. Um die interessante Topografie dieser Insel zu erfassen, muss man auf Straßen, die sich durch dichten Wald schlängeln, ins Inselinnere vordringen. Dort enden die Straßen an felsigen Wegen, die hinauf ins Hochland führen. Die Gipfel und Täler der Insel sind wie gemacht für Abenteuer: Man kann durch Bäche waten, Berge besteigen, sich in Schluchten abseilen und sich in Teichen am Fuß donnernder Wasserfälle von den Strapazen des Tages erholen.

▼ STRÄNDE

Einsame Streifen perlweißen Sands sind ein typisches Merkmal der Philippinen – auf jeder der mehr als 7000 Inseln im Land gibt es mindestens einen ordentlichen Strand.

▼ BASKETBALL

Basketball ist auf den Philippinen Trumpf. Noch das kleinste Dorf hat einen Basketballplatz. Einfach „Next" rufen und schon kann man mitspielen.

HAUPTSTADT
Adamstown

BEVÖLKERUNG
50

FLÄCHE
47 km²

AMTSSPRACHE
Englisch, Pitkern

PITCAIRNINSELN

Als kleinstes selbstverwaltetes Territorium der Welt und eines der abgelegensten Reiseziele überhaupt wirken die Pitcairninseln zugleich beengt und aufregend.

Die Pitcairninseln – das letzte britische Überseegebiet im Pazifik – besteht aus vier Inseln: dem bewohnten Pitcairn und den drei unbewohnten Atollen Oeno, Henderson und Ducie. Was angesichts der beiden Großereignisse – der Geschichte der Meuterer von der *Bounty* und dem Kindesmissbrauchsskandal von 2004 – in Bezug auf Pitcairn meist vergessen wird, ist die Schönheit der 4,6 km² großen Insel. Sie ist hügelig und bietet Landschaften von nackten Felsklippen bis zu üppigen tropischen Hängen.

Die Pitcairn nächstgelegene bewohnte Insel ist Mangareva in Französisch-Polynesien – 480 km entfernt. Pro Jahr kommen neben ein paar hundert Kreuzfahrtpassagieren nur wenige Jachten, ab und zu Gruppen von Vogelbeobachtern sowie eine Handvoll unerschrockener Traveller nach Pitcairn. Die Insulaner machen ein gutes Geschäft mit eigens gefertigten Souvenirs, z. B. Flechtkörbe, Modelle der *Bounty* und Holzschnitzereien. Sehr begehrt sind auch Gläser mit örtlichem Honig und die inseleigenen Briefmarken.

Highlights

CHRISTIAN'S CAVE

1 Wenn man den Steilhang zur Christian's Cave erklimmt, kann man sich beim Blick auf Adamstown vorstellen, was Fletcher Christian durch den Kopf ging, als er vor 300 Jahren hier saß. Ein gut ausgeschilderter Naturpfad führt zur Höhle hinauf.

HENDERSON

2 Das seit dem 16. Jh. unbewohnte Henderson, 170 km nordöstlich von Pitcairn, ist die größte der Pitcairninseln. Auf dem Atoll leben vier endemische Vogelarten: das flugunfähige, keinen Fluchtinstinkt besitzende Tuamotusumpfhuhn, der farbenfrohe Hendersonlori, die territoriale Henderson-Fruchttaube und der Henderson-Rohrsänger. Wegen ihrer Unberührtheit und der einmaligen Vogelwelt wurde die Insel 1988 zum UNESCO-Welterbe erklärt. Die übliche Landestelle ist der North Beach.

ST. PAUL'S POOL

3 Zu einem kühlen Bad in stahlblauem Wasser lädt der St. Paul's Pool ein, eine an eine Kathedrale erinnernde Felsformation rund um ein vom Meer gespeistes Wasserbecken, in das die Wellen durch Öffnungen in den Felsen branden.

REISEZEIT

HAUPTSAISON
(April–Okt.)

NEBENSAISON
(Nov.–März)

ESSEN & TRINKEN

Brotfrucht Sie wird typischerweise unreif gegessen und dazu auf offenem Feuer nahezu schwarz gebraten – der Geschmack liegt irgendwo zwischen Kartoffel und Kastanie.

Trinken Freitagabends kann man mit den Einheimischen zusammen etwas im Christian's Cafe trinken.

Honig Der Pitcairn-Honig gilt als der reinste der Welt.

HAUPTSTADT
Warschau

BEVÖLKERUNG
38,2 Mio.

FLÄCHE
312 685 km²

AMTSSPRACHE
Polnisch

Der Wawel, Krakau

POLEN

Schicke mittelalterliche Zentren wie Krakau und Danzig buhlen mit dem energiegeladenen Warschau sowie zahlreichen Wäldern, Flüssen, Seen und Hügeln um Aufmerksamkeit.

Große Teile Polens sind Flachland, nur an der Grenze im Süden zieht sich eine zwar nicht hohe, aber schöne Gebirgskette entlang, die zu einem tage- oder auch wochenlangen Aufenthalt in herrlicher Natur einlädt. Gut markierte Wanderwege führen durch dichte Wälder, über Gebirgspässe und an breiten Flüssen vorbei. Im Nordosten findet sich ein Netz aus miteinander verbundenen Seen und Kanälen, das ideal ist für Kajakfahrer und Kanuten.

Polens Wurzeln reichen bis zur Wende zum 2. Jahrtausend zurück. Die folgenden Jahrhunderte der wechselvollen Geschichte hinterließen Königsschlösser und Ordensburgen, die es zu erkunden gilt. Auch der Zweite Weltkrieg hat Narben und Spuren hinterlassen, denn Polen war ein Hauptkriegsschauplatz. Überall finden sich Denkmäler und Museen, die an die Schlachten und an die bemerkenswerte Wiederauferstehung Polens erinnern.

Highlights

KRAKAU

1 Eine einmalige Atmosphäre prägt die hübschen Straßen und Plätze der früheren Residenzstadt mit ihrem berauschenden Mix aus Geschichte und harmonischer Architektur: vom weiten Rynek Główny (Ring), Europas größtem mittelalterlichen Marktplatz, bis zum prächtigen Schloss Wawel auf einem Hügel über der Altstadt. Während sich im früheren jüdischen Viertel Kazimierz ein quirliges Nachtleben etabliert hat, überdauerte in Nowa Huta eine sozialistische Planstadt. All dies macht Krakau zu einem der unbestreitbaren Highlights einer Polenreise.

WARSCHAUS MUSEEN & PALÄSTE

2 Polens Hauptstadt hat eine sehr bewegte Geschichte, und die besten Museen der Stadt spiegeln diese komplexe Vergangenheit wider. Ihrer dramatischsten Stunde – der Erhebung gegen die Nazis – widmet sich das anrührende Museum des Warschauer Aufstandes; von der jahrhundertelangen Präsenz jüdischer Gemeinden erzählt das Museum der Geschichte der polnischen Juden. Wunderschöne Musik ist im Frédéric-Chopin-Museum zu hören, und eine unerwartete Farben- und Formenpracht aus der kommunistischen Ära begegnet einem im Neon-Museum. Hochherrschaftlichen Charme verströmen der Wilanów-Palast und der „Palast auf dem Wasser" im Łazienki-Park.

DANZIG

3 Kolossale rote Backsteinkirchen blicken hinunter auf schmale Kaufmannshäuser. Diese fügen sich schmuckvoll zwischen Palästen ein, die die alten Straßen und krummen mittelalterlichen Gassen säumen. Das kosmopolitische kunsthistorische Erbe aus einer reichen Seefahrts- und Handelsvergangenheit füllt ganze Museen. Und auf den Plätzen drängen sich Touristen aus aller Welt, Bernsteinhändler und Stra-

3

KAVALENKAU / SHUTTERSTOCK ©

RUSSLAND (REGION KALININGRAD)
LITAUEN
WEISSRUSSLAND
UKRAINE
SLOWAKEI
TSCHECHISCHE REPUBLIK
DEUTSCHLAND
OSTSEE
Lida
Lutsk
Ternopil
Lemberg (Lviv)
Dniester
Sejny
Suwałki
Wigry-See
Mauersee (Mamry)
Ełk
Śniardwy-See
Białystok
Hajnówka
Terespol
Biała Podlaska
Chełm
Zamość
Jarosław
Przemyśl
Sanok
Lublin
Puławy
Siedlce
Bug
Łomża
Ostrołęka
WARSCHAU (WARSZAWA)
Weichsel
Radom
Starachowice
Stalowa Wola
San
Tarnobrzeg
Tarnau (Tarnów)
Rössel (Rzeszów)
Nowy Sącz
Zakopane
Dunajec
Hohe Tatra
Krakau (Kraków)
Kielce
Piotrków Trybunalski
Pilica
Allenstein (Olsztyn)
Ostróda
Iława
Brodnica
Płock
Kutno
Włocławek
Elbląg
Malbork
Danzig (Gdańsk)
Hel
Gdynia
Tczew
Grudziądz
Thorn (Toruń)
Łeba
Słupsk
Starogard Gdański
Bromberg (Bydgoszcz)
Inowrocław
Gniezno
Konin
Łódź
Kalisz
Wieluń
Częstochowa
Katowice (Kattowitz)
Bytom
Gliwice
Oświęcim
Ostrava
Opole
Ostrów Wielkopolski
Breslau (Wrocław)
Brünn (Brno)
Koszalin
Kołobrzeg
Piła
Posen (Poznań)
Leszno
Głogów
Lubin
Legnica
Wałbrzych
Hradec Králové
Jelenia Góra
Karpacz
Zielona Góra
Gorzów Wielkopolski
Warthe
Stargard Szczeciński
Świnoujście
Stettin (Szczecin)
Kostrzyn
Oder
Cottbus
Dresden
PRAG
BERLIN
Rostock
Schwerin
Leipzig
200 km
1
2
3
4
5
6
7
8
9
10
11

ßenkünstler. Dies ist Danzig, die alte Hansestadt an der Ostsee und Polens Metropole des Nordens – eine Klasse für sich.

TOP-FILME

Das Massaker von Katyń (Andrzej Wajda; 2007) Bewegende Beschreibung des Massakers an polnischen Offizieren durch die Sowjets im Zweiten Weltkrieg.

Ida (Paweł Pawlikowski; 2013) Der Film um eine junge Novizin, die die Geschichte ihrer Familie erzählt, erhielt 2015 einen Oscar.

Der Pianist (Roman Polański; 2002) Mit dem Oscar ausgezeichneter Film über das Warschauer Ghetto.

TOP-BÜCHER

The Polish Officer (Alan Furst) Spannender Spionage-Thriller, der in Polen am Vorabend des Zweiten Weltkriegs spielt.

God's Playground: A History of Poland (Norman Davies) Gut lesbares, zweibändiges Werk über die Geschichte Polens.

Der bemalte Vogel (Jerzy Kosiński) Buch über einen flüchtenden Waisenjungen im Polen des Zweiten Weltkriegs.

ESSEN & TRINKEN

Bier Gut, kalt und günstig.

Bigos Dicker Eintopf mit Fleisch und Sauerkraut.

Brot *Chleb* (Brot) ist für die Polen nicht nur Nahrungsmittel, sondern Glückssymbol. Traditionell aus Roggen.

Pierogi Piroggen; gefüllte Teigtaschen.

Suppen Herzhaft sind z. B. *żurek* (mit Würstchen und Ei) und *barszcz* (Rote-Bete-Suppe).

Wodka Pur, *myśliwska* (mit Wacholder-Aroma) oder *wiśniówka* (mit Kirschen).

BRESLAU

4 Trotz ihrer turbulenten Geschichte hat die Stadt Breslau, auf Polnisch Wrocław, alle Invasionen und Veränderungen überlebt. Die im Zweiten Weltkrieg schwer zerstörte Stadt an der Oder wurde nach der Vertreibung der deutschen Bevölkerung von den ebenfalls vertriebenen Neuankömmlingen aus Ostpolen kunstvoll wieder aufgebaut und zeigt rund um den Hauptplatz interessante Architektur. Nicht versäumen sollte man das Rundgemälde „Panorama von Racławice" (19. Jh.), das in einem runden Gebäude ausgestellt ist. Nicht zu vergessen das Nachtleben in den Straßen der Altstadt …

OSTSEESTRÄNDE

5 Die Saison ist zwar kurz und die Wassertemperatur eine der kältesten in Europa, aber schönere Strände als die cremeweißen der Ostsee gibt es fast nirgendwo. Diese sind denn auch das Hauptargument für einen Besuch der Küstenstädte wie des hedonistischen Dartówko, des

REISEZEIT

HAUPTSAISON
(Mai–Sept.)
Im Juni und Juli ist es sonnig, es gibt aber auch Regentage. Während der Sommerferien und an den Wochenenden strömen die Massen herbei.

ZWISCHENSAISON
(März–April & Okt.)
Im April und Oktober ist es kühl, es gibt aber sonnige Tage. Einige Sehenswürdigkeiten sind vielleicht geschlossen oder haben kürzere Öffnungszeiten.

NEBENSAISON
(Nov.–Feb.)
Der Schnee in den Bergen lockt Skifahrer in die Wintersportorte im Süden Polens. In kleineren Orten sind Museen oder Schlösser eventuell geschlossen.

JETZT REISEN!

Seit Frühjahr 2021 erlaubt Polen das **Wildcampen** in 425 Waldgebieten. Ein einmalige Erlebnis, Ruhe bzw. Tierstimmen rings herum und über einem nur das Sternenzelt. Natürlich versteht es sich von selbst, dass Wildcamper keine Spuren im Wald zurücklassen. Auf einer bei den Tourismusämtern erhältlichen Karte sind die Waldgebiete verzeichnet.

Und danach hinein in die Stadt! In **Katowice** ist ein spektakulärer Wandel geglückt, eine fade Industriestadt ist zur Vorzeigemetropole geworden. Wo früher Stahl und Steinkohle dominierten, sind das Schlesische Museum, das Konzerthaus NOSPR und das Kongresszentrum MCK neu entstanden und machen dem Spodek, der legendären „fliegenden Untertasse" von 1971, architektonisch Konkurrenz.

▼ UNTERWEGS VOR ORT

Die polnische Fluggesellschaft LOT betreibt ein umfassendes Netz von Inlandsflügen.

Busse von Polski Bus verbinden Großstädte und können manchmal schneller sein als Züge. Und Busse sind nützlich, um abgelegene Orte und Dörfer zu erreichen.

Autos sind gut, um nach Gusto durchs Land zu fahren, aber viele polnische Fernstraßen sind schmal und stark befahren. Mietwagen gibt's vielerorts.

Die Intercity-Züge des Bahnunternehmens PKP bieten günstige, schnelle Verbindungen zwischen größeren Städten. Langsamere Regiozüge verbinden Orte im ganzen Land.

noblen Świnoujście oder der Bäderstadt Kołobrzeg. Wer den Massen entfliehen will, kann die Wanderdünen im Slowinzischen Nationalpark ansteuern, in dem der Wind den feinen Sand zu Bergen aufhäuft.

MALBORK

6 Im mittelalterlichen Mutterschiff des Deutschordensstaats, der gewaltigen Marienburg, residierten die Hochmeister und später Polens Könige, wenn sie in der Nähe waren. Die Mächtigen von einst sind längst entschwunden, doch auch die Granaten des Zweiten Weltkriegs konnten den Prunkbau nicht zerstören. Wer nur ein polnisches Schloss anschauen will, sollte dieses wählen. Am besten kommt man in der Dämmerung, wenn die Backsteine rostrot leuchten.

GOTISCHES THORN

7 Während viele Städte Nordpolens am Ende des Zweiten Weltkriegs in Schutt und Asche versanken, blieb Thorn (Toruń) wundersamerweise erhalten. Heute präsentiert es sich als prächtige, mit einer Mauer umgebene gotische Stadt an der Weichsel. Beim Bummel durch die Altstadt entdeckt man Museen, Kirchen, Stadthäuser und Plätze und kann dazu die hiesige Spezialität probieren: Thorner Lebkuchen. Reizvoll ist es auch, der Geschichte von Nikolaus Kopernikus nachzuspüren – Polens berühmtester Astronom wurde in der alten Hansestadt geboren.

BIAŁOWIEŻA-NATIONALPARK

8 Der Wisent auf dem Etikett der Flaschen der Żubr-Brauerei oder von Żubrówka Wodka wirkt viel realer, wenn man den Białowieża-Nationalpark an der Grenze zu Weißrussland besucht hat, der einen der letzten europäischen Urwälder schützt. Mit einem Guide können ihn auch Besucher durchforsten und ein Relikt vergangener Zeitalter in einem kleinen Schutzgebiet bestaunen: den mächtigen Wisent.

AUSCHWITZ-BIRKENAU

9 Das schreckliche Vernichtungslager, das die deutschen Besatzer 1941 errichteten, ist eines der erschütterndsten Zeugnisse des Holocaust. Im nationalsozialistischen Rassenwahn wurden hier mehr als 1 Mio. Menschen ermordet. Heute ist die Stätte Museum und Mahnmal. Neben dem schändlichen Schild „Arbeit macht frei" am Eingang des Lagers gibt es erhaltene Zellenblocks, in denen sich informative Ausstellungen befinden. In der Nähe, im früheren Lager Birkenau, sind Überreste der Gaskammern zu sehen, die für den Massenmord benutzt wurden. Ein Besuch verstört und bewegt zugleich.

TATRA

10 In vielerlei Hinsicht ist die Tatra die ideale Gebirgskette: erhaben, aber nicht unnahbar – die Gipfel kann mit etwas Anstrengung auch bezwingen, wer kein Bergsteiger ist. Eindrucksvoll sind die Berge dennoch, besonders an Sommertagen, wenn sich die Wolken teilen und den Blick auf nackte Felswände über den zwergenhaft wirkenden Kiefern freigeben. Am besten erreicht man das Gebirge über das Wintersportzentrum Zakopane.

MASURISCHE SEENPLATTE

11 Einen Cocktail an Bord einer Jacht trinken, baden oder auf einem der vielen Seen paddeln – das alles kann man in diesem Mekka für Segel- und Wassersportfans. An Land vernimmt man das Quietschen der Maste, Gläsergeklirr und fröhliches Gelächter. Und wenn im Winter die Seen zufrieren, tauscht man die Wasserski gegen Langlaufbretter.

MARK READ / LONELY PLANET ©

8

▼ JAZZ IN POLEN

Polen lieben Jazz! Eins der Top-Events ist das Summer Jazz Festival in Krakau (Juli/August).

▼ LANDSCHAFTS-PARKS

Parki krajobrazowe (Landschaftsparks) spielen eine Schlüsselrolle im Natur- und Kulturschutz. Sie besitzen hohen historischen und kulturellen Wert.

10

KAROL MAJEWSKI / GETTY IMAGES ©

HAUPTSTADT
Lissabon

BEVÖLKERUNG
10,8 Mio.

FLÄCHE
88 323 km²

AMTSSPRACHE
Portugiesisch

Blick auf die Dächer von Alfama, Lissabon

PORTUGAL

Mittelalterliche Burgen, alte Dörfer, faszinierende Städte und goldene Strände, eine ereignisreiche Geschichte, tolles Essen und eine idyllische Landschaft – einem Portugal-Urlaub fehlt es nie an Highlights.

Kelten, Römer, Westgoten, Mauren und Christen drückten Portugal ihren Stempel auf: In Vila Nova de Foz Côa kann man 20 000 Jahre alte Felsritzungen studieren, bei Évora den Sonnenuntergang über geheimnisvollen Megalithen bewundern oder sich in den prachtvollen Gängen von Tomar, Belém, Alcobaça oder Batalha verlieren.

Fern der Städte zeigt sich Portugals Schönheit in all ihrer hinreißenden Vielfalt. Traveller wandern unter den Granitgipfeln im Parque Nacional da Peneda-Gerês oder erkunden die urtümliche Landschaft und die alten Dörfer der Beira. Mehr als 800 km Küste bieten unzählige Stellen, wo man über Klippen auf den Ozean blickt, auf erstklassigen Wellen surft oder auf sandigen Inseln vor dem blauen Meer ausspannt. In der Reserva Natural do Estuário do Sado kann man Delfine sehen, auf dem Rio Guadiana Boot- und Kajakfahren und überall Wanderungen und Radtouren unternehmen.

Highlights

ALFAMA

1 Ein magischer Ort! In Lissabons Viertel Alfama mit seinen labyrinthischen Gassen, versteckten Höfen und schattigen Wegen verliert man seinen Ortssinn und taucht in die Seele der Stadt ein. Man passiert winzige Lebensmittelläden, in leuchtenden Farben geflieste Gebäude und verzierte Schenken, in der Luft liegt der Duft gegrillter Sardinen und es ertönen melancholische Fadoklänge. In der Ferne fließt der glitzernde Tejo vorbei.

NACHTLEBEN IN LISSABON

2 Lissabons berauschendes Nachtleben präsentiert sich als Mix aus Kneipen alter Schule, aufgemotzten Jazzclubs und stilvollen Lounges. Aber womit beginnen? Man kann mit einem Sundowner auf einer Aussichtsterrasse starten und dann ins Bairro Alto aufbrechen, wo man in einer der von Bars gesäumten Straßen Tapas und Cocktails genießt. Danach geht's den Hügel hinunter nach Cais do Sodré, einem zur Hipster-Spielwiese gemauserten ehemaligen Rotlichtbezirk, oder nach Bica mit einer lebendigen Barszene. Am Ende des Abends steht das Lux am Flussufer an, das immer noch einer von Portugals besten Nachtclubs ist.

PORTO

3 Wohl kaum eine Stadt ist so romantisch wie die zweitgrößte Portugals. Die von schmalen Fußgängergassen durchzogene Stadt prunkt mit Barockkirchen, Theatern und Plätzen. Das Viertel Ribeira – UNESCO-Welterbestätte – liegt gleich vor der berühmten Brücke zu den uralten Portweingütern in Vila Nova de Gaia, wo man den weltbesten Portwein probieren kann. Und obwohl manche Mauern verfallen, ist überall die Erneuerung in Form moderner Architektur, kosmopolitischer Restaurants, eines boomenden Nachtlebens und der hippen Kunstszene spürbar.

MAREMAGNUM / GETTY IMAGES ©

SINTRA

4 Mit dem Zug kaum eine Stunde von der Hauptstadt entfernt, wird man in Sintra in eine andere Welt versetzt. Die idyllische Kleinstadt wirkt wie aus dem Märchenbuch: Schenken mit Steinwänden liegen unter dem Palast, der über dem Ort thront. Bewaldete Hänge bilden die Bilderbuchkulisse, im Umland verstecken sich imposante Schlösser, verwunschene Gärten, merkwürdige Herrenhäuser und alte Klöster. Der Nebel, der nachts ins Binnenland zieht, wirkt geheimnisvoll; die kühlen Abende verbringt man am Kamin in einer charmanten Pension.

SPANIEN
ATLANTIK
Monção
Valença do Minho
Río Lima
Parque Nacional da Peneda-Gerês
Parque Natural de Montesinho
Bragança
Ponte de Lima
Viana do Castelo
Chaves
Miranda do Douro
Braga
Barcelos
Mirandela
12
Guimarães
Mogadouro
Vila Real
Villa do Conde
Parque Natural do Douro Internacional
Amarante
Peso da Régua
7
Porto
3
Pocinho
Lamego
Vila Nova de Foz Côa
Espinho
Barca de Alva
São Pedro do Sul
Ovar
Pinhel
Viseu
Mangualde
Aveiro
Guarda
Vilar Formosa
Tondela
Gouveia
Mira
Parque Natural da Serra da Estrela
10
Sortelha
Covilhã
Coimbra
Fundão
Figueira da Foz
Lousã
Río Alagon
Plasencia
Pombal
Castelo Branco
Leiria
Parque Natural do Tejo Internacional
Batalha
Fátima
Nazaré
Tomar
11
Alcobaça
Castelo de Vide
Cáceres
Caldas da Rainha
Parque Natural das Serras de Aire e Candeeiros
Abrantes
Peniche
Portalegre
Óbidos
Ponte de Sor
Santarém
Rio Tejo
Parque Natural da Serra de São Mamede
Barragem do Caia
Parque Natural de Sintra-Cascais
Mafra
Coruche
Mora
Elvas
Badajoz
Mérida
Estremoz
Caia
Sintra
4
Borba
Lissabon
Vendas Novas
Montemor-o-Novo
SPANIEN
Cascais
1
2
Barreiro
Évora
Setúbal
5
Reguengos de Monsaraz
Zafra
Parque Natural da Arrábida
Alcácer do Sal
Barrancos
Santiago do Cacém
Moura
Ferreira
Beja
Barragem do Roxo
Serpa
Aracena
Sines
Aljustrel
Vila Verde de Ficalho
Vila Nova de Milfontes
Parque Natural do Vale do Guadiana
Parque Natural do Sudoeste Alentejano e Costa Vicentina
Ourique
Mértola
Odemira
Alcoutim
Odeceixe
Vila Real de Santo António
Aljezur
Monchique
Huelva
Silves
Portimão
Loulé
Tavira
Cabo de São Vicente
6
Lagos
Albufeira
9
8
Ilha de Tavira
Faro
Sagres
Lucio de los Ansares
0
100 km

ÉVORA

5 Die bezaubernde Königin des Alentejo ist eine der besterhaltenen mittelalterlichen Städte des Landes. Innerhalb der Stadtmauern aus dem 14. Jh. führen Évoras krumme Gassen zu architektonisch bemerkenswerten Bauten: zu einer aufwendig gestalteten mittelalterlichen Kathedrale mit Kreuzgang, zu römischen Ruinen und einem malerischen Stadtplatz. Zudem ist Évora eine muntere Universitätsstadt. Und die vielen attraktiven Restaurants servieren ausgezeichnete, herzhafte Gerichte aus dem Alentejo.

CABO DE SÃO VICENTE

6 Es ist aufregend, auf den nackten Klippen der Südwestspitze Europas zu stehen, die die portugiesischen Seefahrer in der Ära der Entdeckungsreisen bei ihrem Aufbruch ins Ungewisse hinter sich ließen. An dem windumtosten wie geschichtsträchtigen Kap, auf dem eine Festung und ein Leuchtturm thronen, glaubt man, den Geist Vasco da Gamas vorbeisegeln zu sehen. Ein Museum rückt die Höhepunkte der Seefahrtsgeschichte ins rechte Licht.

WEINREGION ALTO DOURO

7 Die exquisite Weinregion Alto Douro ist das älteste geschützte Weinbaugebiet auf Erden. Die steil terrassierten Hügel mit ihren knorrigen Rebstöcken, die seit Jahrhunderten süffige Weine produzie-

TOP-FILME

Lisbon Story (1994) Wim Wenders' Liebeserklärung an Lissabon.

Fontainhas-Trilogie (1997–2006) Pedro Costas Filmtrilogie (*Haut und Knochen, In Vandas Zimmer, Jugend voran!*) spielt in Lissabon.

HISTORISCHE DÖRFER

Portugal besitzt viele bezaubernde Dörfer. Eine Auswahl:

Óbidos Mittelalterliche Architektur, muntere Feste und charmante Pensionen erwarten einen in dem eine Stunde nördlich von Lissabon gelegenen Wehrdorf.

Mértola Im Alentejo thront hoch über dem Rio Guadiana diese gut erhaltene Kleinstadt – ein wahres Freiluftmuseum!

Monsanto (Idanha-a-Nova) Das einsame Dorf rund um eine mittelalterliche Burg liegt auf einem mit Felsbrocken übersäten Gelände. Wundervolle Wanderwege führen hinaus in die Hügellandschaft.

Miranda do Douro Die Festungsstadt an der Grenze zu Spanien besitzt eine imposante Festung aus dem 16. Jh. und Straßenschilder in der alten Sprache Mirandés, die in einigen Dörfern im Umland noch gesprochen wird.

Castelo de Vide Bei einem Bummel durch das mittelalterliche jüdische Viertel genießt man den Blick auf die umliegenden Korkeichen- und Olivenhaine.

REISEZEIT

HAUPTSAISON
(Juli & Aug.)
Es wird häufig sehr heiß.

ZWISCHENSAISON
(April–Juni & Sept.–Nov.)
Wildblumenblüte und milde Tage; ideal zum Wandern und für andere Aktivitäten im Freien.

NEBENSAISON
(Dez.–März)
Kürzere, regnerische Tage; in höheren Lagen kann es auch Frost geben.

IN EINER POUSADA ÜBERNACHTEN

Im Jahr 1942 gründete der Staat die Pousadas de Portugal (www.pousadas.pt) und wandelte Burgen, Klöster und Paläste in einmalige Luxushotels um, die sich grob in ländliche und historische unterteilen lassen. Im ganzen Land gibt's rund drei Dutzend solcher *pousadas*.

SURFEN

In Portugal gibt's 30 bis 40 größere Riffs und Strände, die zu den besten Surfspots in Europa zählen. Da die Wellen aus Norden, Süden und Westen kommen, sind sie bemerkenswert beständig, gleichzeitig auch vielfältig und unterschiedlich stark, sodass Surfer vom Anfänger bis zum Profi hier auf ihre Kosten kommen.

▼ SNACKS

Bifana Brötchen mit einer Scheibe Schweinebraten. Die besten gibt's im Alentejo.

Fischkonserven Sardinen, Makrelen und Thunfisch aus der Dose, serviert u. a. mit Brot und Oliven, sind in Lissabon ein beliebter Snack.

Francesinha Portos beliebtestes Katerfrühstück ist ein mit Käse überbackenes Sandwich in einer dickflüssigen Sauce.

Grillhähnchen Hähnchen vom Grill sind in Portugal eine Kunstform. Man würzt sie mit feurigem Piri-Piri.

Marzipan An der Algarve ist das sehr süße Mandelkonfekt äußerst beliebt.

Pastel de nata Puddingtörtchen; schmeckt am besten warm und mit Zimt und Zucker bestreut.

ren, ziehen sich zu beiden Seiten des Douro hin. Ob man mit dem Auto über die malerischen Nebenstraßen anreist oder von Porto aus mit dem Zug oder einem Boot kommt, auf alle Fälle sollte man sich die Zeit nehmen, zu wandern, herumzufahren und den Wein zu probieren. Zahlreiche Weingüter bieten Führungen, Weinproben und Übernachtungen an, und wenn man eines entdeckt, das sich noch in Familienbesitz befindet, kann man darauf hoffen, einen besonderen alten Tropfen zu kosten.

ILHA DE TAVIRA

8 Dieser Ort bietet all das, was Sonnenanbeter besonders schätzen: Strandpublikum, Naturfreunde und Nudisten genießen kilometerlange, goldene Strände, einen FKK-Bereich, eine Kleinbahn, muntere Restaurants und einen Campingplatz. Und zudem ist das Gebiet ein Teil des geschützten Parque Natural da Ria Formosa. Außerhalb der Hochsaison wirkt die Insel wundervoll abgelegen und einsam, aber während der Hauptsaison (Juli und August) fallen die Massen ein.

PARQUE NATURAL DA RIA FORMOSA

9 Obwohl direkt an der Algarveküste gelegen, wähnt man sich in dem Naturpark mitten in der Wildnis. Das geschützte, 180 km² große Lagunensystem erstreckt sich auf eine Länge von 60 km und besteht aus *sapais* (Marschen), *salinas*

JETZT REISEN!

Die 6 km von der Lissabonner City nach Belém kann man radeln, immer am Ufer des Tejo entlang. In **Belém** wartet neben Portugals Top-Sehenswürdigkeiten die spektakulärste moderne Architektur des Landes: MAAT, Kutschenmuseum, Kulturzentrum, Champalimaud Centre for the Unknown.

2021 wurde ca. 60 km südöstlich von Porto im Tal des Pavia die längste Fußgängerbrücke der Welt eröffnet. Die **516 Arouca** ist nur etwas für Schwindelfreie: Sie ist über 500 m lang und schwebt etwa 175 m über dem Boden.

(Salzebenen), Bächen und Düneninseln. Zu erreichen ist es von verschiedenen Orten aus. Man kann sich von einem Boot an einem einsamen Strand absetzen lassen oder wandern und die Vogelwelt studieren.

PARQUE NATURAL DA SERRA DA ESTRELA

10 Raue Landschaft, Outdoor-Abenteuer und im Verschwinden begriffene Traditionen warten in Portugals höchstem Gebirge. Am Nordhang des Torre, dem höchsten Punkt des Landes (der durch ein protziges Gipfelkreuz auf eine Höhe von über 2000 m gebracht wurde), kann man auf Portugals einzigem Skihang einen Slalomlauf absolvieren. Für Wanderer gibt's ein Netz von Wegen mit toller Aussicht. Am Straßenrand tollen Hirtenhundewelpen herum – da möchte man doch am liebsten gleich einen davon mitnehmen!

ALCOBAÇA, BATALHA & TOMAR

11 Diese mittelalterlichen Klöster sind UNESCO-Welterbestätten und bilden einen der größten Schätze Portugals. Jedes hat seinen eigenen Zauber: Das Kloster von Batalha zeichnet sich durch fantasievolle manuelinische Ornamente und die unvergesslichen, dachlosen Capelas Imperfeitas aus, im Kloster Alcobaça künden die Küche mit dem mehrstöckigen Kamin und der fischreiche Fluss vom großen Appetit der einst hier hausenden Mönche, und der Convento de Cristo lockt mit labyrinthischen Höfen und dem rätselhaft wirkenden, 16-seitigen Zentralbau, der den Templern als Kirche diente.

STOCKPHOTOSART / SHUTTERSTOCK ©

▼ UNTERWEGS VOR ORT

Busse sind billiger und langsamer als Züge, aber nützlich, um Dörfer abseits des Schienennetzes zu erreichen. Am Wochenende fahren die Busse eingeschränkt.

Ein Auto ist gut zum Besuch von kleinen Dörfern, Nationalparks und anderen Orten, die mit öffentlichen Verkehrsmitteln schlecht erreichbar sind. Rechtsverkehr.

Zugfahrten sind sehr günstig. Das gut ausgebaute Schienennetz verbindet die größeren Städte.

HAUPTSTADT
San Juan

BEVÖLKERUNG
3,14 Mio.

FLÄCHE
13 791 km²

AMTSSPRACHE
Spanisch, Englisch

Playa Flamenco, Culebra

PUERTO RICO

Salzige Seeluft, Sandstrände, eine abenteuerliche Geschichte, tropische Regenwälder und ein Mix aus spanischen und amerikanischen Einflüssen – wer auf der Suche nach dem Paradies ist, ist hier am Ziel seiner Träume.

Goldener Sand, eine bewegte Geschichte, abwechslungsreiche Landschaft – man versteht, warum der sonnenverwöhnte Hinterhof der USA „Insel der Verzauberung" genannt wird. Puerto Rico ist die einzige Karibikinsel, auf der man vor dem Frühstück surfen, mittags im Regenwald wandern und abends das Nachtleben einer kosmopolitischen Stadt genießen kann.

Puerto Rico ist ein Land der Kontraste: glitzernde Kasinos vs. quakende Frösche, Sprungbrett zur Karibik vs. hektisches Leben à la USA. Moderne Einrichtungen machen das Land leicht bereisbar, andererseits wirkt der Betondschungel vielleicht etwas zu sehr wie daheim. Eine Stippvisite an den Stränden, Forts und Würfeltischen bringt das Blut in Wallung, aber das Wesen der Insel zeigt sich erst, wenn man die nebelverhangenen Berge im Innern erkundet und die verfallenden Fassaden der Häuser in den abgelegeneren Gebieten betrachtet.

Highlights

OLD SAN JUAN

1 Selbst wer sich hier nur kurz aufhält, wird dem Charme der Kopfsteinpflastergassen, der pastellfarbenen Gebäude aus der Kolonialzeit und der großartigen Festungen von Old San Juan erliegen. Von den Wällen der Festung hat man einen guten Blick über alles: vom Labyrinth der kurvenreichen Gassen bis hin zum glitzernden Atlantik. Tagsüber kann man sich in den Geschichten einer blutigen, dramatischen Vergangenheit verlieren, abends amüsiert man sich dann mit Einheimischen in den vielen Bars und Clubs der Stadt.

HERRLICHE STRÄNDE

2 Puerto Ricos Strände bieten alles, was einen Tagtraum wahr werden lässt: weichen Sand zwischen den Zehen, türkisblaues Wasser und den beruhigenden Rhythmus sich brechender Wellen. Man hat die Wahl zwischen dem goldfarbenen, halbmondförmigen Paradies Playa Flamenco auf Culebra (angeblich einer der besten Strände der Welt), den Stränden auf Vieques, der Playa Isla Verde mit den nach Kokosöl duftenden Sonnenanbetern, San Juans Klein-Brasilien, den abgelegenen Stränden mit Mangroven im Süden und den einsamen Buchten mit tosender Brandung wie der Playa Santa im Westen.

REISEZEIT

HAUPTSAISON
(Dez.–April & Juli)

ZWISCHENSAISON
(Okt.–Nov. & Mai)

NEBENSAISON
(Juni & Aug.–Sept.

LAS CABEZAS DE SAN JUAN RESERVA NATURAL „EL FARO"

3 Das Naturschutzgebiet mit seinem vielfältigen Ökosystem ist in einem Tagesausflug von San Juan leicht zu erreichen. Hier zeigt sich der ökologische Reichtum hinter jeder Kur-

ve. Nach dem Besuch des Informationszentrums beginnt die Tour durch Flora und Fauna, Seegras weht neben dem Mangrovenwald und den Korallenlagunen, am Boden kriechen Leguane, und an der Felsenküste krabbeln Krabben herum. Ein historischer Leuchtturm bietet neben einem Naturzentrum einen großartigen Ausblick auf die Küste. Nachts ist hier Biolumineszenz zu sehen.

LEUCHTENDE BUCHTEN

4 Es ist ein fantastisches Erlebnis: Man treibt auf tiefschwarzen Wellen unterm Sternenhimmel und wird Zeuge eines Zaubertricks der Natur. Das Leuchten des biolumineszierenden Wassers erscheint fast überirdisch. Im Kajak kann man in eine der leuchtenden Buchten fahren und auf der Hand oder durch einen Paddelschlag die wie Juwelen funkelnden Tropfen sehen. Wer will, kann auch in einem E-Boot durchs Wasser gleiten. Am besten geeignet ist die Bucht von Vieques.

KAFFEE AUS DER CORDILLERA CENTRAL

5 Puerto Ricos legendäre Kaffeeplantagen bieten Koffeinjunkies eine seltene Gelegenheit: In der Cordillera Central können sie an einer Tasse aromatischen, frischen Kaffees nippen und den Blick über die Hügel und Täler genießen, in denen die Bohnen wachsen, geröstet und aufgegossen werden. Die kurvenreiche, idyllische Ruta Panorámica durch die Berge führt Traveller vorbei an malerischen Plantagen bis zum Dorf Jayuya, in dem Haciendas wie San Pedro oder Pomarrosa zu informativen Kaffeepausen einladen.

▼ UNTERWEGS VOR ORT

Um Puerto Rico zu erkunden, lohnt sich ein eigenes Fahrzeug, für den Aufenthalt in San Juan ist es aber überflüssig. Parkplätze sind rar, der Verkehr ist schrecklich.

In San Juan verkehren regelmäßig Stadtbusse. Sie eignen sich gut für eine Stadttour.

Innerhalb San Juans sind Taxis erschwinglich. Fahrten zwischen Städten sind jedoch sehr teuer.

3

WOLFGANG KAEHLER / GETTY IMAGES ©

SURFEN IN RINCÓN

6 Im Winter sorgt kühles Wetter für die richtige Brandung in Puerto Ricos Surfer-Hauptstadt Rincón an der Westküste, wo einige der beständigsten und aufregendsten Surfspots der Karibik liegen. Während Breaks und tolle Tubes internationale Möchtegernprofis anlocken, können sich Anfänger ganz in der Nähe zahmere Wellen vornehmen. Bei Sonnenuntergang relaxen Einheimische und Besucher bei preiswertem Essen und kaltem Bier in netten Restaurants, lockeren Strandbars und rund ums Lagerfeuer am Strand.

ARCHITEKTONISCHE PERLEN

7 Man müsste monatelang in Puerto Rico bleiben, wollte man jedes Beispiel kolonialer Pracht bewundern: Springbrunnen und Plätze, ehrwürdige Plantagenhäuser und das aus dem 19. Jh. stammende Rathaus. Aber ein Ort außerhalb von Old San Juan ist besonders sehenswert: Man sollte unbedingt durch Ponce und über dessen historischen Hauptplatz bummeln. Im Westen befindet sich San Germán, Puerto Ricos zweitälteste Stadt. Sie datiert aus 1511 und stellt alles auf dem US-Festland in den Schatten.

SALSA

8 Es ist völlig egal, ob Salsa nun seinen Ursprung in den Clubs von New York oder auf den Karibikinseln hat, man muss ihn einfach nur fühlen. Salsa ist der Herzschlag Puerto Ricos (und besonders San Juans). Der typische Rhythmus der Clave (Schlaginstrument, wörtlich „Schlussstein") prägt puertoricanische Popmusik genauso wie traditionelle Lieder. Das Geheimnis, sich auf der Tanzfläche gekonnt im Rhythmus zu bewegen, wird von Generation zu Generation weitergegeben.

WALTER BIBIKOW / AGE FOTOSTOCK ©

ESSEN & TRINKEN

Die hiesige Ernährungspyramide bestünde aus nur vier Bestandteilen: Reis, Bohnen, Kochbananen und Schweinefleisch. Davon ist Schweinefleisch am wichtigsten. Es wird gebraten, gegrillt und am Spieß serviert. *Lechón* (Spanferkel, bis zu acht Stunden am Spieß gebraten) ist und bleibt das beliebteste Mittagsgericht auf der Insel. Am Wochenende mutet der Straßenrand nahe Guavate am Bosque Estatal de Carite wie ein Parkplatz mit *lechoneras* (Spanferkel-Imbisse) an. Dort schlemmen Einheimische und Touristen.

EINFACH NUR RELAXEN!

Puerto Rico ist ein unkompliziertes Reiseland. Die Service-Einrichtungen sind gut, Währung ist der US-Dollar. Man sollte sich Zeit zum Chillen und für die vielen Strände nehmen. Es gibt zwar unzählige Gründe, auf Entdeckungstour zu gehen, aber man wird schnell feststellen, dass der Zustand der Straßen lange Autofahrten in Stress ausarten lässt. Wer doch herumfährt, sollte an Orten wie Vieques einen Stopp einlegen. Hier lohnt sich ein mehrtägiger Aufenthalt statt eines kurzen Trips ab San Juan.

Man sollte essen wie die Einheimischen. Es gibt tolle internationale Gerichte, aber auch familiäre Lokale für Fast Food. Imbissstände, Food-Trucks und schlichte Open-Air-Cafés bieten die köstliche Küche des Commonwealth mit einer verführerischen Mischung aus karibischen und spanischen Aromen.

HAUPTSTADT
Kigali

BEVÖLKERUNG
12,94 Mio.

FLÄCHE
26 338 km²

AMTSSPRACHE
Kinyarwanda, Englisch, Französisch

Gorilla, Parc National des Volcans

RUANDA

Die Narben sind zwar tief, aber Ruanda macht sich großartig, wenn es darum geht, die eigenen Wunden zu heilen und sich der Zukunft mit einem überraschend großen Optimismus zuzuwenden.

Wer an Ruanda denkt und nur ein wenig vom Weltgeschehen weiß, denkt sofort an den schrecklichen Völkermord, der sich 1994 in dem Land ereignete. Aber seit jenen grauenvollen Tagen fand eine erstaunliche Wandlung statt: Heute leben die Bevölkerungsgruppen recht friedlich miteinander, das Land ist politisch relativ stabil, und überall zeigt sich Optimismus.

Der Tourismus ist wieder ein wichtiger Wirtschaftsfaktor, und zu den Highlights gehört, in den Bambuswäldern im Schatten der Virunga-Vulkane die seltenen, großen Berggorillas zu beobachten. Aber natürlich geht es im „Pays des Mille Collines“ (Land der tausend Hügel) nicht nur um Gorillas: Ruanda hat eine hinreißende Landschaft. Am Kiwusee verstecken sich einige der schönsten Strände im zentralafrikanischen Binnenland, und im Parc National de Nyungwe stehen große Flächen Bergregenwald unter Schutz.

Highlights

PARC NATIONAL DES VOLCANS

1 Der Parc National des Volcans, der sich entlang der Grenze Ruandas bis zur Demokratischen Republik Kongo und nach Uganda erstreckt, umfasst den zu Ruanda gehörenden Teil der Virunga-Vulkane. Die aus fünf Vulkanen bestehende Gruppe ist absolut faszinierend, und kaum einer wird bestreiten, dass dieser Park einer der aufregendsten Nationalparks Afrikas ist. Er hat außergewöhnlich viele Sehenswürdigkeiten und Attraktionen zu bieten, aber die meisten Besucher kommen wegen der Berggorillas hierher: Die Traveller möchten diese besonderen Tiere aus der Nähe sehen. Auch eine Gruppe, die sich an Kontakte mit Menschen gewöhnt hat, kann bewundert werden. Zudem gibt es im Park eine Vielzahl lohnender Kletter- und Trekkingoptionen.

PARC NATIONAL DE NYUNGWE

2 Es ist ganz klar – dieser Nationalpark hat die mit Abstand größte Biodiversität in Ruanda zu bieten. Der Schutz des Waldes hat allerhöchste Priorität, denn hier befindet sich einer der ältesten Regenwälder des ganzen Kontinents. Trotz der enormen biologischen Vielfalt ist der Parc National de Nyungwe außerhalb Ostafrikas kaum bekannt und wird von vielen Touristen übergangen. Das ist eine Schande, denn der Nationalpark bietet grandiose Wanderrouten. Auch trifft man unterwegs wahrscheinlich Schimpansen, die an Besuche von Menschen gewöhnt sind.

REISEZEIT

HAUPTSAISON
(Juni–Sept.)

ZWISCHENSAISON
(Dez.–Feb.)

NEBENSAISON
(März–Mai & Okt.–Nov.)

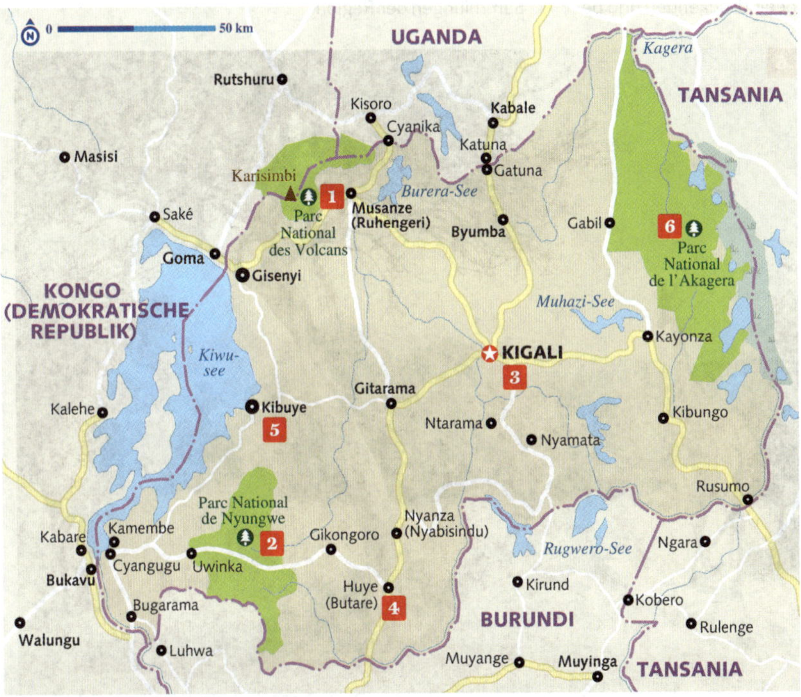

JETZT REISEN!

Wilderei und Verlust von Lebensraum bedrohten die **Berggorillas** extrem. Doch langsam wächst ihre Population wieder. Rund 600 Gorillas leben heute im Bergwald des Virunga-Massivs. Ruanda nutzt nachhaltigen Tourismus, um langfristige Veränderungen im Artenschutz umzusetzen. Mit den Einnahmen aus dem Tourismus werden die Gorillas geschützt und von Jobs im Nationalpark profitieren viele Einheimische.

GENOZID-GEDENKSTÄTTE IN KIGALI

3 Innerhalb von 100 Tagen wurden etwa 1 Mio. Tutsi und moderate Hutu von der Interahamwe-Armee abgeschlachtet. Mit dieser Stätte gedenkt man der 250 000 Menschen, die laut Schätzungen in Massengräbern liegen. In der ausgezeichneten Ausstellung wird erklärt, wie die Welt das Entstehen des Völkermords beobachtete. Für den Besuch dieser äußerst beeindruckenden und bewegenden Gedenkstätte sollte man mindestens einen halben Tag einplanen.

ETHNOGRAFISCHES MUSEUM

4 Das großartige Museum (früher das ruandische Nationalmuseum) ist ein Geschenk Belgiens zum 25. Jahrestag der Unabhängigkeit (1989). Das Gebäude gehört zu den schönsten Gebäuden der Stadt, und das Museum beherbergt einige der besten ethnologischen und archäologischen Sammlungen der Region.

UNTERWEGS VOR ORT

Die meisten Städte sind so klein, dass man sie zu Fuß erkunden kann. In Kigali und Huye (Butare) braucht man aber einen Minibus oder ein Taxi. In Kigali gibt es viele Taxis, *moto-taxis* sind billiger und schneller. Ruanda hat dank ausländischer Hilfe und der geringen Größe ein ordentliches Straßennetz.

Das Netz der privaten Busse und Minibusse ist gut organisiert, sie fahren regelmäßig und nach Fahrplan.

6

SARINE ARSLANIAN / SHUTTERSTOCK ©

KIBUYE

5 Obwohl Kibuye eine exzellente Lage hat und sich über mehrere in den Kiwusee hineinreichende Landzungen erstreckt, ist der Ort noch nicht so sehr zum Ziel von Reisenden auf der Suche nach Sonne und Strand geworden wie Gisenyi. Für das Geld aber – auch wenn viele wohl anderer Meinung sind – ist Kibuye die bessere Wahl. Es stimmt schon, an diesem Teil des Sees gibt es weniger Strände, aber die Hügel, die dem grünen Wasser als Kulisse dienen, und das buchtenreiche Ufer sowie die Inseln davor machen diese Gegend sehr pittoresk. Zudem ist es für ruandischen Standard ein sehr sauberer und grüner Ort scheinbar ohne Hektik.

PARC NATIONAL DE L'AKAGERA

6 Der 1934 gegründete Nationalpark wurde zum Schutz der Gebiete um den Kagera-Fluss geschaffen, schützte früher fast 10 % Ruandas und galt als eines der schönsten Tierreservate Afrikas. Leider wurde aber der Hälfte des Parks aufgrund der vielen Flüchtlinge, die Ende der 1990er-Jahre nach Ruanda zurückkehrten, der Status eines Nationalparks entzogen, und es entstanden neue Orte. Die Präsenz der vielen Menschen forderte einen hohen Tribut von der bis vor Kurzem bestehende Halbwildnis: Sie führte zu Wilderei und Umweltzerstörung, und die Tierwelt hat sich drastisch verringert. Strenge Umweltschutzgesetze, die Wiederansiedlung von Löwen und Spitzmaulnashörnern sowie der Wiederaufbau alter Camps und der Bau neuer bedeutet, dass noch nicht alles verloren ist und dass sich Akagera bald erholen wird. Der Weg dahin ist aber noch lang. Deshalb ist der Besuch auch gut dazu geeignet, die Bemühungen Ostruandas zu unterstützen, damit dieses grandiose Naturerbe bewahrt wird.

MICHAEL COOK - ALTAI WORLD PHOTOGRAPHY / GETTY IMAGES ©

▼ ESSEN & TRINKEN

In den ländlichen Gebieten unterscheidet sich das Essen kaum von dem in anderen ostafrikanischen Ländern. Beliebte Gerichte sind *tilapia* (Nilbarsch), Ziegen-, Hühnchen- und Rindfleisch-*brochettes* (Kebab), aber die meisten Gerichte basieren auf *ugali* (Maismehl) und *matoke* (gedämpfte Kochbananen). In den Städten zeigen sich Ruandas französische Wurzeln: die *plat du jour* (Tagesgericht) ist allgemein ein hervorragend zubereitetes, europäisch inspiriertes Gericht.

Niemand kommt zum Feiern nach Ruanda, aber man kann trotzdem ausgehen und trinken. Kigali und Huye (Butare) bieten eine große Auswahl, denn hier leben viele junge Leute und Angehörige der wachsenden Mittelschicht. Anderswo geht es ruhiger zu, aber so ziemlich jedes Hotel im Land besitzt eine Bar.

▼ KWITA IZINA

In der ruandischen Kultur ist die Geburt eines Kindes ein einschneidendes Ereignis, das mit großem Aufwand gefeiert wird. Dabei wird der neue Erdenbürger der Gemeinde präsentiert, und alle machen dann Namensvorschläge. Nach langer Beratung entscheiden sich die stolzen Eltern für einen Namen; die Namensgebung wird dann mit Essen, Trinken und Tanzen ausgiebig gefeiert.

HAUPTSTADT
Bukarest

BEVÖLKERUNG
21,2 Mio.

FLÄCHE
238391 km²

AMTSSPRACHE
Rumänisch

Bergdorf in den Karpaten

RUMÄNIEN

Markante Steinkirchen und herrliche Klöster schmücken eine Landschaft voller schroffer Berge und sanfter Hügel. Die Ortschaften in Siebenbürgen erscheinen wie aus einer anderen Zeit, während Bukarest vor Energie strotzt.

Siebenbürgen, das Land, dem wir Dracula verdanken, ist reich an atemberaubenden Burgen, die gewagt auf felsigen Bergkuppen stehen, und Wehrkirchen, die ein halbes Jahrtausend alt sind. Mittelalterliche Städte wie Braşov, Sighişoara und Sibiu haben Kopfsteinpflastergassen mit schicken Straßencafés. In Cluj-Napoca mit seinen gotischen und barocken Fassaden schallt aus den Studentenbars und Clubs eine wahre Kakophonie unterschiedlicher Klänge.

Die felsigen Gipfel in Siebenbürgen und Moldawien, zu denen gut ausgeschilderte Wanderwege führen, warten darauf, erobert zu werden. In anderen Landesteilen sind Wanderungen weniger abenteuerlich, aber trotzdem lohnend. Das Donaudelta eignet sich zum Angeln, Boot fahren und im Frühjahr zum Vögel beobachten. Im Sommer findet die Action am Schwarzen Meer statt. In den Badeorten tummeln sich dann Schwimmer, Sonnenanbeter und Feierwütige.

Highlights

PARLAMENTSPALAST, BUKAREST

1 Für die einen ist der Parlamentspalast („Haus des Volkes") ein Zeugnis für die unglaubliche Verschwendungssucht und den Wahnsinn einer Diktatur, die anderen bewundern die verwendeten rumänischen Materialien und das Können der Handwerker. Für die meisten Besucher ist es wohl von beidem etwas. Die schier riesigen Dimensionen dieses rumänischen Beitrags im Rennen um die größten Bauwerke der Welt, zu denen auch der Taj Mahal und das Pentagon gehören, muss man einfach gesehen haben, um es zu glauben.

SCHLOSS BRAN

2 Auf einem steilen Felsen in Siebenbürgen thront Schloss Bran mit seinen Türmen und Zinnen. Es überragt einen einsamen, in Nebel gehüllten, dicht bewaldeten Gebirgspass. Sein auffallendes Äußeres scheint ein Mix aus diversen Horrorfilmen zu sein, dennoch erwartet Besucher nichts Gruseliges. Im Inneren zeigt sich das Schloss mit seinen weiß getünchten Mauern und dem mit Geranien bepflanzten Hof alles andere als gespenstisch. Der Überlieferung zufolge soll Vlad der Pfähler (die Vorlage für Graf Dracula) hier für kurze Zeit gefangen gehalten worden sein. Wer will, kann seinen Fußspuren durch ein „eschereskes" Labyrinth von Höfen und versteckten Gängen folgen.

BEMALTE KLÖSTER DER BUKOWINA

3 Eingebettet in die östliche Seite der hügeligen Karpatenlandschaft, stellen diese zum UNESCO-Welterbe zählenden bemalten

REISEZEIT

HAUPTSAISON
(Juni–Aug.)

ZWISCHENSAISON
(April–Mai & Sept.–Okt.)

NEBENSAISON
(Nov.–März)

JETZT REISEN!

Die drittgrößte Stadt des Landes, **Timişoara,** sollte 2021 europäische Kulturhauptstadt sein. Wegen der Corona-Pandemie wird das nun aber erst 2023 der Fall sein. Die Stadt in der Region Banat, die über 14 000 historische Gebäuden besitzt, ist von vielen Sprachen und Religionen geprägt und war 1989 Ausgangspunkt der rumänischen Revolution.

Klöster ein eindrucksvolles Zeugnis für Rumäniens einzigartige orthodoxe religiöse Tradition dar. Die Kirchen fügen sich harmonisch in die Umgebung ein. Bunt und reich an kunstvollen Details zeigen die Fresken an den Außenmauern unterschiedlichste Ereignisse, von Bibelgeschichten bis zur Belagerung von Konstantinopel. Die Klöster verdanken größtenteils ihre Entstehung Stefan dem Großen (Ştefan cel Mare), dem Fürsten der Moldau und Nationalhelden, der für seine Taten heiliggesprochen wurde.

DONAUDELTA

4 Das Donaudelta, das unter dem internationalen Umweltschutz der Danube Delta Biosphere Reserve Authority steht, entwickelte sich zu einem Paradies für Fische und Vögel aller Arten. Besonders Vogelfreunde geraten beim Anblick von Tümmlertauben, Seeadlern, Silberreihern, Pelikanen und dem einen oder anderen Europäischen Bienenfresser ins Schwärmen.

HOLZKIRCHEN DER MARAMUREŞ

5 Wie Nadeln ragen die acht kunstvollen, zum

UNTERWEGS VOR ORT

Wenn die Zeit knapp ist, sind Inlandsflüge eine gute Option.

Ein Mix aus Bussen, Minibussen und „Maxitaxis" bildet das Rückgrat des rumänischen Verkehrsnetzes.

Die Straßen sind meist überfüllt und in schlechtem Zustand. Es gibt nur kurze Autobahnabschnitte im Land, sodass man überwiegend auf zweispurigen Schnellstraßen oder Nebenstraßen unterwegs ist.

2

© DZIEWUL / SHUTTERSTOCK

UNESCO-Welterbe gehörenden Holzkirchen der Region Maramureş im Norden Rumäniens in den Himmel. Sie wirken nüchtern und anmutig, haben schindelgedeckte Dächer und verwitterte, spitz zulaufende Türme. Drinnen gibt es biblische Wandmalereien; einige Fresken stammen aus dem 14. Jh. Zum sonntäglichen Gottesdienst tragen die Dorfbewohner Tracht, denn der Besuch der Gottesdienste ist für sie ein besonderes Ereignis.

WANDERN IN DEN KARPATEN

6 Wanderer finden hier unberührte Wälder, die an die Märchenwelt der Brüder Grimm erinnern und in denen Bären, Luchse, Wölfe und Wildschweine leben. Zudem gibt es schroffe Hochplateaus, gut markierte Wege und ein Netz von Hütten zum Aufwärmen. Wandern ist die beste Art, diese schöne Landschaft zu entdecken. Die Gipfel sind von Siebenbürgen und Moldawien aus zu erreichen. Das Retezat-Gebirge mit ca. 80 Gletscherseen und über 2000 m hohen Gipfeln ist ein spektakulärer Teil der Südkarpaten.

CLUJ-NAPOCA

7 Rumäniens zweitgrößte Stadt ist aus ihrem langen Dornröschenschlaf erwacht und hat nun viele Cafés, Restaurants, Musikfestivals, Clubs und Bars zu bieten. Außerdem ist hier das Zentrum für zeitgenössische Kunst. Zehntausende Studenten sorgen für ein junges Flair und ein lebendiges Nachtleben. Aufgrund der steigenden Anzahl von Flugverbindungen mit europäischen Städten kommen mehr Traveller ins Land, die meistens aber bedeutendere Orte wie Braşov, Sibiu oder Sighişoara besuchen und dann bedauern, dass sie nicht genügend Zeit für Cluj hatten.

MARIIA GOLOVIANKO / SHUTTERSTOCK ©

ESSEN & TRINKEN

Ciorbă Die saure Suppe zählt zu den Hauptgerichten der rumänischen Küche und bekämpft auch einen Kater.

Covrigi Frische Brezeln, die überall verkauft werden.

Mămăligă Aus Maismehl zubereitete Polenta, manchmal mit Schlagsahne oder Käse serviert.

Sarmale Mit gewürztem Schweinehackfleisch gefüllte Kraut- oder Weinblätter.

Ţuică Das wichtigste hochprozentige Getränk. Selbst gebrannter Schnaps kann bis zu 60 % Alkohol enthalten und wirkt schnell. Der klassische *ţuică* ist aus Zwetschgen – Puristen meinen, das muss so sein –, Schnaps wird aber auch aus anderem Obst wie Aprikosen und Birnen gebrannt.

RUMÄNIEN UND DIE EU

In den Jahren seit Rumäniens EU-Beitritt im Jahr 2007 erfuhr das Land tiefgreifende Veränderungen. Einer der größten Nachteile ist die Abwanderung junger Rumänen. Der IWF bezeichnet Rumänien als größten Exporteur von Arbeitskräften in der EU, und fast jeder fünfte Rumäne lebt im Ausland. Positiv sind die vielen Zuschüsse und Vorteile. Milliarden Euro aus öffentlichen EU-Mitteln sind ins Land geflossen. Obwohl die Gelder das Land überfordert haben, sind Luft und Wasser jetzt sauberer. Zudem gibt es bessere Straßen und Sozialleistungen. Die Währung, der Leu, ist stabil und die Konjunkturaussichten sind gut.

HAUPTSTADT
Moskau

BEVÖLKERUNG
142,32 Mio.

FLÄCHE
17,1 Mio. km²

AMTSSPRACHE
Russisch

Basilius-Kathedrale, Moskau

RUSSLAND

Das größte Land der Welt hat von historischen Städten und einer idyllischen Landschaft bis hin zu Kunstschätzen, abenteuerlichen Zugfahrten und einem wodkalastigen Nachtleben so ziemlich alles zu bieten.

Egal ob Kulturfreak auf der Suche nach Inspiration von großen Künstlern und Schriftstellern oder Abenteurer auf der Suche nach neuen Horizonten, in Russland kommt jeder auf seine Kosten. Hier kann man auf den Spuren von Tolstoi und Puschkin wandeln und ihre Landsitze besichtigen. In Krasnaja Poljana kann man Ski fahren, im Altai wandern und in Kamtschatka sogar einen aktiven Vulkan besteigen – hier hat man die Qual der Wahl.

Wer sich für alte Festungen, Paläste und Kirchen mit Zwiebeltürmen interessiert, sollte in den europäischen Teil Russlands fahren. Hier sind Moskau und St. Petersburg die Hauptattraktionen – zwei Orte mit unglaublichen nationalen Kulturgütern, politischer Energie und moderner Kreativität. Ganz in der Nähe liegen bezaubernde historische Städte und Orte mit Zwiebeltürmchen und Zuckerbäckerhäusern – ganz so wie man sich das ländliche Russland vorstellt.

Highlights

SPAZIERGANG ÜBER DEN ROTEN PLATZ

1 Der Anblick des Roten Platzes in Moskau ist immer wieder faszinierend. Rund um den großen Kopfsteinpflasterplatz erheben sich die Türme und Mauern des Kreml, die mit Mustern und Farben geschmückte Basilius-Kathedrale, das rote Backsteingebäude des Staatlichen Historischen Museums und das edle Warenhaus GUM. Einzeln sind sie schon beeindruckend, zusammen aber grandios. Auch ist es ein erhabenes Gefühl, über einen Platz mit einer derart bedeutenden Geschichte zu bummeln. Abends sind die Menschenmassen verschwunden und die Gebäude hell erleuchtet.

BANJA IM SANDUNY-BAD

2 Eine absolut russische Erfahrung ist der Besuch in einem *banja* (traditionelles Badehaus). Man sollte einfach mutig in einen Dampfraum gehen, z. B. in Moskaus Sanduny-Bad, dem ältesten und luxuriösesten *banja* der Stadt. In dem Moment, in dem einem die Hitze entgegenschlägt, versteht man, warum die Einheimischen Filzhüte zum Schutz ihrer Haare tragen. Zum Vergnügen gehören auch leichte Schläge mit Birkenzweigen und der Sprung in eiskaltes Wasser oder eine kalte Dusche – das nennen die Russen „*S lyogkim parom*!" (Ich hoffe, Ihr Dampfbad war angenehm!).

EREMITAGE

3 Nichts kann Besucher auf den Umfang und die Qualität der Sammlungen in dem Staatlichen Museum Eremitage in St. Petersburg vorbereiten. Hier wird westliche Kunst in fast unübertroffener Vielfalt präsentiert, darunter unglaublich viele Werke von Rembrandt, Rubens, Picasso und Matisse. Die beiden Letzteren können jetzt in neuen Galerien im Generalstabsgebäude bewundert werden. Zu sehen sind auch großartige antike Kunst, Skulpturen und Schmuck. Und wem das nicht reicht, der schlendert durch die Privatgemächer der Romanows, die bis 1917 im Winterpalast lebten.

SCHWARZES MEER

4 Die Schwarzmeerküste ist schon seit Langem ein beliebtes Urlaubsziel der Russen, die die Küstenstädte, ihre relaxte Atmosphäre und die herrliche Landschaft im nahen Kaukasus zu schätzen wissen. Das Tor zu all dem ist Sotschi, eine quirlige Stadt, die sich als erstklassiges internationales Ferienziel und Gastgeber der Olympischen Winterspiele 2014 neu erfunden hat. In der Nähe liegt Krasnaja Poljana, ein Top-Ziel für Skifahrer. Im Agura-Tal kann man wunderbar vorbei an Wasserfällen hinauf zu Adlernestern wandern.

GEORGIY MARTYNOV / SHUTTERSTOCK ©

ARKTISCHES MEER
NORDPAZIFIK
Europäisches Nordmeer
Barentssee
Karasee
Laptewsee
Ostsibirische See
Tschuktschensee
Beringsee
Ochotskisches Meer
Japanisches Meer
Ostsee
Weißes Meer
Kaspisches Meer
Baikalsee
Balchaschsee
Aralsee
Polarkreis
0
1000 km
N
USA
JAPAN
CHINA
MONGOLEI
KASACHSTAN
USBEKISTAN
TURKMENISTAN
KIRGISISTAN
TADSCHIKISTAN
IRAN
GEORGIEN
ASERBAIDSCHAN
FINNLAND
SCHWEDEN
NORWEGEN
ESTLAND
LITAUEN
WEISSRUSSLAND
UKRAINE
MOSKAU
KIEW
OSLO
STOCKHOLM
TIFLIS
BAKU
TEHERAN
AŞGABAT
TASCHKENT
BISCHKEK
ASTANA
ULAANBAATAR
Franz-Josef-Land
Nowaja Semlja
Sewernaja Semlja
Neusibirische Inseln
Wrangel-insel
Tschuktschen-Halbinsel
Kamtschatka
Kola
Jamal-Halbinsel
Gydan-Halbinsel
Taimyr-halbinsel
SIBIRISCHES TIEFLAND
MITTELSIBIRISCHES BERGLAND
Putorana-Gebirge
Werchojansker Gebirge
Kolymsky Gebirge
Stanowoi-gebirge
Udokan-gebirge
Jablonowy-gebirge
Sajangebirge
ALTAI
Ural
Murmansk
Archangelsk
Petrosawodsk
St. Petersburg
Weliki Nowgorod
Wologda
Susdal
Nischni Nowgorod
Kirow
Perm
Kasan
Saratow
Samara
Ufa
Orenburg
Atyrau
Astrachan
Wolgograd
Woronesch
Rjasan
Pensa
Brjansk
Smolensk
Charkiw
Donezk
Rostow
Krasnodar
Stawropol
Suchumi
Aqtobe
Magnitogorsk
Rudny
Tscheljabinsk
Tjumen
Jekaterinburg
Nischni Tagil
Tobolsk
Omsk
Pawlodar
Nowosibirsk
Barnaul
Tomsk
Semei
Öskemen
Almaty
Urumqi
Nowokusnezk
Krasnojarsk
Abakan
Kyzyl
Irkutsk
Bratsk
Ust-Ilimsk
Ulan-Ude
Tschita
Bukatschatscha
Tschoibalsan
Hailar
Qiqihar
Ulanhot
Jilin
Jiamusi
Jixi
Wladiwostok
Dalnegorsk
Chabarowsk
Juschno-Sachalinsk
Blagoweschtschensk
Aldan
Lensk
Mirnyy
Yakutsk
Schigansk
Tiksi
Nischnejansk
Batagai
Tschokurdach
Ambarchik
Ust-Nera
Magadan
Ochotsk
Ocha
Palana
Petropawlowsk-Kamtschatski
Anadyr
Chatanga
Norilsk
Vorkuta
Surgut
Lena
Kolyma
Aldan
Wiljui
Angara
Jenisej
Tas
Ob
Irtysch
Petschora
Wytschegda
Wolga
Don
Ural
Ilek
Amur
Anadyr
Chetta
1
2
3
4
5
6
7
9
10
11
12

TOP-FILME

Pussy Riot: A Punk Prayer (2013) Der Dokumentarfilm von Mike Lerner und Maxim Pozdorovkin beleuchtet den Prozess gegen das Pussy-Riot-Trio.

My Perestroika (2010) Robin Hessmans Film handelt von fünf Russen und den Auswirkungen der letzten 20 turbulenten Jahre auf deren Leben.

Winter Journey (2013) Art-House-Film von Sergey Taramaev und Lubov Lvova. Der Film hat auf mehreren Filmfestivals im Ausland Auszeichnungen eingeheimst, wird in Russland aber wegen des Themas einer schwulen Liebe kaum gezeigt.

TOP-BÜCHER

Russia – A Journey to the Heart of a Land and its People (Jonathan Dimbleby; 2008) Aufschlussreiche Momentaufnahme eines facettenreichen Landes von einem der britischen Top-Moderatoren. Gibt's auch als BBC-Serie.

The Last Man in Russia (Oliver Bullough; 2013) Treffendes Porträt des modernen Russlands, beschrieben anhand des ungestümen und tragischen Lebens eines orthodoxen Priesters.

Lost Cosmonaut (Daniel Kalder; 2006) und **Strange Telescopes** (2008) Kalder beschreibt in seinen Büchern einige der sonderbarsten und am wenigsten besuchten Orte Russlands.

KAMTSCHATKA

5 Kamtschatka als majestätisch zu beschreiben, wäre fast schon banal. Für viele ist es einfach der schönste Ort der Welt. Kamtschatka ist wie Yellowstone, Rotorua und Patagonien in einem, hier – in einer der weltweit letzten Wildnisse – wimmelt es vor wilden Tieren. Kamtschatka war schon immer die Domäne betuchter Touristen, die sich Hubschrauberflüge über die Vulkane, Geysire und Bären leisten konnten, aber inzwischen geht's hier etwas lockerer zu, sodass auch unabhängige Traveller herkommen. Wenn man nun nur noch das Wetter beeinflussen könnte ...

KREML IN WELIKI NOWGOROD

6 In Weliki Nowgorod, das sich als Geburtsort Russlands sieht, steht eine der eindrucksvollsten und malerischsten Rundburgen des Landes. Auf dem Gelände des Kremls erheben sich die byzantinische Sophienkathedrale aus dem 11. Jh. und das 300 t schwere Nationaldenkmal *Tausend Jahre Russland*. Ausblick auf die Anlage hat man vom Turm Kokuj aus. Anschauen sollte man sich auch die Staatliche Vereinigte Museumsanlage Nowgorod mit einer der besten Ikonensammlungen Russlands. Ein Park und ein Strand am Flussufer säumen die überwältigenden Backsteinmauern.

REISEZEIT

HAUPTSAISON
(Juni–Sept.)
Besonders in St. Petersburg steigen die Preise.

ZWISCHENSAISON
(Mai & Okt.)
Das ganze Land ist je nach Jahreszeit in frisches Grün oder rostrote Farbtöne getaucht.

NEBENSAISON
(Nov.–April)
Es schneit, und die Temperaturen sinken, wodurch das typisch russische Winterwunderland entsteht.

IDYLLISCHES SUSDAL

7 Ding-dong läuten die Glocken der vielen Kirchen, während man auf dem Rad die von Holzhäusern und üppigen Gärten ge-

ZIRKUS

Der russische Zirkus ähnelt noch immer einer Erzählung aus der Kindheit – Akrobaten auf tänzelnden Pferden, Löwen, Tiger, atemberaubende Hochseilartisten und lustige Clowns.

VOLKS- & LANDESTYPISCHE KUNST

Am beliebtesten sind wohl die bemalten, glasierten Holzschachteln *palech* und die emaillierten Metallfiguren *finift* aus Rostow. Holzschnitzereien sind am bekanntesten. Sie sind als Spielzeug, Weberspindeln und Lebkuchenformen in Museen und als Matroschka-Puppen zu bewundern.

▼ ESSEN & TRINKEN

Bliny Pfannkuchen mit *ikra* (Kaviar) oder *tworog* (Hüttenkäse).

Kwas Erfrischungsgetränk aus vergorenem Brot.

Pelmeni Mit Fleisch gefüllte Teigtaschen, die mit Schmand und Essig verspeist werden.

Salate Es gibt eine große Vielfalt von Salaten in Russland, meist mit Mayonnaise. Eine Spezialität ist der Oliviersalat mit Kartoffeln.

Suppen Probieren sollte man die *soljanka* mit Fleisch oder die Fischsuppe *ucha*.

Wodka Nationalgetränk.

Kefir Joghurtähnliche Sauermilch, die hauptsächlich zum Frühstück getrunken wird.

Syrniki Gebratene Klöße aus Quarkteig, besonders lecker mit Marmelade, Zucker und natürlich *smetana* (Sauerrahm).

säumten Straßen von Susdal erkundet. Dies ist Russland, wie es früher war, vor dem verheerenden 20. Jh. – bescheiden, fromm und entspannt. In der Gegend stehen einige der schönsten Gotteshäuser, aber man kann auch den ganzen Tag im Gras liegen und dem Fluss zusehen, bevor man sich in einer *banja* der süßen Folter mit heißem und kaltem Wasser und Birkenzweigen aussetzt.

NACHTZUG DURCH SIBIRIEN

8 Eine Fahrt im Nachtzug mit Ankunft am nächsten Morgen in einer anderen Stadt ist ein tolles Erlebnis. Von St. Petersburg aus kann man in einem Luxus-Waggon starten. Wahrscheinlicher ist für die Fahrt durch Sibirien auf Russlands „Kamelweg" aber ein Vier-Bett-Abteil oder eine Nacht in der dritten Klasse mit 50 schnarchenden oder auch ruhig träumenden Mitreisenden.

KISCHI

9 Alte Häuser aus Holzbalken sind eigentlich nichts, was das Herz höher schlagen ließe, aber die Holzbaukunst in Kischi begeistert selbst Leute, die schon die schönsten Bauwerke gesehen haben. Der erste Anblick der Verklärungskirche, wenn man mit dem Tragflügelboot kommt, ist der Wahnsinn. Die Kirche ist in Form und Bauweise ein Wunderwerk: Der Legende nach zerstörte der Erbauer nach der Fertigstellung seine Axt als Sinnbild dafür, dass sich nichts mit dieser Pracht messen könne.

EIN ABEND IM MARIINSKI-THEATER

10 Was könnte russischer sein als ein Abend im Ballett und sich *Schwanensee* oder *Romeo und Julia*

JETZT REISEN!

Ein herrlicher Fußweg verbindet **vier bedeutende Museen** der russischen Hauptstadt: das Garage Museum für zeitgenössische Kunst, die Tretjakow-Galerie, das Puschkin-Museum der Schönen Künste und das Kunstzentrum GES-2, das im Herbst 2021 eröffnet werden soll. Das neue Kunstzentrum wurde von Renzo Piano konzipiert.

anzusehen? Das berühmte Mariinski-Theater in St. Petersburg sorgt für das ultimative Erlebnis in Sachen klassischem Ballett und Oper. Seit der langersehnten Eröffnung der zweiten Spielstätte hat das Theater jetzt auch eine Bühne für Zeitgenössisches. Der Besuch im Moskauer Bolschoi-Theater ist ebenso lohnend. Es wurde renoviert und sieht besser aus denn je. Die Tickets sind nicht mehr billig, aber die Erinnerung bleibt wohl ein Leben lang.

TOBOLSK

11 Die ehemalige Hauptstadt Sibiriens ist in ganz Russland für ihren Kreml bekannt. Es gibt keine Menschenmengen, und wer an einem Wochentag hier ist, hat die Anlage wahrscheinlich fast für sich allein. Der Kreml thront über der Altstadt, in der man beim Bummel vorbei an vielen Holzhäusern und Kirchen jedes Zeitgefühl verliert. Tobolsk liegt zwar nicht an der Hauptstrecke der Transsibirischen Eisenbahn, aber der Umweg lohnt sich.

INSEL OLCHON

12 Das verwunschene Olchon ist eine auf halber Höhe vor dem Westufer des Baikalsees gelegene Insel, die das Allerheiligste für die Schamanen der Westburjaten ist. Es ist offensichtlich, warum sich die Götter und Wesen aus dem mongolischen Gesar-Epos hier angesiedelt haben, obwohl es heute wahrscheinlicher ist, dass man Backpacker trifft. Das Wasser schwappt im Westen am sanftesten ans Ufer – ein toller Platz zum Meditieren.

10

VOSTOK / SHUTTERSTOCK ©

▼ UNTERWEGS VOR ORT

Flüge sind oft stundenlang verspätet, auf eine Erklärung wartet man vergeblich.

Am schönsten ist die Reise durch Russland auf einem Kreuzfahrtschiff oder einer nach Fahrplan verkehrenden Personenfähre.

Fernbusse ergänzen die Züge eher, als mit ihnen zu konkurrieren.

Züge sind im Allgemeinen komfortabel und, je nach Klasse, gemessen an den Entfernungen relativ preiswert.

HAUPTSTADT
Basseterre

BEVÖLKERUNG
54 150

FLÄCHE
261 km²
(Saint Kitts 168 km²; Nevis 93 km²)

AMTSSPRACHE
Englisch

Strand auf Nevis

SAINT KITTS & NEVIS

Ein nahezu perfektes Paar – so könnte man Saint Kitts und Nevis beschreiben. Der aus zwei Inseln bestehende Staat wirft Strände und schöne Berge, tolle Aktivitäten und eine interessante Geschichte in die Waagschale.

Die Einheimischen sind heiter, freundlich und haben Soca im Blut. Doch wenn sich Saint Kitts und Nevis auch in vielem ähneln, so unterscheiden sie sich doch im Detail. Saint Kitts ist die größere Insel, und das merkt man: vom belebten Basseterre und der mächtigen Brimstone Hill Fortress bis hin zur Partymeile und den Resorts an der Frigate Bay. Neue Straßen und Touristenunterkünfte haben Schwung und Aufregung auf die Insel gebracht.

Auf der anderen Seite der Narrows liegt die ruhigere, nettere Insel Nevis mit einem Vulkanberg in der Mitte, ein paar Stränden und der winzigen kolonialzeitlichen Stadt Charlestown. Hier sind schöne Wanderungen durch üppiges Grün bis auf den Gipfel möglich. Die Insel kann mit großen Namen der Geschichte aufwarten, z. B. mit dem britischen Admiral Horatio Nelson und Alexander Hamilton, einem Gründervater der Vereinigten Staaten.

Highlights

BRIMSTONE HILL FORTRESS

1 Das historische Highlight von Saint Kitts wurde 1999 als ungewöhnlich gut erhaltenes Beispiel der Festungsarchitektur des 17. und 18. Jhs. in das UNESCO-Welterbe aufgenommen. Der von Sklaven errichtete, weitläufige Komplex gewährt Einblick in die wechselhafte Geschichte der früheren karibischen Kolonien. Nachdem eine Feuersbrunst Basseterre 1867 verwüstet hatte, wurden Teile der Anlage abgebrochen und die Steine zum Wiederaufbau der Hauptstadt verwendet. In den 1960er-Jahren nahm man Restaurierungsarbeiten vor, um das Fort in seiner früheren Pracht wiederherzustellen. Queen Elizabeth II. höchstpersönlich weihte den neu geschaffenen Nationalpark 1985 ein.

CHARLESTOWN

2 Die Fähre aus Saint Kitts legt direkt im charismatischen Charlestown an. Die Gässchen in Nevis' niedlichem, kleinem Hauptort strotzen vor kolonialer Geschichte. Sie sind gesäumt von fröhlich gestrichenen viktorianischen Zuckerbäckerhäusern und georgianischen Steinhäusern. Ein Bummel über die von Banken, Geschäften, Bars, Restaurants und der Touristeninformation gesäumte Hauptstraße lohnt sich. Abends ist in der Stadt so gut wie nichts los. Der nächste Strand ist der schöne Pinney's Beach ca. 2,5 km nördlich.

PINNEY'S BEACH

3 Der 8 km lange Strand an der Westküste von Nevis bietet ordentliche Schnorcheloptionen. Am

REISEZEIT

HAUPTSAISON (Dez.–April)

ZWISCHENSAISON (Mai & Juni)

NEBENSAISON (Juli–Nov.)

Nordzipfel befinden sich das Four Seasons, mehrere Strandbars und viele ruhige Plätzchen. Sonntags ist am meisten los.

BASSETERRE

4 Saint Kitts' quirlige Hauptstadt Basseterre hat ein kompaktes Zentrum in der Nähe des Kreuzfahrtterminals Port Zante mit Duty-free-Shops, Andenkenläden und Open-Air-Bars. Wem das Angebot und kaltes Bier nicht reichen, kann sich im National Museum über die Geschichte der Insel informieren und durch verwinkelte Gassen bummeln, die sternförmig vom Circus abgehen. In der Mitte dieses Kreisverkehrs steht ein Uhrenturm im viktorianischen Stil. Auf den Streifzügen sollte man nach architektonischen Schmuckstücken (z. B. in der Princes St) Ausschau halten, sich unter die Einheimischen mischen und auf dem grasbewachsenen Independence Sq. relaxen.

MT. LIAMUIGA

5 Eine Wanderung zum Kraterrand des Mt. Liamuiga ist ein schweißtreibendes Unterfangen. Die Strecke auf den mit 1155 m höchsten Vulkan des Landes ist 4 km lang. Der Krater mit seinen Fumarolen und dem periodischen See wäre eine tolle Star-Wars-Kulisse. Der ganze Ausflug dauert ca. fünf wirklich sehr anstrengende Stunden. Da der Weg schlecht ausgeschildert und teils zugewachsen ist, verirrt man sich leicht. Ein Guide ist empfehlenswert.

BOTANISCHER GARTEN VON NEVIS

6 Man kann mehrere Stunden in dem Garten mit Orchideen, Palmen, Teichen voller Seerosen,

UNTERWEGS VOR ORT

Zwischen Basseterre auf Saint Kitts und Charlestown auf Nevis gibt's Passagierfähren, zwischen Major's Bay und Cades Bay Autofähren.

Auf den Hauptstraßen fahren private Minibusse ohne festen Fahrplan zwischen den Gemeinden.

Wer auf Saint Kitts und Nevis Auto fahren will, benötigt einen Besucherführerschein. Er wird von den Autovermietern ausgestellt.

5

JASON PATRICK ROSS / SHUTTERSTOCK ©

Bambus und anderen Pflanzen aus aller Welt verbringen. Dazwischen finden sich Becken, Teiche und Springbrunnen. Im Rainforest Conservatory tummeln sich Papageien zwischen Tropenpflanzen, Wasserfällen und Skulpturen im Maya-Stil.

FRIGATE BAY

7 Die ca. 5 km südöstlich von Basseterre gelegene Frigate Bay bildet eine Landenge zwischen der ruhigen Karibik und dem stürmischeren Atlantik. Sie wird vom monströsen Marriott dominiert. Der zum Resort führende Zenway Blvd ist eine Restaurantmeile. Der Hauptanziehungspunkt der Gegend ist der „Strip", eine Reihe cooler Strandbars an der Frigate Bay South. Baden kann man in beiden Meeren wunderbar.

GARY SHEAFFER / 500PX ©

ESSEN & TRINKEN

Brinley Gold Rum Rum mit Vanille-, Kaffee-, Mango-, Kokos- oder Zitronenaroma. Im Laden in Port Zante gibt's Kostproben.

Cane Spirit Rothschild (CSR) Fermentierter Zuckerrohrsaft. Man trinkt ihn *on the rocks* mit Ting-Soda, aromatisiert mit Grapefruitsaft.

Carib Das hiesige helle Bier.

Gedämpfter Klippfisch Das Nationalgericht wird mit Kochbananen, Kokosklößen und Brotfrüchten serviert.

Meerschnecken Serviert als Curry, mariniert oder gekocht.

Pelau Auch als „cook-up" bezeichnet. Das Gericht ähnelt einer Paella: eine herzhafte Mischung aus Reis, Fleisch, Fisch, Gemüse und Straucherbsen.

ZWEI INSELWELTEN

Sowohl Saint Kitts als auch Nevis haben grüne Küstenabschnitte, eine Folge der Abholzung für den Zuckerrohranbau. Die Wälder sind ein Überbleibsel der Regenwälder, die einst den Großteil der Insel bedeckten, oder auch Sekundärwälder.

Fernab bebauter Gebiete gedeihen viele wunderschöne Pflanzen, vor allem auf Nevis. Blumen wie Plumeria, Hibiskus und die Wüstenrose „Chain-of-Love" säumen die Landstraßen und schmücken viele Gärten.

Nevis ist fast rund und profitiert vom Regenwasserabfluss des Mt. Nevis. Die Form von Saint Kitts ähnelt einer Kaulquappe. Das Gros des Wassers kommt aus dem Gebirge, was aber für den abgelegenen, trockenen Südosten der Halbinsel, der nur spärlich von Kakteen und Yuccapalmen bedeckt ist, weniger wichtig ist.

Außer der grünen Meerkatze sind hier auch Mangusten allgegenwärtig. Sie wurden von Plantagenbesitzern aus Jamaika mitgebracht, um den Schlangen auf den Zuckerrohrfeldern Herr zu werden. Beide Inseln bieten eine bunte Vogelwelt.

Die Riffe um die beiden Inseln sind den gleichen Gefahren ausgesetzt wie überall in dieser Region. Vor Saint Kitts liegen einige der schönsten Riffe rund um den südöstlichen Teil der Halbinsel.

HAUPTSTADT
Castries

BEVÖLKERUNG
166 640

FLÄCHE
616 km²

AMTSSPRACHEN
Englisch, Französisch-Kreolisch

The Pitons

SAINT LUCIA

Das Farbenspektrum auf Saint Lucia ist einfach: Ein sattes Grün prägt das tropische Land, die Strände der Insel leuchten weiß und das Meer drum herum ist strahlend blau.

Saint Lucia ragt wie ein smaragdgrüner Zahn aus der Karibik und verdient Aufmerksamkeit. Zwar entspricht die gebirgige Insel dem Klischee eines Paradieses für Flitterwöchner, sie hat aber mehr zu bieten als romantische Strände und Luxusunterkünfte.

Die von der Natur verwöhnte Insel Saint Lucia mit ihren geographischen und kulturellen Reichtümern lässt manch ein größeres Land vor Neid erblassen. Trotz der atemberaubenden Schönheit ist dieses Land bodenständig geblieben und konnte sich seine Gelassenheit bewahren.

Saint Lucia ist zwar bekannt für die vielen kleinen Hotels und Luxusresorts mit Flair, aber eigentlich sind es zwei Inseln in einer. Rodney Bay im Norden lädt zum Faulenzen ein und bietet modernen Komfort an einer Traumbucht. Soufrière im Süden ist das Zentrum einer Region mit alten Plantagen, versteckten Stränden und einem geologischen Wunder: den postkartenreifen Pitons.

Highlights

GROS PITON

1 Wenn man während seines Aufenthalts nur Zeit für eine Wanderung hat, sollte man sich für den Aufstieg auf den Gros Piton (770 m) entscheiden. Ausgehend vom Weiler Fond Gens Libres marschiert man fast ausschließlich durch dichten Regenwald. Ungefähr auf halber Strecke führt der Weg an einem Aussichtspunkt mit grandiosem Blick auf den Petit Piton und das Meer vorbei. Der letzte Abschnitt ist sehr steil, doch wird man auf dem Gipfel durch einen herrlichen Rundblick und die bewaldeten Berge im Inselinneren reich belohnt.

ANSE CHASTANET

2 Die Bucht vor dem gleichnamigen Resort hat einen wunderschön geschwungenen Strand und wird von hohen Klippen abgeschirmt. Die Schnorchelspots vor der Küste zählen zu den besten der Insel. Sie sind problemlos über das Resort zu erreichen, das auch Tagespässe anbietet, wenn man Sonnenliegen und Wassersportangebote nutzen möchte.

SUGAR BEACH

3 Der berühmteste Strand der Insel, der traumhafte Sugar Beach, liegt spektakulär zwischen den beiden Pitons und bietet phänomenale Anblicke sowohl vom Strand als auch vom Wasser aus. Wie die meisten Strände der Gegend war er ursprünglich ein grauer Sandstrand – der feine, weiße Sand wurde aus dem Ausland importiert. Am Nordzipfel stehen einfache Liegen kostenlos zur Verfügung. Wenn nicht viel los ist, kann man sich alternativ in einem der Resorts luxuriösere Modelle leihen.

REISEZEIT

HAUPTSAISON
(Dez.–März)

ZWISCHENSAISON
(April–Juni, Nov.)

NEBENSAISON
(Juli–Okt.)

SOUFRIÈRE

4 Wenn ein Städtchen Herz und Seele von Saint Lucia verkörpert, so ist das Soufrière mit seinen kolonialzeitlichen Gebäuden zwischen bunten Holzfassaden und seiner belebten Uferpromenade. Die wolkenkratzerhohen Felstürme, die als Pitons bekannt sind, wachen über die Stadt. Die an der Küste aufragenden, dicht bewachsenen und fremdartig wirkenden Gipfel sind ihre Wahrzeichen. Die atemberaubende Gegend strotzt nur so vor natürlicher Schönheit, sowohl über als auch unter dem Wasser. Und auch historisch bietet Soufrière einiges.

SAINT LUCIAS OSTEN

5 Eine 30-minütige Autofahrt bringt einen von Castries aus in eine andere Welt, an die Ostküste, wo man ein kreolisches, relaxtes und wenig besuchtes Saint Lucia findet. Im Unterschied zum Westteil gibt es hier keine Strände, aber hübsche Buchten mit Klippen, ein felsiges Ufer mit donnernder Brandung und malerische Fischerdörfer wie Dennery und Micoud.

PIGEON ISLAND

6 Pigeon Island bietet verteilt über die idyllische ehemalige Insel faszinierende historische Stätten. Es macht Spaß, die Gegend und die Reste von Baracken, Geschützgruppen und Garnisonen zu erkunden. Die teils intakten Steingebäude erinnern an eine Geisterstadt inmitten von Bäumen und Rasen. In der Nähe des Tores befindet sich die Offiziersküche von 1824, dahinter sind die Offiziersquartiere, die 1993 teilweise wieder aufgebaut wurden. Auf der anderen Seite des Rasens liegen die

▼ UNTERWEGS VOR ORT

Mit Wassertaxis kommt man in jeden Ort an der Westküste der Insel.

Zwischen den wichtigsten Orten verkehren regelmäßig Busse, gewöhnlich fahren sie bis ca. 19 Uhr, auf der betriebsamen Strecke Castries–Gros Islet bis nach 22 Uhr.

Bei Ankunft auf Saint Lucia kann man sich einen Wagen mieten. Fast alle Autovermieter bieten unbegrenzte Meilen an.

6

Ruinen der großen, 1808 errichteten Baracken. Oben auf dem Fort Rodney Hill kann man eine kleine, gut erhaltene Festung und rostige Kanonen bewundern – und der Blick über die Küste ist bezaubernd!

MARIGOT BAY

7 Die geschützt liegende Marigot Bay ist ein prima Beispiel für eine von der Natur geschaffene Architektur. Die schmale, tief ins Inselinnere reichende Bucht ist von Palmen und Hügeln gesäumt und soll einst der gesamten britischen Flotte Schutz vor französischen Verfolgern geboten haben. Heute verstecken sich hier Yachten – die Bucht ist ein beliebter Ankerplatz und ein nettes Versteck für ein paar Nächte. Hier kann man in aller Ruhe die Strände in der Nähe genießen.

RODNEY BAY & GROS ISLET

8 Etwa 10 km nördlich von Castries liegt die große hufeisenförmige Rodney Bay mit verschiedenen Einrichtungen. In der Bucht gibt's eine künstlich angelegte Lagune mit Marina und Rodney Bay Village mit einer langweiligen Ansammlung von Bars, Restaurants, Geschäften und mehr. Interessanter ist das nördliche Dorf Gros Islet. Hier säumen Rumläden und Fischerhütten mit zum Trocknen aufgehängten Fischernetzen die historischen Straßen.

GAVIN HELLIER / ROBERTHARDING / GETTY IMAGES ©

▼ ESSEN & TRINKEN

Seafood Goldmakrelen (*mahi mahi*), Makrelen, Speerfische, Schnapperfische, Hummer, Krebse und Muscheln spielen die Hauptrolle auf der Speisekarte.

Fleischgerichte Hühnchen und Schweinefleisch sind gängig.

Spezialitäten Callaloo-Suppe, *lambi* (Conch-Muscheln) und Stockfisch mit grünen Feigen (gesalzener Kabeljau mit gekochten grünen Bananen).

Piton Das hiesige Bier ist frisch, süß, leicht und erfrischend.

Rum Die einzige Destillerie stellt weißen, goldenen und aromatisierten Rum her.

▼ FLORA UND FAUNA AUF SAINT LUCIA

Saint Lucias Vegetation reicht von trockenen Gegenden mit Büschen, Kakteen und Hibiskus bis zu üppigen, dschungelartigen Tälern mit wilden Orchideen, Bromelien, Helikonien und Lianen.

Unter britischer Kolonialverwaltung fiel ein Großteil des Regenwaldes auf der Insel der Holzernte zum Opfer. In mancherlei Hinsicht hat sich die unabhängige Regierung von Saint Lucia aber als sehr umweltfreundlich erwiesen. Die noch verbleibenden 10 % der Insel, die von Regenwald bedeckt sind, wurden größtenteils als Naturschutzgebiet ausgewiesen. Die größten heimischen Bäume im Regenwald sind in den Himmel ragende *gommiers* (Kautschukbäume) und *châtaigniers* (Kastanienbäume).

Die Fauna besteht aus endemischen Vögeln, Fledermäusen, Eidechsen, Leguanen, Laubfröschen, angesiedelte Mangusten, kaninchenähnlichen Agutis und verschiedenen Schlangenarten wie z. B. Lanzenottern und Abgottschlangen.

HAUPTSTADT
Kingstown

BEVÖLKERUNG
101150

FLÄCHE
388 km²

AMTSSPRACHE
Englisch

Tobago Cays

SAINT VINCENT & DIE GRENADINEN

In diesem Land, das für seine Inseln und Strände berühmt ist, kann man viel mehr unternehmen, als nur in der Hängematte zu entspannen. Hier kann man Vulkane erklimmen, sich unter Wasserfällen abkühlen und toll wandern.

Schon allein der Name Saint Vincent & die Grenadinen (SVG) weckt Bilder von einem exotischen, idyllischen Inselleben. Man stelle sich eine Inselkette im Herzen der Karibik vor, ohne große touristische Ausbeutung, mit Sandstränden auf einsamen grünen Inseln, wenigen Menschen und einem blauen Wasser, das sacht gegen die Küste schwappt.

Auch wenn es sich so anhört, als sei dies die Spielwiese der Reichen und Berühmten, so braucht man doch nicht seine eigene Yacht, um SVG zu erkunden. Es gibt preiswerte Fähren, sodass unabhängiges Reisen ein Kinderspiel ist, und angesichts der vielen Inseln ist es sicher, dass jeder seine Trauminsel findet.

Highlights

TOBAGO CAYS

1 Die legendären Tobago Cays, diese fünf kleinen, von wunderschönen Korallenriffen umgebenen Inseln, gehören zu den besten Tauch- und Schnorchelspots in der ganzen Karibik. Die Inseln liegen mitten in einem Nationalpark und sind nur im Rahmen eines Tagesausflugs von einer der Grenadinen-Inseln aus zu erreichen. Und dieser Tagestrip ist unglaublich! Die Schnorchelspots sind Weltklasse und die Sandstrände weiß wie Schnee. Die artenreiche Unterwasserwelt hat viel zu bieten, u. a. Meeresschildkröten und Papageienfische.

REISEZEIT

HAUPTSAISON (Dez.–Mai)

ZWISCHENSAISON (Sept.–Nov.)

NEBENSAISON (Juni–Aug.)

BEQUIA

2 Bequia (sprich *beckwey*) ist das vielleicht vollkommenste Urlaubsziel der Grenadinen. Herrliche Strände säumen das Ufer, es gibt Unterkünfte für fast jeden Geldbeutel und der ruhige Lebensstil garantiert einen unvergesslichen Aufenthalt. Gute Restaurants, die nicht für Reisende aufgepeppt wurden, sowie goldener Sand und blaues Meer machen alle glücklich.

MAYREAU

3 Die kaum erschlossene, von Palmen bedeckte Insel Mayreau ist von atemberaubender Schönheit und ein echter Grenadinen-Traum. Mit nur ein paar Autos, keinem Flughafen und nur wenigen Bewohnern fühlt man sich wie auf der Robinson-Insel. Mayreau ist ein klasse Ziel für unabhängige Traveller auf der Suche nach den besten Stränden der Grenadinen, gepaart mit einer Prise Kultur. Resorts gibt's keine, und wenn abends die Yachten und größeren Schiffe draußen vor Anker liegen, hat man die Insel fast für sich allein.

UNION ISLAND

4 Union Island fühlt sich an wie der Vorposten am untersten Zipfel eines Landes – und genau das ist es. Aufgrund der abgeschiedenen Lage trafen sich hier vor der Einführung der Schnellboote Schmuggler aus der ganzen Karibik (und dies half auch der Wirtschaft). Die kleine, charmante Hafenstadt Clifton bietet mehr Lokalkolorit als einige der mehr besuchten Städte der Grenadinen. Man kann hier einen ganzen Tag damit verbringen, über die kurze Hauptstraße und die umliegenden Hügel zu spazieren. Als Verkehrsknotenpunkt wird die Insel von vielen Yachten angelaufen, Boote fahren von hier nach Carriacou auf Grenada. Es gibt ein paar einfache Unterkünfte, Serviceeinrichtungen und genau das richtige Maß an Nightlife.

FORT DUVERNETTE

5 Das auf einem großen Vulkanfelsen vor der Küste von Villa thronende Fort wurde zur Verteidigung der Stadt Calliaqua errichtet und bietet einen grandiosen Rundumblick auf die Südküste. Über eine Wendeltreppe im Felsen mit 225 Stufen geht's hinauf. Vorsicht, die Stufen können glitschig sein und sind oft mit kleinen Steinen bedeckt – gutes Schuhwerk mitbringen! Oben steht man 60 m über dem Meeresspiegel vor zwei Batterien mit Kanonen und einem Picknickplatz.

LA SOUFRIÈRE

6 Der Vulkan La Soufrière auf Saint Vincent beherrscht den nördlichen Inselteil; für abenteuerlustige Traveller ist der Aufstieg ein Highlight. Der Krater mit seinem an

UNTERWEGS VOR ORT

Auf allen Hauptinseln, außer auf Mayreau, gibt's Flughäfen.

Mit Bussen kommt man gut auf Saint Vincent herum.

Die wichtigsten Inseln von SVG sind gut durch Schiffe miteinander verbunden.

Auf Saint Vincent und Bequia gibt's Taxis zuhauf.

4

DEAGOSTINI / GETTY IMAGES ©

einen Teppich erinnernden Moos und den schwarzen Felsen mutet fremdartig an. Auch gibt es hier ein paar aktive Schwefelauslässe. Zwei Routen führen hinauf zur Spitze. Die leichtere und offiziell für Touristen ausgewiesene Strecke beginnt an der Luvseite der Insel, wo vom Parkplatz ein guter Weg zum Gipfel führt (Dauer ca. 2½ Std.).

KINGSTOWN

7 Enge Straßen, steinerne Torbögen und Arkaden beschwören das Bild der Karibik der Bananenboote und der Kolonialzeit herauf. Der Pulsschlag der lebendigen hiesigen Gemeinde gibt den Takt in Kingstown an. Steile Hügel umgeben die Stadt und verstärken den Lärm der Autohupen, der Straßenverkäufer und der Musik. Die meisten Resorts befinden sich in den nahe gelegenen Orten Villa und Indian Bay.

MUSTIQUE

8 „Wow!" – mehr kann man über Mustique kaum sagen. Es ist eine Insel mit Traumstränden und allem, was man so im Paradies erwartet. Zudem gibt's hier eine bunte Mischung an Unterkünften, die sich weder beschreiben noch bezahlen lassen. Mit Preisen, die sich nur Superreiche, Filmstars oder Musiker mit Burn-out leisten können, ist die Insel die Spielwiese einer wohlhabenden Klientel.

7

SALIM OCTOBER / SHUTTERSTOCK ©

▼ ESSEN & TRINKEN

Callaloo Spinatartiges, vitaminreiches Gemüse; Hauptbestandteil der gleichnamigen Suppe.

Frisches Obst & Gemüse Saint Vincent hat frisches Obst und Gemüse von erstklassiger Qualität.

Hairoun Leichtes und schmackhaftes, helles Bier.

Klippfisch Dörrfisch; schmeckt lecker als Fischfrikadelle.

Kürbissuppe Die Suppe ist breiartiger als das US-amerikanische Thanksgiving-Gericht und erinnert eher an einen Eintopf.

Meeresfrüchte Hummer, Garnelen, Meeresschnecken und Fisch sind beliebt und überall zu bekommen.

Roti Mehltortillas mit einer scharf gewürzten Mischung aus Gemüse, Kartoffeln und Fleisch sind eine nationale Leidenschaft.

▼ KARIBISCHE RHYTHMEN

Musik ist die kulturelle Lebensader der Inselkette. Der Musikgeschmack unterscheidet sich zwischen den Generationen. Alternde Rastas grooven zu den Tönen der Reggae-Ikonen alter Schule. Die jüngere Generation lässt sich von den Beats des modernen Dancehalls und importiertem Hip-Hop begeistern. Überall aber hört man die neuesten karibischen Rhythmen des Soca, Steelpan und jeder gerade angesagten neuesten Spielart des Calypso.

Eine Musikrichtung, die speziell zu Saint Vincent gehört, ist Big Drum, ein Stil, der auf dem gleichnamigen, meist aus alten Rumfässchen gemachten Instrument beruht. Hier mischt sich der Calypso-Beat mit satirischen Texten, vorgetragen von einer „Chantwell" (der Lead-Sängerin). Wilde Kostüme gehören unbedingt mit dazu.

HAUPTSTADT
Honiara
BEVÖLKERUNG
690 600
FLÄCHE
28 896 km²
AMTSSPRACHE
Englisch

Uepi Island in der Marovo Lagoon

SALOMONEN

Wer Melanesien authentisch erleben will oder ein Ziel abseits der ausgetretenen Pfade sucht, ist auf den Salomonen genau richtig.

Man sollte nichts auf die Aussage geben, dass der Pazifik auch nicht mehr das ist, was er mal war – auf den Salomonen ist alles beim Alten. Auf diesen Inseln geht es ruhig zu, sie sind einladend und überraschend unberührt. Von Überresten aus dem Zweiten Weltkrieg im Dschungel bis hin zu Dörfern mit Blätterhütten gibt es auf den Salomonen viel zu entdecken. Hier wird auch nicht mit optischen Reizen gegeizt: Die Landschaft scheint direkt aus einer Doku zu stammen – da wären Vulkaninseln, Mangroven mit Krokodilen, Lagunen, tropische Eilande und smaragdgrüne Wälder.

Weiße Strände und schicke Resorts darf man hier nicht erwarten. Mit ein paar Pensionen und komfortablen Refugien sind die Salomonen aber ideal für Ökotraveller. Auf Outdoor-Fans wartet Action: die Besteigung eines erloschenen Vulkans, Surfen, Schnorcheln an Riffen oder Kajaktrips. Die Unterwasserwelt mit Wracks aus dem Zweiten Weltkrieg und Steilwänden wird Taucher begeistern. Und alles ohne Menschenmassen!

Highlights

MAROVO LAGOON

1 Die Marovo Lagoon bietet viele umwerfende Tauchspots für Profis wie für Anfänger: mit Kanälen, Höhlen, Steilwänden, Korallengärten, bunten Fischen und ein paar Wracks. Zu den Spots mit Kultcharakter gehören u. a. Uepi Point, General Store und Lumalihe Passage. Dutzende hübscher Orte in der ganzen Lagune eignen sich auch hervorragend zum Schnorcheln. Mitarbeiter der Unterkünfte können Touren durch die Lagune und Schnorchelausflüge organisieren. Die Ausrüstung muss man allerdings selbst mitbringen.

KOLOMBANGARA

2 Der perfekt kegelförmige Vulkan Kolombangara (1770 m hoch) ragt majestätisch nordöstlich der Insel Gizo auf. Zunächst geht es durch die 1 km breite Küstenebene, dann über flache Grate und schließlich steiler werdende Hänge zum Kraterrand des Mt. Veve. Geschichtsinteressierte finden überall auf der Insel Relikte der japanischen Besetzung im Zweiten Weltkrieg.

LANGA LANGA LAGOON

3 Die Lagune Langa Langa ist eines der Highlights von Malaita. Sie erstreckt sich 7 bis 32 km südlich von Auki und ist berühmt für ihre aus Steinen und Korallen errichteten Inseln. Das Gebiet ist ein Zentrum traditionellen Handwerks wie der Herstellung von Muschelgeld und des Schiffbaus. Der Name „Lagune" ist aber irreführend: Wenn es geregnet hat, ist das Wasser nicht türkisblau, sondern braun, und schöne Strände gibt es auch nicht. Besucher kom-

▼ REISEZEIT

HAUPTSAISON
(Juni–Sept.)

ZWISCHENSAISON
(April, Mai, Okt. & Nov.)

NEBENSAISON
(Dez.–März)

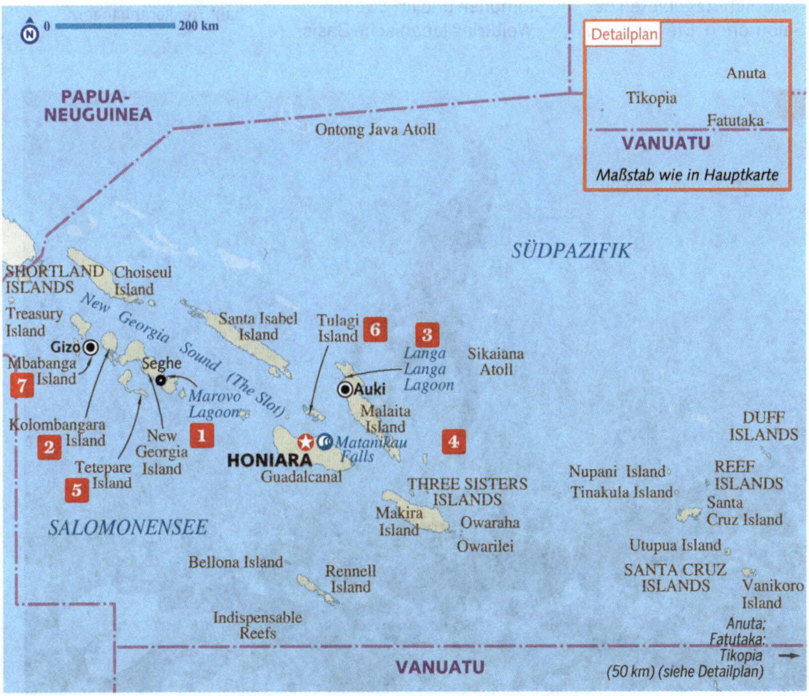

men wegen der entspannten Lebensart und des magischen Ambientes.

MATANIKAU FALLS

4 Eine Hauptattraktion im Hinterland von Honiara ist der donnernde Wasserfall von Matanikau. Die Wanderung dorthin beginnt im Dorf Lelei mit dem Anstieg auf eine Erhöhung, an den sich ein leichterer Streckenabschnitt durch die Hügel anschließt. Nach einem anstrengenden Abstieg auf einem Schlammpfad erreicht man den Grund der Schlucht, wo der Matanikau fließt. Der Rückweg dauert etwa zwei Stunden.

TETEPARE ISLAND

5 Die große, von Regenwald bedeckte Insel gehört zu den schönsten Naturschutzgebieten der Salomonen. Die Tetepare Descendants' Association, die die Insel verwaltet, heißt Besucher in umweltfreundlichen Blätterhäusern willkommen (Sonnenenergie, Gemeinschaftseinrichtungen, keine Klimaanlage). Was aber diesen Ort zu etwas Besonderem macht, sind die vielen hier angebotenen umweltfreundlichen Aktivitäten: Schnorcheln mit Dugongs, Beobachten von Krokodilen und Vögeln sowie das Markieren von Schildkröten. Die Aktivitäten sind kostenlos (außer wenn Bootsmiete anfällt), und man wird von ausgebildeten Guides begleitet. Hier gibt's nur frische Bio-Kost.

TULAGI ISLAND

6 Inmitten der Florida Islands liegt Tulagi, die frühere Hauptstadt der Salomonen und im Zweiten Weltkrieg japanische Basis.

UNTERWEGS VOR ORT

Solomon Airlines bedient die etwa 20 Flugplätze. Knotenpunkt ist Honiara.

Dingis mit Außenborder sind das häufigste Transportmittel zwischen den Inseln. Ab Honiara fahren ein paar zuverlässige Passagierschiffe.

Öffentliche Minibusse gibt es nur in Honiara. Anderswo drängen sich die Menschen in offenen Lastwagen oder auf Trekkeranhängern.

JAMES MORGAN / GETTY IMAGES ©

Heute tummeln sich hier Taucher, die die Wracks vor der Küste erkunden. Das Raiders Hotel am Ufer (einen Strand gibt es nicht) bietet erstklassige Zimmer und einen Tauchladen, der vorwiegend zertifizierte Taucher versorgt (keine Kurse). Wrackfans werden ein paar Tage brauchen, wenn sie alle Wracks aus dem Zweiten Weltkrieg erkunden wollen, etwa die *USS Kanawha*, die *USS Aaron Ward* und die *Moa*.

MBABANGA ISLAND

7 Nach einer zehnminütigen Bootsfahrt erreicht man die Insel südlich von Gizo, die einer Hochglanzbroschüre entsprungen scheint. Sie hat eine lange Lagune und eine Reihe weißer Sandstrände.

ESSEN & TRINKEN

Bier Die Biermarke der Salomonen heißt Solbrew. In manchen kleineren Restaurants muss man seine Getränke selbst mitbringen.

Meeresfrüchte Frische Fische und Meeresfrüchte, z. B. Hummer, gibt es auf den Inseln reichlich.

Restaurants In Honiara sind viele Länderküchen vertreten, z. B. Frankreich, Japan und China.

Trinkgeld Wird weder gefordert noch erwartet.

Zentraler Markt Der größte Lebensmittelmarkt des Landes befindet sich in Honiara. Hier gibt es viele frische Lebensmittel, vor allem Obst und Gemüse, das aus den umliegenden Dörfern an der Nordküste sowie von der Insel Savo stammt. Im hinteren Teil des Markts wird Fisch verkauft.

CLAN-LOYALITÄTEN

Die Verpflichtungen der Einheimischen gegenüber ihrem Clan gelten ewig, sogar wenn sie in ein anderes Land ziehen. Wie bei den meisten melanesischen Kulturen gilt das *wantok*-System. Alle Insulaner haben von Geburt an Verpflichtungen gegenüber ihrem *wantok*, genießen dafür aber auch Privilegien. Die meisten melanesischen Dörfer sind egalitär, das heißt, die Ressourcen werden von allen genutzt. Es gibt keine Sozialversicherung, und die wenigsten haben bezahlte Arbeit; der Clan sorgt für ökonomische Unterstützung und ein starkes Identitätsgefühl.

Ahnenkult, Riten und Überlieferungen sind in der Kultur tief verwurzelt. Die Dörfler bezeichnen ihre Lebensweise, ihre Glaubensvorstellungen und die Form des Landbesitzes oft einfach mit dem Pijin-Wort *kastom*; darunter wird alles verstanden, was mit Brauchtum und Kultur zusammenhängt.

HAUPTSTADT
Lusaka

BEVÖLKERUNG
19,1 Mio.

FLÄCHE
752 614 km²

AMTSSPRACHEN
Englisch, Bemba, Lozi, Nyanja, Tonga

Karminspinte, South Luangwa National Park

SAMBIA

Bei einer Reise nach Sambia lernt man eine faszinierende Wildnis mit der enormen Artenvielfalt des südlichen Afrikas kennen.

Abenteuer, die man hier unternimmt, führen einen in den Busch. In diesem Gebiet, wo der Mensch noch keine Spuren hinterlassen hat, streifen Tiere – sowohl Raubtiere als auch Pflanzenfresser – durch die nicht umzäunten Camps, in denen abends am prasselnden Feuer spannende Geschichten erzählt werden. An einem Tag paddelt man hier einen breiten, ruhigen Fluss hinunter, am nächsten stellt man sich vielleicht den Stromschnellen nahe den weltberühmten rauschenden Victoriafällen.

Sambia hat zwar keinen Zugang zum Meer, aber drei mächtige Flüsse, den Kafue, den Luangwa und den Sambesi, die die Landschaft und den Lebensrhythmus vieler Sambier prägen. Für Traveller, die auf eigene Faust unterwegs sind, kann Sambia aber zu einer Herausforderung werden: wegen seiner Größe, der schlechten Straßen und der überwiegend teuren Unterkünfte. Da aber nur wenige Besucher nach Sambia kommen, werden alle, die sich hierher wagen, mit einem interessanten Erlebnis belohnt.

Highlights

SOUTH LUANGWA NATIONAL PARK

1 Hinsichtlich Landschaft, Artenreichtum und der Anzahl der hier lebenden Tiere ist der South Luangwa National Park einer der besten in Sambia, wenn nicht sogar in ganz Afrika. Impalas, Pukus, Wasserböcke, Giraffen und Kaffernbüffel wandern über die weiten, offenen Ebenen, in den dichten Waldgebieten jagen viele Leoparden, Elefantenherden waten durch die Sümpfe und Flusspferde mampfen im Luangwa gemütlich den Wassersalat. Ein Highlight ist die Vogelwelt: Rund 400 Arten werden gezählt.

SAMBESI

2 Der Lower Zambezi National Park erstreckt sich über einen großen Wildnisbereich am nordöstlichen Ufer des Sambesi. Wenn es um Tierbeobachtung geht, gehört dieser Park zu den besten des Landes. Mehrere kleine Flüsse führen durch den Park, der inmitten einer wunderschönen Flussaue liegt und mit Akazien und anderen großen Bäumen übersät ist. Der Fluss wird an der Nordseite von einer Böschung mit dichter Miombo-Savanne gesäumt. Am gegenüberliegenden Ufer in Simbabwe liegt der Mana Pools National Park. Beide Parks bilden zusammen eines der schönsten Tierreservate in ganz Afrika.

REISEZEIT

HAUPTSAISON
(Mai–Aug.)

ZWISCHENSAISON
(Sept.–Okt.)

NEBENSAISON
(Nov.–April)

VICTORIAFÄLLE

3 Neben den Pyramiden und dem Serengeti zählen die Victoriafälle (*Mosi-oa-Tunya* – „Donnernder Rauch") zu den absoluten Highlights Afrikas. Sie gehören zu Simbabwe und Sambia, bilden aber ein

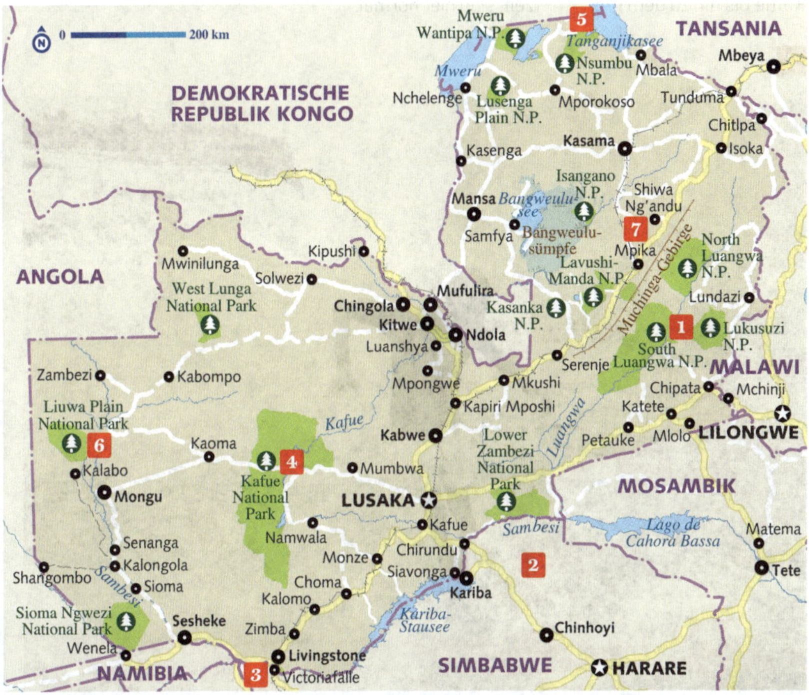

ganz eigenes Gebiet. Die Victoriafälle, eines der großen Naturwunder der Erde, sind ein Magnet für alle Reisende – für Backpacker, Pauschaltouristen, Adrenalinjunkies, Familien und Flitterwöchner. Man kann die Fälle vom Boden aus als eine tosende kilometerlange Wasserwand erleben, sie bei einem Hubschrauberflug näher betrachten oder von den Devil's Pools aus in die Tiefe spähen – die Kraft und Schönheit der Fälle sind einfach überwältigend.

KAFUE NATIONAL PARK

4 Mit einer Fläche von über 22500 km² ist dies der größte Nationalpark in Sambia und einer der größten der Welt. Auf einem Gelände, das von grünen Wäldern am Fluss Kafue bis hin zu dem großen Grasland der Busanga Plains reicht, können Tierliebhaber viele wilde Tiere und ihre Beute beobachten. Es ist der einzige größere Park in Sambia, der leicht mit öffentlichen Verkehrsmitteln zu erreichen ist. Zudem befinden sich an der Schnellstraße ein paar Camps.

TANGANJIKASEE

5 Der 34000 km² große und fast 1500 m tiefe Tanganjikasee ist der zweittiefste See der Welt und birgt ca. 15 % des weltweiten Süßwassers. Er soll bis zu 15 Mio. Jahre alt sein und liegt im Ostafrikanischen Graben. Die Ufer des Sees grenzen an Tansania, Burundi, die Demokratische Republik Kongo und Sambia. Sehr hohe Temperaturen, vor allem am Ende der Trockenzeit, sind hier normal.

UNTERWEGS VOR ORT

In den letzten Jahren hat sich der Zustand der Straßen in Sambia erheblich verbessert.

Die Entfernungen sind groß, die Busse fahren oft langsam und einige (aber nicht mehr alle) Straßen sind übersät von Schlaglöchern.

Es gibt zahlreiche Inlandsflughäfen und ein paar Fluglinien.

3

STANISLAVBELOGLAZOV / SHUTTERSTOCK ©

LIUWA PLAIN NATIONAL PARK

6 Etwa 100 km nordwestlich von Mongu erstreckt sich unweit der angolanischen Grenze der 3600 km² große Liuwa Plain National Park – eine echte Wildnis. Der abgelegene Park besteht aus flachen, grasbewachsenen Flussauen und ist vor allem für die Wanderung riesiger Gnuherden in der Regenzeit bekannt, die sich hier Anfang November versammeln. In dem Areal leben die weltweit höchste Hyänenpopulation und eine erstaunlich vielfältige Vogelwelt.

SHIWA NG'ANDU

7 Tief in der Wildnis im Norden versteckt sich Shiwa Ng'andu, das prächtige Landgut des exzentrischen britischen Soldaten und Politikers Sir Stewart Gore-Brown. Das Highlight ist das Herrenhaus, eine prächtige Villa im englischen Stil. Bei der Anfahrt zum Haus vorbei an den Farmgebäuden, Siedlungen und Häusern der Landarbeiter fühlt man sich fast in die Feudalzeit zurückversetzt: Eine ganze Gemeinde mit Schule und Hospital ist hier entstanden. Viele der Menschen, die heute auf Shiwa Ng'andu beschäftigt sind, sind Kinder und Enkel der einstigen Bediensteten Sir Stewarts. Heute leben Gore-Browns Enkelkinder hier und bewirtschaften die Farm.

4

MICHAEL D. KOCK / GETTY IMAGES ©

▼ ESSEN & TRINKEN

Wenn auch das Essen nicht das Highlight einer Sambia-Reise ist, so isst man doch in diesem Land sehr gut, vor allem in den Lodges der Nationalparks, die einen hohen kulinarischen Standard bieten.

Unbedingt probieren sollte man traditionelle sambische Speisen wie z. B. das Grundnahrungsmittel *nshima*, eine dicke, fade schmeckende, aber sättigende Maisgrütze. Man isst sie mit den Händen, dazu gibt's Bohnen oder Gemüse mit scharfer Sauce und manchmal Fleisch oder Fisch.

Sambisches und importiertes Bier, Spirituosen, Wein und Erfrischungsgetränke sind im ganzen Land in Supermärkten, Bars und Lodges zu weit günstigeren Preisen als in westlichen Ländern erhältlich. Immer mehr Cafés servieren sambischen Kaffee, der wirklich gut schmeckt.

▼ TIERWELT

Da Sambia ganz unterschiedliche Landschaften zu bieten hat, über große Wasservorräte verfügt und zwischen Ost-, Süd- und Zentralafrika liegt, leben hier sehr viele verschiedenen Tierarten. In den Flüssen tummeln sich große Nilpferd- und Krokodilpopulationen, das umliegende Weideland bietet genügend Futter für Zebraherden, Impalas und Pukus. Da diese Tiere Raubtiere anziehen, leben in den meisten Parks Löwen, Leoparden, Hyänen (die man wahrscheinlich zu Gesicht bekommen wird) und Geparden (die man wohl eher nicht sehen wird). Die beliebten Elefanten sind im South Luangwa National Park, im Lower Zambezi National Park und in einigen anderen Nationalparks zu sehen. Sambia ist mit ca. 750 Vogelspezies auch ein Traum für Vogelliebhaber.

HAUPTSTADT
Apia
BEVÖLKERUNG
204 900
FLÄCHE
2831 km²
AMTSSPRACHE
Samoanisch

To Sua Ocean Trench, Upola

SAMOA

Ruhig, aber dennoch temperamentvoll, wild, aber auch gepflegt, ruhig, aber mit vulkanischem Ursprung – Samoa ist ein paradiesisches Paradox.

Trotz der wunderschönen Natur – in allen Regenbogenfarben schimmerndes Meer, jadefarbene Urwälder und kristallklare Wasserfälle – ist Samoa bescheiden geblieben. Hier gibt es weder Mega-Resorts noch protzige Attraktionen, dafür aber jede Menge Herzlichkeit, so warm wie hier die Sonne scheint.

Geographisch und kulturell wird diese kleine Nation als Herz Polynesiens angesehen. Obwohl die Missionare in den 1800er-Jahren enorm einflussreich waren, hat das Land nie den *Fa'a Samoa* (die samoanische Lebensart) verloren und gehört deshalb zu den authentischsten und traditionellsten aller Gesellschaften im Pazifik. In einigen Teilen der Insel wird man eher auf jemanden stoßen, der mit Flammen jongliert, als auf ein gemauertes Haus.

Das abgelegene Samoa hat einiges an Abenteuer zu bieten. Von etwas Tohuwabohu in Apia bis zur herzergreifenden Ruhe auf Savai'i findet man hier ein sicheres, angenehmes, leicht zu bereisendes Paradies.

Highlights

TO SUA OCEAN TRENCH

1 Dieser schon fast unverschämt fotogene Ort toppt so ziemlich alles. Wenn man das Gelände betritt, sieht man zunächst To Le Sua (eine kleinere, trockenere Senke); ganz eindeutig das Highlight ist aber To Sua, das mehr einer gigantischen Doline ähnelt als einem Graben. Die nackten, von Vegetation eingefassten Felswände umgeben ein etwa 20 m weiter unten gelegenes Becken mit faszinierend blauem Wasser. Das Becken erreicht man über eine steile, aber stabile Holzleiter. Keine Frage, der Abstieg lohnt sich!

MANONO

2 Hunde und Autos sind auf Manono verboten, und das Einzige, was einen gelegentlich aus seinen Tropenträumen reißen könnte, sind laute Musik aus Stereoanlagen und die Reisegruppen, die von Zeit zu Zeit den Hauptweg der Insel verstopfen. Für Besucher obligatorisch ist die eineinhalbstündige Umrundung der Insel auf dem Pfad, der sich zwischen dem Ozean und den Häusern hindurchschlängelt. Wie freundlich die Insulaner hier sind, wird man feststellen, wenn man unterwegs des Öfteren mit einem Lächeln und einem *malo* gegrüßt wird.

REISEZEIT

HAUPTSAISON
(Dez.–Jan.)

TROCKENZEIT
(Mai–Okt.)

NEBENSAISON
(Nov.–April)

DWARF'S CAVE

3 Man könnte meinen, dass dieser unterirdische Lavatunnel zum Mittelpunkt der Erde führt. Die Höhle verdankt ihren Namen einer Legende: Eine Gruppe Zwerge soll in den Tiefen der Höhle leben und dort Fußabdrücke hinterlassen. Bisher soll niemand – vielleicht außer den

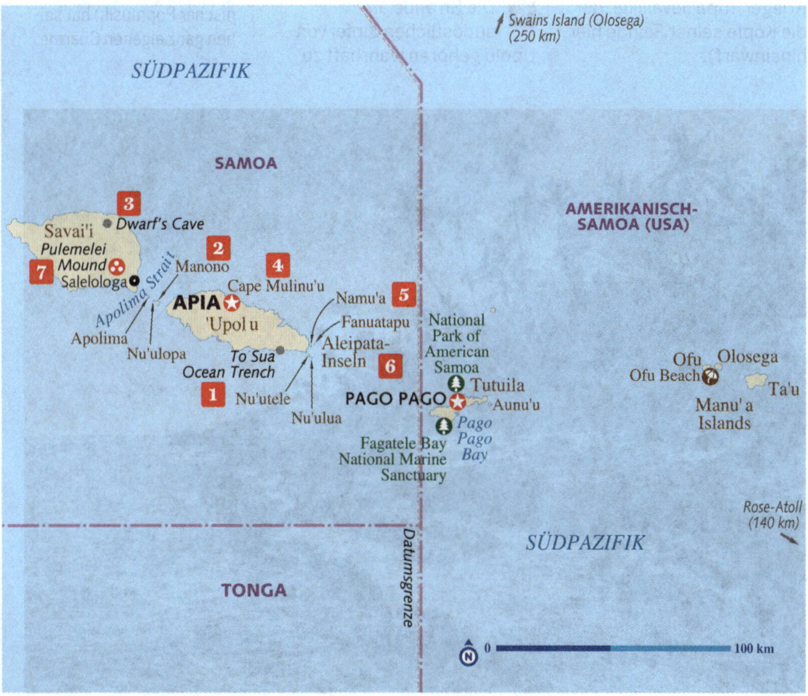

Zwergen – das Ende des Tunnels erreicht haben. Die Guides (Dorf-*matais* oder einheimische Jungen) führen so lange durch die Tiefen, bis man sagt, dass man umkehren möchte.

CAPE MULINU'U

4 Der westlichste Punkt des Landes ist idyllisch (bis zur Neuzuordnung der Datumsgrenze hatte Samoa jeden Tag den letzten Sonnenuntergang der Welt) und Standort vieler kultureller und archäologischer Stätten. Der Aussichtspunkt Fafa O Sauai'i war vor der Christianisierung eine der heiligsten Stätten Samoas. Hier gibt es ein Badeloch und in der Nähe einen sternförmigen Hügel, die Vaatausili Cave und die Vai Sua Toto („Blutquelle" – benannt nach dem Krieger Tupa'ilevaililigi, der die Köpfe seiner Feinde hier hineinwarf).

NAMU'A

5 Namu'a ist nur eine kurze Bootsfahrt von Mutiatele entfernt, doch sobald man auf der winzigen Privatinsel angekommen ist, fühlt man sich, als wäre Upolu Lichtjahre entfernt (obwohl es auf der anderen Seite der Meerenge zu sehen ist). Dies ist ein perfekter Ort zum Relaxen und Baden. Wer Lust auf Action hat, kann bei Ebbe die Insel umrunden, einen Gipfel in der Inselmitte erklimmen und am Riff schnorcheln. Die *fale* (Strandhütten) sind offen, schlicht und liegen am Strand – da es hier keinen Strom gibt, brennen nachts Öllampen. Zu essen gibt's meist samoanische Kost: einfach, aber lecker.

STRÄNDE VON ALEIPATA

6 Die Strände am südöstlichen Zipfel von Upolu gehören wahrhaft zu

▼ UNTERWEGS VOR ORT

Samoa Air hat Charter-Flüge zwischen Upolu und Savai'i.

Die Fähre, die an der Mulifanua Wharf ablegt, verkehrt zwischen Upolu und Savai'i; kleine Boote fahren vom Cape Fatuosofia nach Manono.

In Samoa mit öffentlichen Bussen zu fahren, ist ein Erlebnis. Jedes der bunten Fahrzeuge (oft mit samoanischer Popmusik) hat seinen ganz eigenen Charme.

MARTIN VALIGURSKY / SHUTTERSTOCK ©

den zauberhaftesten der Welt. Vor dem weißen Strand von Lalomanu eröffnet sich eine fast magische Unterwasserwelt. Mit etwas Glück sieht man Meeresschildkröten. Vorsicht: Hier herrscht starke Strömung!

PULEMELEI MOUND

7 Polynesiens größtes altes Bauwerk ist der pyramidenförmige Pulemelei Mound (auch: Tia Seu Ancient Mound). Er entstand irgendwann zwischen 1100 und 1400 n. Chr., misst am Sockel 65 × 60 m und ist über 12 m hoch. Der ursprüngliche Zweck ist bis heute ein Rätsel. Dies ist ein bewegender Ort, der von seiner Steinspitze aus einen schönen Blick auf den Ozean und den Regenwald bietet. Die Gegend ist wahrscheinlich gespickt mit historischen Stätten, die noch nicht gefunden wurden.

▼ ESSEN & TRINKEN

Koko Starkes, kaffeeartiges Gebräu aus heißem Wasser und zermahlenen Kakaobohnen.

Oka Rohe Fischstücke, in Zitronensaft mariniert, mit Gemüse vermischt und mit Kokosmilch verfeinert.

Palusami Kalorienbomben aus Kokosmark, das in junge Taro-Blätter gewickelt und in einem Steinofen gegart wird.

Umu Die traditionellen samoanischen Öfen werden über dem Boden errichtet und zur Zubereitung von Brotfrüchten, Fisch, *palusami* und anderen Dingen genutzt.

Vailima Das prickelnde, erfrischende Helle ist eines der besten Biere im pazifischen Raum.

MARK KOLBE / GETTY IMAGES ©

▼ TÄTOWIERUNGEN

Samoa ist das letzte polynesische Land, in dem Tätowierungen *(tatau)* noch verbreitet sind (gegen den Willen der religiösen Führer). Die traditionelle Tätowierung für Männer, *pe'a*, bedeckt den Körper von der Taille bis zu den Knien. Frauen können ein *malu* (Frauentattoo) bekommen, das nur die Oberschenkel bedeckt.

Die Fertigkeiten und Werkzeuge des *tufuga pe'a* (Tattoo-Künstlers) werden vom Vater an den Sohn weitergegeben. Um die Muster in die Haut einzubringen, werden Haifisch- oder Wildschweinzähne benutzt. Es heißt, dass man den Mann, der tätowiert wird, nicht allein lassen darf, da er von den *aitu* (Geistern) heimgesucht werden könnte. In den meisten Fällen dauert das Prozedere mindestens zwei Wochen. Die Nichtvollendung würde bei der jeweiligen Person und ihrem *'aiga* Scham hervorrufen.

HAUPTSTADT
San Marino

BEVÖLKERUNG
34 500

FLÄCHE
61 km²

AMTSSPRACHE
Italienisch

Torre Cesta

SAN MARINO

Der von Italien umgebene Zwergstaat bietet von der Spitze des Monte Titano eine spektakuläre Aussicht bis hin zur 12 km entfernten Adriaküste.

Von den 196 unabhängigen Staaten der Erde ist San Marino der fünftkleinste und – vielleicht – der seltsamste. Dass er existiert, ist eigentlich ein Rätsel. Als letztes Überbleibsel der einst vielen Stadtstaaten in Italien bestand San Marino fort, nachdem so mächtige Städte wie Genua und Venedig ihre Unabhängigkeit eingebüßt hatten. Und den Winzling gibt es noch immer, er erfreut sich seines Status als ältester souveräner Staat und älteste Republik der Welt (seit dem Jahr 301).

Mit einer Fläche von 61 km² ist das Land größer, als sich manch einer vorstellen mag. Es besteht aus neun Gemeinden mit jeweils eigenen Siedlungen. Die größte „Stadt" ist Dogana, ein Ort, den 99,9 % der 2 Mio. alljährlich das Land besuchenden Traveller auf ihrem Weg zur Città di San Marino links liegen lassen. Die mittelalterliche Siedlung Città di San Marino an den Hängen des 750 m hohen Monte Titano kam 2008 auf die Liste der UNESCO-Welterbestätten.

Highlights

TORRE CESTA

1 Die Burg Cesta aus dem 13. Jh. auf dem Monte Titano beherrscht die Skyline und bietet Ausblick bis nach Rimini und zur Küste. Heute kann man auf den Festungsmauern herumspazieren und sich das auf vier Zimmer verteilte Museum ansehen, das mittelalterliche Waffen ausstellt. Der Eintrittspreis gilt auch für das Castello della Guaita, das älteste, im 11. Jh. errichtete Kastell San Marinos.

PIAZZA DELLA LIBERTÀ

2 Der neugotische Palazzo Pubblico steht an der Piazza della Libertà, wo von Mai bis September alle halbe Stunde die Wachablösung stattfindet – eins der Sommer-Highlights in der Città di San Marino.

URIGE MUSEEN

3 Città di San Marino hat ein paar bizarre Museen, die sich Vampiren, Folterwerkzeugen, Wachspuppen und anderen seltsamen Tatsachen widmen. Das gut gestaltete Museo di Stato ist San Marinos bestes Museum und bietet Ausstellungen zu Kunst, Geschichte, Möbeln und Kultur. Neugierige Besucher oder Trivial-Pursuit-Süchtige können ihr Wissen im Museo delle Curiosità auffrischen.

REISEZEIT

HAUPTSAISON
(Juli & Aug.)

ZWISCHENSAISON
(April–Juni, Sept. & Okt.)

NEBENSAISON
(Nov.–März)

ESSEN & TRINKEN

Käse Lecker ist ein Teller mit Rindfleisch, Rucola und *parmigiano*.

Wein Vollmundigen roten Brugneto und feinen roten Tessano liefern San Marinos steile Weinberge. Vor Ort produziert werden u. a. noch Biancale, ein trockener Weißwein, und Oro dei Goti, ein süßer Dessertwein.

HAUPTSTADT
São Tomé (Stadt)

BEVÖLKERUNG
214 000

FLÄCHE
1000 km²

AMTSSPRACHE
Portugiesisch

Ilha do Bom Bom

SÃO TOMÉ & PRÍNCIPE

Die aus zwei Inseln bestehende Nation im Golf von Guinea erwartet Gäste mit Naturwundern und einer spannenden Geschichte.

São Tomé & Príncipe (STP), einst Netzwerk großer Plantagen und Zentrum der weltgrößten Kakaoproduktion, erlitt nach der Unabhängigkeit von Portugal 1975 einen Kollaps. Auf dem Land wohnen Hausbesetzer in schönen Herrenhäusern, in den heruntergekommenen Straßen der Hauptstadt verfallen Gebäude aus der Kolonialzeit. Nichtsdestotrotz ist das Land noch immer sicher und gastfreundlich. Vor allem Ökotouristen sind gern gesehen, für die der wachsende Urwald ein wahres Vergnügen ist.

Dies gilt insbesondere für das schöne, unberührte Príncipe mit seinen etwa 7000 Bewohnern. Diese Insel mit ihrem dichten Grün und den urwüchsigen Felsspitzen ist wie eine wunderbare verlorene Welt. Hier kann man an Traumstränden träumen, Exkursionen in den Urwald unternehmen, schnorcheln, angeln und Vögel beobachten. Für die wenigen Touristen gibt es eine Hand voll interessanter Unterkünfte. Beide Inseln bieten tolle Natur, sodass auch Príncipe unbedingt einen Besuch lohnt.

Highlights

BAÍA DAS AGULHAS

1 Die spektakuläre „Bucht der Spitzen" ist nicht nur die Top-Attraktion von Príncipe, sondern von ganz STP. Am besten nähert man sich der Bucht vom Wasser aus, denn so entfaltet sich der Traumblick ganz allmählich, auch auf die Phonolith-Türme mit den (naheliegenden) Namen Vater, Sohn, Enkel und Tafelberg. Hier rechnet man damit, jeden Moment das Urgebrüll eines T-Rex zu hören. Diesen Ort sollte man nicht verpassen.

PICO DE SÃO TOMÉ

2 Wer auf der Suche nach einem Dschungelabenteuer ist, sollte den Pico de São Tomé erklimmen. Die zweitägige Tour auf den höchsten Gipfel des Landes mit Übernachtung in Gipfelnähe führt durch üppig grünen Urwald.

PRÍNCIPE

3 Eine spektakuläre Landschaft mit von dichtem Wald bedeckten vulkanischen Bergen, wunderschöne Strände mit klarem Wasser, alte Plantagen und freundliche Einwohner, die einen herzlich begrüßen – Príncipe ist der ideale Ort, um abzuschalten. Aber auch Abenteuerlustige kommen auf ihre Kosten, da die Insel klasse Optionen zum Wandern und Tauchen bietet.

ESSEN & TRINKEN

Calulu Traditioneller Eintopf aus mehr als 20 Pflanzen, dessen Zubereitung Stunden dauert.

Con-con Gegrillter Fisch mit gebackener Brotfrucht.

Fisch oder Fleisch mit Bohnen, Reis oder Kochbananen als Beilage.

Palmwein Der frisch gesammelte, gegorene Saft ist sehr beliebt.

REISEZEIT

HAUPTSAISON (Juni–Sept., Dez.–Feb.)

NEBENSAISON (März–Mai, Okt.–Nov.)

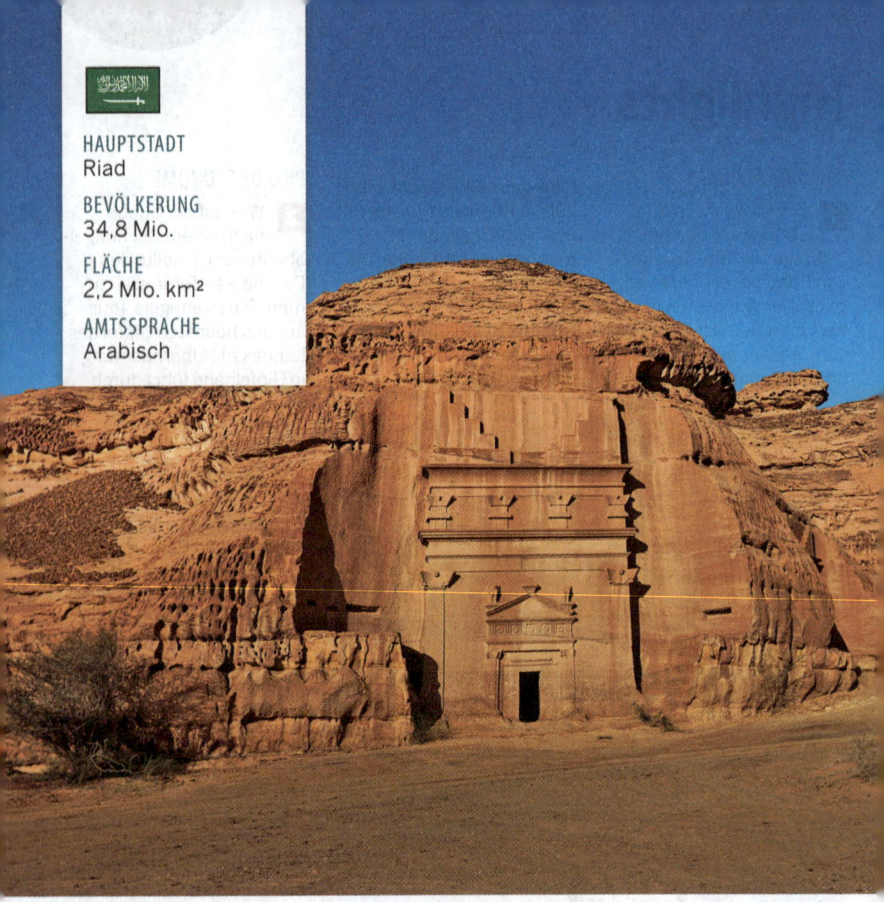

HAUPTSTADT
Riad

BEVÖLKERUNG
34,8 Mio.

FLÄCHE
2,2 Mio. km²

AMTSSPRACHE
Arabisch

Mada'in Salih

SAUDI-ARABIEN

Saudi-Arabien – Geburtsstätte und Heimat des Islam – ist reich an Attraktionen und bewegender Symbolik. Seit 2019 erteilt das Land Touristenvisa.

Die wenigen Travaller, die es nach Saudi-Arabien schaffen, können hier den größten archäologischen Schatz Arabiens bewundern: die stimmungsvollen Felsengräber von Mada'in Salih in herrlicher Wüstenlandschaft. Unter den vielen anderen Highlights sind z. B. die Lehmziegelruinen von Diriyya oder die Hedschas-Bahn, die Erinnerungen an Lawrence von Arabien weckt.

Das faszinierende Riad ist das Prunkstück des modernen Saudi-Arabien. Dschidda mit seiner bezaubernden Altstadt aus Korallensteinen ist ein Mix aus Uralt und Nagelneu. An der Küste des Roten Meeres warten spitzenmäßige Tauchspots. Fast 2000 Felsbilder machen Saudi-Arabien zu einem der größten Freilichtmuseen des Planeten. Und muslimische Pilger finden hier mit Mekka und Medina die beiden heiligsten Stätten des Islam.

Saudi-Arabiens Bemühungen, sich ein moderneres Antlitz zu geben, werden in der Zukunft auch den Tourismus ankurbeln – der erste Schritt ist getan ...

Highlights

MADA'IN SALIH

1 Bei 45 der 131 außergewöhnlichen Grabmäler von Mada'in Salih informieren spätaramäische Inschriften im oberen Eingangsbereich über die jeweiligen Erbauer (oft reiche Frauen). Die mysteriösen Mausoleen kombinieren griechisch-römische Architektur mit nabatäischer und babylonischer Symbolik. Kürzlich entdeckten Archäologen hier auch die Fundamente schlichter Wohnhäuser sowie ein Marktareal für Händler und Karawanen. Qasr al-Farid (Einsame Burg) ist das größte und wohl auch schönste Grabmal der Stätte. Es wurde einst in einen freistehenden Einzelfelsen geschlagen und wirkt aufgrund seines Standorts einzigartig. Besonders atemberaubend ist der Anblick bei Sonnenuntergang: Dann wechselt die Farbe langsam von Rosa zu Gold.

YANBU

2 Hafendocks, Raffinerien und petrochemische Anlagen machen Yanbu auf den ersten Blick recht hässlich. Dennoch entwickelt sich die Stadt zum beliebtesten Ziel des Landes – denn hier gibt's Top-Tauchspots und makellose weiße Sandstrände. Viele der örtlichen Resorts haben zudem familienfreundliche Privatstrände. Yanbus Industriezone beginnt etwa 10 bis 15 km südlich des Zentrums und stört den Spaß an den Traumstränden im Norden daher kaum. Das Flair der kleinen, aber schmucken Innenstadt sucht man in den größeren saudischen Städten vergeblich.

REISEZEIT

HAUPTSAISON
(Nov.–März)

ZWISCHENSAISON
(Juli–Okt.)

NEBENSAISON
(April–Juni)

DSCHIDDAS ALTSTADT

3 Dschidda ist Saudi-Arabiens Wirtschaftsmetropole sowie die lebenslustigste und reizvollste Stadt des Landes. Seit Jahrhunderten sammeln sich hier Händler und Pilger. Der Bezirk Al-Balad im Herzen der Altstadt erinnert nostalgisch an vergangene Zeiten: Wunderschöne Häuser aus Korallenstein werfen etwas willkommenen Schatten auf belebte Basare mit geschäftstüchtigen Händlern.

DIRIYYA

4 Die Lehmziegelruinen im Turaif-Bezirk von Diriyya sind der Geburtsort des heutigen Saudi-Arabien: Das örtliche Wadi Hanifa war einst Stammsitz der Saud-Dynastie; auch das Bündnis zwischen Saudis und Wahhabiten wurde hier geschlossen. Turaif zählt zu den stimmungsvollsten Orten des Landes und wurde 2010 ins UNESCO-Welterbe aufgenommen. Seitdem wird das Areal aufwendig restauriert, doch mehrere Stätten sind inzwischen auch der Öffentlichkeit zugänglich gemacht worden.

HEDSCHAS-BAHN

5 Die vielerorts erhaltene Hedschas-Bahn zieht sich mit aufgegebenen Bahnhöfen, Stationen und Garnisonen durch das nordwestliche Arabien. Die 1908 eröffnete Strecke führte über 1600 km durch öde Wüstengebiete; eine geplante Verlängerung nach Mekka wurde nie gebaut. Während des Ersten Weltkriegs stachelte T. E. Lawrence die arabischen Beduinen gegen die osmanische Herrschaft auf. Sie griffen die Bahnstrecke an und sabotierten sie. Nach 1918 wurde der Betrieb eingestellt.

UNTERWEGS VOR ORT

Busse sind komfortabel, klimatisiert und sauber. Die Sitze vorn im Bus sind inoffiziell grundsätzlich für „Familien" und allein reisende Frauen reserviert, die hintere Hälfte des Busses bleibt Männern vorbehalten.

Trotz eines gut ausgebauten öffentlichen Verkehrsnetzes lieben die Saudis ihre Autos, besonders protzige Geländewagen. Die Straßen sind asphaltiert und gut in Schuss. Motorräder gelten als Fahrzeug der ärmeren Bevölkerung.

3

ABALCAZAR / GETTY IMAGES ©

TA'IF

6 Auf 1700 m Höhe sorgt Ta'if im Sommer für Erfrischung – vor allem nach der Schwüle in Dschidda. Das milde Klima mit gemäßigten Temperaturen ist die Hauptattraktion. Bei der Anreise sollte man nach Pavianen an den Berghängen Ausschau halten. Ta'if ist familienfreundlich: Hier gibt's insgesamt über 3000 Gartenparks, in denen viele Familien ihr Abendessen auf Picknickdecken genießen. Mitunter reichern dort auch Wasserpfeifen die Abendluft mit süßlichem Rauch an.

TABUK

7 Dieser viel bereiste Ort war bis zum 20. Jh. eine wichtige Zwischenstation für Hadsch-Pilger, die von Damaskus (Syrien) aus zu Fuß gen Medina und Mekka unterwegs waren. Stark beeinflusst wurde die Stadtkultur von Ägyptern aus dem Westen (damals eine der größten Gruppen von Wanderpilgern) und den Osmanen aus dem Norden (kontrollierten jahrhundertelang die Pilgerrouten). Tabuk beweist zudem, dass Saudi-Arabien nicht nur aus Wüste und Sonne besteht: Die Stadt dient als Tor zu einer unberührten Region mit weißen Stränden, unerschlossenen Inseln, Korallenriffen und verschneiten Bergen im Winter.

6

DAVID KIRKLAND / GETTY IMAGES ©

▼ ESSEN & TRINKEN

Ful Grob Pürierte Saubohnen mit Olivenöl; beliebtes Frühstück.

Khouzi Beduinengericht: Lamm mit Reis, Nüssen, Zwiebeln, Sultaninen, Gewürzen, Eiern und einem Hühnchen.

Kamelfohlen Gilt als besonders zartes Fleisch; Spezialität in Dschidda und im Hedschas.

Meeresfrüchte aus dem Roten Meer Die frischen, vielfältigen Meeresfrüchte schmecken am besten langsam über Kohlenfeuer gegart oder im Ofen gebacken; zu empfehlen ist *samak mashwi* (mit Dattelpüree beträufelter, über heißen Kohlen gegrillter Fisch).

Meze Vorspeisen sind ein Höhepunkt der arabischen Küche und in unzähligen Varianten verbreitet.

Schawarma Wie Kebab am Spieß gegrilltes Fleisch, das in Fladenbrot serviert wird.

▼ LITERATUR

Beduinengeschichten und -gedichte sind Teil einer reichen mündlichen Überlieferungstradition, die auf Legenden basiert; die Wüste und der Islam stehen dabei im Mittelpunkt. Nur sehr wenig davon wurde bislang aufgeschrieben oder gar übersetzt.

Schriftsteller wie Hamza Bogary, Ahmed Abodehman oder Abdelrahman Munif thematisieren den Einfluss von Öldollars und Modernisierung auf das traditionelle Königreich. Munif verlor deshalb seine Staatsbürgerschaft; seine Bücher mit Parabeln voller Kritik sind in Saudi-Arabien verboten.

In ihrem Erstlingswerk *Die Girls von Riad* beschreibt die saudische Autorin Rajaa Alsanea die Lebensschicksale von vier jungen Frauen aus Saudi-Arabien. Das Buch wurde von arabischen Intellektuellen überraschend positiv bewertet, aufgrund seiner Offenheit aber von Konservativen entrüstet abgelehnt.

HAUPTSTADT
Edinburgh
BEVÖLKERUNG
5,7 Mio.
FLÄCHE
78 722 km²
AMTSSPRACHEN
Englisch, Scots (Lallans), Schottisch-Gälisch

Old Man of Storr, Isle of Skye

SCHOTTLAND

Trotz seiner geringen Fläche ist Schottland reich an Schätzen: einsame Landschaften unter weitem Himmel, spektakuläre Natur, super Seafood und so bodenständige wie gastfreundliche Einwohner.

In Schottland liegen einige der letzten großen Wildnisgebiete Westeuropas. Über den Lochs und den Bergen der nördlichen Highlands kreisen Steinadler, Otter tollen vor den Stränden der Äußeren Hebriden umher und Wale brechen durch Makrelenschwärme vor der Isle of Mull.

Auch Schottlands Geschichte darf mit Fug und Recht als vielschichtig bezeichnet werden. Allerorten wird die Vergangenheit lebendig: auf einem verlassenen Bauernhof an einem Strand, in einem Moor, das einst ein Schlachtfeld war, oder in einer Höhle, in der sich Bonnie Prince Charlie versteckte.

Erstklassige Lebensmittel werden wieder geschätzt: Man schwelgt in Meeresfrüchten, die nicht frischer sein könnten, Rindfleisch und Wild stammen nicht selten aus der unmittelbaren Nachbarschaft. Und dann wäre da noch das schottische Nationalgetränk: der Single Malt mit all seinen komplexen Facetten und Aromen.

Highlights

ISLE OF SKYE

1 In einem Land, das von beeindruckenden Landschaften geprägt ist, toppt die Isle of Skye alles. Von den zerklüfteten Gipfeln der Cuillin Hills und den bizarren Felsnadeln des Old Man of Storr bis zu den spektakulären Meeresklippen von Neist Point bietet sich praktisch an jeder Ecke ein wundervolles Fotomotiv. Wanderer teilen sich die Landschaft mit Rothirschen und Steinadlern. Und am Ende des Tages lockt ein uriger Pub.

LOCH LOMOND

2 Nicht einmal eine Autostunde vom Trubel Glasgows entfernt sind die hübschen, in einem bekannten schottischen Volkslied besungenen Ufer und Hänge des Loch Lomond eine der malerischsten Landschaften Schottlands. Im Herzen des ersten Nationalparks des Landes beginnt der Loch im Süden als ein mit Inseln übersäter See, dessen Ufer bewaldet und voller Glockenblumen sind; gen Norden verengt er sich jedoch zu einem fjordartigen Graben, der von 900 m hohen Bergen eingefasst ist.

EDINBURGH

3 Schottlands Hauptstadt hat neben ihren berühmten Festivals noch viel mehr zu bieten – auch in puncto Atmosphäre: Im April bildet die Silhouette der Altstadt einen tollen Kontrast zum blauen Frühlingshimmel und dem gelben Meer aus Osterglocken. An kalten Dezembertagen wabert der Morgennebel um die Turmspitzen der Royal Mile, während der Regen auf das Kopfsteinpflaster prasselt und Lokale mit warmem Licht hereinlocken.

WEST HIGHLAND WAY

4 Am besten lernt man Schottland auf Schusters Rappen kennen. Trotz Wind, Nieselregen und *mid-*

3

MATTHI / SHUTTERSTOCK ©

0
100 km
Ulsta
Hillswick
Toft
Foula
Lerwick
SHETLAND-INSELN
ATLANTIK
ORKNEY-INSELN
Nordsee
Mainland
Kirkwall
Stromness
Cape Wrath
Durness
Scrabster
John O'Groats
Thurso
Wick
ÄUSSERE HEBRIDEN
Stornoway
Sutherland Mountains
Lochinver
Ben More Assynt
Lewis
The Minch
Helmsdale
Tarbert
7
Ullapool
Dornoch
North Uist
Gairloch
Portmahomack
Moray Firth
Lochmaddy
Dingwall
Elgin
Banff
Fraserburgh
Harris
Macduff
Kyle of Lochalsh
Strathfarrar
Inverness
Dufftown
South Uist
1
11
Hebriden-see
Loch Ness
Tomintoul
Don
Lochboisdale
Skye
Five Sisters of Kintail
Cairngorms National Park
Aberdeen
Rhum
Fort William
5
Braemar
Stonehaven
Ben Nevis
INNERE HEBRIDEN
Coll
Glencoe
SCHOTTLAND
Glen Coe
Tobermory
10
4
NORDSEE
Tiree
Dundee
Mull
Perth
Oban
Loch Lomond & Trossachs National Park
St. Andrews
9
8
Loch Awe
2
Stirling
Kinross
Lochgilphead
Loch Lomond
Jura
Milngavie
3
Tarbert
Glasgow
EDINBURGH
Berwick-upon-Tweed
6
Islay
Motherwell
Kilmarnock
Arran
Melrose
Alloway
Campbeltown
ENGLAND
Derry
Nord-kanal
Galloway Forest Park
Dumfries
Newcastle-upon-Tyne
NORDIRLAND
Stranraer
Carlisle

TOP-FILME

Whisky Galore! (1949) Ealing-Komödie über listige Inselbewohner, die der Regierung ein Schnippchen schlagen.

Ein Schotte macht noch keinen Sommer (Andy Hamilton, Guy Jenkin; 2014) Kulisse für diese herzerwärmende Geschichte rund um einen 75. Geburtstag sind die wundervollen Landschaften der Highlands.

Trainspotting – Neue Helden (Danny Boyle; 1996) Boyles zweite Produktion; nach Welshs Buch über Edinburghs Drogenszene.

BESTE SINGLE MALTS

Ardbeg (Islay) Der zehn Jahre alte Single Malt aus der edlen Brennerei steht für Exzellenz. Torfig, aber ausgewogen.

Bowmore (Islay) Rauch, Torf, Seeluft: klassischer Islay-Malt.

Bruichladdich (Islay) Eine besucherfreundliche Destille mit innovativer Herangehensweise.

Glendronach (Highlands) Hier kommen nur Sherryfässer zum Einsatz, weshalb das Aroma an englisches Trifle erinnert.

Highland Park (Orkney) Voll und abgerundet, schmeckt nach Heide, Honig, Malz und Torf.

Isle of Arran (Arran) Eine der neueren Destillerien Schottlands; liefert einen leichten, aromatischen Malt.

Macallan (Speyside) Der König der Speyside-Malts; mit Sherry- oder Bourbon-Note.

Springbank (Campbeltown) Komplexe Noten von Sherry, Zitrone, Pear-Drops, Torf und Salz.

Talisker (Skye) Schweres, torfiges Bukett, aber erstaunlich süß.

The Balvenie (Speyside) Vollmundig mit Honignote: Dieser Speysider ist flüssiges Gold.

ges (Stechmücken) sind Wanderungen hier ein wahres Vergnügen. Zahlreiche Kurz- und Fernwanderwege, Hügel und Berge wollen erkundet werden. Ganz oben auf der Wunschliste vieler Schottland-Enthusiasten steht der 154 km lange West Highland Way von Milngavie (nahe Glasgow) nach Fort William. Die fordernde Route führt durch einige der schönsten Landschaften Schottlands, um am Ben Nevis den krönenden Abschluss zu finden.

BEN NEVIS

5 Großbritanniens höchster Berg zieht magisch an: Jedes Jahr wagen rund 100 000 Besucher den Aufstieg, aber nicht alle gehen bis zum Gipfel. Bei ausreichender Fitness kann aber eigentlich jeder den höchsten „Munro" Schott-

REISEZEIT

HAUPTSAISON
(Juli–Aug.)
Wärmste Jahreszeit, aber auch viel Regen.

ZWISCHENSAISON
(Mai–Juni & Sept.)
Wildblumen im Mai und Juni; beste Chance auf trockenes Wetter und wenig Midges.

NACHSAISON
(Okt.–April)
Verschneite Hügel von November bis März.

SCHLÖSSER & BURGEN

Bei den über 1000 Schlössern und Burgen Schottlands reicht das Spektrum von kümmerlichen Ruinen aus dem 12. Jh. bis hin zu prachtvollen Herrensitzen aus viktorianischer Zeit – jeweils ursprünglich errichtet als befestigte Sitze des Landadels. In Friedenszeiten wich der Verteidigungszweck jedoch der pompösen Zurschaustellung von Reichtum und Status.

Die normannischen Bollwerke aus dem 12. Jh. waren hauptsächlich Turmhügelburgen mit Erdwällen und Holzpalisaden. Im 13. Jh. entstanden die ersten Varianten aus Stein, die Belagerungen mit massiven Ringmauern (bis zu 3 m dick und 30 m hoch) trotzten.

Im 14. Jh. ging die Tendenz dann verstärkt in Richtung Residenz. Angesichts von Clanfehden, Viehdieben und schottisch-englischen Kriegen errichteten Adlige befestigte Wohntürme aus Stein.

Mit der Einführung von Schwarzpulver und Kanonen im 15. Jh. veränderte sich auch die Burgarchitektur – fortan gehörten z. B. Schießscharten, Rundtürme, Brustwehren und Bastionen zur Ausstattung.

Der schottische Baroniestil mit spitzen Türmchen, Zinnen und Staffelgiebeln zierte die regionalen Burgen ab dem 16. bzw. 17. Jh. Seinen Höhepunkt erreichte er mit den königlichen Schlössern von Glamis und Balmoral.

UNTERWEGS VOR ORT

Autos sind praktisch für Trips auf eigene Faust und in Gegenden mit wenigen öffentlichen Verkehrsmitteln. Mietwagen gibt's in großen Städten. Es herrscht Linksverkehr!

Alle großen Städte und Ortschaften Schottlands haben einen Bahnanschluss. In weiten Teilen der Highlands und Southern Uplands verkehren jedoch keine Züge – dort bleiben nur Auto und Bus.

Busse sind günstiger und langsamer als Züge, aber nützlich für Fahrten zu entlegeneren Zielen.

Autofähren verbinden das schottische Festland mit den Inseln im Westen und Norden.

lands bezwingen. Wer den Ben Nevis mit Respekt behandelt, wird (wetterabhängig) mit traumhafter Aussicht belohnt – und dem Gefühl, etwas Großes geleistet zu haben. Wanderfreaks wärmen sich vorab auf dem West Highland Way auf.

GLASGOW

6 Schottlands größter Stadt fehlt zwar Edinburghs klassische Schönheit, bietet dafür aber viele Aktivitäten und eine Wärme und Lebendigkeit, die jeden beeindruckt. Das aufgeschlossene, moderne Glasgow ist ein wunderbarer Ort für Galeriebummel und Museumsbesuche; auch die Arbeiten des Lokalhelden Charles Rennie Mackintosh lassen sich entdecken. Die vielleicht beste Kneipenszene Großbritannien und eine der weltweit spannendsten Livemusikszenen machen den Besuch perfekt.

KÜSTENSTRASSE DER NORDWESTLICHEN HIGHLANDS

7 Die gesamten Highlands bieten atemberaubende Landschaften, doch der äußerste Nordwesten ist wahrlich Ehrfurcht gebietend. Auf der Küstenstraße zwischen Durness und Kyle of Lochalsh eröffnen sich einem nach jeder Kurve neue faszinierende Aussichten: auf die zerklüfteten Berge von Assynt, die einsame Schönheit von Torridon oder die Klippen von Cape Wrath. Und am Abend empfängt einen die herzliche Gastfreundschaft in typischen Landgasthäusern.

GOLF

8 Schottland wird von Amateuren wie Champions als Heimat des Golfs verehrt. Links-Plätze sind hier typisch: hügelige Küstenareale, wo das Rough aus Heide und Machair (Weideland) besteht und der Wind ein vielversprechendes Spiel schnell in ein Desaster verwandeln kann. Mekka des schottischen Golfsports ist die alte Universitätsstadt St. Andrews.

PERTHSHIRE – LAND DER GROSSEN BÄUME

9 Schimmernde Lochs mit blau-grauem Wasser spiegeln jeden Wetterwechsel wider. Uralte Baumriesen ragen ehrwürdig aus Wäldern am Flussufer empor. Majestätische Glens (Täler) durchschneiden die einsame Wildnis. Springende Lachse ziehen stromaufwärts zu ihren Geburtsorten. In Perthshire, dem Herzen Schottlands, liegen malerische Ortschaften mit üppiger Blumenpracht. Aus den Brennereien dringt Malzduft ins Freie. Schafe grasen auf unglaublich grünen Wiesen und die Fülle der Natur sucht ihresgleichen.

GLEN COE

10 Schottlands berühmtestes Tal vereint die beiden Hauptqualitäten der Highlands: spektakuläre Landschaft und ereignisreiche Geschichte. Die Idylle lässt nicht erahnen, dass sich hier im 17. Jh. ein brutales Massaker abspielte, bei dem viele Mitglieder des MacDonald-Clans vom königstreuen Campbell-Clan ermordet wurden. Einige

JETZT REISEN!

In Aberdeen wurde das **BrewDog Kennels Hotel** eröffnet – und hier dreht sich alles um Bier! Natürlich werden die Gäste gleich mit einem guten und frischen Craft-Beer begrüßt. Dann geht's aufs Zimmer – in dem es tatsächlich eine Zapfanlage gibt. Doch damit nicht genug, selbst beim Duschen muss man nicht auf ein kühles Bier verzichten, im Bad steht ein Bier-Kühlschrank (brewdog.com).

der schönsten Wege im Tal – z. B. zum Lost Valley – folgen den Routen, auf denen die MacDonalds zu fliehen versuchten; viele von ihnen erfroren im Schnee.

WHISKY

11 Schottlands Nationalgetränk – benannt nach dem Schottisch-Gälischen *uisge beatha*, „Lebenswasser" – wird hier seit über 500 Jahren destilliert. Mehr als 100 Destillerien sind noch in Betrieb, sie produzieren Hunderte von Single Malts. Jedes Jahr kommen neue hinzu – die Unterschiede zwischen den rauchigen Islay-Whiskys und den blumigen Malts der Speyside erkennen zu lernen, ist zum Freizeitsport geworden. Viele Destillerien bieten Touren mit Verkostung an.

11

GEORGECLERK / GETTY IMAGES ©

10

HELEN HOTSON / SHUTTERSTOCK ©

HAUPTSTADT
Stockholm

BEVÖLKERUNG
10,3 Mio.

FLÄCHE
450 295 km²

AMTSSPRACHE
Schwedisch

Stockholmer Schärengarten

SCHWEDEN

Frostiges Ödland, gemütliche Hütten, unberührte Wälder, felsige Inseln, Rentierherden und Wikingererbe – Schweden kombiniert dies alles mit tollem Stil und leckerer Küche.

Schwedens wahrer Charme offenbart sich erst außerhalb der Städte. Beispielsweise bei Segeltörns zu einsamen Inseln oder bei einer herrlichen Trekking-Tour durch die Wildnis des Nordens – oder gleich bei beidem! Wandern, Zelten, Radeln, Skilaufen, Bootfahren, Angeln und die Suche nach Pilzen oder Beeren sind beliebte schwedische Freizeitaktivitäten, die praktisch landesweit auch leicht von Reisenden ausgeübt werden können.

In Parks ragen hier überall uralte Runensteine aus dem Gras empor. Fast genauso oft gibt's gewaltige Steinschiffsetzungen und unscheinbare Grabhügel. Besonders beliebt sind die mittelalterlichen Festungsstädte und die Küstenfestungen. Wikinger-Ruinen und damit verbundene Legenden prägen das moderne Schweden sehr stark. Hier bekommt man schnell das Gefühl, sich durch die Geschichte zu bewegen. Was ja auch tatsächlich so ist.

Highlights

STOCKHOLM

1 Die Hauptstadt des Landes bezeichnet sich selbst als „Schönheit am Wasser" – und das zu Recht. In Stockholms vielen Gewässern spiegeln sich prächtige Gebäude. Viel Spaß bereitet es, durch die krummen Kopfsteingassen der Gamla Stan (Altstadt) zu schlendern. Doch Stockholm ist nicht nur schön, es hat auch tolle Museen, Restaurants, Designhotels und jede Menge Einkaufsmöglichkeiten. Und dank eines sehr guten ÖPNVs und hilfsbereiter mehrsprachiger Einwohner findet man sich kinderleicht zurecht – Städteurlaub in Bestform!

ABISKO: WANDERN IN NORRLAND

2 Schweden hat ein paar grandiose Wanderwege. Die meisten davon sind gut in Schuss und warten unterwegs mit praktisch gelegenen Berghütten auf. Trotz relativ kurzer Saison lohnt es sich, etwas Extrazeit für einen Trip durch die Wildnis einzuplanen: Die Landschaft ist ein ganz besonderes Highlight Schwedens. Eine gute erste Ausgangsbasis ist beispielsweise das Dorf Abisko in Norrland: Es liegt am oberen Ende des Kungsleden-Fernwanderwegs, ist ein Wanderzentrum und leicht per Zug erreichbar.

KIRUNA: HIGHLIGHTS IM NORDEN

3 Die zwei Phänomene – eines natürlich, eines künstlich –, für die der Norden Schwedens berühmt ist, liegen jenseits des Polarkreises. Nichts lässt sich mit dem Nordlicht vergleichen – jenen tanzenden Lichtern, die im arktischen Winter (Okt.–März) am Nachthimmel bewundert werden können. Die Eishotels außerhalb Kirunas, in denen sich das bescheidene Iglu in einen prächtigen Palast verwandelt, lassen sich vom Nordlicht inspirieren. Auch sie haben jeden Winter eine etwas andere Gestalt.

1

DIMBAR76 / SHUTTERSTOCK ©

KÜSTE VON BOHUSLÄN

4 Die zwischen Himmel und Meer gefangene Küste von Bohuslän wirkt rau und erhaben, die Schären wimmeln von Vögeln und die Dörfer zeichnen sich als bunte Flecken in den Felsen ab. Filmstar Ingrid Bergman liebte das hübsche Fjällbacka, Norweger auf Schnäppchenjagd strömen nach Strömstad und Segler nach Tjörn, um im August an der hiesigen Regatta teilzunehmen. Wer den schwedischen Sommer richtig genießen will, breitet sein Badetuch auf einem glatten Felsen aus und mampft Shrimps aus der Tüte.

ERIK HERMANSSON / SHUTTERSTOCK ©

0
200 km
N
EUROPÄISCHES
NORDMEER
2
Narvik
Abisko
Kiruna
Jukkasjärvi
3
Bodø
Gällivare
Jokkmokk
Lappland
Haparanda
Tornio
Arjeplog
Boden
Luleå
Arvidsjaur
Storuman
Norrland
FINNLAND
Umeå
Jämtland
Trondheim
10
Åre
Östersund
Vaasa
Storsjön
Sundsvall
Bottnischer
Meerbusen
NORWEGEN
Mora
Rättvik
Leksand
Falun
Gävle
Åland
Turku
Borlänge
Svealand
OSLO
Grisslehamn
Uppsala
Arvika
Västerås
1
7
Mälaren
Örebro
STOCKHOLM
Karlstad
Eskilstuna
Södertälje
Strömstad
Vänern
ESTLAND
4
Götaland
Vadstena
Norrköping
Uddevalla
Trollhättan
Linköping
Tjörn
Vättern
Fårö
Marstrand
8
Borås
Huskvarna
6
Göteborg
Jönköping
Visby
Gotland
5
Ventspils
Småland
Oskarshamn
Öland
Varberg
LETTLAND
Bolmen
Kosta
Borgholm
OSTSEE
Halmstad
Växjö
Nybro
Kalmar
Kattegat
Färjestaden
Helsingborg
LITAUEN
Karlskrona
Skåne
Lund
Klaipėda
KOPENHAGEN
Malmö
Ystad
9
Trelleborg
DÄNEMARK

▼ TOP-FILME

Das siebente Siegel (Ingmar Bergman; 1957) Kosmisches Schachspiel zwischen der Menschheit und dem Tod.

So finster die Nacht (Tomas Alfredson; 2008) Kindliche Vampirromantik und eiskalt inszenierter Grusel in Norrland.

Zusammen! (Lukas Moodysson; 2000) Komödie über eine schwedische Kommune im Jahr 1975.

TOP-BÜCHER

Gösta Berling (Selma Lagerlöf; 1891) Erster Roman der Nobelpreisträgerin.

Mörder ohne Gesicht (Henning Mankell; 1997) Auftakt der Krimireihe um Kurt Wallander.

Das große Rätsel (Tomas Tranströmer; 2004) Der schwedische Dichter erhielt 2011 den Nobelpreis für Literatur.

▼ ESSEN & TRINKEN

Köttbullar och potatis Fleischbällchen mit Kartoffelpüree und *lingonsylt* (Preiselbeermarmelade).

Gravlax Gebeizter Lachs.

Filmjölk Fermentierte Milch, die ein wenig an Buttermilch erinnert.

Nässelsoppa Nesselsuppe; wird traditionell mit hartgekochten Eiern serviert.

Sill/Strömming Geräucherter, gebratener oder eingelegter Hering; wird oft mit Kapern, Senf und Zwiebeln gegessen.

Toast skagen Toast mit Weißfischrogen, Crème fraiche und gehackten roten Zwiebeln.

Brännvin Schwedens bekanntester *snaps* (Schnaps) wird auch Aquavit genannt.

GÖTEBORG

5 Schicke Museen, raue Industrieviertel, schöne Parks, bequemes Design und innovative Restaurants – Göteborg ist eine Stadt der Gegensätze und das trendige Alter Ego zu Stockholm. Frische Garnelen und frischen Fisch bekommt man direkt vom Boot oder auch in einem der vier mit Michelin-Sternen ausgezeichneten Restaurants. Schwedens größter Themenpark bietet viel Spannung, die vielen Museen kultivierte Stille und niemand reist ab, ohne in Haga oder Linné einen Schaufensterbummel gemacht zu haben. Einmalig ist auch die An- oder Abreise mit dem Boot über den 190 km langen Götakanal!

GOTLAND & FÅRÖ

6 Kaufleute errichteten im 12. und 13. Jh. auf der schönen Insel Gotland wundervolle Kirchen. Heute lockt sie mit hübschen Ruinen, einsamen Stränden, Reit- und Radwegen, merkwürdigen Felsformationen, sehr guten Restaurants und einem munteren Nachtleben Besucher aus aller Welt an. Wichtigstes Event ist die Mittelalterwoche mit Kostümen, Märkten und Aufführungen in der Altstadt von Visby. Filmfans und Naturfreunde sollten auch einen Abstecher nach Norden auf die Insel Fårö machen, wo Ingmar Bergman lebte.

▼ REISEZEIT

HAUPTSAISON
(Mitte Juni–Aug.)
Warmes Wetter; die meisten Sehenswürdigkeiten und Unterkünfte haben geöffnet.

ZWISCHENSAISON
(Sept. & Okt.)
Viele Touristenattraktionen sind geschlossen; den noch offenen Rest hat man für sich allein.

NEBENSAISON
(Nov.–Mitte Juni)
Beste Zeit für Wintersport, Nordlichter und Wintermärkte.

▼ GLASBLÄSERKUNST

Bei den Glasbläsern der Region Glasriket können Besucher zusehen, wie Klumpen aus geschmolzenem Glas zu Fantasiewesen, Schüsseln, Vasen und Skulpturen werden.

▼ MITTSOMMERFEST

Das Mittsommerfest (traditionell am Freitag zwischen dem 19. und 25. Juni) wird auf dem Land mit Mittsommerstangen, Gesang, Tanz, Alkohol und eingelegtem Hering gefeiert.

DIE SAMEN

Die Vorfahren der Samen folgten einst dem zurückweichenden Eis bis in den Norden Skandinaviens. In dem Sápmi genannten Gebiet zwischen Norwegens Atlantikküste und der russischen Halbinsel Kola lebten sie dort von der Rentierjagd.

Wegen schwindender Rentierherden wurden die Samen etwa ab dem 17. Jh. von Jägern zu nomadischen Hirten. Im heutigen Schweden hat die vielfältige Lebensrealität der modernen Samen das Klischee vom umherziehenden Rentierhirten abgelöst. Die aktuell rund 100 000–140 000Samen in Sápmi verteilen sich auf Norwegen (ca. 60 000–100 000), Schweden (ca. 15 000), Finnland (ca. 9400) und Russland (ca. 2000). Mangels präziser Erfassung sind die Einwohnerzahlen aber nur geschätzt. Prominente mit samischen Wurzeln sind z. B. Joni Mitchell und Renee Zellweger.

Ob faszinierendes Museum oder der Aufenthalt in einem traditionellen Rentierlager: Es gibt viele Möglichkeiten, mehr über das Leben der Samen zu erfahren.

STOCKHOLMER SCHÄREN-GARTEN

7 Zwischen Stockholm und der offenen Ostsee liegt dieses faszinierende Wunderland aus kleinen Felsinseln. Manche davon sind kaum mehr als Startplätze für Möwen, während andere von dichten Wäldern und Wildblumenwiesen bedeckt werden. Die meisten Schären sind von der Stadt aus leicht erreichbar. Linienfähren (Sommer) und allerlei geführte Touren ermöglichen lässiges Insel-Hopping. Hostels, Campingplätze, teurere Unterkünfte und immer mehr Spitzenrestaurants versprechen angenehme Übernachtungsoptionen.

MITTELALTERLICHES VISBY

8 Bei der Beschreibung der Schönheit dieser Hansestadt kann man gar nicht übertreiben: Allein schon der Anblick rechtfertigt die Fährpassage nach Gotland. Hinter den dicken Mauern aus dem Mittelalter verbergen sich verwinkelte Pflasterstraßen, märchenhafte Häuschen mit vielen Blumen und herrliche Ruinen auf Hügeln mit Traumblick auf die Ostsee. Die Mauern mit über 40 Türmen und einer spektakulär integrierten Kirchenruine sind ein großartiges Fotomotiv. Eine Umrundung zu Fuß ist wunderbar malerisch. Visby hat zudem viele Spitzenrestaurants, die an anspruchsvolle Gäste gewöhnt sind.

WIKINGERDORF FOTEVIKEN

9 In einer der interessantesten Sehenwürdigkeit Schwedens kann man echte Wikinger besuchen: Foteviken ist die „lebendige" Rekonstruktion eines Dorfs aus der späten Wikingerzeit. Die über 20 schilfgedeckten Häuser an der Küste stehen nahe dem Schauplatz der Schlacht von Foteviken (1134). Darin wohnen z. B. der *jarl* (Truppenkommandeur), Richter und Schreiber der Siedlung. Das Häuptlingshaus ist mit Holzböden, Schaffellen und einem Gobelin der Schlacht von Foteviken eingerichtet. Besucher können alle Behausungen, die Versammlungshalle und ein Kriegskatapult besichtigen sowie Kunsthandwerk kaufen. Die Bewohner leben wirklich wie Wikinger und verzichten auf die meisten modernen Annehmlichkeiten. Stattdessen folgen sie alten Traditionen, Gesetzen und Glaubensansichten – selbst wenn der letzte Tourist weg ist.

WINTERSPORT IN ÅRE

10 Wintersport ist eine wichtige Attraktion in Lappland. Wer langlaufen will, schnallt sich einfach nur die schmalen Bretter an und läuft los. Für Skifahren, Heliskiing oder Snowboarden ist jedoch Åre die beste Adresse. Unvergleich ist das Erlebnis, auf einem Hundeschlitten durch die mittelschwedische Einöde zu rasen. Wer lieber mit mehr PS unterwegs ist, kann seine Fahrkünste auf einem zugefrorenen See ausprobieren. Auch im Sommer sind hier viele alpine Aktivitäten möglich.

PAULINA HOLMGREN / ICEHOTEL WWW.ICEHOTEL.COM ©

▼ UNTERWEGS VOR ORT

Schweden hat ein großes Bahnnetz mit verlässlichen Verbindungen. Züge sind hier fast immer schneller als Fernbusse, aber nicht unbedingt günstiger.

Mietwagen sind teuer, aber ideal zum Erkunden von Nebenstrecken und entlegenen Gebieten des Landes.

Im Allgemeinen ist es preiswerter, das landesweit dichte Busnetz zu nutzen, statt mit dem Zug zu fahren.

Wie der Großteil Skandinaviens ist Schweden sehr fahrradfreundlich: Im Bereich von Städten jeder Größe gibt's überall gute Radwegnetze.

HAUPTSTADT
Bern

BEVÖLKERUNG
8,45 Mio.

FLÄCHE
41 277 km²

AMTSSPRACHEN
Deutsch, Französisch, Italienisch, Rätoromanisch

Matterhorn, Zermatt

SCHWEIZ

Die Schweiz ist viel mehr als zarte Schokolade, Kuckucksuhren und Jodeln: Hiesiges Highlight sind atemberaubende Trips voller Erlebnisse.

Die Schweiz ähnelt einer Art riesiger Freiluftgalerie, die einen mit herrlichen Bildern in den Bann schlägt. Dabei mixt sie Ländlichkeit und Urbanität mit Leichtigkeit, Eleganz und Präzision – z. B. im Kanton Wallis, wo die Schickeria in Verbier mit Champagner anstößt, während im Val d'Hérens die Glocken schwarzer Kühe läuten. Man fährt mit einem roten Schmalspurzug zwischen Gipfeln und Kiefern hindurch, genießt Wellness in den Bergen, läuft auf Schneeschuhen zu einem Iglu und schlendert über alte Brücken. Und man merkt schnell: Hier ist alles an seinem Platz.

Eine urbane Wundertüte bildet den Gegenpol zur Landidylle: Die Hauptstadt Bern beeindruckt mit der Altstadt und moderner Kunst, Basel mit kühner Architektur. Genf ermöglicht schickes Shoppen an Europas größtem See; in Zug tummeln sich Wirtschaftsbosse. Das coole Zürich punktet mit Dachbars. Und ob Barttrimmen oder Steinewerfen, Paul Klees Kunst oder hippe Clubkonzerte: Euphorie ist garantiert.

Highlights

MATTERHORN

1 Kaum ein Berg hat so viel magische Anziehungskraft wie das wunderbare, charismatische Matterhorn. Dessen fesselnde Schönheit will bewundert, angeschmachtet und immer wieder fotografiert werden – und zwar bei Sonnenaufgang, bei Sonnenuntergang, zu verschiedenen Jahreszeiten und aus allen möglichen Blickwinkeln. Die topografische Pracht offenbart sich am besten in Zermatt: Seit dem 19. Jh. wird der Bergort von Skifahrern, Bergsteigern, Wanderern und Schickimickis als eins von Europas begehrtesten Urlaubszielen geschätzt.

SCHWEIZERISCHER NATIONALPARK

2 Nur wenige Länder Europas bieten so viele schöne Wanderwege unter blauem Himmel. Eines der schönsten Schweizer Wanderreviere ist dieser in großer Höhe gelegene Nationalpark, der etwa vor einem Jahrhundert eingerichtet wurde. Während Adler durch die Lüfte kreisen, geht es durch blumenübersäte Wiesen zu eisblauen Seen, Schluchten, Felsvorsprüngen und Almhütten, wo die Senner im Sommer die frische Milch zu Käse verarbeiten. Hier darf die Natur noch so wild und ungezügelt sein wie seit eh und je.

ALETSCHGLETSCHER

3 Eines der großen Naturwunder der Erde ist dieser riesige, hypnotisierende Gletscher im Oberwallis. Er gleicht einer 22,6 km langen, breiten Autobahn aus Eis, die sich zwischen den Gipfeln im Hochland dahinwälzt. Das Eis ist an der tiefsten Stelle 900 m dick. Der Anblick des Gletschers vom Jungfraujoch ist schon faszinierend, den richtigen Adrenalinstoß erlebt man jedoch aus nächster Nähe: bei einer Wanderung durch die Gletscherspalten mit einem Guide ab Riederalp oder bei einer Skifahrt über dem Gletscher auf den Pisten der Bettmeralp.

PETE SEAWARD / LONELY PLANET ©

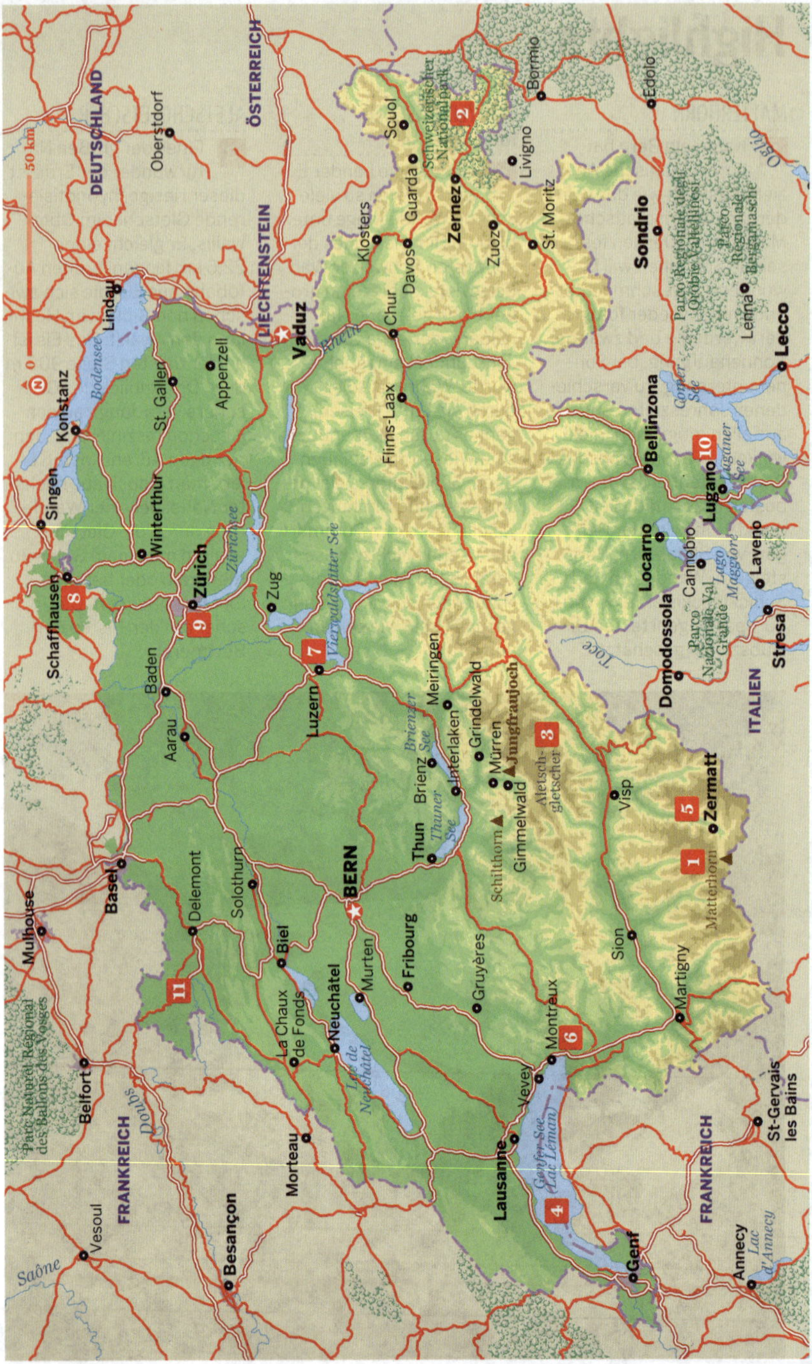
DEUTSCHLAND
ÖSTERREICH
LIECHTENSTEIN
FRANKREICH
ITALIEN
0
50 km
N
Oberstdorf
Lindau
Bodensee
Konstanz
Singen
Schaffhausen
Winterthur
St. Gallen
Appenzell
Vaduz
Rhein
Zürich
Zürichsee
Zug
Vierwaldstätter See
Luzern
Baden
Aarau
Basel
Mulhouse
Delemont
Solothurn
Biel
BERN
Murten
Neuchâtel
Lac de Neuchâtel
La Chaux de Fonds
Morteau
Belfort
Parc Naturel Régional des Ballons des Vosges
Doubs
Vesoul
Saône
Besançon
Thun
Thuner See
Brienz
Brienzer See
Interlaken
Meiringen
Grindelwald
Mürren
Jungfraujoch
Schilthorn
Gimmelwald
Aletschgletscher
Fribourg
Gruyères
Montreux
Vevey
Lausanne
Genfer See (Lac Léman)
Genf
Annecy
Lac d'Annecy
St-Gervais les Bains
Martigny
Sion
Visp
Zermatt
Matterhorn
Domodossola
Toce
Parco Nazionale Val Grande
Stresa
Cannobio
Lago Maggiore
Laveno
Locarno
Bellinzona
Lugano
Luganer See
Comer See
Lecco
Lenna
Parco Regionale Orobie Bergamasche
Parco Regionale delle Orobie Valtellinesi
Sondrio
Edolo
Oglio
Bormio
Livigno
St. Moritz
Zuoz
Zernez
Schweizerischer Nationalpark
Guarda
Scuol
Klosters
Davos
Chur
Flims-Laax
1
2
3
4
5
6
7
8
9
10
11

GENFER SEE

4 Die Weinberge, die sich in perfektem Einklang vom Ufer des Genfer Sees in Lavaux hügelaufwärts ziehen, bieten einen überwältigenden Anblick. Am anderen, südwestlichen Ende liegt Genf. In der kosmopolitischsten Stadt der französischsprachigen Schweiz leben Menschen von 180 Nationalitäten. Für sie gehört der Bummel durch die Straßen der Altstadt, das Verweilen in den lebhaften Cafés der Stadt, Stehpaddeln auf dem See, eine Fahrt mit den kanariengelben *mouettes* und der eine oder andere Spritzer vom Jet d'eau, der berühmten Wasserfontäne Genfs, zum Alltag.

GLACIER EXPRESS

5 Eine der zauberhaftesten Bahnstrecken des Planeten verbindet zwei der glamourösesten Schweizer Skiorte. Wer den roten Zug mit deckenhohen Fenstern in St. Moritz oder Zermatt besteigt, schwelgt kurz darauf in einem unglaublichen Landschaftspanorama mit grünen Gipfeln, glitzernden Bergseen und Gletscherschluchten. Nach Inbetriebnahme (1930) wurde der Glacier Express anfänglich von Dampfloks gezogen. Die berühmte Strecke führt durch 91 Tunnels und über 291 Brücken. Passagiere können im Speisewagen essen oder ihr Champagnerfrühstück selbst mitbringen.

MONTREUX

6 Als wäre es noch nicht genug, Gastgeber eines der bekanntesten Jazzfestivals zu sein, bietet Mon-

TOP-FILME

Puppylove (Delphine Lehericey; 2013) Film übers Erwachsenwerden mit Vincent Perez, der aus Lausanne stammt.

Winterdieb (Ursula Meier; 2012) Preisgekrönter Film über ein armes Geschwisterpaar in einem Schweizer Skiort.

Home (Ursula Meier; 2008) Drama über eine Familie, die am Leben neben einer unvollendeten Autobahn zerbricht.

Reise der Hoffnung (1991) Oscarprämierte Story einer kurdischen Familie, die auf ein besseres Leben in der Schweiz hofft.

TRADITIONELLE KÜCHE

Bündnerfleisch Hauchdünne Scheiben aus getrocknetem und geräuchertem Rindfleisch.

Kalbfleisch Landesweit sehr beliebt; wird in Zürich als Geschnetzeltes in Sahnesauce serviert.

Käsefondue Das wohl bekannteste Schweizer Gericht; Brotstücke werden in einen Topf getunkt, in dem geschmolzener Emmentaler und Greyerzer zusammen mit Weißwein blubbern.

Raclette Noch eine Kalorienbombe, mit geschmolzenem Käse und Pellkartoffeln.

Rösti Eines der beliebtesten Gerichte der deutschsprachigen Schweiz; es besteht aus Kartoffeln und dient oft als Beilage.

Schokolade Immer ein Genuss und scheinbar allgegenwärtig.

REISEZEIT

HAUPTSAISON
(Juli, Aug. & Dez.–April)
Hauptsaison für Outdoor-Aktivitäten im Sommer bzw. Winter.

ZWISCHENSAISON
(April–Juni & Sept.)
Es gibt oft Sonderangebote in Skiorten und Touristenhochburgen.

NEBENSAISON
(Okt.–März)
Sehenswürdigkeiten und Restaurants sind seltener und kürzer geöffnet.

DADAISMUS

Antibürgerlich, rebellisch, nihilistisch und gezielt sinnlos: Der Dadaismus resultierte aus der Abscheu gegenüber dem Ersten Weltkrieg und der Mechanisierung des modernen Lebens. Seine Vertreter ebneten den Weg für fast alle modernen Kunstformen, indem sie z. B. Collagen inszenierten oder Literatur, Kino und Theater mit abstrakten Konzepten kreierten.

Das Haus an der Spiegelgasse 1 in Zürich war die Keimzelle der Bewegung: Im Februar 1916 gründeten Hugo Ball, Tristan Tzara und Emmy Hennings hier das Cabaret Voltaire, wo wilde Kabarett- und Theatervorstellungen stattfanden.

1923 war die Bewegung vorüber. Ihr Geist lebt aber in den Arbeiten von Dadaisten wie George Grosz, Hans Arp und Max Ernst weiter. Davon beeinflusst sind z. B. Marcel Duchamp oder Man Ray. U. a. das Kunsthaus in Zürich zeigt dadaistische Werke.

UNTERWEGS VOR ORT

Super Bahnverbindungen und die recht kleine Landesfläche machen Inlandsflüge überflüssig.

Auf den größeren Seen verkehren Dampfschiffe der Bahn und kooperierender Privatgesellschaften; manche Touristenpässe bringen Rabatte.

Gelbe Postbusse ergänzen das Bahnnetz; die Postrouten bieten Anschluss zu schwieriger erreichbaren Bergregionen.

In den Stadtzentren gibt's super Nahverkehrsverbindungen, aber meist kaum freie Parkplätze.

Zwischen vielen größeren Städten verkehren stündlich Züge (mind. 6–24 Uhr); die meisten Fernzüge haben einen Speisewagen.

treux mit dem romanisch-frühgotischen Schloss Chillon eines der meistbesuchten Bauwerke der Schweiz. Ein idyllischer Fußweg führt am Seeufer entlang zu dieser Wasserburg, die im 13. Jh. von den Savoyern erbaut wurde und bis heute als Inbegriff einer mittelalterlichen Burg gelten darf.

LUZERN

7 Mittelalterliche Brücken, ein reizendes Seepanorama, nette Straßencafés, bonbonfarbene Häuser und gründerzeitliche Kuriositäten sind genug Gründe, um dem Charme dieser bezaubernden Stadt in der Zentralschweiz zu erliegen. Von weiter oben präsentiert sich die Stadt noch prächtiger: Vom Pilatus, dem Rigi oder dem Stanserhorn blickt man über den See auf grüne Hänge, Wiesen und versteckte Plätze.

RHEINFALL

8 Goethe und Lord Byron waren vom schmalen Staubbachfall an den Felsen bei Lauterbrunnen schwer beeindruckt. So sehr, dass sie die himmlische Schönheit der märchenhaften Gischtfahne in Gedichten priesen. Wirklich den Atem verschlägt einem aber die wilde Dramatik des Rheinfalls, der im Nordosten der Schweiz zwischen zwei mittelalterlichen Burgen herabdonnert. Für den besten Blick auf das Spektakel fährt man per Panoramalift hinauf zur Aussichtsplattform (Känzeli) des mittelalterlichen Schlosses Laufen.

ZÜRICHER LIFESTYLE

9 Zürich in der deutschsprachigen Schweiz zählt zu Europas Städten mit der besten Lebensqualität und ist eine Ode an die Stadtsanierung. Und hip – z. B. gelangt hier Google-Personal per Rutsche zur Kantine. Zürich hat aber auch Ecken und Kanten, die an Berlin erinnern. Hier bechert man in Uferbars, tanzt bis zum Morgengrauen in Züri-West ab und kauft Modeaccessoires aus Recyclingmaterialien im Kreis 5. Zudem steigt in Zürich die größte, wildeste und verrückteste Straßenparty Europas: die legendäre Street Parade im August.

LUGANERSEE

10 Der einzigartige Charme der Schweiz resultiert auch aus dem Mix von Sprachen und Kulturen. Und kein Ort auf Schweizer Boden repräsentiert die italienische Seele des Landes so geschmackvoll wie der Lago di Lugano (Luganersee) im Kanton Tessin. Promenaden mit Palmen und hübsche Dörfer in zarten Pastelltönen umgeben den schimmernden Alpensee. Das belebte Lugano mit seiner munteren Atmosphäre ist die größte Stadt am Ufer und das drittreichste Finanzzentrum der Schweiz. Dort warten Gassen mit Säulengängen, Plätze mit Cafés und Boote zu Zielen am ganzen Gestade.

LÄNDLICHER JURA

11 Abseits der normalen Touristenpfade lockt der kleeblattförmige Kanton Jura: Die urige Region

JETZT REISEN!

Die Schweiz bekommt im Sommer 2021 ihren zweiten **Baumwipfelpfad** – und es wird der längste weltweit. Mitten durch den Wald, allerdings in 28 m Höhe, führt der rund 1,5 km lange Steg in Graubünden (Laax). Unterwegs ergeben sich atemberaubende Aussichten. Hinauf geht es ganz bequem per Aufzug, hinab für Abenteuerlustige auch per Rutsche.

an der Grenze zu Frankreich ist ein faszinierender Mix aus dichten, dunklen Wäldern, sanften Hügeln, mittelalterlichen Dörfern und langsamem Lebenstempo. Nichts ist hier zu groß, zu hoch oder zu hektisch. Trips durch den ländlichen Jura sind vielmehr ein Fest für die Sinne – bereitet von herrlichen Radtouren, Langlauf-Loipen auf stillen Lichtungen, Übernachtungen in duftenden Heuschobern, reizenden Bauernhoftieren und blumenförmigen Käsestücken.

10

TRINKGELD

Trinkgeld ist in der Schweiz keine Pflicht: Bei Hotels, Restaurants, Bars und manchen Taxis beinhaltet die Rechnung bereits 15 % Servicegebühr.

FERIEN AUF DEM BAUERNHOF

Naturnahes Übernachten auf Ferienbauernhöfen ist eine tolle Sache.

9

TOP: IMG PHOTO IVAN MUÑOZ GARCIA / 500PX ©; BOTTOM: SBORISOV / GETTY IMAGES ©

HAUPTSTADT
Dakar

BEVÖLKERUNG
16,1 Mio.

FLÄCHE
196 722 km²

AMTSSPRACHE
Französisch

Strand von Dakar

SENEGAL

In jedem Reiseprospekt über den Senegal stößt man früher oder später auf den Begriff „*teranga*", der Gastfreundschaft bedeutet – und das Land ist sehr stolz auf diese Tradition.

Der Senegal zählt zu den stabilsten Ländern Westafrikas – doch Stabilität heißt keinesfalls Langeweile. Die Hauptstadt Dakar gibt Besuchern einen tollen Vorgeschmack auf das Land: An der Spitze einer Halbinsel vereint sie Chaos, Verkehrsstau, zahllose Straßenhändler und geschäftige Märkte mit Eleganz und glamourösem Nachtleben. Auf der nahe gelegenen Île de Gorée sowie an den Stränden von Yoff and N'gor geht's dagegen eher geruhsam zu.

Saint-Louis im Norden ist heute eine UNESCO-Welterbestätte und lockt mit Kolonialarchitektur in der Nähe malerischer Nationalparks. Die Petite Côte und das Cap Skirring punkten mit breiten Stränden. Im Delta des Casamance warten Bootstrips, großer Artenreichtum und viele Vogelarten.

Ob man sich nun unter Afrikas urbane Trendsetter mischen oder lieber umgeben von Naturgeräuschen sinnieren will: Im Senegal ist für jeden etwas dabei.

Highlights

DAKAR

1 Das faszinierende Dakar stimmt einen einschüchternd, aber höchst reizvoll auf das Land ein: Hier kann man ruhige Inseln vor der Küste erkunden, betriebsame Märkte durchstöbern und die Attraktionen im belebten Zentrum bewundern. Abends heißt es dann Sundowner mit Blick aufs Meer schlürfen oder die Nacht zu Mbalax-Beats durchtanzen.

PARC NATIONAL DU NIOKOLO KOBA

2 Der große Nationalpark im südöstlichen Senegal weist einen spektakulären Artenreichtum auf: Hier leben rund 350 Vogelarten und 80 Säuger-Spezies. Die Löwen, Leoparden, Paviane, Flusspferde und Antilopen lassen sich aber teils nur schwer beobachten. Die Landschaft besteht aus Trockensavannen und mehreren Flüssen (darunter der Gambia) mit Auwäldern. Da der Park wegen Geldmangels leider schlecht in Schuss ist, muss man mit miserablen Zugangsstraßen und rustikalen Einrichtungen rechnen.

LAC RETBA

3 Der „rosa See" (auch: Lac Rose) ist für Reisende und Dakars Einwohner ein beliebtes Tagesziel. Denn die Lagune inmitten von Dünen ist sehr idyllisch und beeindruckt mit einem zauberhaften Spektakel: Mitunter erstrahlt das Wasser in intensiven, außerirdisch anmutenden Rosatönen – verursacht durch einen Salzgehalt, der zehnmal höher ist als der von Meerwasser. Der tolle Effekt ist aber nur bei geeignetem Licht zu sehen; die besten Chancen bestehen bei hohem Sonnenstand in der Trockenzeit.

REISEZEIT

HAUPTSAISON
(Nov.–Feb.)

NEBENSAISON
(Juli–Ende Sept.)

SAINT-LOUIS

4 Bröckelnde Kolonialarchitektur, Pferdekutschen und ruhige Atmosphäre verleihen Westafrikas ältester französischer Siedlung einen einzigartigen historischen Charme – so viel, dass Saint-Louis seit 2000 eine UNESCO-Welterbestätte ist. Das alte Zentrum befindet sich auf einer Insel im Fluss Senegal; die übrige Stadt auf dem Festland reicht bis nach Sor hinein. Rund 18 km südlich davon liegt die Langue de Barbarie mit dem belebten Fischerdorf Guet N'Dar.

PARC NATIONAL DES OISEAUX DU DJOUDJ

5 Mit fast 300 gefiederten Spezies zählt der 160 km² große Park zu den bedeutendsten Vogelschutzgebieten der Welt. Hier tummeln sich vor allem Flamingos, Pelikane und Watvögel; im November kommen viele Zugvögel hinzu. Auch die weite, vegetationsreiche Sumpflandschaft mit Seen, Bächen, Teichen, Flachwasserzonen und Sandbänken ist imposant.

ÎLE DE GORÉE

6 Portugiesen, Niederländer, Engländer und Franzosen herrschten einst nacheinander über die Île de Gorée, die seit 1978 eine UNESCO-Welterbestätte ist. Die Stille auf der Insel ist fast gespenstisch: Vor Ort findet man weder befestigte Straßen noch Autos – nur schmale Gassen mit kolonialzeitlichen Backsteinhäusern, die von herabhängenden Bougainvilleen und schmiedeeisernen Balkonen geziert werden. Die Ruhe stimmt einen jedoch eher nachdenklich als romantisch: Die eleganten Gebäude zeugen vom früheren Handel mit Sklaven,

UNTERWEGS VOR ORT

Am schnellsten (aber unbequem) durchs Land geht's mit *sept-place* taxis – ramponierten Peugeots, die selbst die schlimmsten Holperpisten meistern

Linienfähren verbinden Dakar mit Ziguinchor und der Île de Gorée. Pirogen fahren zu den anderen Inseln.

Groupe Transair fliegt zwischen Dakar, Ziguinchor und Cap Skirring.

4

RWEISSWALD / SHUTTERSTOCK ©

die von der Insel aus über den Atlantik verschifft wurden. Heute gibt's hier auch eine Künstlergemeinde mit ein paar kleinen Ateliers.

CAP SKIRRING

7 Die meist menschenleeren Strände von Cap Skirring zählen zu den schönsten in Westafrika. Bis auf abendliche Livemusik am Wochenende ist hier in puncto Kultur nicht viel los. Dafür kann man ein paar Tage relaxen und seine Strandzeit mit Trips zu den Diola-Dörfern weiter östlich verbinden. Zudem sind vor Ort viele Aktivitäten im Angebot (z. B. Kajakfahren, Mountainbiken).

PETITE CÔTE & SINÉ-SALOUM-DELTA

8 Die 150 km lange Petite Côte südlich von Dakar ist Teil des Siné-Saloum-Deltas (180 km²) und gehört zu den besten Strandregionen des Landes. Zudem treffen hier die Flüsse Siné und Saloum auf die Gezeiten des Atlantiks – an dieser Stelle verwandelt sich die Küste in eine fesselnde Landschaft voller Mangrovensümpfe, Lagunen, Wälder und Sandinseln.

ÎLE DE CARABANE

9 Das belebte Fischerdorf Elinkine ist das Tor zur ruhigen Île de Carabane, die 1836 bis 1900 ein französischer Handelsposten war. Die bretonische Kirche der Inselsiedlung wartet mit staubigen Sitzbänken und bröckelnden Statuten auf. Auf dem Friedhof ruhen Siedler und Seeleute.

6

OKSANA PH / SHUTTERSTOCK ©

▼ ESSEN & TRINKEN

Dakar hat viele tolle Restaurants für fast jeden Geldbeutel, allerdings sind die Preise höher als anderswo. In Saint-Louis, Saly und Cap Skirring gibt's jeweils eine kleine, aber lebendige Gastro-Szene. Sonst sind Lokale jedoch rar – sehr oft muss in der Unterkunft gegessen werden.

Senegals Nationalgericht heißt *thiéboudienne* (Reis in dicker Tomatensauce, serviert mit gebratenem Fisch und Gemüse). Weit verbreitet sind auch *poulet yassa* bzw. *poisson yassa* (Huhn bzw. Fisch, mariniert und gegrillt) sowie *mafé* (Eintopf mit Erdnüssen).

Bissap aus Hibiskusblüten und *bouyi* aus den Früchten des Afrikanischen Affenbrotbaums sind einheimische Getränke. Flag ist die beste senegalesische Biermarke.

▼ TRAUMSTRÄNDE

Ein paar von Westafrikas naturbelassensten Stränden liefern hier jede Menge Gründe, um auf dem Sand zu relaxen:
Île de N'Gor Viele Strände und ein super Surfspot auf einer Insel dicht vor Dakar.
Saly Resorts säumen die idyllischen Strände von Palmarin: lange, funkelnde und menschenleere Sandstreifen.
Cap Skirring Casamances „Küstenjuwel" mit einigen der schönsten Strände des Landes.

HAUPTSTADT
Belgrad

BEVÖLKERUNG
6,97 Mio.

FLÄCHE
77 474 km²

AMTSSPRACHE
Serbisch

Platz der Republik, Belgrad

SERBIEN

Einladend, freundlich und superfröhlich: Serbien wird seinem Ruf vollauf gerecht.

Ein temperamentvoller Mix aus Elan und *inat* (der landestypischen Sturköpfigkeit) macht Serbien nicht gerade zum Leisetreter. Belgrad konkurriert mit Berlin in Sachen Partyziel. In Novi Sad im Norden steigt jeden Juli das großartige Exit-Festival. Und auch die Gastfreundschaft der Serben ist leidenschaftlich: Besucher werden oft herzlich mit *rakija* (Obstschnaps) und mit drei Küssen begrüßt.

Politische Korrektheit ist hier so alltäglich wie Nichtraucherkneipen. Und Serbien präsentiert sich als kultureller Schmelztiegel: Die Jugendstilstadt Subotica profitiert von ihrer Nähe zu Ungarn. Durch das unkonventionelle Niš klappern Roma-Pferdekutschen, und zwischen den Minaretten von Novi Pazar liegen einige der heiligsten Stätten der serbisch-orthodoxen Kirche. In den Bergen von Kopaonik, Tara und Zlatibor gibt es uralte Traditionen genauso wie Après-Ski-Glamour. Am besten einfach herkommen und *zdravo* (hallo) sagen … oder noch besser *živeli* (Prost)!

Highlights

BELGRAD

1 Das unverblümte, abenteuerlustige und wagemutige Belgrad ist keine „hübsche" Hauptstadt, aber mit ihrer Trubeligkeit eine der spannendsten Metropolen in Europa. Auf dem schwierigen Weg in eine bessere Zukunft zeigt sie den Besuchern auch die Spuren ihrer chaotischen Vergangenheit: Wohnblöcke aus der sozialistischen Ära quetschen sich zwischen Jugendstilmeisterwerke, und Überreste der Zeit der Habsburger stehen neben Relikten der osmanischen Ära. Hier trifft die Save auf die Donau, Parks stoßen auf Großstadthektik, und alteuropäische Kultur trifft auf ein modernes Nachtleben.

ZLATIBOR

2 Diese romantische Region ist geprägt von Bergen, Traditionen und Gastfreundschaft. In Drvengrad und bei der Zugfahrt mit der nostalgischen Šargan 8 kann man der Realität entfliehen. Zu Zlatibor gehören neben den Tara- und Šargan-Bergen im Norden auch die Murtenica-Hügel an der Grenze zu Bosnien und Herzegowina. Im Westen liegt der unkonventionelle Ort Mokra Gora. Schon allein der Name der Region verheißt Poetisches: Zlatibor bedeutet „goldene Kiefer".

EXIT-FESTIVAL (NOVI SAD)

3 Die Petrovaradin-Festung beherbergt das Exit-Festival, das Zehntausende Feiernde mit Musik und Alkohol lockt. Im Jahr

REISEZEIT

HAUPTSAISON
(Juli & Aug.)

ZWISCHENSAISON
(April–Juni & Sept.–Nov.)

NEBENSAISON
(Dez.–März)

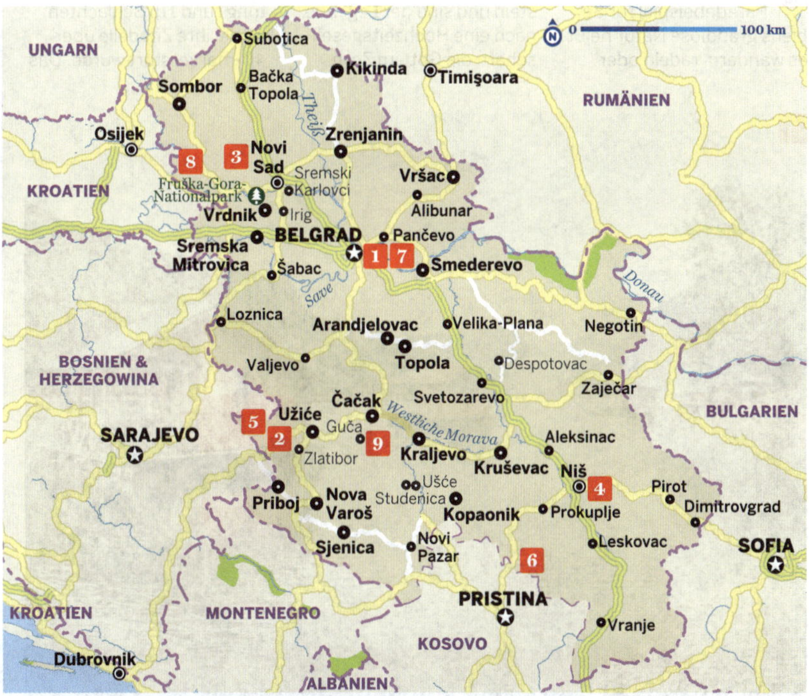

2000 dauerte die Premiere 100 Tage und motivierte eine ganze Generation zu Protesten gegen das Regime von Milošević, der wenig später „zurücktrat".

NIŠ

4 Serbiens drittgrößte, sehr lebhafte Stadt ist voller Kontraste: Roma in Kutschen zuckeln neben Autos her, während in Hinterhöfen Cocktails geschlürft werden. Nach seiner Gründung in vorrömischer Zeit war Niš Geburtsort dreier römischer Kaiser (u.a. Konstantin des Großen). Im Zweiten Weltkrieg litt die Stadt unter den Nazis, die hier eines der schlimmsten Konzentrationslager Serbiens errichteten.

TARA-NATIONALPARK

5 In dem 220 km² großen Paradebeispiel für Serbiens grandiose Natur heißt es wandern, radeln oder paddeln: An der Grenze zu Bosnien und Herzegowina punktet Tara (Тара) mit bewaldeten Hängen, imposanten Schluchten, funkelnden Flüssen und fesselnder Aussicht. Das Wunderland im Westen ist etwas für abenteuerlustige, neugierige Zivilisationsflüchtlinge, die auf Outdoor-Spaß stehen. Achtung: Vorsicht vor Bären!

DIE TEUFELSSTADT

6 Davolja varoš („Teufelsstadt") im tiefen Süden ist eine psychedelisch anmutende Ansammlung von 202 natürlichen Steinpyramiden, die schaurig am Rand von leuchtend roten und stark säurehaltigen Mineralwasserbächen emporragt. Die 2 bis 15 m hohen Türme haben gruselige „Köpfe" aus Lavagestein und sind der Legende nach eine Hochzeitsgesellschaft, die Gott im Zorn über eine Inzestheirat versteinerte.

FESTUNG VON BELGRAD

7 Im Lauf der Jahrhunderte erlebte die Festung rund 115 Schlachten, wobei ihre Zitadelle über 40-mal zerstört wurde. Das

▼ UNTERWEGS VOR ORT

Großes Busnetz; außerhalb von Verkehrsknotenpunkten weniger Verbindungen.

Im Vergleich zu den Bussen sind die Züge weniger verlässlich, seltener unterwegs und teils quälend langsam.

5

ALBERTO LOYO / SHUTTERSTOCK ©

ursprünglich keltische Bollwerk wurde von den Römern in die Flussniederung hinein erweitert, während darum herum Singidunum (Belgrads römischer Name) entstand.

FRUŠKA-GORA-NATIONALPARK

8 Der 80 km lange Streifen aus sanften Hügeln wird auch „Juwel Serbiens" genannt. Im Bezirk Srem (Provinz Vojvodina) entstanden zwischen dem 15. und 18. Jh. insgesamt 35 Klöster, um die serbische Kultur und Religion vor osmanischen Einflüssen zu schützen. 16 davon existieren noch und heißen Besucher willkommen. Fruška Gora ist zudem für seine kleinen, aber feinen Weingüter berühmt; der römische Kaiser Probus pflanzte hier 3 n. Chr. die ersten Reben.

GUČA-TROMPETENFESTIVAL

9 Das nach dem westserbischen Dorf bezeichnete Guča-Trompetenfestival findet seit 1961 jedes Jahr im August statt und ist Hedonismus pur. Bei diesem viertägigen Blasmusikertreffen tanzen Zehntausende wild *kola* (temporeicher Kreistanz) durch die Straßen, verschlingen Grillspieße und kleben den *trubači*-Bläsern Geldscheine auf die schweißnasse Stirn.

3

ALEKSANDAR KAMASI / SHUTTERSTOCK ©

▼ ESSEN & TRINKEN

Serbiens Küche, zumeist frisch und erschwinglich, ist ein bunter Mix aus türkischen, ungarischen und mediterranen Einflüssen. Grillfleisch, Gemüsepaprika, Bohnen und Kohl werden landesweit aufgetischt. Ansonsten unterscheiden sich die Regionalküchen teils stark voneinander – je nachdem, wann und wo wer ins Land eindrang.

Alle Großstädte, Kleinstädte und größeren Dörfer haben *restorani* (Restaurants), *pekare* (Bäckereien) und *roštilj* (Grillrestaurants). Manche *kafane* (Tavernen) servieren neben Alkohol auch Essen.

▼ AUSGEHEN & NACHTLEBEN

Belgrad ist auch Serbiens Party-Hauptstadt: Hippe Bars, dekadente Nachtclubs und schwimmende Schänken *(splavovi)* haben der Stadt den Ruf eingebracht, so feierwütig wie Berlin zu sein. Auch Abstecher nach Novi Sad und Niš lohnen sich – dort gibt's Hinterhofkneipen, historische Bars und versteckte Alternative-Clubs. Außerhalb der Großstädte geht's in *kafane* (Tavernen) und Cafés hoch her. Dort wird man oft mit *rakija* und einem lauten Tusch aus Trompeten *(truba)* begrüßt.

HAUPTSTADT
Victoria

BEVÖLKERUNG
96387

FLÄCHE
455 km²

AMTSSPRACHEN
Seychellenkreol, Englisch, Französisch

Schnorcheln vor Mahé

SEYCHELLEN

Weiße Strände mit weichem Sand, topasfarbenes Meer, grüne Hügel und ein herrlich langsamer, entspannter Lebensrhythmus: Auf den Seychellen werden Träume vom Tropenparadies Wirklichkeit.

Mutter Natur hat es mit diesen 115 Inseln im Indischen Ozean mehr als gut gemeint. Hiesige Hauptattraktion sind zweifellos die grandiosen Strände: herrliche Streifen aus perlmuttartig schimmerndem Sand, die sich vor grünen Hügeln und großen glazialen Felsbrocken am Rand von topasfarbenem Wasser erstrecken. Tauchen und Schnorcheln sind hier zu Recht die beliebtesten Aktivitäten. Zu den vielen verschiedenen Spots gehören intakte Riffe, Unterwasserschluchten, flache Felszonen, interessante Schiffswracks, eindrucksvolle Granitvorsprünge und tolle Korallengärten.

Und unbedingt die Kamera voll aufladen – die Seychellen werden nicht umsonst das „Galapagos des Indischen Ozeans" genannt. So sorgen hier z. B. brütende Meeresschildkröten an den Sandstränden von Bird Island oder wildlebende Aldabra-Riesenschildkröten auf Curieuse für unvergessliche Begegnungen.

Highlights

TAUCHEN VOR MAHÉS NORDKÜSTE

1 Wer Wasser mag, wird die Seychellen lieben. Vor Mahés Nordküste erleben Taucher ein wahres Fest für die Sinne: Im vielfältigsten Revier der Inseln wartet dort ein wundervoll zusammengestellter Mix aus nach wie vor gesunden Riffen, unzähligen interessanten Meereslebewesen und faszinierenden Schiffswracks. Die meisten hiesigen Spots eignen sich für Taucher aller Erfahrungsstufen. Passionierte Schnorchler freuen sich über das kristallklare Wasser und die vielen intakten Korallengärten.

BIRD ISLAND

2 Vogelfans wissen möglicherweise, dass auf Bird Island zahlreiche Ruß-, Austral- und Noddiseeschwalben leben. Die Federträger sind nicht sonderlich scheu und lassen sich daher sogar ohne Fernglas beobachten. Die Insel beheimatet zudem Aldabra-Riesenschildkröten. Und mit etwas Glück kann man auch brütende Echte Karettschildkröten und Suppenschildkröten am Strand beobachten – ein unvergessliches Erlebnis. Schwelgen in diesen Naturwundern erfordert keine besonderen Reichtümer: Bird Island zählt zu den bezahlbarsten Privatinseln der Seychellen.

ANSE LAZIO

3 In puncto Postkartenstrand rangiert die Anse Lazio an Praslins Nordwestspitze ganz oben. Der beliebteste Strand der Insel ist sicherlich kein Geheimtipp. Doch dafür gibt's einen Grund: Weicher, weißer Sand erstreckt sich hier

▼ REISEZEIT

HAUPTSAISON
(Juli, Aug. & Dez.–März)

ZWISCHENSAISON
(April, Mai, Okt. & Nov.)

NEBENSAISON
(Juni & Sept.)

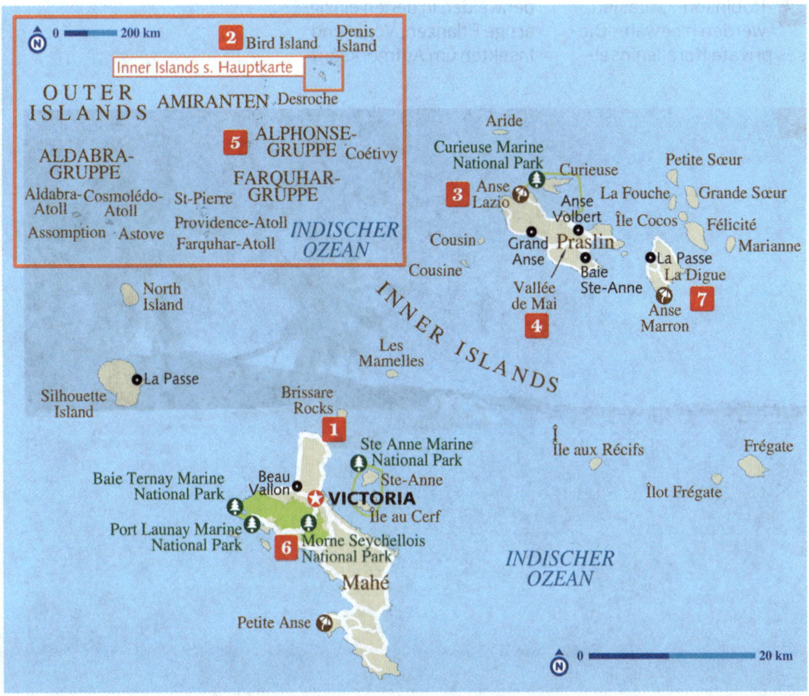

auf 1 km Länge, während schimmerndes Wasser zum Schwimmen einlädt. Gesäumt wird die geschwungene Bucht von Palmen, Takamaka-Bäumen und gewaltigen Granitbrocken (super Schnorchelspots!).

VALLÉE DE MAI

4 Wer sich vom Strand loseisen kann, findet im Vallée de Mai ein Paradies der anderen Art: Diese Welterbestätte beheimatet viele endemische Pflanzen wie die seltene und wunderschöne Seychellenpalme. Inmitten von dichtem Tropenwald lauscht man hier dem Gesang der Vögel und verliert sich auf den Wanderwegen, die kreuz und quer durch die grüne Mini-Wildnis führen.

ALPHONSE ISLAND

5 Robinson-Fantasien werden hier wahr: Dieses private Koralleninselchen mit tollem Resort liegt rund 400 km südlich von Mahé. Als weltweit bestes Revier zum Salzwasser-Fliegenfischen steht Alphonse Island bei Sportanglern hoch im Kurs. Nur zehn Bootsminuten entfernt liegen zudem grandiose Schnorchel- und Tauchspots, an denen stets nur der eigene Kahn ankert. Kein Wunder, dass das Eiland immer beliebter wird.

MORNE SEYCHELLOIS NATIONAL PARK

6 Badekluft einpacken und die Wanderschuhe rausholen: In dem großartigen Nationalpark (bedeckt 20 % von Mahé) lassen sich diverse Pfade in praktisch unbewohnter und fast unberührter Natur erkunden. Zusammen mit Guides geht's hier durch dichte Tropenwälder, in denen einzigartige Pflanzen, Vögel und Insekten um Aufmerksam-

▼ UNTERWEGS VOR ORT

Super Flugverbindungen zwischen Mahé und Praslin plus Chartermaschinen zu anderen Inseln.

Verlässlicher Schnellboot-Service zwischen Mahé, Praslin und La Digue; zu den anderen Inseln fahren keine Passagierboote.

Zuverlässige, günstige Busse zwischen den meisten Ortschaften auf Mahé und Praslin.

3

ESB PROFESSIONAL / SHUTTERSTOCK ©

keit buhlen. Und die Aussicht auf die schroffen Gipfel in der Umgebung bleibt einem ewig im Gedächtnis. Die meisten Parkbesucher sind überrascht, dass dieses geheimnisvolle Stück Mahé bis heute existiert.

ANSE COCOS

7 Wer unter Visionen vom Tropenparadies leidet, wird hier seine Erfüllung finden: Dieses Eiland östlich von La Digue will man nie wieder verlassen. Hierfür sorgt ein echter Bilderbuchstrand mit verblüffend blauem Wasser und strahlend weißem Sand, der von würdevoll gebogenen Kasuarinen und Palmen beschattet wird. An beiden Enden verstecken sich wunderbare kleine Buchten zwischen formschönen Felsbrocken. Ideal, um stundenlang abseits von Menschenmassen zu relaxen.

JUSTIN FOULKES / LONELY PLANET ©

▼ ESSEN & TRINKEN

Bier Seybrew, eine örtliche Marke, ist überall zu haben. Nicht ganz so einfach hat man es mit Eku, einem weiteren vor Ort gebrauten Bier.

Fisch Fisch, Fisch, Fisch! Und Reis. Das ist die gebräuchlichste Kombination auf den Seychellen (*pwason ek diri* im örtlichen Kreol). Der Fisch zergeht im Mund. Zu den Speisefischen gehören *bourgeois*, *capitaine*, Hai, *job*, Papageifisch, Stachelmakrele, Thunfisch u. a.

Fledermauscurry Das als *civet de chauve souris* bezeichnete Gericht gilt hier als Delikatesse.

Früchte Die Seychellen quellen über vor Früchten, darunter Mangos, Bananen, Brotfrüchte, Papayas, Kokosnüsse, Grapefruits, Ananas und Sternfrüchte. Mit Gewürzen vermischt ergeben sich daraus tolle Beilagen, beispielsweise das aromatische *chatini* (Chutney).

Säfte Neben Kokosmilch gehören frisch gepresste Säfte zu den köstlichsten und natürlichsten Getränken auf den Inseln.

▼ TIERE & PFLANZEN

Zu den häufigsten Säugetieren und Reptilien auf den Seychellen zählen Flughunde, Geckos, Skinke und Tenreks (igelartige Säuger, die ursprünglich aus Madagaskar stammen). Hinzu kommen ein paar kleine und ungefährliche Schlangenarten.

Riesenschildkröten findet man heute nur noch auf den Seychellen (sie sind auch das Wappentier) und auf den Galapagosinseln vor Ecuador. Die Franzosen und Engländer löschten die Schildkrötenbestände auf den Seychellen fast ganz aus. Die Tiere überlebten nur auf Aldabra, wo sich aktuell 100 000 davon in Frieden tummeln. Viele Exemplare wurden inzwischen auf die zentralen Inseln gebracht und futtern sich dort durch die Hotelgärten. Eine wild lebende Kolonie gibt's auch auf Curieuse Island.

Auf fast jeder Seychelleninsel scheinen seltene Vogelarten zu leben. Darunter sind Dajaldrosseln (Frégate, Cousin, Cousine, Aride), Seychellen-Grasmücken (Cousin, Cousine, Aride), Paradiesschnäpper (*veuve*; La Digue, Denis), Rabenpapageien (Praslin), Seychelleneulen und -falken (beide Mahé) sowie Millionen von Rußseeschwalben (Bird Island).

HAUPTSTADT
Freetown

BEVÖLKERUNG
6,8 Mio.

FLÄCHE
71 740 km²

AMTSSPRACHE
Englisch

Bureh Beach, Distrikt Western Area Rural

SIERRA LEONE

Für Traveller ist Sierra Leone immer noch Westafrikas Geheimtipp in Sachen Strand: Hier wartet weicher Sand am ruhigen Atlantik. Dahinter liegen sonnenverbrannte Landschaften, grüne Regenwälder und die leuchtend roten Straßen im Norden des Landes.

In Freetown erinnern bunte Stelzenhäuser an die Tage, als freigelassene Sklaven aus der Karibik an dieser Küste angesiedelt wurden. Die Loma Mountains im Norden sind die höchsten Berge westlich von Kamerun. Weiter östlich beherbergen Nationalparks und Regenwälder bedrohte Arten wie Schwarz-weiße Stummelaffen oder scheue Zwergflusspferde.

Die Wunden des Bürgerkriegs waren gerade verheilt, als eine Ebola-Epidemie (2014–2015) das Land erneut stark zurückwarf. Der Tourismus kann Sierra Leone sehr beim Erholen helfen. So sollte man sich den Inselfans und Abenteurern anschließen, in den wenig besuchten Regenwäldern campen und unter schlanken Palmen frischen Hummer knacken.

Highlights

TIWAI ISLAND

1 Tiwai Island ist das am besten zugänglichste Naturschutzgebiet des Landes. Auf der 12 km² großen Insel wachsen ein paar der letzten Ur-Regenwälder Westafrikas. Primaten sind die berühmtesten Vertreter des großen örtlichen Artenreichtums.

FREETOWN

2 Zwischen den Bergen und dem Meer wartet Sierra Leones Hauptstadt mit viel Fröhlichkeit, Energie und Charme auf. Ruhige Strände, freundliches Krio-Geplauder und warme Reisteller plus Suppe sorgen für entspannte und erholsame Momente. Doch gleich darauf wird's hektisch und laut, wenn man im Sammeltaxi die Hügelchen der Stadt hinauf- und hinunterflitzt.

OUTAMBA-KILIMI NATIONAL PARK

3 Dieser Landschaftsmix aus Dschungel und Savanne beheimatet neun Primatenarten, Zwergflusspferde und angeblich auch Leoparden. Zu den Aktivitäten hier gehören beispielsweise die Suche nach scheuen Waldelefanten und Bootstouren auf dem Fluss, bei denen man Affen und Vögeln in den Bäumen lauscht.

REISEZEIT

HAUPTSAISON (Nov.–Feb.)

ZWISCHENSAISON (März–Mai & Okt.)

NACHSAISON (Juni–Sept.)

ESSEN & TRINKEN

Fry fry Einfache Sandwiches.

Plasas Sauce aus gestampften Kartoffeln oder Maniok-Blättern und Palmöl.

Poyo Leichter und fruchtiger Palmwein.

Star Beliebteste Biermarke.

Straßensnacks Brathähnchen, gerösteter Mais, Hühner-Kebab.

HAUPTSTADT
Harare

BEVÖLKERUNG
14,83 Mio.

FLÄCHE
390 757 km²

AMTSSPRACHEN
Englisch, Shona, Ndebele

Victoriafälle

SIMBABWE

Reist man durch Simbabwe erlebt man verschiedenste Landschaften, vom Highveld (Grassteppe) mit Msasa-Bäumen über ländliche Orte und grüne Berge bis zu den Flüssen, die im Norden die Lebensadern bilden.

Hier können Besucher die „Big Five" in großartigen Parks beim Unherziehen bewundern, archäologische Stätten mit UNESCO-Welterbestatus entdecken und mit den Victoriafällen eines der schönsten Naturwunder der Welt bestaunen.

Unterwegs wird man freundlich von den Einheimischen empfangen, die für ihre Höflichkeit und Belastbarkeit in schweren Zeiten bekannt sind. Nach zwei Jahrzehnten ruinöser Politik mit Gewalt und wirtschaftlichem Kollaps haben sie die Hoffnung nicht aufgegeben, dass für ihre geplagte Heimat neue und bessere Zeiten anbrechen werden.

Aus der Ferne betrachtet wirkt die soziale und wirtschaftliche Situation in Simbabwe weiterhin sehr angespannt. Doch direkt vor Ort sieht es etwas anders aus: Die meisten Besucher bescheinigen dem Land, ein sicheres, freundliches und spektakuläres Reiseziel zu sein…

Highlights

VICTORIAFÄLLE

1 Da sind sie, die mächtigen Victoriafälle! Ein 1 km langer Weg verläuft an der oberen Kante der Schlucht; von Aussichtspunkten hat man einen Panoramablick auf den gewaltigen Wasservorhang. Eine der spektakulärsten Stellen ist der westlichste Punkt, bekannt als Cataract View. Ein anderer Weg führt zum Danger Point, der seinen Namen zu Recht trägt – hier fällt eine nackte Felswand 100 m tief ab. Von dort führt ein Seitenweg zu einem Aussichtspunkt, von dem aus man einen guten Blick auf die Victoria Falls Bridge hat.

GROSS-SIMBABWE

2 Afrikas größte mittelalterliche Stadt unterhalb der Sahara ist eine Welterbestätte und zählt zu den Top-Attraktionen Simbabwes. Sie wird hier so verehrt, dass die Einheimischen sogar das Land nach ihr benannten. Glaubt man den (völlig unbewiesenen) Legenden, bildeten die Ruinen aus der Zeit der Bantu-Zivilisation einst die Hauptstadt der Königin von Saba. Sie beweisen, dass Afrika im Altertum viel weiter entwickelt war als von Wissenschaftlern früher vermutet: Groß-Simbabwe mit seinen 10 000 bis 20 000 Einwohnern war das politische und religiöse Zentrum eines Reichs, zu dem neben dem Osten Simbabwes auch Teile des heutigen Botsuanas, Mosambiks und Südafrikas gehörten.

MANA POOLS NATIONAL PARK

3 Die Magie dieser herrlichen Welterbestätte (2200 km²) beruht auf Abgeschiedenheit und dem

REISEZEIT

HAUPTSAISON
(Juli–Sept.)

ZWISCHENSAISON
(Mai, Juni & Okt.)

NEBENSAISON
(Nov.–April)

durchdringenden Gefühl wilder Natürlichkeit. Besucher sehen garantiert viele Flusspferde, Krokodile, Zebras und Elefanten sowie fast immer Löwen. Eventuell lassen sich auch Afrikanische Wildhunde, Leoparden und Geparden blicken. Eine Besonderheit im Vergleich zu fast allen anderen Nationalparks der Welt: Hier sind Wandersafaris ohne Guide erlaubt.

HWANGE NATIONAL PARK

4 Der größte Nationalpark (14651 km²) Simbabwes gehört zu den zehn größten Naturschutzgebieten Afrikas und ist unglaublich artenreich: Neben 400 Vogelarten tummeln sich hier auch 107 verschiedene Säugetiere (u.a. Löwen, Giraffen, Leoparden, Geparden, Hyänen, Afrikanische Wildhunde). Das absolute Highlight von Hwange (Wang-ih) ist jedoch einer der weltgrößten Elefantenbestände mit rund 40000 Dickhäutern.

EASTERN HIGHLANDS

5 Die Berge der schmalen Provinz Manicaland sind anders, als man sich Afrika meist vorstellt: Trockenes Terrain und Savannen voller Großtiere gibt's hier nicht – mit grünen Hügeln im Nebel, Kiefernwäldern und botanischen Gärten erinnern die Eastern Highlands eher an Großbritannien. Gutbetuchte aus Harare saßen hier früher an den offenen Kaminen ihrer Wochenendhäuser, angelten auf Forellen und wanderten durch die Natur. Die Region hatte schon immer ein großes Tourismuspotenzial und war in den 1990er-Jahren bei Backpackern sehr beliebt. Heute verzeichnet sie aber nur einen Bruchteil der

UNTERWEGS VOR ORT

Die beliebte Billigfluglinie FastJet verbindet Harare mit Victoria Falls.

Die wichtigsten Zugverbindungen bestehen zwischen Harare, Bulawayo, Mutare und Victoria Falls. Unbedingt 1. Klasse fahren!

Die meisten Gesellschaften betreiben Regional- und Luxusbusse, die jeweils nach Fahrplan verkehren.

4

PAULA FRENCH / SHUTTERSTOCK ©

Besucher, die sie verdient hätte. Idyllische Flüsse, Wasserfälle und traumhafte Aussicht bis nach Mosambik machen die Wanderrouten in den spektakulären Nationalparks zu den besten des Landes.

HARARE

6 Harare ist schöner als die meisten anderen Hauptstädte im Süden Afrikas und hat zu Unrecht einen schlechten Ruf: Sicherlich gibt's auch hier Probleme, doch unterm Strich ist die Stadt ein meist sicheres Ziel mit entspannter Atmosphäre. Am Rand der breiten Straßen liegt staubige rote Erde, während einheimische Pflanzen und blühende Jacaranda-Bäume für Sommerflair à la Afrika sorgen – ergänzt durch tolle Restaurants, Museen, Kunsthandwerksmärkte und allerlei Bars. So lohnt es sich trotz akuten Safari-Fiebers, etwas in Harare zu verweilen.

MATOBO NATIONAL PARK

7 Diese atemberaubende Welterbestätte gehört zu den unbekannteren Highlights des Landes. Die außerirdisch anmutende Granitlandschaft dieses Nationalparks ist eine der majestätischsten der Welt: Riesige *kopjes* (Felsen) ruhen hier in scheinbar unmöglicher Balance aufeinander. Dieser Anblick macht einem sehr schnell klar, warum Matobo als spirituelles Zentrum Simbabwes gilt.

BULAWAYO

8 Breite Alleen, Parks und schmucke Kolonialgebäude machen Simbabwes zweitgrößte Stadt zu einem attraktiven Ziel. In netter historischer Atmosphäre kann man hier tolle Architektur, Kunstgalerien und Spuren der Vergangenheit bewundern.

6

JEZ BENNETT / SHUTTERSTOCK ©

ESSEN & TRINKEN

Simbabwes Küche ist generell gut. Serviert wird meist Fleisch vom Holzkohlegrill (z. B. T-Bone-Steaks, Hühnchen) und Fisch aus dem Sambesi (z. B. Brasse mit Gemüse und Kartoffelstärke).

Ein einheimisches Grundnahrungsmittel ist *sadza* (eine Art Grütze bzw. ein Püree aus weißem Maismehl), das mit den Fingern gegessen wird. Dazu gibt's Tomaten-Würzsauce, Fleisch und/oder Bratensauce.

Großstädte und Touristenzentren bieten eine gute internationale Auswahl. Hinzu kommen exotische Fleischsorten (z. B. Krokodil, Kudu, Warzenschwein) und Cafésnacks (z. B. Sandwiches, Pies).

KUNST & KULTUR

Simbabwes Feste, Märkte, Straßenstände, Livekonzerte, Gedichte, Tänze und Kunstwerke sind wunderbare Zeugnisse der hiesigen Mentalität. Wer sich damit beschäftigt, kann sehr gut Kontakte zu Einheimischen knüpfen und etwas über deren Leben erfahren. Ob Halsketten, Stickereien, Webarbeiten oder Schnitzereien: Fast jeder ist hier irgendwie kreativ. Simbabwe bedeutet „großes Steinhaus". So repräsentiert seine Bildhauerei (Shona) das Land wohl am besten. Dank Ausgelassenheit im Ausdruck, Steinmaterialien in riesiger Vielfalt, hoher Kunstfertigkeit und viel Fantasie wurden Shona-Skulpturen schon bei vielen internationalen Ausstellungen gefeiert.

HAUPTSTADT
Singapur

BEVÖLKERUNG
5,87 Mio.

FLÄCHE
697 km²

AMTSSPRACHEN
Mandarin, Englisch, Malaiisch, Tamil

Gardens by the Bay

SINGAPUR

Lang war Singapur für Traveller kaum mehr als eine sterile Zwischenstation. Aber die Stadt hat sich neu erfunden und ist nun sehr angesagt.

Asiens ewiger Streber ist endlich cool geworden: Das moderne Singapur ist viel mehr als Satay und Einkaufszentren. Heute dreht sich hier alles um futuristische Architektur, Kunst in umgebauten Kasernen aus der Kolonialzeit und sortenreinen Kaffee in historischen Ladenzeilen.

Singapurs Einwohner sind besessen von gutem Essen. So dampft, brutzelt und köchelt es hier fast überall. Die verschiedenen Ethnien der Stadt sind sich zumindest in puncto Küche größtenteils einig. Über den berühmten *hawker centres* (Lebensmittelmärkten) hängt der Duft von chinesischen, malaiischen und indischen Gewürzen.

Die ehrgeizige „Stadt in einem Garten" bereitet Naturfans einige tolle Überraschungen: Mit dem Bus geht's hinaus in Regenwälder voller Affen und zu Feuchtgebieten mit vielen Waranen. Im Zentrum sorgt der Botanische Garten für Erholung vom Trubel. Willkommen in Singapurs Wildnis – die sich selbstverständlich mit lokaltypischem Komfort erkunden lässt.

Highlights

GARDENS BY THE BAY

1 Der „Super-Park" für 1 Mrd. US$ ist die Krönung von Singapurs Gartenkultur: Auf stolzen 101 ha warten hier fast 400 000 Pflanzen und eine atemberaubende Architektur. Die beiden riesigen Gewächshäuser an der Marina Bay sehen aus wie futuristische Muschelschalen – das eine beherbergt uralte Olivenbäume, das andere einen Berg mit tropischer Vegetation. Im Norden ragen die „Supertrees" empor. Diese Turmkonstruktionen in Baumform sind über einen Hochsteg verbunden und jeden Abend hypnotisch beleuchtet.

NATIONAL GALLERY SINGAPORE

2 Die Ende 2015 eröffnete Nationalgalerie ist eines der Highlights unter Singapurs Museen und Galerien. Kunstfans können hier südostasiatische Werke (19. Jh. bis heute) bewundern, während sich der Nachwuchs im Keppel Centre for Art Education vergnügt. Zum Komplex gehören auch ein paar von Singapurs neuesten Gourmettempeln und eine Dachbar mit Traumblick.

SINGAPORE ZOO & NIGHT SAFARI

3 Ganz eindeutig: Das hier ist vielleicht der beste Zoo der Welt. Die Gehege unter freiem Himmel bieten den Tieren viel Bewegungsfreiheit und Besuchern einen unversperrten Blick. Der Singapore Zoo ist einer der wenigen Orte außerhalb von Borneo und Sumatra, an denen man unter Bäumen stehen und ein paar Meter über seinem Kopf Orang-Utans beobachten kann. Hin und wieder huschen auch Hirschferkel und Lemuren über die Wege. Wenn die Nacht

▼ REISEZEIT

HAUPTSAISON
(Dez.–Juli)

NEBENSAISON
(Aug.–Nov.)

beginnt, kann man bei der Night Safari in Landschaftsgehegen nachtaktive Tiere wie Leoparden, Rehe und imposante Malaysia-Tiger aus nächster Nähe erleben. Bei der River Safari zwischen dem Zoo und der Night Safari lassen sich auch Große Pandas beobachten.

BOTANISCHER GARTEN

4 Dieses Paradies ist der perfekte Gegenpol zu Singapurs Großstadttrubel: Am unteren Ende der Orchard Rd erstreckt sich eine weitläufige Oase mit eleganten Teichen, Themengärten und vielen tollen Plätzchen zum Picknicken oder Leutebeobachten. Im Orchideengarten heißt's nach der Vanda Miss Joaquim (Singapurs Nationalblume) Ausschau halten. Ein kleines Stück seltenen Ur-Regenwalds spendet erholsame Kühle. Hinzu kommen ein spezieller Children's Garden, Gratisführungen und kostenlose Opernvorstellungen auf der Shaw Foundation Symphony Stage.

ORCHARD ROAD

5 Die 2,5 km lange Orchard Rd war früher einmal eine von Gewürz- oder Obstplantagen gesäumte Staubstraße. Heute ist sie eine stark belebte Einkaufsmeile mit tollen Malls, Kaufhäusern und Spezialitätenläden. Die gigantische Markenpalette reicht von einheimischen Designern bis zu großen internationalen Mainstream-Labels und begehrter Mode aus Europa – ideal für fanatische Shopaholics! Nach dem Deponieren der Käufe im Hotel geht's noch hinaus nach Emerald Hill, wo Peranakan-Architektur und Bars mit Happy-Hour-Drinks warten.

UNTERWEGS VOR ORT

Busse bedienen dieselben Ziele wie Züge und noch ein paar mehr. Sie fahren von 6 bis 24 Uhr (im Zentrum gibt's auch Nachtbusse).

Die U-Bahn (Betriebszeit 5.50–1 Uhr) ist das praktischste Nahverkehrsmittel.

Singapurs Taxis (günstig, verglichen mit Sydney oder London) kann man heranwinken und sie warten auch an Ständen. Bei Regen braucht man aber viel Glück.

5

DEEPBLUE / GETTY IMAGES ©

PULAU UBIN

6 Singapurs stadteigenes Insel-Idyll vermittelt einen Eindruck vom rustikalen Leben in einem *kampong* (Dorf), das hier bis zu den 1960er-Jahren noch weit verbreitet war. Bumboote tuckern von Changi aus nach Pulau Ubin, wo man uralte Mangrovensümpfe und stille Seen voller Lotusblüten erkunden kann. Beim Radeln geht's vorbei an Blechdach-Hütten und baufälligen Tempeln – oder über einen Mountainbike-Trail mit Tempo durchs Gelände. Krönender Abschluss ist dann ein Abendessen mit Seafood am Meer.

LITTLE INDIA

7 Nirgends kommt man dem chaotischen alten Singapur näher als im stimmungsvollsten historischen Viertel der Stadt. Am besten für Besuche ist das betriebsame Wochenende, wenn hier viele Gastarbeiter aus Indien ein Stück Heimat suchen. An den überdachten Fußwegen vor den Ladenzeilen stapeln sich Gewürze und Bollywood-Magazine, während Backpacker in Bars bechern. Und bei Schlaflosigkeit auf zum Mustafa Centre: Dort kann man spätabends ein iPad kaufen und danach *teh tarik* (heißer Tee mit Milch) zu *roti prata* genießen.

LUCIANO MORTULA / GETTY IMAGES ©

▼ ESSEN & TRINKEN

Char kway teow Reisnudeln, mit Sojasprossen, Herzmuscheln, Krabben und chinesischen Würstchen im Wok gebraten und mit Soja- und Chilisauce serviert.

Hühnchen-Reis Hainan Zart gegartes Hühnchen, auf einem Bett aus Duftreis und mit Knoblauch-Chili-Sauce serviert.

Karottenküchlein Mit Sojasprossen gebratene Würfel aus Rettichmehl mit Chilisauce und salzigem Rettich.

Murtabak Mit würzigem Hackfleisch (Hühnchen, Rind oder Hammel), Knoblauch, Ei und Zwiebeln gefüllter Pfannkuchen.

Nasi padang Gedämpfter weißer Reis, serviert mit einer Auswahl an Fleisch, Gemüse und Currys.

Roti prata Ein gebratenes Fladenbrot meist mit Curry serviert.

Tiger-Bier Singapurs lokales Bier ist ein leckeres helles Lager.

▼ SINGLISH

Die Amtssprachen in Singapur sind Malaiisch, Mandarin, Tamil und Englisch, aber die inoffizielle *lingua franca* der Stadt ist Singlish. Dabei handelt es sich im Grunde um einen englischen Dialekt, vermischt mit Hokkien, Malaiisch und Tamil, der schnell und abgehackt gesprochen wird, wobei die Sätze mit vielen Ausrufewörtern angereichert werden – *lah* ist das gebräuchlichste, gefolgt von *mah*, *lor*, *meh*, *hor* und anderen.

Zudem wird die letzten Silbe von Sätzen lang betont, während Worte, die auf Konsonanten enden, oft verkürzt und Vokale verzerrt werden. Zeitformen? Kann man vergessen. Vergangenheit, Gegenwart und Zukunft werden mit zeitanzeigenden Wörtern gebildet. Auf Singlish sagt man also „ich gehe morgen" oder „ich gehe gestern".

HAUPTSTADT
Bratislava
BEVÖLKERUNG
5,44 Mio.
FLÄCHE
49 035 km²
AMTSSPRACHE
Slowakisch

Bratislava

SLOWAKEI

Im Herzen Europas wartet die Slowakei mit Burgen, Schlössern und Bergen auf, gelegentlich unterbrochen vom einen oder anderen Betondschungel.

Heute, fast 30 Jahre nach dem Auseinanderfallen der Tschechoslowakei, ist die Slowakei ein selbstbewusster, unabhängiger Staat. Super Nachtleben, eine schmucke Altstadt und gute Verbindung zum Rest Europas bescheren Bratislava landesweit die meisten Besucher. Außerhalb der Hauptstadt zeigen viele Dörfer mit „Lebkuchenhäuschen", dass die moderne Slowakei ihre volkstümlichen Traditionen weiterhin pflegt.

Für Outdoor-Fans ist die Slowakei besonders toll: Die Hohe Tatra ist ein Paradies für Wanderer und Wintersportler. In den Nationalparks (z. B. Slovenský Raj) warten viele Wasserfälle. Auf den Hügeln thronen richtige Märchenschlösser und -burgen. Malerische Kirchen zieren den weniger bekannten Osten rund um das freundliche Košice, die zweitgrößte Stadt der Slowakei. Im Rahmen eines langen Wochenendes in diesem kleinen Land kann man in herrlicher Berglandschaft wandern oder Ski fahren, alte sozialistische Kuriositäten bestaunen und in Kellerrestaurants anstoßen.

Highlights

BRATISLAVA

1 Bratislava löst keine Schwärmereien aus, sondern verführt regelrecht. Mittendrin schwebt ein Ufo (das runde Turmrestaurant auf der Brücke des Slowakischen Nationalaufstands) über bewaldeten Flussufern. Die Burg thront über einer pastellfarbenen Altstadt, während sich dahinter ein Betondschungel erstreckt. Doch trotz dominierender Moderne ist Bratislava grün: Es säumt die Donau an der Grenze zu Österreich und hat hügelige Parks mit vielen Spazier- bzw. Radwegen. Weinberge bedecken die Ausläufer der Male Karpaty (Kleinen Karpaten) im Norden. Kein Wunder, dass Bratislava wie ein kunterbunter Mix aus Natur, Urbanität, Historie und Moderne wirkt: Es wurde 1993 zur Hauptstadt der jungen, unabhängigen Slowakei. Neben Türmen und Plätzen aus dem goldenen 18. Jh. sind heute auch sozialistische Monumente und verblüffend viele Statuen zu sehen. Und egal, ob man auf Bier in Kneipen, Cocktails in Dachbars oder wilde Junggesellenabschiede steht: Das Nachtleben bietet für jeden etwas.

ZIPSER BURG

2 Die Burg oberhalb des Städtchens Spišské Podhradie war einst die Heimat von mittelalterlichen Wächtern und Renaissancefürsten. Die zauberhafte Ruine liegt inmitten von Wiesen auf einem Felsgrat und ist das wohl beliebteste Fotomotiv der Slowakei.

HOHE TATRA

3 Die Hohe Tatra, der höchste Gebirgszug in den Karpaten, thront über

REISEZEIT

HAUPTSAISON
(Juli & Aug.)

ZWISCHENSAISON
(April–Juni & Sept.)

NEBENSAISON
(Okt.–März)

dem Großteil Osteuropas. Rund 25 Gipfel sind über 2500 m hoch, aber das Massiv mit unberührten Schneefeldern, blauen Bergseen, tosenden Wasserfällen, grünen Wäldern und Alpweiden ist nur ca. 25 km breit und 78 km lang.

DORFIDYLLE

4 Wiesen und bewaldete Berge mit Burgen machen die zentrale Slowakei zur idealen Spielwiese in Sachen lustiges Landleben. Die Region ist das Zentrum der Schäfertradition, die die slowakische Küche bis heute dominiert. An Straßenständen stapeln sich hier z. B. geräucherter Käse, Honig, Waldpilze und Beeren. Die Arwaburg und Schloss Bojnice sind am stärksten besucht. Doch auch die Dorfidylle bietet Attraktionen: Das Nest Vlkolínec ist eine UNESCO-Welterbestätte. Geometrische Muster zieren die Holzhäuser von Čičmany. Und in Martin gibt's neben restaurierten Häusern aus dem 19. und 20. Jh. auch *skanzen* (Freilichtmuseen).

SLOVENSKÝ-RAJ-NATIONALPARK

5 Das „Slowakische Paradies" besucht man nicht einfach: Der Park mit Höhlen, Schluchten und Wasserfällen wird vielmehr kletternd und watend erkundet. Wanderer folgen Leitern über rauschende Stufenwasserfälle, marschieren zu Klosterruinen und bibbern in einer Eishöhle – und das alles nur am ersten Tag.

HOLZKIRCHEN

6 Wenn man von Bardejov in den abgeschie-

UNTERWEGS VOR ORT

Busse bedienen kleinere Ortschaften ohne Bahnanschluss.

Teils schmale und holperige Straßen; Kopfsteinpflaster und Straßenbahnschienen in manchen Städten.

Züge sind super in puncto Landschaft und Zeitersparnis; die meisten Touristenziele liegen abseits der Hauptstrecke Bratislava–Košice.

denen äußersten Osten der Slowakei reist, erreicht man die Grenze zwischen West- und Ostkirche. Vom 17. bis 19. Jh. wurden in dieser Gegend fast 300 Gotteshäuser mit Zwiebelkuppel aus dunklem Holz erbaut. Von den rund 40 verbleibenden wurden acht von der UNESCO als Welterbestätte verzeichnet, darunter auch jene in Hervatov oder Ladomirová. Die meisten gehören dem griechisch-katholischen oder orthodoxen, einige wenige dem katholischen oder protestantischen Glauben an. Typischerweise symbolisieren drei Holzkuppeln, drei architektonische Bereiche und drei Türen an den Ikonostasen die göttliche Dreifaltigkeit. Letztere sind wie auch die gesamten Innenräume mit prächtigen Ikonen von Christus und den Heiligen geschmückt – ein wirklich faszinierender Anblick (sofern man es geschafft hat, ins Innere einer Kirche zu gelangen).

BANSKÁ ŠTIAVNICA

7 Buchstäblich eine glanzvolle Geschichte: Gold, Silber und Mineralien machten die älteste Bergbaustadt der Slowakei sehr reich. Von der örtlichen Blütezeit im 16. Jh. zeugt gut erhaltene Architektur im Stil der Gotik und Renaissance (Bergbau wurde aber wohl schon lange vorher betrieben). Im Königreich Ungarn war Banská Štiavnica die drittgrößte Stadt. Als die Mineralvorkommen nach dem 19. Jh. erschöpft waren, schlossen die Bergwerke, woraufhin viele Einwohner wegzogen. Für heutige Besucher macht die historische Atmosphäre aber einen Teil des Reizes aus. Dank der mittelalterlichen Burgen, Bürgerhäuser und Sakralbauten ist das Zentrum seit 1993 eine Welterbestätte. Ein Freilichtmuseum vermittelt einen Eindruck von den alten Bergbautagen.

5

CCAT82 / SHUTTERSTOCK ©

ESSEN & TRINKEN

Die slowakische Küche ist nicht sonderlich berühmt und erfüllt so manches Klischee von langweiliger Hausmannskost: Auf vielen Speisekarten stehen *bryndzové halušky* (Kartoffelnocken mit Schafskäse und Speck) und Kohlsuppe mit Fleisch. Dennoch haben Bratislava und Košice eine internationale Gastroszene mit slowakischen, italienischen und französischen Nobelrestaurants (teils auch vegetarisch).

Kleinstädte wie Bardejov und Ždiar haben tolle Lokale. In den Ski- und Wanderzentren der Hohen Tatra wird viel kohlenhydratreiches Fast Food serviert.

EISHOCKEY

Die männliche Eishockey-Nationalmannschaft der Slowakei rangiert oft unter den Top 10 des Internationalen Eishockey-Verbands – nicht schlecht, vor allem da das Team erst nach dem Auseinanderfallen der Tschechoslowakei (1993) gegründet wurde. Zwischen den regionalen Clubs herrscht starke Rivalität. Am beliebtesten sind HC Slovan aus Bratislava (von 2012 bis 2019 in der Kontinentalen Hockey-Liga) und HC Košice, in deren Stadien teils die Eishockey-Weltmeisterschaft 2011 stattfand. Während der Spielsaison (Sept.–Mai) läuft Eishockey oft im TV.

HAUPTSTADT
Ljubljana

BEVÖLKERUNG
2,1 Mio.

FLÄCHE
20 273 km²

AMTSSPRACHE
Slowenisch

Wocheiner See, Nationalpark Triglav

SLOWENIEN

Verschneite Gipfel, türkisfarbene Flüsse und eine venezianisch anmutende Küste: Slowenien ist ein Paradies auf Erden. Neben herrlicher Natur warten hier schöne Architektur, zauberhafte Rustikalität und raffinierte Küche.

Das Land gehört zu den kleineren Europas, auf rund 20 000 km² leben knapp 2 Mio. Menschen. Doch wie heißt es so schön? „Klein, aber oho" – ein Motto, das Slowenien auf den Leib geschneidert ist. Hier gibt's einfach alles: Strände, schneebedeckte Berge, Hügel voller Weinberge und weite, mit Sonnenblumen bedeckte Ebenen, gotische Kirchen, barocke Paläste und Jugendstilgebäude. Seine unglaubliche klimatische Vielfalt bringt warme mediterrane Brisen zu den Ausläufern der Alpen, wo es selbst im Frühsommer noch schneien kann.

Die Hauptstadt Ljubljana ist reich an Kultur. Lebendigkeit und Nachhaltigkeit sind hier wichtiger als uneingeschränktes Wachstum. Diese Sensibilität für Natur und Umwelt reicht bis in ländlichere und weniger entwickelte Teile des Landes. Schließlich ist mehr als die Hälfte Sloweniens von Wald bedeckt – und damit ist es definitiv eines der „grünsten" Länder der Erde.

Highlights

LJUBLJANA

1 Sloweniens Hauptstadt, auch „Geliebte" genannt, schafft den schweren Spagat zwischen Größe und Lebensqualität perfekt: Sie ist groß genug, um interessant zu sein – aber noch klein genug für gemütliche Erkundungen zu Fuß oder mit dem Fahrrad. Und nirgendwo sonst tanzt das Land einen so eleganten Architekturwalzer: In Ljubljana warten u. a. ein uralter Burgberg und schmucke Bankgebäude im Jugendstil. Zudem sieht man hier überall seltsam dekorative Säulen, Obelisken und Kugeln des einheimischen Künstlers Jože Plečnik.

KLETTERN AM TRIGLAV

2 Ein echter Slowene ist angeblich erst, wer den Triglav erklommen und auf dem Gipfel eine symbolische Tracht Prügel erhalten hat. Fehlt eigentlich nur noch, dass die Einheimischen einen Stempel in ihren Personalausweis bekommen, nachdem sie den höchsten Berg des Landes bezwungen haben. Nun die gute Nachricht: Der Aufstieg am Triglav ist anspruchsvoll, aber mit guter Fitness und einem erfahrenen Guide praktisch für jeden zu schaffen. Zur Wahl stehen mehrere beliebte, höchst berauschende Routen.

REISEZEIT

HAUPTSAISON
(Juni–Aug.)

ZWISCHENSAISON
(April, Mai, Sept. & Okt.)

NEBENSAISON
(Nov.–März)

PIRAN

3 Venedig in Slowenien? Der geschäftstüchtige Stadtstaat hat an der gesamten Adriaküste Spuren hinterlassen. Und Slowenien hat das Glück, heute über einen mittelalterlichen venezianischen Hafen zu verfügen, der sehr gut erhalten ist. Zwar zieht Piran in der Saison auch Touristenmassen von hohem Aus-

maß an, dennoch ist die Kulisse ein Augenschmaus. Am besten schweift man durch die schmalen Gassen, bevor man den Tag am zauberhaften Platz mit einem Sundowner ausklingen lässt.

RAFTING

4 Kaum ein Fluss schreit so laut nach Rafting wie der Soča in Slowenien. Vielleicht liegt das ja an der Farbe des Wassers, die zwischen leicht grünlichem Himmelblau und strahlendem Türkis liegt. Oder an der kühlen Gischt, die der Fluss auf seinem Weg ins Tal produziert. Selbst Raftingmuffel werden hier im Sommer schnell einen Neoprenanzug anziehen und begeistert sein. Spezialfirmen in Bovec, Bled und Kobarid bieten geführte Touren an. Trips auf der Krka sind vergleichsweise sanfter.

PTUJ

5 Hinter dem schwierig auszusprechenden Namen verbirgt sich eine der interessantesten historischen Städte des Landes, deren Vergangenheit bis zur Römerzeit zurückgeht. Das Zentrum ist ein Gewirr aus roten Dächern, mittelalterlichen Straßen, Kirchen, Türmen, Museen und Straßencafés. Von Ptuj aus erreicht man leicht eines der besten Weinbaugebiete in Slowenien; dort werden vor allem weiße Lesen gekeltert.

HÖHLEN VON POSTOJNA

6 Dieses Höhlensystem ist Sloweniens größte unterirdische Attraktion. Der Eingang wirkt recht unscheinbar. Doch schon die Bahnfahrt (4 km) zum Startpunkt der Höhlenwanderung lässt die Dimensionen des Ganzen erahnen.

UNTERWEGS VOR ORT

Busse sind generell praktisch und günstig, am Freitagnachmittag aber stark überfüllt. Eingeschränkter Betrieb an Sonn- und Feiertagen.

Mietwagen sind überall zu haben (u. a. am Flughafen) und super für Erkundungen auf eigene Faust.

Sloweniens Züge sind günstiger, aber zumeist langsamer als die Busse (Ausnahme: Hochgeschwindigkeits-Intercitys).

3

Die Grotten gleichen einem Wunderland aus kuriosen Kristallen: Wassertropfen mit hohem Mineralgehalt haben über Jahrhunderte u. a. verschnörkelte „Kronleuchter", lange Stalaktiten und faszinierende Stalagmiten entstehen lassen.

HÖHLENBURG PREDJAMA

7 Slowenien hat zahllose Burgen und Höhlen. Aber eine Burg in einer Höhle ist schon etwas Besonderes. Nur wenige Festungen liegen so grandios wie Predjama – nahe dem Talboden auf halber Höhe einer Steilwand. Als Schlupfwinkel von Erazem Lueger (Sloweniens „Robin Hood") hat die Burg eine spektakuläre Geschichte: Während der Belagerung soll Lueger frische Kirschen durch einen Geheimgang besorgt und spöttisch auf seine Feinde geworfen haben. Trotzdem nahm er ein unrühmliches Ende.

WEIN IM VIPAVA-TAL

8 Sloweniens Weinbaugebiete gehören zu den besten der ganzen Region. Dies gilt vor allem für das Vipava-Tal, das von der mediterranen Wärme und den kalten Winterwinden profitiert. So sind Freunde guter Tropfen hier goldrichtig und können z. B. ein paar der weltbesten Merlots probieren. Dazu dann noch den exzellenten luftgetrockneten Pršut-Schinken, ein paar regionale Früchte und Oliven – und fertig ist das perfekte, leckere Picknick à la Slowenien.

▼ ESSEN & TRINKEN

Lange standen auf den Speisekarten meist nur ein paar Nationalgerichte und kaum regionale Spezialitäten. Doch das ändert sich: Slowenien entdeckt gerade sein kulinarisches Erbe – oft auch in verfeinerter oder modernisierter Form.

Sloweniens Küche ist stark von den Nachbarländern beeinflusst. Aus Österreich stammen *klobasa* (Würstchen), *dunajski zrezek* (Wiener Schnitzel) und *zavitek* bzw. *štrudelj* (Strudel) mit einer Füllung aus Früchten, Nüssen und/oder *skuta* (Frischkäse). Die *žlikrofi* (mit Kartoffeln, Zwiebeln und Schweinefleisch gefüllte Ravioli), die *njoki* (Kartoffelklöße) und das *rižota* (Risotto) kommen aus Italien. Der ungarische Beitrag besteht aus *golaž* (Gulasch), *paprikaš* (Hühner- oder Rindfleischeintopf) und *palačinka* (Crêpes mit Marmeladen- oder Nussfüllung und Schoko-Garnierung). Kroatien und der übrige Balkan haben beliebte Grillgerichte wie Cevapcici und *pljeskavica* (Frikadellen) beigesteuert.

PECOLD / SHUTTERSTOCK ©

JETZT REISEN!

2025 wird das slowenische **Nova Gorica** gemeinsam mit der italienischen Stadt Görz (Gorizia) Kulturhauptstadt sein. Mit dieser Entscheidung soll ein Zeichen für Kooperationen über Landesgrenzen hinweg gesetzt werden. Das ebenfalls ausgewählte Chemnitz erhoffte sich auch eine internationale Zusammenarbeit: Seine slowenische Partnerstadt Ljubljana erhielt für 2025 aber keinen Zuschlag.

HAUPTSTADT
Mogadischu

BEVÖLKERUNG
12 Mio.

FLÄCHE
637 657 km²

AMTSSPRACHE
Somali

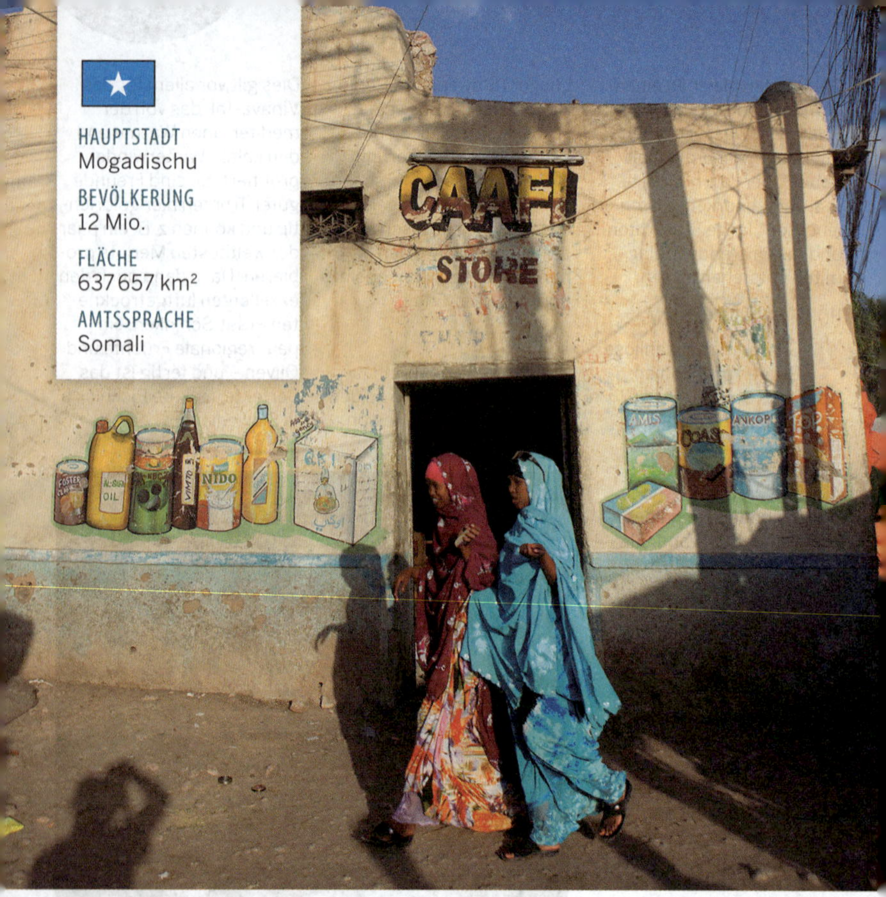

Hargeysa, Somaliland

SOMALIA & SOMALILAND

Früher war Somalia ein beliebtes Travellerziel und könnte dies vielleicht auch irgendwann wieder werden. Doch momentan ist das Land immer noch zu gefährlich für Ausländer: Bevölkerung, Städte und Infrastruktur leiden weiter unter dem nun 30 Jahre andauernden grausamen Bürgerkrieg.

Der Bürgerkrieg überschattet Somalias großartige Naturwunder: Am Golf von Aden und am Indischen Ozean erstrecken sich Tausende Kilometer unberührten Strandes. Die Zeila-Inseln nahe der Grenze zu Dschibuti sind ebenfalls vollkommen unerschlossen und warten mit vielen kunterbunten Tropenfischen auf. Die rauen und weitläufigen Sheikh-Berge (Somaliland) punkten mit schroffer Schönheit und herrlichem Küstenblick bis hinüber nach Berbera.

Highlights

SOMALILAND

1 Somaliland hat ein Parlament, eine Regierung, eine Hauptstadt, eine Nationalflagge und eine eigene Währung, dazu eine Universität, eine Armee und Mehrparteienwahlen. Dennoch wird es international nicht anerkannt und existiert daher offiziell nicht. Nach dem Zusammenbruch des zentralistischen Somalias erklärte sich die Republik Somaliland 1991 einseitig für unabhängig. Seitdem bemüht sich die politische Führung vergeblich um internationale Anerkennung.

Die selbst ernannte Republik Somaliland ist derzeit ein international nicht anerkannter, aber de facto unabhängiger Staat.

LAAS GEEL

2 Laas Geel ist eines der schönsten Beispiele für uralte Felskunst in Afrika: Hunderte Bilder aus der Jungsteinzeit zeigen Wildtiere, geschmückte Rinder und Hirten. Die Malereien sind sehr gut bis perfekt erhalten und teils über 1 m lang. Sie zieren die Wände eines Gangsystems mit mehreren Höhlen, von denen einige bewohnt waren.

HAFUN

3 Die uralte Basarstadt an der Spitze des Horns von Afrika ist der östlichste Punkt des Kontinents. In der Antike lag hier der Handelshafen Opone, in dem Geschäfte mit allerlei Gewürzen gemacht wurden.

REISEZEIT

Dez.–März

Okt.–Nov.

April–Sept.

ESSEN & TRINKEN

Ziegen- und Kamelfleisch sind hier sehr beliebt. Das somalische Standardfrühstück besteht aus gebratener Leber, Zwiebeln und *loxox*-Fladenbrot (ähnelt dem äthiopischen *injera*), das mit Honig, Zucker und Tee genossen wird. Reis und Nudeln sind ebenfalls landestypisch. Tee ist das populärste Getränk.

HAUPTSTADT
Madrid

BEVÖLKERUNG
47,3 Mio.

FLÄCHE
505 370 km²

AMTSSPRACHEN
Kastilisch, Spanisch

Flamenco, Sevilla

SPANIEN

Leidenschaft, Stilgefühl und Lebensart – Spanien ist ein zum Leben erwachter Stereotyp und vielfältiger, als viele es sich vorgestellt hätten.

Ob schroffe Pyrenäengipfel, wilde Klippen an der nordwestlichen Atlantikküste oder zauberhafte Buchten am Mittelmeer: Spaniens Landschaften berauschen. Gleichzeitig wartet hier allerorten großartige Architektur aus vielen Epochen. Zudem zählt die Landesküche zu den vielfältigsten Europas – dank Seafood, Paella, Tapas und Spitzenweinen.

Eindrucksvolle, windgepeitschte Römerruinen, faszinierende Kathedralen und einzigartige Architekturperlen im islamischen Stil bezeugen, dass die großen, alten Zivilisationen in diesem Land florierten, fielen und ewige Spuren hinterließen. Doch trotz allgegenwärtiger Historie lebt Spanien im Hier und Jetzt: *Fiesta* ist nicht ohne Grund eines der bekanntesten spanischen Wörter. Das spezielle Flair spürt man z. B. an belebten Straßen, wo nach Mitternacht scheinbar die ganze Welt feiert, oder wenn Flamenco-Künstler die Seele berühren. Aber wann und wo auch immer – man wird stets anerkennend nicken: Ja, so ist Spanien.

Highlights

BARCELONA

1 Topmoderne Architektur, Restaurants auf Weltklasse-Niveau und pulsierendes Nachtleben machen Barcelona zu einem der reizvollsten Reiseziele Europas. Tagsüber schlendert man durch das gotische Viertel, relaxt an Mittelmeerstränden und bewundert Meisterwerke von Gaudí. Abends wartet ein wilder Wirbel aus altmodischen Cocktailbars, vergoldeten Konzertsälen, innovativen Restaurants, Clubs und Partys. Hinzu kommen farbenfrohe Märkte, „heilige" Sportarenen wie das Camp Nou (dort spielt der FC Barcelona) und katalanische Traditionsfeste.

MADRIDS NACHTLEBEN

2 Madrid ist nicht Europas einzige Stadt mit Nachtleben. Doch die örtliche Intensität sucht ihresgleichen: Am Wochenende erreicht der Trubel teils infernalische Lautstärken. Wie schon Hemingway sagte: „In Madrid geht keiner schlafen, bevor er nicht die Nacht umgebracht hat". Barmeilen, Clubs, Konzertschuppen, Cocktailbars und Großraumdiscos mit Promi-Publikum verteilen sich über die Stadt – dank der Vielfalt ist da für jeden etwas dabei. Besonders rund geht's in den *barrios* (Bezirken) Huertas, Malasaña, Chueca und La Latina.

ALHAMBRA

3 Der Palastkomplex in Granada erreicht fast die architektonische Perfektion – weltweit gibt's wohl kein schöneres Beispiel für islamische Baukunst. Zudem ist die Alhambra das beständigste Zeugnis der 800-jährigen Maurenherrschaft im einstigen Al-Andalus. Aus der Ferne dominieren ihre roten Festungstürme das Stadtbild Granadas vor den verschneiten Gipfeln der Sierra Nevada. Und aus der Nähe ergänzen die perfekt proportionierten Generalife-Gärten die grandiosen Details des Palacio Nazaríes. Kurz: Dies ist Spaniens schönstes Baudenkmal.

JASON WALTMAN / 500PX ©

SEVILLA

4 Nichts ist so typisch spanisch wie das emotionale Sevilla mit seinen seelenvollen Geheimnissen: In der Entwicklung von Flamenco, Stierkampf, Barockkunst und Mudéjar-Architektur spielte die Stadt jeweils eine Schlüsselrolle. Bei ganzjährigem Sonnenschein ist hier in puncto Kultur immer etwas geboten (etwa fröhliche Feste). Und alles scheint irgendwie von Liebe geprägt zu sein – was auch viele Ästheten des 19. Jhs. spürten und ihre romantischen Werke in Sevilla spielen ließen. Auf nach Süden in die Heimat von Carmen und Don Juan!

RUBÉN TOQUERO / 500PX

FRANKREICH
ANDORRA
PORTUGAL
ALGERIEN
ATLANTIK
MITTELMEER
Biskaya
Golfe de Beauduc
Golfo de Valencia
Golfo de Almería
Golfo de Cádiz
Montpellier
Perpignan
Figueres
Girona
Barcelona
Costa Brava
Costa Daurada
Monserrat
ANDORRA LA VELLA
Pyrenees
Lleida
Zaragoza
Pamplona
San Sebastián
Bilbao
Santander
Torrelavega
Gijón
Oviedo
Cordillera Cantábrica
León
Burgos
Logroño
La Rioja
Aranda de Duero
Palencia
Valladolid
Benavente
Zamora
Salamanca
Segovia
Ávila
Sierra de Gredos
Cordillera Central
Guadalajara
MADRID
Aranjuez
Toledo
Montes de Toledo
Cuenca
Teruel
Valencia
Albacete
Alicante
Costa Blanca
Elche
Murcia
Cartagena
Almería
Parque Natural Sierras de Cazorla, Segura y las Villas
Parque Natural Sierra de Andújar
Ciudad Real
Córdoba
Cordillera Bética
Granada
Mulhacén (3479 m)
Sierra Nevada
Málaga
Gibraltar
Algeciras
ANDALUSIEN
Sevilla
Parque Natural Sierra Norte de Sevilla
Sierra Morena
Zafra
Mérida
Badajoz
Plasencia
Huelva
Cádiz
Ferrol
A Coruña
Costa da Morte
Lugo
Ourense
Santiago de Compostela
Pontevedra
Vigo
Porto
LISSABON
Menorca
Mallorca
Palma de Mallorca
Ibiza
Formentera
Balearen (Islas Baleares)
Kanaren
La Palma
La Gomera
El Hierro
Santa Cruz de Tenerife
Teneriffa
Gran Canaria
Las Palmas de Gran Canaria
Fuerteventura
Lanzarote
0
200 km
1
2
3
4
5
6
7
8
9
10

▼ FLAMENCO HEUTE

So beliebt und innovativ wie heute war Flamenco noch nie.

Unter den Superstars sind z. B. José Mercé aus Jerez oder Estrella Morente (Enrique Morentes Tochter) aus Granada, die international vor allem als „Stimme" im Film *Volver – Zurückkehren* (2006) bekannt ist. Junge Sänger wie Miguel Poveda aus Barcelona oder La Tana aus Sevilla steigen langsam, aber stetig in die Oberliga auf.

Der Flamenco überwindet die Genre-Grenzen spielend. Die abenteuerlichste Horizonterweiterung bieten dabei die Shows von Joaquin Cortés (geb. 1969 in Córdoba), die Flamenco mit Modern Dance, Jazz Dance, Ballett und Musik in Rockkonzert-Lautstärke kombinieren.

PINTXOS IN SAN SEBASTIÁN

5 Hier haben Köche Bar-Snacks zu einer Kunstform erhoben. *Pintxos* (baskische Tapas) werden oft auch als „Haute Cuisine im Miniaturformat" bezeichnet und sind wahre Geschmacksexplosionen, die auf Baguette serviert werden. Egal, welche Bar man in San Sebastián betritt – bei der Auswahl bleibt einem glatt der Mund offen stehen. Dies ist das unvergesslichste kulinarische Erlebnis in Spanien. Auch wenn das Flair immer entspannt ist, wird das Experimentieren mit neuen Aromakombinationen (ein Markenzeichen) sehr ernst genommen und sorgt für immer neue Höhenflüge.

MEZQUITA

6 Die Mezquita in Córdoba war eine Kirche, die in eine Moschee umgewandelt wurde, bevor sie wieder zur Kirche wurde, und bezeugt heute die Entwicklung der westlichen und islamischen Architektur im Lauf von 1000 Jahren. Zu den innovativsten Elementen zählen einige frühe Hufeisenbogen, eine aufwendig verzierte Mihrāb und ein „Wald" aus 856 Säulen, viele aus römischen Ruinen recycelt. Die Größe der Mezquita spiegelt Córdobas einstige Macht als kultivierteste Stadt Europas im 10. Jh. wider. Sie inspirierte auch zu noch größeren Bauwerken, vor allem in Sevilla und Granada.

LA SAGRADA FAMÍLIA

7 La Sagrada Família von Antoni Gaudí ist auch 95 Jahre nach dem Tod seines Schöpfers noch in der Entstehung begriffen. Barcelonas skurrile Kirche ist verspielt und erhaben, tiefsinnig, von der Natur inspiriert und lässt sich von Altbewährtem nicht einengen. Angesichts der unmöglichen Winkel und der Außerachtlassung architektonischer Konventionen schüttelt man ungläubig den Kopf, verbringt aber wegen der Schnörkel an der Passionsfassade und der Geburtsfassade hier locker mehrere Stunden.

BILBAO

8 Ein schimmernder „Titan" namens Museo Guggenheim hat Bilbao vom Synonym für Indust-

▼ REISEZEIT

HAUPTSAISON
(Juni–Aug.)
Warm, trocken und sonnig; an der Küste vergleichsweise feuchter.

ZWISCHENSAISON
(März–Mai, Sept. & Okt.)
Mildes Wetter, klarer Himmel, weniger Touristen.

NEBENSAISON
(Nov.–Feb.)
Kälte in Zentralspanien, Regen im Norden und Nordwesten; Hauptsaison in den Skiorten.

▼ LA LIGA

Spaniens La Liga zählt zu den weltbesten Fußball-Ligen. Fast jedes Spiel ist sehenswert – allein schon wegen des spanischen Publikums. Außergewöhnlich: In den Stadien sieht man nur ganz wenige Gastfans. Dennoch ist die Atmosphäre teils sehr emotional.

▼ MENÚS DEL DÍA

Als günstiges Mittagessen an Werktagen empfehlen sich dreigängige *menús del día* (Tagesmenüs zum Festpreis; ab ca. 10 €) inklusive Mineralwasser, Brot und Wein.

▼ ESSEN & TRINKEN

Jamón ibérico Gilt als bester Schinken Spaniens; stammt vom halbwilden Iberischen Schwein.

Olivenöl Spanien ist weltweit größter Produzent.

Paella Traditionelle Paella à la Valencia kann alles Mögliche enthalten (je nach Region und Jahreszeit). Grundzutaten sind stets Rundkornreis, Knoblauch, Olivenöl und Safran.

Räucherschinken *Chorizo, lomo, salchichón und jamón serrano* in hauchdünnen Scheiben stehen auf den meisten spanischen Esstischen.

Sherry Der einzigartige Wein aus Andalusien ist Spaniens Nationalgetränk; wird landesweit von fast allen Bars und *tascas* (Tapas-Bars) ausgeschenkt.

Tapas Bei diesen Häppchen reicht die Palette von einfachen Klassikern bis zu kulinarischen Innovationen. Mit *la especialidad de la casa* (Spezialität des Hauses) liegt man meist richtig.

Wein Spanien hat die größte Rebfläche der Welt. La Rioja und Ribera del Duero sind die bekanntesten Weinregionen.

riebrache in ein bedeutendes europäisches Kunstzentrum verwandelt: Fließende Kragdächer, Türme und geschwungene Flossenelemente machen den genialen Entwurf des kanadischen Architekten Frank Gehry einfach unwiderstehlich. So kommen die meisten Besucher wegen dieses topmodernen Kultbaus. Ebenso attraktiv ist jedoch die raue Arbeiterseele der Stadt, die von ihren Einwohnern liebevoll *Botxo* (Loch bzw. Grube) genannt wird. Unter den Highlights sind Flusspromenaden, ratternde Standseilbahnen, tolle *pintxos*-Bars, ein berühmter Fußballclub, mehrere hervorragende Museen und, nun ja, der schimmernde „Titanfisch".

WANDERN IN DEN PYRENÄEN

9 Spanien ist ein höchst vielfältiges Wanderrevier. Mit am schönsten sind

JETZT REISEN!

Seit Juli 2019 ist das Höhlendorf **Riso Caido** auf Gran Canaria Weltkulturerbe. Es handelt sich um 21 künstliche Höhlen im Barranco Hondo, die erst 1996 entdeckt wurden. Wer einen Trip zu den Höhlen aus altkanarischer Zeit plant, kann übrigens zu einigermaßen günstigen Preisen im jüngst renovierten Hotel Santa Catalina in Las Palmas übernachten, auch Prinz Charles logierte hier.

Aufgrund der Corona-Pandemie wurde das Heilige Jahr in **Santiago de Compostela** bis zum 31.12.2022 verlängert. Die Heilige Pforte bleibt also auch 2022 den Pilgern noch geöffnet.

jedoch die Pyrenäen in Navarra, Aragon und Katalonien. Der herrliche Parque Nacional de Ordesa y Monte Perdido (Aragon) zählt zu den höchstgelegenen Gebieten in den Pyrenäen. Genauso großartig ist der Parque Nacional d'Aigüestortes i Estany de Sant Maurici (Katalonien) jenseits der Provinzgrenze. Das anstrengende Terrain belohnt seine Bezwinger mit grandiosen Felswänden und scheuen, aber beeindruckenden Bergtieren.

RENAISSANCE IN SALAMANCA

10 Die Plaza Mayor, das elegante Herz Salamancas, erstrahlt bei Dunkelheit im Flutlicht und ist vielleicht der schönste Platz Spaniens. Er ist nur eines von vielen Highlights der Stadt, mit der es in Sachen Architektur nur wenige andere im Land aufnehmen können. Salamanca hat eine der ältesten und angesehensten Universitäten Europas, und es wird hier nachts auch gern gefeiert. Die Mischung aus Pracht und Energie ist der Grund für Salamancas Beliebtheit.

WUNDERBARE PARADORES

11 Königliches Nächtigen war noch nie einfacher – dank Spaniens staatlicher *paradores:* Diese oft prächtigen und stets höchst komfortablen Unterkünfte in früheren Schlössern, Burgen, Palästen oder Klöstern zählen zu Europas stimmungsvollsten Bleiben. Sie punkten häufig mit Spitzenlage (z. B. auf dem Gelände der Alhambra in Granada) und sind günstiger, als man vielleicht erwartet.

6

BILL PERRY / SHUTTERSTOCK ©

▼ UNTERWEGS VOR ORT

Das große Inlandsflugnetz wird von spanischen Gesellschaften und ein paar internationalen Billiganbietern bedient.

Busse sind die Arbeitspferde auf Spaniens Straßen. Das Spektrum reicht von schicken Schnellbussen bis hin zu lokalen Linien, die in jedem Dorf halten.

Ein großes Autobahnnetz verbindet Madrid mit allen Ecken des Landes. Kleinere Nebenrouten sind aber oft viel malerischer.

Das leistungsfähige Bahnnetz wird jedes Jahr erweitert. Der Fahrplan reicht von langsamen Interregios bis hin zu ein paar der schnellsten Züge des Planeten.

HAUPTSTADT
Colombo

BEVÖLKERUNG
23 Mio.

FLÄCHE
65 610 km²

AMTSSPRACHEN
Singhalesisch, Tamil

Neun-Bogen-Brücke, Demodara

SRI LANKA

Endlose Strände, uralte Ruinen, herzliche Menschen, zahllose Elefanten, donnernde Brandung, günstige Preise, coole Zugtrips, berühmter Tee, leckeres Essen: Das ist Sri Lanka.

Man könnte sagen, dass sich Sri Lanka vor aller Augen versteckt hat. Aufgrund von jahrelangem Krieg und einigen Katastrophen (u.a. Tsunamis) haben viele Traveller bis vor ein paar Jahren noch auf Besuche verzichtet. Doch das zwischen den stärker bereisten Teilen Indiens und Südostasiens gelegene Land übt zweifellos einen starken Reiz aus.

Nur wenige Länder beherbergen so viele Welterbestätten auf so kleiner Fläche. Dank kurzer Distanzen besichtigt man hier morgens das heilige Heim des ältesten lebenden Baums der Welt (Anuradhapura) und bestaunt nachmittags zahllose Elefanten auf einem Fleck (Minneriya). Nebenbei heißt's seinen Lieblingsstrand finden, in 2000 Jahre alten Tempeln meditieren, Passanten beim Dorfbummeln anlächeln und Vögel oder Wildblumen bewundern.

Sri Lanka ist spektakulär, erschwinglich und noch recht wenig besucht – darum nichts wie hin!

Highlights

ZUGREISEN

1 Manchmal ist es unmöglich, einen Sitz im langsamen, aber sehr beliebten Zug Ella zu ergattern, aber wenn man einen Stehplatz in der ersten Reihe hat und über den Teppich aus Teepflanzen blickt, stört das nicht. Draußen heben sich die Saris der Teepflückerinnen vom Meer aus Grün ab, drinnen wird man mit einem Lächeln willkommen geheißen. In den Bahnhöfen preisen Händler ihre Waren an, u. a. frittierten Mais mit Chili, der in ein Blatt Papier eingewickelt und so verkauft wird. Genießen, während die Landschaft draußen vorbeizieht? Unvergleichlich.

UDA-WALAWE-NATIONALPARK

2 Dieses riesige Gebiet mit grasbewachsener Savanne umschließt das Uda-Walawe-Reservoir, und an keinem anderen Ort ist Sri Lanka Ostafrika näher. Hier gibt's Büffelherden (einige der Tiere sind domestiziert), Sambarhirsche, Krokodile, Vögel und Elefanten – und nicht nur ein paar Elefanten! Es sind Hunderte dieser langnasigen Geschöpfe. Tatsächlich könnte man sogar behaupten, dass Uda Walawe, was Elefanten angeht, mindestens so gut oder sogar noch besser ist als einige der berühmten Nationalparks in Ostafrika.

URALTES ANURADHAPURA

3 Auf einer Fläche von 3 km² vereint Anuradhapura große Teile von Sri Lankas kulturellem und religiösem Erbe. Mittendrin steht einer der ältesten Bäume der Welt: Der Sri Maha Bodhi wird laut den Aufzeichnungen seiner Wächter seit über 2000 Jahren ununterbrochen gepflegt – äußerst beeindruckend! Drumrum zeugen bröckelnde Klöster und riesige *dagobas* (Stupas) von den 1000 Jahren, in denen die Stadt das Machtzentrum Sri Lankas war. Radtouren durch diese großartige Vergangenheit sind sehr faszinierend.

SIGIRIYA ROCK

4 Auch wenn es hier *nur* die Gärten am Fuß des Sigiriya gäbe, wären sie ein Highlight. Teiche und künstliche Bäche bewässern diese Wassergärten und bilden ein friedliches Idyll inmitten glühend heißer Umgebung. Aber wenn man den Blick hebt, klappt einem beim Anblick des 370 m hohen Felsens förmlich die Kinnlade runter. Der Sigiriya ist mit Kunst verziert, von einer Ruine gekrönt und ein faszinierendes Mysterium, das das Museum zu erklären versucht. Der Anstieg zum Gipfel ist anstrengend, lohnt sich aber.

Jaffna
Golf von Bengalen
Kilinochchi
Talaimannar
Mannar
Golf von Mannar
Nilavei
Trincomalee
3
Anuradhapura
Minitale
Kalpitiya
Mahaweli
Puttalan
4
Polonnaruwa
Dambulla
Sigiriya
Batticaloa
Mahaweli
Gal-Oya-Damm
Kandy
7
Mahaweli
Kitulgala
Nuwara Eliya
Badulla
10
COLOMBO
Sri Jawewardenepura Kotte
Adam's Peak
6
Horton Plains
Ella
1
Monaragala
11
Arugam Bay
Moratuwa
Ratnapura
Wellawaya
Uda-Walawe-Nationalpark
2
Kataragama
Tissamaharama
Bundala-Nationalpark
5
Galle
Unawatuna
Tangalla
8
Mirissa
9
Matara
0
50 km

TOP-BÜCHER

On Sal Mal Lane (Ru Freeman; 2013) Toller Roman, der die vielen Gesellschaftsstränge Sri Lankas an einer Gasse in Colombo zusammenwebt.

Es liegt in der Famlie (Michael Ondaatje; 1982) Amüsante und nachdenkliche Erinnerungen an eine Familie im Colombo der 1940er-Jahre.

Monkfish Moon (Romesh Gunesekera; 1992) Die Kurzgeschichten (für den Booker-Preis nominiert) geben Einblick in Sri Lankas ethnischen Konflikt.

Nach der Welle (Sonali Deraniyagala; 2013) Die ergreifenden Memoiren der Autorin beginnen am Morgen des 26. Dezembers 2004 – kurz bevor ihre Familie durch den Tsunami ums Leben kam.

AYURVEDA IM PARADIES

Seit über 2500 Jahren profitieren die Einwohner des Subkontinents von der heilenden Wirkung des Ayurveda. Ayurveda basiert auf der Vorstellung von innerer Balance – zu erreichen durch Kräuteranwendungen, Diät und Atemübungen.

Ayurveda-Behandlungen sind in Sri Lanka sehr beliebt, was sich auch an den zahllosen „Kliniken" zeigt. Dort arbeiten oft qualifizierte Ayurveda-Ärzte; allerdings gibt's vor allem in Backpacker-Hochburgen auch sehr zweifelhafte Adressen. Vor dem Besuch einer Klinik sollte man deren Seriosität daher immer über Einheimische ermitteln und sich die Zertifikate der Ärzte zeigen lassen.

Besonders die Westküste ist für Ayurveda bekannt; fast alle größeren Hotels und auch manche günstigeren Unterkünfte haben dort eigene Behandlungszentren.

BUNDALA-NATIONALPARK

5 Dieser Nationalpark mit einem Prädikat der Ramsar-Konvention steht oft im Schatten seines viel stärker besuchten Pendants in Yala. Doch man sollte ihn keinesfalls verpassen: Hier tönt überall Vogelgezwitscher über große Wasserflächen. Der schöne Park gehört zu den besten Vogelbeobachtungsrevieren des Landes. Wer von den verschiedenen Reiherarten gelangweilt sein sollte, lächelt spätestens beim Anblick der Krokodile und Elefanten.

ADAM'S PEAK

6 Seit über 1000 Jahren steigen Pilger im Kerzenlicht zum Adam's Peak (Sri Pada) hinauf, stellen sich in Buddhas Fußstapfen, atmen die Luft des Ortes ein, an dem Adam erstmals den Fuß auf die Erde setzte und lernen den Ort kennen, an den Schmetterlinge zum Sterben ziehen. Heute mischen sich Reisende unter die Pilger. Wenn man im Licht der Morgendämmerung auf diesem Gipfel steht und zusieht, wie die Sonne über den Bergen erscheint, ist das Gefühl noch genauso magisch, wie es für Adam gewesen sein muss.

KANDY

7 Die kulturelle Hauptstadt des Landes ist Standort des Tempels der Heiligen Zahnreliquie, der angeblich einen Zahn Bud-

REISEZEIT

HAUPTSAISON
(Dez.–März)
Trocken und überlaufen im zentralen Hochland sowie an den Stränden der West- und Südküste; nass im Osten und Norden.

ZWISCHENSAISON
(April & Sept.–Nov.)
April und September bieten landesweit die besten Chancen auf gutes Wetter.

NEBENSAISON
(Mai–Aug.)
Monsunzeit im Hochland sowie an der Süd- und Westküste.

ESALA PERAHERA IN KANDY

Zehn fröhliche Tage und Nächte im Monat Esala gipfeln in Sri Lankas spektakulärstem und berühmtestem Fest. Gefeiert wird u. a. mit Tänzen.

STRÄNDE

Ob lang und golden schimmernd, mit weichem weißen Sand, von Wind und Wellen gepeitscht oder endlos und unberührt: Sri Lankas Strände werden ihrem großartigen Ruf immer vollauf gerecht.

▼ ESSEN & TRINKEN

Sambol Würzsauce aus zerstoßenen Zutaten (u. a. Chilis).

Hoppers Schüsselförmige Pfannkuchen (alias *appa* oder *appam*) aus Reismehl, Kokosmilch und Palmwein; oft mit Ei (*egg hoppers*) und *sambol* verfeinert.

Rice & Curry Nationalgericht aus mehreren pikanten Einzelgerichten (Gemüse, Fleisch oder Fisch).

Mallung Salat aus gehacktem einheimischen Gemüse (z. B. Kohl), geriebenem Kokosmark und Zwiebeln; erinnert etwas an Taboulé.

Pittu Zylinderförmige Kuchen aus Mehl und Kokosmilch, in Bambusblättern gedünstet.

Pani pol Kleiner Pfannkuchen, mit einem süßen Mix aus Zimt, Kardamom und *jaggery* (Rohrzucker) bestreut.

Limettensaft Wird mit Sodawasser, Salz oder Zucker serviert.

Toddy Kräftiger Palmwein, der leicht an Apfelwein erinnert.

Tee Wird in Sri Lanka (viertgrößter Teeproduzent der Welt) mit heißer Milch und löffelweise Zucker getrunken.

dhas beherbergt. Für die Singhalesen ist dies der heiligste Ort der Insel. Kandy bietet seinen Besuchern aber nicht nur religiöse Erfüllung. Es gibt auch noch eine nette Altstadt, einen hübschen See im Stadtzentrum, einige Museen und schöne botanische Gärten in der näheren Umgebung. Außerdem versprechen ein paar faszinierende alte Tempel noch mehr göttlichen Segen.

GALLE

8 Mensch und Natur haben im Fall von Galle gemeinsam ein architektonisches Kunstwerk geschaffen. Die Niederländer bauten Straßen und Gebäude, die Singhalesen fügten Farben und Stil hinzu, und die Natur hat alles mit einer Schicht aus tropischer Vegetation, Feuchtigkeit und salziger Luft bedeckt. Das Ergebnis ist eine charmante Altstadt, in der sich Galerien, skurrile Läden, Boutiquecafés und Pensionen plus einige großartige Hotels angesiedelt haben. Für Traveller ist sie die urbane Topattraktion des Landes.

WALBEOBACHTUNGEN IN MIRISSA

9 Besucher von Sri Lankas südlichen Stränden lagen früher nur faul unter den Palmen herum und schauten sich allerhöchstens mal tauchend ein paar kleine Fische an. Doch dann wurde entdeckt, dass das Meer hier nicht nur gewöhnliche Fischschwärme beheimatet: Vor der Küste tummeln sich Blauwale und etwas kleinere Pottwale. Während der Saison fahren Boote daher nun jeden Morgen ab Mirissa hinaus, um die einzigartigen Riesen zu beobachten.

COLOMBOS KOLONIALERBE

10 Die Briten verließen Sri Lanka zwar nach dessen Unabhängigkeit (1948), hinterließen aber viele Spuren. So prunken vor allem das Nationalmuseum und Colombos Baumalleen mit der Architektur des Empire. Wer sucht, findet auch das koloniale Erbe der Niederländer und Portugiesen – hierzu einfach das Fort-Viertel mit seinen restaurierten Gebäuden erkunden und eine Pause im äußerst beliebten Old Dutch Hospital einlegen.

SURFEN IN DER ARUGAM BAY

11 Der Right-Hand-Break am Südende der Arugam Bay ist das Herz von Sri Lankas wachsender Surfszene und gilt als der beste des Landes. Von April bis September sieht man viele Surfer auf den Wellen. Manche nutzen gar die dann spärlicheren guten Tage bis Ende November. Surferflair kann man aber im ganzen Jahr genießen: Läden verleihen und reparieren Bretter, und es gibt viele billige Unterkünfte, die ein Bett am Strand anbieten. Wer Einsamkeit sucht, findet am nahen Lighthouse Point, am Whiskey Point und in Okanda gute Wellen.

10

ASANKA BRENDON RATNAYAKE / GETTY IMAGES ©

▼ UNTERWEGS VOR ORT

Als hiesiges Hauptverkehrsmittel steuern günstige, oft überfüllte und nur selten klimatisierte Busse die meisten Ortschaften an. Privatbusse sind manchmal etwas bequemer als staatliche Busse.

Viele Traveller mieten für Teilstrecken oder ihren ganzen Trip ein Auto mit Fahrer. Dies bietet maximale Flexibilität und ist generell am praktischsten. Die Chauffeure sind oft sehr nett und liefern viele lokale Informationen.

Ein wachsendes Bahnnetz bedient Sri Lankas größere Städte. Die Züge sind mitunter bequemer als Busse (sieht man von der 3. Klasse ab). Einige Strecken (z. B. Haputale–Ella, Colombo–Galle) sind für ihre landschaftliche Schönheit berühmt.

HAUPTSTÄDTE
Pretoria, Kapstadt, Bloemfontein

BEVÖLKERUNG
57 Mio.

FLÄCHE
1219090 km²

AMTSSPRACHEN
Zulu, Xhosa, Afrikaans, Englisch, Siswati, Xitsonga, Sesotho, Tswana, Venda, Sepedi, Ndebele

Kapstadt

SÜDAFRIKA

Löwen mit schwarzen Mähnen vor den Dünen der Kalahari, pulverige Sandstrände am Rand zweier Ozeane, ein Wüstenhimmel voller Sterne, schroffe und dicht bewachsene Berge: Südafrika steht für verblüffende Vielfalt.

Südafrika gehört zu den besten Ländern für Safaris: In den Nationalparks und Naturschutzgebieten tummeln sich u. a. die „Big Five“. Doch man kann auch weniger Spektakuläres beobachten – z. B. eine Pantherschildkröte am Straßenrand oder Lärmvögel, die ihre charakteristischen Rufe erklingen lassen.

Wer Südafrika ohne Wissen über die turbulente Geschichte des Landes besucht, ignoriert einen wichtigen Teil dessen nationaler Identität. Angesichts der vielen Ausstellungen zur Apartheid stimmen Museumsbesuche hier oft nachdenklich. Sie helfen jedoch, die südafrikanische Gesellschaft zu verstehen und die Fortschritte des Landes zu schätzen. Als weitere Geschichtslektionen empfehlen sich Abstecher in Townships und Gespräche mit Einheimischen. Dabei wird klar: Trotz schlimmer Vergangenheit sind in Südafrika großer Stolz und gewaltige Motivation für die Zukunft spürbar.

Highlights

KAPSTADT

1 Unterhalb des Tafelbergs mit seiner Seilbahn und den Wanderwegen liegt Kapstadt, eine der schönsten Städte der Welt. Hier kann man Strände besuchen, die Weingüter im Vorort Constantia erkunden, an der V&A Waterfront bummeln, nach Robben Island schippern oder die Einheimischen kennenlernen. Die Stadt profitiert aber nicht nur von ihren vielen natürlichen Reizen, sondern auch von ihrer kontinuierlichen Sanierung: In früheren Industrievierteln wie Woodstock eröffnen mehr Spitzenrestaurants, hippe Lebensmittelmärkte und Shopping-Arkaden.

KRUGER NATIONAL PARK

2 Ein Ausflug in den großartigsten Nationalpark des Landes gehört zu den großen Wildniserlebnissen in Südafrika. Seine leichte Zugänglichkeit, die vielfältige Tier- und Pflanzenwelt, seine Ausdehnung und die breite Palette an Aktivitäten machen den Kruger National Park einzigartig. Buschwanderungen, Mountainbiketouren und Jeep-Safaris in abgelegene Ecken – es gibt zahllose Möglichkeiten, die Wildnis und ihre Flora und Fauna zu erleben. Der Park ist und bleibt einer der besten Orte der Welt, um große und kleine Tiere zu sehen.

DRAKENSBERGE

3 Majestätisch, atemberaubend, mysteriös: Die Berge und Bergausläufer im Khahlamba-Drakensberg Park (eine Welterbestätte) gehören zu Südafrikas eindrucksvollsten Landschaften. Drakensberg bedeutet „Drachenberge" auf Afrikaans; die Zulu nennen die Gegend „Quathlamba" (Mauer aus Speeren). Letzteres beschreibt die steilen Felswände genauer, der Name auf Afrikaans fängt jedoch etwas von der außerirdisch anmutenden Atmosphäre ein. Die vielen Felsbilder des San-Volks zeugen davon, dass die Drakensberge schon ewig besiedelt sind. Zulu-Dörfer,

MOSAMBIK
BOTSUANA
NAMIBIA
SWASILAND
LESOTHO
INDISCHER OZEAN
ATLANTIK
St. Helena Bay
0
200 km
N
WINDHOEK
Gobabis
Mariental
Keetmanshoop
Noordoewer
Alexander Bay
Port Nolloth
Springbok
Namakwa
|Ai-|Ais National Park
Richtersveld National Park
Augrabies Falls National Park
Upington
Tshabong
Kgalagadi Transfrontier Park
Kalahari
Central Kalahari Game Reserve
GABORONE
Kanye
Lobatse
Mafikeng
Zeerust
Madikwe Game Reserve
Sun City
Pilanesberg National Park
PRETORIA
Johannesburg
Soweto
Potchefstroom
Klerksdorp
Vryburg
Kuruman
Hotazel
Kimberley
Prieska
Bloemhof
Welkom
Kroonstad
Senekal
BLOEMFONTEIN
MASERU
Vaal River
Orange (Senqu) River
Limpopo River
Ellisras
Louis Trichardt (Makhado)
Musina
Thohoyandou
Polokwane (Pietersburg)
Great Limpopo Transfrontier Park
Banhine National Park
Limpopo National Park
Kruger National Park
Sabie
Nelspruit
Middelburg
Komatipoort
MAPUTO
Xai-Xai
Inhambane
MBABANE
Ermelo
Standerton
Volksrust
Vryheid
Harrismith
Ladysmith
Clarens
Estcourt
Zululand
Sodwana Bay National Park
iSimangaliso Wetland National Park
Hluhluwe-iMfolozi Park
Richards Bay
Pietermaritzburg
Durban
Amanzimtoti
Port Shepstone
Kokstad
Port St Johns
Wild Coast
Mthatha
Aliwal North
Great Kei River
East London
Bhisho
Port Alfred
Grahamstown
Queenstown
Cradock
Middelburg
De Aar
Graaff-Reinet
Beaufort West
Karoo National Park
Carnarvon
Calvinia
Bitterfontein
Cederburg Wilderness Area
Addo Elephant National Park
Port Elizabeth
Cape St. Francis
Plettenberg Bay
Knysna
Oudtshoorn
George
Mossel Bay
Cape Agulhas
Hermanus
Winelands
Stellenbosch
Ceres
Paarl
KAPSTADT
Saldanha
Table Mountain National Park
1
2
3
4
5
6
7
8
9
10

Wildnisgebiete, Wildblumen, gute Unterkünfte und Restaurants machen den Park zu einem perfekten Ziel für Fotografen, Wanderer und abenteuerlustige Traveller.

TOP-FILME

Invictus – Unbezwungen (2009) Südafrikas historischer Sieg bei der Rugby-WM 1995.

District 9 (2009) Science-Fiction-Perle über Aliens, die Jo'burg überrennen.

Mandela – Der lange Weg zur Freiheit (2013) Sehenswerte Biografie über Madibas Weg zur Präsidentschaft.

The Bang Bang Club (2010) Basiert auf der wahren Geschichte von vier Fotografen, die die letzten Tage der Apartheid dokumentierten.

TOP-BÜCHER

The Housemaid's Daughter (Barbara Mutch; 2013) Drama, das während der Apartheid in der Region Karoo spielt.

Der lange Weg zur Freiheit (Nelson Mandela; 1995) Eine Pflichtlektüre: Mandelas Autobiografie.

Reports Before Daybreak (Brent Meersman; 2011) Bewegender Roman, der im Kapstadt der 1980er-Jahre spielt.

50 People Who Stuffed Up South Africa (Alexander Parker; 2011) Die größten Schurken der Landesgeschichte.

Country of My Skull (Antjie Krog; 1998) Eine persönliche Darstellung der Wahrheits- und Versöhnungskommission.

Disgrace (J. M. Coetzee; 1999) Mit dem Booker-Preis prämierter Roman, der in Südafrika nach der Apartheid spielt.

DIE WINELANDS

4 Sanfte Hügel, gepflegte Rebenreihen und Häuser im kapholländischen Stil machen die Winelands sehr fotogen. Nichts verkörpert das Kap so sehr wie diese Landschaft mit Spitzenweinen als Highlight. Rund um Stellenbosch, Franschhoek und Paarl liegen ein paar der ältesten, größten und schönsten Weingüter der Südhalbkugel. Südafrika hat aber auch noch andere Weinbaugebiete – darunter Tulbagh (Schaumweine), die Zederberge (Sauvignon Blanc) und die Route 62 (Rot- bzw. Portweine).

WANDERN AN DER WILD COAST

5 Schroffe Klippen, einsame Strände, idyllische Xhosa-Dörfer sowie eine Geschichte voller Schiffsunglücke und gestrandeter Seeleute prägen die passend benannte Wild Coast. Hier kann man hervorragend wandern: Zwischen dem Great Kei River und Port St. Johns schlängeln sich Küstenpfade durch dichte Vegetation, über kahle Hänge oder durch Schluchten. Rus-

REISEZEIT

HAUPTSAISON
(Nov.–März)
In beliebten Urlaubsorten steigen die Preise teils um 50 % oder mehr.

ZWISCHENSAISON
(April, Mai, Sept. & Okt.)
Sonniges Frühlings- bzw. Herbstwetter.

NEBENSAISON
(Juni–Aug.)
Der Winter ist ideal für Tierbeobachtungen.

NELSON MANDELA

Nelson Rolihlahla Mandela gehört zu den größten Führungspersönlichkeiten des Jahrtausends. Einst wurde er von der weißen herrschenden Klasse Südafrikas diffamiert und zu lebenslanger Haft verurteilt. Bei seiner Entlassung nach 27 Jahren rief er zu Versöhnung und Vergebung auf.

Als Sohn eines Xhosa-Häuptlings wurde Mandela am 18. Juli 1918 geboren. Nach seinem Jurastudium eröffnete er mit Oliver Tambo die erste indigene Anwaltskanzlei Südafrikas. Mandela, Tambo und Walter Sisulu gründeten 1944 die Jugendorganisation des Afrikanischen Nationalkongresses (ANC). In den 1950er-Jahren stand er bei den Demonstrationen zivilen Ungehorsams des ANC an vorderster Front. 1964 kam er wegen Sabotage und Aufhetzung zur Revolution vor Gericht. Er verbrachte 18 Jahre im Gefängnis auf Robben Island, bevor er aufs Festland verlegt wurde. Während der Haft weigerte sich Mandela, seine Überzeugungen zu verraten. 1994, vier Jahre nach seiner Freilassung, wurde er der erste frei gewählte Präsident Südafrikas. Er trat 1997 zurück, wurde bis zu seinem Tod am 5. Dezember 2013 aber als Elder Statesman sehr verehrt.

UNTERWEGS VOR ORT

Erschwingliche Mietpreise, ein gutes Straßennetz und Südafrikas Autokultur machen ein eigenes Fahrzeug zu einer sehr guten Alternative.

Praktische, gesellige Backpacker-Shuttles von Baz Bus verkehren zwischen Kapstadt, Durban und Jo'burg/Pretoria.

Die Touristenklasse mit Schlaf- und Speisewagen ist ein Geheimtipp, beschränkt sich aber auf den Shosholoza Meyl zwischen Jo'burg und Städten an der Küste.

Diverse Busgesellschaften bedienen das ganze Land mit günstigen und komfortablen Verbindungen.

tikale Unterkünfte und traditionelle *rondavels* (Rundhütten mit kegelförmigem Dach) von einheimischen Familien laden zum erholsamen Übernachten ein.

KGALAGADI TRANSFRONTIER PARK

6 Dieser Park schützt fast 40 000 km² der Kalahari in der Provinz Nordkap und in Botsuana. Rund 2000 Raubtiere sind hier zu Hause. Doch Zahlen beschreiben das weite Land mit glühenden Sonnenuntergängen, samtigem Nachthimmel und Dünen aus rotem Sand nicht einmal ansatzweise. Der Park gehört zu den weltbesten Revieren zum Beobachten von Großkatzen – unter den Kameldornbäumen dösen Löwen, während Geparden oder Leoparden am Straßenrand entlangtrotten. Super: Besucher brauchen keinen Geländewagen.

PILANESBERG NATIONAL PARK

7 In dem unterschätzten Park außerhalb von Sun City streifen die Big Five und Tagesausflügler aus Jo'burg durch den Krater eines erloschenen Vulkans. Mit seinen Asphaltstraßen ist Pilanesberg manchen Besuchern zu „zahm" – was aber sicher nicht für die Nashörner an den Wasserlöchern gilt. Wer den anderen Autos entkommen und Tiere aus nächster Nähe beobachten will, folgt den Schotterpisten durch den Busch. Dank geführter Autosafaris bzw. Wanderungen und diverser Unterkünfte ist der Park top für Familien oder Touristen mit wenig Zeit.

JOHANNESBURG

8 Jo'burg (alias City of Gold) hat einen grässlichen Ruf, wirkt aber dank der Innenstadtsanierung heute überraschend atmosphärisch. Braamfontein, Newtown, die 44 Stanley Ave und der Maboneng Precinct sind kulturelle Enklaven, deren Lebhaftigkeit mit jeder anderen Großstadt konkurrieren kann – genährt durch Galerien, Restaurants, Bars und Boutiquen. Geführte Stadttouren erklären den Hintergrund des urbanen Wandels; Maboneng wartet zudem mit Wandbildern von internationalen Künstlern auf. Auch die Wochenmärkte in Braamfontein und Maboneng lohnen den Besuch!

CRADLE OF HUMANKIND

9 Die Welterbestätte „Wiege der Menschheit" gehört zu den bedeutendsten paläontologischen Stätten der Welt. Auf riesiger Fläche paart sie herrliches Grün mit brauner Steppe und immer mehr Besuchern – Nachfahren jener Urmenschen, deren versteinerte Überreste hier tief unter der Erde besichtigt werden können. Zurück in der Zivilisation kann man dann großartige Restaurants besuchen, in Spas relaxen und wilde Tiere bewundern: Nur 50 km nordwestlich von Jo'burg streifen hier Elenantilopen, Zebras, Giraffen und Gazellen frei umher.

CLARENS

10 Die gut betuchte Stadt hat einen gewissen Promi-Faktor: Stars aus aller Welt tanken hier gelegentlich frische Bergluft. Galerien, Antiquitäten, Nobelrestaurants, eine Kleinbrauerei und Abenteuer-Aktivitäten in der Umgebung machen Clarens aber auch für die meisten anderen Besucher interessant. Nach einem Erkundungstag im nahen Golden Gate Highlands National Park lädt die ruhige Atmosphäre zu perfekten Abendspaziergängen ein. Auch dank vieler Kneipen und Buchläden ist dies der beste Ort, um in den Eastern Highlands der Provinz Freistaat einfach mal einen Gang runterzuschalten.

JAQUES MARIAS / GETTY IMAGES ©

SPORT

Im sportverrückten Südafrika führt Fußball die Beliebtheitsskala an – gefolgt von Rugby und Cricket.

KUNST

Werke südafrikanischer Kunstgrößen aus der Zeit des 20. Jh. bis heute (z. B. von Irma Stern, Pierneef, William Kentridge, Tretchikoff) erzielten bereits Preise von über 1 Mio. US$.

ILONDE VAN HOOLWERFF / 500PX ©

HAUPTSTADT
Khartum

BEVÖLKERUNG
46,7 Mio.

FLÄCHE
1,86 Mio. km²

AMTSSPRACHEN
Arabisch, Englisch, Nubisch, Fur, Bedscha, viele weitere in den Nuba-Bergen

Pyramiden von Meroe

SUDAN

Wohl kein anderes Land macht die Menschen vor einem Besuch so besorgt und bei der Abreise so traurig. Die Sudanesen sind ebenso facettenreich wie geheimnisvoll, ebenso großzügig wie freundlich.

Gemeinsam mit dem Tag kann man unter den Pyramiden gottgleicher Könige aufwachen, eine heiße Wüste bis zu der Stelle durchqueren, an der sich zwei Nil-Arme zu einem Fluss vereinen und zusehen, wie rote Fische durch Korallengärten schwärmen. Es lässt sich nicht leugnen: Zwischen den Sandhügeln liegen verborgene Schätze, die der Rest der Welt erst zu entdecken beginnt.

Für die wenigen Traveller, die sich hierher wagen, ist der Sudan eine fantastische Überraschung. Alle Besucher sind sich einig, dass die Sudanesen zu den gastfreundlichsten Menschen gehören. Obwohl Teile des riesigen Staates wegen verschiedener Konflikte nicht bereist werden können, gilt der Nordosten als durchaus sichere Region. Ob man auf der Route von Kairo nach Kapstadt nur hindurchreist oder einen Monat bleibt, um die Geschichte und Gastfreundschaft des Sudans auf sich wirken zu lassen – es wird ein unvergessliches Erlebnis.

Highlights

PYRAMIDEN VON MEROE

1 Fast alle der wenigen Besucher des Sudans besichtigen die Pyramiden von Begrawiya (Meroe). Sie wurden 2011 zwar zur UNESCO-Welterbestätte erklärt, die antiken Bauwerke sind aber immer noch ein verstecktes Juwel. Hier gibt's keinen Massentourismus, hier fühlt man sich eher wie ein Entdecker zwischen unberührten, mysteriösen Ruinen.

KASSALA

2 Kassala, wunderschön am Fuß der Granitgipfel der Taka-Berge gelegen und ein beliebtes Ziel für die Flitterwochen, ist die wohl exotischste Ecke im Nordosten Sudans und eine Belohnung für die lange Reise hierher. In seinem riesigen Suk scheint sich die Hälfte aller nordsudanesischen Stämme zu treffen – er ist ein ethnisches Mosaik aus Farben, Gerüchen, Geräuschen und Erfahrungen.

KHARTUM

3 Khartum, das am Zusammenfluss von Blauem Nil und Weißem Nil errichtet wurde, trotzt allen Erwartungen. Die moderne Stadt mit hervorragenden Museen, faszinierenden Suks, großartigen Blicken auf den Nil, guten Serviceeinrichtungen, gastfreundlichen Menschen und einer entspannten Atmosphäre ist ein lohnendes Reiseziel.

▼ REISEZEIT

HAUPTSAISON
(Nov.–Feb.)

ZWISCHENSAISON
(März–Juni & Okt.)

NEBENSAISON
(Juli–Sept.)

▼ ESSEN & TRINKEN

Fuul Eintopf aus dicken Bohnen.

Qahwa jebbana Gewürzter Kaffee.

Shai saada Schwarztee, manchmal gewürzt (*bi-laban* mit Milch, *bi-nana* mit Minze).

Ta'amiya Fleischbällchen.

HAUPTSTADT
Seoul

BEVÖLKERUNG
51715162

FLÄCHE
99720 km²

AMTSSPRACHE
Koreanisch

Schlammfestival Boryeong

SÜDKOREA

Die koreanische Halbinsel, geteilt durch eine furchterregende Grenze, hat eine Fülle von Erlebnissen, tolle Landschaft und 500 Jahre Kultur zu bieten.

Korea mag als „Land der Morgenstille" bekannt sein, doch in der Hauptstadt Seoul ist Ruhe das Letzte, was einen erwartet. Man kann in dieser vielschichtigen Stadt kaum um eine Ecke biegen, ohne über eine Touristeninformation, einen U-Bahnhof oder ein Taxi zu stolpern. Akribisch restaurierte Paläste existieren hier Seite an Seite mit Nachtmärkten und aktuellen Technikwundern.

Dank Südkoreas kompakter Größe und seiner ausgezeichneten Infrastruktur kann man problemlos aus dem städtischen Trubel in die Stille flüchten. Man kann zu den Gipfeln schroffer Berge inmitten dicht bewaldeter Nationalparks wandern, oder man segelt zu einsamen Inseln, auf denen man von Einheimischen nach Hause eingeladen wird. Man kann in stillen Dörfern zwischen Reisfeldern entspannen und in rustikalen *hanok* (Holzhäusern) übernachten. Südkorea ist ein Traumreiseziel – ein faszinierendes, gastfreundliches Land, das die richtige Balance zwischen Hightech-Nation und Tradition des alten Asiens findet.

Highlights

CHANGDEOKGUNG

1 Der „Palast der glänzenden Tugend" in Seoul wurde im frühen 15. Jh. als zweiter Palast neben dem Gyeongbukgung erbaut. Heute gehört er zum UNESCO-Welterbe und übertrifft Gyeongbukgung in Sachen Schönheit – auch weil in vielen der Gebäude noch bis ins 20. Jh. Mitglieder der königlichen Familie lebten. Der charmanteste Teil ist der Huwon, ein „geheimer Garten". Man muss weit im Voraus buchen, um eines der Tickets zu ergattern, mit denen man den Palast auf einer der Touren besichtigen kann, die von April bis Juni in Vollmond-Nächten stattfinden.

WANDERN RUND UM JEJU-DO

2 Die oft dramatische vulkanische Landschaft von Jeju-do, der größten der Inseln Südkoreas, erkundet man am besten zu Fuß. Der Jeju Olle Trail ist ein Netzwerk aus 26 halb- bis ganztägigen Strecken, die an der Küste der Insel entlang durch das Hinterland und auf drei anderen Inseln verlaufen. Einen Tag damit zu verbringen, einem der Wege zu folgen, lohnt sich wirklich. Der Aufstieg zum Gipfel des Hallasan, des höchsten Bergs des Landes, ist nicht sehr schwierig, und bei gutem Wetter bietet sich von oben ein toller Blick.

SCHLAMMFESTIVAL BORYEONG

3 Jedes Jahr im Juli versammeln sich Tausende Menschen in Boryeong und springen in riesige Schlammpfützen. Willkommen beim Schlammfestival Boryeong! Offiziell heißt es, der örtliche Schlamm habe eine regenerierende Wirkung, aber wenn man sich umschaut, wird schnell klar, dass sich hier niemand dafür interessiert und alle nur Spaß haben wollen. Außer Schlamm gehören zu diesem renommierten Fest auch Konzerte, Partys und Feuerwerk. Ein Tipp: Nichts anziehen, was man auch in Zukunft noch tragen möchte!

1

LIM WAI YEN / GETTY IMAGES ©

JAPANISCHES MEER
NORDKOREA
Pjöngjang
Yangdok
Wonsan
Hoeyang
Nampo
Changyon
Hwajinpo
Sokcho
DMZ
Cheorwon
Paro-See
Kaesong
11
Janggok
Samyeongsan
Panmunjeom
Dongducheon
Soyang-See
Heyri
Chuncheon
Ganghwado
1
5
8
Hongcheon
SEOUL
6
Incheon
PYEONGCHANG
Wonju
Donghae
Chiaksan
4
Suwon
Samcheok
Jecheon
Taebaek
Chungju-See
Sobaeksan
Chungju
10
Uljin
Cheonan
Sobaeksan-Nationalpark
Yeongju
Cheongju
3
Jeomchon
Andong
Anmyeondo
Daecheon
Boryeong
Gongju
Hahoe Folk Village
Daejeon
Yeongdeok
GELBES MEER
Gimcheon
Seocheon
Gunsan
7
Jeonju
Deogyusan
Yeongcheon
Pohang
Daegu
Gyeongju
9
Ulsan
Namwon
Jinju
Masan
Gwangju
BUSAN
Suncheon
Samcheonpo
Geojedo
Mokpo
Boseong
Yeocheon
Hongdo
Jangheung
Yeosu
Tongyeong
Heuksando
Haenam
Goheung
Dolsando
Jindo
Jindo
Hajodo
Wando
Oenarodo
Yeondo
Tsushima
Wando
Bogildo
Cheongsando
JAPAN
Geomundo
Jeju-si
Hallim
Hallasan
2
Jeju-do
OSTCHINESISCHES MEER
Jungmun
Seogwipo
0
100 km

TOP-FILME

The Host (2006) Klassischer Monsterfilm, der in Seoul spielt und Humor, Anspruch und Action gekonnt ausbalanciert.

Poetry (2010) Lee Chang-dong ist der Regisseur dieses Dramas über eine alzheimerkranke Frau in ihren 60ern, die sich in einen Poesiekurs einschreibt.

In einem fremden Land (2012) Hong Sang-soo, Regisseur von *Hahaha*, besetzt Isabelle Huppert als drei verschiedene Frauen, deren Geschichten sich im Seebad Mohang verbinden.

ESSEN

Aromen Die meisten Menschen denken, koreanisch essen hieße *kimchi* und Grillen, und beides weist ja auch die typisch koreanischen Aromen auf: die Säure des fermentierten Gemüses, die Marinade des gegrillten Fleischs. Doch das ist nur der Anfang. Eine koreanische Mahlzeit ist hocharomatisch und üppig.

Banchan Eine Besonderheit der hiesigen Küche ist, dass das Hauptgericht immer nicht nur mit *bap* (gekochter Reis), Suppe und *kimchi* serviert wird, sondern mit einer ganzen Palette verschiedener *banchan* (Beilagen). Man isst einen Bissen von einem Gericht, dann einen von einem anderen, etwas Reis, einen Schluck Suppe – so kann man Scharfes und Mildes beliebig kombinieren.

Saucen Die Hauptzutaten sind zwar asiatisch (Knoblauch, Ingwer, Frühlingszwiebeln, schwarzer Pfeffer, Essig und Sesamöl), aber das koreanische Essen erhält durch drei Saucen einen ganz eigenen Geschmack: *ganjang* (Sojasauce), *doenjang* (fermentierte Sojabohnenpaste) und *gochujang* (Gewürzpaste mit scharfem rotem Pfeffer).

HWASEONG-FESTUNG, SUWON

4 Diese Festung wurde als Akt kindlicher Zuneigung erbaut, aber in der Kolonialzeit im frühen 20. Jh. und durch den Koreakrieg stark beschädigt. Inzwischen ist sie eine UNESCO-Weltkulturerbestätte. Die Restaurierung begann in den 1970er-Jahren und dank eines genauen Berichts von 1801 über ihre Konstruktion konnten die 5,52 km lange Mauer und der Hwaseong Haenggung (ein Palast, in dem der König wohnte, wenn er Suwon besuchte) originalgetreu wiederaufgebaut werden.

CHEONG-GYE-CHEON

5 Eine aufgestelzte Schnellstraße wurde eingerissen, um diesen seit Langem vergrabenen Fluss freizulegen. Die Arbeiten haben Seouls Innenstadt verwandelt und einen Flusspark und Wege geschaffen. Das Ufer des Flusses ist von Kunstwerken gesäumt, und hier werden viele Events abgehalten, darunter auch das Laternenfest im November, bei dem Tausende leuchtender Skulpturen aus Papier auf dem Wasser schwimmen. Zudem gibt's hier ein gutes Museum, in dem man viel zur Geschichte des Cheon-gye-cheon erfährt.

REISEZEIT

HAUPTSAISON
(Juni–Sept.)
Der Juli bringt Gluthitze und eine sehr heftige Regenzeit mit sich.

ZWISCHENSAISON
(Mai & Okt.)
Beim Wechsel der Jahreszeiten erstrahlt das Land in bunten Farben.

NEBENSAISON
(Nov.–April)
Es schneit, und die Temperaturen fallen.

SKIFAHREN IN DER REGION PYEONGCHANG

6 Pyeongchang war mit der dritten Bewerbung für die Ausrichtung der Olympischen Winterspiele erfolgreich – und so wurden 2018 die Spiele in dieser Region ausgetragen. Die Skige-

KÖNIG SEJONGS GESCHENK

Hangeul ist ein phonetisches Alphabet. Es ist präzise, elegant und gilt als eines der besten in Sachen Lautabbildung. Es wurde 1443 in der Herrschaft von Sejong entwickelt, um die Alphabetisierung zu fördern – es ist leichter zu lernen als chinesische Schriftzeichen. Doch die konfuzianische Elite leistete Widerstand; sie wollte, dass die Prüfungen schwer blieben, damit nur Kinder aus aristokratischen Familien die Zeit und das Geld hatten, zu bestehen.

Hangeul verbreitete sich erst nach 1945 weithin, und nur in Nordkorea. Südkorea nutzte bis in die 1990er-Jahre eine chinesisch-koreanische Schrift. Heute sind diese Schriftzeichen in Korea fast ganz aus der Öffentlichkeit verschwunden.

UNTERWEGS VOR ORT

Es gibt Dutzende regionaler Flughäfen, und die Flüge zu vielen Zielen, darunter Jeju-do, sind dank der Konkurrenz der Billigfluggesellschaften preiswert.

Das Bahnnetz ist top, umfasst aber nicht alle Regionen. Die Züge sind sauber, komfortabel und pünktlich. Schon für eine Tour wie die Fahrt von Seoul nach Busan und zurück kann sich ein KR-Pass lohnen.

Fähren verbinden Hunderte Inseln mit dem Festland.

Südkorea-Neulinge sollten nicht selbst fahren – wahrscheinlich verfahren sie sich oder stehen im Stau. Internationaler Führerschein erforderlich.

biete Alpensia und Yongpyong bieten Dutzende Abfahrten, an klaren Tagen eine tolle Aussicht auf das Meer sowie neue Unterkünfte und Freizeiteinrichtungen.

JEONJU HANOK MAEUL

7 Jeonjus Version eines traditionellen Dorfes ist eindrucksvoll, obwohl viele der Gebäude neu sind. Die Schieferdachhäuser bergen traditionelle Kunst: handgefertigte Fächer, handgemachtes Papier und selbst gebrauten *soju* (lokaler Wodka). Feinschmecker genießen im Geburtsort des *bibimbap* (Reis, Ei, Fleisch und Gemüse mit Chilisauce) die ultimative Version dieses Gerichts. Hier findet man viele traditionelle Pensionen, in denen die Gäste auf einer *yo* (gefütterte Steppdecke) in einem Zimmer mit *ondol* (Fußbodenheizung) schlafen.

GWANGJANG-MARKT

8 Auf diesem Markt in Seoul kann man tagsüber Secondhand-Klamotten und Stoffe kaufen, doch richtig zum Leben erwacht er nachts, wenn Verkäufer hier Imbisse aller Art feilbieten. Am besten trinkt man zu geschmorten Schweinsfüßen und Schweineschnauze, *gimbap* (Reis, Gemüse und Dosenfleisch in Reis und Algenblättern) oder *bindaettok* (tellergroße knusprige Pfannkuchen aus Mungbohnen mit gebratenem Gemüse), reichlich *magkeolli* und *soju* (alkoholische Getränke).

BULGUK-SA

9 Es gibt diverse Attraktionen im prächtigen Gyeongju, doch dieses UNESCO-Weltkulturerbe toppt alle, nicht nur, weil es in seinen Wänden sieben „Nationalschätze" birgt. Der Tempelkomplex mit den Pagoden, Brücken und der hügeligen Landschaft ringsum ist der Höhepunkt des goldenen Zeitalters der Silla-Architektur und setzt den Fähigkeiten seiner Kunsthandwerker und Architekten ein Denkmal.

TEMPELAUFENTHALT IM GUIN-SA

10 Eine Glocke ruft morgens um 3.30 Uhr zur Meditation. Das karge Frühstück wird schweigend gegessen, damit man dem Schmerz in den Knochen nachspüren kann, der vom 108-maligen Verbeugen vor einer Buddha-Figur herrührt. Später verbringt man noch mehr Zeit mit Meditation, um darüber nachzusinnen, wie Körper und Geist Frieden finden. Ein Tempelaufenthalt ist der perfekte Kontrast zum modernen Korea. Tempel gibt's zwar überall im Land, doch diese festungsartige Anlage gehört zu den schönsten.

DMZ

11 Sie wird Demilitarisierte Zone genannt, doch diese 4 km breite, 250 km lange, stark verminte und bewachte Pufferzone zwischen Nord- und Südkorea ist alles anderes als das. Die DMZ, ein Symbol des Kalten Krieges, hat sich auf beiden Seiten zu einer Touristenattraktion entwickelt. Am spürbarsten ist die Spannung in der Joint Security Area, einem neutralen Areal, das nach dem Waffenstillstand von 1953 geschaffen wurde, um Friedensgespräche zu führen; es kann nur im Rahmen einer Führung besichtigt werden. Von sieben Aussichtspunkten entlang der DMZ kann man nach Norden blicken.

JETZT REISEN!

Im Jahr 2018 wurden gleich **sieben buddhistische Tempel** in den südlichen Provinzen des Landes zum Weltkulturerbe ernannt. Die Klöster Tongdosa, Buseoksa, Bongjeongsa, Beopjusa, Magoksa, Seonamsa und Daeheungsa wurden meist im 6. bzw. 7. Jh. gegründet und werden bis heute aktiv als religiöse Orte genutzt.

7

CHEN WS / SHUTTERSTOCK ©

▼ FERIEN & FEIERTAGE

Wer in den Ferien oder zu großen Feiertagen in Korea ist, sollte Verkehrsmittel im Voraus buchen.

▼ NATUR

Koreas Landschaften, Küsten und Inseln laden das ganze Jahr über zum Wandern, Radfahren, Tauchen, Surfen, Raften, Kajakfahren und mehr ein.

8

JGREGORYSF / GETTY IMAGES ©

HAUPTSTADT
Juba
BEVÖLKERUNG
11 Mio.
FLÄCHE
644 329 km^2
AMTSSPRACHE
Englisch

Jia-Dorf in der Nähe des Boma-Nationalparks

SÜDSUDAN

Im Juli 2011 spaltete sich das größte Land Afrikas, der Sudan, in zwei Teile – so wurde der jüngste Staat der Welt, der Südsudan, geboren. Solange jedoch die Stabilität im Land nicht gefestigt ist, sind Reisen zu gefährlich.

Der Geburtsprozess des Landes war gewalttätig und blutig. Jahrzehntelang kannten die Menschen während ihres Kampfes um die Unabhängigkeit vom Norden kaum etwas anderes als Krieg – und leider dauerte es nicht lange, bis der neue Staat sich gegen sich selbst richtete und zwischen der Regierung und Rebellengruppen ein Bürgerkrieg ausbrach, der bis 2018 andauerte.

Der Südsudan ist eines der ärmsten und unterentwickeltsten Länder der Welt. Doch gerade die Tatsache, dass er so unbekannt ist, dürfte die ersten Traveller herlocken, sobald dies die derzeit noch sehr angespannte Sicherheitslage erlaubt. Die vielen Stammesgruppen und die Nationalparks mit ihrer riesigen Anzahl großer Säugetiere werden eines Tages die größten Magneten sein.

Highlights

BOMA-NATIONALPARK

1 In dieser riesigen Wildnis leben unvorstellbar viele Tiere, beispielsweise wandernde Herden mit über 1 Mio. Antilopen. Leider liegt Boma in einem besonders instabilen Teil des Landes. Und so gibt es auch keine aktuellen Informationen darüber, wie es den Tieren während der gewalttätigen Auseinandersetzungen erging.

JUBA

2 In der lebhaften Hauptstadt findet man geschäftige Märkte und das Grab von dem 2005 ums Leben gekommenen John Garang, dem früheren Führer der südsudanesischen Unabhängigkeitsbewegung.

STAMMESVÖLKER

3 In kaum einer anderen Ecke Afrikas gibt es eine so breite Vielfalt an Stammesvölkern. Viele von ihnen führen bis heute ein traditionelles Leben. Die vielen ethnischen Gruppen sprechen ca. 60 Sprachen; die größten sind die Dinka, die etwa 15 % der Bevölkerung stellen, die Nuer, die Bari und die Azande. Traditionelle Glaubensansichten sind weit verbreitet, und obwohl das Christentum Fuß fasst, ist es weiterhin eine Minderheitenreligion.

REISEZEIT

Dez. & Jan.

Feb. & Nov.

März–Okt.

ESSEN & TRINKEN

Asida Porridge aus Sorghum, das mit einer Fleischsoße oder Gemüse serviert wird.

Bohnen, Mais, Getreide und Erdnüsse werden während der Regenzeit angebaut, hauptsächlich von Frauen.

White Bull Einheimisches Bier.

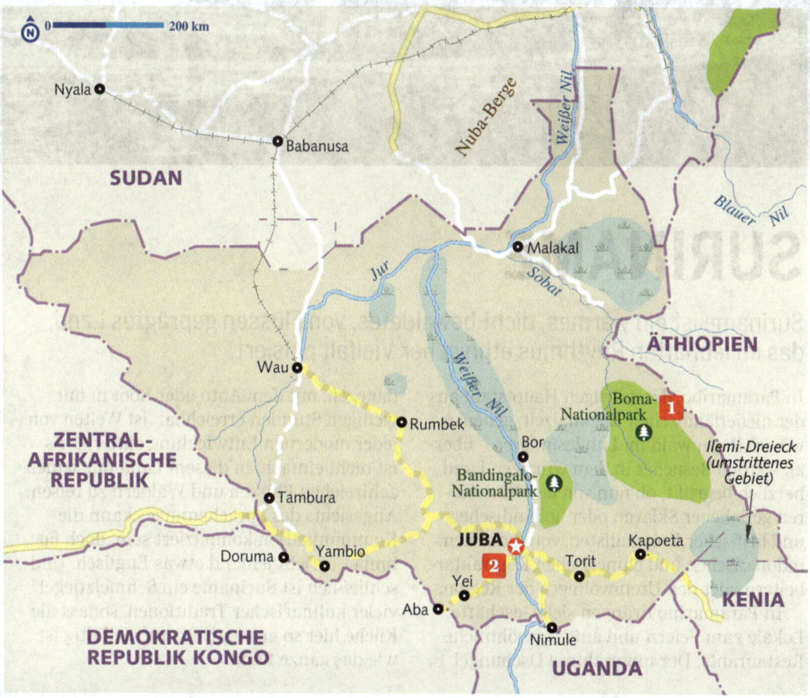

HAUPTSTADT
Paramaribo

BEVÖLKERUNG
614 749

FLÄCHE
163 820 km²

AMTSSPRACHE
Niederländisch

Der Suriname

SURINAME

Suriname ist ein warmes, dicht bewaldetes, von Flüssen geprägtes Land, das im lebhaften Rhythmus ethnischer Vielfalt pulsiert.

In Paramaribo, der quirligen Hauptstadt aus der niederländischen Kolonialzeit, genauso wie im Regenwald im Landesinneren – überall werden Besucher in dem winzigen Land herzlich begrüßt, ob nun von den Nachfahren geflohener Sklaven oder holländischer und britischer Kolonialisten, von indischen, indonesischen und chinesischen Kontraktarbeitern oder den Ureinwohnern der Region.

In Paramaribo drängen sich Geschäfte, Lokale zum Feiern und außergewöhnliche Restaurants. Der ungezähmte Dschungel dagegen, mit dem Auto oder Boot in nur wenigen Stunden erreichbar, ist Welten von jeder modernen Entwicklung entfernt. Es ist recht einfach, in diesem Land mit seinen zahlreichen Flüssen und Wäldern zu reisen. Angesichts des Sprachenmixes kann die Kommunikation kompliziert sein, doch fast immer spricht jemand etwas Englisch. Und schließlich ist Suriname ein Schmelztiegel vieler kulinarischer Traditionen, sodass die Küche hier so aromatisch und vielfältig ist wie das ganze Land.

Highlights

OBERER SURINAME

1 Hier kann man mitten im Dschungel an Sandstränden in Lodges übernachten, baden oder Dörfer besuchen und so einen Einblick in das Leben der Saamaca gewinnen. Renommiertere Unterkünfte organisieren abends Tanzaufführungen oder Konzerte. Ein Muss ist das Maroon-Museum in Pikin Slee.

PARAMARIBO

2 In der Hauptstadt mit ihrer Kolonialarchitektur und ihren belebten Hauptstraßen kann man leicht zwei Tage verbringen. Entlang der Waterkant südwestlich vom Fort Zeelandia stehen imposante Kolonialgebäude, meistens sind es alte Handelshäuser. Die landeinwärts führenden Straßen, besonders die Lim-a-Postraat, säumen alte Holzhäuser, die teils restauriert, teils malerisch verwittert sind.

RALEIGHVALLEN

3 Die Raleighvallen (Raleigh-Fälle) sind eine flache, stufenförmige Folge von Wasserfällen am oberen Coppename, etwa zwei Stunden flussaufwärts vom nächsten Dorf der Maroon (auch Kwinti genannt). Hier leben u. a. Klammeraffen, Zitteraale und der Tiefland-Felsenhahn.

REISEZEIT

HAUPTSAISON
(Dez.–März)

ZWISCHENSAISON
(April & Okt.–Nov.)

NEBENSAISON
(Mai–Sept.)

ESSEN & TRINKEN

Hagelslag Schokostreusel holländischer Art, die zum Frühstück auf den Toast gestreut werden.

Parbo Das Bier ist ziemlich gut; es ist Sitte, dass sich Freunde ein *djogo* (1-l-Flasche) teilen.

Pom Kreolische Kasserolle mit pürierter *tayer*-Wurzel, Hühnchen, Zwiebeln und Gewürzen.

HAUPTSTADT
Mbabane

BEVÖLKERUNG
1,11 Mio.

FLÄCHE
17 364 km²

AMTSSPRACHE
Swati

Malolotja Nature Reserve

SWASILAND (ESWATINI)

In diesem kleinen Land, dessen offizieller Name seit 2018 Königreich Eswatini lautet, sind alte Traditionen täglich gegenwärtig, und die vielen Feste bilden einen Kontrapunkt zu den Aktivitäten und zur Wildtierbeobachtung.

Klein, aber oho! Das faszinierende Königreich ist zwar nicht sehr groß, hat seinen Besuchern aber unglaublich viel zu bieten. Adrenalinfördernde Aktivitäten wie Raften und Mountainbiken? Spannende Tierbeobachtungen? Lebendige und farbenfrohe lokale Kultur? Ja, ja und nochmals ja. Zudem gibt es tolle Wanderwege, eindrucksvolle Landschaften in den Bergen sowie im Tiefland, vielfältige Unterkunftsmöglichkeiten und großartiges, hochwertiges Kunsthandwerk.

Im Gegensatz zu Südafrika ist es dem Land gelungen, dieses Gefühl von „Entspann dich, das ist Afrika!" zu bewahren, und darum wird es immer beliebter. Alles ist wie früher – klein und persönlich und erstaunlich locker.

Highlights

MKHAYA GAME RESERVE

1 Dank des Mkhaya Nashornschutzprogramms hat man hier große Chancen, Nashörner zu sehen. Das private Schutzgebiet im Osten Eswatinis, das nach seinen *mkhaya*-Bäumen (Krokodilbäume) benannt ist, dürfte auch einer der Orte Afrikas mit dem besten Preis-Leistungs-Verhältnis sein. Wo sonst kann man in luxuriösen Stein- und Strohhütten in einem entlegenen Buschgebiet übernachten? Wo man sogar von der Toilette in den Busch schaut …

RAFTINGTOUREN AUF DEM USUTU RIVER

2 Eines der Highlights des Landes ist Rafting auf dem Great Usutu River, bei dem man über die Stromschnellen schießt oder durch Schluchten treibt. An einigen Stellen geht es durch Stromschnellen der Klasse IV, die nichts für ängstliche Naturen sind, doch auch abenteuerlustige Neulinge können die Tour problemlos bewältigen. Sie starten im Ezulwini Valley.

MALOLOTJA NATURE RESERVE

3 Das Schutzgebiet ist eine echte Wildnis, zerklüftet und größtenteils unberührt. Die Landschaft reicht von gebirgigen Grassavannen über Wälder bis zu Buschveld. Sie ist von Bächen und drei Flüssen durchzogen, darunter der Komati River, ein wunderbares Wandergebiet mit einem guten Wegenetz und ein Paradies für Ornithologen, denn hier leben mehr als 280 Vogelarten. Weitere Attraktionen sind Wildblumen und seltene Pflanzen, u. a. einige endemische Arten.

REISEZEIT

HAUPTSAISON (Juni–Okt.)

ZWISCHENSAISON (Mai & Nov.)

NEBENSAISON (Dez.–April)

BULEMBU

4 Die historische Stadt Bulembu wurde 1936 für die ehemalige Asbestmine Havelock gebaut. Nach der Schließung der Mine verließen die 10 000 Arbeiter die Stadt, und schon 2003 war Bulembu eine Geisterstadt. Vor einigen Jahren starteten neue Investoren in der Stadt ein lokales Tourismusprojekt, um Bulembu wieder zu beleben. Inzwischen werden Tausende Wellblechhäuser und viele Art-déco-Bauwerke renoviert. Unter den großartigen Wanderungen in der Gegend ist auch die auf den höchsten Berg Swasilands, den Emlembe (1863 m).

LOBAMBA

5 Lobamba ist das Herz des Royal Valley in Swasiland. Der von den Briten gebaute königliche Embo State Palace ist nicht für Besucher zugänglich, auch Fotografieren ist nicht erlaubt. Die Swazi-Könige leben heute im Lozitha State House, ca. 10 km von Lobamba entfernt. Das National Museum zeigt Exponate zur Swazi-Kultur; das Ticket gilt für den Besuch des Denkmals für König Sobhuza II., den am meisten verehrten Swasi-König. Neben dem Museum steht das Parlament, das manchmal für Besucher geöffnet ist.

EZULWINI VALLEY & MALKERNS VALLEY

6 Im königlichen Kernland Eswatinis kann man im Royalen schwelgen und im Ezulwini Valley und Malkerns Valley schönes Kunsthandwerk erwerben. Die hübschen Täler außerhalb von Mbabane erstre-

UNTERWEGS VOR ORT

Es gibt unregelmäßige (aber billige) Inlandsbusse; die meisten starten in Mbabanes Zentrum. Die besten öffentlichen Verkehrsmittel sind in der Regel Minibus-Taxis: Es gibt viele davon, sie fahren fast überall hin und halten oft.

Mit einem Mietwagen kann man in wenigen Tagen viel erkunden. Wer in Südafrika ein Auto gemietet hat, sollte sich von der Mietwagenfirma eine schriftliche Genehmigung für die Fahrt nach Eswatini geben lassen.

6

EDUCATION IMAGES / GETTY IMAGES ©

cken sich nach Osten, Süden und bis ins Dorf Lobamba, die königliche Domäne. In beiden Tälern gibt's tolle Unterkünfte und Aktivitäten. Die Kunsthandwerkszentren und Märkte sind zu Recht berühmt.

MLILWANE WILDLIFE SANCTUARY

7 Es gibt viele Gründe für den Besuch im privaten Schutzgebiet, welches das erste Schutzgebiet des Landes war: Es ist ruhig, gut erreichbar und sehr schön. Auf 46 km² leben Nilpferde, Krokodile, Zebras, Streifengnus, Warzenschweine und Antilopen. Hier steht auch der Berg Nyonyane mit dem 1110 m hohen Granitgipfel, der Execution Rock genannt wird. In dem Paradies für Natur- und Outdoorfreunde sind zahlreiche Aktivitäten möglich.

SIBEBE ROCK

8 8 km nordöstlich von Mbabane erhebt sich der Sibebe Rock, ein massiver Granitkegel. Er ist nach dem australischen Uluru der zweitgrößte Monolith der Welt, zieht aber weniger Besucher an. Große Teile des Felsens sind kahl und daher bei einem Sturz gefährlich. Beim Klettern bekommt man jedoch einen tollen Adrenalinkick, wenn man recht fit ist und gern steile Felsen hinunterschaut. Guides bieten Wanderungen an.

7

FELIX LIPOV / SHUTTERSTOCK ©

▼ ESSEN & TRINKEN

Das Land ist nicht gerade ein Gourmetparadies, trotzdem kann man hier ganz gut essen. In Mbabane und den Touristengebieten des Malkern Valley und des Ezulwini Valley gibt es Restaurants, die auch Internationales servieren, oft portugiesische Küche (u. a.auch Seafood). Afrikanische Grundgerichte wie Eintöpfe und *pap* (Maisbrei; auch *mealie meal*) sind verbreitet. In kleineren Städten kann man billiges Essen auf der Straße bekommen.

▼ ZEREMONIEN DER SWAZI

Bunte Zeremonien (und traditionelle Trachten, die noch häufig getragen werden) betonen die einzigartige und stolze Identität der Swazi.

Die Incwala-Zeremonie zwischen Ende Dezember und Anfang Januar ist die heiligste Zeremonie im Land und feiert das neue Jahr und die ersten Früchte mit Ritualen des Danks, des Gebets, der Versöhnung und der Verehrung des Königs. Als Teil der Feiern erlaubt der König seinem Volk, die Früchte der ersten Ernte zu verzehren; nach der Zeremonie soll es regnen.

Im Zentrum des *umhlanga* (Schilftanz) im August oder September stehen unverheiratete Mädchen, die Schilf für die Wartung des Palasts sammeln. Es ist eine Art einwöchiger Debütantinnenball und dient dazu, dem König potenzielle Ehefrauen vorzuführen. Am sechsten Tag tanzen die Frauen den Schilftanz und bringen das Schilf zur Königinmutter. Die Prinzessinnen tragen rote Federn.

Auch das Buganu-Fest im Februar ist den „ersten Früchten" gewidmet und feiert die Marula-Frucht. Die Frauen sammeln die Früchte und vergären sie zu einem starken Getränk *(buganu)*, das richtig reinhaut. Die Einheimischen – vor allem Männer – treffen sich, um zu feiern.

HAUPTSTADT
Damaskus

BEVÖLKERUNG
20,4 Mio.

FLÄCHE
185180 km²

AMTSSPRACHE
Arabisch

SYRIEN

Wegen des Bürgerkriegs, der die Schlagzeilen beherrscht und das ganze Land traumatisiert hat, ist Syrien inzwischen seit über 10 Jahren tabu. Doch in der Vergangenheit war dieses Tor zum Nahen Osten berühmt für seine Kultur und Gastfreundschaft.

Gegenwärtig kann man nicht nach Syrien reisen – die friedlichen Proteste gegen das Assad-Regime, die Anfang 2011 begannen, haben sich zu einem chaotischen Bürgerkrieg ausgeweitet.

Das ganze Land ist von gewalttätigen Konflikten gebeutelt, und Friedensbemühungen blieben bisher erfolglos. Durch den Bürgerkrieg wurden auch viele kulturelle Denkmäler beschädigt oder zerstört, darunter die zum UNESCO-Welterbe gehörende Wüstenstadt Palmyra.

Es ist unmöglich, vorherzusagen, wie lange diese Situation in Syrien noch bestehen wird. Wenn sie eines Tages endet, werden die historischen Stätten, wie die Kreuzritterburg Krak des Chevaliers, hoffentlich wieder Traveller nach Syrien locken, und die Gastfreundschaft der Syrer wird deren Herzen für dieses Land erwärmen.

Highlights

KRAK DES CHEVALIERS

1 Die historisch bedeutsame Kreuzritterburg nahe Homs steht seit 2006 auf der Liste des UNESCO-Welterbes und wurde im Bürgerkrieg beschädigt.

ALTSTADT VON DAMASKUS

2 Der Legende nach erblickte der Prophet Mohammed während einer Reise Damaskus, weigerte sich aber, in die Stadt zu gehen, da er das Paradies nur einmal betreten wollte – nach seinem Tod. Dies ist aber nur eine von Tausenden Geschichten um die Stadt der Legenden, die ein Mitbewerber um den Titel der ältesten ständig bewohnten Stadt der Welt ist.

EUPHRAT

3 Der in der Türkei entspringende Euphrat bahnt sich zunächst seinen Weg durch den Nordosten Syriens, vereinigt sich dann mit dem Tigris und fließt in den Persischen Golf. Vom 16. bis zum 19. Jh. brachten europäische Reisende ins syrische Euphrat-Becken fantastische Erzählungen vom vielfältigen Tierleben mit, etwa vom inzwischen ausgestorbenen Arabischen Strauß, von der Gazelle und vom Onager, dem Persischen Halbesel.

REISEZEIT

Mai–Sept.

Okt.

Nov.–Mai

ESSEN & TRINKEN

Shay na'ana Minztee, der nicht wegzudenkende Bestandteil syrischer Gastfreundschaft.

Taboulé & Fattoush Zwei der bekanntesten syrischen Salate, beide mit Gurke und Tomate und angemacht mit Minze, Zitronensaft und Olivenöl.

HAUPTSTADT
Duschanbe

BEVÖLKERUNG
9,0 Mio.

FLÄCHE
143 100 km²

AMTSSPRACHE
Tadschikisch
(Persisch)

Pamir Highway

TADSCHIKISTAN

Tadschikistan lockt mit einem spektakulären Hochland und den fantastischsten Straßen der Region. Mit seinen fabelhaften Trekkingmöglichkeiten und seiner schlichten Gastfreundschaft ist es ein Traumland für abenteuerlustige Reisende.

Während des Konflikts zwischen Russland und Großbritannien um die Vorherrschaft in Zentralasien wagten sich einst Spione und Entdecker in das überwältigende Hochland Tadschikistans, heute tummeln sich hier Kletterer, Wanderer und Abenteuerreisende.

Neue Gastfamilienprogramme ermöglichen es Besuchern, in uralten, zeitlosen Dörfern zu übernachten, wo bärtige Patriarchen in schillernden Roben ihre Gastgeber sind.

Die Menschen, die meist Persisch statt Türkisch sprechen, sind gastfreundlich, können aber kaum Englisch. In den ländlichen Gebieten fahren kaum Verkehrsmittel, darum muss man ein Geländefahrzeug mieten.

Die Wunder des Wakhan-Tals, das unwirklich schöne „Dach der Welt" des Pamirs und die atemberaubenden Seen und Gipfel des Fan-Gebirges machen Tadschikistan zum spannendsten Ziel Zentralasiens.

Highlights

PAMIR

1 Von den zerklüfteten Bergtälern der Provinz Berg-Badachschan klettert der zu Zeiten der Sowjetunion erbaute Pamir Highway hinauf auf das baumlose Pamir-Plateau und zur Stadt Murghob im „Wilden Osten" und führt später vorbei am blauen See Karakul im Alai-Tal in Kirgisistan. Unterwegs passiert man alte Gräber, heiße Quellen, entlegene Jurtenlager und eine spektakuläre Berglandschaft. Der Pamir Highway ist eine der großen Straßen der Welt, die man mit einem gemieteten Geländewagen erkunden oder als anspruchsvolle Radtour wagen kann.

FAN-GEBIRGE

2 Das Gebirge nordwestlich von Duschanbe zählt zu den führenden Trekkingzielen Zentralasiens. In den Hochtälern verstecken sich einige türkisblaue Bergseen, und auf einer mehrtägigen Trekkingtour begegnet man sicher auch tadschikischen Schäfern. Alternativ kann man eine Fahrt zu den sieben Seen (Haft Kul) des Marguzor-Tals unternehmen, Tageswanderungen machen oder die Ruinen der alten sogdischen Stadt Pandschakent besuchen – vorher informieren, ob die Grenze zwischen Samarkand und Pandschakent wieder geöffnet ist.

▼ REISEZEIT

HAUPTSAISON
(April–Juli, Sept.–Okt.)

ZWISCHENSAISON
(Aug.)

NEBENSAISON
(Nov.–März)

ISKANDERKUL

3 Der opalblaue Bergsee wirkt bei hellem Sonnenlicht fast tropisch. Doch der Eindruck täuscht. Der See liegt 2195 m hoch und ist zu kalt zum Baden. Zum optischen Spektakel tragen auch die wechselnden Farben der Gebirgskulisse bei. Etwa 1,5 km vor der Ankunft am See ist die Landschaft besonders dramatisch, ent-

lang der 6 km langen Uferstraße bieten sich dann weitere umwerfende Blicke.

ISTARAWSCHAN

4 Die Parther nannten es Kir, Alexander der Große Cyropol und bei den Russen und in der Sowjetunion hieß die Stadt Ura-Tjube. Istarawschans kleine Altstadt ist eine der am besten erhaltenen des Landes. Im Labyrinth aus Gassen verstecken sich mehrere Moscheen und Medressen. Der riesige, zentrale Basar ist eine eigene kleine Stadt. An klaren Tagen bietet sich von der Kuppe des Mug Teppa, des früheren Festungshügels der Stadt, ein toller Blick auf die Berge.

DUSCHANBE

5 Duschanbe ist eine Stadt in rasantem Wandel. Die von Bäumen gesäumten Boulevards bieten noch immer eine Fülle pastellfarbener klassizistischer Bauten sowjetischen Ursprungs. Doch über vielen schwebt heute die Abrissbirne, denn viele neue und übertrieben große Bauwerke sind im Entstehen, oft gestaltet in einem dissonanten Stilmix aus römischem Triumphalismus und von Sparzwängen geprägtem Futurismus. Das Zentrum dieser kuriosen Renaissance bildet ein zentraler Park mit dem riesigen Nationalmuseum und einem der höchsten Fahnenmasten der Welt.

JIZEU-TAL

6 Eines der schönsten Wandergebiete der Region für kürzere Touren, das Jizeu-Tal (auch Jisev-, Geisev-Tal), offeriert idyllische Landschaften rund um saisonale, von Bäumen gesäumte Seen. An den hübschesten Seen liegt das

UNTERWEGS VOR ORT

Inlandsflüge gibt's nur zwischen Duschanbe–Chudschand und für die spektakuläre, aber unzuverlässige Route Duschanbe–Chorugh.

Das Bus- und Minibusnetz ist begrenzt. Das einzige öffentliche Verkehrsmittel zwischen Duschanbe und Pandschakent oder Chudschand sind Sammeltaxis.

Gruppen mieten Geländewagen mit Fahrer im Pamir und nach Chorugh und Murghob.

5

CESCASSAWIN / GETTY IMAGES ©

zweigeteilte, winzige traditionelle Dorf Jizeu (sprich: Jisau) mit seinem zeitlosen Flair. Dass es keine Straße gibt, macht den Besuch spannender und logistisch schwieriger: Der Fußweg ins Dorf beginnt mit einer „Seilbahn“ – einer an Doppelkabeln baumelnde Holzkonstruktion, die per Hand von vier Personen über den Fluss gekurbelt wird.

WAKHAN-TAL

7 Die tadschikische Seite des Wakhan-Tals erinnert an ein verstecktes Paradies. Das Tal, das vom Hindukusch und einem fernen Zipfel Afghanistans gesäumt wird, bietet Festungen an der Seidenstraße, ismailitische Schreine und Dorfunterkünfte bei Wakhi-Familien. Es ist eine tolle Erweiterung der Tour auf dem Pamir Highway und ein mögliches Sprungbrett nach Afghanistan. Selbst Marco Polo war beeindruckt, als er hindurchkam. Um die ganze Pracht des Tals zu erleben, mietet man am besten ein Fahrzeug oder wandert.

MILOSZ MASLANKA / SHUTTERSTOCK ©

ESSEN & TRINKEN

Borj Eine Mischung aus Fleisch und Getreide, die an pikantes Porridge erinnert.

Chakka Saurer Quark mit Kräutern, wird meist mit Fladenbrot serviert (auf Tadschikisch rund um Samarkand und Buchara auch *yakka* genannt).

Kurutob Fladenbrotstückchen, die mit Zwiebel, Tomate, Petersilie und Koriander belegt sind und in eine Joghurtsoße getaucht werden.

Shir chai Irgendwo zwischen Milchtee und tibetanischem Buttertee.

PAMIRI-HÄUSER

Von außen wirkt ein traditionelles *huneuni chid* (Pamiri-Haus) wie eine ärmliche, flache Kiste aus Lehmziegeln. Doch innen sieht es ganz anders aus. Gäste werden in einem großen Raum mit fünf Säulen empfangen, an dessen vier Seiten sich erhöhte Ebenen befinden. Am markantesten ist die Holzdecke, die aus vier konzentrischen, um je 45 Grad gedrehten Vierecken gebaut ist. In der Mitte des Daches bleibt eine Öffnung als Lichtquelle frei. Jede der Dachebenen steht für eines der vier Elemente (Erde, Feuer, Luft und Wasser). Teppiche bedecken die Wände, und als Möbel dienen Matratzen. Den Ehrenplatz auf einer Tafel mit Fotos nimmt ein Porträt des Aga Khan ein.

Taroko-Schlucht

HAUPTSTADT
Taipeh

BEVÖLKERUNG
23,6 Mio.

FLÄCHE
36 000 km^2

AMTSSPRACHEN
Hochchinesisch, Taiwanisch

TAIWAN

Mit einer Abenteuer verheißenden Landschaft und einer lebendigen Tradition, die Seite an Seite mit asiatischer Raffinesse floriert, ist Taiwan ein ganzer Kontinent auf einer Insel.

Das jahrhundertelang als Ilha Formosa (Schöne Insel) gerühmte Taiwan hat mehr Seiten als die elfköpfige Göttin Guanyin. Hohe Klippen, Schluchten und Tropenwälder sind nur der Beginn einer Reise, die vielleicht bis zum 3952 m hohen Yu Shan führt.

Taiwan bietet die Fülle der chinesischen Küche, mit das beste japanische Essen, das man außerhalb Japans findet, und eine breite Palette lokaler Spezialitäten, von Milchfisch aus Tainan und Rindfleischnudeln aus Taipeh bis zu gegrilltem Wildschwein. Auf den Nachtmärkten werden unzählige Snacks verkauft, darunter Stinkender Tofu, dampfende Klöße, Austernomeletts und Garnelenrollen.

Die Taiwanesen haben die vitalste Demokratie Asiens sowie eine liberale Gesellschaft mit einer freien Presse, der Gleichberechtigung der Frau, der Achtung der Menschenrechte und zunehmend auch der Tierrechte geschaffen.

Highlights

TAROKO-SCHLUCHT

1 Taiwans Top-Attraktion ist ein begehbares Gemälde. Die Marmorwände (ja, Marmor!) der Taroko-Schlucht ragen hoch über dem Wasser des blaugrünen Liwu auf. Der graue Nebel, die dichte Vegetation und die Wasserfälle, die aus dem Himmel herabzustürzen scheinen, tragen ihren Teil zur Landschaft bei. Der schönste Ausblick bietet sich auf einem Spaziergang entlang der Schwalbengrotte. Mutige ohne Höhenangst können sich auch auf den teilweise sehr schmalen Jhuilu Old Trail wagen, der 500 m über dem Talboden verläuft.

WANDERN AUF DEM SCHNEEBERG

2 Wanderschuhe gehören unbedingt mit ins Reisegepäck, denn zwei Drittel Taiwans bestehen aus Bergen – und was für Bergen! Hunderte sind höher als 3000 m, und überall gibt es gute Wanderstrecken. Alle zieht es auf den Yu Shan, den höchsten Berg Nordostasiens, doch der zweithöchste, der Schneeberg Xueshan, bietet einen reizvolleren Aufstieg und verfügt über die passend benannte Holy Ridge, eine Fünftageswanderung auf einem Kamm, die immer in Höhen über 3000 m verläuft.

REISEZEIT

HAUPTSAISON
(Juli & Aug.)

ZWISCHENSAISON
(Juni, Sept.)

NEBENSAISON
(Nov.–März)

NATIONALES PALAST-MUSEUM, TAIPEH

3 Taiwan beherbergt die größte Sammlung chinesischer Kunst der Welt. Das Palastmuseum ist mit seinen Keramiken, Bronzen und Jadearbeiten, Ming-Vasen, Landschaftsgemälden der Song-Dynastie und Kalligrafien, die selbst ein nicht an Kunst Interessierter zu würdigen weiß – nicht nur

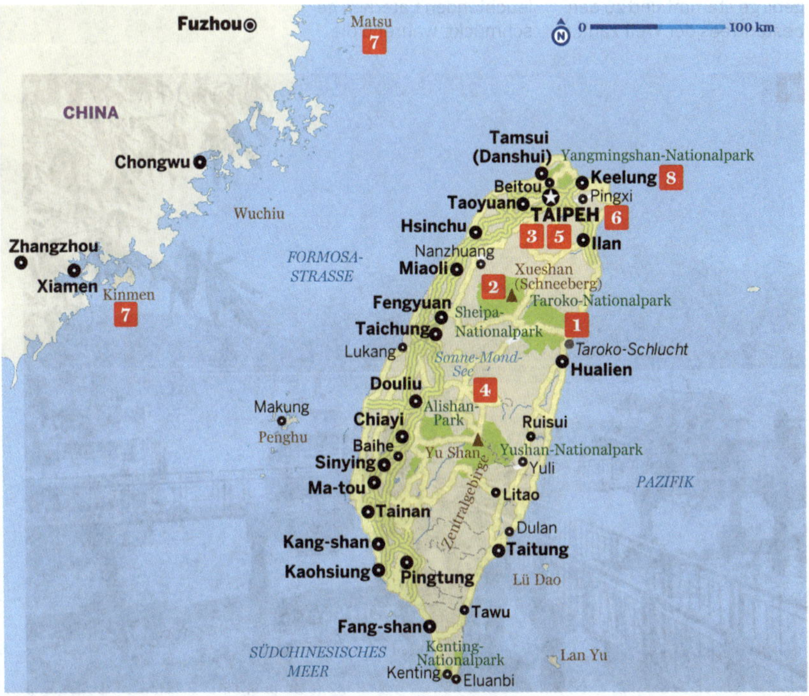

ein Muss, sondern ein Museum, das man mehrfach besucht. Denn nur ein kleiner Teil der 700 000 Exponate, die aus allen chinesischen Dynastien stammen, wird jeweils gezeigt.

SONNE-MOND-SEE

4 Der Sonne-Mond-See ist das größte Binnengewässer Taiwans. Die Farben seiner landschaftlichen Kulisse wechseln mit den Jahreszeiten. Heute wimmelt es am See zwar von Reisegruppen, doch auf den Wander- und Radwegen entkommt man ihnen schnell. Wer noch mehr sehen will, fährt hinunter zum alten Bahndepot in Checheng oder besucht das Chung-Tai-Kloster im nahen Pul. Nicht verpassen sollte man den Oloong-Tee der Region, der aus dem Hochgebirge stammt und zu den besten Tees der Welt zählt.

BAO'AN-TEMPEL, TAIPEH

5 Der Bao'an-Tempel, der sowohl für seine Restaurierung als auch für die Wiederbelebung der Tempelriten und -feste den Asia-Pacific Heritage Award der UNESCO erhielt, ist beim Besuch Taipehs ein Muss. Das kunstvolle Bauwerk ist bis unter die Decke mit traditioneller dekorativer Kunst gefüllt, und das jährliche Volkskunstfestival präsentiert die traditionellen darstellenden Künste.

LATERNENFEST, PINGXI

6 Das Laternenfest, eine der ältesten Festlichkeiten des Mondkalenders, beschließt das mehrtägige Neujahrsfest. Im Mittelpunkt steht natürlich das Licht: Überall sind die Straßen und Flussufer mit leuchtenden Laternen geschmückt, während die

UNTERWEGS VOR ORT

Schnell, zuverlässig und billig: In Taiwan fahren sowohl Hochgeschwindigkeits- als auch Standardzüge.

Die Busse sind langsamer, aber auch preiswerter als die Bahn und steuern mehr Orte an.

Radfahren auf der Insel ist bei Reisenden inzwischen sehr beliebt.

4

ZEPHYR_P / SHUTTERSTOCK ©

Plätze im Schein riesiger Neon- und Laserlichtspiele strahlen. Das Bergdorf Pingxi lässt das Mondäne surreal und das Gewöhnliche magisch werden: Einfache Papierlaternen steigen hier massenhaft in den Nachthimmel auf.

MATSU & KINMEN

7 Die Inseln Matsu und Kinmen liegen so dicht an China, dass man es selbst an nebligen Tagen sehen kann. Daher standen sie im Propaganda- (und manchmal realen) Krieg zwischen Nationalisten und Kommunisten lange an vorderster Front. Heute nimmt die Militärpräsenz ab, dafür entdecken immer mehr Traveller die Inseln, deren Geschichte viel länger zurückreicht – auf beiden Inseln gibt's wunderbar erhaltene alte Dörfer. Zudem kann man hier gut Fahrrad fahren und viele Vögel beobachten.

MIAOKOU-NACHTMARKT, KEELUNG

8 Die Nachtmärkte in Taiwan sind so zahlreich wie vielfältig. Sie erfüllen sowohl das Bedürfnis nach Essen als auch das nach Unterhaltung, daher füllen sie sich jeden Abend mit Scharen glücklicher Menschen, die sich die riesige Palette an Snacks und Speisen schmecken lassen. Der Miaokou-Nachtmarkt in Keelung, einer der ältesten und traditionsträchtigsten, lohnt einen Besuch wegen der typischen Mischung aus Essen und Schauen, was die anderen so machen.

8

GRACETHANG2 / SHUTTERSTOCK ©

▼ ESSEN & TRINKEN

Chou doufu Stinkender Tofu, ein typischer Snack.

Fo tiao qiang („Buddha springt über die Mauer") Eintopf aus Seafood, Huhn, Ente und Schwein, gegart im Reisweinkrug. Das Gericht soll so lecker sein, dass selbst Buddha, der Vegetarier war, über eine Mauer springen würde, um es zu kosten.

Gaoliang jiu Kaoliang-Likör aus fermentiertem Sorghum.

Kejia xiao chao Tintenfisch mit Lauch, Tofu und Schweinefleisch.

Kezai tang Klare Austernsuppe mit Ingwer.

Tieban shanzhurou Fettes Wildschwein, das gegrillt, in Scheiben geschnitten und mit Zwiebeln und Gemüse noch ein zweites Mal gegrillt wird.

Xiaoyu huasheng Fischpfanne mit Erdnüssen und Gemüse.

Zha shucai bing Gebratene Bällchen aus Pilzen und Mehl.

▼ CHINESISCHES NEUJAHRSFEST

Das Fest, das nach dem Mondkalender festgelegt wird, wird zwei Wochen lang gefeiert (Jan. oder Feb.). Zu den Aktivitäten gehören ein gründlicher Hausputz, die Dekoration der Türen und Tore mit glücksbringenden Versen und ein Essen am Vorabend vor Neujahr, bei dem die Familie zusammenkommt. Am zweiten Neujahrstag kehren viele verheiratete Töchter in ihr Elternhaus zurück. Die letzten Tage der öffentlichen Feiertage sind dem Besuch von Freunden und Ausflügen vorbehalten. Am 15. Tag wird das Laternenfest gefeiert.

HAUPTSTADT
Dodoma

BEVÖLKERUNG
62,1 Mio.

FLÄCHE
947 300 km²

AMTSSPRACHEN
Swahili, Englisch

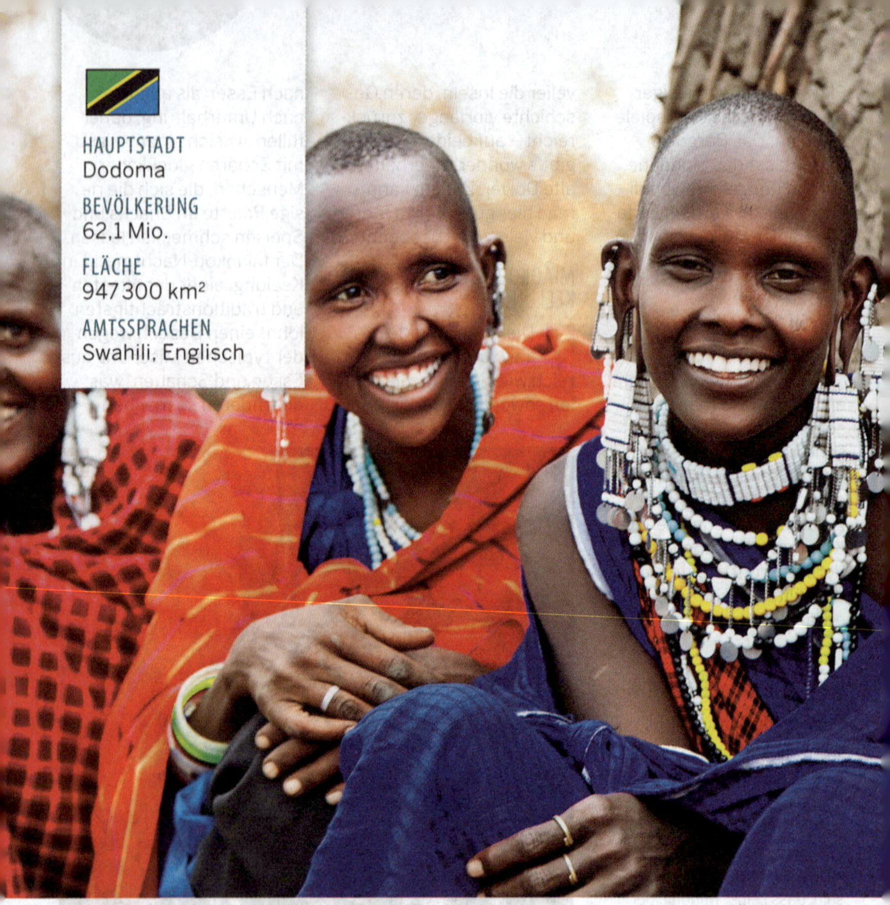

Weibliche Massai

TANSANIA

Wilde Tiere, Strände, freundliche Menschen, faszinierende Kulturen, die Serengeti, der Ngorongoro, der Kilimandscharo, Sansibar – all dies und noch viel mehr bietet Tansania in einem abenteuerlichen, einladenden Paket.

Mehr als fast jedes andere Land der Welt ist Tansania das Land für Safaris. Hier stürmen Streifengnus über die Ebenen, Nilpferde drängen sich an den schlammigen Flüssen, Elefanten wandern ihre saisonalen Migrationsrouten entlang und Schimpansen schwingen sich von Baum zu Baum.

Der Kilimandscharo lockt mit seinen bewaldeten Flanken und dem schneebedeckten Gipfel viele Besucher an. Zu Tausenden kommen Kletterer her, um sich der Herausforderung der matschigen Hänge, steinigen Wege und rutschigen Geröllhalden zu stellen. Die Belohnung: das Wahnsinnsgefühl, auf dem Dach Afrikas zu stehen.

Es sind aber vor allem die Menschen, die mit ihrer Herzlichkeit und dank der Schönheit ihrer Kultur Tansania zu einem besonderen Erlebnis machen. Sehr wahrscheinlich wird man wiederkommen wollen, wozu die meisten Tansanier wohl *„karibu tena"* (willkommen zurück) sagen würden.

Highlights

SERENGETI-NATIONALPARK

1 Das Geräusch der stampfenden Hufe kommt immer näher, wenn die Zeit der großen Wanderung der Gnus, eines der spektakulärsten Naturwunder der Welt, gekommen ist. Trotz der Dramatik scheint die Zeit in diesem Park der Superlative stehen geblieben zu sein. Ein Löwe liegt auf einem Felsen, Giraffen schreiten in den Sonnenuntergang, Krokodile sonnen sich an den Flussufern – die Möglichkeiten zur Tierbeobachtung sind das ganze Jahr über außergewöhnlich. Ob man für zwei Tage oder eine Woche kommt – die Zeit scheint hier nie zu reichen.

SANSIBARS STONE TOWN

2 Ob man nun zum ersten oder zum 50. Mal hier ist – Stone Town, der ältere Teil von Sansibar, versprüht immer wieder exotisches Flair. Zuerst rückt die Silhouette mit den Türmen der St.-Josephs-Kathedrale und dem Alten Fort ins Blickfeld, dann wartet beim Spaziergang durch die Gassen an jeder Ecke eine neue Überraschung. In verstaubten Läden duftet es nach Gewürznelke, Männer in weißen Gewändern (*kanzu*) spielen das Brettspiel *bao* und der Rhythmus der Insel ergreift von einem Besitz, während das Festland immer weiter entfernt scheint.

NGORONGORO-KRATER

3 An klaren Tagen entfaltet sich der Zauber schon oben am Rand mit einem großartigen Blick über den riesigen Krater. Der Abstieg führt hinunter in eine weite Ebene, die in Blau- und Grüntöne gehüllt ist und in der sich eine weltweit einmalige Zahl an Tieren konzentriert. Wer Glück hat und ein ruhiges Fleckchen findet, kann sich leicht ins ursprüngliche Afrika zurückversetzen, mit einer fast ununterbrochenen Tierparade vor einer typisch ostafrikanischen Kulisse. Tipp: Morgens so früh wie möglich aufbrechen, um möglichst viel Zeit zur Tierbeobachtung zu haben!

GUDKOV ANDREY / SHUTTERSTOCK ©

Lodwar
Eliya Springs
North Horr
Turkana-See
Loyangalani
Marsabit
DEMOKRATISCHE REPUBLIK KONGO
Albertsee
South Horr
Baragoi
Kyogasee
Maralal
Kitale
Semliki
UGANDA
Matthews Bergkamm
Isiolo
KAMPALA
Kisumu
Eduardsee
Tana
KENIA
Naivasha
Kisii
Isebania
NAIROBI
Bukoba
Victoriasee
Narok
Musoma
1
RUANDA
Serengeti-Nationalpark
Natronsee
KIGALI
West Kilimanjaro
Mwanza
Machame
4
Kilimandscharo
Malindi
Ngorongoro-Krater
3
Mount Meru
BURUNDI
Arusha
Gede
Moshi
Marangu
Kilifi
BUJUMBURA
Shinyanga
Manyara-See
Pare-Gebirge
5
Mombasa
Babati
Usambara-Berge
Gombe-Nationalpark
Mount Hanang
Lushoto
Singida
Tanga
Pemba
Kigoma
6
Tabora
Pangani
10
Mahale-Mountains-Nationalpark
Pangani
Stone Town
2
Sansibar
Mpanda
DODOMA
Bagamoyo
Wami
Dar es Salaam
Tanganjikasee
Morogoro
Kipili
8
Großer Ruaha
Iringa
Mikumi
Rukwa-See
Ruaha-Nationalpark
Mafia
Rufiji
Kisolanza
7
Sumbawanga
Selous-Wildreservat
Kilwa Kivinje
Kilwa Masoko
Makambalo
Mufindi
Mbeya
Cheshi-See
Tukuyu
Njombe
Kilwa Kisiwani
9
Matema
Luwegu
Lindi
Kasama
Livingstonia
Mtwara
Masasi
Songea
Bangweulu-See
Ruvuma
Mbamba Bay
Tunduru
Mocímboa da Praia
Nkhata Bay
Cóbuè
SAMBIA
Luangwa
Malawisee
MOSAMBIK
Metangula
Pemba
Nkhotakota
Lichinga
Mkushi
Chipata
MALAWI
Nacala Porto
LILONGWE
Lúrio
0
200 km
Cuamba
Nampula
Lago de Cahora Bassa
Zomba
Ilha de Moçambique
Sambesi
Shire
Blantyre
Mulanje

KILIMANDSCHARO

4 Es ist schwer, dem Reiz zu widerstehen, den höchsten Berg Afrikas mit seinem verschneiten Gipfel und der Aussicht auf die umliegenden Ebenen zu bezwingen – jedes Jahr nehmen Tausende die anstrengende Besteigung in Angriff. Es gibt aber auch andere Möglichkeiten, den Kilimandscharo zu erkunden: eine Tageswanderung durch die grünen, tiefer gelegenen Hänge des Berges, eine Begegnung mit den hier lebenden Chagga oder einfach ein Sundowner an einem der Aussichtspunkte vor bergiger Kulisse.

TOP-BÜCHER & -FILME

The Tree Where Man Was Born (Peter Matthiessen; 1972) Lyrischer Bericht über die Menschen, Tiere und Landschaften Nordtansanias und Kenias.

The Gunny Sack (M. G. Vassanji; 1989) Die Erinnerungen an eine Familie und ans Erwachsenwerden, erzählt anhand des Inhalts eines Jutesacks.

Tumaini (2005) Die verheerenden Folgen von Aids für eine tansanische Familie.

As Old as My Tongue (2006) Die Geschichte der Sängerin Bi Kidude aus Sansibar.

Memoiren einer arabischen Prinzessin (Emily Ruete; 1888) Autobiografie einer sansibarischen Prinzessin des 19. Jhs.

Paradise (Abdulrazak Gurnah; 1994) Eine Geschichte vom Erwachsenwerden in Ostafrika.

ESSEN

Wer durch Tansania reist, könnte glauben, dass die Menschen sich nur von *ugali* (Alltagsgericht aus Mais und Maniokmehl) und Sauce ernähren. Doch es gibt auch großartige Spezialitäten. Eines der kulinarischen Highlights Ostafrikas ist der Sansibar-Archipel. Hier erinnert der Duft von Koriander und Kokosnuss an die Zeit, als die Küste ein Stopp auf der Gewürzroute vom Orient aus war. Andernorts entschädigt die tansanische Gastfreundschaft für eine ansonsten recht schlichte Küche.

LEBEN DER EINHEIMISCHEN

5 Die unzähligen Wildtiere, der Kilimandscharo, die fantastischen Strände und die Ruinen der Suaheli – sie alle bilden nur die Kulisse des größten Schatzes Tansanias: seiner Menschen. Die Kultur der Einheimischen ist zugänglich und vielfältig. Kulturprogramme für Besucher ermöglichen es, den Massai zu begegnen, die Beerdigungstraditionen der Pare kennenzulernen und mit den Arusha einen Markttag zu erleben. Die Region Usambara ist mit ihren Sambaa-Dörfern und -kulturen einer von vielen guten Ausgangspunkten einer Exkursion ins tansanische Leben.

REISEZEIT

HAUPTSAISON
(Juni–Sept.)
Leichte Tierbeobachtung, da das Blattwerk nicht so dicht ist und sich die Tiere an den schrumpfenden Wasserstellen sammeln.

ZWISCHENSAISON
(Okt.–Feb.)
Es ist heiß, besonders ab Dezember.

NEBENSAISON
(März–Mai)
Starker Regen, die Landschaften sind saftig grün.

RETTUNG DER MEERESSCHILDKRÖTE

Tansanias Meeresschildkrötenpopulation ist stark gefährdet. Schuld daran sind der Eierraub aus Nestern, die Jagd auf Schildkröten als Nahrungsmittel sowie Fischernetze, in denen sich Schildkröten verfangen. Sea Sense (www.seasense.org) arbeitet mit Küstenorten zusammen, um Meeresschildkröten, aber auch Dugongs (Seekühe), Walhaie und andere gefährdete Meerestiere zu schützen. Es hat große Fortschritte erzielt, gerade mit dem Nestschutzprogramm in den Gemeinden, bei denen Tierschutzbeamte die Verantwortung für die Überwachung der Brutaktivitäten der Meeresschildkröten übernehmen.

Als Teil dieser Initiative werden Einheimische als „Schildkröten-Führer" ausgebildet. Sie bringen Besucher zu den Brutplätzen, wo man beobachten kann, wie die jungen Tiere schlüpfen und sich zum Meer aufmachen. Touren gibt es u. a. am Südstrand von Daressalam, am Ushongo-Strand und auf der Insel Mafia. Die kleine Gebühr wird zwischen Sea Sense, das damit das Schutzprogramm mitfinanziert, und den Einheimischen geteilt.

UNTERWEGS VOR ORT

Es gibt ein gutes Liniennetz. Die Flüge sind zwar teuer, aber oft die praktischste Möglichkeit, die großen Entfernungen in kurzer Zeit zu bewältigen.

Busse sind billig, oft strapaziös und gefährlich (hohe Geschwindigkeiten, schlechte Straßen), für die meisten Traveller aber das Hauptverkehrsmittel.

Mietwagen sind teuer. Es ist nicht üblich, selbst zu fahren, wenn man aber schon Fahrerfahrung in Afrika hat, ist es eine Überlegung wert. Es wird links gefahren.

Züge sind billig und langsam, fahren durch schöne Landschaften und ermöglichen ein kulturelles Erlebnis.

SCHIMPANSEN AUFSPÜREN

6 Schimpansen aufzuspüren, ist harte Arbeit: Man klettert steile, Pfade hinauf, stolpert über Wurzeln und kämpft sich den Weg durch dichte Vegetation. Doch all dies ist sofort vergessen, wenn man Schimpansen auf einer Lichtung beobachten kann. Die entlegenen Parks im Westen – Mahale Mountains und Gombe – gehören zu den besten Orten weltweit, um unseren tierischen Verwandten zu begegnen. Die Schimpansensuche lässt sich mit einer Safari im Katavi-Nationalpark oder einer Expedition am Ufer des Tanganjikasees zu einem unvergesslichen Abenteuer abseits ausgetretener Pfade verbinden.

SELOUS-WILDRESERVAT

7 Das riesige Wildreservat ist mit seinem tropischen Klima, dem üppigen Grün und dem mächtigen Fluss Rufiji etwas völlig anderes als die Parks im Norden Tansanias. Auf einer Bootssafari gleitet man an Palmyrapalmen, Nilpferden, Elefanten und Krokodilen vorbei, sollte aber auch auf die vielen kleineren Attraktionen am Ufer achten. Dazu zählen die Schreiseeadler, die Goliathreiher und die winzigen Weißstirnspinte, die alle Teil der täglichen Sinfonie der Natur im größten Wildreservat Afrikas sind.

RUAHA-NATIONALPARK

8 Zusammen mit den umliegenden Schutzgebieten beherbergt der raue, von Affenbrotbäumen übersäte Nationalpark eine der größten Elefantenpopulationen des Landes. Ein perfekter Ort, um die Dickhäuter zu beobachten, ist bei Sonnenaufgang oder -untergang das Ufer des Großen Ruaha. Dann kommen die Tiere an den Fluss, um sich in Gesellschaft von Nilpferden, Antilopen und über 400 verschiedenen Vogelarten zu stärken oder ein Bad zu nehmen. Ein Besuch in diesem Nationalpark ist etwas ganz anderes als die beliebtere Rundtour durch den Norden und lohnt unbedingt.

RUINEN & FELSKUNST

9 Tansania bietet viel Sehenswertes für Geschichtsfans. Zu den beeindruckendsten Ruinen an der Küste gehört Kilwa Kisiwani. Die UNESCO-Welterbestätte erinnert an die Ära der Sultane und an die Handelsrouten, die die Goldminen im Landesinneren mit Persien, Indien und China verbanden. Wer in der Großen Moschee steht, glaubt fast, Stimmen aus vergangenen Jahrhunderten zu hören. Wem etwas erschwerte Reisebedingungen nichts ausmachen, der sollte sich die Felsmalereien von Kondoa im Landesinnern ansehen, die in den Hügeln von Irangi in Zentral-Tansania verstreut liegen.

STRÄNDE & TAUCHEN IN PEMBA

10 Angesichts exotischer Archipele, Binnenseen und mehr als 1000 km Küste am Indischen Ozean haben Besucher in Tansania die Qual der Wahl. Die Küste Sansibars ist zwar stark entwickelt, mit den weißen Sandstränden, den Palmen und schönen Küstenstraßen aber sehr sehenswert. Wer auf der Suche nach Einsamkeit ist, sollte Pemba mit seinen stillen Buchten und spektakulären Tauchspots besuchen. Ein großer Teil der Küste ist von Mangroven und Lagunen gesäumt, dazwischen liegen einige gute Sandstrände und ein paar idyllische Inselchen. Korallenriffe, die steil abfallenden Wände des Pemba-Kanals vor der Küste und das reiche Fischleben sorgen für Tauchmöglichkeiten, die zu den besten Ostafrikas gehören.

ANDREW MOLINARO / SHUTTERSTOCK ©

6

WILDBLUMEN

Im Februar bedecken Orchideen und andere Wildblumen das Kitulo-Plateau. Dann ist hier zwar Regenzeit, wer aber gut ausgestattet ist, wird begeistert sein.

SAFARIS

Wer in der Hochsaison eine Safari in einer beliebten Region machen will, sollte diese möglichst vor der Ankunft in Tansania buchen.

8

ANDREW MOLINARO / SHUTTERSTOCK ©

HAUPTSTADT
Bangkok

BEVÖLKERUNG
69,5 Mio.

FLÄCHE
513 120 km²

AMTSSPRACHE
Thai

Großer Palast und Wat Phra Keaw, Bangkok

THAILAND

Freundlich und lebenslustig, exotisch und tropisch, reich an Kultur und Geschichte – das Land scheint mit seinen glitzernden Tempeln und tropischen Stränden ebenso zu strahlen wie das so herzliche thailändische Lächeln.

Die weltweit beliebte Thai-Küche wartet mit fundamentalen Aspekten der thailändischen Kultur auf: Sie ist großzügig, erfrischend und entspannt. Rund um die vier grundlegenden Aromen (scharf, süß, salzig und sauer) wird ein vielseitiges nationales Menü aufgebaut. Neugierige Feinschmecker begeben sich in den Nudelhütten Bangkoks, an den Seafood-Pavillons in Phuket und den birmanischen Marktständen in Mae Sot auf kulinarische Entdeckungsreisen.

Mit zwei Küsten und von Dschungel bedeckten Inseln ist Thailand ein ebenso reizvolles Ziel für Hedonisten wie für Einsiedler, für Gäste mit dickem Portemonnaie wie für Budgetreisende. Dieses Paradies hat jedem etwas zu bieten: Sonne, Sand und Meer auf Ko Lipe, Tauchen mit Walhaien vor Ko Tao, Kitesurfen in Hua Hin, Feiern auf Ko Phi Phi, Erholung in einem Wellnessresort auf Ko Samui und tolles Strandleben, wo immer sich Sand und Wellen begegnen.

Highlights

BANGKOK

1 Funkelnde Tempel, hohe Wolkenkratzer, ein wildes Nachtleben, und ach – das Essen! Wie könnte man Bangkok nicht lieben? Von Staus, hoher Luftfeuchtigkeit und politischer Instabilität mal abgesehen, ist die thailändische Hauptstadt heute ordentlicher und übersichtlicher als je zuvor. Auf geht's zu goldenen Schreinen, bunten Märkten, glitzernden Mega-Shoppingzentren und faszinierenden Museen – und zwischendurch wird immer mal eine Pause eingelegt, um sich an Imbissständen am Straßenrand oder in einigen der besten Restaurants Asiens zu stärken.

RAILAY

2 An der Spitze der Halbinsel Krabi finden sich einige der berühmtesten Naturschönheiten Thailands: die aus dem Meer aufragenden Karstformationen von Railay. Die Strände punkten mit weißem Sand, und das Hinterland kann nur zu Fuß erkundet werden. Der perfekte Ort zum Faulenzen, Schwimmen, Tauchen oder Klettern. Kletterneulinge können hier die Grundlagen erlernen – und manche von ihnen bleiben so lange, dass sie schließlich einen Free Solo hinauf auf eine der Felsnadeln schaffen und von dort dann ins Meer springen können.

PROVINZ CHIANG RAI

3 Die Zeiten des Opiumhandels im Goldenen Dreieck sind schon lange vorbei. Dafür fasziniert Chiang Rai heute mit tollen Aktivitäten wie Wandern oder selbstgeführte Erkundungstouren. Zudem wartet hier eine Reihe einzigartiger kultureller Erfahrungen: vom Besuch eines Akha-Dorfs bis hin zu Übernachtungen im yunnanesischen Dorf Mae Salong. Zwischen dem Mekong und dem Gebirge gelegen, ist Chiang Rai Thailands wahrscheinlich schönste Provinz. Außerdem kommt man von hier aus gut nach Myanmar und Laos.

DMITRY MOLCHANOV / SHUTTERSTOCK ©

CHIANG MAI

4 Als Kulturhauptstadt des Nordens ist Chiang Mai bei Kulturfreunden, Tempelfans und Familien gleichermaßen beliebt. In der Altstadt drängen sich Tempel aus der Zeit des einst unabhängigen Königreichs Lan Na. Die Seitenstraßen erkundet man am besten mit dem Fahrrad, in der Umgebung kann man Dschungelwanderungen unternehmen. Kochschulen bringen Besucher die Kunst der Thai-Küche bei. Wunderbar essen kann man in der Stadt dank der Importe von japanischem Sushi und birmanischen Currys sowie der Fülle an regionalen und vegetarischen Speisen ohnehin.

ABILITYRIDDLE / GETTY IMAGES ©

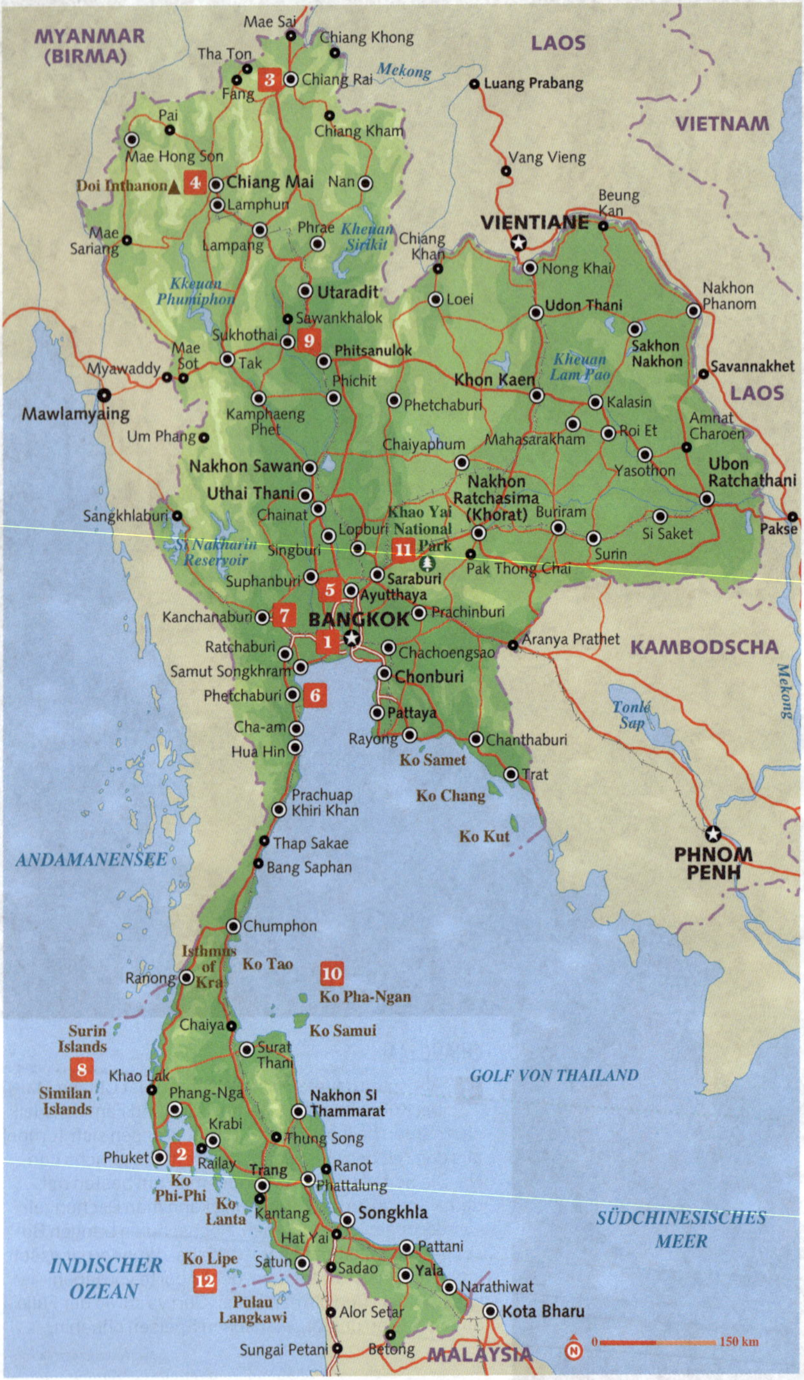
MYANMAR (BIRMA)
LAOS
VIETNAM
KAMBODSCHA
MALAYSIA
Mae Sai
Chiang Khong
Tha Ton
Fang
Chiang Rai
Mekong
Luang Prabang
Pai
Chiang Kham
Mae Hong Son
Vang Vieng
Doi Inthanon
Chiang Mai
Nan
Lamphun
Beung Kan
VIENTIANE
Mae Sariang
Lampang
Phrae
Kheuan Sirikit
Chiang Khan
Nong Khai
Kheuan Phumiphon
Utaradit
Loei
Udon Thani
Nakhon Phanom
Sawankhalok
Sukhothai
Sakhon Nakhon
Mae Sot
Phitsanulok
Kheuan Lam Pao
Savannakhet
Myawaddy
Tak
Phichit
Khon Kaen
Mawlamyaing
Kamphaeng Phet
Phetchaburi
Kalasin
Um Phang
Chaiyaphum
Mahasarakham
Roi Et
Amnat Charoen
Yasothon
Nakhon Sawan
Nakhon Ratchasima (Khorat)
Ubon Ratchathani
Uthai Thani
Chainat
Khao Yai National Park
Buriram
Sangkhlaburi
Lopburi
Si Saket
Pakse
Si Nakharin Reservoir
Singburi
Surin
Pak Thong Chai
Suphanburi
Saraburi
Ayutthaya
Kanchanaburi
BANGKOK
Prachinburi
Ratchaburi
Aranya Prathet
Chachoengsao
Samut Songkhram
Chonburi
Phetchaburi
Tonlé Sap
Mekong
Pattaya
Cha-am
Rayong
Chanthaburi
Hua Hin
Ko Samet
Trat
Prachuap Khiri Khan
Ko Chang
Ko Kut
Thap Sakae
PHNOM PENH
ANDAMANENSEE
Bang Saphan
Chumphon
Isthmus of Kra
Ko Tao
Ranong
Ko Pha-Ngan
Chaiya
Ko Samui
Surin Islands
Surat Thani
Khao Lak
GOLF VON THAILAND
Similan Islands
Phang-Nga
Nakhon Si Thammarat
Krabi
Thung Song
Phuket
Railay
Ranot
Ko Phi-Phi
Trang
Phattalung
Ko Lanta
Kantang
Songkhla
SÜDCHINESISCHES MEER
Hat Yai
Pattani
INDISCHER OZEAN
Ko Lipe
Satun
Sadao
Yala
Narathiwat
Pulau Langkawi
Alor Setar
Kota Bharu
Sungai Petani
Betong
N
0
150 km
1
2
3
4
5
6
7
8
9
10
11
12

TOP-FILME

Mein Bruder, der Held (2015) Der Film nach einer Story von Rattawut Lapcharoensap erzählt vom elfjährigen Oat, dessen schwuler älterer Bruder vom Militär eingezogen wird.

Tom-Yum-Goong (2005) Tony Jaa, Thailands Jackie Chan, spielt im erfolgreichsten thailändischen Film, der je in den USA in die Kinos kam, die Hauptrolle.

Last Life in the Universe (2003) Eine einsame Liebesgeschichte, mit der sich Thailands New-Wave-Kino etablierte.

TOP-BÜCHER

Very Thai (2013) Philip Cornwel-Smiths Fotos und Essays zu den thailändischen Eigenarten.

A Kingdom in Crisis (2014) Andrew MacGregor Marshalls Werk über Thailands Kampf für Demokratie im 21. Jh. ist in Thailand verboten.

Bangkok Days (2010) Lawrence Osborne gibt einen witzigen Einblick ins Leben in Bangkok.

AYUTTHAYA

5 Ayutthaya war einst eine lebendige Hauptstadt mit Hunderten Tempeln. Seine einstige Pracht lässt sich bei Radtouren durch die zum UNESCO-Welterbe gehörenden Backsteinruinen aber nur noch erahnen. Dennoch vermitteln sie einen guten Eindruck, wie sich die Metropole einst als internationales Handelszentrum präsentiert hat. Am Stadtrand liegen weitere Attraktionen, z. B. ein Wassertheater, ein Kunsthandwerkszentrum und der wohl eklektischste Königspalast aller Zeiten.

PHETCHABURI

6 Diese Provinzhauptstadt bietet einen Mix aus Natur und Kultur und ist im Vergleich zu Bangkoks hektischen Straßen ein friedliches Refugium. Auf der Erkundungsliste stehen ein alter Bergpalast, Höhlenschreine und belebte Tempel. Im Ladenviertel betreiben viele ältere Thai-Damen noch kleine Geschäfte. Und der nahe Kaeng Krachan National Park ist die Heimat wild lebender Gibbons und exotischer Vögel.

KANCHANABURI

7 Wenn man sich mit der Kriegsvergangenheit dieser Provinz im Westen Thailands beschäftigt hat – hier steht die Brücke am Kwai –, ist es Zeit für eine Trekkingtour in der Wildnis Kanchanaburis, wo Kalksteinberge wie grimmige Drachen auf Urwälder hinabblicken. In diesem Travellerzentrum gibt's Aktivitäten aller Art, z. B. Seilrutschen, Kajakfahren oder Begegnungen mit Elefanten. Oder man wandert auf der Suche nach Gibbons und den letzten Tigern Thailands vorbei an Wasserfällen und Flüssen und verbringt die Nacht dann bei einer Gastfamilie.

REISEZEIT

HAUPTSAISON
(Nov.–März)
Auf den Monsun folgt eine kühle, trockene Jahreszeit.

ZWISCHENSAISON
(April–Juni & Sept.–Okt.)
Meist heiß und trocken.

NEBENSAISON
(Juli–Aug.)
In der Monsunzeit kann es nachmittägliche Schauer, aber auch schwere Überschwemmungen geben.

MU KO SURIN & MU KO SIMILAN NATIONAL PARKS

8 Die weltberühmten Tauchspots vor den Surin und Similan Islands haben Thailand einen Platz

SÀ·NÙK

Thais legen viel Wert auf *sà·nùk*, was in etwa „Spaß" bedeutet. Er gilt als unverzichtbarer Bestandteil jeder Aktivität. Selbst Arbeit sollte etwas von *sà·nùk* haben, sonst wird sie automatisch zur drögen Plackerei.

LOI KRATHONG

Zum auch Yi Peng genannten Vollmondfest werden entlang des Mae Ping kleine lotusförmige Flöße ins Wasser gelassen, und Tausende von leuchtenden Laternen schweben hinauf in den Nachthimmel.

▼ ESSEN & TRINKEN

Đôm yam Zitronengras, Kaffernlimetten-Blätter und Limonensaft geben dieser Suppe ihre Würze, Chilis (oder Chilipaste) sorgen für die Schärfe.

Gaang mát·sà·màn Das „muslimische Curry" ist ein Gericht auf der Basis von Kokosmilch; einen Großteil seines Geschmacks erhält es durch getrocknete Gewürze.

Kà·nŏm bêuang Die traditionelle Version dieser an Tacos erinnernden Snacks gibt es in zwei Varianten: süß und pikant.

Máh hór Die Vorspeise besteht aus Mandarinen-, Orangen- oder Ananasstückchen und einem süßen/pikanten/scharfen Topping mit Schweinefleisch, Hühnchen, Erdnüssen, Zucker, Pfefferkörnern und Korianderwurzel.

Nám pŏn·lá·mái Fruchtsäfte, oft mit einer Prise Zucker und Salz und jeder Menge Eis serviert.

Nám prík Scharfer Chili-Dip.

ƀlah hâang Getrockneter Fisch, kombiniert mit Zucker und frittierten Schalotten, serviert auf Wassermelonenscheiben.

Roh·đee Knusprig gebratene Pfannkuchen, serviert mit Kondensmilch und Zucker.

Yam ƀlah dùk foo Gebratener, zerkleinerter Seewolf, Chili und Erdnüsse, serviert mit einem süßen/herben Mango-Dressing.

als weltweites Tauchziel gesichert. Mehrtägige Tauchexkursionen ab Khao Lak ermöglichen es, mehr Zeit mit den Meeresbewohnern, darunter Mantarochen und Walhaie, zu verbringen. Die Inseln selbst sind mit ihrem Dschungel im Inselinneren und den weißen Stränden, die von Korallenriffen gesäumt sind, ebenfalls einen Besuch wert.

GESCHICHTSPARK SUKHOTHAI

9 In dem beeindruckenden Geschichtspark reisen Besucher 800 Jahre zurück in die Vergangenheit. Die Erkundung der Ruinen der früheren Hauptstadt ist eine gute Möglichkeit, verfallene Tempel, alte Buddhastatuen und fischreiche Teiche zu erkunden. Tolle Museen und einige der günstigsten Unterkünfte des Landes machen das Paket perfekt. Sukhothai wirkt selten überfüllt, richtig abgeschieden ist aber der nahe Geschichtspark Si Satchanalai-Chaliang. Dort kann es sein, dass man allein unterwegs ist.

KO PHA-NGAN

10 Das für seine Vollmondpartys zu Technomusik berühmte Ko Pha-Ngan hat sich von einem schläfrigen Eiland zum Ibiza Asiens gemausert. An der Nord- und Ostküste finden Asketen in Hängematten aber noch immer die Glückseligkeit der einsamen Insel. Direkt vor der Küste liegen die besten Tauchspots des Golfs von Thailand. Große Teile des Inselinneren sind unberührter Wald.

KHAO YAI NATIONAL PARK

11 Ob man Wildtiere sieht, ist immer auch Glückssache, aber in diesem Schutzgebiet, einer UNESCO-Welterbestätte, sind die Chancen ausgezeichnet. Und selbst wenn man keinen großen Tieren begegnet, sorgen die Orchideen, Vögel, Wasserfälle und das Gefühl von Abenteuer dafür, dass man garantiert eine tolle Dschungelwanderung erlebt.

KO LIPE

12 Auf Ko Lipe begegnen sich leibliches Wohl und relaxtes Inselleben. Die Insel ist nicht leicht zu erreichen, doch ihre Fans sind sich einig, dass die Mühe sich lohnt. Die Zeiten totaler Einsamkeit sind vorbei, besonders in der Hochsaison, doch noch immer bietet Ko Lipe eine tolle Mischung aus weißen Stränden, authentischer Thai-Küche, coolen Pensionen, Boutique-Resorts und Abenteuern in der Natur. Am besten taucht und lebt es sich hier zu Beginn der Regenzeit (Mitte April–Juni). Aber nicht weitersagen!

GOLF PHOTOGRAPHER / SHUTTERSTOCK ©

▼ UNTERWEGS VOR ORT

Flüge innerhalb Thailands sind recht günstig.

Das thailändische Busnetz funktioniert gut und ist zuverlässig. Auch das Streckennetz der Bahn führt in alle Ecken des Landes und ist eine malerische, wenn auch langsame Alternative zu den Bussen.

Es ist einfach, in Thailand ein Motorrad zu mieten – eine tolle Möglichkeit, das Hinterland zu entdecken.

In den meisten Großstädten und an den meisten Flughäfen gibt es lokale Unternehmen und internationale Ketten, die Autos, Geländewagen und Vans verleihen.

HAUPTSTADT
Lhasa

BEVÖLKERUNG
3,6 Mio.

FLÄCHE
2,5 Mio. km²

AMTSSPRACHEN
Tibetisch, Chinesisch

Kailash

TIBET

Tibet wartet mit fabelhaften Klöstern und atemberaubenden Trekkingtouren im Hochgebirge auf – zudem leben hier mit die liebenswertesten Menschen, denen man je begegnen wird.

Für viele Besucher ist der Höhepunkt einer Tibetreise spiritueller Natur: Klöster, Gebetshallen mit singenden Mönchen und einsame Refugien an Felswänden. Tibets Pilger machen einen wesentlichen Teil des Reizes des Landes aus – von Großmüttern, die in den nach Yakbutter duftenden Tempeln Mantras murmeln bis zu jenen Hartgesottenen, die den Kailash zu Fuß oder sich niederwerfend umrunden. In Tibet trifft man auf ein so hohes Maß an Hingabe und Glaube, dass man sich in eine ferne Vergangenheit zurückversetzt fühlt. Das ist faszinierend, inspirierend und überaus fotogen.

Was immer einen nach Tibet bringt – die stärksten Erinnerungen sind später wahrscheinlich die an eine Flasche Lhasa-Bier, die man sich in einem Teehaus geteilt hat, an den Yakbuttertee, den einem ein Mönch angeboten hat, oder an das Picknick mit einer Schäferfamilie. Was das Reisen in Tibet so erfreulich macht, sind seine Menschen.

Highlights

KAILASH

1 Asiens heiligster Berg wird von über einer Milliarde Buddhisten und Hindus verehrt. Er ragt wie eine gigantische vierseitige *chorten* (buddhistische Stupa) über der Barkha-Ebene auf, steigt auf eine Höhe von 6714 m an und bildet mit dem nahen Manasarovar-See und einem Becken, aus dem vier der größten Flüsse Asiens entspringen, ein Bild, das seinesgleichen sucht. Wer hierher gereist ist, hat nicht nur eine der entlegensten Ecken der Welt erreicht, sondern er kann sich mit der dreitägigen Umrundung des Berges auch von allen Sünden reinwaschen.

BARKHORSTRASSE

2 Wer sich dem zentrifugalen Strom der Tibeter anschließt, die den Jokhang-Tempel auf der Barkhorstraße umrunden, weiß nie genau, was ihn erwartet. Hier treffen sich Pilger und Betende aus ganz Tibet, muslimische Händler, Nomaden der Khampa in zerschlissenen Kleidern, Frauen aus Amdo, die sich mit 108 Zöpfen schmücken, Künstler, die *thangka* (religiöse Bilder) malen, und chinesische Militärpatrouillen. Dieser Ort ist ein faszinierender Mikrokosmos Tibets, an den man immer wieder zurückkommen will.

POTALA-PALAST

3 Der erste Blick auf den Potala-Palast gehört zu jenen Momenten, die man nie mehr vergessen wird. Wer den ehemaligen Wohnsitz des Dalai Lama besucht, steigt vorbei an Kapellen mit goldenen Gräbern, opulenten Empfangsräumen und riesigen Gebetshallen hinunter in die Tiefen einer mittelalterlichen Burg. In diesem Palast konzentrieren sich die spirituellen und materiellen Schätze einer Nation. Zum

3

HUNG CHUNG CHIH / SHUTTERSTOCK ©

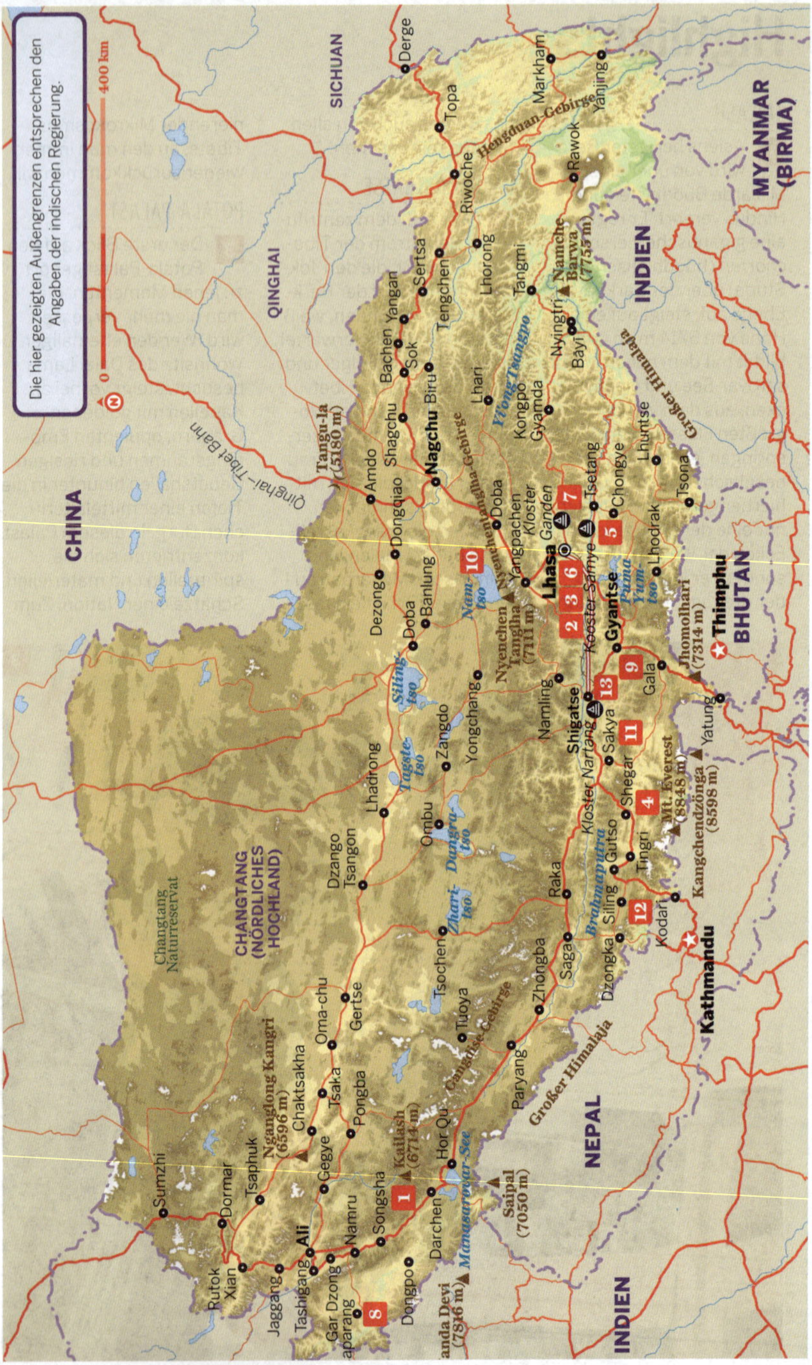
Die hier gezeigten Außengrenzen entsprechen den Angaben der indischen Regierung.
0
400 km
CHINA
QINGHAI
SICHUAN
Qinghai – Tibet Bahn
Tangu-la (5180 m)
CHANGTANG (NÖRDLICHES HOCHLAND)
Changtang Naturreservat
NEPAL
INDIEN
BHUTAN
MYANMAR (BIRMA)
Kathmandu
Thimphu
Lhasa
Shigatse
Gyantse
Nagchu
Ali
Sumzhi
Rutok
Xian
Dormar
Tsaphuk
Jaggang
Tashigang
Gar Dzong
Gegye
Chaktsakha
Nganglong Kangri (6596 m)
Oma-chu
Tsaka
Pongba
Gertse
Namru
Songsha
Kailash (6714 m)
Darchen
Hor Qu
Manasarovar-See
Dongpo
Saipal (7050 m)
Paryang
Tuoya
Tsochen
Zhongba
Saga
Dzongka
Siling
Kodari
Raka
Tingri
Gutso
Shegar
Mt. Everest (8848 m)
Kangchendzönga (8598 m)
Jhomolhari (7314 m)
Yatung
Gala
Sakya
Kloster Nartang
Namling
Yongchang
Zangdo
Ombu
Lhadrong
Dzango Tsangon
Dangra-tso
Zhari-tso
Tagste-tso
Siling-tso
Nam-tso
Doba
Banlung
Dezong
Dongqiao
Amdo
Shagchu
Biru
Sok
Bachen
Yangan
Sertsa
Tengchen
Riwoche
Topa
Derge
Lhorong
Lhari
Tangmi
Nyingtri
Bayi
Kongpo Gyamda
Namche Barwa (7755 m)
Rawok
Markham
Yanjing
Hengduan-Gebirge
Nyenchen-Tanglha-Gebirge
Nyenchen Tanglha (7111 m)
Yangpachen
Kloster Ganden
Kloster Samye
Tsetang
Chongye
Lhodrak
Lhuntse
Tsona
Yarlung Tsangpo
Brahmaputra
Yamdrok-tso
Puma Yum-tso
Großer Himalaja
Gangdise-Gebirge
1
2
3
4
5
6
7
8
9
10
11
12
13

Abschluss sollte man sich einer *kora* (rituelle Umrundung) der gesamten Anlage anschließen.

MT.-EVEREST-BLICK

4 Den wohl schönsten Blick auf den höchsten Berg der Welt hat man vom nördlichen Basislager in Tibet, das erstmals 1924 bei der britischen Everest-Expedition genutzt wurde. Während man bei der zweiwöchigen Trekkingtour auf der nepalesischen Seite immer nur mal einen kurzen Blick auf den Gipfel erhascht, ist der freie Blick auf die Nordseite des Mt. Everest, eingerahmt von den Gebetsfahnen des Klosters Rongphu, einfach atemberaubend. Inzwischen kann man den ganzen Weg hierher sogar auf einer befestigten Straße fahren. Aber Schlafsack, Kopfschmerztabletten und ein Gebet für klaren Himmel mitbringen!

KLOSTER SAMYE

5 Das erste Kloster Tibets ist eine Ansammlung von Kapellen, Chorten und Schreinen, die um einen mittelalterlichen Tempel mit dem Namen Ütse angeordnet sind. Die 1200 Jahre alte Stätte war Schauplatz Guru Rinpoches Kampfes mit den Dämonen um die Einführung des Buddhismus in Tibet. Hier wurde in einer großen Debatte auch die Zukunft des tibetischen Buddhismus besiegelt. Der traumhaft schöne Ort an den wüstenähnlichen Ufern des Yarlung Tsangpo ist grandios, und in der Nähe gibt es einige schöne Trekkingtouren.

JOKHANG-TEMPEL

6 Beim Gang durch die dunklen, mittelalterlichen Gänge des Jokhang fällt zuerst die Atmosphäre ehrfürchtiger Stille auf. Es ist Lhasas heiligster Tempel. Unmengen an Pilgern schieben sich über die Treppen, vorbei an mittelalterlichen Portalen und Wandmalereien. Ab und an halten sie dabei inne, um in großer Ehrfurcht die goldenen Buddhas anzustarren oder um Hunderte von Butterlampen wieder aufzufüllen, die die Dunkelheit mit

TOP-BÜCHER

Ich, Palden Gyatso, Mönch aus Tibet (Palden Gyatso; 1997) Autobiografie eines Mönchs, der 33 Jahre in Tibet im Gefängnis saß.

Tränen über Tibet (Mary Craig; 1992) Bericht über das Leben der Tibeter seit der Machtübernahme durch China.

The Open Road: Die Weltreise des vierzehnten Dalai Lama (Pico Iyer; 2008) Ein ergreifendes Buch über die Wärme und Widersprüche des 14. Dalai Lama.

TOP-FILME

Kundun (1997) Martin Scorseses schöne Bilder zeigen das Leben des Dalai Lama.

Vajra Sky Over Tibet (2006) John Bushs vom Buddhismus inspirierte kinematographische Pilgerreise zu den wichtigsten Stätten Zentraltibets.

Sieben Jahre in Tibet (1997) Ja, er ist etwas albern und nicht der beste Film aller Zeiten – er ist aber immer noch eine tolle Inspiration vor einer Tibetreise.

REISEZEIT

HAUPTSAISON
(Mai–Sept.)
Das warme Wetter macht das Reisen wie auch Trekkingtouren am einfachsten.

ZWISCHENSAISON
(April & Okt.–Nov.)
Es ist kühler, daher sind weniger Touristen unterwegs und die Auswahl an Fahrzeugen ist größer.

NEBENSAISON
(Dez.–Feb.)
Im Winter kommen kaum Besucher nach Tibet, daher hat man die Hauptattraktionen fast für sich allein.

POLITIK & GENEHMIGUNGN

An Politik führt in Tibet kein Weg vorbei. Egal, ob man Tibet als besetztes Land oder als unterentwickelte Provinz Chinas betrachtet, die normalen Regeln des Reisens in China gelten hier nicht. Ausländer müssen z. B. für ihre Zeit in Tibet im Voraus eine Tour inklusive Führer und Fahrzeug arrangieren, sodass individuelles Reisen unmöglich ist. Andererseits bieten neue Flughäfen, Boutiquehotels und Asphaltstraßen einen Komfort, der vor nur wenigen Jahren undenkbar war. Wer sich also früher von den Bedingungen des Reisens in Tibet abschrecken ließ, könnte seine Entscheidung nun noch einmal überdenken.

UNTERWEGS VOR ORT

Züge eignen sich bestens, um nach Tibet und wieder zurückzufahren, im Land sind sie aber kaum nützlich.

Derzeit kann man Tibet nur mit dem Auto bereisen, denn ausländische Besucher müssen als Teil ihrer obligatorischen Tour private Fahrzeuge mieten.

Es gibt viele Buslinien, doch Ausländer dürfen gegenwärtig nicht mit Bussen oder Sammeltaxis fahren.

ihrem Flackern durchbrechen. Hier schlägt das spirituelle Herz Tibets. Willkommen im 14. Jh.

TREKKINGTOUR GANDEN–SAMYE

7 Tibet ist einer dieser Orte, die man wirklich zu Fuß und abseits der Routen der Touristengruppen erleben sollte. Diese viertägige Wanderung führt vorbei an Hirtenlagern, Seen, einer Eremitengemeinschaft des Gurus Rinpoche und über zwei Pässe von über 5000 m Höhe. Am besten unternimmt man diese Tour mit einem Pferd oder Yaks, ansonsten ganz allein mit den Murmeltieren. Die besten Monate sind Mai bis Oktober.

KÖNIGREICH GUGE

8 Das verlorene Königreich Guge in Tsaparang unterscheidet sich von allen anderen Zielen Zentraltibets. Es erinnert mehr an Ladakh als an Lhasa. Beim Hinabsteigen verborgener Sandsteintreppen oder beim Kriechen durch ein Höhlensystem wird man unweigerlich denken, wie unglaublich dies doch alles ist. Noch viel unglaublicher ist dann aber die Tatsache, dass man die Ruinen wahrscheinlich für sich alleine haben wird.

GYANTSE KUMBUM

9 Der gigantische Chorten in Gyantse gilt als einer der großen Kunstschätze Tibets und ist im Himalaja einzigartig. Auf dem spiralförmigen Weg um das schneckenhausförmige Gebäude herum nach oben kommt man an Dutzenden Nischen mit Bildern friedlicher Buddhas und blutrünstiger tantrischer Dämonen vorbei. Schließlich gelangt man auf dem goldenen Dachvorsprung ins Freie, unterhalb der allsehenden Augen, und genießt einen großartigen Blick auf die Festung von Gyantse und die Altstadt.

NAM-TSO

10 Nur ein paar Stunden nördlich von Lhasa liegt der spektakuläre Nam-tso, ein Sinnbild der dramatischen, aber kargen Landschaft Nordtibets. Der Salzsee liegt inmitten von mit Gebetsfahnen geschmückten Hügeln, Klippen und den Nistplätzen von Zugvögeln und ist umrahmt von schneebedeckten, 7000 m hohen Gipfeln. Die Landschaft raubt Besuchern ebenso den Atem wie die Höhe – 1100 m höher als Lhasa. Ein großartiges Erlebnis ist, in der Dämmerung mit einer Gruppe von Pilgern auf dem *kora*-Pfad zu laufen. Am See ist es kalt, und das Gebiet wird zunehmend erschlossen, dennoch ist es hier unglaublich schön. Um mehr Zeit am See zu haben, sollte man sich nur so kurz wie möglich im hässlichen Unterkunftszentrum aufhalten.

KLOSTER SAKYA

11 Ein 25 km langer Abstecher vom Friendship Hwy bringt Traveller zu diesem festungsartigen Gebäude. Die Hauptgebetshallen des Klosters gehören zu den beeindruckendsten des Landes. Sie werden von hohen Buddhafiguren, baumstammdicken Säulen, heiligen Relikten, einer dreistöckigen Bibliothek und einem schönen *kora*-Pfad gesäumt. Die Pilger, die aus dem gesamten westlichen Tibet herkommen, verleihen dem Kloster zusätzlich Farbe und Charme. Um den Klosterkomplex zu beiden Seiten des Flusses zu erkunden, sollte man sich mindestens einen halben Tag Zeit nehmen.

PEIKU-TSO & SHISHAPANGMA

12 In Tibet herrscht kein Mangel an spektakulären, abgelegenen Seen. Doch keiner von ihnen liegt vor einer prächtigeren Kulisse als der wenig besuchte Peiku-tso. Südlich des riesigen Sees erhebt sich eine Mauer aus Gletschern und Himalaja-Gipfeln, die vom 8027 m hohen Shishapangma, dem höchsten Berg Tibets, gekrönt wird. Der See ist ein tolles Fleckchen für ein Picknick oder auch zum Campen auf dem Weg in den Westen Tibets oder zum Grenzübergang in die nepalesische Region Langtang bei Kyirong. Nirgends ist Tibet wilder und malerischer.

FRIENDSHIP HWY: LHASA–KATHMANDU

13 Eine Geländewagentour quer durch Tibet ist ein großartiges Traveller-Erlebnis. Zunächst muss man zig bürokratische Hürden überwinden, um alle Genehmigungen zu bekommen ... und über die Toiletten schweigen wir besser ganz. Doch dafür wird man reich belohnt: mit grandioser Landschaft, wenig besuchten Klöstern wie Nartang und einem riesigen Abenteuer. Am Ende der Tour geht's hinab in den sauerstoffreichen Dschungel an der Grenze zu Nepal. Eine Woche sollte man zumindest einplanen. Hartgesottene können die Strecke auch per Rad zurücklegen.

REISETIPPS

Man sollte sein Geld möglichst bei kleinen Unternehmen ausgeben, so bleibt es bei den Einheimischen. Wer einem Kloster etwas spenden möchte, legt es auf den Altar.

LOSAR (NEUJAHRSFEST)

Die erste Woche des ersten Mondmonats (Feb.) ist eine besonders farbenfrohe Zeit in Lhasa. Zu Losar werden Opern aufgeführt, und in den Straßen drängen sich Tibeter in Festtagskleidung.

9

10

HAUPTSTADT
Dili

BEVÖLKERUNG
1,4 Mio.

FLÄCHE
14 874 km²

AMTSSPRACHEN
Tetum, Portugiesisch

Blick vom Cristo Rei

TIMOR-LESTE

In Asiens neuestem Land kann man Berge besteigen, an unberührten Riffen tauchen und uralte Traditionen erleben, die das Wüten des Krieges überstanden haben – Timor-Leste ist eines der letzten Länder, die großartige Abenteuer abseits ausgetretener Pfade bieten.

Dili ist eine aufstrebende Stadt und ein guter Ort, um zwischen Trips im wahrsten Sinne des Wortes die Batterien wieder aufzuladen. In den Museen erhalten Besucher einen Einblick in die dunkle Geschichte Timor-Lestes, danach locken die wilden, kulturellen Erfahrungen der Hauptstadt.

In den Bergen kann man zu Höhlen im Dschungel und zu Dorfmärkten wandern und auf der Terrasse einer portugiesischen *pousada* (Hotel) Kaffee trinken. Auf den holprigen Straßen geht's entlang der Nordküste hinunter zum privaten Traumstrand. Um die Insel Atauro und entlang der Nordküste kann man Riffe bewundern oder mit Tauchunternehmen in Dilia, die in den letzten Jahren erstklassige Tauchspots entdeckten, weiter ausschwärmen. Hier sind echte Pioniere gefragt, die herausfinden, welche Schätze sich noch in Timor-Leste verstecken!

Highlights

MAUBISSE

1 Ein Highlight einer Reise durch Timor-Leste ist es, morgens im 70 km von Dili entfernten Maubisse aufzuwachen und zu beobachten, wie die Wolken das Dorf freigeben.

CRISTO REI

2 Er ist nicht zu übersehen: der Cristo Rei, der 7 km östlich vom Zentrum Dilis steht und den Einheimische wie Ausländer gern in sportlicher Absicht aufsuchen. Wer den gut markierten Weg zur Statue (590 Stufen) hinaufsteigt, sollte auf einen kleinen Pfad achten, der hinter der letzten der 14 Grotten abzweigt und zum oft menschenleeren Jesus Backside Beach führt. Auf dem Weg zurück in die Stadt kann man am Areia Branca, einem von Restaurants gesäumten Strand, mit einem Bier in der Hand und den Zehen im Sand den Sonnenuntergang genießen.

INSEL ATAURO

3 Die ruhige, früher als Gefängnis genutzte Insel liegt 30 km vor dem geschäftigen Dili in einem Bereich der Bandasee, der teils 3000 m tief ist. Die Sandstrände fallen zu breiten Riffen ab, daher gibt's überall tolle Schnorchelmöglichkeiten. Wanderwege führen durch traditionelle Dörfer, Savannen und Reste tropischen Waldes.

▼ REISEZEIT

HAUPTSAISON (Mai–Nov.)

NEBENSAISON (Dez.–April)

▼ ESSEN & TRINKEN

Der in Dili angebotene Fisch, der Hummer und die Garnelen lassen einem das Wasser im Mund zusammenlaufen. Zwar gibt's auch gehobene Restaurants mit gutem Seafood, doch nichts schlägt die abends am Strand aufgebauten Grillbuden an der Av de Portugal, die frische Meeresfrüchte zubereiten.

HAUPTSTADT
Lomé

BEVÖLKERUNG
8,3 Mio.

FLÄCHE
56 785 km²

AMTSSPRACHE
Französisch

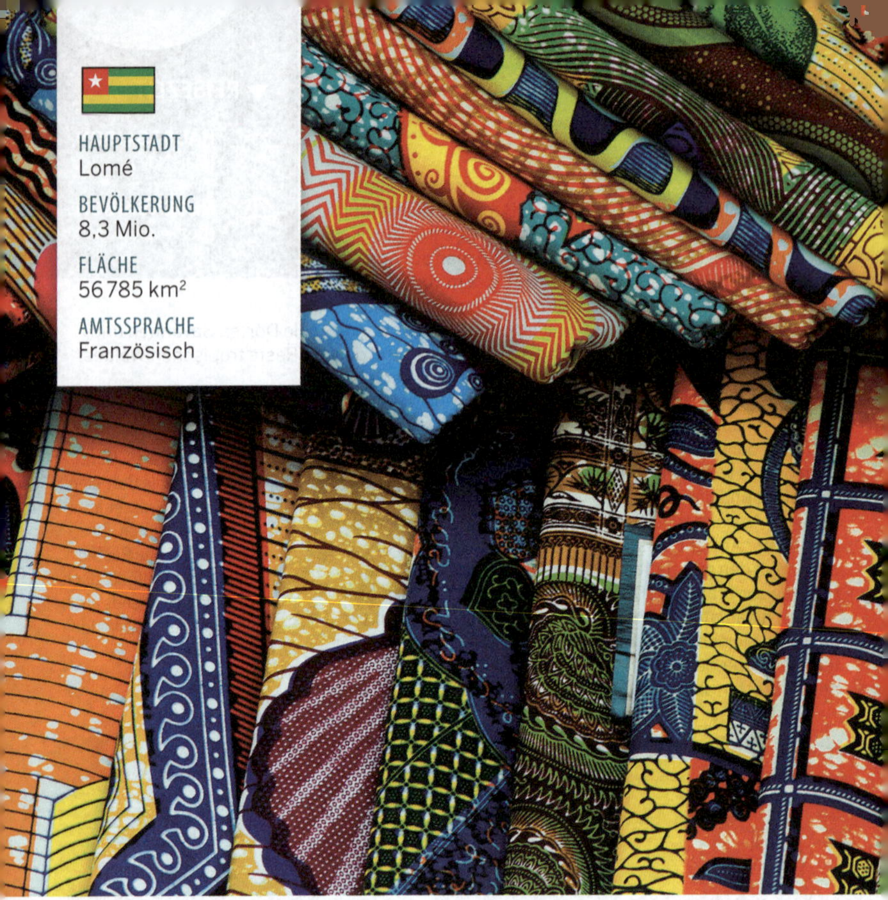

Zentraler Markt in Lomé

TOGO

Mit von Palmen gesäumten Stränden, üppig grünen Hügeln, Savannen und etwa 40 ethnischen Gruppen vereint Togo jede Menge Afrika auf einem erstaunlich kleinen Fleckchen Erde.

Wer gern abseits der Touristenpfade wandelt, ist hier richtig. Togo hat vielfältige Landschaften zu bieten, von Seen und Palmenstränden an der Atlantikküste bis hin zu bewaldeten Hügeln im Landesinneren. Je weiter man nach Norden vordringt, desto mehr weicht der üppige Wald den hellen Grün- und Gelbtönen der Savanne. Togo ist ein tolles Ziel für Wanderer – und es gibt keine umweltfreundlichere Art, die wilde Schönheit des Landes zu erleben als zu Fuß.

Ein weiteres Highlight ist die togolesische Kultur. Das Land ist ein Schmelztiegel, und die Festung von Koutammakou erinnert daran, dass die verschiedenen Ethnien nicht immer gut miteinander auskamen. Heute ist der Veranstaltungskalender voller Feste (Voodoo, muslimisch, christlich), zu denen alle willkommen sind. Das Sahnehäubchen ist die dezente Hauptstadt Lomé mit ihren Alleen, Restaurants und dem pulsierenden Nachtleben – und traumhaften Stränden.

Highlights

LOMÉ

1 Die Küstenhauptstadt, einst „Perle Westafrikas“ genannt, lockt mit ihrer entspannten Atmosphäre, den Jazzclubs und lebhaften Märkten. Lomé überrascht mit Unerwartetem, vom Essen der *maquis* (Lokale am Straßenrand) bis zu Boulevards mit Palmen.

KPALIMÉ

2 Kpalimé liegt nur 120 km von Lomé entfernt, wirkt aber wie eine andere Welt. Inmitten der bewaldeten Hügel dieser Kakao- und Kaffeeregion finden sich mit die schönsten Landschaften und Wandermöglichkeiten Togos und ein Wasserfall. Dank seiner Nähe zur ghanaischen Grenze und eines Marktes ist es auch ziemlich geschäftig.

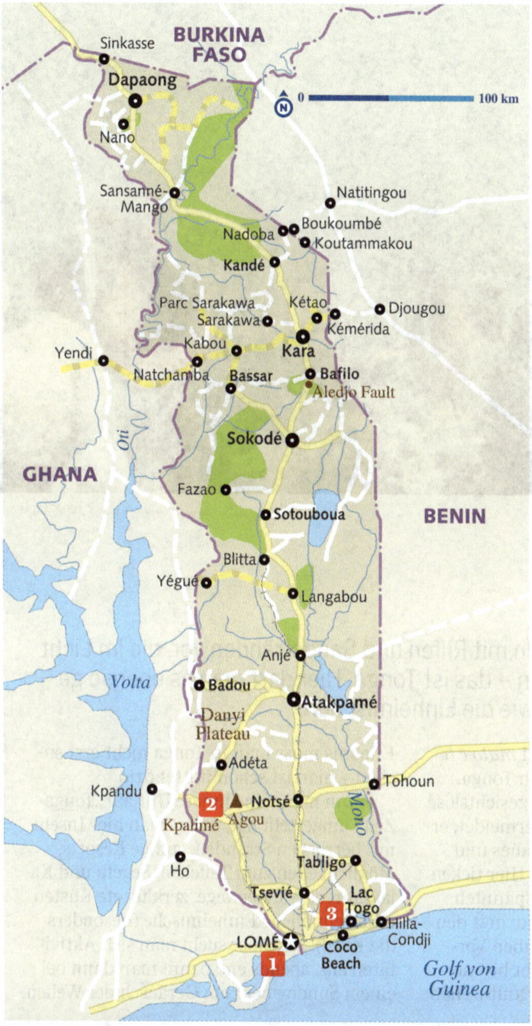

LAC TOGO

3 An den Ufern der friedlichen Binnenlagune, die sich von Lomé bis nach Aného erstreckt, kann man entspannen, herrlich im See baden (in und an dem es keine Krokodile oder Insekten gibt) oder sich mit einer Piroge (traditionelles Kanu) nach Togoville rudern lassen, dem früheren Sitz der Mlapa-Dynastie und Togos historischem Vodoo-Zentrum.

▼ ESSEN & TRINKEN

Aloko Snack aus gebratenen Kochbananen.

Fufu Süßkartoffel mit Gemüse und Fleisch.

Koliko Süßkartoffel-Chips.

Pâte Teigähnliche Substanz aus Mais, Maniok oder Süßkartoffel.

Wagasi Milder, in scharfen Gewürzen gebratener Käse.

▼ REISEZEIT

HAUPTSAISON
(Nov.–Feb.)

ZWISCHENSAISON
(März–April)

NEBENSAISON
(Mai–Okt.)

HAUPTSTADT
Nuku'alofa
BEVÖLKERUNG
105800
FLÄCHE
747 km²
AMTSSPRACHEN
Tongaisch, Englisch

Korallenriff vor Tongatapu

TONGA

Man stelle sich grüne Inseln mit Riffen und Sandstränden vor, die im Licht der Sonne geradezu glühen – das ist Tonga. Hier darf man es ebenso gemächlich angehen lassen wie die Einheimischen.

Tschüss, Touristenrummel – und *malo e lelei* (Willkommen!) im Königreich Tonga. Wenn man schicke Resorts und gesichtslose Kreuzfahrt-Schickeria resolut vermeidet, erlebt man ein ungeschminktes, raues und garantiert authentisches Tonga. Hier ticken die Uhren in ihrem eigenen entspannten Tempo: Das Kirchenleben durchdringt den Alltag, Hühner und Schweine haben Vorfahrt und es gibt nichts, das nicht bis morgen warten könnte. Nach einem kulturellen Erlebnis muss man in Tonga nicht erst suchen – man ist schon mittendrin.

Wenn man seine innere Uhr auf „Tonga-Zeit" umgestellt hat, findet man hier Inseln mit herrlichen Stränden, ruhige Resorts, Möglichkeiten zum Tauchen, Segeln und Kajakfahren, Wanderwege, zerklüftete Küsten und freundliche Einheimische (besonders die Kids!). Tagsüber sucht man sich Aktivitäten aus, abends entspannt man dann bei einem Sundowner zum Geräusch der Wellen.

Highlights

WANDERN AUF 'EUA

1 Das wilde 'Eua (auch „vergessene Insel" genannt), ist ein unerwartetes Stückchen vom Paradies. Es ist die geologisch älteste Insel Tongas (40 Mio. Jahren alt!) und eine der ältesten im Pazifik. Hier kann man steile Hügelgebiete, Aussichtspunkte von hohen Klippen, versteckte Höhlen, Dolinen, einen Kalksteinbogen und dschungelartigen Regenwald erkunden. 'Eua hat sogar seine eigene Pflanzen- und Baumarten und den endemischen Koki (leuchtend roter Papagei) – und allmählich bildet sich auf der Insel ein Bewusstsein dafür heraus, ein einzigartiges ökotouristisches Ziel zu sein.

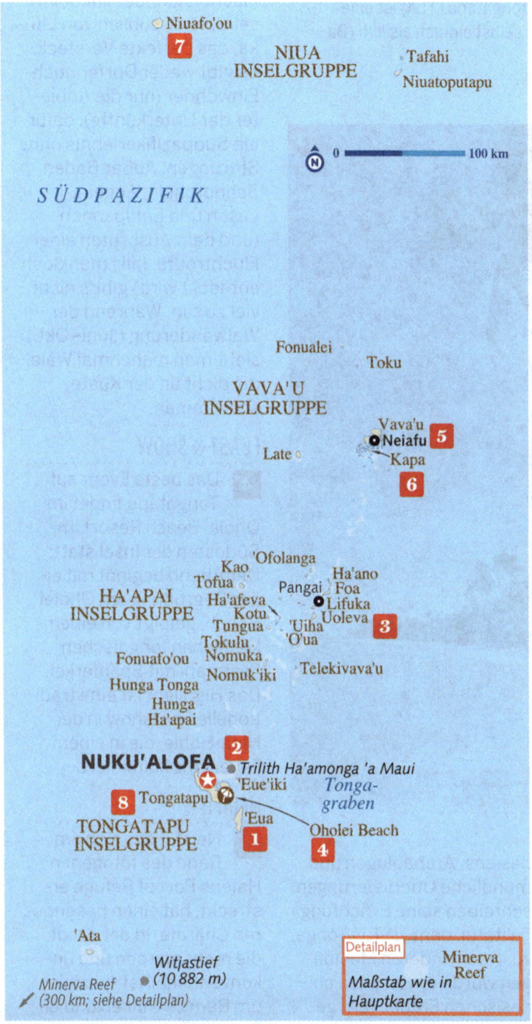

▼ ESSEN & TRINKEN

Als Inselbewohner essen die Tongaer natürlich vieles, was aus dem Meer kommt, von Schalentieren bis hin zu Haien oder Schildkröten. Beliebt ist *'Ota'ika* (roher Fisch in Kokosmilch). Schweine sind sehr wertvoll und wie Hühner häufig an den Straßen zu sehen. Für besondere Anlässe werden kleinere Schweine am Spieß gebraten und größere Tiere im *umu* (einem unterirdischen Ofen) gegart. Wurzelgemüse wie Taro, Süßkartoffeln und Jams werden anderem Gemüse vorgezogen, da dieses oft schwierig anzubauen ist. Tropische Früchte finden sich überall, Kokosnüsse, Bananen und Papayas gibt es das ganze Jahr, im Sommer auch Mangos, Ananas, Maracujas und Guaven.

Tongaische Männer trinken oft Kava, das aus Pfefferwurzeln gewonnen wird.

▼ REISEZEIT

HAUPTSAISON
(Juni–Okt.)

ZWISCHENSAISON
(April–Mai & Nov.)

NEBENSAISON
(Dez.–März)

▼ FAKALEITI

Eine Eigenart Tongas sind die *fakaleiti*, die jener alten polynesischen Tradition folgen, die in Samoa als *fa'afafine* und in Französisch-Polynesien als *mahu* bzw. *rae rae* bekannt ist.

Das Wort *fakaleiti* setzt sich aus *faka* (nach Art von) und *leiti* (vom englischen *lady* abgeleitet) zusammen. Wenn eine tongaische Frau zu viele Söhne und nicht genügend Töchter hat, hilft traditionell einer ihrer Söhne bei „Frauenarbeiten" wie Kochen oder Putzen und wird wie eine Tochter aufgezogen. Wenn heute jemand eine *fakaleiti* wird, kann das auch die bewusste Entscheidung für einen Lebensstil sein. Dies wird gemeinhin akzeptiert und die *fakaleiti* mischen sich ganz normal unter die Gesellschaft, werden oft sogar bewundert.

Die Tonga Leitis' Association auf Tongatapu (TLA) ist eine aktive Gruppe, deren Mitglieder sich selbst einfach als *leiti* (Damen) bezeichnen.

TRILITH HA'AMONGA 'A MAUI

2 Das Stonehenge des Südpazifiks, der Trilith Ha'amonga 'a Maui (Mauis Last) nahe Niutoua, ist eines der faszinierendsten Monumente des alten Polynesiens. Archäologen und mündliche Überlieferungen schreiben seine Errichtung Tu'itatui, dem 11. Tu'i Tonga, zu. Nach anderen Meinungen wurde er von alten chinesischen Entdeckern gebaut. Das zu einem Torbogen geformte Bauwerk besteht aus drei großen, 40 t schweren Blöcken versteinerter Korallen. Zapfenverbindungen an den Steinen sorgen wie in Stonehenge für Stabilität.

UOLEVA

3 Wer eine Bank ausgeraubt hat oder vor der Steuerfahndung auf der Flucht ist, findet auf der Insel Uoleva, südlich von Lifuka, das perfekte Versteck. Es gibt weder Dörfer noch Einwohner (nur die Anbieter der Unterkünfte), dafür ein Südpazifikerlebnis ohne Störungen. Außer Baden, Schnorcheln, Angeln, Lesen und Entspannen (und dem Ausbrüten einer Fluchtroute, falls man doch entdeckt wird) gibt's nicht viel zu tun. Während der Walwanderung (Juni–Okt.) sieht man manchmal Wale, die dicht an der Küste schwimmen.

FEAST & SHOW

4 Das beste Event auf Tongatapu findet im Oholei Beach Resort im Südosten der Insel statt: Der Abend beginnt mit einer Begrüßung am Oholei Beach, gefolgt von einem köstlichen tongaischen Festmahl mit Spanferkel. Das Highlight ist eine traditionelle Tanzshow in der Hina-Höhle, die in einem Feuertanz kulminiert.

NEIAFU

5 Neiafu, das sich am Rand des fotogenen Hafens Port of Refuge erstreckt, hat einen besonderen Charme. In der Stadt, die recht marode und unkonventionell ist (perfekt, um Rum zu trinken und ei-

▼ UNTERWEGS VOR ORT

Fliegen ist die erschwinglichste, schnellste und einfachste Fortbewegungsart in Tonga.

Zwischen Tongatapu und den wichtigsten Inselgruppen sind Fähren eine tolle Alternative, wenn man die Zeit hat.

Busse verkehren auf Tongatapu, in eingeschränktem Umfang auch auf Vava'u und den über die Dammstraße verbundenen Inseln.

nen Roman zu schreiben) gibt's mehrere gute Restaurants und Bars. Im Winter (Juni–Okt.) liegen viele Jachten im Hafen und Besucher strömen hierher.

SWALLOWS' CAVE, KAPA

6 Die große Attraktion der Insel Kapa ist die Swallows' Cave („Schwalbenhöhle") auf der Westseite der Insel. Tatsächlich wird sie von Hunderten Salanganen (nicht Schwalben) bewohnt. Man kann direkt in die Höhle schwimmen, deren Grund 18 m unter der Oberfläche ist. Die Höhle mit glasklarem Wasser lässt sich nur mit einem Boot erreichen und steht regelmäßig auf dem Programm von Tagestouren.

NIUAFO'OU

7 Das entlegene Niuafo'ou (auch „Tin Can Island" bzw. Blechdoseninsel genannt) liegt etwa 100 km westlich von Niuatoputapu und erinnert an einen Donut, der im Meer schwimmt. Es ist aber ein eingestürzter Vulkankegel (Caldera), der früher 1300 m hoch gewesen sein soll. Heute ist der höchste Punkt auf der Caldera 210 m hoch, der See darin ist fast 5 km breit und liegt 23 m über dem Meeresspiegel.

HA'ATAFU BEACH

8 An diesem von einem Riff geschützten Sandstrand auf der Westseite von Tongatapu bauen sich mit die besten Wellen Tongas auf (nur etwas für erfahrene Surfer). Bei Flut kann man in der breiten Lagune geschützt schwimmen und schnorcheln. Bei gutem Timing (Juni–Nov.) kann man gelegentlich Wale beobachten, die sich am Riff tummeln.

MARTIN PROCHAZKACZ / SHUTTERSTOCK ©

HAUPTSTADT
Port of Spain

BEVÖLKERUNG
1,2 Mio.

FLÄCHE
5128 km²

AMTSSPRACHE
Englisch

Karneval, Trinidad

TRINIDAD & TOBAGO

Bereit für Calypso, Kricket und Karneval? Dies und mehr erwartet Besucher der karibischen Zwillingsinseln, die mehr für tolle Spots zur Vogelbeobachtung als für ihre Strände bekannt sind.

Trinidad und Tobago sind ein Paradebeispiel für Gegensätzlichkeit. In Trinidad liegen Mangrovensümpfe und Regenwälder neben hässlichen Ölraffinerien und Gewerbegebieten. Tobago bietet alles, was man von der Karibik erwartet – jede Menge Palmen und Sand – und dennoch scheint es vom Tourismus fast unberührt. Die Zwei-Insel-Republik bietet tolle Möglichkeiten zur Vogelbeobachtung, zum Tauchen, zum Wandern und Radfahren im Regenwald, wo man auch unter Wasserfällen schwimmen kann, sowie ein vielseitiges Nachtleben und den fantastischen Karneval, der das größte Fest auf den Inseln ist.

Zu viel Unterstützung sollte man sich bei der Reiseplanung aber nicht erhoffen: Die Öl- und Gasindustrie hat dafür gesorgt, dass der Tourismus hier kaum von Bedeutung ist, und so muss man einmal tief durchatmen und sich dann auf das Abenteuer einlassen.

Highlights

PORT OF SPAIN

1 Port of Spain, das sich vom Golf von Paria bis an die Ausläufer des Gebirges Northern Range zieht, ist eine Mischung aus hübsch und schmuddelig. Die große grüne Parkanlage Queen's Park Savannah und einige wunderbare mit Holzarbeiten verzierte Häuser liegen neben einem frenetischen, verstopften Zentrum. Diese Stadt buhlt nicht um das Geld der Besucher, und das macht sie umso reizvoller. In der Karnevalszeit finden an jeder Straßenecke riesige Feiern statt, Steel-Pan-Musik liegt in der Luft, und die Atmosphäre ist elektrisierend.

MARACAS BAY

2 Der beliebteste Strand auf Trinidad – unwiderstehlich für Einheimische und Reisende – ist die Maracas Bay mit Palmen vor einer grünen Bergkulisse. Trotz der kurvenförmigen Landzunge schlagen die Wellen oft heftig an Land, weshalb es ein toller Spot zum Bodysurfen ist. Am Wochenende ist der Strand recht voll, unter der Woche aber fast menschenleer. Von Port of Spain ist er mit dem Auto in 40 Minuten erreicht.

NORTHERN RANGE

3 Mitten im Regenwald der Northern Range liegt Brasso Seco, ein friedliches Dorf, das früher vom Anbau von Kakao und anderen landwirtschaftlichen Erzeugnissen lebte. Heute ist es ein ruhiges Ziel für Naturfreunde: Sie können hier wandern, Vögel beobachten, an Führungen zum Kakaoanbau teilnehmen oder einen Einblick in das gemächliche Leben im ländlichen Trinidad gewinnen.

REISEZEIT

HAUPTSAISON
(Feb. & März)

ZWISCHENSAISON
(Jan., April–Juni & Okt.–Dez.)

NEBENSAISON
(Juli–Sept.)

TAUCHEN BEI SPEYSIDE

4 Das kleine Fischerdorf Speyside liegt an der Tyrrel's Bay und zieht Taucher und Vogelfreunde an. Hier beginnen viele Exkursionen zur unbewohnten Insel Little Tobago, einem Vogelschutzgebiet 2 km vor der Küste. Das geschützte Meer, die gute Sicht, die reichlich vorhandenen Korallen und das vielfältige Meeresleben machen das Gebiet zu einem erstklassigen Tauchgebiet, und tatsächlich befinden sich bei Speyside einige der besten Tauchspots der Karibik. Im Dorf gibt's mehrere Tauchzentren, und die meisten Besucher übernachten in Hotels, die auf Taucher ausgerichtet sind. Wer nicht taucht, kann Schnorcheltouren und Fahrten im Glasbodenboot nach Little Tobago unternehmen.

ASA WRIGHT NATURE CENTRE

5 Die einstige Kakao- und Kaffeeplantage, die in ein 80 ha großes Naturschutzgebiet verwandelt wurde, ist ein Traum für Vogelbeobachter. Selbst wenn man einen Papagei nicht von einem Sittich unterscheiden kann, lohnt der Besuch, da man von der Aussichtsveranda so viele farbenfrohe Arten sieht – und neben Vögeln auch noch Eidechsen und Agutis. Das mitten im Regenwald der Northern Range gelegene Zentrum hat eine Lodge für Vogelbeobachtungsgruppen und mehrere Wanderwege, die für Tagesbesucher im Rahmen von geführten Touren geöffnet sind.

PIGEON POINT

6 Für den Pigeon Point, dem Nobelstrand Tobagos, der von gepflegten Grünanlagen, Bars, Restau-

UNTERWEGS VOR ORT

Zwischen Trinidad und Tobago gibt's 20-minütige Flüge.

Schnelle Katamaranfähren pendeln zwischen Port of Spain auf Trinidad und Scarborough auf Tobago; die Überfahrt kann rau sein.

Klimatisierte Busse fahren ab Port of Spain rund um Trinidad und ab Scarborough rund um Tobago, für ausgiebigere Entdeckungstouren sind sie aber ungeeignet.

2

rants, Toiletten und Duschen gesäumt wird, muss man Eintritt bezahlen. Der idyllische Strand lockt mit Palmen, feinem weißem Sand und blauem Wasser, die stärkeren Wellen rund um das Kap sind zum Windsurfen und Kitesurfen ideal.

GRAND RIVIERE

7 Grand Riviere kommt der Idee von einem Ferienort im Nordosten am nächsten, auch wenn es von den meisten Urlaubsgebieten in der Karibik meilenweit entfernt ist. Es ist friedlich, und hier locken viele natürliche Attraktionen, darunter ein wunderbarer Strand, an dem zwischen März und August Lederrückenschildkröten ihre Eier ablegen, und der Regenwald ringsum, in dem es Wasserfälle, Wanderwege und gute Möglichkeiten zur Vogelbeobachtung gibt. Auch kleinere Hotels für Naturliebhaber haben eröffnet. Das ruhige Dorf ist einfach ein großartiger Ort, um einmal alles hinter sich zu lassen.

5

MARC GUITARD / GETTY IMAGES ©

ESSEN & TRINKEN

Callaloo Die Blätter der Taroknolle werden mit Kürbis, Okraschoten und Gewürzen aufgekocht.

Carib und Stag Die nationalen Biere; sie werden eiskalt serviert.

Doubles Mit Curry gewürzte *channa* (Kichererbsen) in einem angerösteten *bara*-Brot.

Roti Fladen aus Schälerbsen, gefüllt mit Fleisch, Gemüse und Curry.

Shark and Bake Gewürzte Haisteaks mit Salat und Saucen in einem frittierten Fladenbrot.

CALYPSO

Der Calypso, ein Medium der politischen und sozialen Satire, reicht zurück in die Zeit, als die afrikanischen Sklaven, die bei der Arbeit nicht reden durften, auf Patois sangen und dabei Klatsch und Neuigkeiten austauschten und sich über ihre Herren lustig machten. Die gewagten Texte, die spitzen Kommentare und die Wortspiele sind heute noch typische Merkmale des Calypsos.

Mighty Sparrow, der als König des Calypsos gilt, hat seit den 1950er-Jahren gesellschaftliche Anliegen und soziales Bewusstsein zum Ausdruck gebracht, ebenso wie der verstorbene „Großmeister des Calypsos“, Lord Kitchener. Mitte der 1980er-Jahre verhalf David Rudder der Musikrichtung mit experimentellen Rhythmen zu einem Revival und förderte die kulturelle Bedeutung sowie die Flexibilität des Calypsos zutage. Weitere bemerkenswerte Musiker sind Shadow mit seiner markanten Stimme und die unnachahmliche, weltweit erfolgreiche Calypso Rose.

HAUPTSTADT
N'Djamena

BEVÖLKERUNG
17,4 Mio.

FLÄCHE
1,3 Mio. km²

AMTSSPRACHEN
Französisch, Arabisch

Felsnadeln, Ennedi-Massiv

TSCHAD

Der Tschad war schon immer ein Land, in dem es hieß: Raus aus der Komfortzone, das Abenteuer wartet! Im Moment haben Terrorismus und Gewalt – durch die Boko Haram im Süden und durch aus Libyen übergreifende Konflikte im Norden – selbst den ambitioniertesten Abenteurern einen Dämpfer verpasst. Das Land ist einfach zu unsicher für einen Besuch.

Selbst in friedlichen Zeiten ist es schwer, hier zu reisen. Viele Straßen sind kaputt, und es gibt kaum komfortable Hotels, dafür aber jede Menge Bürokratie. Hinzu kommen die Sommerhitze, die exorbitanten Reisekosten und die unberechenbare Sicherheitslage. Warum dies alles also auf sich nehmen? Nun, da wären die großartigen Oasen in den nördlichen Wüsten, die Tierherden, die durch die Nationalparks donnern, und das tiefe Blau einer Bootsfahrt auf dem Tschadsee. Doch allein deswegen kommt niemand in den Tschad – der Tschad ist in Friedenszeiten ein denkwürdiges Land, in dem man unvergessliche Erfahrungen macht.

Highlights

NATIONALPARK ZAKOUMA

1 Obwohl Wilderer und ein Bürgerkrieg in der Gegend wüten, ist die Tierpopulation stetig gewachsen. Heute gibt's hier neben Vögeln große Herden von Büffeln, Elefanten, Pferdeantilopen und Lelwel-Kuhantilopen – und sogar fast 50 % aller afrikanischen Kordofan-Giraffen leben in dem Nationalpark. Zu den bemerkenswerten Raubtieren zählen Geparden, Leoparden und Tüpfelhyänen.

ENNEDI

2 Das Ennedi-Massiv ist mit seiner dramatischen Landschaft und seinen Felsformationen die vielleicht spektakulärste Ecke der Sahara. Zu den Attraktionen gehören prähistorische Höhlenzeichnungen, Schluchten, Wüstenseen und bizarre Felsformationen. Es gibt sogar uralte Brandungstore (Natursteinbrücken) in den Sanddünen, die entstanden, als der Tschadsee sich bis hier erstreckte.

TSCHADSEE

3 Die Fläche des einst größten Süßwassersees kann sich bei sehr starken Regenfällen bis auf 25 000 km² ausdehnen, um dann wieder auszutrocknen, was zu Problemen für Fischer und Bauern führt. Ein Zipfel des Tschadsees reicht ganzjährig bis nach Bol.

ESSEN & TRINKEN

Bili-bili Ein Hirsebier; *cochette* ist eine Variante mit geringem Alkoholgehalt.

Brochettes Kebabs.

Jus Fruchtgetränke, die eher Smoothies ähneln.

Nachif Hackfleisch in Soße.

REISEZEIT

Jan.–Juni & Okt.–Dez.

Juli–Sept.

HAUPTSTADT
Prag

BEVÖLKERUNG
10,7 Mio.

FLÄCHE
78 867 km²

AMTSSPRACHE
Tschechisch

Karlsbrücke, Prag

TSCHECHISCHE REPUBLIK

Seit dem Fall des Kommunismus im Jahr 1989 hat sich Tschechien zu einem der beliebtesten Reiseziele Europas entwickelt.

Die turbulente Geschichte Tschechiens spiegelt sich in seinem prächtigen Erbe von Hunderten Burgen und Schlössern wider – von gotischen Ruinen bis zu majestätischen Barockvillen mit den schönsten Möbeln.

Das kosmopolitische Prag ist die Wiege der tschechischen Kultur und eine der faszinierendsten Städte Europas. Es bietet einen mittelalterlichen gotischen Stadtkern, der sich architektonisch seit 500 Jahren kaum verändert hat, viele kulturelle Angebote und eine aufblühende Restaurantszene.

Tschechien ist ein fortschrittlich eingestelltes Land, das seine Zukunft in der EU und in der NATO sieht, in Gegenden wie Südböhmen und Mähren aber eine reiche Volkskultur bewahrt. Während der sommerlichen Festivalsaison holen viele Ortschaften, ob Český Krumlov, Telč oder Mikulov, ihre Trachten wieder hervor, ergreifen ihre Musikinstrumente und singen und tanzen. Wie sie den uralten Traditionen neues Leben einhauchen, ist eines der besten Beispiele für „lebendige Geschichte“ in Tschechien.

Highlights

PRAG

1 Magisches, goldenes Prag, Stadt der Musik und der tausend Türme, berühmt für Kafka, die Samtene Revolution und die besten Biere der Welt! Im Gegensatz zu den vom Krieg gezeichneten Städten Warschau, Budapest und Berlin überstand Prag den Zweiten Weltkrieg fast unbeschadet – das Stadtzentrum ist ein Sammelsurium großartiger Architektur, von Gotik, Renaissance und Barock bis zu Klassizismus, Jugendstil und Kubismus. Und zudem warten hier Parks, ein Labyrinth mittelalterlicher Gassen und zahlreiche Kneipen, Biergärten, Museen, Galerien, Jazz- und Rockclubs.

ČESKÝ KRUMLOV (KRUMAU)

2 Neben Prag ist die schläfrige südböhmische Stadt Český Krumlov die zweite Sehenswürdigkeit Tschechiens von Weltrang, die man gesehen haben muss. Die Zeitschrift *National Geographic* nannte die frühere mittelalterliche Festung einen der „großartigsten Orte der Welt", und wer erst einen Blick auf das große, auf Felsen stehende Renaissanceschloss mit seinem faszinierenden bunten Turm geworfen hat (nach Prag das zweitgrößte des Landes), wird dem zustimmen. Ja, das ist wirklich die Bilderbuchstadt aus den Touristenbroschüren.

KARLOVY VARY (KARLSBAD)

3 Die wahrscheinlich drittbeliebteste Touristenstadt Tschechiens ist eines der ältesten böhmischen Kurbäder und zählt zu den schönsten der „drei

JETZT REISEN!

Ab 2022 gibt es eine neue bequeme Anreisemöglichkeit nach **Prag**. Dann soll ein Nachtzug die beiden Metropolen Brüssel und Prag miteinander verbinden. Der Zug hält unterwegs auch in Berlin und Dresden.

3

THEKOVTUN / SHUTTERSTOCK ©

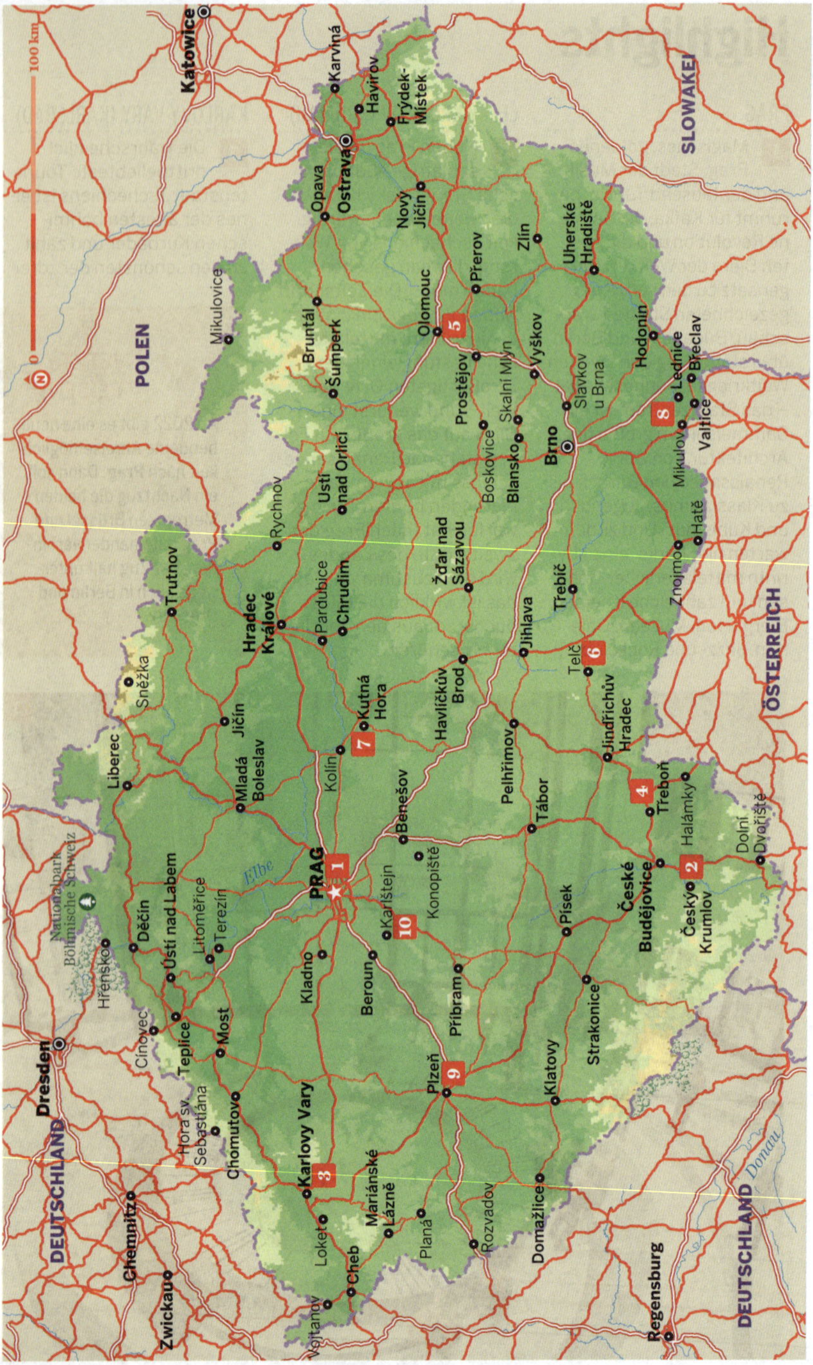

0
100 km
N
POLEN
DEUTSCHLAND
SLOWAKEI
ÖSTERREICH
Katowice
Dresden
Chemnitz
Zwickau
Regensburg
Nationalpark Böhmische Schweiz
Elbe
Donau
PRAG
Karviná
Havířov
Frýdek-Místek
Ostrava
Opava
Nový Jičín
Přerov
Zlín
Uherské Hradiště
Olomouc
Bruntál
Šumperk
Mikulovice
Prostějov
Vyškov
Skalní Mlýn
Slavkov u Brna
Hodonín
Lednice
Břeclav
Valtice
Mikulov
Brno
Blansko
Boskovice
Ústí nad Orlicí
Rychnov
Žďár nad Sázavou
Třebíč
Znojmo
Hatě
Trutnov
Hradec Králové
Pardubice
Chrudim
Jihlava
Telč
Sněžka
Jičín
Kutná Hora
Havlíčkův Brod
Jindřichův Hradec
Pelhřimov
Liberec
Mladá Boleslav
Kolín
Benešov
Tábor
Třeboň
Halámky
Dolní Dvořiště
Konopiště
Karlštejn
České Budějovice
Český Krumlov
Písek
Děčín
Ústí nad Labem
Litoměřice
Terezín
Hřensko
Kladno
Beroun
Příbram
Strakonice
Cínovec
Teplice
Most
Plzeň
Klatovy
Hora sv. Šebestiána
Chomutov
Karlovy Vary
Mariánské Lázně
Loket
Cheb
Planá
Rozvadov
Domažlice
Vojtanov
1
2
3
4
5
6
7
8
9
10

großen" Kurorte – die meisten Gebäude stammen aus dem späten 19. und frühen 20. Jh. und sind in „Neo"-Stilen sowie im Jugendstil gestaltet. Die Kuranwendungen sind nicht für unangemeldete Kurzzeitbesucher, doch alle Reisende können kostenlos vom schwefelreichen Quellwasser trinken. Viele Einheimische führen jedes Wohlgefühl auf die „13. Quelle" zurück, den hiesigen Kräuterlikör Becherovka.

TŘEBOŇ (WITTINGAU)

4 Es liegt zwar weitgehend abseits der Touristenroute ausländischer Besucher, doch für tschechische Familien ist Třeboň seit Langem ein beliebter Urlaubsort. Das ist leicht zu verstehen, denn die Stadt ist ein malerisches Labyrinth voller Barock- und Renaissance-Gebäude, die sich um ein schläfriges Schloss drängen, und mit baumreichen Parks am Wasser. Zudem liegt sie inmitten einer idyllischen Landschaft aus Seen, Wäldern, Kanälen und Feuchtgebieten (einem UNESCO-Biosphärenreservat). Außerdem ist dies einer der besten Orte, um das tschechische Nationalgericht, gebratenen Karpfen, zu essen.

OLOMOUC (OLMÜTZ)

5 Olomouc, das in einem breiten, fruchtbaren Abschnitt des March-Beckens liegt, ist eine der am stiefmütterlichsten behandelten Städte Tschechiens. Der Legende nach wurde die Stadt von Julius Cäsar gegründet. Heute ist sie eine jugendliche, entspannte Universitätsstadt mit

TOP-FILME

Amadeus (1985) Mozarts Liebe zu Böhmen wird toll dargestellt.

Kolya (1996) Nie sah Prag schöner aus als in diesem Film, der während der Samtenen Revolution spielt.

Die Liebe einer Blondine (1965) New-Wave-Klassiker von Miloš Forman.

Burning Bush (2013) Fernsehserie über den Studenten, der sich 1969 selbst verbrannte.

Anthropoid (2016) Über das Attentat auf Naziführer Reinhard Heydrich im Zweiten Weltkrieg.

ESSEN & TRINKEN

Bier (pivo) Das Lebenselixier Tschechiens wird kalt mit einer hohen Schaumkrone serviert.

Bramborák Kartoffelpuffer aus rohen Kartoffeln mit Knoblauch.

Guláš (Gulasch) Fast überall gehört Gulasch dazu. Es besteht aus Rind- oder Schweinefleischwürfeln, die mit Zwiebeln gemischt, mit Paprika angebraten und dann mit Tomaten geschmort werden.

Houskové knedlíky Lockere und weiche Semmelknödel.

Langoše Gebratene Pastete mit Knoblauch, Käse, Butter oder Marmelade.

Ovocné knedlíky Obstknödel.

Slivovice Pflaumenbrand.

Svíčková na smetaně In Essig, Kräutern und Gemüse mariniertes Rindfleisch mit Soße, garniert mit Zitrone und Preiselbeeren.

REISEZEIT

HAUPTSAISON
(April–Juni, Sept. & Okt.)
Das Festival Prague Spring macht den Mai zum beliebtesten Reisemonat.

ZWISCHENSAISON
(Juli & Aug.)
In der Zwischensaison gibt es warme, sonnige Tage, die ideal sind, um in Mähren zu wandern.

NEBENSAISON
(Nov.–März)
Die Hotelpreise können um 30 oder 40 % fallen, außer zu Feiertagen und Ferien.

DIE BESTEN FREUNDE DER TSCHECHEN

Manchmal heißt es „Die Russen lieben ihre Kinder, die Tschechen ihre Hunde". Das bedeutet nicht, dass die Tschechen ihre Kinder nicht lieben (natürlich tun sie das), sondern dass Hunde in ihren Herzen einen besonderen Platz einnehmen. Etwa 40 % aller tschechischen Familien besitzen einen Hund, das ist einer der höchsten Werte in Europa. Am beliebtesten sind solche Hunderassen, die man in einer Wohnung halten kann, wie Dackel, Terrier und Schnauzer. Unter den größeren Rassen sind Schäferhunde, Labradore und Golden Retriever besonders gefragt.

Die Tschechen nehmen ihre Hunde auch ganz selbstverständlich mit, wenn sie essen gehen, und alle Restaurants außer den exklusivsten erlauben Hunden (an der Leine) den Zutritt.

UNTERWEGS VOR ORT

Züge sind preiswert, decken große Gebiete des gesamten Landes ab und fahren häufig.

Mit dem Auto kann man im eigenen Tempo reisen und abgelegene Gegenden besuchen. Autovermietungen gibt's in allen größeren Städten.

Preise und Fahrzeiten von Bussen ähneln denen von Zügen. Sie sind praktisch für die Fahrt zwischen Großstädten und für Gebiete, in denen kaum Züge fahren.

Pflasterstraßen und den größten architektonischen Schätzen außerhalb Prags, zudem ist sie freundlich und günstig – und kaum besucht. Ungeachtet der etwas heruntergekommenen, rußigen Vororte ist das historische Zentrum zweifellos die schönste Stadt Nordmährens. Und schließlich wäre da noch der Käse, Olomoucký sýr – er soll der am strengsten riechende in Tschechien sein.

TELČ (TELTSCH)

6 Telč ist eine ruhige, hübsche Stadt – ein guter Ort, um mit einem Buch und einem Glas Wein am Wasser zu entspannen. Die Altstadt, die von mittelalterlichen Fischteichen umgeben ist und die keine modernen Gebäude verschandeln, ist eine UNESCO-Welterbestätte. Auf dem großen Stadtplatz kann man in den Arkaden spazierengehen und die eleganten Renaissancehäuser bewundern. Im Sommer ist es im sanften Abendlicht ein geradezu magischer Ort, der Fotografen und Maler immer wieder aufs Neue inspiriert.

KUTNÁ HORA (KUTTENBERG)

7 Im 14. Jh. machte Kutná Hora Prag als wichtigste Stadt Böhmens Konkurrenz. Die Silberadern, die die Felsen unterhalb der Stadt durchzogen, hatten ihr Reichtum beschert. Heute ist sie eine hübsche Stadt mit mehreren faszinierenden und ungewöhnlichen Attraktionen. Bei einer Führung in einer ehemaligen Silbermine erhalten Besucher einen Einblick in das Leben der Bergarbeiter im Mittelalter, und in der schaurig-faszinierenden „Knochenkirche" von Sedlec können sie das Werk eines Mannes bewundern, der aus menschlichen Gebeinen Kunstwerke schuf.

VALTICE-LEDNICE

8 Die Kulturlandschaft Valtice-Lednice besteht aus 200 km² bewirtschafteten Waldes, kanalisierten Flüssen, künstlichen Seen und Alleen, an denen barocke, klassizistische und neogotische Schlösser stehen. Damit ist dieses Gebiet, das im Lauf mehrerer Jahrhunderte von den Fürsten von Liechtenstein angelegt wurde und heute eine UNESCO-Welterbestätte ist, der größte Landschaftspark Europas. Seine Hauptattraktion ist der massive neogotische Klotz des Schlosses Lednice, der Sommerpalast der Aristokratenfamilie Liechtenstein.

PLZEŇ (PILSEN)

9 Plzeň ist bei Biertrinkern in der ganzen Welt als der Geburtsort der Lagerbiere, dem Quell des göttlichen Schaums, bekannt, denn hier wurde 1842 das Pilsener erfunden. Die Stadt ist die Heimat des Pilsner Urquell (Plzeňský prazdroj), des ersten und besten Lagerbiers weltweit, und Biertrinker aus aller Welt pilgern zur Brauerei Plzeňský Prazdroj (Pilsener Urquell AG). Doch Plzeň, hinter Prag die zweitgrößte Stadt Böhmens und 2015 Kulturhauptstadt Europas, hat noch mehr zu bieten: einen hübschen Platz, historische Tunnel und mehrere Attraktionen, die es zu einem kinderfreundlichen Reiseziel machen, darunter das Techmania Science Center, der Zoo und das Puppenmuseum. Die Stadt liegt nahe genug an Prag, um sie bei einem Tagesausflug zu besichtigen, doch wer dort übernachtet, hat viel mehr Freude daran.

HRAD KARLŠTEJN (BURG KARLSTEIN)

10 Diese Burg hat eine stolze Geschichte. 1348 wurde sie als Versteck für die Kronjuwelen und Schätze des römisch-deutschen Kaisers Karl IV. erbaut. Die fantastisch erhaltene Burg steht hoch oben auf einem Felsen über dem Fluss Berounka und zieht mit ihren Türmchen, trutzigen Mauern und hohen Türmen die Besucher in ihren Bann. Karlštein, die großartigste all jener Burgen, die sich in ganz Böhmen verteilen, erfüllt selbst die überzogensten Erwartungen an eine mitteleuropäische Märchenburg.

LAPON PINTA / SHUTTERSTOCK ©

EISHOCKEY

Es ist unklar, ob die Prager leidenschaftlichere Fußball- oder Eishockey-Fans sind, doch vermutlich gewinnt Eishockey – das Spiel ist schnell, aufregend und die Stimmung elektrisierend.

OSTERN

Bei diesem fröhlichen Osterritual schlagen Jungen Mädchen, die sie mögen, mit geflochtenen Weidenzweigen auf die Beine oder bespritzen sie mit Wasser; die Mädchen schenken ihnen handbemalte Eier.

FOTOKON / SHUTTERSTOCK ©

HAUPTSTADT
Tunis

BEVÖLKERUNG
11,8 Mio.

FLÄCHE
163 610 km²

AMTSSPRACHE
Arabisch

Fatimiden-Festung, Mahdia

TUNESIEN

Vom Sand der Sahara zu goldenen Stränden, vom Gewirr der Gassen in Tunis zu den Ruinen römischer Monumente – Tunesien ist ein Land, das fasziniert und bezaubert. Man muss sich aber im Klaren sein, dass Reisen nach Tunesien risikoreich und bestimmte Regionen derzeit tabu sind.

Tunesien nimmt vielleicht nur einen kleinen Zipfel Nordafrikas ein, seine Geschichte und abwechslungsreiche Natur können es aber mit weitaus größeren Ländern aufnehmen.

Mit seinem milden Klima, den Sandstränden, der nach Jasmin und Meer duftenden Küste und dem immer fangfrisch servierten Fisch ist das Land am Mittelmeer für Sonne, Sand und Meer bekannt. Abseits der Strände wartet jedoch ein spannendes, unterschätztes Land voller unterschiedlicher Kulturen und unglaublicher Landschaftsextreme mit bewaldeten Küsten und den Sandwogen der Sahara im Süden.

Leider besteht nach mehreren Attacken (zuletzt 2020) weiterhin ein erhöhtes Risiko für Terroranschläge, und von Reisen in bestimmte Landesteile wird abgeraten.

Highlights

TUNIS

1 Tunis ist weltoffen, aber auch in der Vergangenheit verwurzelt. Die moderne Stadt wurde im 19. Jh. von französischen Kolonisten erbaut und hat ein gutes Straßennetz, gusseiserne Balkone und von Cafés gesäumte Alleen. Die Medina aus dem 8. Jh. ist das Herz der Stadt. Hier findet sich ein Labyrinth aus engen Straßen mit Türen in Form von Schlüssellöchern, Ateliers und Basaren.

KARTHAGO

2 Karthago war einst eine großartige Stadt, die Dichtung und Neid beflügelt hat. Sie wurde in schöner Umgebung erbaut und hatte Festungsmauern von 34 km Länge. Das Gebiet vom Byrsa-Hügel bis zum Meer war von Gebäuden übersät. Leider ist von der einstigen Stadt nicht viel übrig, die Überreste zeugen aber von imperialen Zeiten, Belagerungen und Erneuerung.

MAHDIA

3 Das Zentrum dieser auf einer Halbinsel gelegenen Stadt versprüht den Charme der alten Welt. Dies verdankt Mahdia seinen einstigen Bewohnern: Römern, Spaniern, Ottomanen und Türken haben ihre Spuren hinterlassen.

▾ ESSEN & TRINKEN

Die Tunesier lieben scharfes Essen, und es ist fast unmöglich, ein Gericht zu finden, das nicht mit Harissa, feuriger Chilipaste, zubereitet ist. Frisches Gemüse gibt's zuhauf, und zum Essen gehört meist auch Salat. Am beliebtesten ist der *salade tunisienne*, eine Mischung aus Tomate, Zwiebel, Gurke und Thunfisch.

▾ REISEZEIT

März–Okt.

Nov.–Feb.

HAUPTSTADT
Ankara

BEVÖLKERUNG
82,5 Mio.

FLÄCHE
783 562 km²

AMTSSPRACHEN
Türkisch, Kurdisch

Bosporus, Istanbul

TÜRKEI

Die Küche dieses geschichtsträchtigen Landes zählt zu den besten des Planeten, die Türkei wartet aber auch mit einer tollen Landschaft – von den Stränden bis ins Gebirge – und dem großartigen Istanbul auf.

Historische Größen und Reiche – darunter Römer, Byzantiner und Ottomanen – haben an diesem einstigen Stopp an der Seidenstraße Spuren hinterlassen. Die Türkei wartet, von der antiken Hafenstadt Ephesos (Efes) bis hin zur Kuppel der Hagia Sophia, mit weltbekannten Monumenten auf.

Die vielfältige Landschaft der Türkei, ob in den Olivenhainen der Ägäis oder der Steppe im Osten, bietet dabei eine traumhafte Kulisse für die großartigen Ruinen.

Märchenhaft mutet vor allem Anatolien an, mit den steilen Klippen der Mittelmeerküste, bizarren Felsformationen („Feenkamine") und den Tälern Kappadokiens, den Bergweiden des Kaçkar-Gebirges und goldenen Stränden. Ob man es sich nun mit einem *çay* am See von Eğirdir gemütlich macht und den Blick auf die Berge genießt oder das Hinterland der Halbinseln der Südwestküste erkundet – die Landschaft wird bleibende Eindrücke hinterlassen.

Highlights

KAPPADOKIEN

1 Die atemberaubende Tufflandschaft Kappadokiens wirkt, als ob sie von einem Bienenschwarm geschaffen wurde. Doch die wahre Entstehungsgeschichte – die Erosion der aus Vulkanasche hervorgegangenen Felsen – ist fast genauso spektakulär. Und auch Menschen haben hier Spuren hinterlassen: Die Felsenkirchen und Höhlenstädte sind mit byzantinischen Fresken ausgemalt. Heute ist Kappadokien ein beliebtes Ziel, das neben Höhlen und Outdoor-Aktivitäten wie Reiten, Wandern und Ballonfahren auch Wein und heimische Küche bietet. Langweilig wird es also nie.

HAGIA SOPHIA

2 Selbst im prächtigen Istanbul reicht nichts an die Hagia Sophia (oder die „Kirche der Heiligen Weisheit") heran, die jahrhundertelang die größte Kirche der Christenheit war und später als Moschee diente. Der römische Kaiser Justinian ließ sie im 6. Jh. errichten. Und blickt man in die Kuppel, wundert man sich fast, dass auch dieses Wunderwerk das Römische Reich nicht retten konnte. Seit 2020 ist die Hagia Sophia kein Museum mehr, sondern wird wieder als Moschee genutzt. Außerhalb der Gebetszeiten kann sie aber weiterhin von Travellern besucht werden.

EPHESOS

3 Unter den zahllosen antiken Stätten ist Ephesos (Efes) die berühmteste und besterhaltene im Mittelmeerraum. Sie erinnert an die Kunstfertigkeit der alten Griechen und die grandiose Architektur der Römer.
Beim Bummel über die marmorne Kuretenstraße bietet sich ein Fotomotiv nach dem anderen, besonders stechen dabei die Celsus-Bibliothek mit ihren zwei von Säulen getragenen Etagen hervor sowie die Hanghäuser mit ihren Fresken und Mosaiken, die Einblick in den Alltag der wohlhabenden Bürger gewähren. Das Gros des alten Hafens wird noch ausgegraben.

2

AHMED ADLY / SHUTTERSTOCK ©

RUSSLAND
GEORGIEN
TIFLIS
ARMENIEN
JEREWAN
IRAK
SYRIEN
BULGARIEN
GRIECHENLAND
ZYPERN
NIKOSIA (LEFKOSIA)
Schwarzes Meer (Karadeniz)
Mittelmeer (Akdeniz)
Marmara-meer
Bosporus
Sochumi
Kutaissi
Batumi
Sarp
Hopa
Artvin
Göle
Ani
Gyumri
Vanadzor
Kars
Iğdır
Doğubayazıt
Gürbulak
Bazargan
Ağrı
Tuzluca
Horasan
Erzurum
Yusufeli
Kaçkar (Kaçkar Dağı)
Çoruh
Tercan
Patnos
Muradiye
Özalp
Van
Van Gölü
Gevaş
Gürpınar
Başkale
Yüksekova
Hakkari
Şırnak
Çatak
Tatvan
Nemrut Dağı
Muş
Siirt
Baykan
Bingöl
Tigris
Diyarbakır
Mardin
Qamishle
Mosul
Arbil
Kirkük
Cilo (Cilo Dağı)
Trabzon
Gümüşhane
Bayburt
Giresun
Refahiye
Erzincan
Tunceli
Elazığ
Keban-Talsperre
Karakaya-Talsperre
Malatya
Kahta
Siverek
Viranşehir
Şanlıurfa (Urfa)
Akçakale
Harran
Deir ez-Zor
Euphrat
Assadsee
Palmyra
Barak
Aleppo (Halab)
Kilis
Gaziantep (Antep)
Gölbaşı
Elbistan
Gürün
Divriği
Ordu
Koyulhisar
Kelkit
Reşadiye
Ünye
Sivas
Şarkışla
Samsun
Niksar
Amasya
Bafra
Sinop
Kızılırmak
Kayseri
Göksun
Kozan
Ceyhan
Adana
Mersin (İçel)
Tarsus
Kızkalesi
Olukbaşı
Silifke
Anamur
Uzuncaburç
İskenderun
Reyhanlı
Bab al-Hawa
Antakya (Hatay)
Lattakia
Tripoli
Niğde
Göreme
Nevşehir
Kappadokien
Kırşehir
Yozgat
Sungurlu
Çorum
Osmancık
Kastamonu
İnebolu
Cide
Safranbolu
Amasra
Zonguldak
Ilgaz
Çankırı
Kırıkkale
ANKARA
Aksaray
Tuz Gölü (Salzsee)
Ereğli
Karaman
Taurus
Konya
Beyşehir
Suğla Gölü
Akseki
Alanya
Side
Antalya
Köprülü Kanyon
Kemer
Beyşehir Gölü
Akşehir
Isparta
Eğirdir Gölü
Burdur
Çavdır
Finike
Kaş
Meis/Kastellorizo
Fethiye
Ölüdeniz
Dalyan
Ortaca
Muğla
Marmaris
Yatağan
Denizli
Pamukkale
Çivril
Uşak
Afyon
Kütahya
Eskişehir
Sakarya
Polatlı
Bolu
Gerede
Adapazarı
Kocaeli (İzmit)
İstanbul
Bursa
Uludağ
Balıkesir
Bandırma
Çorlu
Kırklareli
Edirne
Keşan
Gelibolu
İpsala
Kapıkule
Burgas
Halbinsel Gallipoli
Çanakkale
Ayvacık
Edremit
Ayvalık
Bergama
Manisa
Aliağa
İzmir
Çeşme
Selçuk
Kuşadası
Aydın
Ödemiş
Milas
Bodrum
Lesvos
Chios
Samos
Ikaria
Kos
Kreta
0
200 km
1
2
3
4
5
6
7
8
9
10

TOP-FILME

Mustang (2015) Türkisch-französischer Film über Waisenschwestern in einem abgelegenen Dorf.

Innocence of Memories (2015) Dokumentarfilm über den Roman „Das Museum der Unschuld" von Orhan Pamuk.

Winterschlaf (2014) Ergreifende Charakterstudie im verschneiten Anatolien.

The Cut (2014) Drama des deutsch-türkischen Regisseurs Fatih Akin, das während der armenischen Tragödie von 1915 spielt.

Once Upon a Time in Anatolia (2011) Nächtliche Suche nach einer Leiche in der Steppe.

TOP-BÜCHER

Der Architekt des Sultans (Elif Şafak; 2013) Der märchenhafte historische Roman über den ottomanischen Architekten Mimar Sinan.

A Strangeness in My Mind (Orhan Pamuk; 2014) Das Istanbul des 20. Jhs. durch die Augen eines Straßenhändlers aus Anatolien.

Traum aus Stein und Federn (Louis de Bernières; 2004) Der Autor von *Corellis Mandoline* schreibt über den griechisch-türkischen Bevölkerungsaustausch.

Die Weisheit des Eunuchen (Jason Goodwin; 2006) Erster Roman der Yashim-Serie über einen Eunuchen, der sich im 19. Jh. in Istanbul als Detektiv versucht.

Turkish Awakening (Alev Scott; 2014) Die moderne Türkei durch die Augen einer türkisch-britischen Schriftstellerin.

Das Haus am Bosporus (Irfan Orga; 1950) Erzählung einer Kindheit im Istanbul des 20. Jhs.

ZWISCHEN ZWEI KONTINENTEN

4 Mit der Fähre mal eben von Europa nach Asien fahren – das ist Alltag in Istanbul. Jeden Tag überqueren Tausende Pendler und Nachtschwärmer den Bosporus und das Marmarameer auf dem Weg in die Stadtteile auf der anderen Seite. Vormittags schippern die Fähren zwischen Fischerbooten und Containerschiffen hindurch, begleitet vom Geschrei der Möwen. Bei Sonnenuntergang zeichnen sich die Minarette und Kuppeln der Altstadt vor dem Himmel ab – das ist der schönste Blick auf die Stadt.

IM HAMAM

5 Viele Hamams in der Türkei bieten eine Menge Extras an: Thermalanwendungen, Gesichtsbehandlungen, Pediküren etc. Am besten hält man sich aber an das altbewährte Hamam-Erlebnis, das aus einem Bad und einem Peeling, gefolgt von einer guten, kernigen (und optionalen) Massage besteht. Nach diesem Reinigungsritual, das auch eine Art kultureller Erfahrung ist, wird die Welt (und der eigene Körper) nie wieder so sein wie zuvor. Nach dem ganzen Prozedere sollte aber noch unbedingt Zeit zum Entspannen und für einen *çay* sein. Etwas ganz Besonderes ist ein Hamambesuch in Antalyas stimmungsvoller Altstadt oder im historischen Sultanahmet in Istanbul.

REISEZEIT

HAUPTSAISON
(Juni–Aug.)
Preise und Temperaturen sind zu dieser Zeit am höchsten.

ZWISCHENSAISON
(Mai & Sept.)
Angenehme Temperaturen im Frühling und Herbst, besonders im Südwesten.

NEBENSAISON
(Okt.–April)
Die Wintersportorte haben Hochsaison; in anderen Touristengebieten schließen manche Unterkünfte oder bieten Rabatte an.

KULINARISCHER STREIFZUG

Das Beste an den leckeren türkischen Spezialitäten ist, dass sie einen direkt ins Herz der türkischen Kultur führen, von Meze an einem Mittelmeerhafen bis hin zum Frühstück in einer Pension mit frischen Zutaten aus dem hauseigenen Garten. Für die geselligen Türken ist es ein Ritual, sich zu treffen und gemeinsam gut zu essen. Man schnappe sich also olivengetränktes Gemüse von der Ägäis, würzigen Kebab aus Anatolien und Gerichte aus vielen anderen Ecken des Landes und gönne sich dazu einen *çay* aus einem tulpenförmigen Glas, während man sich mental auf den Nachtisch (Baklava!) vorbereitet. Dabei nicht vergessen: Zu essen bedeutet, sein Verständnis von der Türkei zu vertiefen.

UNTERWEGS VOR ORT

Die Türkei ist ein großes Land. Inlandsflüge sind eine erschwingliche Option, um die Reisezeit zu verkürzen. Am meisten Verbindungen gibt es nach/ab Istanbul.

Busse sind meist effizient und günstig; sie verkehren häufig zwischen großen Städten und Touristenhochburgen. Im Winter gibt es weniger Verbindungen.

Ländliche Gebiete lassen sich am besten mit dem Auto erkunden; Autovermietungen gibt's in den Städten und an Flughäfen. Rechtsverkehr. Benzin ist teuer.

Fähren verkehren regelmäßig über das Marmarameer und teilweise auch an die ägäische Küste.

Das Netz aus Hochgeschwindigkeitszügen wird ständig ausgebaut, und so kommt man schnell durch Anatolien, etwa von Istanbul nach Ankara. Busse sind oft schneller als normale Züge.

LYKISCHER WEG

6 Der Lykische Weg gilt als einer der zehn besten Fernwanderwege der Welt. Der 500 km lange Weg verläuft zwischen Fethiye und Antalya auf der Halbinsel Teke, die einst das Revier der geheimnisvollen lykischen Zivilisation war. Die Route führt durch Kiefern- und Zedernwälder, die im Schatten fast 3000 m hoher Berge liegen, vorbei an Dörfern, Küsten mit atemberaubendem Ausblick und an unzähligen Ruinen alter Städte wie Pınara, Xanthos, Letoon und Olympos. Wer viel Zeit und Ausdauer hat, geht den ganzen Weg, aber auch einzelne Etappen lohnen sich.

HALBINSEL GALLIPOLI

7 Die schmale Landzunge vor den umkämpften Dardanellen ist ein schönes Fleckchen Erde: Pinienwälder bedecken die Hügel oberhalb der Hafenstadt Eceabat mit ihren Hostels und Pensionen. Weiter südlich steht die alte Festung von Kilitbahir. Der Boden dieser friedlichen Landschaft ist jedoch mit Blut getränkt: Unzählige Gedenkstätten und Friedhöfe erinnern an die Soldaten aus aller Welt, die vor über einem Jahrhundert in einer der fürchterlichsten Schlachten des Ersten Weltkriegs hier starben. Die Guides erläutern die Sinnlosigkeit der grauenvollen Schlacht von Gallipoli.

KLOSTER SUMELA

8 Die Lage des Klosters Sumela an einer Felswand harmoniert perfekt mit der grünen Landschaft im Hinterland des Schwarzen Meers. Die Straße, die sich in sanften Biegungen hinauf zu dem byzantinischen Kloster windet, passiert Fischrestaurants am Ufer des Flusses und es ist recht wahrscheinlich, dass die Fahrt aus dem nahen Trabzon durch eine Schafherde auf dem Weg zu neuen Weidegründen unterbrochen wird. Auf den letzten Kilometern bietet sich ein atemberaubender Blick über mit Kiefernwäldern bedeckte Täler mit Felswänden im selben Honiggelb wie Sumela. Das letzte Stück geht man zu Fuß über einen Waldweg.

ANI

9 Dies ist ein außergewöhnlicher Ort. Die kulturell interessante und landschaftlich reizvolle Geisterstadt wirkt wie eine Filmkulisse auf grüner Wiese. Die geheimnisvollen Ruinen liegen in völliger Abgeschiedenheit an der Grenze zu Armenien. Bevor sie nach einem Überfall durch die Mongolen 1236 verlassen wurde, war Ani eine blühende Stadt, ein Halt auf der Seidenstraße und Hauptstadt des armenischen Königreichs von 961 bis 1046. Zu den Ruinen zählen auch bemerkenswerte Kirchen und eine Kathedrale aus der Zeit zwischen 987 und 1010.

SAFRANBOLU

10 In der gut erhaltenen und 1994 zu einem UNESCO-Welterbe erklärten „Safranstadt" sieht es teils immer noch aus wie zu Zeiten des Osmanischen Reiches. Touristen kommen, um in den Fachwerkhäusern des malerischen Dorfs einen nostalgischen Urlaub zu verbringen. In den engen Gassen werden immer noch Süßigkeiten und Safran verkauft, und im Schatten mittelalterlicher Moscheen arbeiten Handwerker. Wenn dann noch sommerliche Blitze den Nachthimmel erleuchten, ist die Stimmung einfach magisch.

MEYHANES

In einer *meyhane* (Taverne) sagt man *şerefe* (Prost!) und trinkt Efes. Gesellige Abende mit Meze, Alkohol und Livemusik sind seit jeher ein beliebter türkischer Zeitvertreib.

GESUNDHEIT

Vor dem Essen heißt es: *Afiyet olsun* („Auf dass es gut für deine Gesundheit sei"). Danach wird die Kochkunst des Gastgebers mit *Elinize sağlık* („Gesundheit für deine Hände") gelobt.

HAUPTSTADT
Aşgabat

BEVÖLKERUNG
5,6 Mio.

FLÄCHE
488 100 km²

AMTSSPRACHE
Turkmenisch

Hochzeitspalast, Aşgabat

TURKMENISTAN

Das isolierte Turkmenistan zählt zu den wunderlichsten Ecken Zentralasiens und hält dabei seine ganz eigenen Attraktionen bereit.

Das geheimnisvollste und unerschlossenste der auf „-stan“ endenden Länder Zentralasiens wurde durch die bizarre Diktatur von Saparmyrat Nyýazow bekannt. Dieser herrschte als „Turkmenbaschi“ (Führer der Turkmenen) bis zu seinem Tod 2006 und überschüttete seine Wüstenrepublik mit Statuen seiner selbst sowie grandiosen Monumenten zur Erinnerung an das „goldene Zeitalter“. Doch die am wenigsten besuchte Nation Zentralasiens ist mehr als der totalitäre Themenpark, als der es oft definiert wird. Es ist ein altes Land von großer Spiritualität, Tradition und Naturschönheit.

Die Städte Merw und Köneürgenç lassen Bilder von Karawanen lebendig werden, die die Seidenstraße entlangziehen, die eindringliche Schönheit der Karakum-Wüste ist aber ebenso faszinierend. Von den unterirdischen Seen bis zu den Dinosaurierfußspuren überrascht fast alles an Turkmenistan. Die Turkmenistan-Erfahrung wird jedoch erst komplett durch die herzlichen, legendär gastfreundlichen Einheimischen.

Highlights

KÖNEÜRGENÇ

1 Die einstige Hauptstadt der Choresm-Schahs war im 12. Jh. Zentrum der muslimischen Welt. Köneürgenç ist die bedeutendste Stätte des Landes, Teil des UNESCO-Welterbes und wurde von Dschingis Khan und Timur zerstört. Zu den Überresten zählen königliche Mausoleen, Sufi-Schreine und ein Minarett aus dem 14. Jh.

GASKRATER VON DERWEZE

2 Die drei Gaskrater von Derweze zählen zu den ungewöhnlichsten Sehenswürdigkeiten Turkmenistans. Sie entstanden bei Gasbohrungen, die noch zu Sowjet-Zeiten in den 1950er-Jahren durchgeführt wurden. Am beeindruckendsten ist der Feuerkrater im Dunkeln, wenn das „Inferno" unweigerlich an die Pforte zur Hölle erinnert.

AŞGABAT

3 Mit seinen Palästen, Kuppeln und Parkanlagen hat sich Aşgabat (arabisch für „Stadt der Liebe") als Vorzeigeobjekt der Republik neu erfunden und ist einer der merkwürdigsten Orte Zentralasiens. Dennoch ist sie überraschend entspannt und bietet eine tolle Restaurantszene und skurrile Sehenswürdigkeiten.

REISEZEIT

HAUPTSAISON (April–Juni & Sept.–Okt.)

ZWISCHENSAISON (Juli–Aug.)

NEBENSAISON (Nov.–März)

ESSEN & TRINKEN

Dograma Suppe aus Brot, gekochten Fleischstücken und Zwiebeln.

Mantı Gedünstete Teigtaschen mit Sauerrahm.

Schaschlik Spieß mit frischem oder mariniertem Fleisch; wird normalerweise mit Nan-Brot und in Essig eingelegten Zwiebeln serviert.

HAUPTSTADT
Cockburn Town

BEVÖLKERUNG
57196

FLÄCHE
948 km²

AMTSSPRACHE
Englisch

Höhle am Mudjin Harbor

TURKS- & CAICOSINSELN

Weiße Strände, klares Wasser und die vielleicht facettenreichste Meereswelt in der Karibik machen die Inseln zu einem Traumziel für Wasserratten.

Die kleine Inselgruppe versteckt sich am südlichen Ende der Bahamas. Sie wird von den meisten Reisenden übersehen, bietet jedoch einige der spektakulärsten Korallenriffe der Welt und hat sich zu einem Luxus-Touristenziel entwickelt. Das Leben folgt hier einem entspannten Rhythmus, die Einheimischen sind aufrichtig gastfreundlich und die Tauchmöglichkeiten traumhaft.

Providenciales ist das geschäftige Epizentrum der Inseln, neben endlos langen Stränden und Resorts von Weltklasse warten aber auch lokale Feste, im Urwald versteckte Ruinen, perfekte Strandbars und sogar Überreste der ersten europäischen Entdecker in der Neuen Welt darauf, erlebt und erkundet zu werden. Wer sich auf die weniger dicht besiedelten Inseln wagt, wird belohnt von einem farbenfrohen, langsam verblassenden prächtigen Kolonialerbe, dem Anblick Tausender vorbeischwimmender Buckelwale und vielen abgeschiedenen Stränden. Hier kann man die Schnelllebigkeit des modernen Lebens für einige Zeit hinter sich lassen!

Highlights

GRACE BAY BEACH

1 Dieser weltberühmte Küstenstreifen mit weißem Sand ist mehrere Kilometer lang und nahe genug am Riff, um die Brandung des Atlantiks sehen zu können. Trotz der zahlreichen Hotels und Resorts findet aufgrund seiner schieren Größe hier jeder sein ungestörtes kleines Stück vom Paradies.

MUDJIN HARBOR

2 8 km westlich von Bambarra Beach, unmittelbar vor dem Blue Horizon Resort, liegt der Mudjin Harbor, dessen Steinküste sich von der flachen Landschaft abhebt. Bei einem Spaziergang entlang der Felskuppe stößt man recht unvermittelt auf eine Treppe, die in die Erde zu einer Höhle und schließlich zu einem abgeschiedenen, von Klippen eingefassten Strand führt. Der Zugang zum Strand zählt zu den schönsten seiner Art in der Karibik; nicht minder spektakulär ist der Anblick der Brandung, die auf die Felsen vor der Küste donnert.

COCKBURN TOWN

3 Wer die Karibik der Vergangenheit sucht, ist hier genau richtig: Man mag kaum glauben, dass das verschlafene Cockburn Town die Hauptstadt des Inselstaats ist. Den Mangel an Eleganz und Raffinesse macht sie mit rustikalem Charme wieder wett. Die Stadt selbst besteht aus zwei Parallelstraßen, die durch schmale Gassen miteinander verbunden sind. Bunt bemalte Häuser aus der Kolonialzeit säumen die Gässchen und zeugen wie die einstigen Salzlagerhütten von einer geschäftige-

REISEZEIT

HAUPTSAISON
(Dez.–April)

ZWISCHENSAISON
(Mai)

NEBENSAISON
(Juni–Nov.)

ren Vergangenheit. Die weiß getünchten Steinwände, traditionellen Straßenlampen und knarrenden alten Gebäude sind zauberhaft!

GRAND TURK ISLAND

4 Grand Turk verzichtet gern auf die rasante Entwicklung Providenciales und nimmt Besucher auf eine Zeitreise mit. Der nur 10,5 km lange Fleck im Meer ist ein kaum besiedeltes, von Unterholz bedecktes Paradies. Der Salzhandel wurde als wichtigster Industriezweig vom Tourismus abgelöst: Urlauber können zwischen charmanten Pensionen wählen. Strände säumen die Küste, und das ruhige Wasser lädt zu einem erfrischenden Bad ein. Mit ihrem vielfältigen marinen Habitat und dem ursprünglichen Riff empfiehlt sich die Insel als ideales Tauchrevier. Tauchschulen bieten Schnorchelausflüge und Kurse für Anfänger.

SALT CAY

5 Die malerische und sympathische Salt Cay bietet Einblicke in die Inselwelt des 19. Jhs. Das flache, gerade einmal 7 km² große Eiland entführt Besucher in die Vergangenheit, in der bereits seit dem 17. Jh. in Meerwassersalinen Salz gewonnen wurde. Heute ist es das tropische Refugium, von dem wohl jeder träumt. Einige staubige Straßen verbinden ein paar wenige Häuser miteinander, während Esel ziellos durch die Straßen streifen. Im Kontrast zu der behäbigen Insel steht die lebendige Unterwasserwelt, die von Schildkröten, Adlerrochen und majestätischen Buckelwalen bevölkert wird.

PARROT CAY

6 Parrot Cay ist zweifelsohne nicht nur das beste Luxushotel der Turks- & Caicosinseln, sondern mischt auch in der gesam-

UNTERWEGS VOR ORT

Air Turks & Caicos fliegt täglich von Providenciales nach Grand Turk, North Caicos, Middle Caicos, South Caicos und Salt Cay sowie von Grand Turk nach Salt Cay.

Die Personenfähre von TCI Ferry Service fährt vom Leeward Marina auf Providenciales nach North Caicos; zweimal pro Woche auch von Grand Turk nach Salt Cay.

Viele Hotels haben für Gäste kostenlose Räder; zudem gibt's Fahrradverleihe.

4

MIKOLAJN / GETTY IMAGES ©

ten Karibik in der Champions League mit. Es liegt auf der namensgleichen Privatinsel und ist teils Resort mit Infinity Pool, Wassersport, Tauchschule und erstklassigen Restaurants, teils Spa mit Schwerpunkt auf Gesundheit, Yoga und Wellness. Wer nach dem Preis fragt, kann sich ihn höchstwahrscheinlich nicht leisten. Wer jedoch einen Luxusurlaub unter all den Clintons und Clooneys sucht oder an der Wall Street arbeitet, ist hier richtig.

PROVIDENCIALES

7 Rund zwei Drittel der Menschen auf den Turks- & Caicosinseln leben auf Providenciales (kurz „Provo"), dem touristischen Hotspot des Inselstaats. Dies macht sich u. a. in einem betriebsamen internationalen Flughafen und einer recht ungezügelten Erschließung bemerkbar. Die weißen Sandstrände an der Nordküste machen dies jedoch locker wett. Für kosmopolitische Vergnügungen sorgen Provos Einkaufszentren, tolle Restaurants und Cocktailbars am Strand.

3

DANITA DELIMONT / GETTY IMAGES ©

ESSEN & TRINKEN

Conch In gegrillter Form ist die Meeresschnecke der kulinarische Klassiker der Insel. Strenge Kontrollen in der Fischerei verhindern einen Rückgang der Population.

Hummer Frischen Hummer sollte sich kein Besucher entgehen lassen. In Buttersauce mit Limette serviert, ist er das kulinarische Highlight des Landes.

Turk's Head Das hiesige Bier sorgt an einem karibischen Nachmittag für Erfrischung.

WALBEOBACHTUNG

Eines der beeindruckendsten Erlebnisse in der Karibik ist die Beobachtung der jährlichen Migration von 2500 bis 7000 Buckelwalen durch die Columbus-Passage, dem Tiefseekanal, der die Turks- & Caicosinseln voneinander trennt. Zwischen Januar und März (am wahrscheinlichsten sind Sichtungen im Feb. und März) schwimmen die Wale auf dem Weg zu ihren Brutstätten Silver Bank in der Dominikanischen Republik und Mouchoir Bank im Süden der Turks- & Caicosinseln durch diesen Kanal, der auch als Turks Islands Passage bekannt ist. Zahllose Boote bringen Besucher ganz nah ans Geschehen. Wer sich das Spektakel lieber von Land aus ansehen möchte, kann das am Grand Turk Cay und am Salt Cay machen, die nicht weit vom Kanal entfernt liegen.

HAUPTSTADT
Funafuti

BEVÖLKERUNG
11448

FLÄCHE
26 km²

AMTSSPRACHEN
Tuvaluisch, Englisch

Funafuti-Atoll

TUVALU

Beim Anflug auf Tuvalu erblickt man nach endlosen Kilometern Ozeans glitzerndes Türkis, Korallen und palmenbestandene Inseln – willkommen im verletzlichen Pazifikparadies!

Fongafale, Tuvalus Hauptinsel, ist so unglaublich schmal, dass das Flugzeug beim Landeanflug fast den Ozean zu berühren scheint. Der Flugplatz ist auch in der Tat so etwas wie der Mittelpunkt des sozialen Lebens: Kinder spielen am späten Nachmittag auf der Landebahn, junge Männer rasen mit ihren Motorrollern auf und ab und an lauen Sommerabenden breiten teilweise ganze Familien ihre Schlafmatten und Kissen aus, um die Nacht hier zu verbringen.

Auf lange Sicht wird Tuvalu vor allem vom Klimawandel und dem steigenden Meeresspiegel bedroht. Neben der Erosion der Küste sprudelt auch Wasser durch die poröse Korallenschicht, auf der die Inseln ruhen, und kontaminiert Anbauflächen für Grundnahrungsmittel mit Salz. Wenn der Meeresspiegel wie vorausgesagt weiter ansteigt, könnte ein Großteil der Inseln komplett unter Wasser verschwinden, wobei dann auch das übrige Land unbewohnbar wäre.

Highlights

FUNAFUTI CONSERVATION AREA

1 Auf den Inselchen der Funafuti Conservation Area werden Träume von einsamen Inselparadiesen wahr. Bei der Gemeindeverwaltung in Fongafale kann man Bootstouren mit einem Besuch auf ein oder zwei der kleinen Inseln und Schnorcheln in der eindrucksvollen Unterwasserwelt buchen.

TE ANO

2 Es lohnt sich für jeden Besucher, bei einer Partie Te Ano zuzuschauen oder – besser noch – mitzumachen. Das Spiel ist für Anfänger nur schwer zu verstehen, aber sehr unterhaltsam. Im Mittelpunkt stehen zwei Bälle aus den Blättern von Schraubenbäumen. Kein Witz: Ein beliebtes Spielfeld ist die Start- und Landebahn von Fongafale!

FONGAFALE

3 Fongafale ist Tuvalus Version einer Metropole, der Regierungssitz und die größte Insel des Funafuti-Atolls. Hier heißt es entspannen, durch den Ort schlendern oder eine Vorführung von Tuvalus Nationaltanz *fatele* ansehen. Es gibt auch einige Überreste aus dem Zweiten Weltkrieg. Die weichen Sandstrände von Funafala auf dem Funafuti-Atoll sind ein Muss!

REISEZEIT

HAUPTSAISON
(Mai–Okt.)

ZWISCHENSAISON
(Nov.–Feb.)

NEBENSAISON
(Feb.–April)

ESSEN & TRINKEN

Stützpfeiler der Küche Tuvalus sind Kokosnuss, Meeresfrüchte, Taro und Brotfrucht. Viele Restaurants servieren sättigende chinesische Gerichte. Donnerstags bis samstags herrscht auf Fongafale Partystimmung – die älteren Semester gehen zu *twists* (Diskos), die jüngeren auf Clubtour.

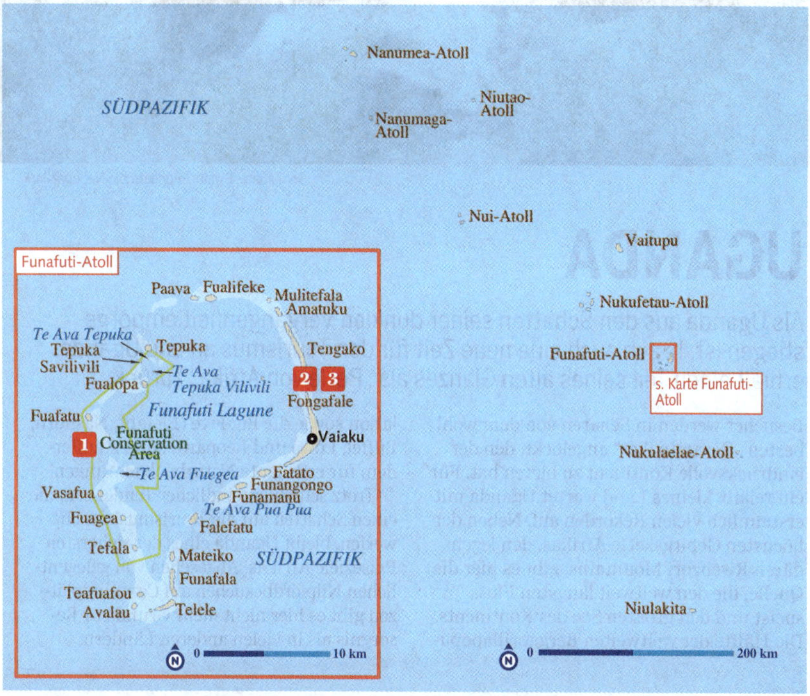

HAUPTSTADT
Kampala

BEVÖLKERUNG
44,7 Mio.

FLÄCHE
241 038 km²

AMTSSPRACHE
Englisch

Gorillababy, Bwindi Impenetrable National Park

UGANDA

Als Uganda aus den Schatten seiner dunklen Vergangenheit emporgestiegen ist, brach auch eine neue Zeit für den Tourismus an und Uganda erhielt einen Teil seines alten Glanzes als „Perle von Afrika“ zurück.

Besucher werden in Scharen von dem wohl besten „Gesamtpaket“ angelockt, den der eindrucksvolle Kontinent zu bieten hat. Für ein relativ kleines Land wartet Uganda mit erstaunlich vielen Rekorden auf. Neben der höchsten Gebirgskette Afrikas, den legendären Rwenzori Mountains, gibt es hier die Quelle, die den weltweit längsten Fluss speist und den größten See des Kontinents. Die Hälfte der weltweiten Berggorillapopulation sowie die Big Five (Elefant, Nashorn, Büffel, Löwe und Leopard) sorgen außerdem für exzellente Naturbeobachtungen.

Trotz schwulenfeindlicher Tendenzen, die einen Schatten auf die Tourismusbranche werfen, bleibt Uganda eines der sichersten Reiseziele Afrikas. Abgesehen von gelegentlichen Nilpferdbesuchen auf Campingplätzen gibt es hier nicht mehr Grund zur Besorgnis als in vielen anderen Ländern.

Highlights

BWINDI IMPENETRABLE NATIONAL PARK

1 Der zum UNESCO-Weltnaturerbe gehörende Nationalpark schützt fast die Hälfte der weltweit verbliebenen Berggorillas und gehört zu den bekanntesten Nationalparks Ostafrikas. Er erstreckt sich über 331 km² sehr steilen Bergregenwaldes und dient rund 340 Gorillas, Ugandas größter Touristenattraktion, als Lebensraum.

SSESE ISLANDS

2 Wer einen Ort sucht, um es mal langsamer angehen zu lassen, der ist auf dem üppig grünen Ssese-Archipel mit seinen 84 Inseln und den Sandstränden vor dem Nordwestufer des Viktoriasees genau richtig. Viel mehr als sich ein gutes Buch zu schnappen und zu entspannen, gibt's hier wirklich nicht zu tun. Man kann sich ein Kanu ausleihen, vom Baden wird aber abgeraten, da die Gefahr einer Bilharziose besteht; vor einigen der weiter draußen liegenden Inseln trifft man manchmal auch Nilpferde und Krokodile an. Die meisten Pensionen am Strand machen abends ein Lagerfeuer – perfekt um mit einem Drink in der Hand den berühmten Sonnenuntergang von Ssese zu genießen.

REISEZEIT

HAUPTSAISON
(Juni–Aug.)

ZWISCHENSAISON
(Sept., Jan. & Feb.)

NEBENSAISON
(Okt.–Nov., März–Mai)

MURCHISON FALLS

3 Ugandas größter Nationalpark gehört auch zu den besten des Landes. Neben jeder Menge Tiere locken hier die wilden Murchison Falls. An den Wasserfällen stürzt der Victoria-Nil über Felsen dramatisch hinunter in den Albertsee – ein unvergesslicher Anblick. Während des Kriegs gingen die Tierbestände zurück,

mittlerweile haben sich die Populationen aber erholt und man wird wahrscheinlich Elefanten, Rothschild-Giraffen, Löwen, Uganda-Kobs (Antilopen), Wasserböcke, Büffel, Nilpferde und Krokodile sehen, ganz zu schweigen von den etwa 460 Vogelarten.

LAKE BUNYONYI

4 Der Lake Bunyonyi („Ort der vielen kleinen Vögel") ist zweifellos der hübscheste See Ugandas. Sein verschlungenes Ufer umgibt 29 Inseln vor der Kulisse steiler Hügel im Umland, die aufgrund ihrer Terrassenform an Teile Nepals erinnern. Die Szenerie wirkt magisch, vor allem wenn Morgennebel über dem Wasser aufsteigt. Der See hat die Ssese Islands als Entspannungsoase für Besucher abgelöst. Hier findet sich immer ein abgelegener Ort auf weit entfernten Inseln, die man sich nur mit einigen Vögeln teilen muss. Der größte Vorteil ist jedoch, dass der See zu den wenigen Orten Ostafrikas gehört, an denen man ohne die Gefahr von Krokodilen und Nilpferden schwimmen kann und so das klare Wasser uneingeschränkt zum Baden einlädt.

KIDEPO VALLEY NATIONAL PARK

5 Das abgeschiedene Tal im äußersten Nordosten des Landes wartet mit der vielleicht eindrucksvollsten Landschaft unter den Schutzgebieten Ugandas auf. Die hügelige Kurzgrasprärie im 1442 km² großen Nationalpark wird von Bergen gesäumt und von felsigen Kämmen durchzogen. Der Nationalpark ist vor allem für Tiere bekannt, die es in Uganda sonst nirgendwo gibt, darunter Geparden, Löffelhunde, Erdwölfe, Karakale sowie Große und Kleine Kudus.

UNTERWEGS VOR ORT

In diesem Land der Sammel-Minibusse (Taxis oder auch *matatus* genannt) findet man immer einen der blau-weißen Minivans. Normale Busse und manchmal auch die kleineren „Coaster" fahren täglich zwischen größeren Städten.

Uganda erkundet man am besten mit einem Mietwagen mit Allradantrieb; einen Fahrer zu buchen, ist eigentlich unnötig. Zwischen den meisten Städten gibt's ein ganz gutes Straßennetz. Bei allen Verkehrsmitteln gilt: Besser nur tagsüber fahren, da nachts die Gefahr von Unfällen und Überfällen steigt.

4

EDWARD NOBEL BISAMUNYU / 500PX ©

RWENZORI MOUNTAINS

6 Das nebelverhangene Gebirge ist dank seiner Schönheit und Artenvielfalt seit 1994 eine UNESCO-Welterbestätte. Es ist die höchste Bergkette Afrikas, und mehrere seiner Gipfel sind stets mit Eis und Gletschern bedeckt. Das 110 km lange und 50 km breite Gebirge beherbergt viele seltene Pflanzen und Tiere, und bis heute werden neue Arten entdeckt.

NIL

7 Die Nilquelle ist eines der weltweit spektakulärsten Wildwasserrafting-Gebiete mit langen Abschnitten von Stromschnellen der Kategorien IV und V, und für viele Reisende zählt ein Rafting-Abenteuer hier als Highlight. Das Gebiet ist vor allem bei Rafting-Neulingen beliebt und die Gelegenheit, um sich aus seiner Komfortzone zu wagen.

3

ARIADNE VAN ZANDBERGEN / GETTY IMAGES ©

ESSEN & TRINKEN

Die hiesige Küche unterscheidet sich kaum von ihren regionalen Pendants, außer dass in Uganda *ugali* (klassisches Gericht aus Maismehl) *posho* genannt wird und sehr viel weniger beliebt als *matoke* (zerdrückte Kochbananen) ist. Auch Reis, Maniok und Kartoffeln sind weit verbreitet. Ein für Uganda einzigartiges Gericht ist *rolex*, in Fladenbrot eingerolltes Omelett.

Zu den beliebten nationalen Biersorten gehören das leichte Bell Beer und das stärkere Nile Special. Der landestypische Hirseschnaps Waragi erinnert an Gin und schmeckt mit einem Schuss Tonic am besten.

WILDE TIERE

Uganda kann, was die Dichte von Tieren angeht, nicht mit Kenia oder Tansania mithalten, aber mit 500 Säugetierarten bietet es doch eine erstaunliche Artenvielfalt. Die typischen afrikanischen Tiere wie Löwen, Elefanten, Giraffen, Leoparden, Nilpferde, Zebras, Hyänen und, oben im Norden, Kudus und Strauße wird man auch hier ziemlich wahrscheinlich sehen. Zudem sind seit der Eröffnung des Ziwa Rhino Sanctuary, einem Nashorn-Schutzgebiet, wieder alle „Big Five" im Land vertreten.

Der größte Besuchermagnet sind jedoch die Berggorillas. In Uganda ist über die Hälfte der weltweit noch lebenden Tiere zu Hause, und sie in ihrer natürlichen Umgebung zu beobachten ist ein Highlight der Reise. Darüber hinaus gibt's hier eine beträchtliche Zahl an Schimpansen, die man gleich an mehreren Orten sichten kann. Zudem zählt das kleine Uganda mit weit über 1000 Arten zu den weltweit besten Orten zur Vogelbeobachtung.

HAUPTSTADT
Kiew

BEVÖLKERUNG
43,7 Mio.

FLÄCHE
603 550 km²

AMTSSPRACHE
Ukrainisch

Tschornohora, Karpaten

UKRAINE

Die große, facettenreiche Ukraine ist einer von Europas letzten weißen Flecken auf der Reiselandkarte, eine Nation mit bunten Traditionen, herzlichen Menschen und wilden Abenteuern.

Die Ukraine ist ein weites Land mit einer von Salbeiduft erfüllten Steppe voller Sonnenblumen und wildem Mohn. Mit einem fast perfekten Klima und dem fruchtbarsten Boden Europas ist sie ein einziger riesiger Garten mit blühenden Blumen, reifen Früchten und prall gefüllten Marktständen.

Wäre nur auch die Geschichte des Landes so idyllisch. Nach etwas mehr als zwei Jahrzehnten der angespannten Unabhängigkeit wird die Ukraine nun schon seit Jahren von einem Konflikt mit Russland gebeutelt, wodurch die Krim und ein Teil der östlichen Region für Reisende tabu sind. Die großen Sehenswürdigkeiten des Landes wie das eklektische Kiew, das architektonisch interessante Lwiw und das extravagante Odessa liegen aber weitab der Konfliktherde. Lange Küstenabschnitte des Schwarzen Meers ziehen Strandurlauber an, während die Karpaten im Winter für Ski- und im Sommer für Radfahrer attraktiv sind.

Highlights

▼ **REISEZEIT**

HAUPTSAISON
(Juli & Aug.)

ZWISCHENSAISON
(Mai, Juni, Sept. & Okt.)

NEBENSAISON
(Nov.–April)

KARPATISCHE LANDSCHAFTEN

1 Die Ukraine ist weitgehend flach wie ein Pfannkuchen, was ihre wenigen Erhebungen noch besonderer macht. Innerhalb der Landesgrenzen erreichen die Karpaten kaum 2000 m Höhe, die bewaldeten Hänge, Steinwege und verschlungenen Täler eignen sich jedoch hervorragend für Wanderungen, Radtouren und zum Skifahren. Darüber hinaus gibt es hier mit dem Howerla den höchsten Gipfel der Ukraine, der eine einfache Wanderung von den Dörfern in der Nähe entfernt ist, sowie mehrere Wintersportorte.

KIEWER HÖHLENKLOSTER

2 Wer sich für die Geheimnisse des orthodoxen Glaubens interessiert, besucht das höchste Heiligtum der Ostslawen und steigt in die Katakomben hinab, um die Mumien verehrter Heiliger zu bestaunen. Die Lawra wurde 1051 als Höhlenkloster gegründet und umfasst Kirchen mit goldenen Kuppeln, barocke Gebäude und Obstgärten. Religiöse Zeremonien finden in aufwendig dekorierten Räumen voller Ikonen statt, begleitet von Chorgesang und besucht von zahlreichen Pilgern und Mönchen. Dunkle unterirdische Museen zeigen skythisches Gold, Miniaturmodelle und Kunst.

KAMJANEZ-PODILSKYJ

3 Die von der dramatischen Schlucht des Smotrytsch gesäumte Stadt in Podolien gehört zu den schönsten Orten der Ukraine. Von der neuen Brücke führt ein Spaziergang durch die kopfstein-

gepflasterten Viertel der einst geteilten Gemeinde, vorbei an restaurierten Kirchen, baufälligen Palästen und den Überresten des einst massiven Verteidigungssystems bis zur Festung, die zu den Highlights eines Ukraine-Besuchs gehört.

KOLOMYJA

4 Einladende Unterkünfte, zwei faszinierende Museen und ein leichter Zugang zu den bewaldeten Hügeln in der Umgebung machen Kolomyja zu einem der besten Ausgangspunkte für Bergtouren in den Karpaten. Das Pysanka-Museum, das in einem riesigen Osterei im Zentrum untergebracht ist, gilt als Hauptattraktion der Stadt, daneben lässt sich bei einem Stadtbummel verspielte Jugendstil-Architektur aus österreichisch-ungarischen Zeiten entdecken.

BIOSPHÄRENRESERVAT DONAUDELTA

5 Das Biosphärenreservat Donaudelta ist Europas größtes Feuchtgebiet. Es liegt in einem großen Delta im äußersten Südwesten der Ukraine, wo das Wasser und der Schlamm der Donau ins Schwarze Meer münden. Nur wenige nehmen die lange Reise zu dem Reservat auf sich, dabei warten großartige Landschaften, unvergessliche Tage auf dem Wasser und unbeschwerte Abende im verschlafenen Wylkowe, das wegen seiner Kanäle auch „ukrainisches Venedig" genannt wird, auf die Besucher.

ODESSA

6 Tagsüber sorgen Odessas Museen, Parks, Strände und die Potemkinsche Treppe für ein volles Sightseeing-Programm. Am

UNTERWEGS VOR ORT

Züge sind billig, aber langsam, vor allem die alten Nachtzüge. Die neuen Expresszüge fahren tagsüber; sie verbinden Kiew mit größeren Städten im Land.

Busse sind billig und fahren regelmäßig. Sie sind aber oft voll und im Sommer zu heiß.

Wenn man über den schlechten Zustand der Straßen hinwegsieht, lässt sich die Ukraine sehr gut per Auto erkunden.

6

RINA OLCHOVKA / SHUTTERSTOCK ©

Abend erwacht dann die ganze Stadt zum Leben: Der Arcadia Beach mit seinen Tanztempeln und den Chill-Out-Zonen am Schwarzen Meer ist der richtige Ort, um im Sommer bis in die frühen Morgenstunden zu sehen und gesehen zu werden. Odessa wartet aber auch mit einer aktiven alternativen Szene auf und hat mehrere angesagte Locations, in denen kühles Ale zum Gitarrenklang von Indie-Bands und der Musik lokaler DJs serviert wird.

HISTORISCHES ZENTRUM VON LWIW

7 Lwiw (Lemberg) ist das kulturelle Herz der Ukraine. Mitten auf dem zentralen Rynok-Platz steht die riesige *ratusha* (Rathaus), umringt von fotografierenden Touristen und geschäftigen Einheimischen. Der Duft frischen Kaffees zieht aus den Cafés der Stadt über den Platz, und im Sommer bevölkern Tische das habsburgische Kopfsteinpflaster, während Bahnen aus der Sowjetzeit vorbeirattern.

SOFIJIWKA-PARK, UMAN

8 Von wegen Pralinen, Rosen oder Diamanten! Wie wäre es damit, seiner Liebsten ein Geschenk zu machen, das 150 ha groß ist und über Grotten, Wasserspiele und genug architektonischen Aberwitz verfügt, um eine Stadt damit zu füllen? Dies hat im 18. Jh. ein polnischer Magnat getan, um der Liebe zu seiner Frau Sofia Ausdruck zu verleihen. Das Erbe dieser Hingabe ist dieser Park, der so angelegt ist, dass er der Landschaft von Sofias Heimatsland ähnelt. Und ihre Antwort darauf? Eine Affäre mit seinem Sohn.

7

SALVATOR BARKI / GETTY IMAGES ©

ESSEN & TRINKEN

Borschtsch Die Nationalsuppe enthält Rote Bete, Schweinespeck und Kräuter. Es gibt auch eine Variante mit Sauerampfer.

Kascha Die Buchweizengrütze mit Milch, die an Porridge erinnert, wird zum Frühstück serviert.

Salo Scheiben rohen Schweinespecks, die mit Brot oder in Suppen oder anderen Gerichten gegessen werden. Wie wär's außerdem mit dem ukrainischen Snickers, Salo in Schokolade?

Wareniki Die Teigtaschen mit diversen Füllungen (z. B. Kartoffelpüree oder Sauerkirschen) erinnern an polnische *piroggen*.

Wodka Wird hier auch Horilka genannt und auf jeder Feier und bei jedem geselligen Zusammensein in rauen Mengen getrunken.

AUF DER SUCHE NACH DEN VORFAHREN

Viele Nachfahren von Ukrainern, Juden, Deutschen und Polen, die die Region im 19. und 20. Jh. verlassen haben, kommen seit etwa 20 Jahren zurück in die Ukraine, um ihre Familiengeschichte zu erforschen. Dieser Umstand rückte durch Jonathan Safran Foers Buch *Alles ist erleuchtet* (2002) ins Bewusstsein der Öffentlichkeit. Bereits in dem Roman stellt Foer allerdings fest, dass dies nicht immer ein leichtes Unterfangen ist. Das Geheimnis der Spurensuche nach Aufzeichnungen, Orten und Überlebenden ist es, schon von zu Hause aus Nachforschungen anzustellen und einen verlässlichen Guide anzuheuern.

HAUPTSTADT
Budapest

BEVÖLKERUNG
9,73 Mio.

FLÄCHE
93030 km²

AMTSSPRACHE
Ungarisch

Széchenyi-Heilbad, Budapest

UNGARN

Beeindruckende Architektur, lebendige Volkskunst, Thermalbäder und die Hauptstadt mit dem aufregendsten Nachtleben Europas– das sind die Hauptargumente für eine Reise nach Ungarn.

Die ungarische Folkloretradition gehört zu den ergiebigsten in Europa, von der hervorragenden Volksmalerei an den Wänden und Decken winziger Holzkirchen der Region Bereg bis hin zu wunderbaren Stickereien aus Hollókő. Traditionelle Musik ist auch heute noch sehr beliebt, ganz besonders in *táncházak* (Tanzhäusern) – das sind Feiern auf dem Land, auf denen ungarische Volksmusik gespielt wird und man auch gleich die entsprechenden Tänze lernen kann.

Was seine Architektur anbelangt, ist Ungarn eine Schatztruhe. Es wartet mit allem auf, von römischen Ruinen und mittelalterlichen Stadthäusern bis zu barocken Kirchen, neoklassizistischen Gebäuden sowie Badehäusern und Schulen im Jugendstil. Und dabei geht es nicht nur um die Hauptstadt Budapest. Beim Spaziergang durch Szeged oder Kecskemét, Debrecen oder Sopron kann man buchstäblich an jeder Ecke ein architektonisches Juwel entdecken.

Highlights

BUDAPESTER NACHTLEBEN

1 Budapest darf mittlerweile von sich behaupten, in puncto Nachtleben die Nummer Eins in Europa zu sein. Neben ihrer Kaffeehaustradition und den Konzerthallen findet sich hier ein zauberhafter Mix einzigartiger Kneipen, toller Weine, selbstgebrannter Feuerwasser und aufstrebender Craft-Biere, gepaart mit herzlicher Gastfreundschaft und einem Sinn für Humor. Etwas ganz Besonderes sind die *romkocsmák* (Ruinenbars) und *kertek* (Gärten), die in den wärmeren Monaten aus dem Boden sprießen.

EGER

2 Alle lieben Eger und es wird auch sofort klar, warum. Dank seiner wunderschön erhaltenen Barockarchitektur versprüht die Stadt eine entspannte, fast schon mittelalterliche Atmosphäre. Zudem ist sie von zwei der schönsten Gebirgszüge im Norden Ungarns eingerahmt (Bükk und Mátra) und bietet einige der besten Weine des Landes, darunter das berühmte Stierblut, das in Weinkellern in dem Tal mit dem klangvollen Namen Tal der Schönen Frauen gekostet werden kann, das nur einen kurzen Spaziergang von Eger entfernt liegt.

BUDAPESTER HEILBÄDER

3 Mit über 300 öffentlich zugänglichen Thermalquellen hat man in Ungarn die Qual der Wahl. Einige der Bäder wie das Rudas-Bad in Budapest gehen bis ins 16. Jh zurück. Aber auch Wellnessangebote und Wasserparks erfreuen sich steigender Beliebtheit.

SZEGED

4 Meisterwerke des Jugendstils, Studenten, Straßencafés und Grünanlagen an beiden Ufern der Theiß prägen Szeged, das kulturelle Zentrum der Großen Ungarischen Tiefebe-

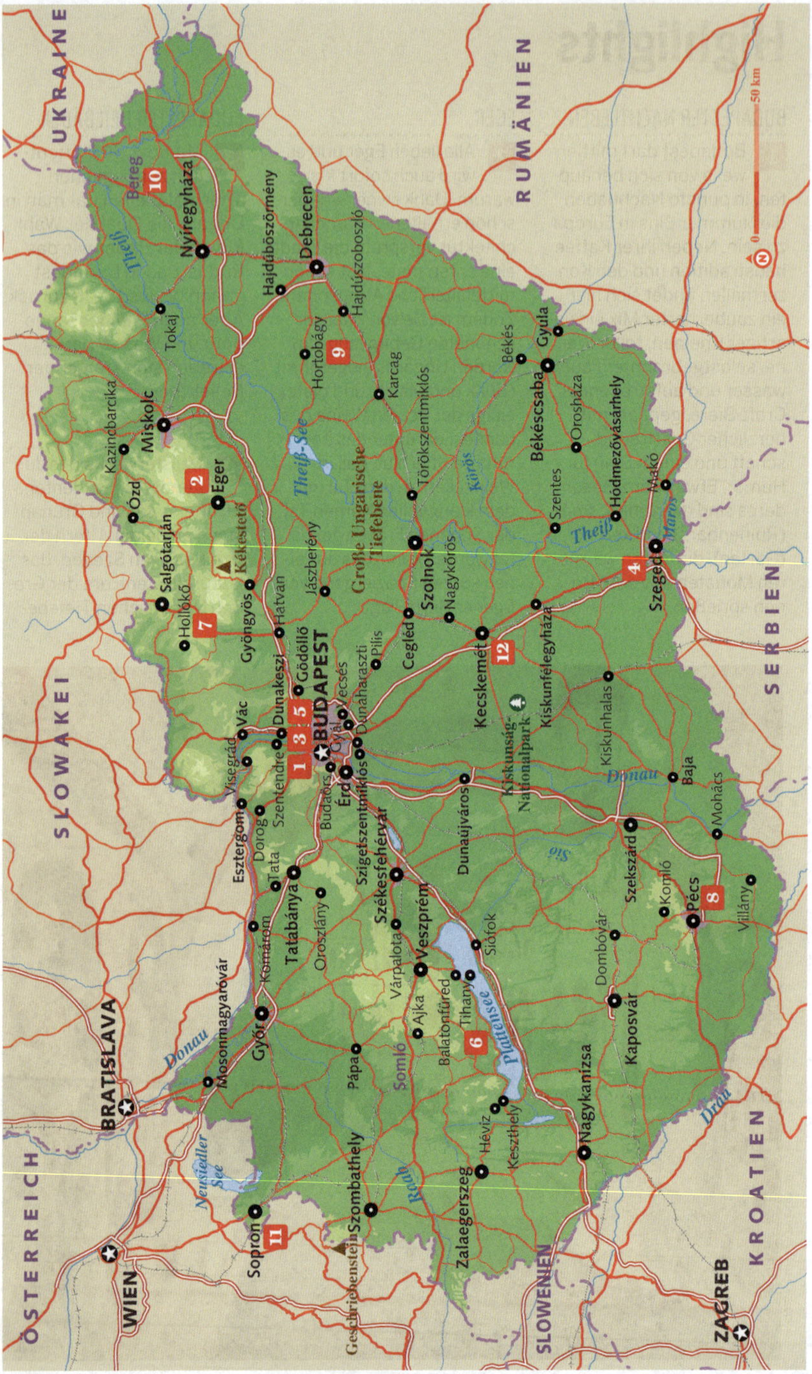

UKRAINE
RUMÄNIEN
SLOWAKEI
SERBIEN
ÖSTERREICH
KROATIEN
SLOWENIEN
BRATISLAVA
WIEN
ZAGREB
BUDAPEST
Nyíregyháza
Bereg
Theiß
Tokaj
Hajdúböszörmény
Debrecen
Hajdúszoboszló
Hortobágy
Karcag
Miskolc
Kazincbarcika
Ózd
Eger
Salgótarján
Kékestető
Hollókő
Gyöngyös
Hatvan
Jászberény
Theiß-See
Große Ungarische Tiefebene
Törökszentmiklós
Szolnok
Nagykőrös
Cegléd
Körös
Békés
Gyula
Békéscsaba
Orosháza
Hódmezővásárhely
Szentes
Makó
Maros
Szeged
Kecskemét
Kiskunfélegyháza
Kiskunság-Nationalpark
Kiskunhalas
Baja
Donau
Mohács
Gödöllő
Vecsés
Dunaharaszti
Pilis
Dunakeszi
Vác
Visegrád
Szentendre
Esztergom
Dorog
Budaörs
Érd
Szigetszentmiklós
Gyál
Dunaújváros
Sió
Szekszárd
Pécs
Komló
Villány
Dombóvár
Kaposvár
Tata
Tatabánya
Oroszlány
Székesfehérvár
Komárom
Mosonmagyaróvár
Győr
Várpalota
Veszprém
Siófok
Tihany
Balatonfüred
Plattensee
Ajka
Somló
Pápa
Hévíz
Keszthely
Nagykanizsa
Drau
Zalaegerszeg
Raab
Szombathely
Geschriebenstein
Sopron
Neusiedler See
0
50 km
N
1
2
3
4
5
6
7
8
9
10
11
12

TOP-FILME

Dollybirds (*Csinibaba;* 1997) Komödie/Satire über einen Wettstreit über das Überschreiten des Eisernen Vorhangs.

Zimmer Feri (1998) Satire über Deutsche am Plattensee.

Moszkva tér (2001) Komödie über das Ende des Kommunismus.

A Kind of America (*Valami Amerika;* 2002) Schwindler gibt sich als Filmemacher aus den USA aus.

Children of Glory (*Szabadság, Szerelem;* 2006) Film über das „Blutbad von Melbourne", ein Wasserballspiel im Jahr 1956.

ESSEN & TRINKEN

Gulyás (Gulasch) *Der* Klassiker mit Rindfleisch, Zwiebeln und Tomaten; eher Suppe als Eintopf.

Halászlé Suppe mit gekochtem Süßwasserfisch, Tomaten, grüner Paprika und Paprikagewürz.

Lángos Frittierter Fladen aus Hefeteig mit verschiedenen Auflagen (typisch sind Käse und Sauerrahm).

Pálinka Obstbrand.

Pörkölt Mit Paprika gewürzter Eintopf; entspricht eher dem, was außerhalb Ungarns als Gulasch bezeichnet wird.

Rétes (Strudel) Gefüllt mit Mohn, eingekochten Kirschen oder *túró* (Quark oder Frischkäse).

Savanyúság „Saurer Geschmack"; verschiedene Beilagen, von süß-sauren Gurken bis hin zu ultrasaurem Sauerkraut.

Somlói galuska (Schomlauer Nockerl) Biskuit mit Schokolade und Sahne.

Unicum Der bittere Aperitif gilt als Ungarns nationaler „Beschleuniger".

ne. Ob Theater, Oper, Klassik oder Pop – das Angebot ist riesig; Höhepunkt ist jedoch zweifelsohne das Szeged Open-Air Festival im Sommer. Szeged ist überdies bekannt für seine Küche, u. a. für eine besondere Fischsuppe mit Paprika und Pick, Ungarns wohl bester Salami.

BUDAPESTER BURGBERG

5 Budapest beherbergt viele architektonische Schätze, die spektakulärste Sehenswürdigkeit ist jedoch das Kalksteinplateau des Burgbergs, der über dem Westufer der Donau thront. Hinter den mittelalterlichen Mauern warten zahlreiche Attraktionen, darunter die Kostbarkeiten der Ungarischen Nationalgalerie und des Burgmuseums, das Felsenkrankenhaus oder der Blick von der Fischerbastei über den Fluss auf das Parlament in Pest.

NORDUFER DES PLATTENSEES

6 An Ungarns „Meer", dem größten See Mitteleuropas, genießen Einheimische ein Bad in der Sonne und im – mehr oder weniger – kühlen Nass. Das ruhigere Ufer des Plattensees (Balaton) verbindet tolle Strände mit Spaß im Wasser und historischen Seestädten (z. B. Keszthely, Balatonfüred). Auf Tihany, einer 4 km in den See hineinragenden Halbinsel, gibt es eine eindrucksvolle Abteikirche zu bewundern.

REISEZEIT

HAUPTSAISON
(Juli–Aug.)
Der Sommer ist warm, sonnig und meist lang.

ZWISCHENSAISON
(April–Juni, Sept.–Okt.)
Die Urlauber sind zu Hause; die Preise fallen.

NEBENSAISON
(Nov.–März)
Tiefstpreise; viele Sehenswürdigkeiten sind kürzer geöffnet oder geschlossen.

JETZT REISEN!

Das kulturelle Großprojekt Liget im Budapester Stadtwäldchen, das bis 2022 abgeschlossen sein sollte, wurde unter dem grünen Oberbürgermeister der Stadt mächtig abgespeckt. So wurde das Projekt der Neuen Nationalgalerie nach Plänen des japanischen Architekturbüros SANAA nach eindringlichen Bürgerprotesten gestoppt. Die Sorge vieler Budapester: die Zubetonierung der eh schon spärlichen Grünflächen in Ungarns Hauptstadt. Ein Gebäude des Liget-Projekts soll Ende 2021 aber eröffnet werden: das **»Haus der Ungarischen Musik«**, entworfen von dem Japaner Sou Fujimoto. Bauwerk und Nutzungskonzept erhielten schon vorab internationale Preise.

UNTERWEGS VOR ORT

In Ungarn gibt es keine Inlandslinienflüge. Das Land ist so klein, dass man mit dem Zug oder Bus innerhalb eines Tages überall hinkommt.

Busse sind billiger und oft schneller als die Bahn; sie fahren auch Orte an, die per Zug nicht erreichbar sind.

Ein Auto ist eine gute Option, wenn man die abgelegeneren Ecken Ungarns erkunden möchte.

Die Preise für Zugtickets sind angemessen, und das Schienennetz ist gut ausgebaut.

HOLLÓKŐ

7 Hollókő besteht nur aus zwei Straßen und ist doch Ungarns schönstes Dorf. Die 67 weiß getünchten Häuser haben sich seit ihrem Bau im 17. und 18. Jh. kaum verändert. Als unverfälschte Beispiele für eine traditionelle Volksarchitektur wurden sie 1987 von der UNESCO zum Welterbe ernannt. Vor allem aber ist das Dorf eine Bastion traditioneller ungarischer Kultur, die die Volkskunst der Bevölkerungsgruppe der Palóc und einige ihrer alten Gebräuche bewahrt.

PÉCS

8 Die zauberhafte Stadt wartet mit seltenen türkischen Bauten und frühchristlichen und -römischen Gräbern auf. Während die Moschee Gazi Khassim, das größte noch existierende osmanische Gebäude Ungarns, zur Kirche umgebaut wurde, überstand die Hassan-Jakowali-Moschee die letzten Jahrhunderte ohne Blessuren. Auch die Kunst- und Museenlandschaft ist bemerkenswert. Zudem locken das milde, fast mediterrane Klima und Mandelbäume Besucher in den äußerten Süden Ungarns.

HORTOBÁGY-NATIONALPARK

9 Ungarn beschreiben die Puszta, die Große Ungarische Tiefebene, als eine Region voller widerstandsfähiger Schäfer, die im Winter gegen Wind und Schnee kämpfen und sich im Sommer der berüchtigten *délibábak* (Luftspiegelungen) über dem aufgeheizten Boden zu erwehren suchen. Das Bild erscheint nostalgischer, als das raue Leben einst war. Die echte Steppe lässt sich im Hortobágy-Nationalpark erleben. Hier kann man ungarische Cowboys bewundern, die beim Ritt auf fünf Pferden ihr Talent unter Beweis stellen.

FOLKLORE IN DER REGION BEREG

10 Ungarns Folkloretraditionen werden seit Generationen bewahrt und spiegeln sich in allerlei Alltagsgegenständen wider. Farbliche und stilistische Unterschiede lassen auf die jeweilige Region schließen. Im ganzen Land findet man exquisite Stickereien, Keramik, handbemalte oder geschnitzte Holzarbeiten und gemusterte Webstücke. Das Epizentrum ist jedoch die Region Bereg; die Kultur der winzigen Dörfer in dieser Region im äußersten Nordosten Ungarns hat viel mit der der ukrainischen Nachbarn gemein.

SOPRON

11 Sopron wartet mit der intaktesten mittelalterlichen Altstadt Ungarns auf. Seine Kopfsteinpflasterstraßen sind von einer gotischen oder farbenprächtigen, frühbarocken Fassade nach der anderen gesäumt. Geht man durch die Gassen, fühlt man sich in eine andere Zeit versetzt. Das Sahnehäubchen sind die römischen Ruinen der Stadt. Die kleine Grenzstadt hat neben toller Architektur auch noch viele Weinberge und Weinkeller zu bieten, in denen sich prima lokaler Wein kosten lässt.

KECSKEMÉT

12 Im Herzen der Südlichen Großen Tiefebene zwischen der Donau und der Theiß liegt Kecskemét, umgeben von Weinbergen und Obstplantagen, die weit über die Grenzen der „Gartenstadt" hinausreichen. Kecskeméts landwirtschaftlicher Reichtum wurde sinnvoll genutzt – 1832 wurden damit alle Schulden beglichen – und heute findet sich hier eine wunderschöne Architektur, wie sie nur wenige ungarische Kleinstädte aufweisen können. Neben farbenfroher (Wiener) Jugendstilarchitektur ziehen auch seine ausgezeichneten Museen und der für die Region typische *barackpálinka* (Aprikosenbrand) viele Besucher an. Und der Kiskunság-Nationalpark, die hiesige Antwort auf die Puszta, liegt sozusagen gleich vor der Haustür.

© TRABANTOS / SHUTTERSTOCK

▼ SZIGET FESTIVAL

Eines der größten und beliebtesten Musikfestivals in Europa mit zuletzt einer halben Million feierwütiger Besucher. Das Sziget Festival findet im August auf der Donauinsel Óbuda in Budapest statt.

▼ MUSEUMSNACHT

An einem Samstag Mitte Juni, zur Sommersonnenwende, haben Hunderte Museen im ganzen Land ihre Türen ab 18 Uhr geöffnet und schließen erst in den frühen Morgenstunden (https://muzej.hu).

© ARNEHENDRIKS / GETTY IMAGES

HAUPTSTADT
Montevideo

BEVÖLKERUNG
3,4 Mio.

FLÄCHE
176 215 km²

AMTSSPRACHE
Spanisch

Karneval, Montevideo

URUGUAY

Uruguay ist ein Backpacker-Traum. Hier locken wilde Surfstrände, die Promiwelt in Punta und der geschichtsträchtige Schmugglerhafen von Colonia.

Das wie eine Traube zwischen Brasiliens riesigem Daumen und Argentiniens langem Zeigefinger eingeklemmte Land war schon immer eine Art Außenseiter. Nach über zwei Jahrhunderten im Schatten seiner Nachbarn erntet das kleinste Land Südamerikas aber endlich ein Stück Anerkennung. Uruguay ist fortschrittlich, stabil, sicher und kulturell divers und bietet Besuchern die Möglichkeit, authentische Alltagsmomente zu erleben, sei es nun ein Rinder-Gaucho-Stau auf einer unbefestigten Straße ins Nirgendwo oder Einheimische, die mit einem *mate* in der Hand an Montevideos Promenade entlangschlendern.

Bei einem kürzeren Aufenthalt bieten sich das kosmopolitische Montevideo, das malerische Colonia und das partyfreudige Punta del Este an. Aber es lohnt sich, das Land besser kennenzulernen, z. B. beim Beobachten von Wildtieren an der Küste, beim Besuch der Thermalquellen am Río Uruguay oder bei einem Ausritt im Landesinneren, wo sich ein Ozean aus Feldern erstreckt.

Highlights

KARNEVAL IN MONTEVIDEO

1 Brasilien ist keineswegs Südamerikas einzige Karnevalshochburg. Im Februar feiern die Montevideanos einen ganzen Monat lang in großem Stil mit Musik und Tanz. Nicht versäumen sollte man den Desfile de las Llamadas, einen Umzug an zwei Nächten Anfang Februar von *comparsas* (hiesigen Karnevalsvereinen) durch die Straßen der Viertel Palermo und Barrio Sur. Die konkurrierenden Vereine schicken abwechselnd ihre Tänzer ins Rennen, die zu den ansteckenden Rhythmen traditioneller afro-uruguayischer *candombe*-Trommeln tanzen.

PUNTA DEL DIABLO

2 Das einst verschlafene Fischerdorf ist schon lang ein beliebtes Ziel von uruguayischen und argentinischen Sommerurlaubern sowie das Backpacker-Epizentrum unter Uruguays Stränden. In den letzten Jahren hat es sich unkontrolliert immer weiter ins Inland und entlang der Küste ausgebreitet, der traumhafte Strand und das entspannte Lebensgefühl versprühen ihren Charme aber weiterhin.

REISEZEIT

HAUPTSAISON
(Nov.–Feb.)

ZWISCHENSAISON
(März–Mai, Sept. & Okt.)

NEBENSAISON
(Juni–Aug.)

THERMALBÄDER RUND UM SALTO

3 Rund um Salto blubbern jede Menge heiße Quellen aus dem Boden. Die von einer idyllischen Landschaft mit Kühen, Feldern und Bächen umgebenen Termas San Nicanor erinnern entfernt an ein flämisches Gemälde. Hier gibt es zwei riesige thermale Frei-

luftbecken, ein Restaurant und Unterkünfte für jeden Geldbeutel. Die Termas de Daymán liegen etwa 8 km südlich von Salto und sind ein Thermal-Disneyland mit einem Wasserpark für Kinder. Etwa 90 km nordöstlich von Salto finden sich die Termas de Arapey; sie sind Uruguays ältestes Heilbad und bieten verschiedene Becken, die von Gärten, Brunnen und Pfaden hinunter an den Río Arapey Grande umgeben sind.

CABO POLONIO

4 Cabo Polonio nordöstlich von La Paloma zählt trotz steigender Besucherzahlen zu den unberührtesten Gegenden Uruguays und beherbergt seine zweitgrößte Seelöwenkolonie. Es liegt nicht weit von einem winzigen Fischerdorf entfernt, das sich an einem windumtosten Landvorsprung mit einem einsamen Leuchtturm in den Sanddünen versteckt. Die Region wurde 2009 zum Nationalpark erklärt.

PUNTA DEL ESTE

5 Der Plan für „Punta" ist ganz einfach: Der Körper wird gebräunt, in Form gebracht und dann am Strand zur Schau gestellt. Und danach geht's hinaus auf die Piste in einen der Clubs der Stadt. Punta del Este ist mit seinen Stränden, schicken Strandhäusern, dem Jachthafen, teuren Hotels und Edelrestaurants einer der glamourösesten Ferienorte Südamerikas. Wer mal ein paar Prominente sehen möchte, muss nicht lange suchen: Punta zieht viele bekannte Persönlichkeiten an und Promijäger wissen immer, wer gerade wo gesichtet wurde.

▼ UNTERWEGS VOR ORT

Busse sind komfortabel, die Preise angemessen und die Entfernungen kurz.

Autofahrer in Uruguay sind sehr rücksichtsvoll, und selbst in Montevideo geht's im Vergleich zu Städten wie Buenos Aires ruhig zu.

Alle Taxis haben Taxameter; zwischen 22 und 6 Uhr und an Sonn- und Feiertagen sind die Tarife 20 % höher.

4

LUIS CÉSAR TEJO / GETTY IMAGES ©

COLONIA DEL SACRAMENTO

6 Die malerische Stadt am Ostufer des Río de la Plata, 180 km westlich von Montevideo, aber mit der Fähre nur 50 km von Buenos Aires entfernt, gehört zum UNESCO-Welterbe. Das Barrio Histórico, ein Gewirr von schmalen Kopfsteinpflasterstraßen aus der Kolonialzeit, nimmt eine kleine, in den Fluss ragende Halbinsel ein. Hübsche Ahornbäume schützen vor der Sommerhitze, und am Ufer lassen sich spektakuläre Sonnenuntergänge bewundern (es ist Brauch in Uruguay während des Sonnenuntergangs zu applaudieren).

TACUAREMBÓ

7 Die sanften Hügel von Tacuarembó entlang der Cuchilla de Haedo sind das Land der *gauchos* (Cowboys). Und zwar das der authentischen Kerle, die sich für den schnellen Gang zum Eckladen ihre Hosen in die Stiefel stecken und sich eine Baskenmütze aufsetzen. Hier soll auch die Tangolegende Carlos Gardel geboren sein.

6

LUCOP / GETTY IMAGES ©

▼ ESSEN & TRINKEN

Asado Für Uruguays kulinarischen Star werden u. a. Stücke vom Rind und Schwein, Chorizo und *morcilla* (Blutwurst) über Holzkohle gegrillt.

Buñuelos de Algas Die herzhaften, in Teig frittierten Algen gelten an der Küste von Rocha als Spezialität.

Chajá Die supersüße Kombination aus Biskuit, Baiser, Sahne und Obst stammt aus Paysandú.

Chivito Das Sandwich mit Steak, Speck, Schinken, gebratenem oder gekochtem Ei, Käse, Salat, Tomaten, Oliven, eingelegten Gurken, Paprika und Mayonnaise ist eine echte Cholesterinbombe.

Medio y medio Das erfrischende Mischgetränk aus Weißwein und Sekt geht auf Montevideos historisches Café Roldós zurück.

Ñoquis Die kleinen Kartoffelklöße, die die Italiener Gnocchi nennen, werden traditionell am 29. des Monats serviert.

▼ OXO-BRÜHWÜRFEL

Die Liebig Extract of Meat Company errichtete 1865 ihre südamerikanische Hauptbetriebsstätte in der Nähe des am Fluss gelegenen Fray Bentos und bald wurde sie zu Uruguays wichtigstem Industriekomplex. Das unter britischer Leitung stehende El Anglo übernahm den Betrieb in den 1920er-Jahren. Während des Zweiten Weltkriegs arbeiteten hier 4000 Menschen.

Angesichts des heute verlassenen Fabrikgeländes glaubt man kaum, dass ihr Erfolgsprodukt, der Oxo-Rinderbrühwürfel, einst weltweit millionenfach verkauft wurde. Die Würfel ernährten im Zweiten Weltkrieg Soldaten und begleiteten Scott in die Antarktis und Hillary auf den Mount Everest. Zu Glanzzeiten arbeiteten hier über 25 000 Menschen aus mehr als 60 Ländern, und auf ihrem Höhepunkt exportierte die Fabrik rund 150 Produkte, für die so gut wie jeder Teil der Kuh verwertet wurde.

Der Ort wurde 2015 zur UNESCO-Welterbestätte und die einstige Fabrik ist heute das Museo de la Revolución Industrial. Dutzende bunte Schaukästen bringen den Besuchern auf lebhafte Weise die Geschichte der Fabrik näher, und Schulklassen können sich auf einer alten Viehwaage wiegen.

HAUPTSTADT
Washington, D.C.

BEVÖLKERUNG
335 Mio.

FLÄCHE
9,8 Mio. km^2

AMTSSPRACHE
Englisch

Brooklyn Bridge, New York City

USA

Die USA sind die Heimat solch vielfältiger Städte wie Los Angeles, Chicago, Miami oder New York City – jede für sich eine lebhafte Metropole, deren Namen allein schon eine ganze Palette von Assoziationen von Kultur, feiner Küche und Unterhaltung hervorruft.

Auf dem zweiten Blick entdeckt man die ganze Vielfalt der amerikanischen Patchworkdecke: die kunterbunte Musikszene von Austin, den Vorkriegs-Charme des Tiefen Südens in Savannah, die umweltbewussten Freigeister von Portland, die traumhafte Bucht von San Francisco und das überwältigende French Quarter der Jazz-Hauptstadt New Orleans.

Zu einem echten USA-Erlebnis können so viele Dinge gehören: Bluegrass und Hollywood, Traditionen und Traditionsbrüche, Städte mit ausgereifter Gourmetszene und endlose Horizonte. Die USA sind das Land der über 6 Mio. Highway-Kilometer, die durch Wüsten, hohe Gebirge, Redwood-Wälder und Weizenfelder führen und sich am Horizont verlieren.

Highlights

NEW YORK CITY

1 Die Heimat von Künstlern, Börsenmaklern und Einwanderern aus aller Welt erfindet sich immer wieder neu. Und bleibt dabei weiterhin eines der weltweiten Zentren für Mode, Theater, Essen, Musik, Verlage, Werbung und Finanzen. Auf fünf Stadtteile verteilt sich eine Vielzahl an Museen, Parks und ethnischen Vierteln. Am besten macht man es wie die New Yorker: einfach raus auf die Straße. Jeder Block spiegelt den Charakter und die Geschichte dieses Kaleidoskops wider und selbst bei einem kurzen Spaziergang kann man ganze Kontinente durchqueren.

NEW ORLEANS

2 Die Dinge, die das Leben lebenswert machen – Essen, Trinken und Fröhlichkeit– gehören zu New Orleans wie die Luft zum Atmen. Die Architektur der Kolonialzeit, die kreolische Küche und die wilde Feierlaune in „The Big Easy" locken wie eh und je. Wer abends ausgeht, bekommt überall Dixieland Jazz, Blues und Rock auf die Ohren, und die Feste (Mardi Gras & Jazz Fest) sind weltberühmt. In „Nola" liebt man das Essen und genießt die verschiedenen kulinarischen Einflüsse. Besucher stärken sich mit leckerem Jambalaya, köstlichen Krabben und dem *Louisiana cochon* (*pulled pork*), bevor sie sich in die Barszene der Frenchman St stürzen.

ROUTE 66

3 Dieses Band aus Asphalt ist der Inbegriff eines US-Roadtrips. Die Route 66 verband ab 1926 Chicago mit L. A., aber seit 1964 ersetzt die I-40 einen Teil der legendären Straße. Viele Originalschauplätze haben überdauert und heute ist eine Fahrt entlang der alten Strecke eine Reise durch amerikanische Kleinstädte. Ob man nun der ganzen Strecke folgt oder nur einen Teil befährt, man wird auf jeden Fall das alte, nostalgische Amerika kennenlernen.

5

YUNSUN_KIM / SHUTTERSTOCK ©

GRAND CANYON

4 Man kennt ihn aus dem Kino und den Berichten derjenigen, die schon dort waren, und fragt sich, ob er wirklich so großartig ist, wie alle sagen. Ja – er ist es! Der Grand Canyon ist riesig und unvorstellbar alt: Er entstand im Laufe von 6 Mio. Jahren und einige der freigelegten Gesteinsschichten sind sogar 2 Mrd. Jahre alt. Bei einem Blick in die Tiefe wird man mit der enormen Kraft unserer Erde konfrontiert. Wer einmal hier war, versteht, warum dieses Naturphänomen so einzigartig ist.

JAY YUAN / SHUTTERSTOCK ©

KANADA
OTTAWA
Québec
Montréal
Toronto
Winnipeg
Regina
Calgary
Vancouver
Victoria
Thunder Bay
Lake Superior
Lake Huron
Lake Michigan
Seattle
Olympia
Salem
Spokane
Missoula
Helena
Bozeman
Boise
Yellowstone National Park
Great Salt Lake
Salt Lake City
Carson City
Sacramento
San Francisco
Yosemite National Park
Las Vegas
Grand Canyon National Park
Colorado
Flagstaff
Phoenix
Tucson
Los Angeles
San Diego
Tijuana
Mexicali
Cascade Range
Rocky Mountains
Missouri
Bismark
Pierre
Rapid City
Cheyenne
Denver
Colorado Springs
Santa Fe
Albuquerque
El Paso
Ciudad Juárez
Rio Grande
MEXIKO
Minneapolis
St. Paul
Des Moines
Lincoln
Topeka
Kansas City
Oklahoma City
Dallas
Austin
Houston
Green Bay
Madison
Milwaukee
Chicago
Springfield
St. Louis
Indianapolis
Lansing
Detroit
Cleveland
Columbus
Cincinnati
Frankfort
Nashville
Little Rock
Memphis
Mississippi
Jackson
Baton Rouge
New Orleans
Birmingham
Montgomery
Tallahassee
Atlanta
Pittsburgh
Harrisburg
Charleston
Appalachian Mountains
WASHINGTON, D. C.
Richmond
Raleigh
Charlotte
Wilmington
Columbia
Charleston
Savannah
Jacksonville
Orlando
Tampa
Fort Lauderdale
Miami
Key West
Golf von Mexiko
BAHAMAS
NASSAU
ATLANTIK
PAZIFIK
Augusta
Concord
Boston
Providence
Montpelier
Albany
Hartford
New York City
Trenton
Philadelphia
Dover
Annapolis
0
500 km
1
2
3
4
5
6
7
8
9
10
11
Hawaii
Kauai
Oahu
Honolulu
Maui
Hawaii (Big Island)
0
100 km
PAZIFIK
Alaska
RUSSLAND
ARKTISCHES MEER
KANADA
0
500 km
Fairbanks
Anchorage
Juneau
Kodiak Island
Bering-see
Aleuten
Golf von Alaska

TOP-FILME

Der Stadtneurotiker In Woody Allens Komödie von 1977 spielt New York City eine Hauptrolle.

Der Pate (1972–1990) Die legendäre, dreiteilige Familiensaga zeigt die amerikanische Gesellschaft aus Sicht der Einwanderer und organisierten Kriminalität.

Der unsichtbare Dritte In Hitchcocks Thriller von 1959 flüchtet Cary Grant quer durch Amerika.

Nomadland (2020) Der Film von Chloé Zao zeigt das Leben von Arbeitsnomaden in den USA.

TOP-BÜCHER

Menschenkind (1987) Der sozialkritische Roman von Toni Morrison spielt in den Jahren nach dem Sezessionskrieg.

Huckleberry Finn (1884) Wer kennt nicht Mark Twains Roman über den geflohenen Außenseiter?

Unterwegs (1957) Jack Kerouac über die USA nach dem Zweiten Weltkrieg.

Der große Gatsby (1925) F. Scott Fitzgeralds Meisterwerk über die „Goldenen" 1920er-Jahre.

YELLOWSTONE NATIONAL PARK

5 Atemberaubende Natur, beeindruckende Geologie und mit die schönsten Wildtierbeobachtungen Nordamerikas sind nur einige Gründe, warum Yellowstone eine solche Anziehungskraft hat. Das riesige Gebiet – fast 9065 km² – ist in fünf Abschnitte aufgeteilt, in denen man leicht einige Tage verbringen kann. Zu den Highlights gehören Geysire, Wasserfälle, versteinerte Wälder, zerklüftete Berge, tolle Ausblicke und blubbernde Schlammlöcher. All das erkundet man am besten auf den 1770 km langen Wanderwegen.

MIAMI

6 Miami hat unendlich viel zu bieten: Neben den atemberaubenden Stränden und seiner Art-déco-Altstadt begegnet einem an jeder Ecke Kultur pur. In mit Zigarrenrauch gefüllten Tanzsälen tanzen in Havanna lebende Expats zu Bolero-Son, in exklusiven Nachtclubs tanzen brasilianische Models zu Latino-Hip-Hop und im Park klappern alte Männer mit ihren Dominosteinen. Und als ob das noch nicht genug wäre, servieren Straßenstände und Restaurants Gerichte aus der Karibik, Kuba, Argentinien und Spanien.

SIERRA NEVADA

7 Die Sierra Nevada ist ein Wunderland für alle, die Outdoorabenteuer lieben, und lädt das ganze Jahr über zu Wintersport, Wildwasserrafting, Wandern, Radfahren und Felsklettern ein. Die wilden Granitfelsen, die sich über Bergseen erheben, bilden eine Barriere, die diese traumhaften Naturlandschaften an der östlichen Spitze Kaliforniens perfekt abschottet. In den Nationalparks Yosemite und Sequoia & Kings Canyon fühlen sich Besucher angesichts der Mammutbäume, alten Felsformationen und Täler sowie der ständigen Möglichkeit, Bären und anderen wilden Tieren zu begegnen, klein und unbedeutend.

REISEZEIT

HAUPTSAISON
(Juni–Aug.)
Dank der Wärme im ganzen Land ist nun am meisten los.

ZWISCHENSAISON
(April, Mai & Okt.)
Im Frühjahr blühen die Blumen und der Herbst bringt viele Landesteile in allen Farben zum Leuchten.

NEBENSAISON
(Nov.–März)
Im Norden schneit es und im übrigen Land kann es heftig regnen.

JETZT REISEN!

In New York City sprießt mit den **Hudson Yards** ein neues Stadtviertel in die Höhe: das neue Viertel nahe dem nördlichen Ende des High Line Parks zwischen 30th und 43th Street ist kreativ, chic und angesagt. Etliche Wolkenkratzer ragen in der einst heruntergekommenen Gegend am Hudson-Ufer schon auf, bis 2024 soll alles fertig sein. Der erste Neubau für das ehrgeizigste Städtebauprojekt, das es in New York jemals gab, stand bereits 2016, weitere wuchsen in den Folgejahren in rasantem Tempo in die Höhe. Cafés, Restaurants, Shops und eine neue Konzerthalle sind entstanden, den architektonischen Hauptakzent aber setzt eindeutig „The Vessel", ein Gebilde aus wabenförmig angeordneten Treppen und Zwischenebenen.

ESSEN & TRINKEN

Dank der Vielfalt des Landes gibt es in Amerika eine sehr abwechslungsreiche Küche mit Meeresfrüchten aus dem Nordatlantik, dem Golf von Mexiko und dem Pazifik und Produkten vom fruchtbaren Ackerland des Mittleren Westen und dem Weideland im Westen.

Buffalo Wings Frittierte Hähnchenflügel mit einer scharfen Buttersauce bestrichen und mit einem Dressing aus Schimmelkäse serviert; hat seinen Ursprung in Buffalo, New York.

California Roll Sushi aus der Fusion-Küche mit Avocado, Krabbenfleisch und Gurken eingewickelt in Essigreis und Nori (getrocknetes Seegras).

Clam Chowder Kartoffelsuppe mit Muscheln, Gemüse und teilweise auch Bacon; mit Milch eingedickt.

Donuts Es gibt auch Gourmet-Versionen der runden Süßigkeit.

Fried Chicken Mit berühmten Verkaufsstellen im Süden, z. B. Prince's Hot Chicken in Nashville und Willie Mae's in New Orleans.

Reuben Sandwich Sandwich aus Roggen mit Corned Beef, Schweizer Käse und Sauerkraut.

Tacos Überall in den USA ein beliebtes Fingerfood. Oft gibt's die besten Tacos an Straßenständen und Food Trucks.

WASHINGTON, D. C.

8 Die Hauptstadt ist übersät von berühmten Monumenten, riesigen Museen und Korridoren der Macht, wo Visionäre und Demagogen sich die Klinke in die Hand geben. Die National Mall – etwa 3 km lang und von Monumenten und Marmorbauten gesäumt – bildet den Mittelpunkt des politischen und kulturellen Lebens von Washington, D. C. Dies ist der beste Ort, um einen Streifzug durch die amerikanische Geschichte zu unternehmen: am Vietnam War Memorial der Opfer gedenken oder hinauf zum Lincoln Memorial steigen, wo Martin Luther King jr. seine berühmte „I have a dream"-Rede hielt.

SAN FRANCISCO

9 Mit einer Jacke und einer Handvoll Glitzer bewaffnet geht es hinein in das Land des Nebels und der Fabelhaftigkeit. Hallo, San Francisco! Rund um die klappernden alten Cable Cars laden die Viertel am Hügel und im Tal mit ihrer viktorianischen Architektur, den tollen Indie-Ge-

schäften und erstklassigen Restaurants zum Umherstreifen ein. Noch ein Abstecher zur Küste und man ist dem Charme der Stadt verfallen. Wer sich losreißen kann, sollte den üppig grünen Weinbergen in Napa, Sonoma und dem Russian River Valley gleich im Norden einen Besuch abstatten.

NEUENGLAND IM HERBST

10 Es ist ein Großereignis, das in Neuengland fast epische Ausmaße annimmt: nämlich zuzusehen, wie die Blätter im Herbst ihre Farbe ändern. Von den Litchfield Hills in Connecticut und den Berkshires in Massachusetts bis zu den Green Mountains in Vermont leuchten komplette Hügel in brillantem Purpurrot, Orange und Gelb. Die überdachten Brücken und weißen Kirchtürme in New Hampshire sind von Ahornbäumen umgeben und machen diese Region zum Mekka für Fans bunter Blätter.

BOSTON

11 Bei einem Spaziergang über die Kopfsteinpflasterstraßen von Boston finden sich auf Schritt und Tritt historische Stätten. Der Freedom Trail führt durch die ganze Stadt und verbindet Orte der revolutionären Geschichte miteinander: jahrhundertealte Pubs, die Harvard Universität und das älteste Baseballstadion Amerikas. Nach dieser Geschichtslektion ist Cape Cod der perfekte Ort, um sich an den Stränden mit Dünen im Hintergrund zu erholen und rohe Austern zu schlürfen.

LUCIANO MORTULA - LGM / SHUTTERSTOCK ©

▼ UNTERWEGS VOR ORT

Wer nicht viel Zeit hat, sollte fliegen. Das Angebot an Inlandsflügen ist groß und verlässlich.

Wer Geld sparen will, reist mit dem Bus; besonders einfach zwischen größeren Städten.

Ein eigenes Auto ist das flexibelste und praktischste Verkehrsmittel und unbedingt erforderlich, um das ländliche Amerika mit seinen großen Weiten zu erkunden.

Züge sind weder preiswert noch pünktlich oder praktisch, aber man kann ganz entspannt die typische amerikanische Kultur und Landschaft kennenlernen.

HAUPTSTADT
Taschkent

BEVÖLKERUNG
30,8 Mio.

FLÄCHE
447 400 km²

AMTSSPRACHE
Usbekisch

Gur-Emir-Mausoleum, Samarqand

USBEKISTAN

Das Land, ein jahrhundertealtes Kultur-, Wirtschafts- und Architekturzentrum an der Seidenstraße, lockt Reisende seit einer halben Ewigkeit an.

Usbekistan, das seit über zwei Jahrtausenden als kulturelle Wiege Zentralasiens gelten darf, ist Standort bemerkenswerter Architektur und alter Städte. Es ist eng verbunden mit der blutigen wie faszinierenden Geschichte der Seidenstraße. Was die Anzahl der Sehenswürdigkeiten anbelangt, ist Usbekistan der größte und beeindruckendste Besuchermagnet Zentralasiens.

Samarqand, Buxoro und Xiva ziehen Besucher mit ihren tollen Moscheen, Medressen und Mausoleen in ihren Bann, während Attraktionen wie der schnell austrocknende Aralsee, die Festungen des abgeschiedenen Karakalpakistans, die blühende Hauptstadt Taschkent oder der Ökotourismus im Nuratau-Gebirge sicherstellen, dass auch wirklich für jeden Reisenden etwas dabei ist.

Obwohl Usbekistan ein autoritär regierter Polizeistaat ist, bleibt es ein freundliches und aufgeschlossenes Land, in dem Gastfreundschaft großgeschrieben wird und die Menschen, die einem begegnen, einem das Gefühl geben, willkommen zu sein.

Highlights

SAMARQAND

1 Samarqand war zwar bereits eine wichtige Oasenstadt, unter Timur entwickelte sie sich jedoch zu einer der schönsten Städte Asiens. Nach dem Besuch seines Mausoleums, des Gur-Emir, steht ein Bummel über die Straße mit den Gräbern seiner Familie an. Die gewagte Architektur der Ruinen der Bibi-Kanum-Moschee, die für Timurs Frau erbaut wurde, ist ebenfalls einen Besuch wert. Anschließend locken der Registan-Platz (eines der tollsten architektonischen Ensembles der islamischen Welt), einige Basare und die 2000 Jahre alten Reste von Afrasiab, der ursprünglichen Handelsstadt an der Seidenstraße.

BUXORO

2 Buxoro ist die interessanteste Stadt Zentralasiens. Sehenswert sind der mittelalterliche Ark, von dem aus die Emire ihr Reich regierten, sowie das Lyabi-Hauz-Wasserbecken, an dem man eine Tasse grünen Tees schlürfen kann. Dann beginnt man am Kalon-Minarett einen Spaziergang zwischen Basaren, Badehäusern und Zunfthallen. Am schönsten sind die Seitenstraßen, in denen sich Synagogen, Sufi-Schreine und Medressen finden. Die B&Bs von Buxoro sind so stilvoll wie kaum irgendwo sonst in der Region; viele sind in alten Kaufmannshäusern untergebracht.

XIVA

3 Das ehemalige Khanat wurde mitten im wüstenähnlichen Choresmien aus gebrannten Lehmziegeln erbaut und ist von ei-

REISEZEIT

HAUPTSAISON
(April–Juni & Sept.–Okt.)

ZWISCHENSAISON
(Juli–Aug.)

NEBENSAISON
(Nov.–März)

ner Mauer umgeben. Hier scheint die Zeit stillzustehen. In Xiva mag es nicht so lebhaft zugehen wie in Buxoro, aber den Besucher erwartet hier die am besten erhaltene mittelalterliche Stadt Zentralasiens, wenn nicht der islamischen Welt. Man kann an den Stadtmauern entlangschlendern oder sich die alten Sklavenmärkte und weitläufigen, mit grünen und blauen Fliesen verzierten Paläste ansehen.

SAWITSKY-SAMMLUNG, NUKUS

4 Das durch und durch sowjetische Nukus ist definitiv eine der unattraktivsten Städte Usbekistans, sein Sawitsky-Museum birgt jedoch eine der bemerkenswertesten Kunstsammlungen auf dem Gebiet der ehemaligen Sowjetunion. Etwa die Hälfte der Gemälde wurde zu Sowjetzeiten von dem rebellischen Künstler und Ethnografen Igor Sawitsky hierher gebracht, der damit viele avantgardistische Arbeiten rettete, die in anderen Teilen des Landes verboten waren und zerstört wurden, da sie nicht dem sozialistischen Realismus der Zeit entsprachen. Die Gemälde fanden in diesen Räumen Schutz, und es ist interessant zu erfahren, wie das Museum die Sowjetära überstehen konnte.

BASARE

5 Seit zwei Jahrtausenden befeuern die Basare Zentralasiens den Handel an der Seidenstraße, und ein Bummel hier ist eine tolle Erfahrung. Die kleinen, lokalen Basare sind der Schlüssel zur Seele Usbekistans. Jeder Ort hat seinen eigenen Basar mit *chaikhanas* (Teehäusern), Schaschlik, Obstständen

▼ UNTERWEGS VOR ORT

Die klapprigen staatlichen Busse verschwinden von den Straßen und werden durch Busse privater Unternehmen ersetzt, die nicht planmäßig verkehren und starten, sobald sie voll sind.

Sammeltaxis sparen Zeit, sind aber auch teurer als Busse. Sie bedienen alle wichtigen Fernrouten.

Züge sind das komfortabelste und sicherste Verkehrsmittel für Fernstrecken.

3

MIHTIANDER / GETTY IMAGES ©

und Tiermärkten. Der Kumtepa-Basar außerhalb von Margilon im Fergana-Tal zählt zu den besten, aber auch der nahe Jahon-Basar in Andijon ist sehr schön.

SEIDE KAUFEN IN MARG'ILON

6 Marg'ilons Hauptattraktion ist die faszinierende Seidenfabrik Yodgorlik, die im Rahmen einer Führung (auch auf Deutsch) besucht werden kann, auf der man die Seidenherstellung vom Dämpfen und Entwirren der Kokons bis zum Weben der spektakulären Khan-Atlas-Stoffe (handgewebte Seide mit Mustern auf einer Seite) verfolgen kann, für die Margilan so bekannt ist. Die Seide kann man kaufen und den Eintrittspreis damit verrechnen lassen. Es gibt auch fertige Kleidung, Teppiche und bestickte Stoffe.

TASCHKENT

7 Das weitläufige Taschkent ist ein Drehkreuz Zentralasiens und *der* Ort des Geschehens in Usbekistan. Ein Teil wurde neu erbaut und verkörpert mit seinen Institutionen die Hauptstadt, ein anderer Teil ist sehr grün und stammt noch aus Sowjetzeiten, und wieder ein anderer Teil erinnert an ein verschlafenes Städtchen, in dem Bauern ihre Waren auf Karren durch die Gassen zum Basar bringen. Taschkent ist ein faszinierender Widerspruch, und es lohnt sich, ihm mehrere Tage zu widmen. Wie die meisten Orte, die oft nur als Durchgangsstation genutzt werden, ist auch Taschkent auf den ersten Blick nicht attraktiv. Es ist aber eine überraschend interessante Stadt mit den besten Lokalen, Museen und Ausgehoptionen im Land.

7

NMESSANA / GETTY IMAGES ©

ESSEN & TRINKEN

Plov Ein zentralasiatischer Pilaw aus Reis und gebratenem Gemüse; in jeder Region gibt es eine ganz eigene Variante dieses usbekischen Nationalgerichts.

Naryn Kalter Nudelsalat mit Wurst aus Pferdefleisch.

Somsa Blätterteig, gefüllt mit Lammfleisch und Zwiebeln.

Katyk Dünnflüssiges Joghurtgetränk, das man selbst mit Zucker oder Marmelade süßen kann.

DIE SEIDENSTRASSE

Jahrhundertelang waren die großen Zivilisationen im Osten und Westen über die Seidenstraße verbunden, ein fragiles Netzwerk sich verschiebender Handelsrouten über die höchsten Berge und durch die unwirtlichsten Wüsten Asiens. Zentralasien war das Herz dieses Handels, und seine weltoffenen Städte gelangten zu immensem Reichtum. Pferde und zweihöckrige Wildkamele hielten den Warenfluss in beide Richtungen am Laufen.

Seide war nicht das einzige Handelsgut auf der Seidenstraße, ihre Qualitäten – leicht, exotisch und stark gefragt – waren jedoch der Inbegriff dessen, was den Handel über solche Distanzen ausmachte. Buxoro und Samarqand waren die Mitte der Route. Hier trafen Karawanen aus Aleppo und Bagdad auf Händler aus Kaxgar und Yarkant. An der Route entstanden *rabat* (Karawansereien) mit Übernachtungsoptionen, Ställen und Läden.

HAUPTSTADT
Port Vila
BEVÖLKERUNG
303 000
FLÄCHE
12 189 km²
AMTSSPRACHEN
Bislama, Englisch, Französisch

Tanna

VANUATU

Reisende können sich auf tropisches Wetter, Sandstrände und türkisfarbenes Wasser freuen, während die Einheimischen Gäste mit einem offenen Lächeln empfangen und Einblick in ihre einzigartige melanesische Kultur gewähren.

Vanuatu verspricht ein pazifisches Inselabenteuer, das nichts mit Kreuzfahrten und noblen Badeorten zu tun hat. Einsame Strände, alte Kulturen, abgelegene, schroffe Inseln und prima Tauchspots sind nur ein kleiner Teil dessen, was diesen aus über 80 Inseln bestehenden Archipel so anziehend macht.

Wo sonst kann man an ein und demselben Tag einen Vulkan besteigen, einen Blick in sein magmagefülltes Inneres wagen, mit dem „Ashboard" (einem Snowboard für Asche) den Hang hinunterrasen, dann in einer blauen Lagune schnorcheln und abschließend mit dem örtlichen Dorfoberhaupt Kava trinken? Die Resorts von Port Vila haben mit den *kastom* (Bräuchen) auf den äußeren Inseln nicht viel gemein, aber es sind eben solche Kontraste, die Vanuatu so überraschend machen.

Es bedarf schon etwas Zeit, Mühe und Abenteuerlust, um Vanuatu zu erkunden, aber diese Inseln sind die Anstrengung wert.

Highlights

YASUR

1 Die Erfahrung, in den lavaspuckenden Krater eines Vulkans zu blicken, ist so nervenaufreibend, wie man es sich ausmalt, und der Yasur in Vanuatu zählt zu den am leichtesten zugänglichen Vulkanen weltweit. Am besten bereitet man sich in einem Bungalow oder Baumhaus am Yasur vor und klettert abends hinauf, um das Spektakel im Dunkeln zu sehen. Mehr Abenteuer verspricht die Insel Ambrym.

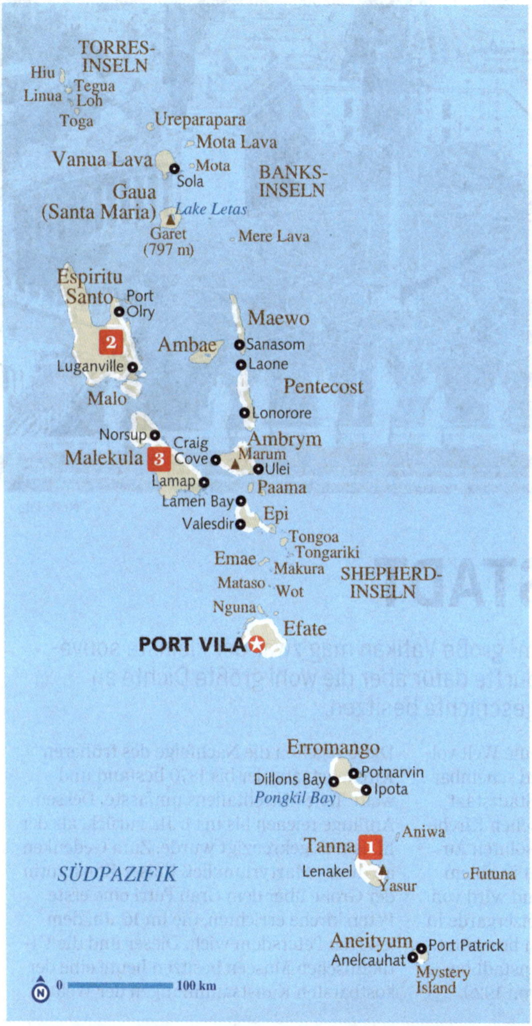

ESPIRITU SANTO

2 Die größte Insel Vanuatus hat eine lebhafte Hauptstadt, Inselresorts, weiße Sandstrände und ein raues Hinterland, das zu Berg- und Höhlenwanderungen lädt. Highlights sind Tauch- und Schnorchtrips.

MALEKULA

3 Eine der wildesten Inseln Vanuatus ist Malekula, das mit Geschichten über Stammeskriege und Kannibalismus aufwartet. Es bietet sich ein Besuch der Stämme Big und Small Nambas an, der Grabstätten ihrer Häuptlinge oder eine Wanderung mit einem Guide ins Hochland des Dog's Head.

ESSEN & TRINKEN

Laplap In Kokoscreme eingelegte und vor der Zubereitung im Erdofen in Blätter gewickelte Süßkartoffeln, Maniok oder Taro (mit Schwein, Rind, Geflügel, Fisch, Garnelen oder Fledermaus).

Tahitischer Fischsalat In Zitronensaft marinierter Fisch, der mit Kokosmilch gesüßt wird.

Kokosnuss Grundnahrungsmittel, das getrunken und gegessen wird. Die Fasern werden weiterverarbeitet.

REISEZEIT

HAUPTSAISON
(Mai–Aug.)

ZWISCHENSAISON
(Sept. & Okt.)

NEBENSAISON
(Nov.–April)

HAUPTSTADT
Vatikanstadt

BEVÖLKERUNG
1000

FLÄCHE
0,44 km²

AMTSSPRACHE
Italienisch

Petersplatz

VATIKANSTADT

Der gerade einmal 0,44 km² große Vatikan mag zwar der kleinste souveräne Staat der Welt sein, dürfte dafür aber die wohl größte Dichte an Meisterwerken der Kunstgeschichte besitzen.

Die Enklave mitten in Rom ist eine Welt voller sakrosankter Traditionen und scheinbar anachronistischer Rituale. Der Stadtstaat bildet das Zentrum der Katholischen Kirche und untersteht wie diese der absoluten Autorität des Papstes. Dieser wohnt in einem Palast mit über 1000 Räumen und wird von den gut 100 Männern der Schweizergarde in ihren rot-gelb-blauen Uniformen beschützt.

Der heutige Status der Vatikanstadt beruht auf den Lateranverträgen von 1929. Diese regelten die Nachfolge des früheren Kirchenstaats, der bis 1870 bestand und weite Teile Mittelitaliens umfasste. Dessen Anfänge reichen bis ins 1. Jh. zurück, als der hl. Petrus gekreuzigt wurde. Zum Gedenken an dieses Martyrium ließ Kaiser Konstantin der Große über dem Grab Petri eine erste Peterskirche errichten, die im 16. Jh. dem jetzigen Petersdom wich. Dieser und die Vatikanischen Museen besitzen heute eine der kostbarsten Kunstsammlungen der Welt.

Highlights

SIXTINISCHE KAPELLE

1 Die Sixtinische Kapelle, in der sich zwei der berühmtesten Kunstwerke befinden – Michelangelos Deckenfresken und sein *Jüngstes Gericht* –, ist der beliebteste Teil der Vatikanischen Museen. Michelangelos Deckengemälde auf der gesamten, 800 m² großen Oberfläche lässt sich am besten vom Haupteingang der Kapelle aus bewundern.

PETERSDOM

2 So viele ausgezeichnete Kirchen es in Rom auch geben mag, keine ist wie der Petersdom. Er ist nicht nur die größte, prächtigste und spektakulärste Kirche Italiens, sondern mit seinem aufwändigen Inneren auch ein Monument künstlerischer Meisterleistungen. Drei der berühmtesten Kunstwerke Italiens sind hier zu bestaunen: Michelangelos *Pietà*, seine Kuppel und Berninis 29 m hoher Baldachin über dem Altar.

VATIKANISCHE MUSEEN

3 Eine der imposantesten Kunstsammlungen ist hier in Sälen und Korridoren mit einer Gesamtlänge von 7 km ausgestellt. Zu den Highlights zählen die spektakuläre Sammlung klassischer Skulpturen im Museo Pio Clementino, die von Raphael mit Fresken verzierten Räume und die von Michelangelo bemalte Sixtinische Kapelle.

▼ REISEZEIT

HAUPTSAISON
(Juli–Aug.)

ZWISCHENSAISON
(April–Juni)

NEBENSAISON
(Sept.–März)

▼ ESSEN & TRINKEN

Pasta wie Spaghetti Carbonara oder alla matriciana probieren.

Typische regionale Weine sind Frascati und Torre Ercolana.

HAUPTSTADT
Caracas

BEVÖLKERUNG
29,1 Mio.

FLÄCHE
912 050 km²

AMTSSPRACHE
Spanisch

Salto Ángel

VENEZUELA

„La Tierra de Gracia", das Land der Anmut, wie es Christoph Kolumbus im Jahr 1498 nannte, ist eigenartig schön und dabei auch ganz schön eigenartig.

Doch leider ist Venezuela derzeit ein problematisches Reiseland. Aus Sicherheitsgründen ist eine Reise hierher im Augenblick keinesfalls zu empfehlen. Einheimische leiden unter dem grundlegenden Mangel an allem Möglichen, es fehlt an Nahrung, Gesundheitsfürsorge und Sicherheit. Als Traveller kommt man hier entsprechend schnell an seine Grenzen, zumal, wenn man sich im Land nicht auskennt.

Wer trotzdem reisen möchte, sollte die Reise im Voraus über ein in Venezuela ansässigen Reisebüro organisieren, vor Ort keine inoffiziellen Taxis nutzen, kein Geld bei Fremden wechseln und nur in Hotels übernachten, von deren Sicherheit man überzeugt ist. Schließlich wäre da noch das Bargeldproblem – aufgrund der schwachen Währung wird man viel davon dabeihaben müssen, was man besser sehr diskret macht.

Wann es wieder möglich sein wird, die auf diesen Seiten vorgestellten Highlights des wunderschönen Landes in Sicherheit zu besuchen, steht leider in Sternen…

Highlights

SALTO ÁNGEL

1 Der Salto Ángel ist der höchste Wasserfall der Welt und war Venezuelas wichtigste Touristenattraktion. Er ist 979 m hoch und das Wasser donnert 807 m frei fallend in die Tiefe – etwa die 16-fache Höhe der Niagarafälle. Die Kaskade fließt über den hoch aufragenden Auyan-Tepui und versteckt sich in einer üppig grünen Wildnis ohne direkte Zufahrtsstraße. Benannt sind die „Angel-Wasserfälle" nicht etwa nach einer überirdischen Erscheinung, sondern nach dem amerikanischen Buschpiloten Jimmie Angel, der 1937 auf der Suche nach Gold mit seinem Viersitzer-Flugzeug auf dem Auyan-Tepui landete. Die einheimischen Pémon sprechen vom Parakupá Vená (Wasserfall am höchsten Ort). Die Wassermenge die vom Auyan-Tepui in die Tiefe stürzt, kann allerdings stark variieren. In der Trockenzeit ist hier manchmal nur ein schmaler Wasserstrahl zu sehen. In der Regenzeit dagegen ist es ein Spektakel aus donnernden Wassermassen.

MÉRIDA

2 Das fortschrittliche Mérida ist die venezolanische Hauptstadt des Abenteuersports und eine wohlhabende Andenstadt voller Energie und mit spektakulärer Lage mitten in den Bergen. Die gemütliche, freundliche und kultivierte Atmosphäre verdankt sie der riesigen Universität, den zahlreichen Outdoor-Sportarten (Wandern, Canyoning, Raften, Mountainbiken und Gleitschirmfliegen) und ihrem traumhaften Klima, das auch Bewohner aus dem Tiefland aufgrund seiner hellen, luftigen Tage und der kühlen Nächte anlockt. Aktive Besucher haben die Qual der Wahl.

RORAIMA

3 Der majestätische Tafelberg Roraima, der

2

ALICE NERR / SHUTTERSTOCK ©

HAITI
DOMINIKANISCHE REPUBLIK
PUERTO RICO
SAINT KITTS & NEVIS
ANTIGUA & BARBUDA
MONTSERRAT
GUADELOUPE
DOMINICA
MARTINIQUE
SAINT LUCIA
SAINT VINCENT & DIE GRENADINEN
GRENADA
TRINIDAD & TOBAGO
KARIBIK
EHEMALIGE NIEDERLÄNDISCHE ANTILLEN
4
Archipiélago Los Roques
Riohacha
Punto Fijo
Coro
La Asuncion
Maracaibo
Puerto Colombia
CARACAS
Carupano
8
San Felipe
Barcelona
Cumana
Machiques
Barquisimeto
Valencia
San Juan De Los Morros
Cueva del Guácharo
Maracaibo
Maturin
7
Acarigua
San Carlos
Anaco
Tucupita
Trujillo
Valle de la Pascua
El Tigre
Orinoco-Delta
6
San Carlos del Zulia
Guanare
Calabozo
Mérida
Ciudad Bolívar
Ciudad Guayana
2
Barinas
Upata
Mabaruma
Cúcuta
San Cristobal
San Fernando de Apure
Embalse de Guri
El Manteco
Arauca
Los Llanos
5
Bucaramanga
El Dorado
Puerto Carreno
Canaima
Salto Ángel
1
GUYANA
Tunja
Puerto Ayacucho
Roraima
3
Orocue
Villavicencio
Obando
KOLUMBIEN
La Esmeralda
Boa Vista
San Jose del Guaviare
Caracarai
Mitu
Sao Cabriel da Cachoeira
Barcelos
BRASILIEN
Puca Urco
Tonantins
Fonte Boa
PERU
Manaus
Tefe
Manacapuru
Iquitos
Caballococha
Leticia
0
500 km

ESSEN & TRINKEN

Arepa Kleine, gegrillte Maisfladen mit verschiedenen Füllungen.

Batidos Frischer Saft, pur oder mit Wasser gemischt (eine *merengada* ist ein Mix mit Milch).

Casabe Riesige Fladenbrote aus Yucca; ein Grundnahrungsmittel der indigenen Völker.

Hallaca Maismehlteig gefüllt mit Fleischstücken und Gemüse, in Bananenblätter eingewickelt und gedünstet.

Kaffee Aromatischen Espresso aus heimischen Kaffeebohnen gibt es in kleinen Plastikbechern in jeder *panadería* (Bäckerei).

Pabellón criollo Nationalgericht aus Rinderhack, schwarzen Bohnen, Reis und Kochbananen.

Polar-Bier Wenn es ein Nationalgetränk gibt, dann dieses in Miniflaschen eiskalt servierte Bier.

Schokolade Wird eher selten exportiert, dabei gehört die venezolanische Schokolade zu den besten der Welt.

TOP-FILME

Secuestro Express (2005) Über die von Kriminalität, Armut, Gewalt und Drogen geprägte Hauptstadt.

Oriana (1985) Blickt auf einen entscheidenden Sommer einer Kindheit auf einer Familienhazienda am Meer zurück.

Huelepega (1999) Ein wahrhaftiges Porträt der Straßenkinder von Caracas.

Amaneció de golpe (1999) Die Geschichte über das plötzliche Erscheinen von Chávez auf der politischen Bühne.

Manuela Saenz (2000) Zeichnet ein Bild des Unabhängigkeitskrieges aus der Sicht von Bolívars Geliebter.

2810 m hoch in die dichten Wolken ragt, bietet das wildeste Naturerlebnis Venezuelas. Die Landschaft wurde erst 1884 wiederentdeckt und seither umfassend von Botanikern erforscht und ist geprägt von bizarren Felsformationen und anmutigen Steinbögen, rauschenden Wasserfällen, funkelnden Quarzablagerungen und fleischfressenden Pflanzen. Der Nebel erzeugt eine schon fast unwirkliche Atmosphäre. Obwohl der Roraima einer der leichter zu erklimmenden *tepuis* ist und keine technischen Fähigkeiten vonnöten sind, ist der Aufstieg doch lang und anspruchsvoll.

ARCHIPIÉLAGO LOS ROQUES

4 Auf Los Roques ist Inselhopping angesagt. Der Archipel besteht aus fast 300 schimmernden Sandinseln, die im aquamarinblauen Meer 160 km nördlich von Caracas liegen. Die Preise hier sind höher als auf dem Festland, da alles importiert werden muss, doch unberührte Strände, Tauch- und Schnorchelmöglichkeiten wiegen das auf. Auf der Hauptinsel Gran Roque gibt es nur eine Siedlung und selbst diese besteht nur aus sandigen Straßen ohne Autos – ein reizvoller Kontrast zum unablässigen Verkehr der meisten Städte im Land. 1972 wurden die Inselgruppe und das Meer rundherum (2211 km²) zum Nationalpark erklärt.

REISEZEIT

HAUPTSAISON
(Dez.–April)
An Weihnachten und am Karneval hat das ganze Land Ferien.

ZWISCHENSAISON
(Mai–Sept.)
In der Regenzeit ist der Salto Ángel besonders beeindruckend.

NEBENSAISON
(Okt. & Nov.)
Vor den Weihnachtsferien sind die Strände leer.

CHAMOS

Ungeachtet nationaler Probleme und sozialer Spannungen sind die Venezolaner lebensfroh und humorvoll. Die Menschen sind offen, reden viel und scheuen sich nicht, eine Unterhaltung mit einem Fremden zu beginnen, der sofort zum *chamo* (Kumpel oder Freund) wird. Sie sprechen auch über die verheerende aktuelle politische und wirtschaftliche Situation (und wer jemanden findet, der auch nur ein gutes Haar an der Regierung lässt, hat eine sehr seltene Entdeckung gemacht). Egal, wo man gerade ist, man wird sich wohl kaum alleine oder einsam fühlen, besonders nicht, wenn man ein bisschen Spanisch spricht, denn in Venezuela ist eigentlich immer etwas los.

LOS LLANOS

5 Eines der schönsten Gebiete Venezuelas ist die weite Ebene der Los Llanos im Süden der Anden. Die Savannensteppe ist nicht nur die Heimat unzähliger Tiere, sondern auch der venezolanischen Cowboys und der sirrenden Harfenklänge ihrer traditionellen *joropo*-Musik. In der artenreichsten Landschaft des Landes leben Kaimane, Wasserschweine, Piranhas, Anakondas und Ameisenbären sowie unzählige Vögel. Während der Regenzeit steht die halbe Landschaft unter Wasser – dann flüchten die Tiere zwar, sind aber immer noch allgegenwärtig. Faszinierend ist die Trockenzeit, wenn sich die Tiere rund um die Wasserstellen versammeln.

ORINOCO-DELTA

6 Brüllaffen begrüßen schreiend jeden neuen Morgen, Piranhas stürzen sich auf alles, was blutet, Schwärme kreischender Papageien versammeln sich in der Dämmerung und Myriaden von Fledermäusen verschlingen unter Millionen funkelnder Sterne ebenso viele Insekten. Die spektakuläre Flusslandschaft des Delta del Orinoco, ein tiefgrünes Labyrinth aus Inseln, Kanälen und Mangrovensümpfen, ist mit knapp 30 000 km² etwa so groß wie Belgien und ist damit eines der weltweit größten Flussdeltas. Das Gros des Gebiets ist mit Mischwald bedeckt, und es wachsen auch Palmen. Die Moriche-Palme ist am charakteristischsten; den indigenen Einwohnern des Deltas, den Warao, dient das Gewächs traditionell als Nahrungsmittel, außerdem stellen sie daraus Kunsthandwerk, Werkzeug und Wein her und verwenden es auch für den Hausbau.

RELÁMPAGO DE CATATUMBO

7 An der Mündung des Río Catatumbo, wo dieser in den riesigen Lago de Maracaibo fließt, lässt sich der Relámpago de Catatumbo (Blitz von Catatumbo) beobachten, ein faszinierendes Phänomen aus häufigen Blitzen, das mit so gut wie keinem Donnerschlag einhergeht. Der gespenstische, stille elektri-

ALBERTOLOYO / SHUTTERSTOCK ©

5

sche Sturm kann so stark sein, dass man bei Nacht lesen könnte. Zur Erklärung der Blitze wurden inzwischen viele Hypothesen aufgestellt, bislang konnte jedoch keine endgültig bewiesen werden. Die vorherrschende Theorie stützt sich auf die Topografie der Region, die sich in unmittelbarer Nähe zu 5000 m hohen Bergen (den Anden) und einem riesigen See auf Meereshöhe (dem Lago de Maracaibo) befindet. Dies ist eine dramatische Konstellation, die es nirgendwo sonst gibt. Man glaubt, dass das Zusammentreffen der kalten Winde, die vom eisigen Hochland herunterwehen, und der heißen, feuchten Luft, die vom See aufsteigt, die Ionisierung der Luftpartikel bedingt, was dann für Blitze sorgt. Die zweite These, die die Blitze mit dem Austreten von Methangas in Sümpfen und Mooren am Maracaibo-See erklärt, ist hingegen unwahrscheinlich.

PENÍNSULA DE PARIA

8 Die Halbinsel Paria – der einzige Ort in Südamerika, den Kolumbus auch tatsächlich betreten hat – wartet mit einigen der schönsten, am wenigsten besuchten Ecken des Landes auf, und das alles vor der Kulisse der dschungelbedeckten Berge des fast unberührten Innern der Halbinsel. Die 50 km lange Küste zwischen Río Caribe und San Juan de Unare – das letzte Küstendorf mit Straßenanschluss – wartet mit weißen und goldenen Stränden auf. Hinter San Juan de Unare geht es nur mit dem Boot weiter, und so wird ein Ausflug zu Dörfern wie Santa Isabela zum Abenteuer. Wer dort übernachtet, sollte unbedingt Insektenspray dabeihaben und sich vor dem Bad im kühlen Nass nach der Strömung erkundigen, da diese heimtückisch sein kann.

SPORT

Béisbol (Baseball) ist der Nationalsport Venezuelas, dicht gefolgt von básquetbol. *Fútbol* ist der Lieblingssport der indigenen Bevölkerung.

LATIN POP

Caracas ist eine Hochburg des Latin Pop und der Bewegung *rock en español*, die die Rhythmen und die Energie von Latinobeats mit internationalen Rocktrends verbindet.

HAUPTSTADT
Abu Dhabi

BEVÖLKERUNG
9,86 Mio.

FLÄCHE
83 600 km²

AMTSSPRACHE
Arabisch

Burj Khalifa mit Skyline, Dubai

VEREINIGTE ARABISCHE EMIRATE

Abseits von Dubais Glanz und Glitzer, legendären Wolkenkratzern, Inseln in Palmenform, Malls von der Größe ganzer Städte, Indoor-Skipisten und Resorts lockt ein vielfältiges Mosaik sechs weiterer, charakteristischer Emirate.

Das ölreiche Abu Dhabi, eine Stunde südlich von Dubai, ist die Hauptstadt der VAE und das Zentrum für Kultur, Sport und Freizeit. Jenseits davon erstreckt sich die Region Al Gharbia, die von den Ausläufern der Wüste Rub' al-Chali dominiert wird. Ihre magische Stille wird nur vom Flüstern der gen Saudi-Arabien wandernden Dünen unterbrochen.

Nördlich von Dubai liegt Schariqah, das Wert auf Kunst und Tradition legt, während die winzigen Emirate Adschman und Umm al-Quwain Einblick in das Leben vor dem Öl-Boom geben. Ras al-Chaima schmiegt sich ans Hadschar-Gebirge. Die schönsten Strände und Tauchspots gibt's in Fudschaira am kristallklaren Golf von Oman.

Highlights

DUBAI

1 Dubai ist einerseits tief verwurzelt in seinen Traditionen und verfolgt andererseits ehrgeizige Zukunftsvisionen. Mit futuristischen Wolkenkratzern, die aus der Wüste ragen, und Inselgruppen in Form von Palmwedeln präsentiert sich die Stadt als orientalisches Märchenland des 21. Jhs., das von grenzenlosem Ehrgeiz und Machermentalität angetrieben wird. Getreu dem Motto: Nichts ist unmöglich. Das höchste Gebäude der Welt? Erledigt! Skifahren in der Wüste? Natürlich! Inseln in Form der Weltkarte? Aber sicher! Traumstrände, noble Restaurants und Bars, schicke Malls, luxuriöse Hotels und atemberaubende Architektur mit dem Burj Khalifa als Speerspitze – Dubai wird nie langweilig.

SCHEICH-ZAYID-MOSCHEE, ABU DHABI

2 Die Scheich-Zayid-Moschee, die sich majestätisch aus schönen Gärten erhebt, ist von allen Brücken, die die Insel von Abu Dhabi mit dem Festland verbinden, sichtbar und bereitet Besuchern einen beeindruckenden Empfang. Das Dach besteht aus mehr als 80 Marmorkuppeln, die auf über 1000 marmornen Säulen ruhen. Die vier Minarette ragen 107 m hoch in den Himmel. Im Innenraum vereinen sich Marmor, Gold, Halbedelsteine, Kristallglas und Keramiken zu überwältigender Pracht. Den Boden schmückt der größte Perserteppich der Welt, den 2000 Handwerker in zwei Jahren geknüpft haben. An der Decke hängen sieben Kronleuchter aus mit Gold überzogenem Kristallglas.

REISEZEIT

HAUPTSAISON
(Nov.–März)

ZWISCHENSAISON
(April–Mai & Okt.)

NEBENSAISON
(Juni–Sept.)

JETZT REISEN!

Der **Louvre Abu Dhabi** steht auf der citynahen künstlichen Insel Saadiyat (arab.: Glück). Spektakulär ist die Architektur Jean Nouvels, eine lichtdurchlässige Kuppel aus Metallsternen, aufsehenerregend die Weltklassesammlung des 2017 eröffneten Hauses mit großen Kunstwerken der Menschheit von der Steinzeit bis heute. Noch im Werden begriffen ist das **Zayed National Museum**, ein ebenfalls höchst effektvoller Bau von Foster + Partners, der 2022 fertig sein soll.

OASE AL-AIN

3 Das Labyrinth der Palmenoasen von al-Ain lädt ein, umherzuschlendern. Durch acht Zugangstore gelangt man in die Dattelplantagen der berühmten Oase mit ihren etwa 150 000 Bäumen (etwa 100 Sorten), die von einem 3000 Jahre alten Faladsch gespeist werden, einem Bewässerungssystem, das das Gelände durchzieht. Der berühmte Kamelmarkt von al-Ain gibt Einblicke in die arabische Kultur. Feilgeboten werden alle Arten von Kamelen, von Fohlen auf wackeligen Beinen bis zu imposanten Zuchtstuten.

LIWA-OASE

4 Am Rande der Rub' al-Chali („leere Gegend") bietet sich ein Spektakel aus Sanddünen, die in allen Schattierungen von Aprikose bis Zimt schimmern. Ihr Name könnte nicht treffender sein: Die wenigen Kamele und kleinen Oasen unterstreichen, wie wunderbar diese endlose Weite ist. Wer einmal hier war, versteht, warum die Liwa-Oase für die Einheimischen von großer Bedeutung ist.

▼ UNTERWEGS VOR ORT

Dank vielen öffentlichen Bussen gestaltet sich die Reise zwischen den Emiraten recht angenehm.

Die VAE erkundet man am besten im Auto; im Gelände braucht man Allradantrieb.

Taxis haben Taxameter, sind billig, überall zu finden und praktisch, da es mancherorts wenig öffentliche Verkehrsmittel gibt. Viele Fahrer können auch stundenweise gebucht werden.

2

SANCHAI KUMAR / SHUTTERSTOCK ©

DUBAI MALL

5 Mit etwa 1200 Läden ist die Dubai Mall nicht nur das größte Einkaufszentrum der Welt, sondern eine Kleinstadt mit Schlittschuhbahn und Aquarium, einem Dinosaurierskelett, Vergnügungsparks sowie 150 Lokalen. Neben vielen anderen Marken sind hier auch das Kaufhaus Lafayette, der Spielwarenladen Hamley's und Bloomingdale's vertreten.

AL-AQAH

6 Al-Aqah in Fudschayrah hat die besten Strände der Ostküste, ein Luxushotel reiht sich an das andere. Im warmen Wasser des Indischen Ozeans kann man schnorcheln und tauchen. Das Meer rund um Snoopy Island, einem Felsen 100 m vor der Küste, der tatsächlich dem Hund der *Peanuts* ähnelt, ist vor allem für Anfänger ausgezeichnet. Leider wurde der Großteil der Korallen durch die Algenblüte 2008–2009 zerstört, doch wimmelt es immer noch von Meeresgetier in allen Formen und Farben; so lassen sich u. a. Suppenschildkröten und (harmlose) Schwarzspitzen-Riffhaie blicken.

JEBEL JAIS

7 Eine spektakuläre Straße führt Richtung Gipfel des Jebel Jais, den höchsten Berg der VAE in Ras al-Chaima. Mit 1934 m Höhe ist der Jebel Jais ab und an sogar mit Schnee überzuckert. Seit 2015 schlängelt sich die Bergstraße in Serpentinen bis fast ganz nach oben und bietet dramatische Ausblicke auf erodierte Felsklippen, Schluchten und Steilhänge.

DAS FISCHERDORF JAZIRAT AL-HAMRA

8 Einen Einblick in das Leben vor dem Ölboom gewährt diese unheimliche Geisterstadt, die zu den ältesten, besterhaltenen Küstenorten der VAE zählt. Die Bewohner der im 14. Jh. gegründeten Siedlung lebten von Fischfang und Perlentaucherei, bevor sie das Dorf 1968 verließen. Der Rundgang vorbei an Korallenhäusern, Windfängern, Moscheen, Schulen und Läden ist bei Sonnenuntergang ganz besonders stimmungsvoll.

SANCHAI KUMAR / SHUTTERSTOCK ©

ESSEN & TRINKEN

Balaleet Frühstücksgericht; Fadennudeln mit Zuckersirup, gewürzt mit Safran, Rosenwasser und gebratenen Zwiebeln.

Fareed Hammelfleischbrühe; gibt's vor allem zu Ramadan.

Ghuzi Gefülltes und gegrilltes Lamm auf Gewürzreis.

Hareis Cremiger Eintopf aus Weizenbrei und Lammfleisch; „Nationalgericht" der Emirate.

Madrooba Gepökelter Fisch oder Hühnchen, mit rohem Brotteig gemischt und gekocht.

KAMELRENNEN

Auf der Al Wathba Rennbahn, 45 km südöstlich von Abu Dhabi, kann man den „Wüstenschiffen" dabei zusehen, wie sie auf einer Rennstrecke galoppieren. Sie sind mit Decken geschmückt und die Stars der Show. An einem Rennen nehmen meist über 100 Tiere teil, die von Roboter-Jockeys geritten werden, da der Einsatz von Kindern als Jockeys seit 2005 verboten ist. Die Rennen machen viel Spaß, z. B. wenn man die Besitzer beobachtet, wie sie an der Strecke entlangfahren und über eine Fernsprechanlage ihre Tiere anfeuern und ihnen Anweisungen geben.

HAUPTSTADT
Hanoi
BEVÖLKERUNG
102,8 Mio.
FLÄCHE
331 210 km²
AMTSSPRACHEN
Vietnamesisch

Schwimmendes Dorf in der Halong-Bucht

VIETNAM

Das unglaublich exotische und absolut unwiderstehliche Vietnam ist mit atemberaubenden Naturschönheiten und einer faszinierenden Kultur gesegnet, sodass das Reisen hier schnell süchtig machen kann.

Überall warten unvergessliche Erlebnisse. Erhabenes: die Fahrt auf einer Dschunke durch die surreale Meereslandschaft der Kalksteininseln in der Halong-Bucht. Absurdes: der Versuch, eine Straße voller knatternder Motorräder in Hanoi zu überqueren. Inspirierendes: das spektakulärste Höhlensystem der Welt im Nationalpark Phong Nha-Ke Bang. Irrwitziges: ein mit quiekenden Schweinen beladenes Moped auf einer holprigen Straße auf dem flachen Land. Ergreifendes: ein einsames Grab auf einem Friedhof für Tausende von Kriegsopfern.

Vietnam bietet Nervenkitzel, Strände, Heilbäder und großartiges Essen. Überall kann man mit Einheimischen ins Gespräch kommen, lokale Gerichte probieren und auf regionalen Märkten Reiswein kosten.

Vietnam ist 45 Jahre nach dem Blutvergießen eines eine ganze Ära bestimmenden Konflikts eine Nation im Aufschwung.

Highlights

HALONG-BUCHT

1 Die grandiose Kombination von karstigen Kalksteinfelsen und dem Wasser der Halong-Bucht ist einer der größten Touristenmagnete Vietnams, aber mit über 2000 Inseln gibt es hier auch viel zu sehen. Am besten erkundet man das UNESCO-Welterbe bei einer zweitägigen Bootstour und steht ganz früh auf, um zu sehen, wie der Morgendunst sich übers Wasser legt. Reizvoll ist auch eine Kajaktour durch Grotten und Lagunen. Wer von Karstlandschaften nicht genug bekommen kann, schaut noch in der nicht minder spektakulären Lan-Ha-Bucht vorbei.

HOI AN

2 Die kosmopolitischste Stadt Vietnams punktet mit hervorragenden Restaurants, schicken Bars und Cafés, schrägen Boutiquen und begnadeten Schneidern. Zudem ist die alte Hafenstadt nicht von den typischen Problemen des 21. Jhs. wie Verkehr und Luftverschmutzung betroffen. In den Gässchen der Altstadt wird die Geschichte lebendig, während zahllose Tempel und Pagoden zu besichtigen sind und man mit dem Geld eines Bauern wie ein König speisen kann. Zur Erholung locken der An-Bang-Strand, ein Spaziergang am Fluss oder eine Radtour im Hinterland.

PHONG-NHA-KE-BANG-NATIONALPARK

3 Dschungelbewachsene Hügel sowie Bäche, die durch Schluchten tosen, machen den Phong-Nha-Ke-Bang zu einem der spektakulärsten Nationalparks des Landes. Wagt man sich dann auch noch unter die Erde, versteht man, warum ein Abstecher hierher zu jeder Vietnamreise dazugehören sollte. Einige wenige Traveller dürfen die an Kathedralen erinnernden Kammern der Hang Son Doong, der größten Höhle der Welt, erkunden, einfacher zugänglich sind aber die Hang Toi (Dunkle Höhle) sowie die traumhafte Paradise Cave.

2

NIKADA / GETTY IMAGES ©

WANDERN IN SAPA

4 Reisterrassen erstrecken sich bis in die Täler und zu den Dörfern der Hmong, Roten Dao und Tay. Hoch über ihnen scheinen die geschmeidigen Rücken des Hoang-Lien-Gebirges (von den Franzosen Tonkinesische Alpen genannt) den Himmel zu berühren. Die in allen Grüntönen erstrahlende Landschaft rund um Sapa wartet mit einen traumhaften Blick auf die ländliche Gegend auf und bietet einen faszinierenden Einblick in die kulturelle Vielfalt des Landes. Nirgendwo sonst in Vietnam kann man so gut wandern wie hier.

CHINA
Nanning
Pingxiang
Mong Cai
Zhanjiang
Ha Giang
Ba Be National Park
Cao Bang
Lai Chau (Tam Duong)
Lao Cai
Sapa
Muong Lay (Lai Chau)
Fansipan
Yen Bai
Tuyen Quang
Lang Son
Thai Nguyen
Dien Bien Phu
Tay Trang
Tuan Giao
Son La
Hoang-Lien-Gebirge
Viet Tri
HANOI
Halong City
Hai Duong
Haiphong
Halong-Bucht
Mai Chau
Hoa Binh
Thai Binh
LAOS
Nam Xoi
Na Meo
Ninh Binh
Thanh Hoa
Nam Can
Phonsavan
Hainan (China)
Golf von Tonkin
Vinh
VIENTIANE
Nam Phao
Mekong
Ha Tinh
Cha Lo
Na Phao
Dong Hoi
Tha Khaek
Phong-Nha-Ke-Bang-Nationalpark
Dansavanh
Dong Ha
Khe Sanh
Hué
Savannakhet
Danang
Bach-Ma-Nationalpark
Hoi An
Tam Ky
THAILAND
Quang Ngai
Pakse
Attapeu
SÜDCHINESISCHES MEER
Kon Tum
Zentrales Hochland
Pleiku
KAMBODSCHA
Quy Nhon
Siem Reap
Battambang
Tonlé Sap
Mekong
Tuy Hoa
Buon Ma Thuot
Nha Trang
Dalat
Golf von Thailand
PHNOM PENH
Cat-Tien-Nationalpark
Phan Rang & Thap Cham
Tay Ninh
Takeo
HO-CHI-MINH-STADT (SAIGON)
Bien Hoa
Mui Ne
Kampot
Chau Doc
Phan Thiet
Long Xuyen
My Tho
Vung Tau
Ha Tien
Phu Quoc
Rach Gia
Can Tho
Tra Vinh
Mekong-Delta
Soc Trang
Bac Lieu
Ca Mau
Con-Dao-Inseln
0
200 km
1
2
3
4
5
6
7
8
9
10
11
12
13
14

TOP-FILME

Apocalypse Now (1979) Der Vietnamkrieg als erschütternde Reise ins „Herz der Finsternis".

Die durch die Hölle gehen (1978) Beschreibt den seelischen Zusammenbruch von Soldaten aus der amerikanischen Provinz.

Cyclo (Xich Lo; 1995) Mit atemberaubenden Bildern taucht dieses Meisterwerk in die Unterwelt von Ho-Chi-Minh-Stadt ein.

Ein Sommer in Hanoi (2000) In Hanoi spielende Familiensaga von einem vietnamesisch-französischen Regisseur.

TOP-BÜCHER

Der stille Amerikaner (Graham Greene; 1955) Der Klassiker spielt kurz vor dem Niedergang des französischen Kolonialreichs.

Die Leiden des Krieges (Bao Ninh; 1990) Die in Rückblenden erzählte Geschichte des Vietnamkriegs aus nordvietnamesischer Sicht.

Vietnam: Rising Dragon (Bill Hayton; 2010) Aufschlussreiches Porträt des Landes.

Catfish & Mandala (Andrew X. Pham; 1999) Biografische Erzählung eines vietnamesischen Amerikaners, der in sein Heimatland zurückkehrt.

HUÉ

5 Die Stadt, von 1802 bis 1945 Hauptstadt Vietnams, ist heute der wohl liebenswerteste Ort des Landes und es lohnt sich, dort Zeit zu verbringen. Die Lage beiderseits des Parfüm-Flusses (Song Huong) ist grandios, die vielfältige Küche zu Recht weithin bekannt und die Straßen gehören praktisch den Fußgängern. Eindrucksvoll präsentieren sich die Zitadelle, kaiserlichen Residenzen und eleganten Tempel, die Festungswälle und Stadttore, die zum Erkunden einladen. Und am Stadtrand liegen einige der schönsten Pagoden und Kaisergräber Vietnams inmitten herrlicher Naturlandschaft.

CON-DAO-INSELN

6 Die Hektik vietnamesischer Städte kann anstrengend sein. Für eine Auszeit empfehlen sich diese Tropeninseln. Die einstige Hölle für politische Gefangene ist heute ein Paradies mit einsamen Stränden, glasklaren Tauchrevieren und viel ursprünglicher Natur. Der Hauptort Con Son gehört zu den bezauberndsten Städten Vietnams. Auf der Suche nach dem perfekten Traumstrand kann man die ganzen Inseln abradeln.

HANOI

7 Die Hauptstadt Vietnams ist uralt, aber dynamisch. Sie bewegt sich mit riesigen Schritten Richtung Moderne und heißt ihre Besucher dabei herzlich willkommen. Bei einem Spaziergang durch die Altstadt, beim Trinken einer Tasse Filterkaffee, beim Schlürfen einer Schale *bun rieu cua* oder beim Shoppen

REISEZEIT

HAUPTSAISON
(Juli & Aug.)
Überall, außer ganz im Norden, ist es heiß und feucht; der Sommermonsun sorgt für Wolkenbrüche.

ZWISCHENSAISON
(Dez.–März)
Nördlich von Nha Trang kann es recht kühl werden. Im Süden ist der Himmel meist strahlend blau.

NEBENSAISON
(April–Juni & Sept.–Nov.)
Bis November können an der Küste Zentral- und Nordvietnams Wirbelstürme toben.

KOCHKURSE

Die vietnamesische Küche lernt man am besten kennen, wenn man vor Ort einen Kochkurs besucht. Diese Kurse sind seit einigen Jahren extrem beliebt und viele schließen auch einen Marktbesuch mit ein.

KRIEGSSCHAUPLÄTZE

In Zentralvietnam liegt die Entmilitarisierte Zone (DMZ) mit der größten Dichte an Kriegsschauplätzen. Die Tunnel von Cu Chi sind ein beliebtes Ziel für Tagesausflüge aus Ho-Chi-Minh-Stadt. Dien Bien Phu ganz oben im Norden sollte man unbedingt besuchen.

ESSEN & TRINKEN

Die vietnamesische Küche verwendet lokale und saisonale Zutaten, sie ist komplex und das vielleicht größte kulinarische Geheimnis Asiens. Im Grunde hängt alles von der Frische der Zutaten ab: Köche gehen zweimal täglich auf den Markt, um frisch geerntete Kräuter einzukaufen. Für Vietnamesen sollte ein Essen eine ausgewogene Mischung aus süß und sauer, knusprig und seidig, gebraten und gedünstet, Suppe und Salat sein. Überall findet man ausgezeichnete regionale Spezialitäten, wie die „Weiße Rose" von Hoi An, das *canh chua* (eine Suppe mit Fisch und Gemüse) des Mekong-Deltas oder das gute alte *pho* im Norden.

kommt man in den Genuss der Mischung aus Geschichte und Fortschritt, die Hanoi ausmacht. Danach kann man noch das Französische Viertel und das kunstsinnige Tay Ho mit seinen Lokalen besuchen.

CAT-TIEN-NATIONALPARK

8 Der Nationalpark ist leicht zugänglich und dennoch ein beeindruckendes Schutzgebiet. Er liegt auf halbem Weg zwischen Ho-Chi-Minh-Stadt und Da Lat an einer Biegung des Dong-Nai-Flusses und ist ein herrliches Ziel für alle passionierten Wanderer, Radfahrer und Naturfreunde: den Wild Gibbon Trek muss man gesehen haben. Im Nationalpark befindet sich auch das Primate Centre, in dem Gibbons und Languren aufgepäppelt und wieder ausgewildert werden.

ÄUSSERSTER NORDEN

9 Die Provinz Ha Giang entwickelt sich zu einer spektakulären Destination für unerschrockene Traveller und wartet mit schwindelerregenden Steigungen, Karst- und Granitfelsen sowie atemberaubenden Blicken auf die Landschaft zwischen Dong Van und Meo Vac auf. Die äußerste Grenze Vietnams ist nun ein von der UNESCO gelisteter Geopark und öffnet sich langsam dem Tourismus mit verbesserten Straßen, neuen Wanderwegen, Märkten von Minderheiten und einer steigenden Zahl von Pensionen.

PHU QUOC

10 Die Insel mit ihren strahlend weißen Sandstränden inmitten des azurblauen Golfs von Thailand ist das tropische Paradies schlechthin. Hier kann man mit einem Cocktail in der Hand relaxen, während die blutrote Sonne im Meer versinkt. Und hat man mal genug von der Faulenzerei, schwingt man sich auf ein Moped und düst auf den roten Staubpisten über die Insel. Die Insel ist so groß wie Singapur.

JETZT REISEN!

In den Ba Na Hills in der Nähe der Küstenstadt Danang fühlt man sich, als ob man auf Händen getragen wird – und dabei überquert man nur eine Brücke, die einen sensationellen Panoramablick ermöglicht. Die 150 m lange, 2018 eröffnete **Goldene Brücke** (Cau Vang) scheint von gewaltigen Händen gehalten zu werden. Tatsächlich bestehen die wie Stein wirkenden Hände aus Stahl und Fieberglas und gehören zu einem Themenpark der seinen Besuchern u. a. auch ein „französisches" Dorf, ein Wachsfigurenkabinett und diverse Tempel bietet.

HO-CHI-MINH-STADT

11 Das ehemalige Saigon öffnet sich nach und nach der Welt, ist aber immer noch unverkennbar vietnamesisch. Es wird Großstadtfans begeistern und niemanden gleichgültig lassen: Entweder man wird von dem aufregenden Strudel in einen Bann gezogen und vom andauernden Surren der Motorräder hypnotisiert oder man findet die Stadt einfach nur erdrückend. Wer sich auf sie einlässt, wird mit einer reichen Geschichte, leckerem Essen und einem pulsierenden Nachtleben belohnt.

DALAT

12 Dalat ist die Königin des südwestlichen Hochlands und seit den Tagen der französischen Kolonisation ein beliebtes Touristenziel. Inmitten von Kiefernwäldchen stehen großartige gallische Villen, und der Ort liegt an einem hübschen See. Zudem entwickelt er sich schnell zu einem wichtigen Drehkreuz für Abenteuersport. Im Angebot sind Abseilen, Canyoning, Mountainbiking, Wandern und Raften.

BA-BE-NATIONALPARK

13 Der Ba-Be-Nationalpark liegt etwas abseits der Touristenpfade, ist aber mit seinen Kalksteinbergen, tiefen Tälern und immergrünen Wäldern ein Magnet für Reisende, die das Abenteuer suchen. In dem Gebiet mit Wasserfällen, Höhlen und Seen gibt es über 550 Pflanzen- und Hunderte Tier- und Vogelarten. Die Schönheit des Parks lässt sich mit dem Boot, zu Fuß oder mit dem Mountainbike erkunden, bevor man sich in rustikalen Privatunterkünften oder in Pensionen der Tay von den Strapazen erholt.

MUI NE

14 Der entspannte Badeort Mui Ne ist eine Kitesurfer-Hochburg mit erstklassigem Wind und perfekten Rahmenbedinungen, und es gibt gute Schulen, die professionellen Unterricht anbieten. Wer lieber festen Boden unter den Füßen hat, kann Sandboarden oder Golf spielen.

DAVID BOKUCHAVA / SHUTTERSTOCK ©

▼ UNTERWEGS VOR ORT

Im klimatisierten Waggon (oder Schlafwagen) ist die Fahrt mit dem Zug relativ bequem und preiswert. Echte Express-Züge gibt es aber nicht.

Vietnam bietet ein gutes Netz an Inlandsverbindungen und ständig kommen neue hinzu. Bucht man rechtzeitig, sind die Flüge sehr günstig.

Mit einem eigenen Fahrzeug ist man flexibel und kann auch abgelegenere Regionen unabhängig bereisen. Wer ein Auto mietet, bekommt auch immer einen Fahrer dazu.

Auf den Hauptrouten gibt es ein recht gutes Angebot an Busverbindungen, auch wenn diese Form des Reisens nicht wirklich entspannend ist. Eine Alternative sind die preisgünstigen „Open-Tour“-Busse.

HAUPTSTADT
Cardiff

BEVÖLKERUNG
3153000

FLÄCHE
20777 km²

AMTSSPRACHEN
Englisch, Walisisch

Snowdonia-Nationalpark

WALES

Die Beschreibung „klein, aber fein" trifft wohl kaum irgendwo sonst so zu wie im wunderschönen Wales.

Die geologische Vielfalt auf engstem Raum ermöglicht viele Erlebnisse in der Natur. Wales ist zwar keine Wildnis im klassischen Sinn – dafür ist die uralte Region schon zu lange besiedelt –, doch es sind immer noch viele einsame Ecken zu entdecken, abgeschiedene Berge zu erklimmen, verborgene Flusstäler und windgepeitschte Klippen zu erkunden. Ein gutes Wegenetz macht Wales zum Dorado für Wanderer. Noch ursprünglicher sind die Inseln vor der Küste, meist große Naturschutzgebiete.

Fester Bestandteil der walisischen Landschaft sind Burgen und Schlösser. Selbst wenn man jeden Tag eines besichtigt, kann man sie binnen eines Jahres nicht alle sehen. Und dann sind da noch viel ältere, rätselhaftere Steine: Steinkreise, Dolmen und Menhire, errichtet lange vor den Burgen und vor allen schriftlichen Aufzeichnungen.

Neben der Landschaft und den Steinbauten sind es aber die Begegnungen mit den Einheimischen, die eine Reise nach Wales so unvergesslich machen.

Highlights

KÜSTENPFADE

1 Wales ist bekannt für tolle Küstenpfade. Diese wurden 2012 zu einem knapp 1400 km langen Fernwanderweg zusammengefasst. Man muss nicht den ganzen Weg (2 Monate) gehen, sondern kann schöne Tagestouren auf Abschnitten unternehmen. Die schönsten Pfade sind die auf der Halbinsel Gower mit ihren Sandstränden, entlang der Klippen und Kalksteinbogen von Pembrokeshire, an der Küste der Halbinsel Llŷn und auf der seit der Steinzeit besiedelten Insel Anglesey. Verbindet man diese mit dem Offa's Dyke Path, kann man rund um Wales wandern.

ESSEN & TRINKEN

Historisch gesehen basiert die walisische Küche auf dem, was man günstig anbauen konnte. Essen war etwas Zweckmäßiges, das all jene sättigen musste, die auf den Feldern oder in den Minen arbeiteten. Es war herzhaft und nahrhaft und nicht gerade Haute Cuisine.

Das Nationalgericht ist der *cawl*, ein Eintopf mit Speck, Lamm, Kohl, Steckrüben und Kartoffeln. Es ist eines dieser wohligen Gerichte, nach denen man sich sehnt, wenn man in den Bergen unterwegs ist. Ebenfalls beliebt ist das *Welsh rarebit*, überbackener Toast, der mit einer geheimen Zutat beträufelt wird, die verdächtig nach Bier schmeckt. Das walisische Frühstück ist das *laverbread*, das eigentlich nichts mit Brot zu tun hat. Es ist eine leckere Mischung aus Algen mit Hafermehl, die mit Bacon oder Muscheln serviert wird.

REISEZEIT

HAUPTSAISON
(Juli & Aug.)

ZWISCHENSAISON
(April–Juni, Sept. & Okt.)

NEBENSAISON
(Nov.–März)

▼ MERLIN, DER ZAUBERER

Der großartige Zauberer aus Wales wurde wohl nach dem Vorbild von Myrddin Emrys (Ambrosius) entworfen, einem Heiligen aus dem 6. Jh., der für seine Prophezeiungen bekannt war. Vermutlich war es Geoffrey of Monmouth, der Myrddin zu Merlin machte und ihn als Beraterzauberer von Arthurs Vater, König Uther Pendragon, auf der Bildfläche erscheinen ließ. Eine der fruchtbarsten Ideen Merlins war die Verkleidung Uthers als Herzog Gorlois, wodurch dieser mit der Frau des Herzogs, Ygerna, Arthur zeugen konnte. Merlin sagte auch voraus, dass Uthers Erbe ein Schwert aus einem Stein ziehen würde und erwarb Excalibur von Nimue. Auch das Ende Merlins hat mit dieser Lady zu tun, denn sie nahm ihn in einer Höhle im Bryn Myrddin (Merlins Hügel) östlich von Carmarthenshire gefangen, wo der Wind bis heute Stöhnen und Rasseln durch die Luft tragen soll.

SAMOT / SHUTTERSTOCK ©

SNOWDONIA

2 Der raue Nordwesten beeindruckt mit Bergen, gletschergeformten Tälern und Seen, Hügelkämmen, Flüssen und zauberhaften Dörfern. Am belebtesten ist es am Berg Snowdon; hier wimmelt es von Gipfelstürmern, und viele nehmen einfach die Zahnradbahn ab Llanberis hinauf. Dennoch ist es in den Bergen von Snowdonia möglich, abseits ausgetretener Pfade zu wandern. Wales' größter Nationalpark ist im Sommer so spektakulär wie im Winter.

CONWY CASTLE

3 Das goldene Zeitalter des Burgenbaus überschnitt sich zufällig mit dem goldenen Zeitalter des Mottos „zeigen wir den Walisern, wo's langgeht!". In Wales gibt es kaum einen größeren Ort, über dem keine Burg thront. Doch keine Burg existierte in so enger Symbiose mit dem Ort zu ihren Füßen wie Conwy Castle. Bis heute ist die Altstadt von Mauern umgeben, die einst eine winzige englische Kolonie schützen sollten. Der Anblick der Anlage ist überwältigend.

PEMBROKESHIRE

4 Ob man nun mit Wanderschuhen, einem Eimerchen mit Schaufel oder einem Surfbrett aufkreuzt: Die westlichste Ecke von Wales bietet für jeden etwas. Das in ganz Großbritannien für seine schönen Strände und Küstenpfade bekannte Pembrokeshire ist eine Miniaturausgabe von Wales. Neben einer der schönsten Normannenburgen Großbritanniens befinden sich rund um Pembroke auch die Burgen von Tenby, Manorbier, Carew und Haverfordwest. In den Preseli-Hügeln kann man wandern und Menhire bewundern. Außerdem gibt's Naturschutzgebiete, süße Dörfer und eine frühchristliche Kathedrale.

FFESTINIOG & WELSH HIGHLAND RAILWAYS

5 Die schöne Aussicht war früher dem Schiefer vorbehalten, der auf diesen Gleisen zum Hafen transportiert wurde. Heute bringt die Schmalspurbahn der Welsh Highland Railway Eisenbahnfreunde von Porthmadog hinauf in die Berge von Snowdonia und fährt von der Küstenstadt Caernarfon aus am Snowdon vorbei. Die Ffestiniog Railway fährt in das einstige Industriezentrum Blaenau Ffestiniog, wo man das Schieferbergwerk besichtigen kann.

UNTERWEGS VOR ORT

Mit dem Auto gelangt man auch in die abgelegenen Ecken, die nicht an das öffentliche Verkehrsnetz angeschlossen sind.

Das nützlichste öffentliche Verkehrsmittel sind Busse. Sie verbinden Städte und Dörfer. Busse von National Express halten nur an wichtigen Zielen.

Das Schienennetz ist nicht so gut ausgebaut. Wo Züge fahren, sind sie praktisch, komfortabel und verlässlich, aber teurer als Busse.

BRECON BEACONS

6 Nicht so rau wie Snowdonia und auch nicht so spektakulär wie der Pembrokeshire-Coast-Nationalpark: Der dritte Nationalpark in Wales schafft die Quadratur des Kreises, denn er ist trostlos karg und zugleich atemberaubend. Wanderer sind von den einsamen Mooren und Hügeln begeistert, Geschichtsfreaks stürmen Festungen und Gräber und pilgern zu den Ruinen von Abteien und Burgen. Die Orte zählen zu den attraktivsten in Wales, u. a. Hay-on-Wye und Abergavenny, die für Buchläden und gutes Essen bekannt sind.

HAY-ON-WYE

7 Wenn ein ehemaliger US-Präsident ein jährlich stattfindendes Festival als das „Woodstock des Geistes" bezeichnet, darf man annehmen, das da etwas dahintersteckt. Das hübsche, bescheidene Grenzstädtchen Hay genießt unter Literaten und literaturaffinen Briten den fast mythischen Ruf als der Ort mit den meisten Büchern der Welt. Hay ist wie das bizarre Gegenstück zur Kultur der Boulevardpresse, wo Intellektuelle bewundert und Dichter gepriesen werden und Bibliothekare die neuen Kardashians sind. Ach ja, und das Bier und das Essen sind auch gut.

ST. DAVIDS

8 Manche Orte wirken aus sich selbst heraus. So ein Ort ist St. Davids. Offiziell ist er eine Stadt, aber er wirkt eher wie ein großes Dorf. Als Heimat des walisischen Nationalheiligen zieht der friedliche Ort seit Jahrhunderten Pilger an. Ob man sein Heil nun in den Wellen suchen, Wale beobachten oder einfach den Schutz des Heiligen Davids erflehen will – im hübschen St. Davids wird es möglich.

ATTILIO PREGNOLATO / SHUTTERSTOCK ©

HAUPTSTADT
Minsk

BEVÖLKERUNG
9,4 Mio.

FLÄCHE
207 600 km²

AMTSSPRACHEN
Weißrussisch, Russisch

Schloss Mir, Mir

WEISSRUSSLAND

Weißrussland (Belarus) ist ein Land ohne viel Werbung, ohne Müll und ohne Graffitis, jedoch mit großzügigen und herzlichen Menschen. Und dennoch ist Weißrussland jetzt alles andere als ein sicheres Reiseland.

Weißrussland, der Außenseiter Osteuropas, liegt am äußersten Rand der Region und scheint entschlossen, sich gegen jegliche europäische Integration zu wehren. Vorbild der kaum besuchten Diktatur ist eher die frühere Sowjetunion als die Europäische Union. Dies zeigte sich deutlich nach der wahrscheinlich gefälschten Präsidentschaftswahl 2020, der über Wochen im ganzen Land Proteste und Streiks folgten. Präsident Alexander Lukaschenko ließ diese brutal niederschlagen und fast alle wichtigen Mitglieder des Widerstands einsperren. Von Besuchen des Landes wird daher derzeit abgeraten.

Wenn Reisen wieder möglich sind, lockt außerhalb der Hauptstadt Minsk eine einfache, jedoch hübsche Landschaft mit Kornfeldern, Wäldern und malerischen Dörfern. Weißrussland hat zudem zwei exzellente Nationalparks, und hier ist auch die Heimat des größten Säugetieres in Europa, der *zubr* (Wisent oder Europäischer Bison).

Highlights

BREST

1 Diese wohlhabende, kosmopolitische Grenzstadt orientiert sich eher an der EU als an Minsk. Seine Hauptattraktion ist die Festung: Es ist ein bewegendes Mahnmal, wo sich sowjetische Truppen im Zweiten Weltkrieg länger als erwartet gegen den Angriff der Nazis zur Wehr setzen konnten. Es gibt zudem einige Museen, und der Nationalpark Belaweschskaja Puschtscha ist nicht weit.

MINSK

2 Minsk (Мінск) ist immer für eine Überraschung gut. Schicke Cafés, Restaurants und Nachtclubs buhlen um die Besucher, während es im nach Stalins Geschmack gestalteten Stadtzentrum heute Sushibars und Kunstgalerien gibt.

SCHLOSS MIR

3 Das Schloss aus dem 16. Jh., das auf einem wunderschönen Gelände steht, blickt auf einen malerischen See und erinnert ein wenig an einen Disneyschauplatz. Nach einer Renovierung vor einigen Jahren sieht es wieder reizend aus. Es hat ein beeindruckendes Innere und zeigt den Besuchern das Leben zu Zeiten der Radziwills.

REISEZEIT

HAUPTSAISON
(Juni–Aug.)

ZWISCHENSAISON
(April–Mai, Sept. & Okt.)

NEBENSAISON
(Nov.–März)

ESSEN & TRINKEN

Belovjeschkaja Bitterer Kräuterlikör.

Draniki Kartoffelpfannkuchen, meist mit Sauerrahm serviert.

Kletsky Mit Pilzen, Käse oder Kartoffeln gefüllte Teigtaschen.

Kwas Ein leicht alkoholisches Getränk auf Basis von Schwarz- oder Roggenbrot.

HAUPTSTADT
Bangui

BEVÖLKERUNG
5,4 Mio.

FLÄCHE
622 984 km²

AMTSSPRACHE
Französisch

Waldelefanten, Dzanga-Sangha-Nationalpark

ZENTRALAFRIKANISCHE REPUBLIK

Die Zentralafrikanische Republik ist ein Land mit eindrucksvoller Natur und einer Fauna, die zu den faszinierendsten der Welt gehört. Derzeit gilt das politisch unruhige Land für Reisende aber weder als stabil noch als sicher genug.

Jahrhundertelang musste die Zentralafrikanische Republik die Habgier der Kolonialmächte und später die seiner Herrscher in Komplizenschaft mit den einstigen Kolonialherren ertragen. Dennoch sind die Menschen dieser ausgeplünderten Nation offen und freundlich und in Gesprächen mit ihnen dominiert Hoffnung, nicht Verzweiflung.

Das Land gehört zu den besten Orten Afrikas, um Waldelefanten und Flachlandgorillas zu sehen und bietet eine einzigartige Schmetterlingsvielfalt. Andererseits zählt die Republik zu den ärmsten Ländern des Kontinents. Sie hat keinen Zugang zu einer Küste, die Grenzübergänge können gefährlich sein und Flüge sind teuer und selten.

Highlights

NATIONALPARK DZANGA-SANGHA

1 Dieses riesige Waldschutzgebiet in der südwestlichsten Ecke des Landes liegt im Herzen des 2012 gegründeten und von der UNESCO als Welterbe gelisteten trinationalen Dzanga-Schutzgebiets. Im Park herrscht eine atemberaubende Dichte an Elefanten und auch beeindruckend viele Schimpansen und Gorillas leben hier.

BANGUI

2 Bangui erstreckt sich am Oubangui vor der Kulisse grüner Hügel. Der 1889 von den Franzosen gegründete Ort war ab den 1970er-Jahren als La Coquette (Die Schöne) bekannt. Der Spitzname wirkt heute zwar etwas ironisch, dennoch überwiegen inzwischen die Anzeichen der Wiedergeburt gegenüber den Überresten des Krieges.

CHUTES DE BOALI

3 Dieser Wasserfall stürzt 50 m tief, womit er die Niagarafälle knapp übertrifft. Bei Trockenheit ist er nur ein Rinnsal, bietet dafür aber in der Regenzeit einen dramatischen Anblick. Der Wasserfluss wird von einem riesigen, von chinesischen Investoren errichteten Staudamm flussaufwärts geregelt.

REISEZEIT

Okt.–März

April–Sept.

ESSEN & TRINKEN

Bushmeat „Buschfleisch" kann z. B. von Affen, Boas oder Antilopen stammen.

Bili-bili Auf Hirse basierendes, alkoholisches Getränk.

Kassava Wird einfach zu jedem Essen serviert.

Piment Scharfe Sauce.

Raupen Im Juni ein echter Leckerbissen.

HAUPTSTADT
Nikosia (Lefkosia)

BEVÖLKERUNG
1,3 Mio.

FLÄCHE
9251 km²

AMTSSPRACHEN
Griechisch, Türkisch

Alter Hafen, Kyrenia

ZYPERN

Die Insel prägen eine geteilte Identität, leidenschaftliche Bewohner sowie eine inspirierende Kultur, Landschaft und Lebensart, die viele Überraschungen bereithalten.

Zypern ist mehr als nur ein Ziel für Badeurlauber. Die Insel hat viele Gesichter, genau wie ihre Geschichte, mit einer unwiderstehlichen Kultur und Landschaft mit herzlichen, gastfreundlichen Einheimischen.

Zuerst einmal wären da die Strände, von wild und windgepeitscht bis hin zu familienfreundlich und überlaufen. Zudem kann man fast jeden Wassersport ausüben, von Tauchen bis Kite- oder Windsurfen. Und wer davon genug hat, erkundet das Landesinnere mit seinen kiefernbewachsenen Bergen, Tälern und Weinbergen, in denen man wandern, Rad fahren, Weine verkosten und im Winter sogar Ski fahren kann.

Bei der Erforschung von Zyperns Vergangenheit kamen viele Relikte zu Tage, z. B. neolithische Siedlungen, bronzezeitliche und phönizische Gräber und römische Mosaike. Zudem sind venezianische Mauern, byzantinische Burgen, römische Klöster und islamische Moscheen zu bewundern.

Highlights

ALTER HAFEN VON GIRNE (KYRENIA)

1 Das gemächliche Leben im nördlichen Zypern zeigt sich mit Girnes vor einer romantischen Bergkulisse gelegenem alten Hafen von seiner idyllischsten Seite. Früher wurden in den charmanten, erhöhten Gebäuden und in den gepflegten Lagerhäusern Tonnen rohen Johannisbrotes aufbewahrt. Heute laden hier schicke Cafés und Restaurants zu einem gemütlichen Kaffee oder einer *nargileh* (Wasserpfeife) mit Blick auf die am Pier und an der Burg vertäuten türkischen *gulets* (traditionelle Holzschiffe) ein.

ARCHÄOLOGISCHE STÄTTE VON PAPHOS

2 In der südlichen Hafenstadt Paphos befindet sich eine der faszinierendsten archäologischen Stätten der Insel. Was man von der Siedlung aus dem 4. Jh. v. Chr. sieht, repräsentiert nach Meinung verschiedener Fachleute nur einen kleinen Teil dessen, was noch unter der Erde verborgen liegt. Zu den Highlights gehören die farbenprächtigen römischen Bodenmosaiken im Herzen des Originalkomplexes, der von einem Bauern im Jahre 1962 beim Pflügen entdeckt wurde.

REISEZEIT

HAUPTSAISON
(Juni & Aug.)

ZWISCHENSAISON
(März–Mai, Sept. & Okt.)

NEBENSAISON
(Nov.–Feb.)

PETRA TOU ROMIOU

3 Der sagenumwobenste Strand Zyperns ist auch unter dem Namen „Felsen und Strand der Aphrodite" bekannt und einer der ungewöhnlichsten Orte der Insel. Es heißt, die Wellen, die sich am Felsen der Aphrodite brechen, formen eine Säule aus Schaum von beinahe menschlicher Gestalt. Wer seine Freunde

auf Facebook beeindrucken möchte, macht bei Sonnenuntergang vom gut positionierten Pavillon aus ein Foto. Tagsüber ist die See hier kühl und erfrischend.

MEZZE IN NIKOSIA

4 Wer sie probiert hat, wird sie nie vergessen: Mezze sind eine leckere und gesellige Art, die Vielfalt der Gerichte und Geschmacksrichtungen Zyperns zu kosten. Normalerweise bekommt man etwa 30 kleine Portionen. Den Anfang machen Klassiker wie Hummus, Tzatziki, Taramosalata und Gemüse mit viel Knoblauch, Zitrone und Olivenöl. Dann werden traditionelle Fisch- und Fleischgerichte serviert, etwa *calamari* (Tintenfisch) oder *sheftalia* (gegrillte Wurst). Unterm Strich ist das eine Menge Essen, also immer schön *siga, siga* (langsam, langsam).

NORD-NIKOSIAS ALTSTADT

5 Die Überquerung der Grünen Linie nach Nord-Nikosia (Lefkoşa), dem türkischen Norden der Stadt, fasziniert. Von der schicken Ledrastraße erstreckt sich ein Gewirr aus altmodischen Läden, die verwaschene Jeans und Rüschenhemden verkaufen, sowie Kebabimbissen, Cafés und Süßigkeitenständen. Neben der atemberaubenden Moschee, einem erholsamen Hamam und Museen lockt ein Spaziergang bis zum Abend, wenn sich die Sicheln der Minarette vor dem funkelnden Sternenhimmel abzeichnen.

LARA BEACH

6 Die Akamas-Halbinsel ist touristisch wenig entwickelt. So führt auch nur eine unbefestigte Straße zum Lara Beach, der vor einer Kulisse aus wüsten-

▼ UNTERWEGS VOR ORT

Im Süden fahren die Busse regelmäßig (Mo–Sa), am Sonntag eingeschränkt. Im Norden verkehren alte und neuere Busse.

Im Süden sind Taxis rund um die Uhr verfügbar; „Stretchlimos" dienen als Sammeltaxis mit festgelegten Routen.

Der Zustand der Straßen und die Beschilderung sind gut. Defensives Fahrverhalten wird empfohlen.

2

ANYAIVANOVA / SHUTTERSTOCK ©

ähnlichem, ockerfarbenem Buschland mit Ginster, buschigen Kiefern und je nach Saison auch Wildblumen liegt. Er gilt als der spektakulärste Strand der Republik, ist aber noch nicht vom Massentourismus entdeckt worden. Der aus Kalksteinfelsen entstandene Sand ist weich und pulverförmig, das Meer warm und ruhig. Zum Sonnenuntergang ist dies ein magischer Ort. Aber Vorsicht beim Spazierengehen: Lara Beach ist eine Meeresschildkröten-Brutstätte!

TROODOS-GEBIRGE

7 Das Troodos-Gebirge wartet mit Flora, Fauna, Pinienwäldern, Wasserfällen, Felswänden und Bächen auf. Mit einer Höhe von 1952 m bietet der Olympos spektakuläre Blicke auf die Südküste und Erholung von der Sommerhitze, während man die frische Luft einatmet. Wanderer, Camper, Pflanzenliebhaber und Vogelbeobachter werden von den Bergen und Tälern, die mit den facettenreichsten Wanderwegen der Insel locken, begeistert sein.

DAS ANTIKE SALAMIS

8 Salamis war einst stolzes Aushängeschild der hellenistischen Zivilisation und Kultur auf der Insel und das bekannteste, prachtvollste der alten Stadtkönigreiche. Seit der Antike, in der sich die Könige der Expansion des athenischen Reichs widmeten, erlebte die Stadt Wohlstand, aber auch so viel Leid wie keine andere. Heute kann man auf dem Gelände umherschlendern und die Ruinen großartiger Statuen, Säulengänge, Sportstätten, Schwimmbecken, Bäder, Höfe, der Agora und die Überreste des Tempels des Zeus auf sich wirken lassen.

KIRILL_MAKAROV / SHUTTERSTOCK ©

▼ ESSEN & TRINKEN

Adana Kebab Kebab mit feurigem Cayennepfeffer gewürzt.

Dolmades Gefüllte Weinblätter.

Lahmacun Eine Art Pizza mit knusprigem, dünnem Boden, Lammhackfleisch und Petersilie.

Pide Ein Teigboden mit würzigem Fleisch oder Fisch und Käse belegt und im Holzofen gebacken.

Pilaf Zerstoßener Weizen, der mit Zwiebeln und Hühnerbrühe gedünstet und mit Naturjoghurt verfeinert wird; dazu wird meist Fleisch mit Gemüse serviert.

Kataifi (Türkisch *adaif*) Dünne Fäden eines zuckrigen Teigs, die zum Bündel gewickelt werden.

Mahalepi (auf Türkisch *muhallebi*) Ein Reispudding mit Rosenwasser und Pistazien.

Commandaria Ein bekannter süßer Dessertwein.

▼ KAFENEIO & TEEHAUS

In den Dörfern Südzyperns ist das hiesige *kafeneio* (Café) der zentrale Treffpunkt. Meist gibt es zwei, die sich durch ihre politische Ausrichtung (sozialistisch oder nationalistisch) unterscheiden. Im Norden ist das Teehaus der Dreh- und Angelpunkt des Dorflebens. Sowohl im Süden als auch im Norden werden diese Einrichtungen von Männern aller Generationen besucht, die Halloumi und Oliven essen und Kaffee, Tee und (im Süden) *zivania* (fermentierter Trester) trinken. Viele schauen hier auf ihrem Weg zur Arbeit oder auf dem Nachhauseweg vorbei. Gute Freunde sitzen an Tischen, rauchen und spielen *tavli* (Backgammon). Würfel werden geworfen, Züge gezählt und flüsternd Strategien ausgearbeitet. Zur Mittagszeit hängt nur noch der Rauch in der Luft, denn zu Hause warten Mittagessen und Siesta, bevor abends das Ritual von vorn beginnt.

Register

A

B

K

Kajakfahren

Kanäle

Kirchen & Kathedralen

Klippen

Klöster

Naturbeobachtung

Religiöse Stätten

Reisfelder

Reiten

S

Schlösser & Paläste

Schluchten & Canyons

Die Welt

Über dieses Buch

Dies ist die 3. Auflage von *Die Welt* von Lonely Planet. Dieser Reiseführer wurde in der 2. englischsprachigen Auflage von folgendem Team betreut:

Redaktion Catherine Naghten, Tracy Whitmey

Redaktionsassistenz Carolyn Boicos, Hannah Cartmel, Bridget Blair

Leitender Kartograf Alison Lyall

Kartografieassistenz Julie Dodkins, Wayne Murphy, Anthony Phelan, Diana Von Holdt

Layoutdesign Katherine Marsh

Coverdesign Campbell McKenzie

Layoutassistenz Cam Ashley, Nicholas Colicchia, Clara Monitto, Virginia Moreno, Mazzy Prinsep, Wibowo Rusli

Dank an William Allen, Imogen Bannister, Ani Bartoszek, Michelle Bennett, Meri Blazevski, Kate Chapman, Katie Connolly, Gwen Cotter, Joel Cotterell, Melanie Dankel, Grace Dobell, Sasha Drew, Shona Gray, Liz Heynes, Kate Kiely, Indra Kilfoyle, Jodie Martire, Anne Mason, Kate Mathews, Jenna Myers, Darren O'Connell, Lauren O'Connell, Susan Paterson Martine Power, Rachel Rawling, Kirsten Rawlings, Alison Ridgway, Jessica Rose, Kathryn Rowan, Dian Schallmeiner, Victoria Smith, John Taufa, Maureen Wheeler, Amanda Williamson, Juan Winata

Lonely Planet Global Limited
Unit E, Digital Court, The Digital Hub,
Rainsford Street, Dublin 8,
Ireland

Verlag der deutschen Ausgabe:
MAIRDUMONT, Marco-Polo-Str. 1, 73760 Ostfildern,
www.lonelyplanet.de, www.mairdumont.com
lonelyplanet-online@mairdumont.com

Chefredakteurin deutsche Ausgabe: Birgit Borowski

Übersetzung: Berna Ercan, Tobias Ewert, Marion Gref-Timm, Stefanie Gross, Laura Leibold, Britt Maaß, Marion Matthäus, Dr. Christian Rochow

An früheren Auflagen haben außerdem mitgewirkt: Julie Bacher, Karen Gerwig, Erwin Tivig

Redaktion: Annegret Gellweiler, Guido Huss, Frank J. Müller, Olaf Rappold, Julia Wilhelm, Stephanie Ziegler (red.sign, Stuttgart); Birgit Gläser

Redaktionsassistenz: Annika Häfner, Dr. Dirk Mende, Sylvia Scheider-Schopf (red.sign, Stuttgart)

Layoutdesign, Satz: Susanne Junker, Gerhard Junker (red.sign, Stuttgart)

Die Welt

3. deutsche Auflage, Oktober 2021, übersetzt von *The World, 2nd edition*, Oktober 2017, Lonely Planet Global Limited

Printed in Poland